中華大藏經編輯局編

中華大藏經

漢文部分

七七

中華書局

圖書在版編目(CIP)數據

中華大藏經:漢文部分. 第77册/《中華大藏經》編輯局編. —
北京:中華書局,1984.4(2023.11 重印)
ISBN 978-7-101-01271-2

Ⅰ.中…　Ⅱ.中…　Ⅲ.大藏經　Ⅳ.B941

中國版本圖書館 CIP 數據核字(2016)第 050366 號

内封題簽: 李一氓
裝幀設計: 伍端端

中華大藏經(漢文部分)
第 七 七 册
《中華大藏經》編輯局 編
*
中 華 書 局 出 版 發 行
(北京市豐臺區太平橋西里 38 號　100073)
http://www.zhbc.com.cn
E-mail:zhbc@zhbc.com.cn
北京建宏印刷有限公司印刷
*
787×1092 毫米 1/16 · 62 印張 · 2 插頁
1984 年 4 月第 1 版　2023 年 11 月第 4 次印刷
定價:600.00 元

ISBN 978-7-101-01271-2

中華大藏經（漢文部分）

第七十七册目録

清茂續集

（明永樂北藏本）

目録

圓悟佛果禪師語録卷第六　漢九

宋平江府虎丘山門人紹隆等編

住南康軍雲居真如禪院師於建炎丁未歲十一月初六日在鎮江浮玉山受劄子召赴行朝至十七日朝見登對移剌奉勅住雲居次日勅下時兩府并禁從就雍熈寺請師陞座祇受勅文師拈勅示衆云九重城裏覩宣賜一道神光爍大虛勝義諦中真勝義千華叢裏綻芙蕖一擧便知多少省力苟或未然更請宣過

指法座云借雍熈寶座提揚岐金圈直下現成分明薦取還委悉麼金剛正體露堂堂擧足無非大道場突立毗盧頂𩕳上更於何處禮燈王看看便陞座拈香云虛空世界未分超然馥郁華藏圓融已現特地氤氳戒定慧解脫知見所熏百千億無量殊勝所集爇向爐中上祝今上皇帝聖壽萬歲伏願道德邁昔五帝威靈超前百王聖壽等南山齡圖齊北極二聖早還玉駕萬國俱賀昇平永息干戈四民樂業次拈香云左僕射相公兩府台佐合朝百辟今日臨筵洪儒碩學諸多勳貴伏願爲霖爲雨爲檝爲舟補袞乃仲山和羹即傅說僧問揚子江心停棹天子相招雲居峯頂把關佛祖不讓未離王舍城時如何師云坐斷天下人舌頭進云不必覺城東畔五衆已臻文殊善財如何分辨師云一狀領過進云恁麼則皇天無親唯德是輔師云更莫別商量進云只如舜日重明祖燈增照知恩報恩又作麼生師云一句了然超百億萬年長祝聖明君進云懇懃願祝南山壽一炷清香滿石樓師云已在言前進云未審祖令當行如何流布師云點進云欲傳陸凱江南信折得東風第一枝師云徧界不曾藏僧問明鏡當臺時如何師云誰不照見進云萬像歷然了無回互師云盡伱神通向什麼處去進云也知和尚在裏許師云始末一時收進云只如教中道圓悟如來無上知見未審禪師與佛相去多少師云不隔一絲毫進云高高峯頂立深深海底行師云棒打石頭人礫礫論實事僧禮拜師乃云提金剛正眼闡向上宗乘報不報之恩能難能之事運臨濟金剛王寶劒喝下全彰用德山山形杖子覿面分付是則全是見則全見不落凡聖階梯直下頓彰已見旣遇明眼作證又逢聖世昌時不敢被蓋囊藏直下分明擧似遂拈拄杖示衆云豈不見僧辭歸宗宗問什麼處去僧云諸方參五味禪去宗云我此間只有一味禪僧云如何是和尚一味禪宗便打黃檗聞之云馬大師出八十四人善知識問著一箇箇屙漉漉地只有歸宗猶較些子師云歸宗和尚束虛空爲箇杖子向千聖頂𩕳上全提鎔瓶盤釵釧作一金攪酥酪醍醐爲一味若不得黃檗明辨端倪泊陰勞而無功雖然如是有條攀條無條攀例今日對諸人面前分明拈出還相委悉麼朝擊三千暮八百煅烹佛祖只憑伊復擧黃檗和尚示衆云汝等諸人盡是不著便底恁麼作略何處有今日也還知大唐國裏無禪師麼僧云只如諸方匡徒領衆又作麼生檗云不道無禪只是無師師云黃檗老漢能區能別能擒能擇擒虎兕定龍

蛇即不無要且只明得當時事殊不知彼一時此一時若是山僧即不然汝等諸人盡是英靈豪傑底恁麼擧止須信有奇特事還知大宗國裏有禪師麼且道禪師即今在什麼處如今迴避不及不免露箇面目去也乃云親蒙金口賜師名優鉢羅華火裏生圓悟如來無上見謳歌鼓腹樂升平

到南康軍開堂於知府手中接得疏示衆云見麽當陽顯示直截現成百币千重七通八達一一宗師巴鼻頭頭向上宗乘直下承當猶較些子苟或未證却請僧正重爲敷宣指法座云狻猊親踞衆寶莊嚴不從須彌燈王借來元是兜率内院本有旣是快便難逢須教出一頭地高著眼便陞座拈香云此一瓣香奉爲祝嚴今上皇帝聖壽萬歲恭願位隆劫石壽等芥城資宣光之中興復大禹之舊跡次一瓣香奉爲判府府判運使殿撰通判大夫閫郡尊官在筵僚案仍願乃忠乃孝爲國爲民爲聖主之股肱作明時之柱石此一瓣香得處辛懃收來劫遠廣衆中數回拈出嶽面上不敢覆藏奉爲蘄州五祖山真慧禪院第十二代演禪師爇向爐中以酬法乳便敷座歸宗和尚白槌云法筵龍象衆當觀第一義師云包融萬有聲振大千乃佛乃祖頂門開若天若人方寸闊便恁麼薦得不妨省要苟或踟躕落在第二義門去也還有箭鋒相拄底衲僧麼出來相共激揚僧問宗乘一唱三藏絶詮祖令當行十方坐斷報恩一句作麽生道師云天長地久無餘事萬年長祝聖明君進云恁麽則文明齊二曜香筭等乾坤師云草偃風行得自由進云可謂金枝永茂千年秀玉葉聯芳萬古春師云閫國人證明進云古人道榔栗横擔不顧人直入千峯萬峯去未審阿那箇是他住處師云騰蛇纏足露布繞身進云朝看雲片片暮聽水潺潺師云却須截斷始得進云此回不是夢真箇到廬山師云高著眼僧問古釋迦不先新彌勒不後正當今日佛法委付雲居千聖不借底機如何提掇師云剔起眉毛直下行進云從上來事還有分付處也無師云分付闍黎進云爭奈有向非宗旨無言絶聖凡師云還有金剛王寶劍來進云直下便是更不周由師便喝進云忽遇頂門具眼底出來道箇隔身句又作麽生師云賊過後張弓進云青山不鎖長飛勢滄海合知來處高師云分作兩段進云一擧四十九師云確師乃云以祖佛爲標準與祖佛作師以人天爲梯航與人天作眼忽若不倚一物孤迥迥峭巍巍千聖莫能知萬靈没照鑑截斷一切不涉廉纖把斷世界不漏絲髮人天衆前如何剖露若向箇裏上絶攀仰下絶己躬等閑如金翅鳥擘海直取龍吞似師子兒出窟妖狐絶跡嘗鋒略露不免道箇山是山水是水僧是僧俗是俗開慈悲方便門留通途受用底忽若轉山不是山水不是水僧不是僧俗不是俗到箇裏還有出身處麽若有出身處便可以高揖釋迦不拜彌勒坐斷毗盧頂不禀釋迦文束虛空作拄杖也打他不得合百千萬聚雷作一喝也驚他不動且道此人畢竟如何親近只如今各各當陽不背不向不立一絲毫頭

解路不作一纖塵機關正當恁麽時把斷乾坤一句作麽生道鵰弓已掛狼烟息萬國歌謳賀太平復云龍牀角頭親賜得天上雲居古道場安樂樹邊藏拙訥更無佛法可商量旣無佛法却舉箇古人公案記得神鼎山諲禪師開堂示衆云山僧行脚也無正因只待向東京城裏聽一兩本經論於古寺閒房且恁麽過時不謂行到汝州葉縣被一陣業風吹到首山曲录木牀上見箇老和尚當時把不住禮却他三拜直至如今悔之不得師云這老漢叅到生鐵鑄就處窮到無絲毫解路時所以向鐵壁銀山處斬釘截鐵若不知有向上宗乘爭解與麽道然雖如是檢點將來二祖少林也禮三拜忽若水乳不分金鍮不辯有條攀條無條攀例山僧元豐末年爲疑著箇祖師西來意十數載江表遍見大善知識便投誠咨叅玄妙理性棒喝機關直是費盡工夫終無箇休歇去處及到海會遇見箇老和尚被他腦後一槌從此喪却目前機去却胷中物直至如今也分疎不下且道與古人是同是别還委悉麽羚羊掛角千峯外更有羚羊在上峯

入院至方丈云箇是天下叢林鍛佛祖大洪鑪奕世宗師烹衲子鉗鎚底處所以山僧到此老老倒倒跛跛挈挈百事無能向箇裏如何施設然雖如是當鑪不避火還委悉麽銅頭鐵額如龍虎看取金圈栗棘蓬

上堂云耳聞不如眼見眼辨不如手親四百州天上雲居今之日竹輿親到巖巒回合林嶺崔嵬白雲深處見樓臺恍如别造一世界到箇裏亦不必窮玄說妙立境立機論性論心究理究事只如今人人分上一切坐斷正當恁麽時親到一句作麽生道祖佛妙玄窮徹底白雲深處好安居復云賜得雲居養病身半千衲子倍相親攀蘿直上青天上投老依棲安樂神

四月八日留知事上堂云獨掌不浪鳴獨樹不成林大家出隻手折脚鐺子頗堪任復云昔日毘藍園裏今朝古佛廟前裂轉雲門關捩且浴無垢金仙杓兒繞把處蹉過祖師禪

上堂云山僧入院得六日表裏如如十方純静只有一事說向諸人且道是什麽事不得動著

散乾龍節上堂云淵聖皇帝君臨萬國北狩未還乾龍節臨祝嚴膺筭臣僧一句了無覆藏還委悉麽佛殿裏燒香

結夏上堂云眼聲耳色不思議百草顛頭受用時表裏洞然無一事端能保護臘人見好日多口遇緣即照法隨法行法幢隨處建立有世界以光明爲佛事有世界以音聲爲佛事有世界以香飯爲佛事有世界以莊嚴爲佛事有世界以寂默爲佛事且道雲居以何爲佛事不惜眉毛爲諸人拈出行住坐卧動轉施爲萬象森羅包含内外無一法不周無一事不圓到這裏著著盡是佛事則且置佛在什麽處還委悉麽高高峯頂無消息深深海底没蹤由復云九十日光陰一擬子半千人在毫端中各各包含大千界全承渠力得雍容没築磕絶行蹤萬里雖然無寸草穗雲不下妙高峯

舉悟和尚立僧上堂云只這是大似撒沙向眼中只這不是還如注水向耳裏直下無事平地陷人別有機關墮坑落塹且畢竟作麽生秖園屈曲流泉急鷲嶺巍峩雲出遲復云雲居開大洪爐不止烹佛烹祖但有一切持來烈焰堆中辨取是則當處平和不是切宜退步煆出金剛眼睛直得乾坤獨露雖然到這田地須知向上一路還委悉麽放將三聖瞎驢踢殺大雄猛虎

天申節開啓上堂五月天申節真人降中天萬國傾葵藿處處啓法筵雲居古道場共爇一炷烟龍圖鳳曆等乾坤睿筭彌隆億萬年下座

上堂云古者道結夏得十一日也寒山子作麽生又道結夏得十一日也水牯牛作麽生山僧即不然結夏得十一日也燈籠露柱作麽生若透得燈籠露柱即識水牯牛若識得水牯牛即見寒山子忽若擬議老僧在你脚底

上堂僧問鏡清諸方只具啐啄同時眼不具啐啄同時用如何是啐啄同時眼師云打破千年野狐窟進云如何是啐啄同時用師云揿翻驪龍頷下物進云南院道作家不啐啄啐啄同時失又作麽生師云隨他語言走向草窠裏打輥進云忽被學人揿翻禪牀時如何師云我且問你見箇什麽道理僧禮拜云仁義道中放過一著師云倒退三千師乃云平旦清晨五月一吹起少林無孔笛十方沙界坦然平大地山河印印出二祖曾不往西天達磨曾不到梁國大家共賀太平歌摩訶般若波羅蜜復云孤迥迥峭巍巍面前按山子昔聞弘覺言今朝親到此有時生層雲有時霈微雨逗到大晴明依前突兀地且道是心耶是境耶爲復在心内爲復在心外鴛鴦繡出從君看不把金針度與人

上堂云五月五日天中節萬祟千妖俱殄滅眼裏拈却須彌山耳裏拔出釘根楔鍾馗小妹舞三臺八臂那吒嚼生鐵勑攝藏急急如律令

上堂舉僧問法眼慧超咨和尚如何是佛法眼云汝是慧超師云還委悉麽病遇良醫飢逢王饍醬裏得爐雪中送炭

上堂云昨日風今日風陣陣不從他發十日雨五日雨點點不落別處大方無外大象無形盡世界撮如粟米粒總虛空乃掌中葉可以拽新羅國與占波國鬪額直得東勝身洲射箭西瞿耶尼中垜所以道髑髏常干世界鼻孔摩觸家風若是未出陰界尚滯見知聞恁麽說話一似鴨聽雷鳴隔靴抓癢直饒脫却根塵去却機境尚餘一線路在且二途不涉一句作麽生道還委悉麽佛殿堦前石獅子大洋海底鐵崑崙

散天申節上堂云天上古佛人間至尊五月下降閻浮五月君臨萬國奮中興業清四海壓永固龍圖長堅鳳曆遥瞻北闕仰祝南山一句全提當機顯露還委悉麽建炎天子天申節聖壽彌隆億萬年

上堂僧問百丈問潙山併却咽喉唇吻作麽生道山云却請和尚道此理如何師云傍觀者哂進云百丈云不辭向汝道恐已後喪我

兒孫爲復是答他話爲他說師云老婆心切進云五峯道和尚也須併却意旨如何師云一箭中紅心進云百丈道無人處斫額望汝是肯他不肯他師云萬人叢裏奪高標進云雲巖道和尚有也未又作麽生師云拖泥涉水兩三重進云未審雲巖會了恁麽道不會了恁麽道師云與闍黎一般進云忽有人問和尚併却咽喉唇吻作麽生道師云合取進云恁麽則與雲巖一般去也師云直截根源人不識忙忙業識幾時休師乃云萬仞懸崖撒手要須其人千鈞之弩發機豈爲鼷鼠雲門睦州當面蹉過德山臨濟誑謼閭閻自餘立境立機作窠作窟故是滅胡種族且獨脫一句作麽生道萬緣遷變渾閑事五月山房冷似冰

上堂僧問臨濟三玄驗作家如何是體中玄師云迅雷霹靂更驚群進云如何是句中玄師云切忌向三寸上辨進云如何是玄中玄師云棒頭有眼明如日進云如何是一印印泥師云脚跟下爛骨董地進云如何是一印印水師云没觜浸却進云如何是一印印空師云腦後圓光萬丈長進云爲復一理爲復二義師云且鑚龜打瓦師乃云禪非意想以意想參禪則乖道絶功勲以功勲學道則失直須絶却意想喚什麽作禪脚跟下廓爾無禪之禪謂之真禪如兎子懷胎絶却功勲喚什麽作道頂門上照耀無道之道謂之真道似蚌含明月到箇裏實際理地既明金剛正體全現然後山是山水是水僧是僧俗是俗萬法縱然初無向背乃呵呵大笑云山僧恁麽說話大似無夢說夢無事生事若是明眼人覷見一場敗闕且離意想絶功勲一句作麽生道八臂夜叉擎鐵柱忿怒那吒撲帝鐘

上堂壁立萬仞處透得閙市裏可以横身閙市裏透得壁立萬仞處可以倒退何也根本若真正眼洞明則七穿八穴根本若不明正眼若麋麻則皮穿骨露故德山入門便棒臨濟入門便喝睦州見僧便道現成公案資福道隔江見刹竿便去脚跟下好與三十棒豈不是壁立萬仞處透得大丈夫漢一等是踏破草鞋何不向祖佛提不起處承當天人著眼不及處擔荷然後即心即佛非色非心以一重去一重以一句脫一句豈不是閙市裏透得向箇裏直得壁立萬仞然後似鶻提鳩所以古人道垂手還同萬仞崖正偏何必在安排然後與麽也得不與麽也得與麽不與麽總得似虎靠山忽若與麽也不得不與麽也不得與麽不與麽總不得如銀山横路許他是具眼底向箇裏雙照雙遮同生同死全明全暗全殺全活正與麽時且作麽生杖頭點出金剛王鐵壁銀山百雜碎復云聖凡情解初無相一法真時法法真萬仞崖頭能撒手千峯頂上現全身

上堂舉古者道動是誑寂是謗動寂向上有事在老僧口門窄不能與汝說師云是則是只道得一橛若是山僧則不然語是誑默是謗語默向上有事在老僧舌頭短不能與你說還委悉麽兩刃金剛寶劒一對無孔鐵搥

上堂云十五日已前千牛拽不迴十五日已後俊鷂趂不及正當十五日天平地平同明

同暗大千沙界不出當處可以含吐十虛進一步超越不可說不可說香水海退一步坐斷千里萬里白雲不進不退莫道闍黎老僧也無開口處遂舉拂云正當恁麼時如何有時拈在千峯頂劃斷天雲不放高

祈雨上堂僧問萬里不掛片雲時如何師云老僧也怪伊進云青天也須喫棒又作麼生師云行遣早遲也進云未審過在什麼處師云彼此住山人更不重註破進云好雨下時却不下不天晴處却天晴師云你適來向什麼處去來進云乍卷乍舒去也師云脚跟下更與一棒直得雨似盆傾進云總不與麼時如何師云換轉鼻孔進云忽若應時應節又作麼生師云山前禾麥熟共唱太平歌師乃云曹溪路上天高地厚少室峯前土曠人稀孤然危坐冷蕭蕭大野橫身風颮颮眼見則瞎耳聽則聾口說則啞雖然不出一毫端含吐十虛無向背旣然有恁麼神通具恁麼作用爲什麼乾爆爆地東海鯉魚打一棒忙忙帀地便爲霖

上堂云釋迦慳彌勒富八字打開無盡庫拄杖子化爲龍赫日光中吐雲霧徧界霶霈注甘雨卓主杖下座

七月旦上堂一二三四五六七眼裏瞳人吹篳篥七六五四三二一石人木人眼淚出七通八達舉著便知尚在見聞隔靴抓癢陝府鐵牛吞嘉州大像則且置佛殿堦前狗尿天五臺山上雲蒸飯一句作麼生道風來樹影動葉落便知秋

上堂云知幻即離不作方便眼裏拈却須彌山離幻即覺亦無漸次耳裏除却四大海不見而見鐘鳴鼓響玲瓏不聞而聞大地山河歷落無生田地有種有收般若梯航有津有濟離一切相即且致威音王已前一句作麼生道雲中生石笋火裏出青蓮

解夏上堂僧問混沌未分時如何露柱懷胎此意如何師云突出難辨進云分後如何片雲點太清是何宗旨師云高著眼進云未審太清還受點也無靈雲爲什麼不對師云識法者恐進云恁麼則含生不來也又不對爲復是理合如此爲復是難爲酬對師云生鑄鑄就進云直得純清絕點時如何猶是眞常流注又作麼生師云若能轉物即同如來進云如何是眞常流注似鏡常明意旨如何師云也是一向合頭語進云大地山河爲自己燈籠露柱亦非他師云莫妄想進云渾無用去時如何師云却較些子進云向上更有事也無云打破鏡來與汝相見未審意在什麼處師云分付拄杖子進云陋巷不騎金色馬回來却著破襴衫師云他家得自由師乃云秋光清淺秋露虛凝秋風颼颼秋色澄淨乃釋迦誕生之功已畢實衲僧結制之法周圓若能內忘已見外了法空內外一如虛凝澄寂則全心即佛全佛即心與諸佛把手共行與祖師同得同用到箇裏更說什麼結更說什麼解二六時中淨躶躶赤灑灑終日著衣不曾掛一縷絲終日喫飯不曾咬一粒米所謂動若行雲止猶谷神豈有心於彼此那有像於去來觸處逢渠全機獨脫正恁麼時如何白雲本是無心物等閑出沒太虛空復云

九十日功圓此日不須更驗蝋人來雖然萬里無寸草袋口今朝已解開

上堂僧問趙州訪一菴主云有麼有麼主竪起拳頭州云水浅不是泊船處意旨如何師云據款結案進云只如又訪一菴主亦竪起拳頭州却讃歎禮拜師云兩重公案進云問答一般爲什麼肯一箇不肯一箇師云大有人到此一似撞著鐵壁進云忽有人問和尚有麼有麼如何祇對師云劈脊便棒進云恩大難酬師便打乃云當陽顯正眼包括三千大千渠儂無舌頭演出龍宮海藏現成受用觸處逢原徧界家風取之左右若非同道者何能提綱宗既是恁麼人須明恁麼事還委悉麼大地撮來粟米粒十方刹海掌中觀

八月一日上堂僧問不歷化城便登寶所時如何師云滿眼本非色滿耳本非聲進云覩到寶山空手回又作麼生師云入荒田不揀師乃云何物高於天生天者是何物厚於地育地者是何物寬於虚空包虚空者是何物超越佛祖植佛祖者是六合之外惟道存而勿論若據本分事未道得一半還知盡大地撮來盡在諸人眉毛眼睫上化作天大將軍現無邊神通若也見得轉凡成聖若也不見切忌躊躕撥轉上頭關捩子分身百億化無邊

請長蘆覺禪師上堂多子塔前分半座截斷衆流少林端拱歷九年壁立萬仞奮作家爐鞴施向上鉗鎚顯大用大機全生全殺與一切人抽釘拔楔解黏去縛令大地人各各如獅子兒奮迅吒沙踞地返擲所以道法王法刀超群生常以法財施一切久積淨業稱無量導衆以寂故稽首夫如是則向萬仞懸崖垂手敲唱俱行百尺竿頭進步主賓互換正當恁麼時如何龍吟長霧起虎嘯乃風生復云撞著道伴交肩過一生參學事已畢今朝幸遇大導師寶華王座爲拈出

上堂僧問離四句絶百非請師直指西來意馬大師爲什麼不與他説師云闍黎不妨具眼進云智藏道問取海兄去又作麼生師云爛泥裏有刺百丈道我到這裏却不會意旨如何師云烏龜鑚破壁進云馬祖道藏頭白海頭黑又作麼生師云塞外將軍令進云只如三盲尊宿是答他話是爲他説師云一狀領過進云語帶玄而不露口欲談而辭喪師云猶有這葛藤在進云忽若截斷衆流言詮不涉又作麼生師云待我上山採拄杖進云這老和尚一點也瞞他不得師云放過一著師乃云好日多同數彩一賽錦上鋪華全通内外若是知音更不話會大衆三世諸佛在火焰裏轉大法輪墻壁瓦礫在諸人眼睛裏轉大法輪拄杖子在千聖頂𩕳上轉大法輪只有露柱燈籠却較些子何故東行不見西行利一葉落知天下秋

中秋上堂僧問黄龍三關即不問如何是楊岐栗棘蓬師云天下人吞不得進云和尚還吞得也無師云老僧是第一箇吞不得底進云既是吞不得將何爲人師云終不敢孤負楊岐進云如何是金剛圈師云闍黎盡伎倆百年透不出進云忽遇箇漢出來道盡是闍言語又作麼生師云一任跨跳進云這老和

尚今日稍有些子相爲師云且莫冬瓜印子師乃云秋半西風急當空月正圓蕭蕭木葉落湛湛露珠懸嘹唳衡雲鴈淒清抱樹蟬頭頭渾漏泄切忌覓幽玄

出城中退院回上堂大衆幸自無一星兒事剛然平地起骨堆費盡工夫只這是步隨流水却歸來恁麼也不得不恁麼也不得恁麼不恁麼總不得然後没交涉正是此箇時節雖然如是他家自有通霄路嵩高南嶽與天台復云八臂那吒擎鐵柱翻身直入滄溟去遂怨忿怒撲帝鐘過犯彌天無雪處無雪處不免依前安舊所且正當恁麼時如何一文偷不得虛作沒量人

謝監院上堂舉藥山一日語雲巖云與我喚沙彌來巖云和尚喚他作什麼山云我有箇折脚鐺子要伊提上挈下巖云恁麼則與和尚共出一隻手也師云道頭知尾舉一明三山僧有箇小頌一步闊一步一著高一著提折脚鐺兒施阿伽陀藥須彌土一撮滄溟水半杓快意唱巴歌過屠門大嚼

上堂云大衆仲冬嚴寒千山萬山滴水滴凍成塊成團凍得達磨板齒落冰得金烏晴團圞明鏡當臺幽洞側更看雙鳳舞孤鸞復云金毛獅子一滴乳迸散驢兒乳十斛活却死人平地上似地擎山石含玉

舉杲首座立僧上堂云鶻兒未出窠已有摩霄志虎子未絶乳已有食牛氣況復羽翼成況復爪牙備奮迅即驚群八面清風起一條脊梁硬似鐵一條白棒掀天地相與建法幢展衲僧巴鼻

上堂云不登泰山不知天之高不涉滄海不知海之闊此區中之論也若是其中人天在一粒粟中海在一毫頭上浮幢王華藏界盡在眉毛眼睫間且道此箇人在什麼處安身立命還委悉麼無邊虛空盛不受直透威音更那邊

上堂云三界無法霜天皎月何處求心山高水深四大本空不辨西東佛依何住乾坤獨露透得脫見得徹正在半途逡巡擊碎鐵門關拔脫無根樹便見掌擎日月背負須彌引手過越一百一十城翻身獨立十方華藏界到箇裏也無佛也無祖不立照不立用不立權不立實不行棒不行喝正當恁麼時如何憑仗阿伽陀妙藥點取金剛正眼開

上堂云十方同聚會本來身不昧箇箇學無爲頂上用鉗鎚此是選佛場深廣莫能量心空及第歸利劍不如錐龐居士舌拄梵天口包四海有時將一莖草作丈六金身有時將丈六金身作一莖草甚是奇特雖然要且不曾動著向上關如何是向上關鑄印築高壇

韓觀察請上堂大衆日沉沉風颸颸萬世只如今雲靉靉水潺潺當處全體現黏皮著骨底未免論性論心越格超宗底便道拖泥涉水殊不知人人有坐斷天下人舌頭分箇箇具有金剛正眼若能未舉先知未言先契則路逢達道人不將語默對到箇裏似金博金如水入水便乃全憑此箇恩力去也且正恁麼時如何是全提一句還委悉麼知恩方解報深恩

歲旦上堂元正啓祚打開門戶萬物維新天

地同春應時納祐不落窠臼馨無不宜萬世一時孟春猶寒伏惟首座大衆起居萬福乞火和烟得擔泉帶月歸復云新年頭有佛法正是土上加泥新年頭無佛法又成當面蹉過到箇裏佛法世法有無新舊一時拈向一邊且不落夤緣一句作麼生道還委悉麼乾坤一合地餬餅日月兩輪天氣毬

施主捨法衣上堂云迦葉携坐鷄足峯老盧持過大庾嶺如今披向寶華座孤光逈逈高峯頂且道是同是別錦衣公子貴林下道人高

上堂云大衆衆手共淘金人人皆有得霜風蘘四圍天華滿衣裓大賞不論功虛空長逼塞分身千百億彌勒真彌勒復云入水須斬蛟入山須擒虎才方撲帝鐘便擊塗毒鼓一箭落九烏一捻千鈞土諸聖和不齊臘月二十五

舒禪師周祥上堂大衆去年今日一語翁泥牛入海無消息今年今日鐵斧老優曇鉢華現籌室油雲出沒太虛空動靜去來那有跡須信雪晴天地春金烏依舊從東出

上堂大衆天上月圓萬像歷然地下月半觸途成現見不見包裹十虛尚餘半聞不聞透脫圓通徹本根玉漏銅壺催不得乾坤大地一枝燈一處圓融一切處無邊剎海更崚層

上堂云透脫祖師關不知物遷變一念可萬年一條真白練千差眼底親萬化鏡中現驀要入三門等閑騎佛殿復云夜雨漬深春苺苔色染人溪邊芳草碧華與柳條新氣味濃於酒風光軟勝綿靈雲覓不得何處悟天真

上堂云日面月面胡來漢現有時放行有時把斷世法佛法打成一片若作一片會遇貴即賤不作一片會麥裏有麵復云三世諸佛不知有一一面南看北斗狸奴白牯却知有戴角擘頭獅子吼四稜蹋地又團圝八角磨盤空裏走擬推尋劈脊摟拈得鼻孔失却口爲問普化一頭驢何似紫胡一隻狗

上堂云有句無句超宗越格如藤倚樹銀山鐵壁及至樹倒藤枯多少人失却鼻孔直饒收拾得來已是千里萬里只如未有與麼消息時還透得麼風暖鳥聲碎日高華影重

上堂云大衆久雨不晴今日晴乾坤大地放光明墻壁瓦礫說佛法露柱燈籠著眼聽敢問諸人作麼生聽得乃云親復云釋迦老子道知幻即離横身萬里不作方便十分成現離幻即覺須彌倒卓亦無漸次眼中出刺忽若盡大地撮來如粟米粒大且作麼生知扇子踍跳上三十三天且作麼生覺正恁麼時還委悉麼十方剎海金剛座萬煅爐中鐵蒺藜

上堂僧問日面佛月面佛意旨如何師云翻來覆去看進云金烏急玉兎速又作麼生兩重公案進云只如道三世諸佛六代祖師同一舌說未審同那一舌說師云便是同也截斷了也進云未審將什麼截師云將無舌底進云草賊大敗師云黠師乃云大衆月生一快鷹俊鷂趂不及月生二德山臨濟失巴鼻月生三文殊普賢特地忿怒那吒把須彌一擘百雜碎折脚鐺子撞破無底籃兒大悲千手一隻手中一隻眼也提不起無言童子

卻解道前三三後三三還委悉麼萬仞峯頭
都放卻多年破衲太毿㲯
上堂云大衆傅大士道須彌芥子父芥子須
彌爺山水坦然平敲氷來煮茶曾聞傅大士
乃彌勒大士化身看他通箇消息不妨著實
山僧今日土上加泥亦有箇頌子須彌納芥
不容易芥納須彌匹似閑長河攪著成酥酪
輕輕擊透祖師關
舉丹霞裕長老爲人入室上堂云大衆摩醯
首羅揭示頂門正眼摩竭陀國全提向上鉗
鎚壁立萬仞絕承當孤光爍破四天下所以
道殺人刀活人劍將錯就錯上古之風規亦
是今時之樞要和泥合水若論殺人刀不存
毫末活人劍橫屍萬里須知殺中有活擒縱
人天活中有殺權衡佛祖直饒說得殺活倜
濵九　二十三
儻分明山僧更問你覓劍在正恁麼時見麼
萬仞懸崖垂隻手萬峯共唱太平歌復云趙
州道趙州南石橋北觀音院裏有彌勒祖師
留下一隻履直至如今覓不得諸人要知落
處麼問取丹霞和尚

結制上堂二千年前佛制諸方遵行爲例九
旬之內安閑共作鬼家活計且如何是鬼家
活計猢猻入布袋復云九旬結袋口安居解
脫道水乳自和同萬緣無所挠栗棘蓬快吞
金剛圈猛跳共透衲僧家頂顊上一竅
上堂金色頭陀衣糞掃趐多尊者運神通火
星迸入新羅國大象牽藏藕竅中
五月旦日上堂云鐵樹龍鬚石牛哮吼火雲
亘天長萬丈金烏普照大光明直得東海鯉
魚振鬣揚鱗南國波斯呈挠舞棹文殊普賢
不敢說理說事德山臨濟不敢行棒行喝正
恁麼時會麼拄杖擬吞三世佛燈籠百斛瀉
明珠復云釋迦老子道若有一人發真歸源
十方虛空悉皆消殞五祖和尚又云一人發
真歸源十方虛空築著磕著山僧即不然若
有一人發真歸源十方虛空錦上鋪華
上堂云新月如鈎輕雲映火山前麥熟筐裏
蠶繅田夫戢戢栽苗柳岸垂垂挺綠風調雨
順盜賊消攘我輩林下之人一餉非常慶快
纔作此語驀地有箇符使出來道山前諸處

五瘟行疫病太甚欲就和尚覓箇神符往前
驅逐山僧遂以拄杖畫一圓相與之瞥然不
見遂廵卻來道五瘟疫鬼已驅向他方世界
去也只有一事待請益和尚此靈驗神符從
何處得來山僧劈脊便打當下滅跡消聲因
濵九　二十四
行掉臂成箇頌子五月五日天中節赤口毒
舌盡消滅五月五日五時書放下蛇頭捋虎
鬚
上堂云迥無依倚超宗越格非佛非心萬仞
壁立桑樹上著箭柳樹上汁出
上堂云粥足飯足飽柴飽水廬陵米價高山
前麥熟未盡乾坤剎海都盧是箇自己撮向
眉毛眼睫間直得放光動地不是如來禪亦
非第一義更說甚衲僧巴鼻爭如撒手懸崖
去卻藥忌且唱箇囉囉哩哩柰
上堂一二三四五六七七六五四三二一旋
風車上定盤星百尺竿頭吹篳栗咦復舉雲
門一日示衆云和尚子莫妄想山是山水是
水僧是僧俗是俗時有僧出云學人見山是
山見水是水時如何雲門以手劃一劃云佛

殿爲什麽從這裏去師拈云似地擎山如石含玉透得過者盡在無盡藏中透不過者未免摶量只如雲門以手劃一劃云佛殿因什麽從這裏去又且如何一葉落知天下秋

蔣運使寄雲居山三大字仍請陞座云法法圓融心心虚寂大包無外文彩已彰細入無間眼莫能覩所以道萬法是心光諸緣唯性曉本無迷悟人只要今日了今日便與麽坐斷報化佛頭喚什麽作心喚什麽作性恁麽說話已是截斷諸根了也且作麽生是截斷諸根處放一線道通箇消息還委悉麽大旱得甘雨大熱得清涼復有頌云衆峯盤屈屋耽耽天上泓澄雨碧潭渴驥怒猊三大字高蹤千古振名藍

圓悟佛果禪師語録卷第六

圓悟佛果禪師語録卷第六

校勘記

一　底本，明永樂北藏本。

一　一頁上一行經名、二行編者，[徑]無（未换卷）。

一　一頁中一九行「石頭人」，[徑]作「石人頭」。

一　一頁下一八行第一五字「匡」，[南]作「住」。

一　二頁上七行「腹樂升平」，至此，[徑]卷第六終，卷第七始。正文前有「上堂七」一行。

一　二頁上一五行首字「辦」，[徑]作「瓣」。

一　二頁上一八行第一一字「寀」，[南]作「保」。

一　三頁上三行首字「謳」，[南]作「謠」。

一　三頁上六行第一二字「也」，[南]無。

一　四頁中末行「僧問法眼慧超咨」，[清]作「僧慧超問法眼益」。

一　四頁下七行第一五字「干」，[南]作「千」。

一　五頁中一〇行「樅然」，[南]作「縱然」。

一　六頁中一三行第一四字「航」，[南]作「杭」。

一　六頁下五行「一向」，[徑]作「一句」。又第九字「進」，[南]無。

一　六頁下一一行「澄淨」，[南]作「澄澄」。

一　八頁上九行「嵩高」，[清]作「高高」。

一　八頁中三行「復云」，[南]無。

一　八頁下一一行「韓觀察請」，[南]無。

一　八頁下一九行「報深恩」，至此，[徑]卷第七終，卷第八始。正文前有「上堂八」一行。

一　九頁中八行第二字「入」，[南]作「出」。

一　九頁中一五行第一〇字「蹋」，[南]作「榻」。

一　一〇頁中一二行「百斛」，[徑]作「百解」。

一　一〇頁中一八行第一三字「挺」，[徑]作「之」。

一　一〇頁下七行「五時」，[南]、[清]作

「午時」。

一一〇頁下一二行第四字「未」，徑作「走」。

一一一頁上卷末經名，徑無（未換卷）。

圓悟佛果禪師語録卷第七

宋平江府虎丘山門人紹隆等編

住南康軍雲居真如禪院送化主上堂云火不待日而熱性相類風不待月而涼氣相合獨樹不成林單絲不成線建大廈非一木之能濟巨川非一棹之力所以道衆毛成毬聚鐵成斧要須內外相應賓主和容自然氣類相同羽毛相似正與麼時如何八萬四千非鳳毛三十三人入虎穴復有頌云三十餘貧雲水客諸方分化力行持山門厥事渾依賴正是金毛奮迅時

上堂云有句無句已絶誵訛非色非心直超路布到箇裏有啓口分也無莫道是勤上座口似匾檐設使三世諸佛歷代祖師出來辯似懸河機如掣電未免亡鋒結舌何故只爲風頭太硬然雖如此若向箇裏直下承當得去如龍得水似虎靠山有丈夫志氣具絶羅籠手段所以道殺人刀活人劒則這邊那邊向上向下有事無事佛界魔界一時坐斷忽有人問未審刀劒在什麼處委悉麼從前汗馬無人識只要重論蓋代功復舉僧問雲門樹凋葉落時如何雲門云體露金風師云雲門眼似流星機如掣電拈得將來不妨奇特如今忽有人問山僧樹凋葉落時如何只向伊道千山雲霧卷一望見前村

上堂云十方同聚會箇箇學無爲此是選佛場心空及第歸大丈夫具決烈志氣慷慨英靈踏破化城直截承當外不見有一切境界內不見有自己上不見有諸聖下不見有凡愚淨躶躶赤灑灑一念不生桶底剔脫豈不是心空到箇裏還容棒喝麼還容玄妙理性麼還容彼我是非麼直下如紅爐上一點雪相似豈不是選佛場中擎頭戴角雖然如此子細檢點將來猶涉階梯且不涉階梯一句作麼生道還委悉麼千聖不留無朕跡萬人叢裏奪高標復有頌云住山只貴衆和諧表裏通明應整齊折脚鐺兒幸無恙相憑出手共提攜

上堂云清秋晴色苗稼豐登四海晏清萬民樂業林下之士歇意休心直下當陽坐斷報化飢飡渴飲倦卧閑行無事無爲得大自在當陽一句不可重宣迴避不行直須漏泄還委悉麼八月秋何處熱復云昨夜夢登樓驀然得箇時節因緣今朝舉似大衆四野迥澄澄端如坐少林雲籠高嶽頂月在碧波心

中秋上堂云只恁麼透得已是涉泥水何堪更廉纖沒頭又沒觜到箇裏也須是箇似大死底人却活始得還委悉麼棒頭能取證喝下絶承當復云光景急如梭賢明争柰何千林凋敗葉一鴈度秋河風急砧聲遠山高月色多誰當此時節解唱紫芝歌

退院上堂云七處住持三十載今朝方作地行仙上蒙聖主從卑願亭毒之恩遠似天見可而進知難而退權柄在手舒放非他住既無心動亦非我所以二六時中與他同得同證同出同入豈有心於彼此何有象於去來所以道欲識佛性義當觀時節因緣時節若至其理自彰正當與麼時還委悉麼林間蕭散處世外一閑人復有頌云禪月昔年曾有語山僧師範作良謀如斯標致雖清拙大丈

夫兒合自由

示張持滿朝奉

克勤自出峽上訥堂唯念茲在茲相從者多不告倦所謂利他乃自利也要須根本明徹理地精至純一無雜纔有是非紛然失心若踏正脉諸天捧華無路魔外潛覷不見深深海底行高高峯頂立始得不驚群動衆謂之平常心本源天真自性也雖居千萬人中如無一人相似此豈麤浮識想利智聰慧所能測哉示諭綿密無間寂照同時歲月悠久打成一片而根本愈牢密密作用誠無出此應當當處全真則彼我遐邇觸處皆渠刹刹塵塵皆在自己大圓鏡中愈綿愈密則愈能轉換也故雲門道直得乾坤大地無纖毫過患猶爲轉句不見一色始是半提直得如此更須知有全提時節始得所以德山棒臨濟喝皆徹證無生透頂透底融通自在到大用現前處方能出没欲人全身擔荷外退守文殊普賢大人境界巖頭道他得底人只守閑閑地二六時中無欲無依自然超諸三昧德山亦云汝但無事於心於心無事則虛而靈寂而照若毫端許言本末者皆爲自欺此既已明當須履踐但只退步愈退愈明愈不會愈有力量異念纔起擬心纔生即猛自割斷令不相續則智照洞然步步踏實地豈有高低憎愛違順揀擇於其間哉無明習氣旋起旋消悠久間自無力能擾人也

古人以牧牛爲喻誠哉所謂要久長人爾直截省要最是先忘我見使虛靜恬和任運騰騰騰騰任運於一切法皆無取捨向根根塵塵應時脫然自處孤運獨照照體獨立物我一如直下徹底無照可立如斷一綟絲一斷一切斷便自會作活計去也佛見法見尚不令起則塵勞業識自當冰消瓦解養得成實如癡似兀而峭措祖佛位中收攝不得那肯入驢胎馬腹裏也

趙州道我見千百億箇盡是覓作佛漢子於中覓箇無心底難得又云我在南方三十年除粥飯二時是雜用心處香林四十年方成一片涌泉四十年尚自走作南泉十八上解作活計信知從上古人無不皆如此密密履踐安可計得失長短取捨是非知解也同學之中唯龍門智海昔常熟與究明但逢緣遇境莫不管帶何止此生而已窮未來際證無量聖身也未是他泊頭處但一味退步切莫作限量也

示典教授

佛祖以神道設教唯務明心達本況人人具足各各圓成但以迷妄背此本心流轉諸趣枉受輪迴而其根本初無增減諸佛以爲一大事因緣而出蓋爲此也祖師以單傳密印而來亦以此也若是宿昔蘊大根利智便能於脚跟直下承當不從他得了然自悟廓徹靈明廣大虛寂從無始來亦未曾間斷清淨無爲妙圓真心不爲諸塵作對不與萬法爲侶長如十日並照離見超情截却生死浮幻如金剛王堅固不動乃謂之即心即佛更不外求唯了自性應時與佛祖契合到無疑之地把得住作得主可不是徑截大解脫耶探究此事要透死生豈是小緣應當猛利誠

志信重如救頭然始有少分相應多見叅問之士世智聰明只圖資談柄廣聲譽以爲高上趣向務以勝人但增益我見如以油投火其炎益熾直到臘月三十日茫然繚亂殊不得纖毫力良由最初已無正因所以末後勞而無功是故古德勸人番涅槃堂裏禪誠有旨也生死之際處之良不易唯大達超證之士奮利根勇猛一徑截斷則無難然此段雖由自己根力亦假方便於常時些小境界中轉得行打得徹不存解不立見凜然全體現成踐履將去養得純熟到緣謝之時自然無怖畏只有清虛瑩徹無一法當情如懸崖撒手棄捨得無留戀一念萬年萬年一念覓生了不可得豈有死也是故古德坐脫立亡行化倒蛻能得勇徤皆是平昔淘汰得淨潔香林四十年得成一片湧泉四十年尚有走作石霜勸人休去歇去如古廟裏香爐去永嘉云體即無生了本無速蓋業業兢兢念茲在茲方得無礙自在既捨生之後得意生身隨自意趣後報悉以理遣不由業牽所謂透脫生死耶

報緣未謝於人間世上有如許叅涉交互應須處之使綽綽然有餘裕始得入生各隨緣分不必厭喧求靜但令中虛外順雖在鬧市沸湯中亦恬然安穩才有纖毫見刺則打不過也

示許庭龜奉議

此箇事在利根上智之人一聞千悟不爲難要須根脚牢實諦當徹信把得定作得主於一切違順境界差別因緣打成一片如太虛空無纖毫障隔湛湛虛明無有轉變雖百劫千生始終一如方可平穩多見聰俊明敏根浮脚淺便向言語上認得轉變即以世間無可過上遂增長見刺逞能逞解逞言語快利將謂佛法只如此及至境界緣生透脫不行因成進退良可痛惜是故古人直是千魔萬難悉皆嘗徧雖七處割截亦不動念一往操心猶如鐵石以至透脫生死渾不費力豈不是大丈夫超詣慷慨所存也

在家菩薩修出家行如火中出蓮蓋名位權勢意氣卒難調伏而況火宅煩擾煎熬百端千緒除非自己直下明悟本真妙圓到大寂定休歇之場尤能放下廓爾平常徹證無心觀一切法如夢幻泡空豁豁地隨時應節消遣將去即與維摩詰傅大士龐居士裴相國楊内翰諸在家勝士同其正因隨自己力量轉化未悟同入無爲無事法性海中則出來南閻浮提打一遭不爲折本矣

示隆知藏

有祖已來唯務單傳直指不喜帶水拖泥打路布列窠窟鈍置人蓋釋迦老子三百餘會對機設教立世垂範太段周遮是故最後徑截省要接最上機雖自迦葉二十八世少示機關多顯理致至於付受之際靡不直面提持如倒刹竿盌水投針示圓光相執赤旛把明鑑說如鐵橛子傳法偈達磨破六宗與外道立義天下太平翻轉我天爾狗皆神機迅捷非擬議思惟所測洎到梁遊魏尤復顯言教外別行單傳心印六代傳衣所指顯著逮曹溪大鑑詳示說通宗通歷涉既久具正眼

大解脱宗師變革通塗俾不滯名相不墮理性言說放出活卓卓地脫灑自由妙機遂見行棒行喝以言遣言以機奪機以毒攻毒以用破用所以流傳七百來年枝分派別各擅家風浩浩轟轟莫知紀極然鞠其歸著無出直指人心心地既明無絲毫隔礙脫去勝負彼我是非知見解會透到大休大歇安穩之場豈有二致哉所謂百川異流同歸于海要須是箇向上根器具高識遠見有紹隆佛祖志氣然後能深入閫奧徹底信得及直下把得住始可印證堪爲種草捨此切宜寶秘慎詞勿作容易放行也

五祖老師平生孤峻少許可人乾曝曝地壁立只靠此一著常自云如倚一座須彌山豈可落虛弄滑頭謾人把箇没滋味鐵酸餡劈頭拈似學者令咬嚼須待渠桶底子脫喪却如許惡知惡見胷次不掛絲毫透得淨盡始可下手鍛煉方禁得拳踢然後示以金剛王寶劍度其果能踐履負荷淨然無一事山是山水是水更應轉向那邊千聖籠羅不住處便契乃祖已來所證傳持正法眼藏及至應用爲物仍當驅耕夫牛奪飢人食證驗得十成無滲漏即是本家道流也

摩竭陀國親行此令少林面壁全提正宗而時流錯認遂尚泯默以爲無縫罅無摸索壁立萬仞殊不知本分事恣情識摶量便爲高見此大病也從上來事本不如是巖頭云只露目前些子箇如擊石火閃電光若搆不得不用疑著此是向上人行履處除非知有莫能知之趙州喫茶去秘魔巖擎杈雪峯輥毬禾山打鼓俱胝一指歸宗拽石玄沙未徹德山棒臨濟喝並是透頂透底直截剪斷葛藤大機大用千差萬別會歸一源可以與人解黏去縛若隨語作解即須與本分草料譬如七斛驢乳只以一滴師子乳滴悉皆迸散要腳下傳持相繼綿遠直須不徇人情勿使容易乃端的也末後一句始到牢關誠哉是言透脫死生提持正印全是此箇時節唯踏著上頭關捩子底便諳悉也

隆公知藏湖湘投機還往北山十餘年真探賾精通本色衲子遂舉分席訓徒已三載予被旨移都下天寧欲得法語以表道契因爲出此數段宣和六年十二月中佛果老僧書

示華藏明首座

祖師門下直截指示豈有如許多蹊徑只貴向上人聊聞舉著剔起便行明眼覷來只是鈍置古者道舉一隅不以三隅反者吾不與也箇箇須是舉一明三目機銖兩阿轆轆地蹤通峻快始稱提持豈不見良遂見麻谷第一番才見便歸方丈閉却門及至第二次見谷驟步向菜園渠便瞥地乃謂谷曰和尚莫謾良遂良遂若不來見和尚泊被十二本經論賺過一生看渠恁地不妨省力既歸謂徒黨曰諸人知處良遂總知良遂知處諸人不知信知渠知處有不通風諸人卒未搆得可謂真師子兒要作他家種草直須更出他一頭地始得

達磨遊梁入魏落草尋人向少林冷坐九年深雪之中覓得一箇及至最後問得箇什麼

卻只禮三拜依位而立遂有得髓之言至今守株待兔之流競以無言禮拜依位爲得髓深致殊不知刎去久矣爾方刻舟豈曾夢見祖師若是本色真正道流要須超情離見別有生涯終不向死水裏作活計方承紹得他家基業到此須知有向上事所謂善學柳下惠終不師其跡是故古人道一句合頭語萬劫繫驢橛誠哉

破有法王出現世間隨衆生欲種種說法將知所說皆爲方便只爲破執破疑破解路波我見若無許多惡覺惡見佛亦不必出現而況說種種法耶古人得旨之後向深山茆茨石室折脚鐺子煮飯喫十年二十年大忘人世永謝塵寰今時不敢望如此但只韜名晦跡守本分作箇骨律錐老衲以自契所證隨己力量受用消遣舊業融通宿習或有餘力推以及人結般若緣鍊磨自己脚根純熟正如荒草裏撥剔一箇半箇同知有共脫生死轉益未來以報佛祖深恩抑不得已霜露果熟推將出世應緣順適開拓人天終不操心於有求何況依倚貴勢作流俗阿師舉止欺凡罔聖苟利圖名作無間業縱無機緣只恁度世亦無業果真出塵羅漢耶

此門瞥脫契證即是素來不曾經人壞持拍盲百不知一但以利根種性孟八郎便透直下承當要用便用要行即行無如許般心行純熟頓放著所在便得休歇安樂終日飽齁齁地不妨真正最難整理是半前落後認得瞻　光影聽聞不隨聲守寂湛之性便爲至寶懷在胷中終日昭昭靈靈雜知雜解自擔負我亦有見處曾得宗師印證惟只增長我見便雌黃古今印證佛祖輕毀一切問著即作伎倆黏作一堆殊不知末上便錯認定盤星了也及至與渠作方便解黏去縛便謂移換人換轉人作恁麼心行似此有甚救處除是驀地自解知非卻將來須放得下作善知識遇著此等須是大脚手與烹鍊救得一箇半箇得徹不妨翻邪成正將來卻是箇沒量大人何故只爲病多諳藥性

得底人心機泯絕照用己忘渾無領覽只守閑閑地而諸天捧華無路魔外潛覷不見深深海底行漏盡意解所作平常似三家村裏無異直下放懷養到恁麼處亦未肯住在才有纖毫便覺如泰山似礙塞人便即擺撥雖純是理地亦無可取若取即是見刺所以云道無心合人人無心合道豈肯自衒我是得底人原他深不欲人知喚作絕學無爲與古人爲儔真道人也

他參活句不參死句活句下薦得永劫不忘死句下薦得自救不了若要與佛祖爲師須明取活句韶陽出一句如利刀剪卻臨濟亦云吹毛用了急須磨此豈陰界中事亦非世智辯聰所及直是深徹本源打落從前依他作解明昧順逆以金剛正印印定揮金剛王寶劍用本分手段所以道殺人須是殺人刀活人須是活人劍既殺得人須活得既活得須殺得若只孤單則偏墮也垂手之際卻看方便勿使傷鋒犯手著著有出身之路八面玲瓏照破他方與下刃亦須緊密始得稍寬緩即落七落八也只自己等閑尚不留毫髮

許設有亦斬作三段何況此宗門中從上牙爪遇其中人才拈出若投機則共用不投機則劃却以是爲要無不了底事切在力行之

示光禪人

欲得親切第一不用求求而得之已落解會況此大寶藏亘古亘今歷歷虛明從無始劫來爲自已根本舉動施爲全承他力唯是休歇到一念不生處即是透脫不隨情塵不居意想迥然超絕則徧界不藏物物頭頭渾成大用一一皆從自已胷襟流出古人謂之運出家財一得永得受用豈有窮極耶但患體究處根脚不牢不能徹證直須猛截諸緣令無纖毫依倚放身捨命直下承當無第二箇縱使千聖出來亦不移易隨時任運喫飯著衣長養聖胎不存知解可不是省要徑截殊勝法門耶

示民禪人

先聖一麻一麥古德攻苦食淡潔志於此發寢忘飡體究專確要求實證豈計所謂四事豐饒哉及至道不及古便有法輪未轉食輪先轉之義由是叢林呼長老爲粥飯頭得非與古人一倍相反耶然入隨緣變異門且行第二段北山延接方來道人唯仰南䖍今秋適會大稔覺民禪容觀收刈臨行乞言因示以前段因緣貴宗本搆末乃爲兼利並照圓悟通達之人本分事也勉行之百草頭上有祖師夾山指出令人薦寬平田中有大義百丈展手要人知若能顆粒圓成即是單傳心印更或彌望坦然便證第一聖諦且出草一句作麼生道滿船明月載將歸

示世祥禪人

立志辦道之士於二六時中自照自了念茲在茲知有自已脚跟下一段因緣處聖不增居凡不減獨脫根塵迥超物表凡所作爲不立方所湛寂凝然唯萬變千化初無動搖應緣而彰遇事便發靡不圓成唯要虛靜一切超然主本既明無幽不燭萬年一念一念萬年透頂透底全機大用譬如壯士屈伸臂頃不借他力則生死幻翳氷消金剛正體獨露一得永得無有間斷古今言教機緣公案問答作用並全明此若脫灑履踐得日久歲深自然左右逢源打成一片豈不見法燈道入荒田不揀信手拈來草觸目未嘗無臨機何不道無根艿得活離地艿不倒日用尚不知更向何處討切宜消息之

示諫長老

趙州云我在南方三十年除粥飯二時是雜用心處將知古德爲此箇事不將作等閑直是鄭重所以操修覯捕到徹底分明於一機一境一句一言悉不落虛是致世法佛法打成一片今時要湊泊著實須是猛利奮發倒腸換肚莫取惡知惡見莫雜毒食一味純正真淨妙明直下踏著本地風光到安穩大解脫之地坐斷報化佛頭凜凜孤危風吹不入水灑不著正體現成日用有力量聞聲見色不生取捨著著有出身之路豈不見僧問九峯見說和尚親見延壽是否峯云山前麥熟也未識得渠親切用處便見衲僧巴鼻所謂殺人刀活人劍但請長時自著眼看到出格時自然知落處也

示禪人
達磨西來不立文字語句唯直指人心若論直指只人人本有無明殼子裏全體應現與從上諸聖不移易一絲毫許所謂天真自性本淨妙明含吐十方獨脱根塵一片田地唯離念絶情逈超常格大根大智以本分力量直下就自已根脚下承當如萬仞懸崖撒手放身更無顧藉教知見解礙倒底脱去似大死人已絶氣息到本分地上大休大歇口鼻眼耳初無相知手足項背各不相到然後向寒灰死火上頭頭上明枯木朽株間物物斯照乃契合孤逈逈峭巍巍更不須覓心覓佛槃着磕着無非外得古來悟達百種千端只這便是心不必更求心是佛何勞更覓佛儻於言句上作路布境物上生解會則墮在骨董袋中卒撈摸不着此忘懷絶照真諦境界也

不與萬法爲侶者是什麽人回光自照看待汝一口吸盡西江水即向汝道八角磨盤空裏走參得透目前萬法平沉無始妄想蕩盡德山隔江搖手便有人承當烏窠吹布毛尋有人省悟得非此段大因緣時至根苗自生也亦機感相投有地也亦當人密運無間借師門發揮何峭絶如此之難而超證如此之易古人以輥芥投針爲況良不虛矣

末後一句都通穿過有言無言向上向下權實照用卷舒與奪不消箇勘破了也誰識趙州這巴鼻須是吾家種草始得

圓悟佛果禪師語録卷第七

圓悟佛果禪師語録卷第七

校勘記

一　底本，明永樂北藏本。

一　三頁上一行經名、二行編者，徑無（未換卷）。

一　三頁上一三行「路布」，徑、清作「露布」。下同。

一　三頁下六行末字「揕」，南、徑、清作「堪」。

一　四頁上二行至卷九第三六頁中一三行，與卷十第三八頁上三行至卷十三第七九頁中七行，徑互置，並在一四頁上二行「示張持滿朝奉」前，徑有「圓悟佛果禪師語録卷第十四、宋平江府虎丘山門人紹隆等編、法語上」三行。

一　四頁上三行首字「克」，南作「語克」。

一　四頁上一三行「則愈」，南無。

一　四頁中一四行首字「令」，南、清作「令」。

一一五頁中八行首字「此」，南作「語此」。

一一五頁下一〇行首字「有」，南作「語有」。

一一五頁下一一行第三字「列」，清作「立」。

一一六頁中一〇行第一三字「枝」，南、徑、清作「杈」。

一一七頁中五行第六字「但」，南作「旦」。

一一七頁中九行首字「瞻」，南、徑、清作「瞻視」。

一一七頁下一一行第四字「向」，徑、清作「句」。

一一八頁上一八行第一〇字「苦」，南作「若」。

一一九頁中卷末經名，徑無（未換卷）。

圓悟佛果禪師語錄卷第八　惠一

宋平江府虎丘出門人紹隆等編

示尼修道者

學道之士初無信向厭世煩悶長恐不能得箇入路既逢師指或因自已直下發明從本已來元自具足妙圓眞心觸境遇緣自知落著便乃守住患不能出得遂作窠臼向機境上立照立用下咄下拍努眼揚眉一場特地更遇本色宗匠盡與拈却如許知解直下契證本來無爲無事無心境界然後識羞慚知休歇一向冥然諸聖尚覓他起念處不得況其餘耶所以巖頭道他得底人只守閑閑地二六時中無欲無依可不是安樂法門昔灌溪住末山山問近離甚處溪云路口山云何不蓋却溪無語次日致問如何是末山境山云不露頂如何是境中人云無男女等相溪云何不變去山云不是神不是鬼變箇什麽如此豈不脚踏實地到壁立萬仞處所以道末後一句始到牢關把斷要津不通凡聖古人既爾今人豈少欠耶幸有金剛王寶劒當須遇著知音可以拈出

示良爐頭

金色頭陀論劫打坐達磨少林面壁九年曹溪四會縣看獵大潙深山卓庵十載大梅一住絶人迹無業閱大藏古聖翹足七晝夜讚底沙常啼經月驚心肝長慶坐破七蒲團是皆爲此一段大因緣其志可尚終古作後昆標準便使致身在長連床上亦不過冥心體究但令心念澄靜紛紛擾擾處正好作工夫當作工夫時透頂透底無絲毫遺漏全體現成更不自他處起唯此一大機阿轆轆轉更說甚世諦佛法一槩平持日久歲深自然脚跟下實確確地只是箇良上座直下契證如水入水如金博金平等一如湛然眞純是解作活計但一念不生放教玲瓏才有是非彼我得失勿隨他去乃是終日竟夜親參自家眞善知識何憂此事不辦切須自看

示諧知浴

此箇大法三世諸佛同證六代祖師共傳一印印定直指人心見性成佛不立文字語句謂之教外別行單傳心印若涉言詮露布立堦立梯論量格内格外則失却本宗辜負先聖要須最初入作便遇本分人直截根源退步就己以鐵石心將從前妄想見解世智辯聰彼我得失到底一時放却直下如枯木死灰情盡見除到淨躶躶赤灑灑處豁然契證與從上諸聖不移易一絲毫許諦信得及明見得徹此始爲入理之門更須教一念萬年萬年一念二六時中純一無雜才有纖塵起滅則落二十五有無出離之期抵死謾生咬教斷然後田地穩密聖凡位中收攝不得始是如鳥出籠自休自了處得座披衣眞金百煉舉動施爲等閑蕩蕩地根塵生死境智玄妙如湯沃雪遂自知時更無分外底名爲無心道人以此自修轉開未悟令如是履踐豈不爲要道哉

示印禪人

道由悟達立志爲先自博地具縛凡夫便欲跋步超證直入聖域豈小因緣哉固宜操鐵石心截生死流承當本來正性不見纖塵中

外有法使胷次蕩然了無罣礙施為作用悉根本中出根本既牢實能轉一切物是謂金剛正體一得永得豈假外求是故古德云此宗難得其妙當須子細用心可中頓悟正因便是出塵階墜古德隔江摇扇吹布毛便有發機處至於驀口塹劈脊棒亦解桶底子脫蓋緣專一久之一日瞥地此豈外得之皆由自證自悟

示信侍者

學道之要在深根固帶於二六時中照了自己根脚當未起念百不干懷時圓融無際脫體虛凝一切所為曾無疑間謂之現成本分事及至纔起一毫頭見解欲承當作主宰便落在陰界裏被見聞覺知得失是非籠罩半醉半醒打疊不辦約實而論但於鬧閧處實帶得行如無一事相似透頂透底直下圓成了無形相不礙功用不妨作為語默起則終不是別人稍覺纖毫滯礙悉是妄想直教灑灑落落如太虛空如明鏡當臺如杲日麗天一動一靜一去一來不從外得放教自由自在不被法縛不求法脫盡始盡終打成一片何處離佛法外別有世法離世法外別有佛法是故祖師直指人心金剛般若貴人離相譬如壯士屈伸臂項不借他力如此省要好長時自退步體究令有箇落著諦實證悟之地即是念念徧參無邊無量大善知識也切切諦信勉力作工夫乃善也

示材知莊

俱胝凡見僧來及答問唯豎一指蓋通上徹下契證無疑差病不假驢馳藥也後代不諳來脉隨例豎箇指頭謾人不分皂白大似將醍醐作毒藥良可憐愍若是真的見透底始知鄭重終不將作等閑所謂千鈞之弩不為鼷鼠而發機是故須具頂顙上眼方可入作後來玄沙拈曰俱胝承當處莽鹵只認得一機一境有般柏盲底隨語生解便抑屈俱胝以謂實然殊不知焦塼打著連底凍到這裏直須子細切忌顢頇只如俱胝臨遷化去自云得天龍一指頭禪一生受用不盡豈徒然哉

曹溪大鑒微時新州一樵夫也碌碌無所發明已數十歲一旦聞客誦經激其本願遂致母出鄉謁黃梅大滿才見數語間投機隱碓坊八箇月既聞秀偈始露鋒鋩五祖舉衣鉢授之是時羣衆競趂逐欲奪取而蒙山道人最先及之於大庾嶺頭知不勝始悟此衣非可以力爭稽首求法大鑒以不思善惡本初面目歛念知歸盧老以時緣未穩復遁迹四會縣獵人中久之尋抵番禺吐風旛不動動自於心之語印宗伸弟子之禮為之削髮登具由是開大法要總二千餘衆聲徹九重遣貴近降紫泥召之確然不應度龍象若讓師清源永嘉南陽荷澤司空數十人皆大宗師何其蹤跡唯聖賢示化進退存亡了然先照然考其步驟從微至著不斷世緣而示妙規百世之下無與為等到今數百載充徧寰海列刹相望皆其法孫欽仰洪範欲擬其毫末竭誠罄力終莫髣髴惟望後昆有力量者勉旃聊述梗槩爾

示覺民知庫

圓湛虛凝道體也展縮殺活妙用也善游刃能操守如珠走盤如盤走珠無須剗落虛亦不分世法佛法直下打成一片所謂觸處逢渠出没縱横初無外物淨躶躶阿轆轆以本分事印定頭頭上明物物上了何處更有得失是非好惡長短來但恐自己正眼未得洞明是致落在二邊則没交涉也豈不見永嘉道上士一決一切了中下多聞多不信

佛祖言教筌罤爾籍之以為入理之門既廓然明悟承當得則正體上一切圓具覯佛祖言教皆影響邊事終不向頂顊上戴却近世參學多不本其宗猷唯務持擇言句論親疎辯得失浮漚上作實解誇善淘汰得多少公案解問諸方五家宗派語一向没溺情識迷却正體良可憐愍有真正宗師不惜眉毛勸令離却如上惡知惡見却返謂之心行移換擺撼煅煉展轉入荆棘林中所謂打頭不遇作家到老只成骨董

省要處不消一劄皮下有血自知落處苟或躊躕則失却鼻頭也七佛已前便與麼直須硬糾糾緊著頭皮分明歷落薦取這一片田地穩密長時乃自會退步終不道我有見處我有妙解何故箇中若立一絲毫能所見刺則重過山嶽從上來決不相許是故釋迦文於然燈佛以無法得受記盧老於黃梅以本來無物親付衣鉢至於生死之際才自擔荷則如靈龜脫殼應須淨穢二邊都不依怙有心無心有見無見似紅爐著一點雪二六時中透頂透底灑灑落落遊此千聖不同途處直下令純熟自然成就得箇絕學無為千人萬人羅籠不住底箇真實人也

送圓首座西歸

得道之士立處既孤危峭絕不與一法作對行時不動纖塵豈止入林不動草入水不動波蓋中已虛寂外絕照功翛然自得徹證無心雖萬機頻赴豈能撓其神千難殊對而不干其慮哉平時只守閑閑地如癡似兀及至臨事為物初不作伎倆准擬剸割風旋電轉靡不當機宜非素有所守也是故古德道如人學射久久方中悟則剎那履踐工夫須資長遠如鶵鳩兒初生下來赤骨歷地養來餧去日久時深羽毛既就便解高飛遠舉所以悟明透底正要調伏只如諸塵境界常流於中窒礙到得底人分上無不虛通全是自家大解脫門終日作為未嘗作為了無欣厭亦無倦怠度盡一切而無能所況生厭墮耶苟性質偏枯尤當增益所不能放教圓通以漚和力攝化開權俯仰應接俾高低遠近略無差悮行常不輕行學忍辱仙遵先佛軌儀成就三十七品助道法堅固四攝行到大用現前喧寂一等如下水船不勞篙棹混融含攝圓證普賢行願乃世出世間大善知識也古德云三家村裏須自箇叢林蓋無叢林處雖有志之士亦善自便到恁麼尤宜執守唯在強勉以不倦終至於喧靜亦復爾喧處周旋應變於中虛寂靜處能不被靜縛則隨所至處皆我活計唯中虛外順有根本者能然

大凡為善知識應當慈悲柔和善順接物以平等無諍自處彼以惡來及以惡聲名色加我非理相干訕謗毀辱但退步自照於己無

懡一切勿與較量亦不動念嗔恨只與直下坐斷如初不聞不見久久魔孽自銷爾若與之校則惡聲相返豈有了期又不表顯自己力量與常流何以異切切行之自然無思不服

棒拂之下開發人天俾透脫生死豈小因緣應恬和詞色當機接引勘對辯其由來驗其蹲坐攻其所偏墜奪其所執著直截指示令見佛性到大休大歇安樂之場所謂抽釘拔楔解黏去縛切不可將實法繫綴人令如是住如是執勿受別人移倒此毒藥也令渠喫著一生擔板賺悞豈有利益耶

佛祖出興持唱此段大因緣謂之單傳心印不立文字語句接最上機只貴一聞千悟直下承當了修行不求名聞利養唯務透脫生死今既作其兒孫須存他種草看他古來有道之士動是降龍伏虎與神明受戒攻苦食淡大忘人世求謝塵寰三二十年折脚鐺煮飯喫遁跡埋名往往坐脫立亡於中一箇半箇諸聖推出建立宗風無不稟高行務報佛恩流通大法始出一言半句抑不得已明知是接引入理之門敲門瓦子其體裁力用不妨為後昆模範當宜師法之轉相勉勵追復古風切忌希名苟利救深祝也

示樞禪人

解語非干舌能言不在詞明知舌頭語言不是倚仗處則古人一言半句其意唯要人直下契證本來大事因緣所以修多羅教如標月指知是般事便休行履處綿密受用時寬通日久歲深不移易拈弄收放得熟小小境界悉能照破斷割不留朕迹及至死生之際結角羅紋不相參雜湛然不動翛然出離此臘月三十日涅槃堂裏禪也

示裕書記

踏著實地到安穩處時中無虛棄底工夫綿綿不漏絲毫湛寂凝然佛祖莫能知魔外無捉摸是自住無所住大解脫雖歷無窮劫亦只如如地況復諸緣邪安住是中方可建立與人抽釘拔楔亦只令渠無住著去此謂之大事因緣

如來有密語迦葉不覆藏迦葉不覆藏乃如來真密語也當不覆藏即密當密即不覆藏此豈可與繫情量立得失存窠窟作解會者舉耶透脫到實證之地向出格超宗頂𩕳上領始得既已領畧應當將護遇上根大器方可印受也

秉拂據位稱宗師若無本分作家手段未免賺悞方來引他入草窠裏打骨董去也若具金剛正眼須灑灑落落唯以本分事接之直饒見與佛齊猶有佛地障在是故從上來行棒行喝一機一境一言一句意在鈎頭只貴獨脫勿使依草附木所謂驅耕夫之牛奪飢人之食若不如是盡是弄泥團漢

方來衲子有夙根作工夫驀地得入者不遇真正宗師返引他作露布墮在機境中無繩自縛半前落後似是不是最難整理要須識其病脉辯其落著徵其所偏墜而發起之俾捨執著住滯然後示以本分正宗使無疑惑了然得大解脫居大寶宅自然趂亦不去可以洪濟大法傳續祖燈堪報不報之恩也

黃龍老南禪師昔未見石霜會一肚皮禪巖憫之勸謁慈明只窮究玄沙語靈雲未徹處應時瓦解氷消遂受印可三十年只以此印拈諸方解路瘥病不假驢駞藥緊要處豈有如許多佛法也大宗師爲人雖不立窠臼露布久之學徒妄認亦成窠臼露布也蓋以無窠臼爲窠臼無露布作露布應須及之令盡無令守株待免認指爲月鑒在機先風塵草動亦照其端倪況應酬擾擾哉非曾次虛靜無一法當情安能圓應無差先機照物耶此皆那伽在定之効也

臨濟金剛王寶劒德山末後句藥嶠一句子祕魔杈俱胝指雪峯輥毬禾山打鼓趙州喫茶楊岐栗棘蓬金剛圈皆一致爾契證得直下省力一切祖師言教無不通達唯在當人善自護持爾

佛智裕公久叅徧歷一言相契從前證解併脫去卓然超絕遂分座訓徒傳持流通此大法印因書法語以贈

示粲禪人

趙州和尚見僧喚云近前來僧近前州云去多少省力若薦得乃是十成完全若作如之若何則知見生也

唐朝古德英禪師徹時事田運槌擊塊見一大塊戲以槌猛擊之應時粉碎驀地大悟自此散誕爲不測人頗彰神異有老宿拈云山河大地被這僧一擊百雜碎獻佛不假香多誠哉是言

示泉禪人

叅問要見性悟理直下忘情絕照胷襟蕩然如癡似兀不校得失不爭勝劣凡有順違悉皆截斷令不相續悠久自然到無爲無事處才毫髮要無事早是事生也一波才動萬波隨豈有了期他時生死到來脚忙手亂只爲不脫灑但以此爲確實自然鬧市裏亦淨如水豈憂己事不辦耶

才有是非紛然失心直這一句驚動多少人做計較若承當得坐得斷透出威音王那畔若隨此語轉特地紛然自回光返照始得如來禪祖師禪豈有兩種未免諳含各分皂白特地乖張事理機鋒一時坐斷是打淨潔毬子還知諦當著實處麼放下看取

示傑禪人

行脚叅請既依附知識於大叢林陪清高雅衆久矣一旦親緣須著落歸動是箇千里遠行要須以自己力量不忘踐履直須行處不生塵況此段事不道在善知識邊便有居鄉井時便無也所謂暫時不在如同死人正當在時亦不起摸畫樣雖則平常而滴水滴凍卓然絕識成箇無爲無事無心事業表裏洞然無際不與萬法爲侶不與千聖同途深根固蔕只守閑閑地養來養去不憂不徹但盡凡情作自己工夫勿管外緣勿逐名利起我見競勝負是故古德道任運猶如癡兀人他家自有通人愛傑知莊倏來告別求警策因書此語授之

示成修造

蔣山門下無禪可說無道可傳雖聚半千衲子唯以箇金剛圈栗棘蓬跳者著力跳吞者用意吞莫恠無滋味太嶮峻或若驀地體得

如畫錦還鄉千人萬人只仰羨得要且覓他所從來不得所謂人人本分事也才生心動念承當擔荷早不本分了也直得萬機休罷千聖不携亦猶有依倚在快須擺撥透脱那邊去始得所以道但有纖毫即是塵舉意便遭魔所撓

成就一切總只由他破壞一切亦只由他奇特殊勝緣恒沙功德藏無量妙莊嚴超世希有事皆所成就慳貪憎妬情識執著有爲有漏垢染雜亂解路名相知見妄想皆所破壞也唯他能轉一切物一切物不能轉他雖無形段面目而包括十虛含凡育聖若有取之即隨見刺卒摸索不著

諸佛開示祖師直指唯心妙性徑截承當不起一念透頂透底無不現成於現成際不勞心力任運逍遙了無取舍乃真密印也

示杲書記

臨濟正宗自馬師黃檗闡大機大用脱羅籠出窠臼虎驟龍馳星飛電激卷舒擒縱皆據本分綿綿的的到興化風穴唱愈高機愈峻西河弄師子霜華奮金剛王非深入閫奥親受印記皆莫知端倪徒自名邈只益戲論大抵負冲天氣宇格外提持不戰屈人兵殺人不眨眼尚未髣髴其趣向況移星換斗轉天輪回地軸耶是故示三玄三要四料簡四主賓金剛王寶劍踞地師子一喝不作一喝用探竿影草一喝分賓主照用一時行許多落索多少學家摶量注解殊不知我王庫内無如是刀弄將出來看底只眨得眼須是他上流契證驗認正按旁提須還本分種草豈假梯媒只如寶壽開堂三聖推出一僧寶壽便打聖云你恁麽爲人非獨瞎却這僧眼瞎却鎮州一城人眼去在寶壽擲下拄杖便歸方丈興化見同參來便喝僧亦喝化又喝僧復喝化云你看這瞎漢僧擬議直打出法堂侍者問有何相觸悞化云是他也有權也有實我將手向伊面前橫兩遭却不會似此瞎漢不打更待何特看他本色宗風逈然殊絶不貴作畧只欽他眼正要扶荷正宗提持宗眼須是透頂透底徹骨徹髓不涉廉纖逈然獨脱然後的的相承可以起此大法幢然此大法炬繼他馬祖百丈首山楊岐不爲忝竊爾

示韓朝議

乃佛乃祖直指此大法於人人脚跟下洞照如千日並出但趣外奔逸久不能自信有如是大威德光明唯務作聰明立知見向業感中以謂出乎等夷衒耀自得向人間世所習古今博究廣覽謂窮極底蘊殊不知螢火之光豈比太陽所以古之奇傑之士穎脱之性就近而論如裴相國楊大年之儔投誠放下就宗師決擇剗去浮塵知見大徹大悟始能超軼與老禪碩德抗行蹋踐到臨合殺結角頭自解撒手克證大解脱豈小事哉今既明敏不減前輩平時學業才力邁往於世路久之雖知宗門有此段因緣謂不出我所宗尚殊不著意以夙昔大緣相值歐峯經年會聚一聞舉揚即起深信迴光返照顧人間如夢如幻隨大化變滅乃虛妄爾唯此千劫不壞不移易一切聖賢根本乃造物之淵源印定自己若一發明七通八達何徃不自得哉是

知宿世亦曾薰炙遇緣而彰見於行事豈非自性耶然能自撿點二六時中學佛法已是雜用心則去却佛法乃眞淨界中行履矣但請依此一切不雜即純一洞然無愛憎離取捨不分彼我不作得失一切法坦然皆我家不思議處淨妙圓明受用之物爾須令此心長時現前不墮沉昏不生聰慧入平等安閑寂靜境界那有惡作業緣識情千撓得此本妙光明也只恐臨境界面前都盧忘失依前紛亂則不堪也古之修行亦只以自所證入時中照了截斷塵勞救活卓卓地悠久三二十年純熟超出生死不爲難著力在行處不只空高談說之而已古云說得一丈不如行得一尺蓋定慧之力回轉業緣正要惺惺地勇猛果決千百生中當受用其餘古人機緣語句不必盡要會之但一著分明則著著如此千變萬化豈移變得渠力用哉內心既虛外緣亦寂著衣喫飯本自天眞不勞雕琢若或立勝見負我能即禍事也切須照管勿作此態由是可入無我眞實平等如如不動不變淨妙清涼穩密田地矣誌公云不起纖毫修學心無相光中常自在

示曾待制

禪非意想道絕功勳若以意想參禪如鑽冰求火掘地覓天只益勞神若以功勳學道如土上加泥眼裏撒沙轉見困頓儻歇却意識息却妄想則禪河浪止定水波澄去却功用休却營爲則大道坦然七通八達是故僧問石頭如何是禪頭云碌磚僧云如何是道頭云木頭此豈意想功勳所能辯哉除非直下頓領截流便透則禪道歷然才擬作解則千里萬里要是向來世智辯聰頓然放却消遣令盡自然於此至實之地自證自悟而不留證悟之迹倏然玄虛通達乃善

馬大師嘗舉楞伽經以佛語心爲宗無門爲法門乃云諸人要識佛語心麼只你如今語便是心心便是佛故云佛語心乃是宗也此宗無門乃是法門古人太煞老婆拖泥涉水若一舉便透猶較些子或窮研義理卒摸索不著

圓悟佛果禪師語録卷第八

圓悟佛果禪師語録卷第八

校勘記

一　底本，明永樂北藏本。

一　二一頁上一行經名、二行編者，徑無(未换卷)。

一　二一頁上二行「虎丘出」，清作「虎丘山」。

一　二二頁上一七行末字「則」，南、徑、清作「倒」。

一　二二頁下二行「十歲」，徑作「十載」。

一　二二頁下一九行「梗槩爾」，至此，徑卷第十四終，卷第十五始。正文前，有「法語中」一行。

一　二三頁中一行「糾糾」，清作「糾糾」。

一　二三頁下一九行第一〇字「來」，徑作「求」。

一　二四頁上七行「由來」，南、徑作「來由」。

一　二五頁中一六行第三字「憂」，徑作「有」。

一　二七頁下一行經名、卷次，徑無(未换卷)。

圓悟佛果禪師語録卷第九　　惪二

宋平江府虎丘山門人　紹隆等編

示智祖禪德

世尊拈華迦葉微笑二祖禮拜達磨傳心豈有他哉箭鋒相拄也當其神契理御非言思所測唯知有向上宗風者證之雖千萬億載猶旦暮爾是故乃佛乃祖求人初不草草要是純剛打就利根上智然後提其要擊其節如膠投漆舉一明三阿轆轆地無窠窟絶滲漏底始可首肯更須淘煉到盤錯交加人所不能窮詰辨別處綽綽然游刃有餘當受用時淺淫露手段有超宗越格不傍師旨獨出胷襟壁立千仞驚羣敵勝方堪付授法既不輕道亦尊嚴所謂源深流長也

從上古德動盡平生或三十二十年靠箇入處期徹頭徹尾去志既有力用心堅確是以成就得來擲地金聲大丈夫兒攀上景仰不得不然彼既能爾我豈不能耶況透脫死生窮未來際一得永得當深固根本根本既固枝葉不得不鬱茂但於一切時令長在勿使走作湛湛澄澄吞爍羣象四大六根皆家具爾況知見語言解會耶一時倒底放下到至實平常大安穩處了無纖芥可得只恁隨處輕安真無心道人也保任此無心究竟佛亦不存喚甚作衆生菩提亦不立喚甚作煩惱翛然永脫應時納祐遇茶喫茶遇飯喫飯縱處闤闠如山林初無二種見假使致之蓮華座上亦不生忻抑之九泉之下亦不起厭隨處建立又是贏得邊事何有於我哉大迦葉云法法本來法無法無非法何於一法中有法有不法古人得旨之後多深藏不欲人知恐生事也抑不得已被人捉出亦不牢讓蓋無心矣至於垂慈示方便亦只隨家豐儉如俱胝一指打地唯打地祕魔擎叉無業莫妄想面壁降魔舞笏骨剉初不拘格轍勝負唯務要人各知歸休歇不起見剩向鬼窟裏弄精魂卓卓叮嚀到脫體安隱之地乃妙旨也伶利漢腳跟須點地脊梁要硬似鐵遊人間世幻視萬緣把住作主不徇人情截斷人我脫去知解直下以見性成佛直指妙心爲揩梯及至作用應緣不落窠臼辦一片長久守寂淡身心於塵勞中透脫去乃善之又善者也

示諸禪人

道本無言法本不生以無言言顯不生法更無第二頭才擬追捕已蹉過也是故祖師西來特唱此事只貴言外體取機外薦取自非上上根器何能驀爾承當得然有志於是者豈計程限要須立處孤危辦得一刀兩段猛利身心放下覰子靠著箇似咬猪狗惡手段底盡情將從前學解路布黏皮貼肉知見一剗打摒却使胷次空勞勞地己思不露一物不爲便能徹底契證與從上來不移易一毫髮許直得如此更須知有向上超師作略始得所以古者問佛向上答非佛又答方便呼爲佛則見性成佛乃筌蹄爾是中云何指東畫西直須密契自能將護方得灑灑落落更說甚證涅槃契生死皆增語也雖然只山僧恁麼道也未可取爲極則始免佛病祖病大丈夫漢圖心要叅豈可立限劑耶但辦却深

信一往向前未有不脚踏著實地者日新日新日日新日損日損日日損退步到底便是也至了是亦不立此正是作工夫處

示蔣待制

襄陽郡王常侍參溈山大圓得旨有僧從溈山來常侍問山頭老漢有何言句僧云人問如何是祖師西來意山竪拂子常侍云山中如何領解僧云山中商量即色明心附物顯理常侍云會便會著甚死急汝速去侍有書與老師僧馳書回溈山折見畫一圓相於中書箇日字溈山呵呵大笑云誰知吾千里外有箇知音仰山云也只未在溈山云子又作麼生仰山於地上作一圓相書箇日字以脚抹之而去看他得底人步驟趣向豈守窠窟耶箇裏若善觀其變則能原其心既能原其心則有自由分既有自由分則不隨他去也既不隨他去何往而不自得哉

每接士大夫多言塵事縈絆未暇及此待稍撥剔了然後存心體究此雖誠實之言只以塵勞為務頭出頭沒爛骨董地熟了只喚作塵事更待撥却塵緣方可趣入其所謂終日行而未嘗行終日用而未嘗用豈是塵勞之外別有此段大因緣耶殊不知大寶聚上放大寶光輝天焯地不自省悟承當更去外求轉益辛勤豈為至要若具大根器不必看古人言句公案但只從朝起正却念靜抑心凡所指呼作為一番作為一番再更提起審詳看從何處起是箇甚物作為得如許多當塵緣中一透一切諸緣靡不皆是何待撥剔即此便可超宗越格於三界火宅之中便化成清淨無為清涼大道場也法華經云佛子住此地即是佛受用經行及坐臥常在於其中

示張國太

即心即佛已是八字打開非心非佛重向當陽點破不尋其言一直便透方見古人亦心片片若也躊躕則當面蹉過也

不與萬法為侶底是什麼人待你一口吸盡西江水即向汝道多少徑截何不便與麼承當更入他語句中則求不透脫多見學者只言卜度下語要求合頭此豈是要透生死要透生死除非心地開通此箇公案乃是開心地鑰匙子只要明了言外領旨始到此無疑之地矣

昔修山主要見地藏自陳此番來見和尚經涉許多山川極是辛苦地藏指云許多山川於汝也不惡渠便桶底子脫去似此豈假多言道途之間也須保任始得

示方清老道友

老達磨來自竺乾豈嘗持一物及遊梁歷魏面壁少林無人識渠獨可祖効勤立雪斷臂始略垂慈由此印心若謂無言從何而入如謂有言向伊道甚將知須是箇人始十分領畧乃無滲漏所以入此門來要是根器猛利能疾速棄捨從前知見解路使胸次空勞勞不留毫髮洞然虛凝言思路絕直契本源泯然無際自得本有無得妙智方號信及見徹猶有無量無邊莫測莫量大機大用在儻留此能所墮在緣塵則卒急未便相應是故古德勸人直下休去歇去此段譬如快鷹快鷂捎雲突日迷風透青掀騰直截不容擬議苟

或跏趺乃蹉過也其爲教外別行則可知矣既有志於是放下著觀體承當一切現成則初祖不曾來自己亦無得

示李嘉仲賢良

全心即佛全佛即人人佛無異始爲道矣此諦實之言也但心眞則人佛俱眞是故祖師直指人心俾見性成佛然此心雖人人具足從無始來清淨無染初不取著寂照凝然了無能所十成圓陁陁地只緣不守自性妄動一念遂起無邊知見漂流諸有脚跟下恒常佩此本光未常露昧而於根塵枉受纏縛若能蘊宿根本從諸佛祖師直截指示處便倒底脫却炙脂衲襖赤條條淨躶躶直下承當不從外來不從內出當下廓然明證此性更說甚人佛心如烘爐上著一點雪何處更有如許多忉怛也是故此宗不立文字語句唯許最上乘根器如飄風疾雷電激星飛脫體契證截生死根破無明縠了無疑惑直下頓明二六時中轉一切事緣皆成無上妙智豈岐歇喧求靜棄彼取此一眞一切眞一了一切了餘萬有於此心握權機於方外而應物現形無法不圓何有於我哉要須先定自已著落立處既硬糺糾地自然風行草偃所以王老師十八上便解作活計香林四十年乃成一片塵勞之儔爲如來種只在當人善自看風使帆念念相續心心不住向此長生路上行便即與佛祖同得同體同作同證況百里之政柄在手頭安民利物即是自安萬化同此一機千差並此一照盡塵沙法界可以融通何況人佛無異耶

示達猷奉議

從上徑截一路直拔超昇無出直指人心見性成佛但此心淵奧脫去聖凡階級只貴利根上智於無明具縛窠窟中不動纖毫直下頓契廓徹靈明與有情無情有性無性同體與大法相應發起作用透古超今騎聲蓋色虛而靈寂而照無量無涯不思議大解脫一一七穿八穴了無回互便識落著所以乃佛乃祖謂之單傳密付如印印空如印印水如印印泥萬德昭然十方坐斷獨證獨超初無依倚若起見作相則沒交涉也今時大有具種性之士能始末覷破幻緣幻境勇猛奮志向箇邊來亦有久存誠探賾者然患鈌方便力止以知見解會爲明了殊不知全坐了但是識心縱解到佛邊窮到修證盡頭處不出指蹤在是故古來作家宗師不貴人作解會唯許人捨知見向中不曾留毫髮許蕩然如太虛空悠久長養純熟此即是本地風光本來面目也到此亘古亘今之地脫離生死有甚難也如裴相國龐居士椽直以信得及便得力受用自在塵緣幻境豈從別處生若脚下諦實二六時中能轉一切物而無能相等閑空牢牢地不生心動念隨自天眞千懷常實便是從宦遊斡輪悉皆照透承那箇恩力既識渠如下水船相似畧左右照顧扶持將去自然速疾與般若相應此禪流所謂自做工夫觸處無有虛棄底時節綿綿相續辦長久不退轉心不必盡棄世間有漏有爲然後入無爲無事當知元非兩般若懷去取則打作兩橛也一切時一切處唯以此爲實在力

行之當截斷衆流得大安樂矣

示宗覺大師

佛語心爲宗宗通說亦通既謂之宗門豈可支離去本逐末隨言語機境作窠窟要須徑截超證透出心性玄妙勝淨境界直徹綿密穩當向上大解脫大休大歇之場等閑雖似空豁豁地而力用圓證不拘限量千人萬人羅籠不住所以迦文老人久默斯要三百餘會略不明破但隨機救拔候時節到來乃於靈山露面皮拈出獨有金色頭陁上他釣鈎謂之教外別行若諳此旨則威音已前漏逗了也點化將來雖隨類化身千般伎倆萬種機緣無不皆是箇一著子此豈單見淺聞存知解隨機括者所可測量是故從上來行棒行喝輥毬擊叉喫茶打鼓揮鍬牧牛彰境智據坐掩門喚回叱咄與掌下踏莫不皆本此唯本色衲子自既了悟透徹又復遇大宗師惡手段淘汰煅煉到師子咬人不隨藥忌直截斬豁處方可一舉便知落處如師子入窟出窟踞地返擲何人可測量哉此門不論拖泥涉水草裏輥打葛藤眼麻眯三搭不回者唯是八面受敵未舉先知未言先契自然水乳相合得坐披衣養得純熟待霜露果熟出頭來便與麼用始合祖先本因地發行一周佛事所以道要窮恁麼事須是恁麼人若是恁麼人不愁恁麼事

示一書記

英靈衲子蘊卓識奇姿傲睨冠視身世聲名如游塵浮雲谷響以夙昔大根器知有此段超生出死絕聖越凡乃三世如來所證金剛正體歷代祖師單傳妙心跂步蹴踏作香象金翅要馳騁飛騰於億千萬類之上截流摩霄豈肯爲鴻鵠燕雀局促於高低勝負較目前電光石火間瞥轉利害耶是故古之大達不記細故不圖淺近發片志欲高超佛祖荷擔一切所不能承當之重任普津濟四生九類拔苦與安破障道愚昧折無明顛狂毒箭拈出法眼見刺使本地風光澄霽空劫已前面目明顯悉心竭力不憚寒暑廢寢忘餐刻意尚行潔清三業向三條椽下死却心猿殺却意馬直使如枯木朽株頑石頭相類燕地穿透豈從他得哉發大伏藏然暗室明炬擬轆轤於要津證大解脫不起一念頓成正覺且道箇入理之門然後升普光明場據無漏清淨殊勝偉特法空之座口海瀾翻嗇無礙四辯才立一機垂一句現一勝相普使凡聖有情無情俱仰威光同受庥蔭尚未是絕功勳處更轉那頭千聖羅籠不住萬靈景仰無門諸天無路捧華魔外那能傍覷放却知見御却玄妙飈却作用唯飢餐渴飲而已初不知有心無心得念失念何況更戀著從前學解諦句奇言理性分劑名相桎梏佛見法見動地掀天世智辯聰自纏自縛入海算沙有何所靠耶等是大丈夫應務敵勝驚羣滿自已本志願乃爲本分大心大見大解脫無爲無事真道人也

示勝首座

釋迦老多子塔前分半座已密授此印爾後拈華是第二重公案至於付金襴鷄足山中候彌勒是多少節文也達磨迢迢自西竺遊

梁歷魏涂坐少林深雪之中有箇斷臂老子僻覷破不免漏泄分付伊謂之單傳密諭子細究之一場敗闕自此便喧傳西來旨意世間隨流將錯就錯滿地流行分五家七宗逃立門戶提唱就實窮之端的成得甚麼邊事是故從來達人不喫這般茶飯且如何却是諦當將知六合外著得眼早自別也況無邊香水海浮幢王刹表下覷底乃少知落著所以道此大丈夫事撲迭掀豁步驟作略唯同風契證始善弘荷終不撒沙撒土遂與釋迦金色碧眼神光共一坐具等閑垂手殺人活人初無窠窟只貴緊峭萬苦千辛至嶮至毒下得斷命手脚然後不虛印授也白雲師翁云神仙祕訣父子不傳

示無住道人

維摩經依無住本立一切法金剛經應無所住而生其心古德云一切無心無住著世出世法莫不皆爾使有住則膠固豈復能變通耶日月住則無晝夜四時住則失歲功唯其無住乃所以流於無窮是故住於無所住所以轉凡成聖即無作無為無住妙用於萬有中得大解脫既達此意見此道唯力行不倦乃真道人也

示元長禪人

佛語心為宗達磨傳此者矣而馬師為蛇畫足慈悲落草乃云諸人欲識佛語心麼已是漏逗了也更言只如今語便是佛語此語出於自心便是佛心若舉揚正宗作如是話會如何出得作家八十四人耶是故從上來行正令底視之如將惡水澆潑人成甚模樣應知這老子太煞屈曲事不獲已然今學者尚看他底不破只管落語言執解會認光影做窠窟好不性燥也可中有箇生鐵鑄就手裏捏得碩石粉碎眼目定動擬議不來一綽便透更說甚佛語心如之若何直饒千佛萬祖躬親動地放光如雲如雨行棒行喝雷奔電激不消箇熱不采等閑凡不收聖不帶更喚甚作生死菩提涅槃煩惱不如飢來喫飯困來打眠此乃稍稍類他家種草也所以地藏道你南方佛法浩浩地爭如我種田博飯喫十成是以此為事徹到無事如斬一綟絲一斬一切斷把斷世界不漏絲毫諸見不生了無滲漏以長歲月不動不退靠之自然成辦香林四十年方打成一片潙山三十載牧一頭水牯牛既有此志深宜長久乃能堪報不報之恩是真出家大解脫衲子也

示超然居士趙判監

曹山辭悟本問向甚處去云不變易處去復徵不變異處豈有去耶答云去亦不變異自非踏著實地安能透徹如此豈以語言機感所可測量哉蓋履踐深極到無滲漏之致然後羅籠不住學道之士立志外形骸一死生混古今絕去來要須攀上流造詣至真諦實淵奧閫域打辦自己脫白露淨無絲毫意想隨在塵緣直下心如枯木朽株如大死人無此氣息心心無知念念無住千聖出來移換不得乃可以向枯木上生華發大機起大用興慈運悲乃無功之功無作之作豈落得失是非哉纔留一毫毛則抵捂於生死界自己未能度安可度人維摩大士不住金粟住入

酒肆婬坊作大解脫佛事寵老子補處應身不住兜率陀棄却珍寶濮江織箔籬與大宗師擊揚與奪此段從上體裁莫不皆爾要須滴水滴凍不拘朝野陶冶煆煉如曹山摩詰老龐乃可以不廢悲願不亦宜乎自餘人間世紛紜塵坌何足致脣次哉

貴妃喬氏求法語

當人脚跟下一段事本來圓湛不曾動搖威音佛前直至如今廓徹靈明如如平等只為起見生心分別執著便有情塵煩惱擾攘若以利根勇猛身心直下頓休到一念不生之處即是本來面目所以古人道一念不生全體現六根纔動被雲遮多見聰明之人以妄心了了放此妄心不下逗到歇至不動處不肯自承當本性便喚作空豁豁地却擬棄有著空是大病若有心棄一邊便是知解不能徹底見性此性非有不須棄此性非空不須著要當離却棄著有無直下貼貼地圓湛虛凝翛然安穩便自能信此眞淨妙心餉間被世緣牽拖便能覺得不隨他去直須長時虛閑自做工夫消遣諸妄使有箇自家省悟之處始得古人云不離當處常湛然覓則知君不可見

示丹霞佛智裕禪師

祖師宗風步驟闊遠迥出教乘單提正印靈山拈華而飲光笑領龍猛示圓相而提婆中的少林覓心而二祖超證盧老說偈而大滿付衣鉢人皆以為密傳鞫其端倪乃是納敗豈道妙深極之旨止如是而已要須如天之高地之厚海之淵虛空之廣尚未髣髴信過量大解脫人回天轉地吸海枯竭喝散虛空奮大機顯大用於無邊香水海浮幢剎外斬魔外見網摧佛祖化權揭示不可示拈提不可提之與尚未為的則雪峯鼇山得道雲巖始終不知有乃戲論爾應須生鐵鑄就心肝殺人不眨眼手段乃可略露風規貴慧命流於無窮差可人意耳

與耿龍學書

妙喜示來教見矻矻於此意況甚濃眞不忘悲願也而以宗正眼照破義路情解透見肝膽何明眼如此正宗久寂寥後昆習案曰守其來轉相鈍致舉世莫覺其非大家隨語生解祖道或幾乎息矣不有超卓穎悟之士何以規正哉此眞正念乃眞外護也時節擾攘山居領衆亦未可保全尚未有可乘之便為轉身之計爾杲佛日一夏遣叅徒踏逐山後古雲門高頂欲誅茅隱遁其志甚可尚今令謙去山叟為書數語及䟽頭亦與輟長財成之可取一觀也渠欲奉鋤正在高裁也

示楊無咎居士

佛祖出興于世以大悲願力起無緣慈唯務引接利智上根具大器量堪委任大解脫上上勝妙玄機作人所不能為超羣絕衆可以彈指證無生可以立地越果海眼觀東西意在南北如快鷹俊鶻戛戛騰空迷風曜日捎玉兔拂金鷄英靈撒豁乃拈當頭末上一著子似電閃星飛不容擬議待伊全體脫去羅籠直下不費一毫指點遂乃披襟透頂透底領略即兩手分付是故體裁步驟如獰龍之得水似猛虎之靠山雲突突風颼颼傾人肝

膽輝人心目方可謂之本家種草所以維摩大士大集會魔王現首楞嚴定魔界行不汙菩薩之儔與夫文殊普賢金色頭陀之類皆離倫拔萃而一旦舉華密傳豈常事哉以至達磨西來神光瞥地自爾多没量大人特達精通只向動用瞬揚語默舒卷縱擒與奪顯發底事長時已思不露等閑兀兀地若百不知百不會底人及乎捩拶著便見驚羣動衆雖然搆其至趣初無如許多事唯直下明妙一切無心而已苟能棄去學解執著放教閑閑地聖諦亦不爲自然契合從上來綱宗便可入此選佛場中轉度未度轉化未化得不是再來人間世不依倚一物無爲絶學眞正出格大道人耶詔使觀察揚公無爲高識遠見博學多能而於祖道尤深造詣智鑑機警未舉先知未言先透在都下日獲叅陪玆沿帝命使宣撫司再會錦官特枉道照臨還索葛藤因出此納敗缺云

破妄傳達磨胎息論

西方大聖人出迦維羅作無邊量妙用顯發剎塵莫數難思議殊特勝因以啓迪羣靈其方便順逆開遮餘言餘典盈溢寶藏及至下梢始露一實消息謂之教外別行單傳心印金色老子以來的的綿綿只論直指人心見性成佛不立階梯不生知見利根上智向無明窟子裏瞥破煩惱根株中活脫應時超證得大解脫是故竺乾四七東土二三皆龍象蹴踏師勝資強機境言句動用語默有上上乘器格外領畧當下業障氷消直截承荷於餘時自能管帶打成一片度世絶流頓契佛地尚不肯向死水裏浸却唱出透玄妙越佛祖剗去機緣剗斷路布如按太阿凛凛神威阿誰敢近作家漢確實論量才有向上向下勝妙性理作用纖毫即叱之不是從來種草直下十成煅煉得熟踐履得實始與畧放過猶恐異時落草負累人瞎却正法眼嗟見一流拍盲野狐種族自不曾夢見祖師却妄傳達磨以胎息傳人謂之傳法救迷情以至引從上最年高宗師如安國師趙州之類皆行此氣及誇初祖隻履普化空棺皆謂此術有驗遂至渾身脫去謂之形神俱妙而人間尉愛此身怕臘月三十日憧惶競傳歸眞之法除夜望影喚主人翁以卜日月聽樓鼓驗王池覘眼光以爲脫生死法眞誑謊閭閻揺偽造窠貽高人嗤鄙復有一等假託初祖胎息說趙州十二時別歌龐居士轉河車頌遞互指授密傳行持以圖長年及全身脫去或希三五百歲殊不知此眞是妄想愛見本是善因不覺墮在荒草而豪傑俊穎之士高談大辯下視祖師者往往信之豈知失顧步畫虎成狸遭有識大達明眼覷破居常衆中唯黙覷憫憐豈擇迦文與列祖體裁止如是耶曾不自回照始末則居然可知矣海内學此道者如稻麻竹葦其高識遠見自不因循恐乍發意未深入閫奧揭志雖專跂步雖速遇增上慢導入此邪見林末上一錯求没回轉其流浸廣莫之能遏因出此顯言庶有志願於大解脫大總持可以辯之而同入無生大薩婆若海泛小舟濟接羣品俾眞正道妙流於無窮豈不快哉

示成都府雷公悅居士

如今照了本心圓融無際色聲諸塵那可作對迴迥獨脫虛淨明妙要須徹底提持勿令淨淺直下高而無上廣不可極淨躶躶圓塜塜無漏無爲千聖依之作根本萬有由之建立應須斗頓回光自照令絕形段分明圓證萬變千化無改無移謂之金剛王謂之透法身餉間行住坐卧無不透徹物物頭頭確有間隔喚作乾白露淨單明自心不可只麼守之守住便落窠窟却須猛割猛斷十分棄捨轉捨轉明轉遠轉近抵死打疊令斷却命去始是絕氣息人方解向上行履若論向上行履唯己自知知亦不立釋迦彌勒文殊普賢德山臨濟不敢正眼覷著豈不是奇特士一棒上一喝下一句一言若細若麤若色若香一時穿透方稱無心境界養得如嬰兒相似純和冲淡雖在塵勞中塵勞不涤雖居淨妙處淨妙收他不住隨性任緣飢餐渴飲善尚不起念惡豈可復爲所以道隨緣消舊業更不造新殃

又示

道貴無心禪絕名理唯忘懷泯絕乃可趣向回光內燭脫體通透更不容擬議直下桶底子脫入此大圓寂照勝妙解脫門一了一切了只守閑閑地初不分彼我勝負纔有毫芒見刺即痛剗之放教八達七通自由自在長養綿密千聖亦覷不見自己尚似寃家只求得遠離不隈傍脩然澄淨虛而靈寂而照勇猛斷割徹底無纖毫撓冒次王老師謂之作活計趙州除粥飯二時是雜用心悠久踐履使純熟乃合從上來無心體道密密作用自見工夫到下梢結角頭自然如懸崖撒手豈不快哉

圓悟佛果禪師語録卷第九

圓悟佛果禪師語録卷第九

校勘記

一　底本，明永樂北藏本。

一　二九頁上一行經名、二行編者，徑無（未換卷）。

一　二九頁中二行第一二字「倒」，徑作「到」。

一　二九頁下一一行「路布」，徑、清作「露布」。下同。

一　三〇頁上一〇行第一〇字「折」，南、徑作「拆」。

一　三一頁上一行「踟躕」，清作「躊躕」。

一　三二頁上一行「大安樂矣」，至此，徑卷第十五終，卷十六始。正文前有「法語下」一行。

一　三三頁上二行第一六字「誦」，南、徑、清作「記」。

一　三三頁上一八行第六字「imaginary」，南作「示」。

一　三四頁中一八行「與耿龍學書」，

南無。

一 三五頁上一九行至頁下末行「破妄傳達磨胎息論」一段，徑置於第十七卷一〇八頁中一八行「誰爲幻夢」之後。

一 三五頁下二行「[illegible]月」，南、徑、清作「膱月」。

一 三五頁下四行「誑諕」，南作「誑譸」。

一 三六頁中一行「又示」，徑無。

一 三六頁中卷末經名，徑無（未換卷）。

圓悟佛果禪師語録卷第十　惠三

宋平江府虎丘山門人紹隆等編

住成都府天寧寺小參師示衆云正令已行十方坐斷千聖出來亡鋒結舌雖然如是事無一向還有同生同死底衲僧麼時有僧問勿謂無心便是道無心猶隔一重關如何是一重關師云十重也有進云如何是關中主師云放過一著進云作何面目師便喝師乃云只恁麼早多事也如今直饒舉一則語盡古今言教一時明得正是和泥合水拈一件物盡大地一時見透亦是好肉上剜瘡看他從上得底人口如臘月扇直得醭生心如枯木縱逢春夏未曾變動不是強為任運如此豈要你舉古明今抛沙撒土今夜事不獲已將錯就錯與諸人打葛藤去也還知此事麼盡十方界窮虛空際無絲毫透漏是箇金剛眼睛更無外物所以尋常與兄弟道你纔覷色早塞却眼纔聽聲早塞却耳纔嗅香早塞却鼻纔吐氣早塞咽喉纔動轉早塞却身纔起念早塞却意六根門頭淨躶躶赤灑灑只是不肯回光返照看他古人於先德言下契證通箇消息也不妨親切水潦被馬祖一踏起來呵呵大笑云百千法門無量妙義只向一毫頭上識得根源去豈不快哉臨濟在黃檗三度設問喫六十棒及至大愚面前不覺道元來黃檗佛法無多子似此得處豈不驚群諸公還曾消息麼若也翻覆參詳實是得箇入處始知二六時中行住坐臥動轉施為一一超古越今無間無斷與他從上祖佛把手共行尋常只守閑閑地不起毫髮凡聖情量更有什麼得失可疑生死可出似此說話可謂對諸公面前無夢說夢無事生事忽有箇忍俊不禁出來喝散大衆拽下繩床痛打一頓也怪他不得然雖如是也須是實到這箇田地始得如今還有恁麼人麼山僧甘喫一頓且要與此人相見有麼有麼如無山僧今夜失利

示衆云祖師心印直截當機凜若劍鋒明如皎日當臺輝赫縱爾現前還有互相平展底麼僧問世尊久默斯要及至末後為什麼獨召飲光密傳法眼師云正是龍頭蛇尾進云一點水墨兩處成龍師云帶累山僧進云苦瓠連根苦甜瓜徹蔕甜師云灼然進云也是烏龜喫生菜師云取性乃云欲知佛性義當觀時節因緣時節若至其理自彰苟或時節未至理地未明便乃業識茫茫無本可據敢問諸公即今是什麼時節莫是黃昏時節麼莫是小參時節麼莫是坐立儼然時節麼莫是說禪說道時節麼莫是萬像交參時節麼莫是心境一如時節麼若與麼儱侗且喜沒交涉今夜諸公在此攢立片時山僧不惜眉毛確實評論這一段時節去也只如諸人在此聽山僧鼓兩片皮用作時節正隨常情須知山僧不曾說一字諸人不曾聞一言諸人與山僧各各有一段大事輝騰今古迥絕知見淨躶躶赤灑灑各不相知各不相到透聲透色超佛越祖若能退步就已脫却情塵意想記持分別路布言詮聞見覺知是非得失直下豁然瞥地便與古佛同一知見同一語言同一手作同一體相非唯與諸聖同亦乃

與歷代宗師天下老和尚同下至四生六道醯鷄蠛蠓無不皆同不被前塵所惑知解所撓不畏生死不愛涅槃放曠平常隨時任運動靜施爲無非解脫能轉一切境界能使一切語言非唯諸人分上如此至於古人無不皆由此箇時節得入豈不見趙州初參南泉悟平常心是道後來有問西來意便對道庭前柏樹子以至鎮州出大蘿蔔頭我在青州作一領布衫重七斤非唯趙州德山得此時節入門便打臨濟得此時節入門便喝睦州得此時節便道現成公案放你三十棒俱胝一指頭上用此時節鳥窠吹布毛處見此時節以要言之古來宗師無不皆用此箇時節只如法眼曾舉參同契云竺土大仙心遂云無過此語也向下中間也只是應時應節說話至最後謹白參玄人光陰莫虛度乃云住住恩大難酬設使粉骨碎身亦報此恩不得豈不是知此時節方恁麼說如今若未有發明處去只虛度光陰若參得徹底分明去二六時中管取無絲毫許落虛非唯二六時中下至百千億劫盡未來際悉不落虛只如山僧說恁麼時節還得諦當也未復云夢也未曾夢見在且道還有爲人處也無若善參詳只這一句亦不虛設有箇山頌舉似大衆秋深天氣爽萬象共沉沉月瑩池塘靜風清松檜陰頭頭非外物一一本來心直下便薦取切莫更沉吟

示衆云當軒有路直下坦平慣戰作家便請單刀直入有麼有麼良久云諸人既是藏鋒山僧不免作一場獨弄雜劇去也未恁麼前是第二頭正恁麼時是第三首餉間恁麼去只是隨波逐浪如今且向隨波逐浪處與諸人商量還蓋覆得麼還有一法與他爲伴侶麼所以道他能成就一切法能出生一切法一切諸佛依之出世一切有情因他建立六道四生以他爲本只如諸人即今在此坐立悉皆在他光中顯現還見得他麼若也見得直下無一絲髮隔礙無一絲髮道理更有什麼見聞覺知爲緣爲對但恐自家不能返照所以生疑尋常不是向諸人道千言萬言但只識取一言千句萬句但只識取一句千法萬法但只識取一法識得一萬事畢透得一無阻隔直下脫却情塵意想放教身心空勞勞地於一切時遇茶喫茶遇飯喫飯天但喚作天地但喚作地露柱但喚作露柱燈籠但喚作燈籠一切亦然二六時中只麼平常無一星事雖然如是若有箇無事懷在胷中亦未得自在有箇有事亦未得自在直須有事也無無事也無無二亦無猶在半途若是聊聞舉著入骨入髓信得及底人聞恁麼說話大似熱椀鳴聲尋常聞說箇禪字便去河邊洗耳等閑地不著便偶然道著箇佛字也須漱口三日寧可生身入地獄永劫受沉輪向鑊湯鑪炭裏煮煠終不肯將佛法作解會亦終不起佛見法見佛見法見尚自不起何況更起世間情想分別妄緣諸業且作麼生見得此人作麼生親近得此人有具眼底麼出來道看如無待三二十年後山僧換却骨頭別與諸公通箇消息

示衆云大道本來無向背擬心湊泊已差池

吒呀卓朔能哮吼即是金毛師子兒還有恁麼底出衆相見僧問如何是定乾坤句師云唯我獨尊進云横身當宇宙去也師云好與三十棒僧云便請師云許你大膽進云是何言歟師云直待雨淋頭便打乃云眹兆未分已成露布言詮纔立特地乖張雖然第二義門且不是和泥合水大衆還知此事麼坐斷千差路不立一纖塵巍巍堂堂暐暐曄曄蓋天蓋地麼聲色不與千聖同途不與萬法爲侶卷舒自在無執無拘若也見得可以向百草頭上縱横聲色堆裏坐卧言詮莫能及比況莫能得知不可知識不可識不是心不是佛不是物不是聖不是凡不是有不是無不是是不是非不是得不是失恁麼也不得不恁麼也不得到這裏如何稱提如何擧唱山僧直得口似匾檐無理可伸無詞可說然雖如是官不容針私通車馬放一線道有箇商量竪起拳云還見麼諸佛以之出世祖師以之西來歷代宗師以之接物利生天下老師以之鉗鍵衲子其把定也乾坤失色日月無光盡大地人喪身失命其放行也巖谷生光森羅顯煥隨長隨短隨有隨無處處皆眞頭頭露現且道把住好放行好三十年後逢人不得錯擧

示衆云獨棹扁舟泛五湖鈎頭時復得嘉魚如今四海清如鏡還有金鱗上釣無負命者出衆相見僧問過去佛也恁麼見在佛也恁麼未來佛也恁麼未審和尚如何師云恁麼是箇什麼僧云正是恁麼師云蝦跳不出斗進云請和尚道出斗底句師云扁舟已過洞庭湖乃云動則影現覺則氷生不動不覺死水裏平沉旣動旣覺未免傷鋒犯手到這裏且作麼生擧唱且作麼生爲人然雖如是盡法無民古者道這一片田地分付來多時也我立地待你搆去還知落處麼威音已前空劫那畔這一片田地巍然不動及乎四生浩浩萬象騰騰世界遷流死生變化這一片田地亦巍然不動以至三灾劫壞毗嵐風起吹散大地猶如微塵這一片田地亦巍然不動諸佛出世祖師西來正爲發明這一片田地從上宗師天下老宿千方百計施設方便無不盡力提持這一片田地雖然如是終未有人解當頭道著還搆得麼八面坦平四方清肅萬法不能蓋覆千聖不敢當前若搆得去一了一切了一成一切成一見一切見一得一切得所以道一塵纔擧大地全收一毛頭師子百億毛頭一時現但爲妄情執著無透脫期甘處凡流不能徑截苟或放得下無一法當情無一物附心蕩蕩無拘自然如水上按葫蘆相似觸著便轉捺著便動拘牽不回惹絆不得動靜語默蓋天蓋地明眼漢沒窠臼却物爲上逐物爲下若論戰也箇箇力在轉處更有什麼高低可疑是非可畏上門上戶咬人火急豈不是英靈特達底漢衆中還有恁麼底麼出來證據令人長憶李將軍萬里天邊飛一鶚

示衆云道無方所明之在人法離見聞斷之在智若能頓捨從來妄想執著於一念頃頓悟自心頓明自性不染諸塵不落有無自然法法成見然雖此事不可造次領會須是發

大丈夫慷慨特達之志不顧危亡不拘得失存箇長久鐵石身心逢境遇緣不變不異時時著眼體究不論歲月以悟爲期祖師門下不比教家只要直截根源於一言下領取與諸聖同體同用大解脱任運施爲無不見性至於雜亂狂慧思量分別有一絲毫斬不斷則無趣入之期教中尚道是法非思量分別之所能解又云以有思惟心測度如來圓覺境界如取螢火燒須彌山終不能著祖師道但盡凡情別無聖量凡情盡處聖量見前直須頓歇妄緣無念無爲放教虛靜千聖萬聖未有不從此門而得入者只在存誠堅固努力向前但辦肯心必不相賺珍重

示衆云大凡學道須是用作事始得莫只等閑但二六時中如欠却人家二三百萬貫債負憂怕還他不徹如此存誠不憂不到是故古者道大事未辦如喪考妣又有一喻學道之士如雞抱卵須是暖氣相接方可生成若中間間隔暖氣不接便抱十年終不得生龍牙亦云學道如鑽火逢烟未可休直待金星現燒燃始到頭況此大事三世諸佛爲之出世自己透脱生死豈可因循如存若亡却請努力向前以悟爲則各希取信珍重

示衆云具足凡夫法凡夫不知具足聖人法聖人不會聖人若會即是凡夫凡夫若知即是聖人此事一語兩當還委悉麼要識聖人凡夫凡夫聖人長者長法身短者短法身大小青黃一切法悉皆如如渾是箇大解脱門更無別異但得情亡意遣一念眞正隨處遇緣皆爲妙用所以古人道處處眞處處眞塵塵盡是本來人眞實説時聲不見正體堂堂没却身至於天堂地獄草芥人畜六類四生纖洪近遠無不皆眞但爲未徹根源底居常生心動念皆在塵勞業識中流轉未曾回光返照所以枉受輪迴不得受用若能發慷慨心啓特達志頓歇諸緣直下了得徹底分明心地了了可謂行亦禪坐亦禪語默動靜皆爲正體是故雲門道和尚子莫妄想山是山水是水僧是僧俗是俗又道見拄杖子但喚作拄杖子見屋但喚作屋謂之覿體全眞有般人取一邊捨一邊見處偏枯不能著實便乃得失居懷被物所轉無自由分看他從上古人得大受用利物垂慈全身擔荷或出或没或隱或顯或順或逆開建化門示徑截路無不救人究本明宗離諸執著豈不見稜道者參雪峯靈雲玄沙來往十五年坐破七箇蒲團念茲在茲後因捲簾忽然大悟有頌云也大差也大差捲起簾來見天下有人問我意何如拈取拂子劈口打及乎住長慶示衆云撞著道伴交肩過一生參學事畢似此稱提若不知有爭解恁麼道可謂從自己胸襟流出蓋天蓋地又有問如何是合聖之言對云大小長慶被闍黎一問直得口似匾擔若善參詳可以丹霄獨步自在縱橫大衆還知落處麼若也未知爲諸人拈出白雲盡處是青山行人更在青山外

示衆云德山小參不答話打鎖敲枷趙州小參要答話將杖探水崇寧今夜也不管答話亦不管不答話偶然向衣單下拾得箇千年桃核舉似大衆乃橫拄杖云爾諸人若也恁

麼坐斷天下人舌頭復以拄杖卓地云爾諸人若也恁麼入地獄如箭射且道利害在什麼處若不同牀卧焉知被底穿

夾山寺入院小參師云收光攝彩信天真事事圓成物物新内既無心外無相更於何處見通津還有透得趙州關底麼試出衆相見問承師有言透得趙州關如何是夾山關師云退身三百步進云恁麼則九天雲靜鶴飛高師云豈干闍黎事進云共相證據也何妨師云持聾作啞師乃云牛頭沒馬頭回全彰照用金烏急玉兔速路露權衡透得過底似虎靠山如龍得水透不過底聞恁麼道似鴨聽雷鳴蓋未諳悉元由一向情存知解山僧今夜向作家面前不惜眉毛放行去也但能上無攀仰下絕己躬外不見大地山河内不立聞見覺知直下擺脫情識一念不生證本地風光見本來面目然後山是山水是水僧是僧俗是俗雖然莫錯認定盤星更須知有解黏去縛向上機關始得且道作麼生是向上事鵰弓已掛狼烟息萬里歌謡賀太平

結夏小參師云大衆見成公案觸處圓成雖然老病雖鍾尚可開旗展陣還有匹馬單鎗久戰沙場底麼出來相共證據僧問九旬禁足三月護生只如華猫取斷南泉分身兩段斑蛇適會亦眼就地一鋤未審是持是犯師云破戒也不知進云大用不拘今古楷模師云依舊分身兩段進云若然者王筋撑開虎眼睛金鞭擊斷那吒臂師云你向什麼處見南泉歸宗進云只在目前師云重言不當吃問西天以蠟人為驗未審此間以何為驗師云以眉毛為驗進云還許學人出得麼師云更貶上看進云只恐覷不著師云短底短長底長有什麼覷不著師乃云全提單拈斬釘截鐵呵佛罵祖大用大機猶未稱衲僧本分事何況立問立答立賓立主涉語涉言說玄說妙無事生事平地上起波瀾雖然如是事無一向理出多途雖然看風使帆不免相席打令豈不見古人道欲識佛性義當觀時節因緣時節若至其理自彰只如今夜與明朝乃是二千年前釋迦老子立起摸範九旬禁足三月護生時節天下叢林悉皆依稟既是此箇時節到來還有識得此理底麼若識得此理去隨處作主遇緣即宗二六時中無内無外無得無失全體恁麼亦無生可護亦無蠟人可持其或未然應憐鵝護雪直使蠟人氷釋復云大衆釋迦老子道以大圓覺為我伽藍身心安居平等性智諸人既欲安居還識得平等性智麼若識得去人人具足箇箇圓成乃至動靜施為悉皆在大伽藍中與他諸聖把手共行與他諸聖同作佛事且作麼生識得去三條椽下七尺單前各宜照管久立

結制小參僧問護生須是殺殺盡始安居未審殺箇什麼師云大有人疑著進云學人到這裏直得步步絕行蹤時如何師云未有金剛王寶劍在進云斬釘截鐵本分宗師朕兆未分請師速道師云咭嘹舌頭三千里進云恩深轉無語懷抱自分明師云且莫詐明頭問一大藏教是拭不淨紙只如德山為什麼擔疏鈔行脚師云放下著進云周金剛被婆

子一問直得亡鋒結舌又作麼生師云腦後拔箭師乃云絕彼我混虛空透聲色無面目終日喫飯不曾嚼一粒米終日著衣未甞掛一縷絲總虛空華藏刹海列向下風過現未來諸聖倒退千里舉一步越不可說世界向香水海那邊猶有去處拈一塵混一切無量無數十方上下一切諸佛祖師七穿八穴猶有餘地且道此人向什麼處安居向什麼處禁足若知此人落處始知本地風光始見本來面目便能攝順逆於一塵中規行矩步現威儀於一念頃不越常程至於以大圓覺為我伽藍猶是小段在若能恁麼見恁麼用恁麼信恁麼透管取無邊刹海自他不隔於毫端十世古今始終不移於當念九旬禁足三月護生於一念一步一塵一芥中見成受用且道此人畢竟在什麼處還委悉麼披蓑側立千峯外引水澆蔬五老前

解制小參師云收因結果慎末護初一段因緣此時周備聖賢窠窟生死根株一鎚擊碎一刀截斷若是通方作者舉著知歸後進初機如何湊泊秖如生佛未分空劫已前威音王那邊還有結制解制也無雖然到這裏直饒千聖出頭來也須目瞪口呿那邊即且致只如今燈燭交光坐立儼然高者是天厚者是地山是山水是水有是有無是無長是長短是短正當恁麼時與威音王已前空劫那畔是同是別若向箇裏倜儻分明目前無法胃中無心上不見諸聖下不見凡夫外不見一切境界內不見眼耳鼻舌身意便能通同一切說什麼結制解制一鎚擊碎聖賢窠窟一刀截斷生死根株設使臨濟德山文殊普賢乃至無量無邊具大解脫有大威神無數河沙浩浩地來不消一捏且憑箇什麼若不藍田射石虎幾乎誤殺李將軍

郡中出隊衆請小參師云蘭城道友集如雲選佛場開不二門光飾碧巖無舌老小參佳會四方聞聞者爭如見底見底爭如激揚酬唱底還有作家禪客麼僧問三世諸佛只言自知歷代祖師全提不起一大藏教詮註不及未審和尚如何師云夾山到這裏口似匾擔進云捉敗這老漢師云且喜沒交涉進云恁麼則天下人鼻孔被和尚穿却了也師云你且道夾山鼻孔在什麼處僧便喝師云也須穿却進云明眼宗師天然有在師云猶是落二落三師乃云開佛祖鑪鞴用向上鉗鎚擬議不來則千里萬里當鋒薦得則坐斷要津此猶是化門之說若確實而論山僧有口無說處諸人有耳無側聆處乃至日月未足為明虛空未足為廣乾坤未足為大萬象未足為衆到這裏一搓一捺一挨一拶要見本分事且問如何是本分事大千沙界海中漚一切聖賢如電拂

師示衆云舉不顧即差互擬思量何劫悟且道舉箇什麼直饒解顧也是方木逗圓孔何況更涉思量計較道理轉沒交涉著實而論有什麼事直下無一絲毫事亦無一絲毫見聞玄妙道理得失到這裏便是千聖出來要舉揚也無下口處要作用亦無動轉處所以雲門云向你道直下無事早是相埋沒了也且道什麼處是埋沒處灼然能有幾人到此

此是文殊普賢大人境界豈是尋常涉道理計挍得失思量底還知麼須是絕情識絕玄妙千聖只言自知亦無窠臼照用淨躶躶赤灑灑巖頭道只露目前些子如擊石火此是向上人行履若覷不見切不得疑著若無恁麼事達磨西來經六百年亦不傳至今日為有恁麼事至今天下列剎相望一一具善知識踞師子座各各為人天師牙如利劍口似血盆其餘有窠臼有依倚黏皮著骨有得有失有傳授盡打入弄泥團處去若是石頭馬師百丈黃檗臨濟雲門玄沙巖頭法眼溈仰曹洞此等之流皆是向上宗師動靜施為皆在此中行履譬如師子捉象皆全其力至於捉兔亦全其力如僧問雲居弘覺師子捉兔捉象亦全其力未審全什麼力雲居云不欺之力要須一一與他本分草料且那箇是本分草料豈不見長沙道我若一向舉揚宗敎法堂前須草深一丈事不獲已向你道盡大地是般若光光未發時無佛無眾生消息向什麼處得來恁麼說話早是葛藤了也所以尋常向兄弟道須是打疊情塵得失計較淨盡驀地一場汗出自然活鱍鱍天下人不奈何幸有如是威風有如是自在若隨人腳跟轉見人涎唾喫則沒交涉且如仰山問同參道近日見處如何對曰實無一法可當情山云師弟解猶在境問何故仰山云汝豈無能知一法可當情者他直得無一法可當情尚遭仰山點檢到這裏無能所知無一法無無一法也須是箇人始得所以喚作無事人方始說本來無事既是本來無事只如目前萬境擬然六凡四聖那裏得來直須超達始得且作麼生是超達底句莫怪從前多意氣他家曾踏上頭關

道林寺解夏小參示眾云涼夜群動寂禪庭正清虛明月印空闊白雲任卷舒當陽好定奪還有作家無僧問一塵舉大地收一葉落天下秋衲僧分上成得箇什麼師云前不迭村後不迭店進云大小道林話頭也不識師云切忌虛空裏鶻啄進云和尚恁麼道那師云作麼生是你著實處僧擬進語師云了進云爭奈落霞與孤鶩齊飛秋水共長天一色師云賊過後張弓師乃云於內無心於外無相於上無佛祖可仰於下無眾生可悲慳貪嫉妬俱除慈悲喜捨併却兩頭坐斷中道不拘淨躶躶絕承當赤灑灑無回互擊之不濁揚之不清撥之不動攪之不轉直下坐斷萬法頭上孤危不立於此安居隨處解脫更說什麼長期百二十中期百日下期八十日且功成一句作麼生道不憐鵝護雪且喜蠟人冰

冬夜小參師云佛祖大機人天正眼眹兆未分時無許多事及至一氣已分便有生住異滅春夏秋冬若隨波逐浪去種種建立觸處圓融若截斷眾流去把住要津不通凡聖若也二途不涉腳跟下灑灑落落豈不是本分衲僧且道無陰陽地上如何通信直待明年三月藍莫言冬後雪霜寒

小參僧問猿抱子歸青嶂後鳥啣花落碧巖前此是和尚舊時安身立命處如何是道林境師云寺門高開洞庭野殿腳插入赤沙湖

進云如何是境中人師云僧寶人人滄海珠進云此是杜工部底作麼生是和尚底師云且莫亂統進云如何是奪人不奪境師云山僧有眼不曾見進云如何是奪境不奪人師云闍黎問得自然親進云如何是人境俱奪師云收進云如何是人境俱不奪師云放進云人境已蒙師指示向上還有事也無師云不可土上更加泥師乃云恁麼恁麼如虎帶角不恁麼不恁麼似兔無角恁麼又却不恁麼暗隔兩重關不恁麼又却恁麼全行向上路此四句若排著四邊則爲禍爲祟若一時剗斷則爲祥爲瑞何故他從上來本無許多事只爲群機有利鈍所悟有淺深是故勞他諸聖出來應物現形隨機逗教便有權有實有照有用有殺有活有賓有主有問有荅萬別千差只如正當恁麼時可中若有箇漢牙如劒樹口似血盆一棒打不回頭出來掀翻露布截斷葛藤天是天地是地山是山水是水長是長短是短方是方圓是圓一絲毫不得動著直下承當便能丹霄獨步與他諸聖把手共行有佛世界互爲賓主接物利生無佛世界風颯颯地坐斷要津不通凡聖然雖恁麼若是於中端的恁麼來底且道與他作麼生商量待老僧上山斫棒來

小參僧問玄沙不過嶺保壽不渡河未審意旨如何師云直超物外進云雪峯三度到投子九度上洞山是同是別師云別是一家春進云恁麼則春色無高下華枝自短長師云一任卜度師乃云大道坦然更無回互同證者識同道者知若有實法繫綴羅籠人入地獄如箭射所以諸佛出世祖師西來實無一法與人只要諸人休歇若實到休歇田地二六時中如天普蓋似地普擎更不剩一絲毫亦不欠一絲毫淨躶躶赤灑灑見成公案若更躊躇四顧說有說無論得論失有會有不會有得有不得落二落三去也所以上古尊宿天下老和尚拂子邊拄杖頭現無量神通其實與你諸人解黏去縛抽釘拔楔令汝直下到安閑之地也無證也無得亦無周由者也七十三八十四若也未到不免搽糊去也一切境界一切有無一切法門但於一言下一念頃脫得情塵去塵塵刹刹廓周沙界大小長短方圓青黃赤白全是本心於見處淨躶躶於聞處八面玲瓏無得失是非無長短好惡山是山水是水僧是僧俗是俗無異無別若能實頭到這箇田地離情塵絕路布不落勝妙更須知有一塵中含一切境界一切境界入一塵中悉皆含攝於一毫端現無邊刹海直得恁麼更須知有大用現前時節始得且作麼生是大用現前底時節畢竟水須朝海去到頭雲定覓山歸

冬夜小參有作思惟從有心起一輪生滅行無間道修無漏業萬古超然拈一放一半開半合未免在窠窟裏殊不知往復無間動靜一如融大千沙界於一塵會十世古今於一念去來起滅甚處安排春夏秋冬如何理論到這裏淨躶躶赤灑灑沒可把東西不辨南北不分底則故是未知落處久參先德腳踏實地且道正當恁麼時如何還委悉麼群陰消剥盡來日是書雲

除夜小參樹凋葉落尾解氷消歲暮年窮家残戶破以世諦觀之是不稱意境界以道眼觀之却是好箇消息豈不見香嚴道去年貧未是貧今年貧始是貧去年貧有卓錐之地今年貧錐也無早又有古德道富實即易貧窮即難本分人打得徹信得及見得透物物頭頭俱爲妙用塵塵刹刹悉是眞乘若便恁麼歇去敢保老兄未徹在那堪更說漸說頓說玄說妙說理說事却須放却玄妙放却理性打破向上向下截斷佛印祖機直得東西不辨南北不分懞懞瞳瞳遇飯喫飯不知是飯遇茶喫茶不知是茶到這裏猶只得箇衲僧門下潔白露淨底是故洞山道見佛與祖是生冤家始有參學分正當恁麼時全體現成佛界不收魔界不管且道向什麼處行履若識得去便成年窮歲盡相續不斷相續不斷歲盡年窮正當恁麼時一句作麼生道今歲今宵盡來年來日新

解夏小參云年豐歲稔道泰時清唱太平歌樂無爲化護生既滿蠟人愈氷秋色澄澄金風拂拂正當恁麼時說什麼釋迦彌勒文殊普賢德山臨濟向上向下有事無事直下一時坐斷直得風颸颸地人人分上壁立千仞各各面前飛大寶光且不落黄緣一句作麼生道麓峯頭倒卓石笋暗抽枝

圓悟佛果禪師語録卷第十

圓悟佛果禪師語録卷第十

校勘記

一 底本，明永樂北藏本。

一 三八頁上一行經名、二行編者，經無(未换卷)。又二行與三行之間，經有「小參一」一行。

一 三八頁中一七行「失利」，南作「失利下座」。

一 三八頁下一八行「路布」，經、清作「露布」。下同。

一 三九頁上七行第一六字「道」，經作「曰」。

一 三九頁中七行「沉吟」，南作「沉吟下座」。

一 三九頁下一九行「消息」，南作「消息下座」。

一 四〇頁上末行第五字「鍵」，清作「鎚」。

一 四〇頁中四行「錯舉」，南作「錯舉下座」。

一 四〇頁下一六行「一鶚」，南作「一

鴉下座」。

一　四一頁上一三行「珎重」，南作「珎重下座」。至此，徑卷第八終。

一　四一頁上一四行至次頁上三行「示衆云……知被底穿」徑置於四頁中一三行「踏上頭關」之後。

一　四一頁中三行「珍重」，南作「珍重下座」。

一　四一頁下一行第一一字「偏」，南作「徧」。

一　四一頁下一六行「山外」，南作「山外下座」。

一　四二頁上三行「底穿」，南作「底穿下座」。

一　四二頁上三行與四行之間，徑有「小參二」一行，並爲卷第九之始。

一　四二頁上末行「太平」，南作「太平下座」。

一　四三頁中一五行「郡中」，南無。

一　四四頁中一三行「頭關」，南作「頭關下座」。

一　四五頁中四行「棒來」，南作「棒來下座」。

一　四五頁下一一行「山歸」，南作「山歸下座」。

一　四五頁下末行「書雲」，南作「書雲下座」。

一　四六頁上五行第七字「早」，南、徑、清作「卓」。

一　四六頁中卷末經名，徑無（未換卷）。

圓悟佛果禪師語録卷第十一

宋平江府虎丘山門人紹隆等編

道林寺小參云四海共參尋十方同聚會路逢達道人不將語默對還有共相酬唱底麼僧問千尺絲綸直下垂一波纔動萬波隨夜靜水寒魚不食滿船空載月明歸未審此理如何師云離鈎三寸高著眼進云恁麼則自是不歸歸便得五湖烟浪有誰爭師云乾坤大地一時收進云只如垂鈎四海只釣獰龍格外談玄爲尋知識誰是知識者師云赤心片片進云巨浪湧千尋澄波不離水師云寒山逢拾得撫掌笑呵呵問云路逢達道人不將語默對既不將語默對將何祇對師云吞聲削跡進云一言難啓口千古意分明師云且須急著眼進云有句無句如藤倚樹如何得透脫師云倚天長劍逼人寒進云只如樹倒藤枯潙山爲什麼呵呵大笑師云愛他底著他底進云忽被學人掀倒禪牀拗折拄杖又得箇什麼伎倆師云也是賊過後張弓師乃云不與一法作對正體迢然萬象不能覆藏神機歷掌望州亭烏石嶺僧堂前相見已涉誵訛不是心不是佛不是物已拖泥帶水到這裏上根利智剔起便行不落言詮不拘機境直下向文彩未彰已前一時坐斷可謂如天普蓋似地普擎如虛空寬廣如日月普照無處不圓無處不遍所以道向上人見處把斷世界不漏絲毫無得失是非離見聞知覺如壺公瓢中自有天地日月至於一語一默一跬一步一挨一拶坐斷千差路頭不許天下衲僧正眼覷著所以道須是恁麼人方解恁麼事只如今坐立儼然頭頭物物悉皆全體現成處且道如何照了萬古碧潭空界月再三撈摝始應知下座

小參僧問古者道釋迦彌勒猶是他奴且道他是什麼人師云三家村裏孟八郎進云恁麼則胷襟流出師云更是阿誰進云正是他奴師云坐却舌頭進云情知老漢弓折箭盡師云是進云自領出去師云看你作麼生折合進云只如隔身句又作麼生師云離四句絕百非進云掀倒禪牀師云未信你在師乃云明頭合暗頭合手執夜明符日面佛月面佛提取金剛劍有向上鉗鎚具作家眼目千聖羅籠他不住萬法繫綴他不得等閑不掛一絲毫坐斷十方淨躶躶所以道大丈夫秉慧劍般若鋒兮金剛焰非但能摧外道心早曾落却天魔膽只如今神威凜凜霜刃堂堂頂顊上正用此機脚跟下切須薦取若也薦得坐斷報化佛頭不落古今不拘得失若薦未得往往頭上漫漫脚下漫漫且涉流轉物一句作麼生道巨浪湧千尋澄波不離水下座

小參僧問春風浩浩烘天地是處山藏烟靄裏無位眞人不可尋落華又見隨流水如何是無位眞人師云剔起眉毛向上看僧云恁麼則獨據千峯上全威百草頭師云我行荒草裏汝又入深村進云自知較一半師云你還知麼僧云知師云也較一半進云只如臨濟道無位眞人是什麼乾屎橛又作麼生師云未得衲僧一半氣息進云爲什麼如此師云只爲他頂門具眼進云可謂一回拈出一

回新一度用來一度快師云七十二棒翻成一百五十師乃云劍輪頂上全機獨露於孤峯石火光中利刃橫施於百草説權説實立照立用行棒行喝説事説理大似把髻投衙直下不説權不説實不立照不立用不行棒不行喝不論事不論理也是擔枷過狀設使恁麼中不恁麼不恁麼中却恁麼正是曳尾靈龜到這裏佛祖也摸索不著若是透得底須知其中有一條通天大路把斷要津凡聖迹絶若也挨得一線開立得一機出則千聖萬聖羅籠他不住千人萬人尋覓他不著不織罪而罪已消不集福而福已集不立絲毫行門而普賢行門遍滿十虛不立絲毫機智而文殊大用廓周沙界所謂戢玄機於未兆釋迦彌勒攢眉藏寔運於即化德山臨濟抑步且不墮功勲一句作麼生道鑊湯爐炭吹教滅劍樹刀山喝使摧

蔣山寺小叅師云相逢不拈出舉意便知有萬人衆前顯瞞頂不是目前機亦非目前事三千里外納敗闕直得盡乾坤大地無絲毫法可當情靜悄悄地絶請訛千聖不敢擬議致之諸佛頂𩕳上到這裏更説什麼行棒行喝論正論偏有語有默絶玄絶妙雙放雙收同死同生向窠窟裏作活計正當恁麼時且作麼生叅究且作麼生捉摸作麼生拈弄作麼生證入若有一絲頭伎倆去便乃見神見鬼更不作一絲頭伎倆未免墮在無事界裏箇事如壺公瓢中自有天地日月所以雪峯和尚道盡大地撮來如粟米粒大又道盡大地是沙門一隻眼𥁞官又道虛空爲鼓須彌爲搥什麼人打得南泉道王老師不打這破鼓法眼道王老師不打玄沙道深山巖崖千年萬年無人到處還有佛法也無雲門大師道日裏來去日裏辨人忽然夜中取箇物無日月燈不曾到處作麼生取似此若不通透有纖毫隔礙則如山如嶽或若盡情透得要行便行更疑什麼雖然如此直須是真實到這箇田地始得向萬丈懸崖處撒手百尺竿頭進步且道此事畢竟如何委悉撞著道伴交肩過君向瀟湘我向秦下座

師云一舉便知落處已是第八頭未跨船舷三十棒也是第九首直饒空劫已前威音那畔一時坐斷大似釘樁搖櫓膠柱調弦直饒顯目前機用目前事一問一答一挨一拶一出一入正如開眼尿牀立地作夢若是明眼漢須知不恁麼所以從上來事只要箇奇特人直下承當得坐斷天下人舌頭還有恁麼人麼如無不免合水和泥向荊棘林中出手去也遂舉拂子云還見麼三世諸佛六代祖師天下老和尚總在這裏至於萬象森羅日月星辰四聖六凡盡無邊香水海醯雞蠛蠓一切含情總在這裏以至諸人於日用中亦在這裏唯有山僧不在這裏且道爲什麼如此同途不同轍同死不同生衆中忽若有箇漢也不恁麼許你具一隻眼正當恁麼時如何定光金地遥招手智者江陵暗點頭下座

師云言中有響句裏呈機告往知來拈頭會尾須是恁麼人始解恁麼事且如諸人適來鍾未鳴鼓未響未到此間時還有如許多事麼還有一問一答道理麼若是箇漢未舉先

知未言先透乃平理隨事變事逐理圓鐘已鳴鼓已響大衆簇簇恁麽上來有問有答有賓有主且道於中還有恁麽事麽若有恁麽端的底道理便是對面相謾實無如是事既無如是事又且是箇什麽須知萬里無片雲萬里無寸草所以道欲得親切莫將問來問有時問在答處有時答在問處雖然如是要且問不在答處答不在問處又道闍黎不是不將來山僧不是不分付於中具金剛眼向本分田地上承當乃無可無不可敢問大衆著實底一句作麽生道未明心地印難透趙州關下座

師云當陽舉唱直截根源貫古通今超情離見恁麽恁麽二竅俱明不恁麽不恁麽雙遮普照恁麽中有不恁麽不恁麽中有恁麽草窠裏突出焦尾大蟲若能離此三句外撥轉向上機即知諸人脚跟下有此一段大事輝騰今古迥絕知見祖師雖西來諸佛雖出世不曾加一絲毫諸佛不出世祖師不西來亦不曾減一絲毫淨躶躶赤灑灑如印印空如印印水如印印泥也須是不依倚一物不隨聞見知覺不處是非得失直饒恁麽猶落他祖師指處在所以道有祖以來若將祖師言教爲人師範却成賺人去他只說無法本是道又道佛說一切法爲度一切心我無一切心何用一切法既無一切心不用一切法則這裏八字打開還知落處麽山僧露箇消息去也須知過量人契此過量事下座

師云當軒正坐覿面無私離相絕名當機有準露箇形相通一線道起箇面目示少津梁如陽山見烟早知是火隔墻見角早知是牛若要只管隨數逐名求玄見妙則喪却自己脚跟下大事埋沒從上來佛祖家風只如今不依倚一物不顯箇消息還有共相證據底麽若證據得把斷要津不通凡聖不向二千年前釋迦老子起模畫樣處各自點胷何故大丈夫兒他人住處我不住他人用處我不用祖師階梯是第二頭起佛越祖是第三首淨躶躶赤灑灑當陽獨露是第八解所以道末後一句始到牢關把斷要津不通凡聖若是上流之士不將祖師言教爲人師範如竊負圖自取喪身之兆鳳縈金網趣霄漢以何期今夜與諸人一時拈却敢問大衆不落祖師言教一句作麽生道萬緣不到無心處至了渾如井覷驢下座

師云一向據令而行呵佛罵祖截斷衆流直得釋迦彌勒文殊普賢退身無路臨濟德山趙州睦州目瞪口呿千里萬里無片雲擬議不來三十棒恁麽舉唱本色衲僧愈生光彩後學初機無摸索處一向垂慈落草立問立答存主存賓有始有末三玄戈甲中論誵訛四種料簡裏別皂白絲來線去照用雙行各各脚跟下只推明一箇大機唯此一事更無餘事恁麽舉唱後學初機通一線道其奈取笑衲僧恁麽中有不恁麽不恁麽中有恁麽權實雙運照用並行佛祖誵訛離名絕相不守窠窟單明向上一路猶是尋常茶飯更或打翻許多路布則上是天下是地山是山水是水僧是僧俗是俗都無許多得失玄妙又落在無事甲裏四種爲人向此時爲諸人都

拈却且道畢竟如何所以道欲識佛性義當觀時節因緣時節若至其理自彰只如即今時節大檀越設齋已了陞堂已了懺罪已了薦亡已了更教山僧說箇什麼若能不以眼見不以耳聞不以意想不以口說則千里萬里見請訛千句萬句都穿却恁麼會得可以通徹古今更須知有向上事始得敢問大衆作麼生是向上事萬古碧潭空界月再三撈摝始應知下座

師云諸佛不出世那裏得這箇消息祖師不西來免見累及後代正當恁麼時天之自高地之自厚日月星辰之昭昭人物境界之浩浩不曾移易一絲毫何不向這裏薦取若向這裏薦得去管取是一員無事道人及至諸佛出世提持一大事因緣祖師西來傳持箇正法眼藏令一切聞者見者生希有心起難遭想各各依佛依祖歷堦梯超地位證無為登聖果若恁麼薦得亦是一員無事道人更有箇具大闡提不起信根逢佛叱佛遇祖罵祖乃至滅却佛滅却祖令人不見佛不聞法淨躶躶赤灑灑全體只是箇真實人若向箇裏薦得亦是一員無事道人有箇信得及把得住依佛行而不著佛依祖證而不著祖善建法幢能立宗旨讃佛讃祖如錦上鋪華乃至天上天下如金如玉若向箇裏薦得亦是一員無事道人此四員無事道人中要選一人為師且道選那一人為師若道得試出來道看若道不得山僧不免露箇消息去也披簑側立千峯外引水澆蔬五老前下座

師云離言離相總無許多不妨靜悄悄只恐墮在死水裏去示相顯言如錦上鋪華不妨鬧浩浩只恐入荆棘林去於此二途猶是時人昇降處不落時人昇降不住此二途且如何顯示還知箇裏麼有通天路有絕聖機向猛虎口裏橫身毒蛇頭上揩癢是尋常茶飯所以道威音王已前無師自悟則得何故許他有超師之作威音王已後須是因師打發何故恐落天魔外道去所以道有時一句可與祖佛為師有時一句堪與人天為師透得過信得及見得徹把得住方始契得古人豈不見道見過於師方堪傳授見與師齊減師半德只如今釋迦老子豈不是師達磨大師豈不是師還有見過釋迦老子達磨大師底麼試出來露箇消息看也要見從上來種草有麼有麼如無若不藍田射石虎幾乎誤殺李將軍

師云有句無句如藤倚樹鈎頭香餌最請訛全道無難唯嫌揀擇時人窠窟無摸索若是具頂門上眼底衲僧三千里外別端倪有作家鑪鞴底宗師未跨船舷已分付所以道色果是八十翁翁入場屋不是小兒戲箇箇須是具金剛正眼漢始得明眼漢沒窠臼只露目前些子咬去咬住有時一向不去有時一向不住若論戰也箇箇力在轉處更說什麼佛說什麼祖說什麼心說什麼性說什麼玄說什麼妙說什麼有說什麼無一筆勾下只有一劒劒下有分身之意亦有出身之路然於中若有箇脫情解去藥忌識機宜別休咎底試出來對衆道看也要大家知有然雖恁麼也須實到這箇田地始得敢問諸人是時

人家窟是鈎頭香餌還委悉麼目前已脫常
流見格外須知作者名
師云只恁麼坐斷天下人舌頭不恁麼穿却
本色衲僧鼻孔恁麼中不恁麼要辨龍蛇不
恁麼中却恁麼要擒虎兕離却四句外更有
什麼事也許具一隻眼何故雙收雙放雙暗
雙明同死同生同得同失也未為分外雖然
如是猶是建立邊事若據衲僧家自受用中
要且不然只如衲僧家自受用處還有人明
得麼若明不得佛法無靈驗若明得平欺一
切人去今夜不妨向荒草裏合水和泥和泥
合水與諸人商量豈不見南泉道祖佛不知
有狸奴白牯却知有又道你當哆哆和和何
不自家究取直待多知多解却來與老和尚
作頭抵又道喚作如如早是變了也今時人
直得向異類中行又道學道者如癡似兀難
得趙州道我見千百億箇漢子盡是覓作佛
底人中間求箇無心道人不可得雲門大師
道和尚子莫妄想山是山水是水僧是僧俗
是俗見拄杖子但喚作拄杖子見燈籠但喚
作燈籠此謂之覿體全真只如恁麼處還容
人作得失解會麼灼然論實不論虛直得如
狸奴白牯相似直得如枯木朽株絕氣息憨
憨癡癡瞢瞢瞳瞳千佛出世他也不知目覩
瞿曇如黃葉相似方始是生鐵鑄就千人萬
人羅籠他不住只如獨脫一句作麼生道莫
謂無心云是道無心猶隔一重關
檀越請小參師云盡大地是箇解脫門頭頭
物物皆證入無邊刹海如來藏綿綿密密悉
包容舉處峭巍巍用時淨躶躶譬如猛火聚
近之則燎却面門又如太阿劍擬之則神驚
膽戰若是知有恁麼徹骨徹髓承當不勞餘
啄其或尚留觀聽猶滯皮膚須是透出金剛
圈吞却栗棘蓬若透得一圈則百千億圈一
時透過若吞得一蓬則無數億蓬一時吞得
可以作奇特因可以現殊勝相無罪可懺而
罪垢消除無冤可解而冤家解釋顯現一切
難思議作為無邊殊勝業只消箇一道清虛
更不用周由者也正當恁麼時當機一句作
麼生道擊前突出金剛眼彈指圓成八萬門
頌云懺罪滌垢解冤釋結似日鎔霜如湯沃
雪雲散長空一輪皎潔感應道交綿綿瓜瓞
師云昨夜鐘鳴時諸人盡來此已是剩腦入
膠盆今夜鐘鳴時復來有何事兩重三重已
落節若是知有底聊聞舉著徹骨入髓踢起
便行坐斷報化佛頭不萘語默聲色却校些些
子如或準前只守窠窟山僧不免向無事處
生事無言處顯言無葛藤處說葛藤無荆棘
處立荆棘去也一塵纔舉大地全收四方八
面淨躶躶華開世界起浮幢王刹明歷歷直
得無情有情齊成佛道有說無說俱轉法輪
此猶是法性海邊拈掇在若向衲僧門下直
饒一棒打破虛空一喝喝散白雲釋迦彌勒
猶為走使德山臨濟目瞪口呿也未當本分
氣宇在所以道坐却舌頭別生見解他叅活
句不叅死句活句下薦得永劫不忘死句下
薦得自救不了只如諸人即今作麼生會他
活句莫是即心即佛是活句麼没交涉莫是
非心非佛是活句麼没交涉不是心不是佛
不是物是活句麼没交涉莫是入門便棒是

活句麼沒交涉入門便喝是活句麼沒交涉但有一切語言盡是死句作麼生是活句還會麼萬仞峯頭獨足立四方八面黑漫漫復云一口吸盡西江栗棘蓬殺老龐當陽若也吞得管取海内無雙

鄧朝議請小參云宏機獨唱千聖潛蹤一句當陽十方坐斷有亦不管無亦不拘聖亦不收凡亦不立明明無覆藏明明無滲漏頂門眼照山河大地全彰肘後符開萬象森羅頓現有如是奇特相有如是殊勝門只求向上作家要接大乘根器所以道垂鉤四海只釣獰龍格外玄機爲尋知識若是利根種智具大解脱性一聞一切聞一了一切了一見一切見一證一切證淨躶躶赤灑灑只如今還有道得底麼試出衆露箇消息看若道未得山僧這裏八字打開去也還委悉得麼利根上智須圓證十聖三賢一念超復頌云無對毘耶彼上人頂門有眼耀乾坤只憑一箇無言説過界全開不二門

滁州太平寺知山請小參云祖佛提撥不起處正好作工夫魔外潛覷不見處猶宜猛著力直得通身是眼也照他未了直得通身是口也説他不著深深處有回互密密處有諸訛到這裏德山有棒不論佛來祖來一例行還臨濟有喝不論佛來祖來一例施呈若向棒下見未免瞞肝若向喝下薦更是漏逗須知向上人有換骨換髓透色透聲透聖透凡透聞透見底肘後符子所以道你若坐我則立你若立我則坐若也同坐同立二俱瞎漢到這裏還説心説性得麼説玄説妙得麼説理説事得麼説得説失得麼若有恁麼盡是依草附木精靈且獨脱一句作麼生道須彌頂上翻身處百尺竿頭撒手時復頌云昔歲依投家重顧今春還沐渡江來同風更話同風事千手通身正眼開

文倫二上人薦安華嚴請小參僧問如何是理法界師云不動一絲毫進云如何是事法界師云縱横十字進云如何是理事無礙法界師云銅頭鐵額鐵額銅頭進云如何是事事無礙法界師云重重無有盡處處現眞身師乃云言發非聲高高峯頂立色前不物深深海底行全機轉處沒承當覿面呈時絶回互離心意識非見聞覺知須明徹法慧目離念明智然後一塵纔舉大地全收一毛頭師子百億毛頭一時現直得一爲無量無量爲一小中現大大中現小寬同法界細入隣虚無處不周無處不偏毘盧遮那大法性海中不論聖不論凡不論有情不論無情一一把斷不漏絲毫處處常光現前一一壁立千仞若説理法界事法界理事無礙法界事事無礙法界正是沒交涉直饒棒頭取證喝下承當向空劫那畔識破根塵威音已前洞然明白尚未免在窠窟裏只如出窠窟一句作麼生道千峯勢到嶽邊止萬派聲歸海上消

師云天無四壁逈絶羅籠地絶八維了無障隔與虚空同體合暗合明與虚空同壽亘古亘今人人有一坐具地何用安排處處悉彌勒門門開不須彈指盡是人人受用無去無來以大悲力成此勝事所以釋迦老子未離兜率已降王宮未出母胎度人已畢且道諸人

分上還有這箇消息也無若無人人具足箇箇圓成因什麼却無若有諸人即今在甚處安身立命還知落處麼若知落處不動道場而徧能含受十方剎海一塵一剎隨處受生何待九龍吐香水分手指天地作大師子吼須知未出母胎時已作大師子吼直至各各時時念念處處悉皆圓滿清淨無爲無間無斷大解脫門正當恁麼時晝昇兜率夜降閻浮其中摩尼珠爲什麼不現敢問諸人中間作麼生還委悉得麼龍袖拂開全體現象王行處絕孤蹤

師云大機圓應大用縱橫不墮千聖機關不遊諸祖窠窟舉一機千機截斷拈一事萬事齊彰須是他大解脫人乃能明向上宗旨豈不見維摩不離本座移妙喜世界如針鋒持棗葉又不見大仰云拈一片木葉便是移一座仰山去是知箇事若在心機意識路布言詮上覓大似搖地覓天了沒交涉若是箇生鐵鑄就不涉化城不由迷悟不拘得失然後一明一切明一了一切了一見一切見一用一切用此猶是衲僧家垂手應機爲人邊行履若使他獨照獨運乃至千聖覓他不著諸天捧華無路魔外潛覷不見周旋往返十方無礙一念普應前後際斷只如今坐立儼然燈燭熒煌且道是什麼時節若道是唯心境界正坐在荊棘林裏若道是向上時節亦未跳出金剛圈在總不恁麼又作麼生還有人道得麼若不藍田射石虎幾乎誤殺李將軍頌曰天上人間不可陪同風千眼應時開智通居士真奇特道照三年兩度來

師云言發非聲和言擊碎色前不物與物俱融聲色翳障全消聞見之源亦脫直得淨裸裸赤灑灑清寥寥白滴滴一片本地風光一著本來面目神通妙用底縱橫十字不離田地穩密田地穩密底坐斷十方不離神通妙用雙明中有雙暗同生中有同死恁麼也不得不恁麼也不得恁麼也得不恁麼也得所以道即此見聞非見聞無餘聲色可呈君箇中若了全無事體用何妨分不分箇中見聞是體聲色是用聲色是體見聞是用分也得不分也得所以雲門道移燈籠向佛殿裏拈三門向燈籠上若以衲僧正眼覷之猶爲小事直得納須彌於芥中擲大千於方外也只是箇半提所以盡乾坤大地都無空闕處更須知有全提時節三世諸佛只堪齊立下風六代祖師只得全身遠害當機直截一句作麼生道三尺杖子攪滄波令彼魚龍知性命

結夏小參僧問馬師離四句絕百非請和尚答祖師西來意馬祖云我今日勞倦不能爲子說得問取西堂去此意如何師云三頭兩面進云僧問西堂西堂云我今日頭痛問取海兄去又作麼生師云同坑無異土進云僧問海兄海云我到這裏却不會又作麼生師云黑漆桶夜裏生光進云只如僧舉似馬祖祖云藏頭白海頭黑又作麼生師云不許外人知師乃云一粒粟中藏世界恒沙剎海始安居萬緣不到千差絕超證無生等太虛至實處不容聲至深處無回互明明蓋天蓋地歷歷亘古亘今坐斷千差壁立萬仞千聖提撕不到是衲子放下襆子處千人萬人羅籠

不住是無爲無事人拗折拄杖時雖然浩浩應機要且如如不動有時魔宮虎穴轉大法輪有時荊棘林中建立梵刹有時向十字街頭壁立千仞有時向孤峯頂上合水和泥有照有用有權有實所以道以大圓覺爲我伽藍身心安居平等性智則於千人萬人羅籠不住處始能安居於千聖萬聖提撕不到處始放複子敢問安居一句作麽生道還委悉麽但令身語常清淨夏滿何須驗蠟人

曾先生請小參云全機不動會群像於目前覩面相呈截千差於格外動則影現覺即氷生不動不覺直下捏目箇中有一條路蓋天蓋地蓋色蓋聲密密綿綿平平穩穩若是箇曹溪門下客直到解脱處更不落二落三未舉覺已前早是落二落三了也何況舉覺言詮總納敗闕所以道西天二十八祖亦如是唐土六祖亦如是天下老和尚亦如是山僧亦如是到這裏不著眼試觀看不著耳試聽看若向箇裏一時截得斷把得定作得主與千聖把手同一正因同一解脱然雖如是正當恁麽時不立階梯一句作麽生道還委悉麽聲前截斷千差路出格唯憑作者知復頌云一著當機截衆流選官選佛兩俱優相逢相見呵呵笑天上人間得自由

祖上人請小參師云生身父母居堂上從本爺娘在頂門一念頻消諸祖意堪任補報最深恩一漚未發已前滔滔流水一塵未舉之際茫茫刹塵若是具透關眼有過量見即知千聖萬聖羅籠不住若也一漚已發一塵已舉待著眼用意盡未來際窮虛空劫畢竟摸索不著所以道盡大地是般若光光未發時無佛無衆生消息從什麽處得來正當恁麽時無佛無衆生無高無下無得無失無彼無我處還薦得麽若薦不得不免打葛藤去也道是無得麽且喜没交涉道是有得麽轉見没交涉道是不有不無得麽轉更没交涉道是離四句絶百非直是没交涉須知這一條路一種機三世諸佛依此成立一大藏教依此詮註乃至世間虛空凡聖山河大地無邊香水海不可說不可說全從他流出只今若知一漚未發已前恩德則自己脚跟下如千日並照如暗得燈如貧得寶如渡得船如民得王於一切時無一念落虛無參雜時全體恁麽來全體恁麽去只如空劫已前那畔一段事作麽生還委悉麽照開千聖頂門眼放出威音物外春復頌云父母恩深重過於蓋輿截若欲圖補報碎身莫能賽唯有般若力一句截情愛凱風吹棘心二百四十歲

修道者請小參天地與我同根其根深固萬物與我一體其體虛凝萬物之根亘古亘今堅固之體包含萬有毫芒得意可以點鐵成金可以轉凡作聖如理如事即處即眞一念不生前後際斷所以道不思議解脱力妙用恒沙也無極若論妙用去可以擊碎業山可以竭苦海可以懺不懺之罪可以解不解之冤可以起必死之疾可以證無生法忍正當恁麽時不立功勳一句作麽生道還委悉麽千年暗室一燈破萬劫愆尤一句消頌云阿閦被疾投皇覺調御垂慈放月光法藥之功同佛力自然身病得清凉

小參師云一向說事說理論妙論玄談心談性隨在葛藤窠裏一向行棒行喝立照立用存捲存舒落在荆棘林中更或舉古舉今話偏話正立主立賓也是撒沙撒土忽若見山即山見水即水僧是僧俗是俗落在無事界內設使總不恁麽大似曳尾靈龜直饒獨體單明亦是狐狸戀窟若有箇出身處去似地擎山不知山之孤峻如石含玉不知玉之無瑕譬如猛火聚近之則燎却面門又如按太阿劒擬之則喪身失命便可以不須說事不須說理不行棒不行喝不立主不立賓見山不是山見水不是水全體恁麽來全體恁麽去總無許多路布葛藤聲色邊事且超然獨脫一句作麽生道還委悉麽萬丈懸崖須撒手大千沙界始全身

張戶曹請小參師云直下便是不通擬議尋思還有作家禪客麽試出衆證據看僧問如何是臨濟下事師云一刀兩段進云如何是雲門下事師云三句縱橫進云如何是曹洞下事師云五位君臣沒分付進云如何是潙仰下事師云進前退後絕商量進云那一句如何師云何不問法眼下事僧禮拜師乃云靈山提密旨獨有迦葉親聞少林演妙訣唯許神光擔荷只爲機機相副箭箭相投用處聲色純真舉時乾坤獨露密密意絕諸訛深深機沒回互若是箇本色自由自在承當擔荷得底更不落聲前句後亦不用擬議尋思直下當陽分明領取所以道若論此事貶上眉毛早已蹉過既已蹉過何用鼓兩片皮口吧吧地豈不是當堂蹉過既若蹉過還知未蹉過事麽若知未蹉過事雖終日說而不曾動著舌頭終日行而不曾移著一步終日喫飯不曾嚼一粒米終日著衣不曾掛一縷絲雖然如是此猶是建化門庭向下爲人處豈不見德山和尚但有問答語言向上向下盡是依草附木竹木精靈所以山僧從頭棒將去待有箇獨脫底與他商量後來浮山圓鑑道只這獨脫底也是草木之精且道還有爲人處也無山僧不惜眉毛入泥入水爲諸人平展還委悉麽但能萬法不干懷一超直入如來地

㧞剃小參僧問正令當行十方坐斷宗風建立毫髮無差時節因緣願聞舉唱師云只是舊時面目進云斬新處乞師再示師云換却適來底進云法輪再轉於閻浮道光重映於千載師云誰不恁麽進云只如無邊身菩薩爲什麽不見如來頂相師云有時恁麽有時不恁麽進云如何是和尚頂相師云錯僧禮拜師云果然果然師乃云重圓僧相復方袍優鉢羅華未易遭恩重丘山何以報輙提綱要一秋毫盡十方世界若長若短若縱若橫以至香水海不可說不可說無邊刹海盡在箇一秋毫有時現無邊身東涌西沒南涌北沒中涌邊沒作無量無邊神通變化也只不出此一秋毫有時冷啾啾地如枯木朽株寒灰死火一念萬年萬年一念也只不出此一秋毫乃至作爲無量無邊殊勝奇特難行苦行轉化一切成佛作祖亦不出此一秋毫諸人還知此一秋毫麽若知去未開口已前未舉意已前生佛未兆已前空劫已前好薦取

既薦得則卷而懷之任任運運如兀如癡不妨是一箇沒量大人如或未然却須返照回光若動若靜若住若行若坐若卧須是究他根源始得父母未生已前父母既生之後六根四大三百六十骨節完具寒時知寒熱時知熱飢時知飢飽時知飽以至頂天覆地含齒戴髮盡承此箇恩力且道此箇恩力如何趣向還知麼一氣不言含有象萬靈何處謝無私

蔣山辭衆云終日相逢長背面終朝背面却相逢途中不是途中事不動巍然逵九重這箇消息唯許作家明瞎同途主賓互用雖去似去而不去雖來似來而不來卓爾超然動靜曾無兩種所以道動若行雲止若谷神既無心於彼此亦無象於去來如是則去來不以象而確然去來動靜不以心而超然動靜在彼在此殊無間然一道清虛廓周沙界是以月上女出城舍利弗入城而舍利弗問云聖姊向什麼處去月上女云如舍利弗恁麼去舍利弗云我方入城汝已出城云何言如舍利弗恁麼去女云諸佛弟子當住何所舍利弗云諸佛弟子當住如來大解脫女云諸佛弟子既住大解脫所以我云如舍利弗恁麼去既得如來大解脫去而無去去迹入九重城裏毗贊聖化住而無住住蹤在深山白雲中坐斷天下人舌頭既住如來大解脫安有動靜去來之意正當恁麼時作麼生道九重城裏真消息一句無私遍九垓復云憶得曹山和尚辭洞山山云向什麼處去曹山云向不變異處去洞山云不變異處豈有去耶曹山云去亦不變異師云大凡衲僧佩肘臂下符具頂門上眼向一切萬境萬緣當頭坐斷豈不是箇無變異向故金剛正體湛寂凝然曹山雖得此意爭奈洞山憐兒不覺醜若是山僧待他道向不變異處去只向他道這漢未出門早變了也

圓悟佛果禪師語録卷第十一

圓悟佛果禪師語録卷第十一

校勘記

一　底本，明永樂北藏本。

一　四八頁上一行經名、二行編者，經無(未換卷)。

一　四八頁上末行第四字「與」，南作「爲」。

一　四八頁中二行第二字「請」，南作「譑」。

一　四八頁下一四行第一五字及一七行第四字「僧」，清作「進」。

一　四九頁上一七行「刀山喝使摧」，至此，經卷第九終，卷第十始。正文前有「小參三」一行。

一　五〇頁下一八行「路布」，經、清作「露布」。下同。

一　五一頁中一五行第一二字「庠」，南、經、清作「痒」。

一　五二頁中七行「重關」，南作「重關下座」。

一　五二頁下二行「爪牋」，南作「爪牋

下座」。

一 五二頁下三行至次頁上五行「師云昨夜……海内無雙」，徑無。

一 五三頁上五行「無雙」，南作「無雙下座」。

一 五三頁上一九行「不二門」，南作「不二門下座」。

一 五四頁上一一行「狐蹤」，南作「狐蹤下座」。

一 五四頁下七行「性命」，南作「性命下座」。

一 五五頁下八行「四十歲」，南作「四十歲下座」。

一 五七頁中六行第一一字「住」，南作「生」。

一 五七頁中九行第一五字及一一行首字「曹」，南無。

一 五七頁中末行「卷第十一」，徑作「卷第十」。

圓悟佛果禪師語録卷第十二　惠五

宋平江府虎丘山門人　紹隆等編

住東京天寧寺小參師云一見更不再見今已再見一說更不重說今已重說未有長行而不住途中無這箇消息未有長住而不行屋裏没此葛藤直得二途俱不涉去住得縱擒其住也千人萬人羅籠不得其去也等閑坐斷一切人舌頭假使覩到這箇田地更須知有照用同時人境俱奪向上一竅始得若論向上一竅佛祖不立凡聖沓絶淨躶躶没承當赤灑灑無回互正當恁麽時作麽生但願春風齊着力一時吹入此中來復頌云明珠在掌有功者賞長老新入院都盧無伎倆不立趙州關各自著精彩

四月八日小參直下便是已涉階梯總不恁麽猶落情識直得威音已前没交涉七佛已後没交涉向上向下總没交涉然雖如是通方作者舉著便知尚滯皮膚難脫蹊徑所以向第二義門不恁麽中有時恁麽恁麽中有時不恁麽淨法界身本無出没大悲願力示現受生雖則落草之談也須草中有通身之路敢問諸人要知本無出没底道理麽乃豎起拂子云只這是要知示現受生麽豎拂子云只這是到這裏雙收雙放全暗全明爲中下之機則得直得九龍吐水一場捏怪目視四方轉納敗闕只有雲門大師解於鐵樹上生華道我若見一棒打殺與狗子喫却雲門大師具箇什麽眼自便恁麽道諸人要見雲門大師麽山僧不惜眉毛放一線道去也還委悉麽不入千尋浪難逢稱意魚復云未離兜率已降王宮未出母胎度人已畢一徃看來却是子細點檢將來猶滯兩邊殊不知東弗于逮走馬南贍部洲作舞西瞿耶尼作拍北鬱單越翻筋斗也無是也無非也無得也無失且道畢竟如何八角磨盤空裏走

鄆王請小參僧問無修無證乃是本元妙明爲求佛果菩提正是有作之因去此二途請師直指師云吹毛寶劍逼人寒進云一點靈光異萬古照人間師云用一點靈光作麽進云可謂言言合聖道法法自圓成師云他亦本無言僧禮拜師乃云寬廓非外十方國土目前觀寂寥非内一毫頭上寶王刹直得無内無外絶彼絶此亘古亘今全明全暗到這裏亦須有轉身一路始能得大自在豈不見道大人具大見大智得大用發大機聾機泯息立一言衆言絶謂直得言言機機頭頭相副如金鎖連環相續不斷此猶是長生路上事所以道言鋒若差玄關萬里直得懸崖撒手自肯承當絶後再穌欺君不得非常之旨人焉廋哉既有非常之旨必藉非常之人既有非常之人必明非常之旨正當恁麽時如何側身方外看誰是箇中人復云護生之德徹坤維草木昆蟲樂聖時敵勝驚羣有奇特如何是奇特囉囉哩哩擊禪床下座

小參目前無一法森羅萬法歷然格外立千機權實照用廓爾其權也納須彌於芥子擲大千於方外其實也上是天下是地山是山水是水僧是僧俗是俗其照也廓周沙界而無餘其用也喝似雷奔棒如雨點只如不落權實照用不落格外千機不落目前一法正

當恁麼時如何湊泊若是心機透脫得失已忘玄妙理遣有恁麼人聊聞舉著踢起便行釋迦自釋迦彌勒自彌勒解脫自解脫善財自善財其或未能便恁麼直下信得及把得定作得主卻須於古人方便門建立處頭頭上明物物上顯無一絲毫蹉過無一絲毫得失淨躶躶絕承當赤灑灑無回互踏著本地風光明見本來面目正當恁麼時如何著力不起纖毫修學心無相光中常自在復頌云佛佛道同同至道心心真契契真心廓然透出威音外地久天長海更深

益國夫人請小參云目前無一法綿密有誰知格外列千差到頭須自用若自用得去改禾莖為粟柄易短壽作長年變大地作黃金攪長河為酥酪不為分外且如綿密處若辯得用處即是綿密綿密即是用處所以道世尊三昧迦葉不知迦葉三昧阿難不知阿難三昧商那和修不知商那和修三昧優波毱多不知既是各各不知何故卻相傳受到這裏不妨請訛處直是請訛綿密處直是綿密若會山僧適來答這僧問道和尚三昧什麼人得知答云山僧自知然雖如是大似托手上高山未免傍觀者哂更有一著諸人往往向知不知處作活計若道知去此人只具一隻眼若道不知去此人亦只具一隻眼離卻知不知正當恁麼時如何大千沙界海中漚一切聖賢如電拂復舉外道問佛昨日說什麼法世尊云說定法外道云今日說什麼法世尊云說不定法外道云昨日定今日為什麼不定世尊云昨日定今日不定師云大小世尊龍頭蛇尾若是天寧即不然忽有問早朝說什麼法對云不定法即今說什麼法對云定法或云早辰不定而今為什麼定即向他道一釣便上

小參云提向上機須向上眼指其中事要其中人若能立千聖於下風擲大千於方外腳根下硬糾糾頂門上黑漫漫坐斷要津不通凡聖亦未是向上機亦未是其中事且作麼生是向上機其中事酌然將謂實有恁麼說話殊不知如將蜜果換苦葫蘆淘卻業根俱無實事若是靈利底人聊聞舉著便知落處更不紛紜既不紛紜則二六時中雖終日喫飯不曾咬著一粒米終日著衣不曾掛一條線終日說話不曾動著舌頭雖然如是能有幾人到此田地何故只為不落心意識不落淨穢邊透出威音那邊全明本元要地一棒一喝一挨一拶一出一入一問一答譬如擲劍揮空莫論及之不及斯乃空輪無迹劍刃無虧正當恁麼時著實一句作麼生道還委悉麼撒手那邊千聖外燈籠露柱放毫光頌云妙德空生讚莫窮摩醯正眼不通風大千擲在他方外作者須明向上宗

解夏小參云護生須殺雖殺無傷蟻人已來其功歷爾可以駕鐵船入海可以飛磨盤輪空半合半開成團成塊盡出箇大圓覺不得若有出得大圓覺底便能逆順縱橫殺活自在是故文殊菩薩一夏三處度夏一月日在魔宮一月日在長者家一月日在婬房既三處度夏卻入世尊會中解制極為不平所以迦葉欲白槌擯出文殊纔舉此念見會中有

無量釋迦無量文殊無量迦葉無量揵槌迦葉既見恁麼直得目瞪口呿何故過量人有過量見有過量用雖金色頭陀到這裏縮手不得展手不去只如與麼時是大圓覺裏耶大圓覺外耶須是通方作者始能證明何故此是文殊普賢大人境界若叅得文殊普賢境界則無邊香水海無量無數微塵佛剎悉為安居處乃至現無邊身處處行住坐卧亦不相妨亦不犯手正當恁麼時若是知音者舉起便知所以天寧雖與大衆九十日安居必竟諸人還知麼諸人若透頂透底去即是文殊普賢境界若不透頂透底去即是迦葉境界離却文殊迦葉收因結果一句作麼生道還委悉麼九十日功今已滿豁開布袋各優游

小叅僧問如何是主中賓師云闍黎問處帶鹹塵進云如是則靈光千古秀萬法落階梯師云階下立進云如何是賓中主師云山僧不免自道取進云古佛位中無見處深深草裏露全身師云莫來這裏呈幞袋進云如何是主中主師云坐斷舌頭無去取進云袖裏金槌光爍爛吹毛寶劒逼人寒師云七十五棒翻成一百五十進云如何是賓中賓師云青山之外更愁人進云如是則家貧未是貧路貧愁殺人師云荒村古廟裏去進云只如不涉賓主是什麼人師便喝師乃云目擊知歸已為分外未言先契猶涉程途須知箇中有格外機行格外用明格外道證格外心灑灑落落淨躶躶絕承當密密堂堂赤灑灑無回互壁立萬仞處千差萬別萬別千差處壁立萬仞所以道垂鈎四海只釣獰龍格外之機為尋知識於中若有箇便恁麼承當得格外趣向便恁麼權衡得格外底作略時向伊道箇什麼即得說玄說妙說佛說祖說心說性已是此人棄下之增語論棒論喝論權論實論照論用亦是此人不要之長物若其中間不犯鋒鋩纖塵不立如何透脫還委悉麼大道體寬無向背當陽須是箇中人

季迪甫請小叅驀地相期全機獨露眼眼相照心心相知俱不從他處得來盡皆在胷襟流出正當恁麼時森羅萬像古佛家風碧落青霄道人活計打開自己庫藏運出自己家財與諸佛祖師同德同誠維摩龐老同拈同放與裴相國王常侍同一機用同一境照更無餘事截斷生死路頭打破煩惱窠窟不消一句子且道是那一句子還委悉麼超然直透威音外目前無法可商量

請小叅云當陽直截不立階梯覿面相呈全彰正體以世諦法接人去落在世諦法中以佛法接人去落在佛法中以祖佛機接人去落在祖佛機境中以向上拈提接人去落在向上拈提中以恁麼恁麼接人去落在恁麼中以不恁麼不恁麼接人去落在不恁麼中以總不恁麼總不恁麼接人去落在總不恁麼總不恁麼中到這裏羅籠他不住處千聖出頭來也不敢正眼覷他雖是當頭脫却向那邊承當也只得箇沒交涉且作麼生合殺去若有大根大器人向合殺處挨得一線便可以拈一莖草作丈六金身用有時將丈六金身作一莖草用有時拈燈籠

作露柱用有時拈露柱作燈籠用有時騎佛殿出三門放一線道拈新羅與占波國鬪額且道是何宗旨是何境界正當恁麼時當頭一句作麼生道滿目光輝無向背優鉢羅華火裏開

小參師云千差一舉舉處絕遮攔萬化一拈拈時無向背只如道上古諸佛未出世未成道未發心已前還有這箇消息也無若道有有在什麼處若道無爭得這箇來所以前賢後賢前佛後佛只是提持得他景仰得他要且未解從機境上把定處作得主山僧今夜與他作主去也諸佛未出世未發心未成道盡在山僧手裏放行教他通一口氣若不放行不消一捌捌殺所以黃檗道牛頭橫說豎說不知有向上關捩子若教他知向上關捩子祖佛亦提掇不出實爲土曠人稀相逢者少忽若有箇同死同生來與天寧相見且須容他何故他若坐山僧須下禪床山僧若坐他須側足而立直得如此雖然同途要且不同轍雖然同明要且不同暗雖然同得要且不同失且畢竟作麼生出頭天外看誰是箇中人復舉京兆蜆子和尚參洞山後居止無定不循律儀每日沿岸採掇蝦蜆以充朝夜即宿白馬廟紙錢叢中時有華嚴靜禪師聞之欲決眞假先潛入紙錢中蜆子深夜歸靜把住問云如何是祖師西來意蜆子答云神前酒臺盤靜奇之懺謝而退師云諸人若未委悉山僧下箇注脚神前酒臺盤鐵彈大如拳一擊便擊碎不直半分錢

益國夫人請小參僧問寂初威音王末後接至佛未審威音參見什麼人師云參見無面目底僧云只如無面目人復見阿誰師云狂狗趁塊僧云爭奈拄杖子在學人手裏師云你試用看僧云到這裏直得無言可說無理可伸師云只得七成僧云可謂師承不立遞代相傳師云一刀截斷僧云既然如是和尚何用更見白雲師云你道威音樓至佛即今在什麼處僧云一穿穿却師云頂顆上更添一隻眼始得師云三世諸佛也恁麼歷代祖師也恁麼德山也恁麼臨濟也恁麼天寧豈可不恁麼所以早朝也恁麼而今也恁麼且道恁麼恁麼是箇什麼還委悉麼所以道向上一路千聖不傳學者勞形如猿捉影只如遇達者面前作麼生提掇作麼生請悉說理性玄妙得麼喝一喝得麼劃一劃得麼口吧吧地得麼六六三十六九九八十一得麼且總不是這箇道理況此乃千聖不傳之妙這一片田地唯佛與佛乃能知之畢竟知後還傳與人不傳與人若傳得去龍頭蛇尾若傳不得千聖萬聖一箇箇到這裏若佛若祖於一切人機境不到處發明於一切人用不及處提掇一切人情識計較不得處坐斷千差路頭雖然拈一句簇錦攢華攢華簇錦可以趣向及至到那畔若也承當則沒交涉到這裏有棒有喝有權有實有殺有活有擒有縱唯許諸佛知不許諸佛會既許諸佛知爲什麼不許諸佛會會則傳得去也所以要人心機絕智境忘得失遣是非一時落謝萬境擬然而無何礙可以與千聖把手共行同用同證一切處光輝一切處澄湛去抽釘拔楔解

黏去縛只如今山僧對衆恁麼說還當得千聖不傳底麼灼然當不得既當不得又說作什麼千人萬人管取不奈何所以古人道雖然點破綱宗意在文彩未生時要一覷便透一咬便斷若也未會切不得疑著如今不惜性命向這裏與諸人通箇消息還會麼千聖共傳無底鉢大千沙界一浮漚

小參云截斷千差路坐却是非頭報化不容身語默絶消息正當恁麼時若有祖師西來意正是撒土撒沙若無西來意大似對面相諺去此二途須知他家有出身底路大衆灼然不是目前事亦非目前機有一句子千聖覰他不見有一句子千聖出頭不得有一句子千聖同鄽共用且道此一句畢竟從什麼處流出若有識得流出去處則淨躶躶赤灑灑也不說一即三三即一不用行棒不用行喝不用道見成公案不消瞬目揚眉不用談玄說妙所以釋迦彌勒文殊普賢猶是他走使他本不作一切不爲一切坐斷一切初無動搖各各當人脚跟下圓明朗照如大日輪人人回光得度也不在他處也不在已處不在內不在外不在中間然而一切奇特事因他建立一切殊勝事由他圓成如王庫寶刀如摩醯三目如圓伊三點如塗毒鼓千言萬句終說他不成說他不就正當恁麼時還委悉麼如王寶劒隨王意揮斥縱横得自由

小參僧問波斯匿王請問世尊聖諦義中還有世俗事也無世尊云大王汝於龍光佛時在曾問此義爲復答他話爲他說師云一時在裏許進云只如舉揚大王善問不善答世尊善答不善問未審此意如何師云拈起上頭關捩子進云忽若大王請傳此語問和尚未審如何祗對師云開口見膽師云適早已露線索如今更展家風摩醯首羅三隻眼八面通透釋迦老子百億身十方分形如印印空如印印水如印印泥初不分前後際亦不分縱横並別到這裏若深入骨髓底直下透脫不疑天下人舌頭聊聞舉著踢起便行可以坐斷十方可以乾坤獨步其或尚留觀聽猶滯皮膚直須脚跟下一一洞明各各見本來面目踏著本地風光不隨聲色不居凡聖不落見聞不涉語默淨躶躶赤灑灑所以道十方無壁落四面亦無門全體與麼來全體與麼去畢竟天人群生類皆承此恩力若識此恩力終不落虛步步脚踏實地句句透見根源全體如如不變不動推此以及群靈攝此普濟品彙正當恁麼時超聲越色一句作麼生道還委悉麼不須更費纖毫力吞跳金圞栗棘蓬

張國太夫人請小參云霜風凜凜細雨微微解脫門八字打開正法眼頂門顯示還有超宗越格離見絶情底麼出來證據若也證據得去七佛已前也不恁麼七佛已後也不恁麼西天二十八祖亦不恁麼唐土六祖亦不恁麼至於歷代宗師天下老和尚亦不恁麼爲什麼不與麼只恐賺悞人去既不與麼亦不賺悞人作麼生承當到這裏平田中萬仞壁立壁立萬仞處一似平田把斷要津不通凡聖亦無語話分亦無展演分畢竟教一切人什麼處入老僧不惜眉毛通箇消息去也

遂竪起拂子云見麼又擊禪牀云還聞麼若
道見且得沒交涉若道不見更是沒交涉畢
竟作麼生若教老僧只管與你說經無窮劫
摸索不著不隨言解則淨躶躶赤灑灑各各
坐斷報化佛頭各各氣衝宇宙設使千佛出
興恰如蚊蚋相似與麼把得定作得主方始
是本分作家正當恁麼時如何委悉一句逈
超諸佛格坐斷天下衲僧頭復頌云雖然說
破五家宗爭及曹溪一線通寶劍當陽誰殺
活離名離相振高風
小叅云不是如來涅槃心亦非祖師正法眼
萬緣窮之不到千聖究之莫及直饒威音王
那畔空劫以前正好揮金剛王寶劍何況威
音王以來以至窮未來際只是打葛藤終非
本分草料所以道我若一向舉揚宗教法堂
前草深一丈如今事不獲已向諸人道盡大
地是般若光光未發時無佛無衆生消息從
甚處得來若向這裏便絕消息去此人命根
未斷命根若斷埋著磕著言語說著機境投
著雖然如是此猶是第二機若到第一機說
甚威音已前空劫那畔設使德山臨濟喝下
承當棒頭取證未免拖泥涉水不受人瞞牙
如劒樹口似血盆直下承當可以籠罩古今
乾坤坐斷雖然如是天寧與麼說話大似傍
若無人何故佛佛道同祖祖共證一一於此
承當向什麼處著紅爐上還著得一點雪麼
到這裏表裏純淨中外一如雖然落草未免
向上用正當恁麼時如何棒頭有眼明如日
要識真金火裏看復舉龐居士問馬大師不
與萬法為侶底是什麼人馬師云待汝一口
吸盡西江水即向汝道山僧畧露箇消息為
人須為徹殺人須見血直下便承當已落第
二月且道如何是第一月咄
冬夜小叅僧問德山昔日小叅不答話趙州
小叅却答話未審答底是不答底是師云總
不是進云好音在耳人皆聳去也師云杓卜
聽虛聲進云忽若答話中不答話不答話中
却答話時如何師云葛藤窠裏出頭來進云
忽若有箇漢出來不管答話不答話只麼掀
倒禪牀時如何師云劈脊便捽僧云崄師云
崄僧便喝師亦喝僧禮拜歸衆師云一場漏
逗師乃云大衆截群機於未兆坐斷天下人
舌頭藏冥運於即化世諦一陽便生且道是
一是二若道是一因甚麼聖諦義中有世俗
諦若道是二為什麼世俗諦中無聖義諦到
這裏若無透關眼透出機關未免瞞瞞頇頇
儱儱侗侗去也還知箇裏麼直如明鏡當臺
明珠在掌舉無遺照萬象歷然雖四序遷移
其中有不移易一絲毫之體雖萬機齊赴其
中有湛然不動之源以此撥轉路頭隨機應
感諸人若也不見設使千聖出頭來也摸索
不著倜儻柄子出來眼似銅鈴口似懸河也
說他不得也覷他不著天寧意欲要與諸人
解黏去縛拔楔抽釘到這裏伎倆一點也使
不著且道為什麼如此他家自有通霄路切
忌當陽指畫伊
住雲居山結夏小叅雲居千百衆如無只緣
內外絕消息箇中空洞等虛空殺活全承此
恩力所以道護生須是殺殺盡始安居要論
箇中意鐵船水上浮筭來直得鐵船水上浮

也有什麼奇特只如護生須是殺且道殺箇什麼便有禪和子道不是殺物命只是殺無明賊是殺煩惱賊是殺六根六塵賊殺爭人爭我賊雖然一期也似要且未夢見衲僧脚跟頭既是護生須是明殺意如何是殺意嶮若向箇裏辨得出便可放一線道浩浩之中管取坐斷天下人舌頭然後始殺得盡然雖如是釋迦老子也殺不盡迦葉也殺不盡西天二十八祖也殺不盡唐土六祖也殺不盡要明不盡底須是放却從前已後見解明暗玄妙理性殊勝奇特淨潔剗除不留毫末也不到極盡處只如正淨處合作麼生還委悉麼深山大澤無人到衆頭正好共商量復云釋迦老子云以大圓覺爲我伽藍身心安居平等性智師云釋迦老人慈悲大殺怕你諸人不知與你一箇護身符子雖然如是點檢將來猶帶影在若是山僧則不然即雲居山見成伽藍九旬安居拍拍是令

如上座請小參僧問城東老母與佛同生爲什麼不見佛師云他具大丈夫意氣進云以手掩面十指悉皆見佛爲什麼回避不得師云只爲渠儂得自由進云雪竇道他雖是女人却有丈夫之行是肯伊不肯伊師云重言不當吃師乃云情與無情一體了日皆真佛與衆生不別當體全現隨處作主遇緣即宗有時放行則瀈渠瓦礫悉生光彩有時把定則真金七寶咸皆失色所以道諸人欲識命麼流泉是命湛寂是身千波競起是文殊境界一亘晴空是普賢牀榻其次借一句子是指月於中事是話月從上來事如節度使信旗相似如諸古德未建立許多作畧到這裏作麼生商量不假三寸試請說看不假眼試覷聽看不假耳試采聽看所以道盡十方世界都盧是箇真實人體更向什麼處著眼耳鼻舌身意所以山僧從來向諸人道塞却你眼教你覷不見塞却你耳教你聽不聞塞却你鼻教你嚊不得塞却你口教你說不得拈却你身教你不知痛痒坐却你意根教你分別不得正當恁麼時却是好箇消息且不是情壁意想分別計較得失是非境界也須是罷却機境不立知見不作道理除却解會不見有佛祖然後可以坐斷報化佛頭天下人羅籠不住是故玄沙道沙門眼目直須把定世界不漏絲毫只如把時諸人向這裏下喝得麼打一坐具得麼拂袖出去得麼從東過西從西過東得麼六六三十六九九八十一得麼都盧是自家屋裏事得麼喚作本分事得麼指露柱話燈籠得麼唯心唯性得麼若恁麼渾是紛紛紜紜俱非正見若有箇正知正見底便知有本分事既知有本分事終不作計校窠窟道理作麼生道還委悉麼振奮吒沙無向背翻身師子大家看

小參當陽一著千聖莫覷面門一機作家罔措恁麼恁麼不恁麼不恁麼拈向一邊行棒行喝擊石火閃電光放過一著正當恁麼時水泄不通乾坤坐斷有眼不可見有耳不可聞有口不可辨有心不可思任是通身是眼盡乾坤大地草木叢林纖洪長短一一交羅作無量無邊神通妙用到這裏不消一劄且道具什麼道理便恁麼奇特便恁麼直截能

恁麼坐斷淨躶躶赤灑灑全身獨露便擔荷得行透得出三世諸佛六代祖師乃至天下老和尚只得飲氣吞聲目瞪口呿雖然如是即今諸人在這裏作箇什麽山僧更據箇什麽説話即得是則是太殺不近人情不免放一線道還委悉麽四海如今清似鏡響虹直氣透青霄

山僧二十七年開箇鋪席與一切人解黏去縛抽釘拔楔令一箇箇無窠臼無計挍不作合頭語不作相似語不依倚一物與他二十八祖馬師百丈黃檗臨濟天下大宗師所爲所行全體顯露非止今日尋常不曾於實華王座上説世諦語亦不説禪機不論生滅豈可胡説亂説作地獄業唯只憑此一着真實處於一切人面前直截吐露承當得底真實悟入得大受用更無凝滯山僧而今已得退居不欲更升座小參此蓋承太夫人使君朝議通判大夫諸官員晨夕每以此道見照再三度請爲衆小參隨分應命然此一事也不難也不易若道難求嘉到六祖處一句下便能承當初至曹溪遶禪牀三帀振錫而立祖曰夫沙門者具三千威儀八萬細行大德何方而來生大我慢求嘉云生死事大無常迅速六祖開箇方便門便道何不體取無生了無速諸人且道無生作麽生體速又作麽生了一宿覺當頭便領云體即無生了本無速如水入水水乳相同箭鋒相拄自然恰好六祖見他透得過便道子甚得無生意也只此一句也有權也有實也有照也有用是他求嘉不向死句下坐殺也不下合頭語只除地道和尚無生豈有意耶奇哉奇哉而今人纔見師道子甚得無生意便謂和尚肯我印證我此恩難報第三瓣香不爲別人只是向語句裏死殺不達本源討甚麽盌及至求嘉告辭祖云返太速乎云本自非動豈有速耶祖云誰知非動云仁者自生分別當時幸有大丈夫意氣可惜放過便與掀倒禪牀不爲分外又却隨例留一宿又石頭在六祖會裏作沙彌時一日問祖云和尚遷化後某甲如何祖云尋思去及至六祖遷化後他只一味坐禪只管尋思箇無生底道理鬼窟裏作活計其時有同參遂問你作什麽云和尚教我尋思去所以坐禪同參云錯了也有青原師兄名思指汝去見他石頭方省遂往青原原問甚處來云曹溪來思拈起拂子問云曹溪還有這箇麽而今兄弟被人恁麽問便下喝下語野狐精見解張眉努眼強作主宰總沒交涉石頭便會答道非但曹溪西天亦無思云子莫到西天麽曰若到即有也不妨綿綿密密地語不失宗步步踏着思云未在更道石頭云和尚也須道取一半莫全靠某甲思云不辭向汝道恐已後無人承當一日又問青原和尚在曹溪時還識六祖麽思云你只今還識老僧麽云識又爭能識得衆角雖多一麟足矣自然氣類相同羽毛相似如膠如漆而今人一句東一句西有時説心説性求人印證有什麽交涉又藥山在石頭會下坐次石頭來見便問汝在此作什麽云一物不爲頭云恁麽則閑坐而今人不會便道喫什麽作閑坐又道不因和尚問某甲不知心

下黑漫漫地只管胡道他自有旨趣乃云若閑坐則爲也顛云汝道不爲不爲箇什麼曰千聖亦不識由是石頭作一讚云從來共住不知名任運相將只麼行自古上賢猶不識造次凡流豈可明且道畢竟不爲底是箇什麼何故却不識千聖既不識如何共住所以這些子事不容你思量計校近傍不得鬼神莫窺脫却千重萬重惡知惡解心眼自見若見剩不除得失是非關念則求無交涉此是山僧不得已爲諸人説禪病又喚作入理深談只如玄沙令僧馳書上雪峯峯上堂開緘見三幅白紙乃呈似大衆云會麼不見道君子千里同風便下座其僧回舉似玄沙沙云山頭老漢蹉過也不知敢鬧大衆如何是雪峯蹉過處莫是玄沙見解過於師麼且喜沒交涉鄉向情塵裏會又爭會得所以眞如詰和尚有頌云玄沙封白紙雪老却同風蹉過人難會古曲調不同到這裏凡聖情盡生死關透得失是非了然不生全體如如如如亦不要然後騎佛殿出三門將新羅國與占波

國鬬額搽灰抹土展鉢喫飯著衣禦寒自在優遊初無二緣亦無二相不是心不是佛全心即佛全佛即人人佛不二只這不二亦不消得所以千聖出來無你提掇處無你湊泊處如猛火聚近之則燎却面門如按太阿擬之則喪身失命到得恁麼田地方始會得自家活計所以古人道尋牛須訪跡學道貴無心跡在牛還在無心道易尋又云佛説一切法爲度一切心我無一切心何用一切法有一件共諸人商量大家有一箇心所作所爲因甚却道無心既若無心開口動舌説話底衆心領底却是什麼到這裏若不見徹只成一場相謾所以二祖見達磨斷臂立雪磨云將心與汝安二祖云覓心了不可得而今兄弟若被問將心與汝安便盡八郎或打箇圓相或進前三步退後三步作女人拜拍一下喝一聲或揚眉努目或説心説性只是情塵業識所謂學道之人不識眞只爲從前認識神無量劫來生死本癡人喚作本來人只如二祖豈不會作許多道理因甚麼只答道覓

心了不可得須知達磨當頭一拶二祖當下如暗得燈如貧得寶見徹根源此中不喚作心不喚作佛亦不是物直似紅鑪上著一點雪相似山僧頃日問五祖和尚二祖云覓心了不可得畢竟如何他道汝須自參始得這些好處別人爲汝著力不得參來參去忽因舉頻呼小玉元無事只要檀郎認得聲忽然桶底脫庭前栢樹子也透麻三斤也是玄沙蹉過也是睦州擔板也是不落因果也是不昧因果也是三乘十二分教二六時中眼裏耳裏乃至鐘鳴鼓響驢鳴犬吠無非這箇消息方省懷禪師頌云蜀魄連宵叫鵾鴒長夜啼圓通門大啓何事隔雲泥大丈夫漢一等是踏破草鞋放下情塵計校得失是非識得根本一物不留絲毫不著百骸俱潰散一物鎭長靈和一靈也不要然後依時及節著衣喫飯而今兄弟見恁麼説便道只是虛空裏打筋斗兄弟只這虛空也難得豈不見祖師傳法偈云心同虛空界示等虛空法證得虛空時無是無非法又楞嚴云十方虛空生汝

心內猶若雲點太清裏諸兄弟既是訪尋知識把生死爲念歇却心猿意馬荷擔大機大用於佛祖不爲處安穩坐地有時向高高峯頂立有時向深深海底行任運猶如癡兀人他家自有通人愛山僧十年在衆無一時異緣只是叅禪叅到第十年方打得徹旋旋知非然後穩當若有一念憎愛得失是非即是垢衣須是識得玄旨始得所以道不識玄旨徒勞念靜得失是非一時放却但莫憎愛洞然明白楊岐所謂栗棘蓬有刺而難吞金剛圈者至小而難跳勿語中有語爲人解黏去縛不是人情底事兄弟叅禪即不得邪解也須子細始得只如趙州勘一庵主入門便問有麽有麽庵主竪起拳州云水淺不是泊船處又訪一庵主云有麽有麽主亦竪起拳州云能縱能奪能殺能活且那裏是水淺不是泊船處那裏是能縱能奪能殺能活處有者道趙州先知前庵主不會所以道不是泊船處先知後庵主會所以道能殺能活有底道舌頭在趙州口裏任渠與奪如斯見解總是邪徒情識卜度不得眞正宗眼便是吞跳金剛圈栗棘蓬不得也五祖和尚常云諸方叅得底禪如瑠璃瓶子相似愛護不捨第一莫教老僧見將鐵鎚一擊你底碎定也山僧初見他如此說便盡心叅他他常問有句無句如藤倚樹作麽生會山僧便喝或下語總不契他云須是情識盡淨計校都忘處會山僧明日便於無計校處胡道亂道轉没交涉後來徹悟實見實用如明鏡當臺明珠在掌得大自在釋迦老子道若有一法過於涅槃我即說爲如幻如化此一著子亘古亘今凝然不變火不能燒水不能溺刀斧不能斫喚作根本一切有漏無漏佛界魔界淨土穢土無不眞實若悟得可以丹霄獨步不受別人處分若未到恁麽田地管取被人羅籠山僧如今已退了院彼此緣法自有時所以今日因朝議太夫人請小叅盡情說與諸人各自叅究佛法本無彼此諸家總是六祖下兒孫終不說我是臨濟下人須得我家宗派盛傳掌可粉骨碎身終不作這見解復舉僧問保壽萬境來侵時如何壽云莫管他僧禮拜壽云不得動著動著打折汝腰師云六衆保壽和尚用金剛王寶劒一切逆順得失長短是非無邊境界不消一瞥這僧見機而作當時禮拜爲什麽却道不動著子細撿點大似龍頭虵尾山僧即不然或有人問萬境來侵時如何亦對他道莫管他這僧或若便禮拜只向他道伶利衲僧一撥便轉

圓悟佛果禪師語錄卷第十二

圓悟佛果禪師語録卷第十二

校勘記

一　底本，明永樂北藏本。

一　五九頁上一行「卷第十二」，[徑]作「卷第十一」。

一　五九頁上二行與三行之間，[徑]有「小參四」一行。

一　六〇頁中一七行「紏紏」，[清]作「糾糾」。

一　六一頁中二行「金槌」，[清]作「金鎚」。

一　六一頁中四行「未是」，[清]作「不是」。

一　六一頁中一一行至一二行「格外之機爲尋知識」，[清]作「格外談玄爲尋知己」。

一　六一頁中一六行「若其」，[南]、[清]作「於其」；[徑]作「以其」。

一　六二頁中三行「充朝」，[清]作「充腹」。

一　六二頁中一四行「僧云」，[清]作「進云」。下至一八行同。

一　六二頁中一八行「穿穿」，[清]作「串穿」。

一　六二頁下一九行「何礙」，[南]作「罣礙」。

一　六四頁下一七行至六八頁下八行「住雲居山……一撥便轉」，[徑]置于卷第十二始。正文前有「小參五」一行。

一　六四頁下一九行「要論」，[清]作「會得」。

一　六七頁下一二行第一五字「鳬」，[清]作「鳺鳺」。

一　六八頁下卷末經名，[徑]無(未換卷)。

圓悟佛果禪師語錄卷第十三　惠六

宋平江府虎丘山門人　紹隆等編

高郵乾明受勑住金山龍遊寺當晚小參僧問明歷歷露堂堂因什麼乾坤收不得師云金剛手裏八稜棒進云忽若一喚便回還當得活也無師云驀手目連無奈何進云不落照不落用如何商量師云放下雲頭進云忽遇其中人時如何用師云騎佛殿出三門進云萬象不來渠獨語教誰把手上高峯師云錯下名言師乃云祖師心印狀似鐵牛之機諸佛密語正如擊塗毒鼓未擬議前先蹉過纔思量處隔千山要須眼似流星心如鐵石所以從上來提持向上綱宗只有三句有時咬去有時咬住有時一向不去有時一向不住明眼漢沒窠臼若論戰也箇箇力在轉處却物為上逐物為下要須把斷凡聖路頭不立毫末然後舉一毫毛盡無邊香水海七通八達說一句子窮龍宮盈海藏此猶是極則之談未是衲僧巴鼻若論衲僧受用直饒棒如雨點喝似雷奔列千聖下風立毗盧頂上擊石火閃電光俊鶻俊鷹也趕他不及要須正一切知見發明大解脫無不歷落無不透脫則在天同天在地同地物同物我同我證一切智明一切道無處不通容無機不圓證正當恁麼時諸人各各返照自己分上曾移易一絲毫許麼所謂十世圓融十分成就且道不落機緣一句作麼生道覿面要須宗正眼臨機截斷聖凡蹤

入寺小參金剛王寶劒截斷玄機正眼摩醯光吞諸祖目機銖兩舉一明三左轉右旋七穿八穴也須是箇風吹不入水洒不著針劄不入快活自由底漢始得若也浮逼逼地尚留觀聽猶涉形聲說妙說玄舉今舉古進前退後敲床竪拂行棒行喝則沒交涉直得淨躶躶赤洒洒還有相見底麼若有須是同道人方知同道事若非同道者畢竟沒來由正當恁麼時還相委悉麼十方聚會無餘事共向曹溪路上行復頌云正眼橫頂門神符懸肘後幸是師子兒各作師子吼

小參僧問應真不借時如何師云渠儂得自由進云點則不到到即不點師云同彼同此進云此猶未是學人安身立命處在師云獨有闍黎高一著進云也知和尚要用此機師云也被闍黎識破進云老老大大轉見放憨師云道什麼進云也不可放過師云却是你放憨師乃云好日多同十方盡應好本多同千差共轍直得龍吟霧起虎嘯風生八面更玲瓏一方獨峭絕此猶是人人分上知有底其餘不知有底如恒河沙數且作麼生湊泊作麼生參詳有進步得底不用伎倆試拈出看有證據得底不用思量試剖判看若剖判得正如靈山會上龍女獻珠便得成佛女云我獻寶珠世尊納受是事疾否智積云是事甚疾龍女云以汝神力觀我成佛復速於此然雖如是猶有途轍若是本分行本分證直須更放過三千里正當恁麼時畢竟如何是著實處十方薄伽梵一路涅槃門

李從議請小參僧問不問有言不問無言時如何師云其聲如雷進云為什麼如此師云只為聾人不聽鬧進云爭奈五音六律甚分

明師云闍黎閒箇什麽進云某甲從來無耳
朶師云更須識取口頭底師乃云一句絶請
訛千里萬里無消息一塵含法界千重百匝
太周遮若是明眼人終不向目前見何故若
向目前見此人未具眼更於句中求落在第
八機既不向句中求又不向目前見且道如
何湊泊只如隔山隔嶽隔浮幢王隔香水海
那邊還有恁麽事也無若道有隔許多作麽
生知道有若道無佛法即有邊際若道不有
不無正是半前落後直饒離却有無未免喫
金山手中棒忽有衲僧出來道不恁麽如龍
得水似虎靠山通身是眼也看他不見通身
是舌也説他不及且道畢竟落在什麽處若
不藍田射石虎幾乎誤殺李將軍
告香普説師示衆云只這箇便承當得去如
天普蓋似地普擎更不欠一毫頭亦無第二
見設使盡無邊香水海塵塵剎剎一時穿却
鼻孔也更不落別處儱或思量擬議即没交
涉所以道一念不生前後際斷即名爲佛若
也涉思量作計校分能所作知解則千里萬
里祖師門下直教見須實見悟須實悟證須
實證諸人各各有一靈妙性確實而論才被
拶著便脚忙手亂作麽生見得親信得徹桶
底子脱去只爲從無始劫來妄想濃厚只在
諸塵境界中元不曾踏著本地風光明見本
來面目若是真實人直下承當了知生本不
生知死本不死向不生不死處千聖著眼覷
不見千手大悲提不起而今兄弟若能返照
更無第二人更不待山僧兩回三度不惜眉
毛入泥入水何況拖沙撒土説心説性未免
落七落八當面相謾去也豈不見破竈墮和
尚聞古廟作孽遂領十八弟子入山觀之全
無神相唯見三間空屋一所泥竈遂以杖擊
之云汝本泥土合成靈從何來聖從何起其
竈乃颯颯而墮破竈墮云破也破也墮也墮
也不覺紙錢後有一神人出云某甲乃竈神
家師爲説無生法已得生天禮謝而去其十
八弟子乃白師云某等皆久參侍和尚殊不
蒙開示無生法今日竈神何幸和尚却爲伊
説破竈墮云我只向伊道汝本塼瓦泥土合
成靈從何來聖從何起其徒皆作禮破竈墮
云破也破也墮也墮也其十八弟子悉皆省
悟只如山僧即今舉拂子且道與破竈墮是
同是別遂云破也破也墮也墮也若也見得
不唯不孤負破竈墮和尚亦乃不孤負從上
祖師若也不見不唯孤負破竈墮和尚亦乃
孤負自己知有此事不從他得所以道靈從
何來聖從何起只如諸人見今身是父母血
氣成就若於中識得靈明妙性則若凡若聖
見你意根了不可得便乃内無見聞覺知外
無山河大地尋常著衣喫飯更無奇特所以
道我若向刀山刀山自摧折我若向地獄地
獄自消滅方知有如是靈通有如是自在只
如今禪僧家何不回光返照明教徹去若也
未明得且向三根椽下七尺單前默默地究
取不見雲門大師道你且東卜西卜忽然卜
著也不定若也打開自己庫藏運出自己家
財拯濟一切教無始妄想一時空索索地豈
不慶快老僧往日爲熱病所苦死却一日觀
前路黒漫漫地都不知何往獲再甦醒遂驚

驗生死事便乃發心行脚訪尋有道知識體究此事初到大潙叅眞如和尚終日面壁默坐將古人公案翻覆看及一年許忽有箇省處然只是認得箇昭昭靈靈驢前馬後只向四大身中作箇動用若被人拶著一似無見處只爲解脱坑埋却禪道滿肚於佛法上看即有於世法上看即無後到白雲老師處被他云你總無見處自此全無咬嚼分遂煩悶辭去心中疑情終不能安樂又上白雲再叅先師便令作侍者一日忽有官員問道次先師云官人你不見小艷詩道頻呼小玉元無事只要檀郎認得聲官人却未曉老僧聽得忽然打破漆桶向脚跟下親見得了元不由別人方信乾坤之内宇宙之間中有一實秘在形山已至諸佛出世祖師西來只教人明此一件事若也未知只管作知作解瞠眉努目元不知只是揑目生華擔枷過狀何曾得自在安樂如紅鑪上一點雪去若打破了或喝或掌一切皆得然終不作此解方可放下人我擔子千休萬歇方可生死柰何不得也

須是實到此箇田地始得若實到此便能提唱大因緣建立法幢與一切人抽釘拔楔解粘去縛如是揭千八萬人如金翅鳥入海直取龍吞如諸菩薩入生死海中撈攎衆生放在菩提岸上方可一擧一切擧一了一切了有時一喝如金剛王寶劒有時一喝如踞地師子有時一喝如探竿影草有時一喝不作一喝用方可殺活自由布置臨時謂之我爲法王於法自在諸人既是挑囊負鉢遍叅知識懷中自有無價之寶方向這裏叅學先師常云莫學瑠璃瓶子禪輕輕被人觸著便百雜碎叅時須叅皮可漏子禪任是向高峯頂上撲下亦無傷損劫火洞然我此不壞若是作家本分漢遇著咬猪狗底手脚放下複子靠將去十年二十年管取打成一片且作麽生得獨脱去須是入流人方知恁麽事

師云父母未生已前淨躶躶赤灑灑不立一絲毫及乎投胎既生之後亦淨躶躶赤灑灑不立一絲毫然生於世隨於四六五蘊中多是情生翳障以身爲礙迷却自心若是明眼人明了四大空寂五蘊本虛知四大五蘊中有箇輝騰今古迥絶知見底一段事若能返照無第二人根脚下淨躶躶赤灑灑六根門頭亦淨躶躶赤灑灑乃至山河大地窮虛空界盡無邊香水海亦淨躶躶赤灑灑恁麽說話莫是撥有歸無麽且喜沒交涉若撥有歸無杳杳冥冥墮在豁達空撥無因果處則求劫出他地獄三塗因果不得若眞實徹證到眞淨明妙實際理地則四聖六凡三世諸佛天下祖師有情無情悉於是中流出顯現所以乎上座問鼓山晏國師道父母未生前鼻孔在什麽處山云即今生也在什麽處乎上座不肯云你問我來山 如前問乎但搖扇大凡叅請叅須實叅見須實見用須實用父母未生前鼻孔在什麽處乎上座只搖扇子莫是弄精魂麽須知有奇特事始得只如文殊初生見十吉祥異相須菩提生室現空相善財初生湧出萬寶藏皆在此一大寶光中淨躶躶赤灑灑流出若只在杳杳冥冥墮在空空寂寂處豈有如是奇 特所以古人於生處

見大奇特如世尊分手指于天地自云天上天下唯吾獨尊若逢雲門大師尚不以爲奇特直行衲僧正令後來老宿云雲門知恩方解報恩旣知了便以衲僧本分事向逆順境界中行且道還當得麽若是平展商量則有向上事若據衲僧本分事上不直半分何故他家自有通霄路

師云現成公案不隔一絲毫普天匝地是一箇大解脱門與日月同明與虛空等量若祖若佛無別元由乃古乃今同一正見若是利根上智不用如之若何直下壁立萬仞向自己根脚下承當可以籠罩古今坐斷報化佛頭更無纖毫滲漏威音王已前無師自悟是大解脱人威音已後因師打發不免立師立資有迷有悟雖然如是要且只是方便垂手接人所以達磨西來不立文字直指人心見性成佛後來六祖大鑑禪師尚自道只這不立兩字早是立了也何況語言機境種種知解須是一筆勾斷始得此一件事直饒三世諸佛出興以無量知見方便接引亦只有限歷代祖師天下老和尚設百千問答提持亦只有限不如向自己脚跟下究取威音王已前空劫那畔自己家珍隨處受用也須是大丈夫漢意氣方有如是作畧亦不依他言語指示不受他欺謾從朝至夜入息不居陰界出息不涉萬緣極是省要只爲各各當人自違背此事向六根門頭認光認影不得快活却云爭奈某甲疑何且道疑從什麽處來又道某甲爲什麽道不得只你這道不得底是什麽爲你不能回光直下承當祖師道自己分上有如是靈光有如是自在一切衆生流浪情塵不能解脱假使將此一大事因緣種種垂示猶是有機有境落在情塵要會麽直是一念不生方有少分相應所以先師道直須是命根斷始得且道如何是命根斷須是打疊從前知見種種解會一似大死底人活得起來自然無諍所以道我得無諍三昧人中最爲第一不見南泉和尚道黄梅七百高僧盡是會佛法底只有盧行者一人不會佛法所以得他衣盂須是恁麽人始契恁麽事

又云如聖果大可畏處蓋爲無如許聖量等事若是沒量大人終不肯亂承當終不道我能我解我是禪師若如此則墮在解脱深坑不見雲門大師道平地上死人無數過得荆棘林者是好手而今平地上死人無數雲門一句道著山僧這裏則不然直饒透得荆棘林亦未是好手更須知有銀山鐵壁直須透得銀山鐵壁然後是千了百當底人方知有向上事可以分付鉢袋子更不與他情塵作對浩浩作佛法見解作禪道商量直須心境一如湛湛寂寂地無爲無事又不墮在無爲無事處到此須是向上人始得所以龍牙和尚道無端遣向墨池邊惹得身心黑似烟却向上流清處洗身心用盡亦如然德山和尚道但有文字語言皆是依草附木竹木精靈須是獨脱一路猶較些子只如今衲僧家也須著精神參取始得千里萬里行脚一等是踏破草鞋也須是踏得破始得方且不孤負平生彼此來南閻浮提打一遭也不虛過亦不折本然後向四威儀中隨時受用亦自安

樂忽然一旦霜露果熟被人推向曲彔木床上作人天師與人解粘去縛不妨奇特若未諦當切不可爲人偶事也不見德山道一似婬婦相似一向立問立答立賓立主有甚麽交涉大凡叅學人當須灑灑落落直下徹去豈不慶快

師云現成公案更不消如之若何直下一切截斷猶校些子佛法本無許多若以無心無念無事無爲無計校無分別至竟著衣至竟喫飯何曾動著一絲毫便能坐斷報化佛頭不起一絲毫佛法見解所以古人纔見僧來便云見成公案放你三十棒布漫天網打衝浪巨鱗持萬里鈎御千里烏騅馬也是事不獲已所以石室和尚纔見人來舉起拄杖云過去諸佛也恁麽見在諸佛也恁麽未來諸佛也恁麽只與你畧露些子鋒鋩若是箇人纔見恁麽道撩起便行猶較些子若是纔入思量已被漫天網罩却也如是三十年只有長沙和尚知渠落處便云和尚放下拄杖子別通箇消息來方契他意而今叅學兄弟直須是箭鋒相拄針芥相投內外絕消息始得若只尋見尋聞求知求解只成箇生死根本何不體取無生了本無速若能箇箇如是見生死路一時截斷全不動一絲毫頭所以道居千人萬人中如無一人相似只是歇得身心百無知解如無用處一般若是隨言逐句作道理滿肚皮是禪何時得脫去故南泉禪師道山僧出世只爲諸人拈却佛病祖病老僧尋常向兄弟道父母未生前還有形貌也無他教中道四大五蘊成身只因父母交感一念染心而成此身我且問你哆哆和和時何不共人相爭及至纔長大便有爭人爭我四大一旦離散依前還復本來形貌故云菩提本無樹明鏡亦非臺本來無一物何處惹塵埃各宜勉力以悟爲期莫虛度光陰時不待人

師云此箇大事已是八字打開了直饒回頭返照早是鈍置也直是徹底信得於未發言已前一時覰透既發言之後且道作麽生承當初機之士且於脚跟下明取而今坐立儼然各各見聞不昧人人向脚跟下如印印空如印印水如印印泥初不分得失彼我是非淨躶躶赤灑灑輝騰今古迥絕知見返照回光豈有許多事然未返照時却無許多事只如尋常百不思百不管絕念忘緣時一時現成聊聞返照便作箇見聞覺知解會各各在見聞覺知處起模畫樣方恁麽時落在生死陰界中無由得出離欲明此事直須蘊藉深方可不落是非得失聞見知覺纖毫淨盡始得快活拘牽惹絆他不住所以道如人學射久久方中豈不見裴相國出鎮宛陵因遊寺見高僧像遂問僧職云高僧儀相可觀未審高僧在什麽處于時僧職莫知所措裴公云此間有禪僧麽僧職云近有一僧捨身掃地身披百衲恐是禪僧及乎請得來乃是黃檗斷際運禪師也裴公乃舉前話問之檗乃召相公公應諾檗云在什麽處裴公於此大悟諸人且道問處是答處是且道又是箇什麽禪僧家直須有省發始得莫只認聲認色所以老僧尋常道千人萬人但識取一人千句

萬句但識取一句千機萬機但明取一機畢竟且道是什麽將知洪爐大冶千煅百煉正要得人須知向一言下一明一切明一了一切了聊聞舉著透頂透底淨盡無餘且如斷際一呼之下因什麽高僧却作裴公裴公却成高僧若論此事直須是俊流始得淨盡所以道舉不顧即差互擬思量何劫悟本分衲僧不要思量分別直須求箇悟處言悟者如失一件物多年廢置而一旦得之又如傷寒病忽然得汗直是慶快也將知悟心見性非思量分別所以證入金剛正體自然亘古亘今廓周沙界水不能溺火不能燒世界壞時此箇常住爲山河大地之本六凡四聖之家而蘊在各各當人方寸之下若能方寸頴悟獨露真常於萬別千差說處終不起異見於千差萬別境上終不作別解須是打併淨盡方可全體見成如水潦問馬祖本來佛法祖與一踏倒地忽然大悟起來呵呵大笑云百千三昧無量妙義只向一毫頭一時識得根源去又呵呵大笑後來出世每陞堂自云自

從一哭馬師踏直至如今笑未休復呵呵大笑且道作麽生是根源將知此箇根源若識得了說到深深密密千聖所不到處亦得若只一棒一喝盡乾坤大地一時收來如金剛王寶劒踞地師子亦得行脚人要參禪有如是眼腦方可入作直須審細言多去道轉遠師云欲得親切第一莫將來將來不相似向你道壁立萬仞依前却來撞墻撞壁有什麽近傍處雖然如是已是落草了也不免將錯就錯於第二頭說葛藤去也還知麽直下如當門按一口劒相似凜凜威風纔跨門來誰敢近傍若近著則喪身失命若望涯而退不是大丈夫漢須是不顧死生從他手中奪去始得所以道不入虎穴不得虎子須是當前不顧性命若奪劒在自已手中任是佛來也不放過直饒恁麽已是第二頭也不見資福道你隔江見資福刹竿便回去脚跟下好與三十棒睦州纔見僧來便云見成公案隨後云放你三十棒似此等有什麽近傍處然子細推窮來不妨勦絶免他說玄說妙說理說

事說向上向下纔汙心田須知人人分上有一段事輝騰今古逈絶見知淨躶躶赤灑灑先沒許多般只爲你諸人從無始時來妄想濃厚背却自已只從他覓若能回光返照無第二人終不隨他起滅若一處得脫則千處百處一時透脫莫只向人舌頭聽他處分聊聞舉著剔起便行已是三千里外沒交涉若得箇中受用便乃毛羽相似作他屋裏人雖有恁麽人也須向山僧手裏飲氣吞聲始得直須按下雲頭將自己平生所知所解抹〻在善知識面前若是則與你證據不是則與你剗除豈不見藥山參石頭時置箇問端云三乘十二分教某粗知誠問南方直指人心見性成佛某甲實未明了乞師指示石頭云恁麽也不得不恁麽也不得恁麽不恁麽總不得山不契直至江西馬大師處又如前問馬師云有時教伊揚眉瞬目有時教伊不揚眉瞬目有時教伊揚眉瞬目是有時教伊揚眉瞬目不是藥山於是有省馬云你見什麽道理山云我在石頭時如蚊子上鐵牛相似今

時衆中兄弟便道石頭一向壁立萬仞所以他不會馬祖放開一線他乃悟去殊不知石頭恁麼道已是漏逗了也馬祖道處這一著尤更毒害因甚麼藥山得悟去且道因什麼如此到此須是生鐵鑄就底漢始得所以云此事不在語言上不在文字上看他置箇問頭問石頭了及至馬祖處亦如是問此人是箇鐵石身心如今若有如是心底人何憂不徹你若只覓言覓句覓玄覓妙何時得了千人萬人各說不同你用那箇句則是若見道了更用言句作麼若不用言句你作麼生見到這裏叅須實叅悟須實悟令教透頂透底亘古亘今打開自己庫藏運出自己家財拯濟莫只向外邊尋覓你若撈得一路透去便與你同叅你若只守箇昭昭靈靈下咄下喝揚眉瞬目不知這箇更是大病所以云此事隱在四大六根裏六根四大只是箇閑家具故云生如著衫死如脫袴六根四大只是箇衫袴且道著底是什麼人且道是誰著乃喝云莫便是這箇麼復云錯了也所以古人云身心一如身外無餘盡乾坤大地只是箇本來心盡山河大地只是箇一末撒子也不要既不要且道向什麼處安身立命到此須是有生機一路始得若不如是你若道佛則著佛你若道祖則著祖直須紅鑪一點雪相似始得且去巾單下放教如寒灰死火世法佛法都不用思量莫怕他落空莫怕如土木瓦石你若怕落空只如憂落空底心是什麼何曾落空來若是果歇得到真實休歇之處佛祖也不立千聖萬聖法門一時透了豈不徑截也

師云卽恁麼便承當擔荷得去可以籠罩古今乾坤大地透頂透底淨躶躶赤灑灑要且不是你見聞覺知色聲香味觸盡乾坤大地只是箇真實人體說什麼見聞覺知纔跨門來已是兩手分付更無纖毫遺漏須知向上一路不立文字語言既不立文字語言如何明得所以道路逢達道人不將語默對又云相逢不拈出舉意便知有也須是徹骨徹髓信得極見得徹然後盡十方世界只在一絲毫頭上明得其或滯於知見便有佛有祖所以卻入建化門中葛藤路布祖師西來不立文字直指人心見性成佛只論直指人心要須是其中人始得若立語句以至百千萬億方便其意只是與人解黏去縛令教淨躶躶地輝騰今古實無許多般計校豈不見五洩叅石頭問云一言相契卽住不契卽去石頭不顧五洩乃拂袖便行出至三門石頭乃喚云闍黎洩回首頭云從生至老只是這箇更回頭轉腦作什麼洩從此有省若是山僧當時不須喚他從他擔板蹉卻一生只爲慈悲落草以至如此只如諸人坐立儼然從生至老只是這箇更疑什麼所以云叅禪須是鐵漢著手心頭便判直趣無上菩提一切是非莫管須是一念不生前後際斷纔敲磕便見更待他人喚作什麼直是打成一片如水入水如金博金古人既恁麼只如向長老口上聽取且道有實法無實法若有實法則成繫綴人若無從上來立許多方便門作麼只教諸人見性若真見自性豈干他見聞覺知思

量擬議如東寺會禪師道化荆湖有崔郡相國出鎮湖南師因目疾次崔乃問曰如何是宗乘中事師云見性成佛崔云爭柰患眼何師云見性非眼赤眼何欲且道見性既非眼且將什麼見聞性亦非耳且道將什麼聞乃至鼻嗅香舌了味身覺觸意攀緣一一皆然若向這裏明得至於一切處悉皆明得所以雪峯和尚道盡大地是箇解脱門把手拽不肯入又云盡大地撮來如粟米粒大拋向面前漆桶不會打鼓普請看更有甚玄妙見聞覺知若爾方能心境一如也無能也無所唯一自心更無他物若是得底人終不言我知我會遇飯喫飯遇茶喫茶終日只守閑閑地蓋他胸中無許多波吒計校所以道心若無事萬法一如無得無失終日只覆踐此一片田地凡有來問只將此事一時截斷所以道見須實見悟須實悟古人云百尺竿頭作伎倆未嶮向衲衣下不明大事失却人身始是嶮既如是豈可不明心達本一切萬緣一齊放下棄却知見解會令教如木石瓦礫相似

及到大安穩休歇之地然後一波纔動萬波隨而初無動靜等相蓋他得底人終日以無所得心修無所得行行雖與人同而常與人異只爲此一片田地打摒得盡淨一切會同脱體無礙豈是小了底事直須用作事始得師云人人具足各各圓成但向己求莫從他見何故從他見是他家底捨己從人去道遠矣須知自己分上有一段事輝騰今古如十日並照但以從無始劫來妄想濃厚翳障自心才回顧著則黑漫漫地却到世間知見種種聲色纔現在前一切明得此等豈不是皆覺念塵從他求見不能返照耶且如從上來乃佛乃祖以無量百千言句方便且道明箇什麼邊事只被你起見起念起思量作聰明作計較惑却本來自己了却立能立所立境立智立是立非擾擾紛紛不能得脱所以祖佛出世只要教你歇却知見打併教絲毫盡淨且道作麽生歇直下如懸崖撒手放身捨命捨却見聞覺知捨却菩提涅槃真如解脱若淨若穢一時捨却令教淨躶躶赤灑灑自

然一聞千悟從此直下承當却來返觀佛祖用處與自己無二無別乃至鬧市之中四民浩浩經商貿易以至於風鳴鳥噪皆與自己無別然後佛與衆生爲一煩惱與菩提爲一心與境爲一明與暗爲一是與非爲一乃至千差萬別悉皆爲一方可攪長河爲酥酪變大地作黄金都盧混成一片而一亦不立然後行是行坐是坐著衣是著衣喫飯是喫飯如明鏡當臺胡來胡現漢來漢現初不作計校而隨處見成所以萬機頓赴而不撓其神千難殊對而不干其慮此豈世間麤淺知見所能測度此乃至妙因緣學道之士或十年或二十年專心一意尚透不能得或有纔聞便解或有無師自悟既自不能便悟亦障他人不得就中士大夫尤難以其從事世務勤勞家國所以悟入稍難然得底人於己分上本無殊別若是未能了底人須要根性韻利向自己脚跟下覷著一開便了如李附馬留意祖道與楊文公爲友日夕切磋後見石門慈照禪師因爲舉唐房孺相公問徑山國一

禪師云祖師大道畢竟意旨如何徑山云此
大丈夫事非將相之所能爲李閭之大悟遂
作頌云學道須是鐵漢著手心頭便判直趣
無上菩提一切是非莫管道得不妨奇特且
如出將入相安邦定業剪除暴亂豈非丈夫
耶而徑山何故却道此大丈夫事非將相之
所能爲須知向上一路毫髮不容所以洞山
道見佛見祖如生冤家始有叅學分只如佛
祖爲一切人師作一切人依止爲甚却道如
生冤家你且道如何是大丈夫事直須是不
取人處分不受人羅籠不聽人繫綴脫畧窠
臼獨一無侶巍巍堂堂獨步三界通明透脫
無欲無依得大自在都無絲毫佛法情解如
愚如癡如木如石不分南北不辨寒温昏昏
默默似箇百不能百不解底相似然而肚裏
直是峭措動著則眼目卓朔無有不明底事
乃至千差萬别古人言句一時透徹如或不
是到此田地底人須得向骨董袋裏平高就
下爲他去也如昔日于迪相公出鎮襄陽酷
刑慘毒忤者皆殺之因讀觀音經有疑處一

日訪紫玉山道通禪師乃問曰如何是黑風
吹其船舫飄墮羅刹鬼國玉乃抗聲云于迪
客作漢問恁麼事作麼于聞之大怒玉乃云
只這便是黑風吹其船舫飄墮羅刹鬼國于
迪有省你且道他恁麼問紫玉何故恁麼答
他此乃發他根本無明現前隨手爲伊指出
不妨好手然不若當時不消著後語從他斫
作兩段却有些些衲僧氣息及乎爲他點破也
是順手摩挲大凡接人有三種機若是第一
機爲人只消向他道于迪客作漢你問與麼
事作麼更無方便只是沒義理難話會若於
此直下承當去更不擬議則與栢樹子麻三
斤一口吸盡西江水更無差别所以道舉不
顧即差互擬思量何劫悟只要教你當頭領
解去若是第二機爲人即易也只是發起問
端如追于迪客作漢你問與麼事作麼此乃
發他根本無明令他無明現前隨手點破若
是第三機爲人不免入泥入水重下箇注脚
如云于迪客作漢便是放却黑風吹其船舫
于迪或作怒便是羅刹現前玉云正是黑風

吹其船舫豈不是觀音出現此是落草注解
瞎人眼目破滅胡種若是真正衲僧直須擔
却豈不見道他叅活句不叅死句活句上薦
得與祖佛爲師如李萬卷問歸宗和尚須彌
納芥子則不問如何是芥子納須彌宗云你
身如椰子大萬卷書著在甚處歸宗老漢尋
常一條白棒打佛打祖及乎李萬卷問著不
免曲順人情放開一線然他用處也只教你
當頭截去後來衆中無識者便道芥子是心
須彌是萬卷納之於心何所不可佛法若只
如此爭到今日也又如龐居士問馬大師不
與萬法爲侶者是什麼人馬大師云待汝一
口吸盡西江水即向汝道居士乃大悟作頌
云十方同聚會箇箇學無爲此是選佛場心
空及第歸此頌與一口吸盡西江水題目豈
曾相副既不說口又不說水只道心空及第
歸且道作麼生是心空只教你是非得失明
暗色空森羅萬象一時融會歸于一理和理
一時空却然後有些趣向山僧今夜不惜眉
毛爲你一時吐却了也更爲諸人說箇小偈

祖佛單傳向上機電光石火搆不徹獨許諸根穎脱人金剛寶劒當頭截

師云道由悟達法離見聞直下便承當更無第二箇此猶是就今時曲爲垂手處若是本分事又且不然所以道你未踏船舷時好與三十棒如此則千里萬里一時坐斷何故須知當人分上各有水灑不著風吹不入清寥寥白滴滴祖佛不能到魔外不能入坐斷要津不通凡聖設使盡大地草木叢林盡化爲衲僧各各置百千問難不消一劄盡教吞聲飲氣目瞪口呿而今事不獲已且無見起見無言起言與諸人且通箇時節只如各各當人分上上來下去已是十分現成欠少箇什麼更來就人覓所以玄沙道飯籮裏坐地展手問人覓飯喫只爲無始劫來拋家日久背馳此本分事向六塵境界裏妄想輪回不能回光返照甘處下流若能具上根利智返本還源知有此事輝騰今古迥絶知見坐斷十方無復輪轉始有語話分而今須是換箇骨頭了方見此一片田地若未知有此一片田地直饒解到佛祖邊事問一答十終無交涉須知諸佛出世唯證明此一片田地祖師西來亦提持此一片田地所以先師見白雲師翁一覰透了便作箇頌子道山前一片閑田地叉手叮嚀問祖翁幾度賣來還自買爲憐松竹引清風諸人還曾恁麼也未須是向此一片田地淨躶躶赤灑灑方可入作辯偽老漢生平久歷叢席徧叅知識好窮究諸宗派雖不十成洞貫然十得八九亦通會示徒自不造次不知何人盜竊山僧該博之名遂將此亂道爲山僧所出觀之使人汗下面赤況老漢尚自未死早已見如此狼藉請具眼衲子詳觀之勿認魚目作明珠也

圓悟佛果禪師語録卷第十三

圓悟佛果禪師語録卷第十三

校勘記

一　底本，明永樂北藏本。

一　七〇頁上二行與三行之間，徑有「小參六」一行。

一　七一頁上一五行「告香普説」，南無。

一　七一頁上一五行至次頁中一六行「告香普説……方知恁麼事」，徑置於七九頁中七行「方可入作」之後，並卷十三終。

一　七二頁中一七行至七五頁中六行「師云父母……去道轉遠」，徑爲卷十二末段，並卷終。

一　七三頁中一九行第一二字「得」，南、徑、清作「者」。

一　七四頁上八行第四字「校」，徑作「較」。

一　七五頁下一三行第一〇字「問」，南、徑、清作「聞」。

一　七七頁下一一行第七字「千」，南、

一　[經]、[清]作「干」。

一　七八頁上一四行「南比」，[南]、[經]、[清]作「南北」。

一　七八頁上一九行「于迪」，[清]作「干頔」。下同。

一　七九頁中八行至一三行「辯僞老漢……作明珠也」，[經]爲卷第二十文字。

一　七九頁中九行第四字「雖」，[南]無。

一　七九頁中一一行第一六字「汙」，[南]、[經]、[清]作「汙」。

一　七九頁中卷末經名，[經]無（未換卷）。

圓悟佛果禪師語録卷第十四　惠七

宋平江府虎丘山門人　紹隆等編

頌古舉德山小叅示衆云老僧今夜不答話問話者三十棒時有僧出禮拜德山便打僧云某甲話也未問爲什麽打某甲德山云你是甚處人僧云新羅人山云未跨船舷好與三十棒法眼云大小德山話作兩橛圓明云大小德山龍頭蛇尾雪竇云德山握閫外威權有當斷不斷不招其亂底劒要識新羅僧只是撞著露柱底瞎漢

大冶京金忽雷驚春草木秀發光輝日新不費纖毫力擒下天麒麟全威殺活得自在千古照耀同水輪話作兩橛句中眼活龍頭蛇尾以指喻指撞著露柱瞎衲僧塞斷咽喉無出氣擬議尋思隔萬山咭嘹舌頭三千里

舉德山挾複子到潙山上法堂從東過西從西過東潙山默坐不顧德山云無無便下去復云也不得草草遂具威儀見潙山提起坐具云和尚潙山擬取拂子德山便喝當時背法堂著草鞋便去潙山至晚問首座適來新到在什麽處首座云當時背法堂著草鞋便去潙山云還識此子麽已後向孤峯頂上蟠結草庵呵佛罵祖去在

大用不拘今古措摸倒拈蝎尾平捋虎鬚若非深辨端倪何以坐觀成敗俊處頴脫囊錐高來卷舒方外孤峯頂上浪滔天正令當行百雜碎咄

舉南泉參百丈涅槃和尚丈問從上諸聖還有不爲人說底法麽泉云有丈云作麽生是不爲人說底法泉云不是心不是佛不是物丈云說了也泉云普願只恁麽未審和尚如何丈云我又不是善知識爭知有說不說泉云普願不會丈云我太煞爲你說了也

鸞膠續斷絃覔血化驢乳從來不爲人今古叅佛祖箭既離絃無返回將欲奪之必固與語時默默時語人從陳州來却往許州去

舉百丈再叅馬祖祖舉拂子丈云即此用離此用祖掛拂子於舊處侍立少頃祖云爾已後鼓兩片皮如何爲人丈取拂子舉起祖云即此用離此用丈掛拂子祖便喝丈大悟後謂黃蘗云我當時被馬祖一喝直得三日耳聾

竪拂掛拂全機出沒即此離此較若畫一頂門當下霹靂鍼出膏肓必死疾承當一喝聾三日師子神威恣返擲百煉真金須失色復云有麽有麽咄

舉道吾至一家弔慰漸源撫棺問生耶死耶吾云生也不道死也不道源云爲什麽不道吾云不道不道後於石霜再舉始知落處一日將鍬子於法堂上從東過西從西過東霜云作什麽源云覔先師靈骨霜云洪波浩渺白浪滔天覔什麽靈骨源云正好著力太原孚云先師靈骨猶在

生耶死耶禁著磕著不道不道藏頭露角黃金靈骨鏗鏘白浪滔天卓犖殷勤爲語透關人萬里孤光長爍爍無摸索趙州石橋成畧彴

舉靈山會上有一女子於佛前入定佛勅文殊出之文殊遶女子三匝鳴指一下女子入定儼然文殊遂運神力托至梵天撲下女子

亦復儼然佛云非但汝一人出此女子定不
得設使百千萬億文殊亦出不得下界有罔
明菩薩能出此定佛語未竟罔明從地湧出
佛勑令出定罔明遶女子三匝鳴指一下女
子遂出定老宿徵云文殊是七佛之師爲什
麼出女子定不得罔明爲什麼却出得
大定等虛空廓然誰辨的女子與瞿曇撩令
何條直師子奮迅兮搖乾蕩坤象王回旋兮
不資餘力孰勝孰負誰出誰入雨散雲收青
天白日君不見馬駒踏殺天下人臨濟未是
白拈賊
舉清原謂石頭云人人盡道曹溪有消息頭
云有人不道曹溪有消息原云大藏小藏從
何得頭云盡從這裏去
有消息太沉屈無消息轉埋没大藏小藏從
茲出撒沙撒土無終極甜如蜜苦如檗明如
日黑如漆擊碎千年野狐窟塡溝塞壑少人
識
舉僧問云門佛法如水中月是不門云清波
無透路僧云和尚從何得門云再問復何來
僧云便恁麼去時如何門云重疊關山路
徧界不藏清波澄寂互換投機箭鋒相直提
起向上鉗鎚石火電光莫及便恁麼隔關山
碧潭雲外不相關
舉僧問龍牙二鼠侵藤時如何牙云須知有
隱身處始得僧云如何是隱身處牙云還見
儂家麼堂堂成見密密難見二鼠雖黠莫逢
其便藤枝透出未生前正眼當陽巧回換龍
牙老機如電過賤即貴貴即賤
舉圓覺經云以大圓覺爲我伽藍身心安居
平等性智毫髮不留縱横自由闖外乾坤廓
落大方無外優游明明祖師意明明百草頭
攪破狐疑網截斷愛河流縱有回天力爭如
直下休四衢道中淨躶躶放出潙山水牯牛
舉僧問雪峯古澗寒泉時如何峯云瞪目不
見底僧云飲者如何峯云不從口入後有僧
舉似趙州州云不可從鼻孔裏入去也僧却
問古澗寒泉時如何州云苦僧云飲者如何
州云死雪峯聞之云趙州古佛從此不答話
趙州象骨巖巉世無倫擬共撫没絃琴千載
清人耳古澗寒泉瞪目凝然不從口入飲者
忘筌重出語苦又死不答話同彼此相逢兩
會家打鼓弄琵琶箇中誰是的白鳥入蘆華
舉外道問佛不問有言不問無言世尊良久
外道云世尊大慈大悲開我迷雲令我得入
外道旣去阿難問世尊云外道有何所證世
尊云如世良馬見鞭影而行
不問有無言前立問端兩邊俱坐斷一劒
倚天寒鞭影未動歷塊過都慈門旣開陵有
轢無邊天鼻孔須穿却誰是追風天馬駒
舉僧問六祖黃梅意旨是什麼人得祖云會
佛法人得僧云和尚還得也無祖云我不得
僧云爲什麼不得祖云我不會佛法
斬釘截鐵大巧若拙一句單提不會佛法儘
他葉落華開不問春寒秋熱別別萬古碧潭
空界月
舉太原孚上座問鼓山父母未生時鼻孔在
什麼處山云卽今生也鼻孔在什麼處孚不
肯乃云你問我與你答山云父母未生前鼻
孔在什麼處孚乃搖扇而已

父母未生前生也只如然一般拈掇能奇巧直下渾如火裏蓮騰今煥古極妙窮玄大可憐清風長滿座一萬八千年

舉乾峯示衆云舉一不得舉二放過一著落在第二雲門出云昨日有一僧從天台來却往徑山去峯云典座今日不得普請

春蘭與秋菊一一各當時底處無回互怨誰分髓皮風來鳥已覺露重鶴先知為問何能爾渠儂初不知

舉雲巖問道吾大悲菩薩用許多手眼作麼吾云如人夜間背手摸枕子相似巖云我會也吾云你作麼生會巖云遍身是手眼吾云太煞道只道得八成巖云你又作麼生吾云通身是手眼

遍身是通身是酥酪醍醐為一[六]味毫端湧出須彌盧芥子吸竭滄溟水十虛吞爍正眼家廓照用同時人境俱奪棒頭喝下錯承當背手拈來也失却莫莫水是水兮山是山切忌無繩而自縛

舉洞山夏末示衆云初秋夏末直須向萬里無寸草處去衆無語僧舉似石霜霜云何不道出門便是草

新豐路坦然豈事正偏圓萬里無寸草何人可向前機不轉隨塵緣透得脫犯風烟瀏陽端的破中邊出門已是草芊綿投機儻善語來脉兩岸俱玄一不全復云看脚下

舉定山夾山同行定山云生死中無佛則無生死夾山云生死中有佛則不迷生死二人各謂已語親切往大梅舉而質之梅云一親一踈二人下去次日夾山往問阿那箇親梅云親者不問問者不親夾山住院後舉此謂衆云我當時失却一隻眼雪竇拈云夾山畢竟不知當時換得一隻眼

有佛不迷無佛則無大梅頂門正眼劃時已驗親踈家抱荊山璞人握靈蛇珠失却與換得同歸故殊途作家金槌當面擲[七]臨機俊鷂趂不及將謂赤鬚胡更有胡鬚赤

舉趙州云老僧答話去也有解問底致將一問來時有僧出禮拜州云比來拋塼引玉却引得箇墼子下座後法眼舉問覺鐵觜此意如何覺云與和尚舉箇喻如國家拜將相似問誰人去得有一人云某去得答云汝去不得法眼云我會也

千年田八百主誰當機辨來處趙州要答話拋塼引墼子覺老話端倪如拜將相似去得去不得言下分緇素箇裏高於萬仞峯不動纖毫擒佛祖崇寧効古所作答話去也或有箇出來只向伊道了

舉馬祖百丈西堂南泉翫月次祖指月問西堂正當恁麼時如何西堂對云正好供養問百丈丈對云正好修行問南泉泉拂袖便去祖云經入藏禪歸海唯有普願獨超物外

皎皎凝虛碧沉沉發皓彩秋色共澄清永夜臨寰海修行供養逗圓機聊閑便去超方外馬駒兒端的別萬古定乾坤一言全殺活復云高著眼

舉金牛行食次問龐居士云生心受食淨名所呵去此二途居士還甘否士云當時善現豈不作家牛云豈干他事士云食到口邊被人奪却牛便行食士云不消一句子

淨名呵善現金牛勘龐老彼此不相饒峻機
無處討雲行雨施雷奔電掃殺虎陷虎出草
入草毘婆尸佛早留心直至如今不得妙
舉師祖問南泉摩尼珠人不識如來藏裏親
收得如何是藏泉云王老師與你往來者是
藏雪竇云草裏漢祖云直得不往來時如何
泉云亦是藏雪竇云雪上更加霜祖云如何
是珠泉云師祖祖云諾雪竇云百尺竿頭作
伎倆未是嶮若向箇裏著得一隻眼賓主互
換便能深入虎穴或不恁麼直饒師祖悟去
也是龍頭蛇尾漢
蒼鷹逐兎驪龍翫珠透青眼不瞬照物手寧
虛往來不往來草裏謾塗糊百尺竿頭入虎
穴分明月上長珊瑚
舉僧問藥山如何是道中至寶山云諂曲僧
云不諂曲時如何山云傾國莫換
道中有至寶濟世無倫匹藥嶠發深藏唯云
莫諂曲不諂曲傾國相酬未相直壁立萬仞
此心真不必當來問彌勒
舉僧問雲門學人不起一念還有過也無門
云須彌山
石筍抽條泥牛吼月誰料同舟自胡越應機
湧出須彌山一念不生何處雪金剛寶劒當
頭截
舉僧問投子一大藏教還有奇特事也無子
云演出一大藏
頓漸偏圓權實空有釘觜鐵舌河目海口一
道清虛亘古今八角磨盤空裏走
舉智門問五祖戒和尚暑往寒來則不問林
下相逢事若何戒云五鳳樓前聽玉漏門云
爭奈主山高案山低戒云須彌頂上擊金鍾
高高峯頂翻銀浪深深海底起紅塵金鍾玉
漏相酬酢疑殺滔滔天下人苟非作者孰問
關津執鞭回首四海良隣君不見仲尼溫伯
雪傾蓋相逢也奇絕
舉本仁示衆云尋常不欲向聲前句後鼓弄
人家男女何故且聲不是聲色不是色僧問
如何是聲不是聲仁云喚作色得麼僧云如
何是色不是色仁云喚作聲得麼僧無語仁
云且道為汝說答汝話若人辨得許你有箇
入處
聲出虛色生無聲前句後轉塗糊間不容髮
安可名摸堂堂圓應沒錙銖巧張爐鞴賞分
踈爭如捧下無生忍聞見馨香滿道塗
舉雲門問僧云古佛與露柱相交是第幾機
僧無語門云你問我與你道僧遂問門云一
條絡三十文僧云如何是一條絡三十文門
云打與代前語云南山起雲北山下雨
油然南山雲霈然北山雨露柱笑呵呵燈籠
超佛祖中涌邊沒西天東土樓閣門開竟日
閑野老不知何處去
舉教中道未離兜率已降王宮未出母胎度
人已畢
大象本無形至虛包萬有末後已太過面南
看北斗王宮兜率度生出胎始終一貫初無
去來掃蹤滅跡除根蔕火裏蓮華處處開
舉僧問雲門生死到來如何回避門云在什
麼處
針眼魚吞大千界蟭螟蟲吐妙高山太虛包
括無遺滿萬彙全歸指掌間起復滅去還來

石橋踏斷通身黑那知華頂是天台
舉丹霞初見馬祖以兩手托幞頭祖云吾非汝師南嶽石頭處去霞遂至石頭如前托幞頭頭云著槽廠去霞依童行次一日石頭爲衆云今日齋後普請剗佛殿前草衆競具鋤鍬霞獨洗頭捧剃刀於石頭前胡跪頭云作什麼霞云請師剗草石頭笑爲剃髮呼與授戒霞掩耳而去却回江西馬祖院騎聖僧項衆驚報馬祖馬祖親來見乃云我子天然霞遂作禮云謝師安名祖問甚處來霞云石頭來祖云石頭路滑子莫曾踏倒麼霞云若踏倒則不來也
問一答十告往知來龍馳虎驟王轉珠回聊聞舉着已瞥地劇起便行何假剗草固奇崛安名尤突兀二老畧玄黄賞茲千里骨具規鎮儼然覿面看標格騰雲一舉迷風日
舉雲門示衆云乾坤之內宇宙之間中有一寶祕在形山著燈籠向佛殿裏拈三門安燈籠上
虎豹文章麒麟頭角輝天焯地堆山積嶽拶破面門兮盖色騎聲截斷羅籠兮解粘去縛罷却干戈百草頭萬里秋天飛一鶚
舉雪峯示衆云盡大地撮來如粟米粒大拋向面前漆桶不會打鼓普請看
疾焰過鋒奔流度刃唱拍相隨拳踢相應驀然轟轢起震天雷百草顛頭春色回
舉僧問馬祖如何是佛祖云即心即佛
無鬚鎖子八面玲瓏不撥自轉南北西東海神知貴不知價留向人間光照夜
舉僧問馬祖如何是佛祖云非心非佛
碧海珠荊山璧耀乾坤誰別識利刀剪却無根樹萬疊峯巒歛烟霧
舉馬祖與百丈同遊山見野鴨子飛過祖云是什麼丈云野鴨子祖云向什麼處去也丈云飛過了也祖將百丈鼻孔扭丈作忍痛聲祖云何曾飛去丈於此有省
野鴨過前溪千峯凛寒色相顧不知歸未免資傍擊扭破疑團葛怛消捎風直下透青霄雲山海月渾閑事一語歸宗萬國朝
舉僧問鏡清新年頭還有佛法也無清云有僧云如何是新年頭佛法清云元正啓祚僧云謝師答話清云鏡清今日失利又僧問智門明教新年頭還有佛法也無教云無僧云年年是好年日日是好日爲什麼却無教云張公喫酒李公醉僧云老老大大龍頭蛇尾教云明教今日失利
穩密田地神通遊戲佛法新年頭有無俱失利一槩等虛空豈容立巴鼻草上之風祖令行誰知雷罷不停聲
舉僧問琅琊清淨本然云何忽生山河大地琊云清淨本然云何忽生山河大地其僧有省
相罵饒你接觜相唾饒你潑水塵舉大地收華開世界起一模脫出絕功勳向裏挨開大施門
舉僧問長沙本來身還成佛否沙云你道大唐天子還刈茅割稻否僧云成佛又是何人沙云是你成佛知不知
巨嶽何曾乏土唐皇豈可刈茅禮拜近前叉手西天十萬迢迢古佛即自己自己即古佛

珊瑚澂灧十洲春蟾蜍映奪驪龍窟
舉僧問百丈如何是奇特事丈云獨坐大雄
峯僧禮拜丈便打
晉粟着鹽雪中送炭纔捋虎鬚棒頭有眼恠
來獨坐大雄山他家曾踏上頭關
舉僧問香林如何是室內一盞燈林云三人
證龜成鼈
皎皎清光徧界莫藏聲㧓不出色豈能彰直
下斬釘截鐵剗却古今途轍高出臨濟德山
三人證龜成鼈別別一回喫水一回噎
舉麻谷持錫見章敬遶繩床三帀振錫一下
卓然而立敬云如是如是後到南泉亦遶繩
床三帀振錫一下卓然而立泉云不是不是
谷云章敬道是和尚為什麼却道不是泉云
章敬則是是汝不是此是風力所轉終歸敗
壞
如是不是去却藥忌擬犯封疆全軍失利扙
頭突出古菱華舉世風流屬當家
舉僧問藥山平田淺草麈鹿成羣如何射得
麈中麈山云看箭僧便放身倒山云侍者拖

出這死漢僧便起走山云弄泥團漢有什麼
數
獵人有神箭射得麈中麈箭下快承當跳出
曹溪路翻身踏著上頭關敵勝驚群瞥爾間
舉雲門示衆云藥病相治盡大地是藥那箇
是自己
太嶢敲全殺活絕承當無摸索寰中意氣闊
外籌略倒退三千里盡大地是藥錯錯刹劒
七星光閃爍
舉乾峯示衆云法身有三種病二種光須是
一一透得始解穩坐雖然如是更須知有照
用同時向上一竅始得雲門出衆問云只如
庵內人為什麼不見庵外事峯呵呵大笑門
云猶是學人疑處在峯云子是什麼心行門
云也要和尚相委悉峯云直須恁麼始解穩
坐
動絃別曲聞一知十手搦手擡以膠投漆庵
內不見庵外無孔鐵搥不會人生相識貴知
音水入水兮金博金
舉靈雲見桃華悟道有頌三十年來尋劒客

幾回葉落又抽枝自從一見桃華後直至如
今更不疑玄沙云諦當甚諦當敢保老兄未
徹在
陌上笑春風枝頭漏消息紅光爍太虛豈藉
陽和力學劒宗師既不疑玄沙未徹最新奇
掃除學路刮肌骨格外之機如電拂
舉雲門問洞山近離甚處山云查渡門云夏
在甚處山云湖南報慈門云幾時離彼中山
云今年八月門云放汝三頓棒次日洞山往
問昨蒙和尚放某三頓棒未審過在什麼處
門云飯袋子江西湖南便恁麼去洞山大悟
見兔放鷹因行掉臂赤骨歷窮方圖冨貴放
三頓棒尚遲疑再換方識利頭錐單提獨脚
機關外明眼衲僧猶不會
舉三聖問雪峯透網金鱗以何為食峯云待
汝出網來向你道聖云一千五百人善知識
話頭也不識峯云老僧住持事煩
百草頭出沒三界外遨遊徒布漫天網虛下
釣鼇鉤搖鱗振鬣撼乾坤元目昂頭洪浪噴
捧雨點喝雷奔肯將爭戰定功勳

舉僧問趙州見說和尚親見南泉是否州云
鎮州出大蘿蔔
鎮州出大蘿蔔猛虎不食伏肉直饒眼似流
星爭免持南作北老趙州迥殊絕片言本自
定乾坤返使叢林聒聒
舉陸亘大夫謂南泉云肇法師也甚奇怪解
道天地與我同根萬物與我一體泉云大夫
陸應諸泉指華云時人見此一株華如夢相
似
山潤石蘊玉　林秀淵藏珠見此一株華似夢
灼然根體不同途王老師脫規模解向長安
正鬧處喚得悠悠陸大夫
舉雲門示衆云十五日已前則不問汝十五
日已後道將一句來衆無對自代云日日是
好日
破二作一分三成六著串數珠數不足南辰
信手攀北斗回身觸豁開戶牖正當軒玉兔
金烏如轉燭傳不得得不得那知陌上春條
綠
舉僧問洞山如何是佛山云麻三斤

鍾在扣谷受響池印月鏡含像曾非展事投
機宜是預擬待痒點鐵成金舉直措枉一箭
鵰一雙一掴血一掌君不見跡而不漏兮恢
恢天網
舉雪峯示衆云三世諸佛在火焰裏轉大法
輪玄沙云火焰爲三世諸佛說法三世諸佛
立地聽
將謂猴白更有猴黑互換投機神出鬼沒烈
焰亘天佛說法亘天烈焰法說佛風前剪斷
葛藤窠一言勘破維摩詰
舉東寺問仰山甚處人山云廣州寺云我聞
廣州有鎮海明珠是否山云是寺云作何顏
色山云黑月則隱白月則現寺云子還帶得
來麼山云帶得來寺云何不呈似老僧山云
諾慧寂昨到潙山亦被索此珠直得無言可
對無理可伸寺云真師子兒大師子吼
善攝太阿鈌決無傷手戹慣編猛虎鬚必有
全身策鎮海珠巧呈似離色離聲離名字栴
檀林裏爇栴檀師子窟中吼師子
舉趙州示衆云至道無難唯嫌揀擇但莫憎

愛洞然明白纔有言語是揀擇是明白老僧
不在明白裏汝等還護惜也無僧問既不在
明白裏未審護惜箇什麼州云我亦不知僧
云和尚既不知爲什麼道不在明白裏州云
問事則得禮拜了退
至簡至易同天同地揀擇明白云何護惜口
似錐眼似眉涉語脉蚿憐蛇堪笑卞和三獻
玉縱榮刖却一雙足
舉石頭示衆云言語動用沒交涉藥山云非
言語動用亦沒交涉頭云我這裏針劄不入
山云我這裏如石上栽華
井底泥牛吼月雲間木馬嘶風把斷乾坤世
界誰分南北西東直中曲曲中直要平不平
憑秤尺
舉雪峯示衆云望州亭與諸人相見了也烏
石嶺與諸人相見了也僧堂前與諸人相見
了也後保福舉問鵝湖僧堂前則且置什麼
處是望州亭烏石嶺相見鵝湖驟步歸方丈
保福便入僧堂
藕絲引鯨鰲針鋒輥芥投望州烏石嶺未唱

已先酬大唐擊鼓新羅舞覿面相呈不相覩
舉代宗皇帝問忠國師和尚百年後所須何
物國師云要箇無縫塔子帝云請師塔様國
師云會麼帝云不會國師云吾有付法弟子
眈源却諳比事請詔問之國師遷化後帝召
眈源問此意如何眈源呈頌云湘之南潭之
北中有黃金充一國無影樹下合同船瑠璃
殿上無知識
八面自玲瓏盤空勢岌嶪表裏鎮巍巍然若爲
分六鑿執名匿相認影迷形卧龍長怖碧潭
清合同船子開心椀日用如何不現成
舉石頭見藥山坐次問你在此作什麼山云
一物不爲頭云恁麼則閑坐也山云閑坐則
爲也頭云汝道不爲不爲箇什麼山云千聖
亦不識石頭以頌讚之從來共住不知名任
運相將只麼行自古上賢猶不識造次凡流
豈可明
擺撥佛祖縛曠然繩墨外一物亦不爲縱横
得自在古鑑臨臺明辨去來金鎚影動鐵樹
華開任運相將不可陪法雲隨處作風雷

舉雲門示衆云人人盡有光明在看時不見
暗昏昏作麼生是光明衆無對自代云僧堂
佛殿厨庫三門
夜明簾外千峯秀鸞鏡臺前萬象虛掃蹤滅
跡不立錙銖誰爲佛殿誰是香厨敲出鳳凰
五色髓擊碎驪龍明月珠
舉世尊生下周行七步目顧四方一手指天
一手指地自云天上天下惟我獨尊
右脇誕金軀九龍噴香水嶷嶷步四方周匝
運華起末上先施第一機高風亘古鎮巍巍
當時有箇承當得箏閑擒下白拈賊喫
舉雪峯住庵有二僧到峯見以手托庵門放
身出云是什麼僧亦云是什麼峯低頭歸庵
其僧後至巖頭頭問云雪老有何言句僧舉
前話頭云雪峯道什麼僧云雪峯無語頭云
噫我悔不當初向伊道有箇末後句我若向
伊道已後天下人不奈雪老何僧至夏末舉
此話請益頭云汝何不早問僧云不敢造次
頭云我雖與雪峯同條生不與雪峯同條死
要識末後句只這是

雙明復雙暗獨立絶殊方秉機直面提其鋒
安可當同條生兩鏡相照無能名不同條死
鐵樹華開亘今古末後句始牢關拈却門前
大案山
舉天平從猗和尚行脚在西院常云今時莫
道會佛法只覓箇舉話底人也難得一日從
西院法堂下過西院高聲喚從猗平舉首院
云錯行三兩步院又云錯院云適來兩錯是
老僧錯是上座錯平云是從猗錯西院云錯
錯少頃西院云上座且在此度夏待與你商
量這兩錯平當時便去後住天平示衆云老
僧當年行脚被業風吹到汝州西院有箇思
明長老勘我兩錯更待留我過夏待共我商
量我不道恁麼時錯我未發足南方行脚時
早知道錯了也
把纜放船膠柱調絃遠水不救近火短綆那
汲深泉天平老大忽草爲兩錯悔行脚大地
茫茫愁殺人眼裏無筋一世貧
舉疎山平日在香嚴一日嚴上堂有僧問不
慕諸聖不重己靈時如何嚴云萬機休罷千

聖不携跡山作嘔吐勢嚴云師叔不肯那山云不得無過嚴云過在甚處山云萬機休罷猶有物在千聖不携亦從人得嚴云師叔莫道得麼山云還我法座與你道於是嚴令陞座如前問之山云何不道肯諾不得全嚴云肯又肯箇什麼諾又諾箇什麼山云肯則肯他諸聖諾則諾於巳靈香嚴云師叔恁麼道也須倒屙三十年始得後住踈山常病返胃一日舉此問鏡清病僧肯諾不得全道者作麼生會清云全歸肯諾山云不得全又作麼生清云箇中無肯路山云始契病僧意

刀不自割指不自觸鵠白烏玄松直棘曲緣有纖塵帶影來脫體全拋無眹迹肯不存諾不立一片清光射斗牛天上人間得自由

舉趙州問南泉如何是道泉云平常心是道州云還許趣向也無泉云擬向即乖趙州云不擬安知是道泉云道不屬知不屬不知知是妄覺不知是無記若直達不疑之道廓同太虛豈可強是非耶州於言下大悟

遇飯喫飯遇茶喫茶千重百匝四海一家解却黏去縛言無言作無作廓然本體等虛空風從虎兮雲從龍

舉百丈每至陞座常有一老人聽法一日衆去老人獨留丈云汝是何人老人云某非人然某緣五百生前迦葉佛時曾住此山錯答學人一轉語所以五百世墮野狐身今欲舉此話請和尚為答丈云汝試舉看老人云大修行底人還落因果也無某對云不落因果文云汝問我與汝道老人遂問大修行底人還落因果也無文云不昧因果老人遂悟得脫野狐身化去

魚行水濁鳥飛毛落至鑑難逃太虛寥廓一往迢迢五百生只緣因果大修行疾雷破山風振海百煉精金色不改

舉風穴在郢州衙內陞座示衆云祖師心印狀似鐵牛之機去即印住住即印破只如不去不住且道印即是不印則是時有盧陂長老出問某甲有鐵牛之機請師不搭印穴云慣釣鯨鯢沉巨浸却將蛙步輾泥沙陂佇思穴便喝云長老何不進語陂擬議穴打一拂子云長老還記得話頭麼試舉看陂擬開口穴又打一拂子牧主云將知佛法與王法一般穴云見箇什麼道理牧主云當斷不斷返招其亂穴便下座

列聖風規初不放過擬跨鐵牛驀頭印破盧陂當斷却沉吟電轉星飛活被擒喝下撥撐同霹靂三玄戈甲振叢林

舉僧問洞山寒暑到來如何回避山云何不向無寒暑處回避僧云如何是無寒暑處山云寒時寒殺闍黎熱時熱殺闍黎

盤走珠珠走盤偏中正正中偏羚羊掛角無蹤跡獵犬遶林空趿踖

舉金牛每至食時自携飯至僧堂前撫掌呵呵大笑云菩薩子喫飯來喫飯來後僧問長慶意旨如何云大似因齋慶讚僧問大光未審慶讚箇甚麼光作舞僧禮拜光云你作麼生會僧亦作舞光云這野狐精

絲來線去分明過與若不相諳如何驗取因齋慶讚和泥土踏翻只言呈作舞野狐精七星利劍血長鯨

舉疎山示衆云病僧咸通年已前會法身邊
事咸通年已後會法身向上事雲門出問云
如何是法身邊事山云枯椿如何是法身向
上事山云非枯椿問云還許學人說道理也
無山云許門云只如枯椿豈不是明法身邊
事山云是門云非枯椿豈不是明法身向上
事山云是門云未審法身還該一切也無山
云法身周遍爭得不該門指淨瓶云還有法
身也無山云莫向淨瓶邊覓門云諾諾
眼觀東南意在西北撥轉天關掀翻地軸法
身向上法身邊閒氣英靈五百年膠漆相投
箭相拄南山起雲北山雨
舉臺山路上有一婆子僧問臺山路向甚處
去婆云驀直去僧纔行婆云好箇阿師便恁
麼去前後僧問皆如此後有僧舉似趙州州
二十三
云待我為你勘破這老婆遂往問臺山路向
甚處去婆云驀直去州纔行婆云好箇阿師
又恁麼去州歸舉似大衆云我為你勘破這
婆了也老宿拈云什麼處是勘破處
善繫無繩約善行無轍跡不戰屈人兵直面

當機疾老婆勘破五臺山有誰參透趙州關
舉雲門示衆云聞聲悟道見色明心作麼生
是聞聲悟道見色明心舉手云觀世音菩薩
將錢來買胡餅放下手云元來却是饅頭
見色心先現聞聲道已彰掣電光中分皂白
海潮音裏別宮商韶陽老慈門普發機直用
千鈞弩
舉鏡清問僧門外什麼聲僧云雨滴聲清云
衆生顛倒迷己逐物僧云和尚作麼生清云
洎不迷己僧云意旨如何清云出身猶可易
脫体道應難　順流逆流轉物物轉良哉觀
音快逢其便出身脫體句分明門外依前雨
滴聲
舉南泉示衆云昨夜文殊普賢起佛見法見
每人與二十棒貶向二鐵圍山去也趙州出
云和尚棒教誰喫泉云王老師有什麼過州
禮拜泉下座歸方丈
霧起龍吟風生虎嘯兩口一舌異音同調文
殊普賢佛法見南泉趙州日月面稜令而行
指顧間盡情貶向鐵圍山忽有箇不憤底出

來道崇寧咊只向他道果然果然
舉雪峯問僧近離甚處僧云覆船峯云生死
海未渡為什麼覆却船僧無語覆船代云渠
無生死雪竇代云久嚮雪峯
未渡生死海不應覆却船渠本無生死超然
二十四
離二邊長如杲日麗中天舒光照到雪峯前
舉僧問雲門如何是一代時教門云對一說
海藏龍宮金文玉牒逗器觀機破關擊節三
百餘會振綱宗四十九年同箇舌阿剌剌對
一說諦當之言如截鐵
舉僧問雲門不是目前機亦非目前事時如
何門云倒一說
是賊識賊以楔出楔鳥跡空雲鏡象水月教
見師子迷蹤訣上樹老猫安身法活鱍鱍倒
一說等閑翻却狐狸穴
舉世尊於一處九旬安居至自恣日文殊倏
來迦葉問今夏在何處安居文殊云在三處
安居迦葉於是白衆欲擯文殊出纔舉揵椎
乃見無量佛剎一一佛所有一一文殊一一
迦葉舉椎欲擯之世尊於是告迦葉云汝今

欲擴出那箇文殊
大象不遊兔徑燕雀安知鴻鵠㩀令宛若成
風破的渾如齧鏃遍界是文殊遍界是迦葉
相對各儼然舉拋何處罰好一劄金色頭陁
曾落節

舉巖頭示衆云涅槃經道吾教意如塗毒鼓
擊著遠近聞者皆喪僧問如何是塗毒鼓頭
亞身云韓信臨朝底
天高地厚水闊山遥蕭何制律韓信臨朝塗
毒鼓未擊已前宜薦取

舉文殊問庵提遮女生以何爲義女云生以
不生生爲生義殊云如何是生以不生生爲
生義女云若能明知地水火風四緣未曾自
得有所和合而能隨其所宜以爲生義殊云
死以何爲義女云死以不死死爲死義殊云
如何是死以不死死爲死義女云若能明知
地水火風四緣未曾自得有所離散而能隨
其所宜以爲死義
生以不生生死以不死死根本豁然明應時
超佛祖隨宜離散與和合十字縱横活鱍鱍

金剛寶劒倚天寒外道天魔皆膽慴
舉潙山問仰山云天寒人寒仰山云大家在
這裏潙山云何不直説仰山云適來也不曲
和尚如何潙山云且須隨流
北風逞嚴威凛凛侵肌骨一句括人天幾曾
容眹迹隨流認得本來身遍界莫非無價珍

舉歸宗示衆云吾今欲説禪諸子總近前大
衆進前宗云汝聽觀音行善應諸方所僧問
如何是觀音行宗彈指云諸人還聞麼僧云
聞宗云一隊漢向這裏覓箇什麼以拄杖打
趁呵呵大笑歸方丈
無學彈指趣圓通耳根淨透出聞不聞妙哉
觀音行擡頭指出金剛王嶮惡道中爲津梁

圓悟佛果禪師語録卷第十四

圓悟佛果禪師語録卷第十四

校勘記

一　底本，明永樂北藏本。

一　八一頁上一行經名、二行編者，徑無（未分卷）。

一　八一頁上三行至八四頁下一一行「頌古舉德山……不知何處去」，徑爲卷第十八末段。

一　八一頁上三行「頌古」，徑作「頌古上」。

一　八一頁中一三行第八字「𤍠」，南作「䁾」。

一　八三頁上一行末字「巧」，清作「特」。

一　八三頁上二行「騰今焕古」，清作「輝今耀古」。

一　八三頁上三行「一萬」，清作「一念」。

一　八三頁上六行「今日」，清作「來日」。

一　八三頁上八行第六字「烏」，清作

「烏」。

一八三頁中一六行「金槌」，清作「金鎚」。

一八四頁下一一行「不知何處去」至此，徑卷第十八終，卷第十九始。正文前有「頌古下」一行。

一八六頁中七行第一四字「中」，徑作「申」。

一八六頁下一九行第一一字「元」，南、徑作「兀」。

一八七頁上一八行「傳不得」，南、徑、清作「傳不傳」。

一八七頁下七行第四字「似」，南作「如」。

一八八頁下一〇行末字「商」，南、徑、清作「商」。下同。

一八八頁下一七行「兩錯」，清作「兩頭」。

一九〇頁上一九行第二字「了」，清作「子」。

一九一頁中末行「卷第十四」，徑作「卷第十九」。

圓悟佛果禪師語録卷第十五　惠八

宋平江府虎丘山門人紹隆等編

拈古舉百丈再參馬祖祖見來拈拂子竪起百丈云即此用離此用祖掛拂子於舊處侍立片時祖云爾已後皷兩片皮如何為人丈取拂子竪起祖云即此用離此用丈掛拂子於舊處馬祖便喝百丈大悟後來謂黄蘗云我當時被馬祖一喝直得三日耳聾汾州云悟去便休說什麼三日耳聾石門云若不是三日耳聾爭承當得這一喝雪竇云要會三日耳聾麼大治精金應無變色師云然則作家共相提唱不妨各有為人眼要且只明得馬祖百丈大機未明馬祖百丈大用不惜眉毛露箇消息也要諸方檢責還知這一喝麼直似奮雷霹靂聽者喪膽亡魂要會三日耳聾正如擊塗毒鼓聞者喪身失命舉拂子云或有箇問即此用離此用和聲便打隨後與喝復云還見馬祖百丈麼

舉僧問雲門佛法如水中月是否門云清波無透路僧云和尚從何得門云再問復何來僧云便恁麼去時如何門云重疊關山路師云清波萬里湛寂凝然寶月凌虛光吞羣象這僧泛一隻船入雲門法海裏引得一陣猛風看伊把柂張帆也不易當抵及至下梢可惜輸却一籌且道是什麼處是輸處試辨看

舉翠巖示衆云一夏與兄弟東語西話看翠巖眉毛在麼師云輸機是筭人之本翠巖坐却人舌頭無鷂啄處長慶云生也因事長智保福云作賊人心虛是精識精門云關據款結案雖宗師競酬還截得翠巖脚跟麼不躡前蹤試請道看

舉僧問雲門初秋夏末前程或有人問未審對他道什麼門云大衆退後僧云過在什麼處門云還我九十日飯錢來師云這僧貪觀白浪雲門見機而作雖則截鐵斬釘未是本分草料有問崇寧只對道驢事未了馬事到來待伊如何若何劈脊便棒

舉趙州云老僧答話去也解問底置將一問來僧出禮拜趙州云比來拋塼引玉却引得箇墼子後來法眼舉問覺鐵嘴此意如何覺云與和尚說箇喻如國家拜將相似問云何人去得有云某甲去得答云汝去不得法眼云我會也師云諸方盡道趙州得逸羣之用一期間施設不妨自在這僧要擊節扣關電光中卒著手脚不辨覺鐵觜能近取譬不墜家聲法眼有通方鑑便知落處敢問既是宗師為什麼拋塼只引得箇墼子試參詳看

舉玄紹二上座見烏臼烏臼問近離什麼處僧云江西臼便打僧云久響和尚有此機要臼曰汝既不會第二箇近前其僧茫然臼亦打云同坑無異土參堂去雪竇云宗師眼目須是恁麼如金翅鳥擘海直取龍吞有般漢眼目未辨東西拄杖不知顛倒只管說照用同時人境俱奪師云雪竇明辨古今分別邪正若不知有爭恁麼道雖然只見烏臼放行要明烏臼把住處麼直得釋迦彌勒猶為走使據令而行盡大地人並須喫棒

舉睦州示衆云我見百丈不識好惡大衆纔集以拄杖一時趕下復召大衆衆迴首百丈云是什麼有什麼共語處黄檗和尚大衆纔

集以拄杖一時趕下復召大衆衆回首雪云月似彎弓少雨多風猶較些子雪竇云說什麼猶較直是未在若是雪竇以拄杖趕下便休可中有箇無孔鐵搥善能擔荷可以籠罩古今乾坤坐斷師云古人各出一隻手提振綱宗誘掖後進功不浪施仔細點檢將來百丈將棒喚狗未免相顧壓睞黃蘗香餌綴釣吞著喪身失命睦州當衆舉覺與賊過梯雪竇要人擔荷無風起浪今日總不恁麼各請歸堂

舉文殊菩薩問維摩居士云我等各自說已云何是仁者所說不二法門師云這一轉語叢林話會不少有道默然有道良久有道據坐有道不對要且摸索不著直得其聲如雷普驚群動自古及今前聖後聖所說法門只向維摩斥時之間一時顯現且道正當恁麼時作箇什麼得見維摩

舉風穴在郢州陞座云祖師心印狀似鐵牛之機去即印住住即印破只如不去不住印即是不印即是時盧陂長老出問某甲有鐵牛之機請師不搭印穴云慣釣鯨鯢沉巨浸却嗟蛙步驟泥沙陂佇思穴喝云長老何不進語陂擬議穴便打一拂子云長老還記得話頭麼試舉看陂擬開口穴又打一拂子牧主云將知佛法與王法一般穴云見箇什麼道理牧主云當斷不斷返招其亂穴便下座師云風穴擐三玄戈甲施四種主賓明立信旗密排陣敵及至盧陂纔踏鐵牛劃時擒下遂令牧主知歸所謂龍馳虎驟鳳翥鸞翔雖然若是崇寧待伊道有鐵牛之機劈脊便棒殺人刀活人劍還知落處麼

舉僧問投子一大藏教還有奇特事也無投子云演出一大藏教師云差病不假驢馱藥

舉三角示衆云若論此事貶上眉毛早已蹉過麻谷出問蹉過則不問如何是此事角云蹉過麻谷掀倒禪床三角劈脊便棒師云劒刃上顯殺活電光裏分緇素不妨眼辨手親是致前鋒相拄雪竇云兩箇老漢眉毛也未曾貶上說什麼此事蹉過師云慣調金鏃久歷沙場一箭落雙鵰人前誇敏手雖然大似把手上高山未免傍觀者哂若據崇寧見處喚作此事早是好肉上剜瘡了也何況更論貶上眉毛早已蹉過麻谷雪竇賊過後張弓則故是更有一箇驀拈拄杖便下座

舉舍利弗問須菩提夢中說六波羅蜜與覺時是同是別師拈云低聲低聲須菩提云此義幽深吾不能說師拈云爛泥裏有刺會中有箇彌勒大士可往問之師拈云推過別人又爭得舍利弗遂問彌勒師拈云將錯就錯彌勒云誰為彌勒誰是彌勒者師拈云面皮厚三寸

舉僧問五祖一大藏教是箇切脚未審切那箇字祖云八囉娘師云迅雷不及掩耳

舉大溈示衆云今時人只得大機不得大用仰山舉此語似塔主塔主踏翻凳子溈山聞得呵呵大笑師云須知大機中有大用大用中有大機且道雙放雙收時如何剎竿頭上仰蓮心

舉藥山謂雲巖云與我喚沙彌來巖云和尚喚他作麼山云我有箇折脚鐺子要伊提上

挈下巖云恁麼則與和尚出一隻手去也師云舉一明三是衲僧尋常行履雲巖既告往知來藥山亦不謬分付崇寧雖百醜千拙有箇没底藍子更望諸人兩手提挈何故有條攀條

舉僧問破竈墮如何是大修行人竈云擔枷抱鎖僧云如何是大作業人竈云坐禪入定復云會麼僧云不會竈云汝問我善善不從惡汝問我惡惡不從善後有僧舉似安國師安云此子會盡諸法無生師云窮善善自何生究惡惡從何起若能明見這箇田地便是諸法無生有問崇寧如何是大修行人對他道坐禪入定如何是大作業人對他道擔枷抱鎖且道是同是別

舉僧問趙州未有世界早有此性世界壞時此性不壞如何是不壞之性州云四大五蘊僧云此猶是壞底如何是不壞之性州云四大五蘊師云千尺寒潭徹底清

舉長生問長慶混沌未分時如何慶云露柱懷胎生云分後如何慶云片雲點太清生云只如太清還受點也無慶不對生云恁麼則含生不來也慶亦不對生云直得純清絶點時如何慶云猶是真常流注生云如何是真常流注慶云如鏡常明生云未審向上還有事也無慶云有生云何是向上事慶云打破鏡來相見師云長生善問長慶善答膠漆相投水乳相合不見古者道身從無相中受生猶如幻出諸形相幻人心識本來無罪福皆空無所住若明此箇頌便見二老宿問答始知父母未生已前既生之後全體露現且道打破鏡來如何相見撫掌云了

舉雪峯問僧近離甚處僧云覆船峯云生死海未渡為什麼覆却船僧無語覆船代云渠無生死雪竇代云久嚮雪峯師代云便與撒倒禪床師云雪峯有驗人句覆船有透關眼雪竇有陷虎機且道崇寧成得箇什麼邊事

舉雪峯示衆云世界闊一丈古鏡闊一丈世界闊一尺古鏡闊一尺玄沙指火爐云且道火爐闊多少峯云如古鏡闊沙云老和尚脚跟未點地在師云現成公案古鏡本非火爐打破龍羅火爐即是古鏡若非父子投機爭見赤心片片諸人作麼生會他道這老漢脚跟未點地在如來寶杖親蹤跡

舉雲門示衆云你若實未得箇入頭處三世諸佛在你脚跟下一大藏教在你舌頭上且向葛藤處會取師云崇寧土上加泥敢道直得潙山水牯觸殺東海鯉魚陝府鐵牛吞却嘉州大像

舉古者道這一片田地分付來多時也我立地待你搆去法眼云這一片田地分付來多時也我坐待你搆去師云這一片田地分付來多時也我今日當衆慶懺

舉前寶壽問後寶壽父母未生已前那箇是本來面目後寶壽罔措一日在市見二人相爭有一人相勸云你得恁麼無面目壽遂大悟師云築著磕著當頭彰本地風光應聲應色直下無私毫透漏還會他道得恁麼無面目麼龍袖拂開全體現

舉南泉示衆云王老師自小養得一頭水牯牛擬向溪東牧不免食他國王水草擬向溪

西牧亦不免食他國王水草不如隨分納些
些總不見得師云和光順物與世同塵不犯
鋒鋩收放自在是南泉本分草料山僧自小
亦養得一頭水牯牛有時孤峯獨立有時鬧
市縱横不論溪東溪西一向破塵破的且道
即今在什麼處著眼看
舉僧問鏡清學人未達其源乞師指示清云
是什麼源僧云其源清云若是其源爭受指
示僧去後侍者問適來是成褫伊否清云無
者云是不成褫伊否清云無者云和尚尊意
如何清云一點水墨兩處成龍師云鏡清具
本分鉗鎚有作家爐韛正如明鏡當臺舉無
遺照雖則赴感應機要且猶費葛藤若是山
僧忽有問未達其源對他是什麼源待伊道
其源劈脊便棒更有問是成褫伊否無和尚
尊意若何劈脊便棒非唯截斷衆流亦乃光
揚宗眼還辨得出麼
舉德山小參示衆云老僧今夜不答話問話
者三十棒時有僧出禮拜山便打僧云某甲
話也未問因甚打某甲山云你甚處人僧云

新羅人山云未跨船舷好與三十棒師云德
山大似金輪聖王寰中獨據四方八表無不
順從等閑布一勑施一令直得草偃風行若
不是這僧爭見殺活擒縱威德自在法眼云
大小德山話作兩橛圓明云大小德山龍頭
蛇尾雪竇云德山握閫外威權有當斷不斷
不招其亂底劒雖則直截單提各能扶竪德
山要且只扶得末後句未扶得最初句在且
作麼生是德山最初句大鵬欲展摩霄翅誰
顧崩騰六合雲
舉太原孚上座問鼓山父母未生已前鼻孔
在什麼處山云即今生也鼻孔在什麼處孚
不肯乃云你問我與你道鼓山問父母未生
已前鼻孔在什麼處孚但揺扇而已師云竒
特因緣須以奇特激發殊勝大事須以殊勝
舉揚雖然隱顯無差其奈巧拙有異或有問
崇寧父母未生已前鼻孔在什麼只劈口便
掌
舉臨濟入僧堂兩堂首座齊下喝僧問臨濟
還有賓主也無濟云賓主歴然師云正勑既

行諸侯避道
舉溈山普請次静版鳴有一僧拍手呵呵大
笑歸去溈山云竒哉此是觀音入理之門至
晚問其僧適來你見什麼道理僧云朝來未
喫飯聞版聲歡喜溈山云賺殺人鏡清云當
時溈山有此一僧皷山云當時溈山無此一
僧師云這僧洪音大振直得一千五百人善
知識眼目定動及乎勘證將來却打箇背翻
觔斗若不是溈山爭見汗馬功高後來道有
此一僧只得一半道無此一僧只得一半今
日板聲鍾聲魚聲鼓聲齊振或有箇拍手呵
呵大笑直向伊道觀音菩薩來也
舉道吾與漸源至一家吊慰源撫棺槻問吾
云生耶死耶道吾云生也不道死也不道源
云為什麼不道吾云不道不道漸源罔測後
來在一處聞誦觀音經應以比丘身得度者
即現比丘身而為說法忽然大悟師云道吾
横身為物指出生死根源親到寳山一間當
面蹉却若不是金剛正性宿植根深爭得向
平田淺草驀地回光見得道吾著力相為處

且作麼生是道吾著力相爲處試請道看
舉僧問鏡清新年頭還有佛法也無清云有
僧云如何是新年頭佛法清云元正啓祚僧
云謝師答話清云鏡清今日失利又僧問明
教新年頭還有佛法也無教云無僧云年年
是好年爲什麼却無教云張翁喫酒李翁醉
僧云老老大大龍頭蛇尾教云明教今日失
利師云鏡清道有也失利明教道無也失利
且道誵訛在什麼處若明得去不妨識進退
別休咎始知一句下有分身之意有出身之
路今日崇寧忽有人問新年頭還有佛法也
無對他道不在這兩頭他或道爲什麼如此
崇寧今日失利且道與古人是同是別
舉靈雲見桃華悟道頌三十年來尋劒客幾
回葉落又抽枝自從一見桃華後直至如今[崇八][十二]
更不疑玄沙云諦當甚諦當敢保老兄未徹
在師云千鈞之弩不爲鼷鼠發機靈雲既撥
動天關玄沙乃掀翻地軸且道那箇是未徹
處具透關眼者試請辨看
舉僊布衲在藥山浴佛次山云你浴得這箇

還浴得那箇麼遵云把將那箇來師云藥山
問處開隔重關遵老答來一搥兩當不可只
守這一路也或有問崇寧只浴得這箇還浴
得那箇麼提起杓子向伊道何似生
舉古者道護生須是殺殺盡始安居會得箇
中意鐵船水上浮師云且道殺箇什麼殺衆
生物命凡夫見解殺六賊煩惱座主見解殺
佛殺祖大闡提人見解衲僧分上畢竟殺箇
什麼試定當看
舉世尊於一處安居至自恣日文殊在會迦
葉問文殊何處安居文殊云今夏三處安居
迦葉於是集衆白搥欲擯文殊即見無量世
界一一界中有一一佛一一文殊一一迦葉
白搥欲擯文殊世尊謂迦葉云汝今欲擯那
箇文殊迦葉茫然師云鍾不擊不響鼓不打
不鳴迦葉既把斷要津文殊乃十方坐斷當
時好一場佛事放過一著待釋迦老子道欲
擯那箇文殊便與擊一搥看他作麼生合殺
舉石室見僧來拈起拄杖云過去諸佛也恁
麼現在諸佛也恁麼未來諸佛也恁麼長沙

云放下拄杖子別通箇消息來師云石室置
箇問端不妨孤峻若非長沙爭得投機雖然
只知恁麼不知不恁麼遂舉拄杖云過去諸
佛不恁麼現在諸佛不恁麼未來諸佛不恁
麼或若總道放下拄杖子我也知你只是學
語之流生機處道將一句來[崇八][十三]
舉保壽開堂三聖推出一僧壽便打三聖云
恁麼爲人非但瞎却這僧眼瞎却鎭州一城
人眼去在保壽擲拄杖下座師云保壽大似
毒龍攪海直得雨似傾盆三聖雖雷震青霄
焉助得威光一半可中有箇直下承當非但
瞎却鎭州一城人眼瞎却天下人眼去在
舉傅大士云終日焚香擇火不知身是道場
玄沙云終日焚香擇火不知真箇道場師云
終日焚香擇火不知焚香擇火
舉僧問長慶有問有答賓主歷然無問無答
時如何慶云怕爛却那僧問睦州有問有答
賓主歷然無問無答時如何州云相逢盡道
休官去林下何曾見一人師云若問崇寧有
問有答賓主歷然無問無答時如何對他道

收得安南又憂塞北

舉睦州陞座云首座吩答云在寺主吩答云在維那吩答云在州云三段不同今當第一向下文長付在來日師云一等是借路經過就中竒恠若是崇寧又且不然首座吩在寺主吩在維那吩在因行不妨掉臂打草只要驚蛇若能一撥便轉免致撒土撒沙

舉長慶示衆云撞著道伴交肩過一生叅學事畢師拈云撞著道伴交肩過露柱燈籠共證明

舉南泉示衆云文殊普賢昨夜起佛見法見各與二十棒貶向二鐵圍山去也趙州出云和尚棒敎誰喫泉云王老師有什麽過州禮拜南泉便歸方丈師拈云南泉動絃趙州別曲苦痛蒼天寒山拾得若是崇寧則不然燈籠露柱昨夜起佛見法見各與二十棒令歸本位去也或有箇出云和尚棒敎誰喫只對他道落賓落主

舉古者道十五日已前不得住我這裏你若住我這裏我用錐錐你十五日已後不得離我這裏你若離我這裏我用鈎鈎你正當十五日且道用錐即是用鈎即是師拈云放行處把住把住處放行是則是爲人鉗鍵爭柰傷鋒犯手若是崇寧則不然十五日已前不得住我這裏你若住我這裏我放火燒你十五日已後不得離我這裏你若離我這裏我放火燒你正當十五日化爲萬斛明珠撒在大千沙界處處盡放光明各各急須著眼

舉昔日摩耶夫人聖母左手攀枝釋迦老子右脇降誕九龍吐水沐浴金軀便乃周行七步目顧四方一手指天一手指地作大師子吼云天上天下惟我獨尊後來雲門大師道我當時若見一棒打殺與狗子喫貴圖天下太平師拈云驚羣之句須向驚羣處舉揚竒特之事須遇竒特人前拈出釋迦老子可謂驚羣雲門大師不妨竒特直下以不可測度底機輪向千聖頂顊上撥轉若能恁麽體會始知釋迦把斷要津雲門知恩解報且道落在什麽處還會麽棒頭有眼明如日要識眞金火裏看

舉外道問佛不問有言不問無言世尊良久外道禮拜讚歎云世尊大慈大悲開我迷雲令我得入外道去後阿難問佛外道有何所證而言得入世尊云如世良馬見鞭影而行師拈云外道因邪打正世尊看樓打樓阿難不善旁觀引得世尊拖泥帶水若據山僧見處待伊道不問有言不問無言和聲便打及至阿難問外道有何所證而言得入亦和聲便打何故殺人須是殺人刀活人須是活人劒

舉祖師道正說知見時知見即是心當心即知見知見即如今師拈云若明心達本知見歷然正說正行當陽顯赫且作麽生是即如今底事大家齊著力共唱太平歌

舉僧問馬祖如何是祖師西來意祖云近前來向你道僧近前祖劈耳便掌云六耳不同謀後來南禪師道古人尚六耳不同謀那堪三二百衆浩浩地商量禍事禍事師拈云南禪不妨因風吹火也未免隨語生解若有問道林如何是祖師西來意只對他道水長船

高浣多佛大
舉泰首座到洞山值喫果子洞山云有一物
上拄天下拄地常在動用中動用中收不得
未審過在什麽處泰云過在動用洞山云侍
者掇退果卓師拈云天下衲僧盡道泰首座
箭鋒不相拄所以遭洞山貶剝後來潙山真
如道此果子莫道泰首座不得喫三世諸佛
也不敢正眼覷着師云宗師家正令當行十
方坐斷有定乾坤句辨龍蛇眼不妨難趒當
時若是英靈衲子解捋虎鬚待他道過在什
麽處便拈起果子云和尚畢竟喚作什麽待
他擬議劈面便擲何故有意氣時添意氣不
風流處也風流

圓悟佛果禪師語録卷第十五

圓悟佛果禪師語録卷第十五

校勘記

一　底本，明永樂北藏本。
一　九三頁上一行經名、二行編者，徑無（未換卷）。
一　九三頁上三行至九六頁上一七行「拈古舉……還辦得出麽」，徑爲卷第十六末段。
一　九三頁上三行「拈古」，徑作「拈古上」。
一　九三頁上一一行「大治」，南、徑、清作「大治」。
一　九三頁中九行「精門」，清作「雲門」。
一　九四頁上四行「鐵槌」，清作「鐵鎚」。
一　九四頁下一三行第五字「八」，清作「鉢」。
一　九五頁上一九行及頁中六行「長慶」，清作「靈雲」。
一　九五頁上一九行「慶云」，清作「靈云」。下至本頁中五行同。
一　九五頁中五行「生何」，南、徑、清作「如何」。
一　九六頁上六行第七字「著」，南作「試着」。
一　九六頁上一七行「還辦得出麽」，至此，徑卷第十六終，卷第十七始。正文前有「拈古中」一行。
一　九六頁中一七行「什麽」，清作「什麽處」。
一　九七頁下一三行「傅大士」，南、清作「寶誌公」。又「焚香」，清作「拈香」，下至次行及一五行同。
一　九八頁中三行第一五字「鍵」，清作「鎚」。
一　九八頁下一八行「商量」，徑、清作「商量」。
一　九九頁上卷末經名，徑無（未換卷）。

圓悟佛果禪師語錄卷第十六　　惠九

宋平江府虎丘山門人紹隆等編

舉雲門示衆云結夏得數日也寒山子作麽生大潙眞如道結夏得數日也水牯牛作麽生師拈云結夏得數日也諸上座作麽生復云寒山子意在釣頭水牯牛事在函蓋且道諸上座落在什麽處惜取眉毛

舉洞山與密師伯到栢巖巖問二上座在什麽處來山云湖南來巖云觀察使姓什麽山云不委他姓巖云名什麽山云不委他名巖云還理事也無山云自有廊幕在巖云還出入否山云不出入巖云豈不出入山拂袖出去巖至來日侵早入堂召二上座二人近前巖云昨日問上座話不愜老僧意一夜不安今請上座別一轉語若契老僧意便開粥飯相伴過夏山云却請和尚問巖云不出入山云太尊貴生巖乃開粥同過夏師拈云正偏回互只要圓融直截當機惟崇尊貴洞山覿機而作栢巖理長則就雖然如是曹洞門下即得若於臨濟宗中須別作箇眼目始得當時待伊道不委名便向伊道他不委你你不委他敢問合道得什麽語還有人道得麽若有山僧也不開粥只分付箇龜毛拂子若道不得且參三十年

舉僧問趙州萬法歸一一歸何處州云我在青州作一領布衫重七斤師拈云摩醯三眼一句洞明似海朝宗千途共轍雖然如是更有一著在忽有問將山萬法歸一一歸何處只對他道飢來喫飯困來眠

舉道吾漸源至一家弔慰源撫棺木云生耶死耶吾云生也不道死也不道源云爲什麽不道吾云不道不道行至中路源云請和尚爲某甲道若不道則打和尚去也吾云打即任打道即不道師拈云銀山鐵壁有什麽階昇處山僧今夜錦上鋪華八字打開商量這公案去也生也全機現死也全機現不道復不道箇中無背面直下便承當不隔一條線逼塞太虛空赤心常片片

舉南際到雪峯經月次見玄沙沙云長老唯我能知際云須知有不求知者沙云山頭老漢費許多氣力作麽師拈云玄沙放去大嶮收來太速若據金山則不然此事唯我能知須知有不求知者只向他道也知長老不分外還委悉麽一鏃破三關分明箭後路

舉僧問巴陵如何是道陵云明眼人落井僧問石頭如何是道頭云木頭僧又問韶國師如何是道國師云四生浩浩師拈云宗師家爲人各有出身處若是通方之士一舉便知苟未相諳不免指注只如一箇問頭三人恁麽荅且道是那一句親切還委悉麽一鏃破三關分明箭後路

舉僧問香林如何是衲衣下事林云臘月火燒山雪竇云臘月火燒山萬種千般翹松鶴冷踏雪人寒達磨不會大難大難師拈云大小雪竇隨婁漱不能截斷請訛若是道林即不然臘月火燒山特地無端緜包特石鐵裹泥團

舉雪峯示衆云盡大地撮來如粟米粒大拋向面前漆桶不會打鼓普請看師拈云絕天維立地紀未足稱奇擘太華逗河源亦非敏

手若向箇裏覰得透便可以撒驪龍窟明珠噴栴檀林香氣豈不快哉山僧今日不避泥水放一線道乃拈拄杖云還見雪峯麽遂卓拄杖云劄

舉臨濟與普化一日同往施主家齋濟問毛吞巨海芥納須彌爲復是神通妙用爲復是法爾如然化踢倒飯床濟云太麤生化云這裏是什麽所在説麤説細濟休去來日又同一施主家齋濟復問今日供養何似昨日化又踢倒飯床濟云太麤生化云瞎漢佛法說甚麤細濟吐舌師拈云精金不百煉爭見光輝至寶不酬價爭辨真假不是臨濟不能驗他普化不是普化不能抗他臨濟所謂如水入水如金博金雖然如是放過則彼此作家點檢則二俱失利具擇法眼者試請辨看

舉昔有秀才問長沙某甲曾看千佛名經百千諸佛但見其名未審居何國土長沙召秀才才應諾沙云黃鶴樓崔顥題後秀才還曾題否才云不曾題沙云得閑題取一篇好師拈云驀刀劈面解辨者何人劈箭當胸承當者有幾若能向奔流度刃疾焰過風處見長沙横身爲物去不消一捏其或隨言詮入露布便謂問東答西裂轉話頭且作麽生是長沙端的處還委悉麽殺人刀活人劍

舉趙州訪一庵主便云有麽有麽庵主竪起拳頭州云水淺不是泊船處便去又訪一庵主亦云有麽有麽庵主亦竪起拳頭州云能縱能奪能殺能活禮拜而去師拈云佛祖命脉列聖鉗鎚換斗移星經天緯地有般漢未出窠窟只管道舌頭在趙州口裏殊不知自己性命已屬他人若能握向上綱宗與二庵主相見便可以定龍蛇別緇素正好着力還知趙州落處麽切忌顢頇

舉僧問長沙作麽生轉得山河大地歸自己去沙云作麽生轉得自己歸山河大地去師拈云得人一牛還人一馬

舉雲門示衆云百草頭上道將一句來衆無對自代云俱師拈云直得萬機寢削千眼頓開細如須彌大如芥子軟如鐵硬如泥雖然如是只道得一半或有問山僧只對他道收且道落在什麽處

舉興化一日上堂有一同叅來纔上法堂化便喝僧亦喝僧纔行三兩步化又喝僧亦喝僧擬進前化拈棒僧又喝化云你看這瞎漢猶作主宰在僧擬議化便直打下法堂却歸方丈侍者便問適來僧有甚語句觸忤和尚化云他適來也有照也有用也有權也有實我將手向伊面前劃兩遭到這裏便用不得似這般漢不打更待何時師拈云辨王庫刀振塗毒鼓掣雷未足以擬其迅震雷未足以方其威可謂善驅耕夫之牛能奪飢人之食只如主賓互換有照有用有權有實則且致甚處是興化將手向伊面前劃兩遭處若這裏洞明可以荷負臨濟正法眼藏如或泥水未分未免瞎驢隨大隊

舉仰山坐次大禪佛到翹一足云西天二十八祖亦如是唐土六祖亦如是和尚亦如是某甲亦如是仰山下禪牀打四藤條師拈云師資會遇衮芥投針一期借路經過不免互相鈍置雪竇道藤條未到折因甚只打四下

師云餬餅討什麼汁雪竇云須是箇斬釘截
鐵漢始得師云大似隨邪逐惡大禪佛後到
霍山自云集雲峰下四藤條天下大禪佛恭
霍山云維那打鍾著禪便走師拈云這漢擔
仰山一箇冬瓜印子向人前賣弄若不是霍
山幾被塗糊雖然可惜令行一半當時不用
喚維那好與擒住更打四藤條且聽這漢疑
三十年
舉雪峯會下有一僧辭去在山中卓庵多時
不剃頭自作一柄木杓溪邊舀水喫時有僧
見問如何是祖師西來意主竪起杓子云溪
深杓柄長僧歸舉似雪峯峯云也甚奇恠峯
一日與侍者將剃刀去纔相見便問道得即
不剃汝頭主便取水洗頭峯便與伊剃却師
拈云庵主雖生鐵鑄就雪峯柰是本分鉗鎚
當初若一向顢頇爭見驚天動地還委悉麼
金鏃慣調曾百戰鐵鞭多力恨無酬
舉僧問保福雪峯平生有何言句得似羚羊
掛角時福云我不可作雪峯弟子不得那師
拈云翡翠羽毛麒麟頭角重重光彩的的相

承要明陷虎之機須施嶮崖之句雖然如是
只知與麼來不知與麼去或有問山僧五祖
平生有何言句得似羚羊掛角時只對道不
敢孤負先師委悉麼山高豈礙白雲飛
舉玄沙和尚到莆田縣衆以百戲迎之次日
玄沙遂問小塘長老昨日許多喧鬧向什麼
處去小塘提起袈裟角示之沙云料掉沒交
涉大潙眞如拈云大潙即不然或有問昨日
許多喧鬧向什麼處去遂鳴指一下或有箇
衲僧出云料掉沒交涉大潙却肯伊何故大
丈夫漢捋虎鬚也是本分且道利害在什麼
處師拈云二老宿雖是提振綱宗要且貪顧
天上月而今或有箇出問道林適來許多喧
鬧向什麼處去只對他道又是從頭起他若
道料掉沒交涉劈脊便棒何故曹溪波浪如
相似無限平人被陸沉
舉僧問投子如何是一大事因緣子云尹司
空與老僧開堂師拈云人道投子實頭不妨
惑然淳朴若是山僧即不然或有問如何是
一大事因緣只對他道弄潮須是弄潮人

舉藥山一夜無燈燭示衆云我有一句子待
犢牛生兒即向汝道時有僧出云犢牛生兒
也自是和尚不道山云把燈來其僧便歸衆
洞山云這僧會則會只是不肯禮拜法燈云
當時不要索燈但問他道生底是特牛兒犴
牛兒又代云雙生也師拈云藥山垂釣意在
鯤鯨這僧吞釣三千浪激洞山眼正千里同
風法燈重整鎗旗弄裝甲冑雖然如是山僧
即不然夾山有一句子威音王已前與諸人
道了也或有問明明頭合暗頭合只對他道龍
得水時添意氣虎逢山勢長威獰
舉巖頭參德山入門便問是凡是聖山便喝
頭禮拜洞山云若不是奯公大難承當巖頭
聞云洞山老漢不識好惡錯下名言殊不知
我當時一手擡一手搦師拈云德山據令而
行只得一半洞山通方有眼千里同風巖頭
既善據虎頭又能收虎尾大似作家戰將臨
陣扣敵七事俱全不妨奇特敢問那箇是一
手擡一手搦處謂言侵早起更有夜行人
舉僧問曹山恁麼熱向什麼處回避山云鑊

湯爐炭裏回避僧云鑊湯爐炭裏作麼生回
避山云衆苦不能到師拈云回機轉位究頭
通方直下似臘月蓮華雖然如是斬釘截鐵
更饒一路或有問碧巖恁麼熱向什麼處回
避只向他道鑊湯爐炭裏回避他若云鑊湯
爐炭裏如何回避只向他道熱殺也何妨且
道還有為人處也無
舉陸亘大夫問南泉肇法師道天地與我同
根萬物與我一體也甚奇恠南泉指庭前華
召大夫云時人見此一株華如夢相似師拈
云陸亘手攀金鎖南泉八字打開直得七珍
八寶羅列目前乃竪起拂子云天地一指萬
物一馬通身是眼分踈不下
舉興化示衆云今日不用如之若何便請單
刀直入興化與你證明時有旻德長老出衆
禮拜起便喝化亦喝德又喝化亦喝德便禮
拜化云旻德今日却挍興化二十棒若是別
人一棒也少不得何故蓋為他旻德會一喝
不作一喝用師拈云作家相見須是恁麼機
如掣電眼似流星原始要終捩頭接尾所謂
羽毛相似言氣相合只如兩家互換相喝且
作麼生辨得一喝不作一喝用要承當臨濟
正法眼藏須明取二老宿意且道意作麼生
百尺竿頭須進步紫羅帳裏撒真珠
舉僧問雲門如何是清淨法身門云六不收
師拈云只道得一半若問道林只對他道一
不立遂成頌一不立六不收突然那更有蹤
由無限青山留不住落華流水太悠悠
舉僧問長慶如何是合聖之言長慶云山僧
被闍梨一問直得口似匾檐師拈云是則是
應機無差爭奈大驚小恠或有問道林如何
是合聖之言只對他道誌公不是閑和尚剪
刀只在卧床頭
舉臨濟道一喝分賓主照用一時行師喝一
喝云且道是賓是主是照是用還委悉麼千
峯勢到嶽邊止萬派聲歸海上消
舉玄沙見鼓山來作一圓相山云人人出這
箇不得沙云情知汝向驢胎馬腹裏作活計
山云和尚又作麼生沙云人人出這箇不得
山云和尚與麼道得某甲却與麼道不得沙
云我得汝不得師拈云酌然這一條路作者
方知直得窮天地亘萬古而不移消劫石空
芥城而不盡便是透關底也須急著眼始得
一等是與麼時節為什麼我得汝不得切忌
向驢胎馬腹裏作活計
舉休靜在洞山作維那一日普請白椎云上
間鋤地下間搬柴首座遂問云聖僧作箇什
麼靜云當堂不正坐那赴兩頭機師拈云珠
鑽九曲休靜可謂神功玉解連環山僧更資
一路或有問聖僧作箇什麼只對他道廓如
明鏡當堂照不動形聲應萬緣
舉僧問馬大師離四句絶百非請師直指某
甲西來意大師云我今日勞倦不能為汝說
問取智藏去師著語云錯僧問智藏藏云我
今日頭痛不能為汝說問取海兄師著語云
錯僧問海海云我到這裏却不會師著語云
錯僧回舉似馬大師大師云藏頭白海頭黑
師著語云錯錯師拈云若是明眼漢一舉便
知落處白雲先師道這僧擔一檐懞懂換得
箇不安樂馬大師道藏頭白海頭黑白雲拈

云風后先生只知其一不知其二只如山僧下五箇錯且道落在什麼處莫將閑學解埋没祖師心

舉僧問雲門如何是法身向上事門云向上與汝道即不難作麼生會法身僧云請和尚鑑門云鑑則且致你作麼生會法身僧云與麼與麼門云這箇是長連床上學得底我問你法身還喫飯也無僧無語雪竇云將成九仞之山不進一簣之土保福云欠他一粒也不得又古德云喚什麼作飯師拈云雲門可謂驅耕夫牛奪飢人食權衡佛祖龜鑑宗乘所以後來尊宿各出眼目扶立宗風雖然如是只明得法身邊事未明得法身向上事且如何是法身向上事域中無向背閫外有權衡

舉保壽開堂三聖推出一僧壽便打聖云恁麼為人非但瞎却這僧眼瞎却鎮州一城人眼去在壽便歸方丈師拈云保壽全機擔荷不妨奇特要且只得一邊當時若善發明臨濟正法眼藏待三聖道恁麼為人非但瞎却這僧眼瞎却鎮州一城人眼去在便與本分草料何故一不做二不休

舉金牛行食次問龐居士生心受食淨名已呵去此二途居士還甘否士云當時善現豈不作家牛云豈干他事士云食到口邊被人奪却金牛便行食士云不消一句子師拈云善現作家金牛奇特盡被龐居士一時領過了也只如龐居士道不消一句子且道是那一句端坐受供養施主常安樂

舉僧問石門年窮歲盡時如何門云東村王老夜燒錢師拈云可謂神通妙用僧復問開先暹和尚年窮歲盡時如何暹云依舊孟春猶寒師拈云不妨田地穩密忽有問道林年窮歲盡時如何只對他道定盤星上轉風車

舉三聖道我逢人則出出則不為人與化道我逢人則不出出則便為人師拈云一人在孤峯頂上土面灰頭一人在十字街頭斬釘截鐵有頭有尾同死同生且道出則不為人底是出則便為人底是豎起拂子云萬古碧潭空界月再三撈摝始應知

舉龍牙問翠微如何是祖師西來意微云與我過禪版來牙取禪版與翠微微接得便打牙云打則任打要且無祖師西來意牙又問臨濟如何是祖師西來意濟云與我過蒲團來牙取蒲團與臨濟濟接得便打牙云打即任打要且無祖師西來意住院後僧問和尚當年見二尊宿是肯伊不肯伊牙云肯即肯要且無祖師西來意師拈云這漢忝來莽鹵學處顢頇雖然顧後瞻前爭奈藏身露影既是無祖師西來意用肯作麼若向箇裏辨得山僧與你拄杖子若辨不得和鼻孔一時失却

舉僧問雲門樹彫葉落時如何門云體露金風師拈云雲門善巧方便可謂即事即理即隱即顯三句可辨一鏃遼空雖然猶是粘皮著骨若有問蔣山樹彫葉落時如何只對他道撑天拄地且道是三句是一鏃試玉須經火求珠不離泥

舉懶瓚和尚云吾有一言絕慮忘緣巧說不得只要心傳師拈云這老漢魚行水濁漏逗

不少雖然如是箇中或有解忘緣能絶慮著出來道作麽生是心傳若也會得已傳了也若會不得心即且置畢竟是那箇一言歸堂歇去

舉雪竇云乾坤之内宇宙之間中有一寶掛在壁上達磨九年面壁不敢正眼覷著如今衲僧要見劈脊便打師拈云雪竇妙中之妙奇中之奇向佛祖頭上提持衲僧頂門鑿竅不妨自在要且只見錐頭利不見鑿頭方若是蔣山則不然乾坤之内宇宙之間中有一寶豎起拄杖子云在拄杖頭上拈起也天回地轉放下也草偃風行有時八臂三頭有時壁立千仞如今莫道衲僧要見直饒千聖出來列祖齊至並須倒退三千里敢問大衆且道什麽人合得受用分付天台木上座突出南山鼈鼻蛇攛拄杖下座

舉僧問大梅如何是祖師西來意梅云西來無意僧舉似鹽官官云一箇棺木兩箇死漢雪竇云三箇也有師拈云一串穿卻

舉靈雲頌云三十年來尋劒客幾回葉落又抽枝自從一見桃華後直至如今更不疑玄沙云諦當甚諦當敢保老兄未徹在師拈云唱彌高和彌寡雪曲陽春殺人刀活人劒利物之要有般底尚拘聞見隨語作解便說相謾誰不知日下孤燈已失先照畢竟什麽處是未徹處壺中日月長

舉玄沙問僧近離甚處僧云瑞巖沙云瑞巖有何言句僧云長喚主人公自云喏喏惺惺著他日莫受人謾沙云一等是弄精魂也甚奇怪復云何不且在彼中住僧云瑞巖遷化了也沙云如今還喚得應麽僧無語雪竇云蒼天蒼天師拈云萬丈寒潭徹底月在當心千尺巖松倚天風生幽谷直得凜凜孤標澄澄風彩及至月離碧嶂影落雲衢遂乃當面蹉卻當時這僧若是箇漢待伊道即今還喚得應麽當下便喝非唯把定玄沙要津亦與瑞巖老子出氣

舉僧問風穴九夏賞勞請師言薦穴云一把香蒭拈未暇六鐶金錫響搖空師拈云風穴用得當陽事不妨風流儒雅要且只道得途中句或有問道抹九夏賞勞請師言薦只對他道四絶堂邊呈瑞氣三湘江畔奪高標

舉舍利弗一日入城見月上女出城舍利弗問云什麽處去女云如舍利弗恁麽去舍利弗云我方入城汝方出城何言如舍利弗恁麽去女云諸佛弟子當住何處弗云諸佛弟子當住大涅槃女云諸佛弟子既住大涅槃我如舍利弗恁麽去師拈云住無所住行無所行見無所見用無所用各人脚跟下廓同太虛如十日並照觸處光輝苟知恁麽則與月上女同證無生得不退轉隨去來處無不皆在大解脫中三世諸佛鼻孔一時穿卻說什麽如舍利弗恁麽去

舉師祖問南泉云摩尼珠人不識如來藏裏親收得如何是藏泉云王老師與汝往來者是祖云直得不往來時如何泉云亦是藏祖云如何是珠泉云師祖祖應喏泉云去汝不會我語師拈云南泉一期垂手收放擒縱則不無要且未見向上事在只如盡大地是如來藏向什麽處著珠盡大地是摩尼珠喚什

歷作藏若明得有轉身處許他只具一隻眼

舉僧問香林如何是衲衣下事林云臘月火燒山師拈云舉一明三衲僧孔竅千差一轍本分鉗鎚雖然如是或有問道林如何是衲衣下事只對他道綿包特石

舉南泉問僧昨夜好風僧云昨夜好風泉云吹折門前一株松僧亦云吹折門前一株松南泉又見僧問昨夜好風僧云是什麽風泉云吹折門前一株松泉云一得一失師拈云大凡酬唱隨機著眼辨龍蛇別緇素所謂打鼓弄琵琶相逢兩會家只如南泉道一得一失敢問阿那箇得阿那箇失到這裏須是向上人始得還委悉麽鵝王擇乳素非鴨類

舉脩山主頌云二破不成一一法鎮長存若人一一解永劫受沉淪師拈云直似倚天長劒凛凛神威向平坦坦處壁立千仞壁立千仞處平坦坦雖然只道得一半道林即不然二破不成一一法亦不存不作一二解永劫受沉淪

舉道吾問雲巖脫却殼漏子向什麽處相見去巖云向不生不滅處相見師拈云太周遮生道吾云何不道非不生不滅處相見師拈云太孤峻生大凡善知識舉一語垂一機要明生死根源令一切人明心見性去豈不快哉或有問道林脫却殼漏子向什麽處相見只對他道何處不逢渠

舉脩山主頌云欲識解脫道諸法不相到眼耳絶見聞聲色鬧浩浩師拈云聲不到耳色不到眼聲色交叅萬法成現且道還踏著解脫道也無不省這箇意脩行徒苦辛

舉僧問石鞏生死到來如何回避鞏云這的無生死師拈云還識這的麽俊鶻捎空去憎鳥洎籬頭

舉古者道生死中有佛則不迷生死又有道生死中無佛則無生死師拈云是則是兩口金剛寶劒要且拂掠虛空金山則不然生死爲諸佛根基諸佛乃生死爐鞴若解嶮絶承當即證六通八解

圓悟佛果禪師語録卷第十六

圓悟佛果禪師語録卷第十六

校勘記

一　底本，明永樂北藏本。

一　一〇〇頁上一行經名、二行編者，徑無（未換卷）。

一　一〇〇頁中一五行「商量」，南、徑、清作「商量」。

一　一〇〇頁下八行第一三字「土」，南、徑、清作「士」。

一　一〇〇頁下一〇行第一六字「鏃」，南、清作「鏃」。下同。

一　一〇〇頁下一五行第六字「漱」，南作「擻」。

一　一〇〇頁下一六行第一二字「綿」，南作「錦」。又末字「裹」，南、徑作「裏」。

一　一〇一頁下二行「上堂」，南作「堂上」。

一　一〇二頁上一五行末字「槌」，清作「鎚」。

一　一〇二頁下二行首二字及一四、

一五字「犢牛」，[清]作「特牛」。

一〇三頁下一行「酌然」，[清]作「灼然」。

一〇三頁下一一行「形聲應萬緣」，至此，[徑]卷第十七終，卷第十八始。正文前有「拈古下」一行。

一〇五頁上一八行「棺木」，[南]作「棺材」。

一〇五頁中七行「沙云瑞巖」，[南]無。

一〇五頁中一二行第五字「師」，[南]無。本頁下八行第九字同。

一〇六頁上五行第八字「綿」，[南]作「錦」。

一〇六頁上九行「一株松」，[清]作「一株松僧云是什麼松」。

一〇六頁中卷末經名，[徑]無（未換卷）。

圓悟佛果禪師語錄卷第十七　惠十

宋平江府虎丘山門人紹隆等編

高宗在藩邸三次請陞座說偈

善因招善果種栗不生豆大福德人修大福德人受

八萬四千波羅蜜一毫頭上已圓成捧頭喝下承當得高步毘盧頂上行

至簡至易至尊至貴往還千聖頂顙頭世出世間不思議彈指圓成八萬門一超直入如來地

頌月上女因緣

本來正體徹根源出入同途只此門已住如來大解脫掌中至寶耀乾坤

示丹霞佛智裕禪師

二三四七初無間顯大威光示的傳把斷關津勿輕放草深誰顧法堂前

寓言

昔聞沉巨浸一舉十二鼇持此淨華宿曾未及秋毫濛濛大象中出沒安可逃只自且循緣著意真徒勞

和靈源瞌睡歌

懵懵懂懂無巴鼻兀兀陶陶絕忌諱任信流光動地遷不論冬夏唯瞌睡箇中滋味佛不知空咄蚌蛤與螺師放身不管卧水底與發長挨布袋兒鼻息如雷誰顧得[illegible]常少見有醒時沒醒時良有以要明瞌睡中宗旨從來一覺到天明佛來不解擡身起縱使舒光遍大千終難換我無憂底校踈親渾打失瞌睡根靈莫窮詰有人契會便同參睡著須知更綿密

修道者若虛庵銘

修禪道人隨身卓庵取名於佛果老子因與名之若虛乃會三為一也而不出本分事及禪教求嘉云體若虛空沒涯岸佛經云佛真法身猶若虛空混元云深藏若虛宣尼云實若虛云一滴滴水一滴滴涑只麼平常表裏空洞根塵絕偶六門互用快住此庵十八不共要覷鋒隙灼然無縫應物非緣誰為幻夢

因示眾

辦道應須辦自心心真觸處是通津直明格外無生忍端作區中解脫人吸盡西江龐老口持將妙喜淨名身八風五欲莫能轉解向塵中轉法輪

佛鑑和尚忌辰示眾

去年正今日泥牛鬬入海今年正今日徧界舒光彩虛空無相身佛鑑儼然在非色亦非心不小復不大劫石可移動箇中無變改要知佛鑑恩各人明主宰一句逞咩機志心常頂戴且道是那一句喫飯咬著沙

送梵思禪老皖山住庵

脫去羈羅徹[illegible]衛了無毫末可容參馬駒兒踏誰禁得皖伯臺前去住庵

頌黃龍三關

我手何似佛手隨分拈華折柳忽然摸著蚍頭未免遭他一口

我脚何似驢脚趙州石橋略彴忽若築起皮毬崩倒三山五嶽

人人有箇生緣蹲身無地鑽研忽若眼皮迸破廳他桶底踢穿

送慧恭先馳之平江

一句單提越祖佛痛劄針錐窮徹骨出門便作獅子兒敵勝驚群賓退擲平江古來豪俠窟去去先通箇消息此行不作等閑來八面清風起衣裓

送景元先馳之毗陵

當陽提起截千差誰信風流出當家要入壓中通一線等閑取鉢曇華善專對不辱命乃見摩醯三眼正引著群靈使共行明明直截曹溪徑

示擇言禪人三偈

參禪參到無參處窮玄窮微玄盡頭渴飲飢飡只恁麼世間出世沒蹤由

機關並是閑家具玄妙渾成破草鞋鐵額銅頭超佛祖橫拈倒捉一坑埋

紅塵有底論成道寒谷無人可作春苟識拈華微笑意一番拈弄一番新

送修道者

不下笠子勘俱胝一句擊出一古佛如今歸去舊雲庵參徧諸方善知識卓卓頂門眼輝騰如杲日勉力傳持無盡燈繼取末山舊蹤跡

三毒頌

溪壑難充一念欲泥犂來劫苦何堪悟時萬法皆如幻慎勿容心暫起貪

未見世間為大患焚燒功德莫過嗔頭頭遣順須容却喜捨慈悲出六塵

羅刹無明徹底癡翳他正體發狂機猛操般若金剛劍來斷渠儂撒手歸

妄起渾由三箇漢牽拖六道四生中倏然調伏無功用端與毗盧性海通

送達侍者之武陵

臨濟昔遣將驗德嶠行令接住與一送果別探竿影國師三度喚聲聲無不領負汝負吾機直透千聖頂古人曾侍香根器如此警爾數載巾瓶已合得正命令復自帝都直遊武陵境打辦俊精神也要識禪病截斷風前句奪取佛祖柄歸來大誇詫強將果然猛

眾生本來是佛

放憨放癡貪世味閑情誰管真如地有時得片好風光十字街頭恣遊戲

送智祖禪德

一句當機領千差路絕擧去來長若鑑宣寂鎮如山百草顛頭峻孤雲世外閑行行牢把著耳門上頭關

撥無欲觀察

昔在皇都參會夜與今豈復有差殊等閑乘興重拈似閑堂捧腹一軒渠

佛祖命門提在手放開捏聚更非他已到懸崖撒手處從來關捩子無多

示若平禪人

贊緇住山功已立荷擔長久志彌堅雲門庵刹壓歐阜天上高天更有天追復古來清淨刹他時會見美聲傳賓主相投膠漆合相與弘持臨濟禪

示善友

此段本來無向背要須堅猛力行持金剛正眼通身是萬境來侵莫管伊

送諸化士

豁達靈明印腳跟用來了不隔纖塵歷遊華藏毘盧界把住牟尼百億身八寶七珍皆我

有左穿右穴與誰隣勞生衮衮堪垂手乃是
通方自在人
皎皎林間月悠悠天際雲去來非有累圓缺
本無根逗水光常淨爲霖意不群溪山千萬
里同異許誰論
迦葉刹竿頭此老曾饒舌全體解承當祖祖
何曾別要明箇段事須善觀時節遇著與麽
人眼中爲出屑麻見北山門戢戢皆雲衲妙
手廣施呈翻却驪龍穴
千聖頂顊頭有破天大路唯是無心人始能
闊著步恰如履平地日行千百度要引滿世
間一齊與麽去爾垂手入鄽應須善回互闍
闍觝相逢當機宜把住似過金剛圈請盡情
分付歸來善法堂趯取大法鼓
覿面豁開三要印全機直明正法藏持去江
西顯本宗三日耳聾無伎倆要須撒手向孤
峯選甚懸崖千萬丈欲知稱意得錦鱗騰身
快入驚人浪
四料四賓主三玄及三要擊石火電光乃臨
濟垂範既叅臨濟禪亦須自點檢照用喝下
奇殺活杖頭驗以此入郊鄽大奮奚維膽光
榮作風輝七珍只一覽
無位眞人赤肉團面門出入若爲看棒頭按
正風前令喝下逼將肝膽寒不立階梯那事
佛有眞規矩得心安横身百草顛頭用揷手
驪龍窟裏翻要見衲僧全意氣如麻萬境莫
能干大緣唾手間能辦未信人生行路難
撥轉千差向上機攙旗奪鼓不饒伊翻身路
地全生殺始是金毛師子兒
吸盡西江四似閑作家豈復尚機關放敎性
地平如砥成佛功歸一晌間
舉民公充座元有偈曰
休誇四分罷楞嚴按下雲頭徹底叅莫學亮
公親馬祖還如德嶠訪龍潭七年往返遊昭
覺三載翺翔上碧巖今日煩充第一座百華
叢裏現優曇
送安首座回德山
使乎不辱命臨機貴尊對安禪捋虎鬚著著
超方外不惟明窻下安排掇向禪床拶嶮崖
拈搥堅拂奮雄辯金聲玉振猶奔雷九句落
落提綱宗衲子濟濟長起風解粘去縛手段
辣驅耕奪食尤难容夏滿思山要歸去了却
武陵一段事勃窣理窟乃胷中行行不患無
知已臨行索我送行篇栗棘蓬裏金剛圈短
歌須要數十丈長句只消三兩言金毛師子
解翻身箇是叢林傑出人不日孤峯大哮吼
五葉一華天地春
眞讚
睦州和尚
辛辛辣辣咥咥喋喋識濟北爲大樹拶雲門
墮嶮崖機峻莫借言如枯柴夫是之謂陳蒲
鞋
死心和尚舍利
箇是黄龍老大蟲火後晶熒眞舍利萬年如
日出世間與善知識作儀軌平生斥佛呵祖
口於斯乃驗著實底留將法子法孫傳觸處
放光常動地
六祖大師
稽首曹溪眞古佛八十生爲善知識示現不
識世文書信口成章徹法窟葉落歸根數百

秋堅固之身鎮韶石皎如赫日照長空煥若
驪珠光太極定慧圓明擴等慈所求響應猶
空谷河沙可數德莫量併出渠儂悲願力

楊岐和尚

三脚驢子弄蹄行解道鉢盂口向天荷擔他
一百二十斤重擔子牽犂拽杷無端壞却慈
明禪

白雲端和尚

楊岐腦後眼豈親透得金塵能幾人扶持臨
濟一拳拳倒黃鶴樓華劈二祖鼻孔依前搭
上唇

五祖演和尚

山前一片閑田地松竹引風長覊人說心說
性老僧箇裏是惡口偏提賤賣擔版貼秤麻
三斤

眞如喆和尚

叢林老作世無儔凜凜威光四百州一擊鐵
關如粉碎恩大難將雨露酬

丹霞佛智裕長老請讚

番雷霹靂赤肉團壁立星飛電擊臨濟命脉
渠儂突出驀地面門拶出初無一物三玄三
要輝赫分付佛智碎却人窠窟與祖宗雪屈
咄

華藏民長老請讚

臨濟正法眼從這瞎驢滅父子不相傳神仙
有秘訣豈顧殃及兒孫且圖眼中出屑逢人
好一劄切忌向渠說

道洙首座請讚

紫羅帳裏撒眞珠夜明簾外提巴鼻句下三
要三玄何人親得的旨面門無位眞人放渠
出一頭地

梵思維那請讚

單提臨濟正法眼當機密付要瞎驢無位眞
人乾屎橛捧頭喝下絕名模當年海會大蟲
咬今日歐峯舉似渠圓悟不惜兩莖眉洪爐
焔裏綻芙蕖

惟祖知藏請讚

掃蕩佛祖不存性命鐵樹華開神駒十影圓
悟傳來臨濟禪忽雷驀震千峯頂

法一書記請讚

化城踏破寶所非留當陽截斷機關透出百
草顛頭揮臨濟之吹毛駕慈明之巨舟頭角
相似氣類相投全機一喝分賓主須信渠儂
得自由

子文監寺請讚

威如猛虎出深林皎若銀蟾轉太清望之儼
如即之也温闍摩醯正眼於頂顙突無位眞
人於面門有誰領此豈可顯言分付子文

道元禪客請讚

臨濟正法眼藏突出三頭六臂忿怒驀撲帝
鍾謾且神通遊戲圓悟當胷一拳鎖斷衲僧
巴鼻

德珂禪人請讚

眼裏有瞳子頂門亞一指放出金剛圈舉世
提不起箇中領略要渠儂鐵作脊梁金作齒
恁麼便行喪兒孫不恁麼行救此子滅却正
眼瞎驢邊圓悟風光動天地

景元侍者請讚

生平只說聱頭禪撞著聱頭如鐵壁脫却羅
籠截脚根大地撮來墨漆黑晚年轉復没忉

切耆金剛鎚碎窠窟他時要識圓悟面一為
渠儂併拈出
法昭維那請讚
大包無外細入毫芒現寶華王隨處道場建
立掃蕩正體堂堂一語壁立濟濟鏘鏘渠儂
此面目何人解提將圓悟栗棘蓬覿體沒商
量克賓話把播諸方
韓朝議請讚
撥轉上頭關千聖須却步唯許箇中人要通
一線路具大脫諸緣投誠信此事誓無雜用
心長時箭相拄貌出山野姿踞不蔭高樹按
杖正令行提持那一句善財鞠躬前風神全
體露氣類自相同美哉名父子
惟表知藏請讚
此著千聖頂𩕳上臨濟建立大法幢萬丈懸
崖解放身可以一口吸西江石火電光猶是
鈍虎肩擁翅定無雙
勝居禪人請讚
夜明符燭天吹毛劍照雪神威冷森森紅光
阿剌剌未啓口時當頭截欲入門來劈面喝

體裁相似可克家此地不容通水泄
若平禪老請讚
高擁毳袍橫按拄杖作意提綱截斷伎倆放
出向上一機千聖塊亡膽喪於此有人承當
便見千了百當圓悟杖頭一滴禪西江十八
灘俱漲
曇玩禪德住頭陁巖庵請讚
盤陁石上橫按拄杖睟質儼然曾無伎倆不
施栗棘金圈不愛起模畫樣頭陁巖頂偶行
拳打著渠儂也沒量
懷祖知殿請讚
瘦而精健老有餘韻鼓兩片皮說法無吝掃
併情識不留纖眹七處道場恰如一瞬有箇
不顧危亡僧剛地要來衝雪刃咄
文皓禪人請讚
岷峨濯秀屹西南氣象盤回鬱翠藍英傑間
生從古習豈容湊膿輒相叅自不將領跕閒
里賴有舌本操玄談得請居閒皓目擊持歸
先為結茅庵
蘊遇小師請讚

日面月面垂現印空印水使彰逃先不留眹
跡格外亦絕承當父子至親路別各各頂有
圓光切恐與人明破此門豈可商量
禪人寫真求讚
泡幻中出枯木朽株頂缺神骨額無圓珠曾
遭海會毒龍咬快意追風天馬駒施設千種
巧其實一物無若憑這箇見至了不識渠混
沌未分時無此箇面孔泡幻既張皇乃具足
十種胷次不立纖塵口角波濤汹湧唯有一
件長受打破漆桶
作嗔作喜渾只由你最愛謾人搖唇弄觜忍
草徧地生何曾澆法水傾倒心肝一句禪箇
此兒子猶呈瑞
模子中脫出佛果老古錐萬緣休歇處端坐
不言時移刻定動奮迅全威為人到徹骨不
惜兩莖眉
拏拏似紅藥跛跛如雲門殊無二老實空蘊
二老文故下會事索破沙盆寶鑑一塵秋空
片雲
一見便見了本來面敏手丹青應緣而現漸

近縱心愈見強健唯用金圈栗蓬要須千煆
百煉撒手萬仞崖頂門廓正眼
幻出成相真蘊其中挺然骨目四座生風傳
不可傳之心振不可振之宗老出皇都晚住
歐峯只這沒回互領略在渠儂咄
向中沒禪格外無玄當面不見斷莫可傳似
玊溫潤如月孤圓氣媚川源光流大千
衲衣通峭活卓卓片段殘雲龍巨獄壁立萬
仞近不得無佛無祖無棒喝一口吸盡西江
水箇是圓悟當頭著
相現無相心出非心如印印空迥絕古今入
師子窟遊栴檀林脫去羈韁優游臨深要識
圓悟立處孤峯萬仞嶔岑
紅爐焰裏著點雪夜明簾外剔金燈萬丈寒
潭氷徹底妙高峯頂王稜層等是渠儂遊歷
處萬機普應初不曾圓悟老來甚隻手為問
何人似我能
利刃斬虛空神箭穿紅日用吞十方口吹此
無孔笛如斯三十年不費纖毫力信彩直鉤
頭也有錦鱗食有眼自承當慎勿從渠覓大

機要須發大用要直截馬師老百丈無端已
漏泄臨濟喚犬來坐斷天下舌此老據胡床
也要恁麼說說不說萬里青天一輪月
危坐盤陀風神峻整横抑擇節廓千聖頂誰
是仙陀未言先領一片風光奪人奪境圓悟
晚來益深沉華陰山頭百尺井
立地可成佛殺人不眨眼碎生死窠窟要箇
倜儻漢圓悟從來提此著風前白雲曾喝散
當家種草可相從利劒七星光爍爛
句裏有出身突在千聖頂當機絕龍羅透徹
無邊境生平秉此金剛王四喝三玄格外領
面門抄却太周遮誰是瞎驢傳性命
覿面全真不計踈親虎頭燕頷未盡渠神把
斷關津不放過無邊刹海乃比隣
太虛寥廓憑誰悟翻身背擲真師子透頂透
底沒遮攔千峯峭絕轟一句略開圓悟上頭
關浮幢刹海闊著步
道不在丹青禪不在面相強自貌將來讚之
作何狀且就箇現成為汝說一上赤水求神
珠得之由罔象圓悟老古錐老來沒伎倆英

禪把將去滔天衮白浪
本無箇面目突出六十七令汝強圖貌頂門
欠三隻七處入闇藍近來稍寧謐若更打葛
藤豈有休歇日三十年後與人看圓悟從前
沒窠窟
太清之雲明鏡之塵於無相中驀現此身考
實究妙以何為真不出這箇一著最親透得
剔脫與古為隣
道絕形相名存至公對現色身本體全空要
求巴鼻不西不東月映澄潭風搖古松十成
圓悟誰識渠儂
通身無影像溢目生光彩動用峭於山語默
深於海曠劫正如如箇中無變改跳得圓悟
金剛圈須信大功元不宰
真如禪人請讚
只這箇面見一乃萬要是箇中人手親即眼
辨佛果應緣圓悟成現如如觸處得逢渠一
真了禪人請讚
道神光本無間
丹青有神貌活圓悟據坐儼如風光全露探

騰聲身撞眸直顛歐峯頂上把要津一任青
寞轉烏兎
小佛事為佛眼和尚舉哀
三十年行道海上第一人颯然恁麼去誰見
不酸辛雖然如是須知佛眼未曾生未曾死
未曾去未曾來正與麼時如何乃指龕云我
與雪峯同條生不與雪峯同條死要知末後
句分明普請大衆齊聲舉乃云哀哀
為佛眼和尚下火
如來涅槃日娑羅雙樹間放出三昧火闍維
金色身有條攀條無條攀例故褒山佛眼禪
師道播四海名聞九州二十年間三據大剎
退席褒嶺宴坐鐘山以平生所受用栗棘蓬
驅耕夫之牛以楊岐所付囑金剛圈奪飢人
之食傳持一大事提振向上機衲子雲從諸
方景慕豈謂一彈指頃坐斷報化佛頭談笑
之間遽失人天正眼今則乾坤廓落人境蕭
條雪映高山風清大野圓頂後相放萬里神
光大衆正與麼時還委悉麼看取亘天紅焰
裹華發復雲大地春

為智海法眞和尚入龕
釋迦雙樹示寂偃卧吉祥法眞智海告終逝
生行上四十年道價七十一生緣德播寰中
聲馳海外人天敬仰朝野傾崇比望求作梯
航長光佛祖豈期忙中縮手鬧裏抽身最後
呈都大作佛事今則未埋玉樹先入雲龕公
案現成須至一決大衆因行不妨掉臂伎倆
不如根據為瑞為祥無邊無量請老和尚且
出方丈
為妙禪人下火
昨日一箇正可憐今朝一箇更淒然翻身踏
著曹溪路妙體堂堂没變遷妙師愛參禪祖
佛要齊肩索然恁麼去一朶火中蓮生也浮
雲突出死也空華倐没頂後圓同太虛畢竟
非心非佛大衆看取一道紅光爍破無生窠
窟
為佛眞大師下火
觸目菩提眞解脫頂門正眼耀乾坤透得生
死關廓然無起滅佛眞大師生平滴水滴凍
勇猛截鐵斬釘舉世重其為人聞見莫不欽

歎內侍叢中跳出衲僧隊裏修行淵聖錫徽
名皇后賜度牒驚群伏衆絕類離倫將謂萬
里前程豈期百年頃刻今則翻身長往透出
金圈栗棘蓬頂後圓光應現無生大火聚佛
眞佛眞急著眼保雲程一炬紅光纔舉處毘
盧頂上任縱横

圓悟佛果禪師語錄卷第十七

圓悟佛果禪師語録卷第十七

校勘記

一　底本，明永樂北藏本。

一　一〇八頁上一行「卷第十七」，徑作「卷第二十」。

一　一〇八頁上二行與三行之間，徑有「偈頌」一行。

一　一〇八頁上三行「高宗」，南作「皇帝」。

一　一〇八頁上一二行「己住」，南作「已往」。

一　一〇八頁中六行第五字「醒」，南作「惺」。

一　一〇八頁中一六行第一一字「涑」，南、清作「凍」。

一　一〇八頁中一九行首字「因」，徑無。

一　一〇八頁下二行第三字「將」，南作「捋」。

一　一〇九頁下一八行「化士」下，徑有夾註「九首」。

一　一一二頁上六行至七行「商量」，徑、清作「商量」。本頁下三行同。

一　一一二頁上七行第五字「把」，南作「覇」；清作「欛」。

一　一一二頁中一七行至一八行「間里」，南、徑作「閭里」。

一　一一二頁下四行末字「讚」下，徑有夾註「二十首」。

一　一一三頁上九行第一四字「吸」，南作「汲」。

一　一一三頁中一五行第一一字「擲」，南作「躑」。

一　一一三頁下一行第七字「衮」，徑作「滚」。

一　一一三頁下一五行「真如」，南作「真如真了二」。

一　一一三頁下一九行「真了禪人請讚」，南無。

一　一一四頁上三行「小佛事」，徑無。

一　一一四頁中五行第一一字「乎」，南、徑作「手」。

一　一一四頁中一〇行末字「大」，南、徑、清作「火」。

一　一一四頁下卷末經名，徑作「圓悟佛果禪師語録卷第二十」。

黄檗山斷際禪師傳心法要　沙九

河東裴休集并序

有大禪師法諱希運住洪州髙安縣黄檗山鷲峯下乃曹溪六祖之嫡孫西堂百丈之法嗣獨佩最上乘離文字之印唯傳一心更無別法心體亦空萬縁俱寂如大日輪昇虛空中光明照耀淨無纖埃證之者無新舊無淺深說之者不立義解不立宗主不開戶牖直下便是動念即乖然後爲本佛故其言簡其理直其道峻其行孤四方學徒望山而趨覩相而悟往來海衆常千餘人予會昌二年廉于鍾陵自山迎至州憩龍興寺旦夕問道大中二年廉于宛陵復去禮迎至所部安居開元寺旦夕受法退而紀之十得一二佩爲心印不敢發揚今恐入神精義不聞於未來遂出之授門下僧太舟法建歸舊山之廣唐寺問長老法衆與往日常所親聞同異如何也時唐大中十一年十月初八日序

師謂休曰諸佛與一切衆生唯是一心更無別法此心無始已來不曾生不曾滅不青不黄無形無相不屬有無不計新舊非長非短非大非小超過一切限量名言蹤跡對待當體便是動念即乖猶如虛空無有邊際不可測度唯此一心即是佛佛與衆生更無別異但是衆生着相外求求之轉失使佛覓佛將心捉心窮劫盡形終不能得不知息念忘慮佛自現前此心即是佛佛即是衆生爲衆生時此心不減爲諸佛時此心不添乃至六度萬行河沙功德本自具足不假修添乃遇緣即施緣息即寂若不決定信此是佛而欲着相修行以求功用皆是妄想與道相乖此心即是佛更無別佛亦無別心此心明淨猶如虛空無一點相貌舉心動念即乖法體即爲着相無始已來無着相佛修六度萬行欲求成佛即是次第無始已來無次第佛但悟一心更無少法可得此即真佛佛與衆生一心無異猶如虛空無雜無壞如大日輪照四天下日昇之時明徧天下虛空不曾明日沒之時暗徧天下虛空不曾暗明暗之境自相凌奪虛空之性廓然不變佛及衆生心亦如此若觀佛作清淨光明解脫之相觀衆生作垢濁暗昧生死之相作此解者歷河沙劫終不得菩提爲着相故唯此一心更無微塵許法可得即心是佛如今學道人不悟此心體便於心上生心向外求佛着相修行皆是惡法非菩提道供養十方諸佛不如供養一箇無心道人何故無心者無一切心也如如之體內如木石不動不搖外如虛空不塞不礙無能所無方所無相貌無得失趣者不敢入此法恐落空無棲泊處故望崖而退例皆廣求知見所以求知見者如毛悟道者如角文殊當理普賢當行理者真空無礙之理行者離相無盡之行觀音當大慈勢至當大智維摩者淨名也淨者性也名者相也性相不異故號淨名諸大菩薩所表者人皆有之不離一心悟之即是今學道人不向自心中悟乃於心外着相取境皆與道背恒河沙者佛說是沙諸佛菩薩釋梵諸天步履而過沙亦不喜牛羊蟲蟻踐踏而行沙亦不怒珍寶馨香沙亦不貪糞尿臭穢沙亦不惡此心即無心之

心離一切相衆生諸佛更無差別但能無心便是究竟學道人若不直下無心累劫修行終不成道被三乘功行拘繫不得解脫然證此心有遲疾有聞法一念便得無心者有至十信十住十行十迴向乃得無心者有至十地乃得無心者長短得無心者乃至更無可脩可證實無所得眞實不虛一念而得與十地而得者功用恰齊更無深淺秪是歷劫枉受辛勤耳造惡造善皆是着相着相造惡枉受輪迴着相造善枉受勞苦總不如言下便自認取本法此法即心心外無法此心即法法外無心心自無心亦無無心者將心無心心却成有默契而已絶諸思議故曰言語道斷心行處滅此心是本源清淨佛人皆有之蠢動含靈與諸佛菩薩一體不異秪爲妄想分別造種種業果本佛上實無一物虛通寂靜明妙安樂而已深自悟入直下便是圓滿具足更無所欠縱使三祇精進脩行歷諸地位及一念證時秪證元來自佛向上更不添得一物却觀歷劫功用總是夢中妄爲故如來云我於阿耨菩提實無所得若有所得然燈佛則不與我授記又云是法平等無有高下是名菩提即此本源清淨心與衆生諸佛世界山河有相無相徧十方界一切平等無彼我相此本源清淨心常自圓明徧照世人不悟秪認見聞覺知爲心爲見聞覺知所覆所以不覩精明本體但直下無心本體自現如大日輪昇於虛空徧照十方更無障礙故學道人唯認見聞覺知施爲動作空却見聞覺知即心路絶無入處但於見聞覺知處認本心然本心不屬見聞覺知亦不離見聞覺知但莫於見聞覺知上起見解亦莫於見聞覺知上動念亦莫離見聞覺知覓心亦莫捨見聞覺知取法不即不離不住不着縱横自在無非道場世人聞道諸佛皆傳心法將謂心上別有一法可證可取遂將心覓法不知心即是法法即是心不可將心更求於心歷千萬劫終無得日不如當下無心便是本法如力士迷額內珠向外求覓周行十方終不能得智者指之當時自見本珠如故故學道人迷自本心不認爲佛遂向外求覓起功用行依次第證歷劫勤求永不成道不如當下無心決定知一切法本無所有亦無所得無依無住無能無所不動妄念便證菩提及證道時秪證本心佛歷劫功用並是虛脩如力士得珠時秪得本額珠不關向外求覓之力故佛言我於阿耨菩提實無所得恐人不信故引五眼所見五語所言眞實不虛是第一義諦

學道人莫疑四大爲身四大無我我亦無主故知此身無我亦無主五陰爲心五陰無我亦無主故知此心無我亦無主六根六塵六識和合生滅亦復如是十八界既空一切皆空唯有本心蕩然清淨有識食有智食四大之身飢瘡爲患隨順給養不生貪着謂之智食恣情取味妄生分別唯求適口不生厭離謂之識食聲聞者因聲得悟故謂之聲聞但不了自心於聲教上起解或因神通或因瑞相言語運動聞有菩提涅槃三僧祇劫修成佛道皆屬聲聞道謂之聲聞佛唯直下頓了

自心本来是佛無一法可得無一行可修此是無上道此是真如佛學道人秖怕一念有即與道隔矣念念無相念念無為即是佛學道人若欲得成佛一切佛法總不用學唯學無求無著無求即心不生無著即心不滅不生不滅即是佛八萬四千法門對八萬四千煩惱秖是教化接引門本無一切法離即是法知離者是佛但離一切煩惱是無法可得學道人若欲得知要訣但莫於心上著一物言佛真法身猶若虛空此是喻法身即虛空虛空即法身常人謂法身徧虛空處虛空中含容法身不知法身即虛空虛空即法身也若定言有虛空虛空不是法身若定言有法身法身不是虛空但莫作虛空解虛空即法身莫作法身解法身即虛空虛空與法身無異相佛與衆生無異相生死與涅槃無異相煩惱與菩提無異相離一切相即是佛凡夫取境道人取心心境雙忘乃是真法忘境猶易忘心至難人不敢忘心恐落空無撈摸處不知空本無空唯一真法界爾此靈覺性無始已来與虛空同壽未曾生未曾滅未曾有未曾無未曾穢未曾淨未曾喧未曾寂未曾少未曾老無方所無內外無數量無形相無色象無音聲不可覓不可求不可以智慧識不可以言語取不可以境物會不可以功用到諸佛菩薩與一切蠢動含靈同此大涅槃性性即是心心即是佛佛即是法一念離真皆為妄想不可以心更求於心不可以佛更求於佛不可以法更求於法故學道人直下無心默契而已擬心即差以心傳心此為正見慎勿向外逐境認境為心是認賊為子為有貪瞋癡即立戒定慧本無煩惱焉有菩提故祖師云佛說一切法為除一切心我無一切心何用一切法本源清淨佛上更不著一物譬如虛空雖以無量珎寶莊嚴終不能住佛性同虛空雖以無量功德智慧莊嚴終不能住但迷本性轉不見耳所謂心地法門萬法皆依此心建立遇境即有無境即無不可於淨性上轉作境解所言定慧鑒用歷歷寂寂惺惺見聞覺知皆是境上作解暫為中下根人說即得若欲親證皆不可作如此見解盡是境法有沒處沒於有地但於一切法不作有無見即是法也

九月一日師謂休曰自達磨大師來於中國唯說一心唯傳一法以佛傳佛不說餘佛以法傳法不說餘法法即不可說之法佛即不可取之佛乃是本源清淨心也唯此一事實餘二則非真般若為慧此慧即無相本心也凡夫不趣道唯恣六情乃行六道學道人一念計生死即落魔道一念起諸見即落外道見有生趣其滅即落聲聞道不見有生唯見有滅即落緣覺道法本不生今亦無滅不起二見不厭不忻一切諸法唯是一心然後乃為佛乘也凡夫皆逐境生心心隨忻厭若欲無境當忘其心心忘即境空境空即心滅若不忘心而但除境境不可除秖益紛擾故萬法唯心心亦不可得復何求哉故學般若人不見有一法可得絕憶三乘唯一真實不可證得謂我能證能得皆增上慢人法華會上拂衣而去者皆斯徒也故佛言我於菩提實

無所得默契而已凡人臨欲終時但觀五蘊皆空四大無我真心無相不去不來生時性亦不來死時性亦不去湛然圓寂心境一如但能如是直下頓了不為三世所拘繫便是出世人也切不得有分毫趣向若見善相諸佛来迎及種種現前亦無心隨去若見惡相種種現前亦無心怖畏但自忘心同於法界便得自在此即是要節也十月八日師謂休曰言化城者二乘及十地等妙二覺皆是權立接引之教並為化城言寶所者乃真心本佛自性之寶此寶不屬情量不可建立無佛無衆生無能無所何處有城若問此既是化城何處為寶所寶所不可指指即有方所非真寶所也故云在近而已不可定量言之但當體會契之即是言闡提者信不具也一切六道衆生乃至二乘不信有佛果皆謂之斷善根闡提菩薩者深信有佛法不見有大乘小乘佛與衆生同一法性乃謂之善根闡提大抵因聲教而悟者謂之聲聞觀因緣而悟者謂之緣覺若不向自心中悟雖至成佛亦

謂之聲聞佛學道人多於教法上悟不於心法上悟雖歷劫修行終不是本佛若不於心上悟而教法上悟者即輕心重教隨成逐塊忘於本心但契本心不用求法心即法也凡人多為境礙心事礙理常欲除境以安心併事以存理不知乃是心礙境理礙事但令心空境自空但令理寂事自寂勿倒用心也凡人多不肯空心恐落於空不知自心本空愚人除事不除心智者除心不除事菩薩心如虛空一切俱捨所作福德皆不貪著然捨有三等內外身心一切俱捨猶如虛空無所取著然後隨方應物能所皆忘是為大捨若一邊行道布施一邊旋捨無希望心是為中捨若廣修衆善有所希望聞法知空隨乃不著是為小捨大捨如火燭在前更無迷悟中捨如火燭在傍或明或暗小捨如火燭在後不見坑穽故菩薩心如虛空一切俱捨過去心不可得是過去捨現在心不可得是現在捨未來心不可得是未來捨所謂三世俱捨自如來付法迦葉已來以心印心心心不異印

著空即印不成文印著物即印不成法故以心印心心心不異能印所印俱難契會故得少者然心即無心得即無得佛有三身法身說自性虛通法報身說一切清淨法化身說六度萬行法法身說法不可以言語音聲形相文字而求無所說無所證自性虛通而已故曰無法可說是名說法報身化身皆隨機感現所說法亦隨事應根以為攝化皆非真法故曰報化非真佛亦非說法者所言本是一精明分為六和合一精明者一心也六和合者六根也此六根各與塵合眼與色合耳與聲合鼻與香合舌與味合身與觸合意與法合中間生六識為十八界若了十八界無所有束六和合為一精明一精明者即心也學道人皆知此但不能免作一精明六和合解遂被法縛不契本心如來現世欲說一乘真法則衆生不信興謗沒於苦海若都不說則墮慳貪不為衆生普捨妙道遂設方便說有三乘乘有大小得有淺深皆非本法故云唯有一乘道餘二則非真然終未能顯一心

法故名迦葉同法座別付一心離言說法此
一枝法令別行若能契悟者便至佛地矣
問如何是道如何修行師云道是何物汝欲
修行閙諸方宗師相承叅禪學道如何師云
引接鈍根人語未可依憑云此既是引接鈍
根人語未審接上根人復說何法師云若是
上根人何處更就人覔他自已尚不可得何
況更別有法當情不見教中云法法何狀云
若如此則都不要求覔也師云若與麼則省
心力云如是則渾成斷絕不可是無也師云
阿誰教他無他是阿誰你擬覔他云既不許
覔何故又言莫斷他師云若不覔即便休誰
教你斷你見目前虛空作麼生斷他云此法
可得便同虛空否師云虛空早晚向你道有
同有異我暫如此說你便向者裏生解云應
是不與人生解耶師云我不曾障你要且解
屬於情情生則智隔云向者裏莫生情是不
師云若不生情阿誰道是　問纔向和尚處
發言為什麼便言話墮師云汝自是不解語
人有甚麼墮負

沙九　十一

問向來如許多言說皆是抵敵語都未曾有
實法指示於人師云實法無顛倒汝今問處
自生顛倒覔甚麼實法云既是問處自生顛
倒和尚荅處如何師云你且將鏡照面自看
莫管他人又云秖如箇癡狗相似見物動處
便吠風吹草木也不別又云我此禪宗從上
相承已來不曾教人求知求解只云學道早
是接引之詞然道亦不可學情存學解却成
迷道道無方所名大乘心此心不在內外中
閒實無方所第一不得作知解只是說你如
今情量處情量若盡心無方所此道天真本
無名字只為世人不識迷在情中所以諸佛
出來說破此事恐汝諸人不了權立道名不
可守名而生解故云得魚忘筌身心自然達
道識心達本源故號為沙門沙門果者息慮
而成不從學得你如今將心求心傍他家舍
秖擬學取有什麼得時古人心利纔聞一言
便乃絕學所以喚作絕學無為閑道人今時
人只欲得多知多解廣求文義喚作修行不
知多知多解翻成壅塞唯知多與兒酥乳喫

消與不消都總不知三乘學道人皆是此樣
盡名食不消者所謂知解不消皆為毒藥盡
向生滅中取眞如之中都無此事故云我王
庫內無如是刀從前所有一切知解盡須併
却令空更無分別即是空如來藏如來藏者
更無纖塵可有即是破有法王出現世閒亦
云我於然燈佛所無少法可得此語只為空
你情量知解但銷鎔表裏情盡都無依執是
無事人三乘教網秖是應機之藥隨宜所說
臨時施設各各不同但能了知即不被惑第
一不得於一機一教邊守文作解何以如此
實無有定法如來可說我此宗門不論此事
但知息心即休更不用思前慮後問從上來
皆云即心是佛未審即那箇心是佛師云你
有幾箇心云為復即凡心是佛即聖心是佛
師云你何處有凡聖心耶云即今三乘中說
有凡聖和尚何得言無師云三乘中分明向
你道凡聖心是妄你今不解返執為有將空
作實豈不是妄妄故迷心汝但除却凡情聖
境心外更無別佛祖師西來直指一切人全

沙九　十二

體是佛汝今不識執凡執聖向外馳騁還自迷心所以向汝道即心是佛一念情生即墮異趣無始已來不異今日無有異法故名成等正覺云和尚所言即者是何道理師云覓什麼道理纔有道理便即心異云前言無始以來不異今日此理如何師云只為覓故汝自異他汝若不覓何處有異云既是不異何更用說即師云汝若不認凡聖阿誰向汝道即即若不即心亦不心可中心即俱忘阿你便擬向何處覓去　問妄能障自心未審而今以何遣妄師云起妄遣妄亦成妄妄本無根秖因分別而有你但於凡聖兩處情盡自然無妄更擬若為遣他都不得有纖毫依執名為我捨兩臂必當得佛云既無依執當何相承師云以心傳心云若心相傳云何言心亦無師云不得一法名為傳心若了此心即是無心無法云若無心無法云何名傳師云汝聞道傳心將謂有可得也所以祖師云認得心性時可說不思議了了無所得得時不說知此事若教汝會何堪也　問秖如目前虛空可不是境豈無指境見心乎師云什麼心教汝向境上見設汝見得只是箇照境底心如人以鏡照面縱然得見眉目分明元來秖是影像何關汝事云若不因照何時得見師云若也涉因常須假物有什麼了時汝不見他向汝道撒手賜君無一物徒勞謾說數千般云他若識了照亦無物耶師云若是無物更何用照你莫開眼寐語去

上堂云百種多知不如無求最第一也道人是無事人實無許多般心亦無道理可說無事散去　問如何是世諦師云說葛藤作什麼本來清淨何假言說問荅但無一切心即名無漏智汝每日行住坐臥一切言語但莫著有為法出言瞬目盡同無漏如今末法向去多是學禪道者皆著一切聲色何不與我心心同虛空去如枯木石頭去如寒灰死火去方有少分相應若不如是他日盡被閻老子拷你在你但離却有無諸法心如日輪常在虛空光明自然不照而照不是省力底事到此之時無棲泊處即是行諸佛行便是應無所住而生其心此是你清淨法身名為阿耨菩提若不會此意縱你學得多知勤苦修行草衣木食不識自心盡名邪行定作天魔眷屬如此修行當復何益志公云佛本是自心作那得向文字中求饒你學得三賢四果十地滿心也秖是在凡聖中坐不見道諸行無常是生滅法勢力盡箭還墜招得來生不如意爭似無為實相門一超直入如來地為你不是與麼人須要向古人建化門廣學知解志公云不逢出世明師枉服大乘法藥你如今一切時中行住坐臥但學無心久久須實得為你力量小不能頓超但得三年五年或十年須得箇入頭處自然會去為汝不能如是須要將心學禪學道佛法有甚麼交涉故云如來所說皆為化人如將黃葉為金止小兒啼決定不實若有實得非我宗門下客且與你本體有甚交涉故經云實無少法可得名為阿耨菩提若也會得此意方知佛道魔道俱錯本來清淨皎皎地無方圓無大小無長短等相無漏無為無迷無悟了了見無

一物亦無人亦無佛大千沙界海中漚一切聖賢如電拂一切不如心真實法身從古至今與佛祖一般何處欠少一毫毛既會如是意大須努力盡今生去出息不保入息　問六祖不會經書何得傳衣爲祖秀上座是五百人首座爲教授師講得三十二本經論云何不傳衣師云爲他有心是有爲法所修所證將爲是也所以五祖付六祖六祖當時秖是黙契得密授如來甚深意所以付法與他汝不見道法本法無法無法法亦法今付無法時法法何曾法若會此意方名出家兒方好修行若不信云何明上座走來大庾嶺頭尋六祖六祖便問汝來求何事爲求衣爲求法明上座云不爲衣來但爲法來六祖云汝且暫時斂念善惡都莫思量明乃稟語六祖云不思善不思惡正當與麼時還我明上座父母未生時面目來明於言下忽然黙契便禮拜云如人飲水冷煖自知某甲在五祖會中枉用三十年工夫今日方省前非六祖云如是到此之時方知祖師西來直指人心見性成佛不在言說豈不見阿難問迦葉云世尊傳金襴外別傳何法迦葉召阿難阿難應諾迦葉云倒却門前刹竿着此便是祖師之標榜也甚生阿難三十年爲侍者秖爲多聞智慧被佛訶云汝千日學慧不如一日學道若不學道滴水難消　問如何得不落階級師云但終日喫飯未曾咬着一粒米終日行未曾踏着一片地與麼時無人我等相終日不離一切事不被諸境惑方名自在人更時時念念不見一切相莫認前後三際前際無去今際無住後際無來安然端坐任運不拘方名解脫努力努力此門中千人萬人只得三箇五箇若不將爲事受殃有日在故云著力今生須了却誰能累劫受餘殃

傳心法要終

黃檗山斷際禪師傳心法要

校勘記

一　底本，清藏本。此書的部分内容，即卷首至一二〇頁上二行還被收録於《景德傳燈録》卷九。

一　一一六頁上一行經名，徑作「斷際禪師傳心法要」。

一　一一六頁上五行首字「嗣」，徑作「姪」。

一　一一六頁上一八行首字「時」，徑無。又「十月」，徑作「十一月」。

一　一一六頁上一八行與一九行之間，徑有「黃檗山斷際禪師傳心法要」一行。

一　一一六頁中九行第一五字「乃」，徑無。

一　一一七頁上五行至六行「有至十地乃得無心者」，徑無。

一　一一七頁上六行「長短得無心者乃至」，徑作「長短得無心乃住」。

一　一一八頁下三行「是法」，徑作「見

法」。

- 一一九頁上九行「等妙二覺」，[徑]作「等覺妙覺」。
- 一一九頁中三行首字「上」，[徑]無。又「而教法上悟者」，[徑]作「乃至於教法上悟」。又「隨成」，[徑]作「遂成」。
- 一一九頁中四行第三、四字「本心」，[徑]作「故本心」。
- 一一九頁中五行第一二字「除」，[徑]作「逃」。又末字「併」，[徑]作「屏」。
- 一一九頁中一三行「布施」，[徑]作「布德」。
- 一一九頁下三行「少者」，[徑]作「者少」。
- 一一九頁下九行「本是」，[徑]作「同是」。
- 一二〇頁上四行第三字「聞」，[徑]作「問」。
- 一二〇頁上一二行第一四字「即」，[徑]無。又末字「誰」，[徑]作「即誰」。
- 一二〇頁中四行「你且將鏡照面自看」，[徑]作「爾且將物照面看」。
- 一二〇頁下四行「知解」，[徑]作「解處」。
- 一二一頁上八行「不認」，[徑]作「不信」。
- 一二一頁中六行「撒手賜君」，[徑]作「撥手似君」。
- 一二一頁中八行「寐語」，[徑]作「寱語」。
- 一二一頁下六行「凡聖中」，[徑]作「凡聖內」。
- 一二二頁上一五行「秉語」，[徑]作「稟語」。
- 一二二頁中二行「何法」，[徑]作「何物」。
- 一二二頁中末行「傳心法要終」，[徑]作「黃檗山際禪師傳心法要終」。

黃檗斷際禪師宛陵錄　沙十

裴相公問師曰山中四五百人幾人得和尚法師云得者莫測其數何故道在心悟豈在言說言說只是化童蒙耳　問如何是佛師云即心是佛無心是道但無生心動念有無長短彼我能所等心心本是佛佛本是心心如虛空所以云佛真法身猶若虛空不用別求有求皆苦設使恒沙劫行六度萬行得佛菩提亦非究竟何以故為屬因緣造作故因緣若盡還歸無常所以云報化非真佛亦非說法者但識自心無我無人本來是佛　問聖人無心即是佛凡夫無心莫沉空寂否師云法無凡聖亦無沉寂法本不有莫作無見法本不無莫作有見有之與無盡是情見猶如幻翳所以云見聞如幻翳知覺乃衆生祖師門中只論息機忘見所以忘機則佛道隆分別則魔軍熾　問心既本來是佛還修六度萬行否師云悟在於心非關六度萬行六度萬行盡是化門接物度生邊事設使菩提真如實際解脫法身直至十地四果聖位盡是度門非關佛心心即是佛所以一切諸度門中佛心第一但無生死煩惱等心即不用菩提等法所以道佛說一切法度我一切心我無一切心何用一切法從佛至祖並不論別事唯論一心亦云一乘所以十方諦求更無餘乘此乘無枝葉唯有諸真實所以此意難信達磨來此土至梁魏二國秖有可大師一人密信自心言下便會即心是佛身心俱無是名大道大道本來平等所以深信含生同一真性心性不異即性即心心不異性名之為祖所以云認得心性時可說不思議

問佛度衆生否師云實無衆生如來度者我尚不可得非我何可得佛與衆生皆不可得云現有三十二相及度衆生何得言無師云凡所有相皆是虛妄若見諸相非相即見如來佛與衆生盡是汝作妄見只為不識本心謾作見解纔作佛見便被佛障作衆生見被衆生障作凡作聖作淨作穢等見盡成其障障汝心故總成輪轉猶如獼猴放一捉一無有歇期一等是學直須無學無凡無聖無淨無垢無大無小無漏無為如是一心中方便勤莊嚴聽汝學得三乘十二分教一切見解摠須捨却所以除去所有唯置一牀寢疾而臥秖是不起諸見無一法可得不被法障透脫三界凡聖境域始得名為出世佛所以云稽首如空無所依出過外道心既不異法亦不異心既無為法亦無為萬法盡由心變所以我心空故諸法空千品萬類悉皆同盡十方空界同一心體心本不異法亦不異秖為汝見解不同所以差別譬如諸天共寶器食隨其福德飯色有異十方諸佛實無少法可得名為阿耨菩提秖是一心實無異相亦無光彩亦無勝負無勝故無佛相無負故無衆生相云心既無相豈得全無三十二相八十種好化度衆生耶師云三十二相屬相凡所有相皆是虛妄八十種好屬色若以色見我是人行邪道不能見如來　問佛性與衆生性為同為別師云性無同異若約三乘教即說有佛性有衆生性遂有三乘因果即有同異若約佛乘及祖師相傳即不說如是事唯

指一心非同非異非因非果所以云唯此一乘道無二亦無三除佛方便說　問無邊身菩薩爲什麼不見如来頂相師云實無可見何以故無邊身菩薩便是如來不應更見只教你不作佛見不落佛邊不作衆生見不落衆生邊不作有見不落有邊不作無見不落無邊不作凡見不落凡邊不作聖見不落聖邊但無諸見即是無邊身若有見處即名外道外道者樂於諸見菩薩於諸見而不動如来者即諸法如義所以云彌勒亦如也衆聖賢亦如也如即無生如即無滅如即無見如即無聞如来頂即是圓見亦無圓見故不落圓邊所以佛身無爲不墮諸數權以虛空爲喻圓同太虛無欠無餘等閑無事莫強辨他境辨著便成識所以云圓成沉識海流轉若飄蓬秖道我知也學得也契悟也解脫也有道理也強處即如意弱處即不如意似者箇見解有什麼用處我向汝道等閑無事莫謾用心不用求真唯須息見所以内見外見俱錯佛道魔道俱惡所以文殊暫起二見貶向二鐵圍山文殊即實智普賢即權智權實相對治究竟亦無權實唯是一心心且不佛不衆生無有異見纔有佛見便作衆生見有見無見常見斷見便成二鐵圍山被見障故祖師直指一切衆生本心本體本来是佛不假脩成不屬漸次不是明暗不是明故無明不是暗故無暗所以無無明亦無無明盡入我此宗門切須在意如此見得名之爲法見法故名之爲佛佛法俱無名之無僧喚作無爲僧亦名一體三寶夫求法者不著佛求不著法求不著衆求應無所求不著佛求故無佛不著法求故無法不著衆求故無僧　問和尚見今說法何得言無僧亦無法師云汝若見有法可說即是以音聲求我若見有我即是處所法亦無法法即是心所以祖師云付此心法時法法何曾法無法無本心始解心心法實無一法可得名坐道場道場者秖是不起諸見悟法本空喚作空如来藏本来無一物何處有塵埃若得此中意逍遥何所論　問本来無一物無物便是否師云無亦不是菩提無是處亦無無知解　問何者是佛師云汝心是佛佛即是心心佛不異故云即心即佛若離於心別更無佛云若自心是佛祖師西来如何傳授師云

祖師西来唯傳心佛直指汝等心本来是佛心心不異故名爲祖若直下見此意即頓超三乘一切諸位本来是佛不假修成云若如此十方諸佛出世說於何法師云十方諸佛出世秖共說一心法所以佛密付與摩訶大迦葉此一心法體盡虛空徧法界名爲諸佛理論者箇法豈是汝於言句上解得他亦不是於一機一境上見得他此意唯是默契得者一門名爲無爲法門若欲會得但知無心忽悟即得若用心擬學取即轉遠去若無歧路心一切取捨心心如木石始有學道分云如今現有種種妄念何以言無師云妄本無體即是汝心所起汝若識心是佛心本無妄那得起心更認於妄汝若不生心動念自然無妄所以云心生則種種法生心滅則種種法滅云今正妄念起時佛在何處師云汝今

覺妄起時覺正是佛可中若無妄念佛亦無何故如此為汝起心作佛見便謂有佛可成作衆生見便謂有衆生可度起心動念總是汝見處若無一切見佛有何處所如文殊纔起佛見便貶向二鐵圍山云今正悟時佛在何處師云問從何來覺從何起語默動靜一切聲色盡是佛事何處覓佛不可更頭上安頭嘴上加嘴但莫生異見山是山水是水僧是僧俗是俗山河大地日月星辰總不出汝心三千世界都来是汝箇自己何處有許多般心外無法滿目青山虛空世界皎皎地無絲髮許與汝作見解所以一切聲色是佛之慧目法不孤起仗境方生為物之故有其多智終日說何曾說終日聞何曾聞所以釋迦四十九年說未嘗說著一字云若如此何處是菩提師云菩提無是處佛亦不得菩提衆生亦不失菩提不可以身得不可以心求一切衆生即菩提相云如何發菩提心師云菩提無所得你今但發無所得心決定不得一法即菩提心菩提無住處是故無有得者故云我於然燈佛所無有少法可得佛即與我授記明知一切衆生本是菩提不應更得菩提你今聞發菩提心將謂一箇心學取佛去唯擬作佛任你三祇劫修亦秖得箇報化佛與你本源真性佛有何交涉故云外求有相佛與汝不相似　問本既是佛那得更有四生六道種種形貌不同師云諸佛體圓更無增減流入六道處處皆圓萬類之中箇箇是佛譬如一團水銀分散諸處顆顆皆圓若不分時秖是一塊此一即一切一切即一種種形貌喻如屋舍捨驢屋入人屋捨人身至天身乃至聲聞緣覺菩薩佛屋皆是汝取捨處所以有別本源之性何得有別　問諸佛如何行大慈悲為衆生說法師云佛慈悲者無緣故名大慈悲慈者不見有佛可成悲者不見有衆生可度其所說法無說無示其聽法者無聞無得譬如幻士為幻人說法者箇法若為道我從善知識言下領得會也悟也者箇慈悲若為汝起心動念學得他見解不是自悟本心究竟無益　問何者是精進師云身心不起是名第一牢強精進纔起心向外求者名為歌利王愛遊獵去心不外遊即是忍辱仙人身心俱無即是佛道　問若無心行此道得否師云無心即便是行此道更說什麼得與不得且如瞥起一念便是境若無一念便是境忘心自滅無復可追尋　問如何是出三界師云善惡都莫思量當處便出三界如來出世為破三有若無一切心三界亦非有如一微塵破為百分九十九分是無一分是有摩訶衍不能勝出百分俱無摩訶衍始能勝出

上堂云即心是佛上至諸佛下至蠢動含靈皆有佛性同一心體所以達磨從西天来唯傳一心法直指一切衆生本来是佛不假修行但如今識取自心見自本性更莫別求云何識自心即如今言語者正是汝心若不言語又不作用心體如虛空相似無有相貌亦無方所亦不一向是無有而不可見故祖師云真性心地藏無頭亦無尾應緣而化物方便呼為智若不應緣之時不可言其有無正

應之時亦無蹤跡既知如此如今但向無中棲泊即是行諸佛路經云應無所住而生其心一切衆生輪迴生死者意緣走作心於六道不停致使受種種苦淨名云難化之人心如猿猴故以若干種法制御其心然後調伏所以心生種種法生心滅種種法滅故知一切諸法皆由心造乃至人天地獄六道修羅盡由心造如今但學無心頓息諸緣莫生妄想分別無人無我無貪瞋無憎愛無勝負但除却如許多種妄想性自本來清淨即是修行菩提法佛等若不會此意縱你廣學勤苦修行木食草衣不識自心皆名邪行盡作天魔外道水陸諸神如此修行當復何益志公云本體是自心作那得文字中求如今但識自心息却思惟妄想塵勞自然不生淨名云唯置一牀寢疾而臥心不起也如今臥疾攀緣都息妄想歇滅即是菩提如今若心裏紛紛不定任你學到三乘四果十地諸位等地秖向凡聖中坐諸行盡歸無常勢力皆有盡期猶如箭射於空力盡還墜却歸生死輪迴如斯修行不解佛意虛受辛苦豈非大錯志公云未逢出世明師枉服大乘法藥如今但一切時中行住坐臥但學無心亦無分別亦無依倚亦無住著終日任運騰騰如癡人相似世人盡不識你你亦不用教人識不識心如頑石頭都無縫罅一切法透汝心不入兀然無著如此始有少分相應透得三界境過名為佛出世不漏心相名為無漏智不作人天業不作地獄業不起一切心諸緣盡不生即此身心是自由人不是一向不生秖是隨意而生經云菩薩有意生身是也忽若未會無心著相而作者皆屬魔業乃至作淨土佛事並皆成業乃名佛障障汝心故被因果管束去住無自由分所以菩提等法本不是有如來所說皆是化人猶如黃葉為金錢權止小兒啼故實無有法名阿耨菩提如今既會此意何用區區但隨緣消舊業更莫造新殃心裏明明所以舊時見解總須捨却淨名云除去所有法華云二十年中常令除糞秖是除去心中作見解處又云蠲除戲論之糞所以如來藏本自空寂並不停留一法故經云諸佛國土亦復皆空若言佛道是修學而得如此見解全無交涉或作一機一境揚眉動目秪對相當便道契會也得證悟禪理也忽逢一人不解便道都無所知對他若得道理心中便歡喜若被他折伏不如他便即心懷惆悵如此心意學禪有何交涉任汝會得少許道理秖得箇心所法禪道總沒交涉所以達磨面壁都不令人有見處故云忘機是佛道分別是魔境此性縱汝迷時亦不失悟時亦不得天真自性本無迷悟盡十方虛空界元來是我一心體縱汝動用造作豈離虛空虛空本來無大無小無漏無為無迷無悟了了見無一物亦無人亦無佛絕纖毫的量是無依倚無粘綴一道清流是自性無生法忍何有擬議真佛無口不解說法真聽無耳其誰聞乎珍重

師一日上堂開示大衆云

預前若打不徹臘月三十夜到來管取你熱亂有般外道纔見人說做工夫他便冷笑猶

有遮箇在我且問你忽然臨命終時你將何抵敵生死你且思量看却有箇道理那得天生彌勒自然釋迦有一般閑神野鬼纔見人有些少病便與他人說你只放下著及至他有病又却理會不下手忙脚亂爭柰你肉如利刀碎割做主宰不得萬般事須是閑時辦得下忙事得用多少省力休待臨渴掘井做手脚不辨遮場狼藉如何迴避前路黑暗信采胡鑽亂撞苦哉苦哉平日只學口頭三昧說禪說道喝佛罵祖到遮裏都用不著平日只管瞞人爭知道今日自瞞了也阿鼻地獄中決定放你不得而今末法將沉全仗有力量兄弟家負荷續佛慧命莫令斷絕今時纔有一個半個行脚只去觀山觀景不知光陰能有幾何一息不回便是來生未知甚麽頭面嗚呼勸你兄弟家趁色力康健時討取個分曉處不被人瞞底一段大事遮些關捩子甚是容易自是你不肯去下死志做工夫只管道難了又難好教你知那得樹上自生底木杓你也須自去做個轉變始得若是個丈夫漢看個公案僧問趙州狗子還有佛性也無州云無但去二六時中看個無字晝參夜參行住坐卧著衣吃飯處阿屎放尿處心心相顧猛著精彩守箇無字日久月深打成一片忽然心花頓發悟佛祖之機便不被天下老和尚舌頭瞞便會開大口達摩西來無風起浪世尊拈花一場敗缺到這裏說甚麽閻羅老子千聖尚不柰你何不信道直有遮般奇特爲甚如此事怕有心人

頌曰塵勞迥脫事非常緊把繩頭做一場不是一番寒徹骨爭得梅花撲鼻香

黃檗禪師傳心法要卷終

黃檗斷際禪師宛陵録

校勘記

一　底本，清藏本。

一　一二四頁中六行「此乘」，徑作「此象」。

一　一二四頁下一九行「隨有」，徑作「遂有」。

一　一二五頁上一行首字「指」，徑作「有」。

一　一二五頁中九行「名之無僧」，徑作「名之爲僧」。

一　一二五頁下三行「即佛」，徑作「是佛」。

一　一二五頁下一一行第三字「者」，徑作「這」。一三行首字、次頁中一八行末字同。

一　一二七頁上一八行「等地」，徑作「合殺」。

一　一二七頁中一五行第一五字「錢」，徑無。

一　一二七頁下四行第二字「抵」，徑作「秖」。

一　一二七頁下八行「秖得」，徑作「即得」。

一　一二八頁上七行第四字「事」，徑作「時」。

一　一二八頁中末行「黃檗禪師傳心法要卷終」，徑無。

進大慧禪師語録奏劄　說一
臣僧蘊聞竊以佛祖之道雖非文字語言所
及而發揚流布必有所假而後明譬如以手
指月手之與月初不相干然知手之所指則
知月之所在是以一大藏教爲世標準于今
賴之臣山野微賤遭值聖明屢獲瞻望清光
禀承音旨聖言高遠非凡所及斯道慶幸有
待而興竊欣希闊之逢敢陳誠切之懇伏念
臣先師前住徑山大慧禪師宗杲敏悟英發
直受正傳善巧方便開悟後學其平日提唱
語要臣隨處記録皆已成書既爲廣録三十
卷又爲語録十卷謹繕寫詣闕上進伏望萬
機之暇俯垂省覽臣又伏見眞宗皇帝景德
年中以僧道原所集傳燈録頒降入藏今臣
所進先師語録十卷欲乞聖慈依上件體例
特賜指揮亦令入藏用廣流通使後學皆得
預聞在先師益爲不朽臣無任戰灼俟命之
至取進止乾道七年三月　日徑山能仁禪
院住持慧日禪師臣蘊聞奏劄

福州東禪報恩光孝禪寺本寺承知府安撫
大觀文公文備准御批降大慧禪師語録十
冊令賓之名山大藏中以永其傳住持臣僧
德潜謹刋爲經板計三十卷入于毗盧大藏
用廣流通以此功德恭爲今上皇帝祝延聖
壽無疆仰願皇圖鞏固鳳曆長新佛日增耀
法輪常轉乾道八年正月　住持臣僧德
潜謹題

大慧普覺禪師住徑山能仁禪院語録卷第一

徑山能仁禪院住持嗣法慧日禪師臣蘊聞上進

師紹興七年七月二十一日於臨安府明慶
院開堂拈䟽示衆云留守相公入善知衆藝
三昧向毛錐子上放大光明不動舌頭演說
四十二般若波羅蜜門已竟還信得及麼若
信不及却請表白重新拈出令未聞者聞未
信者信宣䟽了指法座召大衆云還見麼坐
斷古佛路頭潜竄千妖百怪任是須彌燈王
也須速禮三拜喝一喝遂陞座拈香云此一
瓣香恭爲北闕之至尊上祝南山之萬壽次
拈香云此一瓣香奉爲留守大丞相洎文武
官僚常居禄位又拈香云此一瓣香覷著則
眼睛枯齅著則腦門裂遇貴則價重娑婆遇
賤則分文不直今日對人天衆前爇向爐中
奉爲成都府昭覺禪寺先圓悟禪師大和尚
用酬法乳之恩乃就座上首白槌云法筵龍
象衆當觀第一義師云諸方舊例今古常儀
直饒千佛世尊次第出世陞于此座末上也
少這一杓惡水不得莫有回避得底麼出來
證據時有僧出方禮拜師云雪上加霜次有
一僧攙前便問人天普集選佛場開祖令當
機如何舉唱師云鈍鳥逆風飛進云徧界且
無尋覓處分明一點座中圓師云人間無水
不朝東進云可謂三春果滿菩提樹一夜華
開世界香師云築著磕著進云紛紛香氣爐
中發飂飂清風座上生師云閙言語進云爭
奈千枝少室華方盛一派曹源水更清師舉
起拂子云這箇是第幾枝進云知音不在頻

頻舉達者須知瞎衰驚師云靈利衲僧問一問一答華貿已靈舉古舉今埋沒先祖去此二途如何即是師云分身兩處看進云唐土二三齊斂袵西天四七亦開眉師云天無私覆地無私載進云如斯問答已涉功勳祝聖一句請師速道師云長將日月爲天眼指出須彌作壽山進云社稷山河增勝氣乾坤草木盡霑恩師云重說偈言進云還許學人別露箇消息也無師云不許進云却請和尚道師云既不許更道甚麼進云願施折檻朱雲手來作爲霖傳說人師云只欠這一句在復有數僧競出師乃約住云假使大地草木盡末爲塵一一塵有一口一一口具無礙廣長舌相一一舌相出無量差別音聲一一音聲發無量差別言詞一一言詞有無量差別妙義如上塵數衲僧各各具如是口如是舌如是音聲如是言詞如是妙義同時致百千問難問問各別不消徑山長老咳嗽一聲一時答了乘時於其中間作無量無邊廣大佛事一一佛事周徧法界所謂一毛現神變一切佛同說經於無量劫不得其邊際便恁麼去鬧熱門庭即得若以正眼觀之正是業識茫茫無本可據祖師門下一點也用不著況復鉤章棘句展露言鋒非唯埋沒從上宗乘亦乃笑破衲僧鼻孔所以道毫釐繫念三塗業因瞥爾情生萬劫羈鎖聖名凡號盡是虛聲殊相劣形皆爲幻色汝欲求之得無累乎及其厭之又成大患看他先德恁麼告報如國家兵器不得已而用之本分事上亦無這箇消息山僧今日如斯舉唱大似無夢說夢好肉剜瘡撿點將來合喫拄杖只今莫有下得毒手者麼若有堪報不報之恩共助無爲之化如無倒行此令去也驀拈拄杖云橫按鏌鎁全正令太平寰宇斬癡頑卓一下喝一喝（謝詞不錄）

復舉王常侍一日訪臨濟同到僧堂內常侍曰這一堂僧還看經否臨濟曰不看經常侍曰學禪否臨濟曰不學禪常侍曰經又不看禪又不學畢竟作甚麼臨濟曰總教伊成佛作祖去常侍曰金屑雖貴落眼成翳又作麼生臨濟曰我將謂你是箇俗漢師云臨濟老漢握一柄金剛王寶劒氣衝宇宙天下橫行等閑被這官人輕輕一撥便見冰銷瓦解且道這官人有甚長處聽取一頌世出世間希有事顯發須憑過量人只將補衮調羹手撥轉如來正法輪久立衆慈伏惟珍重上首再白槌云諦觀法王法法王法如是

入院上堂山僧未離泉州時已與諸人相見了也臨安府亦與諸人相見了也及乎來到山中擊動法鼓坐立儼然眼眼相覷爲甚麼却不相識只爲分明極翻令所得遲

當晚小參大道只在目前要且目前難覩欲識大道眞體不離聲色言語舉起拂子云這箇是色擊禪牀云這箇是聲山僧只今口吧吧地是言語那箇是大道眞體喝一喝云即此見聞非見聞無餘聲色可呈君箇中若了全無事體用無妨分不分若也分去雨下地上濕天晴日頭出小盡二十九大盡三十日若也不分金剛與土地揩背一擦骨出復云古者道末後一句始到牢關把斷要津不通凡聖作麼生是末後一句良久云且莫說夢

拍禪林下座
上堂昔日揚岐老祖翁牽犂拽耙逞神通兒
孫帶水拕泥甚處斗煎茶銚不同
上堂舉僧問利山衆色歸空空歸何所山云
舌頭不出口僧云爲甚麼如此山云內外一
如故師云事存函蓋合理應箭鋒拄須還利
山始得若是徑山即不然或問衆色歸空空
歸何所芍藥華開菩薩面椶櫚葉散夜叉頭
爲甚麼如此但辦肯心必不相賺
上堂舉南泉云江西馬祖說即心即佛王老
師不恁麼道不是心不是佛不是物恁麼道
還有過麼趙州禮拜而出時有僧隨問趙州
云上座禮拜了便出意作麼生州云汝却問
取和尚僧上問云適來諗上座意作麼生泉
云佗却領得老僧意旨師云兩箇老漢雖善
鞾裏動指頭殊不知傍觀者醜
圜悟和尚大祥拈香指眞云這箇川藞苴自
來好打閧閙處便入頭惡靜而喜動前年今
日始歸家今日前年路不差乃顧示大衆云
作麼生是不差底路要會麼一回飲水一回
噎一瓣栴檀一盌茶便燒香
上堂拈拄杖卓一下喝一喝云幸自可憐生
特地胡打亂喝作甚麼擲下云冷處著把火
上堂今朝八月十有五顧兎天邊誰不覩若
非東土小釋迦放過長沙這老虎
上堂祖師道一心不生萬法無咎無咎無法
不生不心能隨境滅境逐能沉境由能境能
由境能大小祖師却作座主見解徑山即不
然眼不自見刀不自割喫飯濟饑飲水定渴
臨濟德山特地迷枉費精神施棒喝除却棒
拈却喝孟八郎漢如何止遏
上堂舉須菩提巖中宴坐諸天雨華讚歎尊
者曰空中雨華讚歎者是何人曰我是梵天
尊者曰汝云何讚歎天曰我重尊者善說般
若尊者曰我於般若未曾說一字云何言善
說師喝一喝云當時若下得這一喝非但塞
却梵天口亦乃二千年後免被徑山撿點天
曰尊者無說我乃無聞無說無聞是眞說般
若師又喝一喝云當時若下得這一喝非但
塞却須菩提口亦乃二千年後免被徑山撿
點且道徑山還有遺人檢點處也無自云有
甚麼處是遺人檢點處不合多口
上堂水底泥牛嚼生鐵憍梵鉢提咬著舌海
神怒把珊瑚鞭須彌山王痛不徹拍禪牀下
座
上堂衝開碧落松千尺截斷紅塵水一谿不
識本來眞面目將謂人題德嶠詩
臨安縣請就海會寺開堂師拈疏示衆云丈
彩未彰消息已露文彩既彰難爲蓋覆既不
通蓋覆却煩表白朗宣一徧宣疏了師顧視
大衆云知縣學士已爲諸人敷揚第一義諦
了也還有眼開心悟底麼若有便請卽今散
去其或未然徑山却向曲彔牀上說脫空去
也遂陞座拈香祝聖罷又拈香云此一瓣香
諸佛不知鬼神莫測非天地之所生亦非自
然而得前日城中已嘗拈出今日人天普集
四衆咸臻其間恐有未知氣息者不免重新
說破便燒乃就座僧問堯風永扇菩薩現宰
官之身佛日高明盧老唱少林之曲祝聖開
堂願聞法要師云驚天動地進云憑師一滴

曹谿水四海爲霖報我皇師云一鴈初歸四海秋進云金輪統御三千界玉曆延鴻百萬春師云阿誰不願問三聖道我逢人即出出則不爲人意旨如何師云殺人不用刀進云興化道我逢人即不出出則便爲人又作麽生師云活人何必劒進云正當出與未出時如何師云無鬚鎖子兩頭搖進云專爲流通去也師云徑山今日失利乃云佛法至當不在問答處直饒問似普慧雲興答如普賢瓶瀉若不識其要妙只成戲劇之談於道有何所益據實而論盡是癡狂外邊走所以大覺世尊爲一大事因緣故出現於世以種種微密善巧方便成就衆生開示悟入佛之知見起道樹詣鹿苑先爲憍陳如等轉四諦法輪四十九年三百六十餘會隨衆生根器所宜次第開演令其各各聞法解悟出離生死末後臨般涅槃於人天百萬衆前拈華普示唯金色頭陀破顏微笑遂云吾有正法眼藏涅槃妙心分付於汝自是西天四七東土二三天下老和尚各各以心傳心相續不斷若不識其要妙一向溺於知見馳騁言詞正法眼藏流布豈到今日到這裏須是箇不求諸聖不重己靈底出格道人方能荷擔此箇大事且那箇是出格道人不見昔日江西馬大師遣西堂智藏馳書上徑山國一禪師國一開緘見一圓相遂索筆對智藏於圓相中點一點智藏罔措這箇豈不是格外消息若作格外商量又却不是諸人且作麽生辯明時中如何受用適來知縣學士蹤中有言馬師圓相遠緘千里之猜規欽老機鋒點破一時之羣惑羣惑既破則人人脚跟下大事洞明大事既明則十二時中折旋俯仰彈指謦欬無非佛之妙用既是佛之妙用則不從人得既不從人得亦不在己躬既不在己躬則內不放出外不放入既外不放入則外息諸緣內不放出則內心無喘既內心無喘外息諸緣則一切智通無障礙既無障礙則一切智智清淨無二無二分無別無斷故正當恁麽時不是世間法亦非出世間法拽取占波國與新羅國鬪額豈是分外雖然如是更有事在敢問諸人只如忠國師爲甚麽却道欽師猶被馬師惑即今莫有定當得出底麽若定當得出許你諸人盡是出格道人其或未然徑山據款結案去也良久云在舍只言爲客易臨筌方覺取魚難

上堂僧問靈山會上迦葉親聞少室峯前神光得髓即今座下誰是知音師云裂破舌頭進云可謂卞氏場中多巨璞孟嘗門下足高賓師云瓦礫不勞拈出進云爭奈鋒前有異句裏無私師云誰是知音者進云少室巖前金風舞徑山峯頂玉雞啼師云兩重公案問達磨西來單傳心印直指人心見性成佛只如德山入門便棒臨濟入門便喝未審是同是別師噓噓進云恁麽則不離當處常湛然覓即知君不可見師云魚行水濁進云爭奈踢著秤鎚硬似鐵師云引不著進云頭頭垂示處子細好生觀師云放你三十棒乃云不用安排切莫造作造作安排無繩自縛不安排不造作善財彈指登樓閣秘魔放下手中叉普化入市搖鈴鐸

上堂舉盤山云心月孤圓光吞萬像光非照境境亦非存光境俱亡復是何物洞山云光境未亡復是何物師云白鷺下田千點雪黄鸝上樹一枝華

上堂僧問潙仰當時相見處揷鍬叉手意如何師云兩眼對兩眼進云沒絃琴上知音少父子彈來格調高師云你且道在揷鍬處在叉手處進云竿頭絲線從師弄不犯清波意自殊師云又却恁麼去也乃云有句無句如藤倚樹碧眼胡兒不知落處且道落其甚麼處驀拈拄杖召大衆云看看直下來也急著眼覷擲下拄杖

出鄉歸上堂舉五祖師翁出隊歸示衆云出隊半箇月眼不見鼻孔失却祖師禪拾得箇骨董且道向甚處著一分奉釋迦牟尼佛一分奉多寶佛塔徑山法孫出隊八十餘日鼻孔常與眼睛相見亦無祖師禪可失亦不曾拾得骨董既無骨董則無以奉釋迦牟尼佛亦無以奉多寶佛塔畢竟得箇甚麼夜靜水寒魚不食滿船空載月明歸

上堂去年臘月二十五有恁麼消息今年臘月二十五無恁麼消息有恁麼消息是諸人分上事無恁麼消息是徑山分上事徑山不預諸人無分或有人問徑山未審是甚麼消息驀拈拄杖云不得動著動著打折你驢腰擲拄杖下座

歲旦上堂拈拄杖空中作書字勢云正朝把筆萬事皆吉應時納祐慶無不宜若作世諦流布平地喫交更在佛法商量眉鬚墮落卓拄杖下座

上堂買鐵得真金求雨得瑞雪五峯王琢成千樹銀華結龍王降吉祥普賢呈醜拙三世如來秘密門今日一時都漏泄雖然如是這裏有一處可疑且道疑箇甚麼恐日出後一場漏逗

上堂元宵佳節同歡樂處處咸然無盡燈火光爍破勝熱面夜神忽患冷頭疼參

上堂舉僧問長沙如何轉得山河大地歸自己去沙云如何轉得自己歸山河大地去師云轉山河大地歸自己則易轉自己歸山河大地則難有人道得不難不易句却來徑山手裏請棒喫

上堂二月仲春久雨不晴雲門一劄德非有鄰乃顧視大衆云劄復云慚惶殺人

不動居士至上堂僧問徑山布龍蛇陣居士疋馬單槍當恁麼時如何相見師云老僧打退鼓進云一箇老大蟲撞著重牙虎師云你還聞雷聲麼進云只爲學人聞得慣師云且莫詐明頭進云却請和尚道師云我若道你須百雜碎進云慶快平生去也師噓噓乃云眼空宇宙渾無物大坐當軒孰敢窺選佛選官俱已了同途把手不同歸敢問大衆既同途又把手爲甚麼不同歸莫將鶴唳誤作鶯啼復舉陸亘大夫問南泉云肇法師也甚奇怪解道天地與我同根萬物與我一體南泉遂指庭前華謂大夫曰時人見此一株華如夢相似師云這一則公案流布叢林近三百載中間有無數善知識出世只是未嘗有一人與伊分明判斷徑山今日與伊斷却若向理上看非但南泉謾他陸亘一點不得亦未

摸著佗脚下一莖毛在若向事上看非但陸亘謾佗南泉一點不得亦未夢見佗汗臭氣在或有人出來道大小徑山說理說事即向佗道但向事理上會取

上堂一不成隻兩不成雙喝一喝云是甚麼劒號巨闕珠稱夜光

上堂僧問老東山也恁麼舉老圜悟也恁麼舉未審和尚如何舉師云一手不獨拍兩手鳴摑摑進云金不博金水不洗水師云蹉過了也不知進云上是天下是地蹉過箇甚麼師云金不博金水不洗水聻進云直下來也急著眼看師云依舊跳不出乃舉僧問投子一大藏教還有奇特事也無投子云演出大藏教又一老宿云演入大藏教師云演出演入則不無二老若是奇特事三生六十劫也未夢見在

無上禪師忌日上堂適來未擊鼓已前無上禪師已爲諸人入泥入水葛藤不少徑山不可更向土上加泥便下座

上堂舉永嘉云江月照松風吹永夜清宵何所爲佛性戒珠心地印霧露雲霞體上衣師云這箇阿師好與三十棒且道過在甚處不合偷常住物入衣鉢下

上堂舉教云應如是知如是見如是信解不生法相師舉起拂子云這箇是徑山拂子喚甚麼作法相法相既不可得又知箇甚麼見箇甚麼信箇甚麼解箇甚麼復舉起云這箇是法相却喚甚麼作拂子拂子既不可得如是知如是見如是信解又有甚麼過正當恁麼時轉身一句作麼生道千重百帀無回互大家靜處薩婆訶

上堂今朝又是四月一那事全然沒消息納僧皮草久不乾且喜日頭東畔出參

浴佛上堂今朝正是四月八淨飯王宮生悉達吐水九龍天外來捧足七蓮從地發黜胷點肋獨稱尊大口開張自矜伐都盧住世七旬餘四十九年咨怮但賴有雲門老跛師一棒當時要打殺人人盡道報佛恩將此深心奉塵刹獨有徑山即不然既不然合作麼生下座同到殿上爲諸人說破

上堂拈拄杖卓一下召大衆云還聞麼復舉起云觀世音菩薩來也在徑山拄杖頭上口喃喃地道諸行無常是生滅法生滅既滅寂滅現前拈須彌盧於掌上向針眼裏打鞦韆直饒便恁麼見得徹去猶較拄杖子十萬八千且道徑山拄杖子有甚麼奇特擲下云不直半分錢

上堂徑山無寸土莊田今夏隨宜結衆緣慵論道嬾談禪拄杖挑來箇箇圓不用息心除妄想大家喫飯了瞳眠瞳眠則不無或若夢中有人索飯錢又作麼生依俙似曲纔堪聽又被風吹别調中

上堂僧問法身有三種病二種光即不問未審法身還具四大也無師云具進云如何是法身師云地水火風進云如何是四大師云漆桶不快進云法身向上還更有事也無師云但向下會取乃舉僧問趙州如何是出來底人州云諸佛菩薩師云大小趙州元來膽小或有人問徑山如何是出來底人向他道泥猪疥狗佗若道徑山舌頭得恁麼自在

我也知你是箇漆桶

上堂僧問萬機休罷獨坐大方猶是向下事如何是向上事師云癡人面前不得說夢進云老和尚三寸甚密師云衆眼難謾進云只如僧問洞山如何是佛云麻三斤又作麼生師云大鵬展翅蓋十洲籬邊之物空啾啾乃云昨日晴今日雨時分不相應三日後看取拍禪牀下座

上堂僧問情生智隔想變體殊情未生時隔從何得師云元來是箇飯袋子進云未審意旨如何師云隔乃拈拄杖舉三聖云我逢人即出出則不爲人卓一下云賊身已露放過不可興化聞云我逢人即不出出則便爲人又卓一下云已露賊身不可放過大凡宗師決斷是非要得開人眼目不可一向盲枷瞎棒且道這兩箇老漢有甚麼過擲下云龍蛇易辯衲子難謾

上堂舉僧問洞山寒暑到來如何回避山云何不向無寒暑處去僧云如何是無寒暑處山云寒時寒殺闍黎熱時熱殺闍黎又僧問一老宿時節恁麼熱向甚處回避宿云向鑊湯爐炭裏回避僧云鑊湯爐炭裏如何回避宿云衆苦不能到師云二老宿一人在寒暑裏垂手一人在寒暑外垂手寒暑裏垂手者不見有寒暑之相寒暑外垂手者通身是寒暑徑山恁麼道諸人還辯明得麼若辯明得南天台北五臺若辯明不得今日熱如昨日

上堂僧問教中道塵塵說刹刹說無間歇未審以何爲舌師拍禪牀右角一下進云世尊不說說迦葉不聞聞也師拍禪牀左角一下進云也知今日令不虛行師云識甚好惡乃舉趙州問南泉知有底人向甚麼處去泉云山前檀越家作一頭水牯牛去州云謝師答話泉云昨夜三更月到窻雲峯云南泉若無後語泊被打破蔡州師云雲峯老人失却一隻眼殊不知只因後語當下打破蔡州

上堂舉興化謂克賓維那曰汝不久爲唱導之師賓云不入這保社化云汝會了不入不會不入賓云總不恁麼化便打云克賓維那法戰不勝罰錢五貫設饡飯一堂來日興化自白槌云克賓維那法戰不勝罰錢五貫設饡飯一堂仍須出院雲居舜和尚云大冶精金應無變色其柰興化令行太嚴不是克賓維那也大難承當總似而今泛泛之徒翻轉面皮多少時也師云雲居恁麼道未免拗曲作直徑山即不然要作臨濟烜赫兒孫直須翻轉面皮始得

上堂僧問臨濟云吾滅後不得滅却吾正法眼藏三聖出云誰敢滅却和尚正法眼藏如何是正法眼藏師云彥說賊漢又爭會正法眼藏進云臨濟道或有人問你又作麼生三聖便喝濟云誰知吾正法眼藏向這瞎驢邊滅却意旨如何師云利動君子乃舉罽賓國王仗劍問師子尊者曰師得蘊空否尊者曰已得蘊空王曰脫生死否尊者曰已脫生死王曰可施我頭尊者曰身非我有豈況於頭王遂斬之白乳高丈餘王臂自落雪竇云作家君王天然猶在黃龍新和尚云黃龍要問雪竇既是作家君王因甚臂落師云孟八郎漢又恁麼去也

大慧普覺禪師住徑山能仁禪院語録卷第一

大慧普覺禪師語録目録

大慧普覺禪師語録卷第一

校勘記

一　底本，明永樂北藏本。

一　一二九頁上一行前，徑有卷第一至三十彙總目録，兹附録於本卷末。

一　一二九頁中六行末字「耀」，南、徑作「輝」。

一　一二九頁中七行「正月」，南、徑作「正月日」。

一　一三一頁上一行「禪林」，南、徑作「禪牀」。

一　一三一頁上二行第一三字「耙」，南作「杷」。

一　一三三頁上一〇行第一五字「其」，南、徑作「在」。

一　一三四頁上四行「事理」，南、徑作「理事」。

一　一三四頁下七行「半分錢」，徑作「半文錢」。

一　一三五頁下六行「烜赫」，徑作「烜赫」。

大慧普覺禪師住徑山能仁禪院語録卷第二　說二

徑山能仁禪院住持嗣法慧日禪師臣蘊聞上進

上堂舉白雲端師翁道若端的得一回汗出也便向一莖草上現瓊樓玉殿若未端的得一回汗出縱有瓊樓玉殿却被一莖草蓋却師云一莖草上現瓊樓玉殿決定可信瓊樓玉殿被一莖草蓋却莫被佗熱謾徑山恁麼道爲已得一回汗出者說若未得一回汗出者切不得疑著

天申節上堂稽首能度諸世間無量殊勝福德聚金輪統御四天下普施羣生安隱樂還有知恩報恩底麼良久云一年三百六十日唯有今日最吉祥

上堂舉百靈問龐居士石頭得力底句還曾舉似人否士云亦曾舉似人靈云舉似阿誰士自點胸云龐公靈云直是妙德空生也讚歎不及居士却問百靈阿師石頭得力底句還曾舉似人否靈云亦曾舉似人士云舉似阿誰靈戴笠子便行師云這箇話端若不是龐公幾乎錯舉似人雖然如是百靈輸佗龐公一著何故當時若不得箇破笠遮却髑髏有甚面目見佗龐公

上堂顛倒想生生死續顛倒想滅生死絶生死絶處涅槃空涅槃空處眼中屑涅槃既空喚甚麼作眼中屑白雲乍可來青嶂明月難教下碧天

上堂舉無著往臺山禮文殊殊問大德從何方而來著云南方殊云南方佛法如何住持著云末法比丘少奉戒律殊云多少衆著云或三百或五百無著却問和尚此間佛法如何住持殊云凡聖同居龍蛇混雜著云多少衆殊云前三三後三三師云徑山當時若見即向佗道和尚如此住持極是不易

上堂拈拄杖卓一下喝一喝云德山棒臨濟喝今日爲君重拈掇天何高地何闊休向糞掃堆上更添搕𢶍換却骨洗却腸徑山退身三步許你諸人商量且作麼生商量擲下拄杖喝一喝云紅粉易成端正女無錢難作好兒郎

上堂僧問雪峯三上投子九到洞山爲甚麼向鼇山成道師云屋裏販揚州進云後來住菴有僧敲門雪峯放身出云是甚麼僧亦云是甚麼還有優劣也無師云優則總優劣則總劣進云爲甚麼雪峯低頭歸菴師云疑殺天下人進云僧舉似巖頭頭云我當時若向伊道末後句天下人不奈雪老何作麼生是末後句師云若不同牀睡焉知被底穿進云巖頭道雪峯與我同條生不與我同條死要識末後句只這是意旨如何師云殺人須是殺人刀活人須是活人劒乃云古德道青蘿夤緣直上寒松之頂白雲澹泞出没太虚之中萬法本閑唯人自鬧又教中道凡夫見諸法但隨於相轉不了法無相以是不見佛遂舉起拂子云這箇是相那箇是無相現今目前森羅萬象眼見耳聞悉皆是法又何曾鬧來既不曾鬧教甚麼物隨相轉又舉拂子云這箇是無相又作麼生了既無可了却向甚麼處見佛且道古德底是教中底是是又是箇甚麼若向這裏分剖得出釋迦不先彌勒

不後雖然如是未免被山僧拂子穿却鼻孔復舉拂子云隨相轉也被拂子穿却鼻孔不隨相轉也被拂子穿却鼻孔見佛也被拂子穿却鼻孔不見佛也被拂子穿却鼻孔乃顧視大衆云且作麼生免得此過畢竟水須潮海去到頭雲定覓山歸擊禪牀下座

上堂舉僧問米胡自古上賢還達眞正理也無胡云達僧云只如眞正理作麼生達胡云當時霍光賣假銀城與單于契書是甚麼人做僧無語師云徑山當時若作這僧即下一轉語塞却這老漢口且道下甚麼語良久云若教容易得便作等閑看

上堂山僧今日設粥供養大衆粥罷同到龍王殿念誦念誦罷普請送彦化主荼毗如此事多若是祖師西來意未有工夫說得

上堂舉圜悟先師在夾山日示衆云通身是眼見不到通身是耳聞不及通身是口說不著通身是心鑑不出通身即且置或若無眼作麼生見無耳作麼生聞無口作麼生說無心作麼生鑑若向這裏撥得一線路便與古佛同參且道參甚麼人師云惜乎徑山當時不在若在點一把火照看這老漢面皮厚多少即今或有傍不甘底出來道和尚也是普州人又作麼生即向他道西天斬頭截臂這裏自領出去

上堂十五日已前諸人道得著徑山道不著十五日已後徑山道得著諸人道不著正當十五日又作麼生良久云普

上堂僧問逼塞虛空時如何師便喝進云文殊普賢來也師云逼塞虛空甚處與徑山相見僧亦喝師云文殊普賢爲甚麼在你脚跟下過僧擬議師便打乃舉永嘉道了了見無一物亦無人亦無佛大千沙界海中漚一切聖賢如電拂有老宿拈云既無一物了了見底是箇甚麼師云且道這老宿恁麼道還具眼也無

上堂月生一鐵輪天子寰中勑月生二豐干騎虎入閙市月生三蟭螟眼裏巨鼇鼈拈拄杖云莫有同生同死底麼出來與徑山拄杖子相見良久云見義不爲何勇之有擲下拄杖

上堂心生法滅性起情亡這裏悟去捏怪有甚麼難舉起拂子云看看觀音彌勒普賢文殊盡向徑山拂子頭上聚頭打葛藤若也放開從教口勞舌沸若也把住不消一擊以拂子擊禪牀下座

上堂舉睦州問僧正云講得唯識論麼正云不敢小年曾讀文字來州拈起糖餅擘作兩片云你作麼生正無語州云喚作糖餅是不喚作糖餅是正云不可不喚作糖餅州却喚沙彌來來你喚作甚麼彌云糖餅州云你也講得唯識論師云僧正與沙彌眞實講得唯識論只是不知糖餅來處睦州老人雖是一方善知識若是三界唯心萬法唯識畢竟理會不得

上堂三轉法輪於大千其輪本來常淨天人得道此爲證三寶於是現世間拈拄杖卓三下云法輪已三轉竟作麼生是三寶現世間底消息良久云我王庫內無如是刀又卓一下

上堂舉佛昔勑五百尊者降一毒龍尊者各運神通皆降不得忽有異方一尊者到佛勑令降尊者於龍面前彈指一聲其龍便伏師云五百尊者神通既與異方尊者一般爲甚麼降龍不得異方尊者神通既與五百尊者一般爲甚麼却降得乃舉拂子云還會麼鴛鴦繡出從君看不把金針度與人擊禪牀下座

陳𦝫眼至上堂舉教中道吾不見時何不見吾不見之處若見不見自然非彼不見之相若不見吾不見之地自然非物云何非汝白雲師翁頌云堂前露柱久懷胎長下孩兒頗俊哉未解語言先作賦一操便取狀元來師云敢問諸人還知師翁落處麼若知落處便識得狀元若也未知徑山爲你指出有利無利不離行市放過一著落在第二六

上堂僧問翠巖示衆云一夏與兄弟東說西話看翠巖眉毛在麼意旨如何師云自首者原其罪進云保福道作賊人心虛又作麼生師云驢揀濕處尿進云長慶道生也雲門云關又且如何師云一箇破糞箕對箇禿苕帚進云後有老宿云翠巖無風起浪作麼生見得師云作麼見不得乃云廓然無聖不用躊躇蓋色騎聲全承渠力諸佛以此度生衲僧以此爲命露倮倮赤灑灑沒可把行但行坐但坐饑來喫飯寒來向火直饒恁麼未稱衲僧不見白雲師翁有言有時碓觜生華有時佛面百醜李公醉倒街頭自是張公喫酒燈籠皺斷眉頭露柱呵呵拍手且道露柱拍手成得箇甚麼邊事參

上堂趙然居士設粥供養一堂龍象喫了掛起鉢盂好箇西來榜樣

圜悟和尚忌日師拈香云這箇尊慈平昔強項氣壓諸方逞過頭底顢頇用格外底儱侗自言我能以木槵子換天下人眼睛殊不知被不孝之子將斷貫索穿却鼻孔七鼻孔索頭既在徑山手裏要教伊生也由徑山要教伊死也由徑山且道以何爲驗遂燒香云以此爲驗

上堂去年人看中秋月今年人看中秋月今年人是去年人去年月是今年月還有人向這裏著得一隻眼麼若也著得徑山分半院與伊住其或未然歸堂喫茶

上堂古者道了得一萬事畢今朝是九月一諸人作麼生了驀拈拄杖云不得喚作拄杖子便了取好既不喚作拄杖子作麼生了擲下云差之毫氂失之千里

上堂舉雲門道既知來處且道甚麼劫中無祖師自代云某甲今日不著便師云雲門也是作賊人心虛徑山即不然既知來處且道甚麼劫中無祖師不圖打草且要蛇驚

上堂今朝九月初五天色半晴半雨衲僧鼻孔眼睛切忌和泥合土乃顧視大衆云惺惺直是惺惺靈利不妨靈利等閑問著十人五雙不知落處既惺惺又靈利爲甚麼不知落處不見道事因叮囑起

上堂拈拄杖示衆云迷底人喚這箇作拄杖子悟底人亦喚這箇作拄杖子雖迷悟之有殊蓋所見而無異見既無異則迷者從教迷悟者從教悟總不干這箇事又舉起云即今

舉起在諸人眼睛上是迷耶是悟耶是見耶
是不見耶是異耶是不異耶喝一喝卓一下
云又是從頭起
劉參政請就天竺陞座僧問高揖釋迦不拜
彌勒時如何師云夢裏惺惺進云將謂和尚
忘却師云你記得試道看進云雖道不得要
且不失師云元來不會進云從上來事分付
阿誰師云分付瞎漢進云臨濟一宗全憑渠
力師云且喜不干你事問昔日七賢女遊屍
陀林一女云屍在這裏人向甚麼處去一女
云作麼作麼當時濟悟無生法忍如何是無
生法忍師云拈却髑髏裏底進云輝騰今古
爍破乾坤師云這田庫奴進云只如四主簿
即今在甚麼處師舉起拂子云在這裏進云
唯憑這箇力念念更無差師云摩竭令行傳
萬古乃云拈提要妙掘地覓天就理明眞望
空啓告直得心心不觸物念念絶攀緣觀法
界於一微塵之中見一微塵徧法界之内塵
塵爾念念爾法法爾猶是教乘極則未是衲
僧放身命處若識得衲僧放身命處則出生
入死得大自在以生死爲游戲之場而不被
生死之所留礙其或不然未免葛藤妙性圓
明離諸名相本來無有世界衆生因妄有生
因生有滅生滅名妄滅妄名眞乃顧視大衆
云今日參政相公爲亡男主簿盡七之晨命
山僧陞于此座爲衆舉揚僧俗交參同臨斯
會又是箇甚麼若言是妄現今說法聽法歷
歷孫明復是何物眼若是妄將甚麼觀色耳
若是妄將甚麼聽聲鼻若是妄將甚麼齅香
舌若是妄將甚麼了味身若是妄將甚麼覺
觸意若是妄將甚麼分别眼耳鼻舌身意色
聲香味觸法既不屬妄一眞何依其既無依
一道平等到這裏方知主簿昔日雖生本不
曾生今日雖滅本不曾滅既不生又不滅更
喚甚麼作圓明妙性眞妄名相何處安著還
委悉麼騰身一擲太虛外鼻孔依前搭上唇
下座
上堂佛眞法身猶若虛空以拂子擊禪牀一
下云應物現形如水中月復舉起云釋迦老
子來也還見麼若道不見有眼如盲若道見
且道在拂子内拂子外拂子中間直饒你道
不在内不在外不在中間恁麼見得分明徑
山門下正好喫棒擊禪牀下座
上堂盤山道向上一路千聖不傳慈明道向
上一路千聖不然徑山道向上一路熱盌鳴
聲下座
出鄉歸上堂舉麼法師道動若行雲止猶谷
神既無心於彼此豈有象於去來修山主道
去去實不去途中好善爲來來實不來路上
莫虧危師云這二老漢惜乎不與徑山同時
若也同時便與縛作一束送在錢塘江裏何
故古今山河古今日月古今人倫寒則普天
普地寒熱則普天普地熱去去來來動動靜
靜又有甚麼過或有箇衲僧出來道徑山恁
麼說話也好縛作一束送在錢塘江裏山僧
却熱炙盞子點茶與伊喫爲甚麼如此大丈
夫見捋虎鬚豈是分外
上堂千說萬說讚說毁說安立說隨俗說顯
了說蓋覆說盡是盌鳴丘拈起拄杖云爭如
直下識取這箇不被生死之所轉不被寒暑

之所遷或有箇衲僧出來道也只是箇拄杖子用識作甚麼今時有一種杜撰禪和多作這般見解擲拄杖下座

上堂臘月十五天降雪爲瑞爲祥無空闕文殊露出廣長舌普賢大士得一橛如何是那一橛看錮鏴著生鐵

上堂舉僧問趙州毫釐有差時如何州云天地懸隔僧云毫釐無差時如何州云天地懸隔師云諸人要識趙州麼慣從五鳳樓前過手握金鞭賀太平

上堂拈拄杖云今朝臘月二十五諸方盡唱雲門曲徑山隨例和一聲乃卓一下云還聞麼莫言楚石不當玉

開山忌日上堂今日一會是當山國一大覺祖師爲諸人向一切處轉無上法輪全提底時節直得大地六種十八相震動出大音聲諸天音樂不鼓自鳴梵唄詠歌自然敷奏諸天寶華同時而雨正當恁麼時塵沙諸佛諸大菩薩諸阿羅漢天龍八部諸鬼神等各從佗方而來集會咸生歡喜踊躍稱慶同時發聲而作是言善哉希有大覺祖師快說此法我等悉來共作證明證明即不無如何是此法良久云雲有出山勢水無投澗聲

歲旦上堂去年今日也只是這箇前年今日也只是這箇先前年今日也只是這箇外前年今日也只是這箇明年今日也只是這箇後年今日也只是這箇外後年今日也只是這箇更外後年今日也只是這箇且道這箇是甚麼元正啓祚萬物咸新應時納祐慶無不宜喝一喝云俗氣不除

陳知縣請陞座祖師道通達本法心無法無非法悟了同未悟無心亦無法既無心又無法却喚甚麼作本法本法又作麼生通達黃面老子云心不妄取過去法亦不貪著未來事不於現在有所住了達三世悉空寂諸人還委悉麼若未委悉分明爲諸人註破不住現在此名爲定不著未來此名爲慧不取過去此名爲智亦謂之如來禪亦謂之祖師禪苟能於日用二六時中如是通達如是了悟則此定此慧此智一一如空無有邊際定慧智既無邊際則當人日用神通光明亦無邊際神通光明既無邊際諸波羅蜜諸解脫門亦無邊際波羅蜜解脫門既無邊際此無住心亦無邊際無住心既無邊際徑山今日以此無邊際心說此無邊際法奉爲臣子陳亞卿祝吾君壽地久天長亦無邊際正當恁麼時依時及節一句作麼生道舉起拂子云將此深心奉塵刹是則名爲報我皇下座

上堂正月十四十五雙徑推鑼打鼓要識祖意西來看取村歌社舞

徽宗皇帝大祥上堂拈香罷乃就座云身從無相中受生猶如幻出諸形像幻人心識本來無罪福皆空無所住從上諸聖莫不皆從無所住處成就衆生於無所住處示現降神處胎十月於無所住處示現誕生於無所住處示現行七步於無所住處示現處王宮於無所住處示現出家於無所住處示現行苦行於無所住處示現坐菩提樹下成等正覺於無所住處示現降伏魔軍於無所住處示現坐道場轉法輪度有情於無所住處示現

授諸菩薩阿耨多羅三藐三菩提記於無所住處作佛事已示現入般涅槃召大衆云從上諸聖既如是示現今日臣僧宗杲亦如是說法只將如是之法恭爲徽宗聖文仁德顯孝皇帝顯肅皇后用嚴仙駕伏願不守自性普現塵中堅寄身同彼上人住不思議解脫海下座

上堂即心是佛佛不遠人無心是道道非物外三世諸佛只以此心說法只以此道度生以此道度生無生可度以此心說法無法可說無法可說是眞說法無生可度是眞度生當知三世諸佛亦如是現前大衆亦如是乃舉拂子云還委悉麼復擊禪牀云如是如是

上堂僧問不與萬法爲侶者是甚麼人師云是箇天上天下柰何不得底人進云爲甚麼却在徑山座下師云家無小使不成君子乃云塵塵刹刹没一絲毫日用堂堂現成活計三世諸佛立在下風諸代祖師魂飛膽喪且道據箇甚麼道理便得恁麼奇特還委悉麼若委悉去一念萬年萬年一念如未委悉東者東邊坐西者西邊坐

上堂纔方改歲賀新年今朝又是二月一入所證處没商量摩訶般若波羅蜜

上堂金佛不度鑪木佛不度火泥佛不度水眞佛屋裏坐趙州和尚吐心吐膽恁麼告報了也還有知恩報恩者麼便下座

上堂以拂子擊禪牀一下云摩竭提國親行此令三世諸佛眼似鼻孔衲僧分上成得箇甚麼邊事莫有道得底麼若有四楞塌地道將一句來若道不得徑山自道去也便下座

上堂僧問懷州牛喫禾益州馬腹脹天下覓醫人灸猪左膊上爲復神通妙用爲復法爾如然師云也不是神通妙用也不是法爾如然進云畢竟如何師云八尺眉毛頷下生乃云大道只在目前要且目前難覩欲識大道眞體不離聲色言語若即聲色言語求道眞體正是撥火覓浮漚若離聲色言語求道眞體大似含元殿裏更覓長安總不恁麼畢竟如何翡翠蹋翻荷葉雨鷺鷥衝破竹林煙

浴佛上堂毗藍園裏不曾生雙林樹下何曾滅不生不滅見瞿曇眼中又是重添屑

結夏上堂此日諸方叢林莫不踞菩薩乘修寂滅行以大圓覺爲我伽藍身心安居平等性智徑山又且不然從今日去九十日内與諸衲子共喫無米飯咬優曇根飲不濕水說睡夢語且道恁麼修行與諸方結制相去多少良久云將此深心奉塵刹是則名爲報佛恩下座

上堂身口意清淨是名佛出世身口意不淨是名佛滅度我今爲汝保任此事終不虛也且作麼生是此事又作麼生保任豈不見僧問歸宗如何是佛宗云我向汝道汝還信否僧云和尚誠言安敢不信宗云即汝便是僧云如何保任宗云一翳在眼空華亂墜師云歸宗放去太危收來太速這僧當時若拍手呵呵大笑一巡歸宗老漢勿甚處著這面目敢問諸人而今合作麼生一氣不言含育象萬靈何處謝無私

上堂四月二十五久晴忽爾雨竺土大僊心東西密相付這箇猶是時節因緣未是衲僧

門下消息且作麼生是衲僧門下消息良久云北山老大蟲咬殺南山虎

上堂舉高亭初參德山隔江問訊德山以手招之高亭忽然開悟乃横趨而去更不回顧後開法嗣德山師云高亭横趨而去許伊是箇靈利衲僧若要法嗣德山即未可何故猶與德山隔江在

上堂何似生遼天鶻萬重雲只一突古人恁麼説話大似眼病見空華徑山即不然何似生莫妄想直饒透出古今也是猢猻伎倆

上堂舉劉禹端公上雲居謝雨問弘覺云雨從何來弘覺云從端公問處來端公遂禮三拜歡喜而退行數步弘覺召云端公端公回首弘覺云問從何來端公無語歸家三日而死師云劉禹端公無語歸家三日而死正爬著弘覺痒處只是不知轉身一路當初待伊道問從何來但依前禮三拜歡喜而退且教弘覺疑三十年

上堂拈起拄杖示衆云還見麼又卓一下云還聞麼若道實見實聞正是隨聲逐色漢復舉起云還見麼又卓一下云還聞麼若道不見不聞正是避色逃聲漢畢竟如何擲下云鵰有九皐難翥翼馬無千里謾追風

上堂舉魯祖凡有僧來參即面壁而坐一日南泉至亦面壁而坐南泉遂於背上拍一掌祖云誰泉云普願祖云作甚麼泉云也是尋常師云垂鉤四海只釣獰龍格外玄機爲尋知己南泉老人雖善別機宜識休咎要且未知魯祖落處如今莫有知得落處者麼切忌向鬼窟裏卜度

江令人請陞座生是死之生死是生之死兩路坦然平無彼復無此既無生死又無彼此明明百草頭明明祖師意如天普蓋似地普擎一念相應一時清淨召大衆云既無生死只如檀越給事五十七年前是箇甚麼五十七年後又是箇甚麼良久云大衆一時高著眼看我眉毛有幾莖

大慧普覺禪師住徑山能仁禪院語録卷第二

大慧普覺禪師語録卷第二

校勘記

一　底本，明永樂北藏本。

一　一三八頁上五行末字「潮」，徑作「朝」。

一　一四二頁下一六行第一一字「勿」，南、徑作「向」。

大慧普覺禪師住徑山能仁禪院語録卷第三

說三

徑山能仁禪院住持嗣法慧日禪師臣蘊聞上進

上堂舉僧問睦州以一重去一重即不問不以一重去一重時如何州云昨日栽茄子今朝種冬瓜師云高高處觀之不足低低處平之有餘茄子明日堂中一任諸人橫咬竪咬還有人向冬瓜上道得一句子麼若道得一句子若僧若俗有情無情盡皆飽齁齁地若道不得還我飯錢來

上堂法是常法道是常道撥破面門點即不到喝一喝

上堂舉僧問睦州如何是展演之言州云量才補職如何是不展演之言州云伏惟尚饗師云睦州古佛善應來機雖然如是只得八成或有人問徑山如何是展演之言即向伊道問十答百有甚麼難如何是不展演之言喝一喝云且莫屎窖沸

魏侍郎請陞座寄居衢州常山縣持服魏矼謹施淨財入山修設仍命山野陞于此座舉揚般若以此功德資薦先考致政宣教徃生安養諸人還知麼這老居士便是和州三世接待底魏公也山僧大觀初行脚時亦曾到伊家時侍郎尚幼今日作從官爲國家宣力皆乃翁陰德所致此翁平生極修學喜讀佛書從方外老衲游精修梵行常以王梵志土饅頭頌作佛事以警悟流俗比見潘舍人所作行狀詳書其實聞疾巳革有來問訊者亦以慈悲攝化不及世間一言啓手足時談笑自若跏趺而逝淨名所謂設身有苦念惡趣衆生起大悲心我既調伏亦當調伏一切衆生但除其病而不除法遂召大衆云魏公疾巳革而能忍苦爲諸來者隨宜說法足見學佛之驗今日幸遇在會諸人同此證明不免借渠鼻孔出氣要識法麼眞如佛性菩提涅槃是要識病麼妄想顛倒貪瞋邪見是雖然如是離妄想顛倒無眞如佛性離貪瞋邪見無菩提涅槃且道分即是不分即是若分存一去一其病益深若不分正是顢頇佛性儱侗眞如畢竟作麼生說箇除病不除法底道理有般漢聞恁麼說便道即法是病即病是法但有言說都無實義順眞如則顛倒妄想貪瞋邪見悉皆是法隨顛倒則眞如佛性菩提涅槃悉皆是病恁麼見解莫道我披衲衣便是作佗座主奴也未得在何故須知平地上死人無數灼然過得荆棘林者是好手不見古人云設有一法過於涅槃吾說亦如夢幻苟能於夢幻中如實而證如實而解如實而修如實而行以如實之法能自調伏起大悲心作種種方便復能調伏一切衆生而於衆生不作調伏不調伏想亦復不作顛倒想不作貪瞋邪見想不作眞如佛性菩提涅槃想不作除病不除法想不作存一去一分不分想既無如是之想則一道清淨平等解脫徑山今日說此清淨平等解脫之法奉爲持服魏矼追薦先考致政宣教伏願了唯心之淨土見自性之彌陀此界佗方隨處快樂復召大衆云今既借渠鼻孔出氣巳了而今徑山却將鼻孔爲渠出氣去也喝一喝

解夏上堂四月十五這公案七月十五方結

絕即今這裏許多人人人有理難分雪衆中莫有辯口利詞底麽試出來分雪看直饒分雪得去也須腦門著地始得

上堂舉雲門道直得觸目無滯達得名身句身一切法空山河大地是名名亦不可得喚作三昧性海俱備猶是無風帀帀之波直得亡知於覺覺即佛性矣喚作無事人更須知有向上一竅在師云潑油救火渾閑事雪上加霜愁殺人

上堂拆去東籬補起西壁徑山門下全無準的有準的誰委悉僧堂覷破香積厨鵶吻咬殺佛殿脊

上堂僧問翠微供養羅漢丹霞燒却木佛未審這二尊宿阿那箇是師云阿那箇不是進云中間底分付阿誰師云且儘摸索進云爲甚麽都在拄杖頭上橫來竪去師云眼華作甚麽進云只這便是和尚爲人處也無師云是乃云丹霞燒木佛不順人情翠微供羅漢隨方毗尼若到徑山門下總用不著且道徑山門下用箇甚麽秋江清淺時白露和煙島良哉觀世音全身入荒草

上堂山僧未出鄉八十日已前早爲諸人道破今日事了也作麽生是今日事喝一喝

上堂僧問千聖不到處萬法用無虧如何是徑山機師云偃蹇眞龍寧藏困水進云蕩蕩而法界全彰歷歷而祖機獨耀師云天左旋地右轉進云全體恁麽來全體恁麽去師云走殺闍黎乃云眞心無住眞照獨存眞性絕攀緣眞見不由境眞智無礙眞慧無邊上合諸佛本源下契羣生心地所以道處處眞處處眞塵塵盡是本來人眞實說時聲不現正體堂堂没却身乃顧視大衆云如何是堂堂底正體臨崖看滸眼特地一場愁

上堂智不到處切忌道著道著即頭角生舉起拂子云頭角生也是驢是馬還識得麽若識得不妨向異類中行若識未得永劫沉淪

上堂舉僧問投子月未圓時如何子云吞却三箇四箇僧云圓後如何子云吐却七箇八箇師云三箇與四箇七箇與八箇數目甚分明無人數得過既是數目分明爲甚麽無人數得過良久云道士著白襴且非眞措大

上堂僧禮拜起便喝師亦喝僧歸衆師云猶欠一著在乃云一喝分賓主照用一時行要會箇中意日午打三更且道適來這僧一喝與山僧一喝那箇是賓那箇是主那箇是照那箇是用於此辯得許你大千獨步其或未然鉢盂裏切忌失却匙箸復喝一喝

新鞔法鼓歲旦上堂新歲擊新鼓普施新法雨萬物盡從新一一就規矩普賢大士欣歡乘時打開門戶放出白象王徧地無尋處拈起拄杖云唯有這箇不屬故新等閑開口吞却法身擲下云是甚麽千年桃核裏元是舊時仁

上堂舉僧問趙州學人乍入叢林乞師指示州云你喫粥了也未僧云喫粥了州云洗鉢盂去僧忽然大悟師云還端的也無雲門云且道有指示無指示若道有向渠道甚麽若道無這僧爲甚悟去師復云趙州與這僧若不得雲門一生受屈而今諸方有一種瞎漢往往盡作洗鉢盂話會了

上堂今朝正月半有則舊公案點起數盌燈打鼓普請看看即不無忽爾油盡燈滅時暗地裏切忌撞著露柱

上堂竺土大仙心東西密相付作麽生是相付底心喝一喝拍禪牀一下云是何言歟

張汪二狀元至上堂舉僧問雲門如何是和尚家風門云有讀書人來報師云讀書人已在這裏且作麽生與伊相見乃顧視左右云不是冤家不聚頭

上堂舉僧問投子如何是十身調御投子下繩牀立又問凡聖相去多少投子亦下繩牀立師云投子下繩牀今朝為舉揚驢前馬後漢切忌亂承當

上堂僧問大修行底人還落因果也無前百丈云不落因果為甚麽墮野狐身師云逢人但恁麽舉進云(校三)只如後百丈道(六)不昧因果為甚麽脫野狐身師云逢人但恁麽舉進云或有人問徑山大修行底人還落因果也無未審和尚向佗道甚麽師云向佗道逢人但恁麽舉乃云大修行人落因果以拂子擊禪牀一下云也不離這箇消息大修行人不落因果又擊禪牀一下云也不離這箇消息落與不落一筆勾下卻喚甚麽作因果復擊禪牀一下云也不離這箇消息乃舉起拂子召大衆云五百生前消息在不須意下別搜求

上堂祖師道眼若不睡諸夢自除心若不異萬法一如那箇是不睡底眼那箇是不異底心山華開似錦澗水湛如藍

上堂有情之本依智海以為源含識之流總法身而為體且那箇是智海之源那箇是法身之體若識得此源千源萬源只是一源若識得此體千體萬體只是一體所以道無邊剎境自佗不隔於毫端十世古今始終不離於當念雖然如是丈夫自有衝天志休向如來行處行

上堂法無定(校五)相建立由人驀拈拄(七)杖卓一下云是法非思量分別之所能解且道不分別不思量時是箇甚麽分別思量時又是箇甚麽復卓一下喝一喝

舉本顏二首座立僧上堂驅耕夫之牛奪饑人之食趯翻大海水拳倒須彌盧生擒虎兕活捉獰龍猶未是衲僧本分事作麽生是衲僧本分事問取堂中二首座

上堂拈拄杖卓一下云觀音妙智力能救世間苦百華開爛熳覷見沒可覩遂擲下云今朝三月五

上堂即心是佛更無別佛即佛是心更無別心如拳作掌似水成波波即是水掌即是拳此心不屬內外中間此佛不屬過未現在既不屬內外中間又不屬過未現在此心此佛悉是假名既是假名一大藏教所說者豈是真耶既不是真不可釋迦老子空開兩片皮掉三寸舌去也畢竟如何但知行好事休要問前程

上堂舉臨濟一日侍立德山次德山顧謂曰老僧今日困臨濟曰這老漢寐語作甚麽山擬拈棒濟便掀倒繩牀雲峯云二員作家一拶一捺略露風規大似把手上高山雖然如是未免傍觀者哂師云雲峯老人恁麽批判大似晉州人徑山若見縛作一束送在河裏

何故不見道蚌鷸相持俱落漁人之手
浴佛上堂云大家潑一杓惡水洗滌如來淨
邊垢垢盡衆生煩惱除狐狸便作師子吼
上堂舉雲門問曹山如何是沙門行山云喫
常住苗稼者門云便恁麼去時如何山云你
還畜得麼門云學人畜得山云作麼生畜門
云著衣喫飯有甚麼難山云何不道披毛戴
角門禮拜師云二尊宿恁麼問答未免在驢
胎馬腹裏作活計雖然如是狗銜赦書諸侯
避道
上堂僧問明頭來時如何師云頭大尾顚纖
進云暗頭來時如何師云野馬嘶風蹄撥剌
進云明日大悲院裏有齋又作麼生師云雪
峯道底乃云明頭來明頭打暗頭來
暗頭打閉眼著四方八面來旋風打漏逗不
少虛空裏來連架打著甚來由總不恁麼來
却較些子明日大悲院裏有齋特地一場愁
復云古人恁麼道今人恁麼提於宗乘中成
得甚麼邊事喝一喝
上堂僧問過去心不可得現在心不可得未
來心不可得時如何師云親言出親口進云
未審如何受持師云但恁麼受持決不相賺
僧禮拜師乃云過去諸如來斯門已成就現
在諸菩薩今各入圓明未來修學人當依如
是法既依如是法只如過去心不可得現在
心不可得未來心不可得三世既不可得作
麼生依若向這裏知歸出息不涉萬縁入息
不居陰界常轉如是經百千萬億卷只如今
日檀越請徑山一千七百大衆所轉者還在
百千萬億卷中也無若在其中即取法相若
不在其中即取非法相故經云若取法相即
著我人衆生壽者若取非法相即著我人衆
生壽者正當恁麼時還有定奪得出者麼若
定奪不出明日來向汝道
上堂舉僧問風穴古曲無音韻如何和得齊
穴云木雞啼子夜芻狗吠天明師云這黄面
浙子恁麼答話也做佗臨濟兒孫未得在今
日或有人問徑山古曲無音韻如何和得齊
只向佗道木雞啼子夜芻狗吠天明
上堂舉慧超問法眼如何是佛眼云汝是慧
超雪竇云江國春風吹不起鷓鴣啼在深華
裏三級浪高魚化龍癡人猶戽夜塘水白雲
師翁云一文大光錢買得箇油糍喫向肚裏
了當下便不饑師云二尊宿一人許伊會聽
鷓鴣啼一人會買油糍喫若是慧超佛話未
會在
上堂聞聲悟道見色明心驀拈拄杖云這箇
是色卓一下云這箇是聲諸人總見總聞且
那箇是明底心那箇是悟底道喝一喝云貪
佗一粒米失却半年糧復卓一下
上堂舉僧問臨濟如何是三眼國土濟云我
共汝入淨妙國土中著清淨衣說法身佛又
入無差別國土中著無差別衣說報身佛又
入解脱國土中著光明衣說化身佛師顧視
大衆云還見臨濟老漢麼若也未見徑山爲
你指出法身報身化身咄哉魍魎妖精三眼
國中逢著笑殺無位眞人
上堂舉鎭府大王問趙州和尚年尊有幾箇
牙齒在州云只有一箇王云爭喫得物州云
雖然一箇下下咬著師喝一喝云少賣弄

上堂舉僧問趙州如何是不錯路州云識心
見性是不錯路師云棒打石人頭曝曝論實
事不用作禪會不用作道會若要不錯路須
是識心見性始得且那箇是識底心那箇是
見底性有般底聞恁麽道便道有水皆含月
無山不帶雲恁麽見解正是鄭州出曹門
上堂舉僧問南泉牛頭未見四祖時爲甚麽
百鳥銜華獻泉云步步蹋佛階梯僧云見後
爲甚麽不銜華獻泉云直饒不來猶較王老
師一線道雲門道南泉只解步步登高不解
從空放下師云雲門雖有鍼膏肓起廢疾之
能未免治聾作啞步步登高從空放下甚麽
處得這消息來有僧請益雲門如何是步步
登高門云香積世界僧云如何是從空放下
門云塡溝塞壑師云且救得一半
上堂舉雲門問直歲今日作甚來歲云刈茅
來門云刈得幾箇祖師歲云三百箇門云朝
打三千暮打八百東家杓柄長西家杓柄短
作麽生歲無語門拈拄杖便打師云直歲無
語自有三百箇祖師證明雲門令雖行要且
棒頭無眼
上堂舉雲門道釋迦老子與天帝釋在中庭
裏相爭佛法甚閙師云這老漢好與三十拄
杖且道過在甚麽處誣人之罪以罪加之
上堂舉三聖問雪峯透網金鱗以何爲食峯
云待汝出網來向汝道三聖云一千五百人
善知識話頭也不識峯云老僧住持事繁師
云二尊宿一人麤似丘山一人細如米末雖
然麤細不同稱來輕重恰好徑山今日眞實
告報汝等諸人切忌鑽龜打瓦
上堂舉世尊與阿難一日行次見一塔廟世
尊作禮阿難問云此是何人塔廟世尊云是
過去諸佛塔廟阿難云是何人弟子世尊云
是吾弟子阿難云應當如是師云阿難好箇
應當如是爭奈中間欠了一著若要話圓待
世尊道是吾弟子便向道更須禮某甲三拜
始得世尊若問因甚教吾禮汝却向道應當
如是
上堂色心不二彼我無差驀拈拄杖云若喚
這箇作拄杖子捏目生華若不喚作拄杖子
破家散宅畢竟如何擲下云青山只解磨今
古流水何曾洗是非
上堂舉念法華與眞園頭侍立風穴次穴問
眞云作麽生是世尊不說說迦葉不聞聞眞
云鵓鳩樹頭啼意在麻畬裏穴云你作許多
癡福作甚麽何不體究言句又問念云你作
麽生念云動容揚古路不墮悄然機穴云你
何不看念法華下語師云山僧當時若見這
老漢恁麽道深掘一坑一時埋却更牽牛從
上蹋過却須放眞公出一頭始得山僧恁麽
道且不是抑強扶弱亦不是杜撰差排你若
識得鵓鳩樹頭啼意在麻畬裏便識得動容
揚古路不墮悄然機這兩轉語畢竟是一耶
是二耶若道是一爲甚麽風穴只肯念法華
却不肯眞園頭若道是二爭奈落霞與孤鶩
齊飛秋水共長天一色參
上堂舉趙州示衆云不得閑過念佛念法念
僧便問如何是學人自已念州云念者是誰
僧云無伴州叱云這驢師云這僧雖然無伴
成羣作隊聒擾殺人趙州雖好一頭驢只是

不會喫草

五祖師翁忌日上堂山前一片閑田地元來記得在叉手叮嚀問祖翁只爲契券不分明幾度賣來還自買難爲牙保人爲憐松竹引清風喝一喝云乞兒見小利

上堂舉金峯示[徵三]衆云老僧二十年[十三]前有老婆心二十年後無老婆心時有僧出問如何是二十年前有老婆心峯云問凡答凡問聖答聖僧云如何是二十年後無老婆心峯云問凡不答凡問聖不答聖師云徑山當時若見只將五祖師翁底對他遂舉手作鵓鳩嘴云谷谷吙

上堂即念離念覺與非覺有心無心若善若惡攪成一塊將錯就錯舉起拂子云拂子頭上一串穿却便恁麼去業識茫茫無本可據且道業識茫茫底與釋迦老子相去多少喝一喝云洎合錯下註脚

上堂舉玄沙示衆云諸方老宿盡道接物利生或遇三種病人來作麼生接患盲者拈搥豎拂佗又不見患聾者語言三昧佗又不聞患啞者教伊說又說不得且作麼生接若接此人不得佛法無靈驗有僧請益雲門門云你禮拜著僧禮拜起門以拄杖挃僧退後門云你不是患盲復喚近前僧近前門云你不是患聾乃豎起拄杖云還會麼僧云不會門云你不是患啞其僧於此悟去師云這僧雖然悟去只悟得雲門禪若是玄沙禪更買草鞋始得

上堂舉潙山與仰山行次潙山指一丘田謂仰山云這頭得恁麼高那頭得恁麼低仰山云却是那頭高這頭低潙山云你若不信但向田中立看兩頭仰山云不必中間立亦莫住兩頭潙山云若如是著水看水能平物仰山云水亦無定但高處高平低處低平潙山便休師云顯諸仁藏諸用鼓萬物而不與聖人同憂盛德[徵三]大業至矣哉喝一喝[十四]

上堂僧問釋迦掩室於摩竭淨名杜口於毗耶爲復計較未成爲復伎倆俱盡師云計較未成伎倆俱盡問有問有答一切處風流無問無答還有佛法也無師云是何言歟進云未審向甚麼處行履師云向無佛法處行履乃云有問有答有放有收有主有賓有殺有活活時無殺時道理殺時無活時道理賓家無主家道理主家無賓家道理賓則始終賓主則始終主賓主交參當門按劒不見適來禪客問釋迦掩室於摩竭淨名杜口於毗耶爲復計較未成爲復伎倆俱盡山僧答佗道計較未成伎倆俱盡諸人作麼生會若也會得全賓即主全主即賓全收即放全放即收全殺即活全活即殺乃喝一喝云這裏是甚麼所在作這箇語話自云但有路可上更高人也行

大慧普覺禪師住徑山能仁禪院語録卷第三

大慧普覺禪師語録卷第三

校勘記

一　底本，明永樂北藏本。

一　一四七頁上一九行首字「待」，南、徑作「得」。

一　一四八頁下一八行首字「僧」，徑作「僧僧」。

大慧普覺禪師住徑山能仁禪院語錄卷第四　說四

徑山能仁禪院住持嗣法慧日禪師臣蘊聞上進

上堂僧問壁立萬仞還許商量也無師云壁立萬仞不許商量進云也知和尚赤心片片師云既知更問箇甚麼進云恁麼則眞箇壁立萬仞去也師云喫飯咬著一粒沙進云若然者却許學人進前三步也師云你不會却退後三步始得乃云摩竭提國猶在半途少室峯前全無巴鼻談玄說妙好肉剜瘡舉古明今拋沙撒土爭似饑餐渴飲閑坐困眠從教四序推移都不干預我事雖然如是也須實到這箇田地始得只如實到這箇田地底如何親近喝一喝云灸瘡瘢上不可更著艾炷去也

上堂舉南泉示衆云文殊普賢昨夜三更相打每人與二十棒趂出院也趙州出衆云和尚棒教誰喫泉云王老師過在甚處州乃作禮師云南泉無過口能招禍趙州禮拜草賊大敗徑山不管結案據欵文殊普賢且過一邊

上堂僧問令佛放光明助發實相義如何是放底光明師云你喫粥來麼進云學人已喫粥了也師云還見麼進云未審還當得也無師云元來不見乃云令佛放光明助發實相義拈起拄杖云過去諸佛現在諸佛未來諸佛盡在徑山拄杖頭上同時放大光明照十方法界直得山河大地萬象森羅一時稽首作麼生是實相義卓一下云向下文長付在來日

上堂舉僧問同安如何是和尚家風安云金雞抱子歸霄漢玉兔懷胎向紫微僧云忽遇客來將何祗待安云金果早朝猿摘去玉華晚後鳳銜來師云同安家風不妨奇怪徑山家風又且不然或有人問如何是和尚家風即向佗道齋時一鉢和羅飯禪道是非都不知忽遇客來將何祗待蒸餅不托

解夏上堂拈拄杖云百二十日夏日日無空缺露柱逞神通燈籠呈醜拙徹不徹却來棒頭爲汝決卓一下

上堂僧問心佛俱亡時如何師云賣扇老婆手遮日乃云心佛不云物我一如若實得一如則不見有物我之名若實得不二則不見有心佛之相既不見有心佛之相則全心即佛全佛即心既不見有物我之名則全物即我全我即物苟於日用二六時中如是證入則若心若佛若我若物七顚八倒悉得受用便能拈一莖草作丈六金身將丈六金身却作一莖草直饒如是切忌向徑山門下過摧折你腰莫言不道

上堂舉教云更以異方便助顯第一義師拈拄杖卓一下云這箇是異方便那箇是第一義擲下云大蟲裹紙帽好笑又驚人

上堂舉鏡清問玄沙學人乍入叢林乞師指箇入路沙云還聞偃谿水聲麼清云聞沙云從這裏入鏡清於此得箇入處五祖師翁云果是得入一任四方八面若也未然輒不得離却這裏師云若要眞箇得入直須離却這裏下座

雙槐居士鄭禹功爲佛燈禪師入塔請陞座

沿流不止問如何眞照無邊說似佗離相離名人不禀吹毛用了急須磨佛燈法兄禪師二十年持此吹毛活人天眼離相離名摧邪顯正横拈倒用不犯鋒鋩一周佛事巳圓直是光前絶後乃顧視大衆云今日一會正是佛燈禪師再秉吹毛爲諸人入泥入水全提時節還有知恩者麼若有功不浪施其或未然徑山不免葛藤更舉一箇古話昔日踈山和尚造壽塔了監院來白踈山山問你將多少錢與匠人監院云一切在和尚踈山云爲將三錢與佗爲將兩錢與佗爲將一錢與佗若道得與吾親造塔監院無對時羅山和尚在大嶺住菴監院到彼羅山問甚處來監院云踈山來羅山云近日有何言句監院遂舉前話山云還有人道得麼院云未有人道得山云你却回舉似踈山道大嶺聞舉云若將三文錢與匠人和尚此生决定不得塔若將兩文錢與匠人和尚與匠人共出一隻手若將一文錢與匠人帶累匠人眉鬚墮落監院回舉似踈山山便具威儀望大嶺禮拜歎云將爲無人大嶺有古佛放光射我此間却謂監院曰汝去向大嶺道猶如臘月蓮華監院復持此語舉似羅山山曰早巳龜毛長數丈師云諸人還知二老落處麼其或未然徑山今日將古人今人攪成一塊去也踈山一丈兩文三文雙槐居士湊成二百千巳爲佛燈陳謝匠人了也免致溢監院走來走去問佗別人臘月蓮華一朶甚是希奇佛燈禪師收歸窣堵波中要作叢林標格龜毛數丈分付天并禪師隨時受用敢問大衆且道徑山還在裏許也無良乆云數聲清磬是非外一箇閑人天地間

上堂僧問有佛處不得住時如何師云住則撩根進云無佛處急走過時如何師云起動闍黎進云教學人向甚麼處行履師云胱却籠頭卸却角馱進云三千里外逢人不得錯舉時如何師云錯錯問一百二十日夏巳滿出門或有人問如何是徑山道底且作麽生答佗師云徑山曾道甚麽來進云爭奈喚作竹篦則觸不喚作竹篦則背師云你作麽生會僧喝一喝云三十年後大有人笑在師云何必三十年後即今大有人笑你乃云尋常向你諸人道喚作竹篦則觸不喚作竹篦則背不得向舉起處承當不得向意根下卜度不得下語不得良乆或有人問畢竟如何向佗道也無畢竟也無如何正當恁麽時四楞塌地撥在諸人面前眼辨手親底一連連得便能羅籠三界提拔四生其或未然自是你諸人根性遲鈍且莫錯怪徑山好

上堂舉摩法師云諸法不異者豈曰續鳧截鶴夷嶽盈壑然後爲無異者哉雲門大師道長者天然長短者天然短又云是法住法位世間相常住乃拈起拄杖云拄杖不是常住法師遂拈起拄杖召大衆云剜出眼裏睛甚麽處見肇法師不異底法敲出骨中髓甚麽處見雲門大師常住底法擲下云分身兩處看下座

上堂僧問我宗無語句實無一法與人時如何師云五味饋秤鎚進云何故外揚家醜師云你爲甚麽舌頭拄地進云却被和尚引著

師便打問乾峯示衆云舉一不得舉二放過一著落在第二意旨如何師云駱駝尾上釣冬瓜進云還許學人轉身吐氣也無師云許你轉身你如何吐氣僧進前噓一聲師云這弄泥團漢進云只如雲門道人從天台來却往徑山去又作麽生師云老鼠喫鹽進云恁麽則知伦滋味師云速禮三拜乃云久雨不曾晴豁然天地清祖師門下事何用更施呈

上堂舉僧問雲門如何是正法眼門云普又僧問風穴如何是正法眼穴云瞎師云二尊宿答一轉話還有優劣也無若道有優劣眞箇瞎若道無優劣眞箇普畢竟如何雲在嶺頭閑不徹水流澗底太忙生

張侍郎至上堂僧問大顛爲韓文公趂却首座意旨如何師云鮎魚上竹竿一日一千里進云學人未了乞師垂慈師云更要第二杓惡水在進云只如首座也扣齒三下過在甚麽處師云過在扣齒處進云莫謗伦首座好師云你見箇甚麽道理便恁麽道進云誰知遠煙浪別有好思量師云你莫謗徑山好進云今日侍郎或問和尚春秋多少又且如何師云向伦道百十二歲進云喚作謗徑山得麽師云你又謗侍郎也乃云古人道我宗無語句實無一法與人恁麽道早是通身浸在屎窖裏了也那堪更蹋步向前如之若何問向上向下三要三玄銀盌裏盛雪北斗裏藏身意旨如何豈不是屎窖傍邊更掘屎窖雖然如是若於屎窖中知些氣息方知三世諸佛歷代祖師天下老和尚古往今來一切知識盡在屎窖裏轉大法輪　其或未然切忌向来窖裏著到

上堂舉馬祖與西堂南泉百丈中秋翫月次祖指月云正當恁麽時如何西堂云正好修行百丈云正好供養南泉拂袖便行祖云經入藏禪歸海唯有普願獨超物外師云還知四大老落處麽若也未知聽取一頌國清才子貴家富小兒嬌大家出隻手彼此不相饒

上堂僧問具足凡夫法凡夫不知時如何師云好箇消息進云具足聖人法聖人不會時如何師云也好箇消息進云未審是甚麽消息師云見人空解笑弄物不知名進云若不得流水還應過別山師云修山主來也問一人在孤峯頂上無出身之路時如何師云好箇消息進云和尚爲甚麽一向壁立萬仞師云你試向壁立萬仞處道一句看進云攪長河爲酥酪變大地作黃金師云且緩緩乃云一人在孤峯頂上無出身路一人在十字街頭亦無向背不是釋迦文亦非維摩詰若向這裏識得渠面目方識得修山主道具足凡夫法凡夫不知具足聖人法聖人不會聖人若會即是凡夫凡夫若知即是聖人還有識得者麽若識得去凡夫聖人孤峯頂上十字街頭只在這裏若未識得放待吟來看

上堂舉僧問五祖師翁牛頭未見四祖時爲甚麽百鳥銜華獻祖云富與貴是人之所欲見後爲甚麽不銜華獻祖云貧與賤是人之所惡師云師翁恁麽答話雖則善赴來機爭奈語驚時聽徑山亦有兩轉語要與師翁相見牛頭未見四祖時爲甚麽百鳥銜華獻茅屋上安鴟吻見後爲甚麽不銜華獻佛殿裏

掘東司

上堂僧問語默動靜總不干涉非語默動靜亦不干涉時如何師云自作自受進云直饒恁麼也不干涉師便打乃云佛與衆生本無異相只因迷悟遂有殊途雖曰殊途且迷時此箇不曾迷悟時此箇不曾悟所以道譬如虛空體非羣相而不拒彼諸相發揮苟能如是見得方信道未離兜率已降王宮未出母胎度人已畢是眞實語是不誑語若信得及受用無窮若信不及亦在裏許

上堂舉一不得舉二放過一著落在第二若是箇喫飯知飽飲水知渴底衲僧不消雲門出來打箇之遶既不許雲門打箇之遶只令還有喫飯知飽飲水知渴底麼直饒有也是黃龍精

上堂僧問空手把鋤頭步行騎水牛時如何師云鯶魚走入油甕裏進云將謂胡鬚赤更有赤鬚胡師云人從橋上過橋流水不流進云只如傅大士向魚行酒肆裏接人未審和尚向甚麼處接人師云向一切處接人進云未審接得幾箇師云只你一箇漆桶不會乃云空手把鋤頭飯裏有巴豆步行騎水牛蹴著脚指頭人從橋上過賺殺多少人橋流水不流却較些子若恁麼提得去方信道彌勒眞彌勒分身千百億時時示時人時人俱不識拍禪牀下座

上堂僧問總不恁麼來時如何師云動容揚古路不墮悄然機進云如斬一綟絲一斬一切斷師云家富小兒嬌進云機輪轉處作者猶迷師云機輪向甚麼處轉進云鷓鴣啼處百華香師云引不著進云和尚向甚麼處見普化師云普化在甚麼處教我見進云箭穿紅日影方是射鵰人師云也則引不著乃云箭穿紅日影方是射鵰人且道箭未離弦紅日影邊還有這箇消息也無箭既離弦這箇消息落在甚麼處若也知得落處一鏃破三關分明箭後路其或未然且歸弩下避

上堂舉僧問芭蕉不落諸緣請師直指蕉云有問有答師云芭蕉雖善用劒刃上事子細檢點將來大似日中逃影辜負這僧今日或有人問徑山不落諸緣請師直指只向伱道猩猩雖能言畢竟是畜類

上堂僧問祖師心印狀似鐵牛之機則且置只如九年面壁明甚麼邊事師云橫身當宇宙誰是出頭人進云隻履西歸還端的也無師云不端的進云也知和尚慣用此機師云是僧便喝師亦喝乃云適來善修一喝驚天動地徑山隨後一喝全無巴鼻若向無巴鼻處會得便解將一條斷貫索穿却天下人鼻孔若向驚天動地處承當自己鼻孔却被別人將一條斷貫索穿却正當恁麼時如何免得此過咄咄咄没處去没處去

上堂僧問舉一不得舉二放過一著落在第二學人上來請師舉一師云六六依前三十六進云未審還眞實也無師云唯此一事實餘二則非眞僧禮拜師乃云舉一不得舉二放過一著落在第二只如鎮州蘿蔔頭未審靈照籃中還著得也無若向這裏下得一轉語昨日有人從天台來却往南嶽去若下不得雪峯道底

上堂舉僧問六祖黃梅意旨甚麼人得祖云會佛法人得僧云和尚還得否祖云我不得僧云和尚爲甚麼不得祖云我不會佛法師召大衆云還見祖師麼若也不見徑山爲你指出蕉芭蕉芭有葉無丫忽然一陣狂風起恰似東京大相國寺裏三十六院東廊下北角頭王和尚破袈裟畢竟如何歸堂喫茶

上堂僧問古人道如人上樹口銜樹枝手不攀枝脚不蹋樹未審還有答話分也無師云答話了也進云學人問樹上話和尚爲甚麼向樹下答師云只爲你在樹下問進云謾得大衆眼麼師云灼然謾不得進云只如樹子未生消息未動香嚴向甚麼處得這箇話頭來師云向你漆桶裏得來進云只如和尚道喚作竹篦則觸不喚作竹篦則背還有爲人處也無師云無進云恁麼則却成虛設師云虛設乃云如人上樹口銜樹枝手不攀枝脚不蹋樹下有人問西來意答佗則喪身失命不答佗又違佗所問是時香嚴饒恁麼道便有箇傍不肯底喚作虎頭上座出衆云樹上即不問樹下道將一句來師云險香嚴呵呵大笑師云險徑山這兩險有一險如天普蓋似地普擎有一險料掉沒交涉還有揀得出者麼若揀得出非唯親見香嚴亦使虎頭上座無安身立命處如無徑山將現成公案爲你諸人下箇註脚喚作竹篦則觸不喚作竹篦則背

上堂僧問教中道是眞精進是名眞法供養如來狗子既無佛性喚甚麼作眞法師云只這無佛性便是眞法進云據學人見處又且不然師云你試杜撰看僧禮拜師云只這禮拜便是杜撰乃云是眞精進是名眞法供養如來狗子既無佛性喚甚麼作眞法山僧道只這無佛性便是眞法諸人還信得及麼若信得及靈山一會儼然未散若信不及直待當來問彌勒

上堂舉僧問趙州承聞和尚親見南泉是否州云鎭州出大蘿蔔頭又僧問萬法歸一一歸何處州云我在青州作一領布衫重七斤雲居舜老夫道鎭州蘿蔔大青州布衫重要會箇中意雞向五更啼師云雲居恁麼道大似熟處難忘若是徑山即不然鎭州蘿蔔從來大青州布衫斤兩明衲子聚頭求的旨却似蚊蝱咬鐵釘

上堂僧問仰山道神通遊戲即不無尊者佛法須還老僧始得未審佗據箇甚麼道理師云只知開口笑不覺舌頭長進云恁麼則今日却被和尚笑也師云揚聲止響作麼進云神通遊戲則不無尊者佛法須還徑山始得師云還見徑山麼進云少賣弄師云有眼如盲乃云神通遊戲仰山灼然不會佛法要妙羅漢灼然不知雖然彼此不相知要且各各無欠少既無欠少長者長法身短者短法身圓者圓法身方者方法身便恁麼悟去方知長者不是長短者不是短圓者不是圓方者不是方既總不是却喚甚麼作法身喝一喝云泊合停囚長智

聖節上堂拈香罷忽雷震驟雨遂云震法雷擊法鼓布慈雲兮灑甘露即今法雷已震法鼓已擊慈雲已布甘露已灑事上也合理上

也合事理既合且作麼生話會下座與大衆
到大佛殿啓建乾龍聖節
上堂舉洞山問三峯菴主汝名甚麼主云道
膺山云何不向上道主云若向上道則不名
道膺洞山深肯之師云道膺向上道則不名
道膺既不名道膺喚作向上道則不可既不
是向上道且作麼生契得洞山意良久云智
者聊聞猛提取莫待須臾失却頭
雪竇持和尚至上堂僧問仰山道東寺師叔
若在慧寂不受寂寞只如今日雪竇和尚得
得到來未審如何祇待師云古之今之進云
若恁麼非唯徑山不受寂寞亦乃一千七百
大衆有賴師云你見箇甚麼道理進云如兩
鏡相照洞無瑕翳師云打破鏡來與你相見
進云只如兩口一無舌即是吾宗旨又作麼
商量師云抱橋柱澡洗把纜放船進云若是
臨濟宗旨又作麼生師云合取狗口乃云仰
山道東寺師叔若在慧寂不受寂寞仰山只
知有已不知有人徑山即不然雪竇師叔若
在天下衲僧不受寂寞何故不見古雪竇有
言寒木在握兮金機可笑秋水橫按兮半提
可滅使八極頂目者不自爭衡見斯人兮驚
御昂枅
上堂今朝四月初一衲僧放下楖栗雖然不
許默照須要人人面壁既不許默照爲甚麼
却須面壁不見白雲師翁有言多處添些子
少處減些子
浴佛上堂芭蕉無耳聞雷開葵華無眼隨日
轉釋迦老子亦無生每歲今朝浴一徧既無
生又浴箇甚麼有條攀條無條攀例
上堂僧問道無方所明之在人法離見聞斷
之在智不起一念還有佛法也無師云無佛
法進云爲甚麼無佛法師云爲你住在那一
念中進云和尚向甚麼處見學人那一念師
云起也乃云不起一念未是諸人放身命處
一念纔生如龍得水似虎靠山全體恁麼來
全體如是住便恁麼領得去更買百二十輛
草鞵行脚始得爲甚麼如此我王庫內無如
是刀
張侍郎請陞座僧問十方同聚會箇箇學無
爲此是選佛場心空及第歸時如何師云題
目道甚麼進云分明在目前師云杜撰禪和
如麻似粟進云爭奈一等共攀仙桂樹要折
蟾宮第一枝師云這漢今日拕白進云雖然
如是今夏定作禪狀元便禮拜問侍郎見處
何似去年師云今年去年只隔三百六十日
進云莫謗侍郎好侍郎無這箇消息師云既
無這箇消息了因又亂道作甚麼進云借人
口說一兩句又且何妨便禮拜師乃云借人
口說得底不干自已事自已胷襟流出底傍
觀者有眼如盲有口如啞便恁麼領略得作
禪狀元也不難直饒如是始入得徑山門未
入得徑山室若入得徑山室禪狀元始用得
著禪狀元纔用得著儒狀元便用不著敢問
大衆前面爲甚麼用得著後面爲甚麼却用
不著乃顧視左右云還知徑山落處麼若知
徑山落處禪狀元即是儒狀元儒狀元即是
禪狀元即今拈却禪與儒且道當面一句作
麼生道要知死底張宣教便是活底狀元爺
結夏上堂文殊三處安居誌公不是閑和尚

迦葉欲行正令未免眼前見鬼且道徑山門下今日事作麽生下座後大家觸禮三拜

上堂舉僧問雲門如何是透法身句門云北斗裏藏身師云雲門老人恁麽道只荅得透法身句未荅得透法身句今日或有人問徑山如何是透法身句即向他道蟭螟眼裏放夜市大蟲舌上打鞦韆

上堂今朝又是端午節文殊善財忙不徹殺人活人藥不靈自添腦後三斤鐵驀拈拄杖卓一下云觀音妙智力能救世間苦遂擲下云是甚麽鐵蛇鑽入土

上堂舉馬祖令智藏馳書上當山國一祖師祖師開緘見一圓相即時索筆於中點一點南陽忠國師聞云欽師猶被馬師惑師云馬師仲冬嚴寒國一孟夏漸熱雖然寒熱不同彼此不失時節忠國師爲甚麽却道欽師猶被馬師惑還委悉麽無風荷葉動決定有魚行下座

上堂舉國師道語漸也返常合道論頓也不留朕迹雲門云拈槌豎拂彈指時節若檢點將來也未是無朕迹師喝一喝云寱語作甚麽遂舉起拂子復彈指云徑山即今舉拂彈指若向這裏見朕迹入地獄如箭射

上堂舉道吾示衆云高不在絕頂富不在福嚴樂不在天堂苦不在地獄相識滿天下知心能幾人師云徑山即不然高在絕頂富在福嚴樂在天堂苦在地獄誰知席帽下元是昔愁人

上堂舉睦州問秀才先輩治甚經才云治易州云易中道百姓日用而不知不知箇甚麽才云不知其道州云作麽生是道才無語州云果然不知師云秀才雖然無語默契睦州只是少末後一著徑山當時若見睦州道果然不知但撫掌呵呵大笑管取睦州不相虧

大慧普覺禪師住徑山能仁禪院語録卷第四

大慧普覺禪師語録卷第四

校勘記

一　底本，明永樂北藏本。

一　一五一頁下二行「不云」，南、徑作「不二」。

一　一五一頁下九行末字「推」，南、徑作「椎」。

一　一五三頁上一三行「澗底」，南作「澗下」。

一　一五三頁中一一行首字「來」，南、徑作「屎」。

一　一五七頁上末行「朕迹」，徑作「朕迹」。下同。

大慧普覺禪師住育王廣利禪寺語録卷第五　訖五

徑山能仁禪院住持嗣法慧日禪師臣蘊聞上進

師紹興二十六年十一月二十三日於明州報恩光孝禪寺開堂宣疏拈香祝聖罷乃就座天童和尚白槌云法筵龍象衆當觀第一義師云第一義諦天童和尚一搥打就莫有知恩報恩底麽僧問保壽開堂三聖横身賛助學人上來願聞祝聖師云牛皮鞔露柱進云天高地厚無窮極佛功德海實難量師云千聖共傳無底鉢進云正當恁麽時如何鶻啄師云你看即有分進云莫便是知恩報恩底事也無師云一任鑽龜打瓦進云無計上酬天子德唯憑此日一爐香師云猶較些子問世尊拈華迦葉微笑世尊道吾有正法眼藏涅槃妙心付囑摩訶大迦葉如何是正法眼藏師云拔却眼中釘進云如何是涅槃妙心師云速禮三拜進云若不上來伸此問焉知全露法王機師云知進云只如今日一會何異靈山師云普進云恁麽則從此佛日增輝道風永扇去也師云又是惡水潑人僧禮拜師乃云佛法要妙離言説相離文字相離心縁相不可以有心求不可以無心得不可以語言造不可以寂默通如塗毒鼓聞著則腦門百裂似猛火聚近之則燎却面門實謂壁立萬仞勦絶聖凡假使智如鶖子辯若維摩與三世諸佛同時出來也須入地三尺有如是自在有如是威神只許老胡知不許老胡會到這裏如何啓口然官不容針私通車馬放一線道却有商量驀拈拄杖卓一下云還聞麽一切障礙即究竟覺得念失念無非解脱成法破法皆名涅槃智慧愚癡通爲般若又卓一下云太陽溢目萬里不掛片雲古佛與露柱相交新羅共占波鬭額即不問汝諸人只如馬祖道即心是佛作麽生商量還委悉麽太平本是將軍致却許將軍見太平復卓一下謝辭不録復舉西天國王問波羅提尊者曰我欲作佛不知何者是佛尊者曰見性是佛王曰師見性否尊者曰我見佛性王曰性在何處尊者曰性在作用王曰是何作用我今不見尊者曰今現作用王自不見王曰於我有否尊者曰王若作用無有不是王若不用體亦難見王曰若當用時幾處出現尊者曰若出現時當有其八王曰八處佛性當爲我説尊者曰在胎曰身處世名人在眼曰見在耳曰聞在鼻辯香在舌談論在手執捉在足運奔徧現俱該沙界收攝在一微塵識者知是佛性不識喚作精魂王聞是言心即開悟師云敢問法筵大衆且道西天國王悟得佛性耶悟得精魂耶若道在八處悟得只是精魂若離八處却喚甚麽作佛性於斯薦得皇恩佛恩一時報足若薦不得育王今日爲諸人下箇註脚良久云鸑鷟麒麟俱是瑞栴檀薝蔔一般香天童和尚再白槌云諦觀法王法法王法如是師召大衆云記取天童和尚語便下座

入院指方丈召大衆云這裏是烹佛烹祖大鑪鞴鍛生鍛死惡鉗鎚莫怪主人無面目法如是法非彊爲法既如是又非彊爲且道最初一句又作麽生還委悉麽釣竿斫盡重栽

竹不計功程得便休

次上堂僧問當頭裂破眼睛突出四方八面東涌西沒只如楊岐三脚驢子弄蹄行意旨如何師云無意旨進云莫只這便是楊岐受用處也無師云便是楊岐受用處進云恁麼則坐斷王几峯時人皆拱手師云序品第一進云未審這一著落在甚麼處師云你且道落在甚麼處進云師為法王於法自在問云朝到西天暮歸東土時如何師云掛起草鞋進云謝和尚指示師云你得箇甚麼進云今日親見大禪師師舉拂子云汝在拂子前見拂子後見進云前後一時收師云穿却你鼻孔換却你眼睛進云和尚費力作甚麼師便喝乃舉南泉和尚新入院知事頭首請入方丈有僧便問師歸丈室將何指示於人泉云昨夜三更失却牛天明起來失却火師云妙喜初住育王亦不曾失却牛亦不曾失却火或有人問師歸丈室將何指示於人只向佗道饑餐渴飲閑坐困眠且道與南泉是同是別若也道得許你是箇衲僧若道不得三十年後却來方丈裏向你道便下座

上堂僧問大梅即心是佛馬祖非心非佛阿那箇是師云兩箇俱是兩箇俱不是進云金不博金水不洗水師云你作麼生會進云千古垂芳孰共知清風帀地有何極師云又被風吹別調中問教中道離言說相離文字相離心緣相畢竟平等無有變易請和尚離言說相師云你只今在甚麼處安身立命進云與和尚眉毛廝結問答俱備師云大好離言說相進云側側平平題不著忉忉怛怛語還空師云剎竿頭上仰蓮心乃云今朝臘月初一一年此月將訖過去現在未來彈指一時頓入乃舉拂子云只有這箇不入這保社為甚麼如此不見道能為萬象主不逐四時凋

到天童請上堂僧問暫借一問以為影草時如何師云沒這閑工夫進云莫便是和尚答話也無師云是進云恁麼則今日得聞於未聞師云聞底事作麼生進云未鳴鼓已前聞和尚道了也師云道甚麼聻進云也知和尚有時恁麼有時不恁麼師云錯下註脚問趙州訪一菴主云有麼有麼主竪起拳頭州云水淺不是泊船處此意如何師云拳頭進云又訪一菴主主亦竪起拳頭趙州為甚麼却道有縱有奪師云也只是箇拳頭進云既只是箇拳頭為甚麼兩處勘辯師云你但兩處看進云未審和尚今日與天童大衆相見還有為人處也無師云有進云恩大難酬便禮拜師乃云垂萬里鈎駐千里烏騅布漫天網打衝浪鯤鯨此是天童老人尋常用底育王今日得得入山瞻禮客聽主裁令陞此座到這裏說箇甚麼即得莫是說心說性得麼說玄說妙說理說事得麼既總不得不可只恁麼休去既不可休去又不可說心說性說玄說妙說理說事莫是世諦流布得麼若恁麼喚作順水張帆未是衲僧用處雖然如是略借主人威光與大衆赴箇時節且道即今是甚麼時節尺蠖之屈乃欲求伸擊碎蟠桃核得見箇中仁箇中仁既見此道出常情且道出常情一句作麼生道還委悉麼眼光爍破四天下主盟此道是渠儂復云適來蒙堂頭

老人舉僧問香林如何是衲衣下事林云臘
月火燒山師云此是香林語堂頭今日舉育
王隨摟揿也未敢相許因甚麼未敢相許還
佛若無如是眼假饒千載又奚為
上堂相逢不拈出舉意便知有巍巍不動尊
脚不離地走既是不動尊為甚麼却走喝一
喝云依俙似曲纔堪聽又被風吹別調中
上堂丹霞燒木佛院主眉鬚落鳥飛毛墜魚
行水濁喝一喝云是甚麼要識眞麒麟只有
一隻角參
歲旦上堂一年三百六十日今朝又是從頭
起人人有箇主人公水牛銜却老鼠尾深沙
歡那吒喜佛殿走出三門去僧堂撞入廚庫
裏敢問大衆還有不還義也無自云有作麼
生是不還義東君行正令華發樹南枝
到資福請上堂舉香城順和尚頌黃龍三關
云黃龍老和尚有箇三關語山僧承嗣伊今
日為君舉為君舉猫兒偏解捉老鼠廣鑑英
禪師因見此頌乃曰好則好第恐學者作無
事會去師云誠哉是言山僧今日也有箇頌
子黃龍此語蓋天地從來縝密不通風後昆
隨例承其響總道猫兒解捉蟲資福乃廣鑑法孫
到雪竇請上堂平常無生句妙玄無私句體
明無盡句一鏃破三關佗家有本據作麼生
是佗家本據莫怪從前多意氣佗家曾蹋上
頭關復舉僧問明覺禪師如何是諸佛本源
明覺云千峯寒色僧云未審向上還有事也
無明覺云雨滴巖華師云千峯寒色雨滴巖
華今日不妨應時應節若是諸佛本源不得
動著為甚麼不得動著自有雪竇主人在
到啓霞請上堂適來家堂頭法叔禪師舉臨
濟訪龍光因緣客聽主裁敢不依嚴命略與
諸人下箇註脚龍光據坐雖然無語其聲如
雷臨濟云這老漢今日敗闕堂頭法叔禪師
道那裏是佗敗闕處妙喜道路遠夜長休把
火大家吹殺暗中行
上堂舉仰山一日與嬾安看雨次安云好雨
寂闍黎山云好在甚麼處安無語山云某甲
却道得安云好在甚麼處山以手指雨安便
休去師云一人只知看雨一人只知指雨子
細檢點將來大似釘椿搖艣育王當時待佗
道好在什麼處只向佗道滴穿眼睛浸爛鼻
孔或有箇衲僧出來道育王也是釘椿搖艣
却許佗具眼
上堂舉五祖師翁舉僧問趙州如何是祖師
西來意州云庭前栢樹子恁麼會便不是了
也如何是祖師西來意庭前栢樹子恁麼會
方始是師云要識五祖師翁麼腦後見腮莫
與往來
上堂僧問參禪要透塵勞網學道還期出死
生鐵壁銀山無向背金圈栗棘不多爭這箇
是學人尋常用底未審和尚見處作麼生師
云春日晴黃鸎鳴進云今日小出大遇師云
更聽落崖流水聲進云從上諸聖畢竟將何
等法為何等人師云將何等法為何等人進
云恁麼則喚作竹篦則觸不喚作竹篦則背
師云信受奉行速禮三拜僧禮拜師乃云今
朝二月二十又是清明寒食靈雲不見桃華
爭信曲中有直遂拈拄杖卓一下云是曲耶
是直耶擲下云多虛不如少實參

上堂舉修山主云是柱不見柱非柱不見柱是非已去了是非裏薦取師召大衆云是非既去了各各照顧且道照顧箇甚麼良久云莫教撞著露柱

上堂僧問有麼有麼菴主竪起拳頭還端的也無師便下座

上堂古人道侍者燒香已成多事大衆問訊轉見病深恁麼說話大似無病著灸捏目生華若是育王即不然侍者燒香不爲分外大衆問訊理合如然若作佛法商量生身入地獄下座

浴佛上堂未離兜率已降王宮未出母胎度人已畢這箇是題目摩耶夫人毗藍園裏攀無憂樹右脇而生悉達太子直得九龍吐水沐浴金軀地湧金蓮以承其足這箇是序分以手指天地作大師子吼上下及四維無能尊我者這箇是正宗育王今日專爲流通去也遂拈拄杖卓一下云釋迦老子來也舉起云淨法界身本無出沒大悲願力示現受生已上四段不同收歸上科擲下云下座與大衆同到殿上再講經首編啊

朱舍人請陞座僧問三世諸佛說了也和尚作麼生師云摩竭提國親行此令進云要且只今事不恁麼師云劒去久矣爾方刻舟進云也知和尚截斷天下人舌頭師云果然不恁麼進云道端白日青天開眼落人圈繢便禮拜問釋迦彌勒猶是佗奴未審佗是阿誰師云你是一枚村夫進云切忌爲佗安名立字師云村夫有甚麼名字進云前言何在師云你道佗畢竟是阿誰進云家無小使不成君子師云未免隨人脚跟轉問如何是佛法的的大意師云老僧無的的大意亦無如何進云既是無和尚甚處得這消息師云育王亦無這消息乃云只這消息三世諸佛說不及六代祖師傳不到既說不及又傳不到則釋迦彌勒亦是空名釋迦彌勒既是空名喚甚麼作奴喚甚麼作主喚甚麼作生喚甚麼作死喚甚麼作古喚甚麼作今既無生又無死既無古亦無今淨倮倮絶承當赤灑灑沒窠窟如是則盡十方世界無內無外是箇淨妙佛土是箇無上佛土是箇無等佛土是箇不可思議佛土是箇不可量佛土是箇不可說佛土既有如是佛土只如宮使舍人今請妙喜舉揚此段大事因緣追薦先妣太夫人俞氏且道在那箇佛土中良久云一塵一佛剎一葉一釋迦

上堂結夏方得五日露柱却知端的勃跳撞人燈籠普爲諸人入室還有知慚識愧者麼良久云白雲乍可來青嶂明月難教下碧天

聖節上堂如人持尺量虛空復有隨行計其數虛空邊際不可得吾君壽量亦如是理則如是事又作麼生下座與大衆同到無量壽如來前五體投地啓建天申聖節道場謹白

上堂舉睦州纔見僧云現成公案放汝三十棒僧云某甲如是州云三門頭金剛爲甚麼竪起拳頭僧云金剛尚乃如是州便打師云雖然無孔笛撞著氈拍板直是五音調暢六律諧和子細檢點將來未免傍觀者哂且道誰是傍觀者良久云不得動著動著打折你驢腰

上堂今朝五月五天降沛然雨艾人與門神聚頭相耳語且道說箇甚麼雪竇禪師來一口吞佛祖

上堂舉普化一日在臨濟僧堂前喫生菜濟見云大似一頭驢化便作驢鳴濟云這賊化云賊賊便出去師云一箇驢鳴兩箇賊堪與諸方為軌則正賊草賊不須論大施門開無壅塞

上堂云已著槽廠將錯就錯騎却聖僧不妨快樂龍象蹴蹋非驢所作堪笑諸方妄生穿鑿休穿鑿祥麟只有一隻角

上堂今朝七月五打鼓普請看萬里無片雲猶欠一大半且作麼生是那一半良久云無人過價打與一貫

榮侍郎生日請陞座僧問楊岐一頭驢為甚麼只有三隻脚師云你少喫水草進云恁麼則覿面相呈更無回互師云且莫詐明頭進云既是潘閬倒騎歸為甚麼攧殺黃番綽師云非汝境界進云爭奈即今何師云且莫辜負老僧進云恩大難酬便禮拜師乃云楊岐一頭驢只有三隻脚潘閬倒騎歸攧殺黃番綽妙喜三十年前底註脚今日被這僧對人天眾前擘一上不同小小直得楊岐和尚拍手呵呵大笑山河大地萬像森羅一時起舞當恁麼時且道是甚麼人證明所以道處處眞處處眞塵塵盡是本來人眞實說時聲不現正體堂堂没却身作麼生是堂堂正體未離兜率已降王宮未出母胎度人已畢豈不是堂堂正體若作堂堂正體會則辜負釋迦老子若不作堂堂正體會則辜負自己自已既辜負將甚麼與釋迦老子相見若向這裏撥得一線路方知釋迦老子在兜率天乘日輪香象降摩耶夫人胎只是示現箇生底時節以至一手指天一手指地云天上天下唯吾獨尊也只是與一切人作箇示現生相底樣子若向這裏見得不獨為釋迦老子出氣亦乃與生身父母出氣不獨為生身父母出氣亦乃與一切有情出氣正當恁麼時且道承誰恩力良久云揮劒斫開人我易推山塞斷是非難

上堂舉俱胝和尚凡有所問唯豎起一指又自責弄云我在天龍處得一指頭禪一生受用不盡後來琅琊有頌云俱胝一指報君知朝生鷂子搏天飛若無舉鼎拔山力千里烏騅不易騎師云俱胝和尚若不得琅琊為伊出氣幾乎埋没了這一指頭禪妙喜既恁麼舉不免隨後也有箇註脚俱胝一指頭喫飯飽方休腰纏十萬貫騎鶴上揚州

上堂久雨不晴纔晴又雨天道變化萬物得所劉久雨不晴良久復召大眾云雲門老漢不在裏許參

中秋上堂舉仰山與長沙翫月次山以手指月云人人盡有這箇只是用不得沙云恰是請汝用山云作麼生用沙近前一蹋蹋倒仰山山起來云直下似箇大蟲師云皎潔一輪寒光萬里靈利者葉落知秋傝㑇者忠言逆耳休不休已不已小釋迦有陷虎之機老大蟲却無牙齒當時一蹋豈造次驀然倒地非偶爾眾中還有緇素得二老出者麼良久云設有也是棹棒打月

上堂趙州東院西寮室爛如泥竇八布杉穿赤土畫簸箕喝一喝云是甚麼驀頭雨滴滴雞向五更啼

上堂舉盤山和尚道似地擎山不知山之孤峻如石含玉不知玉之無瑕若能如是是眞出家師云育王即不然若能如是捏目生華

天童覺和尚遺書至受書云古人道末後一句始到牢關把斷要津不通凡聖舉起書云這箇是天童和尚末後把斷要津全提底消息還委悉麼如未委悉却請維那分明說破宣了遂陞座云法幢摧法梁折法河乾法眼滅雖然如是正是天童眞實說且道說底事作麼生知音知後更誰知

歲旦上堂昨朝殘臘盡今日賀新年虎逐牛方急東君令已行且作麼生是已行底令瑞雪已鋪銀世界大家攜手普賢門

爲佛智裕和尚遷塔以手指穴云妙喜與師兄俱是圓悟子妙喜移住徑山師兄還來在此雖與師兄同條生不與師兄同條死八兩與半斤青紅與碧紫正當恁麼時且歸根得旨一句作麼生道良久云師兄解喝泥牛吼師弟寧忘木馬嘶豁開頂上活人眼鄮山山下是眞歸

大慧普覺禪師住阿育王山廣利禪寺語録卷第五

大慧普覺禪師語録卷第五

校勘記

一　底本，明永樂北藏本。

一　一五九頁上八行末字「云」，南無。

一　一六〇頁中一一行第九字「家」，南、徑作「蒙」。

一　一六一頁中一行第一〇字「⿰糹區」，南、徑作「嘔」。

一　一六一頁下八行首字「人」，南、徑作「入」。

一　一六一頁下一八行第一一字「象」，徑作「免」。

大慧普覺禪師再住徑山能仁禪院語録卷第六 附塔銘　說六

徑山能仁禪院住持嗣法慧日禪師臣蘊聞上進

師紹興二十八年正月十日於明州阿育王山廣利禪寺受請望闕謝恩訖拈勑黃示衆云達磨不來東土二祖不往西天人人常光現前箇箇壁立萬仭且道這箇從甚麽處得來若知來處受用無窮其或未然却請維那分明宣過也要大家知有宣了拈香祝聖罷乃就座云善法堂前瑞氣新天書來自九重城唯憑一句無私語上祝吾皇億萬春

二月二十八日於臨安府景德靈隱禪寺開堂拈疏示衆云此是釋迦老子四十九年三百六十餘會說不盡底盡在裏許安撫數文兩手分付徑山山僧分明把呈其中妙義如何敷演若敷演得皇恩佛恩一時報足其或未然却請表白對衆拈出宣疏了指法座云毗盧頂𩕳人人有志上頭行問著路頭十箇有五雙不知去處諸人要識路頭麽良久云看遂陞座拈香祝聖罷又拈香云此一瓣香在兜率天則曰仙陀婆在善變化天則曰奪意在阿那婆達多池邊則曰蓮華藏且道在徑山手中喚作甚麽良久云非但圓悟老人看即有分便是三世諸佛出來也不敢正眼覷著便燒乃就座靈隱和尚白槌云法筵龍象衆當觀第一義　師云若論第一義五目莫覩二聽難聞要得諦當分明當須直截自觀作是觀者名爲正觀若佗觀者名爲邪觀邪正未分有疑請問僧問調御出世三轉法輪於大千達磨西來九年面壁於少室和尚今日爲國開堂未審超佛越祖一句作麽生道師云空裏忙忙書卍字進云直得四衆瞻仰萬姓歌謠去也師云却被上座道著進云直饒道著也只得一半未審向上和尚還更道得也無師云八角磨盤空裏走進云記得肅宗帝問忠國師如何是十身調御國師云檀越蹋毗盧頂上行未審意旨如何師云今古歷然進云頂門具眼爭讓得耀古騰今作者知師云收問靈山一會與今日是同是別師云如是我聞進云恁麽則靈山親見舉今日又重聞師云聞底事作麽生進云兩頭俱坐斷八面起清風師云吃嘹舌頭三千里僧禮拜復有僧出師云問話且止縱饒問處如百川競注答處似巨海吞流直得維摩結舌鶖子無言於本分事上了無交涉且道本分事上合作麽生提持乃舉拂子云還見麽又擊禪牀云還聞麽聞見分明是箇甚麽當今聖主於此得之以妙明心印印十方華藏世界海只在一塵中於一塵中垂衣治化演出無量無邊廣大如虛空不可思議殊勝功德利益法界一切有情所謂聖壽廣大如虛空不可思議聖量廣大如虛空不可思議聖德廣大如虛空不可思議聖學廣大如虛空不可思議乃至聖智聖慧聖慈聖聰皆悉廣大如虛空不可思議只這不可思議底亦不可思議都盧只在一塵中皆聖心之常分非假於佗術滿朝文武諸貴官得之以妙明心印向各各當人脚跟下一印印定更無秋毫以爲透漏所謂王事民事一一明了一一無差然後卷舒自在縱奪臨時皆吾心之常分非

假於佗術今日一會若僧若俗若男若女若貴若賤得之各以妙明心印印之則隨其根性悉得受用一一明了一一無差皆吾心之常分非假於佗術且道徑山長老得之又作麽生還相委悉麽唯憑一滴曹谿水徧界爲霖報我皇即將上來舉揚般若所有一毫之善祝延今上皇帝聖壽無疆恭願堯仁廣被齊日月之盛明湯德彌新並乾坤之久固皇太后中宮皇后大內天眷伏願同明般若正因悉獲金剛種智復舉波斯匿王問佛勝義諦中還有世俗諦否若言其有智不應一若言其無智不應二一二之義其義云何佛言大王汝於過去龍光佛所曾問此義我今無說汝亦無聞無說無聞是名一義二義師召大衆云明明向道尚自不會豈況蓋覆將來今日或有人問徑山勝義諦中還有世俗諦否若言其有智不應一若言其無智不應二一二之義其義云何只向佗道元首明哉股肱良哉是名一義亦名二義正當恁麽時還有向上事也無良久云任大也須從地起更高爭奈有天何久立衆慈伏惟珍重靈隱和尚再白槌云諦觀法王法法王法如是下座

入院上堂古人道去去實不去途中好善爲來來實不來路上莫虧危敢問大衆既不去善爲箇甚麽既不來有甚麽虧危妙喜離徑山十八年今日歸來亦不見有善爲亦不見有虧危三門依舊向南開爲甚麽如此良久云而今四海清如鏡行人莫與路爲讎

上堂今朝三月十五已得如膏之雨農夫鼓腹歌謳萬象森羅起舞敢問大衆農夫鼓腹理合如是萬象森羅因甚麽起舞還委悉麽不見道一家有好事引得百家忙

上堂佛子住此地則是佛受用常在於其中經行及坐卧以拂子擊禪牀云一切智通無障礙釋迦老子來也說道昨日有人從廬山來却得江西信鉢盂口向天燈籠掛露柱四方八面一時來直是無你回避處既無迴避處且作麽生商量還委悉麽回而更相涉不爾依位住

浴佛上堂九十七種大人相莊嚴微妙淨法身示現誕生出母胎爲衆生故作佛事且作麽生是作底佛事良久云下座與首座大衆同入如來香水海助這老子轉大法輪

上堂舉僧問趙州學人乍入叢林乞師指示州云你喫粥了也未僧云喫粥了州云洗鉢盂去其僧於言下有省師云諸方拈掇甚多下注脚亦不少未曾有一人分明說破妙喜今日爲諸人分明說破喫粥了便洗鉢盂且道還曾指示無黑豆從來好合醬比丘尼定是師姑

上堂舉趙州一日與文遠侍者論義鬭劣不鬭勝勝者輸餬餅遠云請和尚立義州云我是一頭驢遠云某是驢胄州云我是驢糞遠云某是糞中蟲州云汝在彼中作甚麽遠云某在彼中過夏州云把將餬餅來師云文遠在驢糞中過夏面赤不如語直趙州貪佗小利贏得箇餬餅檢點將來也是普州人送賊且道畢竟如何良久云鵝王擇乳素非鴨類

上堂正說知見時知見即是心當心即知見知見即如今如今即且置古佛與露柱相交

占波共新羅鬪額萬里圓光頂後相雲門北斗裏藏身睦州擔板趙州喫茶又作麼生商量遂喝一喝云若不喝住幾乎亂却六十甲子下座

上堂舉洞山和尚夏末示衆云初秋夏末兄弟東去西去直須向萬里無寸草處去前後下語者皆不契有僧傳此語到石霜霜云何不道出門便是草洞山聞得深肯之謂瀏陽有古佛出世師云萬里無寸草但請恁麼去出門便是草各自有公據有公據何拘束清風月下守株人涼兔漸遙春草綠

中秋上堂人有心看月月無心照人有無成一片方始得惺惺驀拈拄杖卓一下云這箇不可不惺惺擲下云若知撲落非佗物始信縱横不是塵

上堂纔方八月[說六]中秋又是九月[六]十五拈起拄杖卓一下云唯有這箇不還擲下云一衆耳聞目覩

上堂一二三四五五四三二一返覆數千回總不出今日且道今日事作麼生良久云霜風刮地來法身赤骨𩩲

上堂舉盤山道向上一路千聖不傳慈明道向上一路千聖不然師云不傳不然海口難宣須彌頂上駕起鐵船

上堂舉僧問雪峯古澗寒泉時如何峯云瞪目不見底飲者如何峯云不從口入趙州聞舉呵呵大笑云不可從鼻孔入僧却問古澗寒泉時如何州云苦飲者如何州云死雪峯得聞乃云趙州古佛遂遥作禮云從此不答話師云雪峯不答話疑殺多少人趙州道苦面赤不如語直若是妙喜即不然古澗寒泉時如何到江扶觻棹出嶽濟民田飲者如何清涼肺腑此語有兩负門若人辯得許你具參學眼

退院再歸上堂去是住時因住是去時果去住與果因無[說六]可無不可喝一喝[七]云這裏是甚麼所在說去說住說因說果說可說不可雖然如是這裏却有箇好處且道好在甚麼處良久云再理舊詞連韻唱村歌社舞又重新

聖節上堂心同虛空界示等虛空法證得虛空時無是無非法既無是法又無非法謂之無上佛果菩提亦謂之真如佛性亦謂之摩訶般若波羅蜜多所以道般若波羅蜜多能出生一切諸佛法能成就一切菩薩解脱法能成就國王無上法能成就衆生所作法譬如摩尼寶珠體具衆德能鎮毒龍諸惡鬼神能遂人心所求如意且作麼生是如意底事下座與大衆同詣大佛殿啓建天申聖節譁白

上堂舉法眼問修山主毫氂有差天地懸隔你作麼生會修云毫氂有差天地懸隔眼云恁麼會又爭得修云某甲只恁麼未審和尚作麼生眼云毫氂有差天地懸隔修禮拜師云法眼與修山主絲來線去綿綿密密扶豎地藏門風可謂滿目光生若是德山臨濟門下更買草鞋行脚始得爲甚如此毫氂有差天地懸隔甚處得這箇消息來

上堂今朝又是五月五大鬼拍手小鬼舞驀然撞著桃符神兩手椎胷叫寃苦艾人云休叫苦遂拈拄杖卓一下云只有一處堪回互

回互不回互回而更相涉擲下云不爾依位
住參
上堂今朝又是六月半記得一則舊公案拈拄杖卓一下云拄杖子吞却法身露柱在傍偷眼看看不着拈起秦時轅轢鑽雖然如是這一則舊公案妙喜與他重剖判擲下云萬別與千差吾道一以貫
解夏上堂一百二十日禁足三十五日在外走熨斗煎茶銚不同泥牛解作師子吼今朝法歲已周圓拈得鼻孔失却口以大圓覺爲伽藍七七依前四十九
上堂秋江清淺時白露和煙島出良哉觀世音全身入荒草在荒草不須討爲甚麼如此不識大哥妻元來是嫂嫂
上堂門外春將半山房總不知可憐拄杖子暗裏自抽枝遂拈起拄杖云這箇是拄杖子那箇是抽底枝擲下云直下來也休眼皷瞌
上堂舉乾峯示衆云舉一不得舉二放過一著落在第二雲門出衆云昨日有人從天台來却往徑山去乾峯遂喚維那云來日不得普請師云乾峯洗面摸著鼻雲門喫飯咬著沙二人驀地相逢著元來却是舊鄰家雖然如是只許老胡知不許老胡會
上堂撲落非他物縱横不是塵山河及大地全露法王身驀拈拄杖卓一下云這箇是拄杖子那箇是法王身又舉起云這箇是法王身那箇是拄杖子遂擲下云既已撲落又非佗物却是箇甚麼已是頭上安頭喝一喝云更是箇甚麼
上堂今朝十月旦爲君重衍算兩箇五百文元來是一貫頂門具眼人記取這公案
今上皇帝在建邸遣內知客入山供養羅漢祝聖請陞座僧問當來下生彌勒佛一毛頭上現乾坤現在無量壽世尊大光普照河沙界天台五百阿羅漢隨緣赴感靡不周雙徑峯頭老作家超諸方便如何說師云現在未來佛皆同一名號進云恁麼則人間天上無不歸依師云師子窟中師子栴檀林裏栴檀進云可謂是法住法位世間相常住師云刹竿頭上仰蓮心進云正當恁麼時未審是誰家風月師云是法住法位世間相常住進云和尚分上又作麼生師云天人羣生類皆承此恩力進云如是則一身有賴乾坤闊萬事無憂日月高師云龍得水時添意氣虎逢山色長威獰進云道端到這裏只得兵隨印轉將逐符行去也師云靈利衲僧一撥便轉進云人歸大國方知貴水到瀟湘一樣清師云點進云只如教中道天人得道此爲證三寶於是現世間以斯妙法濟羣生一受不退常寂然如何是妙法師云生鐵鑄成渾鋼打就進云只憑此箇眞消息玉葉金枝萬萬春師云天上有星皆拱北人間無水不朝東僧禮拜云誰不恁麼道師乃云欲識佛性義當觀時節因緣時節若至其理自彰敢問大衆作麼生是自彰底理舉起拂子云還見麼又擊禪牀云還聞麼聞見分明是箇甚麼若向這裏提得去皇恩佛恩一時報足其或未然徑山打葛藤去也復舉起拂子云看看無量壽世尊在徑山拂子頭上放大光明照不可說不可說又不可說佛刹微塵數世界於諸

世界中轉大法輪作無量無邊廣大佛事其中若凡若聖若正若邪若草若木有情無情遇斯光者皆獲無上正等菩提所以諸佛於此得之具一切種智諸大菩薩於此得之成就諸波羅蜜辟支獨覺於此得之出無佛世現神通光明諸聲聞衆洎夜來迎請五百阿羅漢於此得之得八解脫具六神通天人於此得之增長十善修羅於此得之除其憍慢地獄於此得之頓超十地餓鬼傍生及四生九類一切有情於此得之隨其根性各得受用無量壽世尊放大光明作諸佛事已竟然後以四大海水灌彌勒世尊頂與授阿耨多羅三藐三菩提記當於補處作大佛事無量壽世尊有如是神通有如是自在有如是威神到這裏還有知恩報恩者麼若有出來與徑山相見爲汝證明如無聽取一頌十方法界至人口法界所有即其舌只憑此口與舌頭祝吾君壽無間歇億萬斯年注福源如海滉漾永不竭師子窟內產狻猊鸑鷟定出丹山穴爲瑞爲祥徧九垓草木昆蟲盡歡悅稽首不可思議事喻若衆星拱明月故令宣暢妙伽陀第一義中眞實說

俞御幹請上堂一別二十年驀地又相見如百煉精金始終色不變請我轉法輪增長菩提願直下絕狐疑便悟本來面

上堂舉圓通秀和尚示衆云少林九年冷坐剛被神光覷破如今玉石難分只得麻纏紙裹這一箇那一箇更一箇若是明眼人何須重說破師云徑山今日不免狗尾續貂也有些子老胡九年話墮可惜當時放過致令默照之徒鬼窟長年打坐這一箇那一箇更一箇雖然苦口叮嚀却似樹頭風過

結夏上堂一年一度解一年一度結只是這箇事何須更多說不多說蹋著秤鎚硬似鐵

大慧普覺禪師再住徑山能仁禪院語錄卷第六

大慧普覺禪師塔銘

少師保信軍節度使充醴泉觀使魏國公張浚撰

隆興元年八月十日大慧禪師宗杲示寂于徑山明月堂皇帝聞之嗟惜詔以明月堂爲妙喜菴賜謚普覺塔曰寶光用寵賁之其徒以師全身葬於菴之後使了賢來請銘先是上爲普安郡王時聞師名嘗遣內都監至徑山謁師師作偈以獻上上甚嘉之及在建邸復遣內知客請師山中爲衆說法親書妙喜菴大字及製眞讚寄師又二年而上即位始賜號大慧禪師明年復取向所賜宸翰以御寶識之恩寵加厚而師亡矣仰惟主上神聖英武資不世出而惠顧一方外之士如此蓋師於釋氏所謂卓然傑出於當世者忠誠感格得之天理是以上動宸心眷知特異吁其盛哉自昔聖賢以傳心爲學誠明合體變化興焉西方之教指心空爲解脫究竟蓋得一而不見諸用而悟入要處或幾於盡性者所爲後世三宗並行臨濟正傳號爲得人超出聲塵不立一法根源直截以證爲極焜耀震

動卷舒無礙如師子兒游戲自在獲大無畏此固不可以智知識識也臨濟六傳至楊岐楊岐再世而圜悟禪師克勤得法于五祖演被遇兩朝其道蓋盛行矣師實嗣圜悟益光明焉師諱宗杲宣州寧國人姓奚氏年十七爲浮圖不欲居鄉里從經論師即出行四方始從曹洞諸老宿游既得其說歎曰是果佛祖意耶去之謁湛堂準準識師眉睫間乆謂之曰子談說皆通暢特未可以敵生死吾今疾革佗日見川勤當能辦子事勤即圜悟師也湛堂死師謁丞相張公無盡求準塔銘無盡門庭高於天下士亦少許可見師一言而契即下榻朝夕與語名其菴曰妙喜字之曰曇晦且謂子必見圜悟師吾助子往遂津致行李來京師見勤于天寧一日勤陞堂師豁然神悟以語勤勤曰未也子雖有得矣而大法故未明又一日勤舉演和尚有句無句語師言下得大安樂法勤拊掌曰始知吾不汝欺耶自是縱橫踔厲無所疑於心大肆其說如蘇張之雄辯孫吳之用兵如建瓴水轉圜

石於千仞之阪諸老斂袵莫當其鋒于時賢士大夫往往爭與之游雅爲右丞呂公舜徒所重奏賜紫衣號佛日大師會女眞之變其酋欲取禪僧十輩師在選中已而得免蓋若有相之者渡江而南圜悟方主雲居席命師居第一座爲衆授道譽望蔚然已而去入雲居山居古雲門學者雲集復避亂走湖南轉江右入閩築菴長樂洋嶼時從之者纔五十有三人未五十日得法者十三輩前此蓋未始有也後皆角立始應給事江公少明之請住小谿雲門菴而浚在蜀時勤親以師囑謂眞得法髓浚造朝遂以臨安徑山延之道法之盛冠于一時百舍重趼往赴惟恐後拜其門惟恐不得見至無所容敞千僧大閣以居之凡二千餘衆所交皆俊乂當時名卿如侍郎張公子韶爲莫逆友而師亦竟以此遇禍蓋當軸者恐其議己惡之也毀衣焚牒屏居衡州凡十年徙梅州梅州瘴癘寂寞之地其徒裹糧從之雖死不悔噫是非有以眞服其心而然耶又五年太上皇帝特恩放還明年

復僧服四方虛席以邀率不就最後以朝命住育王聚衆多食或不繼築涂田凡數千頃詔賜其莊名般若又二年移徑山師之再住此山道俗歆慕如見其所親雖老接引後進不少倦居明月堂凡一年以終將示寂親書遺奏及寄聲別右相湯公又貽書於浚了賢請偈復取筆大書不少亂師雖爲方外士而義篤君親每及時事愛君憂時見之詞氣其論甚正確晚自徑山來秣陵見浚垂涕言先人不幸無後其之責家貧何所仰願乞一給使名藉公重庶有肯就者浚爲惻然興歎遂奏其族弟道源奉師覲後既退居明月堂置署走其鄉上冢葺治所存蓋如此使爲吾儒豈不爲名士而其學佛亦卓然自立於當世非豪傑丈夫哉卒被光寵表之無窮誠有以自致也所賜御書建閣藏於妙喜菴與茲山不磨矣師壽七十有五坐夏五十八年僧俗從師得法悟徹者不啻數十人皆有聞于時鼎需思嶽彌光悟本守淨道謙遵璞祖元沖密先師而卒我秦國太夫人亦嘗於師問道

焉嗚呼我識師之早此心默契未言先同從容酬接逹旦不倦人間至樂孰與等擬蓋惜其淪沒山林惠利之不博加于人也然而以道觀之安可以隱顯去來索師於形骸之内哉我實知師宜爲之銘銘曰

死生爲一　非想非識　證徹了悟　一息千劫
嗟師何爲　拳拳忠孝　欲迪羣迷　俾趨正教
嘻笑怒罵　佛事熾然　情生智隔　疑謗與焉
天目巍巍　終古莫移　師兮道德　此山與齊

大慧普覺禪師語録卷第六

校勘記

一　底本，明永樂北藏本。

一　一六四頁上二行夾註「塔銘附」，南無。

一　一六九頁中一五行「俊艾」，徑作「俊乂」。

一　一七〇頁上九行後，徑有「大慧普覺禪師塔銘」一行。

大慧普覺禪師住江西雲門菴語録卷第七

徑山能仁禪院住持嗣法慧日禪師臣蘊聞上進

結夏示衆有句無句如藤倚樹孟八郎漢便恁麽去機不到語不副眼裏著得百千萬億須彌山耳裏著得無量無邊香水海機副語語投機眼裏著沙不得耳裏著水不得有般漢聞恁麽道便道見月休觀指歸家罷問程不知垂萬里鈎駐千里烏騅布漫天網打衝浪鯤鯨若是蝦蟆蚯蚓跛鼈盲龜徒勞上鈎徒勞入網須是恁麽人方知恁麽事所以道殺人自有殺人刀活人自有活人劒有殺人刀無活人劒一切死人活不得有活人劒無殺人刀一切活人死不得死得活人活得死人便能刮龜毛於鐵牛背上截兎角於石女腰邊不作奇特商量不作玄妙解會何須九旬禁足三月護生謹守蠟人無繩自縛須知盡十方徧法界無有如針鋒許不是各各當人安居之處便恁麽去更有事在敢問諸人只如不死不活底人出來且作麽生殺作麽生活若殺不得活不得佛法無靈驗直饒殺得活得也未是作家於衲僧分上了無交涉且道衲僧有甚麽長處良久云雖有一雙窮相手未曾祗揖等閑人喝一喝

示衆恁麽恁麽針劄不入不恁麽不恁麽匾挑不上恁麽中不恁麽鬼面神頭不恁麽中却恁麽披毛戴角阿呵呵且道笑箇甚麽我笑昔日雲門大師有時云聞聲悟道見色明心觀世音菩薩將錢買餬餅放下手云元來只是饅頭乃喝一喝云人無遠慮必有近憂

示衆舉雲門一日拈拄杖云凡夫實謂之有二乘析謂之無緣覺謂之幻有菩薩當體即空衲僧見拄杖但喚作拄杖行但行坐但坐總不得動著師云我不似雲門老人將虛空剜窟籠驀拈拄杖云拄杖子不屬有不屬無不屬幻不屬空卓一下云凡夫二乘緣覺菩薩盡向這裏各隨根性悉得受用唯於衲僧分上爲害爲寃要行不得行要坐不得坐進一步則被拄杖子迷却路頭退一步則被拄杖子穿却鼻孔只今莫有不甘底麽試出來與拄杖子相見如無來年更有新條在惱亂春風卒未休

示衆過去諸如來斯門已成就拈拄杖左邊卓一下云且拈向左邊現在諸菩薩今各入圓明右邊卓一下云且拈向右邊未來修學人當依如是法中間卓一下云且拈向中間二邊渾莫立中道不須安一切智智清淨無二無二分無別無斷故昨日有人從淮南來不得江西信報道下江盜賊已平雲門山頭種田博飯喫閒著禪道佛法口似礫盤乃喝一喝云適來許多葛藤向甚麽處去也又卓一下云有利無利不離行市

示衆自從胡亂後三十年不少鹽醬頂門具眼衲僧到此如何趣向然寃有頭債有主雲門今日和泥合水向灸瘡瘢上更著艾炷要與馬師相見遂以拂子面前畫一畫云還見麽拆東籬補西壁眼見則親手攬不及釋迦彌勒換手椎胷文殊普賢連聲叫屈喝一喝云馬面夜叉纔稽首牛頭獄卒便擎拳

示衆永嘉道非不非是不是差之毫釐失千里是則龍女頓成佛非則善星生陷墜永嘉

親見六祖來要且只在是非裏雲門即不然非不非是不是仰面看天低頭覷地惺惺時直是惺惺瞌睡時一向瞌睡也無佛法可商量亦無塵勞可回避有時睡裏驚覺來元是猫兒捉老鼠

示衆古人道佗人住處我不住佗人行處我不行不是與人難共聚大都緇素要分明喝一喝云猶有這箇在雲門即不然佗人住處我亦住佗人行處我亦行瞥喜瞥瞋無理會新羅夜半日頭明且道與古人相去多少試定當看

示衆心不是佛智不是道南泉老人和身放倒至今數百年來其間無數善知識出世未曾有一人爲佗扶起雲門今日擬將燈心拄須彌山試爲扶起看遂拈拄杖云南泉放倒雲門扶起放倒扶起有賓有主明眼納僧商量切忌別作道理既許商量爲甚麼不許作道理良久云相罵饒汝接觜相唾饒汝潑水卓一下

示衆諸法本來絶待觸目且無拘礙只因斷臂覔心便有人求懺罪無文印子既成付法傳衣斷賴致令盧老黄梅墜石腰間舂碓將謂有法與人問著却言不會引得後代兒孫盡作韓獹逐塊雖欲扶豎宗乘奈何東倒西擽子細檢點將來直是令人叵耐若也盡令而行一擊須教粉碎有時靜坐思量就中也有可愛且道有甚麼可愛深沙共脩羅結親金剛與土地揩背喝一喝

示衆拈拄杖卓一下云細不通風大通車馬突出當陽孰辨真假虛空有欛柄無手人能把跛驢蹋倒摘茶輪草菴卸下瑠璃瓦又卓一下

解夏示衆洞山萬里一條鐵瀏陽一擊百雜碎雲門關字常現前翠巖眉毛在不在乃舉拂子云雲門大師來也還見麼擊禪牀云一彩兩賽

示衆法法本來法無法無非法何於一法中有法有不法拈起拄杖云這箇是拄杖子那箇是本來法又云這箇是本來法那箇是拄杖子只今莫有斷得出底麼若斷得出非唯自有出身之路亦乃不受人謾若斷不出雲門饒舌去也開口即失閉口即喪如是如是遂卓一下云一椎兩當復舉起云看看寒山拾得掃地倒轉苕帚柄把露柱一摵勃跳上兜率陀天觸破非非想天人鼻孔毗盧遮那如來忍痛不禁走入雲門拄杖子裏藏身雲門一衆呵呵大笑云料掉沒交涉正當恁麼時露柱與燈籠畫眉又增得多少光彩良久云有意氣時添意氣不風流處也風流

示衆豁開正眼千聖罔測其由一句全提萬別千差路絶識不可識智莫能知非聖非凡非心非法全體恁麼來全體如是住不見毗耶示疾文殊問言居士所疾爲何等相維摩詰曰我病無形不可見又問此病身合耶心合耶曰非身合身相離故亦非心合心如幻故師云身相既離心亦如幻誰是示疾者誰是問疾者還證明得麼若證明得則諸人身病心病俱銷佛病法病齊遣便能回三毒爲三聚淨戒回六識爲六神通回煩惱爲菩提回無明爲大智便恁麼去猶是止啼之訣未

為究竟且究竟一句作麽生道良久云幻人心識本來無罪福皆空無所住喝一喝

示衆或是或非人不識逆行順行天莫測隔山人唱鷓鴣詞錯認胡笳十八拍遂舉拂子云這箇只是犛牛尾拂子不得作是非逆順商量作麽生識作麽生測良久云無人過價打與三百擊禪牀一下

示衆入水不避蛟龍漁父之勇也陸行不避虎兕獵夫之勇也白刃臨前視死若生者將軍之勇也作麽生是衲僧之勇良久云大膽驀頭衝突過小膽哀鳴告所由喝一喝

示衆有一人一生為善有一人一生造惡為善者一旦犯不與取戒造惡者一念了悟自心善人犯不與取戒即名為賊惡人了悟自心即名為佛二人同到雲門著那一人即是著善人而却惡人則是著賊而却佛著惡人而却善人則是怕惡而欺善若二人俱著則佛賊不分若二人俱不著則善惡不明若決定指佛是惡人則招謗佛之愆入地獄如箭射若指賊是善人未有善人而做賊者當人未具智眼在到這裏還有斷得者麽若斷不得雲門為諸人斷却賊是善人為佛是惡人做佛賊善惡人不出這兩箇還會麽驀拈拄杖面前畫一畫云建昌紙貴一狀領過

示衆荆棘林中善卷舒更於驪頷探神珠南山鼈鼻活拈得乘興猶來捋虎鬚如斯標致未是作家若到雲門不勞拈出直須入林不動草入水不動波坐籌帷幄之中決勝千里之外方有少分相應正當恁麽時不傷物義一句作麽生道良久云但將飯向無心盌自有人提折脚鐺

示衆拈拄杖云休誇棒下無生忍擬置當陽掣電機未屙已前驀提得遂卓一下云一擊自然亡所知喝一喝

示衆纔涉脣吻便落言詮不落言詮即沉寂默沉寂默則成誑滯言詮則成謗不語不謗不默不誑須知向上別有一路子明眼底知有只是難近傍遂拈拄杖云拄杖子却近傍得只是不知有敢問大衆近傍得底不知有知有底近傍不得正恁麽時那箇在前那箇在後只今衆中莫有不受人謾底麽試出來定當看良久云若不藍田射石虎幾乎誤殺李將軍卓一下

示衆多時不說禪口邊生白醭大衆苦相煎便登曲录木匪論五家宗不引傳燈録纔開兩片皮業因招薄福釋迦乾屎橛達磨老臭充一人曲說直一人直說曲彼此大丈夫肯受你沸屎罵佛謗祖師定入拔舌獄佛祖生寃家魔王眞眷屬心地黑漫漫口裏水漉漉似恁出家兒定滅瞿曇族臘月三十朝大笑却成哭召大衆云還識雲門村叟麽曾聞一飽忘百饑今日山僧身便是喝一喝

示衆舉僧問香嚴如何是道嚴云枯木裏龍吟僧云如何是道中人嚴云髑髏裏眼睛僧又問石霜如何是枯木裏龍吟霜云猶帶喜在如何是髑髏裏眼睛霜云猶帶識在又問曹山如何是枯木裏龍吟山云血脈不斷如何是髑髏裏眼睛山云乾不盡遂有頌云枯木龍吟眞見道髑髏無識眼初明喜識盡時消息盡當人那辯濁中清圜悟老人云一人

透語滲漏一人透情滲漏一人透見滲漏師云諸人還揀得出麽若揀不出不惜眉毛爲諸人說破香嚴透語滲漏被語言縛殺石霜透情滲漏被情識使殺曹山透見滲漏被見聞覺知惑殺分明說了具眼者辯取

示衆舉提婆達多在地獄中世尊令阿難傳問云汝在地獄中可忍受否云我雖在地獄中如三禪天樂世尊又令阿難傳問你還求出否云待世尊入地獄我即出阿難云世尊是三界大師豈有入地獄分云世尊既無入地獄分我豈有出地獄分師云既無出分又無入分喚甚麽作釋迦老子喚甚麽作提婆達多喚甚麽作地獄還委悉麽自攜餅去沽村酒却著衫來作主人

示衆舉招慶問羅山有人問巖頭塵中如何辯主頭云銅沙羅裏滿盛油意作麽生山召大師慶應諾山云獼猴入道場山却問明招或有人問你作麽生招云箭穿紅日影師云還會麽獼猴入道場箭穿紅日影兩箇老古錐擔雪共填井喝一喝

示衆舉招慶普請擔泥次中路按拄杖問僧云上窟泥下窟泥僧云上窟泥慶打一棒又問一僧上窟泥下窟泥僧云下窟泥慶亦打一棒又問明招招放下泥擔叉手云請師鑑招慶便休師云招慶雖然休去爭奈明招不甘雲門當時若見伊放下泥擔云請師鑑劈脊也與一棒看伊如何折合

示衆舉睦州問僧近離甚處僧云河北州云河北有箇趙州和尚上座曾到彼麽僧云某甲近離彼中州云趙州有何言句示徒僧遂舉喫茶話睦州乃云慚愧却問僧趙州意作麽生僧云只是一期方便睦州云苦哉趙州被你將一杓屎潑了也便打後來雪竇云這僧克由叵耐將一杓屎潑他二員古佛師云雪竇只知一杓屎潑他趙睦二州殊不知這僧末上被趙州將一杓屎潑了却到睦州又遭一杓只是不知氣息若知氣息甚麽處有二員古佛

示衆舉僧問雲門如何是超佛越祖之談門云餬餅師云雲門直是好一枚餬餅要且無超佛越祖底道理

示衆舉洞山云須知有佛向上事僧問如何是佛向上事山云非佛雲門云名不得狀不得所以言非師云二尊宿恁麽提持佛向上事且緩緩這裏即不然如何是佛向上事拽拄杖劈脊便打免教伊在佛向上採根

示衆舉石門聰和尚云十五日已前諸佛生十五日已後諸佛滅十五日已前諸佛生你不得離我這裏若離我這裏我有鉤鉤你十五日已後諸佛滅你不得住我這裏若住我這裏我有錐錐你且道正當十五日用鉤即是用錐即是遂有頌云正當十五日鉤錐一時息更擬問如何回頭日又出師云快張三玄三要扶竪臨濟正宗須是恁麽人始得雖然如是雲門即不然十五日已前諸佛本不曾生十五日已後諸佛本不曾滅十五日已前你若離我這裏我也不用鉤鉤你一任橫擔拄杖緊峭草鞋十五日已後你若住我這裏我也不用錐錐你一任拗折拄杖高掛鉢囊且道正當十五日合作麽生乃云十五日

前後鉤錐徒爾爲今朝是十五正好用鉤錐且作麽生用路逢死蛇莫打殺無底籃子盛將歸

示衆舉白雲祥和尚問僧不壞假名而談實相作麽生僧云這箇是椅子白雲以手撥云將鞵袋來僧無對白雲云這虚頭漢雲門聞云須是祥兄始得師云雲門扶彊不扶弱爭奈憐兒不覺醜這僧當時若是箇漢待佗道將鞵袋來便與掀倒禪牀直饒白雲牙如劒樹口似血盆也分踈不下

示衆舉石頭問長髭甚處來髭云嶺南來頭云大庾嶺頭一鋪功德成就也未髭云成就久矣只欠點眼在頭云莫要點眼麽髭云便請頭垂下一足髭便禮拜頭云子見箇甚麽便禮拜髭云如紅鑪上一點雪師云衆中商量甚多或云無眼功德有甚點處或云莫要點眼麽待佗道便請好劈脊便打若恁麽未免穢汙這功德雲門即不然待這老漢垂下一足但遶起動和尚

示衆舉王大王向雪峯會裏請晏監寺住鼓山雪峯與孚上座送出門回至法堂上乃曰一隻聖箭直射入九重城裏去也孚云和尚是伊未在峯曰渠是徹底人孚云若不信待某甲去勘過遂往路中把住云師兄向甚麽處去鼓山云九重城裏去孚云忽遇三軍圍閉時如何山云佗家自有通霄路孚云恁麽則離宮失殿去也山云何處不稱尊孚便回謂雪峯曰好一隻聖箭折却也遂舉前話峯云渠語在孚云這老凍膿畢竟有鄉情在師云衆中商量道甚麽處是聖箭折處云鼓山不合答佗話是聖箭折處鼓山不合説道理是聖箭折處恁麽批判非唯不識鼓山亦乃不識孚老殊不知孚上座正是一枚賊漢於鼓山面前納一場敗闕懡㦬而歸却來雪峯處拔本大似屋裏販揚州若非雪峯有大人相這賊向甚處容身當時可惜放過却成不了底公案只今莫有爲古人出氣底麽試出來我要問你甚麽處是聖箭折處

示衆舉明招向火次僧忽問目前無法意在目前不是目前法非耳目之所到未審此四句那句是賓那句是主明招撥開火云你向這裏與我拈出一莖眉毛看僧云非但某甲盡大地人喪身失命招云何故自把髻投衙師云這僧有頭無尾明招有尾無頭若人道得頭尾圓全句雲門與你拄杖子

示衆舉南泉坐次一僧問訊叉手而立泉云太俗生僧合掌泉云太僧生僧無語師云合掌太僧生叉手又俗氣總不恁麽時尊體無頓處無頓處有巴鼻唵蘇嚕蘇嚕悉唎悉唎喝一喝云是甚麽近來王令稍嚴不許攙行奪市

示衆三十年來弄馬騎今朝却被驢兒攧就地拾得麗水金拈起却是新羅鐵報諸人別不別夜來雪壓雲門凍得烏龜成鼈

除夜示衆今夜喚明朝作來年明朝喚今夜作去歲既稱來年今夜合來既號去歲明朝合去來年今夜不見來去歲明朝定不去既不來又不去業識茫茫無本據大圓鏡裏絶纖塵箇中寧著閑家具是則是別又別爍迦晃破秋天月龐公不昧本來身大似飛龍成

跛鼈你諸人瞥不瞥靈利漢須看時節五九盡處又逢春衲僧腦後三斤鐵喝一喝

示衆夜來兎子趕大蟲天明走入無何有月下珊瑚長數枝萬象森羅齊稽首驀拈拄杖云拄杖子不唧嚠渠儂却善分妍醜李公爛醉絶倒時元是張公喫村酒報諸人急回首切忌癡狂外邊走

示衆舉麻谷持錫到章敬遶禪牀三帀振錫一下卓然而立師云純鋼打就生鐵鑄成敬云是是師云錦上鋪華三五重谷又持錫到南泉遶禪牀三帀振錫一下卓然而立師云已納敗闕了也泉云不是不是師云枷上更著杻谷云章敬道是和尚爲甚麼道不是師云愁人莫向愁人說泉云章敬則是是汝不是此是風力所轉終成敗壞師云試把火照看南泉面皮厚多少復召大衆云雲門恁麼批判且道肯伱不肯伱

示衆舉南嶽和尚遣僧問馬祖云作麼生祖云自從胡亂後三十年不曾少鹽醬師云雲門即不然夜夢不祥書門大吉

示衆俊鷂不打籬邊兎猛虎終不食伏肉毛頭星現北斗前把斷天關并地軸

示衆舉僧問雲峯如何是心地法門峯云不從人得僧云不從人得時如何峯云此去衡陽不遠師云雲門即不然如何是心地法門不從人得不從人得時如何看脚下

大慧普覺禪師住江西雲門菴語録卷第七

大慧普覺禪師語録卷第七

校勘記

一　底本，明永樂北藏本。

一　一七一頁中三行第五字「祇」，徑作「低」。

一　一七一頁中四行末字「題」，南、徑作「匙」。

一　一七二頁中八行第六字「措」，南、徑作「指」。

一　一七四頁上一六行「銅沙羅」，徑作「銅沙鑼」。

大慧普覺禪師住福州洋嶼菴語録卷第八

徑山能仁禪院住持嗣法慧日禪師臣蘊聞上進

入菴示衆恁麽恁麽理隨事變不恁麽事得理融恁麽中不恁麽寬廓非外不恁麽中却恁麽寂寥非内寂寥非内也觀法界於一塵之中寬廓非外也見一塵徧法界之内無始無終無前無後無古無今一時清淨便恁麽去止宿草菴且在門外何故猶是教乘極則未是衲僧本分事直須恁麽中不恁麽不恁麽中却恁麽直下便捏到這裏直得三世諸佛諸代祖師天下老和尚無摸𢱢處更說甚麽内說甚麽外說甚麽理說甚麽事說甚麽法界說甚麽一塵以拂子擊禪牀一下云若向這裏證得去在内不寂在外不常在無不減在有不增不住兩頭不居中位乾峯舉一不得舉二放過一著落在第二睦州蓋子落地楪子成七片有甚麽過良久喝一喝云任大也須從地起更高爭奈有天何復舉僧問巖頭三界競起時如何頭云坐却著僧云未審師意如何頭云移取廬山來即向汝道師云巖頭古佛向萬仞崖頭垂手鑊湯鑪炭裏横身蓋爲慈悲之故有落草之談今日若有人問雲門三界競起時如何只向佗道快便難逢未審師意如何移取雲門山來即向汝道

翔菴林司法爲考大祥請示衆福城東有大長者居福城東海嶼上於不思議塵劫中承事供養無數佛善哉長者世希有如優曇華時一現發啓廣大真實心翔無佛處阿蘭若若昔智人建梵刹折草揷地即成就此心堅固等須彌或讚或毀不摇動魔王軍衆數甚多觀茲殊勝自摧伏長者視身如浮雲變滅須臾不長久當生佛國時節來撒手便行不回顧有子遵義起其家志願身心俱及第仁者則壽語不誣當知今亦未嘗死我來居是阿蘭若不見長者生遺恨故說此偈聊發揚同住如來寂滅海

示衆以字不成八字非爍迦羅眼不能窺一毛頭上重拈出忿怒那吒失却威

示衆一句中具三玄門一玄門有三要路臨濟小廝兒只具一隻眼四方八面來只打中間底卒風暴雨時向古廟裏鞞得過興化老凍膿全未夢見在至道無難唯嫌揀擇是時人窠窟趙州古佛直得五年分疎不下灼然鵝王擇乳素非鴨類有佛處不得住無佛處急走過三千里外逢人不得錯舉揭却腦蓋換却眼睛汝等諸人不用鑽龜打瓦百丈被馬祖一喝直得三日耳聾作麽生圖度切忌停囚長智恁麽也不得不恁麽也不得恁麽不恁麽總不得舍元殿裏休問長安莫認驢鞍橋作阿爺下頷既然如是向這裏說高高峯頂立深深海底行得麽香象渡河截流而過得麽如金翅擘海直取龍吞得麽既不許恁麽如今不免且作死馬醫驀拈拄杖卓一下云太陽溢目萬里不掛片雲超佛越祖之談已爲掃來塡溝塞壑了也且道清平木杓眾羅井索錢貫雪峯輥毬禾山打鼓畢竟向衲僧分上成得箇甚麽邊事還委悉麽莫待是非來入耳從前知已反爲讎復卓一下喝一喝

善友請示衆心空及第無階級直下忘懷罪性空一念廓然三際斷千差萬别盡圓通示衆針鋒頭上透天關著意忘懷兩不堪直下早踰千萬劫即今成佛未同叅所以雪峯道望州亭與汝相見了也烏石嶺與汝相見了也僧堂前與汝相見了也若是靈利漢聊聞舉著剔起便行更不周由者也還委悉麼出頭天外看誰是我般人

陳氏爲考妣懺塔請示衆普賢身相無有二八萬四千毛孔刹一一毛孔一如來一一如來一塔廟舍利堅固金剛身虛空可壞此不朽女子陳氏報劬勞一一塔廟一瞻禮滿足八萬四千拜盡諸毛孔無有遺所獲功德不可量正與普賢行願等用嚴慈父及慈母徧及法界諸有情永離苦海證菩提悉得心空超彼岸

福州洋嶼菴語録

泉州小谿雲門菴語録

入菴示衆舉波斯匿王問世尊勝義諦中還有世俗諦否若言其有智不應一若言其無智不應二一一二之義其義云何世尊荅曰汝於過去龍光佛所曾問此義我今無說汝亦無聞無說無聞是名一義二義師云大小釋迦老子被箇俗漢等閑捩轉鼻孔直得分疎不下今日或有人問雲門勝義諦中還有世俗諦否若言其有智不應一若言其無智不應二一一二之義其義云何且作麼生支遣良久云揷一枝草建梵刹破妄想塵出經卷饒益廣大諸有情成就無邊希有事驀拈拄杖卓一下云梵刹已建妄想塵已破大經卷已出頓漸偏圓權實平滿一一分明種種法門種種方便種種智慧種種因果種種殊勝種種行願種種莊嚴只在檀越給事一毛端上以妙明心印一印印定還信得及麼若信得及即今成佛不假修治非但檀越給事如是乃至過現未來微塵諸佛諸代祖師古往今來一切知識天下老和尚舌頭亦以此印印定無異無同一一妙明一一具足修如是行成如是事滿如是願獲如是福無古無今無終無始無成無壞無悟無迷如是了達如是證入如是究竟亦只在檀越給事一毛端上不異善財入彌勒樓閣塵沙法門一時頓證無量功德徧處莊嚴如帝綱交光互相融通互相攝入互爲主伴一一周帀一一無偏普令無數善心不善心衆生覩諸殊勝皆發無上正等菩提之心生希有想非但檀越給事如是雲門今日亦如是非但雲門與給事如是現前僧俗大衆一一平等一一無差一一如是正當恁麼時且道是勝義諦耶是世俗諦耶是有耶是無耶是一義耶是二義耶是說耶是無說耶是智耶是無智耶是聞耶是無聞耶試斷看若斷得出檀越給事建大寶坊作大佛事功不唐捐若斷不出雲門爲蛇畫足去也擲下拄杖拍禪牀云透過鐵圍山北斗面南看

浴佛示衆末後一句子聲前露倮倮蓋天蓋地蓋聲蓋色黄面老子得箇一著子便道未

離兜率巳降王宮未出母胎度人巳畢及至初生則震動一切世界綱便一手指天一手指地作大師子吼道天上天下惟我獨尊爲一大事因緣故開佛知見示佛知見悟佛知見入佛知見殊不知數千年後被箇跛脚阿師要一棒打殺與狗子喫貴圖天下太平且道釋迦老子過在甚麼處莫是指天指地開大口麼莫是不合鼓弄人家男女麼莫是開佛知見示佛知見悟佛知見入佛知見麼若恁麼商量不唯謗佗釋迦老子亦乃辜負雲門大師到這裏若知雲門落處即知自己落處且道落在甚麼處良久云萬古碧潭空界月再三撈摝始應知復舉僧問五祖如何是佛祖云露胷跣足如何是法云大赦不放如何是僧云釣漁船上謝三郎師云此三轉語一轉具三玄三要四料揀四賓主洞山五位雲門三句百千法門無量妙義若人揀得許你具一隻眼

結夏示衆今日是衆僧結制之辰雲門菴比丘宗杲與赤肉團上無位眞人現前清淨大衆以法界爲伽藍同諸菩薩九十日内安居其中跳金剛圈吞栗棘蓬作夢中佛事降鏡裏魔軍三業清淨六根明徹身四威儀無諸過患懸契如來一百四十大願紹三寳種永不斷絶苟能如是修證如是安居是大丈夫漢是眞出家兒不須謹守蠟人如鵝護雪其或未然趙州東壁掛葫蘆莫道不疑好拍禪牀下座

示衆雲門昨日晝寢夢乘一葉輕舟泛東大洋海騎新修佛殿入螻蟻穴中迤邐行到十字街頭萬人叢裏見一隊彊項衲僧口裏談玄演妙舉古明今説靈雲見桃華悟道香嚴聞擊竹明心雪峯連年輥毬禾山長時打鼓事存函蓋合理應箭鋒拄方作此夢忽然被人驚覺元來却是嘉通聚三上座鞔履作聲雲門雖然眼開猶在夢中未惺三上座近前作禮曰請和尚來日爲衆説禪雲門夢裏應張曰諾今日擊動法鼓大衆上來且道説箇甚麼即得昨日夢説禪如今禪説夢夢時夢如今説底説時説昨日夢底昨日合眼夢如今開眼夢諸人總在夢中聽雲門復説夢中夢良久云驢脣先生開口笑阿脩羅王打勃跳海神失却夜明珠擘破彌盧穿七竅三人上座請談禪平地無風浪拍天禪禪不用思量卜度非干文字語言仰之彌高鑽之彌堅嚴頭劄之則曰是句非句臨濟用之則曰三要三玄禪禪吞却栗棘蓬透出金剛圈休論趙州老漢庭前栢樹子莫問首山新婦騎驢阿家牽但請一時放下著當人本體自周圓召大衆云且作麼生説箇周圓底道理於此裏明明有六趣覺後空空無大千喝一喝

解夏示衆衲僧相見莫疑猜布袋結頭今日開露柱著衫南嶽去燈籠脫帽上天台驀拈拄杖云只有雲門木上座終年無去亦無來有時獨靠古屏畔覷破門前下馬臺擲下拄杖下座

示衆舉一不得舉二放過一著落在第二遇貴則賤遇賤則貴築著磕著沒處回避南嶽天台去路通君向西兮我向東風從虎兮雲從龍喝一喝云拈起皷箕別處春熨斗煎茶

鐃不同
示衆舉僧問雲門如何是道門云透出一字
師云透出一字却不相似急轉頭來張三李
四下座
示衆舉教中道生滅滅已寂滅現前師云眞
生無可生眞滅無可滅寂滅忽現前蝦蟇呑
却月
示衆舉僧問趙州百骸俱潰散一物鎮長靈
時如何州云今朝又風起師云今朝又風起
閙處莫挿觜觸著閻羅王帶累陰司鬼
示衆舉法眼問覺鐵觜近離甚處覺云趙州
眼云承聞趙州有栢樹子話是否覺云無眼
云往來皆謂僧問如何是祖師西來意州云
庭前栢樹子上座何得道無覺云先師實無
此語和尚莫謗先師好師云若道有此語蹉
過覺鐵觜若道無此語又蹉過法眼若道兩
邊都不涉又蹉過趙州直饒總不恁麼别有
透脫一路入地獄如箭射旱霓如何舉起拂
子云還見古人麼喝一喝
示衆舉青原思和尚問六祖當何所務即不
落階級祖云汝曾作甚麼來思云聖諦亦不
爲祖云落何階級思云聖諦尚不爲何階級
之有祖深器之師云莫將閑話爲閑話往往
事從閑話生
示衆舉龐居士問靈照女明明百草頭明明
祖師意作麼生會照云這老漢頭白齒黄作
這箇見解居士云你作麼生照云明明百草
頭明明祖師意師云龐居士先行不到靈照
女末後太過直饒齊行齊到若到雲門一坑
埋却且道過在甚麼處明明百草頭明明祖
師意
示衆舉雲門云百草頭上道將一句來衆無
語自代云俱圜悟老師云劄師云普復云俱
劄普日輪午李將軍射石虎雖然透過那邊
枉發千鈞之弩
示衆舉僧問趙州四山相逼時如何州云無
路是趙州師云無路是趙州老將足機籌關
南幷塞北當下一時收
李參政請示衆舉裴相國入寺見壁間畫像
問院主云壁間是甚麼主云高僧裴云形儀
可觀高僧在甚麼處主無語裴云這裏莫有
禪僧麼時黄檗在衆院主云有一希運上座
頗似禪僧裴遂召黄檗舉前話似之檗云但
請問來裴云形儀可觀高僧在甚麼處檗召
相公公應諾檗云在甚麼處裴於言下領旨
師云裴公將錯就錯脫盡根塵黄檗信口垂
慈不費心力似地擎山不知山之孤峻如石
含玉不知玉之無瑕雖然如是黄檗只有殺
人刀且無活人劒今日大資相公或問雲門
形儀可觀高僧在甚麼處雲門亦召云相公
相公若應諾雲門即向道今日堂中特謝供
養
示衆舉僧問趙州如何是祖師西來意州云
庭前栢樹子僧云和尚莫將境示人州云我
不將境示人僧問如何是祖師西來意州云
庭前栢樹子師云庭前栢樹子今日重新舉
打破趙州關特地尋言語既是打破關爲甚
麼却尋言語當初將謂茅長短燒了元來地
不平
蔡郎中請示衆聊聞舉著便承當好肉無端

巳刎瘡著眼機輪上頭看方知兩兩不成雙驀拈拄杖云見之不取千載難忘三世諸佛諸代祖師天下老和尚被雲門拄杖子一口吞盡一大藏教塡溝塞壑正當恁麼時設使德山棒如雨點臨濟喝似雷奔還如氈上翻筋斗韈裏動指頭有甚麼用處恁麼說話太殺壓良爲賤不識好惡或被一箇不惜性命底衲僧出來掀倒禪牀喝散大衆也怪佗不得即今還有麼如無雲門據款結案去也卓拄杖一下復舉裴相國捧一尊像胡跪於黃檗前云請師安名檗云裴休裴應諾檗云與汝安名竟裴作禮云謝師安名師云裴公黃檗可謂如水入水似金博金雖然如是檢點將來不無滲漏今日蔡郎中或捧一尊像請雲門安名即向道清淨法身毗盧遮那佛若云謝師安名即向道下坡不走快便難逢

儲大夫請示衆徹骨徹髓道一句三要三玄絕遮護竺乾四七例皆迷震旦二三渾未悟我說是言非正邪當機覿面休回互懸歎爲報雲臺公俊鷹不打籬邊兔

俊上座請示衆拈拄杖卓一下云文殊普賢觀音彌勒又卓一下云迦葉阿難寒山拾得又卓一下云只恁麼全是中全非又卓一下云不恁麼全非中全是如來說一合相即非一合相是名一合相放過一著丈俊上座好與三十棒且道是賞佗是罰佗擲下云具眼衲僧試定當看

示衆舉外道問佛不問有言不問無言世尊良久外道讚歎云世尊大慈大悲開我迷雲令我得入外道去後阿難問佛外道有何所證而言得入世尊云如世良馬見鞭影而行雪竇云邪正不分過由鞭影師云邪正兩分正由鞭影

示衆即心即佛莫妄求非心非佛休別討紅爐焰上雪華飛一點清涼除熱惱

示衆行不到處說不難說不到處行不難行說難到不難到拈却門前大寨山所以道靈鋒寶劍常露現前亦能殺人亦能活人進前則喪身失命退後則瓦解冰銷不進不退上無衝天之計下無入地之謀正當恁麼時作麼生是衲僧轉身一路還委悉麼好手手中呈好手紅心心裏中紅心

示衆舉僧問趙州如何是趙州州云東門南門西門北門僧云不問這箇州云你問趙州聻師云這僧問趙州趙州答趙州得人一馬還人一牛人平不語水平不流會麼受恩深處宜先退得意濃時便好休

爲圓悟和尚舉哀拈香指眞云這老和尚一生多口攪擾叢林近聞巳在蜀中遷化了也且喜天下太平雲門昔年雖曾親近要且不聞佗說著箇元字脚所以今日作一分供養點一盞茶燒此一炷香熏佗鼻孔即非報德酬恩只要辱他則箇召大衆云既不聞佗說箇元字脚又無恩德可報何故特地作這一場笑具還委悉麼冤有頭債有主偶因失脚倒地至今怨入骨髓遂燒香

當晚小參舉僧問長沙南泉遷化向甚麼處去沙云東家作驢西家作馬僧云未審意旨如何沙云要騎便騎要下便下師云今日或有人問雲門圜悟老師遷化向甚麼處去即

向佗道入阿鼻大地獄去也 木審意旨如何飲洋銅汁吞熱鐵圓或問還救得也無云救不得為甚麼救不得是這漢家常茶飯

善友請示眾安心顛倒造諸業回趣眞乘即懺摩眞妄兩頭俱透脫海南東畔是新羅

示眾舉百丈凡叅次有一老人常隨眾聽法眾人退老人亦退忽一日不退丈遂問面前立者復是何人老人云某甲非人也於過去迦葉佛時曾住此山因學人問大修行底人還落因果也無對云不落因果五百生墮野狐身今請和尚代一轉語貴脫野狐身老人遂問大修行底人還落因果也無丈云不昧因果老人於言下大悟便脫野狐身師云不落與不昧半明兼半晦不昧與不落兩頭空索索五百生前箇野狐而今冷地謾追呼喝一喝云座中旣有江南客休向罇前唱鷓鴣

示眾舉道吾與漸源至一家弔慰源拊棺云生耶死耶吾云生也不道死也不道源云為甚麼不道吾云不道不道回至中路源云和尚快與某甲道若不道打和尚去吾云打即任打道即不道師云生也不道死也不道公案兩重一狀領到露刃吹毛截斷綱要脫却鶻臭衫拈了炙脂帽大坐當軒氣浩浩喝一喝下座

施主供養羅漢示眾丹霞燒却木佛翠微供養羅漢一人左手擡一人右手按賓主旣歷然吾道一以貫師子獨遊行豈復求侶伴團圝擘不開打鼓普請看雖不直分文傾國不肯換遂鳴指三下云蘇盧嘧哩薩婆訶

端午示眾拈拄杖舉雲門大師道從上諸聖為甚麼不到這裏蓮華峯菴主道古人到這裏為甚麼不肯住師云二尊宿折東籬補西壁抱橋柱澡洗把纜放船即不無要且無為人底道理雲門即不然未到這裏教伊到已到這裏教伊頭破腦裂且道還有為人處也無良久云一二三四五虛空闕處補五四三二一當門書大吉好手揮斤去鼻泥衲僧機妙安能識驀然識百草頭邊露消息且作麼生是露底消息唵部臨唵齒臨急急如律令卓一下

示眾舉僧問睦州一言道盡時如何州云老僧在你鉢囊裏又問雲門一言道盡時如何門云裂破師云或有人問山僧一言道盡時如何這漆桶

示眾舉僧問雲門達磨九年面壁意旨如何門云念七師云念七念七全無消息背看分明正觀難識旣是正觀為甚麼難識可知禮也

示眾舉龐居士問馬大師不昧本來身請師高著眼大師直下覷士云一種沒絃琴唯師彈得妙大師直上覷居士禮拜大師歸方丈居士隨後至方丈云適來弄巧成拙師云且道是馬大師弄巧成拙龐居士弄巧成拙還有緇素得出者麼若緇素不出癩馬繫枯樁直饒緇素得出也是蝦蟇口裏一粒椒

示眾舉龐居士云心如境亦如無實亦無虛有亦不管無亦不拘不是聖賢了事凡夫師云白的的清寥寥水不能濡火不能燒是箇甚麼切不得問著問著則瞎却你眼以拄杖擊香臺一下

示衆舉古德云佛法也大有只是舌頭短師云向道莫行山下路果聞猿叫斷腸聲

蔡春卿薦考請示衆舉洛浦示衆云孫臏收鋪去也有卜者出來時有僧出曰請和尚一卜浦云汝家爺死僧無語法眼代拊掌三下師云這僧没興死却爺又被佗人拊掌信知禍不單行福無雙至然洛浦善卜法眼善斷若子細思量爻象吉凶二老一時漏逗既占得火風鼎卦何故斷作地火明夷雲門即不然驀拈拄杖云孫臏門下死却郎罷連卓三下云會麽内屬艮宫再求外象又卓三下云千靈萬聖千靈莫順人情復卓一下云吉凶上卦

屏山居士劉寶學請示衆大根大器大丈夫不越一念了大事三世諸佛立下風此人堪作如來使三世諸佛既立下風爲甚麽却作如來使良久云鐵輪天子寰中勑須信官差不自由

江給事請開佛光明師執筆云教中道清淨慈門刹塵數共生如來一妙相一一諸相莫不然是故見者無厭足又道如來眼有大人相名自在普見雲以衆妙寶而爲莊嚴摩尼寶光清淨瑩徹普見一切皆無障礙既然如是爲甚麽却要佗人點眼還有道得底麽若也道得非獨爲黄面老子出氣亦使徧法界衆生悉沾利益若道不得聽取一頌舉頭忽覩明星現因茲眼病見空華遂以筆點云今日還渠舊光彩碧眸烱烱照塵沙

泉州小谿雲門菴語録卷第八

大慧普覺禪師語録卷第八

校勘記

一　底本，明永樂北藏本。

一　一七七頁下二行第一二字「彈」，徑作「𢇛」。

一　一七八頁上末行末字「録」下，徑有「終」字。

一　一七九頁中一五行第八字「嘉」，徑作「喜」。

一　一七九頁下末行第一三字「春」，南、徑作「春」。

一　一八二頁上二行第二字「洋」，南作「烊」。又第八字「圓」，徑作「丸」。

一　一八二頁上一四行第七字「兼」，徑作「與」。

一　一八三頁上三行「孫臏」，南作「孫賓」。一〇行同。

大慧普覺禪師雲居首座寮秉拂語録卷第九

徑山能仁禪院住持嗣法慧日禪師臣蘊聞上進

秉拂僧問萬鍛爐中鐵蒺藜當塗佛祖不容伊而今信手拈來用未審如何話此機師云沒這閑家具進云只如廣敷此座是閑不閑師云髑髏粉碎不知痛進云可謂鐵鞭指出胡人路拗曲由來爲後人師云鐵蒺藜在甚麽處進云㘞師云笑殺納僧乃云夷門昔日呈家醜拈出無邊栗棘蓬今日甌峯孤頂上幸然無事又相逢相逢即且置其中事作麽生若有人道得一句便請各自歸堂若道不得打葛藤謾諸人去也諸佛未出世時有即今巴鼻一人人頂門上輝大寶光出世後消息全無一箇箇脚跟下縱横十字有佛處不得住無佛處急走過㘞著不來三千里外穿却鼻孔到這裏直饒置無邊刹境於一毛頭上只這一毛頭從甚麽處得來納百億須彌盧於一粒粟中只這一粒粟又向甚麽處安著如是則易不如是則難休於言上覔莫向意中求如是則難不如是則易識取鉤頭意莫認定盤星衲僧拄杖子拈得便行切忌向平地上釘樁搖橛所以道神光不昧萬古徽猷入此門來莫存知解只如一大藏教說權說實說頓說漸說有說無乃至西天此土諸代祖師古往今來一切知識種種言語種種作用且道是知解耶非知解耶若定奪得出秉拂上座一場敗闕若定奪不出潑第二杓惡水去也喝一喝云是甚麽有照用無向背只許老胡知不許老胡會睦州一向擔板趙州貴買賤賣獨有三聖瞎驢至今遭人笑怪須彌山突出諸人額角邊大海水灌入諸人鼻孔裏即且置馬大師道自從胡亂後三十年不曾少鹽醬又作麽生商量還委悉麽多年曆日無人問驀地拈來煞殺人喝一喝復舉巖頭參德山纔跨門便問是凡是聖山便喝頭便禮拜後有僧舉似洞山山云若不是奯公也大難承當巖頭聞云洞山老漢不識好惡錯下名言我當時一手擡一手搦師云猛虎不識穽穽中身死蛟龍不怖劒劒下身亡巖頭雖於虎穽中有透脫一路向劒刃上有出身之機若子細檢點將來猶欠悟在只今還有爲巖頭作主底麽出來與杲上座相見良久喝一喝拍一拍云洎合停囚長智

冬至秉拂豁開戶牖妙手畫難成當軒者誰擡眸已蹉過不是心不是佛不是物不是禪不是道三世諸佛說不及六代祖師傳不到便恁麽去只是箇無孔鐵鎚直饒出得荆棘林未免死於平地上所以道言無展事語不投機承言者喪滯句者迷可中有箇出情塵超物外不承言不滯句百草頭上薦得祖師閙市裏識得自己直下如龍得水似虎靠山脚跟下正好朝打三千暮打八百何故我王庫內無如是刀若是出格道流必不作這般去就雖然如是盡法無民今夜放一線道與諸人相見舉起拂子云君子道長畫一畫云小人道消滴水一滴凍節令不相饒狸奴白牯鼻繩斷水底藏身被火燒擊禪牀一下復舉本仁示衆云尋常不欲向聲前句後鼓弄人家男女何故且聲不是聲色不是色有僧

問如何是聲不是聲仁云喚作色得麽僧云如何是色不是色仁云喚作聲得麽僧禮拜仁云且道爲你説答你話若人辯得許你有箇入處師云本仁將一穿雲居子換却天下人眼睛却被這僧將一條斷貫索不動干戈穿却鼻孔後來舜老夫拈云本仁既已入草這僧又落深村然則陽春雪曲時人難和村歌社舞到處與人合得著師云舜老夫是則也是未免隨摟擻秉拂上座不惜眉毛爲諸人説破聲不是聲色不是色馬後驢前神出鬼没雪曲陽春和不齊村歌社舞且淈淆以拂子擊禪牀云這箇決定不是聲復舉起云這箇決定不是色且畢竟是箇甚麽喝一喝云此時若不究根源直待當來問彌勒

韓德全朝議請秉拂僧問達磨西來將何傳授師云不可總作野狐精見解進云如何是麤入細師云香水海裏一毛孔進云如何是細入麤師云一毛孔裏香水海進云和尚爲甚麽却顛倒師云從來有些子問三脚驢子弄蹄行時如何師云踢斷趙州略彴子乃云作麽作麽擊開無盡藏如是如是抹過太虛空恁麽不恁麽直下便透猶是扶籬摸壁立地死人更擬進步向前如何若何正是外道邪魔滅胡種族即今莫有吾家種草麽有則出來爲衆出氣如無更看塗灰抹土一上妙性圓明離諸名相本來無有世界衆生因妄有生因生有滅生滅名妄滅妄名眞喝一喝云釋迦老子當時若下得這一喝免得漏逗何故既是圓明離相畢竟妄從何起眞從何生生從何來滅從何去若也見得徹去山河大地萬象森羅四聖六凡情與無情不消一揑便見冰銷瓦解到這裏也無禪也無道也無心也無性也無玄也無妙露倮倮赤灑灑没可把便恁麽去更買草鞋行脚三十年也未夢見衲僧氣息在且道衲僧有甚麽長處

良久云激電爍開頂門眼隔谿猿叫一聲寒

復舉雪峯問僧近離甚處僧云覆船峯云生死海未渡爲甚麽覆却船僧無語歸舉似覆船船云何不道渠無生死僧再至雪峯舉前話問僧云渠無生死峯云此不是汝語僧云是覆船恁麽道峯云我有二十棒寄與覆船二十棒老僧自喫要且不干闍黎事師云作家宗師天然猶在雖然如是也是作賊人心虛是則不干這僧事二十棒何須自喫但更添二十棒只打覆船便了且道渠過在甚麽處老老大大不合與人代語

歲節秉拂僧問舊歲已去新歲到來還有不涉新舊者也無師云有進云那箇是不涉新舊者師云諸佛菩薩畜生驢馬進云今夜小出大遇去也師云我已無端入荒草你又跳入屎坑裏進云彼此不著便師云果然隨我來乃云百尺竿頭進一步甚麽處得這消息來萬仞峯前露一機墮在時人窠窟裏莫妄想放下著絶伎倆處便肯承當鼻孔索頭在我手裏所以南泉道牽牛向谿東放不免食佗國王水草牽牛向谿西放亦不免食他國王水草不如隨分納些些總不見得杲上座隨分納些些去也良久云釋迦掩室於摩竭耕地種蒺蔾淨名杜口於毗耶錮鏴著生鐵須菩提唱無説以顯道餿飯祭閑神釋梵絶

聽而兩華果有領受者直饒向上一路千聖
不傳硬糾糾活鱍鱍棒下無生忍臨機不見
師也是隔鞾抓痒總不恁麼落在無事界中
且作麼生通得箇機關應得箇時節去驀拈
拄杖卓一下云還委悉麼差之毫氂失之千
里孟春猶寒終而復始釋迦老子是繫驢橛
一大藏教是破故紙如我按指海印發光汝
暫舉心塵勞先起超佛越祖之談未語已前
向諸人脚跟下蹉過了也畢竟如何毗婆尸
佛早留心直至如今不得妙又卓一下復舉
僧問鏡清新年頭還有佛法也無清云有僧
云如何是新年頭佛法清云元正啓祚萬物
咸新僧云謝師答話清云山僧今日失利又
僧問明教新年頭還有佛法也無教云無僧
云年年是好年日日是好日為甚麼却無教
云張公喫酒李公醉僧云老老大大龍頭蛇
尾教云山僧今日失利師云二尊宿一人向
高高峯頂立不露頂一人向深深海底行不
濕脚是則也是未免有些誵訛今夜或有人
問杲上座新年頭還有佛法也無只向佗道

今日一隊奴僕在茶堂裏村歌社舞弄些神
鬼直得點胷尊者惡發把鉢盂峯一擲擲過
恒河沙世界之外驚得憍陳如怕怖慞惶倒
騎露柱跳入擔板禪和鼻孔裏撞倒舒州天
柱峯安樂山神忍俊不禁出來攔胷搊住云
尊者你既稱阿羅漢出三界二十五有塵勞
超分段生死因甚麼有許多無明被這一問
不勝懡㦬却回佛殿裏第三位打坐依舊點
胷點肋道天上天下唯我獨尊自云住住杲
上座佗問新年頭佛法為甚麼一向虛空裏
打筋斗說脫空謾人良久云杲上座今夜失
利
熊伯莊請秉拂諸法寂滅相不可以言宣釋
迦老子在摩竭提國三七日內啓口無由達
磨大師對梁武帝盡力提持只道得箇不識
若也一向坐却去盡大地更無一人發真歸
源先聖幸有第二義門何妨於中通一線路
所以道真如淨境界一泯未嘗存能隨染淨
緣遂成十法界乃舉起拂子云這箇拂子與
過去諸佛未來諸佛現在諸佛同一悲智同

一行願同一慈力同一眼觀同一耳聽同一
鼻齅同一舌嘗同一身觸同一意思隨宜說
法為諸大菩薩說六波羅蜜令其各證無生
法忍為聲聞緣覺說十二緣生四諦真理令
其各得八解六通證寂滅樂為諸天衆說一
切諸行皆悉無常一切樂具悉皆衰謝令其
各得出離三界為諸人衆說不昧因果法令
其各各修十善道永淨三業為阿脩羅衆說
無我法令其捨離憍慢放逸安住忍地為諸
地獄極苦衆生說罪性不在內外中間令其
一念頓超十地為諸餓鬼傍生說永斷根本
無明法令其捨離饑渴熱惱生人天中拂子
如是隨宜說如是法一大藏教也不增一字
也不減一字諸人還信得及麼若信不及却
聽拂子重說偈言遂擊禪牀一下云是聖是
凡俱解脫巍巍三界獨稱尊復舉僧問睦州
經頭以字不成八字不是未審是甚麼字州
彈指一下云會麼僧云不會州云上來講讚
無限勝因蝦蟇勃跳上天蚯蚓驀過東海師
云這僧只問經頭一字睦州盡將善知衆藝

差別字輪以龍龕手鑑唐韻玉篇從頭註解
撒在這僧懷裏這僧也不妨奇特直下便肯
承當且道甚麼處是佗承當處聽取箇註脚
以字不成八字不是彈指未終普天帀地擊
開四十二般若波羅蜜門叅透華嚴會中善
知衆藝教內教外一時收世出世間皆周備
無邊罪咎如火銷冰無量勝義如恒沙聚更
有箇末後句堅牢庫藏永收藏總屬山前熊
伯莊
秉拂欲識佛性義當觀時節因緣時節若至
其理自彰且道即今是甚麼時節莫是坐底
坐立底立麼莫是春雨如膏春雲如鶴麼莫
是香煙匌帀燈燭熒煌麼莫是僧俗交叅同
會一處麼若恁麼只見一邊須知微塵諸佛
出世降王宮坐道場轉法輪降魔軍度衆生
入涅槃總不出這箇時節諸人若信得及無
邊刹境自佗不隔於毫端十世古今始終不
離於當念若信不及說老婆禪去也佛不遠
人即心而證獼猴弄黐膠法無所著觸境皆
如枯樁繫癩馬不是心不是佛不是物渾家

送上渡頭船恁麼也不得不恁麼也不得恁
麼不恁麼總不得吐出野狐涎厮服平胃散
可中有箇漢向未屙已前驀跳得出高高處
觀之不足低低處平之有餘可以高超三界
獨步大方可以截生死流據佛祖位便恁麼
去止宿草菴且居門外何故不見古人道善
言言者言所不能言善迹迹者迹所不能迹
迹所不能迹無迹言所不能言無言既無言
又無迹雲門手中扇子勃跳上三十三天築
著帝釋鼻孔東海鯉魚打一棒雨似盆傾畢
竟是何宗旨喝一喝云山斷疑休去峯高又
起來復舉龍牙頌云一切名山到因脚辛苦
年深與鞿著而今年老不能行手裏把箇破
木杓白雲端和尚云龍牙老人可謂熟處難
忘師云端和尚恁麼道大似以己方人杲上
座即不然家貧難辦素食事忙不及草書
結夏秉拂聲前逈逈一路子黃面瞿曇不知
一句明明百草頭碧眼胡兒罔措閙浩浩處
靜悄悄靜悄悄處閙浩浩直下如王寶劒誰
敢當頭擬犯鋒鋩橫屍萬里更說甚麼似地

擎山不知山之孤峻如石含玉不知玉之無
瑕更說甚麼香象渡河徹底截流而過更說
甚麼全明全暗雙放雙收須知恁麼來者寸
絲不掛恁麼去者堆山積嶽將錯就錯以大
圓覺爲我伽藍身心安居平等性智九十日
內和泥脫墼到這裏若有轉身一路則不守
自家活計豈遵先聖軌儀所以道全鋒敵聖
罕遇知音同死同生萬中無一且道同死同
生底是甚面目驀拈拄杖云趙州和尚來也
金佛不度鑪木佛不度火泥佛不度水卓一
下云百雜碎没縫罅明眼衲僧盲聾瘖啞金
剛水際藏身非非想天走馬一即一切一切
即一盡大地是箇解脫門是人知有且道石
室行者蹋碓因甚麼忘却移脚良久喝一喝
復舉三聖道我逢人即出出則不爲人興化
道我逢人即不出出則便爲人眞淨和尚云
這兩箇老古錐竊得臨濟些子活計各自分
疆列界氣衝宇宙使明眼人只得好笑師云
眞淨老人大似欺誣亡沒杲上座即不然豁
開三要三玄路坐斷須彌第一峯且道在三

聖分上耶在興化分上耶具眼者辯取

秉拂僧問古鏡未磨時如何師云火不待日而熱進云磨後如何師云風不待月而涼進云磨與未磨時如何師云交問不與萬法爲侶者是甚麽人待汝一口吸盡西江水即向汝道意作麽生師云釘釘膠黏乃云諸祖要妙非競辯而求激揚鏗鏘以摧異見所以德山入門便棒石火迸青天臨濟入門便喝旱雷轟宇宙不是目前法亦非向上機恁麽不恁麽便跳得出正在葛藤窠裏合作麽生評議合作麽生話會不可說大機大用大解脫淨倮倮赤灑灑沒可把了便休還得也無不見風穴和尚道設使言前薦得猶是滯殼迷封縱饒句下精通未免觸途狂見若是本色衲僧當下領略便能向聲色頭上坐聲色頭上卧文殊自文殊解脫自解脫泥我甚麽盌良久云鷲羣須是英靈漢敵聖還他師子兒選佛若無如是眼假饒千載又奚爲以拂子擊禪牀一下復舉百丈再叅馬祖侍立次祖豎起拂子丈云即此用離此用祖掛拂子於舊處良久云你佗後開兩片皮將何爲人丈取拂子豎起祖云即此用離此用丈亦掛拂子於舊處祖便喝後黃檗到百丈一日辭欲禮拜馬祖去丈云馬祖已遷化也檗云未審馬祖有何言句丈遂舉再叅因緣云我當時被馬祖一喝直得三日耳聵黃檗聞舉不覺吐舌百丈云子已後莫承嗣馬祖否檗云不然今日因師舉得見馬祖大機之用且不識馬祖若嗣馬祖已後喪我兒孫師云百丈被喝直得三日耳聾黃檗聞舉不覺吐舌百丈疑其承嗣馬祖後因臨濟三度問佛法大意三度打六十棒便與三日耳聾出氣臨濟始覺如蒿枝拂相似敢問大衆既是師承有據因甚麽用處不同會麽曹谿波浪如相似無限平人被陸沉

施主看藏經請秉拂佛真法身猶若虛空應物現形如水中月拈起拄杖云釋迦老子來也在杲上座拄杖頭上現妙色身普告大衆云毗盧藏中有大經卷量等三千大千世界書寫三千大千世界中事悉盡無餘我以清淨天眼觀彼大經卷在一微塵內今夜對人天衆前設大方便破彼一塵出此經卷饒益有情去也卓一下召大衆云一塵已破大經卷已出有頓有漸有權有實有半有滿有中有邊有理有事有果有因百千法門無量妙義世出世間一切諸法盡在裏許諸人還信得及麽若信得及出三界越苦海盡未來際悉得受用若信不及釋迦老子却入拄杖裏去也乃舉起云若喚作釋迦老子又是拄杖若喚作拄杖又是釋迦老子釋迦老子穿過拄杖拄杖穿過釋迦老子正當恁麽時是頓耶是漸耶是權耶是實耶是半耶是滿耶是中耶是邊耶是理耶是事耶是因耶是果耶是釋迦老子耶是拄杖耶喝一喝云頓也不可得漸也不可得權也不可得實也不可得半也不可得滿也不可得中也不可得邊也不可得理也不可得事也不可得因也不可得果也不可得釋迦老子也不可得拄杖也不可得一塵亦不可得大經卷亦不可得現今說法者亦不可得聽法者亦不可得只這

不可得亦不可得遂以拄杖畫一畫云畫斷
葛藤復舉起云正當恁麼時作麼生是各各
當人鼻孔良久云千聖不知何處去倚天長
劒逼人寒復卓一下復舉昔有一婆子施財
請趙州和尚轉大藏經趙州下禪牀遶一帀
云轉藏已畢人回舉似婆子婆云比來請轉
一藏如何和尚只轉半藏師云衆中商量道
如何是那半藏或云再遶一帀或彈指一下
或咳嗽一聲或喝一喝或拍一拍恁麼見解
只是不識羞若是那半藏莫道趙州更遶一
帀直饒百千萬億帀於婆子分上只得半藏
設使更遶須彌山百千萬億帀於婆子分上
亦只得半藏假饒天下老和尚亦如是遶百
千萬億帀於婆子分上也只得半藏設使山
河大地森羅萬像若草若木各具廣長舌相
異口同音從今日轉到盡未來際於婆子分
上亦只得半藏諸人要識婆子麼良久云鴛
鴦繡出從君看不把金針度與人
爲高菴悟和尚掛真拈真幢示衆云蓮華峯
頂真實說三塔歸來重泄機兩處路頭俱剔
脫刹塵無不盡光輝光輝則是人知有且道
高菴老人本來面目何在還委悉麼生佛未
具世界未形直是眉目分明十分顯露有人
向這裏識得便與此老把手共行不向幪子
上摶量名貌其或未然雲門不免隨例顛倒
去也遂展開云還見麼這箇若是則有兩箇
這箇若非當面蹉過不蹉過没兩箇祖堂無
位次安排瘦兀軒中且閑坐

雲居首座寮秉拂終

室中機緣

師問僧巖頭纔跨德山門便問是凡是聖德
山便喝巖頭禮拜意作麼生僧云好箇消息
師云那裏是好處僧便喝師云你這一喝未
有主在出去　問僧不是心不是佛不是物
你作麼生會僧云領師云領你屋裏七代先
靈僧便喝師云適來領而今喝干他不是心
不是佛不是物甚麼事僧無語師便打出
問僧路逢達道人不將語默對時如何僧珍
重便行師呵呵大笑次一僧入師云我適來
問這僧路逢達道人不將語默對時如何佗
珍重便行你道佗會不會僧擬問訊師便打
出　問僧不與萬法爲侶者是甚麼人僧云
無面目漢師云適來有箇師僧如此道了打
出去也僧擬議師便打　問僧國師三喚侍
者意旨如何僧云魚行水濁師云莫孱沸僧
無語師便打　問僧馬大師道自從胡亂後
三十年不曾少鹽醬意作麼生僧云隨家豐
儉師云好箇隨家豐儉只是你不會僧擬議
師便喝出　僧請益云不知某甲死後向甚
麼處去師云你只今是生是死僧云生也不
道死也不道師云這漸源奴僧擬議師便打
出復問一僧適來這僧納一場敗闕你還知
麼僧云知師亦打出　問僧香巖上樹話你
作麼生會僧云好對春風唱鷓鴣師云虎頭
上座出衆云樹上即不問未上樹請和尚道
又作麼生僧云適來向和尚道了也師云好
對春風唱鷓鴣是樹上語樹下語僧無對師
便打　問僧恁麼也不得不恁麼也不得恁
麼不恁麼總不得作麼生僧云總得師云拋

却甜桃樹緣山摘醋梨　問僧你道禪還受
教也無僧云萬里一條鐵師云爭奈觀音院
裏有彌勒僧擬議師便打出　僧請益夾山
境話道聲未了師便喝僧茫然師云你問甚
麼僧擬舉師連打喝出　問僧道不用修但
莫汙染如何是不汙染底道僧云某甲不敢
道師云你爲甚麼不敢道僧云恐汙染師高
聲吽云行者將糞箕苕帚來僧茫然師便打
出　師纔見僧入便云不是出去僧便出師
云没量大人被語脈裏轉却次一僧入師亦
云不是出去僧却近前師云向你道不是更
近前覓箇甚麼便打出復一僧入云適來兩
僧不會和尚意師低頭噓一聲僧罔措師便
打云却是你會老僧意　問僧一切智智清
淨無二無二分無別無斷故你作麽生會僧
云一切智智清淨無二無二分無別無斷故
某甲只恁麽會師高聲云抱取猫兒來僧無
語師便喝出　問僧我前日有一問在你處
你先前日荅我了也即今因甚麽瞌睡僧云
如是如是師云道甚麽僧云不是不是師連

打兩棒云一棒打你如是一棒打你不是
師纔見僧入便云諸佛菩薩畜生驢馬庭前
栢樹子麻三斤乾屎橛你是一枚無狀賊漢
僧云久知和尚有此機要師云我已無端入
荒草是你屎臭氣也不知僧拂袖便出師云
苦哉佛陀耶　師纔見僧入便云你不會出
去僧便出次一僧入師亦云你不會出去僧
亦出復一僧入師云適來兩箇上座一人解
收不解放一人解放不解收你還辯得麽僧
云一狀領過師云領過後別有甚麽好消息
僧拍手一下便出師云三十年後悟去在
問僧你名甚麽僧云法如師云僧堂佛殿如
否僧云如師云老僧被你勘破僧擬議師便
打　問僧還記得話頭麽僧云不記得師云
你來這裏管甚麽事便打　問僧五祖道趙
州狗子無佛性也勝猫兒十萬倍如何僧云
風行草偃師云你也不亂說却作麽生會僧
無語師云學語之流便打出　師纔見僧入
便云釋迦老子來也僧近前師云元來不是
便打次一僧入師亦云釋迦老子來也僧當

面問訊便出師云却似眞箇　問侍者云許
多人入室幾人道得著幾人道不著侍者云
某甲只管看師展手云我手何似佛手侍者
云天寒且請和尚通袖便行師隨後打一竹
篦云且道是賞你是罰你

室中機緣卷第九

大慧普覺禪師語録卷第九

校勘記

一　底本，明永樂北藏本。

一　一八四頁上九行第五字「拶」，南、徑作「拶」。

一　一八四頁中三行「釘椿」，南、徑作「釘椿」。

一　一八五頁上四行第一〇字「穿」，徑作「串」。

一　一八六頁上二行「硬糾糾」，南作「硬糾糾」。

一　一八七頁上末行「枯椿」，南、徑作「枯椿」。

一　一八七頁中一三行第四字「韈」，南作「韈」。

一　一八七頁下七行末字「聖」，徑作「勝」。次頁上一七行第一二字同。

一　一八九頁中九行末字「終」，南無。

大慧普覺禪師語錄卷第十　說十

徑山能仁禪院住持嗣法慧日禪師臣蘊聞上進

頌古

世尊未離兜率已降王宮未出母胎度人已畢頌云

利刃有蜜不須舐蠱毒之家水莫嘗不舐不嘗俱不犯端然衣錦自還鄉

世尊初生一手指天一手指地云天上天下唯我獨尊頌云

老漢纔生便著忙周行七步似顛狂賺他無限癡男女開眼堂堂入鑊湯

世尊拈華頌云

拈起一枝華風流出當家若言付心法天下事如麻

外道問佛頌云

兩處牢關擊不通纖塵不動自乖宗忽然業鏡百雜碎黃面瞿曇失却蹤

達磨面壁頌云

金鼇一掣滄溟竭徒自悠悠泛小舟今日煙波無可釣不須新月更爲鉤

二祖安心頌云

覓心無處更何安嚼碎通紅鐵一團縱使眼開張意氣爭如不受老胡謾

女子出定頌云

出得出不得是定非正定罔明與文殊喪却窮性命

馬祖三十年不少鹽醬頌云

見得分明識得親舉來猶自涉塗程直饒不犯毫芒者也是拈鎚舐指人

百丈再叅馬祖頌云

馬駒喝下喪家風四海從茲信息通烈火餤中撈得月巍巍獨坐大雄峯

國師三喚侍者頌云

啞子得夢與誰說起來相對眼麻彌已向人前輸肺腑從教他自覓便宜

溈山有句無句頌云

若將此語定綱宗孤負明招獨眼龍笑裏忽分泥水路方知千里共同風

明招虎生七子頌云

第七猤菟沒尾巴食牛之氣已堪誇叢林悱悱爭唇吻幾箇行人得到家

南泉不是心不是佛不是物頌云

倒腹傾腸說向君不知何故尚沉吟而今便好猛提取付與世間無事人

南泉心不是佛智不是道頌云

雨散雲收後崔嵬數十峯倚欄頻顧望回首與誰同

黃檗汝等諸人盡是噇酒糟漢頌云

身上著衣方免寒口邊說食終不飽大唐國裏老婆禪今日爲君注破了

臨濟凡見僧入門便喝頌云

入門便喝全無巴鼻引得兒孫弄粥飯氣

麻谷問臨濟十二面觀音頌云

昧却當陽箇一著牽來拽去互施呈不知除却王維手更有何人畫得成

臨濟問僧甚麼處來僧便喝濟便揖坐僧擬議濟便打又一僧來濟竪起拂子僧禮拜濟便打復見僧來亦竪起拂子僧不顧濟亦打頌云

五月五日午時書赤口毒舌盡消除更饒急

急如律令不須門上畫蜘蛛
臨濟無位眞人頌云
腦後見腮村僧大開眼了作夢雖然趂得老
鼠一棒打破油甕
趙州訪臨濟頌云
一人眼似鼓槌一人頭如木杓兩箇老不識
羞至今無處安著
南泉平常心是道頌云
勸君不用苦勞神喚作平常轉不親冷淡全
然没滋味一回舉起一回新
趙州使得十二時頌云
使得十二時辰呼來却教且去倚官挾勢欺
人茫茫無本可據
趙州訪茱萸頌云
深淺聊將拄杖探忽然平地起波瀾傾湫倒
嶽驚天地到海方知徹底乾
趙州一日從殿上過乃喚侍者一聲侍者應
諾州云好一殿功德侍者無對頌云
好一殿功德總是過去佛百福相嚴身不使
栴檀刻日日香煙夜夜燈看來當甚乾蘿蔔

趙州問投子大死底人却活時如何投子云
不許夜行投明須到頌云
禾黍不陽豔競栽桃李春翻令力耕者半作
賣華人
趙州勘婆頌云
天下禪和説勘破爭知趙州已話墮引得兒
孫不丈夫人人點過冷地卧
趙州問南泉知有底人向甚麼處去泉云山
前檀越家作一頭水牯牛去州云謝師答話
泉云昨夜三更月到窻頌云
度體裁衣量水打碓毫髮不差且居門外
趙州一日在方丈内聞沙彌喝叅州向侍者
云教伊去侍者纔教去沙彌便珍重州向傍
僧云沙彌得入門侍者在門外頌云
颼颼風松蕭蕭兩檜師子咬人韓獹逐塊
趙州一日在東司上見文遠過遂喚云文遠
遠應諾州云東司上不可與你説佛法頌云
趙州有密語文遠不覆藏演出大藏教功德
實難量
趙州一日共文遠行次忽指面前地云這裏

好造箇巡鋪遠便近前展兩手云把將公驗
來州與一掌遠云公驗分明過頌云
一正一邪一倒一起文遠趙州轢裏動指
趙州一日在佛殿上見文遠禮佛以拄杖打
一下遠云禮佛也是好事州云好事不如無
頌云
文遠修行不落空時時贍禮紫金容趙州拄
杖雖然短腦後圓光又一重
趙州狗子無佛性頌云
有問狗佛性趙州答曰無言下滅胡族猶爲
不丈夫
趙州云金佛不度鑪木佛不度火泥佛不度
水眞佛内裏坐頌云
九十七種妙相顧陸筆端難狀趙州眼目精
明覷見心肝五藏
青州布衫頌云
青州七斤衫盡力提不起打破趙州關總是
向家底
鎮州蘿蔔頌云
叅見南泉王老師鎮州蘿蔔更無私拈來塞

斷是非口雪曲陽春非楚詞
趙州有佛處不得住頌云
有佛處不得住生鐵稱鎚被蟲蛀無佛處急
走過撞著嵩山破竈墮三千里外莫錯舉兩
箇石人相耳語恁麼則不去也此語已行徧
天下摘楊華摘楊華唵嚤呢𠺕哩吽嚃吒
趙州問僧甚麼處來僧云雪峯來州云雪峯
有何言句示人僧云雪峯尋常道盡大地是
沙門一隻眼汝等諸人向甚麼處屙州云上
座若回寄箇鍬子去頌云
塗路波吒數十州傳言送語當風流不知脚
下泥生刺蹋著錐人脚指頭
保壽問胡釘鉸頌云
直饒釘得遮一縫縣檢將來非好手可憐兩
箇老禪翁却向俗人說家醜 訖十六
踈山造壽塔頌云
鑿壞十方常住地三錢使盡露屍骸羅山古
佛雖靈驗未免將身一處埋
羅山在禾山送同行矩長老出門次山把拄
杖面前一攛矩無對山云石牛攔古路一馬
勿雙駒後有僧舉似踈山山云石牛攔古路
一馬生三寅頌云
出門握手話分攜古路迢迢去莫追却笑波
心遺劒者區區空記刻舟時
德山托鉢頌云
一棝塗毒聞皆喪身在其中總不知八十翁
翁入場屋眞誠不是小兒嬉
雲門云世界恁麼廣闊爲甚聞鐘聲披七條
頌云
鐘聲披起鬱多羅碧眼胡兒不奈何一箭雙
鵰隨手落拈來元是栅中鵝
德山見僧入門便棒頌云
入門便棒郎當不少依而行之胡麻厮繳
百丈野狐頌云
不落不昧石頭土塊驀路相逢銀山粉碎拍 訖十七
手呵呵笑一場明州有箇憨布袋
深明二上座同行見魚跳出網頌云
俊哉一躍透重淵霹靂追之去不還却笑龍
門燒尾者依前點額在波瀾
南泉打破粥鍋頌云
南泉打破閑家具浩浩諸方作話看今日爲
君重舉過明明歷歷不顢頇
首山竹篦頌云
背觸非遮護明明直舉揚吹毛雖不動徧地
是刀槍
瑞巖喚主人公頌云
瑞巖家風喚主人公昨夜南山虎咬大蟲
興化同參相見頌云
鏌鎁在握天魔膽落明眼衲僧休更卜度
興化打克賓頌云
丹山生鸑鷟師子産狻猊棒下摩醯眼徒誇
第一機
興化紫羅帳裏撒眞珠頌云
對衆全提摩竭令豈是閑開兩片皮喝下瞎
驢成隊走夢中推倒五須彌
興化上堂云今日不用如何若何便請單刀
直入興化爲你證據時有旻德長老出衆禮
拜起來便喝化亦喝德又喝化又喝德禮拜
歸衆化云適來若是别人三十棒一棒也較
不得何故爲佗旻德會一喝不作一喝用頌

云
暗中攜手上高山及至天明各自行無限中
塗未歸客明明開眼墮深坑
三聖云我逢人即出出則不爲人興化云我
逢人即不出出則便爲人頌云
陽燄何曾能止渴畫餅幾時充得饑勸君不
用裁荆棘後代兒孫惹著衣
南泉見鄧隱峯來指淨缾云淨缾是境你不
得動著境與我將水來峯將淨缾傾水於南
泉面前泉便休歸宗云鄧隱峯也是亂瀉頌
云
眼中無翳休挑刮鏡上無塵不用磨信脚出
門行大路橫擔拄杖唱山歌
石頭云恁麽也不得不恁麽也不得恁麽不
恁麽總不得頌云
好箇話端阿誰解舉舉得十分未敢相許
三聖問雪峯透網金鱗頌云
全死中全活全活中全死一箇訝郎當一箇
福建子
夾山境頌云
境話會來雖未是却問如今作麽生清涼元
本鼻頭直夾山依舊兩眉橫
睦州擔板頌云
睦州擔板那容眨眼闊狹短長不須增減
僧問睦州一氣還轉得一大藏經也無州云
有甚饆饠䭔子快下將來頌云
一氣轉一大藏教頓漸偏圓權與實無邊妙
義炳然彰元來一字也不識
臨濟會中兩堂首座齊下喝僧問還有賓主
也無濟云賓主歷然頌云
以平報不平王法本無親臨濟雖明眼也是
黃龍精
普化明頭來明頭打頌云
先師會裏呈眞處臨濟堂前喫棒時連此三
回露拴索咄這緣臺盤乞兒
明招一日天寒上堂大衆纔集招云風頭稍
硬不是你安身立命處且歸煖室商量便歸
方丈大衆隨至立定招云纔到煖室便見瞌
睡以拄杖一時趂下頌云
夜半明星當午現愚夫猶待曉鷄鳴可憐自
屎不知臭又欲重新拈似人
保壽開堂頌云
提起須彌第一槌電光石火太遲遲象王行
處狐蹤絕師子咆哮百獸危
古德莊上喫油餈頌云
和尚不赴堂莊主謝臨屈一字入公門九牛
撥不出
玄沙云若論此事喻一片田地四至界分結
契賣與諸人了也只有中心樹子猶屬老僧
在頌云
祖父田園都賣了四邊界至不曾留柰何猶
有中心樹惱亂春風卒未休
首山新婦騎驢阿家牽頌云
新婦騎驢阿家牽步步相隨不著鞭歸到畫
堂人不識從今懶更出門前
烏臼見玄紹二上座來遂問二禪伯近離甚
麽處僧云江西臼便打僧云久嚮和尚有此
機要臼云你既不會第二箇近前來僧擬議
臼亦打云同坑無異土叅堂去頌云
猛燄不容蚊蚋泊大海那能宿死屍任是三

頭并六臂望風無不豎降旗

雲門乾屎橛頌云

雲門乾屎橛全超法報化無事出山游百錢杖頭掛

雲門須彌山頌云

巍巍一座大彌盧荷負非干氣力麤縱使不隨言語會却來當面受塗糊

大愚鋸解秤錘頌云

問佛如何是宗師即便酬秤鎚將鋸解言外度迷流

僧問興化四方八面來時如何化云打中間底僧便禮拜化云興化今日赴箇村齋回來中路撞著一陣卒風暴雨却向古廟裏閃避得過頌云

古廟裏頭回避得紙錢堆畔暗嗟吁鬧神野鬼皆驚怕只爲渠儂識梵書

雪峯望州亭相見頌云

望州烏石與僧堂曩識茫茫不可當提起衲僧拄杖子五湖四海沸如湯

夾山目前無法意在目前不是目前法非耳目之所到頌云

癡人面前休說夢生鐵圈上須尋縫明明說與却佯聾只管外邊閑打鬨

無業國師云若一毫頭凡聖情念未盡不免入驢胎馬腹裏去白雲端和尚云設使一毫頭凡聖情念淨盡亦未免入驢胎馬腹裏去頌云

移身不移步移步不移身走却金師子捉得玉麒麟

靈雲見桃華頌云

總道見桃華悟道此語不知還是無茫茫宇宙人無數那箇男兒是丈夫

玄沙云諦當甚諦當敢保老兄未徹在頌云

打破鬼門關日輪正當午一箭中紅心大地無寸土

洞山云言無展事語不投機承言者喪滯句者迷頌云

言無展事語不投機承言者喪滯句者迷逢人不得錯舉

舉道者訪瑯琊頌云

奪得驪珠即便回小根魔子盡疑猜拈來拋向洪波裏撒手大家空去來

僧問風穴語默涉離微如何通不犯穴云常憶江南三月裏鷓鴣啼處百華香頌云

忽爾出門先見路纔方洗脚便登船神仙秘訣眞堪惜父子雖親不可傳

趙州訪道吾吾見來著豹皮裩把吉撩棒在三門前等候纔見州來便高聲唱喏而立州云小心祇候著吾又唱喏一聲而去頌云

有禮有樂有唱有酬人平不語水平不流

臨濟遷化時示衆云吾滅後不得滅却吾正法眼藏三聖出云爭敢滅却和尚正法眼藏濟云已後有人問你向伊道甚麼三聖便喝濟云誰知吾正法眼藏向這瞎驢邊滅却頌云

瞎驢一跳衆皆驚正法那堪付與人三要三玄俱喪盡堂堂擺手出重城

僧問乾峯十方薄伽梵一路涅槃門頌云

搯破雲門一柄扇拗折乾峯一條棒二三千處管絃樓四五百條華柳巷

雲門大師云聞聲悟道見色明心作麼生是
聞聲悟道見色明心乃云觀世音菩薩將錢
來買餬餅放下手云元來只是饅頭頌云
見色明心事已差聞聲悟道更交加觀音妙
智慈悲力判棘林生優鉢華
雲門大師拈起拄杖擧教云凡夫實謂之有
二乘析謂之無緣覺謂之幻有菩薩當體即
空乃云衲僧見拄杖但喚作拄杖行但行坐
但坐總不得動著頌云
劄開金殿鎖撞動玉樓鐘泣露千般草吟風
一樣松
陸亘大夫問南泉馨法師也甚奇怪解道天
地與我同根萬物與我一體泉指庭前華召
大夫云時人見此一株華如夢相似頌云
天地同根伸一問未曾擡步已亡家無陰陽
處華重發玉本無瑕却有瑕
玄沙三種病人頌云
玄沙三種病人話透出雲門六不收莫待是
非來入耳從前知已返爲讎
玄沙見新到纔禮拜沙云因我得禮你頌云
夫子不識字達磨不會禪玄沙無此語切莫
妄流傳
南院上堂云赤肉團上壁立千仞時有僧問
赤肉團上壁立千仞豈不是和尚道院云是
僧便掀倒禪牀院云你看這瞎漢亂做僧擬
議院便打趂出院頌云
赤肉團邊用得親主賓有理各難伸兩箇駝
子相逢著世上如今無直人
百丈侍馬祖游山歸忽然哭同事問云憶父
母耶丈云無同事云被人罵耶丈云無同事
云哭作甚麼丈云問取和尚同事往問馬祖
祖云你去問取佗同事回至寮中見百丈呵
呵大笑同事云適來爲甚麼哭如今爲甚麼
笑丈云適來哭而今笑同事罔然頌云
有時笑兮有時哭悲喜交并暗催促此理如
何擧向人斷絃須得鸞膠續
楊岐和尚問僧栗棘蓬你作麼生吞金剛圈
你作麼生跳頌云
金剛圈栗棘蓬玄沙三種病石鞏一張弓直
截爲君說新羅在海東
僧問楊岐如何是佛岐云三脚驢子弄蹄行
僧云便恁麼去時如何岐云湖南長老頌云
楊岐一頭驢只有三隻脚潘閬倒騎歸攧殺
黄幡綽
僧問青原思和尚如何是佛法大意原云廬
陵米作麼價頌云
老青原没縫罅問佛法酬米價差毫釐成話
欛無面目得人怕
僧問巖頭古帆未掛時如何頭云後園驢喫
草頌云
後園驢喫草一老一不老驀地撞出來闍漆
得恰好
僧問巖頭古帆未掛時如何頭云小魚吞大
魚頌云
小魚吞大魚直路太縈紆古帆休更問處處
得逢渠
僧問五祖演和尚如何是臨濟下事祖云五
逆聞雷頌云
五逆聞雷曾參顔回一粒豆子爆出冷灰
僧問圜悟和尚如何是佛悟云口是禍門頌

云
口是楇門電激雷奔娑竭出海震動乾坤
佛眼和尚讀靈源十二時歌有偈云一日日
一時時龍門老心自知頌云
日日日日時時時時違時失候箇老古錐
南禪師云鍾樓上念讚牀脚下種菜時如何
黃檗勝禪師云猛虎當路坐頌云
直出直入當面不識更擬如何著甚死急
二十四祖尊者因罽賓國王秉劒於前曰師
得蘊空否曰已得曰既得蘊空離生死否曰
已離曰既離生死可施我頭否曰身非我有
豈況於頭王便斬之白乳湧高數尺王臂自
墮頌云
殺人須是殺人漢當下一刀成兩段頭臂雖
虧劒刃鋒何似秦時轆轢鑽
芭蕉拄杖頌云
十字街頭現成行貨擬欲商量漆桶蹉過
汾陽十智同眞頌云
兔角龜毛眼裏栽鐵山當面勢崔嵬東西南
北無門入曠劫無明當下灰

雲門抽顧頌鑒咦頌云
雲門鑒咦少有人知咄無孔鐵鎚
龐居士問馬大師不與萬法爲侶者是甚麽
人大師云待汝一口吸盡西江水即向汝道
頌云
一口吸盡西江水甲乙丙丁庚戊已咄咄咄
囉囉哩
法華經云大通智勝佛十劫坐道場佛法不
現前不得成佛道頌云
燕坐道場經十劫一一從頭俱漏泄世間多
少守株人掉棒擬打天邊月
維摩經云其施汝者不名福田供養汝者墮
三惡道頌云
獨坐許誰知青山對落暉華須連夜發莫待
曉風吹
圓覺經云居一切時不起妄念於諸妄心亦
不息滅住妄想境不加了知於無了知不辯
眞實頌云
荷葉團團似鏡菱角尖尖似錐風吹柳
絮毛毬走雨打梨華蛺蝶飛

楞嚴經云見見之時見非是見見猶離見見
不能及頌云
春至自開華秋來還落葉黃面老瞿曇休搖
三寸舌
文殊菩薩所說般若經云清淨行者不入涅
槃破戒比丘不入地獄頌云
壁上安燈盞堂前置酒臺悶來打三盞何處
得愁來
楞伽經云五法三自性二種無我頌云
陝府鐵牛白癩嘉州大像耳聵兩箇病痛一
般咄哉漆桶不快
殃崛摩羅尊者於一長者家持鉢適值其家
婦人產難長者遂白尊者曰尊者是佛弟子
如何救得我家產難尊者云我乍入道未能
相救當去問佛尊者往見佛具陳斯事佛言
汝但去說我自從賢聖法來未曾殺生尊者
依佛所說往告長者婦人聞之當時分免頌
云
華陰山前百尺井中有寒泉徹骨冷誰家女
子來照影不照其餘照斜領

浮盃和尚因凌行婆閒盡力道不得底句分付阿誰盃云浮盃無剩語婆云未到浮盃不妨疑著盃云別有長處不妨拈出婆斂手哭云蒼天中更添寃苦盃無語婆云語不識偏正理不知倒邪爲人即禍生頌云

掌內摩尼曾不顧誰能護惜壞生棒浮盃不會老婆禪直至如今遭點汙

後有僧舉似南泉泉云苦哉浮盃被這老婆摧折一上婆聞笑云王老師猶少機關在時有幽州澄一禪客乃問婆南泉爲甚少機關婆哭云可悲可痛澄一罔措婆乃問會麼澄一合掌而立婆云猗死禪和如麻似粟後澄一舉似趙州州云我若見這臭婆問教口啞澄一云未審和尚怎生問佗州便打澄一云爲甚却打某甲州云似這猗死禪和不打更待何時頌云

電光石火尚猶遲猗死禪和那得知轉面回頭擬尋討夕陽已過綠梢西

婆聞却云趙州合喫婆手中棒州聞哭云可悲可痛婆聞乃歎云趙州眼光爍破四天下州聞令人去問云如何是趙州眼婆乃豎起拳州聞乃作頌送云當機覿面提覿面當機疾報爾凌行婆哭聲何得失婆答云哭聲師已曉已曉復誰知當時摩竭令幾喪目前機頌云

眼光爍破四天下婆子拳頭沒縫罅當機覿面事如何猛虎脊梁誰解跨

南泉云三世諸佛不知有狸奴白牯却知有頌云

三世諸佛不知有老老大大外邊走眼皮蓋盡五須彌大洋海裏翻筋斗一狸奴白牯却知有瀑布不溜青山走堪笑無端王老師錯認斅箕作熨斗二

臨濟問寺主甚麼處去來云州中糶黃米去來濟以拄杖畫一畫云還糶得這箇麼主便喝濟便打次典座至濟乃舉似典座座云寺主不會和尚意濟云你又作麼生座禮拜濟亦打頌云

一堆紅燄亘晴空不問金鍮鐵錫銅入裏盡教成水去那容蚊蚋泊其中

五祖和尚舉僧問趙州如何是祖師西來意州云庭前栢樹子恁麼會便不是了也如何是祖師西來意庭前栢樹子恁麼會方始是頌云

崎崎嶇嶇平坦坦平坦坦處甚崎嶇驀地跛驢能蹴踏抹過追風天馬駒

師室中常舉竹篦問學者曰喚作竹篦則觸不喚作竹篦則背衆下語皆不契因僧請益復成五頌示之頌云

雲門舉起竹篦開口知君話墮上方香積不餐甘伏食人滓唾一　雲門舉起竹篦禪和切忌針錐鸞鳳不棲荆棘鵷鶵偏守空池二　雲門舉起竹篦通身帶水拖泥奉報參玄上士撒手懸崖勿遲三　雲門舉起竹篦擬議知君亂統直饒救得眼睛當下失却鼻孔四　雲門舉起竹篦露出心肝五臟可憐猗死禪和錯回魂飛膽喪五

大慧普覺禪師語錄卷第十

大慧普覺禪師語録卷第十

校勘記

一 底本，明永樂北藏本。

一 九一頁上二行「徑山……上進」，南無

一 九二頁中一四行第一四字「彌」，徑作「迷」。

一 九五頁下七行首字「撤」，南作「車」。

一 九六頁下二行第九字「空」，南作「歸」。

一 九八頁上一二行「數尺」，徑作「數丈」。

一 九九頁中一一行第一一字下序數「一」，徑無。一三行序數「二」例同。

一 九九頁下七行第一〇字「者」，南無。

一 九九頁下一一行第七字下序數「一」，徑無。以下各行序數「二」、「三」、「四」、「五」例同。

大慧普覺禪師偈頌卷第十一　感一

徑山能仁禪院住持嗣法慧日禪師臣蘊聞上進

皇帝在建邸請陞堂偈

豁開頂門眼照徹大千界既作法中王於法得自在

又作偈

大根大器大力量荷擔大事不尋常一毛頭上通消息徧界明明不覆藏

御賜眞讚師演成四偈

生滅不滅如水中月不可攬觸妙在甄别

常住不住是眞實義一幅丹青輝天鑑地

圓覺空明胡來漢現一點靈光萬化千變

隨物現處廓清寰宇不動神情氣吞項羽

泉州惠安縣迎藏經請小參偈

稽首十力大導師三界獨尊無比況示現成佛轉法輪廣演無邊契經海衆生心想念念殊所轉法輪亦差别法輪功德不可量盡思竭力無能測有大經卷在一塵量等三千大千界世有聰慧明達人具足天眼悉知見破塵出經作佛事不作實與非實想又以無邊法界空納在佛身一毛孔須彌鐵圍及大海一一包容無迫隘一毛既爾餘悉然導師方便亦如是念念普徧諸毛孔念念克證金剛慧念念成就佛菩提念念滿足普賢願而不生於戲論心亦不住於深境界如夢如幻如水月如優曇華出世間如是常轉大經卷了無能轉所轉者三世諸佛諸菩薩聲聞獨覺及天人地獄修羅鬼畜等一一皆承此經力我今復與諸佛子各生殊勝難遇心還攝此經歸一塵安住毗盧法寶藏

莊泉伯檢察爲先安撫請陞堂偈

近來學佛人少見不顚倒唯務資談柄棄大而就小昧却直截事外邊打之遶畢竟那一著何曾得分曉獨有莊居士眞實没虛矯斷除煩惱根烈火燒乾草心地既安然魔境豈能擾任你鬧浩浩我常靜悄悄末後示眞歸如脫破布襖加趺入禪定皓月臨清沼透過生死關擊碎無價實剛正大丈夫一了一切了

方敷文請陞堂舉那吒太子因緣

骨肉都還父母了不知那箇是那吒一毛頭上翻身轉一一毛頭渾不差

趙提宮請陞堂偈

言前薦得已天涯句後承當路轉賒一擊鐵關如粉碎水天空闊鴈行斜

李參政轉物菴并引 泰發

江月老人牓所居之室曰轉物蓋取首楞嚴若能轉物即同如來之義書來索銘妙喜宗杲爲之銘曰

若能轉物即同如來咄哉瞿曇誑謼癡獃物無自性我亦非有轉者爲誰徒勞心手知無自性復是何物瞥起情塵捫空揣骨此菴無作住者何人具頂門眼試辨踈親

富樞密妙高堂并引 季申

樞密富公閱華嚴大教娛戲毗盧性海隨所寓揭名曰妙高堂蓋取法界勝樂妙高之義作自受用佛事書來索銘妙喜甚爲之銘曰

妙高堂隨所至牓未懸落第二似猛焰藏蚊蚋擬承當生安計德雲師安有作在别峯亦

寬廓住佛地何所託我作銘任圖度

魏侍郎淨心閣 達辨

偉哉廣大寂滅心譬如虛空不分別擬心求淨即染汙況復比倫諸佛土又如夢中所見物所見雖有不可取如是通達無有疑淨心之義炳然現是義現矣難測量超諸色相離言說過去未來現在世佛及菩薩與聲聞一切含識有情類平等於義如實了善哉奇特過量人只以此閣演是義演已便息隨所緣亦與夢中無差別我以父母所生口說此無上妙伽陀莊嚴廣大寂滅心為諸來者作饒益

向侍郎無熱軒 并引 伯恭

薌林居士於所居園臨池作無熱軒將於北壕起連輝觀取華嚴無熱大龍王宮流出四河華林寶樹接影連輝之義樂谷韓公司諫為之記居士來索鄙語乃說是偈

勇猛精進過量人號曰薌林大居士住無變易真實處而常順行諸佛法不作世間顛倒業成辦出世勝方便而能於此方便中幻出難思諸境界復於難思境界中而現種種殊勝事華林寶樹咸放光接影連輝相鑒徹光色清淨如金剛世間無有能壞者又如無熱大寶池四面分流入於海是海廣大無邊際不出居士一毛孔於一毛孔放光明八萬四千同時發不勞居士轉舌相只以此光宣妙法是法即是此光明不離是光說此法大海毛孔亦復爾此是薌林無熱義是義如空不可量一一包羅世間相我今以此無義語略為居士出隻手佛子來登無熱軒眾寶妙沙開戶牖

蔡知縣小菴 并引

快活居士結菴於南嶽之陽以小名之蓋取石頭和尚菴雖小含法界之義居士欲予書其牓因說是偈

此菴非小亦非大堪笑石頭空捏怪不知法界即此菴彊謂此菴含法界而今欲識住菴人萬象之中獨露身妙喜為寫此菴牓要與太虛為近隣

汪狀元燕坐軒 寶曇

不於三界現身意拌舉何如憒憒時寄語軒中燕坐者好看新月下前谿

韓司諫樂谷

人言至樂在此谷孰信樂為谷所移以樂均施不樂者方名真樂丈夫兒

六湛堂

非湛非搖此法源當機莫厭假名存直須過量英靈漢方入無邊廣大門萬境交羅元不二六窗晝夜未嘗昏饑思飯老事無別擲劒揮空豈有痕

同塵菴

塵無自性攬真成立擬和其光同亦俱失外既匪寬內亦不窒是義非虛亦復非實菴中主人如王處石作如是觀千載一息

喻郎中觀我菴 杼

萬物備於我我觀卒未休智者返觀我縱橫得自由

黃智通居士善住菴

善住菴中人從來無所住只這無住心便是安身處

謝紫巖居士 張侍郎
紫巖分惠建谿茗妙喜答以青州衫得人一牛還一馬前三三與後三三

答劉安撫 方明
毛錐子上通消息爭似七言絕見知後夜一輪空界月清光千里共依依

寄無垢居士 張侍郎
上苑玉池方解凍人間楊柳又垂春山堂盡日焚香坐長憶毗耶多口人

示汪居士 南豐
一毛頭上無邊剎決定識情難測量直下不生邪險見壺中日月自然長

示周子充寫華嚴經
總別同異成壞行布圓融無礙塵入衆剎非寬剎入衆塵非隘居士筆端宣暢果海因源自在我今說偈讚揚同證一眞法界

示了然居士 樂之
長樂沙坑鄭了然不依本分要參禪自言已到無參處哥羅管你來驢年

示韓令人 子蒼宅
說不到處著一句風前截斷千差路超佛越祖只如今壁立萬仞無回互

示大悲長老
一棒打破生死窟當時凡聖絕行蹤返笑趙州心不歇老來猶自走西東

示祥雲懿長老
奪却衲僧拄杖當下便無伎倆喝下鐵眼忽開直據千峯頂上

示鼎需禪人
面門豎亞摩醯眼肘後斜懸奪命符瞎却眼解却符趙州東壁挂葫蘆

示彌光禪人
龜毛拈得笑咍咍一擊萬重關鏁開慶快平生在今日孰云千里賺吾來

示祖元禪人
萬仞崖頭解放身起來依舊却惺惺飢餐渴飲渾無事那論昔人非昔人

示遵璞禪人
一口吞盡三世佛正是吾家客作兒爭似璞禪無用處一毛頭上便忘機

示法泉侍者
言前超佛祖日輪正當午豁開三要關一擊塗毒鼓既發上頭機莫問千鈞弩放去絕遮攔捏聚非回互咄哉老瞿曇住住住住住

示用禪人
未點先行不叩嚼不撥自轉已出醜那堪更鼓兩片皮豈止鑿空開戶牖火中木馬空嘶鳴水底泥牛謾哮吼用禪用禪聽我言拶到懸崖須放手

送直禪人
直出直入直行直坐直禪上人直須恁麼本自圓成不立功課飢來喫飯寒來向火不在瞿曇非干達磨擬心思量返遭殃禍我說是言已招口過明眼人前一場話墮請事斯語無忘骨剉

送法輪思藏主化鐘
覆爲鐘仰爲鼎自是法輪家風妙喜爭敢馳騁思禪人固相請援毫臨紙忽猛省一聲直透須彌頂

送超僧鑑

桶底脫時大地闊命根斷處碧潭清好將一點紅爐雪散作人間照夜燈

寄福勝長老

真人十八界元空三十一人同姓呂分散游山各占山三十一人又同處

寄歸宗華姪禪師

坐斷金輪第一峯千妖百怪自潛蹤年來又得眞消息說道楊岐正脈通

送了明長老歸長蘆

人言棒頭出孝子我道憐兒不覺醜長蘆長老恁麼來妙喜空費一張口從教四海妄流傳野干能作師子吼孰云無物贈伊行喝下鐵圍山倒走

大慧普覺禪師偈頌卷第十一

大慧普覺禪師語録卷第十一

校勘記

一 底本，明永樂北藏本。

一 二〇一頁上三行「皇帝」，南作「今上皇帝」。

一 二〇一頁下一行至二行「一毛頭上翻身轉」，徑作「一一毛頭翻身轉」。

一 二〇一頁下一〇行「誑諕」，南作「誑謼」。

一 二〇四頁上八行第五字「説」，徑作「報」。

大慧普覺禪師讃佛祖卷第十二　感二

徑山能仁禪院住持嗣法慧日禪師臣蘊聞上進

釋迦出山相

正覺山前折却本三七日内心頭悶却來鹿苑討便宜好與拽䶩推一頓

文殊問疾

居士何曾病是病因問有兩眼對兩眼世醫咸拱手

觀音大士

過去正法明現前觀自在眼觀諸音聲耳聽衆妙色二義俱寂滅誰受此説者是説亦寂滅誰爲此説者能觀及所觀能聽洎所聽返觀觀聽者是亦無所有大哉觀世音快説如是法是法不思議聽者亦希有我今以一毛徧量法界空作此如幻言讃是眞實相

入定觀音

世間種種音聲相衆以耳聽非目觀唯此大士眼能觀瞑目諦觀爲佛事於眼境界無所取耳鼻舌身意亦然善哉心洞十方空六根互顯如是義眼色耳聲鼻齅香身觸意思無差别當以此觀如是觀取此爲實成妄想若雜妄想取實法展轉惑亂失本心本心既失隨顚倒不見大士妙色身無眼耳鼻舌身意互顯之義亦寂滅亦無大士妙色身亦無種種音聲相佛子能作如是觀永離世間生死苦

維摩居士

冷坐毗耶城百病一時發不得文殊來幾乎無合殺

九祖伏䭾密多尊者

黙坐半百春無喜亦無瞋東西行七步抖擻舊精神

初祖達磨大師

來時已没當門齒去時唯有一隻履葱嶺那邊逢宋雲十分彰露醜舉止

傅大士

天上無彌勒地下無彌勒拍版與門槌畢竟是何物

六祖大鑑禪師

擔柴賣火村裏漢舌本瀾翻不柰何自道來時元没口却能平地起風波

李長者

以一毛端智徧量法界　智空無自性空智在其中

龐居士

男女不婚嫁隨縁賣笊籬這般滋味子豈與外人知

趙州和尚

庭栢無根虚空有骨十分魯鈍似遼天鶻熱至桒涼寒燒榾柮夫是之謂趙州古佛

船子和尚

驀口一橈玄路絶樂山之道始流傳離鉤三寸無消息覺海方乘般若船

臨濟和尚

穪鏈上捏出汁枯骨裏敲出髓全無些子蘊藉一味賣弄口觜更説甚麽三要三玄四種料揀大似青天白日十字街頭見神見鬼咄

雲門和尚

閙雪峯口出睦州氣袖手儼然眈眈虎視我説是言有語無義石火電光咄哉鈍滯伽棃

勑牢知是誰有人續得末後句許你親見巢
儂

布袋和尚二

三千威儀都不修八萬細行渾不顧只因鬧
市等箇人被人喚作破落戶兜率內院久拋
離縱歸迷卻來時路稽首彌勒世尊得恁寬
腸大肚

肩擔一條吉撩棒棒頭挂雙破木履盡力撮
卻布袋口不知裏許有甚底落落䰡䰡鬧市
行蕩蕩直直沒羞恥龍華會上若逢渠定與
椎落當門齒

金華聖者

金華聖者誰識撞著豬頭便喫雖然無變無
憎其奈有損有益使得破落僧徒也道逆行
順行天莫測若無末後一著至今有口難分
析

南安巖主

贈以之中語咸云祕密言誰知此老子非妙
亦非玄直截不藏覆當機火裏蓮誰人明此
意端坐自擎拳

言法華

旋陀羅尼三昧語默元無罣礙攬衣著屐走
街剛被時人笑怪問伊住止何處向道我儂
弗會進前擬議思量咄哉漆桶不快

雪竇明覺禪師

太湖三萬六千頃之渺茫即師之口也洞庭
七十一二朵之巍峭即師之舌也不動口不
搖舌已說現說當說無少無剩也回狂瀾起
既倒活必死之疾於膏肓即師荷擔大法而
主盟此道也至於飛鯤鵬於藕絲竅中置須
彌盧於蟭螟睫上而無寬曠迫隘之量也我
生師之後而不識師今覩師之遺像而作是
言者蓋欲一類闒提毛道凡夫魔夫敗善根非
器衆生使其知有吾門單傳直指之妙而已
也

楊歧和尚

異類中行拖犁拽杷栗棘金圈是何言語

白雲端和尚二

少處更減多處又添達磨不會卻反西天
飢餐渴飲閑坐困眠亦手殺人血濺梵天

五祖演和尚二

赤骨力地有裩無袴敢與海神爭先鬭富
說大脫空荷擔佛祖七八圓全不成二五村
歌社舞可憐生引得兒孫弄泥土

西余端和尚

被底禮寅朝去住隨風掃名吟章相公侮嫚
圓照老不托和尚兩拳打翻回頭妖僧一句
罵倒只看這幾著子不必問伊禪道箇是金
毛師子兒狐狸野干徒吽譳

慧日雅和尚

嶔嶔枯枯磊磊落落喑嗚叱咤萬人氣索宴
坐胡牀傾湫倒嶽秉殺活劍解生死縛不墮
塵緣寧居寂寞豁開濟北三要三玄提持臨
西末後一著慧日之影沈姑谿泥牛觸折祥
麟角

寂音尊者覺範

頭如杓面如楪口無舌說無竭是而非同而
別種空華抽晴楔死木蛇活如蝎擊塗毒腦
門裂是阿誰甘露滅

草堂清和尚

凜凜孤風世所稀碧眸烱烱電光輝覓兒示興衣中寶富者教伊赤體歸毒手憤曾烹佛祖洪鑪常用大鉗鎚小根魔子還知否此是吾家眞白眉

圓悟和尚 三

道大德備之詞讚師之眞此處無金二兩俗人酤酒三升超佛越祖之談讚師之禪剗圓方竹杖靴却紫茸氈無可諭無可說正是守著繫驢橛那堪更言七坐道場三奉詔旨大似鄭州出曹門且喜沒交涉降此之外畢竟如何江南兩浙春寒秋熱寄語諸方不要饒舌

風雷為舌虛空為口應羣生機作師子吼眼光爍破四天下驚起法身藏北斗箇是楊岐嫡孫喝下須彌倒走

這老漢無置錐之地而不貧有無價之寶而不富覩衆善而不欣遇諸惡而不怖一著當陽全提要且秋毫不露有時石火裏藏身却向電影中回互塞却臨濟三玄門截斷嚴頭末後句

普融平和尚

示無作相擊塗毒鼓行無緣慈誅佛誅祖如是見得普融妙喜未敢相許直下來也如龍似虎一槌打破太虛空至今一鈌無人補

長靈卓和尚

厚重如山嚴峻似鐵破毗盧印坐衲僧舌派出靈源源清流徹指曜靈寒呼顧兎熱謂此是長靈眼中重著屑謂此非長靈知君猶未瞥是耶非耶俱為剩說眞耶妄耶水中捉月而今要見這老人剔起眉毛須辨別嘉州大像喫一槌陝府鐵牛流出血

佛性泰和尚

慣說五家宗派禪不將玄妙與人傳晚年一處眞奇特食罷長伸兩脚眠

佛燈珣和尚

天姿出格蕭灑胷次過人惺惺臨濟頂中髓楊岐眼裏睛棒頭明殺活喝下顯踪親孤鶩無伴侶師子不同羣鍾山佛鑑之嫡子雙徑山僧之法兄

竹菴珪和尚

讚歎竹菴也是妙喜罵詈竹菴也是妙喜讚之罵之各有所以讚之者為渠具衲僧正眼罵之者為渠沒在醋甕裏或曰如竹菴之為宗師也不可讚不可罵精金美玉自有定價讚之罵之徒增話欛妙喜聞之笑而不答但拊掌叩齒三下從教渠鑚龜打瓦

天童覺和尚

烹佛烹祖大鑪鞴鍛凡鍛聖惡鉗鎚起曹洞於已墜之際針膏肓於必死之時善說法要罔涉離微不起于座而變荊棘林為梵釋龍天之宮而無作無為神澄定靈雪頂厖眉良工幻出兮不許僧繇知虛堂張挂兮梁寶公猶迷箇是天童老古錐妙喜知音更有誰

普明琳和尚

觸處無礙得大自在達磨脊梁釋迦腦蓋夫是之謂普明老人敢與諸塵作對者也

大慧普覺禪師讚佛祖終

大慧普覺禪師自讚

李參政請讚 漢老

這漢沒量罪過不合引惹措大被渠笑裏藏

刀殺卻吾祖達磨不知有底冤讎一向興災作禍累上座諾惺惺著莫教話墮

吳提刑請讚 元照

這箇村和尚少人能近傍黑漆蠶竹篦佛來也一棒沒秋毫人情有萬千無狀慈悲時覷音菩薩之所不如瞋恚時阿脩羅王齊難比況世上可憎可惡者是這般底阿師如何也有人畫渠供養

鄭學士請讚 尚明

參得圜悟禪擔起睦州版透過祖師關贈卻頂門眼肚裏黑漫漫心中平坦坦性氣得人憎發時渾不管華縣茶餅喫一槌擊碎饒州白瓷盞

蔡郎中請讚 子唐

賦性暴舉止傲說甚禪談甚道有箇沒意智獃郎隨例妄想顛倒蔡郎中還見麼若也當面諱卻便是監主自盜

蔡宣教請讚 正卿

手裏指東畫西口中胡說亂道一生慣打葛藤天眞不屬做造有箇蔡正卿時時來著到水流濕火就燥馬面團圞隨人所好

蔡宣教請讚 春卿

咄哉無知半慈半癡黑豆換人眼睛十分愛討便宜一朝死入地獄定墮鑊湯泥犁佛也救你不得任你鳳林叱之

儲大夫請讚 彥倫

雲門妙喜眞雲臺居士畫利鈍不相資展向虛堂挂妙喜利中鈍鈍得顢頇雲臺鈍中利利得脫灑如今利鈍都挂壁師子翻身絕蹤跡蹤跡無便塗糊一時分付儲大夫唵摩尼達里悉利蘇盧

趙通判請讚 權邦

謂汝是善人耶嫉惡之太甚謂汝是惡人耶好賢而樂善而於善惡兩塗之間了無遺恨咦好箇自是漢高談無畔岸成佛作祖且緩緩這一則公案分付趙通判

許司理請讚 壽源寄長老代請

湛不搖處正好著力欲識吾眞出陰界入一毛端頭師子返擲赤肉團上萬仞壁立沖霄湛然知不知鐵牛生得玉猫兒

廖知縣請讚 季繹

我讚我眞孰能委悉火風煗動地水堅濕俱屬現量擬心則失就而明之是安非實背而捐之土木瓦石吾說是言如箭射的離此別求幻惑無識

朱主簿請讚

龐老曾升馬祖堂西江吸盡更無雙而今妙喜朱居士覿面分明不覆藏

閻監務請讚 子清

謂汝太惺惺時復放邋遢謂汝太糊涂間或又容物既作人天師開口便輕忽莊嚴賢劫中且無如此佛寄語閻子淸莫信這箇賊

唐道人請讚

這尊慈無摸㨾忽地喜忽地惡喜也和氣如春百華開惡也雷電風雲一時俱作似恁麼餓處若非阿脩羅王即是金僊大覺唐道人緊收卻逢人不用展開卷來送在壁角

江令人請讚 少明宅

渠本宣州人生緣在寧國前不尊釋迦後不敬彌勒家貧無飯喫出家去投佛行脚走諸

方江南偏江北饒參臨濟禪便作白拈賊眼裏有瞳人肚中無點墨還如跛阿師說得行不得

無着道人請讚

汝求吾之讚復讃吾之眞大海絶涓滴須彌無一塵以許爲直而非直以察爲明而非明象王回旋師子嚬呻性不可會瞥喜瞥瞋與佛祖爲寃敵與魔外爲親姻自是其是而人不汝是自神其神而人不汝神如此爲人善知識少喫酸醋三五升

超宗道人請讚

一條白棒佛祖俱打超宗禪人大膽不怕畫我來乞讚鬼門上帖卦三十年後此話大行任一切人鑽龜打瓦

舟峯長老求讚

蕭蕭灑灑有取有捨矗矗亘亘無眞無假客來須看賊來須打一條竹篦天上天下背觸當鋒任人酬價咄哉村僧少說大話龜年收取挂高堂從佗讚歎從佗罵

鼎需禪人求讚

身心一如身外無餘咄這瞎驢付與鼎需

蘊聞禪人請讚

蘊聞聞自性自性離聞蘊吾眞亦復然逈超千聖頂

用宣禪人請讚

宣傳吾眞吾爲宣說眨上眉毛大巧若拙

思岳禪人求讚

兩耳卓朔口門窄兩眼皮薄鼻露竅一生舌本謾瀾翻何曾唱得胡家調

悟本禪人求讚

一千七百癡衲子圍遶這箇無明叟細膩渾沒一星兒麤慥却有七八斗未嘗寂寂入禪定終日波波廊下走爲人巴鼻亦好笑更不容人謾開口盲枷瞎棒當慈悲是與不是劈脊婁(音上)如斯主法作宗師枉續牟尼子孫後

本禪千萬莫學伊學伊和你不唧𠺕

法寶禪人求讚

這無狀世間稀住佛屋著佛衣喫佛飯說佛非多忿怒少慈悲畫得似差毫氂寶禪者應自知

守淨禪人求讚

瞋恚癡未除心意識顛倒談禪信口開舌頭胡亂掃其施汝者不名福田供養汝者墮三惡道箇是雲門村僧即非杜撰長老

遵璞禪人求讚

臨濟燒黄檗禪版香嚴笑潙山拄杖雲門村叟效顰也作這般伎倆作麽生是這般伎倆傳來鐵鉢盛猫飯磨衲袈裟入墨盆祖翁活計都壞了不知將底付兒孫

僧鵬禪人求讚

這漢一生空倔强偏向人前放輭頑涅槃路上栽荆棘解脫門前緊著關不別法身三種病豈識楞嚴義八還謾把少林無孔笛等閑吹過汨羅灣

正言禪人求讚

虚空裏撮出骨閃電中作窠窟有問妙喜家風此外更無別物

祖傳禪人求讚

矗亘全似川僧蕭灑渾如浙客偏向情未生時拈出報慈一隔尋性不定莫可窺測見小

時嫌蟭螟眼太寬見大時謂太虛空忒窄似
這般底阿師如何受人天供養好與劈腮一
摑

妙道禪人求讚
這村僧無明大少柔和多褊隘愛罵人舌頭
快受佛蔭破佛戒不精進常懈怠謗般若彌
天罪入地獄永不悔聞者憎見者怪攪叢林
尤叵耐虛銷信施三十年異世出頭償夙債
就中只有一處長解道難與洋無蓋

沖密禪人求讚
佛祖有密語有說即不密密禪畫吾眞密意
已漏泄如析栴檀香片片體非別密意在其
中密亦如是說

文俊禪人求讚
咄這擔皈漢從來無所知曾經一頓飽忘却
累年飢動便觸人諱拍盲不識時平生没活
計赤手討便宜

如本禪人求讚
眞兮妄兮兩孤作對待兮偏枯水凌虛而風
靜兮月非無即妄即眞兮毒藥與醍醐到此

誰人識得渠

法宏禪人求讚
不曾動著舌頭葛藤已徧天下等閑一擊虛
空隨手便成縫罅法宏貌得吾眞彷彿鎮州
普化我今寫讚上頭要作叢林佳話

德光禪人求讚
有德必有光其光無間隔名實要相稱非青
黃赤白參徹佛祖頂顐禪不是等閑相誑嚇
我所參得底只要涅槃堂裏用且不聽杜撰
禪師三千八百畫吾爲作證明佗年將做軌
格

若懷首座求讚歸洋與菴
吾於閩有大因緣夜夢畫思無間然佗日定
歸洋與去楞伽室内作終焉

雪峯空長老求讚
惹空抓著吾癢處吾嘗劄著伊痛處痛處癢
癢處痛不與千聖同途豈與衲僧共用莫言
掃帚竹裏無錢筒蒿枝叢〻表無梁棟雖然家
醜不可外揚也要諸方眼目定動而今各自
不得已一任畫出遮般不唧噹底老凍膿但

將懸向壁角落頭使來者瞻之仰之晝夜六
時燒兜樓婆畢力迦沈水栴檀之香作七代
祖翁之供

師玿長老求讚
畫得百千本都盧秪這是師玿好承當揚歧
第七世

禪人求讚四
咄哉滅胡種面目眞可惡過橋便折橋得路
便塞路雖欲彊柔和畢竟觸人怒萬事類如
此誰敢相親附乞兒囊本空常誇敵國富閑
說閻羅王未免生怕怖休更放大言嫌佛不
肯做

鄒捜歛似天忝裏輕輕觸著便煩惱身著如
來三事衣口中謗佛法僧寶從來纖芥不與
人一毫不就佗人討驀然合眼入黃泉定須
聒譟閻羅老

上無片瓦蓋頭下無卓錐之地赤骨體箇渾
身與人爭甚閑氣些子無明不奈何說甚祖
師西來意

鐵蛇在握毒氣爍爍擬議不來劈口便著

秉炬入塔

為彥維那下火

這箇上座了五蘊性空悟諸法無我纔覺四大乖違知是收因結果預於三兩日前洗浴剃頭親寫遺言問我乞一把火不顧頂後萬里神光豈戀目前玄關金鎖無明業識癡團一一從頭點過如此了事衲僧世間能有幾箇彥維那既恁麼更有一事須說破若到天台鴈蕩遊傳語嵩山破竈墮

為充禪人下火(充乎日唯須一大笠)

人人皆有四大充禪獨有五大地水火風之餘更有一枚笠大此笠內空外空內外空包含欲界色界無色界說甚須彌鐵圍江河大海萬象森羅總在裏許無迫無隘而今四大已乖張唯有笠大鎮長在這笠大甚奇怪一唱兩唱三唱貴亦不貴賤亦不賤畢竟如何打與充禪同入火光三昧

為法燈監寺下火

以火炬指龕云這箇是已滅底法燈復舉起火炬云這箇是無漏底智火無漏智火然法燈然也滅也無不可燈監寺還知麼心灰飛煙滅後優曇華一朶

為超禪人下火

山下麥黃蠶已斷一隊死人送活漢活人身似鐵金剛即今再入紅鑪鍛

為月禪人入塔

捧起骨云靈山話月曹谿指月妙喜今朝捧月子細窮究將來一時未得勦絕何以故卻被這箇阿師盡把機關漏泄既漏泄看看又是中秋節無物堪比倫教渠自家說

為益照二禪人入塔

呈起左手骨云這箇是眉州益呈起右手骨云這箇是饒州照一人會禪一人會教雖然各自行畢竟同時到且道同時到底事作麼生誰家別館池塘裏一對鴛鴦畫不成

師臨示寂親書遺奏畢侍僧乞留頌師厲聲曰無頌便死不得也乃大書云

生也只恁麼死也只恁麼有偈與無偈是甚麼熱大

宗師垂語切忌錯會要須識得真實受用處方證大自在解脫安樂法也隆興甲申季夏十日紫巖居士張浚書

大慧普覺禪師讚佛祖卷第十二

大慧普覺禪師語錄卷第十二

校勘記

一　底本，明永樂北藏本。

一　二〇五頁下三行「法界」，南、徑作「法界空」。

一　二〇六頁中一三行「毛道凡夫」，南作「毛凡道」。

一　二〇六頁中一七行「拽杷」，徑作「拽耙」。

一　二〇六頁下三行「二五」，南、徑作「三五」。

一　二〇七頁下九行「膏盲」，南、徑作「膏肓」。

一　二〇七頁下一七行「讚佛祖」，徑作「佛祖讚」。

一　二〇八頁中五行第九字「吒」，徑作「叱」。

一　二〇八頁中八行「虛堂」，徑作「虛空」。

一　二一〇頁中末行「遮般」，徑作「這般」。

一　二一一頁中一〇行第一一字「渠」，徑作「伊」。

一　二一一頁中一九行與二〇行之間，南有「張丞相跋」一行。

大慧普覺禪師普說卷第十三　　感三

徑山能仁禪院住持嗣法慧日禪師臣蘊聞上進

師到雪峯值建菩提會請普說問話畢乃云菩提宿將坐重圍刼外時聞木馬嘶寸刃不施魔膽碎望風先已竪降旗雪峯法窟眞歇場中人人懷報佛報祖之心箇箇抱安國安家之略智如鶖子辯若滿慈雲門今日到來只得結舌有分然官不容針私通車馬既到這裏不可徒然略借主人威光與大衆赴箇時節遂拈起拄杖云還委悉麼天高羣象正海闊百川朝卓一下復云大凡參學之士須遇本分人始得若不遇本分人只是箇掠虛漢只如適來上座問芭蕉拄杖子話本分答佗却理會不得如今諸方多少錯商量學家既眼不明出來伸一問禪牀上瞎漢將合頭語柢對便道扶過斷橋水伴歸明月村一句來一句去道我答得玄答得妙學者不識好惡逕向皮袋裏將去到處合合得著則倒來印可宗師合不著便將這般不材不淨蘊在胷襟輕薄好人作地獄業你看佗眞歇說禪都不計較據學人問處信口便說更無滯礙自然如風吹水只為佗實見實說如普賢菩薩從佛華莊嚴三昧起普慧菩薩如雲興致二百問普賢菩薩如缾瀉以二千酬又何曾思量計較來蓋得法自在稱法性說如今人不曾親證親悟只管百般計較明日要陞座一夜睡不著這箇冊子上記得兩句那箇冊子上記得兩句鬬鬬湊湊說得一片如華似錦被明眼人冷地覷見只成一場笑具奉勸諸人明眼宗師難逢難遇既得遭逢如靠一座須彌山相似直須退步放下許多人我無明從前冊子上記持學得底撥置一邊不要強作主宰佗時異日閻羅老子打鬼骨臀便是打這般強作主宰底不是雲門謾你諸人這話有分付處面前頓却一千五百人善知識為你作證不向這裏說更向何處說所以此事決定不在言語上若在言語上一大藏教諸子百家徧天徧地豈是無言更要達磨西來直指作麼畢竟甚麼處是直指處你擬心早曲了也如僧問趙州如何是祖師西來意州云庭前栢樹子這箇忒殺直又僧問洞山如何是佛山云麻三斤又僧問雲門如何是佛門云乾屎橛這箇忒殺直你擬將心湊泊佗轉曲也法本無曲只為學者將曲心學纔學得玄中又玄妙中又妙終不能敵佗生死只成學語之流本是箇無事人却返被這些惡毒在心識中作障作礙不得自在所以教中道法不可見聞覺知若行見聞覺知是則見聞覺知非求法也喻似有人問城中路從甚麼處去指云從這裏去聞說便行早曲了也這箇如何將知見解會魔較得失玄妙是非底心去學得你要眞箇不但一切放下如大死人相似百不知百不會驀地向不知不會處得這一念子破佛也不奈你何不見古人道懸崖撒手自肯承當絕後再穌欺君不得諸人既來雪峯參禪切不得容易此是明眼宗師可以依附堪為法式或者見眞歇勸人發菩提心生謗議云既稱禪師自有宗門本分事只管勞攘却如箇座主相似我且問你那箇是本分事苦哉自既不能為善返

笑佗人為善這般底人我生滅嫉妬不除自是其是善知識既不勸人發菩提心不可教人殺人放火去這箇曲录木牀上不是你討名討利嫉妬生滅之處以道眼觀之如鑊湯鑪炭劒樹刀山一般擊動法鼓諸天龍神齊集道眼不明諸天龍神見你口吐黑煙寧不怖畏豈不見教中道未得謂得者是增上慢謗大般若人不通懺悔譬如窮人妄號帝王自取誅滅況復法王如何妄竊因地不眞果招紆曲須是眞實始得夫稱善知識者引導一切衆生令見佛性當須觀根設教應病與藥不可對三家村裏人說拄杖子朝到西天暮歸東土翁子跨跳上三十三天築著帝釋鼻孔東海鯉魚打一棒雨似盆傾去也雖是本分說話教佗如何理會這老漢你禪和子尚自覓佗縫罅不得況佗俗人處身塵網現行無明若無善巧方便接引令其純熟如何便領會得此會盡是一二十程拋家遠來一人入杜發心轉化多人為善寧無利益這箇是善知識本分合做底事豈是彊為雲門今夏在廣因開箇燈心皂角鋪子隨家豐儉說此麤禪室中問學者一句子如不思量計較天眞自然道得一句更與一拶擬議不來劈脊一棒別無細膩忽然打發一箇半箇卻教上來雪峯就大鑪鞴事同一家早來眞歇舉世尊入舍衛大城乞食飯食訖收衣鉢洗足已數座而坐須菩提出衆作禮曰希有世尊眞歇云釋迦老子幸自可憐生被須菩提出來道箇希有當下氷銷瓦解好大衆釋迦老子未曾說一字須菩提見箇甚麼便道希有諸人要會麼但向眞歇氷銷瓦解處看忽然看得破一生參學事畢只如眞歇尋常見學者多認目前鑑覺求知見覓解會無有歇時不得已教人向劫外承當據實而論這一句已是多了此是一期方便如指月示人當須看月莫認指頭如今人理會不得將謂實有恁麼事祖師所謂錯認何曾解方便既不識方便語便向燃燈佛肚裏坐黑山下鬼窟裏不動坐得骨臀生胝口裏水漉漉地肚裏依前黑漫漫地驢年夢見麼雲門今夜對人天衆前合諸聖說話各自記取言多去道轉遠適來眞歇有一段公案未了雲門為佗結絕卻昔有一老宿訪臨濟纔相見提起坐具云禮拜即是不禮拜即是臨濟喝宿便禮拜濟云這賊宿云賊賊便出濟云莫道無事好首座侍立次濟云還有過也無座云有濟云賓家有過主家有過座云二俱有過濟云過在甚麼處座便出濟云莫道無事好師云臨濟暗中輸了一籌卻向明中贏得一著雖然有輸有贏有明有暗爭奈傍觀者醜且道誰是傍觀者良久云若到諸方不得錯舉

定光大師請普說僧問一法若有毗盧墮在凡夫萬法若無普賢失其境界去此二塗請師速道師云胱殼烏龜飛上天進云親切已蒙師指示一句無私利有情師云作麼生是親切處進云昨夜清風生八極今朝流水漲前谿師云洎不問過乃云諸佛本不曾出世亦復無有般涅槃以本自在大願力示現無邊希有法是法不可以思惟究竟非心所行處既非心所行即非希有法既非希有法此

法無實亦無虛既無虛實喚作有亦不得喚作無亦不得喚作亦有亦無亦不得喚作非有非無亦不得喚作非非有非非無亦不得不見適來禪客問一法若有毗盧墮在凡夫萬法若無普賢失其境界去此二途請師速道雲門答佗道脫殼烏龜飛上天諸人且作麽生辨明爲是有耶是無耶是虛耶是實耶試出來道看如無更引些葛藤所以先聖道有時先照後用有時先用後照有時照用同時有時照用不同時若也先照後用則瞎一切人眼若也先用後照則開一切人眼若也照用同時則半瞎半開若也照用不同時則全開全瞎此四則語有一則有賓無主有一則有主無賓有一則賓主俱無有一則全具賓主即今衆中或有箇不受人謾底漢也來道這裏是甚麽所在說有說無說虛說實說照說用說賓說主攔胷搊住拽下禪牀攔推一頓也怪佗不得還有恁麽人麽如無杓柄却在雲門手裏放行把住說有說無說虛說實說照說用說賓說主總由這裏且道即今

放行好把住好良久云開人眼瞎人眼一手推一手挽不是三要三玄亦非四種料揀畢竟是箇甚麽舉拂子云靈峯輥毬睦州擔板復云諸人總道來這裏參禪我且問你禪作麽生參既爲無常迅速生死事大己事未明求師決擇要得自己明白心地安樂不是兒戲而今人箇箇道我怕死參禪參來參去日久月深打入葛藤窠裏只贏得一場口滑於自己分上添得些兒狼藉返不如未入衆時却無許多事此蓋末上一錯不遇好人遮相淊襲以致如此近來佛法可傷魔彊法弱禪和家每人有一肚皮禪到處鬪白草相似驢年得休歇麽尋常向你諸人道祖師西來只是作得箇證明底人亦無禪道傳與人若有禪道可傳則各自傳與父母傳與六親眷屬去也既無可傳須是當人自悟始得你擬心求悟早錯了也豈況多知多解恣意亂統不見香嚴和尚在百丈會裏直是聰明靈利數年參禪不得只爲多知多解百丈遷化後到潙山山云我聞汝在百丈先師處問一答十

問十答百此是汝聰明靈利意解識想生死根本父母未生時試道一句看香嚴被潙山一問直得茫然却歸寮中將平日看過底文字從頭檢過要尋一句可將酬對竟不能得乃自歎曰畫餅不可充飢屢上堂頭乞潙山說破山云我若說似汝汝已後罵我去我說底是我底終不干汝事香嚴奈何不得肚裏只管悶又怪潙山不爲佗說破遂將平昔所集文字以火爇却曰休休此生不學佛法也且作箇長行粥飯僧免役心神從此一時放下禪也不思量道也不思量善也不思量惡也不思量父母未生時底也不思量即今底也不思量四楞著地一切放下便辭潙山直過南陽覩忠國師遺跡遂憩止卓菴一日芟除草木因颺瓦礫驀然擊著一竿竹作聲不覺打著父母未生時鼻孔當時如病得醫如暗得燈如貧得寶如子得母歡喜無量遂沐浴焚香遙禮潙山歎曰和尚大悲恩逾父母當時若爲我說破豈有今日事乃有頌曰一擊亡所知你看佗得底人發言自是不同初

聞擊竹作聲忽然大悟所悟底心便絕消息如彌勒彈指樓閣門開命善財入善財心喜入已還閉便是這箇道理香嚴悟處既絕消息父母未生時事頓爾現前纔作箇頌子便有為人底方便下面註曰更不假修治動容揚古路不墮悄然機處處無蹤跡聲色外威儀諸方達道者咸言上上機多見禪和子愛去到處問長老長老家無著口處便為佗解說你怕佗香嚴說得未分曉在更要註解又有一般人也道因擊物作聲有箇悟處或問佗你試說看便擊物作聲曰多少分明有甚麼交涉大似隔鞾使拳頭爬痒如何得快活去又不見昔日俱胝和尚住菴時因一尼戴箇笠子直來遶佗繩牀一帀云道得即放下笠子俱胝當時道不得尼拂袖便行俱胝云何不且住尼云道得即住俱胝又無語尼去後俱胝自歎云我雖是箇丈夫漢却不如箇婦人便要燒菴下山忽夜夢神人曰和尚不須下山且候當有肉身大士來為和尚說法也過數日果見天龍和尚到來俱胝遂舉前話似之天龍曰你問我我與你道俱胝曰道得即放下笠子天龍遂豎起一指俱胝忽然大悟後凡有所問只豎一指每曰我得天龍一指頭禪一生受用不盡瑯瑯覺和尚嘗有頌曰俱胝一指報君知朝生鷄子搏天飛若無舉鼎拔山力千里烏騅不易騎你看這一頌便是會得這一指頭禪分曉也這箇如何學得俱胝身畔有一供過童子每見人問佗事也學豎指祗對有人謂俱胝曰和尚這童子也不可得亦會佛法凡有人問佗皆如和尚豎指俱胝聞得一日潛將一柄刀在袖中喚童子近前來問你也會佛法是否云是俱胝曰如何是佛童子便豎起指頭被俱胝捉住以刀斫斷童子叫喚走出俱胝遂喚童子童子回頭俱胝曰如何是佛童子不覺將手起不見指頭忽然大悟奇哉信知佛法不可傳不可學俱胝得處不在指頭上香嚴悟處不在擊竹邊且道在甚麼處一時說了也諸人還會麼此事非難非易差之毫釐失之千里奉勸諸人退步自看一切現成便請直下承當不用費力你擬動一毫毛地便是千里萬里沒交涉也諸人既在這裏須生慚愧不得容易過時若不存誠般若中將甚麼銷佗信施不見汾陽無業禪師曰看佗古德道人得意之後茅茨石室向折脚鐺中煑飯喫過三二十年名利不干懷財寶不為念大忘人世隱跡巖叢君王命而不來諸侯請而不赴豈同我輩貪名愛利汨沒世塗如短販人有少希求而忘大果灼然兄弟那時早有如此說話也更教佗見我輩如今做處也好慚惶殺人兄弟光陰可惜時不待人各自打辦精神打教徹去亦不虛受佛廕亦不辜負平生學道之志近日道上座自雪峯來再三求入室云直為無常迅速生死事大已事未明欲乞開示因舉馬祖不是心不是佛不是物教渠看更與佗註解一徧不得作道理會不得作無事會不得作擊石火閃電光會不得向意根下卜度不得向舉起處承當不是心不是佛不是物合作麼生渠遂疑著更不敢開口今日却來燒香禮拜曰妙道學般若多有

魔障欲請今晚爲對人天衆前舉揚般若以懣懺悔願法界一切有情皆得頓悟甚深般若同報佛恩雲門曰古聖有言怖心難生善心難發自未得度先度人者菩薩發心既知怖罪回心向道此亦希有遂從其請爲渠懺悔且罪性不在内外中間將甚麽懺然無有有罪底聖人亦無無罪底凡夫凡夫造罪皆自妄想心起都無實體雖無實體受報時亦須安受如影隨形不可逃避雖安受報亦無實體所以道若罪性有體則盡虚空界不能容受何故爲凡夫造罪者多今道上座發一念心欲直取無上佛果菩提此心一發所作之罪如積乾草高須彌山所發之心如芥子許火悉能燒盡無有遺餘還信得及麽此一念心既發當時成佛已竟盡未來際永不退失以何爲驗不見教中天帝釋白法慧菩薩曰佛子菩薩初發菩提之心所得功德其量幾何法慧菩薩曰此義甚深難説難知難分别難信解難證難行難通達難思惟難度量難趣入雖然我當承佛威神之力而爲汝説假使有人以一切樂具供養東方阿僧祇世界所有衆生經於一劫然後教令盡持五戒南西北方四維上下亦復如是於意云何此人功德寧爲多不天帝釋言此人功德唯佛能知其餘一切無能量者法慧曰此人功德比菩薩初發心功德百分不及一千分不及一百千分不及一如是億分百億分千億分百千億分乃至阿僧祇分無數無量無邊不可説分不可説不可説分亦不及一次第引衆生欲樂邊際諸根差别從十至百從百至千從千至萬從萬至億從億至不可説不可説阿僧祇數衆生盡令持五戒十善乃至第二人復倍前人之數展轉至百人一人倍一人之數盡令證須陀洹斯陀含阿那含阿羅漢辟支佛果所得功德比菩薩初發心功德百分不及一乃至不可説算數譬喻亦不能及盡其譬喻無較量處何故此一念心與三世諸佛平等無二無别故梵語懺摩此云悔過謂之斷相續心一懺永不復造此心一發永不退失若能直下無心去初發心功德比無心功德百分千分百千分百千萬億分乃至算數譬喻不可説不可説阿僧祇分亦不及一何故初發心時與三世諸佛平等故此心尚無三世諸佛向甚處摸索所以一念無心功德又無較量處若爾則亦無生亦無死亦無聖亦無凡亦無人亦無我亦無佛亦無法若能如是見得是真懺悔道上座既具大丈夫志氣決定要參禪但恁麽參須是豁然悟去直下無心方得安樂若不悟只是口頭道得幾箇無無更引些古人説無處錯證據了便道我得休歇我且問你還歇得也未乃是將心無心若將心去無心心却成有如何硬無得古聖訶爲落空亡底外道魂不散底死人謗大般若不通懺悔雖是善因而招惡果這般見解如稻麻竹葦打殺百千萬箇有甚罪過這般底管取有一肚皮疑在若自無疑始有方便爲他人決疑若自有疑如何爲人除得疑擬欲除他疑再與他添得一重疑所謂我眼本正因師故邪諸人要知自無疑能與人除疑者麽昔世尊在靈山會上説法

有五百比丘得四禪定具五神通未得法忍以宿命智通各各自見過去世時殺父害母及諸重罪於自心内各各懷疑於甚深法不能證入是時文殊知衆疑怖承佛神力遂手握利劍持逼如來世尊乃謂文殊曰住住不應作逆勿得害吾吾必被害爲善被害文殊師利爾從本已來無有我人但以内心見有我人内心起時我必被害即名爲害於是五百比丘自悟本心如夢如幻於夢幻中無有我人乃至能生所生父母於是五百比丘同聲說偈讚文殊曰文殊大智士深達法源底自手握利劍持逼如來身如劍佛亦爾一相無有二無相無所生是中云何殺大衆文殊畢竟爲衆決疑費力不少雲門今日爲道上座決疑且不用利劍只有箇不是心不是佛不是物若向這裏疑情脱去天下横行若不然者聽取箇註脚一刀截斷生死路摩醯正眼頂門開無邊業障俱銷殞畢竟如何寒山拾得在天台以拂子擊禪牀一下喝一喝下座

大慧普覺禪師普說卷第十三

大慧普覺禪師語録卷第十三

校勘記

一　底本，明永樂北藏本。

一　二一三頁上一六行「明月村」，南作「無月村」。

一　二一三頁上一九行「不材」，徑作「不乾」。

一　二一三頁下一一行「魔較」，徑作「計較」。

一　二一三頁下一二行第一二字「不」，南、徑作「叅」。

一　二一三頁下一九行「勞攘」，徑作「撈攘」。

一　二一四頁上一三行第七字「踍」，南作「敦」。

一　二一四頁上一四行「雖是」，徑作「雖似」。

一　二一五頁中一〇行第八字「末」，徑作「頭」。

一　二一五頁中一二行「白草」，南、徑作「百草」。

一　二一六頁中五行第七字「報」，徑作「教」。

一　二一六頁中一二行第七字「聞」，徑作「問」。

大慧普覺禪師普說卷第十四　　咸四

徑山能仁禪院住持嗣法慧日禪師臣蘊聞上進

黄德用請普說師云郡武高士黄端夫信向佛乘知有此事捐家財起菴一所以圓悟揭名屢有書來乞分楊岐一枝佛法去彼爲衆生作大利益雲門不敢容易諾之又託吳元照學士再三懇禱亦未敢輕許不幸端夫忽爾化去聞啓手足時呼其二子再三囑之曰若爲吾於雲門請得一本分住菴人則死無遺恨矣言訖長往二子不忘遺訓求元照學士撰疏遣專使請彌光禪人作菴主見其至誠遂令應命今德用昆仲特詣當菴揮金辦供命山僧普說舉揚宗旨以答諸聖加被之恩且喚甚麼作宗旨宗旨又如何舉揚近代佛法可傷邪師說法如恒河沙各立門風各說奇特逐旋捏合疑誤後昆不可勝數參禪者既不具擇法眼爲師者又道眼不明以至如是雲門初與元照不相識頃在江西見渠跋所施華嚴梵行品自言於梵行品有悟入處不疑天下老師舌頭那時已得其要領即與兄弟說此人只悟得箇無梵行而已已被邪師印破面門了也雲門若見須盡力救佗及手在長樂相見便來咨問入室即時將渠悟入處只兩句斷了曰公所悟者永嘉所謂豁達空撥因果莽莽蕩蕩招殃禍耳更爲渠引梵行品中錯證據處曰於身無所取於修無所著於法無所住過去已滅未來未至現在空寂無作業者無受報者此世不移動彼世不改變此中何法名爲梵行梵行從何處來誰之所有體爲是誰由誰而作爲是有爲是無爲是色爲非色爲是受爲非受爲是想爲非想爲是行爲非行爲是識爲非識如是觀察梵行法不可得故若依此引證謂無梵行是真梵行則是謗大般若入地獄如箭射更爲渠說而今諸方邪師輩各各自言得無上菩提各說異端欺胡謾漢將古人入道因緣妄生穿鑿或者以無言無說良久默然爲空劫已前事教人休去歇去歇教如土木瓦石相似去又怕人道坐在黑山下鬼窟裏隨後便引祖師語證據云了了常知故言之不可及歇得如土木瓦石相似時不是冥然無知直是惺惺歷歷行住坐卧時時管帶但只如此修行久久自契本心矣或者以脫去情塵不立窠臼爲門戶凡古人公案舉了早會了也或師家問不是心不是佛不是物你作麼生會便云和尚不妨惺惺或云和尚甚麼處去來或云不可矢上更加尖或云謾却多少人或再舉一徧云不是心不是佛不是物凡問佗古人因緣皆向舉起處承當擊石火閃電光處會舉了便會了凡有所問皆不受喚作脫灑自在得大快樂或者以三界唯心萬法唯識爲主宰引一類古人相似處作證明以眼見耳聞爲得力處凡通入處未有不由見物而悟者未有不由聞聲而悟者凡有施設傚效古人相似處有人問話只黏定學家問頭便答謂之言下合無生正如福州人聯麻相似喚作綿密不落情塵如僧問古德如何出得三界去云把將三界來爲你出或云喚甚麼作三界或云會得這僧問頭出三界也不難如僧問法眼如何是曹源一滴水

答云是曹源一滴水慧超咨和尚如何是佛答云汝是慧超引如此之類作證乃全是全不是又如論藥山夜間示衆云我有一句子待特牛生兒即向汝道有僧出衆云特牛已生兒也自是和尚不道藥山云點燈來其僧便歸衆後來法燈出語云且道生底是牯牛是牸牛自代云雙生也商量時亦作言下合無生會藥山云我有一句子待特牛生兒便是道了也所以這僧領得便出來道特牛已生兒也自是和尚不道直是綿密不露鋒鋩法燈徵云且道生底是牯牛是牸牛又自代云雙生也亦只作言下合無生會云佗自問牯牛牸牛乃自代云雙生也更無少剩佛眼也覰不見將此等語作以的破的不露鋒鋩不費氣力會又如古人指一片石問學者云此一片石在心內在心外答云在心內古德云你著甚死急心內著一片石衆中商量云不合以內外答佗若以內外答則法有少剩矣出語云大好一片石或云痛領一問或云喚甚麽作一片石或云諾諾或云在法堂前或云謝師指示或云和尚還識箇麽或云鈍置殺人凡答如此話只以一句包却謂之綿密謂之不走作如此之見叢林甚多或者謂一切語言總不干事凡舉覺時先大瞠却眼如小兒患天弔見神見鬼一般只於瞠眉努眼處領略更錯引古人言句證據曰舉不顧即差互擬思量何劫悟舉時須要以眼顧視只是以古人言句提撕一徧喚作不在言句上如栢樹子洗鉢盂麻三斤之類若過得一箇時餘者撥牌子過更不費力如此之類比擊石火閃電光底只添得箇瞠眉努眼而已亦各各自謂得祖師巴鼻莫謗佗古人好如舉僧問雲門如何是透法身句門云北斗裏藏身你作麽生會學者即大瞠却眼云北斗裏藏身師家或權爲沮抑學者又連叫數聲云北斗裏藏身北斗裏藏身以謂把得定作得主不受轉換師家奈何不下亦喚作實頭方始問其意旨如何遂下語云佛眼也覰不見或云舉頭天外看或問如何是祖師西來意庭前栢樹子即下語云一枝南一枝北或云能爲萬象主不逐四時凋已上盡在瞠眉努眼提撕處然後下合頭語以爲奇特癡漢不可瞠眉努眼時便有禪不瞠眉努眼時便無禪也不可提撕時便有禪不提撕時便無禪也或者見雲門如此說便又錯會云提撕時也是不提撕時也是更無兩般似這般底更是救不得或者都不理會纔說著佛法說著悟處便是發狂更錯引古人言句云本無迷悟人只要今日了凡古人因緣謂之設權亦謂之建立實頭底只在不作佛法商量處凡有問答一一據實祗對平常無事天是天地是地露柱是木頭金剛是泥塑飢來喫飯困來打眠更有何事豈不見眞淨和尚云莫將無事會無事困人心往往中無事毒著却以此言爲非或者見古人公案不可以理路商量處便著一轉没交涉底語一應應過謂之玄妙亦謂之不涉義路亦謂之當機透脫如僧問趙州萬法歸一一歸何所州云我在青州作一領布衫重七斤之類多少人錯商量云這僧致得箇問頭奇特不是趙州有出

身之路便奈何不得云萬法歸一一更無所歸若有所歸即有實法所以趙州識得破當機妙用一應應過云我在青州作一領布衫重七斤多少奇特或者商量道萬法歸一一歸何所一若無所歸即落空去所以趙州道我在青州作一領布衫重七斤趙州這一轉語直是奇特不落有無答得甚妙或者謂雲門如此說只是怕人執著若不執著便是祖師心要只要得是事不著自由自在非離眞而立處立處即眞更有甚麽事或問佗父母未生時如何是你本來面目便云無侍者柢對和尚將箇業識作本命元辰如此之流盡是癡狂外邊走又有一般底自知道眼不明禪不取信於人無以開示學者自來又不曾聽教旋於座主處作短販連得一言半句狐媚聾俗臨濟和尚曰有一般瞎禿兵向教乘中取意度商量成於句義如將屎塊子口中含了却吐與別人直是叵耐元昭初見如此說心中雖疑口頭甚硬尚對山僧吟笑當晩來室中只問渠箇狗子無佛性話便去不得方始知道參禪要悟在長樂住十日二十徧到室中呈盡伎倆奈何不得方始著忙山僧實向渠道不須呈伎倆直須啐地折嚗地斷方敢得生死呈伎倆有甚了期仍向渠道不須著忙今生參不得後世參遂乃相信便辭去隔十餘日忽然寄書來并頌古十首皆山僧室中問渠底因緣書中云在延平路上驀然有省其終不敢自謾方信此事不從人得其中一首曰不是心不是佛不是物通身一串金鎖骨趙州參見老南泉解道鎭州出蘿蔔山僧甚是疑著時光禪便問據此頌還了得生死否雲門向渠道了得了不得却請問取元昭去比得光禪書云學士相見盡如和尚所說大衆且道說箇甚麽喫疑殺天下人具眼者辨取今時參禪者不問了得生死了不得生死只求速效且要會禪無有一箇不說道理如檀越給事見其愛說道理遂將箇沒道理底因緣與渠看僧問雲門如何是佛門云乾屎橛又恐渠作道理會先與渠說不得云道在屎溺道在稊稗道在瓦礫即色明心附物顯理不得道處處眞塵塵盡是本來人之類渠看此話奈何不下用盡氣力去看終看不破忽然一日省得此事不可以道理通便道我有箇悟處遂連作數頌來呈見解一曰太虛寥廓彊爲名任是僧繇畫不成何用尋源問端的都無一法可當情又曰到家豈復說塗程萬木春來自向榮若遇上流相借問扶桑東畔日輪生又曰饕羊過後絕追尋妙訣空傳在少林閑把無弦彈一曲清風明月兩知音又曰撒手懸崖信不虛根塵頓盡更無餘始知佛法無多子向外馳求轉見疎山僧向渠道作得頌也好說得道理也是只是去道轉遠渠不甘又作一頌曰切忌談玄說妙那堪隨聲逐色和這一橛掃除大家都無見識又有書來云看此話直得言語道斷心行處滅無言可說無理可伸不起纖毫修學心百不知百不會不涉思惟不入理路直是安樂山僧又向渠道這箇是出格底道理若是乾屎橛話如此說得落時如鋸解秤鎚麻三斤狗子無佛性一口吸盡西江水不

是心不是佛不是物有句無句如藤倚樹即心即佛話皆可如此說得也既不可如此須是悟始得悟則事同一家不悟則萬別千差差之毫氂失之千里切須子細從教人道雲門待檀越無禮但心不負人面無慚色渠見山僧如此至誠相告方知佛法無人情乃相信既相信只教看如何是佛乾屎橛亦只要得渠啐地折曝地斷若以渠作從官捨財剏菴置莊田供衆乃至供養山僧之故便以為是則盡大地窮漢更無參禪分也非但失却善知識辨人眼亦乃賺佗百劫千生不是小事今夏更有數人衲子不肯向省力處做工夫只管熱忙亦來呈見解作頌古雲門向佗道不是這箇道理便道把定佗不肯放過我且問你你還自放得過也未趙州云諸方難見易識我這裏易見難識雲門尋常問學者喚作竹篦則觸不喚作竹篦則背不得下語不得無語十箇有五雙眼䀹瞌地縱有作聰明呈見解者盡力道得箇領字或來手中奪却竹篦或拂袖便行自餘邪解不可勝數更無一箇皮下有血古德云此事如八十翁翁入場屋不是小兒戲若可捏合得時捏合千千萬萬了也既不可捏合須是悟始得此外別無道理若你實有悟處師家故言不是亦招因果不小今日因齋慶讚舉似大衆蓋黃端夫知有雲門始因元昭充禪往彼住菴亦因元昭端夫二子今日設齋請山僧普說亦因元昭雲門打這一場葛藤亦因元昭既然如是且道元昭與竟事作麼生良久云待渠冬間親到雲門那時始與諸人說破拍禪牀下座

秦國太夫人請普說僧問圓覺經道譬如清淨摩尼實珠映於五色色未現時珠在甚麼處師云圓覺經何曾恁麼道進云未審作麼生會師云圓覺經不曾恁麼道更會甚麼進云畢竟如何師云靜處薩婆訶問胡張三黑李四即不問嘉州大像鼻孔長多少師云長二百來丈進云得恁麼郎當師云你川僧自合知進云為甚麼被陝府鐵牛吞却師云誰恁麼道進云高高處觀之不足低低處平之有餘師云你試向不高不低處道看進云險師云這箇猶是高低處底進云有意氣時添意氣師云草賊大敗乃云今日是秦國太夫人計氏法真慶誕之辰謹施淨財遠詣當山修設清淨禪衆香齋仍命山野陞于此座為衆普說舉揚般若所願進道無魔色身安樂此是秦國太夫人意旨這婆子平生行履處川僧無有不知者唯曾子僧未知今日因齋慶讚舉似大衆見說這婆子三十左右歲時先太師捐館徽猷與相公尚幼卓卓立身凜然有不可犯之色東隣西舍望風知畏極力教二子讀書處事極有家法尋常徽猷與相公左右侍奉不教坐亦不敢坐其嚴毅如此相公嘗說今日做官皆是老母平昔教育所致所得俸資除逐日家常菜飯外老母盡將布施齋僧用祝吾君之壽常有無功受祿之慊聞先師歸蜀受渠供養不少只是未知參禪徽猷與相公却於先師處各有發明向謙禪在佗家徽猷與相公親向謙道老母修行四十年只欠這一著公久侍徑山和尚多所

聞見且留公早晚相伴說話蓋其兄弟子毋
分上難爲開口見說每日與謙相聚只一味
激揚此事一日問謙徑山和尚尋常如何爲
人謙云和尚只教人看狗子無佛性話竹篦
子話只是不得下語不得思量不得向舉起
處會不得去開口處承當狗子還有佛性也
無無只恁麼教人看渠遂諦信日夜體究每
常愛看經禮佛謙云和尚尋常道要辦此事
須是輟去看經禮佛誦咒之類且息心參究
莫使工夫間斷若一向執著看經禮佛希求
功德便是障道俟一念相應了依舊看經禮
佛乃至一香一華一瞻一禮種種作用皆無
虛棄盡是佛之妙用亦是把本修行但相聽
信決不相誤渠聞謙言便一時放下專專只
是坐禪看狗子無佛性話聞去冬忽一夜睡
咸四　十二
中驚覺乘興起來坐禪舉話驀然有箇歡喜
處近々謙歸泰國有親書并作數頌來呈山
僧其間一頌云逐日看經文如逢舊識人勿
言頻有礙一舉一回新山僧常常爲兄弟說
參得禪了凡讀經看文字如去自家屋裏行

一遭相似又如與舊時相識底人相見一般
今泰國此頌乃暗合孫吳你看他是箇女流
宛有丈夫之作能了大丈夫之事謙禪昨日
上來告山僧子細說些禪病且與泰國結大
衆般若緣山僧向他道禪有甚麼病可說禪
又不曾患頭疼又不曾患脚痛又不曾患耳
聾又不曾患眼暗只是參禪底人參得差別
證得差別用心差別依師差別因此差別故
說名爲病非謂禪有病也如何是佛即心是
佛有甚麼病狗子還有佛性也無無有甚麼
病喚作竹篦則觸不喚作竹篦則背有甚麼
病如何是佛麻三斤有甚麼病如何是佛乾
屎橛有甚麼病你不透了纔作道理要透便
千里萬里沒交涉也擬心湊泊他擬心思量
他向舉起處領略擊石火閃電光處會遮箇
方始是病世醫拱手然究竟不干禪事趙州
云要與空王爲弟子莫教心病最難醫記得
舍利弗問月上女曰汝於今者行何乘也爲
行聲聞乘爲行辟支佛乘爲行大乘月上女
答曰舍利弗汝既問我行何乘者我今還問

舍利弗惟願隨意答我如舍利弗所證法者
爲行聲聞乘爲行辟支佛乘爲行大乘舍利
弗言非也月上女所以者何然彼法者無可
分別亦無言說非別非一亦非衆多月上女
曰舍利弗是故不應分別諸法一相異相無
咸四　十二
別異相於諸相中無有可住師云舍利弗恁
麼問月上女恁麼答且道與泰國太夫人所
證之法相去幾何還有人斷得麼試出來斷
看如無且向葛藤裏薦取所以道夫參學者
須參活句莫參死句活句下薦得永劫不忘
死句下薦得自救不了你諸人每日上來下
去寮舍裏喫茶喫湯莊上搬豐搬麵僧堂裏
行益長廊下擇菜後園裏擔糞磨坊下推磨
當恁麼時佛眼也覷你不見且道是死句是
活句是不死不活句試定當看直饒定當得
出也未免在三句裏豈不見僧問南泉和尚
即心是佛又不得非心非佛又不得師意如
何泉云你但信即心是佛便了更說甚麼得
與不得只如大德喫飯了從東廊上西廊下
不可總問人得與不得也遮裏若識得南泉

方不被三句所使便能使得三句既使得三
句始與南泉同一眼見同一耳聞同一鼻齅
同一舌嘗同一身觸同一意思更無差別只
爲你執藥爲病舊病未除新病復作却被死
句活句使得來七顛八倒將他古人徑截處
一時紆曲了且那箇是古人徑截處我更爲
你舉一兩則只如南泉道牽牛向谿東放不
免食他國王水草牽牛向谿西放不免食他
國王水草不如隨分納些些總不見得這箇
公案有多少人錯斷如何是納些些底道理
便道著衣喫飯有甚麼難向驢前馬後作活
計且莫謗他南泉好你既錯會這箇定又錯
會黃檗道汝等諸人盡是噇酒糟漢恁麼行
脚何處有今日還知大唐國裏無禪師麼時
有僧出云只如諸方匡徒領衆又作麼生檗
云不道無禪只是無師這箇話頭便是箇禍
胎莫道未悟者錯會直饒悟得徹頭徹尾大
法不明也覷他黃檗不見只如黃檗道不道
無禪只是無師你如何理會衆中商量道人
人分上誰不丈夫豈假師承噇酒糟便是咬

言語言語乃古人糟粕也且喜沒交涉欲得
不招無間業莫謗如來正法輪豈不見溈山
舉此話問仰山云黃檗意作麼生仰山云鵝
王擇乳素非鴨類溈山云此實難辨只如溈
山仰山恁麼問答又作麼生商量到這裏須
是箇人始得既不會這箇便將庭前栢樹子
麻三斤乾屎橛鋸解秤鎚之類盡爲糟粕既
錯會這箇定又錯會洞山問蟾首座佛眞法
身猶若虛空應物現形如水中月作麼生說
箇應底道理蟾云如驢覷井山云道則大殺
道只道得八成蟾云和尚作麼生山云如井
覷驢諸方商量道如驢覷井是有迹如井覷
驢是無迹又喚作亡情拂迹且喜沒交涉要
且不是這箇道理既錯會這箇定又錯會南
嶽和尚道譬牛駕車車若不行打車即是打
牛即是馬祖聞舉忽然大悟而今禪和家理
會道牛喻心車喻法但只明心法自明矣但
只打牛車自行矣且喜沒交涉若恁麼馬祖
驢年也不能得悟去這老漢始初將謂佛可
以坐得成禪可以坐得悟一向坐地等南嶽

和尚知其不凡故將甎去他菴前磨祖云和
尚磨甎作甚麼南嶽云磨作鏡祖云磨甎豈
得成鏡南嶽云磨甎既不成鏡坐禪豈得成
佛馬祖被他動一動心中熱忙便問如何即
是只這裏鼻孔索頭便在南嶽和尚手裏了
也所以道欲識佛性義當觀時節因緣南嶽
和尚知他時節已至即向他道汝學坐禪爲
學坐佛若學坐禪禪非坐卧若學坐佛佛非
定相於無住法不應取捨汝若坐佛即是殺
佛若執坐相非達其理一時籍沒了他家計
却更要他納物事教他無所從出始肯捨命
討箇死處命既捨了便解問如何用心即合
無相三昧南嶽云汝學心地法門如下種子
我說法要譬彼天澤汝緣合故當見其道又
問道非色相云何能見南嶽云心地法眼能
見乎道無相三昧亦復然矣祖云有成壞否
南嶽云若以成壞聚散而見道者非也馬祖
於是泮然無疑所謂不入虎穴不得虎子悟
了若不遇人十箇有五雙杜撰決定爲人不
得諸人要識悟了遇人者麼只這馬祖便是

孫子也馬祖既得法直往江西建立宗旨一日南嶽和尚曰道一在江西說法總不見持箇消息來遂囑一僧云汝去待他上堂便問作麽生看他道甚麽記取來其僧依教去見上堂便出問作麽生祖云自從胡亂後三十年不曾少鹽醬師召大衆云祖師門下穿人鼻孔底盡從這一句子來你道這一句子從甚麽處來從打牛打車處來你若會得這箇便會得臺山路上婆子每有僧問臺山路向甚麽處去婆云驀直去僧纔行婆云好箇阿師却恁麽去趙州聞得云待我去勘過這婆子趙州去見婆子亦如是問婆子亦如是荅歸來謂衆云臺山路上婆子被老僧勘破了也諸人還會麽寰中天子勅塞外將軍令但恁麽看取山僧昔年 理會不得曾請益一杜撰長老爲山僧註解云這僧纔問臺山路向甚麽處去便被婆子勘破了也婆云驀直去僧便行正是隨聲逐色如何不被勘破又道纔開口便勘破了也今日思量直是叵耐山僧爲你說破若會得趙州道臺山路上婆子

被老僧勘破了也便會婆子道好箇阿師却恁麽去山僧嘗頌云天下禪和說勘破爭知趙州已話墮引得兒孫不丈夫人人驀過冷地跗此頌甚分明切不得錯會既錯會這箇定又錯會睦州喚僧大德僧回首州云擔版漢曾有箇禪頭舉這話問僧你作麽生會纔見僧開口便云果然擔版且喜沒交涉雪竇拈云睦州只具一隻眼這僧喚既回頭因甚却成擔版晦堂云雪竇亦只具一隻眼這僧一喚便回爲甚不成擔版這兩箇老漢可與睦州把手共行若是箇靈利漢纔聞舉著眼似銅鈴終不向這裏打之遶既不會這箇定又錯會百丈野狐話便道不落也是不昧也是只是當時荅此話不合帶疑所以墮野狐謂野狐性多疑故且喜沒交涉既錯會這箇定又錯會祖師云不是風動不是旛動仁者心動山僧亦會請益一箇長老意旨如何長老將衫袖搖作風動勢云是甚麽苦哉苦哉懈惶殺人鈍置殺人有者道不是風動不是旛動定是心動山僧尋常問學者不是風動

不是旛動不是心動作麽生這裏豈容眨眼既錯會這箇定又錯會文殊是七佛之師爲甚麽出女子定不得罔明菩薩爲甚麽出得女子定衆中商量道杓柄在女子手裏且喜沒交涉既錯會這箇定又錯會雪峯道望州亭與汝相見了也烏石嶺與汝相見了也僧堂前與汝相見了也如今諸方商量道作麽生是望州亭相見處便道南頭買賤北頭賣貴烏石嶺相見意旨如何便道石頭大底大小底小僧堂前相見又作麽生便道歸堂喫茶去且喜沒交涉自餘邪解不可勝數山僧尋常亦問學者望州亭與汝相見了也烏石嶺與汝相見了也僧堂前與汝相見了也作麽生這箇便是金剛圈栗棘蓬你如何吞如何透你要識能吞能透者麽豈不見保福問鵝湖僧堂前且置望州亭烏石嶺甚麽處相見鵝湖驟步歸方丈保福便入僧堂汾陽和尚頌曰望州烏石與堂前相見相知幾萬千唯有鵝湖并保福此時相見解推遷此須分明爲你說了也既不會這箇定又錯會玄沙

道諸方總道接物利生或過三種病人來合作麼生接患盲者拈鎚豎拂他又不見患聾者語言三昧他又不聞患啞者教伊說又說不得若接此人不得佛法無靈驗師顧視大衆云要識玄沙麼平生心膽向人傾相識還如不相識當時地藏和尚在座下便出來道某甲有口不啞有眼不盲有耳不聾和尚作麼生接師云非父不生其子玄沙呵呵大笑師云笑裏有刀山僧有時舉此話問學者有來依樣畫葫蘆也道某甲有口有耳有眼和尚作麼生接山僧向他道咬人屎橛不是好狗又却去不得既錯會這箇定又錯會香嚴道如人上樹口銜樹枝手不攀枝脚不蹋樹樹下有人問西來意不對則違他所問若對又喪身失命師云好與玄沙一坑埋却山僧昔年曾請益一箇尊宿未審香嚴意旨如何遂以拂子柄銜在口中緊閉却眼便作銜樹枝勢搖手擺脚祗對山僧師乃彈指云如此者亦是當年馳聲走譽底尚作這般去就其餘作怪不在言也你要會麼但只作一句看我先爲你說莫見道作一句看便向舉起處會舉了便會了且不是這箇道理是甚麼道理如人上樹口銜樹枝手不攀枝脚不蹋樹樹下有人問西來意不對則違他所問若對又喪身失命如何這裏間不容髮當時香嚴會中只有箇虎頭上座領得香嚴意便出來爲香嚴出氣云上樹即不問未上樹請和尚道師云雖得一場榮削却一雙足香嚴呵呵大笑師云鐵作面皮又云回天輪轉地軸後來雪竇拈云樹上道即易樹下道即難老僧上樹也致將一問來雪竇雖爲虎頭上座出氣爭奈蹉過香嚴今時有般謬漢聞雪竇恁麼道便引洞山語云但能莫觸當今諱也勝前朝斷舌才謂香嚴立此箇問頭喻如一團火相似不可觸雖然如此不可斷却言句有問如何是佛麻三斤如何是祖師西來意庭前栢樹子又且何妨你不妨會得好不見汾陽和尚頌曰香嚴銜樹示多人要引同袍達本眞師云依實供通擬議却從言下覓喪身失命數如塵師云不是苦心人不知汾陽爲你開天路雲散長空月色新師云閑言語雖然如是若向這裏提得一生參學事畢既提不得定又錯會百丈問潙山五峯雲巖云併却咽喉脣吻作麼生道潙山云却請和尚道百丈云我不辭向汝道恐已後喪我兒孫五峯云和尚也須併却百丈云無人處斫額望汝雲巖云和尚有也未百丈云喪我兒孫衆中商量道百丈大似抱贓叫屈掩耳偷鈴三子恁麼祗對大家走入荒草裏且喜沒交涉向你道此事決定不在言語上既不在言語上當恁麼時合作麼生我早是與你說了也既錯會這箇定又錯會德山道今夜不答話問話者三十棒時有僧出禮拜德山便打僧云某甲話也未問爲甚打某甲山云你是甚處人僧云新羅人山云未踏船舷好與三十棒後來法眼云大小德山話作兩橛圓明云大小德山龍頭蛇尾雪竇拈云二老宿雖善裁長補短捨重從輕要見德山亦未可何故德山大似握閫外威權有當斷不斷不招其亂底劒要識新羅僧麼只是撞著露柱底箇

瞎漢衆中商量道某甲話也未問便好打德山不打却問你是甚處人這裏便是話作兩橛龍頭蛇尾處且喜没交涉又道這僧若是作家纔見他問你是甚處人便好掀倒禪牀佗既不能却被德山道未蹋船舷好與三十捧這裏是當斷不斷不招其亂底𥈞所以雪竇云要識新羅僧麽只是撞著露柱底箇瞎漢且喜没交涉禪若是恁麽地會得時更不消悟也聰明靈利底一時隨語生解解註將去便了我且問你恁麽解註得一時有下落了生死到來却如何支遣而今分明向你道遮些閑言長語便是出生死底徑路你莫去徑路上栽荆棘掘彔窖或若有箇衲僧出來道和尚現在這裏栽荆棘掘彔窖也不是却作麽生秖對山僧有箇推托處且如何推托聽取一偈女流中有大丈夫示現其身化其類以戒定慧解脱法攝彼貪欲瞋恚癡雖處於中作佛事如風行空無所依過去未來及現在塵沙諸佛及菩薩異口同音發是言善哉奇特世希有心源清淨無憂喜不作無喜無憂想逢場作戲隨世緣而於世緣無所著六月火雲燒碧空雷聲忽震三千界銷除熱惱獲清凉是彼丈夫誕時節我說此偈助光明普施法界諸女人喝一喝

大慧普覺禪師普說卷第十四

大慧普覺禪師語録卷第十四

校勘記

一　底本，明永樂北藏本。

一　二二一頁上一五行第一一字「連」，南、徑作「逹」。

一　二二三頁上末行「讀經看文字」，徑作「讀看經文字」。

一　二二四頁中一〇行第一六字「大」，徑作「太」。

大慧普覺禪師普說卷第十五　感五

徑山能仁禪院住持嗣法慧日禪師臣蘊聞上進

錢計議請普說僧問昔日僧問楊歧和尚如何是佛答云三脚驢子弄蹄行未審意旨如何師云天上天下沒蹤跡進云只如威音王已前是甚麼人騎師云威音王已後是甚麼人騎僧擬議師便喝乃云威音王已前三脚驢兒跨跳威音王已後楊歧老人絕消息既絕消息却因甚麼三脚驢兒跨跳若也於斯明得方知威音王已前三脚驢兒果然跨跳若明不得楊歧老人一生受屈正當恁麼時如何是雪屈一句喝一喝云洎合弄險復云蘊聞上座今日代子虛來請為衆普說老漢曰說箇甚麼即得聞曰請和尚拈出楊歧金剛圈栗棘蓬布施大衆又曰如忠國師大珠和尚說法諸方大有疑其拖泥帶水不徑截說義理禪願和尚疏決眞偽解大衆疑惑此亦是請普說檀越之意老漢曰諾所以大覺世尊初悟此事在摩竭提國三七日內無下口處自云我寧不說法疾入於涅槃信知說法之難豈同容易專念過去佛所行方便力然後起道樹詣鹿苑隨衆生根器說一大藏教末後收因結果却云始從鹿野苑終至跋提河於是二中間未曾說一字只這便是楊歧所謂金剛圈栗棘蓬也直是難吞難透到這裏直下承當得了大法未明亦奈何不得敢問諸人何者名為大法金剛圈却如何透栗棘蓬却如何吞不見嚴頭道若將實法繫綴人土亦銷不得況十方信施耶諸佛出世祖師西來無非只為你諸人作箇證明底主宰而已若有法可傳可授則諸佛慧命豈到今日故祖師云心地隨時說菩提亦只寧事理俱無礙當生即不生若會得此四句即透得金剛圈吞得栗棘蓬不須要明大法大法自明矣以至古人差別異旨因緣心性玄妙大法若明纔舉起時便會得恰如磁石見鐵相似輕輕一引便動須是舉一明三目機銖兩點著南邊動北邊舉起時便明得而今諸方有數種邪禪大法若明只這邪禪便是自己受用家具好擊石火閃電光一棒一喝底定不愛說心說性者只愛機鋒俊快謂之大機大用好說心說性底定不愛擊石火閃電光一棒一喝者只愛絲來線去謂之綿綿密密亦謂之根脚下事殊不知正是箇沒用處弄泥團底漢看他前輩大法明底尊宿用處轉轆轆地如南陽忠國師大珠和尚是也唯楊文公具眼修傳燈錄時將忠國師大珠和尚列在馬祖下諸尊宿之右將廣語所有言句盡入其中六祖下收忠國師語最多為他家活大門戶大法性寬波瀾闊難湊泊遮攔法難說他禪備衆體如三喚侍者話喚作說老婆禪拖泥帶水得麼一日喚侍者侍者應諾如是三喚侍者三應師云國師三喚侍者何曾有辜負侍者三應甚麼處是辜負處國師曰將謂吾辜負汝誰知汝辜負吾師云平地起骨堆復云叢林中喚作國師三喚侍者話自此便有一絡索唯雪竇見透古人骨髓云國師三喚侍者點即不到師云灼然侍者三應到即不點師云却不恁麼將謂吾辜負汝誰知汝辜負吾謾雪竇不得師云誰道復

召大衆云好箇謾雪竇不得雖然如是雪竇亦謾妙喜不得妙喜亦謾諸人不得諸人亦謾露柱不得玄沙云侍者却會雪竇云停囚長智師云兩彩一賽雲門道作麼生是國師辜負侍者處會得也是無端雪竇云元來不會師云雪峯道底雲門又云作麼生是侍者辜負國師處粉骨碎身未報得雪竇云無端無端師云垜生招箭法眼云且去別時來雪竇云謾我不得師云却是法眼會興化云一盲引衆盲雪竇云端的瞎師云親言出親口弘覺徵問僧云甚處是侍者會處僧云若不會爭解恁麼應覺云汝少會在又云若於此見得去便識玄沙師云慚惶殺人翠巖芝云國師侍者總欠會在師云猶較些子投子云抑逼人作麼雪竇云垜根漢師云理長即就復云唯有趙州多口阿師下得箇註脚令人疑著僧問國師三喚侍者意旨如何州云如人暗中書字字雖不成文彩已彰雪竇便喝師云且道遮一喝在國師侍者分上在趙州分上隨後喝一喝復云若不是命根五色索

子斷如何透得這裏過雪竇云若有人問雪竇雪竇便打也要諸方檢點師云作賊人心虛雪竇復有一頌云師資會遇意非輕師云此語有兩負門無事相將草裏行師云晋州人送賊負汝負吾人莫問師云放待冷來看任從天下競頭爭師云即今休去便休去若覔了時無了時復云你若求玄妙解會只管理會國師三喚侍者話那裏是國師辜負侍者處那裏是侍者辜負國師處有甚麼交涉鵝王擇乳素非鴨類這箇便是國師用劍刃上事爲復只這些子爲復別更有在一日問紫璘供奉甚麼處來奉曰城南來國師曰城南草作何色奉曰作黃色國師乃問童子城南草作何色童子曰作黃色國師曰只這童子亦可簾前賜紫對御談玄你道國師說老婆禪拖泥帶水得麼爲復只這些子爲復別更有在一日肅宗帝請看戲國師曰檀越有甚心情看戲法雲圓通禪師曰且道國師在甚處著到妙喜敢問諸人且道圓通禪師在甚處著到於斯見得三老相去不遠肅宗帝

又問如何是十身調御國師直拔向他道檀越蹋毗盧頂上行更問甚麼十身調御諸人要見忠國師麼只在你眼睛裏開眼也蹉過合眼也蹉過既在眼睛裏爲甚麼却蹉過妙喜恁麼道亦蹉過不少你更看他有箇無情說法話老漢尋常不曾說今日已是不識好惡不避口業盡情爲諸人抖擻爲他雪屈且不得作義理會僧問如何是古佛心國師曰牆壁瓦礫是師云恁麼答話若玄妙解路心不絕命根不斷大法不明決定不敢如此四楞塌地一棒一喝一挨一拶擊石火閃電光却易這般說話却難入作前所謂家活大門戶大法性寬波瀾闊命根斷方能如是僧曰牆壁瓦礫豈不是無情國師曰是僧曰無情還解說法否國師曰常說熾然說無間歇僧曰某甲爲甚麼不聞國師曰汝自不聞不可妨他聞者也僧曰未審甚麼人得聞國師曰諸聖得聞僧曰和尚還聞否國師曰我不聞僧曰和尚既不聞爭知無情解說法國師曰賴我不聞我若聞則齊於諸聖汝即不聞我

說法僧曰恁麽則衆生無分也國師曰我爲衆生說不爲諸聖說僧曰衆生聞後如何國師曰即非衆生師云奇哉你看他轉轆轆地不滯在一隅不負他來問賴我不聞我若聞則齊於諸聖汝即不聞我說法你喚作郎當得麽不是得諸佛諸祖心髓如何轉得你莫喚作無得失這箇是無得失中有得失有得失中無得失喚作入泥入水騎賊馬趕賊隊借婆帔子拜婆年難奈何又僧問發心出家本擬求佛未審如何用心即得成佛國師曰無心可用即得成佛師云這僧難容恰如箇鼠黏子相似這箇老子轗頏又撞著這僧轗頏黏住便問無心可用阿誰成佛國師曰無心自成佛成佛亦無心僧曰佛有大不可思議爲能度衆生若也無心阿誰度衆生國師曰無心是真度生若見有生可度者即是有心宛然生滅僧曰今既無心能仁出世說許多教跡豈可虚言國師曰佛說教亦無心僧曰說法無心應是無說國師曰說即無無即說僧曰說法無心造業有心否國師曰無心即無業今既有業心即生滅何得無心僧曰無心即成佛和尚即今成佛未國師曰心尚自無誰言成佛若有佛可成還是有心有心即有漏何處得無心僧曰既無佛可成和尚還得佛用否國師曰心尚自無用從何有僧曰茫然都無莫落斷見否國師曰本來無見阿誰道斷僧曰本來無見莫落空否國師曰無空可落僧曰有可墮否國師曰空既是無墮從何立僧曰能所俱無忽有人持刀來取命爲是有是無國師曰是無僧曰痛否國師曰痛亦無僧曰痛既無死後生何道國師曰無死無生亦無道僧曰既得無物自在飢寒所逼若爲用心國師曰飢即喫飯寒即著衣僧曰知飢知寒應是有心國師曰我問汝有心心作何體段僧遲疑良久覔心與飢寒體段了不可得遂依實供通曰心無體段國師曰汝既知無體段即是本來無心何得言有僧曰山中逢見虎狼如何用心國師曰見如不見來如不來彼即無心惡獸不能加害僧曰寂然無事獨脫無心名爲何物國師曰名金剛大士師喝一喝云好人不肯做却要屎裏卧僧曰金剛大士有何體段國師曰本無形段師云何不早恁麽道僧曰既無形段喚何物作金剛大士國師曰喚作無形段金剛大士僧曰金剛大士有何功德國師曰一念與金剛相應能滅殑伽沙劫生死重罪得見殑伽沙諸佛其金剛大士功德無量非口所說非意所陳假使殑伽沙劫住世說亦不可得盡這僧當下大悟如睡夢覺如蓮華開似這般底便是金剛圈栗棘蓬你若吞不得透不得不見古人行覆處定起謗無疑透得這裏方能作大舟航不著此岸不著彼岸不住中流善知識下得這般脚手入得這般窠窟方始爲得人師家若不具許多差別眼目如心性解路上得箇入處底定不愛擊石火閃電光却愛這般說話又却錯做實法會了如一機一境一捧一喝上得箇入處底定不愛這般說話又是錯會了真所謂所見不同互有得失教中所謂菩薩見水如甘露天人見水如瑠璃凡夫見水是水餓鬼見水如膿血

是也或有箇愛高禪底衲子出來道妙喜有如是等見耶即向他道逢人但恁麼舉所以正法眼藏中收僧問忠國師古德云青青翠竹盡是法身鬱鬱黃華無非般若有人不許云是邪說亦有信者云不思議不知若為國師曰此蓋普賢文殊境界非諸凡小而能信受皆與大乘了義經意合故華嚴經云佛身充滿於法界普現一切羣生前隨緣赴感靡不周而恒處此菩提座翠竹既不出於法界豈非法身乎又般若經云色無邊故般若亦無邊黃華既不越於色豈非般若乎深遠之言不省者難為措意又華嚴座主問大珠和尚曰禪師何故不許青青翠竹盡是法身鬱鬱黃華無非般若珠曰法身無像應翠竹以成形般若無知對黃華而顯相非彼黃華翠竹而有般若法身故經云佛真法身猶若虛空應物現形如水中月黃華若是般若般若即同無情翠竹若是法身翠竹還能應用座主會麼主曰不了此意珠曰若見性人道是亦得道不是亦得隨用而說不滯是非若不見性人說翠竹著翠竹說黃華著黃華說法身滯法身說般若不識般若所以皆成諍論師云國師主張青青翠竹盡是法身直主張到底大珠破青青翠竹不是法身直破到底老漢將一箇主張底將一箇破底收作一處更無拈提不敢動著他一絲毫要你學者具眼透國師底金剛圈又吞大珠底栗棘蓬具眼者辨得出不具眼者未必不笑宗杲雖參圜悟和尚打失鼻孔元初與我安鼻孔者卻得湛堂和尚只是為人時下刃不緊若是說禪病無人過得嘗思教中有一段因緣殃崛摩羅要千人指頭作華冠然後登王位已得九百九十九指唯少一指要斷其母指填數佛知其緣熟故往化之殃崛纔舉意欲下刀取母指時忽聞振錫聲遂捨其母指而問佛教化一指曰既是瞿曇在此望施我一指頭滿我所願纔舉刀世尊拽脫便去世尊徐行殃崛急趕不上乃高聲叫曰住住世尊曰我住久矣是汝不住殃崛忽然感悟投佛出家佛卻令持鉢至一長者門其家婦人正值產難長者曰瞿曇弟子汝為至聖當有何法能免產難殃崛曰我乍入道未知此法待我回問世尊卻來相報及返具事白佛佛告殃崛汝速去報言我自從賢聖法來未曾殺生殃崛當便奉佛語往彼告之其婦得聞即免產難師云這裏使棒使喝掀倒禪牀引經教說理事擊石火閃電光夜半捉烏雞得麼因請益湛堂和尚纔舉起此話湛堂曰你爬著我痒處這話是金屎法不會如金會得如屎曰豈無方便湛堂曰我有箇方便只是你劃地不會曰望和尚慈悲湛堂曰殃崛云我乍入道未知此法待問世尊未到佛座下他家生下兒子時如何我自從賢聖法來未曾殺生殃崛持此語未至他家已生下兒子時如何老漢當時理會不得後因在虎丘看華嚴經至菩薩登第七地證無生法忍云佛子菩薩成就此忍即時得入菩薩第八不動地為深行菩薩難可知無差別離一切相一切想一切執著無量無邊一切聲聞辟支佛所不能及離諸諠諍寂滅現前譬如比丘具足神通

得心自在次第乃至入滅盡定一切動心憶想分别悉皆止息此菩薩摩訶薩亦復如是住不動地即捨一切功用行得無功用法身口意業念務皆息住於報行譬如有人夢中見身墮在大河為欲度故發大勇猛施大方便以大勇猛施方便故即便寤寤既寤寤已所作皆息菩薩亦爾見衆生身在四流中為救度故發大勇猛起大精進以勇猛精進故至此不動地既至此以一切功用靡不皆息二行相行皆不現前此菩薩摩訶薩菩薩心佛心菩提心涅槃心尚不現起況復起於世間之心師云到這裏打失布袋湛堂為我說底方便忽然現前方知真善知識不欺我真箇是金剛圈須是藏識明方能透得又有箇尊宿喚作洛浦和尚久為臨濟侍者濟每稱美之謂之臨濟門下一隻箭子便是欺負人遊歷罷直往夾山頂卓菴經年夾山知乃修書遣僧馳到洛浦接得便坐却再展手索僧無對浦便打曰歸去舉似和尚僧回舉似夾山山曰這僧看書三日内必來若不看書此人救不得師云古人喚作撈摝人不知書中有甚閑言長語洛浦却吞他鉤線三日内果來夾山預令人伺其出菴便燒其居師云只這便是金剛圈浦不顧師云成佛作祖須是這般漢直造夾山方丈不禮拜乃當面叉手而立山曰雞棲鳳巢非其同類出去浦曰自遠趨風乞師一接山曰目前無闍梨此間無老僧浦便喝山曰住住且莫草草忽忽雲月是同谿山各異截斷天下人舌頭即不無闍梨爭教無舌人解語師云洛浦却低頭思量這一道真言理會不得被夾山劈脊便打穿了鼻孔遂承嗣夾山後來示衆道末後一句始到牢關把斷要津不通凡聖須知上流之士不將佛祖見解貼在額頭上如靈龜負圖自取喪身之本師云他悟後便解明他這一道真言這些子藥頭不問雲門下臨濟下曹洞下法眼下溈仰下大法若不明各宗其宗各師其師各父其父各子其子只管理會宗旨熱大不緊老漢在衆中時嘗請益一尊宿禪門中說有語中無語無語中有語尊宿為我引證云有語中無語路逢死蛇莫打殺無底籃子盛將歸喚這箇作有語中無語又喚作無語中有語如何是有語中無語路逢死蛇莫打殺如何是無語中有語無底籃子盛將歸只這一句便具此兩義路逢死蛇莫打殺是無語中有語無底籃子盛將歸乃是有語中無語謂既是死蛇更不消打殺又云如何是同中有異鷺鷥立雪非同色如何是異中有同明月蘆華不似他我如此說時你便會得了却濟得甚麽事似這般底莫要學大法明後舉一絲毫便一時會得恰似殃崛摩羅因緣湛堂說底方便我乍入道也使不著佛有神通也使不著既使不著因甚麽生下兒子若向這裏見得釋迦老子即是殃崛摩羅殃崛摩羅即是釋迦老子若也不會釋迦自釋迦殃崛自殃崛不干産難人家事乃合掌云即將上來舉揚般若所有一言一句契佛契祖底功德奉為計議錢公薦室安人呂氏伏願出此没彼常為般若之親姻捨身受身永作菩提之眷屬召大衆云還委悉麽若

欲直下便休去莫記我今說底喝一喝下座

傳菴主請普說師云傳菴主入堂挂搭就今日設供仍請雲門爲衆普說且道說箇甚麼即得若是全鋒敵勝同死同生正按傍提横來豎去蟠根錯節結角羅紋於諸人分上正是小孩兒則劇家事不勞拈出既不許恁麼各請解下腰間多年曆日聽取雲門說箇古話記得二祖問達磨曰弟子心未寧請師與安達磨曰將心來與汝安二祖良久曰内外中間覓心了不可得達磨曰與汝安心竟二祖當時便休歇去又三祖問二祖曰弟子身纏風恙請師懺罪二祖曰將罪來與汝懺三祖良久曰内外中間覓罪了不可得二祖曰與汝懺罪竟三祖當時便休歇去這兩則語叢林舉唱者如麻似粟錯會者如稻似穀若不作心性會便作玄妙會不作玄妙會便作理事會不作理事會便作直截會不作直截會便作奇特會不作奇特會便向擊石火閃電光處會不向擊石火閃電光處會便颺在無事甲裏不颺在無事甲裏便喚作古人兩則公案向三條椽下七尺單前閉眉合眼坐在黑山下鬼窟裏思量卜度若作這一絡索道理欲明此事大似鄭州出曹門且喜没交涉既不許恁麼又如何理會雲門已是面皮厚三寸分明爲諸人說破第一不得錯會我說底達磨從西天將得箇無文印子來把二祖面門一印印破二祖得此印不移易一絲頭把三祖面門印破自後一人傳虚萬人傳實逓相印授直至江西馬祖馬祖得此印於南嶽和尚便道自從胡亂後三十年不曾少鹽醬師喝一喝云印文生也百丈大智禪師得此印於馬祖翻身跳入五百生前野狐窟裏頭出頭没直至如今不肯回黄蘗和尚得此印於百丈便道汝等諸人盡是噇酒糟漢恁麼行脚何處有今日還知大唐國裏無禪師麼臨濟和尚得此印於黄蘗便解到處作曰拈賊至今累及兒孫興化和尚得此印於臨濟便解向雲居處權借一問以爲影草南院和尚得此印於興化直得赤肉團上壁立千仞有僧問古殿重興時如何曰明堂瓦插簷僧曰恁麼則莊嚴畢備也曰斬草蛇頭落風穴和尚得此印於南院則曰夫參學眼目直須大用現前勿自拘於小節設使言前薦得猶是滯殼迷封縱然句下精通未免觸途狂見汝等諸人應是從前學解明昧兩歧如今爲汝一時掃却直須箇箇如師子兒吒呀地哮吼一聲壁立千仞誰敢正眼覷著覷著則瞎却渠眼有問語默涉離微如何通不犯則曰長憶江南三月裏鷓鴣啼處百華香首山和尚得此印於風穴便拈起竹篦問學人曰喚作竹篦則觸不喚作竹篦則背有問如何是佛則曰新婦騎驢阿家牽汾陽和尚得此印於首山則曰汾陽門下有西河師子當門踞坐但有來者即便咬殺作何方便入得汾陽門見得汾陽人慈明和尚得此印於汾陽把臨濟金剛王寶劒折作兩段只用釣絲絞水楊岐和尚得此印於慈明便向無煙火處死柴頭畔白雲和尚得此印於楊岐便向多處添些子少處減些子五祖和尚得此印於白雲賤賣擔版漢貼稱麻三斤百千年滯

貸無處著渾身圓悟老師得此印於五祖將三百六十骨節八萬四千毛竅一時撒向諸人懷裏師驀拈拄杖面前畫一畫云不得過界復舉起云這一隊不唧𠺕老漢性命盡在雲門手裏即今對衆將這印子為他打破欲使後代兒孫各各別有生涯免得承虛接響遞相鈍置遂卓一下云印子百雜碎了也且道這一隊老漢在甚麽處安身立命還見麽良久云眼睫眉毛都落盡轉使傍觀笑不休復卓一下喝一喝

劉侍郎親書華嚴經施師仍請普說僧問擲大千於方外納須彌於芥中是甚麽人分上事師云是沒量大人分上事進云因甚麽被學人蹋在脚下師云你見箇甚麽道理便開許大口僧便喝師云好一喝未有主在進云須知五十三人善知識到這裏也摸摖不著師云你分上事作麽生進云今日逢彊則弱師云何不禮拜僧便禮拜師乃云五十三人善知識摸摖不著處即是諸人日用消息諸人摸摖不著處即是五十三人善知識日用消息諸人日用消息五十三人善知識決定摸摖不著五十三人善知識日用消息諸人決定摸摖不著所以道諸法無作用亦無有體性是故彼一切各各不相知亦如大火聚猛燄同時發各各不相知諸法亦如是便恁麽去擲大千於方外納須彌於芥中豈是分外雖然如是第一不得向祖師門下過若向祖師門下過定打折你驢腰以拂子擊禪牀一下復云杼山居士劉公以手寫大方廣佛華嚴經一部施妙喜道人受持仍揮金辦供以伸慶讚妙喜今日登曲彔木為居士發揚且要大家知有佛言一切世界諸羣生少有欲求聲聞乘求獨覺者轉復少趣大乘者甚難遇趣大乘者猶為易能信此法倍更難今有信此法者手寫是經黑底是墨白底是紙喚甚麽作此法此法又如何舉揚即今還有能信此法者麽出來為杼山居士證明若證明得居士功不唐捐若證明不得妙喜乘便下坡為諸人說箇影子黃面瞿曇始成正覺時在摩竭提國阿蘭若法菩提場中於一塵內破此一塵演說如來廣大境界妙音遐暢無處不及豈不是此法不離一切菩提樹下而上升須彌向天帝釋妙勝殿普光明藏師子座上說十住品豈不是此法不離一切菩提樹下及須彌山頂而向夜摩天宮寶莊嚴殿寶蓮華藏師子座上入菩薩善思惟三昧說十行品豈不是此法不離於此菩提樹下及須彌頂夜摩天宮而往詣兜率陀天一切妙寶所莊嚴殿摩尼藏師子座上說十回向品豈不是此法不離兜率陀天而往詣他化自在天宮摩尼寶藏殿住一切菩薩智所住境入一切如來智所入處說十地品豈不是此法不離他化自在天宮復至摩竭提國普光明殿入佛華莊嚴三昧說離世間品豈不是此法不離摩竭提國向室羅筏國逝多林給孤獨園大莊嚴重閣入不可說佛刹微塵數神變海及種種三昧門說入法界品豈不是此法毗盧遮那及諸大菩薩七處九會咸集其所互為主伴一一交參現大神變乃至善財不離自所住處入普賢毛孔剎中行一

歩過不可說不可說佛刹微塵數世界如是而行盡未來劫猶不能知一毛孔中刹海次第刹海藏刹海差別刹海普入刹海成刹海壞刹海莊嚴所有邊際乃至念念周徧無邊刹海教化衆生令向阿耨多羅三藐三菩提當是之時善財童子則次第得普賢菩薩諸行願海與普賢等與諸佛等一身充滿一切世界刹等行等正覺等神通等法輪等辯才等言辭等及不可思議解脫自在悉皆同等豈不是此法若爾則須知杼山居士未動毛錐未形紙墨時已與毗盧遮那如來及不可說微塵數刹土諸佛菩薩廣大境界一一平等一一無差別以至周旋八十一卷行布圓融亦與善財未見文殊未發阿耨多羅三藐三菩提心及發心已來徧歷諸城承事諸善知識次第滿足普賢諸行願海亦無差別如上所說豈不是此法杼山居士既爾妙喜老漢亦爾妙喜老漢既爾現前大衆亦爾現前大衆既爾森羅萬象大地山河亦爾所謂塵塵爾念念爾法法爾一法既爾諸法亦然一塵既爾諸塵亦然諸塵既然則不越此念不破此塵入息不居陰界出息不涉萬緣常轉如是經百千萬億卷又何勞杼山居士明窻淨几引筆行墨特地周遮妙喜老漢承虛接響鼓舌搖脣無風起浪雖然如是要且只明得此法影子邊事與此法正文了無交涉諸人要識正文麼諦聽諦聽汲水炷香天女侍長者之著論剝皮析骨菩薩讚毗盧之發心欲見聞以成善因故筆墨而為佛事偕衆香之一鉢餉妙喜於東方伏願知識如善財之衆多行願如普賢之殊勝具十回向證三菩提我人衆生等無差別佛法僧寶共作證明上來講讚無限勝因一切智智清淨無二無二分無別無斷故夜來州前石師子無端跨跳撞入陳四公酒樓咬破湘山祖師鼻孔杜順和尚忍痛不禁出來道懷州牛喫禾益州馬腹脹天下覓醫人灸猪左膊上纔作是說各各平復如故汝等諸人還知決定義也無良久云不見道能信此法倍更難喝一喝下座

大慧普覺禪師普說卷第十五

大慧普覺禪師語録卷第十五

校勘記

一　底本，明永樂北藏本。

一　二二八頁上八行「踍跳」，南作「教跳」。一〇行同。

一　二二八頁中五行「直是」，徑作「只是」。

一　二二九頁上一五行第九字「垛」，南作「挆」。

一　二二九頁中七行第一〇字「若」，徑作「要」。

一　二二九頁中末行「三老」，徑作「二老」。

一　二三二頁上一六行「欺負」，徑作「欺侮」。

一　二三三頁上一五行「似粟」，徑作「如粟」。

一　二三三頁中一行第一四字「眉」，徑作「目」。

一　二三三頁中一七行首字「曰」，南、徑作「白」。

一　二三四頁下一三行末字「音」，徑作「普」。

一　二三五頁中九行第一五字「偕」，徑作「借」。

大慧普覺禪師普說卷第十六　感六

徑山能仁禪院住持嗣法慧日禪師臣蘊聞上進

傳經幹請普說師云經幹道友妙喜初不相識去歲經由衡陽特來相訪一見便如故人蓋為信得此段大事因緣及何以故豈不見華嚴會上智首菩薩問文殊師利菩薩言佛子菩薩云何得無過失身語意業等事文殊答以善用其心則獲一切勝妙功德為說行住坐卧四威儀中一百四十大願謂之無爾亂清淨行大功德此功德皆從信地而發故文殊菩為已發信心者作不請友以偈問賢首菩薩曰我今已為諸菩薩說佛往修清淨行仁亦當於此會中演暢修行勝功德賢首菩薩以偈答之其中曰以法威力現世間則獲十地十自在亦是說初發心從信地起之義末後善財到毗盧樓閣前彌勒為說一百二十種善提心亦是此義其中有一種喻曰如師子王哮吼師子兒聞皆增勇健餘獸聞之即皆竄伏佛師子王菩提心吼應知亦爾諸菩薩聞增長功德有所得者聞皆退散亦是此義既有信根即是成佛基本忽地與現行相應便證阿耨多羅三藐三菩提如釋迦老子初在正覺山前舉頭見明星出現忽然悟道遂乃歎曰奇哉一切衆生具有如來智慧德相但以妄想執著而不證得謂上至十方諸佛下至六道四生含蠢蝡動於我悟處以平等印一印印定更無差別你看黃面老子纔悟了便見得如此廣大然後興慈運悲於生死海不著此岸不著彼岸不住中流而能運載此岸衆生到於彼岸不住生死中流這箇道理亦不出自家信種所以無盡居士注海眼經題說佛成就云始覺合本之謂佛他雖是箇俗人然却見得徹識得根本謂始覺時從明星上起信忽然覺悟自性本來是佛大地有情更無差別無盡喚作始覺合本覺方始成佛參禪人能恁麼辨白得了然後休歇身心識取本來面目不要麤心古聖得了便於得處滅却生滅心亦不住在寂滅地謂之寂滅現前於寂滅地獲二殊勝一者上合十方諸佛與佛如來同一慈力二者下合六道衆生與諸衆生同一悲仰前所云興慈運悲救拔惡道是也衆生為不覺故輪轉生死先覺之士若無慈悲如何得衆生界空信知佛恩難報今日經幹道友請妙喜普說不獨為先考承事追修而已要與現前一衆說些禪病故柳子厚以天台教為司南言禪病最多誠哉是言天台智者之教以空假中三觀攝一切法教人把本修行禪無文字須是悟始得妙喜自十七歲便疑著此事恰恰參十七年方得休歇未得已前常自思惟我今已幾歲不知我未託生來南閻浮提時從甚麼處來心頭黑似漆竝不知來處既不知來處即是生大我百年後死時却向甚麼處去心頭依舊黑漫漫地不知去處既不知去處即是死大謂之無常迅速生死事大你諸人還曾恁麼疑著麼現今坐立儼然孤明歷歷地說法聽法賓主交參妙喜鼓兩片皮牙齒敲磕臍輪下鼓起粥飯氣口裏忉忉怛怛在遮裏說說者是聲此聲普在諸人髑髏裏諸人髑髏同在妙喜聲中這箇境界他日死了

却向甚處安著既不知安著處則撞入驢胎
馬腹亦不知生快樂天宮亦不知櫸和子尋
常於經論上收拾得底問著無有不知者士
大夫向九經十七史上學得底問著亦無有
不知者離却文字絕却思惟問他自家屋裏
事十箇有五雙不知他人家事却知得如此
分曉如是則空來世上打一遭將來隨業受
報畢竟不知自家本命元辰落著處可不悲
哉所以古人到這裏如救頭然尋師決擇要
得心地開通不疑生死然有學而知之者有
生而知之者那箇是學而知之者如僧問趙
州學人乍入叢林乞師指示州云你喫粥了
也未僧云喫粥了州云洗鉢盂去僧於言下
忽然大悟當下休歇便知生死去處妙喜常
說不易這僧有力量趙州將一百二十斤擔
子一送送在他肩上這僧荷得一氣走一百
二十里更不回頭如將梵位直授凡庸心裏
便怗怗地與得慈力運得悲願此是學而知
之者那箇是生而知之者如趙州作沙彌時
同本師行脚到南泉值南泉卧次本師禮拜

了趙州方禮拜南泉問云近離甚處州云近
離瑞像泉云還見瑞像麼州云瑞像則不見
面前只見卧如來南泉遂起問你是有主沙
彌無主沙彌州云是有主沙彌泉云那箇是
你主若是如今禪和家便近前彈指打箇圓
相喝一喝拍一拍拂袖便行放出這般惡氣
息你看他趙州緩緩地近前道孟春猶寒伏
惟和尚尊候萬福泉乃喚維那云此沙彌別
處安排次日却來問如何是道南泉也不行
棒也不下喝也不談玄也不說妙也不牽經
也不引論也不舉古人公案亦不說事亦不
說理只實頭向他道平常心是道爲他趙州
已理會得平常心了便却問還假趣向也無
泉云擬向即乖州云不擬爭知是道泉云道
不屬知不屬不知知是妄覺不知是無記若
眞達不疑之道猶如太虛廓然蕩豁豈可於
中彊是非耶趙州於言下千了百當南泉道
道不屬知不屬不知圭峯謂之靈知荷澤謂
之知之一字衆妙之門黃龍死心云知之一
字衆禍之門要見圭峯荷澤則易要見死心

則難到這裏須是具超方眼說似人不得傳
與人不得所以圓悟先師說趙州禪只在口
脣皮上難奈他何如善用兵者不齎糧行就
你水草糧食又殺了你有一秀才問佛不違
衆生願是否州云是才云弟子欲就和尚手
中乞取拄杖得否州云君子不奪人所好才
云某甲不是君子州云老僧亦不是佛又一
僧問如何是祖師意州乃敲禪牀脚僧云莫
只這便是否州云是則脫取去又一僧問諸
方盡向口裏道和尚如何示人州以脚跟打
火爐示之僧云莫便是也無州云恰認得老
僧脚跟又僧問如何是趙州州云東門南門
西門北門僧云某甲不問這箇州云你問我
趙州聻又僧問如何是道州云牆外底僧云
某甲不問這箇道州云你問那箇道僧云某
甲問大道州云大道通長安你不得作無事
會不得作玄妙會不得作奇特會不得作平
常會趙州不在無事上不在玄妙上不在奇
特上不在平常上畢竟在甚麼處具眼者辨
取這老漢有時云未出家被菩提使出家後

使得菩提汝諸人被十二時使老僧使得十二時又云佛之一字吾不喜聞佛之一字尚不喜聞達磨灼然是甚老臊胡十地菩薩是擔糞漢等妙二覺是破凡夫菩提涅槃是繫驢橛十二分教是鬼神簿拭瘡膿紙四果三賢初心十地是守古塚鬼你既不到這箇田地是事理會不得也學人麤走大步便把一句子禪要祗對人且不是這箇道理所以妙喜室中常問禪和子喚作竹篦則觸不喚作竹篦則背不得下語不得無語不得思量不得卜度不得拂袖便行一切總不得你便奪却竹篦我且許你奪却我喚作拳頭則觸不喚作拳頭則背你又如何奪更饒你道箇請和尚放下著我且放下著我喚作露柱則觸不喚作露柱則背你又如何奪我喚作山河大地則觸不喚作山河大地則背你又如何奪有箇冊峯長老云某看和尚竹篦子話如藉沒却人家財產了更要人納物事妙喜曰你譬喻得極妙我眞箇要你納物事你無從所出便須討死路去也或投河赴火拚得命方始死得死了却緩緩地再活起來喚你作菩薩便歡喜喚你作賊漢便惡發依前只是舊時人所以古人道懸崖撒手自肯承當絕後再甦欺君不得到這裏始契得竹篦子話復說偈云

佛之一字尚不喜　有何生死可相關
當機覿面難回互　戳甚楞嚴義八還

悅禪人請普說僧問臨濟示衆云有時奪人不奪境有時奪境不奪人有時人境兩俱奪有時人境俱不奪如何是奪人不奪境師云三千里外絕誵訛進云如何是奪境不奪人師云拔出眼中楔進云臨濟道煦日發生鋪地錦嬰孩垂髮白如絲未審與和尚答底是同是別師云咬人屎橛不是好狗進云王令已行天下徧將軍塞外絕煙塵時如何師云適來猶自可而今更郎當問十方薄伽梵一路涅槃門未審王氏今日是生耶是死耶師云生耶死耶進云今古應無墜分明在目前師云抽却腦後箭進云只如十二時中不依倚一物人來師還接否師云喚甚麼作一物進云不可重說偈言師云礙塞殺人乃云生耶死耶非得非失不道不道有理有事若向有理有事處得箇入處只在教乘裏頭出頭沒若於非得非失處得箇入處敢保諸人十二時中未有安身立命處既未有安身立命處則不知王氏落處若知得王氏落處即知自己安身立命處且道王氏即今是生耶是死耶是不生耶是不死耶若道不生爭奈死何若道不死爭奈生何若道亦生亦死又是戲論說若道非生非死又是相違說直饒離四句絕百非直下如明鏡當臺明珠在掌胡來現胡漢來現漢當人各各脚跟下淨倮倮明歷歷生死如夢幻空華去來如浮雲水月猶未是徹頭處縱饒如實見得昔日之生本不曾生今日之滅本不曾滅亦是無夢說夢何以故生而不生鏡裏之形滅不曾滅水中之月正當恁麼時那裏是王氏出身處若委悉得去王氏只今與諸人把手共行同入如來大寂滅海其或未然有寒暑兮促君壽有鬼神兮妬君福復云這箇是近悅上座爲毋

王氏請妙喜老漢說法底意旨且法作麼生說不見道法不可見聞覺知若行見聞覺知是則見聞覺知非求法也見聞覺知既不可以入道莫是不見不聞不覺不知便是麼良久高聲云更是箇甚麼妙喜盡力說只說得到這裏此事決定不在言語上所以從上諸聖次第出世各各以善巧方便切切怛怛唯恐人泥在言語上若在言語上一大藏教五千四十八卷說權說實說有說無說頓說漸豈是無言說因甚麼達磨西來却言單傳心印不立文字語言直指人心見性成佛因何不說傳玄傳妙傳言傳語只要當人各各直下明自本心見自本性事不獲已說箇心說箇性已大段狼藉了也若要拔得生死根株盡切不得記我說底縱饒念得一大藏教如缾瀉水喚作運糞入不名運糞出却被這些子障却自己正知見不得現前自己神通不能發現只管弄目前光影理會禪理會道理會心理會性理會奇特理會玄妙大似掉棒打月枉費心神如來說為可憐愍者古人凡

有一言半句設一箇金剛圈栗棘蓬教伊吞教伊透若是箇英靈獨脫出情塵超理性者金剛圈栗棘蓬是甚麼弄猢猻家具祭鬼神茶飯蓋你不能一念緣起無生只管一向在心意識邊作活計纔見宗師動口便向宗師口裏討玄討妙却被宗師倒翻筋斗自家本命元辰依舊不知落處脚跟下黑漫漫依前只是箇漆桶只如適來上座問奪人不奪境一段話只知冊子上念將來如法答他又理會不得問一段未了又問一段恰如村人打傳口令相似我今不惜口業爲你諸人葛藤註解一徧臨濟一日示衆云有時奪人不奪境有時奪境不奪人有時人境兩俱奪有時人境俱不奪會麼良久左右顧視便下座遮箇便是金剛王寶劒我昨日說底將蜈蚣毒蛇蝎子幷諸雜毒貯在一甕裏你試將手就中拈一箇不毒底出來看若拈得出不妨於此事有少分相應若拈不出自是你根性遲鈍風無靈骨也怪妙喜不得臨濟當時道這幾句閑言長語面目現在自是你不會看得

出你若領得此意自從胡亂後三十年不少鹽醬鐘樓上念讚牀脚下種菜之類不著問人一一自知下落古人垂箇方便豈是閒開口須知爛泥裏有刺當時有箇克符道者理會得臨濟意便出來問如何是奪人不奪境臨濟當時不知那裏得許多閑言長語鬪湊得恰好便道煦日發生鋪地錦嬰孩垂髮白如絲諸人還會麼煦日發生鋪地錦是境嬰孩垂髮白如絲是人此兩句一句存境一句奪人克符又作頌曰奪人不奪境緣自帶聱訛師云有甚麼聱訛擬欲求玄旨思量反責麼師云誣人之罪驪珠光燦爛蟾桂影婆娑師云何不早恁麼道覿面無差互還應滯網羅師云依俙似曲纔堪聽又被風吹別調中此頌大槩在驪珠光燦爛蟾桂影婆娑之上蓋此兩句是境學者問不奪境擬欲求玄旨思量反責麼大意只是不可思量擬議思量擬議者人也蹉却覿面相呈一著子即被語言網羅矣克符此頌專明煦日發生鋪地錦所以有驪珠光燦爛蟾桂影婆娑之句乃是

存境而奪人故曰覿面無差互還應滯網羅奪人之義醍醐毒藥一道而行具眼者方能辨別又問如何是奪境不奪人答云王令已行天下徧將軍塞外絕煙塵師云王令已行天下徧是奪了境將軍塞外絕煙塵是存人而不奪頌曰奪境不奪人尋言何處眞師云也須閑處作隄防問禪禪是妄究理理非親師云好事不如無日照寒光澹山遙翠色新師云貧兒思舊債直饒玄會得也是眼中塵師云自起自倒你要會日照寒光澹山遙翠色新麽此兩句是境直饒玄會得也是眼中塵便奪了也其餘人境兩俱奪人境俱不奪盡是依語就學家問處答又問如何是人境兩俱奪答云并汾絕信獨處一方便有人境兩俱奪面目頌曰人境兩俱奪從來正令行師云已落第二不論佛與祖那說聖凡情師云買石得雲饒擬犯吹毛劒還如值木盲師云識法者懼進前求妙會特地斬精靈師云前箭猶輕後箭深正令既行不留佛祖到這裏進之退之性命都在師家手裏如吹毛劒不可犯其鋒又問如何是人境俱不奪答云王登寶殿野老謳歌頌曰人境俱不奪思量意不偏師云會麽是法住法位主賓言不異師云世間相常住問答理俱全師云添一毫不得減一毫不得踢破澄潭月師云猶有這箇在穿開碧落天師云勞而無功不能明妙用師云動著即錯淪溺在無緣師云却依舊處著這箇是適來上座請益底公案謂之四料揀你若要分明理會得臨濟意但向他當時垂示處看如何看山僧有時奪人不奪境有時奪境不奪人有時人境兩俱奪有時人境俱不奪若恁麽便是你若作山僧有時奪人不奪境有時奪境不奪人有時人境兩俱奪有時人境俱不奪便不是了也所以五祖師翁有言如何是祖師西來意庭前栢樹子恁麽會便不是了也如何是祖師西來意庭前栢樹子恁麽會方始是你諸人還會麽這般說話莫道你諸人理會不得妙喜也自理會不得我此門中無理會得理會不得蚊子上鐵牛無你下觜處須信古人垂慈則有法無法不垂慈道眼未開大法未明豈免向他人口裏覓禪覓道覓玄覓妙覓得了唯恐人知及至說時又恐說盡了末後無可說這箇是無限量底法你以有限量心擬窮他落處且莫錯只如世尊在靈山會上百萬衆前拈華普示獨迦葉破顏微笑何曾怕人知又何曾密室裏傳授來我這裏禪許你衆人聞不許你衆人會如上所解註者四料揀你諸人齊聞齊會了臨濟之意果如是乎若只如是臨濟宗旨豈到今日你諸人聞妙喜說得落將謂止如此我實向你道此是第一等惡口若記著一箇元字脚便是生死根本也你諸人諸方學得底玄中又玄妙中又妙是甚麽屎禪一向埋在皮袋裏將謂實有恁麽事莫錯諸上座你眞箇要參妙喜禪盡將諸方學得底掃向他方世界百不知百不會虛却心來共你理會復說偈云無諸比丘名近悅爲母王氏請普說妙喜便登曲彔牀忉忉怛怛恣饒舌從來法本離言詮不假思量與分別說甚地獄及天堂四聖六凡俱泯絕縱有魔

王欲作難金剛寶劍當頭截王氏養子要參禪只這一念永不滅彈指頓明諸法門釋迦彌勒齊超越還如塗毒鼓當軒一擊聞之皆腦裂無邊煩惱悉蠲除夙業舊殃湯沃雪末後一句為重宣凝然萬里一條鐵喝一喝下座

藏六 · 十三

大慧普覺禪師普說卷第十六

大慧普覺禪師語錄卷第十六

校勘記

一　底本，明永樂北藏本。

一　二三九頁下一六行「滅不曾滅」，南、徑作「滅而不滅」。

一　二四〇頁下一〇行末字「聲」，南作「請」。一一行第七字同。

大慧普覺禪師普說卷第十七　咸七

徑山能仁禪院住持嗣法慧日禪師臣蘊聞上進

禮侍者斷七請普說僧問和尚室中道喚作竹篦則觸不喚作竹篦則背不得下語不得無語遂以坐具打地一下云學人爲蛇畫足却請和尚頭上安頭師云自起自倒得人憎進云也要和尚相委悉師云切忌轢裏動指頭進云還有爲人處也無師云無進云却較些子師云換却你眼睛乃云喚作竹篦則觸不喚作竹篦則背不得下語不得無語不得思量不得擬議當恁麼時釋迦老子達磨大師雖有鼻孔直是無出氣處還委悉麼遇貴則賤遇賤則貴若向貴賤處著到更須買草鞵行脚始得所以道不可以有心求不可以無心得不可以語言造不可以寂默通雖然如是如天普蓋似地普擎全放全收全殺全活妙喜恁麼道也不離這箇消息正如適來禪客以坐具打地一般乃拍禪牀一下云且道明甚麼邊事斯辰比丘了賢爲近禮侍者將俗家寄來衣物估唱請老漢舉揚宗旨莊嚴報地可惜這兄弟方始於竹篦子話有箇發明處而今已是說前年話一日問他喚作竹篦則觸不喚作竹篦則背如何渠答不得却曰望和尚爲某作箇方便指示山僧向他道你是福州人我說箇喻子向你如將名品荔枝和皮殼一時剥了以手送在你口邊只是你不解吞渠聞之不覺失笑曰和尚吞著即禍事過得幾時又問他前日吞了底荔枝只是你不知滋味渠曰若知滋味轉見禍事我愛他這兩轉語所謂從門入者不是家珍信知宗師家無實法與人且如世間工巧技藝有樣子便做得若是這一解須是自悟始得得之於心應之於手若未得箇安樂處一向求知見覓解會這般雜毒纔入心如油入麪永取不出縱取得出亦費料理此事如青天白日元無障礙却被這些雜毒障却所以於法不得自在老漢常愛眞淨和尚道如今人多是得箇身心寂滅前後際斷休去歇去一念萬年去似古廟裏香爐去冷湫湫地去便爲究竟殊不知却被此勝妙境界障蔽自己正知見不能現前神通光明不能發露或又執箇一切平常心是道以爲極則天是天地是地山是山水是水僧是僧俗是俗大盡三十日小盡二十九凡百施爲須要平常一路子以爲穩當定將去合將去更不敢別移一步怕墮坑落塹長時一似雙盲人行路一條柱杖子寸步抛不得緊把著憑將去步步依倚一日若道眼豁開頓覺前非抛却杖子撒開兩手十方蕩蕩七縱八横東西南北無可不可到這裏方得自在如今人能有幾箇放得杖撒得手昔因眞淨和尚新開語録其時我老和尚在五祖堂中作首座五祖一日廊下見僧把一册文字祖曰你手中是甚文字僧曰是眞淨和尚語録祖遂取讀即讚歎曰慚愧末世中有恁地尊宿乃喚首座我老和尚時在後架洗轍聞呼狼忙走出來祖曰我得一本文字不可思議所謂善說法要你試看休去歇去一念萬年前後際斷諸方如今有幾箇得到這田地他却喚作勝妙境界舊時寶峯有箇廣道者便是這般人一箇渾

身都不理會都不見有世間事世間塵勞眛他不得雖然恁麼却被這勝妙境界障却道眼須知到一念不生前後際斷處正要尊宿如水潦和尚因採藤次問馬祖曰如何是祖師西來意祖曰近前來向你道水潦纔近前馬祖當胷一蹋蹋倒水潦忽然大悟不覺起來呵呵大笑祖曰你見箇甚麼道理潦曰百千法門無量妙義只向一毛頭上便識得根源去這箇教中謂之入流亡所所入既寂動靜二相了然不生纔得箇入處便亡了定相定相既亡不墮有爲不墮無爲動靜二相了然不生便是觀音入理之門他既悟了便打開自己庫藏運出自己家珍乃曰百千法門無量妙義只向一毛頭上便識得根源去又呵呵大笑馬祖知他已到這箇田地更不采他亦無後語後來住水潦菴禪和家來參他有百十衆纔舉揚便賣弄這一蹋云自從一喫馬師蹋直至而今笑不休渠又何曾有峯巒疊翠澗水潺湲岸柳含煙庭華笑日鸎啼喬木蝶舞芳叢底說話來只道自從一喫馬師蹋直至而今笑不休這箇便是第一箇入流亡所動靜二相了然不生底樣子又不見雲門問洞山近離甚處山曰查渡門曰夏在甚處山曰湖南報慈門曰幾時離彼山曰八月二十五門曰放你三頓棒古人淳樸據實祗對自言我此回實從查渡來有甚麼過便道放我三頓棒大丈夫漢須共這老漢理會始得至明日便去問曰昨日蒙和尚放三頓棒未審過在甚麼處門曰飯袋子江西湖南便恁麼去洞山忽然大悟更無消息可通亦無道理可拈出只禮拜而已既悟了便打開自己庫藏運出自己家珍乃曰他後向無人煙處住箇草菴不蓄一粒米不種一莖菜接待十方往來盡與伊出却釘拔却楔拈却炙脂帽子脫却鶻臭布衫教伊灑灑地作箇衲僧豈不俊哉雲門曰你身如椰子大開得許大一這箇是第二箇入流亡所動靜二相了然不生底樣子又鼓山晏國師在雪峯多年一日雪峯知其緣熟忽起搊住曰是甚麼晏釋然了悟唯舉手搖曳而已峯曰子作道理耶晏曰何道理之有後來楊大年收在傳燈錄中謂之亡其了心此是第三箇入流亡所動靜二相了然不生底樣子又灌谿和尚一日見臨濟濟下繩牀纔擒住谿便云領領這箇是第四箇入流亡所動靜二相了然不生底樣子這箇說似人不得傳授人不得老漢十七年參也曾零零碎碎悟來雲門下也理會得些子曹洞下也理會得些子只是不能得前後際斷後來在京師天寧見老和尚陞堂舉僧問雲門如何是諸佛出身處門曰東山水上行若是天寧即不然如何是諸佛出身處薰風自南來殿閣生微涼向這裏忽然前後際斷譬如一綟亂絲將刀一截截斷相似當時通身汗出雖然動相不生却坐在淨倮倮處得一日去入室老和尚曰也不易你到這箇田地可惜你死了不能活不疑言句是爲大病不見道懸崖撒手自肯承當絕後再甦欺君不得須信有這箇道理老漢自言我只據如今得處已是快活更不能理會得也老和尚却令我在擇木寮作不釐務侍者

每日同士大夫須得三四回入室只舉有句無句如藤倚樹纔開口便道不是如是半年間只管參一日同諸官員在方丈藥石次我只把箸在手都忘了喫食老和尚曰這漢參得黃楊木禪却倒縮去我遂說箇譬喻曰和尚這箇道理恰如狗看著熱油鐺相似要舐又舐不得要捨又捨不得老和尚曰你喻得極好只這箇便是金剛圈栗棘蓬一日因問老和尚見說和尚當時在五祖曾問這箇話不知五祖和尚如何答和尚不肯說老漢曰和尚當時不可獨自問須對大衆前問如今說又何妨老和尚乃曰我問有句無句如藤倚樹時如何祖曰描也描不成畫也畫不就又問忽遇樹倒藤枯時如何祖曰相隨來也老漢纔聞[麗七]舉便理會得乃曰某會也老和尚曰只恐你透公案未得老漢[六]曰請和尚舉老和尚遂連舉一絡索誵訛公案被我三轉兩轉截斷如箇太平無事時得路便行更無滯礙老和尚曰如今方知道我不謾你我既會了却倒疑著幾箇禪頭乃問老和尚老和尚曰我箇禪如大海相似是你將得箇大海來傾取去始得若只將得鉢盂來盛得些子去便休是你器量只如此教我怎奈何能有幾箇得到你田地舊時只有一箇璟上座與你一般只是死了過得幾時便舉我立僧後來在雲居首座寮夜間常與兄弟入室老和尚愛來聽有時入室了却上方丈見老和尚同在火爐頭坐老和尚曰或有箇禪和子得似老僧你又如何支遣老漢曰何幸如之正如東坡說作劊子得一箇肥漢剮我却倒與老和尚入室被我拶得上壁老和尚呵呵大笑恩量這老和尚粉骨碎身亦未能報得因禮上座聞老漢舉福州人喫荔枝有箇瞥地處所以說到這裏這兄弟在叢林中規行矩步無衲子之[麗七]過可惜尺頭短然打箇筋斗出來決定昧他不得[七]有一則古話舉似大衆教中道吾不見時何不見吾不見之處若見不見自然非彼不見之相若不見吾不見之地自然非物云何非汝後來湛堂和尚頌曰老胡徹底老婆心爲阿難陀意轉深韓幹馬嘶青草渡戴嵩牛卧綠楊陰妙喜亦有箇頌子雖不甚文彩却不在湛堂之下荒田無人耕耕著有人爭無風荷葉動決定有魚行

師紹興二十六年三月十一日於臨江軍新淦縣東山寺被旨還僧謝恩罷拈香祝聖畢乃就座云青氈本是吾家物今日重還舊日僧珍重聖恩何以報萬年松上一枝藤遂拈起拄杖云一枝藤在這裏且報恩一句作麼生道若也道得粉骨碎身未足酬一句了然超百億其或未然山僧不免爲諸人道波長將日月爲天眼指出須彌作壽山

新淦縣衆官請普說僧問聖恩已受僧相再圓學人上來乞師指示重新底佛法師云雨過谿光潑雲開嶽色新進云恁麼則龍圖增久固佛日轉光輝師云一道舊行路高下自分明進云只如大顛叩齒韓文公直下知歸黃檗安名裴相國便知落處未審和尚今日與知縣朝議相見有何指示師云兩眼對兩眼進云莫便是指示也無師云一任鑽龜打瓦僧禮拜師乃云問得亦好不問更親何故

聲前一路千聖不傳學者勞形如猿捉影可
中有箇英靈漢恁麽不恁麽聊聞舉著剔起
便行猶在葛藤窠裏直得内無所證外無所
修似地擎山如石含玉亦未是衲僧放身命
處若也知得塵塵念念皆無空闕折旋俯仰
盡在其中正當恁麽時畢竟是誰家風月還
委悉麽千聖不知何處去倚天長劒逼人寒
復云這箇是知縣朝議今日率諸同官洎寄
居賢士大夫同來隨喜宗杲披剥請說法底
意旨此一段因緣問佛有因況宗杲自居衡
梅首尾十七年今日不覺不知一來新淦同
此法會豈非前報世中曾在靈山會上同爲
聽法之人元來說法自有時處若時節因緣
未會說法不成所以釋迦老子說法三百六
十餘會皆立時處何謂時處豈不見圓覺經
末上云如是我聞一時婆伽婆入於神通大
光明藏三昧正受只這箇便是今日說法底
時節所以道欲識佛性義當觀時節因緣時
節若至其理自彰不見天台智者大師因讀
法華經至藥王菩薩焚身處云是眞精進是

名眞法供養如來於此豁然前後際斷便證
法華三昧於三昧中見靈山會上釋迦老子
與百萬大衆儼然未散如今說與人若是不
曾入得這般境界劃地不信何故智者自是
陳隋時人與釋迦老子相去二千年如何因
是眞精進是名眞法供養如來便於法華三
昧中見靈山一會儼然未散爲復是謾人耶
是假說耶此事唯證乃知難可測須知妙喜
今日說法與釋迦老子在靈山會上說法無
異與智者大師在南嶽證得是眞精進是名
眞法供養如來亦無異眞實證者必不相欺
未證者一似說夢所以道過去一切劫安置
未來今未來現在劫回置過去世以海印三
昧一印印定更無透漏無去無來無前無後
非但妙喜一人如是判府郎中亦如是非但
判府郎中如是判縣朝議與諸同官寄居賢
士大夫亦如是非但判縣朝議與諸同官寄
居賢士大夫如是乃至現前若僧若俗若貴
若賤亦如是如是之法在天同天在人同人
應以佛身得度者即現佛身而爲說法應以

宰官身乃至婆羅門婦女身得度者悉現其
身而爲說法此是一味清淨平等法門若向
這裏明得各人本地風光本來面目方知一
大藏教五千四十八卷句句不說別事無常
迅速莫作等閑所以道努力今生須了却莫
教永劫受餘殃人身難得爲貴人復難不見
釋迦老子說四十二章經裏面有二十難謂
貧窮布施難豪貴學道難有勢不臨難就中
有箇拚命不死難你諸人還會麽若拚得命
無有不死者如何說不死底道理若會得這
箇方始把二十難一翻翻轉來總是易底事
拚命不死也易貧窮布施也易豪貴學道也
易有勢不臨也易若悟即易不悟即難然難
易兩字亦不干本地風光本來面目事何故
此箇法門本無難本無易若能向不難不易
處急著眼看外息諸緣内心無喘方知本無
難易底法如今聰明靈利底人不能便悟病
在於何却爲心意識先行被心意識障却自
己光明塞却行路進步不得所以這裏使聰
明靈利不著要須内不放出外不放入内不

放出則是內心無喘外不放入即是外息諸緣內心既定則諸緣亦定故曰那伽常在定無有不定時這一段大事因緣大底如是若能如是信如是解如是修如是證則三世諸佛即是汝諸人汝諸人即是三世諸佛無古無今同一解脫世間有如此殊勝之事可惜百姓日用而不知然今日一會亦非小緣又承諸山禪師洎諸善男信女同此聽法伏願一聞千悟得大總持一歷耳根永爲道種久立伏惟珍重

錢計議請普說師云法不可見聞覺知若行見聞覺知是則見聞覺知非求法也既離見聞覺知外却喚甚麼作法到這裏如人飲水冷煖自知除非親證親悟方可見得若實曾證悟底人拈起一絲毫頭盡大地一時明得今時不但禪和子便是士大夫聰明靈利博極羣書底人箇箇有兩般病若不著意便是忘懷忘懷則墮在黑山下鬼窟裏教中謂之昏沉著意則心識紛飛一念續一念前念未止後念相續教中謂之掉舉不知有人人脚跟下不沉不掉底一段大事因緣如天普蓋似地普擎未有世界早有此段大事因緣世界壞時此段大事因緣不曾動著一絲毫頭往往士大夫多是掉舉而今諸方有一般默照邪禪見士大夫爲塵勞所障方寸不寧怗便教他寒灰枯木去一條白練去古廟香爐去冷湫湫地去將這箇休歇人你道還休歇得麼殊不知這箇猢猻子不死如何休歇得來爲先鋒去爲殿後底不死如何休歇得此風往年福建路極盛妙喜紹興初入閩住菴時便力排之謂之斷佛慧命千佛出世不通懺悔彼中有箇士人鄭尚明極聰明教乘也理會得道藏也理會得儒教則故是也一日持一片香來妙喜室中怒氣可掬聲色俱厲曰昂首一片香未燒在欲與和尚理會一件事只如默然無言是法門中第一等休歇處和尚肆意詆訶昂心疑和尚不到這田地所以信不及且如釋迦老子在摩竭提國三七日中掩室不作聲豈不是佛默然毗耶離城三十二菩薩各說不二法門末後維摩詰無語文殊讚善豈不是菩薩默然須菩提在巖中宴坐無言無說豈不是聲聞默然天帝釋見須菩提在巖中宴坐乃雨華供養亦無言說豈不是凡夫默然達磨游梁歷魏少林冷坐九年豈不是祖師默然魯祖見僧便面壁豈不是宗師默然和尚因甚麼却力排默照以爲邪非妙喜曰尚明你問得我也是待我與你說我若說不行却燒一炷香禮你三拜我若說得行却受你燒香禮拜我也不與你說釋迦老子及先德言句我即就你屋裏說所謂借婆帔子拜婆年乃問你曾讀莊子麼曰是何不讀妙喜曰莊子云言而足終日言而盡道言而不足終日言而盡物道物之極言默不足以載非言非默義有所極我也不曾看郭象解并諸家註解只據我杜撰說破你這默然豈不見孔夫子一日大驚小怪曰參乎吾道一以貫之曾子曰唯你措大家纔聞箇唯字便來這裏惡口却云這一唯與天地同根萬物一體致君於堯舜之上成家立國出將入相以至啓手足時不出這一唯且

喜沒交涉殊不知這箇道理便是曾子言而足孔子言而足其徒不會却問曰何謂也曾子見他理會不得却向第二頭答他話謂夫子之道不可無言所以云夫子之道忠恕而已矣要之道與物至極處不在言語上不在默然處言也載不得默也載不得公之所說尚不契莊子意何況要契釋迦老子達磨大師意耶你要理會得莊子非言非默義有所極麼便是雲門大師拈起扇子云扇子䟦跳上三十三天築著帝釋鼻孔東海鯉魚打一棒雨似盆傾你若會得雲門這箇說話便是莊子說底曾子說底孔子說底一般渠遂不作聲妙喜曰你雖不語心未伏在然古人決定不在默然處坐地明矣你適來舉釋迦掩室維摩默然且看舊時有箇座主喚作肇法師把那無言說處說出來與人云釋迦掩室於摩竭淨名杜口於毗耶須善提唱無說以顯道釋梵絕聽而雨華斯皆理為神御故口以之而默豈曰無辯辯所不能言也這箇是理與神忽然相撞著不覺到說不得處雖然不語其聲如雷故云豈曰無辯蓋辯所不能言也這裏世間聰明辯才用一點不得到得恁麼田地方始是放身捨命處這般境界須是當人自證自悟始得所以華嚴經云如來宮殿無有邊自然覺者處其中此是從上諸聖大解脫法門無邊無量無得無失無默無語無去無來塵塵爾剎剎爾念念爾法法爾只為眾生根性狹劣不到三教聖人境界所以分彼分此殊不知境界如此廣大却向黑山下鬼窟裏默然坐地故先聖訶為解脫深坑是可怖畏之處以神通道眼觀之則是刀山劍樹鑊湯鑪炭裏坐地一般座主家尚不滯在默然處況祖師門下客却道纔開口便落今時且喜沒交涉尚明不覺作禮妙喜曰公雖作禮然更有事在至晚間來入室乃問他今年幾歲曰六十四又問你六十四年前從甚麼處來渠開口不得被我將竹篦劈脊打出去次日又來室中曰六十四年前尚未有昂在如何和尚却問昂從甚麼處來妙喜曰你六十四年前不可元在福州鄭家只今這聽法說法一段歷歷孤明底未生已前畢竟在甚麼處曰不知妙喜曰你若不知便是生大今生且限百歲百歲後你待飛出三千大千世界外去須是與他入棺材始得當爾之時四大五蘊一時解散有眼不見物有耳不聞聲有箇肉團心分別不行有箇身火燒刀斫都不覺痛到這裏歷歷孤明底却向甚麼處去曰昂也不知妙喜曰你既不知便是死大故曰無常迅速生死事大便是這箇道理這裏使聰明也不得記持也不得我更問你平生做許多之乎者也臘月三十日將那一句敵他生死須是知得生來死去處分曉始得若不知即是愚人渠方心伏從此遂救他不坐在無言無說處肯來這下做工夫今日一會同此聽法須知人人有此一段大事因緣亘古亘今不變不動也不著忘懷也不著著意但自時時提撕妄念起時亦不得將心止遏止動歸止止更彌動只就動止處看箇話頭便是釋迦老子達磨大師出來也只是這箇僧問趙州狗子還有佛性也無州云

無你措大家多愛穿鑿說道這箇不是有無之無乃是眞無之無不屬世間虛豁之無恁麼說時還敵得他生死也無既敵他生死不得則未是在既然未是須是行也提撕坐也提撕喜怒哀樂時應用酬酢時總是提撕時節提撕來提撕去沒滋味心頭恰如頓一團熱鐵相似那時便是好處不得放捨忽然心華發明照十方刹便能於一毛端現寶王刹坐微塵裏轉大法輪汝等諸人聞恁麼說話往往心裏道妙喜老漢搖脣鼓舌說得也相似不知他肚裏如何須知妙喜說得底便是行得底更無兩般所以西天第十三祖迦毗摩羅尊者欲求一弟子繼紹祖位謂深山窮谷中必有高人居止因往求之故知非但弟子求師切師求弟子亦切遂入山果見一人出迎曰深山孤寂龍蟒所居大德至尊何枉神足祖曰吾非至尊來訪賢者彼默念曰此師得決定性明道眼否是大聖繼眞乘否祖曰汝雖心語吾已意知但辦出家何慮吾之不聖彼聞已悔謝於是投祖出家即第十四祖龍樹是也今時學道者多不自疑却疑他人所以道大疑之下必有大悟且道悟得箇甚麼良久云我不敢輕於汝等汝等皆當作佛下座

大慧普覺禪師普說卷第十七　咸七　十六

大慧普覺禪師語録卷第十七

校勘記

一　底本，明永樂北藏本。

一　二四三頁下一六行第一一字「狼」，徑作「很」。

一　二四四頁中一七行第二字「一」，南、徑作「口」。

一　二四八頁上九行「踍跳」，南作「敎跳」。

一　二四八頁上一一行「盆傾」，徑作「傾盆」。

一　二四八頁中一一行第二字「是」，徑作「真」。

大慧普覺禪師普說卷第十八　　感八

徑山能仁禪院住持嗣法慧日禪師臣蘊聞上進

鄭成忠請普說師云平江信士鄭偲知有此段大事因緣得得來見妙喜要聞般若所將供養真身舍利寶塔泊齋雲堂清淨禪衆請普說功德不爲別事專用回向無上佛果菩提觀其發心亦已廣大只這一念廣大之心能變大地作黃金攪長河爲酥酪有者不信這般說話多執事難理如富樓那執相難性問世尊曰若地性徧云何容水水性周徧火則不生復云何明水火二性俱徧虛空不相陵滅世尊地性障礙空性虛通云何二俱周徧法界去這裏執相生疑是故釋迦老子先爲阿難說性水真空性空真水乃至地水火風一一周徧法界隨衆生心循業發現嘗記得山僧往年行脚將入京師到鄧州天寧有蔡州道士忘其姓名以醫來南陽一日見他教人來藏司借寶積華嚴二經山僧竊知其爲佳士翌日相見與之說話果然契合因問所以借經之意曰某粗聽好人說話來若要理會本命元辰下落須還釋迦老子始得詰問忽問山僧佛具正徧知世界上事一一說盡何故不曾見說金木水火土之所緣起吾師有所聞見無惜開示方是時自家漆桶未破未暇理會這般底只向他道藏經中莫須說著某尚居學地方要見人二俱懡㦬而休逮到夷門打發此事了因讀楞嚴經元來裏面說得極分曉佛謂富樓那曰同異擾亂相待生勞勞久發塵自相渾濁由是引起塵勞煩惱起爲世界靜成虛空虛空爲同世界爲異彼無同異真有爲法覺明空昧相待成搖故有風輪執持世界由是而知世界成就因風輪所持蓋風性動搖動搖不息忽生堅礙故曰因空生搖堅明立礙彼金寶者明覺立堅故有金輪保持國土蓋風與金二物相觸於中生火故曰堅覺寶成搖明風出風金相摩故有火光爲變化性寶明生潤火光上烝故有水輪含十方界火騰水降交發立堅濕爲巨海乾爲洲潬以是義故彼大海中火光常起彼洲潬中江河常注水勢劣火結爲高山是故山石擊則成燄融則成水土勢劣水抽爲草木是故林藪遇燒成土因絞成水交安發生遞相爲種以是因緣世界相續看他釋迦老子恁麼說金木水火土可殺分曉惜乎不復見此道士待點似他元來看教乘文字也要大法明後自然不費力自家參得禪了一把來看便見得富樓那執相難性又見如來爲阿難就性上說地水火風一一清淨本然周徧法界胷中了無凝滯如今心地未明底不免疑道世界從甚麼處起將來却向甚麼處滅爲復先有世界爲復先有人若道先有世界古德不應云三界唯心所現萬法唯識所變若道先有人既未有世界人却在甚麼處安頓這些子不妨被他窒礙說先有世界也不是先有人也不是大法一明不著排遣自然分曉適來所謂變大地作黃金攪長河爲酥酪不是差事以至芥子納須彌須彌納芥子之類亦非假於他術只如須彌納芥子則故是芥子裏面如何著得一座須彌山到這裏也須覷見一回始得這一段事人

人本有各各天眞只爲無始時來無明業識所覆所以不能現前却去外頭別覓家舍尋常室中問兄弟不是心不是佛不是物是甚麼未問時幸自在家裏坐纔問他是甚麼便離却本位走出門前譬如問人你在那裏云在家裏却問他屋裏家兒事子便忘却家去外面討言語來祇對所謂差之毫釐失之千里若要眞實理會此事決定不在言語上今時學者出這幾路不得向他道不在言語上便去機境上作解會又向道不在機境上便去舉起處承當不是心不是佛不是物舉了便會了圜悟先師常說近來諸方盡成窠窟五祖下我與佛鑑佛眼三人結社參禪如今早見漏逗出來也佛鑑下有一種作狗子叫鵓鳩鳴取笑人佛眼下有一種覷燈籠露柱指東畫西如眼見鬼一般我這裏且無這般病痛山僧曰大好無病痛先師曰何謂山僧曰擊石火閃電光引得無限人弄業識舉了便會了豈不是佛法大窠窟先師不覺吐舌乃曰莫管他我只以契證爲期若不契證斷定不放過山僧曰說契證即得第恐後來只恁麼傳將去舉了便會了硬主張擊石火閃電光業識茫茫未有了日先師深以爲然更有一般底說靜是根本悟是枝葉靜得久自然悟去山僧敢道他亂道又引淨極光通達爲證且莫錯會好先聖不奈何說箇淨極光通達寂照含虛空譬如良醫應病與藥如今不信有妙悟底返道悟是建立豈非以藥爲病乎世間文章技藝尚要悟門然後得其精妙況出世間法只恁麼了得這裏一千二百衲子箇箇有一知半解每來室中道得諦當者甚衆跳得兩跳後更與一拶便去不得蓋卒未能拚身捨命所以道懸崖撒手自肯承當絕後再甦欺君不得莫道無恁麼事嘗記得張無盡有言先佛所說於一毛端現寶王剎坐微塵裏轉大法輪是眞實義法華會上多寶如來在寶塔中分半座與釋迦文佛過去佛現在佛同坐一處實有如是事非謂表法天台智者大師讀法華經至是眞精進是名眞法供養如來悟得法華三昧見靈山一會儼然未散山僧常愛老杲和尚每提唱及此未嘗不歡喜踊躍以手搖曳曰眞箇有恁麼事不是表法你輩冬瓜瓠子那裏得知蓋他根本下明但拙於語言三昧發其要妙爾此所謂唯證乃知難可測今日鄭成忠請山僧普說之意要閙禪和子做工夫底道理不見雲門道不可說時便有不說時便無思量時便有不思量時便無只如不思量時又是箇甚麼怕你不會又隨後道更是箇甚麼這般尊宿慈悲之故爲人痛的的地山僧在衆日潙仰曹洞雲門法眼下都去做工夫來臨濟下則故是後來方知道悟則事同一家不悟則萬別千差既同一箇達磨祖師又何處有許多般差別來如何是佛乾屎橛這裏有甚麼差別德山見僧入門便棒僧罔措復云不得作棒會臨濟見僧入門便喝已是兩手分付擬欲覷捕則眼睛落地了也況復說理說事絲來線去正是師子咬人狂狗趁塊無常迅速生死事大彈指便是來生到來但慮却心子細推窮窮來窮去善念既相續惡念

自然不生但如實修行時節因緣到來自然
悟去若不悟說到彌勒佛下生只是說底且
作麽生修行聽取一頌惡念既不生善念常
相續諸波羅蜜門一切自具足
孫通判請普說師云說法不應時總是非時
語所以道未離兜率已降王宮未出母胎度
人已畢李長者著華嚴論乃云此經決定是
佛成道十日後說初於正覺山前從定而起
因見明星忽然悟道便見自己本來面目信
知時節若至其理自彰妙喜常思無盡居士
道一箇人不知幾百生中學般若來今生如
此得大受用所註清淨海眼經說八成就謂
如是我聞一時佛在云理無不如之謂是事
無不是之謂如自來不曾有人如此說蓋為
他見徹釋迦老子骨髓所以取之左右逢其
原佛初生下藏八一手指天一手指地六云天上天
下唯我獨尊所以云三界獨尊之謂我所謂
我者非人我之我如孟子所謂萬物皆備於
我也心洞十方之謂聞蓋世間人皆以耳聞
一切音聲唯普賢菩薩乃以心聞故經云心

聞洞十方生于大因力多之所宗之謂一且
如現前一千大眾從首座數起自一而之百
自百而之千所以言一者多之所宗也一之
所起之謂時這箇時便是妙心居士請妙喜
為大眾說法之時也當知此時能該括十方
三世乃至塵沙諸佛六道四生若凡若聖若
草若木若有情若無情乃以拂子擊禪牀一
下云盡向這裏成等正覺無出此時也又云
始覺合本之謂佛言以如今始覺合於本覺
往往邪師輩以無言默然為始覺以威音王
那畔為本覺固非此理既非此理何者是覺
若全是覺豈更有迷若謂無迷爭奈釋迦老
子於明星現時忽然便覺知得自家本命元
辰元來在這裏所以言因始覺而合本覺如
禪和家忽然摸著鼻孔便是這箇道理然此
事人人分上藏八無不具足昨日因七與妙心居士
說令叔尚書文章學問可謂儒林宗工但聞
於此道自以為難往往士大夫只知所謂佛
者千劫學威儀萬劫修相好乃至三大阿僧
祇劫修而後成云何博地凡夫現行無明為

富貴所折困何時與道相應纔作是念便是
於心意識中推出一座須彌山一障障了道
眼不能明見本地風光本來面目正所謂所
知不是障是障障所知近世士大夫多作此
見如韓子蒼與某在臨川鼻孔廝拄著半年
亦不自信每言此一段事吾輩但知歸向則
可如何便要入手亦是自作障難或者更錯
會先佛所言大通智勝佛十劫坐道場佛法
不現前不得成佛道謂佛道之難成如此殊
不知一念普觀無量劫無去無來亦無住如
是了知三世事超諸方便成十力釋迦老子
纔瞥地後便言奇哉一切衆生具有如來智
慧德相但以妄想執著而不證得所謂妄想
執著者正說著今時士大夫病痛先德所以
指示一切人脚跟下無不圓成無不具足故
有父不可以傳子臣不可以獻君之說蓋使
自證自悟匪從人得所以不壞假名而談實
相肇法師云寂兮寥兮寬兮廓兮分兮別兮
上則有君下則有臣父子親其居尊卑異其
位起教敘其困然後國分其界人部其家各

守其位豈非是法住法位世間相常住者耶佛不云乎應以佛身得度者即現佛身而爲說法應以宰官身乃至長者居士婆羅門比丘比丘尼身得度者悉現其身而爲說法又曰應眼時若千日萬象不能逃影質應耳時若幽谷大小音聲無不足法門既如此殊勝奈何學者多不向此時節領覽乃爾自生退屈正是不信自殊勝甘爲下劣人若是靈利漢便向這裏提得去方知道一塵纔起大地全收一毛頭師子百億毛頭現千頭萬頭但識取一頭且那箇是一頭不見南臺和尚聞版聲有頌云善哉三下版知識盡來集既善知時節吾今不再三復以拂子擊禪牀一下云適來所謂盡向這裏成等正覺是眞實義所以韶國師云如來於一切處成等正覺於刀山劍樹上成等正覺於鑊湯鑪炭裏成等正覺於棒下成等正覺於喝下成等正覺然雖如是如人飲水冷煖自知豈不見善財童子至毗盧遮那大樓閣前舉體投地從地而起作是念言此大樓閣是解空無相無願者之所住處是於一切法無分別者之所住處是以一劫入一切劫以一切劫入一劫而不壞其相者之所住處是以一佛入一切佛以一切佛入一佛而不壞其相者之所住處乃至不著一切世間窟宅者之所住處何謂世間窟宅便是於無上道自作障難者若執一切世間窟宅不能捨離則吾輩所謂長老者亦莫住院一向杜絶世故乃可得行此道如此則是壞世間相而談實相何道之有常愛東坡爲文章庶幾達道者也縱使未至於道而語言三昧實近之矣人謂是五祖戒和尚後身而不知以何因緣中忘此意第亦暫時不著便者觀其作維摩畫像讚從始至終不死在言下其詞曰我觀衆工工一師人持一藥療一病風勞欲寒氣欲煖肺肝胃腎更相剋挾方儲藥如丘山卒無一藥堪施用有大醫王拊掌笑謝遣衆工病隨愈言其醫王還去衆醫曰爾輩用藥都無是處衆工既去其病隨愈或問醫王君以何藥而病損乎曰不出衆工之所用者但彼不善用耳故曰問大醫王以何藥還是衆工所用者我觀三十二菩薩各以意談不二門而維摩詰默無語三十二義一時墮我觀此義亦不墮維摩初不離是說這箇雖是死蛇解弄却活若彼三十二人所論眞箇負墮時即是無言勝有言情知古人之意決不如此所以立箇喻云譬如油蠟作燈燭不以火點終不明忽見默然無語處三十二說皆光燄佛子若讀維摩經當作是念爲正念我觀維摩方丈室能受九百萬菩薩三萬二千師子座皆悉容受不迫窄經中所載此是維摩居士不思議大解脫神通之力所以借座燈王取飯香積斷取妙喜世界如陶家輪如持鍼鋒舉一棗葉蓋眞實之理不可以智知不可以識識故曰又能分布一鉢飯饜飽十方無量衆斷取妙喜佛世界如持鍼鋒一棗葉云是菩薩不思議住大解脫神通力我觀石子一處士麻鞵破帽露兩肘能使筆端出維摩神力又過維摩詰若言此畫無實相毗耶城中亦非實佛子若見維摩像應作是觀爲正觀此是東坡說底禪

豈不是言語到若非前世熏習得來爭解恁麼道所以妙喜之意亦欲尚書公於此事信得及妙心居士請持此語歸舉似令叔恐因妙喜之言直下信得及異日忽然噴地一發便乃截生死流據祖佛位做箇出世間沒量大人始不負妙喜相期之意妙心居士近日畫得入定觀音且以妙喜昔年所作讃題其上蓋在衡陽時因道友蘭庭彥所請當時信意一筆寫成與維摩讃言語雖不同大意相似曰世間種種音聲相衆以耳聽非目覩一切音聲須以耳聽觀音卻以眼觀故曰唯此大士眼能觀如何見得曰瞑目諦觀爲佛事到這裏便轉了曰於眼境界無所取眼境界既取不得即眼界寂滅眼界既寂滅不可耳界不寂滅所以云耳鼻舌身意亦然善哉心洞十方空六根互顯如是義觀音菩薩以眼聞而普賢菩薩以心聞即此是互顯之義所謂互顯者眼處作耳處佛事耳處作鼻處佛事鼻處作舌處佛事舌處作身處佛事身處作意處佛事於意界中作無量無邊廣大佛事待恁麼受用自在了眼依舊觀色耳依舊聽聲乃至鼻舌身意一一依本分故曰眼色耳聲鼻香身觸意思無差別適來所謂是法住法位世間相常住是也當以此觀如是觀取此爲實成妄想到這裏又轉了曰若離妄想取實法展轉惑亂失本心本心既失隨顛倒不見大士妙色身云何顛倒眼見色隨色轉耳聞聲隨聲轉是謂衆生顛倒迷已逐物以逐物故不見大士妙色身無眼耳鼻舌身意此乃教有明文眼耳鼻等既無其體互顯之義依何而立故曰互顯之義亦寂滅亦無大士妙色身亦無種種音聲相佛子能作如是觀永離世間生死苦大凡文字須教說得行若說不行不成文章適來因論時節因緣所以說善財方立于樓閣之前早已讃歎許多殊勝之事然未能得入乃白彌勒菩薩言惟願大聖開樓閣門令我得入時彌勒菩薩前詣樓閣彈指出聲其門即開命善財入善財心喜入已還閉閉時如何便是觀音入流亡所底消息然後善財於樓閣中見百億四天下百億兜率陀天一一皆有彌勒菩薩降神誕生遊行七步觀察十方現爲童子居處宮殿爲一切智出家苦行降伏諸魔成等正覺梵王勸請轉正法輪升天宮殿而演說法劫數壽量衆會莊嚴所淨國土所修行願住持教法皆悉不同善財非但見彌勒菩薩一周佛事又自見其身在彼一切諸如來所亦見於彼一切衆會一切佛事以海印三昧一印印定更無秋毫以爲透漏既見如是無量殊勝一切莊嚴自在境界已彌勒菩薩即攝神力入樓閣中又彈指作聲告善財言善男子起法性如是此是菩薩知諸法智因緣聚集所現之相如是自性如幻如夢如影如像悉不成就爾時善財聞彈指聲從三昧起於此時節忽然打失布袋然後彌勒示以如上境界無有去處亦無住處非寂非常遠離一切師召大衆云既是來無所從去無所至則雲門大師手中扇子𨁝跳上三十三天築著帝釋鼻孔東海鯉魚打一棒雨似盆傾又有甚麽過當知這箇時節具無量廣大智慧

門無量神通門無量言詞門無量不可說又不可說一切佛菩薩自在受用門諸人若能如是信如是入方知先聖道過去一切劫安置未來今未來現在劫回置過去世乃喝一喝云若不喝住打葛藤直到明朝擊禪牀下座

大慧普覺禪師普說卷第十八

大慧普覺禪師語錄卷第十八

校勘記

一　底本，明永樂北藏本。

一　二五一頁中五行「淨極」，徑作「静極」。六行同。

一　二五三頁下一八行「維摩語」，南、徑作「維摩詰」。

一　二五四頁下一八行「踍跳」，南作「敎跳」。

大慧普覺禪師法語卷第十九　　咸九

徑山能仁禪院住持嗣法慧日禪師臣蘊聞上進

示清淨居士　李提舉獻臣

佛言若有欲知佛境界當淨其意如虛空遠離妄想及諸取令心所向皆無礙佛境界非是外境界有相佛乃自覺聖智之境界也決欲知此境界不假莊嚴修證而得當淨意根下無始時來客塵煩惱之染如虛空之寬曠遠離意識中諸取虛僞不實妄想亦如虛空則此無功用妙心所向自然無滯礙矣

佛又言不應於一法一事一身一國土一衆生見於如來應徧於一切處見於如來佛者覺義謂於一切處常徧覺故所謂徧見者見自己本源自性天眞佛無一時一處一法一事一身一國土一衆生界中而不徧故也衆咸九生迷此而輪轉三界受種種苦諸佛悟此而超諸有海受殊勝妙樂然苦樂皆無實體但迷悟差別而苦樂異途耳故杜順云法身流轉五道名曰衆生衆生現時法身不現是也擔荷此段大事因緣須是有決定志若半信半疑則沒交涉矣古德云學道如鑽火逢煙且莫休直待金星現歸家始到頭欲知到頭處自境界他境界一如是也

既學此道十二時中遇物應緣處不得令惡念相續或照顧不著起一惡念當急著精彩拽轉頭來若一向隨他去相續不斷非獨障道亦謂之無智慧人昔潙山問懶安汝十二時中當何所務安云牧牛山云汝作麼生牧安云一回入草去驀鼻拽將回山云子眞牧牛也學道人制惡念當如懶安之牧牛則久久自純熟矣

他弓莫挽他馬莫騎他人之事莫知此雖常言亦可爲入道之資糧但常自檢察從旦至暮有甚利人自利之事稍覺偏枯當須自警不可忽也

昔道林禪師居秦望山長松之上時人謂之鳥窠和尚白居易侍郎鎮錢塘特入山謁之乃問禪師坐處甚危險師曰老僧有甚危險侍郎險尤甚曰弟子位鎮江山何險之有師曰薪火相交識性不停得非險乎又問如何是佛法大意師曰諸惡莫作衆善奉行曰三歲孩兒也解恁麼道師曰三歲孩兒雖道得八十老人行不得白遂作禮而去今欲省心力莫管他三歲孩兒道得道不得八十老人行得行不得但諸惡莫作便了此語信也著不信也著請思之

世人現行無明矯而爲善善雖未至豈不勝寡廉鮮恥託善而爲惡者教中謂之因地不眞果招紆曲苟能直心直行直取無上菩提可謂眞大丈夫之所爲矣塵劫來事只在如今如今會得塵劫來事即時冰解冰銷如今不會更經塵劫亦只如是如是之法亘古恒然未嘗移易一絲毫許

此事許聰明靈利漢擔荷若使聰明靈利則無擔荷分聰明靈利者雖易入而難保任蓋入處不甚深而力弱故也聰明靈利者纔聞善知識說著箇中事便眼目定動早將心意識領解了也似此者自作障礙永劫無有悟時外鬼作殃猶可治此乃家親作祟不可禳禱也永嘉云損法財滅功德莫不由茲心意

識此之謂也
士人博覽羣書本以資益性識而返以記持古人言語蘊在胷中作事業資談柄殊不知聖人設教之意所謂終日數他寶自無半錢分看讀佛教亦然當須見月亡指不可依語生解古德云佛說一切法為度一切心我無一切心何用一切法有志之士讀書看教能如是方體聖人之意少分也
昔李文和都尉參石門慈照聰禪師悟臨濟宗旨有一偈曰學道須是鐵漢著手心頭便判直取無上菩提一切是非莫管妙哉斯言可以為光明種子發機之助也
世間塵勞之事如鉤鎖連環相續不斷得省處便省為無始時來習得熟若不力與之爭日久月深不知不覺入得頭深臘月三十日卒著手脚不𢷾要得臨命終時不顛錯便從如今作事處莫教顛錯如今作事處顛錯欲臨命終時不顛錯無有是處
古德有言尋牛須訪跡學道訪無心跡在牛還在無心道易尋所謂無心者非如土木瓦石頑然無知謂觸境遇緣心定不動不取著諸法一切處蕩然無障無礙無所染汙亦不住在無染汙處觀身觀心如夢如幻亦不住在夢幻虛無之境到得如此境界方始謂之眞無心且非口頭說底無心若未得眞無心只據說底與默照邪禪何以異哉
佛是衆生藥衆生病除藥亦無用或病去藥存入佛境界而不能入魔境界其病與衆生未除之病等病瘥藥除佛魔俱掃始於此段大事因緣有少分相應耳
歸宗斬蛇南泉斬猫兒學語之流多謂之當機妙用亦謂之大用現前不存軌則殊不知總不是這般道理具超方眼舉起便知落處若大法不明打瓦鑽龜何時是了
欲空萬法先淨自心自心清淨諸緣息矣諸緣既息體用皆如體即自心清淨之本源用即自心變化之妙用入淨入穢無所染著若大海之無風如太虛之雲散得到如是田地方可謂之學佛人未得如是請快著精彩
近日叢林以古人奇言妙語問答為差別因緣狐媚學者殊不本其實諸佛說法唯恐人不會縱有隱覆之說則旁引譬喻令衆生悟入而已如僧問馬祖如何是佛祖云即心是佛於此悟入又有何差別於此不悟即此即心是佛便是差別因緣
凡看經教及古德入道因緣心未明了覺得迷悶沒滋味如咬鐵橛相似時正好著力第一不得放捨乃是意識不行思想不到絕分別滅理路處尋常可以說得道理分別得行處盡是情識邊事往往多認賊為子不可不知也
有一種人早晨看經念佛懺悔晚間縱口業罵詈人次日依前禮佛懺悔卒歲窮年以為日課此乃愚之甚也殊不知梵語懺摩此云悔過謂之斷相續心一斷永不復續一懺永不復造此吾佛懺悔之意學道之士不可不知也
學道人十二時中心意識常要寂靜無事亦須靜坐令心不放逸身不動搖久久習熟自然身心寧怗於道有趣向分寂靜波羅蜜定

眾生散亂妄覺耳若執寂靜處便爲究竟則被默照邪禪之所攝持矣

趙州和尚云老僧十二時中除二時粥飯是雜用心餘無雜用心處此是這老和尚真實行履處不用作佛法禪道會

善惡皆從自心起且道離却舉足動步思量分別外喚甚麼作自心自心却從甚麼處起若識得自心起處無邊業障一時清淨種種殊勝不求而自至矣

生從何處來死向何處去知得來去處方名學佛人知生死底是阿誰受生死底復是阿誰不知來去處底又是阿誰忽然知得來去處底又是阿誰看此話眼眨眨地理會不得肚裏七上八下方寸中如頓却一團火相似底又是阿誰若要識但向理會不得處識取若便識得方知生死決定不相干涉

學道人逐日但將檢點他人底工夫常自檢點道業無有不辦或喜或怒或靜或閙皆是檢點時節

趙州狗子無佛性話喜怒靜閙處亦須提撕第一不得用意等悟若用意等悟則自謂我即今迷執迷待悟縱經塵劫亦不能得悟但舉話頭時略抖擻精神看是箇甚麼道理

趙州云佛之一字吾不喜聞佛字尚不喜聞想無閑工夫管閑事逐日波波地檢點他人也

古人提持此事或就理或就事或據時節或向上提持俱無定準教中所謂佛以一音演說法眾生隨類各得解是也

獻臣道友在富貴中不爲富貴所迷知有此一段大事因緣決定透脫生死予得譴來衡陽與之相聚首尾四年只同一日守官政事不苟簡凡百從寬廉謹重厚未嘗談人過惡此真佛菩薩所行之行也因以此軸求指示故書此二十六段似之亦以其純誠向道甚力故欲贊成之庶幾依此做工夫將來發明大事如楊大年張無盡諸大老作吾家內外護菩薩則予之言不虛發耳

示東峯居士 陳通判次仲

欲學此道當於自己脚跟下理會纔涉秋毫知見即蹉過脚跟下消息脚跟下消息通了種種知見無非盡是脚跟下事故祖師云正說知見時知見即是心當心即知見知見即如今若如今不越一念向脚跟下頓亡知見便與祖師把手共行未能如是切忌向知見上著到士大夫學道利根者蹉過鈍根者難入難入則自生退屈蹉過則起諸無疑若要著中但將蹉過底移在難入處却將難入底移在蹉過處自然怗怗地不作難入蹉過之解矣得如此了却好向遮裏全身放下放下時亦不得作放下道理古德所謂放蕩長如癡兀人他家自有通人愛又清涼云放曠任其去住靜鑑覺其源流語證則不可示人說理則非證不了而今人纔聞恁麼說話將爲實有恁麼事便道我證我悟將出呈似人不得一向說高禪七縱八橫胡說亂道謾神謼鬼將謂祖師門下事只如此殊不知親證親悟底唯親證親悟底人不假言詞自然與之默默相契矣相契處亦不著作意和會如水

入水似金博金舉一明三目機銖兩到這箇田地方可說離言說相離文字相離心緣相不是彊為法如是故近世叢林邪法横生瞎衆生眼者不可勝數若不以古人公案舉覺提撕便如盲人放却手中杖子一步也行不得將古德入道因緣各分門類云這幾則是道眼因緣這幾則是透聲色因緣這幾則是亡情因緣從頭依次第逐則搏量卜度下語商量縱有識得此病者將謂佛法禪道不在文字語言上即一切撥置噇却現成粥飯了堆堆地坐在黑山下鬼窟裏喚作默而常照又喚作如大死底人又喚作父母未生時事又喚作空劫已前事又喚作威音那畔消息坐來坐去坐得骨臀生胝都不敢轉動喚作工夫相次純熟却將許多閑言長語從頭作道理商量傳授一徧謂之宗旨方寸中依舊黑漫漫地本要除人我人我愈高本要滅無明無明愈大殊不知此事唯親證親悟始是究竟纔有一言半句作奇特解玄妙解祕密解可傳可授便不是正法正法無傳無授唯我證你證眼眼相對以心傳心令佛祖慧命相續不斷然後推已之餘為物作則故達磨云吾本來茲土傳法救迷情一華開五葉結果自然成是也所謂傳法者乃心法也心法無形段所傳者前所云我證你證底是也若彼此不證向心外取證則有宗旨玄妙奇特可傳可授便有我會你不會生輕薄想增長我見如來說為可憐愍者妙喜禪無難參易參之異只要參禪人向未病已前坐斷生死路頭直下不疑佛不疑祖不疑生不疑死難參易參差別在人不干禪事往往聰明靈利漢多是求速效要口裏有可得說面前有可得憑仗殊不知此事得者如生師子返擲在當人日用二六時中如水銀落地大底大圓小底小圓不用安排不假造作自然活鱍鱍地常露現前正當恁麼時方始契得一宿覺所謂不見一法即如來方得名為觀自在苟未能如是且暫將這作聰明說道理底置在一邊却向沒撈摸處沒滋味處試撈摸咬嚼看撈摸來撈摸去咬嚼來咬嚼去忽然向沒滋味處咬著舌頭沒撈摸處打失鼻孔方知趙州老人道未出家時被善提使出家後使得善提有時拈一莖草作丈六金身有時將丈六金身却作一莖草用建立亦在我掃蕩亦在我說道理亦在我不說道理亦在我我為法王於法自在說即有若干不說即無若干得如是自在了何適而不自得梵語般若此云智慧未有明般若而有貪欲瞋恚癡者未有明般若而毒害衆生者作如此等事底與般若背馳焉得謂之有智慧妙喜尋常為箇中人說纔覺日用應緣處省力時便是當人得力處得力處省無限力省力處得無限力往往見說得多了却似泗州人見大聖殊不知妙喜恁麼說正是平昔行履處恐有信不及者不免再四提撕舉覺拕泥帶水蓋曾為浪子偏憐客爾

示智通居士（黄提宫伯成）

從上諸聖無言語傳授只說以心傳心而已今時多是師承學解背却此心以語言傳授謂之宗旨為人師者眼既不正而學者又無

決定志急欲會禪圖口不空有可説耳欲得心地開通到究竟安樂之處不亦難乎

古德云句能剗意意能剗句意句交馳是爲可畏又云意中不停句句中不停意如招慶問羅山云巖頭和尚道恁麽恁麽不恁麽不恁麽意旨如何羅山遂喚大師招慶應諾山云雙明亦雙暗慶便作禮而去三日後復來問前日和尚意旨如何山云我盡情向汝道了也慶云大師是把火行山云若如是據你疑處問將來慶云如何是雙明亦雙暗山云同生亦同死慶又禮謝而去後有僧問羅山同生不同死時如何山云如牛無角又問同生亦同死時如何山云如虎戴角欲了從上來事當以此段因緣時時在念然不得著意穿鑿穿鑿即錯

莫愛諸方奇言妙句宗師各自主張密室傳授底古人公案之類此等雜毒收拾在藏識中劫劫生生取不出生死岸頭非獨不得力日用亦被此障礙道眼不得明徹古人不得已見汝學者差別知解多而背道泥語言故以差別之藥治汝差別之病令汝心地安樂到無差別境界今返以差別語言爲奇特執藥爲病可不悲夫

古德云佛是衆生藥有衆生病即用無衆生病用藥即藥返爲病甚於有病者前所云雜毒不可收拾在藏識中亦此之謂也

日用塵勞中種種不如意事是衆生病一念回光返照是佛藥苟能於佛於衆生直下不生分別則病瘥藥除始契得龐公所謂日用事無别唯吾自偶諧頭頭非取捨處處勿張乖之語矣

學此道未得箇入頭處時覺得千難萬難閑宗師舉覺愈覺難會蓋以取證求歇底心不除返被此作障礙此心纔歇方知非難非易亦非師家可以傳授

知迷不悟是大錯執迷待悟其錯益大何以故爲不覺故迷執迷待悟乃不覺中又不覺迷中又迷決欲破此兩重關請一時放下著若放不下迷迷悟悟盡未來際何時休歇

學道人日用空境易而空心難境空而心不空心爲境所勝但空心而境自空矣若心已空而更起第二念欲空其境則是此心未得空復爲境所奪此病不除生死無由出離不見龐公呈馬祖偈云十方同聚會箇箇學無爲此是選佛場心空及第歸此心既空矣心外復有何物而可空耶思之

但得本莫愁末空却此心是本既得本則種種語言種種智慧日用應物隨緣七顛八倒或喜或怒或好或惡或順或逆皆末也於隨緣處能自覺知則無少無剩

古人入門便棒便喝唯恐學者承當不性燥況切切怛怛説事説理説玄説妙草裏輥耶近年已來此道衰微據高座爲人師者只以古人公案或褒或貶或密室傳授爲禪道者或以默然無言爲威音那畔空劫已前事爲禪道者或以眼見耳聞舉覺提撕爲禪道者或以猖狂妄行擊石火閃電光舉了便會了一切撥無爲禪道者如此等既非却那箇是著實處若有著實處則與此等何異具眼者舉起便知

此道無限劑世間塵勞亦無限劑但看當人日用所向如何爾故華嚴經云於諸世間心如虛空無所染著普觀諸法真實之相發大誓願滅衆生苦永不厭捨大乘志願滅一切見修諸菩薩平等行願所謂平等行願乃亦無限劑心所向處無障無礙是也

學世間事用心不到則學不成學出世間法無你用心處纔擬用心推求則千里萬里沒交涉矣雖然如是無用心處無摸捺處無著力處正好著力莫見恁麼道又卻外生枝云旣無用心無摸捺無著力卻如何趣向若作此見轉沒交涉矣

示妙證居士 聶寺丞

無常迅速生死事大衆生界中順生死底事如麻似粟撥整了一番又一番到來若不把生死兩字貼在鼻尖兒上作對治則直待臘月三十日手忙脚亂如落湯螃蟹時方始知悔則遲也若要直截請從而今便截斷

學世間法須要理會得分曉學出世間法卻全要理會不得方有趣向分旣理會不得卻如何趣向但恁麼究取

佛是衆生界中了事漢衆生是佛界中不了事漢欲得一如但佛與衆生一時放下則無了無不了故古德云但於事上通無事見色聞聲不用聾

僧問趙州栢樹子還有佛性也無州云有僧云幾時成佛州云待虛空落地僧云虛空幾時落地州云待栢樹子成佛看此話不得作栢樹子不成佛想虛空不落地想畢竟如何虛空落地時栢樹子成佛栢樹子成佛時虛空落地定也思之

佛是無事底人住世四十九年隨衆生根性應病與藥權實頓漸半滿偏圓說一大藏教皆無事法也衆生無始時來爲心意識之所流轉流轉時渾不覺知故佛在般若會上說諸法空相謂眼耳鼻舌身意色聲香味觸法皆空徒有名字而已到究竟處名字亦空空亦不可得若人夙有善根種性只向不可得處死卻心意識方知釋迦老子道始從鹿野苑終至跋提河於是二中間未嘗說一字是真實語

禪不在靜處不在鬧處不在思量分別處不在日用應緣處然雖如是第一不得捨卻靜處鬧處日用應緣處思量分別處參忽然眼開都是自家屋裏事

今時士大夫學道多是半進半退於世事上不如意則火急要參禪忽然世事遂意則便罷參爲無決定信故也禪乃般若之異名梵語般若此云智慧當人若無決定信又無智慧欲出生死無有是處

大慧普覺禪師法語卷第十九

大慧普覺禪師語録卷第十九

校勘記

一　底本，明永樂北藏本。

一　二五六頁下一五行第一六字「任」，徑作「在」。

一　二五八頁下一七行末字「諕」，南作「譸」。

一　二六〇頁上一一行第一一字「云」，南、徑作「去」。

一　二六〇頁中九行第六字「瘗」，南、徑作「瘞」。

大慧普覺禪師法語卷第二十　感十

徑山能仁禪院住持嗣法慧日禪師臣蘊聞上進

示無相居士　鄧直殿子立

欲學此道須是具決定信逢逆順境心不動搖方有趣向分佛言信能永滅煩惱本信能專向佛功德信於境界無所著遠離諸難得無難又云信能超出衆魔路示現無上解脱道如上所説教有明文佛豈欺人耶若半明半暗半信半不信則觸境遇緣心生疑惑乃是於境界心有所著不能於此道決定無疑滅煩惱本遠離諸難諸難者爲無決定信被自己陰魔所撓若能一念緣起無生則不越此念即時超出魔路所謂魔路亦非他物乃是昧却此心於此心外妄生差別諸見而此心即隨差別妄念流轉故成就魔境若能直下信此心決定本來成佛頓亡諸見即此魔路便是當人出生死菩提路也

參禪人看經教及古德入道因緣但虛却心不用向聲名句義上求玄妙求悟入若起此心即障却自己正知見永劫無有入頭處盤山云譬如擲劍揮空莫論及之不及不可忽淨名云法過眼耳鼻舌身意欲徹此法先須屏除六根門頭使無少過患何爲過患被色聲香味觸法所轉而不能遠離於經教及古德言句上求知見覓解會者是苟能於經教及古德入道因緣中不起第二念直下知歸則於自境界他境界無不如意無不自在者德山見僧入門便棒臨濟見僧入門便喝諸方尊宿喚作劈面提持直截分付妙喜喚作第一等拕泥帶水直饒向一棒一喝下全身擔荷得已不是丈夫漢被他驀頭澆一杓惡水了也況於一棒一喝下求奇特覓妙會乃是不唧𠺕中又不唧𠺕者

上士聞道如印印空中士聞道如印印水下士聞道如印印泥此印與空水泥無差別因上中下之士故有差別耳如今欲徑入此道和印子擊碎然後來與妙喜相見

示眞如道人

火宅塵勞何時是了安樂得一日便是千萬日樣子也於一日中心不馳求不妄想不緣諸境便與三世諸佛諸大菩薩相契不著和會自然成一片矣世尊説火宅喻正爲此也經云是舍唯有一門而復狹小諸子幼稚未有所識戀著戲處或當墮落爲火所燒我當爲説怖畏之事具在經中是舍唯有一門而復狹小謂信根狹劣在火宅中無智慧而戀著塵勞之事爲樂不信有出火宅露地而坐清淨妙樂故也若在其中信得及識得破不戀著幼稚戲處心不馳求不妄想不緣諸境即此火宅塵勞便是解脱出三界之處何以故佛不云乎於一切境無依無住無有分別明見法界廣大安立了諸世間及一切法平等無二故遠行地菩薩以自所行智慧力故出過一切二乘之上雖得佛境界藏而示住魔境界雖超魔道而現行魔法雖示同外道行而不捨佛法雖示隨順一切世間而常行一切出世間法此乃火宅塵勞中眞方便也學般若人捨此方便而隨順塵勞定爲魔所攝持又於隨順境中彊説道理謂煩惱即菩提無明即大智步步行有口口談空自不責

業力所牽更教人撥無因果便言飲酒食肉不礙菩提行盜行婬無妨般若如此之流邪魔惡毒入其心腑都不覺知欲出塵勞如潑油救火可不悲哉塵勞之儔為如來種教有明文譬如高原陸地不生蓮華卑濕淤泥乃生此華在火宅塵勞中頭出頭沒受無量苦忽於苦中而生厭離始發無上菩提之心塵勞之儔為如來種正謂此也俗人學道與出家兒逈然不同出家兒自小遠離塵勞父母不供甘旨六親固以棄離身居清淨伽藍目覩紺容聖相念念在道心心無間所觀底書無非佛書所行底事無非佛事不見可欲受佛禁戒佛所讚者方敢依而行之佛所訶者不敢違犯有明眼宗師可以尋訪有良朋善友可以咨決縱有習漏未除者暫時破佛律儀已為衆所擯斥以俗人較之萬不及一俗人在火宅中四威儀內與貪欲瞋恚癡為伴侶所作所為所聞所見無非惡業然若能於此中打得徹其力却勝我出家兒百千萬億倍打得徹了方可說煩惱即菩提無明即大

智本來廣大寂滅妙心中清淨圓明蕩然無一物可作障礙如太虛空一般佛之一字亦是外物況更有塵勞煩惱恩愛作對待耶在火宅中打得徹了不須求出家造妖揑怪毀形壞服滅天性絕祭祀作名教中罪人佛不教人如此只說應以佛身得度者即現佛身而為說法應以宰官身得度者即現宰官身而為說法乃至應以比丘比丘尼優婆塞優婆夷身得度者即皆現之而為說法又云治生產業皆順正理與實相不相違背但只依本分隨其所證化其同類同入此門便是報佛深恩也但念念不要間斷莫管得不得便是夙與般若無緣今生未打得徹臨命終時亦不被惡業所牽於日用二六時中亦不被塵勞所困後世出頭來亦得現成受用學道無佗術以悟為則今生若不悟儘崖到盡未來際常存此心今生雖未悟亦種得般若種子在性地上世世不落惡趣生生不失人身不生邪見家不入魔軍類況忽然心華發明耶當此之時三世諸佛證明有分諸大祖師

無處安著非是彊為法如是故真如道人欲學此道但只依此做工夫久久自然撞著矣如上所說乃一期應病與藥耳若作實法會又却不是也古人云見月休觀指歸家罷問程寫至此興雖未已而紙已盡且截斷葛藤更數日真如道人又連黏此軸來致謝曰聞前日老師興尚未已更望鋪華錦上不識可否予應之曰已展不縮復為續此葛藤云歸到家了自然不問程途見真月了自然不看指頭矣佛說一大藏教大喻三千小喻八百頓漸偏圓權實半滿無不是這箇道理淨名云依於義不依語依了義經不依不了義經佛只說因語入義不說因義入語禪家千差萬別種種言句亦如是今時學道人不問僧俗皆有二種大病一種多學言句於言句中作奇特想一種不能見月亡指於言句悟入而聞說佛法禪道不在言句上便盡撥棄一向閉眉合眼做死模樣謂之靜坐觀心默照更以此邪見誘引無識庸流曰靜得一日便是一日工夫苦哉殊不知盡是鬼家活計去

得此二種大病如有參學分經云不著衆生所言說一切有爲虛妄事雖復不依言語道亦復不著無言說又云觀語與義非異非不異觀義與語亦復如是若語異義者則不因語辨義而以語入義如燈照色所以云依義不依語依了義經不依不了義經語默二病不能除決定障道不可不知知得了始有進修趣向分第一莫把知得底爲事業更不求妙悟謂我知佗不知我會佗不會隨我見網中爲我相所使於未足中生滿足想此病尤重於語默二病良醫拱手此病不除謂之增上慢邪見人除夙有靈骨方能到這裏得轉身一路既能轉身即能轉物既能轉物方謂之了義人既了其義即了此心既了此心試於了處微細揣摩元無可了於無可了處剔起便行有時拈一莖草作丈六金身有時將丈六金身卻作一莖草種種變化成就一切法毀壞一切法七顛八倒皆不出此無所了心正當恁麼時不是如來禪不是祖師禪不是心性禪不是默照禪不是棒喝禪不是寂滅禪不是過頭禪不是教外別傳底禪不是五家宗派禪不是妙喜老漢杜撰底禪既非如上所說底禪畢竟是箇甚麼到這裏莫道別人理會不得妙喜老漢亦自理會不得真如道人請自看取

示空慧道人

擔荷此事直是具決定志一棒打不回頭底若半進半退似信不信縱得箇入頭處亦禁大鑪鞴烹鍛不得況欲向千差萬別處作主宰耶妙喜這般說話如在鬧市裏颺石頭著者方知空慧道人不須疑著

乍得身心寧靜切須努力不得便向寧靜處採根教中謂之解脫深坑可畏之處須教轉轆轆如水上葫蘆自由自在不受拘牽入淨入穢不礙不沒方於衲僧門下有少親近分若只抱得不哭孩兒有甚用處空慧思之大珠和尚云心逐物爲邪物從心爲正雖一期應病與藥未免埃生招箭而今未了底聞此語而不疑則大珠空費老婆心已了底聞此語而不疑則心與物俱是剩法畢竟如何不許夜行投明要到

既有箇趣向狗子無佛性話冷地裏謾提撕則箇若道知是般事便休我說此人智眼未明在妙喜雖似平地起風雷然亦不出雪峯道底

五通仙人問佛佛有六通我有五通如何是那一通佛遂召五通仙人五通仙人應諾佛云那一通汝問我今時有一種弄泥團漢往往多在那一通處錯認定盤星

國師三喚侍者話瑞巖喚主人公話睦州擔板漢話投子漆桶話雪峯輥毬話風穴佛話這六箇老古錐各欠悟在妙喜恁麼道大似掉棒打月旁觀看之不爲分外

示廓然居士（撫機宣）

學世間法全仗口議心思學出世間法用口議心思則遠矣佛不云乎是法非思量分別之所能解永嘉云損法財滅功德莫不由茲心意識蓋心意識乃思量分別之窟宅也決欲荷擔此段大事因緣請猛著精彩把這箇來爲先鋒去爲殿後底生死魔根一刀斫斷

便是徹頭時節正當恁麼時方用得口議心思著何以故第八識既除則生死魔無處捿泊生死魔無捿泊處則思量分別底渾是般若妙智更無毫髮許爲我作障所以道觀法先後以智分別是非審定不違法印得到這箇田地了儘作聰明儘說道理皆是大寂滅大究竟大解脫境界更非佗物故盤山云全心即佛全佛即人是也未得如是直須行住坐卧勿令心意識得其便久久純熟自然不著用力排遣矣思之

龐居士一日在草菴中獨坐驀地云難難十碩油麻樹上攤龐婆聞得接聲云易易百草頭上祖師意女子靈照云也不難也不易飢來喫飯困來睡妙喜曰此三人同行不同步同得不同失若以心意識摶量卜度非獨不見三人落著處十二時中亦自昧却自己本地風光不見本來面目未免被難易不難易牽挽不得自在欲得自在請將此三人道底作一句看妙喜已是拕泥帶水下註脚了也古德有言但辦肯心必不相賺只恐當人信不及於日用應緣處被外境所奪不能純一做工夫則成間斷當間斷時未免方寸擾擾正擾擾時却是箇好底時節佛言居一切時不起妄念於諸妄心亦不息滅住妄想境不加了知於無了知不辨眞實便是這箇道理也這箇道理說似人不得唯證悟者舉起便知落處

梁武帝問達磨朕造寺度僧不可勝數有何功德達磨曰無功德帝曰云何無功德達磨曰此但人天小果有漏之因如影之隨形雖有而非實曰如何是眞功德答曰淨智妙圓體自空寂如是功德不以世求帝始問如何是聖諦第一義答曰廓然無聖曰對朕者誰答曰不識帝不契達磨遂渡江之魏如今要見眞功德不用別求只向不識處薦取若透得此二字一生參學事畢

祖師云心隨萬境轉轉處實能幽隨流認得性無喜亦無憂眞實契此心者內不見有能證之人外不見有所證之法祖師說箇轉處與隨流皆爲迷此心向外取證之者赴箇程限耳佛說一大藏教大喻三千小喻八百只是說程限底文字而已若謂如來實有恁麼事則是謗佛法僧

心火熾然熠熠不息貪欲瞋恚癡繼之如鉤鎖連環相續不斷若無猛烈志氣日月浸久不覺被五陰魔所攝持若能一念緣起無生不離貪欲瞋恚癡倒用魔王印驅諸魔侶以爲護法善神且非彊爲法如是故故淨名云佛爲增上慢人說離婬怒癡爲解脫耳若無增上慢者佛說婬怒癡性即是解脫增上慢謂大闡提敗善根非器衆生不信有佛乘生死岸頭可憑可仗者如此輩人雖不信然亦於平等法無所欠少

龐居士問馬大師云如水無筋骨能勝萬斛舟時如何祖云我這裏無水亦無舟更說甚麼筋骨居士於言下頓息諸緣遂回南嶽見石頭和尚一日石頭問居士自見老僧後日用事作麼生居士云若問某甲日用事直是無開口處頭云知子恁麼方始問子居士遂述一偈曰日用事無別唯吾自偶諧頭頭非

取捨處處勿張乖朱紫誰爲號丘山絶點埃神通并妙用運水及搬柴這箇是俗士中來禪樣子決欲究竟此事請依此老法式彼既丈夫我寧不爾不可忽勉之勉之

示覺空居士 唐通判

以斯道覺斯民儒者之事也吾佛亦曰性覺妙明本覺明妙又佛者覺也既已自覺而以此覺覺諸羣迷故曰大覺又德山曰鬥空追響勞汝心神夢覺覺非覺亦非覺彥舉道友儒釋俱學而不偏故取是義而名其所居曰覺軒以此軸來求法語仍書尾囑之曰覺軒之義是大神呪是大明呪是無上呪是無等等呪彥舉既知是義大神大明無上無等等矣又何必妙喜再下註脚然彥舉之意非獨欲發明是義以自覺而已蓋因是義以覺諸未覺者法施之普亦佛菩薩之用心也予嘉其志故直書以示之凡登是軒者當見其義而亡軒可也苟執軒以爲義則非獨不了其義而亦未覩其軒也軒義俱亡覺心獨朗始可與言覺也矣覺義深遠言不能盡繼之以偈曰覺空空覺空空覺覺覺空空空亦空欲識無窮好消息都盧只在此軒中信筆信意一揮以塞來命而已

示新喻黄縣尉

妙喜與如是老人素昧平昔紹興丙子暮春邂逅渝川江亭一見便得之詞色之間雖未相酬酢而心已許之既而來驛舍吐露若合符契自慶驗人之眼不讓古人又喜般若杜中得一箇英靈漢可以扶此大法幢然此大法炬爲吾家内外護次日同赴任宰飯飯罷復坐兀齋如是老人盡發所蘊字字句句皆有落著不似今時士大夫說世之所謂口鼓子禪因說夢一巡到這裏方信三世諸佛說夢六代祖師說夢天下老和尚說夢即今妙喜與如是老人又在夢中說夢忽然有箇沒量大漢夢裏覺來方信三世諸佛所說者不是夢六代祖師所說者不是夢天下老和尚所說者不是夢何以故夢與覺一語與默一說與無說一所以云二由一有一亦莫守一心不生萬法無咎如是之法說亦如是默亦如是三世諸佛亦如是六代祖師亦如是天下老和尚亦如是妙喜即今與如是老人所說者亦如是所證者亦如是如是老人當如是受用如是修行與如是人說如是事今未得者得入如是境界同報佛恩便如是之法衆生界中相續不斷則如是老人不虛說夢妙喜老漢不虛證明矣且道如何是不虛證明底道理還委悉麼如是如是 咄 且截斷葛藤

示羅知縣 孟弼

聰明利智之士往往多於根脚下蹉過此事蓋聰明利智者理路通纔聞人舉著箇中事便將心意識領覽了及乎根著實頭處黑漫漫地不知下落却將平昔心意識學得底引證要口頭說得到心裏思量計較得底彊差排要教分曉殊不知家親作祟決定不從外來故永嘉有言損法財滅功德莫不由茲心意識以是觀之心意識之障道甚於毒蛇猛虎何以故毒蛇猛虎尚可回避聰明利智之士以心意識爲窟宅行住坐卧未嘗頃刻不

與之相酬酢日久月深不知不覺與之打作一塊亦不是要作一塊爲無始時來行得這一路子熟雖作識得破欲相遠離亦不可得故曰毒蛇猛虎尚可回避而心意識真是無你回避處除是夙有靈骨於日用現行處把得住作得主識得破直下一刀兩段便從脚跟下做將去不必將心等悟亦不須計較得在何時但將先聖所訶者如避毒蛇猛虎如經蠱毒之鄉滴水莫教入口然後卻以三教聖人所讚者茶裏飯裏喜時怒時與朋友相酬酢時侍奉尊長時與妻兒眾會時行時住時坐時卧時觸境遇緣或好或惡時獨居暗室時不得須臾間斷若如此做工夫道業不成辨三教聖人皆是妄語人矣士大夫平昔在九經十七史內娛嬉興亡治亂或逆或順或正或邪無有一事不知無有一事不會或古或今知盡會盡有一事不知一事不會便被人喚作寡聞無見識漢佗人屋裏事盡知得盡見得盡識得下筆做文章時如缾注水引古牽今不妨錦心繡口心裏也思量得到口頭亦說得分曉佗人行履處佗人逆順處佗人邪正處一一知得下落一一指摘得無纖毫透漏及乎緩緩地問佗你未託生張黃李鄧家作兒子時在甚麼處安身立命即今作聰明說道理爭人爭我縱無明使業識檢點佗人不是能分別邪正好惡底百年後卻向甚麼處去既不知來處即是生大既不知去處即是死大無常迅速生死事大便是這些道理也儒者亦云死生亦大矣棒打石人頭曝曝論實事臘月三十日無常殺鬼到來不取你口頭辨不遷怒不貳過孔子獨稱顏回謂聖人無怒無怒則不爲血氣所遷謂聖人無過無過則正念獨脫正念獨脫則成一片成一片則不二矣邪非之念纔干正則打作兩橛作兩橛則其過豈止二而已不遷怒不貳過之義如是而已不必作玄妙奇特商量士大夫學先王之道止是正心術而已心術既正則邪非自不相干邪非既不相干則日用應緣處自然頭頭上明物物上顯心術是本文章學問是末近代學者多棄本逐末尋章摘句學華言巧語以相勝而以聖人經術爲無用之言可不悲夫孟子所謂不揣其本而欲齊其末方寸之木可使高於岑樓是也孟弼正是春秋鼎盛之時瞥地得早能回作麈勞惡業底心要學出生死法非夙植德本則不能如是信得及把得住作得主宰時時以生死在念真火中蓮華也既以生死事在念則心術已正心術既正則日用應緣時不著用力排遣既不著排遣則無邪非無邪非則正念獨脫正念獨脫則理隨事變理隨事變則事得理融事得理融則省力纔覺省力時便是學此道得力處也得力處省無限力省力處得無限力得如此時心意識不須按捺自然怗怗地矣雖然如是切忌墮在無言無說處此病不除與心意識未寧時無異所以黃面老子云不取眾生所言說一切有爲虛妄事雖復不依言語道亦復不著無言說纔住在無言說處則被默照邪禪幻惑矣前所云毒蛇猛虎尚可回避心意識難防便是這箇道理也日用隱緣時撥置了得靜處

便靜雜念起時但舉話頭蓋話頭如大大聚
不容蚊蚋螻蟻所泊舉來舉去日月浸久忽
然心無所之不覺噴地一發當恁麼時生也
不著問人死也不著問人不生不死底也不
著問人作如是說者也不著問人受如是說
者亦不著問人如人喫飯喫到飽足處自不
生思食想矣千說萬說曲說直說只為羅孟
弼疑情不破他時後日驀然失脚蹋著鼻孔
妙喜切切怛怛寫許多惡口卻向甚處安著
妙喜自云因地而倒因地而起起倒在人畢
竟不干這一片田地爭寫至此一軸紙已盡
且截斷葛藤

大慧普覺禪師法語卷第二十

大慧普覺禪師語録卷第二十

校勘記

一　底本，明永樂北藏本。

一　二六九頁上二行第八字「泊」，南、徑作「洎」。

一　二六九頁上六行第二字「亦」，徑作「也」。

一　二六九頁上一一行第九字「争」，南、徑作「事」。

大慧普覺禪師法語卷第二十一　武一

宋徑山能仁禪院住持嗣法慧日禪師臣蘊聞上進

示鄂守熊祠部 叔雅

近世士大夫多欲學此道而心不純一者病在雜毒入心雜毒既入其心則觸途成滯觸途成滯則我見增長我見增長則滿眼滿耳只見他人過失殊不能退步略自檢察看逐日下得牀來有甚利他利已之事能如是檢察者謂之有智慧人趙州云老僧逐日除二時粥飯是雜用心餘外更無雜用心處且道這老漢在甚處著到若於這裏識得他面目始可說行亦禪坐亦禪語默動靜體安然未能如是當時時退步向自已脚跟下子細推窮我能知他人好惡長短底是凡是聖是有是無推窮來推窮去到無可推窮處如老鼠入牛角驀地偷心絕則便是當人四楞塌地歸家穩坐處妙喜不得已說這惡口於了事漢分上看來正是不識好惡撒屎撒尿忽然撞著箇皮下有血底爛椎一頓也怪他不得今既無其人不妨教這漢恣意亂說已是不識好惡不免向泥裏洗土說些沒滋味話然第一不得向我說處會此是士大夫作聰明底第一義也世間出世間法不得言一不得言二不得言有不得言無一二有無於光明藏中亦謂之毒藥亦謂之醍醐醍醐毒藥本無自性作一二有無之見者對病醫方耳光明藏喻太虛空一二有無喻日月晝夜夜暗時太虛空未嘗暗晝明時太虛空未嘗明日月晝夜自相傾奪如一二有無之見相傾相奪於光明藏無異可中有箇英靈漢不受這般惡水潑一念緣起無生只這相傾相奪底皆是當人逐日受用底家事前所云醍醐毒藥是也士大夫學此道多求速效宗師未開口時早將心意識領解了也及乎緩緩地根著一似落湯螃蟹手忙脚亂無討頭處殊不知閻家老子面前受鐵棒吞熱鐵丸者便是這領解求速效者更不是別人所謂希得返失務精益麤如來說爲可憐愍者近世士大夫千萬人中覓一箇半箇無此病者了不可得紹興丙子秋經由鄂渚邂逅熊使君叔雅一見傾倒便以此道相契却能退步向實頭處著到如說而行不似泛泛者彊知彊會彊領略直要到古人脚蹋實地處不疑佛不疑孔子不疑老君然後借老君孔子佛鼻孔要自出氣真勇猛精進勝丈夫所爲願猛著精彩努力向前說處行處已不錯但少噴地一下而已若有進無退日用二六時中應緣處不間斷則噴地一下亦不難然第一不得存心在噴地一下處若有此心則被此心障却路頭矣但於日用應緣處不昧則日月浸久自然打成一片何者爲應緣處喜時怒時判斷公事時與賓客相酬酢時與妻子聚會時心思善惡時觸境遇緣時皆是噴地一發時節千萬記取千萬記取世間情念起時不必用力排遣前日已曾上聞但只舉僧問趙州狗子還有佛性也無州云無纔舉起這一字世間情念自怗怗地矣多言復多語由來返相誤千說萬說只是這些子道理驀然於無字上絕却性命這些道理亦是眼中華

示徐提刑 敦濟

此事如青天白日皎然清淨不變不動無減無增各各當人日用應緣處頭頭上明物物上顯取之不得捨之常存蕩蕩無礙了了空虛如水上放葫蘆拘牽他不得惹絆他不得古來有道之士得之向生死海內頭出頭沒全體受用無欠無餘不見有生死塵勞之狀如析栴檀片片皆是將甚麽作生死塵勞生死塵勞從甚麽處起救因結果時却向甚麽處著既無著處則佛是幻法是幻三界二十五有十二處十八界空蕩蕩地到得這箇田地佛之一字亦無著處佛之一字尚無著處眞如佛性菩提涅槃何處有也故傅大士有言恐人生斷見權且立虛名學道人理會不得一向去古人入道因緣上求玄求妙求奇特覓解會不能見月亡指直下一刀兩段永嘉所謂空拳指上生實解根境法中虛揑怪於五蘊十二處十八界二十五有塵勞中妄自囚執如來說爲可憐愍者不見巖頭和尚有言汝但無欲無依便是能仁都來只有一箇父母所生底肉塊子一點氣不來便屬他人所管肉塊子外更有甚麽把甚麽作奇特玄妙把甚麽作菩提涅槃把甚麽作眞如佛性士大夫要究竟此事初不本其實只管要於古人公案上求知求解直饒你知盡解盡一大藏教臘月三十日生死到來時一點也使不著又有一種纔聞知識說如是事又將心意識搏量卜度云若如此則莫落空否士大夫十箇有五雙作這般見解妙喜不得已向他道你未曾得空何怕之有如船未翻先要跳入水去見伊不領略不惜口業又爲打葛藤一上云只這怕落空底還空得也無你眼若不空將甚麽觀色耳若不空將甚麽聽聲鼻若不空將甚麽知香臭舌若不空將甚麽甞味身若不空將甚麽覺觸意若不空將甚麽分別萬法佛不云乎無眼耳鼻舌身意無色聲香味觸法乃至十二處十八界二十五有乃至聲聞緣覺菩薩佛及佛所說之法菩提涅槃眞如佛性及說此法者聽此法者作如是說者受如是說者皆悉無有得如是了喚作空耶喚作不空耶喚作佛耶喚作菩薩耶喚作聲聞耶喚作緣覺耶喚作菩提涅槃耶喚作眞如佛性耶道我聰明靈利不受人謾試向這裏定當看若定當得出上宿草菴且在門外若定當不出切忌開大口說過頭話大丈夫漢決欲究竟此一段大事因緣一等打破面皮性燥竪起脊梁骨莫順人情把自家平昔所疑處貼在額頭上常時一似欠了人萬百貫錢被人追索無物可償生怕被人恥辱無急得急無忙得忙無大得大底一件事方有趣向分若道我世間文字至於九經十七史諸子百家古今興亡治亂無有不知無有不會只有禪一般我也要知我也要會自無辨邪正底眼驀地撞著一枚杜撰禪和被他孤媚如三家村裏傳口令口耳傳授謂之過頭禪亦謂之口鼓子禪把他古人糟粕遞相印證一句來一句去末後我多得一句時便喚作贏得禪了也殊不肯退步以生死事在念不肯自疑愛疑他人纔聞有箇士大夫要理會這事先起無限疑了也謂渠要做美官又有聲色之好如何辨得這般事

似這般底比比皆是無一人眞實把做一件未了底事晝三夜三孜孜矻矻茶裏飯裏喜時怒時淨處穢處妻兒聚頭處與賓客相酬酢處辦公家職事處了私門婚嫁處都是第一等做工夫提撕舉覺底時節昔李文和都尉在富貴叢中參得禪大徹大悟楊文公參得禪時身居翰苑張無盡參得禪時作江西轉運使只這三大老便是箇不壞世間相而談實相底樣子也又何曾須要去妻孥休官罷職咬菜根苦形劣志避喧求靜然後入枯禪鬼窟裏作妄想方得悟道來不見龐居士有言但自無心於萬物何妨萬物常圍繞鐵牛不怕師子吼恰似木人見華鳥木人本體自無情華鳥逢人亦不驚心境如如只這是何慮菩提道不成在世俗塵勞中能不忘生死事雖未即打破漆桶然亦種得般若種智之深異世出頭來亦省心力亦不至流落惡趣中大勝耽染塵勞不求脫離謂此事不可容易且作歸向信敬處似此見解者不可勝數士大夫學道與我出家兒大不同出家兒父母不供甘旨六親固以棄離一缾一鉢日用應緣處無許多障道底冤家一心一意體究此事而已士大夫開眼合眼處無非障道底冤魂若是箇有智慧者只就裏許做工夫淨名所謂塵勞之儔爲如來種怕人壞世間相而求實相又說箇喩云譬如高原陸地不生蓮華卑濕淤泥乃生此華若就裏許如楊文公李文和張無盡三大老打得透其力勝我出家兒二十倍何以故我出家兒在外打入士大夫在內打出在外打入者其力弱在內打出者其力彊彊者謂所乖處重而轉處有力弱者謂所乖處輕而轉處少力雖力有彊弱而所乖則一也方外道友徐敦濟乃妙喜三十年前夷門道舊纔一邂逅便以此道相期與令弟敦立時時來圜悟先師處激揚箇事決欲臘月三十日四大分散時要得這一著子有下落非如他人要資談柄紹興初予住徑山因持鉢吳門再得一見又二十年復在郡渚相遇因以此軸求指示信意一揮寫至此不知前面所說何事而一軸已終千說萬說直說曲說只是爲徐敦濟生死疑根未拔只教就未拔處看箇話頭僧問趙州狗子還有佛性也無州云無行住坐卧但時時提撕驀然噴地一發方知父母所生鼻孔只在面上勉之勉之

示鮑教授（夢符）

諸佛出世祖師西來隨衆生根器所宜應箇時節而已據實而論無說無示無聞無得故巖頭有言若以實法繫綴人莫道受他信施只土亦銷不得以是觀之諸佛諸祖亦只作得箇證明底主人耳不見舍利弗問文殊師利曰諸佛如來不覺法界耶文殊答曰諸佛尚不可得云何有佛而覺法界法界尚不可得云何法界爲諸佛所覺如是則亦不見有師亦不見有弟子亦不見有說法者亦不見有聽法者亦不見有說如是義者亦不見有受如是義者亦無文殊亦無舍利弗亦無諸佛亦無祖師亦無法界爲諸佛所覺亦無諸佛而覺法界亦不曾有鮑居士此軸子亦無來處妙喜亦不曾引筆行墨既是一切皆不

曾有卽令切切但但一絡索惡口却安頓在甚麼處咄若有安頓處則有也鮑居士但恁麼觀作是觀者名爲正觀作他觀者名爲邪觀如或尚作邪正見也怪妙喜不得

示妙淨居士 趙觀使師重

旣已知有此段大事因緣決定不從人得則便好頓捨外塵時時向自己脚跟下推窮推來推去内不見有能推之心外不見有所推之境淨倮倮赤灑灑沒可把如水上放葫蘆無人動著常蕩蕩地拘牽他不得惹絆他不得檢著便動觸著便轉如是自在如是瞥脫如是靈聖不與千聖同途不與衲僧借借直能號令佛祖佛祖號令他不得當人知是般事便好猛著精彩向百尺竿頭快進一步如進得這一步則不異善財童子於普賢毛孔剎中行一步過不可說不可說佛剎微塵數世界如是而行盡未來劫猶不能知一毛孔中剎海次第剎海藏剎海差別剎海普入剎海成剎海壞剎海莊嚴所有邊際似這般境界亦不是外邊起心用意修證得來只是當人脚跟下本來具足底道理耳不見德山和尚有言汝但無事於心無心於事則虛而靈空而妙若毛端許言之本末者皆爲自欺何故毫氂繫念三塗業因瞥爾情生萬劫羈鎖聖名凡號盡是虛聲殊相劣形皆爲幻色汝欲求之得無累乎及其厭之又成大患恁麼說話棒打石人頭曝曝論實事前所云内不見有能推之心外不見有所推之境便是這箇道理也這箇道理向事上覰則疾若向意根下思量卜度則轉踈轉遠矣所以釋迦老子在法華會上只度得箇八歲底女人華嚴會上只度得箇童子涅槃會上只度得箇屠兒看他這三箇成佛底樣子又何曾向外取證辛勤修學來佛亦只言我今爲汝保任此事終不虛也只說爲他保任而已且不說有法可傳令汝向外馳求然後成佛幸有如此體格何故不信苟能直下信得及不向外馳求亦不於心内取證則二六時中隨處解脫何以故旣不向外馳求則内心寂靜旣不於心内取證則外境幽閑故祖師云境緣無好醜好醜起於心心若不彊名妄情從何起妄情旣不起眞心任徧知當知内心外境只是一事切忌作兩般看記得溈山問仰山妙淨明心子作麼生會仰山云山河大地日月星辰溈山云汝只得其事仰山云和尚適來問甚麼溈山云妙淨明心仰山云喚作事得麼溈山云如是如是觀使師重身生富貴之家不爲富貴囚執而夙植德本自然知有此段不可思議事可以於生死岸頭爲舟爲航爲憑爲仗故時時退步向脚跟下推究乃爲立道號曰妙淨居士師重勉之行住坐卧造次顚沛不可忘了妙淨明心之義妄念起時不必用力排遣只舉僧問趙州狗子還有佛性也無州云無舉來舉去和這舉話底亦不見有只這知不見有底亦不見有然後此語亦無所受驀地於無所受處不覺失聲大笑一巡時便是歸家穩坐處也多言多語返相鈍置且截斷葛藤

示呂機宜 舜元

是人知得世間有爲虛妄不實底道理及至

對境遇緣驀地撞在面前不隨他去則被伊穿却鼻孔定也蓋無始時來熟處太熟生處太生雖暫識得破終是道力不能勝他業力且那箇是業力熟處是那箇是道力生處是然道力業力本無定度但看日用現行處只有一箇昧與不昧耳昧却道力則被業力勝却業力勝則觸途成滯觸途成滯則處處染著處處染著則以苦爲樂故釋迦老子謂滿慈子曰汝以色空相傾相奪於如來藏而如來藏隨爲色空周徧法界是故於中風動空澄日明雲暗衆生迷悶背覺合塵故發塵勞有世間相這箇是昧道力而被業力勝者釋迦老子又曰我以妙明不滅不生合如來藏而如來藏唯妙覺明圓照法界是故於中一爲無量無量爲一小中現大大中現小不動

武一　十一

道場徧十方界身含十方無盡虛空於一毛端現寶王刹坐微塵裏轉大法輪這箇是現行處不昧道力而勝業力者然兩處皆歸虛妄若捨業力而執著道力則我說是人不會諸佛方便隨宜說法何以故不見釋迦老子

曰若取法相即著我人衆生壽者若取非法相即著我人衆生壽者是故不應取法不應取非法前所云道力業力本無定度是也若是有智慧丈夫兒借道力爲器仗撥除業力業力旣除道亦虛妄所以道但以假名字引導於衆生未識得破時千難萬難識得破後有甚難易龐居士曰凡夫智量狹妄說有難易離相如虛空盡契諸佛智戒相亦如空迷人自作持病根不肯拔只是弄華枝要識病根麼不是別物只是箇執難執易妄生取捨者這箇病根拔不盡生死海裏浮沈直是無出頭時昔張拙秀才纔被尊宿點著病源便解道斷除煩惱重增病趣向眞如亦是邪隨順世緣無罣礙涅槃生死是空華要得直截不疑佛祖不疑死生但常放教方寸虛豁豁地事來則隨時撥置如水之定如鑑之明好惡妍醜到來逃一毫不得信知無心自然境界不可思議近世叢林有一種邪禪執病爲藥自不曾有證悟處而以悟爲建立以悟爲接引之辭以悟爲落第二頭以悟爲枝葉邊

事自己既不曾有證悟之處亦不信他人有證悟者一味以空寂頑然無知喚作威音那畔空劫已前事逐日噇却兩頓飯事事不理會一向嗃盧都地打坐謂之休去歇去纔涉語言便喚作落今時亦謂之兒孫邊事將這黑山下鬼窟裏底爲極則亦謂之祖父從來

武一　十二

不出門以己之愚返愚他人釋迦老子所謂譬如有人自塞其耳高聲大叫求人不聞此輩名爲可憐愍者有一種士大夫末上被這般雜毒入在心識中縱遇眞正善知識與說本分話返以爲非此輩正如世之所謂虎鬼者不獨被伊害却性命又返爲之用殊不知覺除非夙有願力常以生不知來處死不知去處二事貼在鼻孔尖上茶裏飯裏靜處鬧處念念孜孜常似欠却人萬百貫錢債無所從出心胷煩悶回避無門求生不得求死不得當恁麼時善惡路頭相次絕也覺得如此時正好著力只就這裏看箇話頭僧問趙州狗子還有佛性也無州云無看時不用博量不用註解不用要得分曉不用向開口處承

當不用向舉起處作道理不用墮在空寂處不用將心等悟不用向宗師説處領略不用掉在無事甲裏但行住坐卧時時提撕狗子還有佛性也無無提撕得熟口議心思不及方寸裏七上八下如咬生鐵橛没滋味時切莫退志得如此時却是箇好底消息不見古德有言佛説一切法爲度一切心我無一切心何用一切法非但祖師門下如是佛説一大藏教盡是這般道理衆生惡業障重逐日下得牀來便心識紛飛思量名利擔却人我妄想顛倒從旦至暮如鈎鎖連環相續不斷都不厭惡作起一念向此箇門中著意思量便要我會心意識安排不到便生煩惱早要罷休有者甚來由之説如此者不可勝數舜元道友即不然既知缺減界中種種虚妄一心一意向自己脚跟下理會生從何處來死向何處去既不知來處又不知去處現今歷歷孤明與人分是非別好醜底決定是有是無是真實是虚妄直待到如人飲水冷煖自知不向他人口頭受處分忽然噴地一發到究竟安樂大休大歇處方始自肯以此軸來求指示援筆信手一揮遂成一段葛藤然則事不孤起起必有由若一向作葛藤會又爭得不見昔日子胡和尚有言祖師西來也只箇冬寒夏熱夜暗日明只爲你徒無意立意無事生事無内外彊作内外無東西謾説東西所以會麼不能明了以至根境不能自由以是評量舜元不曾來妙喜處求法語妙喜元不曾寫一字冬寒夏熱夜暗日明内外中間東西南北元不曾移易增減一絲毫許何以故我宗無語句亦無一法與人既無一法與人即今寫底是箇甚麼説冬寒夏熱内外中間者又是箇甚麼東西南北不曾移易一絲毫者又是箇甚麼咄有也不可得無也不可得冬寒夏熱也不可得内外中間也不可得作如是説者亦不可得受如是説者亦不可得一絲毫亦不可得舜元亦不可得妙喜亦不可得不可得亦不可得不可得中只麼得舜元到這裏合作麼生參只這作麼生參亦無著處然後此語亦不受此語既不受妙喜決定無説舜元決定無聞無説處是真説無聞處是真聞如是則妙喜即是舜元舜元即是妙喜妙喜舜元無二無二分無別無斷故嘉州大像喫黄連陜府鐵牛滿口苦苦不苦分明覷見没可覷咄

大慧普覺禪師法語卷第二十一

大慧普覺禪師語録卷第二十一

校勘記

一　底本，明永樂北藏本。

一　二七〇頁上二行編者，南、徑作「徑山能仁禪院住持嗣法慧日禪師臣蘊聞上進」。以下各卷同。

一　二七〇頁中一四行末字「根」，徑作「跟」。

一　二七一頁下三行「上宿」，南、徑作「止宿」。

一　二七一頁下六行第八字「懆」，南、徑作「燥」。

一　二七四頁下四行「盧都」，徑作「都盧」。

一　二七五頁下四行「大像」，徑作「大象」。

一　二七五頁下五行「没可靚」，徑作「不可靚」。

大慧普覺禪師法語卷第二十二　武二

宋徑山能仁禪院住持嗣法慧日禪師臣蘊聞上進

示快然居士 黃知縣

快然居士羅宗約紹興丁丑暮春得得來鄮山見妙喜欲究竟此段大事因緣屢隨衆到室中呈伎倆逞解會都與列下忽一日喜見眉宇知渠管中窺豹轉身動腦袖閒已有頌子雖未拈出妙喜即時與撥轉關棙子渠雖未能赤骨𩪘地跳出葛藤窠然却知得飯是米做麵在麥裏正好著力之際驀來相別云要急歸嫁女以此軸來乞做工夫底道理普龐居士有言有男不婚有女不嫁大家團圞頭共說無生話後來元豐間有箇士人謂之無爲居士姓楊名傑字次公嘗參前輩於宗門中有眞實得力處曾和龐公此偈云男大須婚女長須嫁討甚閑工夫更說無生話這兩箇俗漢子將他十方常住一片田地不向官中印契各自分疆列界道我知有而時時向無佛處稱尊當時亦有箇不平底謂之海印信禪師時住蘇州定慧因見無爲此偈亦有一偈曰我無男婚亦無女嫁困來便打眠誰管無生話這三箇老漢說此三偈快然居士開眼也著合眼也著不開不合也著妙喜只得冷地看看則不無畢竟快然居士向開眼處著到耶合眼處著到耶不開不合處著到耶若在開眼處著到則落在龐公圈樻裏在合眼處著到則落在楊無爲圈樻裏在不開不合處著到則落在海印禪師圈樻裏快然見恁麼說定道總不恁麼若總不恁麼又落在妙喜圈樻裏要出三老圈樻則易要出妙喜圈樻則難快然畢竟如何出得待歸延平嫁了女却緩緩地來爲你說破因記得古德一偈併書其後庶幾快然不在中途採根亦老婆心之切耳偈曰學道如鑽火逢煙且莫休直待金星現歸家始到頭更有一箇問頭且那裏是快然歸底家若透得這一問男婚女嫁都在裏許若未識得家且業識茫茫儘在外邊走亦怪妙喜不得

示妙心居士 孫通判 長文

決欲究竟此事應是從前作聰明說道理文字語言上記持於心意識內計較摶量得底颺在他方世界都不得有絲毫頭許頓在胸中掃除得淨盡也然後向心思意想不及處試進一步看若進得這一步便如善財童子於普賢毛孔刹中行一步過不可說不可說佛刹微塵數世界如是而行盡未來劫猶不能知一毛孔中刹海次第刹海藏刹海差別刹海普入刹海成刹海壞刹海莊嚴所有邊際亦不能知佛海次第佛海藏佛海差別佛海普入佛海生佛海滅所有邊際亦不能知菩薩衆海次第菩薩衆海藏菩薩衆海差別菩薩衆海普入菩薩衆海集菩薩衆海散所有邊際亦不能知入衆生界知衆生根教化調伏諸衆生智菩薩所住甚深自在菩薩所入諸地諸道如是等海所有邊際信知無念無作有如是功德這一步雖曰難進若夙曾種得善根種子只向信得及處看看來看去內無所住外無所緣不覺不知打失布袋當恁麼時方知龐居士道無念清涼寺蘊空眞五臺對境心無垢當情心死灰妙理於中現

優曇空裏閑無求真法眼離相即如來若能如是學不動出三界是真語實語不誑不妄然雖如是莫見恁麼道便向無作無爲處閉眉合眼做死模樣謂之默而常照硬挺住箇猢猻繩子怕他教跳古德喚作落空亡外道魂不散死人真實要絕心生死浣心垢濁伐心稠林須是把這猢猻子一棒打殺始得若一向緊緊地把定繩頭將心調伏我說是人執之失度真可憐愍正眼觀之盡是天魔外道魍魎妖精非吾眷屬此事要得渾鋼打就生鐵鑄成底擔荷若有心擔荷則又蹉過也古人不得已見你迷却路爲你作箇指路頭主人而已亦無禪道佛法可以傳授纔說有傳有授便是邪法何以故不見金剛經中道若言如來有所說法即爲謗佛是人不解我所說義又云法尚應捨何況非法者實而論說真如佛性說菩提涅槃說理說事說邪說正盡是非法那堪更說有玄有妙可以傳可以授乎不見先德有言說箇學道早是接引之辭耳又何曾教你起模畫樣特地馳求來所以云擬將心意學玄宗狀似西行却向東臨濟云你但歇得念念馳求心則與釋迦老子不別七地菩薩求佛智心未歇謂之法塵煩惱既有決定志必有決定得入手時且那箇是得入手時噴地一發心意識滅絕氣息時是佛言理則頓悟乘悟併銷事非頓除因次第盡要識這些道理便是善財聞彌勒彈指之聲樓閣門開善財心喜入已還閉香嚴聞擊竹作聲忽然契悟便解道一擊亡所知更不假修治動容揚古路不墮悄然機之類是也自家悟處自家安樂處自家得力處他人不知拈出呈似人不得除巳悟巳安樂巳得力者一見便默默相契矣疑情未破但只看箇古人入道底話頭移逐日許多作妄想底心來話頭上則一切不行矣僧問趙州狗子還有佛性也無州云無只這一字便是斷生死路頭底刀子也妄念起時但舉箇無字舉來舉去驀地絕消息便是歸家穩坐處也此外別無奇特前所云難進底一步不覺驀然過矣

示永寧郡夫人鄭雨府宅

既知無常迅速生死事大決欲親近善知識孜孜矻矻不捨晝夜常以生死二字貼在額頭上茶裏飯裏坐時卧時指揮奴僕時幹辦家事時喜時怒時行時住時酬酢賓客時不得放捨常常恰似方寸中有一件緊急未了底事礙塞決欲要除弃去教淨盡方有少分相應也若見宗師說時方始著急理會不諦時又却放緩則是無決定之志要得生死根株斷則無有是處此事不在男之與女僧之與俗若於宗師一言之下啐地折曝地斷便是徹頭處也佛說火宅喻直是爲衆生開方便門示真實相痛的的地其中有言是舍唯有一門而復狹小諸子幼稚未有所識謂衆生根器狹劣無決定志戀著生死塵勞於塵勞中頭出頭沒於三界火宅不能捨離故設種種方便令衆生捨方便直出火宅露地而坐此是釋迦老子徹底老婆心凡看經教及古德入道因緣當見月亡指切不得泥在言語中若於語上尋玄妙言中求奇特落處如

此做工夫則失方便矣妙喜從來無實法與人只是據款結按將平生悟得底開口見膽明白直說與人有信得及底依而行之雖作聞說似難承當若當人無始時來種得般若種子纔聞舉著便兩眉卓竪眼睛定動矣老僧頃年初住此山常州許宅有箇無著道人法名妙總三十歲便打硬修行徧見諸方尊宿皆蒙印可然渠眞實畏生死苦故要眞實理會本命元辰下落去處特來山中度夏時同夏者一千七百衲子馮濟川少卿亦在此山不動軒隨衆一日因老僧陞座舉藥山和尚初參石頭問石頭云三乘十二分教某甲粗亦研窮曾聞南方有直指人心見性成佛實未明了乞師指示石頭云恁麼也不得不恁麼也不得恁麼不恁麼總不得藥山不契石頭云你往江西問取馬大師去藥山依教到馬大師處如前問馬大師曰有時教伊揚眉瞬目有時不教伊揚眉瞬目有時教伊揚眉瞬目者是有時教伊揚眉瞬目者不是藥山於言下大悟更無伎倆可呈但低頭禮拜而已馬大師曰子見箇甚麼道理便禮拜山曰某在石頭和尚處如蚊子上鐵牛相似馬大師然之是時陞座纔弃提撕無著於言下忽然省悟下座後亦不來通消息時馮濟川隨老僧後上方丈云某甲理會得老僧問伊居士如何濟川云恁麼也不得蘇嚧娑婆訶不恁麼也不得悉哩娑婆訶恁麼不恁麼總不得蘇嚧悉哩娑婆訶老僧亦不向他道是亦不向他道不是却以濟川語舉似無著無著云曾見郭象注莊子識者云却是莊子注郭象老僧見他語異亦不問他却舉巖頭婆子話問之無著遂作一偈云一葉扁舟泛渺茫呈橈舞棹別宮商雲山海月俱拋棄贏得莊周蝶夢長老僧亦休去後一年濟川疑他不實得得自平江招無著到他船中問婆生七子六箇不遇知音只這一箇也不消得便棄在江中老師言道人理會得且如何會無著云已上供通並是詣實濟川大驚又嘗到室中老僧問他古人不出方丈爲甚麼却去莊上喫油糍無著云和尚放妙總過妙總方敢通消息老僧向伊道我放你過你試道看無著云妙總亦放和尚過老僧云爭柰油糍何無著喝一喝便出去是時一衆皆聞渠如此祗對看他纔得一滴水便解興波作浪蓋渠脫離世緣早信得這一著子及雖嘗被邪師印破面門却能退步知非決定以悟爲則故纔見善知識提撕便於言下千了百當永寧郡夫人曹氏善因聰明靈利有智見知有此段大事因緣決定可以出生入死不被世間塵勞中事牽絆雖在富貴中而不被富貴所羅籠亦要退步親近善知識決擇生死大事但未遇眞知識激發耳屬者在城中因節使公請就渠菴園說法善因聞老僧提持此段大事因緣遂熏起種性當下身心寧怗雖未能十成透脫已識得火宅塵勞中許多虛妄不實底事臘月三十日到來恩愛也使不著勢力也使不著財寶也使不著性氣也使不著官職也使不著富貴也使不著眼光落地時唯有平昔造善造惡兩路境界一一現前作惡多作善少則隨惡業流浪將去作惡

少作善多則隨善業生人天十善之家去既知得這兩路子皆屬虛幻然後發勇猛精進堅固不退之心決欲超情離見透脫生死臘月三十日善惡兩路拘執我不得既知有如是殊勝事恐在火宅之中不能得時時親近善知識故得得上徑上住旬日隨衆聽法滋浸善緣發大誓願永不退轉臨行以此軸求指示要在火宅中時時以此自警自覺老僧嘉其志趣勇猛不與泛泛者同故引無著道人一段入道因緣令其見賢思齊他日妙喜社中出二無著豈不爲末世光明種子作大利益乎勉之勉之

示妙智居士（方敷文務德）

從上諸佛諸祖真實爲人處先教立決定志所謂決定志者決欲此生心地開通直到諸佛諸祖無障礙大休歇大解脫境界無決定之志則無決定信矣佛不云乎信爲道元功德母長養一切諸善法又云信能增長智功德信能必到如來地如來地即大休歇大解脫境界是也在昔歸宗拭眼禪師曾有僧問如何是佛宗云我向汝道汝還信否僧云和尚誠言焉敢不信宗云只汝便是僧聞宗語諦審思惟良久曰只某便是佛却如何保任宗曰一翳在目空華亂墜其僧於言下忽然契悟這僧初無決定信聞歸宗直指之言猶懷疑惑欲求保任方能自信歸宗老婆心切向他所乘執處以金剛王寶劍用事劈面便揮這僧方在萬仞崖頭獨足而立被歸宗一揮始肯放身捨命又羅山法實大師嘗致問於石霜普會曰起滅不停時如何石霜云直須寒灰枯木去一念萬年去函蓋相應去全清絕點去羅山不契復持此語問巖頭聲未絕被巖頭震威一喝曰是誰起滅羅山於言下大悟又教中說菩薩修行從初地入第八不動地爲深行菩薩難可知無差別離一切相一切想一切執著無量無邊一切聲聞辟支佛所不能及離諸諠諍寂滅現前乃至入滅盡定一切動心憶想分別悉皆止息謂從初地至菩薩第八不動地即捨一切功用行得無功用法身口意業念務皆息謂不起第二念又怕人理會不得更引喻云譬如有人夢中見身墮在大河爲欲度故發大勇猛施大方便以大勇猛施方便故即便寤寤既寤已所作皆息菩薩亦爾見衆生身在四流中爲救度故發大勇猛起大精進以勇猛精進故至不動地既至此已一切功用靡不皆息如生梵世欲界煩惱皆不現前住不動地亦復如是一切心意識行皆不現前第八地菩薩佛心菩薩心菩提心涅槃心尚不現起況復起於世間之心世間心既滅寂滅心即現前寂滅心既現前則塵沙諸佛所說法門一時現前矣法門既得現前即是寂滅真境界也得到此境界方可與慈運悲作諸饒益事是亦從決定志秉決定信成就者也若無決定志則不能深入如來大寂滅海無決定信則於古人言句及教乘文字中不能動轉如六祖大師爲江西志徹禪師說常無常義徹問祖曰弟子嘗覽涅槃經未曉常無常義乞師慈悲略爲宣說祖曰無常者即佛性也有常者即善惡一切諸法分別心也曰和

尚所說大違經文祖曰吾傳佛心印安敢違於佛經曰經說佛性是常和尚却言無常善惡諸法乃至菩提心皆是無常和尚却言是常此即相違令學人轉加疑惑祖曰涅槃經吾昔者聽尼無盡藏讀誦一徧便爲講說無一字一義不合經文乃至爲汝終無二說曰學人識量淺昧願和尚委曲開示祖曰汝知否佛性若常更說甚麼善惡諸法乃至窮劫無有一人發菩提心者故吾說無常正是佛說眞常之道也又一切諸法若無常者即物物皆有自性容受生死而眞常性有不徧之處故吾說常者正是佛說眞無常義也佛比爲凡夫外道執於邪常諸二乘人於常計無常共成八倒故於涅槃了義教中破彼偏見而顯說眞常眞樂眞我眞淨汝今依言背義以斷滅無常及確定死常而錯解佛之圓妙最後微言縱覽千徧有何所益此亦徹禪師決定志中乘決定信而感報祖師決定說之一也又記得安楞嚴看楞嚴經至知見立知即無明本知見無見斯即涅槃處不覺破句讀了曰知見立知即無明本知見無見斯即涅槃流吟良久忽然大悟後讀是經終身如所悟更不依經文此亦決定志中乘決定信依義而不依文字之一也妙智居士有決定志而乘決定信於此一段大事因緣矻矻孜孜以徹證不疑爲決定義但未得噴地一下耳因以此軸求指示故引祖師爲志徹禪師巖頭爲羅山安楞嚴破句讀楞嚴經悟道數段葛藤且作他時噴地一發之契券云耳

示張太尉

佛言若有欲知佛境界當淨其意如虛空遠離妄想及諸取令心所向皆無礙佛境界即當人自心現量不動不變之體也佛之一字向自心體上亦無著處借此字以覺之而已何以知之佛者覺義爲衆生無始時來不信自心現量本自具足而隨逐客塵煩惱流轉三界受種種苦故苦相現時自心現量之體隨苦流蕩故諸佛愍衆生流蕩之故借佛字以覺之既已覺則佛之一字亦無用處佛是衆生藥衆生病除則佛藥無用凡看經教及古德因緣當如是學

衆生日用現行無明順無明則生歡喜逆無明則生煩惱佛菩薩則不然借無明以爲佛事爲衆生以無明爲窟宅逆之則是破他窟宅順之則隨其所著而誘導之淨名云塵勞之儔爲如來種永嘉云無明實性即佛性幻化空身即法身便是這箇道理也

此事不可以有心求不可以無心得不可以語言造不可以寂默通於此四句無用心處方始可以提撕此箇消息也佛說世出世間功德無如無心功德最大而不可思議不見釋迦老子在般若會上問文殊師利菩薩云汝入不思議三昧耶文殊云弗也世尊我即不思議不見有心能思議者云何而言入不思議三昧我初發心欲入是定如今思惟實無心想而入三昧如人學射久習則巧後雖無心以久習故箭發皆中我亦如是初學不思議三昧繫心一緣若久習成就則更無心想常與定俱得到這箇田地方始可說那伽常在定無有不定時所以佛說無心功德直

是殊勝直是無較量處今說無心非如世間土木瓦石頑然無知之無心差之毫釐失之千里不可不諦審觀察也

佛說一百二十種菩提心說一百二十箇譬喻其中有一喻云譬如有人依附於王不畏餘人菩薩摩訶薩亦復如是依菩提心大勢力王不畏障蓋惡道之難世間有人得近一至尊而不畏餘人則有之肯依菩提心大勢力王不畏障蓋惡道之難者殊未見也又有一喻云譬如摩訶那伽大力勇士若奮威怒於其額上必生瘡疱瘡若未合閻浮提中一切人民無能制伏菩薩摩訶薩亦復如是若起大悲必定發於菩提之心心未捨來一切世間魔及魔民不能為害如上二種譬喻皆為出世間大心有力量者說何以故二種譬喻非世間常得之法故佛說此以啓迪過量奇特丈夫欲其擔荷大乘擔子耳

士大夫不曾向佛乘中留心者往往以佛乘為空寂之教戀著箇皮袋子聞人說空說寂則生怕怖殊不知只這怕怖底心便是生死根本佛自有言不壞世間相而談實相又云是法住法位世間相常住寶藏論云寂兮寥兮寬兮廓兮上則有君下則有臣父子親其居尊卑異其位以是觀之吾佛之教密密助揚至尊聖化者亦多矣又何嘗只談空寂而已如俗謂李老君說長生之術正如硬差排佛談空寂之法無異老子之書元不曾說留形住世亦以清淨無為為自然歸宿之處自是不學佛老者以好惡心相誣謗爾不可不察也愚謂三教聖人立教雖異而其道同歸一致此萬古不易之義然雖如是無智人前莫說打你頭破額裂

示曾機宜叔進

雪峯三上投子九到洞山緣法不契未後得巖頭掃屏從前零碎所得方得心地開通巖頭云若欲他時播揚大教須是一一從自己胷襟流出蓋天蓋地始是大丈夫所為巖頭之語非獨發明雪峯根器亦可作學此道者萬世規式所謂胷襟流出者乃是自己無始時來現量本自具足纔起第二念則落比量矣比量是外境莊嚴所得之法現量是父母未生前威音那畔事從現量中得者氣力麤從比量中得者氣力弱氣力麤者能入佛又能入魔氣力弱者入得佛境界往往於魔境界打退鼓不可勝數此事不在聰明靈利亦不在鈍根淺識據實而論只以噴地一發為準的耳纔得這箇消息凡有言句非離真而立處立處即真所謂胷襟流出蓋天蓋地者如是而已非是做言語求奇特他人道不出者錦心繡口意句尖新以為胷襟流出也十回被師家問著九回祇對不得不妨只怕向髑髏前彊作主宰纔見宗師開口動舌便領將去似這般底佛出世亦救他不得叔進根性雖鈍却得便宜真實要敵生死故矻矻孜孜心心念念不肯放捨前所云得便宜便是這些鈍底家風也既有決定志得之入手自有時節亦莫管得在何時老僧常與衲子輩說要參妙喜禪須是辦得一生不會始得若要求速效則定是相誤何以故只為從來無法與人但為人做得箇指路頭底漢子耳古

德云有所得是野干鳴無所得是師子吼佛是通變底人於四十九年中三百六十餘會說法隨其根性而引導之故於十法界内一音演說衆生隨類各獲饒益譬如東風一拂萬卉齊敷佛所說法亦復如是若有意於十法界内作饒益則是以我說法欲使衆生隨類得度不亦難乎不見舍利弗在般若會上問文殊曰諸佛如來不覺法界耶文殊曰弗也舍利弗諸佛尚不可得云何有佛而覺法界法界尚不可得云何法界爲諸佛所覺看他兩人恁麼激揚又何曾著意來從上諸佛諸祖爲人皆有如是體裁自是後來兒孫失其宗旨遂各立門户造妖揑怪耳叔遲旣於世間友心則已省得無限事了也不壞世間相而談實相佛佛授手祖祖相傳無差無别自是學此道者錯認方便故傳習將去殊不本其源流耳如何是不壞世間相而談實相妙喜爲你說破奉侍尊長承順顔色子弟之職當做者不得避忌然後隨緣放曠任性逍遥日用四威儀内常自檢察更以無常迅速生死事大時時提撕無事亦須讀聖人之書資益性識苟能如是世出世間俱無過患矣

大慧普覺禪師法語卷第二十二　武二　十六

大慧普覺禪師語録卷第二十二

校勘記

一　底本，明永樂北藏本。

一　二七八頁上五行「敎跳」，徑作「踍跳」。

一　二七八頁中五行第二字「是」，徑作「時」。

一　二七九頁上二行「只是」，徑作「直是」。又「結按」，南、徑作「結案」。

一　二七九頁下一五行「十成」，南作「一成」。

一　二八〇頁上五行第八字「定」，南、徑作「宅」。

一　二八一頁中一〇行「張太尉」下，南、徑有夾註「益之」。

一　二八二頁上一〇行「若奪」，南、徑作「若奮」。

一　二八二頁中三行第一五字「示」，南、徑作「子」。

一　二八二頁中一八行第四字「獨」，徑作「特」。

一　二八二頁下末行「路頭」，徑作「頭路」。

一　二八三頁上三行「十法界」，徑作「十方界」。

一　二八三頁中卷末經名，徑作「大慧普覺禪師語録卷第二十二」。

大慧普覺禪師法語卷第二十三　

宋徑山能仁禪院住持嗣法慧日禪師臣蘊聞上進

示中證居士 郭知縣 仲堪

天台智者大師悟法華三昧以空假中三觀該攝一大藏教無少無剩言空者無假無中無不空言假者無空無中無不假言中者無空無假無不中得斯旨者獲旋陀羅尼是知從上諸佛諸祖莫不皆從此門證入故大師證入時因讀法華經至是真精進是名真法供養如來乃見釋迦老子在靈山說此經儼然未散或者謂之表法唯無盡居士張公因閱首楞嚴經至是人始獲金剛心中處忽思智者當時所證見靈山一會儼然未散非表法也嘗謂余曰當真實證入時全身住在金剛心中李長者所謂無邊剎境自他不隔於毫端十世古今始終不離於當念智者見靈山一會儼然未散唯證是三昧者不待引喻而自默默點頭矣衆生境界差別不等所見不同互有得失除夙有靈骨不被法縛不求法脫於經教及古德入道因緣捨方便而自證入則亦不待和會差排自然見月亡指矣昔藥山和尚初發心求善知識時到南嶽石頭和尚處遂問三乘十二分教某甲粗亦研窮承聞南方有直指人心見性成佛實未明了乞師指示石頭云恁麼也不得不恁麼也不得恁麼不恁麼總不得藥山罔而不領良久無言石頭云會麼藥山云不會石頭云恐子緣不在此往江西問取馬大師去藥山依教直至江西見馬師以問石頭話端依前問之馬師曰我有時教伊揚眉瞬目有時不教伊揚眉瞬目有時教伊揚眉瞬目者是有時教伊揚眉瞬目者不是藥山聞馬師語便獲金剛心中更無奇特玄妙可通消息但作禮而已馬師知其已證入亦無別道理傳授只向他道汝見箇甚麼便禮拜藥山亦無道理可以呈似馬師但云某在石頭如蚊子上鐵牛相似馬師亦無言語與之印可一日忽見便問子近日見處如何山曰皮膚脫落盡唯有一真實馬師曰子之所得可謂協於心體布於四肢既然如是將三條篾束取肚皮隨處住山去藥山云某甲又是何人敢言住山馬師云未有長行而不住未有長住而不行欲益無所益欲為無所為宜作舟航無久住此遂辭馬師去住山此亦獲金剛心中之效驗者仲堪道友妙喜與之素昧平昔紹興丙子冬邂逅宛陵一見風采未語而心已許之嘗過其舍遂蒙傾倒因而詰之自言於中字法門而有趣向自爾每與對談未嘗一語及世間事古人隔江橫趨時節亦有之矣為政不苛不察而姦蠹為之膽落此亦證中字法門效驗也別來恰九箇月忽專介以此軸來求道號因思無盡張公之言頗與仲堪所入門戶略相似故不覺引前葛藤仍為立道號曰中證居士中證之義在吾佛則曰金剛心心至中曰忠中無定方見於行事而利他自利世出世間了無遺恨矣中證不偏而上下相應如析栴檀片片非別木非如他人說得盛水不漏於行事時手足俱露如此等輩欲入中字法門大似掉棒打月不亦難乎中證居士勉之妙喜異日忽地撞到面前那時相

見更若守著這一字則不中矣

示徐提刑立敎

士大夫多以有所得心求無所得法何謂有所得心聰明靈利思量計較者是何謂無所得法思量不行計較不到聰明靈利無處安著者是不見釋迦老子在法華會上舍利弗殷勤三請直得無啓口處然後盡力道得箇是法非思量分別之所能解此是釋迦老子初悟此事開方便門示眞實相之椎輪也昔雪峯眞覺禪師爲此事之切三度到投子九度上洞山因緣不相契後聞德山周金剛王化遂造其室一日問德山從上宗風以何法示人德山云我宗無語句亦無一法與人後又問從上宗乘中事學人還有分也無德山拈拄杖便打云道甚麼雪峯於棒下方打破漆桶以是觀之思量計較聰明靈利於此箇門中一點也用不著古德有言般若如大火聚近之則燎却面門擬議尋思便落意識永嘉云損法財滅功德莫不由茲心意識故知心意識非獨障道亦使得人七顛八倒作諸不善旣有究竟此道之心須有決定之志不到大休大歇大解脫處誓畢此生不退不墮佛法無多子久長難得人世間塵勞中事無盡無窮撥置了一重又一重來如連環如鉤鎖相續不斷志意下劣者往往甘心與伊作侶伴不覺不知被伊牽挽將去除是當人夙有願力方肯退步思量永嘉又云無明實性即佛性幻化空身即法身法身覺了無一物本源自性天眞佛若如是思量驀然向思量不及處見得無一物底法身即是當人出生死處前所云無所得法不可以有所得心求便是這箇道理也士大夫一生在思量計較中作活計纔聞善知識說無所得法便心裏疑惑怕落空去妙喜每見如此說者即問他只這怕落空者還空也無十箇有五雙分疎不下蓋平時只以思量卜度爲窟宅乍聞說著不得思量底話便茫然無討巴鼻處殊不知只這無討巴鼻處便是自家放身命底時節也敎立道友靖康中在夷門相會是時春秋鼎盛便知有此段大事因緣可以脫離生死與乃兄敎濟時來扣問圜悟先師但妙年身心未能純一專志理會箇事別來忽地過了三十餘年紹興己卯秋予因到育王經由越上時敎立提總憲網始獲再會握手劇談坐間只以此一段因緣爲未了更不及世間塵勞之事非百劫千生曾承事眞善知識種得般若種子在藏識中則不能如是把得定作得主宰信得諦當不退初心眞火中蓮華也但以博極羣書於九經十七史內入得太深聰明太過理路太多定力太少被日用應緣處牽挽將去故於脚跟下不能得啐地折曝地斷耳若時時正念現前怕生死之心不變則日月浸久生處自熟熟處自生矣且那箇是熟處聰明靈利思量計較底是那箇是生處菩提涅槃眞如佛性絕思惟分別摶量卜度不到無你用心安排底是驀然時御到來或於古人入道因緣上或因看經敎時或於日用應緣若善若不善若身心散亂若逆順境界現前若暫得心意識寧靜時忽地踢翻關棙子不是差事

示陳機宜 仲明

佛說一切法爲度一切心我無一切心何用一切法法本無法心亦無心心法兩空是眞實相而今學道之士多怕落空作如是解者錯認方便執病爲藥深可憐愍故龐居士有言汝勿嫌落空落空亦不惡又云但願空諸所有切勿實諸所無若覷得這一句子破無邊惡業無明當下瓦解冰銷如來所說一大藏教亦注解這一句子不出當人若具決定信知得有如是大解脫法只在知得處撥轉上頭關棙子則龐公一句與佛說一大藏教無異無別無前無後無古無今無少無剩亦不見有一切法亦不見有一切心十方世界空蕩蕩地亦莫作空蕩蕩地見若作是見則便有說空者便有聞說空者便有一切法可聽便有一切心可證既可聽可證則內有能證之心外有所證之法此病不除教中謂之以我說法亦謂之謗佛法僧又教中云若取法相即著我人衆生壽者若取非法相即著我人衆生壽者前所云內有能證之心外有所證之法便是這箇道理也佛弟子陳惇知身是妄知法是幻於幻妄中能看箇趙州狗子無佛性話忽然洗面摸著鼻孔有書來呈見解試手說禪如虎生三日氣已食牛其間通消息處雖似吉獠捧打地有着處則入地數寸不著處則全無巴鼻然大體基本已正而大法未明亦初心入道之常病耳苟能知是般事撥向一邊却把諸佛諸祖要妙門一時塞斷向威音那畔討箇生涯處方於法得自在矣釋迦老子云若但讚佛乘衆生沒在苦信知如是事以我所證擴而充之然後不被法縛不求法脫恁麼也得不恁麼也得恁麼不恁麼總得凡有言句凡所受用如壯士展臂不借他力箭既離弦無返回勢非是彊爲法如是故得如此了始可言無善無惡無佛無衆生等事而今大法未明若便說恁麼話恐墮在永嘉所謂豁達空撥因果莽莽蕩蕩招殃禍中不可不知也但得本莫愁末久久淹浸得熟不愁不成一片勉之勉之

示空相道人 黃通判宅

佛是凡夫鏡子凡夫却是佛鏡子凡夫迷時生死垢染影像全體現佛鏡子中忽然悟時眞淨妙明不生不滅佛影像却現凡夫鏡子中然佛本無生滅亦無迷悟亦無鏡子亦無影像可現由凡夫有若干故隨凡夫發明耳而今欲除凡夫病與佛祖無異請打破鏡來爲你下箇註脚

示方機宜 敷文

祖師云心地隨時說菩提亦只寧事理俱無礙當生即不生欲知此箇道理但將平昔坐禪處得底看經教處得底語錄上記得底宗師口頭言下領覽得底一時掃向他方世界却緩緩地子細看他德山何故見僧入門便棒臨濟何故見僧入門便喝若識二大老用處則於日用觸境逢緣處不作世諦流布亦不作佛法理論既不著此二邊須知自有一條活路不見臨濟一日侍立德山德山良久驀回顧云老漢今日困臨濟云這老漢寐語作甚麼德山擬拈拄杖要打臨濟便掀倒禪牀你看他了事漢等閑驀路相逢自然各各

有出身之路後來雲峯悅禪師拈云此二員作家一拶一捺略露風規大似把手上高山雖然如是未免旁觀者醜且道誰是旁觀者良久喝一喝據妙喜所見雲峯亦未免和泥合水好與這兩箇老漢一狀領過一坑埋却且道過在甚麽處袁吾居士夙植德本信得此段大事因緣及雖在塵勞中能自省察雖未得一刀兩段直下坐斷報化佛頭然却自有箇信入處如虎生三日氣已食牛欲行千里一步爲初最初一步已進得不錯直須擴而充之決定知得三世諸佛敗闕處六代祖師敗闕處妙喜敗闕處然後打開自己庫藏運出自己家財拯濟一切豈非在家菩薩之用心哉勉之勉之

示妙圓道人 李知省宅

欲起生死越苦海應當豎起精進幢直下信得及只這信得及處便是超生死越苦海底消息故釋迦老子曰信爲道元功德母長養一切諸善法又云信能遠離生死苦信能必到如來地要識如來地麽亦只是這信得及底既信得及不須起心動念求出生死但十二時中念念不離決定要得入手方爲勇猛之士若半信半疑則不相續矣此事不論男之與女貴之與賤大之與小平等一如何以故世尊在法華會上只度得一箇女子成佛涅槃會上亦只度得一箇廣額屠兒成佛當知此二人成佛亦别無功用亦只是直下信得及更無第二念便坐斷報化佛頭徑超生死亦别無道理妙圓道人雖是女流立志不在成佛底女子下又能知有此段奇特因緣決定要出生死因以此紙乞指示援筆揮汗書此示之仍令看箇話頭僧問馬祖如何是佛祖云即心是佛妙圓道人日用只如此看祝祝

示太虛居士 鄧直殿伯壽

利根上智之士身在富貴中而不被富貴所折困能於富貴中作大饒益利樂有情非夙願力則不能如是信得及既信得及當於信得及處乘自願力隨緣應用則自然頭頭上明物物上顯矣昔普賢菩薩在華嚴會上入一切諸佛毗盧遮那如來藏身三昧普入一切佛平等性能於法界示衆影像廣大無礙同於虛空法界海旋靡不隨入出生一切諸三昧法普能包納十方法界三世諸佛智光明海皆從此生十方所有諸安立海悉能示現含藏一切佛力解脱諸菩薩智能令一切國土微塵普能容受無邊法界成就一切佛功德海顯示如來諸大願海一切諸佛所有法輪流通護持使無斷絶如此世界中普賢菩薩於世尊前入此三昧如是盡法界虛空界十方三世微細無礙廣大光明佛眼所見佛力能到佛身所現一切國土及此國土所有微塵一一塵中有世界海微塵數佛刹一一刹中有世界海微塵數諸佛一一佛前有世界海微塵數普賢菩薩皆亦入此一切諸佛毗盧遮那如來藏身三昧從三昧起時在會聽法之衆皆獲此三昧皆得此三昧力無不被其饒益者太虛居士鄧伯壽身處富貴又與常人不同日侍至尊所聞所見皆不可思議事與普賢菩薩於如來前入毗盧遮那

藏身三昧又何異哉但恐中忘此意十二時中不能照管微細流注恃恩凌鑠於人則不相當也諸佛出世祖師西來亦無一法可以傳授何以故有傳有授是無明法是有爲法非智慧法非無爲法巖頭和尚有言若以實法繫綴人土亦難消昔南印土彼國之人多信福業十四祖龍勝特往化之彼曰人有福業世間第一徒言佛性誰能覩之龍勝曰汝欲見佛性先須除我慢彼曰佛性大小龍勝曰非大非小非廣非狹無福無報不死不生此乃直示心要也彼一衆聞之皆悟正理然悟在當人不從他得前所云諸佛出世祖師相傳皆無實法便是這箇道理也佛法無多子久長難得人伯壽正是春秋鼎盛之時於日用應緣處能自警覺回世間惡業底心要學無上佛果菩提非百劫千生曾承事無邊諸佛諸善知識熏習般若種智則不能如是精進如是清淨如是自在如是正直孜孜矻矻以此段大事因緣在念既有是心莫管得在何時若卒討巴鼻不著但只看箇古人入道底話頭僧問趙州如何是祖師西來意州云庭前栢樹子僧云和尚莫將境示人州云我不將境示人僧云既不將境示人却如何是祖師西來意州只云庭前栢樹子其僧於言下忽然大悟伯壽但日用行住坐卧處奉侍至尊處念念不間斷時時提撕時時舉覺驀然向栢樹子上心意識絶氣息便是徹頭處也前所云普賢菩薩於世尊前入毗盧遮那如來藏身三昧從三昧起在會諸菩薩皆獲是益願伯壽於至尊前亦時時入是三昧忽然從三昧起其益與普賢菩薩無二無別勉之不可忽

示妙明居士 李知省伯和

道由心悟不在言傳近年以來學此道者多棄本逐末背正投邪不肯向根脚下推窮一味在宗師說處著到縱說得盛水不漏於本分事上了沒交涉古人不得已見學者迷頭認影故設方便誘引之令其自識本地風光明見本來面目而已初無實法與人如江西馬祖初好坐禪後被南嶽讓和尚將甎於他坐禪處磨馬祖從禪定起問磨甎何爲讓曰欲其成鏡耳馬祖笑曰磨甎豈得成鏡耶讓曰磨甎既不成鏡坐禪豈得成佛蓋讓和尚嘗問馬祖坐禪何圖馬祖以求成佛答之教中所謂先以定動後以智拔馬祖聞坐禪豈得成佛之語方始著忙遂起作禮致敬曰如何即是讓知其時節因緣已到始謂之曰譬牛駕車車若不行打牛即是打車即是又曰汝學坐禪爲學坐佛若學坐禪禪非坐卧若學坐佛佛非定相於無住法不應取捨汝若坐佛即是殺佛若執坐相非達其理馬祖於言下忽然領旨遂問如何用心即合無相三昧讓曰汝學心地法門如下種子我說法要譬彼天澤汝緣合故當見其道又問道非色相云何能見讓曰心地法眼能見乎道無相三昧亦復然矣曰有成壞否讓曰若以成壞聚散而見道者非也前所云方便誘引此是從上宗乘中第一箇樣子妙明居士請依此參

昔大珠和尚初參馬祖祖問從何處來曰越

州大雲寺來祖曰來此擬須何事曰來求佛法祖曰自家寶藏不顧拋家散走作甚麼我這裏一物也無求甚麼佛法珠遂作禮問那箇是慧海自家寶藏祖曰即今問我者是汝寶藏一切具足更無欠少使用自在何假外求珠於言下識自本心不由知覺後住大珠凡有扣問隨問而答打開自己寶藏運出自己家財如盤走珠無障無礙曾有僧問般若大否珠曰般若大曰幾許大曰無邊際曰般若小否曰般若小曰幾許小曰看不見曰何處是何處不是你看他悟得自家寶藏底還有一星兒實法傳授與人否妙喜常說與學此道者若是真實見道之士如鐘在虡如谷應響大扣大鳴小扣小應近代佛法可傷爲人師者先以奇特玄妙蘊在胷襟遞相沿襲口耳傳授以爲宗旨如此之流邪毒入心不可治療古德謂之謗般若人千佛出世不通懺悔此是宗門善巧方便誘引學者底第二箇樣子妙明居士決定究竟當如此樣子參

既辦此心要理會這一著子先須立決定志觸境逢緣或逆或順要把得定作得主不受種種邪說日用應緣時常以無常迅速生死二字貼在鼻孔尖頭上又如欠了人萬百貫債無錢還得被債主守定門户憂愁怕怖千思萬量求還不可得若常存此心則有趣向分若半進半退半信半不信不如三家村裏無智愚夫何以故爲渠百不知百不解却無許多惡知惡覺作障礙一味守愚而已古德有言研窮至理以悟爲則近年以來多有不信悟底宗師說悟爲誑謼人說悟爲建立說悟爲把定說悟爲落在第二頭披却師子皮作野干鳴者不可勝數不具擇法眼者往往遭此輩幻惑不可不審而思思而察也此是宗師指接羣迷令見月亡指底第三箇樣子妙明居士欲跳出生死窟作是說者名爲正說作他說者名爲邪說思之

怕怖生死底疑根拔不盡百劫千生流浪隨業受報頭出頭没無休息時苟能猛著精彩一拔淨盡便能不離衆生心而見佛心若無願力遇真正善知識善巧方便誘誨則有甚難處不見古德有言江湖無礙人之心佛祖無謾人之意只爲時人過不得不得道江湖不礙人佛祖言教雖不謾人只爲學此道者錯認方便於一言一句中求玄求妙求得求失因而透不得不得道佛祖不謾人如患盲之人不見日月光是盲者過非日月咎此是學此道離文字相離分別相離語言相底第四箇樣子妙明居士思之

疑生不知來處死不知去處底心未忘則是生死交加但向交加處看箇話頭僧問趙州和尚狗子還有佛性也無州云無但將這疑生不知來處死不知去處底心移來無字上則交加之心不行矣交加之心既不行則疑生死來去底心將絶矣但向欲絶未絶處與之厮崖時節因緣到來驀然噴地一下便了教中所謂絶心生死止心不善伐心稠林浣心垢濁者也然心何有垢心何有濁謂分別善惡雜毒所鍾亦謂之不善亦謂之垢濁亦謂之稠林若真實得噴地一下只此稠林即

是栴檀香林只此垢濁即是清淨解脫無作妙體此體本來無染非使然也分別不生虛明自照便是這些道理此是宗師令學者捨邪歸正底第五箇樣子妙明居士但只依此參久久自築著磕著也

道無不在觸處皆真非離真而立處立處即真教中所謂治生產業皆順正理與實相不相違背是故龐居士有言日用事無別唯吾自偶諧頭頭非取捨處處勿張乖朱紫誰爲號丘山絕點埃神通并妙用運水及搬柴然便恁麼認著不求妙悟又落在無事甲裏不見魏府老華嚴有言佛法在你日用處行住坐卧處喫粥喫飯處語言相問處所作所爲舉心動念又却不是也又真淨和尚有言不擬心一一明妙一一天真一一如蓮華不著水迷自心故作衆生悟自心故成佛然衆生本佛佛本衆生由迷悟故有彼此也又釋迦老子有言是法住法位世間相常住又云是法非思量分別之所能解此亦是不許擬心之異名耳苟於應緣處不安排不造作不擬心思量分別計較自然蕩蕩無欲無依不住有爲不墮無爲不作世間及出世間想這箇是日用四威儀中不昧本來面目底第六箇樣子也

本爲生死事大無常迅速已事未明故參禮宗師求解生死之縛却被邪師輩添繩添索舊縛未解而新縛又加却不理會生死之縛只一味理會閑言長語喚作宗旨是甚熱大不緊教中所謂邪師過謬非衆生咎要得不被生死縛但常教方寸虛豁豁地只以不知生來不知死去底心時時向應緣處提撕提撕得熟久久自然蕩蕩地也覺得日用處省力時便是學此道得力處也得力處省無限力省力處却得無限力這些道理說與人不得呈似人不得省力與得力處如人飲水冷煖自知妙喜一生只以省力處指示人不教人做謎子摶量亦只如此修行此外別無造妖揑怪我得力處他人不知我省力處他人亦不知生死心絕他人亦不知生死心未忘他人亦不知只將這箇法門布施一切人別無玄妙奇特可以傳授妙明居士決欲如妙喜修行但依此說亦不必向外別求道理真龍行處雲自相隨況神通光明本來自有不見德山和尚有言汝但無事於心無心於事則虛而靈空而妙若毛端許言之本末者皆爲自欺這箇是學此道要徑底第七箇樣子也

如上七箇樣子佛病法病衆生病一時說了更有第八箇樣子却請問取妙圓道人又代妙圓道人下一轉語云大事爲你不得小事妙明居士自家擔當

大慧普覺禪師法語第二十三

大慧普覺禪師語録卷第二十三

校勘記

一　底本，明永樂北藏本。

一　二八六頁上一三行「世界」，〔徑〕作「世間」。

一　二八九頁上一九行第一〇字「定」，〔南〕作「欲」。

一　二八九頁中九行「古德」，〔南〕作「士德」。

一　二九〇頁下卷末經名，〔徑〕作「大慧普覺禪師法語卷第二十三」。

大慧普覺禪師法語卷第二十四　貳四

宋徑山能仁禪院住持嗣法慧日禪師臣蘊聞上進

示成機宜季繇

佛言若有欲知佛境界當淨其意如虛空遠離妄想及諸取令心所向皆無礙決有此志學無上菩提常令方寸虛豁豁地不著言說不墮空寂無言無說兩頭俱勿依怙善惡二事無取無捨日用二六時中將思量計較之心坐斷不於空寂處住著內不放出外不放入如空中雲如水上泡瞥然而有忽然而無只向這裏翻身一擲抹過太虛當恁麼時安排他不得餖飣他不得何以故大法本來如是非是彊為不見釋迦老子有言不取衆生所言說一切有為虛妄事雖復不依言語道亦復不著無言說今時士大夫學此道者平昔被聰明靈利所使多於古人言語中作道理要說教分曉殊不知枯骨頭上決定無汁可覓縱有聞善知識所訶肯離言說相離文字相又坐在無言無說處黑山下鬼窟裏不動欲心所向無礙無窒不亦難乎既為無常迅速生死事大決定有志直取無上菩提世間種種虛妄不實底事一筆勾下卻向不可取不可捨處諦觀捕看是有是無直得無用心處無開口處方寸中如一團熱鐵相似時莫要放卻只就這裏看箇話頭僧問雲門殺父殺母向佛前懺悔殺佛殺祖時卻向甚處懺悔雲門云露若有決定志但只看箇露字把思量分別塵勞中事底心移在露字上行行坐坐以此露字提撕日用應緣處或喜或怒或善或惡侍奉尊長處與朋友相酬酢處讀聖人經史處盡是提撕底時節驀然不知不覺向露字上絕卻消息三教聖人所說之法不著一一問人自然頭頭上明物物上顯矣佛不云乎菩薩摩訶薩以無障無礙智慧信一切世間境界是如來境界古德云入得世間出世無餘便是這箇道理也只怕無決定信決定志耳無決定信則有退轉心無決定志則學不到徹頭處且那箇是有決定信而無退轉心有決定志而學到徹頭處者昔牛頭山第二世智巖禪師曲阿人也姓華氏弱冠智勇過人身長七尺六寸隋大業中為郎將常以弓挂一濾水囊隨行所至汲用累從大將征討頻立戰功唐武德中年方四十遂乞出家入舒州皖公山從寶月禪師為弟子後一日宴坐覩異僧身長丈餘神姿奕拔辭氣清朗謂巖曰卿八十生出家宜加精進言訖不見又嘗在谷中入定山水瀑漲巖怡然不動其水自退有獵者過之因改過修善復有昔同從軍者二人聞巖隱遁乃共入山尋之既見謂巖曰郎將狂耶何為住此巖曰我狂欲惺君狂正發夫嗜色淫聲貪榮冒寵流轉生死何由自出二人感悟歎息而去貞觀中歸建鄴入牛頭山謁懶融禪師發明大事懶融謂巖曰吾受信大師真訣所得都亡設有一法過於涅槃吾說亦如夢幻夫一塵飛而翳天一芥墮而覆地汝今已過此見吾復何云山門化導當付於汝遂為牛頭第二世祖師此乃有決定信而無退轉心有決定志而學到徹頭處底樣子也三教聖人所說之法無非勸善誡惡正人心術心術不正則

姦邪唯利是趍心術正則忠義唯理是從理者理義之理非義理之理也如尊丈節使見義便爲逞非常之眞勇乃此理也圭峯禪師云作有義事是惺悟心作無義事是狂亂心狂亂由情念臨終被業牽惺悟不由情臨終能轉業亦此理也佛云理則頓悟乘悟併銷事則漸除因次第盡亦此理也李長者云圓融不礙行布即一而多行布不礙圓融即多而一亦此理也永嘉云一地具足一切地一法徧含一切法一月普現一切水一切水月一月攝亦此理也華嚴云佛法世間法若見其眞實一切無差別亦此理也其差別在人不在法也忠義姦邪與生俱生忠義者處姦邪中如清淨摩尼寶珠置在淤泥之內雖百千歲不能染汙何以故本性清淨故姦邪者處忠義中如雜毒置於淨器雖百千歲亦不能變改何以故本性濁穢故前所云差別在人不在法便是這箇道理也如姦邪忠義二人同讀聖人之書聖人之書是法元無差別而姦邪忠義讀之隨類而領解則有差別矣

淨名云佛以一音演說法衆生隨類各得解是也忠義之士見義則本性發姦邪之人見利則本性發如磁石遇鐵而火逢燥薪雖欲禁制不可得也如尊丈節使雄烈過人唱大義於萬衆之中聳動時聽亦本性忠義而見義則發非造作非安排教中所謂譬如摩訶那伽大力勇士若奮威怒於其額上必生瘡疱瘡若未合閻浮提中一切人民無能制伏佛以此喻發菩提心者菩提心則忠義心也名異而體同但此心與義相遇則世出世間一網打就無少無剩矣予雖學佛者然愛君憂國之心與忠義士大夫等但力所不能而年運往矣喜正惡邪之志與生俱生永嘉所謂假使鐵輪頂上旋定慧圓明終不失予雖不敏敢直下自信不疑季恭志趣不凡春秋鼎盛正是奔走塵勞之時能以此時回來學無上菩提非夙植德本焉能信得及把得定作得主宰願堅固此心終始如一觸境遇緣不變不動方名有力大人無常迅速生死事大若念念以此一段大事因緣爲未了未說

直下趣證且省得日用應緣處許多障道底惡業況一念相應轉凡成聖耶但辦肯心必不相賺古來自有爲善底樣式博極羣書只要知聖人所用心處知得了自家心術即正心術正則種種雜毒種種邪說不相染汙矣季恭立志學儒須是擴而充之然後推其餘可以及物何以故學不至不是學學至而用不得不是學學不能化物不是學學到徹頭處文亦在其中武亦在其中事亦在其中理亦在其中忠義孝道乃至治身治人安國安邦之術無有不在其中者釋迦老子云常在於其中經行及坐卧便是這箇消息也未有忠於君而不孝於親者亦未有孝於親而不忠於君者但聖人所讚者依而行之聖人所訶者不敢違犯則於忠於孝於事於理治身治人無不周旋無不明了行看尊丈節使立大功凱旋而歸季恭一躍青雲之上成氏之門有武有文無可疑者季恭勉之

示莫宣教（潤甫）

爲學爲道一也爲學則學未至聖人而期於

必至爲道則求其放心於物我物我一如則道學雙備矣士大夫博極羣書非獨治身求富貴取快樂道學兼具擴而充之然後推已之餘可以及物近世學者多棄本逐末背正投邪只以爲學爲道爲名專以取富貴張大門戶爲決定義故心術不正爲物所轉俗諺所謂只見錐頭利不見鑿頭方殊不知在儒教則以正心術爲先心術既正則造次顛沛無不與此道相契前所云爲學爲道一之義也在吾教則曰若能轉物即同如來在老氏則曰慈曰儉曰不敢爲天下先能如是學不須求與此道合自然默默與之相投矣佛說一切法爲度一切心我無一切心何用一切法當知讀經看教博極羣書以見月亡指得魚亡筌爲第一義則不爲文字語言所轉而能轉得語言文字矣不見昔有僧問歸宗和尚初心如何得箇入處宗以火箸敲鼎蓋三下云還聞否僧云聞宗云我何不聞宗又敲三下問還聞否僧云不聞宗云我何以聞僧無語宗云觀音妙智力能救世間苦潤甫道友夙植德本信得此段大事因緣及念念無間斷但於一切文字語言上未能見月亡指得魚亡筌爾苟於歸宗示誨處領略方知觀音悟圓通與歸宗聞與不聞之義無二無別何以知其然也初於聞中入流亡所所入既寂動靜二相了然不生動相不生則世間生滅之法滅矣靜相不生則不爲寂滅所留係矣如於此二中間不住動相亦不爲靜相所困則觀音所謂生滅既滅寂滅現前得到這箇田地始得身心一如身外無餘頭頭上明物物上顯矣非是彊爲法如是故潤甫勉之

示導禪人

十三祖迦毗摩羅訪十四祖龍樹於山窟中龍樹預知其來即出迎接纔見便云深山孤寂龍蟒所居大德至尊何枉神足摩羅曰吾非至尊來訪賢者龍樹默念曰此師得決定性明道眼否是大聖繼眞乘否摩羅曰汝雖心語吾已意知但辦出家何慮吾之不聖樹聞示誨即投出家古來尊宿以法求人師勝資彊動絃別曲一言一句一語一默並不虛施可謂心眼相照膠漆相投也今即不然爲人師者卒歲窮年與學者打葛藤終不知其到不到明不明學者亦不別其師是邪是正蓋緣初學心麁師授莽鹵以故正宗淡泊邪法橫生如此等輩欲報先德莫大之恩所謂明道眼繼眞乘者不亦難乎參禪學道不爲別事只要臘月三十日眼光落地時這一片田地四至界分著實分明非同資談柄作戲論也近世此道寂寥師資不相信須假一片故紙上放些惡毒不材不淨付與學者謂之禪會子苦哉苦哉吾道喪矣不見昔日臨濟和尚辭黃蘗蘗問子甚處去濟曰不是河南便是河北蘗便打濟約住棒與一掌蘗呵呵大笑喚侍者將百丈先師禪板來濟亦召侍者將火來蘗曰汝但將去已後坐却天下人舌頭去在後潙山舉此話問仰山臨濟莫辜負他黃蘗麼仰山曰不然潙山曰子作麼生仰山曰知恩方解報恩看他過量人等閑露異類中些子頭角便與常人不同後臨濟果興江西宗旨於河北此所謂龍象蹴蹋非驢

所堪也
遵璞禪人昔嘗侍圜悟老師於蔣山與祥雲曇懿長老爲道伴二人俱在老師處得少爲足黙瞀自許鼻孔遼天以謂世莫有過之者甲寅春予自江左來閩懿已開法於莆中浩浩談禪衲子輻輳璞亦從其行相爲表裏予知其未穩當恐誤學者以書致懿令告假覽來懿以畏得失遲遲其行遂因小參痛斥其非揭牓于門以告四衆懿聞之不得已乃破夏來詰其所證只如舊時無少異者予誠以語之曰汝恁麼見解何敢嗣圜悟老人果欲究竟此事便退却院來懿曰然夏末歸菴懿果不食言與璞繼至二人同到室中久之皆未造其實一日問璞三聖興化出不出爲人不爲人話你道這兩箇老漢還有出身處也無璞於予膝上打一拳予曰只你這一拳爲三聖出氣爲興化出氣速道速道璞擬議予劈脊與一棒仍謂之曰你第一不得忘了這一棒久未之入一日因聽別僧入室予問僧曰德山見僧入門便棒臨濟見僧入門便喝雪峯見僧入門便道是甚麼睦州見僧入門便道現成公案放你三十棒你道這四箇老漢還有爲人處也無僧曰有予曰劄僧擬議予便喝出璞聞之忽然脫去從前許多惡知惡解今遂成箇灑灑地衲僧雖向上眼未開徹而了知從上來事果無限量茲可喜耳懿亦相繼於一言之下脚蹋實地今皆勇銳向前方知予平昔用心不在世諦也乙卯上元後璞來告假歸長谿省母且乞法語因信筆書前語以遺之建善有佛眼和尚得法上首藏六翁彼上人者訶佛罵祖具擇法眼不減龐老子試以此呈似此老必有批判矣仍請此老相與作證夏前復歸究竟末後一段大事因緣切勿秤鎚落井道人分上千里同風更不果作藏六翁書也

示妙道禪人

定光大師妙道問雲門此心此性迷悟向背如何乞省要處指示雲門良久不答妙道再問雲門笑曰若論省要處則不可指示於人若可指示則不省要矣妙道曰豈無方便令學人趣向雲門曰若論方便則心無迷悟性無向背但人立迷悟見執向背解欲明此心見此性而此心此性即隨人顛倒錯亂流入邪途以故佛魔不辦邪正不分蓋不了此心此性之夢幻妄立二種之名言以向背迷悟爲實認此心此性爲眞殊不知若實若不實若妄若非妄世間出世間但是假言說故淨名云法不可見聞覺知若行見聞覺知是則見聞覺知非求法也又古德云若取自己自心爲究竟必有他物他人爲對治又佛謂富樓那曰汝以色空相傾相奪於如來藏而如來藏隨爲色空周徧法界我以妙明不滅不生合如來藏而如來藏唯妙覺明圓照法界如來藏即此心此性也而佛權指色空相傾相奪爲非以妙明不滅不生爲是此兩段是藥語治迷悟二病非佛定意也爲破執迷悟心性向背爲實法者之言耳不見金剛藏菩薩曰一切三世唯是言說一切諸法於言說

中無有依處一切言說於諸法中亦無依處茍迷悟見亡向背解絕則此心洞明如皎日此性寬廓等虛空當人脚跟下放光動地照徹十方覩斯光者盡證無生法忍到恁麼時自然與此心此性默默相契方知昔本無迷今本無悟悟即迷迷即悟向即背背即向性即心心即性佛即魔魔即佛一道清淨平等無有平等不平等者皆吾心之常分非假於他術既得恁麼亦是不得已而言之不可便以為實若以為實則又是不識方便認定死語重增虛妄展轉惑亂無有了期到這裏無你用心處不若知是般事撥置一邊却轉頭來看馬大師即心是佛非心非佛不是心不是佛不是物趙州庭前栢樹子雲門須彌山大愚鋸解秤鎚嚴陽尊者土塊汾陽莫妄想俱胝竪指頭畢竟是何道理此乃雲門方便也妙道思之

示智嚴禪人

道不可學學而得之非實得也道亦不可不學不學亦無得期學與不學得與不得於此道了無交涉請快著精彩向無交涉處轉身一擲則學心無學心得心非得心如湯沃雪始知從前作業皆是本自家親總不干他閑神野鬼之事所以睦州纔見僧入門便云現成公案放你三十棒趙州見僧入門便云辜負老僧二老如金翅擘海直取龍吞懵懂之流如何商量如何湊泊還有為人底道理麼不可聞恁麼道了便只恁麼休去歇去還歇得也未古人訶為落空亡底外道魂不散底死人要得直截無事但於不可學處試進一步看若進得這一步三乘十二分教天下老和尚橫說竪說直說曲說讚說毀說隨俗說顯了說當甚熱盌鳴聲嚴禪還信得及麼莫記吾語

示知立禪人

昔靈雲和尚因見桃華忽然悟道有偈曰三十年來尋劍客幾回葉落又抽枝自從一見桃華後直至如今更不疑溈山和尚詰其所悟與之符契乃印可曰從緣悟達永無退失又雪峯和尚自作壽塔銘序曰夫從緣有者始終而成壞非從緣得者歷劫而常堅此二尊宿所見且道是一般是兩般若道是一般一人以從緣而得為是一人以從緣而得為非若道兩般不可二大老各立門戶疑惑後人喚鵝王擇乳素非鴨類知立禪人還知二大老落處麼若不知雲門直為你說破二由一有一亦莫守一心不生萬法無咎已上兩段不同收歸上科○咄

示妙詮禪人

衲子參禪要明心地秀才讀書須當及第讀書五車而不及第終身只是箇秀才喚作官人即錯參禪衲子心地不明則不能了生死大事終身只是箇破凡夫喚作佛即錯只這兩錯實有恁麼事實無恁麼事言實有則讀書人及第做官者時時見之言實無則參禪人作佛未嘗目擊以此易彼八兩半斤耳此說至淺近而至深遠往往學者以有所得心參向無所得處墮坑落塹多矣雲門此語遂成虛設眞所謂醍醐上味為世所珍遇斯等人翻成毒藥昔智常禪師至曹谿見祖師舉

大通和尚所示心要祖師據其所疑爲說偈曰不見一法存無見大似浮雲遮日面不知一法守空知還如太虛生閃電此之知見瞥然興錯認何曾解方便汝當一念自知非自己靈光常顯現常聞偈當下疑情頓釋大悟祖師方便乃述一偈呈祖師末云不入祖師室茫然趣兩頭妙詮禪人要知實有恁麼事實無恁麼事落處麼莫管凡夫與佛秀才與官人但識取雲門方便苟能識得瀨陽去曹谿不遠其或未然脚跟下且照顧大顛和尚

示沖密禪人

辯龍蛇眼擒虎兕機非超越格量不繫塵緣之士即以是說爲戲論故臨濟宗風難其繼紹近世學語之流多爭鋒逞口決以胡說亂道爲縱横胡喝亂喝爲宗旨一挨一拶如擊石火似閃電光擬議不來呵呵大笑謂之機鋒俊快不落意根殊不知正是業識弄鬼眼睛豈非謾人自謾誤他自誤耶不見臨濟侍立德山次山回顧曰有事相借問得麼濟云老漢寐語作甚麼山擬拈棒濟便掀倒禪牀山便休去且道二老漢恁麼激揚還有商量處否信知龍象蹴蹋非驢所堪非眞實具如是眼得如是用未免向得失中摶量卜度又臨濟同普化在鎮州赴施主家齋次濟問毛吞巨海芥納須彌爲是神通妙用爲是法爾如然普化便趯倒飯牀濟云太麤生化云這裏是甚所在說麤說細濟休去次日又同赴一施主齋濟復問今日供養何似昨日化又趯倒飯牀濟云是則是太麤生化云瞎漢佛法說甚麤細濟又休去且道臨濟兩次休去還有商量分也無若有且如何商量沖密禪人在叢林最久往往都商量得講說得批判得自謂千了百當後始知非遂一時撥置就無商量處做工夫今始覰得見信得及方知此事傳不得學不得計較不得商量不得待吾南來相從於寂寞之濱閱四載因吾舉先師爲寂壽道人舉不是心不是佛不是物話驀向火爐邊拾得一粒爆豆喫了自此香積妙供亦無心趣向但烝餅不托少渠一頓不得耳因來別吾暫歸浙江攜此軸求指示仍贈二偈云

蓋天蓋地那一著　無今無古絕承當
謾將分付密禪者　一任諸方亂度量
瞎驢滅却正法眼　臨濟宗風始大張
可憐禪販如來者　盡將蓋覆錯商量

示道明講主

昔馬祖問亮座主曰聞汝大講得經論是否曰不敢祖又問將甚麼講曰將心講祖曰心如工技兒意如和技者又爭解講得經曰心既講不得莫是虛空講得否祖曰却是虛空講得亮不肯拂袖便行祖遂喚云座主亮回首豁然契悟遂作禮而去直入西山別無言語可通消息直下坐斷凡聖路頭如今人似有似無或於師家口頭認得麥裏有麪飯是米做便向麥裏米裏求解覓會須要師家知道我已得這箇道理生怕師家不知如此等輩只認得箇驢前馬後欲得如亮座主於馬祖一言之下便云其所證不亦難乎蓋亮公是箇渾鋼打就生鐵鑄成底故能千了百當便跳出教乘玄妙窠窟即時前後際斷了無

一法可作了不了道理如今講人纔聞宗師說却是虛空講得便向虛空裏東撈西摸不疑則謗道明座主亦是講經者知得那一著決定不在文字語言中文字語言乃標月指也念欲求善知識理會這離言說相離文字相離心緣相底一著子故得得來尋妙喜妙喜憐其至誠直書此一段公按示之異日忽然向紙墨文字上識得教外別傳底消息方知麥裏無麪飯不是米做恁麼知得了便能於講未講時將一條死蛇弄得來活鱍鱍地說虛空解講經虛空不解講經總是自家屋裏事教內教外更不作了未了之見二見既亡講時即是不講時底不講時即是講時底默時說說時默大施門開無壅塞是真語者實語者如語者不誑語者不妄語者咄恁麼說話大似無夢說夢開眼尿牀恁麼寫底也好與三十拄杖雖然如是但以假名字引導於衆生亦不妨於講經處理會祖師教外別傳消息道明但只如此做工夫但如此講經論不妨紙已盡且截斷這一絡索

示妙總禪人

古聖云道不假修但莫汙染山僧道說心說性是汙染說玄說妙是汙染坐禪習定是汙染著意思惟是汙染只今恁麼形紙筆是特地汙染降此之外畢竟如何是著實得力處金剛寶劒當頭截莫管人間是與非總禪但恁麼參

大慧普覺禪師法語卷第二十四

大慧普覺禪師語録卷第二十四

校勘記

一　底本，明永樂北藏本。

一　二九三頁上七行「事則漸除」，南作「事非頓除」。

一　二九三頁上一四行「淤泥之內」，徑作「汙泥之中」。

一　二九三頁中八行第三字「若」，徑作「如」。

一　二九四頁下一〇行第九字「材」，徑作「乾」。

一　二九七頁上一三行第一六字「其」，徑作「於」。

一　二九七頁上一四行「口決」，南、徑作「口快」。

大慧普覺禪師書卷第二十五

宋徑山能仁禪院住持嗣法慧日禪師臣蘊聞上進

答曾侍郎天游問書附

開頃在長沙得圜悟老師書稱公晚歲相從所得甚是奇偉念之再三今八年矣常恨未獲親聞緒餘惟切景仰開自幼年發心參禮知識扣問此事弱冠之後即為婚宦所役用工夫不純因循至今老矣未有所聞常自愧歎然而立志發願實不在淺淺知見之間以為不悟則已悟則須直到古人親證處方為大休歇之地此心雖未嘗一念退屈自覺工夫終未純一可謂志願大而力量小也向者痛懇圜悟老師老師示以法語六段其初直示此事後舉雲門趙州放下著須彌山兩則因緣令下鈍工常自舉覺久久必有入處老婆心切如此其柰鈍滯太甚今幸私家塵緣都畢閑居無他事政在痛自鞭策以償初志第恨未得親炙教誨耳一生敗闕已一一呈似必能洞照此心望委曲提警日用當如何做工夫庶幾不涉他途徑與本地相契也如此說話敗闕亦不少但方投誠自難隱逃良可愍也至扣

承敘及自幼年至仕宦參禮諸大宗匠中間為科舉婚宦所役又為惡覺惡習所勝未能純一做工夫以此為大罪又能痛念無常世間種種虛幻無一可樂專心欲究此一段大事因緣甚愜病僧意然既為士人仰祿為生科舉婚宦世間所不能免者亦非公之罪也以小罪而生大怖懼非無始曠大劫來承事真善知識熏習般若種智之深焉能如此而公所謂大罪者聖賢亦不能免但知虛幻非究竟法能回心此箇門中以般若智水滌除垢染之穢清淨自居從脚下去一刀兩段更不起相續心足矣不必思前念後也既曰虛幻則作時亦幻受時亦幻知覺時亦幻迷倒時亦幻過去現在未來皆悉是幻今日知非則以幻藥復治幻病病瘥藥除依前只是舊時人若別有人有法則是邪魔外道見解也公深思之但如此崖將去時時於靜勝中切不得忘了須彌山放下著兩則語但從脚下著實做將去已過者不須怖畏亦不必思量思量怖畏即障道矣但於諸佛前發大誓願願此心堅固永不退失仗諸佛加被遇善知識一言之下頓亡生死悟證無上正等菩提續佛慧命以報諸佛莫大之恩若如此則久久無有不悟之理不見善財童子從文殊發心漸次南行過一百一十城參五十三善知識末後於彌勒一彈指頃頓亡前來諸善知識所得法門復依彌勒教思欲奉覲文殊於是文殊遙伸右手過一百一十由旬按善財頂曰善哉善哉善男子若離信根心劣憂悔功行不具退失精勤於一善根心生住著於少功德便以為足不能善巧發起行願不為善知識之所攝護乃至不能了知如是法性如是理趣如是法門如是所行如是境界若周徧知若種種知若盡源底若解了若趣入若解說若分別若證知若獲得皆悉不能文殊如是宣示善財善財於言下成就阿僧祇法門具足無量大智光明入普賢門於一念

中悉見三千大千世界微塵數諸善知識悉皆親近恭敬承事受行其教得不忘念智莊嚴藏解脫以至入普賢毛孔刹於一毛孔行一步過不可說不可說佛刹微塵數世界與普賢等諸佛等刹等行等及解脫自在悉皆同等無二無別當恁麼時始能回三毒為三聚淨戒回六識為六神通回煩惱為菩提回無明為大智如上這一絡索只在當人末後一念真實而已善財於彌勒彈指之間尚能頓亡諸善知識所證三昧況無始虛偽惡業習氣耶若以前所作底罪為實則現今目前境界皆為實有乃至官職富貴恩愛悉皆是實既是實則地獄天堂亦實煩惱無明亦實作業者亦實受報者亦實所證底法門亦實若作這般見解則盡未來際更無有人趣佛乘矣三世諸佛諸代祖師種種方便翻為妄語矣承公發書時焚香對諸聖及遙禮菴中而後遣公誠心至切如此相去雖不甚遠未得面言信意信手不覺忉怛如許雖若繁絮亦出誠至之心不敢以一言一字相欺苟欺公則是自欺耳又記得善財見最寂靜婆羅門得誠語解脫過去現在未來諸佛菩薩於阿耨菩提無已退無現退無當退凡有所求莫不成滿皆由誠至所及也公既與竹椅蒲團為侶不異善財見最寂靜婆羅門又發雲門書對諸聖遙禮而後遣只要雲門信許此誠至之劇也但相聽只如此做工夫將來於阿耨菩提成滿無疑矣

又

公處身富貴而不為富貴所折困非夙植般若種智焉能如是但恐中忘此意為利根聰明所障以有所得心在前頓放故不能於古人直截徑要處一刀兩段直下休歇此病非獨賢士大夫久參衲子亦然多不肯退步就省力處做工夫只以聰明意識計較思量向外馳求乍聞知識向聰明意識思量計較外示以本分草料多是當面蹉過將謂從上古德有實法與人如趙州放下著雲門須彌山之類是也巖頭曰却物為上逐物為下又曰大統綱宗要須識句甚麼是句百不思時喚作正句亦云居頂亦云得住亦云歷歷亦云惺惺亦云恁麼時將恁麼時等破一切是非纔恁麼便不恁麼是句亦剗非句亦剗如一團火相似觸著便燒有甚麼向傍處今時士大夫多以思量計較為窟宅聞恁麼說話便道莫落空否喻似舟未翻先自跳下水去此深可憐愍近至江西見呂居仁居仁留心此段因緣甚久亦深有此病渠豈不是聰明宗杲嘗問之曰公怕落空能知怕者是空耶是不空耶試道看渠佇思欲計較秖對當時便與一喝至今茫然討巴鼻不著此蓋以求悟證之心在前頓放自作障難非干別事公試如此做工夫日久月深自然築著磕著若欲將心待悟將心待休歇從脚下參到彌勒下生亦不能得悟亦不能得休歇轉加迷悶耳平田和尚曰神光不昧萬古徽猷入此門來莫存知解又古德曰此事不可以有心求不可以無心得不可以語言造不可以寂默通此是第一等入泥入水老婆說話往往參禪人只恁麼念過殊不子細看是甚道理若是

箇有筋骨底聊聞舉著直下將金剛王寶劒一截截斷此四路葛藤則生死路頭亦斷凡聖路頭亦斷計較思量亦斷得失是非亦斷當人脚跟下淨倮倮赤灑灑沒可把豈不快哉豈不暢哉不見昔日灌谿和尚初參臨濟濟見來便下繩牀驀胷擒住灌谿便云領領濟知其已徹即便推出更無言句與之商量當恁麼時灌谿如何思量計較祗對得古來幸有如此牓樣如今人總不將為事只為麤心灌谿當初若有一點待悟待證待休歇底心在前時莫道被擒住便悟便是縛却手脚遶四天下拕一遭也不能得悟也不能得休歇尋常計較安排底是識情隨生死遷流底亦是識情怕怖慞惶底亦是識情而今參學之人不知是病只管在裏許頭出頭沒教中所謂隨識而行不隨智以故昧却本地風光本來面目若或一時放得下百不思量計較忽然失脚蹋著鼻孔即此識情便是真空妙智更無別智可得若別有所得別有所證則又却不是也如人迷時喚東作西及至悟時即西便是東無別有東此真空妙智與太虛空齊壽只這太虛空中還有一物礙得他否雖不受一物礙而不妨諸物於空中往來此真空妙智亦然生死凡聖垢染著一點不得雖著不得而不礙生死凡聖於中往來如此信得及見得徹方是箇出生入死得大自在底漢始與趙州放下著雲門須彌山有少分相應若信不及放不下却請擔取一座須彌山到處行脚遇明眼人分明舉似一笑

又

老龐云但願空諸所有切勿實諸所無只了得這兩句一生參學事畢今時有一種剃頭外道自眼不明只管教人死獦狚地休去歇去若如此休歇到千佛出世也休歇不得轉使心頭迷悶耳又教人隨緣管帶忘情默照照來照去帶來帶去轉加迷悶無有了期殊失祖師方便錯指示人教人一向虛生浪死更教人是事莫管但只恁麼歇去歇得來情念不生到恁麼時不是冥然無知直是惺惺歷歷這般底更是毒害瞎却人眼不是小事雲門尋常見此輩不把做人看待彼既自眼不明只管將冊子上語依樣教人這箇作麼生教得若信著這般底永劫參不得雲門尋常不是不教人坐禪向靜處做工夫此是應病與藥實無恁麼指示人處不見黃檗和尚云我此禪宗從上相承以來不曾教人求知求解只云學道早是接引之辭然道亦不可學情存學道却成迷道道無方所名大乘心此心不在內外中間實無方所第一不得作知解只是說汝而今情量處為道情量若盡心無方所此道天真本無名字只為世人不識迷在情中所以諸佛出來說破此事恐你不了權立道名不可守名而生解也前來所說瞎眼漢錯指示人皆是認魚目作明珠守名而生解者教人管帶此是守目前鑑覺而生解者教人硬休去歇去此是守忘懷空寂而生解者歇到無覺無知如土木瓦石相似當恁麼時不是冥然無知又是錯認方便解縛語而生解者教人隨緣照顧莫教惡覺現前這箇又是認著髑髏情識而生解者教人

但放曠任其自在莫管生心動念念起念滅本無實體若執爲實則生死心生矣這箇又是守自然體爲究竟法而生解者如上諸病非干學道人事皆由瞎眼宗師錯指示耳公既清淨自居存一片眞實堅固向道之心莫管工夫純一不純一但莫於古人言句上尺管如疊塔子相似一層了又一層枉用工夫無有了期但只存心於一處無有不得底時節因緣到來自然築著磕著噴地省去耳不起一念還有過也無云須彌山一物不將來時如何云放下著這裏疑不破只在這裏參更不必自生枝葉也若信得雲門及但恁麼參别無佛法指似人若信不及一任江北江南問王老一狐疑了一狐疑

又

細讀來書乃知四威儀中無時間斷不爲公冗所奪於急流中常自猛省殊不放逸道心愈久愈堅固深愜鄙懷然世間塵勞如火熾然何時是了正在閙中不得忘却竹椅蒲團上事平昔留心靜勝處正要閙中用若閙中不得力却似不曾在靜中做工夫一般承有前緣駁雜今受此報之歎獨不敢聞命若動此念則障道矣古德云隨流認得性無喜亦無憂淨名云譬如高原陸地不生蓮華卑濕淤泥乃生此華老胡云眞如不守自性隨緣成就一切事法又云隨緣赴感靡不周而常處此菩提座豈欺人哉若以靜處爲是閙處爲非則是壞世間相而求實相離生滅而求寂滅好靜惡閙時正好著力驀然閙裏撞翻靜時消息其力能勝竹椅蒲團上千萬億倍但相聽決不相誤又承以老龐兩句爲行住坐臥之銘箴善不可加若正閙時生厭惡則乃是自擾其心耳若動念時只以老龐兩句提撕便是熱時一服清涼散也公具決定信是大智慧人久做靜中工夫方敢說這般話於他人分上則不可若向業識茫茫增上慢人前如此說乃是添他惡業擔子禪門種種病痛已具前書不識曾子細理會否

又

承諭外息諸緣内心無喘可以入道是方便門借方便門以入道則可守方便而不捨則爲病誠如來語山野讀之不勝歡喜踊躍之至今諸方漆桶輩只爲守方便而不捨以實法指示人以故瞎人眼不少所以山野作辯邪正說以救之近世魔彊法弱以湛入合湛爲究竟者不可勝數守方便不捨爲宗師者如麻似粟山野近嘗與衲子輩舉此兩段正如來書所說不差一字非左右留心般若中念念不間斷則不能洞曉從上諸聖諸異方便也公已捉著欛柄矣既得欛柄在手何慮不捨方便門而入道耶但只如此做工夫看經教并古人語録種種差别言句亦只如此做工夫如須彌山放下著狗子無佛性話竹篦子話一口吸盡西江水話庭前栢樹子話亦只如此做工夫更不得别生異解别求道理别作伎倆也公能向急流中時時自如此提撕道業若不成就則佛法無靈驗矣記取記取承夜夢焚香入山僧之室甚從容切不得作夢會須知是眞入室不見舍利弗問須菩提夢中說六波羅蜜與覺時同别須菩提

云此義幽深吾不能說此會有彌勒大士汝往彼問㕶漏逗不少雪竇云當時若不放過隨後與一劄誰名彌勒誰是彌勒者便見冰消瓦解㕶雪竇亦漏逗不少或有人問只如曾侍制夜夢入雲門之室且道與覺時同別雲門即向他道誰是入室者誰是爲入室者誰是作夢者誰是說夢者誰是不作夢會者誰是真入室者㕶亦漏逗不少

又

來青細讀數過足見辦鐵石心立決定志不肯草草但只如此崖到臘月三十日亦能與閻家老子廝抵更休說豁開頂門眼握金剛王寶劍坐毗盧頂上也宗杲嘗謂方外道友曰今時學道之士只求速效不知錯了也却謂無事省緣靜坐體究爲空過時光不如看幾卷經念幾聲佛佛前多禮幾拜懺悔平生所作底罪過要免閻家老子手中鐵棒此是愚人所爲而今道家者流全以妄想心想日精月華吞霞服氣尚能留形住世不被寒暑所逼況回此心此念全在般若中耶先聖明有言喻如太末蟲處處皆泊唯不能泊於火燄之上衆生亦爾處處能緣唯不能緣於般若之上苟念念不退初心把自家心識緣世間塵勞底回來抵在般若上雖今生打未徹臨命終時定不爲惡業所牽流落惡道來生出頭隨我今生願力定在般若中現成受用此是決定底事無可疑者衆生界中事不著學無始時來習得熟路頭亦熟自然取之左右逢其原須著撥置出世間學般若心無始時來背違乍聞知識說著自然理會不得須著立決定志與之作頭抵決不兩立此處若入得深彼處不著排遣諸魔外道自然竄伏矣生處放教熟熟處放教生政爲此也日用做工夫處捉著欛柄漸覺省力時便是得力處也

答李參政漢老〇附問書

邴近扣籌室伏蒙激發蒙滯忽有省入顧惟根識暗鈍平生學解盡落情見一取一捨如衣壞絮行草棘中適自纏繞今一笑頓釋欣幸可量非大宗匠委曲垂慈何以致此自到城中著衣喫飯抱子弄孫色色仍舊既亡拘滯之情亦不作奇特之想其餘夙習舊障亦稍輕微臨别叮嚀之語不敢忘也重念始得入門而大法未明應機接物觸事未能無礙更望有以提誨使卒有所至庶無玷於法席矣

示諭自到城中著衣喫飯抱子弄孫色色仍舊既亡拘滯之情亦不作奇特之想宿習舊障亦稍輕微三復斯語歡喜踴躍此乃學佛之驗也儻非過量大人於一笑中百了千當則不能知吾家果有不傳之妙若不爾者疑怒二字法門盡未來際終不能壞使太虛空爲雲門口草木瓦石皆放光明助說道理亦不柰何方信此段因緣不可傳不可學須是自證自悟自肯自休方始徹頭公今一笑頓亡所得夫復何言黃面老子曰不取衆生所言說一切有爲虛妄事雖復不依言語道亦復不著無言說來書所說既亡拘滯之情亦不作奇特之想暗與黃面老子所言契合即是說者名爲佛說離是說者即波旬說山野

平昔有大誓願寧以此身代一切衆生受地
獄苦終不以此口將佛法以爲人情瞎一切
人眼公既到恁麼田地自知此事不從人得
但且仍舊更不須問大法明未明應機礙不
礙若作是念則不仍舊矣承過夏後方可復
出甚怄病借意若更熱荒馳求不歇則不相
當也前日見公歡喜之甚以故不敢說破恐
傷言語今歡喜既定方敢指出此事極不容
易須生慚愧始得往往利根上智者得之不
費力遂生容易心便不修行多被目前境界
奪將去作主宰不得日久月深迷而不返道
力不能勝業力魔得其便定爲魔所攝持臨
命終時亦不得力千萬記取前日之語理則
頓悟乘悟併銷事則漸除因次第盡行住坐
卧切不可忘了其餘古人種種差別言句皆
不可以爲實然亦不可以爲虛久久純熟自
然默默契自本心矣不必別求殊勝奇特也
昔水潦和尚於採藤處問馬祖如何是祖師
西來意祖云近前來向你道水潦纔近前馬
祖攔胷一蹋蹋倒水潦不覺起來拍手呵呵
大笑祖曰汝見箇甚麼道理便笑水潦曰百
千法門無量妙義今日於一毛頭上盡底識
得根源去馬祖便不管他雪峯知皷山緣熟
一日忽然驀胷擒住曰是甚麼皷山釋然了
悟了心便亡唯微笑舉手搖曳而已雪峯曰
子作道理耶皷山復搖手曰和尚何道理之
有雪峯便休去蒙山道明禪師趂盧行者至
大庾嶺奪衣鉢盧公擲於石上曰此衣表信
可力爭耶任公將去明舉之不動乃曰我求
法非爲衣鉢也願行者開示盧公曰不思善
不思惡正當恁麼時那箇是上座本來面目
明當時大悟通身汗流泣淚作禮曰上來密
語密意外還更有意旨否盧公曰我今爲汝
說者即非密意汝若返照自己面目密却在
汝邊我若說得即不密也以三尊宿三段因
緣較公於一笑中釋然優劣何如請自斷看
還更別有奇特道理麼若更別有則却似不
曾釋然也但知作佛莫愁佛不解語古來得
道之士自己既充足推己之餘應機接物如
明鏡當臺明珠在掌胡來胡現漢來漢現非
著意也若著意則有實法與人矣公欲大法
明應機無滯但且仍舊不必問人久久自然
頭矣臨行面稟之語請書於座右此外別無
說縱有說於公分上盡成剩語矣葛藤太多
姑置是事

又

邴比蒙誨答備悉深旨邴自有驗者三一
事無逆順隨緣即應不留胷中二宿習濃
厚不加排遣自爾輕微三古人公按昔所
茫然時復瞥地此非自昧者前書大法未
明之語蓋恐得少爲足當擴而充之豈別
求勝解耶淨除現流理則不無敢不銘佩
信後益增瞻仰不識日來隨緣放曠如意自
在否四威儀中不爲塵勞所勝否寤寐二邊
得一如否於仍舊處無走作否於生死心不
相續否但盡凡情別無聖解公既一笑豁開
正眼消息頓亡得力不得力如人飲水冷煖
自知矣然日用之間當依黄面老子所言刬
其正性除其助因違其現業此乃了事漢無
方便中真方便無修證中真修證無取捨中

眞取捨也古德云皮膚脫落盡唯一眞實在
又如栴檀繁柯脫落盡唯眞栴檀在斯違現
業除助因創正性之極致也公試思之如此
說話於了事漢分上大似一柄臘月扇子恐
南地寒暄不常也少不得一笑

大慧普覺禪師書卷第二十五

大慧普覺禪師語録卷第二十五

校勘記

一　底本，明永樂北藏本。

一　二九九頁下五行「頓亡」，徑作「頓忘」。

一　三〇二頁上一三行第七字「似」，徑作「示」。

一　三〇三頁下九行「躍躍」，南作「踊躍」。

一　三〇四頁上一四行「事則漸除」，南作「事非頓除」。

一　三〇四頁下九行「公按」，南、徑作「公案」。

大慧普覺禪師書卷第二十六　武六

宋徑山能仁禪院住持嗣法慧日禪師 臣 蘊聞 上進

答江給事 少明

人生一世百年光陰能有幾許公白屋起家歷盡清要此是世間第一等受福底人能知慙愧回心向道學出世間脫生死法又是世間第一等討便宜底人須是急著手脚冷却面皮不得受人差排自家理會本命元辰教去處分明便是世間出世間一箇了事底大丈夫也承連日去與參政道話甚善甚善此公歇得馳求心得言語道斷心行處滅差別異路覰見古人脚手不被古人方便文字所羅籠山僧見渠如此所以更不曾與之說一字恐鈍置他直候渠將來自要與山僧說話方始共渠眉毛廝結理會在不只恁麼便休學道人若馳求心不歇縱與之眉毛廝結理會何益之有正是癡狂外邊走耳古人云親近善者如霧露中行雖不濕衣時時有潤但頻與參政說話至禱至禱不可將古人垂示言教胡亂穿鑿如馬大師遇南嶽和尚說法云譬牛駕車車若不行打車即是打牛即是馬師聞之言下知歸這幾句兒言語諸方多少說法如雷如霆如雲如雨底理會不得錯下名言隨語生解見與舟峯書尾杜撰解註山僧讀之不覺絕倒可與說如來禪祖師禪底一狀領過一道行遣也來頌子細看過却勝得前日兩頌自此可已之頌來頌去有甚了期如參政相似渠豈是不會做頌何故都無一字乃識法者懼耳間或露一毛頭自然抓著山僧痒處如出山相頌云到處逢人驀面欺之語可與叢林作點眼藥公異日自見矣不必山僧註破也某近見公頓然改變為此事甚力故作此書不覺縷縷

答富樞密 季申

示諭蚤歲知信向此道晚年為知解所障未有一悟入處欲知日夕體道方便既荷至誠不敢自外據款結按葛藤少許只這求悟入底便是障道知解了也更別有甚麼知解為公作障畢竟喚甚麼作知解知解從何而至被障者復是阿誰只此一句顛倒有三自言為知解所障是一自言未悟甘作迷人是一更在迷中將心待悟是一只這三顛倒便是生死根本直須一念不生顛倒心絕方知無迷可破無悟可待無知解可障如人飲水冷煖自知久久自然不作這般見解也但就能知知解底心上看還障得也無能知知解底心上還有如許多般也無從上大智慧之士莫不皆以知解為儔侶以知解為方便於知解上行平等慈於知解上作諸佛事如龍得水似虎靠山終不以此為惱只為他識得知解起處既識得起處即此知解便是解脫之場便是出生死處既是解脫之場出生死處則知底解底當體寂滅知底解底既寂滅能知知解者不可不寂滅菩提涅槃真如佛性不可不寂滅更有何物可障更向何處求悟入釋迦老子曰諸業從心生故說心如幻若離此分別則滅諸有趣僧問大珠和尚如何是大涅槃珠云不造生死業是大涅槃僧云如何是生死業珠云求大涅槃是生死業又古德云學道人一念計生死即落魔道一念

起諸見即落外道又淨名云衆魔者樂生死菩薩於生死而不捨外道者樂諸見菩薩於諸見而不動此乃是以知解爲儔侶以知解爲方便於知解上行平等慈於知解上作諸佛事底樣子也只爲他了達三祇劫空生死涅槃俱寂靜故既未到這箇田地切不可被邪師輩胡說亂道引入鬼窟裏閉眉合眼作妄想邇來祖道衰微此流如麻似粟眞是一盲引衆盲相牽入火坑深可憐愍願公硬著脊梁骨莫作這般去就作這般去就底雖暫拘得箇臭皮袋子住便以爲究竟而心識紛飛猶如野馬縱然心識暫停如石壓草不覺又生欲直取無上菩提到究竟安樂處不亦難乎宗杲亦嘗爲此流所誤後來若不遇眞善知識幾致空過一生每每思量直是叵耐以故不惜口業力救此弊今稍有知非者若要徑截理會須得這一念子嚗地一破方了得生死方名悟入然切不可存心待破若存心在破處則永劫無有破時但將妄想顚倒底心思量分別底心好生惡死底心知見解會底心欣靜厭鬧底心一時按下只就按下處看箇話頭僧問趙州狗子還有佛性也無州云無此一字子乃是摧許多惡知惡覺底器仗也不得作有無會不得作道理會不得向意根下思量卜度不得向揚眉瞬目處揬根不得向語路上作活計不得颺在無事甲裏不得向舉起處承當不得向文字中引證但向十二時中四威儀內時時提撕時時舉覺狗子還有佛性也無云無不離日用試如此做工夫看月十日便自見得也一郡千里之事都不相妨古人云我這裏是活底祖師意有甚麼物能拘執他若離日用別有趣向則是離波求水離器求金求之愈遠矣

又

竊知日來以此大事因緣爲念勇猛精進純一無雜不勝喜躍能二六時中熾然作爲之際必得相應也未寤寐二邊得一如也未如未切不可一向沈空趣寂古人喚作黑山下鬼家活計盡未來際無有透脫之期昨接來誨私慮左右必已耽著靜勝三昧及詢直閣公乃知果如所料大凡涉世有餘之士久膠於塵勞中忽然得人指令向靜默處做工夫乍得胷中無事便認著以爲究竟安樂殊不知似石壓草雖暫覺絕消息奈何根株猶在寧有證徹寂滅之期要得眞正寂滅現前必須於熾然生滅之中驀地一跳跳出不動一絲毫便攪長河爲酥酪變大地作黃金臨機縱奪殺活自由利他自利無施不可先聖喚作無盡藏陀羅尼門無盡藏神通遊戲門無盡藏如意解脫門豈非眞大丈夫之能事也然亦非使然皆吾心之常分耳願左右快著精彩決期於此廓徹大悟胷中皎然如百千日月十方世界一念明了無一絲毫異想始得與究竟相應果能如是豈獨於生死路上得力異日再秉鈞軸致君於堯舜之上如指諸掌耳

又

示諭初機得少靜坐工夫亦自佳又云不敢妄作靜見黃面老子所謂譬如有人自塞其耳高聲大呼求人不聞眞是自作障難耳若

生死心未破日用二六時中冥冥蒙蒙地如魂不散底死人一般更討甚閙工夫理會靜理會閙耶涅槃會上廣額屠兒放下屠刀便成佛豈是做靜中工夫來渠豈不是初機左右見此定以爲不然須差排渠作古佛示現今人無此力量若如是見乃不信自殊勝甘爲下劣人也我此門中不論初機晚學亦不問乂參先達若要眞箇靜須是生死心破不著做工夫生死心破則自靜也先聖所說寂靜方便正爲此也自是末世邪師輩不會先聖方便語耳左右若信得山僧及試向閙處看狗子無佛性話未說悟不悟正當方寸擾擾時謾提撕擧覺看還覺靜也無還覺得力也無若覺得力便不須放捨要靜坐時但燒一炷香靜坐坐[五六]時不得令昏沈[六]亦不得掉擧昏沈掉擧先聖所訶靜坐時纔覺此兩種病現前但只擧狗子無佛性話兩種病不著用力排遣當下怗怗地矣日久月深纔覺省力便是得力處也亦不著做靜中工夫只這便是工夫也李參政頃在泉南初相見時見山僧力排黙照邪禪瞎人眼渠初不平疑怒相半𢙣聞山僧頌庭前栢樹子話忽然打破漆桶於一笑中千了百當方信山僧開口見膽無秋毫相欺亦不是爭人我便對山僧懺悔此公現在彼請試問之還是也無道謙上座已往福唐不識已到彼否此子參禪喫辛苦更多亦十餘年入枯禪近年始得箇安樂處相見時試問渠如何做工夫曾爲浪子偏憐客想必至誠吐露也

答李參政別紙 漢老

副樞密頃在三衢時嘗有書來問道因而打葛藤一上落草不少尚爾滯在黙照處定是遭邪師引入鬼窟裏無疑今又得書復執靜坐爲佳其滯泥如此如何參得徑山禪今次答渠書又復縷[五六]縷葛藤不惜口業[七]痛與刬除又不知肯回頭轉腦於日用中看話頭否先聖云寧可破戒如須彌山不可被邪師熏一邪念如芥子許在情識中如油入麪永不可出此公是也如與之相見試取答渠底葛藤一觀因而作箇方便救取此人四攝法中以同事攝爲最強左右當大啓此法門令其信入不唯省得山僧一半力亦使渠信得及肯離舊窟也

答陳少卿 季任

承諭欲留意此段大事因緣爲根性極鈍若果如此當爲左右賀也今時士大夫多於此事不能百了千當直下透脫者只爲根性太利知見太多見宗師纔開口動舌早一時會了也以故返不如鈍根者無許多惡知惡覺驀地於一機一境上一言一句下撞發便是達磨大師出頭來用盡百種神通也奈何他不得只爲他無道理可障利根者返被利根所障不能得啐地便折嚗地便破假饒於聰明知解上學得於自己本分事上轉不得力所以南泉和尚云近日禪師太多覓箇癡鈍人不可得章敬和尚曰至理亡言時人不悉彊習他事以爲功能不知自性元非塵境是箇微妙大解脫門所有鑑覺不染不礙如是光明未曾休廢曩劫至今固無變易猶如日輪遠近斯照雖及衆色不與一切和合靈燭

妙明非假鍛鍊爲不了故取於物象但如捏目妄起空華徒自疲勞枉經劫數若能返照無第二人舉措施爲不虧實相左右自言根鈍試如此返照看能知鈍者還鈍也無若不回光返照只守鈍根更生煩惱乃是向幻妄上重增幻妄空華上更添空華也但相聽能知根性鈍者決定不鈍雖不得守著這箇鈍底然亦不得捨却這箇鈍底參取捨利鈍在人不在心此心與三世諸佛一體無二若有二則法不平等矣受教傳心俱爲虚妄求眞覓實轉見參差但知得一體無二之心決定不在利鈍取捨之間則便當見月亡指直下一刀兩段若更遲疑思前筭後則乃是空拳指上生實解根境法中虚揑怪於陰界中妄自囚執無有了時近年以來有一種邪師說默照禪教人十二時中是事莫管休去歇去不得做聲恐落今時往往士大夫爲聰明利根所使者多是厭惡鬧處乍被邪師輩指令靜坐却見省力便以爲是更不求妙悟只以默然爲極則某不惜口業力救此弊今稍有知非者顧公只向疑情不破處參行住坐卧不得放捨僧問趙州狗子還有佛性也無州云無這一字子便是箇破生死疑心底刀子也這刀子欛柄只在當人手中教別人下手不得須是自家下手始得若捨得性命方肯自下手若捨性命不得且只管在疑不破處崖將去驀然自肯捨命一下便了那時方信靜時便是鬧時底鬧時便是靜時底語時便是默時底默時便是語時底不著問人亦自然不受邪師胡說亂道也至禱至禱昔朱世英嘗以書問雲菴眞淨和尚云佛法至妙日用如何用心如何體究望慈悲指示眞淨曰佛法至妙無二但未至於妙則互有長短苟至於妙則悟心之人如實知自心究竟本來成佛如實自在如實安樂如實解脫如實清淨而日用唯用自心自心變化把得便用莫問是之與非擬心思量早不是也不擬心一一天眞一一明妙一一如蓮華不著水心清淨超於彼所以迷自心故作衆生悟自心故成佛而衆生即佛佛即衆生由迷悟故有彼此也如今學道人多不信自心不悟自心不得自心明妙受用不得自心安樂解脫心外妄有禪道妄立奇特妄生取捨縱修行落外道二乘禪寂斷見境界所謂修行恐落斷常坑其斷見者斷滅自心本妙明性一向心外著空滯禪寂常見者不悟一切法空執著世間諸有爲法以爲究竟也邪師輩教士大夫攝心靜坐事事莫管休去歇去豈不是將心休心將心歇心將心用心若如此修行如何不落外道二乘禪寂斷見境界如何顯得自心明妙受用究竟安樂如實清淨解脫變化之妙須是當人自見得自悟得自然不被古人言句轉而能轉得古人言句如清淨摩尼寶珠置泥潦之中經百千歲亦不能染汙以本體自清淨故此心亦然正迷時爲塵勞所惑而此心體本不曾惑所謂如蓮華不著水也忽若悟得此心本來成佛究竟自在如實安樂種種妙用亦不從外來爲本自具足故黃面老子曰無有定法名阿耨多羅三藐三菩提亦無有定法如來可說若確定本體實

有恁麼事又却不是也事不獲已因迷悟取捨故說道理有若干爲未至於妙者方便語耳其實本體亦無若干請公只恁麼用心日用二六時中不得執生死節道是有不得撥生死佛道歸無但只看狗子還有佛性也無趙州云無切不可向意根下卜度不可向言語上作活計又不得向開口處承當又不得向擊石火閃電光處會狗子還有佛性也無無但只如此叅亦不得將心待悟待休歇若將心待悟待休歇則轉没交涉矣

又

示諭自得山野向來書之後每遇鬧中軃避不得處常自點檢而未有著力工夫只這軃避不得處便是工夫了也若更著力點檢則又却遠矣昔魏府老華嚴云佛法在日用處行住坐卧處喫茶喫飯處語言相問處所作所爲處舉心動念又却不是也正當軃避不得處切忌起心動念作點檢想祖師云分別不生虛明自照又龐居士云日用事無別唯吾自偶諧頭頭非取捨處處勿張乖朱紫誰爲號丘山絕點埃神通并妙用運水及搬柴又先聖云但有心分別計較自心見量者悉皆是夢切記取軃避不得時不得更擬心不擬心時一切現成亦不用理會利亦不用理會鈍總不干他利鈍之事亦不干他靜亂之事正當軃避不得時忽然打失布袋不覺拊掌大笑矣記取記取此事若用一毫毛工夫取證則如人以手撮摩虛空只益自勞耳應接時但應接要得靜坐但靜坐坐時不得執著坐底爲究竟今時邪師輩多以默照靜坐爲究竟法疑誤後昆山野不怕結怨力詆之以報佛恩救末法之弊也

答趙待制（夫道）

示諭一一備悉佛言有心者皆得作佛此心非世間塵勞妄想心謂發無上大菩提心若有是心無不成佛者士大夫學道多自作障難爲無決定信故也佛又言信爲道元功德母長養一切諸善法斷除疑網出愛流開示涅槃無上道又云信能增長智功德信能必到如來地示諭鈍根未能悟徹且種佛種子於心田此語雖淺近然亦深遠但辦肯心必不相賺今時學道之士往往緩處却急急處却放緩龐公云一朝蛇入布裩襠試問宗師甚時節昨日事今日尚有記不得者況隔陰事豈容無忘失耶決欲今生打教徹不疑佛不疑祖不疑生不疑死須有決定信具決定志念念如救頭然如此做將去打未徹時方始可說根鈍耳若當下便自謂我根鈍不能今生打得徹且種佛種結緣乃是不行欲到無有是處杲每爲信此道者說漸覺得日用二六時中省力處便是學佛得力處也自家得力處他人知不得亦拈出與人看不得盧行者謂道明上座曰汝若返照自己本來面目密意盡在汝邊是也密意者便是日用得力處也得力處便是省力處也世間塵勞事拈一放一無窮無盡四威儀內未嘗相捨爲無始時來與之結得緣深故也般若智慧無始時來與之結得緣淺故也乍聞知識說著覺得一似難會若是無始時來塵勞緣淺般若緣深者有甚難會處但深處放教淺淺處

放教深生處放教熟熟處放教生纔覺思量塵勞事時不用著力排遣只就思量處輕輕撥轉話頭省無限力亦得無限力請公只如此崖將去莫存心等悟忽地自悟去參政公想日日相會除圍碁外還曾與說著這般事否若只圍碁不曾說著這般事只就黑白未分處撒了盤撒了子却問他索取那一著若索不得是眞箇鈍根漢姑置是事

答許司理壽源

黃面老子曰信爲道元功德母長養一切諸善法又云信能增長智功德信能必到如來地欲行千里一步爲初十地菩薩斷障證法門初從十信而入然後登法雲地而成正覺初歡喜地因信而生歡喜故也若決定竪起脊梁骨要做世出世間沒量漢須是箇生鐵鑄就底方了得若半明半暗半信半不信決定了不得此事無人情不可傳授須是自家省發始有趣向分若取他人口頭辦永劫無有歇時千萬十二時中莫令空過逐日起來應用處圓陀陀地與釋迦達磨無少異自是當人見不徹透不過全身跳在聲色裏却向裏許求出頭轉沒交涉矣此事亦不在久參知識徧歷叢林而後了得而今有多少在叢林頭白齒黃了不得底又有多少作入叢林一撥便轉千了百當底發心有先後悟時無先後昔李文和都尉參石門慈照一句下承當便千了百當嘗有偈呈慈照云學道須是鐵漢著手心頭便判直取無上菩提一切是非莫管但從脚下崖將去死便休不要念後思前亦不要生煩惱煩惱則障道也祝祝

又

左右具正信立正志此乃成佛作祖基本也山野因以湛然名公道號如水之湛然不動則虛明自照不勞心力世間出世間法不離湛然無纖毫透漏只以此印於一切處印定無是無不是一一解脫一一明妙一一實頭用時亦湛然不用時亦湛然祖師云但有心分別計較自心見量者悉皆是夢若心識寂滅無一動念處是名正覺覺既正則於日用二六時中見色聞聲齅香了味覺觸知法行住坐卧語默動靜無不湛然亦自不作顛倒想有想無想悉皆清淨既得清淨動時顯湛然之用不動時歸湛然之體體用雖殊而湛然則一也如析栴檀片片皆栴檀今時有一種杜撰漢自己脚跟下不實只管教人攝心靜坐坐教絶氣息此輩名爲眞可憐愍請公只恁麼做工夫山野雖然如此指示公眞不得已耳若實有恁麼做工夫底事即是汙染公矣此心無有實體如何硬收攝得住擬收攝向甚處安著既無安著處則無時無節無古無今無凡無聖無得無失無靜無亂無生無死亦無湛然之名亦無湛然之體亦無湛然之用亦無恁麼說湛然者亦無恁麼受湛然說者若如是見得徹去徑山亦不虛作此號左右亦不虛受此號如何如何

大慧普覺禪師書卷第二十六

大慧普覺禪師語録卷第二十六

校勘記

一　底本，明永樂北藏本。

一　三〇六頁中一七行「結按」，南、徑作「結案」。

大慧普覺禪師書卷第二十七　武七

宋徑山能仁禪院住持嗣法慧日禪師臣蘊聞　上進

答劉寶學　彥修

即日烝溽不審燕處悠然放曠自如無諸魔撓否日用四威儀內與狗子無佛性話一如否於動靜二邊能不分別否夢與覺合否理與事會否心與境皆如否老龐云心如境亦如無實亦無虛有亦不管無亦不拘不是聖賢了事凡夫若眞箇作得箇了事凡夫釋迦達磨是甚麼泥團土塊三乘十二分教是甚麼熱盌鳴聲公既於此箇門中自信不疑不是小事要須生處放教熟熟處放教生始與此事少分相應耳往往士大夫多於不意中得箇歡喜地處却於如意中打失了不可不使公知在如意中須時時以不如意中時節在念切不可暫忘也但得本莫愁末但知作佛莫愁佛不解語這一著子得易守難切不可忽須教頭正尾正擴而充之然後推已之餘以及物左右所得既不滯在一隅想於日用中不著起心管帶枯心忘懷也近年已來禪道佛法衰弊之甚有般杜撰長老根本自無所悟業識茫茫無本可據無實頭伎倆收攝學者教一切人如渠相似黑漆漆地緊閉却眼喚作默而常照彥沖被此輩教壞了苦哉苦哉這箇話若不是左右悟得狗子無佛性話徑山亦無說處千萬捋下面皮痛與手段救取這箇人至懇至禱然有一事亦不可不知此公清淨自居世味澹薄積有年矣定執此爲奇特若欲救之當與之同事令其歡喜心不生疑庶幾信得及肯轉頭來淨名所謂先以欲鉤牽後令入佛智是也黃面老子云觀法先後以智分別是非審定不違法印次第建立無邊行門令諸衆生斷一切疑此乃爲物作則萬世楷模也況此公根性與左右迥不同生天定在靈運前成佛定在靈運後者也此公決定不可以智慧攝當隨所好攝以日月磨之恐自知非忽然肯捨亦不可定若肯轉頭來却是箇有力量底漢左右亦須退步讓渠出一頭始得比暐禪歸錄得渠答紫巖老子一書山僧隨喜讀一徧讚歎歡喜累日直是好一段文章又似一篇大義末後與之下箇謹對不識左右以謂如何昔達磨謂二祖曰汝但外息諸緣內心無喘心如牆壁可以入道二祖種種說心說性俱不契一日忽然省得達磨所示要門遽白達磨曰弟子此回始息諸緣也達磨知其已悟更不窮詰只曰莫成斷滅去否曰無達磨曰子作麼生曰了了常知故言之不可及達磨曰此乃從上諸佛諸祖所傳心體汝今既得更勿疑也彥沖云夜夢晝思十年之間未能全克或端坐靜默一空其心使慮無所緣事無所託頗覺輕安讀至此不覺失笑何故既慮無所緣豈非達磨所謂內心無喘乎事無所託豈非達磨所謂外息諸緣乎二祖初不識達磨所示方便將謂外息諸緣內心無喘可以說心說性說道說理引文字證據欲求印可所以達磨一一列下無處用心方始退步思量心如牆壁之語非達磨實法忽然於牆壁上頓息諸緣即時見月亡指便道了了常知故言之不可及此語亦是臨時被達磨拶出底消

息亦非二祖實法也杜撰長老輩旣自無所證便逐旋揑合雖教他人歇褁自心火熠熠晝夜不停如欠二稅百姓相似彥沖却無許多勞攘只是中得毒深只管外邊亂走說動說靜說語說默說得說失更引周易內典硬差排和會眞是爲他閑事長無明殊不思量一段生死公按未曾結絕臘月三十日作麼生折合去不可眼光欲落未落時且向閻家老子道待我澄神定慮少時却去相見得麼當此之時縱横無礙之說亦使不著心如木石亦使不著須是當人生死心破始得若得生死心破更說甚麼澄神定慮更說甚麼縱横放蕩更說甚麼內典外典一了一切了一悟一切悟一證一切證如斬一結絲一斬一時斷證無邊法門亦然更無次第左右旣悟狗子無佛性話還得如此也未若未得如此直須到恁麼田地始得若已到恁麼田地當以此法門興起大悲心於逆順境中和泥合水不惜身命不怕口業拯拔一切以報佛恩方是大丈夫所爲若不如是無有是處彥沖引孔子稱易之爲道也屢遷和會佛書中應無所住而生其心爲一貫又引寂然不動與土木無殊此尤可笑也向渠道欲得不招無間業莫謗如來正法輪故經云不應住色生心不應住聲香味觸法生心謂此廣大寂滅妙心不可以色見聲求應無所住謂此心無實體也而生其心謂此心非離眞而立處立處即眞也孔子稱易之爲道也屢遷非謂此也屢者荐也遷者革也吉凶悔吝生乎動屢遷之旨返常合道也如何與應無所住而生其心合得成一塊彥沖非但不識佛意亦不識孔子意左右於孔子之教出沒如遊園觀又於吾教深入閫域山野如此杜撰還是也無故圭峯云元亨利貞乾之德也始於一氣常樂我淨佛之德也本乎一心專一氣而致柔修一心而成道此老如此和會始於儒釋二教無偏枯無遺恨彥沖以應無所住而生其心與易之屢遷大旨同貫未敢相許若依彥沖差排則孔夫子與釋迦老子煞著買草鞋始得何故一人屢遷一人無所住想請至此必絕倒也

答劉通判彥沖

令兄寶學公初未嘗知管帶忘懷之事信手摸著鼻孔雖未盡識得諸方邪正而基本堅實邪毒不能侵忘懷管帶在其中矣若一向忘懷管帶生死心不破陰魔得其便未免把虛空隔截作兩處處靜時受無量樂處閙時受無量苦要得苦樂均平但莫起心管帶將心忘懷十二時中放教蕩蕩地忽爾舊習瞥起亦不著用心按捺只就瞥起處看箇話頭狗子還有佛性也無無正恁麼時如紅鑪上一點雪相似眼辦手親者一逴逴得方知懶融道恰恰用心時恰恰無心用曲談名相勞直說無繁重無心恰恰用常用恰恰無今說無心處不與有心殊不是誑人語昔婆脩槃頭常一食不卧六時禮佛清淨無欲爲衆所歸二十祖闍夜多將欲度之問其徒曰此徧行頭陀能修梵行可得佛道乎其徒曰我師精進如此何故不可闍夜多曰汝師與道遠矣設苦行歷於塵劫皆虛妄之本也其徒不

憤皆作色厲聲謂闇夜多曰尊者蘊何德行而譏我師闇夜多曰我不求道亦不顛倒我不禮佛亦不輕慢我不長坐亦不懈怠我不一食亦不雜食我不知足亦不貪欲心無所希名之曰道婆修聞已發無漏智所謂先以定動後以智拔也杜撰長老輩教左右靜坐等作佛豈非虛妄之本乎又言靜處無失閙處有失豈非壞世間相而求實相乎若如此修行如何契得懶融所謂今說無心處不與有心殊請公於此諦當思量看婆修初亦將謂長坐不卧可以成佛纔被闇夜多點破便於言下知歸發無漏智真是良馬見鞭影而行也衆生狂亂是病佛以寂靜波羅蜜藥治之病去藥存其病愈甚拈一放一何時是了生死到來靜閙兩邊都用一點不得莫道閙處失者多靜處失者少不如少與多得與失靜與閙縛作一束送放他方世界却好就日用非多非少非靜非閙非得非失處略提撕看是箇甚麼無常迅速百歲光陰一彈指頃便過也更有甚麼閑工夫理會得理會失理會靜理會閙理會多理會少理會忘懷理會管帶石頭和尚云謹白參玄人光陰莫虛度這一句子閑眼也著合眼也著忘懷也著管帶也著狂亂也著寂靜也著此是徑山如此差排想杜撰長老輩别有差排處也咄且置是事

又

左右做靜勝工夫積有年矣不識於開眼應物處得心地安閑否若未得安閑是靜勝工夫未得力也若許久猶未得力當求箇徑截得力處方始不辜負平昔許多工夫也平昔做靜勝工夫只爲要支遣箇閙底正閙時却被閙底聒擾自家方寸却似平昔不曾做靜勝工夫一般耳這箇道理只爲太近遠不出自家眼睛裏開眼便刺著合眼處亦不欠少開口便道著合口處亦自現成擬欲起心動念承當渠早已蹉過十萬八千了也直是無你用心處這箇最是省力而今學此道者多是要用力求求之轉失向之愈背那堪墮在得失解路上謂閙處失者多靜處失者少左右在靜勝處住了二十餘年試將此二子得力底來看則箇若將椿椿地底做靜中得力處何故却向閙處失却而今要得省力靜閙一如但只透取趙州無字忽然透得方知靜閙兩不相妨亦不著用力支撑亦不作無支撑解矣

答秦國太夫人

謙禪歸領所賜教并親書數頌初亦甚疑之及詢謙子細方知不自欺曠劫未明之事豁爾現前不從人得始知法喜禪悅之樂非世間之樂可比山野爲國太歡喜累日寢食俱忘兒子作宰相身作國夫人未足爲貴糞掃堆頭收得無價之寶百劫千生受用不盡方始爲眞貴耳然切不得執著此貴若執著則墮在尊貴中不復興悲起智憐愍有情耳記取記取

答張丞相 德遠

恭惟燕居阿練若與彼上人同會一處娛戲毗盧藏海隨宜作佛事少病少惱鈞候動止萬福從上諸聖莫不皆然所以於念念中入

一切法滅盡三昧不退菩薩道不捨菩薩事不捨大慈悲心修習波羅蜜未嘗休息觀察一切佛國土無有厭倦不捨度衆生願不斷轉法輪事不廢教化衆生業乃至所有勝願皆得圓滿了知一切國土差別入佛種性到於彼岸此大丈夫四威儀中受用家事耳大居士於此力行無倦而妙喜於此亦作普州人又不識還許外人插手否聞到長沙即杜口眦耶深入不二此亦非分外法如是故願居士如是受用則諸魔外道定來作護法善神也其餘種種差別異旨皆自心現量境界亦非他物也不識居士以爲如何

答張提刑 暘叔

老居士所作所爲冥與道合但未能得囫地一下耳若日用應緣不失故步雖未得囫地一下臘月三十日閻家老子亦須拱手歸降況一念相應耶妙喜老漢雖未目擊觀其行事小大折中無過不及只此便是道所合處到這裏不用作塵勞想亦不用作佛法想佛法塵勞都是外事然亦不得作外事想但回光返照作如是想者從甚麼處得來所作所爲時有何形段所作旣辦隨我心意無不周旋無有少剩正恁麼時承誰恩力如此做工夫日久月深如人學射自然中的矣衆生顛倒迷己逐物耽少欲味甘心受無量苦逐日未開眼時未下牀時半惺半覺時心識已紛飛隨妄想流蕩矣作善作惡雖未發露未下牀時天堂地獄在方寸中已一時成就矣及待發時已落在第八佛不云乎一切諸根自心現器身等藏自妄想相施設顯示如河流如種子如燈如風如雲剎那展轉壞躁動如猿猴樂不淨處如飛蠅無猒足如風火無始虛僞習氣因如汲水輪等事於此識得破便喚作無人無我知天堂地獄不在別處只在當人半惺半覺未下牀時方寸中並不從外來發未發覺未覺時切須照顧照顧時亦不得與之用力爭爭著則費力矣祖不云乎止動歸止止更彌動纔覺日用塵勞中漸漸省力時便是當人得力之處便是當人成佛作祖之處便是當人變地獄作天堂之處便是當人穩坐之處便是當人出生死之處便是當人致君於堯舜之上之處便是當人起疲甿於凋瘵之際之處便是當人覆蔭子孫之處到這裏說佛說祖說心說性說玄說妙說理說事說好說惡亦是外邊事如是等事尚屬外矣況更作塵勞中先聖所訶之事耶作好事尚不肯寧肯作不好事耶若信得此說及永嘉所謂行亦禪坐亦禪語默動靜體安然不是虛語請依此行履始終不變易則雖未徹證自己本地風光雖未明見自己本來面目生處已熟熟處已生矣切切記取纔覺省力處便是得力處也妙喜老漢每與箇中人說此話往往見說得頻了多忽之不肯將爲事居士試如此做工夫看只十餘日便自見得省力不省力得力不得力矣如人飲水冷煖自知說與人不得呈似人不得先德云語證則不可示人說理則非證不了自證自得自信自悟處除曾證曾得已信已悟者方默默相契未證未得未信未悟者不唯自不信亦不信他人有如此境界老居士天資近

道現定所作所爲不著更易以他人較之萬分中已省得九千九百九十九分只欠噴地一發便了士大夫學道多不著實理會除却口議心思便茫然無所措手足不信無措手足處正是好處只管心裏思量口裏要說得分曉殊不知錯了也佛言如來以一切譬喻說種種事無有譬喻能說此法何以故心智路絶不思議故信知思量分別障道必矣若得前後際斷心智路自絶矣若得心智路絶說種種事皆此法也此法既明即此明處便是不思議大解脫境界只此境界亦不可思議境界既不可思議一切譬喻亦不可思議種種事亦不可思議只這不可思議底亦不可思議此語亦無著處只這無著處底亦不可思議如是展轉窮詰若事若法若譬喻若境界如環之無端無起處無盡處皆不可思議之法也所以云菩薩住是不思議於中思議不可盡入此不可思議處思與非思皆寂滅然亦不得住在寂滅處若住在寂滅處則被法界量之所管攝教中謂之法塵

煩惱滅却法界量種種殊勝一時蕩盡了方始好看庭前柏樹子麻三斤乾屎橛狗子無佛性一口吸盡西江水東山水上行之類忽然一句下透得方始謂之法界無量回向如實而見如實而行如實而用便能於一毛端現寶王刹坐微塵裏轉大法輪成就種種法破壞種種法一切由我如壯士展臂不借他力師子遊行不求伴侶種種勝妙境界現前心不驚異種種惡業境界現前心不怕怖日用四威儀中隨緣放曠任性逍遥到得這箇田地方可說無天堂無地獄等事永嘉云亦無人亦無佛大千沙界海中漚一切聖賢如電拂此老若不到這箇田地如何說得出來此語錯會者甚多苟未徹根源不免依語生解便道一切皆無撥無因果將諸佛諸祖所說言教盡以爲虛謂之誑惑人此病不除乃莽莽蕩蕩招殃禍者也佛言虛妄浮心多諸巧見若不著有便著無若不著此二種便於有無之間摶量卜度縱識得此病定在非有非無處著到故先聖苦口叮嚀令離四句絶

百非直下一刀兩段更不念後思前坐斷千聖頂𩕳四句者乃有無非有非無亦有亦無是也若透得此四句了見說一切諸法實有我亦隨順與之說有且不被此實有所礙見說一切諸法實無我亦隨順與之說無且非世間虛豁之無見說一切諸法亦有亦無我亦隨順與之說亦有亦無且非戲論見說一切諸法非有非無我亦隨順與之說非有非無且非相違淨名云外道六師所墮汝亦隨墮是也士大夫學道多不肯虛却心聽善知識指示善知識纔開口渠已在言前一時領會了也及至教渠吐露盡一時錯會正好在言前領略底又却滯在言語上又有一種向作聰明說道理世間種種事藝我無不會者只有禪一般我未會在當官處呼幾枚杜撰長老來與一頓飯喫却了教渠恣意亂說便將心意識記取這杜撰說底却去勘人一句來一句去謂之厮禪末後我多一句你無語時便是我得便宜了也及至撞著箇眞實明眼漢又却不識縱然識得又無決定信不

肯四楞塌地放下就師家理會依舊要求印可及至師家於逆順境中示以本分鉗鎚又却怕懼不敢親近此等名為可憐愍者老居士妙年登高第起家所在之處隨時作利益事文章事業皆過人而未嘗自矜一心一意只要退步著實理會此段大事因緣見其至誠不覺忉怛如許非獨要居士識得這般病痛亦作勸發初心菩薩入道之資糧也

答汪内翰 彥章

承杜門壁觀此息心良藥也若更鑽故紙定引起藏識中無始時來生死根苗作善根難作障道難無疑得息心且息心已過去底事或善或惡或逆或順都莫思量現在事得省便省一刀兩段不要遲疑未來事自然不相續矣釋迦老子云心不妄取過去法亦不貪著未來事不於現在有所住了達三世悉空寂但看僧問趙州狗子還有佛性也無州云無請只把閑思量底心回在無字上試思量看忽然向思量不及處得這一念破便是了達三世處也了達時安排不得計較不得引證不得何以故了達處不容安排不容計較不容引證縱然引證得計較得安排得與了達底了沒交涉但放教蕩蕩地善惡都莫思量亦莫著意亦莫忘懷著意則流蕩忘懷則昏沉不著意不忘懷善不是善惡不是惡若如此了達生死魔何處摸㨶一箇汪彥章聲名滿天下平生安排得計較得引證得底是文章是名譽是官職晚年收因結果處那箇是實做了無限之乎者也那一句得力名譽既彰與匿德藏光者相去幾何官職已做到大兩制與作秀才時相去多少而今已近七十歲儘公伎倆待要如何臘月三十日作麼生折合去無常殺鬼念念不停雪峯眞覺云光陰倏忽暫須臾浮世那能得久居出嶺年登三十二入閩早是四旬餘他非不用頻頻舉已過還須旋旋除為報滿城朱紫道閻王不怕佩金魚古人苦口叮嚀為甚麼事世間愚庸之人飢寒所迫日用無他念只得身上稍煖肚裏不飢便了只是這兩事生死魔却不能為惱以受富貴者較之輕重大不等受富貴底身上既常煖肚裏又常飽既不被這兩事所迫又却多一件不可說底無狀以故常在生死魔網中無由出離除宿有靈骨方見得徹識得破先聖云瞥起是病不續是藥不怕念起唯恐覺遲佛者覺也為其常覺故謂之大覺亦謂之覺王然皆從凡夫中做得出來彼既丈夫我寧不爾百年光景能得幾時念念如救頭然做好事尚恐做不辦況念念在塵勞中而不覺也可畏可畏近收呂居仁四月初書報曾叔夏劉彥禮死居仁云交遊中時復抽了一兩人直是可畏渠邇來為此事甚切亦以瞥地回頭稍遲為恨比已作書答之云只以未後知非底一念為正不問遲速也知非底一念便是成佛作祖底基本破魔網底利器出生死底路頭也願公亦只如此做工夫做得工夫漸熟則日用二六時中便覺省力矣覺得省力時不要放緩只就省力處崖將去崖來崖去和這省力處亦不知有時不爭多也但只看箇無字莫管得不得至禱至禱

又

伏承杜門息交世事一切闊略唯朝夕以某向所舉話頭提撕甚善甚善既辦此心當以悟為則若自生退屈謂根性陋劣更求入頭處正是含元殿裏問長安在甚處爾正提撕時是阿誰能知根性陋劣底又是阿誰求入頭處底又是阿誰妙喜不避口業分明為居士說破只是箇汪彥章更無兩箇只有一箇汪彥章更那裏得箇提撕底知根性陋劣底求入頭處底來當知皆是汪彥章影子並不干他汪彥章事若是真箇汪彥章根性必不陋劣必不求入頭處但只信得自家主人公及並不消得許多勞攘昔有僧問仰山禪宗頓悟畢竟入門的意如何山曰此意極難若是祖宗門下上根上智一聞千悟得大總持此根人難得其有根微智劣所以古德道若不安禪靜慮到這裏總須茫然僧曰除此格外還別有方便令學人得入也無山曰別有別無令汝心不安我今問汝汝是甚處人曰幽州人山曰汝還思彼處否曰常思山曰彼處樓臺林苑人馬駢闐汝返思思底還有許多般也無曰某甲到這裏一切不見有山曰汝解猶在境信位即是人位即不是妙喜已是老婆心切須著更下箇注脚人位即是汪彥章信位即是知根性陋劣求入頭處底若於正提撕話頭時返思能提撕底還是汪彥
弍七　十六
章否到這裏間不容髮若佇思停機則被影子惑矣請快著精彩不可忽不可忽記得前書中嘗寫去得息心且息心已過去底事或善或惡或逆或順都莫理會現在事得省便省一刀兩段不要遲疑未來事自然不相續矣不識曾如此覷捕否這箇便是第一省力做工夫處也至禱至禱

又

伏承第五令嗣以疾不起父子之情千生百劫恩愛習氣之所流注想當此境界無有是處五濁世中種種虛幻無一真實請行住坐卧常作是觀則日久月深漸漸消磨矣然正煩惱時子細揣摩窮詰從甚麼處起若窮起處不得現今煩惱底却從甚麼處得來正煩惱時是有是無是虛是實窮來窮去心無所之要思量但思量要哭但哭哭來哭去思量來思量去抖擻得藏識中許多恩愛習氣盡時自然如水歸水還我箇本來無煩惱無思量無憂無喜底去耳入得世間出世無餘世
弍七　十七
間法則佛法佛法則世間法也父子天性一而已若子喪而父不煩惱不思量如父喪而子不煩惱不思量還得也無若硬止遏哭時又不敢哭思量時又不敢思量是特欲逆天理滅天性揚聲止響潑油救火耳正當煩惱時總不是外事且不得作外邊想永嘉云無明實性即佛性幻化空身即法身是真語實語不誑不妄等語恁麼見得了要思量要煩惱亦不可得作是觀者名為正觀若他觀者名為邪觀邪正未分正好著力此是妙喜決定義無智人前莫說

答夏運使

示諭道契則霄壤共處趣異則覿面楚越誠哉是言即此乃不傳之妙左右發意欲作妙喜書未操觚拂紙已兩手分付了也又何待

堅忍究竟以俟他日耶此箇道理唯證者方默默相契難與俗子言廷平乃閩嶺佳處左右能自調伏不爲逆順關棙子所轉便是大解脫人此人能轉一切關棙子日用活鱍鱍地拘牽惹絆他不得苟若直下便恁麼承當自然無一毫毛於我作障古德有言佛說一切法爲度一切心我無一切心何用一切法又懶融云恰恰用心時恰恰無心用曲談名相勞直說無繁重無心恰恰用常用恰恰無今說無心處不與有心殊非特懶融如是妙喜與左右亦在其中其中事難拈出似人前所謂默默相契是也

大慧普覺禪師書卷第二十七　武七　十八

大慧普覺禪師語録卷第二十七

校勘記

一　底本，明永樂北藏本。

一　三一四頁上七行「公按」，南、徑作「公案」。

一　三一五頁中一三行第二字「閑」，南、徑作「闇」。

一　三一八頁下一一行第一三字「長」，徑作「畏」。

大慧普覺禪師書卷第二十八　貳八

宋徑山能仁禪院住持嗣法慧日禪師臣蘊聞上進

答呂舍人居仁

千疑萬疑只是一疑話頭上疑破則千疑萬疑一時破話頭不破則且就上面與之廝崖若棄了話頭却去別文字上起疑經教上起疑古人公案上起疑日用塵勞中起疑皆是邪魔眷屬第一不得向舉起處承當又不得思量卜度但著意就不可思量處思量心無所之老鼠入牛角便見倒斷也又方寸若鬧但只舉狗子無佛性話佛語祖語諸方老宿語千差萬別若透得箇無字一時透過不著問人若一向問人佛語又如何祖語又如何諸方老宿語又如何永劫無有悟時也

答呂郎中隆禮

令兄居仁兩得書爲此事甚忙然亦當著忙年已六十從官又做了更待如何若不早著忙臘月三十日如何打疊得辦聞左右邇來亦忙只這著忙底便是臘月三十日消息也如何是佛乾屎橛這裏不透與臘月三十日何異措大家一生鑽故紙是事要知博覽羣書高談闊論孔子又如何孟子又如何莊子又如何周易又如何古今治亂又如何被這些言語使得來七顛八倒諸子百家纔聞人舉著一字便成卷念將去以一事不知爲恥及乎問著他自家屋裏事並無一人知者可謂終日數他寶自無半錢分空來世上打一遭脫却這殼漏子上天堂也不知入地獄也不知隨其業力流入諸趣並不知若是別人家裏事細大無有不知者士大夫讀得書多底無明多讀得書少底無明少做得官小底人我小做得官大底人我大自道我聰明靈利及乎臨秋毫利害聰明也不見靈利也不見平生所讀底書一字也使不著蓋從上大人丘乙已時便錯了也只欲取富貴耳取得富貴底又能有幾人肯回頭轉腦向自己脚跟下推窮我這取富貴底從何處來即今受富貴底異日却向何處去既不知來處又不知去處便覺心頭迷悶正迷悶時亦非他物只就這裏看箇話頭僧問雲門如何是佛門云乾屎橛但舉此話忽然伎倆盡時便悟也切忌尋文字引證胡亂摶量註解縱然註解得分明說得有下落盡是鬼家活計疑情不破生死交加疑情若破則生死心絕矣生死心絕則佛見法見亡矣佛見法見尚亡況復更起衆生煩惱見耶但將迷悶底心移來乾屎橛上一抵抵住怖生死底心迷悶底心思量分別底心作聰明底心自然不行也覺得不行時莫怕落空忽然向抵住處絕消息不勝慶快平生得消息絕了起佛見法見衆生見思量分別作聰明說道理都不相妨日用四威儀中但常放教蕩蕩地靜處鬧處常以乾屎橛提撕日往月來水牯牛自純熟矣第一不得向外面別起疑也乾屎橛上疑破則恒河沙數疑一時破矣前此亦嘗如此寫與居仁比趙景明來得書書中再來問云不知離此別有下工夫處也無又如舉手動足著衣喫飯當如何體究爲復只看話頭爲復別有體究又平生一大疑事至今未了只如死後斷滅不斷滅如何決定見得又不要引經

論所說不要指古人公按只據目前直截分明指示剖判斷滅不斷滅實處觀渠如此說話返不如三家村裏省事漢却無如許多糞壞死也死得瞥脫分明向他道千疑萬疑只是一疑話頭上疑破則千疑萬疑一時破話頭不破則且就話頭上與之廝崖若棄了話頭却去別文字上起疑經教上起疑古人公按上起疑日用塵勞中起疑皆是邪魔眷屬又不得向舉起處承當又不得思量卜度但只著意就不可思量處思量心無所之老鼠入牛角便見倒斷也寫得如此分曉了又却更來忉忉怛怛地問不知許多聰明知見向甚處去也不信道平生讀底書到這裏一字也使不著而今不得已更爲他放此惡氣息若只恁麼休去却是妙喜被渠問了東答不得也此書纔到便送與渠一看居仁自言行年六十歲此事未了問渠未了底爲復是舉手動足著衣喫飯底未了若是舉手動足著衣喫飯底又要如何了他殊不知只這欲了知決定見得死後斷滅不斷滅底便是閻家老子面前喫鐵棒底此疑不破流浪生死未有了期向渠道千疑萬疑只是一疑話頭若破死後斷滅不斷滅之疑當下冰銷瓦解矣更教直截分明指示剖判斷滅不斷滅如此見識與外道何異平生做許多之乎者也要作何用渠既許多遠地放這般惡氣息來熏人妙喜不可只恁麼休去亦放此惡氣息却去熏他則箇渠教不要引經教及古人公案只據目前直截分明指示斷滅不斷滅實處

昔志道禪師問六祖學人自出家覽涅槃經近十餘載未明大意願師垂誨祖曰汝何處未了對曰諸行無常是生滅法生滅滅已寂滅爲樂於此疑惑祖曰汝作麼生疑對曰一切衆生皆有二身謂色身法身也（此乃居仁同道）色身無常有生有滅法身有常無知無覺經云生滅滅已寂滅爲樂者未審是何身寂滅何身受樂若色身者色身滅時四大分散全是苦苦不可言樂若法身寂滅即同草木瓦石誰當受樂又法性是生滅之體五蘊是生滅之用一體五用生滅是常生則從體起用滅則攝用歸體若聽更生即有情之類不斷不滅若不聽更生即永歸寂滅同於無情之物如是則一切諸法被涅槃之所禁伏尚不得生何樂之有（可與居仁一狀領過）祖師到這裏不能臨濟德山用事遂放此惡氣息還他云汝是釋子何習外道斷常邪見而議最上乘法據汝所解即色身外別有法身離生滅求於寂滅又推涅槃常樂言有身受者斯乃執吝生死耽著世樂汝今當知佛爲一切迷人認五蘊和合爲自體相分別一切法爲外塵相好生惡死念念遷流不知夢幻虛假枉受輪回以常樂涅槃翻爲苦相終日馳求佛愍此故乃示涅槃眞樂剎那無有生相剎那無有滅相更無生滅可滅（到此請著眼睛）是則寂滅現前當現前時亦無現前之量乃謂常樂此樂無有受者亦無有不受者（猶較些子）豈有一體五用之名何況更言涅槃禁伏諸法令永不生此乃謗佛毀法（居仁亦有一分子）聽吾偈曰（分疎不下）無上大涅槃圓明常寂照凡愚謂之死外道執爲斷諸求二乘人目以爲無作盡屬情所計六十二見

本妄立虛假名何爲眞實義（居仁要見實處但看此一句子）唯有過量人（未見其人）通達無取捨（居仁更疑二十年）以知五蘊法及以蘊中我（居仁在裏許求出無門）外現衆色像（莫眼花）一一音聲相（賺殺人）平等如夢幻（救得一半）不起凡聖見不作涅槃解（亦未見其人）二邊三際斷常應諸根用而不起用想分別一切法不起分別想劫火燒海成風鼓山相擊眞常寂滅樂涅槃相如是吾今彊言說令汝捨邪見（只是居仁不肯捨）汝勿隨言解（居仁記取）許汝知少分（只這少分也不消得）志道闡偈忽然大悟（葛藤不少）只這一絡索便是直截分明指示居仁底指頭子也居仁見此若道猶是經論所說尚指古人公案若尚作如此見入地獄如箭射

答呂舍人（居仁）

承日用不輟做工夫工夫熟則撞發關棙子矣所謂工夫者思量世間塵勞底心回在乾屎橛上令情識不行如土木偶人相似覺得昏怛沒巴鼻可把捉時便是好消息也莫怕落空亦莫思前算後幾時得悟若存此心便落邪道佛云是法非思量分別之所能解著即禍生知得思量分別不能解者是誰只是箇呂居仁更不得回頭轉腦也前此答隆禮書說盡禪病矣諸佛諸祖並無一法與人只要當人自信自肯自見自悟耳若只取他人口頭說底恐誤人此事決定離言說相離心緣相離文字相能知離諸相者亦只是呂居仁疑他死後斷滅不斷滅亦只是呂居仁求直截指示者亦只是呂居仁日用二六時中或瞋或喜或思量或分別或昏沉或掉舉皆只是呂居仁只這呂居仁能作種種奇特變化能與諸佛諸祖同遊寂滅大解脫光明海中成就世間出世間事只是呂居仁信不及耳若信得及請依此註脚入是三昧忽然從三昧起失却孃生鼻孔便是徹頭也

又

令弟子育經由出所賜教讀之喜慰可知無常迅速百歲光陰如電閃便是救因結果底時節到來也乾屎橛如何覺得沒巴鼻無滋味肚裏悶時便是好底消息也第一不得向舉起處承當又不得颺在無事甲裏不可舉時便有不舉時便無也但將思量世間塵勞底心回在乾屎橛上思量來思量去無處柰何伎倆忽然盡便自悟也不得將心等悟若將心等悟永劫不能得悟也前此答隆禮書說盡措大家病痛矣承只置在座右若依此做工夫雖未悟徹亦能分別邪正不爲邪魔所障亦種得般若種子深縱今生不了來生出頭現成受用亦不費力亦不被惡業奪將去臨命終時亦能轉業況一念相應耶逐日千萬不要思量別事但只思量乾屎橛莫問幾時悟至禱至禱悟時亦無時節亦不驚羣動衆即時怗怗地自然不疑佛不疑祖不疑生不疑死得到不疑之地便是佛地也佛地上本無疑無悟無迷無生無死無有無無無涅槃無般若無佛無衆生亦無恁麼說者此語亦不受亦無不受者亦無知不受者亦無恁麼說不受者居仁如是信得及佛亦只如是祖亦只如是悟亦只如是迷亦只如是疑亦只如是生亦只如是死亦只如是日用塵勞中亦只如是死後斷滅不斷滅亦只如是

在朝廷作從官亦只如是宮觀在靜處亦只如是住徑山一千七百衆圍遶亦只如是編管在衡州亦只如是居仁還信得及麼信得及亦只如是信不及亦只如是畢竟如何如是如是如是亦只如是

答汪狀元聖錫

左右妙年自立便在一切人頂顊上不爲富貴所籠羅非百劫千生願力所持焉能致是又能切切於此一大事念念不退轉有決定信具決定志此豈淺丈夫所能老瞿曇云唯此一事實餘二則非眞請著眼不可忽世間事只這是先聖豈不云乎朝聞道夕死可矣不知聞底是何道到這裏豈容眨眼不可更引吾道一以貫之去也須自信自悟說得底終是無憑據自見得自悟得自信得及了說不得形容不出却不妨只怕說得似形容得似却不見却不悟者老瞿曇指爲增上慢人亦謂之謗般若人亦謂之大妄語人亦謂之斷佛慧命人千佛出世不通懺悔若透得狗子無佛性話這般說話却成妄語矣而今不可使作妄語會呂居仁比連收兩書書中皆云夏中答隆禮書常置座右以得爲期又聞嘗錄呈左右近世貴公子似渠者如優曇鉢華時一現耳頃在山頭每與公說這般話見公眼目定動領覽得九分九釐只欠囫地一下爾若得囫地一下了儒即釋釋即儒僧即俗俗即僧凡即聖聖即凡我即你你即我天即地地即天波即水水即波酥酪醍醐攪成一味缾盤釵釧鎔成一金在我不在人得到這箇田地由我指揮所謂我爲法王於法自在得失是非焉有罣礙不是彊爲法如是故也此箇境界除無垢老子他人如何信得及縱信得及如何得入手左右已信得及已覷得見已能分別是邪是正但未得入手耳得入手時不分老少不在智愚如將梵位直授凡庸更無階級次第永嘉所謂一超直入如來地是也但相聽決不相誤

又

某萬緣休罷日用只如此無煩軫念左右分上欠少箇甚麼在世界上可謂千足萬足苟能於此箇門中翻身一擲何止腰纏十萬貫騎鶴上揚州而已哉昔楊文公大年三十歲見廣慧璉公除去礙膺之物自是已後在朝廷居田里始終一節不爲功名所移不爲富貴所奪亦非有意輕功名富貴道之所在法如是故也趙州云諸人被十二時使老僧使得十二時此老此說非是彊爲亦法如是故也大率爲學爲道一也而今學者往往以仁義禮智信爲學以格物忠恕一以貫之之類爲道只管如摶謎子相似又如衆盲摸象各說異端釋不云乎以思惟心測度如來圓覺境界如取螢火燒須彌山臨生死禍福之際都不得力蓋由此也楊子云學者所以修性性即道也黃面老子云性成無上道圭峯云作有義事是惺悟心作無義事是狂亂心狂亂由情念臨終被業牽惺悟不由情臨終能轉業所謂義者是義理之義非仁義之義而今看來這老子亦未免析虛空爲兩處仁乃性之仁義乃性之義禮乃性之禮智乃性之智信乃性之信義理之義亦性也作無義事

即背此性作有義事即順此性然順背在人不在性也仁義禮智信在性不在人也人有賢愚性即無也若仁義禮智信在賢而不在愚則聖人之道有揀擇取捨矣如天降雨擇地而下矣所以云仁義禮智信在性而不在人也賢愚順背在人而不在性也楊子所謂修性性亦不可修亦順背賢愚而已圭峯所謂惺悟狂亂是也趙州所謂使得十二時被十二時使是也若識得仁義禮智信之性起處則格物忠恕一以貫之在其中矣肇法師云能天能人者豈天人之所能哉所以云爲學爲道一也大率聖人設教不求名不伐功如春行花木具此性者時節因緣到來各各不相知隨其根性大小方圓長短或青或黄或紅或緑或臭或香同時發作非春能大能小能方能圓能長能短能青能黄能紅能緑能臭能香此皆本有之性遇緣而發耳百丈云欲識佛性義當觀時節因緣時節若至其理自彰又讓師謂馬師曰汝學心地法門如下種子我說法要譬彼天澤汝緣合故當見其道所以云聖人設教不求名不伐功只令學者見性成道而已無垢老子云道在一芥則一芥重道在天下則天下重是也左右嘗升無垢之堂而未入其室見其表而未見其裏百歲光陰只在一刹那間刹那間悟去如上所說者皆非實義然既悟了以爲實亦在我以爲非實亦在我如水上葫蘆無人動著常蕩蕩地觸著便動捺著便轉轆轆地非是彊爲亦法如是故也趙州狗子無佛性話左右如人捕賊已知窩盤處但未捉著耳請快著精彩不得有少間斷時時向行住坐卧處看讀書史處修仁義禮智信處侍奉尊長處提誨學者處喫粥喫飯處與之廝崖忽然打失布袋夫復何言

答宗直閣

示諭應緣日涉差別境界未嘗不在佛法中又於日用動容之間以狗子無佛性話破除情塵若作如是工夫恐卒未得悟入請於脚跟下照顧差別境界從甚麼處起動容周旋之間如何以狗子無佛性話破除情塵能知破除情塵者又是阿誰佛不云乎衆生顛倒迷己逐物物本無自性迷己者自逐之耳境界本無差別迷己者自差別耳既日涉差別境界又在佛法中既在佛法中則非差別境界既在差別境界中則非佛法矣拈一放一有甚了期廣額屠兒在涅槃會上放下屠刀立地便成佛豈有許多忉忉怛怛來日用應緣處纔覺涉差別境界時但只就差別處舉狗子無佛性話不用作破除想不用作情塵想不用作差別想不用作佛法想但只看狗子無佛性話但只舉箇無字亦不用存心等悟若存心等悟則境界也差別佛法也差別情塵也差別狗子無佛性話也差別間斷處也差別無間斷處也差別遭情塵惑亂身心不安樂處也差別能知許多差別底亦差別若要除此病但只看箇無字但只看廣額屠兒放下屠刀云我是千佛一數是實是虛若作虛實商量又打入差別境界上去也不如一刀兩段不得念後思前念後思前則又差別矣玄沙云此事限約不得心思路絕不因

莊嚴本來眞靜動用語笑隨處明了更無欠少今時人不悟箇中道理妄自涉事涉塵處處染著頭頭繫絆縱悟則塵境紛紜名相不實便擬凝心斂念攝事歸空閉目藏睛隨有念起旋旋破除細想纔生即便遏捺如此見解即是落空亡底外道魂不散底死人溟溟漠漠無覺無知塞耳偷鈴徒自欺誑左右來書云云盡是玄沙所訶底病默照邪師埋人底坑子不可不知也舉話時都不用作許多伎倆但行住坐卧處勿令間斷喜怒哀樂處莫生分別舉來舉去看來看去覺得沒理路沒滋味心頭熱悶時便是當人放身命處也記取記取莫見如此境界便退心如此境界正是成佛作祖底消息也而今默照邪師輩只以無言無說爲極則喚作威音那畔事亦喚作空劫已前事不信有悟門以悟爲誑以悟爲第二頭以悟爲方便語以悟爲接引之辭如此之徒謾人自謾誤人自誤亦不可不知日用四威儀中涉差別境界覺得省力時便是得力處也得力處極省力若用一毫毛氣力支撑定是邪法非佛法也但辦取長遠心與狗子無佛性話厮崖崖來崖去心無所之忽然如睡夢覺如蓮華開如披雲見日到恁麼時自然成一片矣但日用七顛八倒處只看箇無字莫管悟不悟徹不徹三世諸佛只是箇無事人諸代祖師亦只是箇無事人古德云但於事上通無事見色聞聲不用聾又古德云愚人除境不忘心智者亡心不除境於一切處無心則種種差別境界自無矣而今士大夫多是急性便要會禪於經教上及祖師言句中搏量要說得分曉殊不知分曉處却是不分曉底事若透得箇無字分曉不分曉不著問人矣老漢教士大夫放教鈍便是這箇道理也作鈍牓狀元亦不惡只怕拕白耳一笑

答李參政泰發

示諭華嚴重重法界斷非虛語既非虛語必有分付處必有自肯處讀至此嗟歎久之士大夫平昔所學臨死生禍福之際手足俱露者十常八九考其行事不如三家村裏省事漢富貴貧賤不能汩其心以是較之智不如愚貴不如賤者多矣何以故生死禍福現前那時不容偽故也大參相公平昔所學已見於行事臨禍福之際如精金入火愈見明耀又決定知華嚴重重法界斷非虛語則定不作他物想矣其餘七顛八倒或逆或順或正或邪亦非他物願公常作此觀妙喜亦在其中異日相從於寂寞之濱結當當來世香火因緣成就重重法界以實其事豈小補哉更須下箇註脚即今這一絡索切忌作寓言指物會一笑

答曾宗丞天隱

左右天資近道身心清淨無他緣作障只這一段誰人能及又能行住坐卧以老僧所示省要處時時提撕休說一念相應千了百當便是此生打未徹只恁麼崖到臘月三十日閻家老子也須倒退三千里始得何以故爲念念在般若中無異念無間斷故只如道家流以妄心存想日久月深尚能成功不爲地水火風所使況全念住在般若中臘月三十

日豈不能轉業耶而今人多是將有所得心學道此是無妄想中眞妄想也但放教自在然不得太緊不得太緩只恁麼做工夫省無限心力左右生處已熟熟處已生十二時中自然不著枯心想懷將心管帶矣雖未透脫諸魔外道已不能伺其便亦自能與諸魔外道共一手同一眼成就彼事而不墮其數矣除公一人可以語此餘人非但不能如公行履亦未必信得及也但於話頭上看看來看去覺得沒巴鼻沒滋味心頭悶時正好著力切忌隨他去只這悶處便是成佛作祖坐斷天下人舌頭處也不可忽不可忽

大慧普覺禪師書卷第二十八

大慧普覺禪師語録卷第二十八

校勘記

一　底本，明永樂北藏本。

一　三二二頁上一行「公按」，南、徑作「公案」。下同。

一　三二三頁上七行第一〇字「成」，南、徑作「底」。

一　三二三頁上九行夾註「居仁記取」，徑作「居仁記此」。

一　三二六頁中一二行第四字「是」，徑作「又」。

一　三二七頁上五行「想懷」，南、徑作「忘懷」。

大慧普覺禪師書卷第二十九　貳九

宋徑山能仁禪院住持嗣法慧日禪師臣蘊聞上進

答王教授大授

不識左右別後日用如何做工夫若是曾於理性上得滋味經教中得滋味祖師言句上得滋味眼見耳聞處得滋味舉足動步處得滋味心思意想處得滋味都不濟事若要直下休歇應是從前得滋味處都莫管他却去沒撈摸處沒滋味處試著意看若著意不得撈摸不得轉覺得沒欛柄可把捉理路義路心意識都不行如土木瓦石相似時莫怕落空此是當人放身命處不可忽不可忽聰明靈利人多被聰明所障以故道眼不開觸途成滯衆生無始時來為心意識所使流浪生死不得自在果欲出生死作快活漢須是一刀兩段絕却心意識路頭方有少分相應故永嘉云損法財滅功德莫不由茲心意識豈欺人哉頃蒙惠教其中種種趣向皆某平昔所訶底病知是般事颺在腦後且向沒巴鼻處沒撈摸處沒滋味處試做工夫看如僧問趙州狗子還有佛性也無州云無尋常聰明人纔聞舉起便以心意識領會摶量引證要說得有分付處殊不知不容引證不容摶量不容以心意識領會縱引證得摶量得領會得盡是髑髏前情識邊事生死岸頭定不得力而今普天之下喚作禪師長老者會得分曉底不出左右書中寫來底消息耳其餘種種邪解不在言也密首座宗杲與渠同在平普融會中相聚盡得普融要領渠自以為安樂然所造者亦不出左右書中消息今始知非別得箇安樂處方知某無秋毫相欺今特令去相見無事時試令渠吐露看還契得左右意否八十翁翁入場屋眞誠不是小兒戲若生死到來不得力縱說得分曉和會得有下落引證得無差別盡是鬼家活計都不干我一星事禪門種種差別異解唯識法者懼大法不明者往往多以病為藥不可不知

答劉侍郎季高

示諭臘月三十日已到要之日用當如是觀察則世間塵勞之心自然銷殞矣塵勞之心既銷殞則來日依前孟春猶寒矣古德云欲識佛性義當觀時節因緣此箇時節乃是黃面老子出世成佛坐金剛座降伏魔軍轉法輪度衆生入涅槃底時節與解空所謂臘月三十日時節無異無別到這裏只如是觀以此觀者名為正觀異此觀者名為邪觀邪正未分未免隨他時節遷變要得不隨時節但一時放下著放到無可放處此語亦不受依倚只是解空居士更不是別人

又

吾佛大聖人能空一切相成萬法智而不能即滅定業況博地凡夫耶居士既是箇中人想亦常入是三昧昔有僧問一老宿世界恁麼熱未審向甚麼處回避老宿曰向鑊湯鑪炭裏回避曰只如鑊湯鑪炭裏作麼生回避曰衆苦不能到願居士日用四威儀中只如此做工夫老宿之言不可忽此是妙喜得効底藥方非與居士此道相契此心相知亦不肯容易傳授只用一念相應草湯下更不用別湯使若用別湯使令人發狂不可不知也

一念相應草不用他求亦只在居士四威儀中明處明如日黑處黑如漆若信手拈來以本地風光一照無有錯者亦能殺人亦能活人故佛祖常以此藥向鑊湯鑪炭裏醫苦惱衆生生死大病號大醫王不識居士還信得及否若言我自有父子不傳之祕方不用向鑊湯鑪炭裏回避底妙術却望居士布施也

答李郎中似表

士大夫學此道不患不聰明患太聰明耳不患無知見患知見太多耳故常行識前一步昧却脚跟下快活自在底消息邪見之上者和會見聞覺知爲自己以現量境界爲心地法門下者弄業識認門頭戶口簸兩片皮談玄說妙甚者至於發狂不勒字數胡言漢語指東畫西下下者以默照無言空空寂寂在鬼窟裏著到求究竟安樂其餘種種邪解不在言而可知也沖密等歸領所賜教讀之喜慰不可言更不復叙世諦相酬酢只以左右向道勇猛之志便入葛藤禪無德山臨濟之殊法眼曹洞之異但學者無廣大決定志而師家亦無廣大融通法門故所入差別究竟歸宿處並無如許差別也示諭欲妙喜因書指示徑要處只這求指示徑要底一念早是刺頭入膠盆了也不可更向雪上加霜雖然有問不可無答請左右都將平昔或自看經教話頭或因人舉覺指示得滋味歡喜處一時放下依前百不知百不會如三歲孩兒相似有性識而未行却向未起求徑要底一念子前頭看看來看去覺得轉沒巴鼻方寸轉不寧怗時不得放緩這裏是坐斷千聖頂𩕳處往往學道人多向這裏打退了左右若信得及只向未起求徑要指示一念前看看來看去忽然睡夢覺不是差事此是妙喜平昔做底得力工夫知公有決定志故拕泥帶水納這一場敗闕此外別無可指示若有可指示則不徑要矣

答李寶文茂嘉

向承示諭性根昏鈍而黽勉修持終未得超悟之方宗杲頃在雙徑答富季申所問正與此問同能知昏鈍者決定不昏鈍更欲向甚處求超悟士大夫學此道却須借昏鈍而入若執昏鈍自謂我無分則爲昏鈍魔所攝矣蓋平昔知見多以求證悟之心在前作障故自己正知見不能現前此障亦非外來亦非別事只是箇能知昏鈍底主人公耳故瑞巖和尚居常在丈室中自喚云主人公又自應云喏惺惺著又自應云喏他時後日莫受人謾又自應云喏喏古來幸有恁麼牓樣謾向這裏提撕看是箇甚麼只這提撕底亦不是別人只是這能知昏鈍者耳能知昏鈍者亦不是別人便是李寶文本命元辰也此是妙喜應病與藥不得已略爲居士指箇歸家穩坐底路頭而已若便認定死語眞箇喚作本命元辰則是認識神爲自己轉沒交涉矣故長沙和尚云學道之人不識眞只爲從前認識神無量劫來生死本癡人喚作本來人前所云借昏鈍而入是也但只看能知得如是昏鈍底畢竟是箇甚麼只向這裏看不用求超悟看來看去忽地大笑去矣此外無可言者

答向侍郎 伯恭

示諭悟與未悟夢與覺一一段因緣黃面老子云汝以緣心聽法此法亦緣謂至人無夢非有無之無謂夢與非夢一而已以是觀之則佛夢金鼓高宗夢傅說孔子夢奠兩楹亦不可作夢與非夢解却來觀世間猶如夢中事教中自有明文唯夢乃全妄想也而衆生顛倒以日用目前境界爲實殊不知全體是夢而於其中復生虛妄分別以想心繫念神識紛飛爲實夢殊不知正是夢中說夢顛倒中又顛倒故佛大慈悲老婆心切悉能徧入一切法界諸安立海所有微塵於一一塵中以夢自在法門開悟世界海微塵數衆生住邪定者入正定聚此亦普示顛倒衆生以目前實有底境界爲安立海令悟夢與非夢悉

武九 六

皆是幻則全夢是實全實是夢不可取不可捨至人無夢之義如是而已來書見問乃是宗杲三十六歲時所疑讀之不覺抓著痒處亦嘗以此問圜悟先師但以手指曰住住休妄想休妄想宗杲復曰如宗杲未睡著時佛所讚者依而行之佛所訶者不敢違犯從前依師及自做工夫零碎所得者惺惺時都得受用及乎上牀半惺半覺時已作主宰不得夢見得金寶則夢中歡喜無限夢見被人以刀杖相逼及諸惡境界則夢中怕怖惶恐自念此身尚存只是睡著已作主宰不得況地水火風分散衆苦熾然如何得不被回換到這裏方始著忙先師又曰待汝說底許多妄想絕時汝自到寤寐恒一處也初聞亦未之信每日我自顧寤與寐分明作兩段如何敢開大口說禪除非佛說寤寐恒一是妄語則我此病不須除佛語果不欺人乃是我自未了後因聞先師舉諸佛出身處薰風自南來忽然去却礙膺之物方知黃面老子所說是眞語實語如語不誑語不妄語不欺人眞大

武九 七

慈悲粉身沒命不可報礙膺之物既除方知夢時便是寤時底寤時便是夢時底佛言寤寐恒一方始自知這般道理拈出呈似人不得說與人不得如夢中境界取不得捨不得承問妙喜於未悟已前已悟之後有異無異不覺依實供通子細讀來教字字至誠不是問禪亦非見詰故不免以昔時所疑處吐露顧居士試將老龐語諟提撕但願空諸所有切勿實諸所無先以目前日用境界作夢會了然後却將夢中底移來目前則佛金鼓高宗傅說孔子奠兩楹決不是夢矣

答陳教授 阜卿

此道寂寥無出今日邪師說法如惡叉聚各各自謂得無上道咸唱邪說幻惑凡愚故某每每切齒於此不惜身命欲扶持之使光明種子知有吾家本分事不墮邪見網中萬一得衆生界中佛種不斷亦不虛受黃面老子覆蔭所謂將此深心奉塵剎是則名爲報佛恩然亦是不知時不量力之一事也左右既是箇中人不得不說箇中事因筆不覺及此耳

答林判院 少瞻

示諭求一語與信道人做工夫既有圓覺經經中豈止一語而已哉諸大菩薩各隨自所疑處發問世尊據所疑一一分明剖析大段

分曉前所給話頭亦在其中矣經云居一切時不起妄念於諸妄心亦不息滅住妄想境不加了知（此語最親切）於無了知不辯真實老漢昔居雲門菴時嘗頌之曰荷葉團團團似鏡菱角尖尖尖似錐風吹柳絮毛毬走雨打梨花蛺蝶飛但將此頌放在上面卻將經文移來下面頌卻是經經卻是頌試如此做工夫看莫管悟不悟心頭休熱忙亦不可放緩如調絃之法緊緩得其所則曲調自成矣歸去但與沖輩相親遮相琢磨道業無有不辦者

祝祝

答黃知縣（子餘）

收書知為此一大事因緣甚力大丈夫漢所作所為當如是耳無常迅速生死事大過了一日則銷了一日好事可畏可畏左右春秋鼎盛正是作業不識好惡時能回此心學無上菩提此是世界上第一等難容靈利漢五濁界中有甚麼奇特事過如此段因緣趂色力彊健早回頭以臨老回頭其力量勝百千萬億倍老漢私為左右喜前此寫去法語曾時時覷看否第一記取不得起心動念肚裏熱忙急要悟纔作此念則被此念塞斷路頭永不能得悟矣祖師云執之失度必入邪路放之自然體無去住此乃祖師吐心吐膽為人處也但日用費力處莫要做此箇門中不省費力老漢常為人說此話得力處乃是省力處省力處乃是得力處若起一念希望心求悟入處大似人在自家堂屋裏坐卻問他人覓住處無異但把生死兩字貼在鼻尖兒上不要忘了時時提撕話頭提來提去生處自熟熟處自生矣此語已寫在空相道人書中請同此書互換一看便了得也

答嚴教授（子卿）

真實到不疑之地者如渾鋼打就生鐵鑄成直饒千聖出頭來現無量殊勝境界見之亦如不見況於此作奇特殊勝道理耶昔藥山坐禪次石頭問子在這裏作甚麼藥山云一物不為石頭云恁麼則閑坐也藥山云閑坐則為也石頭然之看他古人一箇閑坐也奈何他不得今時學道之士多在閑坐處打住近日叢林無鼻孔輩謂之默照者是也又有一種脚跟元不曾點地認得箇門頭戶口光影一向狂發與說平常話不得盡作禪會似這般底喚業識作本命元辰更是不可與語本分事也不見雲門大師有言光不透脫有兩般病一切處不明面前有物是一又透得一切法空隱隱地似有箇物相似亦是光不透脫又法身亦有兩般病得到法身為法執不忘己見猶存坐在法身邊是一直饒透得法身去放過即不可子細檢點來有甚麼氣息亦是病而今學實法者以透過法身為極致而雲門返以為病不知透過法身了合作麼生到這裏如人飲水冷煖自知不著問別人問別人則禍事也所以云真實到不疑之地者如渾鋼打就生鐵鑄成是也如人喫飯飽時不可更問人我飽未飽昔黃蘗問百丈從上古人以何法示人百丈只據坐黃蘗云後代兒孫將何傳授百丈拂衣便起云我將謂汝是箇人這箇便是為人底樣子也但向自信處看還得自信底消息絕也未若自

信底消息絕則自然不取他人口頭辨矣臨濟云汝若歇得念念馳求心與釋迦老子不別不是欺人第七地菩薩求佛智心未滿足故謂之煩惱直是無你安排處著一星兒外料不得數年前有箇許居士認得箇門頭戶口將書來呈見解云日用中空豁豁地無一物作對待方知三界萬法一切元無直是安樂快活放得下因示之以偈曰莫戀淨潔處淨處使人困莫戀快活處快活使人狂如水之任器隨方圓短長放下不放下更請細思量三界與萬法匪歸何有鄉若只便恁麼此事大乖張為報許居士家親作禍殃豁開千聖眼不須頻禱禳偶晨起稍涼驀然記得子卿道友初得箇入頭時尚疑恐是光影遂將從來所疑公案拕照方見趙州老漢敗闕處不覺信筆葛藤如許

答張侍郎子韶

左右以自所得瞥脫處為極則纔見涉理路入泥入水為人底便欲掃除使滅蹤跡見宗杲所集正法眼藏便云臨濟下有數箇菴主好機鋒何不收入如忠國師說義理禪教壞人家男女決定可刪左右見道如此諦當而不喜忠國師說老婆禪坐在淨淨潔潔處只愛擊石火閃電光一著子此外不容一星兒別道理真可惜耳故宗杲盡力主張若法性不寬波瀾不闊佛法知見不亡生死命根不斷則不敢如此四楞著地入泥入水為人蓋眾生根器不同故從上諸祖各立門戶施設備眾生機隨機攝化故長沙岑大蟲有言我若一向舉揚宗教法堂前須草深一丈倩人看院始得既落在這行戶裏被人喚作宗師須備眾生機說法如擊石火閃電光一著子是這般根器方承當得根器不是處用之則揠苗矣宗杲豈不曉瞥脫一椎便七穿八穴是性懆所以集正法眼藏不分門類不問雲門臨濟曹洞溈仰法眼宗但有正知正見可以令人悟入者皆收之見忠國師大珠二老宿禪備眾體故收以救此一類根器者左右書來云決定可刪觀公之意正法眼藏盡去除諸家門戶只收似公見解者方是若爾則公自集一書化大根器者有何不可不必須教妙喜隨公意去之若謂忠國師說拕泥帶水老婆禪便絕後則如巖頭睦州烏臼汾陽無業鎮州普化定上座雲峯悅法昌遇諸大老合兒孫滿地今亦寂然無主化者諸公豈是拕泥帶水說老婆禪乎然妙喜主張國師無垢破除初不相妨也

答徐顯謨稚山

左右頻寄聲妙喜想只是要調伏水牯牛捏殺這猢猻子耳此事不在久歷叢林飽參知識只貴於一言一句下直截承當不打之遶爾據實而論間不容髮不得已說箇直截已是紆曲了也說箇承當已是蹉過了也況復牽枝引蔓舉經舉教說理說事欲究竟耶古德云但有纖毫即是塵水牯牛未調伏猢猻子未死縱說得恒沙道理並不干我一星兒事然說得說不得亦非外邊事不見江西老宿有言說得亦是汝心說不得亦是汝心決欲直截擔荷見佛見祖如生冤家方有少分相應如此做工夫日久月深不著起心求悟

木牯牛自調伏猢猻子自死矣記取記取但向平昔心意識湊泊不得處取不得處捨不得處看箇話頭僧問雲門如何是佛門云乾屎橛看時不用將平昔聰明靈利思量卜度擬心思量十萬八千未是遠莫是不思量不計較不擬心便是麼咄更是箇甚麼且置是事

答楊教授 彥侯

左右彊項中却有不可思議底柔和致一言之下千了百當此事殊勝若不閒於彊項中打發得幾人佛法豈到今日非有般若根性則不能如是盛事盛事示喻欲來年春夏間棹無底船吹無孔笛施無盡供說無生話要了無窮無始不有不無巴鼻但請來與這無面目漢商量定不錯了這話又承需道號政欲相塗糊可稱快然居士故眞淨老人云快然大道只在目前縱横十字擬而留連便是此義也某在長沙作久住討左右他日果從此來則林下不寂寞也

答樓樞密

不識別後日用應緣處不被外境所奪否視堆案之文能撥置否與物相遇時能動轉否住寂靜處不妄想否體究箇事無雜念否故黃面老子有言心不妄取過去法亦不貪著未來事不於現在有所住了達三世悉空寂過去事或善或惡不須思量思量則障道矣未來事不須計較計較則狂亂矣現在事到面前或逆或順亦不須著意著意則擾方寸矣但一切臨時隨緣酬酢自然合著這箇道理逆境界易打順境界難打逆我意者只消一箇忍字定省少時便過了順境界直是無你回避處如磁石與鐵相偶彼此不覺合作一處無情之物尚爾況現行無明全身在裏許作活計者當此境界若無智慧不覺不知被他引入羅網却向裏許要求出路不亦難乎所以先聖云入得世間出世無餘便是這箇道理也近世有一種修行失方便者往往認現行無明爲入世間便將出世間法彊差排作出世無餘之事可不悲乎除夙有誓願即時識得破作得主不被他牽引故淨名有言佛爲增上慢人說離婬怒癡爲解脫耳若無增上慢者佛說婬怒癡性即是解脫若免得此過於逆順境界中無起滅相始離得增上慢名字恁麼方可作入得世間謂之有力量漢已上所說都是妙喜平昔經歷過底即今日用亦只如此修行願公趁色力彊健亦入是三昧此外時時以趙州無字提撕久久純熟驀然無心撞破漆桶便是徹頭處也

又

日用工夫前書已葛藤不少但只依舊不變不動物來則與之酬酢自然物我一如矣古德云放曠任其去住靜鑑覺其源流語證則不可示人說理則非證不了自證自得處拈出呈似人不得唯親證親得者略露目前些子彼此便默默相契矣示諭自此不被人謾不錯用工夫矣大槩已正欛柄已得如善牧牛者索頭常在手中爭得犯人苗稼驀地放却索頭鼻孔無撈摸處平田淺草一任縱横慈明老人所謂四方放去休攔遏八面無拘任意遊要收只在索頭撥未能如是當緊把

索頭且與順摩捋淹浸工夫既熟自然不著用意隄防矣工夫不可急急則躁動又不可緩緩則昏怛矣忘懷著意俱蹉過譬如擲劒揮空莫論及之不及昔嚴陽尊者問趙州一物不將來時如何州云放下著嚴陽云一物既不將來放下箇甚麼州云放不下擔取去嚴陽於言下大悟又有僧問古德學人奈何不得時如何古德云老僧亦奈何不得僧云學人在學地故是奈何不得和尚是大善知識爲甚麼亦奈何不得古德云我若奈何得則便拈却你這不奈何僧於言下大悟二僧悟處即是樓樞寄迷處樓樞寄疑處即是二僧問處法從分別生還從分別滅滅諸分別法是法無生滅細觀來書病已去盡別證候亦不生矣大段相近亦漸省力矣請只就省力處放教蕩蕩地忽然啐地破曝地斷便了千萬勉之

答曹太尉功顯

宗杲雖年運而往矣不敢不勉彊力以此事與衲子輩激揚一日粥後擊牌子輪一百人入室間有負命者上鉤來亦有咬人師子以此法喜禪悅爲樂殊不覺倦亦造物見憐耳左右福慧兩全日在至尊之側而留意此段大事因緣眞不可思議事釋迦老子曰有勢不臨難豪貴學道難非百劫千生曾承事善知識種得般若種子深焉能如是信得及只這信得及處便是成佛作祖底基本也願公只向信得及處覷捕久久自透脫矣然第一不得著意安排覓透脫處若著意則蹉過也釋迦老子又曰佛道不思議誰能思議佛又佛問文殊師利曰汝入不思議三昧耶文殊曰弗也世尊我即不思議不見有心能思議者云何而言入不思議三昧我初發心欲入是定如今思惟實無心想而入三昧如人學射久習則巧後雖無心以久習故箭發皆中我亦如是初學不思議三昧繫心一緣若久習成就更無心想常與定俱佛與祖師所受用處無二無別近年叢林有一種邪禪以閉目藏睛觜盧都地作妄想謂之不思議事亦謂之威音那畔空劫已前事纔開口便喚作落今時亦謂之根本上事亦謂之淨極光通達以悟爲落在第二頭以悟爲枝葉邊事蓋渠初發步時便錯了亦不知是錯以悟爲建立既自無悟門亦不信有悟者這般底謂之謗大般若斷佛慧命千佛出世不通懺悔左右具驗人眼久矣似此等輩披却師子皮作野干鳴不可不知某與左右雖未承顏接論此心已默默相契多年矣前此答字極不如禮今專遣法空禪人代往致敬故不暇入善思惟三眛只恁麼信手信意不覺葛藤如許聊謝不敏而已

大慧普覺禪師書卷第二十九

大慧普覺禪師語録卷第二十九

校勘記

一　底本，明永樂北藏本。

一　三二八頁下九行末字「人」，徑作「人也」。

一　三二九頁上七行末字「也」，徑作「之」。

一　三三〇頁上一八行「宗果」，南、徑作「宗杲」。

一　三三二頁中一五行第三字「懆」，南、徑作「燥」。

一　三三四頁上一八行「功顯」，徑作「公顯」。

一　三三四頁中一九行「盧都」，徑作「都盧」。

大慧普覺禪師書卷第三十　武十

宋徑山能仁禪院住持嗣法慧日禪師臣蘊聞上進

答榮侍郎茂實

承留心欲究竟此一段大事因緣既辦此心第一不要急急則轉遲矣又不得緩緩則怠惰矣如調琴之法緊緩要得中方成曲調但向日用應緣處時時覷捕我這箇能與人決斷是非曲直底承誰恩力畢竟從甚麼處流出覷捕來覷捕去平昔生處路頭自熟生處既熟則熟處却生矣那箇是熟處五陰六入十二處十八界二十五有無明業識思量計較心識晝夜熠熠如野馬無暫停息底是這一絡索使得人流浪生死使得人做不好事這一絡索既生則菩提涅槃真如佛性便現前矣當現前時亦無現前之量故古德契證了便解道應眼時若千日萬象不能逃影質應耳時若幽谷大小音聲無不足如此等事不假他求不借他力自然向應緣處活鱍鱍地未得如此且將這思量世間塵勞底心回在思量不及處試思量看那箇是思量不及處僧問趙州狗子還有佛性也無州云無只這一字儘你有甚麼伎倆請安排看請計較看思量計較安排無處可以頓放只覺得肚裏悶心頭煩惱時正是好底時節第八識相次不行矣覺得如此時莫要放却只就這無字上提撕提撕來提撕去生處自熟熟處自生矣近年以來叢林中有一種唱邪說為宗師者謂學者曰但只管守靜不知守者是何物靜者是何人却言靜底是基本却不信有悟底謂悟底是枝葉更引僧問仰山曰今時人還假悟也無仰山曰悟則不無爭奈落在第二頭癡人面前不得說夢便作實法會謂悟是落第二頭殊不知溈山自有警覺學者之言直是痛切曰研窮至理以悟為則此語又向甚處著不可溈山疑誤後人要教落在第二頭也曹閣使亦留心此事恐其被邪師輩所誤比亦如此書忉忉怛怛寫與此公聰明識見有大過人處決不到錯認方便語作實法會但某未得與之目擊私憂過計耳聞老居士亦與之是道友因筆不覺葛藤無事相見時試問渠取書一看方知妙喜相期不在眼底彼此氣義相投又非勢利之交寫了一紙紙盡又添一紙不暇更事形迹此書亦如是前書說是箇中人故曰切不可道老老大大著甚來由若如此則好事在面前定放過矣寫時雖似率易然亦機感相投亦不覺書在紙上荷公信得妙喜及便把做事日用應緣處便恢張此箇法門以報聖主求賢安天下之意真不負其所知也願種種堪忍始終只如今日做將去佛法世法打作一片且耕且戰久久純熟一舉而兩得之豈非腰纏十萬貫騎鶴上揚州乎

又

示諭鐘鳴漏盡之譏為君上盡誠而下安百姓自有聞絃賞音者願公凡事堅忍當逆順境政好著力所謂將此深心奉塵剎是則名為報佛恩平昔學道只要於逆順界中受用逆順現前而生苦惱大似平昔不曾向箇中用心祖師曰境緣無好醜好醜起於心心若不彊名妄情從何起妄情既不起真心任徧

知請於逆順境中常作是觀則久久自不生
苦惱苦惱既不生則可以驅魔王作護法善
神矣前此老老大大著甚來由之說言猶在
耳豈忘之耶欲識佛性義當觀時節因緣以
居士前十餘載閑自有閑時時節今日仕權
在手便有忙底時節當念閑時是誰閑忙時
是誰忙須信忙時却有閑時道理閑時却有
忙時道理正在忙中當體主上起公之意頃
刻不可暫忘自警自察何以報之若常作是
念則鑊湯鑪炭刀山劒樹上亦須著向前況
目前些小逆順境界耶與公以此道相契故
不留情盡淨吐露

答黄門司御夫

收書并許多葛藤不意便解如此拈弄直是
弄得來活鱍鱍地真是自證自得者可喜可
喜但只如此從教人道這官人不依本分亂
說亂道他家自有通人愛除是曾證曾悟者
方知若是聽響之流一任他鑽龜打瓦更批
判得如來禪祖師禪好儘喫得妙喜拄杖也
且道是賞伊罰伊一任諸方更疑三十年

答孫知縣

蒙以所修金剛經相示幸得隨喜一徧近世
士大夫肯如左右留心内典者實爲希有不
得意趣則不能如是信得及不具看經眼則
不能窺測經中深妙之義真火中蓮也詳味
久之不能無疑耳左右詆諸聖師翻譯失真
而汨亂本真文句增減違背佛意又云自始
持誦即悟其非欲求定本是正舛差而習僞
已久雷同一律暨得京師藏本始有據依復
考繹天親無著論頌其義脗合遂泮然無疑
又以長水孤山二師皆依句而違義不識左
右敢如是批判則定嘗見六朝所譯梵本盡
得諸師翻譯錯謬方始泮然無疑既無梵本
便以臆見刊削聖意則且未論招因帶果毀
謗聖教墮無間獄恐有識者見之却如左右
檢點諸師之過還著於本人矣古人有言交
淺而言深招尤之道也某與左右素昧平生
左右以此經求印證欲流布萬世於衆生界
中種佛種子此是第一等好事而又以某爲
箇中人以箇中消息相期於形器之外故不
敢不上稟昔清涼國師造華嚴䟽欲正譯師
訛舛而不得梵本但書之于經尾而已如佛
不思議法品中所謂一切佛有無邊際身色
相清淨普入諸趣而無染著清涼但云佛不
思議法品上卷第三葉第十行一切諸佛舊
脫諸字其餘經本脫落皆註之于經尾清涼
亦聖師也非不能添入及減削止敢書之于
經尾者識法者懼也又經中有大瑠璃寶清
涼曰恐是吠瑠璃舊本錯寫亦不敢改亦只
如此註之經尾耳六朝翻譯諸師皆非淺識
之士翻譯場有譯語者有譯義者有潤文者
有證梵語者有正義者有唐梵相校者而左
右尚以爲錯譯聖意左右既不得梵本便妄
加刊削却要後人諦信不亦難乎如論長水
依句而違義無梵本證如何便決定以其爲
非此公雖是講人與他講人不同嘗參瑯瑘
廣照禪師因請益瑯瑘首楞嚴中富樓那問
佛清淨本然云何忽生山河大地之義瑯瑘
遂抗聲云清淨本然云何忽生山河大地長
水於言下大悟後方披襟自稱座主蓋座主

多是尋行數墨左右所謂依句而不依義長
水非無見識亦非尋行數墨者不以具足相
故得阿耨菩提經文大段分明此文至淺至
近自是左右求奇太過要立異解求人從已
耳左右引無著論云以法身應見如來非以
相具足故若爾如來雖不應以相具足見應
相具足爲因得阿耨菩提爲離此著故經言
須菩提於意云何如來可以相成就得阿耨
菩提須菩提莫作是念等者此義明相具足
體非菩提亦不以相具足爲因也以相是色
自性故此論大段分明自是左右錯見錯解
爾色是相緣起相是法界緣起梁昭明太子
謂莫作是念如來不以具足相故得阿耨菩
提三十二分中以此分爲無斷無滅分恐須
菩提不以具足相則緣起滅矣蓋須菩提初
在母胎即知空寂多不住緣起相後引功德
施菩薩論末後若相成就是眞實有此相滅
時即名爲斷何以故以生故有斷又怕人不
會又云何以故一切法是無生性所以遠離
斷常二邊遠離二邊是法界相不說性而言

相謂法界是性之緣起故也相是法界緣起
故不說性而言相梁昭明所謂無斷無滅是
也此段更分明又是左右求奇太過彊生節
目爾若金剛經可以刋削則一大藏教凡有
看者各隨臆解都可刋削也知韓退之指論
語中畫字爲晝字謂舊本差錯以退之之見
識便可改了而只如此論在書中何也亦是
識法者懼爾圭峯密禪師造圓覺疏鈔密於
圓覺有證悟處方敢下筆以圓覺經中一切
衆生皆證圓覺圭峯改證爲具謂譯者之訛
而不見先本亦只如此論在疏中不敢便改
正經也後來泐潭眞淨和尚撰皆證論論內
痛罵圭峯謂之破凡夫臊臭漢若一切衆生
皆具圓覺而不證者畜生永作畜生餓鬼永
作餓鬼盡十方世界都盧是箇無孔鐵鎚更
無一人發眞歸元凡夫亦不須求解脫何以
故一切衆生皆已具圓覺亦不須求證故左
右以京師藏經本爲是遂以京本爲據若京
師藏本從外州府納入如徑山兩藏經皆是
朝廷全盛時賜到亦是外州府經生所寫萬

一有錯又却如何改正左右若無人我定以
妙喜之言爲至誠不必泥在古今一大錯上
若執己見爲是決欲改削要一切人唾罵一
任刋版印行妙喜也只得隨喜讚歎而已公
既得得遣人以經來求印可雖不相識以法
爲親故不覺忉忉怛怛相觸忤見公至誠所
以更不留情左右決欲窮教乘造與義當尋
一名行講師一心一意與之參詳教徹頭徹
尾一等是留心教網也若以無常迅速生死
事大己事未明當一心一意尋一本分作家
能破人生死窠窟者與伊著死工夫厮崖忽
然打破漆桶便是徹頭處也若只是要資談
柄道我博極羣書無不通達禪我也會教我
也會又能檢點得前輩諸譯主講師不到處
逞我能我解則三教聖人都可檢點亦不必
更求人印可然後放行也如何如何

答張舍人狀元安國

左右決欲究竟此事但常令方寸虛豁豁地
物來即應如人學射久久中的矣不見達磨
謂二祖曰汝但外息諸緣內心無喘心如牆

壁可以入道如今人纔聞此說便差排向頑然無知處硬自遏捺要得心如牆壁去祖師所謂錯認何曾解方便者也巖頭云纔恁麼便不恁麼是句亦剗非句亦剗這箇便是外息諸緣內心無喘底樣子也縱未得啐地折曝地破亦不被語言所轉矣見月休觀指歸家罷問程情識未破則心火熠熠地正當恁麼時但只以所疑底話頭提撕如僧問趙州狗子還有佛性也無州云無只管提撕舉覺左來也不是右來也不是又不得將心等悟又不得向舉起處承當又不得作玄妙領略又不得作有無商量又不得作眞無之無卜度又不得坐在無事甲裏又不得向擊石火閃電光處會直得無所用心心無所之時莫怕落空這裏卻是好處驀然老鼠入牛角便見倒斷也此事非難非易除是夙曾種得般若種智之深曾於無始曠大劫來承事眞善知識熏習得正知正見在靈識中觸境遇緣於現行處築著磕著如在萬人叢裏認得自家父母相似當恁麼時不著問人自然求覓底心不馳散矣雲門云不可說時即有不說時便無也不可商量時便有不商量時便無也又自提起云且道不商量時是箇甚麼又怕人不會又自云更是甚麼近年以來禪有多途或以一問一答末後多一句為禪者或以古人入道因緣聚頭商搉云這裏是虛那裏是實道語玄那語妙或代或別為禪者或以眼見耳聞和會在三界唯心萬法唯識上為禪者或以無言無說坐在黑山下鬼窟裏閉目合眼謂之威音王那畔父母未生時消息亦謂之默而常照為禪者如此等輩不求妙悟以悟為落在第二頭以悟為誑謼人以悟為建立自既不曾悟亦不信有悟底妙喜常謂衲子輩說世間工巧技藝若無悟處尚不得其妙況欲脫生死而只以口頭說靜便要收殺大似埋頭向東走欲取西邊物轉求轉遠轉急轉遲此輩名為可憐愍者教中謂之謗大般若斷佛慧命人千佛出世不通懺悔雖是善因返招惡果寧以此身碎如微塵終不以佛法當人情決要敵生死須是打破這漆桶始得切忌被邪師順摩捋將冬瓜印子印定便謂我千了百當如此之輩如稻麻竹葦左右聰明有識見必不受這般惡毒然亦恐用心之切要求速效不覺不知遭他染汙故信筆葛藤如許被明眼人覷見一場敗闕千萬相聽只以趙州一箇無字日用應緣處提撕不要間斷古德有言研窮至理以悟為則若說得天華亂墜不悟總是癡狂外邊走耳勉之不可忽

答湯丞相 進之

丞相既存心此段大事因緣缺減界中虛妄不實或逆或順一一皆是發機時節但常令方寸虛豁豁地日用合做底事隨分撥遣觸境逢緣時時以話頭提撕莫求速效研窮至理以悟為則然第一不得存心等悟若存心等悟則被所等之心障卻道眼轉急轉遲矣但只提撕話頭驀然向提撕處生死心絕則是歸家穩坐之處得到恁麼處了自然透得古人種種方便種種異解自不生矣教中所謂絕心生死伐心稠林浣心垢濁解心執著

於執著處使心動轉當動轉時亦無動轉底
道理自然頭頭上明物物上顯日用應緣處
或淨或穢或喜或怒或順或逆如珠走盤不
撥而自轉矣得到這箇時節拈出呈似人不
得如人飲水冷煖自知南陽忠國師有言說
法有所得是爲野干鳴此事如青天白日一
見便見眞實自見得底邪師走作不得莭日
亦嘗面言此事無傳授纔說有竒特玄妙六
耳不同謀之說即是相欺便好搊住劈面便
唾書生做到宰相是世間法中最尊最貴者
若不向此事上了却即是虛來南閻浮提打
一遭收因結果時帶得一身惡業去教中說
作癡福是第三生寃何謂第三生寃第一生
作癡福不見性第二生受癡福無慙愧不做
好事一向作業第三生受癡福盡不做好事
脫却殼漏子時入地獄如箭射人身難得佛
法難逢此身不向今生度更向何生度此身
學此道須有決定志若無決定志則如聽聲
卜者見人說東便隨人向東走說西便隨人
向西走若有決定志則把得住作得主宰𡡉
融所謂設有一法過於涅槃吾說亦如夢幻
況世間虛幻不實之法更有甚麼心情與之
打交涉也願公堅此志以得入手爲決定義
則縱使大地有情盡作魔王欲來惱亂無有
得其便處般若上無虛棄底工夫若存心在
上面縱今生未了亦種得種子深臨命終時
亦不被業識所牽墮諸惡趣換却殼漏子轉
頭來亦昧我底不得察之

答樊提刑（茂實）

示諭能行佛事而不解禪語能與不解無別
無同但知能行者即是禪語會禪語而不能
行佛事如人在水底坐叫渴飯籮裏坐叫飢
何異當知禪語即佛事佛事即禪語能行能
解在人不在法若更向箇裏覔同覔別則是
空拳指上生實解根境法中虛揑怪如却行
而求前轉急轉遠轉踈轉遠矣要得徑截心
地豁如但將能與不能解與不解同與不同
別與不別能如是思量如是卜度者掃向他
方世界却向不可掃處看是有是無是同是
別驀然心思意想絕當恁麼時自不著問人
矣

答聖泉珪和尚

既得外護者存心相照自可撥置人事頻與
衲子輩作佛事久久自殊勝更望室中與之
子細不得容人情不得共伊落草直似之以
本分草料教伊自悟自得方是尊宿爲人體
裁也若是見伊遲疑不薦便與之下註脚非
但瞎却他眼亦乃失却自家本分手段不得
人即是吾輩緣法只如此若得一箇半箇本
分底亦不負平昔志願也

答鼓山逮長老

專使來收書并信香等知開法出世唱道於
石門不忘所從來爲嶽長老拈香續楊岐宗
派既已承當箇事須卓卓地做教徹頭徹尾
以平昔實證實悟底一著子端居丈室如擔
百二十斤擔子從獨木橋上過脚蹉手跌則
和自家性命不可保況復與人抽釘拔楔救
濟他人耶古德云此事如八十翁翁入場屋
豈是兒戲又古德云我若一向舉揚宗教法
堂前草深一丈須倩人看院始得巖頭每云

向未脣已前一覰便眼卓朔地晏國師不跨石門句睦州現成公案放你三十棒汾陽無業莫妄想魯祖凡見僧入門便轉身面壁而坐爲人時當不昧這般體裁方不失從上宗旨耳昔溈山謂仰山曰建法幢立宗旨於一方五種緣備始得成就五種緣謂外護緣檀越緣衲子緣土地緣道緣閩霜臺趙公是汝請主致政司業鄭公送汝入院二公天下士以此觀之汝於五種緣稍備每有衲子自閩中來者無不稱歎法席之盛檀越歸向士大夫外護住持無魔障衲子雲集可以趂色力未衰時頻與衲子激揚箇事垂手之際須著精彩不得莽鹵蓋近年以來有一種禪販之輩到處學得一堆一擔相似禪往往宗師造次放過遂至承虛接響遞相印授誤賺後人致使正宗淡薄單傳直指之風幾掃地矣不可不子細五祖師翁住白雲時嘗答靈源和尚書云今夏諸莊顆粒不收不以爲憂其可憂者一堂數百衲子一夏無一人透得箇狗子無佛性話恐佛法將滅耳汝看主法底宗師用心又何曾以產錢多少山門大小爲重輕米鹽細務爲急切來汝既出頭承當箇善知識名字當一味以本分事接待方來所有庫司財穀分付知因識果知事分司列局令掌之時時提舉大綱安僧不必多日用齋粥常教後手有餘自然不費力衲子到室中下刃要緊不得拖泥帶水如雪峯空禪師須在雲居雲門相聚老漢知渠不自欺是箇佛法中人故一味以本分鉗鎚似之後來自在別處打發大法既明向所受過底鉗鎚一時得受用方知妙喜不以佛法當人情去年送得一冊語録來造次顛沛不失臨濟宗旨今送在衆寮中與衲子輩看老漢因援筆書其後特爲發揚使本分衲子爲將來說法之式若使老漢初爲渠拖泥帶水說老婆禪眼開後定罵我無疑所以古人云我不重先師道德只重先師不爲我說破若爲我說破豈有今日便是這箇道理也趙州云若教老僧隨伊根機接人自有三乘十二分教接他了也老僧這裏只以本分事接人若接不得自是學者根性遲鈍不干老僧事思之思之

大慧普覺禪師書卷第三十

謝降賜大慧禪師語録入藏奏劄

臣僧蘊聞昨於乾道七年三月中不懼天誅以先師大慧禪師臣宗杲語録投進仍乞特旨送福州入藏伏准五月十九日聖旨已送福州東禪寺入藏訖者冒昧上陳方虞罪戾恩光下逮俯賜矜俞梵釋重輝山澤增氣凡居聞見罔不歡欣恭惟皇帝陛下如天鑑觀得佛心法念微言之易泯參秘藏以並傳先師臣宗杲植百劫之勝因逢千載之嘉會幺微有幸得叨預於殊榮焚誦何功冀仰酬於大造臣無任瞻天望聖激切屏營之至乾道八年正月日徑山能仁禪院住持慧日禪師臣蘊聞奏劄

大慧普覺禪師語録卷第三十

校勘記

一　底本，明永樂北藏本。

一　三三六頁下一七行「佛恩」，南作「國恩」。

一　三三七頁上五行「閑時」，徑作「閑底」。

一　三三八頁中五行第一二字「知」，南、徑作「如」。

一　三三八頁中一一行第四字「先」，南、徑作「梵」。

一　三四一頁下二行「卷第三十」下，徑有「終」字。

大慧普覺禪師宗門武庫

參學比丘道謙編

洞山廣道者。梓州人。叢林號廣無心。初遊方。問雲蓋智和尚。興化打維那意旨如何。智下繩牀展兩手吐舌示之。廣打一坐具。智云。此是風力所轉。又持此語問石霜琳和尚。琳云。你意作麼生。廣亦打一坐具。琳云。好一坐具。秖是你不知落處。又問真淨。淨云。你意作麼生。廣亦打一坐具。淨云。他打你也打。廣於此大悟。真淨因作頌云。丈夫當斷不自斷。興化為人徹底漢。已後從他眼自開。棒了罰錢趁出院。

慈明瑯琊大愚等數人。辭汾陽相讓。不肯為參頭。汾陽云。此行不可以戒臘推。聽吾一頌。天無頭。吉州城畔展戈矛。將軍疋馬林下過。圓州城裏鬧啾啾。慈明出班云。楚圓何人敢當此記。汾遂領眾拜辭。

湛堂準和尚初參真淨。淨問。近離甚處。準云。大仰。夏在甚處。準云。大溈。淨云。甚處人。準云。興元府。淨展兩手云。我手何似佛手。準罔措。淨云。適來祇對一一靈明天真。及乎道箇佛手便成窒礙。且道病在甚處。準云。某甲不會。淨云。一切見成。更教誰會。

暹道者久參雪竇。竇欲舉住金鵞。暹聞之。夜潛書偈於方丈壁間。即道去。偈曰。不是無心繼祖燈。道慚未廁嶺南能。三更月下離巖竇。眷眷無言戀碧層。又曰。三十餘年四海間。尋師擇友未嘗閑。今朝得到無心地。卻被無心趁出山。暹後出世。開先承嗣德山遠和尚。續通雪竇書。山前婆子見專使欣然問曰。暹首座出世。為誰燒香。專使曰。德山遠和尚。婆子詬罵曰。雪竇抖擻屎腸說禪為你。你得恁麼辜恩負德。

雲居舜老夫。常譏天衣懷禪師說葛藤禪。一日聞懷遷化。於法堂上合掌云。且喜葛藤樁子倒了也。秀圓通時在會中作維那。每見訶罵不已。乃謂同列曰。我須與這老漢理會一上。及夜參。又如前訶罵。秀出眾厲聲曰。豈不見圓覺經中道。舜遽曰。久立大眾。伏惟珍重。便歸方丈。秀曰。這老漢通身是眼。罵得懷和尚也。

湖南小景淳。有才學。曾著無縫塔銘。大通本禪師用其語答無縫塔話云。煙霞生背面。星月繞簷楹。淳居嶽麓寺。律身精進。偶一夜經行殿階。失脚被攧。傍僧扶起。昏憒不曉人事。至於平生所著文字亦不能曉。究率照禪師初遊方。過嶽麓。聞老宿言淳事。照驚曰。我此生參禪不明心地。亦如淳也。偶一失跌。尚如此。况隔陰耶。

呂大申公執政時。因休沐日。預化疏。請言法華齋。翌日。果到府第。坐於堂上。申公將出見之。自念曰。拜則是。不拜則是。言大呼曰。呂老子你好勞攘。快出來。拜也好。不拜也好。申公拜敬之。齋畢。問未來臧否。言索筆大書亳州二字與之。不言所以。後罷相。知亳州。治疊文字次。忽見二字在前。始悟前讖也。

真淨和尚退洞山。遊浙至滁州瑯琊起和尚處。因眾請小參。真淨貶剝諸方異見邪解。無所忌憚。下座。見起和尚云。堂頭在此。賴是別無甚言語。起云。你也得也。二人相顧大笑而去。

葉縣省和尚。嚴冷枯淡。衲子敬畏之。浮山遠天衣懷在眾時。特往參扣。正值雪寒。省訶罵驅逐。以至將水潑旦過。衣服皆溼。其他僧皆怒而去。惟遠懷併疊敷具。整衣復坐於旦過中。省到訶曰。你更不去。我打你。遠近前云。某二人數千里特來參和尚禪。豈以一杓水潑之便去。若打殺也不去。省笑曰。你兩箇要參禪。卻去挂搭。續請遠充典座。眾苦其枯淡。省偶出莊。遠竊鑰匙取油麪作五味粥。粥熟。省忽歸赴堂。粥罷坐堂外。令請典座。遠至。首云。實取油麪煮粥。情願乞和尚責罰。省令算所直。估衣鉢還訖。打三十拄杖出院。遠舍於市中。託道友解免。省不允。又曰。若不容歸。秖乞隨眾入室。亦不允。一日出街次。見遠獨於旅邸前立。乃云。此是院門房廊。你在此住許多時。曾還租錢否。令計所欠。追取。遠無難色。持鉢於市。化錢還之。省又一日出街。見其持鉢。歸謂眾曰。遠真有意參禪。遂呼之歸。

汾陽無德禪師。一日謂眾曰。夜來夢亡父母覓酒肉紙錢。不免徇俗置以祀之。事辦。於庫堂設位。如俗間醴酌酒行肉化紙錢。訖。令集知事頭首。散其餘盌。知事輩卻之。無德獨坐筵中。飲啖自若。眾僧數曰。酒肉僧。豈堪為師法耶。腰包盡去。惟慈明大愚泉大道等六七人在耳。無德翌日上堂云。許多閑神野鬼。秖消一盤酒肉兩陌紙錢斷送去了也。法華經云。此眾無枝葉。唯有諸貞實。下座。

真淨和尚遊方時。與二僧偕行。到谷隱。薛大頭問云。三人同行。必有一智。如何是一智。二僧無語。淨立下肩。應聲便喝。薛豎拳作相撲勢。淨云。不勞再勘。薛拽拄杖趁出。薛見石門慈照禪師。

雲頂山敷禪師。成都府帥請就衙內陞座。時有樂營將出禮拜。起回顧。街前下馬臺云。一口吸盡西江水即不問。且請和尚吞卻街前下馬臺。師展兩手唱云。細抹將來。樂營將於此有省。

自慶藏主者。蜀人。叢林知名。徧參真如晦堂普覺諸大老。游廬阜入都城。見法雲圓通禪師與秀大師偕行。到法雲。秀得參堂。以慶藏主之名達圓通。通曰。且令別處挂搭。俟此間單位空。即令參堂。慶在智海。偶臥病。秀欲詣問所苦。而山門無假。乃潛出智海見慶。慶以書白圓通。道秀越規矩。出入圓通。得書知之。夜參大罵。此真小人。彼以道義故。擠出院來訊汝疾。返

以此告訐豈端人正士所為慶聞之遂掩息叢林晝誚慶遭圓通一訴而卒

撫州明水遜禪師在法雲侍者寮時道林琳禪師挂搭方丈特為新到茶遜躬至寮請之適琳不在有同行與琳聯案曰汝去俟渠來我為汝請遜去僧偶忘之齋後鳴鼓會茶琳不到圓通問曰新到在否趣請之琳到圓通令退坐榻立衆前責曰山門特為茶以表叢林禮數因何怠慢不時至琳曰適聞鼓聲忽內逼趨赴不前圓通呵曰我鼓又不是巴豆擊著你便屎出遜前白云是某忘記請之某當出院時同行出衆曰不干侍者與新到事是某不合承受為渠請偶忘記某當代二人出院圓通高其風義併宥之

諸方尊宿示滅全身火浴得舍利極多唯眞淨禪師舍利大如菽五色晶瑩而又堅剛谷山祖禪師眞淨高弟也多收斂之盛以瑠璃缾隨身供養妙喜遊谷山嘗試之置於鐵砧舉槌擊之砧槌俱陷而舍利無損豈非平昔履踐明白見道超詣所致耶

賢蓬頭江州人潙山眞如和尚會中角立者見地明白機鋒穎脫有超師之作但行業不謹一衆易之賢如結庵於方丈後令賢獨處唯通小徑從方丈前過不許兄弟往還後二年舉首衆立僧秉拂說法有大過人處一衆由是改觀後往郢州興陽數載道大行示寂肉身不壞圜悟和尚在潙山目擊其事妙喜遊興陽尚及見其肉身

湛堂準和尚興元府人眞淨之的嗣分寧雲巖虛席郡牧命黃龍死心禪師舉所知者以補其處死心曰準山主住得某不識他秖見有洗鉢頌甚好郡牧曰可得聞乎死心舉云之乎者也衲僧鼻孔大頭向下若也不會問取東村王大姐郡牧奇之具禮敦請準亦不辭平生律身以約雖領徒弘法不易在衆時晨興後架秖取小杓湯洗面復用濯足其他受用率皆類此纔放參罷方丈行者人力便如路人埽地煎茶皆躬為之有古人風度眞後昆良範也

法雲佛照杲禪師嘗退居景德鐵羅漢院殿中有木羅漢數尊京師寒苦杲取而燒之擁爐達旦次日淘灰中得舍利無數諸座主輩皆目之為外道蓋佛照乃丹霞輩流非俗眼所能驗也

延平陳了翁名瓘字瑩中自號華嚴居士立朝骨鯁剛正有古人風烈留神內典議論奪席獨參禪未大發明禪宗因緣多以意解酷愛南禪師語錄詮釋殆盡唯金剛與泥人揩背註解不行嘗語人曰此必有出處但未有知之者諺云大智慧人面前有三尺暗果不誣也

慈照聰禪師首山之子咸平中住襄州石門一日太守以私意笞辱之暨歸衆僧迎於道左首座趨前問訊曰太守無辜屈辱和尚如此慈照以手指地云平地起骨堆隨指涌一堆土太守聞之令人削去復涌如初後太守全家死於襄州又僧問深山巖崖中還有佛法也無照云有進云如何是深山巖崖中佛法照云奇怪石頭形似虎火燒松樹勢如龍無盡居士愛其語而石門錄獨不載二事此皆妙喜親見無盡居士說

廬山李商老因修造犯土舉家病腫求醫不効乃淨埽室宇骨肉各令齋心焚香誦熾盛光咒以禳所忤未滿七日夜夢白衣老人騎牛在其家忽地陷旋旋沒去翌日大小皆無恙至誠所感速如影響非佛力能如是乎

顒華嚴圓照本禪師之子因弊懶有省作偈曰這一交這一交萬兩黃金也合消頭上笠腰下包清風明月杖頭挑富鄭公常參問之一日見上堂左右顧視忽契悟以頌寄圓照曰一見顒師悟入深因緣傳得老師心江山千里雖云隔目對靈光與妙音鄭公罷相居洛中思顒示誨請住招提聞顒入境躬出迓之臨登車司馬溫公適至問相公何往鄭公曰接招提顒禪師溫公曰某亦同去聯鑣出郭俟於郵亭久之忽見數十擔過溫公問誰行李荷擔者應曰新招提和尚行李溫公遂索馬歸鄭公曰要見華嚴何故先歸溫公曰某已見他了竟先還妙喜嘗見李儀中少卿言之

舜老夫住廬山棲賢槐都官守南康因私忿民其衣淨因大覺璉禪師嘗入舜室聞舜還俗遣人取歸淨因讓正寢居之自處偏室仁宗數召璉入內問道竟不言舜事偶一日嘉王取旨出淨因飯僧見大覺侍舜之旁甚恭歸奏仁宗召對便殿見之歎曰道韻奇偉眞山林達士於扇上書云賜曉舜依舊為僧特旨再住棲賢仍賜紫衣銀鉢盂舜罷棲賢日以二莊力舁轎至羅漢寺前二力相謂曰既不是我院長老不能遠去棄轎而歸暨舜再來令人先慰諭二力曰你當時做得是但安心不必疑懼舜入院上堂頌曰無端被譖枉遭迍半年有餘作俗人今日再歸三峽寺幾多歡喜幾多嗔

舜老夫一日舉鹽官和尚喚侍者將犀牛扇子來侍者云扇子已破官云扇子既破還我犀牛兒來侍者無對舜云三伏當時正須扇子為侍者不了事雖然如是鹽官太絮何不大家割捨侍者當時若見鹽官道扇子既破還我犀牛兒來便向道已颺在搕𢶍堆上了也

翠巖眞點胸嘗罵舜老夫說無事禪石霜永和尚令人傳語眞云舜在洞山悟古鏡因緣如此豈是說無事禪你罵他自失卻一隻眼舜聞之作頌云雲居不

會禪洗腳上牀眠冬瓜直儱侗瓠子曲彎彎永和尚亦作頌曰石霜不會禪洗腳上牀眠桃子撲落地打破常住甑舜一日上堂云黃昏後脫襪打睡晨朝起來旋打行纏夜來風吹籬倒普請奴子劈篾縛起下座

五祖會中有僧名法閑入室次祖問不與萬法為侶者是什麼人僧云法閑即不然祖以手指云住住法閑即不然作麼生閑於言下有省後至東林宣秘度和尚室中盡得平實之旨閑一日持一枝花繞禪牀一帀背手插於香爐上曰和尚且道意作麼生宣秘累下語閑不諾經兩月日遂謁閑曰你試說看閑曰某甲秖將花插香爐上是和尚自疑別有什麼事

佛眼禪師在五祖時圓悟舉臨濟云第一句下薦得堪與佛祖為師第二句下薦得堪與人天為師第三句下薦得自救不了一日忽謂圓悟曰我舉三句向你以手指屈曰此是第二句第三句已說了便走圓悟舉似五祖祖曰也好弊眼乃辭五祖參歸宗真淨和尚去後祖謂圓悟曰歸宗波瀾濶弄大旗手段遠到彼未必相契未數日有書抵圓悟曰比到歸宗偶然漏網聞雲居清首座作晦堂真贊曰闇時富貴見後貧窮頗疑著他及相見果契合踰年復還祖山眾請秉拂說心性禪祖曰遠卻如此說禪也莫管他

圓悟和尚嘗參蘄州北烏牙方禪師佛鑑和尚嘗參東林宣秘度禪師皆得照覺平實之旨同到五祖室中平生所得一句用不著久之無契悟皆謂五祖強移換他出不遜語忿然而去祖云汝去遊浙中著一頓熱病打時方思量我在圓悟到金山忽染傷寒困極移入重病閣遂以平生參得底禪試之無一句得力追繹五祖之語乃自誓曰我病稍間即徑歸五祖佛鑒在定慧亦患傷寒極危圓悟甦省經由定慧拉之同歸淮西佛鑒尚固執且令先行圓悟亟歸祖山演和尚喜曰汝復來耶即日參堂便入侍者寮經半月偶陳提刑解印還蜀過山中問道因語話次祖曰提刑少年曾讀小艷詩否有兩句頗相近頻呼小玉元無事秖要檀郎認得聲提刑應喏喏祖曰且子細圓悟適自外歸侍立次問曰聞和尚舉小艷詩提刑會麼祖曰他秖認得聲圓悟曰秖要檀郎認得聲他既認得聲為什麼卻不是祖曰如何是祖師西來意庭前柏樹子聻圓悟忽有省遽出去見雞飛上欄干鼓翅而鳴復自謂曰此豈不是聲遂袖香入室通所悟祖曰佛祖大事非小根劣器所能造詣吾助汝喜祖復徧謂山中耆舊曰我侍者參得禪也佛鑒和尚自浙中歸祖山躊躇不肯挂搭圓悟曰我與汝相別纔踰月比今相見時如何鑒曰我只疑你這些子遂參堂一日同圓悟侍祖因遊山話次舉東寺和尚問仰山汝是甚處人仰山曰廣南人寺曰我聞廣南有鎮海明珠曾收得否山曰收得寺曰珠作何色山曰白月即現黑月即隱寺曰何不呈似老僧仰山叉手近前曰慧寂昨到溈山被索此珠直得無言可對無理可伸顧謂佛鑒曰既曰收得逮索此珠時又曰無言可對無理可伸是如何佛鑒無語忽一日謂圓悟曰仰山見東寺因緣我有語也東寺當時只索一顆珠仰山當下傾出一栲栳圓悟深肯之

劉宜翁嘗參佛印頗自負甚輕薄真淨一日從雲居來遊歸宗至法堂見真淨便問長老寫戲來得幾年淨曰專候樂官來翁曰我不入這保社淨曰爭奈即今在這場子裏翁擬議淨拍手曰蝦蟇禪秖跳得一跳又坐次指其衲衣曰喚作什麼淨曰禪衣翁曰如何是禪淨乃抖擻曰抖擻不下翁無語淨打一下云你伎倆如此要勘老僧耶

洪州奉新縣慧安院門臨道左衲子往還黃龍泐潭洞山黃檗無不經由偶法席久虛太守移書寶峰真淨禪師命擇人主之頭首知事者宿輩皆憚其行時有淵首座向北人狐硬自立參晦堂真淨實有契悟處泯泯與眾作息人無知者聞頭首知事推免不肯應命白真淨曰惠淵去得否真淨曰汝去得遂復書舉淵淵得公文即辭去時湛堂為座元問淵曰公去如何住持淵曰某無福當與一切人結緣自負栲栳打街供眾湛堂曰須是老兄始得遂作頌餞之曰師入新吳誘攜其有且收點腳先展佛手指點是非分張好醜秉殺活劍作師子吼應群生機解布袋口擬向東北西南直教珠回玉走咸令昧已之流頓出無明窠臼阿呵呵見三下三三三如九祖祖相傳佛佛授手淵往慧安逐日打化遇暫到即請歸院中歇泊容某歸來修供如此三十年風雨不易鼎新剏佛殿輪藏羅漢堂凡叢林所宜有者咸修備焉黃龍死心禪師訪之淵曰新長老汝常愛使沒意智一著子該抹人今夜且留此待與公理會些細大法門新憚之謂侍者曰這漢是箇會底不能與他務牙劈齒得不若去休不宿而行淵終於慧安闍維後六根不壞者三獲舍利無數異香滿室累月不絕奉新兵火發破無孑遺獨慧安諸殿巍然獨存豈非願力成就神物護持耶今諸方袖手領現成受用者聞淵之風得不媿於心乎

法雲杲和尚徧歷諸家門庭到圓通璣道者會中入室次舉趙州問投子大死底人卻活時如何子云不許夜行投明須到意作麼生杲曰恩大難酬圓通大稱賞之後數日舉立僧秉拂機思遲鈍開堂大笑杲有慚色次日特為大眾茶安茶具在案上慚無以自處偶打翻茶具瓢子落地跳數跳悟得答話機鋒迅

捷無敢當者復至眞淨處因看祖師偈云心同虛空界示等虛空法證得虛空時無是無非法豁然大悟後出世時上堂小參常謂人曰和尚紹聖三年十一月二十一日悟得方寸禪又言和尚熙寧三年丈帳在鳳翔府供申當年陷了華山一十八州你輩茄子瓠子那裏得知詔住法雲開堂日中使捧御香至要語錄進呈時洪覺範在會下令侍者請來編語錄云且看老和尚面覺範編次呈之讀畢謂曰若要了死生底禪須還和尚若是攢花簇錦四六文章閑言長語須是我洪兄始得法雲平生氣吞諸方孩撫時輩蓋所得有大過人處乃敢爾也。

師因湛堂和尚示寂請覺範狀其行實又得龍安照禪師書爲紹介特往荆南謁無盡居士求塔銘初見無盡無盡立而問曰公秪恁麼著草鞵遠來對曰某數千里行乞來見相公又問年多少對曰二十四又問水牯牛年多少對曰兩箇又問什麼處學得這虛頭來對曰今日親見相公無盡笑曰且坐喫茶纔坐又問遠來有何事遂起趨前云泐潭和尚示寂茶毘眼睛牙齒數珠不壞得舍利無數山中耆宿皆欲得相公大手筆作塔銘激勵後學得遠來冒瀆鈞聽。

無盡曰被罪在此不會爲人作文字今有一問問公若道得即做塔銘道不得即與錢五貫裹足卻歸兜率參禪去遂曰請相公問無盡曰聞準老眼睛不壞是否答曰是無盡曰我不問這箇眼睛曰相公問什麼眼睛無盡曰金剛眼睛曰若是金剛眼睛在相公筆頭上無盡曰如此則老夫爲他點出光明令他照天照地去也師乃趨堦云先師多幸謝相公塔銘無盡唯唯而笑其略曰舍利孔老之書無聞也先佛世尊滅度弟子收舍利起塔供養趙州從諗舍利多至萬粒近世隆慶閑百丈肅煙氣所及皆成舍利大抵出家人本爲生死事大若生死到來不知下落即不如三家村裏省事漢臨終付囑一一分明四大色身諸緣假合從本以來舍利豈有體性若梵行精潔白業堅固靈明廓徹頂知報謝不驚不怖則依正二報毫釐不差世間麤心於本分事上十二時中不曾照管微細流注生大我慢此是業主鬼來借宅如此而欲舍利流珠諸根不壞其可得乎。

福嚴眞和尚東川人初遊方見眞如和尚發明正見在溈山知客寮立僧因語言過失乞退作園頭以贖其罪眞如云汝福薄事園供衆乃所宜也終二年求替辭眞如要參眞淨五祖去眞如云徧歷諸方先聖遺範汝行勿避首造洞山室中相契眞淨舉領衆立僧久之又至四祖宣和尚會中時時到五祖相見祖勘辨果有過人處五祖謂四祖曰眞首座叢林達士何不舉他首衆四祖如其言五祖亦上堂稱其知見作略有李修撰帥長沙四祖以書薦之未幾福嚴虛席平普融復薦人帥曰當先應副四祖但尋書未見不識名字因對客坐次有鼠從架上拖一軸書送在面前收視之乃四祖舉眞首座書帥異之遂敦請。

泐潭深和尚河東人眞淨之子有悟侍者偶在知客寮見掉下火柴頭忽然有省直上方丈通所悟深和尚喝出自爾失心引繩於延壽堂東司自縊夜後常在藏院知客寮東司三處出沒移鞵度缾一衆苦之湛堂遊浙回充首座聞其事中夜故入延壽堂東司抽脫壁燈微明忽然撲滅方脫衣悟便提水缾至湛堂云未要且待我脫衣脫衣罷便接缾子去當時悟自縊間抽脫須史又送籌子來及出喚云接缾去悟纔接捉任撲其手或似輭或似硬問曰汝是悟侍者麼汝便是當時在知客寮見掉下火柴頭有省處底麼參禪學道只要知本命元辰下落處汝在藏殿移端首座鞵履豈不是汝當時悟得底又在知客寮移桃子豈不是汝當時悟得底逐夜在此與人提缾度水豈不是汝當時悟得底因甚不知落處秪管在這裏惱亂大衆作麼我明日勸大衆爲汝看藏經裒錢設粥追悼汝汝當別求出離不得滯著於此言訖乃推一推如瓦礫塔子倒索然有聲由是絕跡湛堂一臂冷如冰踰半月方平復蓋非人附陰而至冷氣侵人如此。

許知可毗陵人嘗獲鄉薦省闈不利而歸舟次吳江平望夜夢白衣人謂曰汝無陰德所以不第知可曰某家貧無資可以遺人白衣曰何不學醫吾助汝智慧知可輟瘍歸踐其言果得盧扁之妙凡有病者無問貴賤診候與藥不受其直病夫塡門無不愈者後舉又中鄉評赴春官艤舟平望夢前白衣人相見以詩贈之曰施醫功大陳樓閒阻殿上呼臚與六作五思之不悟其意後登第唱名本第六因上名殿試不祿遂陞第五乃在陳樓之閒方省前讖也。

佛光無礙禪師自蘇州永安赴詔住大相國寺慧林禪院慈恭皇后嘗於簾下見登對龍乘空而去自爾以大官所進御膳供養復令取禪師所食之餘還宮又以地錦製法衣自緣禪牌賜之以表奉法之誠冬月賜紅錦帳子乃至服飾器皿之類光遂以宮中所賜法衣回施法雲佛照禪師法雲復寄與洪州寶峰湛堂和尚書云地錦法衣與師弟行先師之道湛堂示寂留鎮山門至今猶存。

照覺禪師自泐潭移虎谿乃赴王子淳觀文所請開堂後百廢並舉陞堂小參入室無虛日嘗言晦堂眞淨同門諸老秪參得先師禪不得先師道師曰蓋照覺以平常無事不立知見解會爲道更不求妙悟卻將諸佛諸祖德山臨濟曹洞雲門眞實頓悟見性法

門爲建立楞嚴經中所說山河大地皆是妙明真心中所現物爲膈上語亦是建立以古人談玄說妙爲禪誣謗先聖聾瞽後昆眼裏無筋皮下無血之流隨例顛倒恬然不覺真可憐愍圓覺經云末世衆生希望成道無令求悟唯益多聞增長我見又云末世衆生雖求善友遇邪見者未得正悟世則名爲外道種性邪師過謬非衆生咎從虛語哉所以真淨和尚小參云今時有一般漢執箇平常心是道以爲極則天是天地是地山是山水是水僧是僧俗是俗大盡三十日小盡二十九並是依草附木不知不覺一向迷將去忽若問他我手何似佛手便道是和尚手我腳何似驢腳便道是和尚腳人人有箇生緣那箇是上座生緣便道某是某州人事是何言歟且莫錯會凡百施爲秖要平常一路子以爲穩當定將去合將去更不敢别移一步怕墮落坑塹長時一似生盲底人行路一條杖子寸步拋不得緊把著憑將去晦堂和尚謂學者曰你去廬山無事甲裏坐地去而今子孫門如死灰良可歎也

佛照杲和尚初住歸宗專精行道未嘗少懈深夜修敬罷坐於僧堂地爐中忽見二僧入堂一人厖着雪頂一人少年皆丰姿頎然杲心喜自謂曰我座下有如此僧須臾二人出堂杲躡其後見入佛殿中杲亦隨入燈影熒煌爐中尚有火杲炷香禮佛二僧復出亦躡其後至佛殿前偶失所在自念忘卻香匣在殿內回身取時見殿門扃鑰遂喚直殿行者守舜開門舜取鑰匙開門見爐中香煙未散香匣在寶階上自不諭其故妙喜親見佛照說時守舜在旁猶指以爲證

大丞相呂公蒙正洛陽人微時生緒牢落大雪彌月偏于豪右少有周急者作詩其略曰十謁朱門九不開滿身風雪又歸來入門懶覩妻兒面撥盡寒爐一夜灰可想也途中邂逅一僧憐其窮窘延歸寺給食與衣遺鏹遺之纔經月又罄竭再謁僧僧曰此非久計可移家屬住院中房廊食時隨衆給粥飯庶幾可以長久呂如其言既不爲衣食所困遂銳志讀書是年應舉獲鄉薦僧買馬僱僕備衣裝津遣入都下省闈中選殿試唱名爲大魁初任西京通判與僧相見如平時十年遂執政凡遇郊祀有所俸給並寄閣太宗一日問曰卿累經郊祀俸給不請何耶對曰臣有私恩未報上詰之遂以實對上歎曰僧中有如此人令具名奏聞賜紫袍加師號以旌異之呂計所積俸數萬緡牒西京令僧請上件錢修營寺宇并供僧其寺元是鐵馬營太祖太宗二聖生處太祖朝已建寺忘其名其僧乃寺主也太宗別賜錢重建三門賜御書額度僧呂公遂日晨興禮佛祝曰不信三寶者願不生我家願子孫世世食祿於朝外護佛法猶子夷簡申國公每遇元日拜家廟罷即焚香發廣慧璉禪師書一封加敬重之申公之子公著亦封申國公元日發天衣懷和尚書右丞好問元日發圓照禪師書右丞之子用中元日發佛照杲禪師書其家世忱信篤敬抑有自來矣故錄之以警後世

保寧勇禪師二上足處清處凝同參白雲端禪師凝在侍者寮最久端有膈氣疾凝常煨蘆菔以備無時之需端作傳大士講經因緣頌曰大士何曾解講經誌公方便且相成一揮案上俱無取直得梁王努眼睛衆爲凝曰努底是什麼此一句乃爲凝說老婆禪也凝以爲親聞故綴於頌下後住舒州天柱山清住龍舒太平有大機辯五祖演和尚畏敬之清謂凝曰吾弟禪乃是爲老和尚煨蘆菔換得底

政和間有熊秀才鄱陽人游洪州西山過翠巖長老思文嗣佛印元禪師亦是鄱陽人遣二力擡籃輿至淨相所經林壑陰翳偶見一僧貌古神清厖着雪頂編葉爲衣坐於盤石如壁間畫佛圖澄之狀熊自謂曰今時無這般僧嘗聞亮座主隱于西山疑其猶在出輿趨蹌而前問曰莫是亮座主麼僧以手向東指熊方與二力隨手看回顧失僧所在時小雨初歇熊自登石視坐處猶乾躊躇四顧太息曰夙緣不厚雖遇猶不遇也

開先暹和尚爲歸宗南禪師作禪牀銘曰明珠產蚌凉兔懷胎觀此禪牀遜道之媒南次爲歸宗作銘曰放下便穩開先深肯之

宣州興教坦禪師溫州牛氏子世業打銀因磨洗銀餅次忽有省遂出家受具遊方爲瑯琊廣照之嗣懷禪師住興教坦爲第一座及懷受別請欲舉坦繼住持時刁景純守宛陵懷恐刁涉外議乃於觀音前祝曰若坦首座道眼明白堪任住持願示夢於刁學士刁夜夢牛在興教法座上懷凌晨辭州刁舉夜所夢懷大笑刁問其故懷曰坦首座姓牛又屬牛刁就座出帖請之坦受請陞座有雪竇化主省宗出問諸佛未出世人人鼻孔遼天出世後爲什麼杳無消息坦云雞足峰前風悄然宗云未在更道坦云大雪滿長安宗云誰人知此意令我憶南泉拂袖歸衆更不禮拜坦云新興教今日失利便歸方丈坦令人請宗至云適來錯秖對一轉語人天衆前何不禮拜蓋覆卻宗云大丈夫膝下有黃金爭肯禮拜無眼長老坦云我別有語在宗乃禮前語至未在更道處坦云我有三十棒寄你打雪竇宗乃禮拜

圓悟和尚初在溈山一日與如和尚閒曰如何悟云起滅不停如曰可知是博地凡夫老僧三十年在裏許秖得箇相似次見晦堂堂曰我住院十二年不會

鄉今方會腳尖頭也踢出箇佛悟後住昭覺有長老問劉鐵磨到潙山問答并雪竇御街行頌未審此意如何悟曰老僧更參四十年也不到雪竇處長老歎曰昭覺和尚猶如此說況餘人耶

錢弋郎中訪眞淨說話久欲登溷淨令行者引從西邊去錢遽云既是東司爲什麼卻向西去淨云多少人向東邊討師云恁便是趙州問投子不許夜行投明須到亦不如此語好

南康諸山相會佛印後至眞淨問曰雲居來何遲印曰爲著草鞵從歸宗肚裏過所以遲淨云卻被歸宗吞了印云爭奈吐不出淨云吐不出即屙出

眞淨和尚有時遽喚侍者將老和尚來侍者將南禪師眞展開淨以手加額云不是這老和尚豈能如此輒擲蹙牛飼御戒妝之每每如此潛庵源和尚每見南禪師眞即淚下師每歲得時新必先供佛及圓悟然後敢嘗謂左右曰非佛與老和尚我安得如此

李和文都尉請瑯琊覺和尚注信心銘瑯琊大寫一句下面小寫一句文和一見大稱服

舜老夫一日問秀圓通聞你見懷和尚是否秀云是舜云有何言句秀云有投機頌曰一二三四五六七萬仞峰前獨足立奪得驪龍頷下珠一言勘破維摩詰舜云不好別有什麼言句秀云一日有長老來參懷舉拂子云會麼長老云不會懷云耳朶兩片皮牙齒一具骨舜歎云眞善知識從此服膺

筠州黃蘗泉禪師初習有法論講肆有聲更衣南詢見眞淨和尚於洞山有悟道頌其略曰一鎚打透無盡藏一切珍寶吾皆有機鋒迅發莫有當者眞淨嘗歎曰惜乎先師不及見後上堂說法不起于座而示寂滅眞淨之言益驗

三佛在五祖時嘗於一亭上夜話歸方丈燈已滅五祖乃於暗中曰各人下一轉語佛鑑對曰彩鳳舞丹霄佛眼曰鐵蛇橫古路佛果云看腳下五祖云滅吾宗者乃克勤爾

草堂侍立晦堂晦堂舉風幡話問草堂堂云迥無入處晦堂云汝見世間貓捕鼠乎雙目瞪視而不瞬四足踞地而不動六根順向首尾一直然後舉無不中誠能心無異緣意絕妄想六窗寂靜端坐默究萬不失一也

清素首座閩人依慈明十三載年八十寓湖湘鹿苑未始與人交人莫知之偶從悅首座處州人與之鄰居悅因食蜜漬荔枝素過門悅呼曰此老人鄉果可同食也素曰自先師亡後不得此食久矣悅問曰先師爲誰素曰慈明也悅乃疑駭遂饋以餘果稍稍親之素後問曰子所見何人悅曰洞山文和尚素曰文見何人悅云南和尚素曰南匾頭見先師不久後法道大振如此悅益異之一日持香請素作禮素避曰吾以福薄先師受記不許爲人於是經月餘憐悅之誠乃云子平生知解試語我看悅具通所見素曰但能入佛不能入魔又曰末後一句始到牢關如是半載素方印可仍戒之曰文示子者皆正知見吾雖爲子點破使子受用自在恐子離師太早不能盡其道他日切勿嗣吾悅後出世嗣眞淨乃兜率悅是也

雲居悟和尚在龍門時有僧被蛇傷佛眼問曰既是龍門爲什麼被蛇咬悟即應曰果然現大人相後傳此語到昭覺圓悟云龍門有此僧耶東山法道未寂寥爾

草堂與師邂逅於臨川韓子蒼請師過私第問曰清公如何師云向聞其拈龐居士問馬大師不與萬法爲侶因緣清云魚籠蝦蟹向甚處著若如此亦淈得其名子蒼持此語達草堂堂曰公向他道譬如一人船行一人陸行二人俱至師聞此語乃曰草堂得也

須菩提解空第一生時家室盡空世尊纔陞座須菩提便出衆云希有世尊且道見箇什麼道理便恁麼道大覲菩薩作無量偈只贊希有二字圓悟禪師云一句是一箇鐵橛故六祖聞應無所住而生其心便悟去

圓悟佛眼佛鑑同在五祖一日相謂曰老和尚祇是乾爆爆地往往說心說性不得因請益佛身無爲不墮諸數祖曰譬如清淨摩尼寶珠映於五色五色是數摩尼是佛身圓悟謂二老曰他大段會說我輩說時費多少工夫他祇一兩句便了分明是箇老大蟲祖聞之乃曰若說心說性便是惡口又曰貓有歃血之功虎有起屍之德所謂驅耕夫之牛奪饑人之食若不如是盡是弄泥團漢

師一日謂趙巨濟曰老和尚忽退去別有人來教你禪道一轉因緣怎生會那一轉又如何會便將熱屎潑記取

師在雲居作首座一日到西積莊遇一衲到從圓通來云因看首座頌女子出定話有箇悟處特來求首座印證師云你去不是僧云某甲未說見處爲什麼道不是師再三搖手云你去不是不是僧懡㦬而退

圜悟一日到首座寮因說寶印長老四年前見他恁麼地乃至來金山陞座也祇恁麼地打一箇回合了又打一箇回合祇管無收殺如何爲得人恰如載一車寶劒相似將一柄出了又將一柄出祇要搬盡若是本分手段拈得一柄便殺人去那裏祇管將出來弄時有僧聞得謂師曰某前日因看他小參語錄便知此人平日做得細膩工夫所以對衆祇管要吐盡一段了又一段不肯休師曰事不如此如龍得斗盞水便能興雲吐霧降霔大雨那裏只管去大海裏覷

謂我有許多水也又如會相殺人持一條鎗纔見賊馬便知那箇定是我底近前一鎗殺了賊跳上馬背便殺人去須是恁麼始得

大慧芝和尚會中有僧日誦金剛經一百徧芝聞得令侍者請至問曰聞汝日誦金剛經一百徧是否僧云是芝云汝曾究經意否僧云不曾芝云汝但日誦一徧叅究佛意若一句下悟去如飲海水一滴便知百川之味僧如教一日誦至應如是知如是見如是信解不生法相處驀然有省遂以白芝芝遂指牀前狗子云狗子聻僧無語芝便打出

師云大凡叅禪不必有機鋒便言我是昔雲蓋智和尚道眼明白因太守入山懇談空亭問如何是談空亭智云只是箇談空亭太守不喜遂舉問本慕顧本云只將亭說法何用口談空太守乃喜遷本住雲蓋若以本較智則大遠乃知眞實事不可以機鋒取寶峰元首座亦有道之士答話機鋒鈍覺範號爲元五斗蓋開戶取氣炊得五斗米熟方答得一轉語

師云今時人只解順顛倒不解順正理如何是佛云卽心是佛卻以爲尋常及至問如何是佛云燈籠緣壁上天台便道是奇特豈不是順顛倒

師云張無盡見兜率悅卻譏晦堂有頌曰久嚮黃龍山裏龍到來只見住山翁須知背觸拳頭外別有靈犀一點通當時諸方莫不歎服山僧後來見得惜乎無盡已死彼云須知背觸拳頭外別有靈犀一點通若將此頌要見晦堂不亦遠乎靈源和尚嘗有贊云三問逆摧超玄機於鷲嶺一拳垂示露赤體於龍峰聞時富貴見後貧窮年老浩歌歸去樂從教人喚住山翁黃魯直聞而笑曰無盡所言靈犀一點此藞苴爲虛空安耳穴靈源作贊分雪之是寫一字不著畫

五祖云三乘人出三界獄小果必藉方便如穴地穿壁及自天窻中出唯得道菩薩從初入地獄先與獄子不相疑一切如常一日寄信去覓得酒肉與獄子喫至大醉取獄子衣服行纏頭巾結束自身卻將自已破衣服與獄子著移枷在獄子項上坐在牢裏卻自手捉獄子縢條公然從大門出去叅禪人須是恁麼始得

五祖云世人似發瘧一般寒一上熱一上不覺過了一生矣

范縣君號寂壽道人在城都叅佛果果教渠看不是心不是佛不是物是什麼不得下語不得開口看來看去無入頭便覺悽惶乃問佛果云此外有何方便令某甲會去果云有箇方便不是心不是佛不是物壽於此有省乃云元來得恁麼近

兜率悅和尚首衆於廬山棲賢時洪帥熊伯通請住龍安兜率悅設三問以問學者一曰撥草叅玄只圖見性卽今上人性在什麼處二曰識得自性方脫生死眼光落地時作麼生脫三曰脫得生死便知去處四大分離向什麼處去無盡有三頌酬之其一曰陰森夏木杜鵑鳴日破浮雲宇宙清莫對曾參問曾皙從來孝子諱爺名其二曰人間鬼使符來取天上花冠色正萎好箇轉身時節子莫教閻老等閑知其三曰皷合東村李大妻西風贓野淚沾衣碧蘆紅蓼江南岸卻作張三坐釣磯悅住兜率五年一日說偈曰四十有八聖凡盡殺不是英雄龍安路滑奄然而化

梁山觀和尚會下有箇園頭叅得禪衆中多有不信者一日有僧去撩撥他要其露箇消息乃問園頭何不出問堂頭一兩則話結緣園頭云我除是不出問若出須教這老漢下禪牀立地在及梁山上堂果出問曰家賊難防時如何山云識得不爲冤曰識得後如何山云貶向無生國裏曰莫是他安身立命處也無山云死水不藏龍曰如何是活水裏龍山云與波不作浪曰忽然傾湫倒嶽時如何梁山果然從法座上走下把住云闍黎莫教溼著老僧袈裟角師云須知悟底人與悟底人相見自然縱奪可觀

湛堂和尚云禪和家乍入衆時初發心菩薩與佛齊肩一年之外到佛腰邊恰如箇琉璃餅子相似元初空裸裸地淨潔潔地卻著了半餅不淨潔底水搖得來在裏面丁丁當當只管響忽然著本色人向他道你這餅子本自淨潔卻被這些惡水在裏面又不滿秖管響要得不響須是依前傾出濺卻蕩洗了卻滿著一餅好水便不響因甚不響蓋謂滿了

嚴陽尊者見趙州有僧問如何是佛云土塊如何是法云地動也如何是僧云喫粥喫飯又問如何是新興水云前面江裏師云似這般法門恰似兒戲相似入得這般法門方安樂得人如眞淨和尚拈提古今不在雪竇之下而末流傳習卻成惡口小家只管問古人作麼生眞如又如何下語楊岐又如何下語你管得許多閑事瘥病不假驢駞藥若是對病與藥離根下拾得一莖草便可療病說什麼朱砂附子人參白朮

眞淨會下有昭泰首座到五祖祖見舉眞淨語錄乃讚云此是大智慧人師云老南下尊宿五祖只肯晦堂眞淨二老而已自餘皆不肯他也五祖爲人如綿裏一柄刀相似纔撥著便將咽喉一刺刺殺你去也若是眞淨腳上著也卽腳上殺你手上著也卽手上殺你咽喉上著也卽咽喉上殺你

駙馬都尉李公遵勗得心要於石門聰禪師嘗作二句頌寄發運朱正辭時許式爲淮南漕朱以李頌示許請共和之頌曰學道須是鐵漢著手心頭便判朱曰雨催樵子還家許曰風送漁舟到岸又請浮山遠

禪師和曰學道須是鐵漢著手心頭便判通身雖是眼睛也待紅爐再煅鉏麑觸樹迷封豫讓藏身吞炭鷺飛影落秋江風送蘆花兩岸諸公見大敬之李乃自和曰叅禪須是鐵漢著手心頭便判直趣無上菩提一切是非莫管今唯傳後一頌而已

佛鑒和尚初受舒州太平請禮辭五祖祖曰大凡住院爲已戒者有四第一勢不可使盡第二福不可受盡第三規矩不可行盡第四好語不可說盡何故好語說盡人必易之規矩行盡人必繁之福若受盡緣必孤勢若使盡禍必至鑒再拜服膺而退後鑒辭靈源源云住持當以拄杖包笠懸挂方丈屋壁間去住如衲子之輕則善矣

徐師川同佛果到書記寮見果頂相師川指云這老漢腳跟未點地在果云甕裏何曾走卻鼈川云且喜老漢腳跟點地果云莫謗他好

烏龍長老訪馮濟川說話次云昔有官人問泗州大聖師何姓聖云姓何官云住何國聖云住何國此意如何龍云大聖本不姓何亦不是何國人乃隨緣化度耳馮笑曰大聖決定姓何住何國如是往返數次遂致書于師乞斷此公案師云有六十棒將三十棒打大聖不合道姓何三十打濟川不合道大聖決定姓何若是烏龍長老教自領出去

無盡居私第日適年荒有道士輩詣門教化食米無盡遂勸各人誦金剛經若誦得一分施米一斗如誦畢施米三石二斗化果結般若緣故云財法二施每遇僧又勸念老子使其互相知有觀其設教之心直如是爾

廖等觀知潭州善化縣時有一嫂每日誦金剛經於街市乞食夜則歸宿山阿忽數日不見行乞羣鴉噪集於其止處令人往視之見懷金剛經傍巖而化羣鴉負土以覆之師陞堂舉此時廖知縣亦在座下

師一日到明月庵見壁間畫髑髏馮濟川有頌云屍在這裏其人何在乃知一靈不居皮袋師不肯乃作一頌云即此形骸便是其人一靈皮袋皮袋一靈

張無盡丞相十九歲應舉入京經由向家向家夜夢人報曰明日接相公凌晨淨室以待至晚見一窮措大著黃道服乃無盡也向禮延之問秀才何往無盡以實告向曰秀才未娶當以女奉灑掃無盡謙辭再三向曰此行若不了當吾亦不爽前約後果及第乃娶之初任主簿因入僧寺見藏經梵夾齊整乃怫然曰吾孔聖之教不如胡人之書人所仰重夜坐書院中研墨吮筆憑紙長吟中夜不眠向氏呼曰官人夜深何不睡去無盡以前意白之正此著無佛論向應聲曰既是無佛何論之有當須著有佛論始得無盡疑其言遂已及訪一同列見佛龕前經卷乃問曰此何書也同列曰維摩詰所說經無盡信手開卷閱到此病非地大亦不離地大處歎曰胡人之語亦能爾耶問此經幾卷曰三卷可借歸盡讀向氏問看何書無盡曰維摩詰所說經向氏曰可熟讀此經然後著無佛論也無盡悚然異其言由是深信佛乘留心祖道後爲江西漕徧叅祖席首謁東林照覺總公總詰其所見處與已符合乃印可之曰吾有得法弟子住玉溪乃慈古鏡也亦可與語無盡復因按部過分寧諸禪逆之無盡到先致敬玉溪慈次及諸山最後問兜率悅禪師悅爲人短小無盡曾見龔德莊說聰明可人乃曰聞公善文章悅大笑曰運使失卻一隻眼了也某臨濟九世孫對運使論文章政如運使對某論禪也無盡不然其語乃強屈指曰是九世也又問玉溪去此多少曰三十里曰兜率聻曰五里無盡是夜乃至兜率悅先一夜夢日輪升天被悅以手搏取乃說與首座云日輪運轉之義聞張運使非久過此吾當深錐痛劄若肯回頭則吾門幸事首座云今之士大夫受人取奉慣恐惡發別生事也悅云正使煩惱只退得我院別無事也無盡與悅語大稱賞東林悅未肯其說無盡乃題寺後擬瀑軒詩其略云不向廬山尋落處象王鼻孔謾遼天意譏其不肯東林也公徐語及宗門事悅曰今日與運使相陪人事已困珍重睡去至更深悅起來與無盡論此事焚香請十方諸佛作證東林既印可運使運使於佛祖言教有少疑否無盡曰有悅曰疑何等語曰疑香嚴獨腳頌德山托鉢因緣悅曰既於此有疑其餘安得無耶只如言末後句是有耶是無耶無盡曰有悅大笑遂歸方丈閉卻門無盡一夜睡不穩至五更下牀觸翻溺器忽然省得有頌曰鼓寂鐘沈托鉢回巖頭一撥語如雷果然秪得三年活莫是遭他受記來遂扣方丈門云某已捉得賊了悅曰贓物在甚處無盡無語悅云都運且去來日相見翌日無盡遂舉前頌呈之悅乃謂無盡曰叅禪只爲命根不斷依語生解如是之說公已深悟然至極微細處使人不覺不知墮在區宇悅後作頌證之云等閑行處步步皆如雖居聲色寧滯有無一心靡異萬法非殊休分體用莫擇精麤臨機不礙應物無拘是非情盡凡聖皆除誰得誰失何親何疎拈頭作尾指實爲虛翻身魔界轉腳邪途了非逆順不犯工夫無盡邀悅至建昌途中一一伺察有十頌敘其事悅亦以十頌酬之時元祐八年八月也

夾山璘石霜琳久依佛日才禪師罷叅後同遊上江至黃龍見南和尚上堂小叅琳不論其旨遂求入室璘怒之遂毆一頓而去琳後大悟機鋒穎脫凡說法顛類真淨而於真淨不相識住石霜以頌送僧見真

淨後句云幢幢四海參禪者不到新豐也是癡生肇融叡乃羅什法師之高弟號四依菩薩嘗同羅什釋維摩經至不可思議品皆閣筆蓋此境界非心思口議遂不能措一詞如李長者論入華嚴法界詞分句解皎如日星洋然無疑若非親遇了緣安能如此。

宣州明寂珵禪師徧見前輩尊宿如瑯琊雪竇天衣皆承事請法出世嗣興教坦和尚坦嗣瑯琊後還太平州瑞竹退居西堂師初遊方從之請益雪竇拈古頌古珵令看因緣皆要自見自說不假其言語師洞逵先聖之微旨珵嘗稱於衆曰杲必再來人也復遊郢州大陽見元首座洞山微和尚堅首座微在芙蓉會中首衆堅爲侍者十餘年師周旋三公座下甚久盡得曹洞宗旨受授之際皆臂香以表不妄付授師自惟曰禪有傳授豈佛祖自證自悟之法棄之依湛堂一日湛堂問曰你鼻孔因什麼今日無半邊對曰寶峰門下湛堂曰杜撰禪和又一日於椎十王處問曰此官人姓什麼對曰姓梁湛堂以手自摸頭曰爭奈姓梁底少箇幞頭對曰雖無幞頭鼻孔髣髴湛堂曰杜撰禪和又看經次問曰看什麼經對曰金剛經曰是法平等無有高下爲什麼雲居山高寶峰山低對曰是法平等無有高下堂曰你做得箇座主使下一日問曰杲上座我這裏禪你一時理會得教你說也說得教你做拈古頌古小參普說你也做得秖是有一件事未在你還知麼對曰甚麼事湛堂曰你秖欠這一解在因若你不得這一解我方丈與你說時便有禪纔出方丈便無了惺惺思量時便有禪纔睡著便無了若如此如何敵得生死對曰正是某疑處後湛堂疾亟問曰和尚若不起此疾教某依附誰可以了此大事曰有箇勤巴子我亦不識他你若見之必能成就此事若見他了不得便修行去後世出來參禪

保寧勇禪師四明人初更衣依雪竇顯禪師問道雪竇呵爲央庠座主勇不意堂儀纔滿即抽單望雪竇山禮拜誓曰我此生行脚參禪道價若不過雪竇定不歸鄉勇至長沙雲蓋參見楊岐會和尚與白雲端和尚爲弟昆後出世住保寧勇道播叢林果如其言信人之志氣安可不立耶

先黃龍所山主架造院宇一一合叢林體格或者笑曰和尚又不會禪何用此爲龍云自有說禪者來院成遂陳乞請積翠南禪師住持後來先黃龍化去南禪師一夜忽夢有神人云乞去守塔南禪師不經意一日坐方丈中又見前所夢中人云某甲願乞守塔南詰之遂云有交代人來未幾果塑像人至南禪師令別塑土地乃移舊土地守先黃龍塔

太瘤蜀僧居衆常歎佛法混濫異見蜂起乃曰我參禪若得真正知見當不惜口業遂發願禮馬祖塔長年不輟忽一日塔放白光感而有悟後所至叢林勘驗老宿過雪竇山前云這老漢口裏水漉漉地雪竇聞其語意似不平及太見雪竇竇云你不肯老僧耶太云老漢果然口裏水漉漉地遂撼一坐具便出直歲不甘中路令人毆打損太一足太云此是雪竇老漢使之他日須折一足償我後果如其言太後至都下放意市肆中有官人請歸家供養太屢告辭官人確留之愈加敬禮每使侍妾饋食其前一日偶官人至太故意挑其妾官人以此改禮遂得辭去不數日閙中端坐而化

大陽平侍者預明安之室有年雖盡得其旨惟以生滅爲已任擠陷同列忌出其右者瑯琊廣照公安圓鑒居衆時汾陽禪師令其探明安宗旨在大陽因平密授明安嘗云興洞上一宗非遠即覺也二師云有平侍者在明安以手指胷云平此處不佳又揑拇指文中示之云平向去當死於此耳暨明安遷寂遺囑云瘞全身十年無難當爲大陽山打供入塔時門人恐平將不利於師遂作李和文都尉所施黃白器物書於塔銘而實無也平後住大陽忽云先師靈塔風水不利取而焚之山中耆宿切諫平平云於我有妨遂發塔顏貌如生薪盡儼然衆皆驚異平乃鑁破其腦益油薪俄成灰燼衆以其事聞于官坐平謀塔中物不孝還俗平自稱黃秀才謁瑯琊瑯琊云昔日平侍者今朝黃秀才我在大陽時見你做處遂不納又謁公安安亦不顧平流浪無所依後於三叉路口遭大蟲食之竟不免大陽了叉之記悲哉

峨嵋山白長老嘗云鄉人雪竇有頌百餘首其詞意不甚出人何乃浪得大名於世遂作頌千首以多十倍爲勝自編成集妄意他日名壓雪竇到處求人賞音有大和山主者徧見當代有道尊宿得法於法昌遇禪師出世住大和稱山主氣吞諸方不妄許可白攜其頌往謁之求一言之鑑取信後學大和見乃唾云此頌如人患鵶臭當風立地其氣不可聞自是白不敢出示人後黃魯直聞之到成都大慈寺大書於壁云峨嵋白長老千頌自成集大和曾有言鵶臭當風立。

歸宗宣禪師漢州人瑯琊廣照之嗣與郭功甫厚善忽一日南康守以事凌之宣令人馳書與功甫且祝送書者云莫令縣君見功甫時任南昌尉書云某更有六年世緣未盡今日不柰抑逼何欲託生君家望君相照乃化去功甫得書驚喜盈懷中夜其妻夢寐髣髴見宣入卧內不覺失聲云此不是和尚來處功甫問其故妻答所見功甫呼燈以宣書示之果有娠

及生卽名宣老纔周歲記問如昔逮三歲白雲端和尚過其家功甫喚出相見望見便呼師姪端云與和尚相別幾年耶宣屈指云四年也端云在甚處相別宣云白蓮莊端云以何爲驗宣云爹爹嬭嬭明日請和尚齋忽門外推車過端云門外什麼聲宣作推車勢端云過後如何宣云平地一條溝甫及六歲無疾而化

海印信和尚嗣瑯瑘桂府人也住蘇州定慧寺年八十餘平日受朱防禦家供養屢到其宅一日朱問曰和尚後世能來弟子家中託生否師微笑諾之及歸寺得疾數日而化其遷化日朱家生一女子圓照本禪師時住瑞光聞其事往訪之方出月抱出一見便笑圓照喚云海印你錯了也女子哭數聲化去

長蘆福長老道眼不明常將所得施利往上江齋僧圓通秀禪師聞之往驗其虛實適至見福上堂云入荒田不揀可殺顢頇信手拈來草猶較些子便下座秀大驚曰說禪如此誰道不會乃謂諸方生滅遂躬造方丈禮謁具說前事仍請益提唱之語福依文解義秀曰若如此諸方不設道你不會禪福不肯秀曰請打鐘集衆有法秀上座在此與和尚理會福休去

和州開聖覺老初叅長蘆夫鐵腳久無所得聞東山五祖法道徑造席下一日室中垂問云釋迦彌勒猶是他奴且道他是阿誰覺云胡張三黑李四祖肰其語時圜悟和尚爲座元祖舉此語似之悟云好則好恐未實不可放過更於語下搜看次日入室垂問如前覺云昨日向和尚道了祖云道什麼覺云胡張三黑李四祖云不是不是覺云和尚爲甚昨日道是祖云昨日是今日不是覺於言下大悟覺後出世住開聖見長蘆法席大盛乃嗣夫不原所得拈香時忽覺胷前如擣遂於痛處發癰成竅以乳香作餅塞之久而不愈竟卒

王荆公一日訪蔣山元禪師坐間談論品藻古今山曰相公口氣逼人恐著述搜索勞役心氣不止何不坐禪體此大事公從之一日謂山曰坐禪實不虧人余數年要作胡笳十八拍不成夜坐間已就山呵呵大笑

王荆公一日問張文定公曰孔子去世百年生孟子亞聖後絕無人何也文定公曰豈無人亦有過孔孟者公曰誰文定曰江西馬大師坦肰禪師汾陽無業禪師雪峰巖頭丹霞雲門荆公聞舉意不甚解乃問曰何謂也文定曰儒門淡薄收拾不住皆歸釋氏焉公欣肰歎服後舉似張無盡無盡撫几歎賞曰達人之論也

任觀察內貴中賢士徽廟極眷之任傾心釋氏徧叅知識每自歎息曰余幸得爲人而形體不全及不識所生父母想前世輕賤於人招此報應遂發誓遇休沐還私宅屏絕人事炷香禮佛刺血寫華嚴經一部每一字三拜願來世識所生父母忽一日有客相訪任出遲客怒云人客及門何故不出任笑曰在家中寫一卷赦書客詰其故任以實對遂取經示之云此是閹老子面前吽鐵棒吞鐵丸底赦書客悚肰驚駭回舍亦自寫一部

五祖演和尚依舒州白雲海會端和尚吞決大事深徹骨髓端令山前作磨頭演逐年磨下收糠麩錢解典出息僱人工及開供外剩錢入常住每被人於端處鬬諜是非云演逐日磨下飲酒食肉及養莊客婦女一院紛紜演聞之故意買肉沽酒懸于磨院及買坯粉與莊客婦女搽畫每有禪和來遊磨院演以手與婦女揶揄語笑全無忌憚端一日喚至方丈問其故演喏喏無他語端劈面掌之演顏色不動遂作禮而去端咄云急退卻演云俟其筭計了請人交割一日白端曰某在磨下除沽酒買肉之餘剩錢三百千入常住端大驚駭方知小人嫉妬時秀圓通爲座元受四面請卽請祖爲第一座

湛堂準和尚因讀孔明出師表悟得做文章有羅漢供疏云梵語阿羅漢此云無生出三界二十五有塵勞超分段生死受如來付囑應供天人福利一切羣情檀越宜興供養又作水磨記云泐潭山卽馬祖大寂禪師昔與禪者輩選佛大道場雖年代深遠而佛法未嘗遠也但其間善知識所見不同互有高下故有遠矣如僧問馬祖如何是佛曰卽心是佛故觀其所以卽知衆生本來成佛無有高下其高下在人不在法也而況末代有我說法者是故選佛求師不得不審也大宋元符戊寅歲有漢中沙門意忠上座尋師訪道選佛叅禪竿木隨身逢場作戲肰其場也戲乎一時以其功也利益千古於是革其舊制郢人猶迷徊器投機變通在我豈以繩墨拘其大猷而爲古人規矩之所限哉是謂有子不可教其可教者語言糟粕也非心之至妙其至妙之心在我不在文字語言也縱有門師密授不如心之自得故曰得之於心應之於手皆靈肰心法之妙用也故有以破麥也卽爲其磑欲變米也卽爲其碾欲取麪也卽爲其羅欲去糠也卽爲其扇而規模法則總有關捩消息旣通皆不擬而自轉以其水也一波纔動前波後波波波應而無盡以其磑也一輪纔舉大輪小輪輪輪運而無窮由是上下相應高低共作其妙用也出乎自肰故不假人力之所能爲而奇絕可觀玄之又玄肰後左旋右轉豎去橫來更相擊觸出大法音皆演苦空無常無我諸波羅蜜而聞者聞其心見者見其性以至鼻嘗知覺盡獲法喜禪悅之樂又何卽以米麪諸

所須物供香積廚而爲二膳餽禪者輩往來還佛者歟

師云今時兄弟叅佛果底不肯見佛眼見佛眼底不肯叅佛果譬如衆盲摸象豈知二老之意耶殊不知佛眼便是有規矩底佛果佛果便是無規矩底佛眼若是要爲人不瞎人眼卻來見佛果若秖見佛眼涅槃堂禪自救卽得爲人卽不得老南會下得底兄弟便指教見眞點胷蓋手段苦辣爲人自別也

師一日云今時叅禪人如蠅子相似有些腥羶氣味便泊須是從頭與他拈卻到無氣味處泊在平地上

從上來作家宗師能爲人惟睦州見你有坐地處便剗卻從頭秖是剗將去

又一日云宗師爲人只不得有落地處若有落地處便被學家在面前行也

一日又云你但灰卻心念來看灰來灰去驀肰冷灰一粒豆爆在爐外便是沒事人也

師在寶峰時元首座極見喜一日請假往謁李商老云一月日便歸後四十日方歸元見遽云懸野了也

無常迅速師不覺汗下

師因讀洞山悟道頌遂疑云有箇渠又有箇我成什麼禪遂請益湛堂堂云你更舉看師遂舉堂云你舉也未會便推出

圜悟云達磨西來將何傳授師云不可總作野狐精見解又問據虎頭收虎尾第一句下明宗旨如何是第一句師云此是第二句

師一日云我這裏無逐日長進底禪遂彈指一下云若會去便罷叅乃云今時一般宗師爲人入室三五徧辨白他不出卻教他說悟處更問你見處如何舉人云某見處說不得卻云你說不得我如何見得你去若恁麼地如何爲人不見泉大道到慈明明云片雲生谷口遊人何處來泉云夜來何處火燒出古人墳明云未在更道泉便作虎聲明便打一坐具泉推明向禪牀上明卻作虎聲泉云我見八十四人善知識惟師繼得臨濟宗風看他恁麼問答數句子那裏便是見他處須是如此始得

師云山僧待人志誠須是脊質是始得此是一超直入如來地叅禪須是直心直行直言直語心言直故始終地位中間永無諸委曲相祖師西來直指人心見性成佛僧問雲門如何是佛門云乾屎橛擬議思量已曲了也何况脫空耶

因無礙請師讚法海眞乃曰上江老宿大段笑下江雲門下卻不笑覺印蓋他曾見保寧勇眞淨輩來兼圜通曾見舜老夫浮山遠所以較別如大小本夫鐵腳輩皆可笑也蓋法海嗣覺印印嗣圜通其辭曰廓圜通門續雲門派燕坐胡牀虎視百怪佩毘盧印摧伏魔外一句當陽電光非快不動道場而入三昧贊之毀之俱遭白癩夫是之謂法海老人能於一毫端而遊戲無邊之法界圜通嘗在端和尚處作首座受四面請其時演和尚在海會作磨頭遂交代作首座圜通遷棲賢而演和尚交代住持四面也端和尚嘗頌古有一句云日出東方夜落西圜通改夜字作定字端笑而從之

五祖和尚一日云我這裏禪似箇什麼如人家會作賊有一兒子一日云我爺老後我卻如何養家須學箇事業始得遂白其爺爺云好得一夜引至巨室穿窬入宅開櫃乃教兒子入其中取衣帛兒纔入櫃爺便閉卻復鎖了故於廳上扣打令其家驚覺乃先尋穿窬而去其家人卽時起來點火燭之知有賊但已去了其賊兒在櫃中私自語曰我爺何故如此正悶悶中卻得一計作鼠齩聲其家遣使婢點燈開櫃櫃纔開賊兒聳身吹滅燈推倒婢走出其家人趕至中路賊兒忽見一井乃推巨石投井中其人卻於井中覓賊兒直走歸家問爺爺云你休說你怎生得出兒具說上件意爺云你恁麼儘做得

師云圜通秀禪師因雪下云雪下有三種僧上等底僧堂中坐禪中等磨墨點筆作雪詩下等圍爐說食予丁未年冬在虎丘親見此三等僧不覺失笑乃知前輩語不虛耳

五祖和尚初叅圓照禪師會盡古今因緣惟不會僧問興化四方八面來時如何化云打中間底僧禮拜化云我昨日赴箇村齋至中路被一陣狂風暴雨卻向古廟裏躲得過遂請益照照云此是臨濟門風你去問他兒孫祖遂來叅浮山遠請益此公案遠云有箇譬喻恰似箇三家村裏賣柴漢夯一條匾檐了卻問中書堂今日商量甚事祖云恁地時大段未在浮山遠既年尊耳聵遂指教叅一箇小長老乃白雲端也老僧雖不識他見他頌臨濟三頓棒因緣見得淨潔可任吞決祖從之眞淨一日謂老黃龍云白雲端頌臨濟三頓棒與某甲見處一般南云你如何會他底淨便舉頌龍喝云白雲會你不會

圜悟和尚請益五祖臨濟四賓主怎生祖云也秖箇程限是什麼閑事祖云我這裏恰似馬前相撲倒便休

佛鑑平時叅平實禪自負不肯五祖乃謂秖是硬移換人圜悟云不是這道理有實處你看我從前豈有恁麼說話來徐徐稍信後來因舉森羅及萬象一法之所印驀肰便道祖意西來直指人心見性成佛于今諸方多是曲指人心說性成佛

圜悟在五祖時祖云你也儘好只是有些病悟再三請問不知某有什麼病祖云只是禪忒多悟云本爲

參禪因什麼卻嫌人說禪。祖云只似尋常說話時多少好。時有僧便問因甚嫌人說禪。祖云惡情悰。

五祖一日問圜悟無縫塔話。悟罔然直從方丈隨至三門方道得。祖云你道得也。悟云不然暫時不在便不堪也。

師因入室退閑坐。忽云今時兄弟知見情解多。須要記聞言長語來這裏答。大似手中握無價摩尼寶珠被人問你手中是什麼。卻放下拈起一箇土塊可煞癡若恁麼參到驢年也不省

師一日云我這裏無法與人。秖是據款結案。恰如將箇琉璃餅子來護惜如什麼。我一見便為你打破。你又將得摩尼珠來我又奪了。見你恁地來我又和你兩手截了。所以臨濟和尚道逢佛殺佛逢祖殺祖逢羅漢殺羅漢。你且道既稱善知識為什麼卻要殺人。你且看他是什麼道理。而今兄弟做工夫不省這箇過在何處。只為要去明他且如恁麼也不得不恁麼也不得恁麼不恁麼惣不得作麼生是你將一轉語便去明得麼永明他不得古人忒煞直截你不肯去直截處行秖為分明極翻令所得遲

師一日云我平生好罵人因看玄沙語錄大喜他勘靈雲道諦當甚諦當敢保老兄未徹在可謂壁立萬仞後來與靈雲說話了。卻云你恁麼方始是徹。後頭卻恁麼撒屎撒尿。卻問圜悟如何。悟笑云他後頭卻恁麼地我也理會不得。遂下來歸到寮方知玄沙大段作怪。遂舉似圜悟。悟笑云且喜你知。晦堂云今時諸方多是無此藥頭。師云切忌外人聞此麤言。

師因見老宿上堂云我在老師會中得箇末後句。不免布施大衆。良久云不與萬法為侶者是什麼人。待汝一口吸盡西江水即向汝道。便下座。師云山僧即不然。我在老師會中得箇末後句。不免舉似大衆。便下座。

洞山寶禪師嗣五祖戒和尚。廬州人。為人廉謹。嘗在五祖主事。戒病令行者往庫司取生薑煎藥。寶叱之。行者白戒。戒令將錢回買。寶方取薑付之。後筠州洞山闕人。郡守以書託戒舉所知者。戒曰賣生薑漢住得。遂出世住洞山。後移住歸宗。一日扶杖出門。見喝道來。問甚官。吏云縣尉。令避路。寶側立道左避之。忽見馬跪不行。寶曰畜生卻識人。尉知是寶。再拜而去。復遷雲居。一夜山神肩輿繞寺行。寶云撞你爺撞你孃撞上方丈去。神復舁歸方丈。寶初行腳時嘗宿旅邸。為倡女所窘。遂讓榻與之睡。寶坐禪。明發倡女索宿錢。寶與之出門。自燒被褥而去。倡女以實告其父母。遂請歸致齋以謝。謂其眞佛子也。嘗作達磨祖師贊最播叢林。瑯琊覺和尚和之。今載正法眼藏。

一僧問師云某參禪不得。未審病在甚麼處。師云病在這裏。僧云某甲因什麼卻參不得。師云鬧眼屎牀漢我打你去

懷禪師謂秀圓通曰。元青州慶福建。并汝三人克振吾宗。自餘皆是隨根

兜率悅禪師在道吾首衆時。老智和尚居雲蓋。悅一日領數十衲子謁智。智與語未及數句。知悅所蘊深淺。笑曰觀首座氣質不凡。奈何出言吐氣如醉人耶。悅面熱汗下曰願和尚不吝慈悲。復與語未幾又錐劄之。悅茫然。遂領其徒杳問入室。智笑曰公首衆說法人也。如某聞見不博何益於公耶。再四懇之。智曰老僧無福道不取信於人。脫受首座禮拜異日定取謗於某。竟不許。乃問悅曰首座曾見法昌遇禪師否。曰曾看他語錄自了可也。不願見之。又問曾見洞山文和尚否。曰關西子沒頭腦。拖一條布裙作尿臭氣。有甚長處。智曰首座但向尿臭氣參取。悅依教乃往洞山依止。未久深領奧旨。復往見老智。智曰首座見關西子後大事如何。悅曰若不得和尚指示。洎予蹉過一生。乃焚香禮謝。後出世嗣法洞山。居常誡其徒敘其雲蓋指見洞山之語。汝等當以師事智和尚也。後智遷寂。是時照禪師住兜率。乃悅之高弟也。智後事盡得照主之。如師資禮。蓋其不忘付囑也。

師一日云菩薩人眼見佛性。須是眼見始得。

大慧普覺禪師宗門武庫 終

校譌　至 第八紙六行誤作志今改正　篤 第二十一紙十一行誤作篩今改正　但 第二十五紙十八行誤作可今改正　淩 第四十一紙五行誤作臨今改正

大慧普覺禪師宗門武庫

校勘記

一　底本，徑山藏本。此書僅徑山藏本收録，無校。

雪堂行和尚拾遺録

死心和尚住洪之翠巖寢室後有齊安王祠乃李主景遠也居民烹宰淫祀無虛日師惡之移其祠於寺之西就其址建方丈未幾師卧于中有修蟒蟠身側叱之而逝一夜忽夢神人峩冠而前告曰弟子爲師所叱不遑安處欲之廣南假莊夫六十人師夢中諾之未幾莊夫疫死者滿其數師後問學者曰且道果有鬼神否若道有又不打殺死心若道無莊夫爲什麼卻死答者皆不契適真淨會中元首座至師如前問元曰甜瓜徹蔕甜苦瓠連根苦師大喜之元乃辯才高弟也

自禪師在五祖會中時圜悟爲座元立僧祖令自叅之自不得已而往悟見來語之曰與公同叅不須來探亦也自曰已事未明敢望慈悲悟曰公不自欺但有疑處舉來自乃舉德山小叅今夜不答話問話者三十棒悟曰禮拜禮拜我作得你師舉話尚不會自燒香作禮龍悟曰再舉前話看自云德山小叅不答話悟忽掩其口曰舉到此但只恁麼看自行至後架以坐具摵地云屈屈衆問其故自曰那裏公案只教人看一句或有勉之者曰公但諦信座元須有方便自既爲人勉之遂體究不一月有省後出世住五祖

金陵俞道婆叅瑯瑘起和尚婆賣油糍爲業一日聞貧子唱蓮華落云不因柳毅傳書信何緣得到洞庭湖忽然契悟拋油糍於市其夫云你顛耶婆打一掌云非公境界乃往瑯瑘起印可之後凡見僧便云兒兒纔擬議便掩卻門時珣佛燈往勘之婆見便云兒兒珣云孃孃爺在甚處婆轉身拜露柱珣蹋倒云將謂有多少奇特便出婆蹶起云兒兒來我惜你則箇珣竟不顧又安首座亦往見之婆問甚處來安云德山來婆云德山泰乃婆兒子安云婆是甚人兒子婆云被上座一問直得立地放屎婆嘗頌馬祖不安因緣云日面月面虛空閃電雖然截斷天下衲子舌頭分明只道得一半

璣道者住洪之翠巖張無盡作漕入山訪之璣門迎無盡問曰如何是翠巖境答曰門近洪崖千尺井石橋分水遶松杉無盡握璣手曰聞道者之名久矣何能如此秖對璣曰適然爾無盡大笑復哦云野僧迎客下煙嵐試問如何是翠巖門近洪崖千尺井石橋分水繞松杉時林下傳爲盛事

黃龍恭首座出世住禪林訪法昌遇和尚遇問曰見說你要爲黃龍燒香是否曰不敢遇曰龍生龍子須是解興雲吐霧始得恭曰隨家豐儉遇曰你未拈香早鈍置黃龍了也恭曰且莫多口遇曰你且道黃龍實頭處作麼生恭提起坐具遇與行者討坐具來行者提在手中遇便打云你三十年後也道見老僧來恭後住衡之華光乃有坦率之風雅有司民其衣華光既遭回祿而恭語錄於灰燼中字畫無損餘紙悉盡信般若之明驗矣恭卜饒人博山受業與祐禪師同行

文殊能禪師天姿閑暇耳於枯寂嘗頌麻三斤曰現前三昧料水打碓漏泄天機失錢遭罪又頌臘月火燒山曰巢知風穴知雨可憐謝三郎月下白搖櫓圓悟住道林每推敬之偶武陵太守張通之以書抵圓悟曰鼎澧無尊宿可語者悟遂薦能以真淨高弟所造極深通之邀至府中見其貌寒蘊藉枯淡略不顧能長揖而退未幾悟過鼎澧再令招能於通之席上與論五家宗派能辯若懸河通之方尊尚之乃謂悟曰非吾師則幾失一尊宿矣

白楊順和尚病中示衆云久病未嘗推木枕人來多是問如何山僧據問隨緣對牕外黃鸝口更多衆中作者試爲山僧指出病源七尺之軀什麼處受病衆下語皆不契自代撫掌一下開口作嘔吐聲又曰好箇木枕子

佛性和尚出世住德山遣安首座往蔣山通法嗣書圜悟於法堂上接書云千里馳達不辱宗風公案現成如何通信安曰覿面相呈更無回互悟云此是德山底那箇是上座底安曰尚有第二人悟云背後聻安便度書悟曰作家禪客天然有在安曰分付蔣山大至僧堂前安捧書問訊首座座云玄沙白紙此自何來安呈起書云見麼座引手接書安執書云久默斯要不務速說今日拜呈幸希一覽座便喝安曰作家首座座又喝安遂打一書座擬議安曰未明三八九不免自沈吟又打一書云接圓悟與佛眼於法堂上看見悟曰打我首座死了也眼云官馬厮踢有甚憑據安聞之乃云說什麼官馬厮踢正是龍象蹴蹋悟喚來曰我五百衆中首座你爲什麼打他安曰和尚也須喫一頓始得悟顧佛眼吐舌眼曰未在卻顧安問曰空手把鋤頭步行騎水牛人從橋上過橋流水不流意作麼生安曲躬曰所供並皆詣實眼大笑曰元來是屋裏人安又至五祖自和尚處通書自曰書裏說什麼安曰文彩已彰自曰畢竟說甚麼安曰當陽揮寶劍自曰近前來道裏不識數字安曰莫詐敗自顧侍者云這是那裏僧侍者曰此上座曾在和尚會下去自曰怪得恁麼滑頭安曰曾被和尚鈍置來自乃將書於爐上熏云南無三滿陀沒陀南安進前彈指而已自便開書安復至蔣山度夏圓悟俾之立僧解夏德山遣人來迎安安治裝次悟至問曰你來日行有甚所須安曰短歌要求數十丈長句只消三兩言悟遂以頌送之曰使乎不辱命臨機貴專對安禪捋虎鬚著著超方外不惟明牕下安排擬向

禪林撈籠崖拈槌豎拂奮雄辯金聲玉振猶奔雷九甸落落提綱宗衲子濟濟長趨風解黏去縛手段辣驅耕奪食尤雍容夏滿思山要歸去了卻武陵一段事勿牽理窟乃智中行行不患無知已臨行索我送行篇栗棘蓬裏金剛圈短歌須要數十丈長句只消三兩言金毛獅子解翻身箇是叢林傑出人不日孤峰大哮吼五葉一花天地春後開法靈巖嗣佛性

回禪師婺州人嗣法於育王諶和尚住南劍西巖新行經界法回芟去茶棄植松柏人訴於有司追之甚峻回曰少待吾行也即剃頭沐浴陞堂辭衆曰使命追呼不暫停爭如長往事分明從前有箇無生曲且喜今朝調已成瞑目而化有司遂寢其事

舒州太平懃禪師頗習經論傍教說禪白雲演和尚以偈奇之曰白雲山頭月太平松下影良夜無狂風都成一片境懃得偈誦之未久於宗門方徹淵奧後雪堂和尚云後兩句學者往往增其解路不若只看前兩句自有徑正發藥人底道理

淨因成禪師同法眞圓悟慈受并十大法師齋於太尉陳公良弼府第時徽宗私幸觀其法會善華嚴者對衆問諸禪師曰吾佛設教自小乘至圓頓掃除空有僞證眞常然後萬德莊嚴方名爲佛禪師一喝轉凡成聖與諸經論似相違背今一喝若能入五教是爲正說若不能入是爲邪說諸禪師顧成成曰如法師所問不足三大禪師之酬淨因小長老可以使法師無惑也成召善善應諾成曰法師所謂佛法小乘教者乃有義也大乘始教者乃空義也大乘終教者乃不有不空義也大乘頓教者乃即有即空義也一乘圓教者乃不空而不有不有而不空義也如我一喝非惟能入五教至於百工伎藝諸子百家悉皆能入成乃喝一喝問善曰還聞麼善曰聞成曰汝既聞則此一喝是有能入小乘教成須臾又召善曰還聞麼曰不聞成曰汝既不聞則適來一喝是無能入始教成又顧善曰我初一喝汝既道有喝久聲消汝復道無道無則元初實有道有則於今實無不有不無能入終教成又曰我有一喝之時有非是有因無故有無一喝之時無非是無因有故無即有即無能入頓教成又曰我此一喝不作一喝用有無不及情解俱忘道有之時纖塵不立道無之時橫徧虛空即此一喝入百千萬億喝百千萬億喝入此一喝是能入圓教善不覺身起於坐再拜於成之前成復爲善曰非惟一喝爲然乃至語默動靜一切時一切處一切物一切事契理契機周徧無餘於是四衆歎喜聞所未聞龍顏大悅

佛日和尚出世住徑山知府請就靈隱開堂下座馮侍郎問和尚嘗言不作這蟲豸爲什麼敗闕日曰盡大地是杲上座作麼生摸索馮擬議佛日便掌時僚衆失色馮大笑曰某與長老佛法相見也後白楊順和尚聞之代馮擊起掌曰念你作新長老又代佛日提起袈裟曰幾多人要不能得

元禮首座受業焦山初叅演和尚於舒之太平凡入室演語之曰衲僧家明取緇素好經二年頓明已見諸方丈演領之演遷五祖以禮俱往時佛眼年方十七亦投師席凡有所問演曰我不如你你自會得好或曰我不會我不如你佛眼於是疑之不能決乃問曰座下誰得和尚說話演曰我會向禮上座道叅學須是具緇素眼始得禮卻會得眼求教於禮閱數載方論厥旨後眼出世禮尚無恙有僧自龍門來禮問龍門有何言句僧曰有問透網金鱗以何爲食答曰雞籠不肯住呼喚不回頭禮曰遠兒名不虛得雪堂嘗有頌曰我不會兮不如你達磨當門缺兩齒滿堂無限白蘋風明明不自秋江起又曰我不會兮不如你堪笑千花生碓觜善財設到百城遊何曾蹋著自家底禮崇寧間再到三祖僧問向什麼處去禮云有眼無耳朶六月火邊坐僧問未審意旨如何禮曰家貧猶自可路貧愁殺人復有問金剛經云一切善法如何是善法禮起行曰上是天下是地中間坐底坐立底立喚什麼作善法禮後老於四明瑞巖

王正言御諱爲江西漕久叅晦堂不契一日問曰得和尚甚深法者何人堂曰有雲巖新長老王謁新問曰嘗聞三緣和合而生又聞即死即生何故有奪胎而生者其實疑之新曰如正言作漕隨所至處即居其位還疑否曰不疑新曰此既不疑彼何疑耶正言於言下領解

閬通秀得天衣懷印證後徧叅至浮山遠一見而器之意欲收拾秀示以九帶曰我做九帶就未肯示人汝試檢點看秀已知來意留偈便出曰撮得髻根牢即休一朝何暇兩梳頭大體還他肌骨好不搽紅粉也風流

靈源清禪師住太平經由五祖來鎮州大羅蔔因緣請判之清末後云你等諸人親從鎮州來便下座演握清手曰元來是我家裏人又一老宿到五祖祖門迎便問靈雲見桃花作麼生老宿厲聲曰話在演笑挽之歸方丈清常謂學者曰宗門正人難得自離晦堂後所見具正宗師惟東山法兄一人而已故昔問無虛月佛鑒辭祖祖曰何往曰太平祖曰甚善尋繼席焉

九仙清嗣慧日雅和尚閑居徑山佛日命清爲座元辭曰一千七百大衆皆是英傑安敢行立其前也堅不允佛日曰只如衆一不得衆二放過一著落在第二意作麼生清曰惺惺底惺惺懵懂底懵懂曰如

何做禪山首座不得遂與衆送歸寮

殺君中峰民和尚初講楞嚴經於成都圓悟住昭覺民常往入室悟令於一切處作文彩已彰會偶悟爲衆說十玄談僧舉曰問君心印作何顏悟曰文彩已彰民忽有省求印可悟示以本分鉗鎚民無開口處一日白悟曰和尚勿舉話待某說出看悟曰好民曰尋常拈槌豎拂豈不是經中道一切世界諸所有物皆即菩提妙明眞心悟笑曰你元來在這裏作活計悟復徵之民又曰下喝敲牀時豈不是返聞聞自性性成無上道悟又曰你豈不見經中道妙性圓明離諸名相民於言下釋然悟出蜀住夾山民亦罷講而至悟夜參舉僧問巖頭古帆未挂時如何巖云後園驢喫草民茫然不知落處告悟悟曰你問我民乃問古帆未挂時如何悟曰庭前栢樹子民遂大徹未幾悟衆民充座元有偈曰休誇四分罷楞嚴按下雲頭徹底參莫學亮公親馬祖還如德嶠訪龍潭七年往返遊昭覺三秋翱翔上碧巖今日煩充第一座百花叢裏現優曇民初訪無盡於渚宮議論教乘無盡大喜之後開民充首座無盡致書於悟曰民座主捨義學開宗眼如波斯珍寶滿船遇風到岸矣民一日謂悟曰古人道如一滴投於巨壑殊不知大海投於一滴耳老和尚還肯此語否悟曰你看爭奈他何

白雲端一日室中舉雲門示衆如許大栗子喫得幾箇衆下語皆不契問演演曰懸羊頭賣狗肉端駭之演嘗曰我參二十年今方識羞後盧源問歎曰好識羞兩字因作正續銘遂藏銘中有俗士投演出家自曰捨緣演曰何謂捨緣士曰有妻子捨之謂之捨緣演曰我也有箇老婆還信否士默然演乃頌曰我有箇老婆出世無人見晝夜共一處自然有方便

聰和尚住投子年八十餘監寺夜被人殺之副寺白聽聽曰毋驚大衆我已知其人副寺聞官而吏至聽如前語吏曰人安在聽曰老僧也吏押聽繫獄時楊次公爲憲按行入州界夢神人曰州有肉身菩薩枉坐縲紲楊即訪之吏以聽事告楊遂釋之後經十年有一行者患伽摩羅疾而自首曰向殺監寺者我也

黃太守嘗與胡少汲書曰公道學頗得力治病之方嘗深求禪悅照破生死之根則憂患淫怒無處安著疾既無根枝葉無能爲害投子聽海會演道行高重不媿古人皆可親近若從文章之士學妄言綺語是增長無明種子也聽老尤喜接高明士大夫開懷論議便穿得諸儒鼻孔若於義理得宗趣卻覷得這諸書境界廓然六通四闢極省心力也然有道之士須志誠懇切歸向古人所謂下人不精不得其眞此非虛語聽爲明公所賞識者如是亦臨事之大體也

日和尚嗣佛性泰嘗頌覺鐵觜先師無此語因緣云誰道先師無此語焦尾大蟲元是虎胡蜂不戀舊時窠猛將曾在家中死急著眼卻回顧若會截流那下行市地清風隨步舉又頌噇酒糟話荊棘林中宜妙義蒺藜園裏放毫光千古萬語無人會又逐流鶯過短牆佛性見深肯之佛日過衡陽日嘗以頌寄之曰異類中行世莫猜故教佛日暫雲霾度生悲願曾無間卻作南安再出來日住潭之惠通不苟時名故不聞於世也

元和尚參圓悟契證然龍學命住處州南明山幾二載厭迎送示衆舉咸鐵面頌云院是大宋國裏院州是大宋國裏州州中有院不容住何妨一鉢五湖遊元曰是則去住自由忒煞露風骨吾有頌曰休休休夕陽西去水東流惟有仰高雲勢遠搏風九萬過南州下座便行

闡悟在五祖爲座元有僧請益風穴語默涉離微如何通不犯因緣偶佛鑒來悟曰懃兄可爲頌出布施他鑒即頌曰彩雲影裏神仙現手把紅羅扇遮面急須著眼看仙人莫看仙人手中扇悟深喜之後其僧看鑒語見此頌文殊起佛見法見因緣乃問悟悟曰渠此頌凡佛祖機緣皆用得著也

張無盡在江寧府戒壇院閱雪竇拈古至百丈參馬祖因緣云大冶精金應無變色忽投卷曰審如此言臨濟豈得有今日也有頌曰馬師一喝大雄峰聲入髑髏三日聾黃檗聞之驚吐舌江西從此立宗風嘗舉似平和尚平後致書與無盡曰去夏聞臨濟宗派深知居士得大機大用乃求前頌蓑蕪畫再以頌寄之云吐舌耳聾師已曉槌胸只得哭蒼天盤山會裏翻筋斗到此方知普化顛時人觀三年也

眞宗朝眞州長蘆登和尚數年鼎新起長蘆寺既就一夜夢有神人來乞爲土地登曰你做我土地不得神曰何故登曰你見我僧家過神〻云某有長智遂斷一臂是登曰若如是則可遂與建祠堂追塑土地一臂墮落屢修復斷方見願力之重也

普照禪師會中有一老僧每日誦大悲咒三百徧諸經咒亦然至夜須禮佛三百拜雪堂見其波波劫劫不閑一日向渠說云何不一切放下渠云纔放下便覺閑過雪堂曰你若放下卻不閑過因謂衆曰此皆信力未充所以尋常向見常說不要上他機境如何謂之機境佛謂之機境法謂之機境前見文章一切雜事乎若守閑閑地自然虛而靈寂而妙如水上葫蘆子相似蕩蕩地無拘無絆撥著便動捺著便轉絕得大自在也

舒中有一居士常往五祖齋僧一日問首座曰某俗人參得禪麼座云你是俗人如何參得禪居士不會舉似演和尚演云首座卻有不分了也爲人居士方

信遂篤志參究後見佛眼眼展手云因什麼喚作手居士忽大徹

五祖在受業寺逐字禮蓮經一夕遇尿字欲唱禮遂疑乃白諸老宿曰如何尿字亦稱爲法寶某禮至此疑不自解老宿曰據汝所問可以南詢汝正是宗門中根器也祖遂南遊初抵興元府經時逗留隨房僧赴請稍遂初志受業師聞之寄信至祖祖開緘只見兩行字云汝既出得喫飯又卻淹在醬缸裏祖讀罷即日登塗往浙西參圓照大見浮山遠遠知其根器異捐見白雲端端亦以世尊有密語迦葉不覆藏因緣久之未契一日自廊趨上法堂疑情頓息未幾令充磨頭白雲一日到磨院云有數僧自廬山來教伊說禪亦說得下語亦下得批判古今亦判得祖云和尚如何端云我向伊道直是未在祖得此語數日飲食無味後七日方論厥旨祖常以此語訓學者曰吾因茲出得一身白汗自是明得下載清風雪堂有頌曰驀後一鎚喪卻今機密倮倮兮絕承當赤灑灑兮難徇誰下載清風付與誰

張無盡入東京因言文路公言中公不報乞出爲荊南提點見皓布裩以書薦皓於鄂州太守偶大陽虛席遂致之皓在襄州鹿門受請云七年學鹿門飯桁鹿門屎不參鹿門禪若是伶俐衲僧卻向大陽相見遂攜拄杖便往鄂先入院後參州郡官責之云長老得甚指揮入院皓曰某山林人誰知你郡縣禮數乃拽拄杖還鹿門無盡復以書督鄂守云皓有道之士不可以世禮責當再加禮請之守如其言皓至大陽未幾無盡致書云某久渴教誨恨以職事所拘不得親炙皓見書乃云吾非死人也復攜拄杖往荊渚見無盡其眞率如此後無盡請住玉泉開堂衆官畢集皓陞堂顧視大衆曰君不見長久又曰君不見張操蜀音曰和尚見皓應聲曰但得相公見便了即下座一日衆集皓問曰作什麼曰入室皓曰待我抽解來及上厠來見僧不去以拄杖趕散一日爲張無盡舉傅大士頌曰空手把鋤頭步行騎水牛人從橋上過橋流水不流又舉洞山頌曰五臺山頂雲蒸飯佛殿堦前狗尿天刹竿頭上煎䭔子三箇猢猻夜簸錢此二頌只頌得法身邊事不頌得法身向上事張曰請和尚頌師曰昨夜雨滂亨打倒蒲萄棚知事普請行者人力拄底拄撐底撐撐撐拄拄到天明依舊可憐生皓乃眉州丹稜人嘗製犢鼻裩書歷代祖師名而服之且曰唯有文殊普賢較些子且書於帶上故叢林稱爲皓布裩

空禪師爲人強項久侍死心因欲辭去心曰汝福鮮宜自養故草堂有偈送之曰十年聚首龍峰寺一悟真空萬境閑此去隨緣且高隱莫將名字落人間後出世杭之南蕩不幾月遭回祿空歎曰吾違先師之言故有今日之患有富人獨迎空齋要建三門空辭曰公願施財求福非長老受賜若教我背衆而食恭不願也力行其道遂不役於土木

標禪師久參成枯木與成有隙出世住京之神霄遂嗣投子青開堂下座神綱巳禪師問曰見箇什麼便嗣投子標曰看語錄有省不可負之也巳曰在什麼句中標無語巳與一拳遂喪志道不振後住福州普賢老禪代山門作疏曰向句中識得古人便自謂不欺諸聖有古塔主默傳之旨起青華嚴巳墜之風千載傳家兩翁獨步

惠持法師遊峨眉山遂於嘉州道傍大樹內入定政和三年四月風雨暴作樹爲摧折補盜官經歷見其鬚髮蓋體爪甲繞身頗異之遂奏于朝廷有旨令有與至京時西天總持以金磬出其定乃問何代僧法師曰我東林遠法師弟也因遊峩眉不記時代幾何仍問遠法師在否總持曰今化去七百年矣安得在耶遂不復語總持問曰既至此欲歸何方法師曰陳留縣復入定徽宗命畫其像頒行并賜三頌一曰七百年來老古錐定中消息許誰知爭如隻履西歸去生死徒勞木作皮又曰藏山於澤亦藏身天下無藏道可親寄語莊周休擬議樹中不是負趨人又三曰有情身不是無情彼此人人定裏身會得菩提本無樹不須辛苦問盧能死心贊其像曰七百年定誑閒閒一念超越天下橫行

山谷嘗問道於晦堂晦堂入滅山谷主後事請隣寺長老秉炬而火不焚山谷顧謂死心曰老師之意無他蓋欲道風頗漢說數句死心曰其拘喪制中拒不出山谷強之死心執炬曰不是餘殃累及我彌天過犯不容誅而今兩腳梢空去不作牛兮便作驢遂以火炬打一圓相云只向這裏雪屈攧下火炬應手而焚

五祖自和尚住東山時禪和求挂搭多應對不暇遂於侍者寮出牓云東山有三句若道得即挂搭雪堂曰老僧看來誠所謂大開門戶有者往侍者寮問不知和尚有甚三句堂曰似這般禪和子如何與語一日有兄弟攜坐具徑往方丈謂自曰某道不得只是求挂搭自大喜呼維那明總下安排而今兄弟纔容心討挂搭早在門外也

景淳藏主撫州化度受業久參寶峰祥和尚淳有山居詩十首一曰怕寒懶剃髼鬆髮愛煖頻添榾柮柴栗色伽黎撩亂搭誰能勞力強安排祥見而論之此詩不減灌溪恐世以伎取子而道不信於人也

性空庵主妙普者西蜀人參見死心禪師後結庵于華亭隨機開導放曠自如有示衆偈曰十二時中莫

住功窮示寂去到無窮直須洞徹無窮底蹋破須彌第一峰一日因欲泛海辭別緇素而說偈言。坐脫立亡不若水葬一省柴燒二免開壙。撒手便行不妨快暢誰是知音船子和尚風難繼。有千年一曲漁歌少人唱由是登㴒盆張布帆與了以謝四衆乃吹鐵笛至洪波中而自沒矣三日後潮退於沙洲上跏趺而坐神色不動道友幾萬人迎歸青龍供養五日茶毗舍利五色如珠無數雙鶴盤旋竟日火盡而去塔于青龍壽七十一

焦山成枯木與照闍提俱嗣芙蓉偕先後得法未嘗相識照住寶峰道聲籍甚成亦未知其如何並不通法嗣書照因遣鶴侍者至於江浙照自題其像曰雨洗澹紅桃萼嫩風搖淺碧柳絲輕白雲影裏怪石露淥水光中古木清咦你是何人成見歎曰今日方知此人親見先師來嗣遂請益其贊成曰豈不見法眼拈火山境話曰我二十年只作境會嗣忽有省

雪堂行和尚拾遺錄　終

校譌　落（第[illegible]葉[illegible]今改）[illegible]　招（[illegible]今改正）[illegible]

[illegible]紙十六行[illegible]

雲隱道人[illegible]

雪堂行和尚拾遺録

校勘記

一　底本，徑山藏本。此書僅徑山藏本收録，無校。

大慧禪師年譜序

禪人祖詠編大慧禪師年譜敬菴黃汝霖以其先世入大慧室求余爲序余曰雲駛月運舟行岸移編年雲也舟也月與岸又在學人高著眼大慧之名震天駭地道傳其徒徧滿天下不待余序而後彰余聞大慧嫡孫安永頌曰何處覓行蹤大地無寸土敬以是題諸編年首淳熙癸卯四月望日蓮社居士張掄序

大慧普覺禪師年譜

參學比丘祖詠編

哲宗皇帝元祐四年己巳

師宣州寧國縣人也姓奚氏其母初夢神人衛一僧黑頰而隆鼻造於卧室問其何所居對曰嶽北覺而有娠及誕之日白光透室舉邑歎異實是年十一月初十日巳時也按師答參政湯公致遠書云大林嘉木大半爲國之棟梁顧予樗散之材分甘朽腐於陰壑又按樞密樓公仲暉寄師詩云昔年同輿長風煙別後生涯各信肰霜雪豈應摧操節大林依舊勢參天蓋二公皆同己巳也又按示吳景山偈有己巳同庚大林木甲乙丙丁馬與祿今年太歲守未宮指上輪來五十足山僧自是出家兒陰陽豈可全拘束之句云

五年庚午

六年辛未

師三歲按其家語上祖光祿常示子孫云昔漢于公爲獄吏後曰余理獄多陰德子孫必有榮顯者預高其門閭庶以容車馬往來吾建隆三年預告收河東所至城邑保護生靈免塗炭者不可以數計後子孫當有享吾德者及師三歲其祖仲曰光祿屢記子孫享其所積之德今將百載未見吾宗有符其語者余觀此子生吾家神儀秀發異事多顯但恐世間富樂不能羈絆耳

七年壬申

八年癸酉

紹聖元年甲戌

二年乙亥

師七歲形體岐嶷氣宇如神不喜戲玩語不妄發舉見皆畏之有僧道至其家卽侍父側客去記其談論片言不遺舉族異之按普說云余六七歲時每聞僧語唯喜視聽

三年丙子

四年丁丑

元符元年戊寅

師十歲師嘗謂侍者道先了德曰吾家因我生之後家道日微及十歲忽罹回祿一夕蕩盡父母以余命破祖業親族間以善財呼之余雖心知其戲實未審何等語後因閱華嚴經至入法界品不覺失笑耳

二年己卯

三年庚辰

徽宗皇帝建中靖國元年辛巳

師年十三入鄉校十有三日因與同牕戲以硯投之誤中先生帽償金三百而去父責之師曰讀世間書曷若究出世法父曰吾欲置兒於空寂中久矣師願請行而母不允

崇寧元年壬午

二年癸未

三年甲申

師年十六父母知師無處俗意遂令寓質縣之西寺未幾鄙所聞見不就糟粕棄去於是年九月詣東山慧雲院禮慧齊爲師按正續傳云院先於元豐戊午塑釋迦文像有異人丁生過焉語寺僧曰今日立像後當出一導師大興宗教照明濁世肰去此一紀方生若像有難是人始至及像之毀是人嬰禍崇寧甲申果有盜穴像之腹取其所藏者因追釋丁生之言謂像有難而人至符丁生之讖非子而誰因以宗杲名之

四年乙酉

師年十七九月納僧服十月請具足戒于景德寺自爾智辯聰敏不假師承日親禪學按育王入院普說云雖在村院常買諸家語錄看便喜雲門睦州說話又爲慈明大師普說云余十七歲便知有宗門事旣落髮出去禮拜善知識唯恐這一件事不明了異時撞入驢胎馬腹中去也曾因看經得箇歡喜處

五年丙戌

師十八歲按爲肰侍者普說云我初爲僧發蒙在奉聖初和尚處入室教看僧問法眼如何是學人自己眼云是汝自己話初嗣昌禧版雲門下舉話師家須提撕三五番云是汝自己是年雖受業述偈云古佛放光留不住鐵牛無脚也須行雖肰未踏曹谿路且喜今朝離火坑

大觀元年丁亥

師年十九按爲妙圓居士普說余十九歲遊方尋知識師初至太平州遊隱靜杯渡菴主僧迎待甚厚且顧伽藍神而言曰昨宵將三鼓夢此神告以今日雲峰悅禪師來且戒其爲待耳師謝不敏及隱靜老宿以悅語爲示悅肰過目成誦終不忘自

此人謂是雲峰後身按雲臥菴主書云丙子秋師於鄂渚舟中具言之故詳載紀談又按武庫曰（武庫題名之說詳見於後癸酉年）師初依瑞竹紹理和尚乃瑯琊之的孫因請益雪竇拈古頌古理令自見自說師洞達微旨理稱於衆曰杲必再來人也又按爲慈明大師普說云昔在衆看玄沙語見瑞巖喚主人公因緣有歡喜處遂詣理通消息云云是年秋遊廬阜而至郢州

二年戊子

師二十歲按爲錢承務普說云初行脚時曾參洞山微禪師二年之間曹洞宗旨一時參得又按武庫曰郢州大陽見元首座微和尚堅首座微在芙蓉楷會中首衆堅爲侍者十餘年師周旋三公座下盡得其旨趣於授受之際皆忤香以表不妄付授乃自惟曰禪有傳授豈佛祖自證自悟之法遂棄之又爲方敷文普說云微御有悟門只是不合將功勳五位偏正回互五王子之類許多家事來傳被我一傳得了寫作一紙牓在僧堂前大丈夫參禪豈肯就宗師口邊喫野狐涎唾盡是閙老子面前喫鐵棒底

三年己丑

師二十一歲按爲眞空道人普說云山僧大觀三年至舒州依海會從禪師乃羅漢南公嗣子也師未幾至寶峰挂搭受宣州化主十二月二十日離泐潭洞山廣和尚送師頌曰杲公化主化宣陽彼處檀那盡吉祥回復祖師堂上獻生生世世永馨香

四年庚寅

師二十二歲持鉢宣州按爲朕侍者普說四月八日遇奉聖初和尚上堂問話舉初顧視笑曰寶峰化主何不出來我即出問承和尚有言金蓮從地湧寶葢自天垂爲復是神通妙用爲復是法爾如然答曰金蓮從地湧寶葢自天垂進云鸑鳳不棲荊棘樹燕雛猶戀舊時窠答曰三年不相見便有許多般進云只如適來僧道昔日世尊今朝和尚又作麽生初便喝進云這一喝未有主在初回頭取拄杖稍遲我便云掣電之機徒勞佇思拍手一下歸衆你看我那時何曾安排來

政和元年辛卯

師二十三歲持鉢宣州師爲侍者曰寶峰作句以一年爲限余以目錄未遂餘八箇月因館于兄之家一日夜至五鼓睡中見馬祖喚云起施主西門俟汝之久師盥沐罷將至奉聖寺前偶邑人周節夫與僕荷橐而至於旅亭少憩語次詰師此行師以實對節夫乃邀至其居出橐金以足目錄津遣回山乃是年八月也後師兩住徑山節夫往來無間師待之甚厚葢不忘其往日之惠也

二年壬辰

師二十四歲居侍者寮按武庫曰湛堂一日至寮見看經次乃問看甚經對曰金剛經湛堂曰是法平等無有高下爲甚麽雲居山高寶峰山低對曰是法平等無有高下湛堂曰你做得箇座主使下一日侍次湛堂視師指爪云想東司頭籌子不是汝洗師即承訓交代黄龍忠道者作淨頭九箇月按普說其自聞湛堂和尚此說終身不養爪甲纔長一救不剪湛堂和尚便於手指上出現此乃誠服其訓導也

三年癸巳

師二十五歲在淨頭寮因書雲峰悅和尚小參語於座右一日廣道者至寮見之乃私語湛堂曰宣州杲兄以雲峰小參爲晉基非碌碌餘子之比湛堂曰此子他日必能任重致遠是年八月復歸侍者寮

四年甲午

師二十六歲一日湛堂問曰你今日鼻孔爲什麽無了半邊對曰寶峰門下湛堂曰杜撰禪和又一日於粧十王處問曰此官人姓什麽對曰姓梁（梁乃湛堂姓也）湛堂以手自摩頭曰爭奈姓梁底少箇幞頭對曰頭雖不同鼻孔髣髴湛堂曰杜撰禪和又一日問曰杲上座我這裏禪你一時理會得教你說也說得教你做也做得拈古頌古小參普說你也做得只有一件事不是你還知麽對曰什麽事某甲不知湛堂曰囫你欠者一解在你不得者一解我在方丈裏與你說時便有禪纔出方丈便無了惺惺思量時便有禪纔睡著時便無了若如此如何敵得生死對曰正是某甲疑處

五年乙未

師二十七歲是年季夏湛堂示微恙及疾亟師問曰和尚若不起此疾教某甲依附誰可以了大事湛堂良久乃曰有箇川勤我亦不識他你若見他必能成就此事若見他了不得便修行去後世出來參禪湛堂遷化後其平日說法語要不許抄錄太半師憶持誦出集成攜謁洪覺範以讓編大覺範題其後云右門雲菴示衆之語多脫窠臼于時衲子視之如春在華木而不知其所從來余每謂此老人可以起臨濟之仆哲人逝矣切嗟悼之以謂世莫有嗣之者湛堂於余爲弟昆自其開法未嘗聞其舉揚殁後百餘日得此錄於杲上人處讀之喟曰雲菴餘波乃發生此老種性耶按塔銘曰政和乙未七月二十二日洪州寶峰住山準公入

滅闍維之得五色舍利無數目睛不壞建塔于南山之陽其徒志璿宗杲與同志李彭等相與議曰孰能銘吾師之塔彭曰無盡張公於眞淨父子有大法緣吾師行解相應非張公之文不足取信後世衆中有可往見公者乎彭願錄行狀以獻師曰某甲雖不識公聞公家風先行業而後機辯願請以行

六年丙申

師二十八歲往兜率求照禪師書爲紹介之荊南求塔銘於無盡居士丞相張公天覺李商老以詩送師云落絮飛飛攪客心鳴鳩歷歷喚春陰未於蓮社添宗炳先向蘭亭滅道林遠嶠雲屯鐘磬晚諸天日斷薜蘿深詩緣病廢苦無思爲子送將聊一吟相見次立而問曰上人秪麼著草鞋遠來曰某數千里行乞來見相公公曰年多少曰二十八公曰水牯牛年多少曰兩箇公曰什麼處學得這虛頭來曰今日親見相公公笑曰且坐喫茶纔坐復問遠來有何事師趨前曰泐潭準和尚示寂荼毗目睛牙齒數珠俱不壞舍利無數山中耆舊皆欲相公大手筆作塔銘激勵後學特特遠來冒瀆鈞嚴公曰被罪于兹未嘗爲人做文字今有一問問上人若道得卽做若道不得與錢五貫裹足歸兜率參禪去曰請相公問公曰聞準老眼睛不壞是否曰是公曰我不問者箇眼睛曰問什麼眼睛公曰問金剛眼睛曰若是金剛眼睛在相公筆頭上公曰老夫爲他點出光明令教照天照地去也師復趨前曰先師多幸謝相公作塔銘公笑而已又問曰汝草鞵行乞數千里通名以見余爾師準吾知之久矣爾不遠辛苦而來於準亦有得乎對曰若有得則不來見大丞相也公曰喏者掠虛漢由是著之其序略云舍利孔老之書無聞也先佛世尊滅度弟子收舍利起塔供養趙州從諗舍利多至萬粒近世隆慶閑百丈肅煙氣所及皆成舍利大體出家人本爲生死大事若生死到來不知下落卽不如三家村裏省事漢臨終付囑一一分明四大色身諸緣假合從本以來舍利豈有體性若其梵行精潔白業堅固虛明廓徹預知報謝不驚不怖則依正二報毫釐不失世間麤心於本分事上十二時中不曾照顧微細流注生大我慢此是業主鬼來借宅如此而欲舍利流珠諸根不壞其可得乎又按張德遠丞相作師塔銘曰湛堂歸寂師謁張公無盡求準塔銘無盡門庭高大下少許可見師一言而契下榻朝夕與語號之曰妙高字之曰曇晦師既歸以道路之艱乃告於商老商老作淸餓賦以戲師商老與師敍爲莫逆往來石門歐阜追隨無間以師下急因作佩韋賦以贈之曰李子髮有卞急疾中歲少愈爽粹自得唯妙高公政爾然敵拽斷身繩因風奔逸念佩韋之戒作賦以勉之曰妙高來前樂言甚力在背折肱泛濫在昔邦子好潔而廢於鑑魏妓授歌而取誅殛禰衡持梲杖而大罵周公出火攻於下策袁彦道擲摴蒱而怒王藍田蹴雞子於屐或逐蠅而拔劍或搗蜂而噀液是皆喪天眞於俄頃蹈禍機於飄忽妙喜於是開懷以受盡言止乎是也乃曰此吾之三益盍書之以爲吾盤盂几杖之銘乎故李子夜呼燈醉索筆爲妙喜三令五申之而不惜也李作此賦乃是年六月二十五日夜也

七年丁酉

師二十九歲是年閱大寧寬和尚語錄求序於覺範其略曰余猶及見前輩能言老黃龍同時所遊從有若楊岐會翠巖眞大寧寬皆一時號明眼而會眞所得法子照隣江左語言布寰宇獨寬公少見機緣有石門宗杲上人抗志慕古俊辯不羣徧遊諸方得此錄讀之喜曰雖無老成尚有典刑此語老成典刑也其可使後學不聞乎卽唱衣鉢從余求序其所以命工刻之嗚呼杲之嗜好可謂與世背馳彼方尊事大名譽者傳受其語而杲獨取百年物故老僧之語欲以誇學者不亦迂乎雖然會有賞音者耳師在寶峰雖未參得禪先會汾陽十智同眞愛他面目現在遂作頌云兔角龜毛眼裏栽鐵山當面勢崔嵬東西南北無門入曠劫無明當下灰因舉似覺範覺範歎曰作怪我二十年做工夫也只道得到者裏

八年戊戌

師三十歲參潛菴源禪師於豫章之章江按武庫曰潛菴老源和尚退居章江師參扣之久一日室中舉僧在大愚會中誦金剛經至應如是知如是見如是信解不生法相驀然有省遂白芝通所悟芝遂指禪牀前狗子云狗子聻僧無語芝便打即慧濟大師實緣嗣北塔祚和尚來勅住南華與雲峰悅和尚厚善潛菴舉前話至不生法相處芝云狗子聻你作麼生會師對曰狗子潛菴大稱賞之謂其不生法相也師後曰大愚芝禪師方便善巧如珠走盤不留影迹今以寶法與人豈不孤佛祖之心乎時請海會從禪師住豫章觀音師以親近故乃述疏云道須神會妙在心空體之不假於聰明得之頓超於聞見無容擬議豈用提撕長老從公心昇一如道超三際白雲巖畔紅蓮已散於秋風章水岸頭下藥再敷於春色念羣生之擾擾嗟六趣之紛紛背正投邪迷源逐浪不逢達士誰挑暗室之燈罕遇當人孰指衣中之

寶願從勤請無用勞謙李商老手錄之仍題其後曰妙喜爲觀音請竹靈叟疏作語奇峭若久致力於斯文者乃知般若之靈驗如此何必讀四庫書然後爲也

宣和元年己亥

師三十一歲依兜率照禪師席下管語侍者余宣和改元二月自觀音而往龍安兜率至路中例經改德士遂憩一山院以易冠裳山中卒無布賣遂以被單製鶴氅草堂和尚時住黃龍靈源和尚退居昭默堂江西法席以此爲冠師三至山靈源與語不倦謂其徒曰杲禪神全似我晦堂老和尚莫之挽留乃作四頌以贈師期爲叔世之舟筏而摩造草堂室中堂嘗曰宣州杲兄見地明白出語超邁乃吾家千里駒耳因陞座大師爲衆請益進語有云括得道旁芒草索綝身擊碎鐵圍山之句堂深喜之時韓子蒼李分寧洪覺範寓雲巖師與二公從遊久之一日師作覺範頂相贊有種空華抽暗楞之句二公擊節大稱賞之按子蒼送師詩云憶昔分寧日逢師豁上頭栽書訪彭澤倚杖話荊州時師得陳瑩中書欲再往荊州訪無盡居士

一年庚子

師三十二歲是年春再謁無盡居士於荊渚同唐子西館于府第之西齋爲法喜之遊一日居士問曰佛具正徧知亦有漏網處師曰何謂也居士曰吾儒尚云西方有大聖人不治而不亂不言而自化然堯舜禹湯皆聖人也佛何故略不言及之耶師曰且堯舜禹湯與梵王帝釋有優劣否居士曰堯舜禹湯豈可比梵王帝釋哉師曰佛以梵釋爲凡夫餘可知矣居士曰何以知之師曰吾教備言佛出則梵王前引帝釋後隨居士擊節以爲高論

居士又一日語師曰余頃在江寧戒壇院寓居再閱雪竇拈古至百丈再參馬祖因緣雪竇云大冶精金應無變色投卷曰審如是豈得有臨濟今日耶遂有頌曰馬師一喝大雄峯深入髑髏三日聾黃檗聞之驚吐舌江西從此立宗風因舉似乎禪師平後致書云去夏閱臨濟宗派知居士得大機用愍諸方學語之流來求頌本乃成頌寄之曰吐舌耳聾師已曉提胷只得哭蒼天盤山會裏翻筋斗到此方知普化顛今又數年諸方往往以余聰明博記少有知余者公自江西法窟來必辨優劣試爲老夫言之師曰居士見處與眞淨死心符合近世得此機用獨二老矣居士曰眞淨何謂師乃舉其頌云客情步步隨人轉有大威光不能現突然一喝雙耳聾那吒眼開黃檗面復舉死心拈提語云雲巖敢問雪竇既是大冶精金應無變色爲甚卻三日耳聾諸人要知麽從前汗馬無人識只要重論蓋代功居士躍然撫几曰不因公語爭見死心眞淨用處若非二老難顯雪竇馬師由是仰而歎俯而悲歎則歎二老與我同志悲則悲眞淨已殁而新老又不及識慨然久之乃述偈以示師云馬師喝下立宗風嗟我三人見處同海上六鼇呑餌去棲蘆誰更問漁翁既而請進無盡囑師曰子必見圜悟吾助子往遂津致行李來京師師於是年十月離渚宮無盡乃十一月薨背按與唐立夫舍人書云某宣和庚子同尋丈居無盡書齋及八箇月從遊甚樂因作京師之行自茲分攜遂成契闊

三年辛丑

師年三十三歲按答關無黨書曰伏自渚宮作別徧遊襄沔取道南陽以冬春雨雪連作沒溺道塗其勞有不可勝言者二月十七日始至香巖少此息肩偶天寧老子遣价相邀既是道舊初不苦辭因卷袱此來作度夏計又按爲鄭成忠普說云山僧往年行脚將入京師至鄧州天寧有一蔡州道士遣人至藏司借華嚴寶積二經余竊知其爲佳士翌日相見與語果然符合也

四年壬寅

師三十四歲初至京師擬依法雲佛照杲和尚會下適佛照退居景德鐵羅漢寺躊躇將半月未決去留因追繹湛堂遺訓時佛杲和尚居蔣山乃竟欲往焉而同志勉之曰江淮豈此老久留都下有闕必此來也遂依咸平普融平禪師法席按答王大受書云審首座某與渠同在普融會中相聚盡得其要領一日因上堂謝知客有語云三門頭忽有箇無面目漢來又如何與伊相見師乃問僧令日和尚上堂恁麽道你作麽生會不得道遠來不易不得道且坐喫茶不得道後架洗脚不得道寮舍不便你別著得甚語僧無語師乃舉似普融融云你離卻作麽生與伊相見師云且坐喫茶融云我情知你跳不出師云和尚離卻如何與伊相見融云且坐喫茶師云猶較些子咸平乃太宰王公大觀功德寺太宰往來無間而獨喜與師談論師之酬酢闊略主賓其徒有陰忌之者師頗無莫居意太宰由是以府第後華園易菴遷師居之

五年癸卯

師三十五歲居太宰菴闔府敬事過於所親四事豐美用適師意菴中不事煙爨二餐及賓客往還凡有所須皆府中應給既親以道遂爾佚居

六年甲辰

師三十六歲九月圜悟有天寧之命詔既下乃私

自慶曰此老實天賜我也幸早届都城速懸所願屢以湛堂無盡奏奇之語以白太宰欲預往天寧俟圜悟之來其圜府挽留之意愈篤乃密令僕役移行李於宅庫及圜悟將次國門始託關無黨私喻鑰吏獨竊祠部而往乃自惟曰當以九夏爲期其禪若不異諸方妄以余爲是我則造無禪論去也設自枉費精神蹉跎歲月不若弘一經一論把本修行庶他生後世不失爲佛法中人也遂贖清凉華嚴疏鈔一部齎之天寧

七年乙巳

師三十七歲四月抵天寧挂搭授爲禮侍者普說云五月十三日因張康國夫人請圜悟禪師陞座舉僧問雲門如何是諸佛出身處門云東山水上行若是天寧即不然如何是諸佛出身處薰風自南來殿閣生微凉向這裏忽然前後際斷雖然動相不生卻坐在淨倮倮處入室次圜悟曰也不易你得到這箇田地可惜死了不能得活不疑語句是爲大病不見道懸崖撒手自肯承當絕後再甦欺君不得須信有這箇道理遂令居擇木堂作不釐務侍者每日同士大夫入室只舉有句無句如

藤倚樹纔開口便道不是如是將半年一日同趙表之方丈藥石次把箸在手忘了喫食圜悟顧師而語表之曰這漢參得黃楊木禪也師遂引狗看熱油鐺爲喻圜悟曰只這便是金剛圈栗棘蓬居盡何抑圜悟曰聞和尚嘗問五祖此話不知記其答否圜悟笑而已師曰若對人天衆前問今豈無知者耶圜悟乃曰向問有句無句如藤倚樹時如何祖曰描也描不成畫也畫不就又問忽遇樹倒藤枯時如何祖曰相隨來也師聞舉乃抗聲曰某會也圜悟曰只恐你透公案不得云請和尚舉圜悟遂舉師出語無滯圜悟曰今日方知吾不汝欺也遂著臨濟正宗記以付之俾掌記室分座訓徒師乃炷香爲誓曰寧以此身代衆生受地獄苦終不以佛法當人情乃握竹篦爲應機之器於是聲譽藹著叢林咸歸重之按圜悟跋示師法語後云杲首座昔遊叢林徧見大有道之士軒昂騰踏不可覊縻會於渚宮與無盡居士投契公雅重其器每囑曰應須見佛果宜和中會余被旨領天寧渠即先一日入堂已而造室中發語果異嘗陞座舉諸佛出身處熏風自南來即大徹然自爾命於方

丈側寅夕與之鍛煉以白雲老師昔所示有句無句渠盡伎倆百種開展恐剗下幾乎以爲心倖移換初無實地因志誠語之昔佛鑑與余正典是謗使更絕意探賾當不較多後來驀然猛省盡脫去機籌知見玄妙因爲渠云正好參禪也即踴躍向前從頭一一加針錐始浩然大徹余不喜得人但喜此正法眼藏有覷得透底可以起臨濟正宗遂於稠人中指令分座訓徒久之會都下多故理辦錫出汴臨分書此以作別間年餘自平江虎丘得得上歐阜冉集至山之次日入首座寮闔山數百

衲子聳動屢作師子吼揭示室中金圈栗蓬大鉗鎚本色久參之流靡不欽服而德性愈恬穩洪無諍之風怙怙不較勝負只欲深藏山谷做古老火種刀耕向鑁頭邊收拾攻苦食淡兄弟木食澗飲草衣茆舍避世俟時清平即發悲願眞大丈夫慷慨英靈奇傑之人所瞻步因再爲細書仍作是跋爲又書送師持鉢頌後杲公妙喜宜和末投誠於天寧密室四十二朝昏而於一言之下領略尋掌盂入廛市發意甚銳臨行作偈以餞之不惟以一期小緣要欲結萬人之志洪荷此千二百斤擔子旣已了能事即入記室推拂之下訓徒四方雲衲駢臻遽遭金人渝盟彼彼拂衣出汴相分歲華聿會于雲居首衆即持舊語俾書之按此二跋師乃是四月初一日挂搭圜悟初二日入院五月十三日悟道自四月初一日至五月十三乃四十二日悟道後持鉢化緣畢入書記寮明矣

欽宗皇帝靖康元年丙午

師三十八歲居天寧記室分座訓徒按圜悟舉師立僧上堂曰鵲兒未出窠已有摩霄志虎子未絕乳已有食牛氣兒復羽翼成兒復爪牙備奮迅即

驚羣八面清風起一條脊梁硬似鐵一條白棒掀天地相與建法幢展衲僧巴鼻按祭圜悟文云某宣和末謁無盡居士於渚宮是時年盛氣銳眼高四海公不惜推轂之力寅緣幸會始獲投足於汴都天寧之室咨決大事會陞堂舉諸佛出身處熏風自南來之句渙然冰釋尋以古今商確有句無句晨鍛夕煉了無凝滯遂於稠人中指令分座有相與建法幢之語七會錄以相與建法幢爲雲居上堂非也一日徐師川同圜悟至寮見圜悟頂相師川指云這老漢腳跟未點地在師謂師川曰甕裏何曾失卻鼈師川

云且喜老漢腳跟點地師云莫謗他好一日圜悟問曰據虎頭收虎尾第一句下明宗旨如何是第一句對云此是第二句又問巖頭跨德山門便問是凡是聖德山便喝作麼生對云殺人須是殺人刀活人須是活人劍四月賜紫衣師號按塔銘曰師於有句無句言下得大安樂法縱橫踔厲無所疑於心大肆其說如蘇張之雄辯孫吳之用兵如建瓴水轉圜石於千仞之阪諸老歛衽莫敢當其鋒于時士大夫爭與之遊雅爲右丞相呂公舜徒所重奏賜紫衣師號佛日大師時女眞之肆驕取

禪師十數師爲首選圜悟遺悖上人侍行有西竺
寄三藏俱館金明池上日與論義寄深敬服虜酋
壯師不少屈由是一衆獲免其行師於是年八月
出京投呂居仁送悖上人之雲居省師詩曰杲公
昔踏胡馬塵城中草木凍不春胡兒卻立不敢問
其誰從者悖上人袖手歸來兩無語而今且向江
西住雲居老人費精神送往高安灘頭去
高宗皇帝建炎元年丁未
師三十九歲居揚州天寧十月同琳普明渡江省
侍圜悟于金山信宿而別偕隆藏主之吳門少憩
寶華次虎丘遂館于前貧按武庫曰圜通秀禪師
云雪下有三種僧余丁未冬在虎丘親見之不覺
失笑乃知前輩語不虛耳
二年戊申
師四十歲居虎丘按爲錢子虛普說曰余昔請益
湛堂殃崛摩羅持佛語救產難因緣湛堂雖設方
便余實不曉後因在虎丘看華嚴經至菩薩登第
七地證無生法忍云佛子菩薩成就此忍卽時得
入菩薩第八不動地爲深行菩薩難可知無差別
離一切相一切想一切執著無量無邊一切聲聞
辟支佛所不能及離諸諠諍寂滅現前譬如比丘
具足神通得心自在次第乃至入滅盡定一切動
心憶想分別悉皆止息此菩薩摩訶薩亦復如是
住不動地卽捨一切功用行得無功用法身口意
業念務皆息住於報行譬如有人夢中見身墮在
大河爲欲渡故發大勇猛施大方便以大勇猛施
方便故卽便寤寤既寤寤已所作皆息菩薩亦爾
見衆生身在四流中爲救度故發大勇猛起大精
進以勇猛精進故至此不動地既至此已一切功
用靡不皆息二行相行皆不現前此菩薩摩訶薩

菩薩心佛心菩提心涅槃心尚不現起況復起於
世間之心師云到這裏打失布袋湛堂爲我說底
方便忽然現前十月省覲圜悟於雲居道由金陵
訪韓子蒼待制留五宿而別泛舟泝流以抵星渚
至山次日入首座寮按子蒼答師書云邂逅金陵
雖適我願然始不謂遽往廬山故對牀夜談不過
四五自離岸至今不聞消息極以憂懸得書乃知
到山旬日道路安穩又知便首衆僧與老和尚分
座說法良深慰喜昨煩作覺範行狀及出世入寂
月日欲爲作一銘託同安入石切不可緩也秉拂
略曰夷門昔日呈家醜拈出無邊刹棘蓬今日歐
峰孤頂上幸然無事又相逢相逢卽且置其中事
作麼生若有道得便請歸堂若道不得打葛藤設
你諸人去也云云會中時多龍象以圜悟久虛座
元俟師之來頗有不平之心一鬨提唱無不愜服
及冬至秉拂昭覺元禪師出衆問眉間挂劍時如
何師云血濺梵天圜悟時於座下以手約云住住
問得極好答得更奇元乃歸衆叢林由是改觀
三年己酉
師四十一歲雲居首座寮一日因遺火燒卻廳次
日告香拈狗子無佛性話云欲識佛性義當觀時
節因緣雲門大師道若是得底人道火何曾燒著
口遂作頌云趙州狗子無佛性道火何曾口被燒
昨夜忽然廳上發南海波斯鼻孔焦時圜悟有歸
蜀意師於中夏遣參徒於雲居山後尋得古雲門
舊址欲剏菴以居按圜悟與耿龍學書云杲佛日
一夏遣參徒踏逐山後古雲門高頂欲誅茅隱遁
其志可尚今令謙去山叟爲書數語及疏頭亦欲
輟長財成之可取一觀渠正欲奉錫更在高栽也
圜悟是年閏八月退雲居復示師住菴法語云古

德任山率刀耕火種不畜長物蕭然布衲麤衣糲
食將大有爲也慕義學道兄弟相從一切以寬量
大度包納之不暴怒不峻阻慈悲喜捨以身帥之
蓋菴居五七間不比叢林寬廣咳唾動靜無不與
耳目相接若一一責之以禮則久久生懟慕地顏
色相及便見參商卽攪道義豈不見藥山數十年
牛欄菴只七八人其後皆爲大法器風穴和尚單
丁久之只二三相從後來麟象駢集答問汪洋潙
之衆吼潙山十年食橡栗卑晚年大安來者著五
百衆大梅入深山幽谷初不與世接因鹽官僧採
拄杖乃逢之問酬徑截後半千人今既不得已作
避世隱遁正欲韜晦佚時淸平然後行已之願豈
可以小忍而亂大謀哉一切但仔細和合先防自
犯三業提向上那一著子教兄弟日有趣向自然
忘倦向前去也俗諺所謂相見易得好共住難爲
人要須廓落寬容半見半不見且圖長久斷與常
流異矣教中道如爲一人衆多亦然三家村裏數
間茅屋立成箇本分規繩不嚴不緩凡百折衷他
日便更多多益辦也古人佩韋佩絃各攻其偏惟
務中道而行況辯智過人不能照此細務但患逞
俊太過一色便自性久之便不好耳此去有人議
論應當回轉著亦令讚歎非常人所可及乃善更
有一箇急要最後句不免略說之佛法無多子久
長難得人
四年庚戌
師四十二歲是年春還海昏雲門菴時開善謙爲
福本東林顏雪峰空凡二十餘人侍師而往朝參
暮請聲欬鞠著九月以盜賊猖獗避地湖湘抵長
沙訪佛性泰禪師於谷山師與之雖法門昆季而
未之識一見果合符契商今確古語必終日坐必

達且佛性喜楊岐正宗有賴於師特揭振祖堂以館之一日師曰香嚴悟道頌一擊忘所知五字盡其妙後七句皆注脚耳佛性曰五祖師翁頌狗子無佛性只消趙州露刃劍足矣餘皆剩語二人欣慰各以爲然邊境既肅遂作江西之行按子蒼寄閩悟書云妙喜菴于雲門方成法席以賊近境散去近來豐城相見云過谷山見泰老甚安穩也

紹興元年辛亥

師四十三歲登仰山避近東林珪禪師按東林跋頌古云余靖康元年結茅分寧西峰建炎四年遷仰山明年妙喜自湖外來一見相契遂定楊岐宗旨二月復還雲門菴題高菴悟禪師語要示學徒雲門舉起竹篦五頌

二年壬子

師四十四歲浾山閒寂所處皆正因學道之士而師不倦推拂日夕與之鍛煉一日爲衆曰此事人人具足各各圓成只向自己分上辦取世尊初生下一手指天一手指地周行七步目顧四方云天上天下唯我獨尊意在那裏意在鉤頭只要各各自知獨尊只如長慶稜和尚悟道了有頌云萬象之中獨露身唯人自肯乃方親昔年謬向途中覓今日看來火裏冰道箇須是自肯始得我說底盡是塗中事去禪牀角頭覓說佛說法說妙說玄事理心性盡是塗中事且那箇是獨露底身大丈夫漢須是自肯始得那裏去古人舌頭上覓纔見人道是你也道是道不是你也道不是只在聲色上走有什麼交涉又曰今時人盡是順顛倒不順正理如何是佛卽汝心是卻以爲尋常及至問如何是佛答云燈籠沿壁上天台便道奇特豈不顛倒耶又曰我這裏禪如擊石火當一擊時拈起法燭點著便行纔眨眼便蹉過也這些子不妨是難又曰兄弟做工夫不消舉因緣只去近處看只如六祖爲明上座云汝但善惡都莫思量當恁麽時一切不思量還我明上座本來面目但恁麽看又曰此事大段近因甚不會良久曰只爲分明極飜令所得遲

三年癸丑

師四十五歲東林珪禪師自仰山來同居各作頌古一百一十篇按東林書頌古後云紹興癸丑四月余過雲門菴同妙喜度夏山頂高寒終日無一事相從甚樂妙喜曰昔白雲端師翁謝事圓通約保寧勇禪師夏居白蓮峰作頌古一百一十篇有提盡古人未到處從頭一一加針錐之語吾二人今亦同夏於此事跡相類雖微顰無媿也遂取古公案一百一十則各爲之頌更互酬酢發明蘊奧斟酌古人之深淺譏訶近世之謬妄不開知見戶牖不涉語言蹊徑各隨機緣直指要津庶有志參玄之士可以洗心易慮於茲矣臨川太守曾公紆以廣壽虛席請師莫之得遂託待制韓公子蒼及舍人呂公居仁以書勸諭庶幾肯就而師堅志莫屈按子蒼書云昨頻知藏歸附書奉勸以彼太岡寂山下時有劫掠似非禪定之所不若與衆來此或須卓菴極易事耳不知何故了不見聽今郡守欽仰道德且采衆論待屈公高躅說法廣壽不肯語之曰此公誓不出世雖堅請必不來然自聞議定一方道俗無不延跂昔汾陽累請不出後來自要住院乃知通人或出或處豈嘗固執况今禪道頹壞所以圜悟望公振起楊岐之風若孤峰頂上草衣木食終不爲人此則獨覺行也豈圜悟之意哉九月同珪禪師之臨川訪子蒼居仁謁草堂和尚於疎山因館子蒼之西齋按普說云子蒼爲此事甚切與其舅孔斷拄者半年

四年甲寅

師四十六歲是年二月作七閩之行按子蒼贈別詩其略曰幻世吾方夢迷津子作舟禪心如寄付當爲少淹留又有還應雪峰老領衆待雲門之句三月至長樂館于廣因寺因遊雪峰適建菩提會眞歇了禪師請爲衆普說其略曰今夏在廣因開箇燈心皁角鋪子隨分說些麤禪室中問一句子不思量計較天眞自然道得一句便與一摟擬議不來劈脊一棒別無細膩工夫忽然撥發一箇半箇卻教上來就大罏韛事同一家按爲超明海三大師普說云尼長老妙道號定光太師往年在雪峰諸處參禪聞我在廣因遂破夏來求挂搭山僧向他道我自是客問取長老去長老諾之其時只七十僧一日兩徧入室因爲光藏主舉話大道在外面聽得有歡喜處便來吐露云適聞和尚舉不是心不是佛不是物已理會得當時便問他不是心不是佛不是物你如何會云妙道只恁麽會道聲未了山僧云囫多了箇只恁麽會渠乃瞥地林

適可司法栩菴於洋嶼延師居之時宗徒擯置妙悟使學者困於寂默因著辨正邪說而攻之以救一時之弊按示遵璞禪人法語云甲寅春余自江左來閩有祥雲曇懿長老開法莆中衲子輻湊璞亦從之爲表裏余知其未穩當恐誤學者以書致懿令暫來懿畏得失遲其行遂因小參痛斥其非揭牓于門以告四衆懿不得已乃破夏來詰其所證只如傳時遂語之曰恁麽見解何敢嗣圜悟便退卻院來懿夏末果不食言璞亦繼至一日入室余問僧德山見僧入門便棒臨濟見僧入門便喝

雪峰見僧入門便道是什麼。睦州見僧入門便道現成公案放你三十棒。這四箇老漢還有為人處也無。僧曰有。余曰劄。僧擬議。余便喝出。璞聞之忽肰脫去從前許多惡知惡解，遂成箇灑灑地衲僧。懿亦相繼於一言之下脚踏實地。有彌光禪人，叢林號光狀元者，蓋在洋嶼最初得法。一日入室次，師問曰：喫粥了也，洗鉢盂了也，燒香了也，行道了也，去卻藥忌道將一句來。光云：裂破。師厲聲曰：你又來這裏說禪也。光於言下契悟，呈頌云：當機一撈怒雷吼，驚起法身藏北斗，洪波浩渺浪滔天，枯

得鼻孔失卻口。師即擂鼓說偈以證云：龜毛拈得笑哈哈，一擊萬重關鎖開，慶快平生是今日，孰云千里賺吾來。又鼎需禪人入室，師問曰：內不放出，外不放入，正當恁麼時如何。需擬對，師以竹篦打至三下，需忽大悟，不覺叫曰：和尚已是多也。師又打一下，乃示一偈云：頂門豎亞摩醯眼，肘後斜懸奪命符，瞎卻眼，奪卻符，趙州東壁挂葫蘆。又大悲閑長老年八十有四，隨衆入室，師問：不與萬法為侶是什麼人。閑曰：扶不起。師曰：扶不起是什麼人，速道速道。閑擬對，師便打，忽肰大悟，復示以頌：一

棒打破生死窟，當特凡聖絕行蹤，返笑趙州心不歇，老來由自走西東。菴居纔五十三人，未五十日得法者十三輩。答曾天游侍郎與元昭提刑問道書，示祖元禪人、曇懿長老等十三頌，以頌戲了肰居士，鄭學之作珪竹菴讚，擬泉大道作蓋苴歌，送文紀道者持鉢。閩士鄭昂早聰銳，該洽三教，纔見尊宿所至談禪自若，聞師力排默照為邪，昂忿氣可掬。一日持香來，聲色俱厲，引釋迦掩室及達磨、魯祖面壁等語與師辯白。師曰：我只將你屋裏底為你說。莊子曰：言而足，終日言而盡道；言而不足，終日言而盡物。道物之極，言默不足以載，非言非默，義有所極。孔子曰：參乎，吾道一以貫之。曾子曰：唯。此亦言而足處。但措大多錯會。肇論釋迦掩室於摩竭四義，是皆理為神御，故口以之而默，豈曰無辯，辯所不能言也。何得向黑山鬼窟裏坐地，先聖訶為解脫深坑，極可怖畏。蒙莊座主尚不滯於默，肰兒祖師門下客，纔開口便落今時，有甚交涉。尚明不覺作禮。師復徵以生死大事，乃省悟悅服。是冬以浴司拾官夫所伐棄樹梢爇浴，縣尉私意追擾庵隣，師即拂衣過莆陽，憲使督尉躬請不已，

戲作偈寄檀越曰：雲門燒浴盍官柴，帶累傍人枉受災，寄與嶼頭諸施主，已成鮑老送燈臺。

五年乙卯

師四十七歲。正月赴蔡子應郎中天宮庵之命。泉南給事江公少明翔新庵於小谿之上，延師以居。按韓子蒼答少明書云：竊知卓庵得妙喜師開山，不喜妙喜得此庵，喜此庵得妙喜。肰此道人孤高絕俗，與世寡合，此正其所長，以故惡嫉者衆。惟曠懷偉度乃能期之於物外，若能安居，使圓悟之風烜爀泉南，實叢林盛事。又按師答郡王孟公仁仲

樞密徐公師川書云：去春入閩，憩廣因洋嶼及八箇月，而蔡子應以莆中靈巖天宮庵見招，坐席未煖，江少明復以今新庵遣人相延，遂領長樂五十三衲子卷衲此來，四月初一入庵，見今內外度夏者二百人，皆叢林老成，從遊士大一時名士如李參政漢老、江給事少明、蔡子應郎中、儲彥倫、李端友、蔡春卿正卿諸公各問扣擊，拳拳不倦。雖庵居幽僻，正拙者之所宜也。一日因師示衆，舉自頌趙州庭前柏樹子話，拈云：庭前柏樹子，今日重新舉，打破趙州關，特地尋言語。敢問大衆，既是打破趙州關，因甚特地尋言語。良久云：當初將為茆長短，燒了元來地不平。李參政聞之，忽肰有省，乃謂師曰：若無後語，鄙亦領略不得。別後以書與師曰：近扣籌室，伏蒙激發蒙滯，忽有省入。顧惟根識暗鈍，平生學解盡落情見，一取一捨，如衣壞絮行草棘中，適自纏繞。今一笑頓釋，欣幸可量，非大宗匠委曲垂慈，何以致此。自到城中，著衣喫飯，抱子弄孫，色色仍舊，既亡拘滯之情，亦不作奇特之想，其餘夙習舊障亦稍輕微，臨別丁嚀之語不敢忘也。重念始得入門，而大法未明，應機接物，觸事未能無

礙，更望有以提誨，使卒有所至，庶不玷於法席矣。蔡子應郎中亦以書通所得於師，略曰：某近看狗子無佛性一語，恰似平地釘箇繫驢橛子，一除除卻，頓覺廓肰本無罣礙，一切文字語言已沒交涉，故見得竹篦子徹底分明，信知從上佛祖切要為人處尤無多子，便見自己脚根下一段大事，明如皎日，廓若太虛，從本已來不生不滅，不變不易，赤骨歷地著一絲毫不得，直饒千佛出世亦無摸索處，菩提煩惱，真如涅槃，皆為剩法，華梢柳眼，種種勝妙境界，盡是楂樝，阿羅應時瓦解冰消，慶快有

不可勝言者。因作頌曰：雲門篦子，逢人便舉，有眼無睛，徒勞下語。二曰：狗子無佛性，截斷衲僧命，打破趙州關，識得雲門病，樞此回若不遇老師，空被從前一知一解以為殊勝，埋沒過此一生，豈不可惜也。師之所答備於語錄。

六年丙辰

師四十八歲。住泉州雲門庵。四月十六日，圜悟和尚訃音至，舉哀拈香，指真云：這箇老和尚一生多口，攪擾叢林，近聞已在蜀中遷化了也，且喜天下太平。雲門昔雖會親近，要且不聞他說著箇元字

脚所以今日作一分供養點一盞茶燒此一炷香熏他鼻孔卽非報德酬恩只要辱他則箇召大衆云既不聞他說箇元字脚又無恩德可報何故特地作這一場笑具還委悉麽冤有頭債有主偶因失脚倒地至今怨入骨髓遂燒香祭文略曰某近蒙大丞相張公委僧祖秀報成都府昭覺圜悟先師去年八月初八日示寂闔維煙所及處五色舍利如菽道俗祖送悲動閫蜀間關萬里訃音不以時乃以是年四月戊戌朔十六日癸丑成服設伊蒲之饌用展哀思嗚呼先師道德高大塵斥八極顧其得法之由與夫平生出處大略遭遇明天子表師叢林照映先烈上自宸展公卿下逮閭里負販草木昆蟲尸知之矣卑復鈎棘敘致爲世俗文字不情之具乎獨念孤陋不肖蒙被剪拂之賜舍悽哽塞其忍默然(自敘云云)重念先師眷眷如此其至者豈於其有所私也要之以付託之重俾於钁頭邊覓本分種草期得一箇半箇恢張臨濟已墜之宗開鑿後昆眼目貴不虛閱世實先師之志願也不肖安足以承遺訓區區圖報未知所從此其所以含悽哽塞不能自已傾倒底蘊先師實臨之至晚小參舉僧問長沙南泉遷化向什麽處去沙云東家作驢西家作馬僧云未審意旨如何沙云要騎便騎要下便下師云今日忽有人問雲門圜悟老師遷化向什麽處去只向他道入阿鼻大地獄去也未審意旨如何飲烊銅汁吞熱鐵丸或問還救得也無云救不得爲什麽救不得是這老子家常茶飯十月李參政漢老呂舍人居仁鄭編修尚明同訪師令莆田鄭元亮寫師頂相三公述讚書其上(讚見後錄)師自題曰趙州云似則打殺老僧不似則燒卻幀子盡謂此本逼眞獨未見有下毒手者放過一著兩手分付鈍叟(鈍叟尚明自號也)作釋迦出山相讚趙州和尚圜悟和尚眞讚

七年丁巳

師四十九歲住小谿雲門庵按祭圜悟和尚文曰大丞相張公德遠出蜀先師餞別臨分袂握手以不肖孤蹤囑之尋訪以至忍泣意欲推挽爲出世利物之事張公之在閫也以先師之故忘位貌之崇招以尺書偶緣疾疹不果一于典謁然其素有不出人前之戒業已退藏豈復有所覬覦哉又按塔銘曰後在蜀時勤親以師囑謂眞得法髓後造朝遂以臨安府徑山延之恐師痛事韜晦必欲致師移書泉守劉公彥修趣其行不得已牖然而起按題佛燈珣禪師祭文後云余紹興丁巳春赴臨安府尹之命主國一法席又按答泉守劉公書云五月初離泉南冒大暑艱苦備嘗七月方抵三衢呂丞相易疏帖遣人至衢相候超然居士趙表之彛與師同法席于大衆歐阜舟以不宜遊出世爲戒時表之偶辟南外宗正司師赴徑山適會衢之官驛師述偈見意云超然妙喜兩同參鷲地相逢各負慚我去住山君躍馬前三三與後三三十七日至臨安二十一日開堂於明慶寺下座次少卿馮公檝問曰和尚常言不作這蟲豸爲什麽今日敗闕對曰盡大地是箇呆上座你作麽生見馮公擬議師便掌之時舉僚失色馮大笑曰長老與檝佛法相見二十四日入院九月歸受業衆請小參說偈山僧昔爲童子時一念知道出家好御因脫白此伽藍今日重來稱長老兵戈之後亡者多現前耆宿喜無惱以尊就卑離我人咸請舉揚無上道後生當發勇猛心四海求師宜撥草徑山奉勸不虛施辯口維摩須靠倒次寧國衆道友請陞座說偈只這些兒住處是吾生長之地別去二十七年日月疾如彈指(政和元年辛卯持鉢至紹興七年丁巳計二十七年)走徧天下叢林意圖出離生死報答父母重恩不是等閑遊戲平生得箇剛骨方與佛祖出氣今朝依舊還鄉親戚百無一二道是昔人猶非道非昔人猶是莫作是非論量透過世間出世慇懃普勸諸人急著眼睛看取冬持鉢鄰郡訪雙槐居士鄭禹功於璉市作佛燈珣禪師眞讚金華聖者畫像讚題吳氏六湛堂

八年戊午

師五十歲乃入院之明年衆將一千皆諸方角立之士師行首山令起臨濟宗憧憧往來其門如市學徒咨扣日入玄奧規繩不立而法社肅如也由是宗風大振號臨濟再興時給事馮公濟川無著道人妙總同坐夏山中馮館不動軒日只一食長坐不臥按示永寧郡夫人法語云一日因示衆舉藥山初參石頭及馬祖因緣濟川無著纔聞提撕各有省悟下座濟川隨師上方丈云某甲理會得師曰居士如何濟川云恁麽也不得蘇嚧娑婆訶不恁麽也不得悉哩娑婆訶恁麽不恁麽總不得蘇嚧悉哩娑婆訶師曰梵語唐言打成一塊咄哉俗人得此三昧師遂至無著寮舉濟川語無著云妙總曾見郭象註莊子識者以爲莊子註郭象師乃舉巖頭婆子話問之無著遂作頌曰一葉扁舟泛渺茫呈橈舞棹別宮商雲山海月俱拋棄贏得莊周蝶夢長師以頌示之曰汝既悟活祖師意兩段一刀直下了臨機一一任天眞世出世間無剩少我作此偈爲證明四聖六凡盡驚擾休驚擾碧眼胡兒猶未曉按爲瑩上座普說云因遣道謙往零陵問訊紫巖居士謙中途打發大事及歸老僧

半山亭望見便云這漢和骨都換了也謙開之大驚這些驗人處設使釋迦達磨來亦不讓作不動軒記答樞密富公季申問道書冬行化吳門作慧日雅禪師眞贊

九年己未

師五十一歲是年龍象駢集坐夏者一千七百有奇舉悟本道顛二座元分座訓徒按眞讃曰一千七百癡衲子圍繞這箇無明叟以神龍未有封號敷奏于朝蒙賜侯曰廣潤廟曰靈澤謁丞相張公德遠于四安求圜悟和尚塔銘按畫像贊曰初識公于京師後十五年再會吳之四安又按答佛性泰禪師書謁者訪張丞相弟兄艤舟霅川爲數日之款已爲先師製得塔銘見刊石他日尋便奉寄答陳季任少卿趙道夫待制劉彥修寶文彥冲通判問道書作布袋和尚臨濟和尚畫像讃贈醫師王公繼先參政劉公大中頌題超然居士六法圖作普照英禪師眞讃祭韓子蒼待制江少明給事文

十年庚申

師五十二歲捌建千僧閣將侍郎張公九成狀元汪公應辰登山問道於師張與師談格物之旨師曰公只知有格物而不知有物格公擬議徐曰師豈無方便邪師笑而已張曰還有樣子否師曰不見小說所載唐有與祿山謀叛者其人先爲閬守有畫像存焉明皇幸蜀見之怒令侍臣以劍擊像首其人在陝西忽頭落公聞之頓領厥旨乃題偈于不動軒壁間曰子韶格物曇晦物格欲識一貫兩箇五百又一日問曰前輩既得了何故埋會臨濟四料揀則甚議論問師曰公之所見只可入佛不可入魔豈可不從料揀中去邪公遂舉克符問臨濟至人境兩俱奪不覺欣然師曰余則不然公曰師意如何師曰打破蔡州城殺卻吳元濟公於言下得大自在嘗曰某每聞徑山老人所舉因緣豁然四達如千門萬戶不消一踏而開或與聯輿接席登高山之上或緩步徐行入深水之中非出常情之流莫知吾二人落處然九成了末後大事實在徑山老人處此瓣香不敢孤負他也一日與師坐於方丈偶僧持師頂相求師自讃師曰無垢試爲題之公點筆疾書曰擊石揚沙驅雷逐電一觸其鋒神飛膽戰未及領略火蛇燒面公擲筆于案自有得色師笑曰意未盡在公曰和尚如何師應曰何不道此是阿誰徑山老漢公唯唯復書之答劉大中參政張仲暘提刑許壽源司理問道書作祭喻彌陀文佛燈珣禪師塔文讃草堂和尚像

十一年辛酉

師五十三歲千僧閣告成師遣介泉南求記於李漢老參政其略曰師於臨濟爲十二代孫其道大故其矯者衆其門峻故其登者難其旨的故其悟者親其論高故其聽者驚且疑而同時者譏毀嫌謗不勝其忿然四方學者或自謂親證或幾號龍參皆肩摩袂屬脊來於座下而公所遇之未嘗假詞氣接懸懃拒之而不去疎之而益親至於水灑梃逐而戶外之屨常滿平時不喜者亦皆鉗喙結舌歎息其不可及吾不知公之道自有以使之耶院去城百里自唐國一禪師始斬蓬藋驅龍蛇而居之寺無常產山之神龍實助其緣化公至之始衆纔三百二年法席大興衆將二千而院有僧堂二不足以容栩意於寺之東鑿山開址建層閣十楹以廬舍那南向巍然居中列千僧案位於左右設連牀齋粥於其下經始於十年春越明年春告成余嘗問道於公聞之而歎曰非成是閣之難致其衆之難非致其衆之難道行而不能使其衆不至之難一閣之成在公何足道而衒褻鼪鼬之者以爲奇特不亦陋甚矣哉獨喜其道行而衆從之故爲書其本末且以諭夫云云是年四月侍郎張公九成以父卒哭登山修崇師陞座因說圜悟謂張徽猷昭遠爲鐵刬禪山僧卻以無垢禪如神臂弓遂說偈曰神臂弓一發透過千重甲子細拈來看當甚臭皮韈次日侍郎請說法台州了因禪客致問有神臂弓一發千重關鎖一時開吹毛劍一揮爲坊延情悉皆破之語本幾遺論刻以張中議朝廷除三大師中因及徑山主僧應而和之五月二十五日准勅九成居家持服服滿別聽指揮停山主僧宗杲追牒責衡州按張子韶答何中丞書言昔日九成忽衆老說此心痛割欲死無路四月十四日經自日領此冤苦無所舒辯徑山老人道眼明徹超然在生死之表而一衆凡千七百人皆不爲名聞精心學道宜飯此處可以少慰先考之心是日登山十八下山而除帥在月末事理昭灼當益安命義按師答馮給事濟川書云茂了韶四月十四日以父卒哭十六日請陞座十八下山除三大師御在四月末今坐此得罪事體昭明豈偶然哉皆前報世中因緣會遇一切歡喜順受償足自定矣二十八日除太保韓公世忠少師張公俊充樞密使少保岳公飛充樞密副使先是元豐戊午慧雲塑釋迦文像有異人了生語寺僧曰若像之毀是人嬰禍于時慧雲後是忘了生之讖毀像新之正此日師責衡州七月至貶所時昭遠知臨川師以偈戲之曰小郎知州說大禪因官罷到衡衙天常擒刻子勘禪客誰知不直半文錢昭遠亦戲以偈酬師曰小庵庵上放憨癡愛向

人前說是非只因一句臭皮襪幾乎斷送老頭皮
是年冬予參政泰發以絕句寄師其引云適衡陽聞
里郡欲免句是師發狀不可目無以我累人此意
豈流俗淺淺者所能窺之哉感歎成小詩曰一軟
蔬園旋結菲芥稔挑盡到同為聖恩未許還磨衲
且向堦前轉幾遭按為虛時用普說云初到衡陽
諸處道友送錢來因道兩侍者往嶽山瀉山散處
齋僧衛人初不知是說因普說方與言宜律師開
章默大神世間功德何者最大曰齋僧功德最大
云云人即聽信稍知歸向焉

十二年壬戌

師五十四歲居衡州廖季繹通直之西閣四方納
子雲委川會巖耕景從庵無以容來學散處華藥
開福伊山遇小參入室會集其所師則鑑與往而
據丈室且年藉開禪師復至臨安見有以費孝先
之術決前定休咎因試問焉其詩曰鴨回始性瀟
湘邊石鼓灘頭莫怨天一住十年奔楚臨水分重
續傳因緣益謂衡陽及移梅陽矣[illegible]
[illegible]是年接草堂禪師書曰
聞日不續首問逾年常思慕矣逆人所傳徑山道

舊安眾甚多拙者常憂古人云道非間隔城高
則箭牛今年中夏忽聞難作將謂小挽秋來方得
的音乃知有此觸思可謂教法淺薄末流喪送
夜觸及弘護者賴吉仁久煉真空頓明心地不以
為憂世諦如電光身心如夢幻樂然隨順那事無
妨吾惡業報今古難逃以此段靈光獨耀想所至
處法法圓成必有神明知鑒左相安穩唯望寬懷
一致度外昔黃檗勝實居舜皆有此患後得歸源
傳揚正法心契佛祖豈虛然耶如來成道魔難堅
固老拙雖景相侵任世不久今守殘偷待盡而已

汝正英銳莫忘初志料想此生難得再晤餘宜保
愛以順世緣師答書略曰自到衡陽一向謝絕賓
客四方書問一切闕略獨於吾叔祖老師未能忘
懷雖欲具狀致起居問亦無由得達視覽然瞻仰
教誨未始頃刻置念也本宗上座至蒙惠書伸種
安慰褒揚存撫不替昔時返覆數過不忍去手足
何為物作則曲折周旋之意下情感戴何時可忘
願叔祖龍天密護法壽與趙州安國師齊年某
打併筋斗回來尚及依栽松道者例妄意如此不
識老師那時肯放一線道否師仍以金帛囑夫僧

鎮開曰恐汝到寶峰而此老去世可設齋供以書
讀而祭之既至草堂已圓寂僧如所教也

十三年癸亥

師五十五歲按紀談云明禪師自辛酉隨侍過衡
陽日化於市癸亥秋辭往浙西持鉢期明年上元
回師送偈有云葢直明大禪孟浪絕方比識得玄
中玄作得主中主赤腳走長街一日數百里色力
既勇猛殊不畏寒暑如是二三年日日只如此又
云甲子上元前卻要到這裏其隨師者多劬勞如
此仍作畫像讚付之作丞相張公德遠向宣卿直

閣畫像讚答內翰汪公彥章舍人呂公居仁除舍
郎中夏志宏運使問道書跋草堂和尚語錄聞維
摩經有感以頌示傳禪師

十四年甲子

師五十六歲示提舉李獻臣法語二十六段答汪
聖錫狀元宗直閣問道書作富季申樞密妙高堂
銘延鴻寺鐘銘題蔡知縣小庵張昭遠徽猷請作
維摩讚作六祖畫像讚祭衛寺丞文

十五年乙丑

師五十七歲正旦試筆題韓司諫樂谷前庭彥知
縣請作入定觀音讚作寂音尊者讚題魏邦達仍
郎淨心閣汪聖錫狀元惠半軒小廖季繹知縣負
如道人空慧道人法語答林少瞻嚴子卿陳阜卿
問道書以頌代書謝張丞相惠兜羅綿戲題如如
庵日勢此如如理豈論皮與髓打破枯髑髏有華
生確背

十六年丙寅

師五十八歲解空居士侍郎劉公季高手寫華嚴
經一部施師受持仍請為眾普說發明與吉師以
衣盂建閣於華藥寺之方丈設龕像以所施經奉

安其上真如道人請作補陀大士讚文殊問疾讚
作死心和尚普融平禪師佛性泰禪師真讚示陳
次仲通判法語作胡明仲侍郎徐明叔郎中畫像
讚答徐稚山侍郎曾天隱宗丞問道書等觀居士
廖季繹以書告疾示之頌云左心小腸肝膽腎右
肺大腸脾胃命於斯識得本來人七顛八倒那伽
定

十七年丁卯

師五十九歲侍者以師與衲子問答古今語句請
名按題為首云余因罪居衡陽杜門循省外無所

用心閒有衲子請益不得已與之酬酢禪者沖密
慧然隨手抄錄日月浸久成一巨軸持來乞名其
題欲昭示後來使佛祖正法眼藏不滅余因目之
曰正法眼藏尋以印本寄曾文清公公欲作頌謝
但得二句曰摩醯太多臨濟少唯有雲門師恰好
因復書請續後句既啟封即曰爭如瞎驢滅卻休
露柱燈籠皆絕倒公得師指示喜慨盈懷已而以
偈寄龍團茶與師曰蒼璧團團不暗投舌端有眼
似離婁莫言茗盌無三寸解問如何是趙州師答
之曰趙州傳語龐居士近日無端會喫茶卻笑舊

來多鹵莽不將籠焙入芝蘇作徐稚山侍郎畫像讚題薌林居士向伯恭無熱軒時李漢老參政甏背師作文遣僧致奠偶曰泉南道友零落殆盡今唯蔡郎中一人而已不若生祭之乃戲爲文曰致祭于靈巖山下半風半顛大脫空居士之靈惟靈鐵器市裏牙人脫空場中主將黑豆換人眼睛只做這般伎倆將謂閻老不知一向起模畫樣而今死去見渠看你有何憑仗鑊湯鑪炭橫行劍樹刀山逆上我儂聞說欣肰歎漢攢眉惆悵人情敢不周旋薄奠聊陳供養郭郎線斷俱休嗚呼哀哉尚饗僧未至而蔡公卒復系之以詞而祭之其略曰嗚呼始以前文與公相戲此意未達公已暫地二俱偶肰初無質義公既去矣文焉敢棄就而祭之是法如是性空道人築屋於城之西門外謂之廖氏山堂遷師居之

十八年戊辰

師六十歲正旦書事寄無垢居士曰上苑玉池方解凍人間楊柳又垂春山堂盡日焚香坐長憶毗耶多口人示黃子餘知縣法語作李王見法眼畫像讚普化和尚畫像長靈卓禪師真讚答劉季高侍郎李彥嘉寶文問道書題喻子才郎中觀我庵作李泰發參政轉物軒銘示幻住道人智常法語作祭薦福本長老文云阿誰無生阿誰無死學道參禪正要了此汝今既了吾復何戚付明眼人判此公案

十九年己巳

師六十一歲答無垢居士論正法眼藏書向伯恭侍郎問夢書李泰發參政似表郎中問道書示鄧子立直殿法語跋周子克手書華嚴經作馬大師龐居士讚路彥捷寺丞畫像讚祭劉彥修寶文彥禮直閣文題自項相示繼明禪人曰光裕顯大道道之疣也背道而馳求適其賊也疣之與賊若人之身有蚘蛔木之實有蠹蝎決欲血氣充盛而秀出於林安得容此物於其間哉疣之與賊此之謂也苟聞其道而晦其跡光裕顯大不馳求而自昭著矣苟未聞其道而欲去其疣而亡其賊則疣之疣賊之賊者也吾佛聖人設教亦如是而已吾雖聞道矣而不能晦其跡而蹈禍機亦疣賊之謂也繼明禪人學佛者也畫吾像而求自讚因作是說以示明而自警非敢自謙已德而復作疣之疣賊之賊者也

二十年庚午

師六十二歲師自讚身著維摩裳頭裹龐公帽資質似柔和心中實躁暴開口便罵人不分青白皁編管在衡陽莫非口業報永世不放還方始合天道爲趨時者巧加誣訕之語取憐勢位以是年六月二十五日准命移梅州取道郴陽抵曲江訪舍人朱公翊於西園作雲門匡真禪師畫像讚七月十四日至曹谿留信宿作昺禪師真讚按題其語錄云紹興庚午夏自回鴈遷梅陽道過韶石禮老盧於窣堵波下適遇堂頭明姪禪師舉揚宗旨二十六日至南海館于光孝方丈之西軒凡三十二日示何文縝彭彥祥鄭了壽顧廷美張彥清元覺等法語莊彥質木畫師像值以素縑求讚云只此便是妙喜真何用畫工更忉怛彥質擡眸了細看南無急性大菩薩八月二十九日離五羊九月十五日抵羅浮十月初三日至貶所按紀談師抵梅陽郡守謝朝議語僚屬曰朝廷編置所謂長老者但一僧耳兵馬東偏隙地從其居止既而僧行日至幾數百指施鍬钁而平基址運竹木而縛屋廬聽其指呼無敢怠者守雖聞其服勤如此亦未知果何人也於是延見一二觀其能爲南閩修仰書記適承命乃與守從容彌日語論英發榷古商今逢原左右守復徵等伍更有蘊異能者否仰遂告以負大經論者有之博極書史者有之詩詞高妙者有之翰墨飄逸者有之其所以未能明徹則佛祖大事因緣而已是以不憚艱險隨侍而來得依仁政幸莫大焉守且駭異知其徒皆爲法忘軀之士自是於師日益加敬

二十一年辛未

師六十三歲居梅州太守遣其子謝純粹求入道捷徑示之以法語八篇作寄堂行禪師語錄序祭安撫劉公方明文

二十二年壬申

師六十四歲示張觀察法語以頌代書寄張聖者賀福聖長老出世答不二居士注金剛經求印證書華心居士杜撰水陸儀文書以頌滑稽敏棕皮歸蜀作覺明居士夏忠宏畫像讚

二十三年癸酉

師六十五歲作送黎文晦歸龍川序有安巖主畫像讚跋雪峰空禪師語錄書古寄婺女使君李公獻臣書古送立禪人歸雙林曰空手把鋤頭油爽捉泥鰍步行騎水牛紙人火上遊人從橋上過猛虎當路坐橋流水不流高峰駕鐵舟立禪歸到雙林寺說與渠儂且罷休妙喜爲君重說破咄且莫瞌睡按雲臥書云師是年坐間凡有所說則法宏首座錄之自大呂申公執政至保寧永禪師四明人得五十五段而罷興宏遂以老師洋嶼衆寮榜其間有兄弟參禪不得多是雜毒入心之語取稟而立爲雜毒海今刊本名武庫者乃紹興十年春

信無言等聞師語古道今聚而成編稿請眞兄戲以杜預傳中武庫二字爲名及庚午師偶見是集曰其間亦有是我說話何得名爲武庫以是知武庫之名實非師意也

二十四年甲戌

師六十六歲太守楊公王休建華嚴會請爲衆普說說偈略曰紹興甲戌上元節自在居士與善利梅氏服化咸歡喜仁風惠澤家家至善哉奇特大因緣不可思議絕倫比上祝吾皇萬萬春當與天地相終始示唐彥躬覺軒法語以頌代書答歸宗華姪長老題圓悟和尚所付楞伽經後鼓山宗達長老題臨濟正宗法語跋古塔主語錄辛參軍以華圖建庵還師居之

二十五年乙亥

師六十七歲正旦臨安淨空居士陳安常不空居士張處俊各具一百問答道价求印證師題其後云自問自答自倒自起處俊安常各說道理一人搖頭一人擺尾蝨錐鐵牛賣弄口觜賞伊膽大來呈妙喜盡令而行埋入地底放過一著各自有取若不放過打出骨髓且道是賞伊罰伊明明向你道尚自不會豈況蓋覆將來師自衡遷梅六年之間遐陬遠俗靡不從其攝化家繪其像敬事虔肅有若臨淮之大士南安巖之定光十二月蒙恩自便按龍王殿記云二十五年冬天慶清曠權綱獨攬詔有司理冤枉還之梅陽梅爲南方煙瘴之郡醫藥絕少多有不及東歸者按答經略方公務德書云往歲南遷參隨僧行零落瘴鄉六十三人義難以忘今之所存于茲無幾間或煮鑪茗盌必異于衆蓋不忘南荒朝遊夕處之義也按爲張縣尉普說在梅陽六年受人供養臨行庵中所有動使之物盡散與人平昔所收些施利悉用辦齋徧請合郡僧道士庶并見任官云

二十六年丙子

師六十八歲正月二十一日離梅陽太守鄧公酢賓禮委官兵津發居民扶老攜幼遮道祖餞眷戀有不勝情者益其道使之然也取道汀州二月至瀟川時無垢居士侍郎張公子韶自橫浦蒙吉守永嘉師維舟俟之用慰契闊既見出連款語徧賞名山留題馬祖庵詩云中有奇道人機鋒如劈箭謂師也公因以自書像需讚師點筆疾書有貧兒索舊債之句已而聯舟東下至廬陵衆信請說法于祥符寺作廬陵米價頌入太和遊青原分袂於臨江之新淦有湖湘之行按無垢贈別詩云相別十七年其間無不有今朝忽相見對面成老醜人生大夢耳足非安足究欲敘惓惓懷老大慵開口公作湖南行我赴永嘉守重別是今日南北又奔走已歎相過罕長沙不宜久邑宰黃公元綬迎師館于東山寺三月十一日被旨復僧謝恩陞座有青氈本是吾家物今日重還舊日僧珍重聖恩何以報萬年松上一枝藤之句示黃元綬如是居士法語云瀟川江亭一見心已許之既而來驛舍叩露若合符契自慶驗人眼不讓古人作黃世永主簿淨智庵銘至宜春憩于光孝寺方外道友錢計議請爲衆說法時丞相和國張公德遠居長沙其母秦國夫人問道於師按殿記曰浚竊惟先妣秦國太夫人晚聞道於徑山佛日大師得自在無畏法具有忠君愛物之志非若聲聞獨覺之私厭生死而樂寂滅也是以浚與之遊或者迷惑世網循利背義排斥已異移怒於師有識者憤之秦國卧疾將亟曰妙喜老師此生無復見也老賓有私恩未報邦公凡三走介之宜春趣師之行由是兼程而至秦國捐館矣和國公語師曰先妣願供養和尚一年爲報德之私今無復得矣謹遵遺訓師幸少留以九旻之期盡其敬奉一慰先妣之願二伸人子之心師不可得而辭遂館于光孝寺之東堂六月御饒州薦福之命以偈遣四專使云萬死一生離瘴網前程來日苦無多收拾骨頭林下去誰能爲衆更波波題大溈智禪師語錄後示羅孟弼法語七月秦國喪歸蜀師亦大舟至荊南和公力挽同往師無入蜀意遂作桑梓之行尼慧覺以師頂相求讚故有雖然未郎過江東且隨覺禪行西蜀之句中書舍人唐公文若字立夫於道自謂有所趣向每聞蜀僧言師有未語已前之驗立夫時召赴行在維舟爲師相見欠曰莫是了西之後否立夫曰乃大人也師曰尊丈與某昔在無盡府第相從甚久不如公有倚無師自得底道理但未曾得徑山手裏竹篦在立夫乃俛首感歎然後炷香以致謝誠遂連檣而之鄂渚按示太子嗣部熊公叔雅法語有云近在渚宮見一破家散宅底漢欲操吾刀入吾室便要殺人放火被妙喜不動干戈郎時擒下不必見贓而後知其爲賊蓋指立夫也又按立夫跋師示熊法語後云徑山贓物并案款上納異時鄂州有一點雜毒入心定御纖案也縛虎須急縱則噬人事不兩存要識方便若只旗鎗兩下又涉廉纖云云別後以頌寄師云人皆養子防身老臨濟生兒不養家三尺竹篦千古令更無一物是生涯武當軍節度使李公師顏請說法于府第示徐敎濟提刑法語已而下赤壁次臨皐東坡雪堂因作頌曰力將正說分邪說夢到黃州與惠州竹屋數椽容老貌大江千古只東

流抵九江太守朱公請說法于能仁寺而以廬山
圓通敦請住持三辭而不獲因衆道顏長老補其
處然後解維十月至宣城館于敬亭山作普明琳
禪師與讚謁方外道友太守樞密樓公仲暉作顏
簡卿簡室銘湯承事慶齡庵銘適明州阿育王山
專使至准朝命住持十七日祇受大寧國入山東
安存悼往三宿而別十一月渡錢塘由會稽雙槐
居士鄭禹功參議以詩迎師於旅亭有底事病魔
渾不染只將正見洗蠻煙之句師座參政魏公良
臣請說法于能仁寺十三日就明州光孝寺開堂
十五日入院臘月訪天童覺禪師及諸鄰峰

二十七年丁丑

師六十九歲住育王裹糧問道者萬二千指百廢
並舉檀度翕從冠於今昔雲巖典牛游禪師以頌
寄師云五濁海底輾屎豬躍出那邊三腳驢鐸聲
既已諠四衢雲間騰踏天馬駒諦聽典牛一句子
世上有你何用余於是增修廚屋鑿二新泉曰妙
喜曰蒙按泉銘略曰育王爲浙東大道場地高無
水僧衆苦之紹興丙子佛日受請周旋其間令僧
廣恭穿穴茲地爲大池鍬鍤一施飛泉盆湧知軍
事秘監姜公見而異之名曰妙喜無垢居士爲之
銘末句有云謂余未然妙喜其決之師因說偈於
其後仍作蒙泉銘曰廣利東泉曰蒙源玲瓏萬竅
通聲淙淙出無窮良施工不落空銘泉者爲誰山
僧妙喜翁寺以衆多貧常住伏臘不給陳請海
岸閑地僅千頃命工開築以爲南畝費緡錢十萬
餘師率八萬四千人結般若勝會人出緡錢餘緡
衣盂以成歲入用贍齋廚右丞相湯公思退敷奏
詔賜其莊名般若六月弔衡陽太守石公彥和于
新昌還佛智禪師塔作正堂辯禪師語錄序廣福

寺鐘銘東坡先生畫像讚跋文殊道禪師偈頌答
樞密樓公仲暉節使曹公功顯侍郎曾公吉甫侍
郎榮公茂實妙德居士黃公節夫問道書示張晋
彥運使羅宗約參議趙師厚觀使孫長文通判鮑
夢得教授呂舜元機宜鄧仲堪知縣曾叔遲機宜
法語示內都知董德之入道頌作楊岐五世讚黃
龍忠道者大童覺禪師二老揖讓圖讚時有太學
上舍生楊麟冠帶拜師於堂上垂泣云願從和尚
出家師未許擲下巾幘袖中出剪刀自落其髮師
疾呼左右執手問其故乃以實對因攝受之大日
上堂云已著槽廠將錯就錯騎卻聖僧不妨快樂
龍象蹴踏非驢所作堪笑諸方妄生穿鑿休穿鑿
祥麟只有一隻角十二月往天童覺禪師喪

二十八年戊寅

師七十歲正月初十日被旨遷住徑山二月二十
八日就靈隱寺開堂三月初九日入院坐夏千餘
衆按塔銘師之再住此山道俗欽慕如見其所親
雖老引接後進不少倦一日忽廚屋傾仆蓋神龍
欲師興建之始師即擊鼓示衆云去歲育王方修
了今日徑山又倒卻雲堂大衆一時驚只有老僧
渾不覺敢問大衆因甚不覺豈不見道不啞不聾
不做大家公由是廣其址以新之重建孚佑王殿
及嚴像設置東坡祠像於殿之右廡示佛照居士
鄭提幹內都知張公一之鄧伯壽直殿丞寧郡夫
人善因法語作上德祖賢師榮茂實侍郎方務德
侍郎畫像讚答蘇仁仲提舉問道書孫知縣擢改
金剛經書以頌代書戲答繼明長老曰既作蟲豸
又住鶴鳴如水入水似金博金夜聽水流泉下石
曉看山起面前雲此境此時誰得意道得末後句則不孤負老
僧九月遣參徒之零陵求孚佑王殿記於丞相張

公德遠冬行化嘉禾大興門弔方外道友信安郡
王孟公仁仲設無礙會于虎丘以雁平日道義長
老靈沼請作佛智裕禪師與讚抵無錫樞密巫公
子先而大謂之錫山蓮社請說法于南禪寺陳阜
卿侍郎撰疏有十七年現居士身不動本來面目
幾萬里漂羅剎國還歸舊處風光之句孫尚書仲
益爲前徑山訥老作塔銘訥之嗣法最老請師署
名其後山是師致書仲益其答略曰觀頃見佛果
於開寶時公道價籍籍滿都國矣靖康以還崎嶇
兵亂偶然不死又罹罪譴流竄嶺海仰瞻一世龍
象如有僊凡之隔只自媿歎又曰公高風絕塵已
出世外而非意之干同逐客放臣遷貶之例正如
癡兒捕空捕影了堪一笑耳然佛法遇厄而後奇
勝乃見所以化服同異也又曰僧最出所賜書開
讀三反幸甚過望承欲移舟臨貢衰老至惠山旋
權僧伽危坐一塔之中有熱視而不見者一觀天
人信有命也又曰自公入吳一佛出世矣侯王而
下皆獲瞻禮獨觀尚未一請遂無以藉口觀方欲
上書謝事得請後書疏小間當由臨安入山摳衣
聽法一洗塵陋又曰皇恐大推辭歸依至道曲蒙
與進庶幾班斤郢斲也訥老塔銘重辱書名其後
衰陋有光焉

二十九年己卯

師七十一歲正月泛太湖按示徐誠頌曰紹興己
卯正月旦我因持鉢入太湖徐誠權攝婆施羅助
我敷演此三昧長老元弗迎歸翠峰爲衆說法作
雪竇明覺禪師與讚二月御福州西禪之命三月
求退於朝纔進表即渡江之四明臨安府尹張侍
郎偁致書於師其略曰竊聞佛衣禪席再授見回
翩然清風已趣高駕此固不可以寵利勢力迎屆

朕豈不念聖天子以公名德之盛增重名山以佛法護行闕幸為小駐以副上意儞職在守土朝命是依謹差衙校陳愈齎布區區鴦冀深察使張京兆巽日為白蓮社中人請自茲始矣師即答書四月再歸徑山上堂有重理舊詞連韻唱之語孝宗皇帝在普安潛藩七月二日遣內都監黃念節命師就山中舉揚般若說偈云大根大器大力量荷擔大事不尋常一毛頭上通消息徧界明明不覆藏獻上上嘉歎之是年重建庫院行堂西寮倉院等處作寂室光禪師語錄序作維摩示疾九祖伏馱尊者達磨面壁二祖立雪言法華畫像贊示徐敦立提刑法語答丞相湯公進之舍人張公安國問道書五月弔無垢居士於海昌作文以祭之六月持鉢雪川作端獅子贊示給事劉公行簡入道頌莫問甫法語題曹叔寶忘知軒作道場辯禪師護國遠禪師真贊以頌代書寄張欽夫定叟學士冬行化雲間作船子和尚贊內翰莫公儔請為眾普說于普照寺作三一堂銘跋呂居仁送范司理序薛令人請題嗣法需長老真故有常憶首山好言語新婦騎驢阿家牽之句示崑山張知縣法語程詠之運使以無垢居士與三川道人論不愁念起惟怕覺遲頌請師書其後無垢頌曰念是賊子覺是賊魁捉殺賊魁賊子何歸堂堂大路惟吾獨之越南燕北遼東隴西撒手便到何處何疑神劍在山鍔冷光寒魍魎魑魅莫之敢干此名真覺泰時轆轢師說偈曰說覺說念纔背作面無念無覺何處摸索起是誰起覺是誰覺豁開戶牖大虛寥廓撒手前行不顧人泰是轆轢何時作跋喻彌陀行實記示內都知李公伯和妙圓道人善寶成季恭機宜法語

三十年庚辰

師七十二歲三月丞相湯公請說法于靈芝寺以偈送師育王開田大韻曰毛錐子上通消息大勝新闢百丈田居士不離香積界老僧贏得日高眠孝宗皇帝居建邸內都監黃彥節侍大諭於妙喜處所授祖師偈心隨萬境轉轉處實能幽隨流認得性無喜亦無憂上聞之理與神遇欣愜盈懷委內都監訪師滿歷堂遂說偈以獻曰豁開頂門眼照徹大千界既作法中王於法得自在上甚嘉納焉尋復請為眾說法親書妙喜庵三字及製真贊題曰文圖讚真呈妙喜師演成四偈其引曰宗杲伏承文圖至人須示妙讚大哉言乎而思惟所不能及也宗杲雖不敏演成四章謹繕寫上呈伏乞一目而擲之偈見前錄示顯德居士御帶黃公仲威入道頌云空卻十方三世去卻千非一是目前烜赫光明日用隨緣遊戲題知省張公示元隨分樓董公德之假山跋王日休龍舒淨土文汪養源運使請作維摩居士贊作孫長文畫像贊道端禪客端硯銘示法音首座暨利守法語以頌送鄒子立直殿還都下明長老歸長蘆作祭超然居士趙表之文冬行化宛陵次當塗抵建鄴留守尚書韓公仲通率僚屬請說法于保寧寺長老曇華請為眾普說于鍾山嗣法了明迎之蕪江少休僕役適呂文靖公影堂遺事次程子山侍講韻示可昇禪人示留守韓公法語作達磨渡蘆讚

三十一年辛巳

師七十三歲正月舟次儀真太守徐公敦立請說法于天寧寺適州學文宣王殿建造未圓學徒告師有以成就師以說法施利二十萬而助之次日復攜軸求書法語以為引導故有葫蘆必竟遺蹤纏之句至京口謁劉公信叔太尉訪吳傳朋郎中請書法寶輪藏四字遊浮玉次海門作夢庵信禪師真讚僉壇謁參政湯公致遠溧陽訪方外道友劉季高侍郎取道荊谿而歸跋顧凱之所畫維摩像四月謝事徑山五月初一遂所請知省李公伯和施錢重建明月堂為師佚老之居秋往受業慧懺輪藏按行記妙喜老師辛巳夏謝事徑山得請于朝九月之山東歷陽張孝祥自宣城來致敬請法要而別施衣盂重建選佛堂作錢處和侍郎讚

三十二年壬午

師七十四歲居明月堂雖老而益健以法求人接物為己任學徒益親賢縉紳為道而至者無虛日二月之金陵謁丞相都督張公德遠按塔銘曰師雖方外士義篤君親每及時事愛君憂時見之詞氣晚自徑山來秣陵見某言先人不幸無後某之責願乞一給使名糯公重庶有肯就者某為惻然興歎遂奏其族弟道源奉師親後孝宗皇帝即位之九月詔師問佛法大意適師臥疾特賜大慧禪師號以為褒寵二十八日受命以頌謝招討李公顯忠施觀音像作祭榮侍郎文

孝宗皇帝隆興元年癸未

師七十五歲正日作鄭禹功雙槐堂記三月聞王師凱旋作偈曰氛埃一掃蕩然空百二山河在掌中世出世間俱了了當陽不昧主人公出衣盂命閤山清眾閱華嚴經七百餘部用祝兩宮聖壽保國康民六月之寧國上冢葺治七月初一日還山上復取向所賜宸翰以御寶識之曰賜大慧十二日師已示微恙大眾力請說法於千僧閣以為末後垂訓師委曲付囑老僧來日無多汝等侍吾之久宜各隨所緣以佛法為念莫負初志實吾所願

其語懇惻至切于時衆皆悲感十四日夜有大星隕于寢室之後流光有聲師聞微笑曰吾將行矣八月初二日淩晨法鼓震裂初九日薄暮學徒識師無意於世環擁寢室師以手搖曳曰吾翌日始行矣至五鼓親書遺奏曰臣宗杲深荷聖恩臣今年已衰遂辭聖世伏願陛下爲天下生靈保衛聖躬力致太平永光佛法臣宗杲上奏及作丞相張公德遠書以端石硯寄別丞相湯公進之以外護吾宗爲囑仍書委曲以示參徒曰吾歿之後叢林自有常典切不可過儀小師不得披麻戴孝慟哭過情恐混世俗所嗤書畢老僧半日至愛道友彥光各送一本庶以表意口授委曲付諸嗣法云吾自夏及秋不美飲食雖無甚疾苦而幻體日見羸劣蓋世緣止於此也汝既應緣一方宜更堅持願力以報佛祖深恩是吾之望臨行以數語爲別各宜悉及了賢等請偈師厲聲曰無偈便死不得也衆告既切不得已而書付了賢呈大衆云生也只恁麼死也只恁麼有偈與無偈是甚麼熱大投筆就寢吉祥而逝按王氏事臨安府祭判羅公公旦祭文曰法鼓晨裂流星夜墜剡尺紙以上奏即吉祥而飈逝慶門弟子淨礽等八十四人嗣法自敎忠彌光西禪鼎需東禪思岳薦福悟本能仁祖元東林道顏西禪守淨育王遵璞開善道謙伊山冲密溈山法寶雪峰慧日禪師蘊聞淨居妙道資壽妙總明因慧照而大數過百十星分碁布列刹相望皆其嫡子親孫潛通密證匿耀韜光唯恐有聞於世者殆不可勝數士大夫悟誠扣道親有契證如參政李公邴侍郎曾公開侍郎張公九成吏部郎中蔡公樞給事中江公安常提刑吳公偉明給事中馮公檝中書舍人呂公本中參政劉公大中。直寶文閣劉公子羽中書舍人唐公文若御帶黃公彥節兵部郎中孫公大雅編修黃公文昌楞伽居士鄭昂秦國夫人計氏法眞幻住道人智常超宗道人普覺樞衣與列佩服法言如內翰汪公藻參政李公光樞密富公直柔侍郎劉公岑侍郎曾公幾侍郎徐公林樞密樓公炤尚書汪公應辰左丞相湯公思退侍郎方公滋提舉李公琛侍郎榮公嶷尚書韓公仲通內都知昭慶軍承宣使董公仲永成州團練使李公存約安慶軍承宣使張公去爲開府保信軍節度使曹公勛中書舍人張公孝祥御帶寧遠軍節度使黃公仲威直殿鄧公靖無住居士袁祖巖其餘空而往實而歸者衆矣是月二十日衆以全身葬于明月堂之後申明於朝以所居爲庵仍建塔閣奉安宸翰按丞相湯公書云禪師道德聖上所察易庵建閣討皆得可塔名師號當爲奏知按塔銘曰隆興元年八月十日大慧禪師示寂于徑山明月堂皇帝聞之嗟惜詔以明月堂爲妙喜庵賜謚普覺塔名寶光其徒以全身葬于庵之後卒被光寵表之無窮誠有以自致也所賜御書建閣藏於庵與茲山不磨矣其八處九會陞堂語要普說小參讚偈機緣長牋法語無慮數十萬言參徒道印編爲六十卷奉置于庵宗璉曇密惟禮宗演淨智居士黃文昌裒其綱要離爲五冊刊行于世嘗詔賜入大藏同聖教以永其傳師之愛人及物等之以慈怒罵嬉笑得之天眞機辯迅雷霆語言燦星斗具大眼目擒縱自如破諸方之異解死學者之偷心必令實證實悟得大自在而後已所以始從分圜悟半座至於數領庵園一住鄮峰兩坐雙徑奔走天下奇衲悅服名公巨儒如優曇華一現於世以至上達天聽感動宸衷特垂敕語之褒旌以徽名之寵奎章寶墨雲漢昭回佛日重光眞風普被其所攝化傾倉倒廩唾玉揮金誠心樂施唯恐其後而師落濟惠隨得隨與亢於細行毫髮無虧雖遷遐裔龍象擁隨忍死不棄及其示寂如失怙恃龍神爲之戴白（龍王聖蟵出現緑亭之上衆衆見其冠白）鳥獸爲之哀號賢士大夫爲詞致哀勳逾百數此皆法雨之所潤恩人利物之大凡也若其荷佛祖重任恢臨濟正宗號令人天指呼凡聖殆非筆舌所能紀今以平生出處大略列歲月而編次及前後之所聞見敬錄其實以爲萬世標準云

大慧普覺禪師年譜終

大慧先師示現七十五年言行出處章章可法詠老集爲年譜刊行於世有補來學但其間不能無誤脫宗演頃在衆時每覽之輒爲嗟惜後得江西瑩雲臥書疊疊議其闕失與昔所聞果若符契逮開禧乙丑青山無事始獲校訂刪入六十餘處纔得無差竊雲臥侍師於衡梅可謂親聞飫見與育王雙徑之會捨拙陋存亦無幾今若不正之則是非之辯不息由今而後學者闕繹無疑耆烈丈夫志追跨前作臨濟墜地之緒庶可起焉若眞具大關捩火此書可也或未然毋忽龜鑑任華藏比丘宗演百拜敬書

校訛

神　第五紙十九行誤作人今改正
鄂　第六紙二行誤作噚今改正
几　第十三紙五行誤作机今改正
仔　第二十七紙十三行誤作低今改正
時　第三十二紙八行誤作是今改正
文　第四十六紙九行誤作分今改正
仞　第四十八紙七行誤作認今改正

大慧普覺禪師年譜

校勘記

一　底本，徑山藏本。此年譜僅徑山藏本收録，無校。

宗門統要續集序　扶二

徑山興聖萬壽禪寺住持沙門　希陵　撰

靈鷲拈花之旨獨付飲光少林得髓之傳惟稱可祖西竺二聖師授受同印乎一心東土宗派流分各顯其大用不歷漸階之次直躋聖地之歸自五葉傳芳千燈續焰正法眼流通於震旦盛矣哉其有機緣啓投鍼之契問答湊激電之馳傳燈諸録載之詳備統要收亦綸貫耳是以古林禪師以透古今眼具通變機來後來提唱宗師續前代統要玄旨執金鉀而刮衆膜握寶劒而斷羣疑若不顯龍驤虎驟之機安知有玉振金聲之作蓋紀實以傳信非潤色之虛文也延祐庚申謹序

重開宗門統要序

龍圖閣直學士左朝請郎提舉江州太平觀耿延禧撰

大寶積經云如來所演八萬四千法藏聲教皆名為文離諸一切言音文字理不可說是名為義又云若諸經中文句廣博能令衆生心意踊躍名不了義若有宣說文句及心皆同灰燼是名了義大涅槃經云若人聞說大涅槃一字一句不作字相不作句相不作聞相不作佛相不作說相如是義者名無相相以是觀之諸佛以無說說其來久矣達磨西來重為拈出為其拘滯於教相也則曰教外別傳不立文字為其委曲於情解也則曰直指人心見性成佛是故答第一義諦曰廓然無聖則憐其不契而渡江慧可再拜依位而立則以為得髓而傳法是豈與諸佛有異耶蓋所謂當機覿面提覿面當機疾如石火電光擬議即差念起情生斯為關鎻耳故余嘗論之如來老婆心切乃曰正法眼藏分付摩訶迦葉臨濟丈夫氣槩乃曰正法眼藏向這瞎驢邊滅却是二老子同曲異調若聞余是說言語及心皆同灰燼不作一字一句及諸名相則如來禪祖師禪庶幾意領而神解乎宗門統要首以西竺諸佛繼以東震諸祖及前世宗匠所以指導後學與後世作家所以扶剔前人者合為一書皆出乎文字而直指人心學者不可不家有而日見之豫章李氏鏤板以傳兵火之餘既已煙滅莆陽天寧長老慧澤既傳心宗復明教意知如來祖師禪等無有異乃命刊行以垂久遠求余為序以冠篇首昔僧問巴陵祖意教意是同是別陵云雞寒上樹鴨寒下水又問三乘十二分教則不疑如何是宗門中事師云不是衲僧分上事如何是衲僧分上事曰貪觀白浪失却手橈若知此者則三世諸佛無所說歷代祖師未嘗傳統要徒集葛藤居士戲加序引可付之一笑而已矣

紹興三年二月　日序

續集宗門統要序

前集賢待制承事郎馮子振　撰

建溪沙門求沸鼎松聲濃茶粥面髮鬚淨剃肘腋俱醒遂取佛祖單鉢餘馨牽連鼻孔深燈冷焰撥剔首豪追惟南嶽讓青原思從上

的傳析之二派揚战會而上始馬祖一傳十一世爲南嶽宗投于青而上始石頭遷傳一十世爲青原宗旣次第其人復次第其語號其書曰宗門統要膏髓直指皮膚破除兩葉流根蔭雲羃砌一策一謦一磕一禁政使投餅試水舌全吞没可把之漚拂盌揚湯胷自僑不能言之味元符之筆已絶隊緇之踵漸移元運天開梵田日闢競尊慈氏之教孰訣正途之歧乃有古林茂和尚價重巖泉名宣宇宙親逢昭代垂億萬禩之昌辰徑補禪宗餘二百年之鏵譜揚战黄龍下起白雲端保寧勇隆慶閒眞淨文晦堂心逮松源嶽淛翁琰心閑賁又七世而止投子天衣下起芙蓉楷圜照本逮石窻恭靈隱光又四世而止南嶽下十二世接逮十八世總二百八十六人見録機緣二百一十二則青原下十一世接逮十四世總一百二十人見録機緣四十七則爲宗門統要續集宗衲子坦途開人天正眼可謂星分次舍澄霄縣璀璨之珠璣春滿園池徧界現芬芳之葩萼綱一提而萬目之羅大展領一挈而千腋之裘畢舒此岸舟來焉用隔江喚渡別峯塔立何消聚土合尖花笑浪拈竹鳴休擊然而茫茫業識種種情塵蝇解宜鑽蟫能旁蠹針磁罔具溟波迷犯斗之津鍬鍤徒施沙穴失藏珍之所忍紛然其稍亂將持此以安歸向非古林豎硬脊梁亞擘藍眼施膂力於威音色相之上首澡肝膈於飲光頂顫之最初安得第一義諦舌本放六合瀾翻不二法門脚跟勦諸方露布學人於此摩尼炳耀臺鏡互融靜定中句意亭亭卜度外話頭了了作家爐鞴入煆煉者粒粒積金萑宅宮商依促拍者泠泠雅操豈比紗窻映月影彌即而跡彌疎布鼓認雷音逾似而皗逾遠鑄逢區冶劒凛然鋒鱮遇者婆草渾是藥海栗居士早慙鑿脱晚悟恭尋馮長老斜日夢回記久別光明之洞永嘉師一宿鷩覺尚相忘證道之歌稽首宗乘書心序引

宗門統要續集卷第一 二

宋建康沙門宗永集

元建康保寧禪寺住持沙門清茂續集

大覺世尊釋迦文佛

世尊纔生下一手指天一手指地周行七步目顧四方云天上天下唯我獨尊

雲門偃云我當時若見一棒打殺與狗子喫貴圖天下太平　雪竇顯云便與掀倒禪牀　法眼益云雲門氣勢甚大要且無佛法道理時有老宿代云將謂無人證明雪竇云鈎在不疑之地　瑯瑘覺云雲門可謂將此深心奉塵刹是則名爲報佛恩雲峯悦云雲門雖有定亂之謀且無出身之路

續法昌遇云好一棒太遲生未離兜率脚跟下好與一錐豈到今日雖然如是也是賊過後張弓　天童華云雲門此話雖行未免落他陷穽黄面老子末上責峭正是依草附木二俱不了以左手拍禪牀云過這邊著汝諸人還知明果落處麼珊瑚枕

上兩行淚半是思君半恨君

世尊在靈山會上拈花示衆是時衆皆默然唯迦葉尊者破顏微笑世尊云吾有正法眼藏涅槃妙心實相無相微妙法門不立文字教外別傳付囑摩訶迦葉

白雲端云迦葉善觀風雲別氣色雖然如是還覺頂門重麼　黃龍心云直下穿過髑髏已是換却眼睛臨危不在悚人向甚處見釋迦老子

續雲峯悅因僧問靈山拈花意旨如何答云一言既出駟馬難追問迦葉微笑意旨如何答云口是禍門

世尊一日至多子塔前命摩訶迦葉分座令坐以僧伽梨圍之遂告云吾有正法眼藏密付於汝汝當護持傳付將來無令斷絕

世尊於涅槃會上以手摩胷告衆云汝等善觀吾紫磨金色之身瞻仰取足勿令後悔若謂吾滅度非吾弟子若謂吾不滅度亦非吾弟子時百萬億衆悉皆契悟

雲峯悅云然則膏肓之門不足以發藥雲峯今日且作死馬醫爾等諸人皮下有血麼

續東禪觀云其時衆中有箇作者纔見以手摩胷便出約住云瞿曇你者醜舉止休拈出也他若知非決定緘口免見百萬億衆墮邪倒見

世尊般涅槃日迦葉尊者最後而至世尊乃於槨中露雙趺示之迦葉作禮請如來以三昧火而自闍維即時金棺從七寶牀升舉遶拘尸羅城七帀却還本處化火光三昧而自焚之

世尊一日陞座大衆集定文殊白椎云諦觀法王法法王法如是世尊便下座

芭蕉徹云忙忙者帀地普天

世尊一日陞座大衆集定迦葉白椎云世尊說法竟世尊便下座

芭蕉徹云兩箇漢大似無孔笛遇著氈拍板

世尊一日陞座默然而坐阿難白椎云請世尊說法世尊云會中有二比丘犯律行我故不說法阿難以他心通觀是比丘遂乃遣出世尊還復默然阿難又白適來爲二比丘犯律是二比丘已遣出世尊何不說法世尊云吾誓不爲二乘聲聞人說法便下座

續南堂靜云前箭猶輕後箭深

世尊九十日在忉利天爲母說法及辭天界下時四衆八部俱往空界迎有蓮花色比丘尼作念云我是尼身必居大僧後見佛不如用神力變作轉輪聖王千子圍繞最初見佛果滿其願世尊纔見乃訶云蓮花色比丘尼汝何得越大僧見吾汝雖見吾色身且不見吾法身須菩提巖中宴坐却見吾法身

薦福懷云蓮花色比丘尼被熱謾且致還知瞿曇老人性命在別人手裏麼

世尊因文殊至諸佛集處值諸佛各還本處唯有一女人近彼佛坐入於三昧文殊乃白佛云何此女人得近佛坐而我不得佛告文殊汝但覺此女令從三昧起汝自問之文殊遶女人三帀鳴指一下乃托至梵天盡其神力而不能出世尊云假使百千文殊亦出此

女人定不得下方過四十二恒河沙國土有
罔明菩薩能出此女人定須臾罔明大士從
地涌出作禮世尊世尊勑罔明出罔明却至
女人前鳴指一下女子於是從定而出
　翠巖芝云僧投寺裏宿賊打不防家　五
　雲逢云不唯文殊不能出此定但恐如來
也出此定不得秖如教意怎生體解
世尊在尼拘律樹下坐次因二商人問世尊
還見車過不世尊云不見商人云還聞不世
尊云不聞商人云莫禪定不世尊云不禪定
商人云莫睡眠不世尊云不睡眠商人乃歎
言善哉善哉世尊覺而不見遂獻白氎兩段
世尊因波斯匿王問勝義諦中有世俗諦不
若言無智不應二若言有智不應一一二之
義其義云何佛云大王汝於過去龍光佛法
中曾問此義我今無說汝今無聞無說無聞
是名一義二義
　翠巖眞云波斯匿王善問不善答世尊善
　答不善問一人理上偏枯一人事上偏枯
　翠巖當時若見點一把火照看黃面老面

皮厚多少
　續薦福懷云諸仁者大王分明問世尊分
　明答賓主歷然作麼生說箇無說無聞底
　道理
世尊因見文殊在門外立乃云文殊文殊何
不入門來文殊云我不見一法在門外何以
教我入門
　報慈遂徵云爲復是門外語門內語　潙
　山喆代云吾不如汝
　續黃龍新云文殊恁麼道入得門入不得
　門若入得門氷消瓦解
世尊一日坐次見二人舁豬過乃問這箇是
甚麼人云佛具一切智豬子也不識世尊云
也須問過
　大陽玄云不因世尊問泊乎忘却
　續地藏恩云瞿曇老漢也是無端大似斷
　目上更生節目忽被二人呵呵大笑舁豬
　便行一場懡㦬
世尊因有異學問諸法是常耶世尊不對又
問諸法是無常耶亦不對異學云世尊具一

切智何不對我世尊云汝之所問皆爲戲論
世尊一日示隨色摩尼珠問五方天王此珠
而作何色時五方天王互說異色世尊復藏
珠入袖却擡手云此珠作何色天王云佛手
中無珠何處有色世尊歎云汝何迷倒之甚
吾將世珠示之便各強說有青黃赤白吾將
眞珠示之便總不知時五方天王悉皆悟道
世尊因乾闥婆王獻樂其時山河大地盡作
琴聲迦葉起作舞王問迦葉豈不是阿羅漢
諸漏已盡何更有餘習佛云實無餘習莫謗
法也王又撫琴三徧迦葉亦三度作舞王云
迦葉作舞豈不是佛云實不曾作舞王云世
尊何得妄語佛云不是妄語汝撫琴山河大
地木石盡作琴聲豈不是王云是佛云迦葉
亦復如是所以實不曾作舞王乃信受
　修山主問澄源禪師乾闥婆王奏樂直得
　須彌岌峇海水騰波迦葉作舞作麼生會
　源云迦葉過去世曾作樂人來習氣未除
　修云須彌山及峇海水騰波又作麼生澄源
　休去　法眼代云正是習氣

世尊因外道問昨日說何法世尊云說定法外道云今日說何法世尊云不定法外道云昨日說定法今日何說不定法世尊云昨日定今日不定

五祖戒云何得將別人物作自己用　溈山喆云世尊大似看樓打樓大溈即不然待問昨日說定今日何說不定但云非汝境界

續薦福懷云黃面老子被外道撥著出自偶然雖然如此邪正未分若人辯得許你頂門具眼

世尊因五通仙人問世尊有六通我有五通如何是那一通佛召五通仙人五通應諾佛云那一通你問我

雪竇顯云老胡元不知有那一通却因邪打正　瑯瑘覺云世尊不知可謂因正而打邪五通因邪而打正　翠巖芝云五通如是問世尊如是答要且不會那一通

雲峯悅云大小瞿曇被外道勘破了有傍不肯底麼出來我要問你作麼生是那一通　雲蓋本云世尊如是召五通如是應作麼生是那一通　良久云姹女已歸霄漢去獃郎猶向火邊樓

世尊因普眼菩薩欲見普賢不能得見乃至三度入定徧觀三千大千世界覓普賢不能得見而來白佛佛云汝但於靜三昧中起一念便見普賢普眼於是纔起一念便見普賢向空中乘六牙白象

雲居舜云諸仁者且作麼生會雲居道普眼推倒世尊世尊推倒普眼你道普賢在甚處

世尊因自恣日文殊三處過夏迦葉欲白椎擯出纔拈椎乃見百千萬億文殊迦葉盡其神力椎不能舉世尊遂問迦葉汝擬擯那箇文殊迦葉無對

續昭覺勤云可惜放過一著待釋迦老子道你欲擯那箇文殊便與一椎看他作麼合殺　雲居元云一家有事百家忙

世尊因長爪梵志索論義預約云我義若墮我自斬首世尊云汝義以何爲宗志云我義以一切不受爲宗世尊云是見受不志拂袖而去行至中路乃省謂弟子云我當回去斬首謝世尊弟子云人天衆前幸當得勝何以斬首志云我寧於有智人前斬首不於無智人前得勝乃歎云佛置我兩處負門若我說是見我受是負門處麤故衆人所共知第二負門處細我欲不受以少人知作是念已而白佛言世尊一切不受是見亦不受佛語梵志汝不受一切法是見亦不受則無所破與衆人無異何用貢高而生憍慢梵志不能致答默自念言我負墮處世尊不彰我負不言是非得大甚深法是最可恭敬即於坐處得法眼淨（有本小異大同）

世尊將諸聖衆往第六天說大集經勑他方此土人間天上一切獰惡鬼神悉皆集會受佛付囑擁護正法設有不赴者四天門王飛熱鐵輪追之令集既集會已無有不順佛勑者各發弘誓擁護正法唯有一魔王謂世尊云瞿曇我待一切衆生成佛盡衆生界空無有衆生名字我乃發菩提心

薦福懷云臨危不變眞大丈夫諸仁者作麽生著得一轉語與黄面老子出氣尋常神通妙用智慧辯才到此總用不著盡閻浮大地人無不愛佛到這裏何者是佛何者是魔還有人辯得麽良久云欲得識魔麽開眼見明欲得識佛麽合眼見瞎魔之與佛以拄杖一時穿却鼻孔

續南堂靜云當時我若作世尊即向他道大衆魔王已發心竟應當如是住不然道汝喚什麽作衆生擬開口與一鐵輪　徑山杲云天衣老漢恁麽批判直是奇特雖然如是未免話作兩橛若向何者是佛何者是魔處便休去不妨令人疑著却云欲識魔麽開眼見明欲識佛麽合眼見瞎郎當不少又云魔之與佛以拄杖一時穿却鼻孔雪上加霜妙喜却與黄面老子代一轉語待這魔王道衆生界空無有衆生名字我乃發菩提心只向伊道幾乎錯喚你作魔王此語有兩負門若人撿點得出許伊具衲僧眼　東禪觀云怪哉淺草擬著一箇大蟲上門上户咬人火急可惜當時放過性空若作世尊侍魔王道衆生界空無有衆生名字我乃發菩提心只消道箇擔板漢非唯塞斷咽喉亦乃教伊轉動不得雖然如是相識滿天下知心能幾人

世尊與阿難行次見一古佛塔世尊便作禮阿難云此是什麽人塔世尊云此是過去諸佛塔阿難云過去諸佛是什麽人弟子佛云是吾弟子阿難云應當如是

德山密云過去是現在弟子實有此理

世尊因比丘問我於世尊法中見處即有證處未是世尊當何所示佛云比丘其甲當何所示是汝此問

世尊成道後在逝多林中一樹下跏趺而坐有二商人以五百乘車經過林畔有二車牛不肯前進商人乃訝見之山神報言林中有聖人成道經逾四十九日未食汝當供養商人入林果見一人端然不動乃問云爲是梵王耶帝釋耶山神耶河神耶世尊微笑舉袈裟角示之商人頂禮遂陳供養

世尊因外道問不問有言不問無言世尊據坐外道讚歎云世尊大慈大悲開我迷雲令我得入乃作禮而去阿難尋白佛外道得何道理稱讚而去世尊云如世良馬見鞭影而行

五祖戒云大小世尊被阿難一狀領過又出語云汝何所問　法眼益因百丈常請益叙語未終眼云住住汝擬向世尊良久處會那文從此悟入　雪竇顯云邪正不分過猶鞭影又云諸禪德迷雲既開決定見佛還許他同參也無若共相委知則天下宗師並爲外道伴侶如各非印證則東土衲僧不如西天外道　翠巖芝云大小世尊被外道當面塗糊秖如外道云令我得入要且未夢見在既不曾夢見爲什麽却悟去　瑯琊覺云依稀似曲纔堪聽又被風吹别調中　翠巖眞云六合九有緇黄青紫一一交參咸言良久據坐不對且不是又舉諸家拈了復云於戲假如子滿慈運智擒辭馳神作用何益之有

道吾真云世尊隻眼通三界外道雙眸貫五天　楊岐會云世尊輟己從人外道乃因齋慶讃　溈山喆云外道懷藏寶鏡世尊親爲高提直得森羅顯煥萬象歷然又得阿難金鐘再擊四衆共聞然雖如是大似二龍玩珠長他智者威獰

續雲居齊云什麽處是外道悟處衆中道世尊良久時便是舉鞭處恁麽會還得不昭覺勤云外道因邪打正世尊看樓打樓阿難不善傍觀引得世尊拖泥帶水若據山僧見處待他問不問有言不問無言和聲便打及至阿難問外道有何所證亦和聲便打何故殺人須是殺人刀活人須是活人劍

世尊一日勑阿難食時將至汝當入城持鉢阿難應喏佛云汝既持鉢須依過去七佛儀式阿難便問如何是過去七佛儀式佛召阿難阿難應喏佛云持鉢去

世尊因耆婆善别音響至一塚間見五箇髑髏乃敲一髑髏問耆婆此生何處耆云生人道世尊又敲一云此生何處耆云生天道世尊又别敲一云此生何處耆婆罔知生處

世尊因黑爪梵志運神力以左右手擎合歡梧桐花兩株來供養佛召云仙人梵志應喏佛云放下著梵志遂放下左手一枝花於佛前佛又召仙人放下著梵志又放下右手一枝花佛又云仙人放下著梵志云世尊我今空身而住更教放下箇什麽佛云吾非教汝放捨其花汝當放捨外六塵內六根中六識一時捨却無可捨處是汝免生死處梵志於言下悟無生忍有本小異大同

枝二　十六

世尊於靈山會上五百比丘得四禪定具五神通未得法忍以宿命智通各各自見過去殺父害母及諸重罪於自心內各各懷疑於甚深法不能證入於是文殊承佛神力遂手握利劍持逼如來世尊乃謂文殊曰住住不應作逆勿得害吾吾必被害爲善被害文殊師利爾從本已來無有我人但以內心見有我人內心起時我必被害即名爲害於是五百比丘自悟本心如夢如幻於夢幻中無有我人乃至能生所生父母於是五百比丘同讃歎云文殊大智士深達法源底自手握利劍持逼如來身如劍佛亦爾一相無有二無相無所生是中云何殺

續天童傑云爲人須爲切殺人須見血文殊費盡腕頭氣力要且不知此劍來處帶累釋迦老子通身是口也分疎不下五百比丘恁麽悟去入地獄如箭射忽若踏翻大海趯倒須彌雲門扇子𨁝跳上天築著帝釋鼻孔東海鯉魚打一棒雨似盆傾又作麽生商量良久云自從舞得三臺後拍拍元來總是歌

枝二　十七

世尊因地布髮掩泥獻花於然燈然燈見布髮處遂約退衆乃指地云此一方地宜建梵刹時衆中有一賢于長者持標於指處揷云建梵刹已竟時諸天散花讃云庶子有大智矣

世尊因七賢女遊屍陀林一女指屍謂諸姊云屍在這裏人向甚處去中有一姊云作麽作麽諸姊諦觀各各契悟感帝釋散花云唯

須聖姉有何所須我當終身供給女云我家四事七珍悉皆具足惟要三般物一要無根樹子一株二要無陰陽地一片三要呌不響山谷一所帝釋云一切所須我悉有之若三般物我實無得女云汝若無此爭解濟人帝釋遂同往白佛佛言憍尸迦我諸弟子大阿羅漢悉皆不解此義惟有諸大菩薩乃解此義

續黃龍心云樹子若無寧善給濟既要給濟心不虛發如今有求無根樹子將何祗對　寶峯文云大衆且道帝釋是會不會又道善說般若感我天宮又道無無根樹子大衆且作麽生明得不孤負聖女若也不會不得孤負帝釋歸宗亦有箇無位眞人憨憨癡癡跛跛挈挈且恁麽過時喝一喝

世尊因調達謗佛生身入地獄遂令阿難傳問你在地獄中安不達云我雖在地獄如三禪天樂佛又令阿難傳問你還求出不達云我待世尊來便出阿難云佛是三界大師豈有入地獄分達云佛既無入地獄分我豈有出地獄分

翠巖眞云覿言出覿口

世尊因文殊起佛見法見議世尊威神攝向二鐵圍山

五雲逢云什麽處是二鐵圍山還會麽如今若有人起佛見法見五雲與烹茶兩甌且道是賞伊是罰伊同教意不同教意

續白雲端云大衆世尊當時無大人相如今若有向承天這裏起佛見法見承天終不敢教動著他何謂如此但得雪消去自然春到來　五祖演云白雲則具大慈悲遂拍手云曼殊室利普賢大士不審今後更敢也無自云一度被蛇傷怕見斷井索

世尊臨入涅槃文殊大士請佛再轉法輪世尊咄云文殊吾四十九年住世未曾說一字汝請再轉法輪是吾曾轉法輪耶

續雪峯空云且道世尊從文殊請不從文殊請

昔城東有一老母與佛同生而不欲見佛每見佛來即便回避雖然如此回顧東西總皆是佛遂以手掩面於十指掌中亦總是佛

雪竇顯云諸上座他雖是箇老婆宛有丈夫之作既知回避稍難不免吞聲飲氣如今不欲見佛即許你切忌以手掩面何以明眼底覷著將謂雪竇門下教你學老婆禪

富樓那問佛清淨本然云何忽生山河大地

瑯琊因僧問乃厲聲云清淨本然云何忽生山河大地僧有省　薦福信云先行不到末後太過

續五祖演云金屑雖貴落眼成翳　雲隱嶽云日長夜短諸人還猛省麽青天復青天打失髑髏前看看日又夜爭教人少年

殃崛摩羅因持鉢至一長者家其家婦人正值產難子母未分長者云瞿曇弟子汝爲至聖當有何法能免產難殃崛語長者云我乍入道未知此法待我回問世尊却來相報及返具事白佛佛告殃崛汝速去報言我自從賢聖劫來未曾殺生殃崛奉佛語即往告之

其婦得聞即免產難

宗門統要續集卷第一上

宗門統要續集目錄

襄州道吾和尚　袁州懸寂禪師
鄧州智閑禪師　杭州洪諲禪師
福州大安禪師　福州雙峯和尚
福州志勤禪師　福州慈慧禪師
晉州佛景通禪師　滁州神英禪師
元康和尚　京兆米和尚
襄州王敬初常侍
卷九
睦州龍興陳尊宿　鎮州義玄禪師
福州靈觀禪師
卷十
洪州米嶺和尚　益州法眞禪師
韶州知聖敏禪師　鄭十三娘
福州雙峯古禪師　睦州陳操尚書
鎮州保壽沼禪師　鎮州慧然禪師
魏府大覺和尚　魏府存獎禪師
鄂州灌谿閑禪師　幽州譚空和尚
定州善崔禪師　鎮州萬壽和尚
桐峯庵主　虎谿庵主
襄州歷村和尚　雲山和尚
覆盆庵主　杉洋和尚
定上座　奯上座
卷十一
吉州如寶禪師　鵒湖和尚
郢州慧情禪師　汝州思明禪師
鎮州第二世保壽和尚
鎮州大悲和尚　廬州旻德禪師
廬州大覺和尚　汝州寶應顒禪師
太行山克賓禪師　守廓侍者
際上座　郢州清讓禪師

郢州歸靜禪師　汝州省沼禪師
汝州廣慧眞禪師　汝州延念禪師
隋州智門罕禪師　汝州仁王評禪師
并州三交嵩禪師　潭州神鼎諲禪師
襄州蘊聰禪師　汝州葉縣省禪師
汾州善昭禪師　楊億侍郎
都尉李文和公　蘄州曉愚禪師
湖州天聖泰禪師　舒州齊舉禪師
舒州瑯琊覺禪師　潭州楚圓禪師
袁州楊岐會禪師　洪州可眞禪師
卷十二
洪州黃龍南禪師
吉州行思禪師　南嶽希遷禪師
澧州惟儼禪師　荊州道悟禪師
鄧州天然禪師　潭州長髭曠禪師
潭州大川禪師　潮州大顛和尚
卷十三
汾州石樓和尚　澧州大同濟禪師
丁行者　潭州道吾智禪師
潭州曇晟禪師　秀州德誠禪師

宣州慧省禪師　藥山高沙彌
朗州刺史李翱　澧州崇信禪師
京兆無學禪師　吉州性空禪師
米倉和尚　潭州善道禪師
僊天和尚　漳州義忠禪師
馬頰山本空和尚　本生和尚
韓愈文公
卷十四
潭州普會禪師　潭州仲興禪師
祿青和尚　筠州良价禪師

潭州僧密禪師　幽谿和尚
澧州善會禪師　鼎州宣鑒禪師
洪州寶峯和尚　舒州大同禪師
湖州如訥禪師　棗山光仁禪師
卷十五
筠州道虔禪師　河中僧一禪師
台州景欣禪師　潭州志安禪師
福州覆船山薦禪師　鳳翔府石柱禪師
撫州耽章禪師　洪州道膺禪師
潭州居遁禪師
襄州洞山三世師虔禪師
撫州疎山仁禪師　澧州文邃禪師
京兆休靜禪師　台州道幽禪師
高安本仁禪師　益州北院通禪師
越州乾峯和尚　洛京遁儒禪師
明州咸啓禪師
卷十六
澧州元安禪師　撫州月輪禪師
洛京寰普禪師　福州義存禪師
鄂州全奯禪師　泉州瓦棺和尚
襄州高亭簡禪師
卷十七
洪州常察禪師　吉州澄源殷禪師
撫州從志禪師　處州廣利容禪師
襄州處眞禪師　杭州佛日和尚
洪州同安丕禪師　洪州懷嶽禪師
歙州朱谿謙禪師　池州嵇山章禪師
潭州報慈藏嶼禪師　襄州審哲禪師
襄州獻緼禪師　筠州黃檗慧禪師
隨州守澄禪師　鳳翔傳楚禪師

宗門統要續集目録　終

宗門統要續集卷第一上

校勘記

一　底本，明永樂北藏本。本經二十卷，由於卷一、卷十一各分上、下卷，故實爲二十二卷。

一　三七七頁上一行前，經有總目録，玆附於卷後。

一　三七七頁下五行「巴陵」，南無。

一　三七七頁下一三行至次頁中末行「續集宗門統要序」全文，南無。

一　三七八頁下一行夾註「二」，南、經無。

一　三七八頁下二行集者，南作「建溪沙門宗永集」。下至卷第十八同。

一　三七八頁下三行續集者，南作「建康保寧禪寺住持沙門清茂續集」。以下各卷同。

一　三八一頁下一三行夾註右「有本」，南作「一本」。

一　三八二頁中四行「咽唯」，南、經作「咽喉」。

一　三八二頁下七行第一四字「甞」，南作「常」。

一　三八三頁中末行「於夢幻中無有」，南作「中無有於夢幻」。

一　三八四頁中四行第一一字「議」，南、經作「被」。

一　三八五頁上二行卷末經名，南無（未分卷）；經作「宗門統要續集卷第一」。

宗門統要續集卷第一下　扶三

宋　建　溪　沙　門　宗　永　集

元建康保寧禪寺住持沙門清茂續集

附西竺應化聖賢

維摩會上三十二菩薩各說不二法門至文殊云我於一切法無言無說無示無識離諸問答是為菩薩入不二法門文殊又問維摩維摩默然文殊歎云乃至無有言語文字是菩薩真入不二法門說是入不二法門時於此眾中五千菩薩皆入不二法門得無生法忍

保福展云文殊也似掩耳偷鈴力盡烏江維摩一默未出化門又云大小維摩被文殊一坐直至如今起不得　雪竇顯云維摩道什麼復云勘破了也　瑯瑯覺云文殊與麼讚善也是杓卜聽虛聲維摩默然你等諸人不得鑽龜打瓦

續溈山果云大眾居士門高可謂壁立萬仞水泄不通擬心則差動念則隔不擬不動落在無事界中諸人作麼生入良久云退後退後大溈智云不二法門是默然不是默然若是默然文殊則為剩語若不是默然維摩一場虛設畢竟如何具眼者辨

維摩因須菩提持鉢到乃取鉢滿盛香飯謂尊者云若能於法等者於食亦等乃至入諸邪見不到彼岸住於八難不得無難同於煩惱離清淨法汝得無諍三昧一切眾生亦得是定其施汝者不名福田供養汝者墮三惡道為與眾魔同一手作諸勞侶汝與眾魔及諸塵勞等無有異於一切眾生而有怨心謗諸佛毀於法不入眾數終不滅度汝若如是乃可取食須菩提聞此茫然不知以何答置鉢欲去

舍利弗因入城遙見月上女出城舍利弗心口思惟此姊見佛不知得忍不得忍我當問之纔近便問什麼處去女云如舍利弗與麼去弗云我纔入城爾當出城云何言如舍利弗與麼去女云諸佛弟子當住何所弗云諸佛弟子依大涅槃而住女云諸佛弟子既依涅槃而住我如舍利弗與麼去

溈山喆云一人入城一人出城何言如舍利弗與麼去若人知得舍利弗月上女二人去處十二時中動轉施為無非住諸佛大涅槃若也未知業識茫茫無本可據

續東禪觀云舍利弗依大涅槃而住坐在解脫深坑月上女如舍利弗與麼去也是隨邪逐惡

無猒足王入大寂定乃勑有情無情皆順於王若有一物不順於王即入大寂定不得

舍利弗問須菩提夢中說六波羅蜜與覺時是同是別須菩提云此義幽深吾不能說此會中有彌勒大士汝往彼問

雪竇顯云當時若不放過隨後與一劄誰名彌勒誰是彌勒者便見冰消瓦解

西竺有上首菩薩作一乞士入城乞食次時有比丘恒伽謂乞士云汝從何來答云我從真實中來又問何謂真實答云寂滅故名真實又問寂滅相中有所求耶無所求耶答云無所求又問無所求者何用求耶答云無所求中吾欲求之又問無所求中何用求耶答

云所有求者一切皆空得者亦空著者亦空
實者亦空來者亦空語者亦空問者亦空寂
滅涅槃一切虛空分界亦復皆空吾爲如是
次第空法而求眞實
障蔽魔王領諸眷屬一千年隨金剛齊菩薩
覓起處不得忽因一日得見乃問云汝當依
何住我一千年覓汝起處不得菩薩云我不
依有住而住不依無住而住如是而住
法眼益云障蔽魔王不見金剛齊即從只
如金剛齊還見障蔽魔王麼
續徑山杲云既覓起處不得一千年隨從
底是甚麼金剛齊云我不依有住而住不
依無住而住如是而住互相熱瞞法眼道
障蔽魔王不見金剛齊即且從只如金剛
齊還見障蔽魔王麼恁麼批判也是看孔
著楔即今莫有知妙喜起處底麼喝云寐
語作麼　東禪嶽云富貴即易貧窮即難
虛空無心墻壁有耳二老漢不得無過且
道過在於何路從平處險人向靜中忙
緊那羅王奏無生樂供養佛乃勑有情無情
俱隨王去若有一物不隨王去即去佛處不得
善財童子參五十三員善知識末後到彌勒
閣前見樓閣門閉善財暫時斂念云大慈大
悲願樓閣門開令我得入尋時彌勒領諸眷
屬至善財前彈指一下樓閣門開善財得入
閣門便閉見百千萬億樓閣每一一樓閣內
有一彌勒領諸眷屬幷有一善財而在前立
善財禮辭文殊文殊指往南方勝樂國妙高
山謁德雲比丘及到彼山東西南北四維上
下求覓經于七日乃見德雲比丘却在別峯
上徐步經行
文殊一日令善財採藥云是藥者採將來善
財徧採無不是藥却來白云無不是藥者文
殊云是藥者採將來善財乃拈一莖草度與
文殊文殊提起示衆云此藥亦能殺人亦能
活人
五祖戒出善財語云慙愧　首山念云文
殊大似掩耳偷鈴　瑯瑘覺云文殊可謂
誠實之言要且額頭汗出口裏膠生　潙
山喆云善財能採文殊善用非但瘥疾眦
耶直饒盡大地人抱必死之疾到文殊所
教他箇箇脫體而去何故解用不須霜刃
劒延齡何必九還丹
續梁山遠云得之於心伊蘭作栴檀之樹
失之於旨甘露乃蒺蔾之園文殊當時與
麼舉揚若不是善財同聲相應同氣相求
未免一場懡㦬還知二大老落處麼處處
綠楊堪繫馬家家門首透長安　天童華
云大小文殊被善財換却眼睛
文殊大士嘗謂善住意天子云汝今若能違
背諸佛毀謗法僧吾即將同汝如是梵行天
子云大士今何故復如是語大士云天子如
汝意者以何爲佛天子云大士如如法界我
言是佛大士云天子於汝意云何如如法界
可染著乎天子云弗也大士云以是義故我
如是說汝今若能背毀佛法僧吾將同汝如
是梵行
利益菩薩白然燈佛我欲得阿耨菩提唯願
世尊教示我今速成菩提佛言利益汝觀此
法何者是法是汝所問

須菩提說法帝釋雨花須菩提乃問此花從天得耶從地得耶從人得耶帝釋皆云弗也須菩提云從何得耶帝釋舉手須菩提云如是如是

雲門偃云帝釋舉手處作麼生與你四大五蘊釋迦老子是同是別

舍利弗問天女汝何不轉却女身女云我從十二年來求女人相了不可得當何所轉即時天女以神通力變舍利弗令如天女乃自化身如舍利弗而問云何不轉却女身舍利弗云我今不知何轉而變爲女身

白雲端代云吾不如汝

須菩提巖中宴坐諸天雨花讚歎尊者云空中雨花讚歎復是何人云何讚歎天云我是梵天敬重尊者善說般若尊者云我於般若未曾說一字汝云何讚歎天云如是尊者無說我乃無聞無說無聞是眞說般若

雪竇顯云避喧求靜處世未有其方他在巖中宴坐也被這一隊漢塗糊伊更有這老漢把不住問空中雨花讚歎復是何人早見敗闕了也我重尊者善說般若惡水驀頭潑又云我於般若未曾說一字草裏走尊者無說我乃無聞識甚好惡總似這般底何處有今日復召大衆雪竇幸是無事人你來這裏覓箇什麼以拄杖一時趁下

毗目仙人執善財手善財即時自見其身往十方佛刹微塵數諸佛所乃至經不可說不可說微塵數劫時仙人放手即自見身還在本處

昔有外道問一入定僧輪王衆生種非佛非羅漢不受後有身是什麼義僧便入定問彌勒彌勒爲答了却出定語外道云譬如陶師埏埴成器

汾陽昭代云却勞尊者往復神用

天親菩薩從彌勒内宮下無著菩薩問經云人間四百年彼天爲一晝夜彌勒一時中成就五百億天子證無生法忍未審說什麼法天親云秖說這箇法秖是梵音清雅令人樂聞

薦福懷云彌勒已是錯說天親已是錯傳山僧今日將錯就錯與你諸人註破良久云諦聽諦聽向下文長付在來日

善住天子而白文殊可共俱往如來之所咨受未聞亦同此時如法問難文殊云爾莫分別取著如來天子云如來今在何所令我莫著文殊云秖在目前天子云若如是者我何不見文殊云爾若一切不見是名眞見如來天子云若見在前云何戒我莫取著如來文殊云爾今見前何有天子云有虛空界文殊云如來者虛空界是故虛空界者即是如來此中無有一物可分別者

勝思惟梵天問不退轉天子云天子我常於此佛國土不曾見汝天子云梵天我亦不曾於此國土不曾見我

賓頭盧尊者因阿育王問承聞尊者親見佛來是不尊者以手策起眉毛良久云會麼王云不會者云阿耨達池龍王曾請佛齋吾是時亦預其數

五祖戒出王語云慙愧　翠巖眞云且道

什麼處見直饒雪天漂渺湖光瀲灔且莫
說夢
續梁山遠云阿育王輕輕借問賓頭盧草
草承當子細檢點將來不勝漏逗且那裏
是漏逗處國清才子貴家富小兒嬌　潙
山喆云無憂王飯三萬阿羅漢要且不識
賓頭盧當時待他策起眉毛云會麼便與
作禮非唯識賓頭盧亦乃同參古佛　汾
陽昭云却勞尊者　保寧勇代王云希有
希有　雲居元代王云當時驀面便唾
虎丘隆云賓頭盧得大機顯大用不謾覩
見佛來雖然賴阿育王放過若不放過洎
合打失眉毛放過則且置尊者策起眉毛
又作麼生還會麼當臺一鑑明如日萬古
晴空絕是非　薦福行云大王七寶隨身
尊者天龍擁衛驀然狹路相逢彼此難爲
回避且道其中事作麼生閻浮接得眞天
子同踏毗盧頂上行
菴婆提女問文殊云明知生是不生之法爲
什麼却被生死之所流轉文殊云其力未充

進山主問修山主明知生是不生之法爲
什麼被生死之所流轉修云笋畢竟成竹
去如今作篾使得麼進云汝向後自悟去
在修云某甲所見秖如此上座意旨如何
進云這箇是監院房那箇是典座房修乃
禮謝
月氏國王聞罽賓國有一尊者名秖夜多有
大名稱即與羣臣往造彼國禮見問法王既
至修敬已畢乃請尊者當爲開演尊者云大
王來時好道今去亦如來時
西竺二十八祖師
初祖迦葉尊者因外道問如何是我我祖云
覓我者是汝我外道云這箇是我我師我何
在祖云你問我覓
祖一日踏泥次有一沙彌見乃問尊者何得
自爲祖云我若不爲誰爲我爲
法眼益云我當時若見拽來踏泥　五祖
戒云迦葉與沙彌說得道理好　洞山价
云莫要茶喫麼
續保寧勇云雖然如是傍觀者哂

二祖阿難尊者問迦葉云師兄世尊傳金襴
袈裟外別傳箇什麼迦葉召云阿難阿難應
諾迦葉云倒却門前刹竿著
汾陽昭云不問那知　五祖戒云露　琴
巖芝云千年無影樹今時沒底靴
續泐潭清云刹竿未倒穿却諸人髑髏換
却諸人眼睛刹竿倒後向什麼處見釋迦
老子
阿難尊者一日白佛言今日出城見一奇特
事佛云見何奇特事阿難云入城見一攢樂
人作舞出城總見無常佛云我昨日入城亦
見一奇特事阿難云未審見何奇特事佛云
我入城時見一攢樂人作舞出城時亦見樂
人作舞
三祖商那和修問毱多尊者汝年幾耶尊者
云我年十七祖云汝身十七性十七耶尊者
云師髮已白爲髮白耶心白耶祖云我但髮
白非心白爾尊者云我身十七非性十七也
四祖優波毱多因訪一老比丘尼纔入問乃
觸撒鉢盂尼云佛在日六羣比丘甚是麤行

數來我舍尚不如此尊者紹祖位人得與麼

顯行（有本小異大同）

汾陽昭代云已知錯悞

五祖提多迦嘗為長者名曰香衆初求出家提多尊者乃問汝為身出家為心出家香云我自出家非為身心而求利益毱多云不為身心復誰出家香云夫出家者無我我故即心不生滅心不生滅即是常道故諸佛亦常心無形相其體亦爾毱多云汝當大悟心自明朗於佛法中度恒沙衆

芭蕉徹云譬如琴瑟箜篌雖有妙音若無妙指終不能發

六祖彌遮迦因七祖婆須密初見迎而問云師何方而來欲往何所祖云從自心來欲往無處婆須密手持酒器乃云識我手中物不祖云此是觸器而負淨者婆須密云師識我不祖云我即不識識即非我汝試自稱名氏吾當後示本因婆須密乃說偈實答六祖示其本因即與剃度

七祖婆須密因佛陀難提索以論義祖云仁者論即不義義即不論若擬論義終非義論佛陀難提知祖義勝心即欽伏

八祖佛陀難提因九祖伏馱密多已年五十口未嘗言足未嘗履纔見祖便行七步乃云父母非我親誰是最親者諸佛非我道誰是最道者祖答云汝言與心親父母非可比汝行與道合諸佛心即是外求有相佛與汝不相似欲識汝本心非合亦非離伏馱密多乃作禮其父遂令出家

十祖脇尊者因十一祖作童子時來乃問爾從何來子云我心非往祖云爾住何所子云我心非止祖云子不定耶子云諸佛亦然祖云爾非諸佛子云諸佛亦非

翠巖芝云祖師與童子一問一答總欠會在如今作麼生會

十一祖富那夜奢因十二祖馬鳴問我欲識佛何者即是祖云汝欲識佛不識者是馬云佛既不識焉知是乎祖云既不識佛焉知不是馬云此是鋸義祖云彼是木義復問鋸義者何馬云與師平出又問木義者何祖云汝被我解馬於是信伏

十二祖馬鳴大士問十三祖迦毗摩羅云汝盡神力變化若何羅云我化巨海極為小事鳴云汝化性海得不羅云何謂性海我未嘗知鳴即為說性海云山河大地皆依建立三昧六通由茲發現十三祖得聞遂發信心三千徒衆俱求剃度

祖昔嘗事外道每持一丫槍上懸一劍巡五天竺國索人論義自云我義若墮當斬首為謝聞脇尊者有大聲譽特請論義脇云爾義以何為宗祖云但有言說我悉能破脇於是默然而坐祖忿色而去詬馬云我聞爾具大智慧及與論義一詞不措行至中路乃謂弟子云我義已墮我言但有言說皆悉能破彼既無言我當自破將回斬首而謝爾時尊者化令回心并諸徒衆一時出家（外道同佛亦類於此）

十四祖龍樹大士見十五祖迦那提婆來先令侍者將一椀水致面前迦那提婆見乃取一針投之樹由是大喜

十六祖羅睺羅多因至一石窟中見僧伽難

提安然在定祖伺而問云汝身定耶心定耶難提云身心俱定祖云身心俱定何有出入難提云雖有出入不失定相如金在井如金出井世相去來金體常寂祖云若金在井若金出井金無動靜何物出入難提云言金動靜何物出入言金出入金非動靜祖云若金在井出者何金若金出井在者何物難提云金若出井在者非金金若在井出者非物祖云此義不然難提云彼理非著祖云此義當墮難提云彼義不成祖云彼義不成我義成矣難提云我義雖成法非我故祖云我義已成我無我故難提云我無我故復何成義祖云我無我故成於汝義難提云仁者師於何聖得是無我祖云我師迦那提婆證是無我

十七祖僧迦難提因見十八祖作童子時持圓鑑直造師前祖乃問汝幾歲耶童子云百歲祖云汝年尚幼何言百歲非其理也童子云我不會理正百歲爾祖云汝善機耶童子云佛言若人生百歲不會諸佛機未若生一日而得決了之祖云汝手中當何所表童子云諸佛大圓鑑內外無瑕翳兩人同得見心眼皆相似遂求出家

祖又因風吹銅鈴鳴乃問鈴鳴耶風鳴耶童云非風鈴鳴我心鳴耳祖云非風鈴鳴心復誰乎童云俱寂靜故非三昧也祖云善哉善哉繼吾道者非子而誰

　芭蕉云尊者大似憐兒不覺醜

十八祖伽耶舍多至月氏國見十九祖鳩摩羅多問是何徒衆祖云是佛弟子彼聞佛號心神竦然即時閉戶祖良久扣其門彼云此舍無人祖云無人者誰彼聞語異遽開門延接

　汾陽昭代云洎合忘却

二十三祖鶴勒那因師子尊者問云我欲求道當何用心祖云汝欲求道無所用心尊者云既無用心誰作佛事祖云汝若有用即非功德汝若無作即是佛事

二十四祖師子尊者因罽賓國王秉劒於前云師得蘊空不祖云已得蘊空王云既得蘊空離生死不祖云已離生死王云既離生死就師乞頭得不祖云身非我有豈況於頭王便斬之白乳涌高數尺王臂自墮

　玄沙備云大小師子尊者頭也不解作得主　玄覺遂徵云且道斬著斬不著　汾陽昭別云知師不恡　雪竇顯云作家君王天然有在　翠巖芝云當時祖引頸王舉劒與麼時有人諫得住麼至今無人斷得此公案如今衲僧作麼生斷　芭蕉徹云賣寶遇著瞎波斯　瑯琊覺云罽賓好一口劒爭奈劒上無眼尊者好箇師子且不解返擲

　續黃龍新云黃龍要問雪竇既是作家君王因甚臂落　徑山杲云孟八郎漢又與麼去　天童華云玄沙云大小尊者頭也不解作得主師云隨[illegible][illegible]漢玄覺徵云且道斬著斬不著師云將鰕釣鱉汾陽別云知師不恡師云將錯就錯雪竇云作家君王天然有在師云提水放火翠巖云當時祖引頸王舉劒與麼時有人諫得住麼至今無人斷得此公案如今衲僧作麼生斷

師云莫要説夢芭蕉云賣寶撞著瞎波斯
師云誣人之罪瑯瑘云罽賓好一口劒爭
奈劒上無眼尊者好箇師子且不解返擲
師云賊過後張弓復云這一隊漢被山僧
勘絶了也還見師子尊者麽驀拈拄杖卓
一下云修身慎行恐辱先也
祖始至罽賓國彼有五衆祖已攝伏四衆唯
一尊達磨達者本習禪定憤憤而來祖云仁
者習定何當來此既至于此胡云習定達云
我雖來此心亦不亂定隨人習豈有處所祖
云仁者既來其習亦至既無處所豈在人習
達云定習人故非人習定我雖來此其定常
習祖云人非習定定習人故當自來時其定
誰習達云如淨明珠内外無翳定若通達必
當如此祖云定若通達一似明珠今見仁者
非珠之徒達云其珠明徹内外悉定我心不
亂猶若此淨祖云其珠無内外仁者何能定
轍物非動搖此定不是淨彼承開悟心地朗
然
二十五祖婆舍斯多因與外道無我尊論義
外道云請師默論不好言説祖云不假言説
孰知勝負外道云但取其義祖云汝以何爲
義外道云無心爲義祖云汝既無心安得義
乎外道云我説無心當名非義祖云汝説無
心當名非義我説非心當義非名外道云當
義非名誰能辯義祖云汝名非義此名何名
外道云爲辯非義是名無名祖云名既非名
義亦非義辯者是誰當辯何物如是往返五
十九番外道杜口信伏
芭蕉清云譬如象馬𢤱悷難調加諸楚毒
至于徹骨方乃調伏　大陽玄云蚌鷸相
持死在漁人之手乃云何用繁言
續徑山杲云婆舍斯多何用忉怛當時若
見他道請師默論不假言説便云義墮也
即令莫有與妙喜默論者麽或有箇衲僧
出來道義墮也我也知你向鬼窟裏作活
計
二十七祖般若多羅路行次或有人問汝行
何急祖云汝行何慢又問汝姓什麽祖云與
汝同姓或凡或聖人莫能測
芭蕉徹云匹上不足匹下有餘
祖因東印度國王請齋次王乃問諸人盡轉
經唯師爲甚不轉祖云貧道出息不隨衆緣
入息不居蘊界常轉如是經百千萬億卷非
但一卷兩卷
汾陽昭云劫劣尊者心力
東震六代祖師
初祖菩提達磨大師初至梁時臣武帝問如
何是聖諦第一義祖云廓然無聖帝云對朕
者誰祖云不識帝不領悟祖遂渡江至魏
汾陽昭代云弟子智淺
續五祖戒云賣寶遇著瞎波斯　保寧勇
代帝吐舌示之
武帝後問一聖師師云陛下還識此人不
帝云不識師云此是觀音大士傳佛心印
帝云當遣使詔之師云莫道陛下去詔盡
國人去他亦不回
祖謂二祖云汝但外息諸緣内心無喘心如
墻壁可以入道二祖作種種説心説性不契
一日忽悟乃云可以息諸緣也達磨云莫成

斷滅去不二祖云無達磨云子作麼生二祖云了了常知故言之不可及達磨云此諸佛之所傳心體更勿疑也

祖一日命門人云時將至矣汝等盍各言所得時有道副對云如我所見不執文字不離文字而爲道用祖云汝得吾皮又尼總持云我今所解如慶喜見阿閦佛國一見更不再見祖云汝得吾肉又道育云四大本空五陰非有而我見處無一法可當情祖云汝得吾骨最後慧可大師出禮三拜依位而立祖云汝得吾髓乃傳衣付偈

　薦福懷云祖師與麼說話無計較中翻成計較無塗轍中翻成塗轍若教伊踏著佛山臨濟門下免見九年冷坐被人喚作壁觀胡僧直饒如是也未免殃及兒孫　大陽玄云且道更有一人出來得箇什麼自云不得不得又云意況不到　翠巖芝云二祖被他當面塗糊莫道髓皮也不曾摸著因甚却紹祖位

續五祖演云當時若見四人恁麼各與三十棒只如白雲也合喫二十九棒留一棒與汝諸人其間若有知痛痒者不惟不孤負先聖亦乃得見白雲脫或未然堂裏喫粥喫飯更須爛嚼多見渾崙吞却

祖問有相宗薩婆羅云一切諸法何名實相彼云於諸相中不互諸相是名實相祖云一切諸相而不互者若明實相當何定耶彼云於諸相中實無有定若定諸相何名爲實祖云諸相不定便名實相汝今不定當何得之彼云我言不定不說諸相當說諸相其義亦然祖云汝言不定當爲實相定不定故即非實相彼云定既不定即非實相知我非故不定不變祖云汝今不變何名實相已變已往其義亦然彼云不變當在在不在故故變實相以定其義祖云實相不變變即非實於有無中何名實相時薩婆羅以手指虛空云此是世間有相亦能空故當我此身還得似不祖云若無實相即見非相若了非相其色亦然當於色中不失色體於非相中不礙有故若能是解此名實相彼衆聞已心意朗然

祖問無相宗波羅提云汝言無相當何證之彼云我明無相心不現故祖云汝心不現當何明之彼云我明無相心不取捨當於明時亦無當者祖云於諸有無心不取捨又無當者誰明無故彼云入佛三昧尚無所得何況無相而欲知之祖云相既不知誰云有無尚無所得何名三昧彼云我說不證證無所證非三昧故我說三昧祖云非三昧者何當名之汝既不證非證何證彼聞祖辯析即悟本心

祖問定慧宗婆蘭陀云汝學定慧爲一爲二彼云我此定慧非一非二師云既非一二何名定慧彼云在定非定處慧非慧一即非一二即不二祖云當一不一當二不二既非定慧約何定慧彼云不一不二定慧能知非定非慧亦復然矣祖云慧非定故然何知哉不一不二誰定誰慧彼聞之狐疑氷釋

祖問戒行宗賢者云何者名戒云何名行當此戒行爲一爲二彼云一二二一皆彼所生依教無染此名戒行祖云汝言依教即是有

染一二俱破何言依教此二違背不及於行內外非明何名為戒彼云我有內外彼已知覺既得通達便是戒行若說違背俱是俱非言及清淨即戒即行祖云俱是俱非何言清淨既得通故何談內外賢者於是懃伏

祖問無得宗寶淨云汝云無得得何得既無所得亦無得得彼云我說無得非得無得當說得得無得是得祖云得既不得得亦非得既云得得得得何得彼云見得非得非得是得若見不得名為得得祖云得既非得非得無得既無所得當何得得彼聞之頓除疑惑

祖問寂靜宗尊者何名寂靜於此法中誰寂誰靜彼云此心不動是名為寂於法無染名之為靜祖云本心不寂要假寂靜本來寂故何用寂靜彼云諸法本空以空空故於彼空空故名寂靜祖云空空已空諸法亦爾寂靜無相何靜何寂彼聞豁然開悟

二祖可大師問達磨云諸佛法印可得聞乎磨云諸佛法印匪從人得祖云我心未寧乞師安心磨云將心來與汝安祖云覓心了不可得磨云與汝安心竟

芭蕉徹云金剛與泥人揩背

續五祖戒云若即恁麼何用西來　雲居元云彼自無瘡勿傷之也雖然如是一言易出駟馬難追　五祖演舉至請祖安心處乃云白雲當時若見好與三十棒何故他人見將謂說安心法畢竟如何菩薩龍王行雨潤遮身向上數重雲

三祖璨大師問二祖云弟子身纏風恙請和尚懺罪祖云將罪來與汝懺璨云覓罪了不可得祖云與汝懺罪竟宜依佛法僧住璨云今見和尚已知是僧未審何名佛法祖云是心是佛是心是法法佛無二僧寶亦然璨云今日始知罪性不在內外中間如其心然佛法無二也大師深器之

瑯瑘覺云猶欠作云何梵在

續梁山觀於覓罪了不可得處云罪性向什麼處去也又云非但罪性覓者亦不見有　雲居齊云二祖深器之是肯他會佛法耶肯他說道理耶

四祖信大師見三祖乃云願和尚慈悲乞與解脫法門師云誰縛於汝信云無人縛師云何更求解脫乎信於言下有省

師問三祖云如何是古佛心祖云汝今是什麼心師云我今無心祖云汝旣無心諸佛豈有耶師於是頓息其疑

五祖忍大師作童子時四祖問子何姓耶答云姓即有不是常姓四祖云是何姓耶答云是佛性四祖云汝無姓乎答云性空故祖默識其器即俾出家後乃付法

師因六祖初叅乃問汝自何來六祖云嶺南師云欲須何事祖云唯求作佛師云嶺南人無佛性若為得佛祖云人有南北佛性豈然師知異器乃訶云著槽廠去

六祖能大師因風颺刹旛有二僧對論一云旛動一云風動往復曾未契理祖云不是風動不是旛動仁者心動二僧竦然

雪峯存云大小祖師龍頭蛇尾好與二十棒孚上座侍次咬齒峯云我與麼道也好

與二十棒　保福展云作賊人心虛也是
蕭何置律　五祖戒云著甚來由　巴陵
鑑云祖師道不是風動不是旛動既不是
風旛向甚處著有人與祖師作主出來與
巴陵相見　雪竇顯云風動旛動既是風
旛向甚處著有人與巴陵作主出來與雪
竇相見
續泐潭清云不是風動不是旛動若是靈
利漢懸崖撒手便好承當顧後瞻前轉生
迷悶仁者心動而今還有為祖師作主者
麼有則出來與老僧相見　天童華云一
盲引衆盲相牽入火坑
師因僧問黃梅意旨什麼人得師云會佛法
人得僧云和尚還得不師云我不得僧云和
尚為什麼不得師云我不會佛法
汾陽昭代云方知密旨難傳　翠巖芝云
會得即二頭不會得即三首作麼生便有
出身之路
續徑山杲云還見祖師麼若也不見徑山
與你指出蕉芭蕉芭有葉無丫忽然一陣
狂風起恰似東京大相國寺裏三十六院
東廊下壁角頭王和尚破袈裟畢竟如何
歸堂喫茶
師示衆云吾有一物無頭無尾無名無字無
背無面諸人還識麼時荷澤神會出云是諸
法之本源乃神會之佛性祖乃打一棒云這
饒舌沙彌我喚作一物尚不中豈況本源佛
性乎此子向後設有把茅蓋頭也只成得箇
知解宗徒
法眼益云古人授記人終不錯如今立知
解為宗即荷澤是也
師一日謂門人云吾却歸新州汝等速治舟
檝門人云師從此去早晚却回祖云葉落歸
根來時無口
法雲秀云非但來時無口去時亦無鼻孔
續白雲端云祖師可謂善解借手行拳有
般漢往往道言猶在耳不見道子期去不
返浩浩良可悲不知天地間知音復是誰
五祖演云祖師恁麼道猶欠悟在
師因思和尚問當何所務即得不落階級祖
云汝曾作什麼來思云聖諦亦不為祖云落
何階級思云聖諦尚不為何階級之有祖云
如是如是汝善護持吾付汝偈偈云心地含
諸種普雨悉皆萌頓悟花情已菩提果自成

宗門統要續集卷第一下

宗門統要續集卷第一下

校勘記

一　底本，明永樂北藏本。

一　三八九頁上一行經名，[南]無（未換卷）；[徑]作「宗門統要續集卷第二」，卷末經名同。

一　三八九頁上二行集者、三行續集者，[南]無（未換卷）。

一　三九二頁上一九行「菴婆提」，[徑]作「菴提遮」。

一　三九二頁下一五行「商那和修」，[徑]作「商那和修」。

一　三九二頁下一九行第一六字「問」，[南]、[徑]作「門」。

一　三九三頁上二行夾註「有本小異大同」，[南]作「語小異意大同」。

一　三九八頁上八行至九行「靈利」，[南]作「伶俐」。

一　三九八頁中一〇行第七字「授」，[南]作「受」。

一　三九八頁中一九行第四字「云」，[徑]作「曰」。

一　三九八頁下一行「汝曾作」，[南]作「爾曾作」。

一　三九八頁下卷末經名，[南]作「宗門統要續集卷第一」。

宗門統要續集卷第二　　扶四

宋　建　溪　沙　門　宗　永　集

元建康保寧禪寺住持沙門淸茂續集

四祖下第一世

牛頭山法融禪師因四祖到山入後菴見虎便作怕勢師云和尚猶有這箇在祖云這箇是什麽師於言下有省

雪竇顯代云但亦作怕勢又代云洎合放過

四祖下第六世

宣州安國玄挺禪師（嗣牛頭威）因僧問五祖云眞性緣起其義云何祖默然時師侍次乃謂大德正興一念問時是眞性中緣起其僧言下大悟

續徑山杲云未與一念問時不可無緣起也時有僧云未興一念問時喚什麽作緣起妙喜云我也只要你與麽道

潤州鶴林素禪師因僧敲門師問是什麽人僧云是僧師云非但是僧佛來亦不著僧云佛來爲什麽不著師云無汝止泊處

舒州天柱崇慧禪師因僧問達磨未來此土時還有佛法也無師云未來且致即今事作麽生僧云某甲不會乞師指示師云萬古長空一朝風月良久云會麽自已分上作麽生干他達磨來與未來事他家大似賣卜漢見汝不會爲汝鍇破卦文纔生吉凶盡在汝分上一切自看僧云如何是解卜底人師云汝纔出門時便不中也

四祖下第七世

杭州徑山國一欽禪師（嗣鶴林素）因馬祖遣人送書到書中作一圓相師發緘見遂於圓相中著一點却封回後忠國師聞乃云欽師猶被馬師惑

保福展云甚處是惑處作麽生得不惑去

雪竇顯云徑山被惑且致若將呈似國師別作箇什麽伎倆免被惑去有老宿云當時坐却便休亦有道但與畫破若與麽秪是不識羞敢謂天下老師各具金剛眼睛廣作神通變化還免得麽雪竇見處也要諸人共知秖這馬師當時畫出早自惑了也　五祖戒云兩彩一賽又云三人指路擬何爲　潙山喆云諸人還識馬祖徑山麽一點水墨兩處成龍國師道欽師猶被馬師惑可謂千里同風不見道手執夜明符幾箇知天曉

續徑山杲云馬師仲冬嚴寒國一孟夏漸熱雖然寒熱不同彼此不失時節忠國師因甚却道欽師猶被馬師惑還委悉麽無風荷葉動決定有魚行

四祖下第八世

杭州鳥窠道林禪師（嗣徑山欽）因白居易問如何是佛法大意師云諸惡莫作衆善奉行白云三歲孩兒也解與麽道師云三歲孩兒雖道得八十翁翁行不得白遂作禮

師因侍者會通一日作辭師乃問汝今何往通云某甲爲法出家和尚不垂慈誨今往諸方學佛法去師云若是佛法吾此間亦有少許通云如何是和尚此間佛法師於身上拈起布毛吹之侍者因而有省

大潙秀云可惜這僧認他口頭聲色以當

平生殊不知自己光明蓋天蓋地
續神鼎譔舉了遂於身上拈布毛示大衆隨後一吹云會麼久後不得孤負老僧
徑山杲云溈山與麼批判也未夢見烏窠在

五祖下第一世

袁州蒙山道明禪師因趂盧行者至大庾嶺行者見師至即擲衣鉢於石上云此衣表信可力爭耶任君將去師遂舉之如山不動踟蹰悚慄乃云我來求法非爲衣也願行者開示祖云不思善不思惡正與麼時阿那箇是明上座本來面目師當下大悟遍體汗流泣淚作禮問云上來密語密意外還更有意旨不祖云我今與汝說者即非密也汝若返照自己面目密却在汝邊師云某甲雖在黃梅隨衆實未省自己面目今蒙指授入處如人飲水冷暖自知今行者即是某甲師也祖云汝若如是則吾與汝同師黃梅善自護持

嵩山慧安國師因僧坦然問如何是祖師西來意師云何不問取自己意然云如何是自己意師云當觀密作用然云如何是密作用師以目開合示之坦然言下知歸

五祖下第二世

嵩山破竈墮和尚（嗣安國師）因僧從牛頭處來乃問來自何人法會僧近前叉手遶師一帀而出師云牛頭下不可有此人僧乃過師左邊叉手而立師云果然果然僧却問應物不由他時如何師云爭得不由他僧云與麼則順正歸原去也師云歸原何順僧云若非和尚幾錯招愆師云猶是未見四祖時道理也見後通將來僧却遶師一帀而出師云順正之道古今如然僧作禮而退

師因嵩山塢有廟甚靈殿中惟安一竈遠近不輟祭祀師以杖敲竈三下云咄此竈只是泥瓦合成聖從何來靈從何起恁麼烹宰物命又打三下竈乃傾破墮落須臾有青衣峩冠設拜云我本此廟竈神久受業報今蒙禪師說無生法得脫此處生天特來致謝師云是汝本有之性非吾强言神再拜而沒後僧問師某甲久侍左右未蒙方便竈神得何宗旨便乃生天師云我只向伊道是泥瓦合成別也無道理爲伊僧佇思師云會麼僧云不會師云本有之性爲甚不會僧作禮師云墮也墮也破也破也後有舉似安國師國師歎云此子會盡物我一如可謂如朗月處空無不見者難構伊語脉

五祖下第三世

嵩山峻極禪師（嗣破竈墮）因僧問如何是大修行底人師云擔枷負鎖僧云如何是大作業底人師云修禪入定僧無語師乃云爾問我善善不從惡爾問我惡惡不從善所以道善惡如浮雲起滅俱無處僧於言下契悟後破竈墮聞舉乃云此子會盡諸法無生
續薦福懷云前頭則官不容針後面則私通車馬若能辨得許你具擇法眼　昭覺勤云窮善善自何來究惡惡從何起有問崇寧如何是大修行底人對他道修禪入定如何是大作業底人對他道擔枷負鎖且道是同是別

終南山惟政禪師（嗣嵩山寂）因唐文宗帝好嗜蛤

蜩泓海官吏逾進亦勞一日御饌中有擘不
開者帝以爲異因焚香禱之乃開即見菩薩
形梵相具足帝遂貯以金粟檀香合覆以美
錦賜興善寺衆僧瞻禮乃問羣臣此何祥瑞
因詔師問師云臣聞物無虛應此乃啓陛下
信心耳故契經云應以此身得度者即現此
身而爲説法帝云菩薩身已現且未聞説法
師云陛下覩此爲常耶非常耶信耶非信耶
帝云希奇之事朕深信焉師云陛下已聞法
竟帝大悦勅天下寺立觀音像

六祖下第一世

温州永嘉眞覺大師初至曹溪乃遶繩牀三
帀振錫而立祖云夫沙門者具三千威儀八
萬細行大德何方而來生大我慢師云生死
事大無常迅速祖云何不體取無生了無速
乎師云體本無生了本無速祖云如是如是
師方具威儀作禮須臾告辭祖云返大速乎
師云本自非動豈有速耶祖云誰知非動師
云仁者自生分別祖云爾甚得無生之意師
云無生豈有意耶祖云無意誰當分別師云
分別亦非意祖云善哉善哉少留一宿
　雪竇顯舉至我慢處便喝云當時若下得
　這一喝免見龍頭蛇尾又向卓然而立處
　代祖云未到曹溪與你三十棒了也

婺州玄策禪師因到河北隍禪師菴乃問仁
者在此多少時隍云二十年師云習何事業
隍云入定師云入定者爲有心入耶無心入
耶若無心入者一切無情草木瓦石應合得
定若有心入者一切有情含識之流亦應得
定隍云我正入定時則不見有有無之心可
入師云既不見有有無之心可入則是常定
云何更有出入隍乃杜詞復問仁者之師是
誰耶師云是曹溪能和尚隍云仁者師説何
法以爲禪定師云我師所説六根非有四大
本空妙湛圓寂體自如如不出不入不定不
亂禪性無生離生禪相禪性無住離住禪定
心如虛空不見虛空之量隍不省師云汝速
往曹溪

洛京荷澤神會禪師到思和尚處思問什麼
處來師云曹溪來思云曹溪意旨如何師振
身而立思云猶帶瓦礫在師云和尚此間莫
有眞金與人不思云設有與汝向甚處著
　玄沙備云果然　翠巖芝云眞金瓦礫錯
　下名言如今喚作什麼　天聖泰云神會
　若不見思師焉知瓦礫思和尚被他一問
　直得額頭汗出口裏膠生
　　續雲居錫云只如玄沙道果然是眞金是
瓦礫

西京慧忠國師因西天大耳三藏到京云得
他心通肅宗命國師試驗三藏纔見師乃禮
拜立于右師問汝得他心通耶藏云不敢師
云汝道老僧即今在甚麼處藏云和尚是一
國之師何得去西川看競渡師良久再問汝
道老僧即今在甚處藏云和尚是一國之師
何得向天津橋上看弄猢猻師至第三次問
三藏良久罔知去處師叱云這野狐精他心
通在什麼處三藏無對
　玄沙備徵云汝道前兩度還見麼　雪竇
　顯云敗也敗也　仰山寂云前兩度是涉
　境心後入自受用三昧所以不見　趙州

諗因僧問大耳三藏第三度不見國師未審國師在甚處州云在三藏鼻孔裏後僧問玄沙旣在三藏鼻孔裏因什麽不見玄沙云只爲太近　白雲端云國師若在三藏鼻孔裏有什麽難見殊不知國師在三藏眼睛裏

續翠巖芝云只如三藏還見國師鼻孔麽

師一日喚侍者侍者應諾如是三召三應師云將謂吾孤負汝却是汝孤負吾

趙州諗云如人暗中書字字雖不成文彩已彰雪竇顯拈便喝　投子同云抑逼人作麽雪竇云漆根漢　玄沙備云却是侍者會雪竇云停囚長智　雲門偃云作麽生是吾孤負汝處若會得也是無端雪竇云元來不會雲門又云作麽生是侍者孤負國師處粉骨碎身未報得雪竇云無端無端　法眼益云且去別時來雪竇云讒我不得　興化獎云一盲引衆盲雪竇云端的瞎有人問雪竇便打也要諸方點檢報慈遂問僧云甚處是侍者會處僧云若不會爭解與麽應遂云汝少會在又云若於此見得便識玄沙　翠巖芝云國師與侍者總欠會在如今怎生會　雪竇云國師三喚侍者點即不到侍者三應到即不點又云將謂吾孤負汝却是汝孤負吾讒雪竇不得

續雲居錫云且道侍者會不會若道會國師又道汝孤負吾若道不會玄沙又道却是侍者會且作麽生商量

師因洞山問如何是古佛心師云墻壁瓦礫是洞云墻壁瓦礫豈不是無情師云是洞云無情還解說法不師云常說熾然說無間歇洞云什麽人得聞師云諸聖得聞洞云和尚還聞不師云我不聞洞云和尚旣不聞爭知無情解說法師云賴我不聞我若聞則齊於諸聖汝則不聞我說法洞云與麽則衆生無分也師云我爲衆生說不爲諸聖說洞云衆生聞後如何師云卽非衆生洞云無情說法據何教典師云灼然言不干典非君子之所談汝豈不見華嚴經云刹說衆生說三世一時說洞山後到溈山山問承聞价闍黎曾問國師無情說法是不洞云是溈云試請舉看洞便舉溈云我這裏也有秖是罕遇其人洞云便請溈山以拂子點一點洞云請和尚爲某甲說溈云父母所生口終不爲汝說洞云和尚此間還有同年慕道者麽溈云此去澧陵縣側石室有雲巖道人子若問他必爲子說洞到雲巖請益前話巖云不見彌陀經云水鳥樹林悉皆念佛念法洞因而有省乃述頌云也大奇也大奇無情說法不思議若將耳聽終難會眼處聞聲方得知

唐肅宗帝問師百年後所須何物師云與老僧造箇無縫塔帝曰請師塔樣師良久云會麽帝云不會師云吾有付法弟子躭源却諳此事請詔問之後詔源問源乃有頌云湘之南潭之北中有黃金充一國無影樹下合同船瑠璃殿上無知識

雪竇顯云肅宗不會且致躭源還會麽秖消箇請師塔樣盡西天此土諸位祖師遭這一撥不免將南作北有傍不肯底出來

我要問你那箇是無縫塔
續神鼎諲云前來國師作用不能明了次問躭源源恁麼頌且道盡善不盡善神鼎與你諸人下四轉語湘之南潭之北君臣有路中有黃金充一國淨妙體圓無影樹下合同船千聖同轍瑠璃殿上無知識凡聖路絕若與麼會去必不相賺神鼎與麼註解只是孤負國師　保寧勇云所謂非父不生其子雖然如是諰肅宗一人即得爭奈天下衲僧眼何且道那箇是衲僧眼便下座　五祖演云衆中道國師良久殊不知懸鼓待槌當時肅宗若是作家君王待伊教詔躭源但向道國師何必後詔躭源源呈頌云云代云閑言語
師問座主講什麼經主云唯識論師云作麼生會唯識論主云三界唯心萬法唯識師指簾云這箇是什麼法主云色法師云大師簾前賜紫對御談經何得五戒不持
師因紫璘法師云請禪師立義某甲破某甲立義禪師破今請師立義師云立義已了紫云是什麼義師云果然不見
師因丹霞來參纔展坐具師云不用不用霞退後三步師云如是如是霞進前三步師云不是不是霞遶禪牀一帀出去師云去聖時遙人多懈怠三十年後覓箇漢也難得
保福展云丹霞貪程不覺行困　潙山喆云丹霞可謂懷藏至寶遇智者乃增輝國師潙門大啓陟者須是奇人如今還有為丹霞作主者麼出來與大潙相見有麼不是龍門客切忌遭點額
續泐潭準云客路如天遠侯門似海深登彌天釋之門者須是奇人接待高賓應有孟嘗君之度量苟不如是便見主賓道異雲泥不合　大潙果云丹霞一進一退暗中贏得一著國師倒東擂西未免傍觀者哂　蔣山懃云賓主相見欲展不展退後進前禮過成諂猶辜南陽老而不耄　東禪觀云明鏡當臺胡來胡現漢來漢現霜鐘在架大扣大鳴小扣小鳴一卷一舒一擒一縱可謂照用兩全行說俱到且如國師道去聖時遙人多懈怠三十年後討箇師僧也難得畢竟是褒是貶
師因肅宗問師在曹溪得何法師云陛下還見空中一片雲麼帝云見師云釘釘著懸掛著
五祖戒云好事不如無
師因虞軍容問師住白崖山如何修行師喚童子以手摩頂云惺惺直言惺惺歷歷直言歷歷向後莫受人謾軍容無語
保福展云國師著一問直得手忙脚亂
師因丹霞來訪值睡次乃問侍者躭源云國師在不者云在即在秖是不見客霞云太深遠生者云莫道上座佛眼也覷不見霞云龍生龍子鳳生鳳兒師睡起侍者舉似師乃打二十棒趁出丹霞聞之乃云不謬為南陽國師
續天童華云侍者喫棒出院蓋千載一時然歸宗豈免眼熱丹霞固雖好手爭奈落在國師網子裏諸人還辨得麼苟或未然猶握金鞭問歸客夜深誰共御街行　徑

山策云國師幸自高眠侍者播揚家醜不因多口丹霞爭見國師哮吼敢問大衆國師旣在爲什麼不見客向這裏見得破非唯知躭源落節亦見自己有出身之路雖然如是莫將閑學解埋没祖師心

師問南泉甚處來泉云江西來師云還將得馬師眞來不泉云秖這是師云背後底泉休去（有云東寺或云百丈問南泉）

長慶稜云大似不知　保福展云幾不到和尚此間　五祖戒云和尚於此路熟

師因紫璘供奉擬註思益經師乃問大德凡註經須會佛意始得供奉云若不會佛意爭解註得師令侍者盛一椀水著七粒米在水中椀面安一隻筯乃問這箇是什麼義供奉無語師云老僧意尚不會豈况佛意爭能註得經

續溈山果云供奉先鋒有作殿後無功當時纔見國師問此是什麼義只對云草本不勞拈出踢倒便行直饒國師通身是口也無說處

師因僧問如今和尚亦言即心是佛諸方尊宿亦言即心是佛那得有異乎和尚爲人天師豈合自是非他必有其故請示所以師云夫法有名異體同或名同體異因玆濫矣只如菩提涅槃眞如佛性是名異體同眞心妄心佛智世智是名同體異緣諸家錯將妄心便爲眞心如人認賊爲子又將世智稱爲佛智猶如魚目而亂明珠不可雷同事須甄別耳僧問如何離得此過師云你但向自身心中子細返觀五陰十八界十二處一一推窮有什麼物僧云今向身心中子細推窮無一法可得師云你壞身心相耶僧云身心性離寧有壞乎師云身心相外更有物不僧云身心尚無外寧有物師云你壞世間相耶僧云世間相即無相何用壞乎師云若然者即免過矣

師問紫璘供奉大德所蘊何業奉云講青龍疏師云是金剛經麼奉云是師云經文最初兩字喚作什麼字奉云如是師云是什麼

明招謙代云昔日靈山今日親見

續溈山果云溈山要問明招昔日靈山今日親見畢竟是什麼若下得這一撥縱使通身是眼未免一狀領過

師曾問紫璘供奉甚處來奉云城南來師云城南草作何色奉云作黃色師乃問童子城南草作何色子云作黃色師云秖這童子亦可簾前賜紫對御談玄

溈山喆云國師與麼問供奉與童子與麼答且道還有利害麼若也辯得許你親見國師若也未會城南草依前作黃色

師問僧近離什麼處僧云南方師云南方知識以何法示人僧云南方知識秖道一朝風火散後如蛇退皮如龍換骨本爾眞性宛然無壞師云苦哉苦哉南方知識說法半生半滅僧云南方知識即如此未審和尚此間說何法師云我此間身心一如身外無餘僧云和尚何得將泡幻之身同於法體師云你爲什麼入於邪道僧云什麼處是某甲入於邪道處師云不見教中道若以色見我以音聲求我是人行邪道不能見如來

雲門偃舉云身心一如身外無餘山河大地何處有耶　神鼎諲云若據這僧與麼道傳語也未解莫累及知識據國師與麼道亦是龍頭蛇尾前來身心一如向什麼處去也試點撿看

續淨慈昌云這僧當時待國師道若以色見我以音聲求我是人行邪道不能見如來但云苦哉苦哉大小國師半生半滅

東禪觀云國師與這僧即色聲相見離色聲相見若離色聲相見何異南方知識半生半滅若即色聲相見又道色見聲求是行邪道衆中莫有爲國師作主者麼我要問你既是身心一如身外無餘泡幻之身爲什麼不同法體

師因麻谷持錫到乃振一下卓然而立師云汝既如是何用見吾谷又振錫一下

雪竇顯别云洎不到此

師因同肅宗到宫前乃指石師子云陛下這石師子奇特下取一轉語帝云朕下語不得請師下語師云山僧罪過後躭源問師云皇帝還會麼師云皇帝會且致你作麼生會

玄沙備云大小國師被侍者勘破

師因西堂藏與馬祖馳書至師問汝師説什麼法藏從西過東立師云秖這箇别更有藏却過西立師云這箇是馬師底仁者底作麼生藏云早箇呈似和尚了也

保福展云西堂埋没大師不少

師因肅宗問如何是十身調御師乃起立云還會麼肅宗云不會師云與老僧過淨缾來

六祖下第二世

吉州躭源山眞應禪師嗣忠國師與百丈在泐潭推車次師問車在這裏牛在什麼處丈以手斫額師以手拭目

師遊方回省覲馬祖却於祖前畫一圓相就上禮拜祖云汝莫欲作佛不師云某甲不解捏目祖云吾不如汝

雪竇顯云然猛虎不食其子爭奈來言不豐諸人要識躭源麼即是箇藏身露影漢

師因第二世麻谷問十二面觀音豈不是聖師云是谷便與師一摑師云知汝未到此境界或云師問麻谷

師問國師百中後有人問極則事作麼生國師云幸自可憐生須要箇護身符子作麼

五祖戒云和尚終是老婆心切

續保寧勇云粉骨碎身難報此恩　大溈泰云大小躭源被國師一坐直至如今起不得若是古德即不然待國師道幸自可憐生須要箇護身符子作什麼只向他道暗中爲照燭險處作津梁

師因仰山入門畫一圓相以手托呈却叉手而立師乃以兩手交過握拳示之仰山進前三步作女人拜師點頭而已

應化賢聖

佛陀波利尊者游臺山到忻州見一老人問向甚麼處去者云臺山禮文殊去老人云大德見文殊還識不尊者無對

汾陽昭代云今日慶幸

尊者又到山中見一老人云尊者何來者云西國來老人云還將得佛頂尊勝經來不者云不將得來老人云空來何益尊者遂回

大陽玄云當初下得甚麼語得見文殊不回西天乃云但展兩手似伊

秦跋陀禪師住廬山嘗訪生法師乃問居常說何經論生云說大般若經師云作麼生說色空義生云衆微聚曰色衆微無自性曰空師云衆微未聚喚作什麼生罔措師又問別說何經論生云說大涅槃經師云如何說涅槃之義生云涅而不生槃而不滅不生不滅故曰涅槃師云這箇是如來涅槃那箇是法師涅槃生云涅槃之理豈有二耶乃云某甲秖如此禪師如何說涅槃師乃拈起如意云還見麼生云見師云見箇什麼生云見禪師手中如意師以如意擲向地上云還見麼生云見師云見箇什麼生云見禪師手中如意墮地師斥云觀公見解未出常流何得名喧宇宙乃拂衣而去其徒懷疑不已乃遂師扣問云我師說色空涅槃義俱不契未審禪師如何說色空義師云不道汝師說不是秖說得果上色空不會說因中色空徒云如何是因中色空師云一微空故衆微空衆微空故一微空一微空中無衆微衆微空中無一微

汾陽昭代云休葛藤

耶舍尊者嘗訪廬山遠法師遠問如何是道尊者云無人能會遠云此間有五百聽徒其中有碩學高流豈無一人會耶尊者乃笑遠復問如何是道尊者拈起如意示之云見麼遠云見尊者云見箇甚麼遠云見尊者手中如意尊者遂將如意擲向地上云還見麼遠云見尊者云見箇什麼遠云見尊者手中如意墮地尊者卻復起如意云見即不見還見麼遠罔措尊者斥云觀公見解未出常流何得名喧宇宙乃拂衣上紫霄峯

五祖戒云耶舍遠公見道也未

波羅提尊者因異見王問何者是佛者云見性是佛王云師見性不者云我見佛性王云性在何處者云性在作用王云是何作用我今不見者云今見作用王自不見王云於我有不者云王若作用無有不是王若不用體亦難見王云若當用時幾處出現者云若出現時當有其八在胎為身處世名人在眼曰見在耳曰聞在鼻辯香在舌談論在手執捉在足運奔徧現俱該沙界收攝在一微塵識者知是佛性不識喚作精魂王聞心即開悟

寶誌公和尚問一梵僧承聞尊者喚我作屠兒曾見我殺生不僧云見公云有見見無見見不有不無見見若有見見是凡夫見無見見是聲聞見不有不無見見是外道見未審尊者如何見僧云你有此等見耶

汾陽昭代云不枉西來

師或云終日拈香擇火不知身是道場玄沙云終日拈香擇火不知真箇道場

雪竇顯云一對無孔鐵鎚

續昭覺勤云終日拈香擇火不知拈香擇火

南嶽慧思和尚因誌公令人傳語云何不下山教化衆生目視雲漢作麼師云三世諸佛被我一口吞盡何處更有衆生可教化

五祖戒云更說道理看　報慈遂微云且道山上語山下語　雪竇顯云有什麼臭氣　瑯琊覺云驗人端的處　翠巖芝

云思大秖見錐頭利不見鑿頭方　芭蕉
徹云更進一步又云雖是入泥入水幾人
搆得　天聖泰云思大秖知開口實公平
地喫交
續雲居舜云思大和尚寶公未傳語時猶
較些子　保寧勇別思大云傳語法師合
取狗口
天台智者大師在南嶽誦法華經至藥王品
云是真精進是名真法供養如來於是悟法
華三昧獲旋陀羅尼見靈山一會儼然未散
明州布袋和尚常在通衢立有僧問和尚在
這裏作甚麼師云等箇人來僧云來也師遂
於懷中取一橘子度與僧擬接師乃縮手云
汝不是這箇人
師因僧問如何是祖師西來意師放下布袋
叉手而立僧云秖此別更有在師拈起布袋
放肩上而去
師有時見僧前行乃撫僧背一下僧回首師
云把一錢子來
師甞將布袋并破席一領於通衢往來布袋
內盛鉢盂木履魚飯菜肉瓦石土木諸般總
有或於稠人處打開布袋內物撒下云看看
又一一將起問人云這箇喚作什麼
續瑯琊覺云慈氏菩薩　昭覺勤云熟處
難忘
天台豐干禪師因寒山子問古鏡不磨時如
何照燭師云冰壺無影像猿猴探水月山云
此是不照燭也更請道師云萬德不將來教
我道什麼寒山拾得俱作禮而退
師欲去遊五臺向寒山拾得云你共我去遊
便是我同流若不去不是我同流山云你去
遊作什麼師云禮文殊山云你不是我同流
翠巖芝云大似辯才見蕭翼
寒山子因僧衆炙茄次山却將茄串向一僧
背上打一下僧回首山呈起茄串云是什麼
僧云這風顛漢山却向傍僧云你道這箇師
僧費却多少鹽醬
續寶峯文云寒山打這僧實爲費鹽醬多
莫別有道理　黃龍清云寒山子只知這
僧費多少鹽醬不知自已拋撒更多且道
什麼處是拋撒處良久云十方世界成狼
籍一日收來五味全
寒山因趙州到天台行次見牛跡山乃問上
座還識牛麼州云不識山指牛跡云此是五
百羅漢遊山州云既是羅漢爲甚麼作牛去
山云蒼天蒼天州呵呵大笑山云笑作什麼
州云蒼天蒼天山云這小厮兒却有大人之
作（或曰南泉大同小異）
寒山預知溈山來國清受戒遂與拾得往松
門接溈山纔到二人從路兩邊透出作大蟲
吼三聲溈山屹然無對寒山云自從靈山一
別迄至于今還相記麼溈山無對拾得拈起
拄杖云老兄喚這箇作什麼溈山又無對寒
山云休休不用問他自從別後已曾三生作
國王來總忘却也
天台拾得一日掃地次寺主問汝名拾得因
豐干拾得汝歸汝畢竟名箇什麼姓箇什麼
拾得放下掃箒叉手而立主再問拾得拈起
掃箒掃地而去寒山椎胷云蒼天蒼天拾得
却問汝作甚麼山云豈不見道東家人死西

家人助哀二人乃作舞笑哭而出
婺州善慧大士因梁武帝請講經士纔陞座
以尺拊案一下便下座武帝愕然誌公乃問
陛下還會麽帝云不會公云大士講經竟
白雲端云傅大士與誌公被武帝一狀領
過
續汾陽昭云講得甚好　本覺一云傅大
士已是葛藤誌公重下註脚諸人如今樂
聞麽良久云兩段不同　老宿云大士不
得誌公泊成虛棄
大士一日披衲頂冠靸履朝見梁武帝帝問
是僧耶士以手指冠帝云是道耶士以手指
靸履帝云是俗耶士以手指衲衣
汾陽昭代云大士多能
續五祖戒云笑殺傍觀
大士或云夜夜抱佛眠朝朝還共起起坐鎮
相隨語默同居止纖毫不相離如形影相似
欲識佛去處（雪竇云三生六十劫）秖這語聲是
玄沙備云大小傅大士秖認得箇昭昭靈
靈　報慈遂徵云且道他認不認若認他
又是補處彌勒不可認也若不認玄沙又
輿麽道不可徒然　雪竇顯云天下衲僧
跳不出直饒口掛壁上漢別有一竅勘過
了打又云玄沙也是打草蛇驚　翠巖芝
云認與不認來年更有新條在擾亂春風
卒未休　薦福懷云誰有單于調換取假
銀城良久云曾被雪霜苦楊花落也驚
續九峯勤云大小傅大士奈一法中而有
異九峯即不然夜夜困即眠朝朝覺即起
洞山聰云九峯和尚是大力量人言不虛
發洞山道困來即便眠覺來即便起只如
你衲僧家白日還打睡麽雖然如是三十
年後且莫和泥合水　法昌遇云此是古
佛垂慈不無方便爭奈善因而招惡果傅
大士如張漫天網羅龍打鳳奈何鱗甲羽
毛總在裏許逃生無路若是靈禽異獸決
定別有生涯　保寧勇云大衆傅大士此
頌古今不墜一切人知向此瞥地者亦多
錯會者不少玄沙云大小傅大士只認得
箇昭昭靈靈洞山聰云且道衲僧家日裏
還曾睡也無此兩轉語誰言世上無仙客
須信壺中別有天保寧亦有一頌要眠時
即眠要起時即起水洗面皮光啜茶濕却
觜大海紅塵飛平地波濤起阿呵阿呵呵
囉哩哩囉哩
未詳嗣法
先淨照禪師問楞嚴大師云經中道若能轉
物即同如來若被物轉則名凡夫只如昇先
閣作麽生轉
汾陽昭代云彼此老大
無著和尚送供往臺山文殊相迎次問大德
從何方而來師云南方殊云南方佛法如何
住持師云末法比丘少奉戒律殊云多少衆
師云或三百或五百師却問和尚此間如何
住持殊云凡聖同居龍蛇混雜師云多少衆
殊云前三三後三三
汾陽昭代云識得你
續雪峯存問靈雲云古人道前三三後三
三意旨如何靈雲云水中魚山上鳥雪峯
云意作麽生會靈雲云高可射兮深可釣

徑山杲云當時若見只向他道和尚如是住持直是不易　天童傑云大衆或三百或五百置之勿論只如文殊道前三三後三三如何話會良久云竹影掃堦塵不動月穿潭底水無痕

師喫茶次文殊拈起玻瓈盞問南方還有這箇麼師云無文殊云尋常將什麼喫茶師無對

洞山价代展兩手云有無且置借取這箇看得否　曹山章代云久承大士按劒爲什麼處在一塵　長慶稜代云若與麼癡客勸主人　瑯琊覺云若也是去可謂虎口裏奪食若也不是去移舟諳水勢舉棹別波瀾

續汾陽昭云謝顧問

師因日晚遂問文殊云擬投一宿得不殊云你有執心在不得此宿師云某甲無執心殊云你受戒不師云受戒久矣殊云你若無執心何用受戒師遂辭退均提童子送師出師云適來和尚道前三三後三三是多少童子召云大德師回首童子云是多少

洞山价云欲觀其父先觀其子

續汾陽昭於何用受戒處云悔出前言於童子道是多少處云識得你

師又見化寺無額問童子此寺名甚麼童子以手指金剛背後云看看師回首化寺乃隱

續汾陽昭云辯才遇蕭翼

師去五臺逢一老人師問莫是文殊不老人云豈有二文殊師遂作禮忽然不見一本曰豐干

趙州諗代云文殊文殊　薦福懷云無著只有先鋒且無殿後老人若不隱身去有甚麼面見無著

公期和尚因往羅漢路逢一騎牛公子師問羅漢路向甚麼處去公拍牛云道道師喝云這畜生公云羅漢路向甚麼處去師却拍牛云道道公云直饒與麼猶少棒喫在師便打公子便拍牛走

蟾首座問洞山佛眞法身猶若虛空應物現形如水中月作麼生說箇應底道理洞山云如驢覷井蟾云是則是只道得八成山云首座作麼生蟾云如井覷驢有本云紙衣道者問德上座或謂洞山問曹山

錢唐鎮使在界上爲鎮將時問僧其或相契即留止宿一日因二僧至遂問近離甚處云江西馬大師處云馬師有什麼方便僧云道即心是佛便被揖出又有二僧到亦如前問僧云非心非佛亦被揖出不得止宿

洪州太守許式郎中見洪州足山主因與上藍溥和尚泐潭澄和尚三人坐次澄云承郎中云夜坐連雲石春栽帶雨松當時是答洞山什麼話許云今日放衙澄云聞說是答泗洲大聖在揚州現底話是不許云別點茶來澄云名不虛傳元來是作得主許云和尚早晚回山去澄云今日被上藍覷破上藍便喝澄云須是你始得許云匆奈舩何打破戽斗

郎中入上藍僧堂問首座年多少座云六十八歲許云僧臘多少座云四十七夏許云聖僧得幾夏座云與虛空同受戒許拍禪牀板頭云下官喫飯不似首座喫盐多

大宋太宗皇帝問僧看甚麼經僧云仁王經

帝云既是寡人經爲甚麼在卿手裏僧無對
　雪竇顯代云皇天無私惟德是輔
帝幸開寶塔問僧卿是甚人僧云塔主帝云
寡人塔爲什麼卿作主僧無對
　雪竇顯代云盡國咸知
帝因僧朝見乃問卿是甚處僧僧云廬山卧
雲菴帝云卧雲深處不朝天爲甚到此
　雪竇顯代云難逃至化
帝甞夢神人報云請陛下發善提心帝早旦
宣問左右街善提心作麼生發
　雪竇顯代云實謂古今罕聞
帝因僧朝見乃云陛下還記得臣僧麼帝云
甚處相見來僧云靈山一別直至如今帝云
卿以何爲驗僧無對
　雪竇顯代云貧道得得而來
帝因僧奏燒却藏經欲乞宣賜帝宣問昔日
摩騰不燒如今爲甚却燒僧無對
　雪竇顯代云陛下不忘付囑
亡名古宿
昔有老宿一夏已來並不爲師僧說話有僧
自歎云我只與麼空過一夏不敢望和尚說
佛法得聞正因兩字也得老宿聊聞乃云闍
黎莫𡧳速若論正因一字也無與麼道了叩
齒云適來無端不合與麼道隣壁有老宿聞
乃云好一釜羹被兩顆鼠糞汙却
報慈遂徵云且道讚歎語不肯語若是讚
歎爲甚道鼠糞汙却若不肯他有什麼過
驗得麼　雪竇顯云誰家鍋釜無一兩顆
續黃龍清云二老宿只見錐頭利不見鑿
頭方只如這僧道不敢望和尚說佛法得
聞正因兩字也得是會不會叅玄要具通
方眼好向言中辯古今
昔有老宿住菴於門上書心字於窻上書心
字壁上書心字後法眼云門上但書門字窻
上但書窻字壁上但書壁字玄覺云門上不
要書門字窻上不要書窻字壁上不要書壁
字何故字義炳然
昔有兩僧各住菴旬日不會一日相見上菴
主乃問多時不見在什麼處下菴主云在菴
裏造箇無縫塔上菴主云某甲也欲造箇航
師借樣子可不下菴主云何不早道恰被人
借去也（或云圓播山菴主）
　法眼益云且道借伊樣不借伊樣
昔有老宿云祖師九年面壁爲訪知音若與
麼會將來喫鐵棒有日在又一老宿云祖師
九年面壁何不慚惶若與麼會更買草鞋行
脚三十年
　瑯瑘覺云既不然且道祖師面壁意作麼
生良乆云欲得不招無間業莫謗如來正
法輪
　續天童傑舉瑯瑘語了云二老宿敲𢳾打
瓦瑯瑘和尚畫虎成狸諸人要見祖師面
壁底意旨麼窮坑難滿
昔有老宿畜一童子並不知軌則有一行脚
僧到菴乃教示童子朝昏禮儀其童晚見老
宿外歸遂去問訊老宿儀然怪見遂問阿誰
教汝童子云堂中上座老宿尋喚其僧來問
上座傍家行脚是甚麼心行這箇童子養來
二三年幸自可憐生誰教上座教壞伊快僫
裝去黃昏雨淋淋地被他趂出

法眼益徵云古人與麼顯露些子家風甚怪且道意在於何

昔有一行者隨法師入佛殿行者向佛而唾法師云行者少去就何以唾佛行者云將無佛處來與某甲唾法師無對

潙山祐云仁者却不仁者不仁者却仁者

仰山寂代法師但唾行者又云行者若有語即向伊道還我無行者處來

昔有僧到曹溪因守衣鉢僧提起衣云此是大庾嶺頭提不起底僧云爲甚麼在上座手裏僧無對

雲門偃云彼彼不了又代云遠嚮不如親到又云將謂是師子兒

昔有僧持鉢到長者家偶爲犬傷長者因問龍披一縷金翅不吞大師全披法服爲甚却被狗咬

昔有僧去覆船路逢一賣塩翁僧問覆船路向甚處去翁良久僧又問翁乃云你患聾那僧云你向我道什麼翁云向你道覆船路僧云翁莫會禪麼翁云莫道會禪佛法也會盡僧云你試說看翁挑起塩僧云難翁云你喚作什麼僧云塩翁云有什麼交涉僧云你作麼生翁云不可更向你道是塩

昔有一婆供養一菴主經二十餘年常令一二八女送飯給侍一日令女子抱定云正當與麼時如何主云枯木倚寒巖三冬無暖氣女子歸舉似婆婆云我二十年來秖供養得箇俗漢遂遣起放火燒却菴

昔有官人入鎮州天王院覩神像因問院主云此是什麼功德主云護國天王官云只護此國徧護餘國主云在秦爲秦在楚爲楚官云臘月二十九日打破鎮州城天王向甚處去主無對

昔有僧去叅米胡路逢一婆住菴僧云婆有眷屬麼婆云有僧云在什麼處婆云山河大地若草若木皆是我眷屬僧云婆莫作師姑來麼婆云汝見我是甚麼僧云俗人婆云汝不可是僧僧云婆莫混濫佛法好婆云我不混濫佛法僧云與麼豈不是混濫佛法婆云汝是男子我是女人豈是混濫

昔南泉典座辦兩分食詣園中管顧園頭食時展鉢次忽有念佛鳥鳴園頭乃敲鉢一下又鳴再敲一下鳴既住頭乃問典座會麼座云不會又敲一下

昔塩官會下有主事僧忽見一鬼使來追僧告云某甲身充主事未暇修行乞容七日得不使云待爲白王若許七日後來不然須臾便至言訖不見至七日後復來竟覓其僧了不可得後有舉問一僧若被覓著時如何抵擬他

洞山价代云被他覔得也

昔潙山會下有僧在山多年一日下山覔箇住處偶宿一行者家者問上座何處去僧云覔箇住處去者書箇佛字問上座這箇是什麼字僧云佛字者却喚妻問這箇是什麼字妻云佛字者云上座與某甲拙室見解一般爭解住得其僧却回潙山

昔有僧到翠巖或曰石霜相看值不在遂看主事云叅見和尚也未僧云未主事乃指狗子云上人要見和尚但禮拜這狗子僧無語後

翠巖歸得聞乃云作麽生免得與麽無語
雲門偃云欲觀其師先觀其子
昔有一婆子臨齋入趙州堂云這一堂師僧總是婆婆生得底秖有大底孩兒五逆不孝趙州纔顧視婆子便出
昔有道士在殿前背佛而坐僧云道流莫背於佛道云大德本教云佛身充滿於法界教我向甚處坐即得
昔有一僧還魂云冥中見地藏遂問其平生修何行業其云念法華經地藏云止止不須說爲是說爲是不說其無對
昔有僧問一尊宿獅子捉兔亦全其力捉象亦全其力未審全箇什麽力老宿云不欺之力
昔有施主入院行衆僧隨年錢知事僧云聖僧前著一分主云聖僧年多少僧無對
法眼益代云心期滿處即知
續保寧勇云只恐施主力所不及
昔廣南有僧住菴偶大王出獵吏人報云菴主大王來請起主云非但大王來佛來亦不起王聞乃問佛豈不是卿師主云是王云見師爲甚麽不起
法眼益代云未足酬恩
續保寧勇云相識滿天下今朝遇一人
昔有老宿問一座主疏鈔解義廣略如何主云鈔解疏疏解經宿云經解什麽主無對
昔有官人作無鬼論中夜揮毫次忽見一鬼出云汝道無我聻
續五祖演代以手作鵓鳩觜云谷谷孤
靈隱遠以手加額云何似生
有古德問云我三十年前曾斷一人命根而今日夜憂愁如何免得
有古德與僧行次見水中死魚乃問魚以水爲命爲甚却死在水裏
續天龍機代云是伊爲什麽不去岸上死
昔高麗國來錢唐刻觀音聖像及舁上船竟不能動因請入明州開元寺供養後有設問無刹不現身聖像爲甚麽不去高麗國
長慶稜云現身雖普覩相生偏　法眼益別云識得觀音未
昔有座主念彌陀名號次小師遂喚和尚及其回顧小師不對如是數四座主叱之小師云和尚幾年喚他即得某甲纔喚便乃發惡

宗門統要續集卷第二

宗門統要續集卷第二

校勘記

一　底本，明永樂北藏本。

一　四〇〇頁上一行經名，徑作「宗門統要續集卷第三」。卷末經名同。

一　四〇〇頁中六行第一六字「沙」，南、徑作「汝」。

一　四〇四頁中四行「禪牀」，徑作「禪師」。

一　四〇六頁下二行第六字「中」，南、徑作「年」。

一　四〇七頁上一六行第一六字「押」，南作「扣」。

一　四一〇頁上五行第三字「潭」，南作「波」。

一　四一〇頁下三行「錢唐」，徑作「錢塘」。

宗門統要續集卷第三　扶五

宋　建　溪　沙　門　宗　永　集

元建康保寧禪寺住持沙門清茂續集

六祖大師嗣法

南嶽大慧懷讓禪師初叅六祖祖問甚處來師云嵩山來祖云是什麽物與麽來師云說似一物即不中祖云還可修證也無師云修證即不無汙染即不得祖云只此不汙染乃諸佛之所護念汝既如是吾亦如是

師因僧問如鏡鑄像光歸何處師云大德未出家時相貌向甚處去僧云成後爲甚不鑑照師云雖不鑑照瞞他一點也不得

續法眼益別云阿那箇是大德鑄成底像

南嶽下第一世

江西馬祖道一大寂禪師始臣徒日大慧道一僧囑云你去候他陞堂時乃出問作麽生看他道甚言句記將來僧至一一如所教師云自從胡亂後三十年不曾少鹽醬僧回舉似大慧深肯之

續徑山杲云雲門即不然夜夢不祥書門大吉

師因僧叅次乃畫一圓相云入也打不入也打僧纔入師便打僧云和尚打某甲不得師靠拄杖休去

雪竇顯云二俱不了和尚打某甲不得靠却拄杖擬議不來劈脊便棒

師因僧問離四句絶百非請師直指西來意師云我今日勞倦不能爲汝說得問取智藏去僧乃問藏藏云何不問和尚僧云和尚教來問藏云我今日頭痛不能爲汝說去問取海兄僧遂問海海云我到這裏却不會僧舉似師師云藏頭白海頭黒

溈山喆云這僧與麽問馬師與麽荅離四句絶百非智藏海兄都不知會麽不見道馬駒踏殺天下人

續五祖演云馬大師無著慚惶處只道得箇藏頭白海頭黒這僧擔一檐懵懂換得一箇不會若也眼似流星多少人失錢遭罪

師因有僧於前作四畫上一畫長下三畫短云不得道一畫長三畫短離四句絶百非請師荅師乃畫一畫云不得道一畫長三畫短荅汝了也

續南陽忠別云何不問老僧　溈山果云借婆裙子拜婆年

師因百丈南泉西堂三人隨侍翫月次師乃問正當與麽時如何堂云正好供養丈云正好修行泉拂袖便去師云經入藏禪歸海惟有普願獨超物外

翠巖眞云神鼎叔翁云只爲老婆心切翠巖即不然垂萬里鈎駐千里烏騅布漫天網打衝浪巨鱗還有麽有則衝浪來相見如無且歸巖下待月明

續泐潭清云是則全是非則全非後來神鼎道只爲老婆心切神鼎與麽道大似金沙混雜玉石不分只如馬大師道經入藏禪歸海惟有普願獨超物外什麽處是老婆心切處還辯得麽不省這箇意修行徒苦辛　開福寧云諸禪德馬大師等閑舒卷妙手天然也是貪觀雲裏鴈失却渡頭

舩若人檢點得出披毛游火聚戴角混塵
泥其或見處朦朧為你下箇註脚經歸藏
禪歸海未是衲僧親到底拂袖前行歸去
來擊碎重關門大啓還有見馬師者麼良
久云休休長安夜夜家家月幾處笙歌幾
處愁　虎丘隆云馬駒踏殺天下人一摑
直須一掌血三大士各展家風不覺翻成
老婆心切叢林浩浩商量總道翫月話奇
特檢點將來克由回耐何故三人證龜成
鱉　靈隱嶽於正好供養處云望梅林止
渴正好修行處云金不博金拂袖便行處
云只得一橛獨超物外處云唵摩呢達尼
吽嘇吒復云這一火落鼻孔總被穿却了
也你諸人向什麼處出氣擊拂子下座
師一日問藥山子近日見處作麼生藥云皮
膚脫落盡唯有一貞實師云子之所得可謂
協於心體布於四肢既然如是將取三條篾
束取肚皮隨處住山去藥云某甲又是何人
敢言住山師云未有長行而不住未有常住
而不行欲益無所益欲為無所為宜作舟航
無久住此

南嶽下第二世
池州南泉普願禪師（嗣馬大師）師因東西堂爭猫
兒師乃提起云大衆道得即救取道不得即
斬却也衆無對師遂斬之晚趙州外歸師舉
似州州乃脫草履安頭上而出師云子若在
即救得猫兒
保福展云雖然如是也即是破草鞋　翠
巖芝云大小趙州秖可自救
續雪峯存問德山南泉斬猫兒意旨如何
德山以拄杖便打趂出復召云會麼峯云
不會山云我與麼老婆猶自不會　大潙
智云南泉據令而行趙州見機而作雖然
如是未免掛人脣吻大圓要與南泉把手
共行遂拈拂子云若道得即奪取去衆無
語乃云啼得血流無用處不如緘口過平
生
師示衆云喚作如如早是變了也今時師僧
須向異類中行歸宗聞乃云雖行畜生行不
得畜生報師云孟八郎又與麼去也
德山密云南泉中毒也　瑯瑘覺云山僧
不然遇水喫水遇草喫草焉知畜生行
續法花舉云且道作麼生是異類中行石
牛長卧三春霧木馬時嘶秋夜泉
師同魯祖歸宗杉山喫茶次魯祖提起茶盞
云世界成時便有這箇師云今人秖識這箇
不識世界宗云是師云師兄莫同此見麼宗
却拈起盞云向世界未成時道得麼師作掌
勢宗以面作承掌勢
續昭覺勤云魯祖斆土揚塵南泉和泥合
水歸宗火亂灰飛杉山坐觀成敗還委悉
麼鋒前鋒相拄不相饒四人共拈一隻盞
師示衆云文殊普賢昨夜三更相打每人與
二十棒趂出院也趙州出衆云和尚棒教誰
打師云王老師過在甚處州乃作禮
雲門偃代云深領和尚慈悲某甲歸衣鉢
下得箇安樂又代云與衆除害
續報慈遂云且道趙州休去是肯南泉不
肯南泉　夾山齡云南泉一期逞俊爭奈
平地起堆趙州雖是覿面投機不覺腦門

著地
師因至莊偶莊主預備迎奉師云老僧居常
出入不與他知何夙排辦至於如是主云昨
夜土地神報師云王老師修行無力被鬼神
覷見侍者便問旣是大善知識爲甚却被鬼
神覷見師云土地前更下一分飯著
因聖顒云南泉被這僧一問不免向鬼窟
裏作活計
續雲居錫云是賞伊是罰伊只如土地神
見是南泉不是南泉　翠巖眞云衆中多
有道蘇嚧蘇嚧便是土地前一分飯如斯
理論深屈古人何故只知枝詞蔓說不知
南泉道理諸人要會麼執之失度必入邪
路放之自然體無去住　天童覺云老僧
當時若見莊主與麼道便與捉住云放汝
不得何故不見道來說是非者便是是非
人
師示衆云王老師賣身去也還有人買麼時
有一僧出衆云某甲買師云不作貴不作賤
你作麼生買僧無對
趙州諗云明年與和尚作一領布衫　卧
龍球云和尚屬某甲　禾山殷代云是何
道理　明招謙代便拍傍僧背云好著不
著去　雪竇顯云雖然作家競買要且不
解輸機且道南泉還肯麼雪竇也擬詶箇
價直令南泉進且無門退亦無路良久云
別處容和尚不得
續隱靜岑云某甲報恩有分
師同歸宗麻谷去禮觀國師路次於地畫一
圓相云道得即去宗便於相中坐谷便作女
人拜師云與麼則不去也宗云是什麼心行
師於是相喚回
翠巖芝云當時若見每人與一棒且圖天
下太平
續雲居錫云比來要禮國師南泉爲甚麼
却相喚回且道古人意作麼生　報慈遂
云只如南泉與麼道是肯底語不肯底語
五祖演云三人是慧炬三昧莊嚴王三昧
薦福行云漢武求仙不得仙王喬端坐却
昇天雖然三箇中有見得國師底有見不
得國師底若人辯得許你具頂門眼　南
華昺云動絃別曲還他麻谷歸宗掣鼓奪
旗偏宜南泉老漢直得同行不同步黨理
不黨親白雲盡處是青山行人更在青山
外　天童覺云我當時若見便與抹却圓
相不唯打破南泉窠臼亦乃教歸宗無著
身處麻谷呈伎倆不得南泉云恁麼則不
去也果然果然
師住菴時一僧到師乃云某甲上山作務請
齋時作飯自喫了却送一分來其僧齋辦自
喫了却將家事一時打破仍就牀卧師伺久
不來遂歸見僧卧師亦去一邊卧僧便起去
師住後云我往前住菴時有箇靈利道者來
直至如今不見
五祖戒云也是貧兒思舊債　翠巖芝云
兩箇漢前不至村後不至店
師有書與茱萸云理隨事變寬廓非外事得
理融寂寥非內僧乃問如何是寬廓非外萸
云問一答百也無妨進云如何是寂寥非內
萸云覩對聲色不是好手僧又問長沙沙瞪

目視之又進後語問沙乃閉目示之僧又問趙州州作喫飯勢又進後語問州以手拭口後僧舉似師師云此三人不謬為吾弟子
續蔣山懃云南泉雖則養子之緣其奈憐兒不覺醜殊不知這三人一人有目無足一人有足無目一人足目俱無雖然如是皆可與南泉為師為甚如此理事分明
師與魯祖杉山歸宗四人離馬祖處各謀住菴於中路分袂師插一拄杖云道得也被這箇礙道不得也被這箇礙宗拽拄杖打師一下云也只是這箇王老師說什麼礙與不礙魯云只此一句語大播天下宗云還有不播者麼魯云有宗云作麼生是不播者魯便作掌勢
師示衆云王老師自小養一頭水牯牛擬向溪東牧不免食他國王水草向溪西牧亦不免食他國王水草如今不免隨分納些些總不見得
雲門偃云且道牛內納牛外納直饒你說得納處分明我更問你覓牛在　溈山喆云雲門只解索牛不解穿他鼻孔拈拄杖云三世諸佛天下老和尚鼻孔盡被山僧拄杖一時穿却且道山僧鼻孔在什麼處良久云誣人之罪以全罪科之
續長慶稜云你道南泉前頭為人後頭為人　雪竇顯云一時穿却　雲峯悅云說甚麼納些些盡乾坤大地色空明暗情與無情盡在山僧這裏放行則隨緣有地把住則逃竄無門且道放行好把住好　昭覺勤云和光順物與世同塵不犯鋒鋩收放自在是南泉本分草料山僧自小養一頭水牯牛有時孤峯獨立有時鬧市縱橫不論溪東溪西一向破塵破的且道即今在甚麼處試著眼看　天童傑云南泉起模畫樣長慶披沙揀金雲門鼻孔先穿雪竇據欵結案拈拄杖更有一箇在什麼處擲下拄杖　靈隱嶽云王老師傾腸倒腹則不無未見移風易俗在山僧只養得一頭驢一向東倒西擂順時一日何啻千里萬里拗時直是一步不移且道與王老師水牯牛相去多少良久云漁人舞棹野老謳歌
師因僧問牛頭未見四祖時為甚百鳥銜花獻師云為渠步步踏佛階梯僧云見後為甚不來師云直饒不來猶較王老師一線道
雲門偃云南泉只解步步登高不解從空放下時有僧問如何是步步登高門云香積世界如何是從空放下門云塡溝塞壑
師示衆云江西馬祖說即心即佛王老師不恁麼不是心不是佛不是物恁麼道還有過麼時有趙州出禮拜了去續有僧問趙州云上座禮拜了去意作麼生州云汝却問取和尚僧遂問師適來諗上座意作麼生師云他却領得老僧意旨
續黃龍心云古人恁麼道譬若管中窺豹但見一班設使入林不動草入水不動波猶是騎馬向氷稜上行若是射鵰底手何不向蛇頭揩癢透關者試辯看良久云鴛鴦繡出自金針　徑山杲云兩箇老漢雖善韈裏動指殊不知傍觀者醜

師因入園見一僧乃拋瓦礫擲之其僧回首師乃翹一足僧無語師便歸僧隨後歸請益云和尚適來擲瓦礫打某甲豈不是警覺某甲師云翹足又作麼生僧無對

石霜諸因僧問云南泉翹足意作麼生霜舉手云還恁麼也無

師因座主來辭乃問甚處去主云山下去師云第一不得謗王老師主云爭敢謗和尚師乃噴涕云是多少主便出去

石霜諸云不爲人斟酌　雲居膺云非師本意

續雲居錫云座主當時出去是會不會

師問僧云夜來好風僧云夜來好風師云吹折門前一枝松僧云吹折門前一枝松次問一僧云夜來好風僧云是什麼風師云吹折門前一枝松僧云是什麼松師云一得一失

翠巖眞云衆中商量甚多有云前來據實祗對所以云得後來不合云是什麼風所以云失然只知車書混同泥玉一所何哉不知道之根源理之深淺要會麼路逢劍客須呈劍不是詩人不獻詩

師與杉山向火次乃云不用指東畫西本分事直下道將來杉以火箸插向爐內師云直饒如是猶較王老師一線道又如前問趙州州遂畫圓相中心下一點師云直饒如是猶較王老師一線道

師問座主講得什麼經主云彌勒下生經師云彌勒什麼時下生主云現在天宮未來師云天上無彌勒地下無彌勒

洞山价舉問雲居居云天上無彌勒地下無彌勒未審誰與安名洞山被問直得禪牀振動乃云吾在雲巖曾問老人直得火爐振動今日被子問直得通身汗流　大陽玄云如今老僧舉起也有解問者致將一問來乃云地動也

續徑山杲云禪牀動火爐動地動即不無這三箇老漢要見南泉直待彌勒下生始得忽有箇漢出來道天上無彌勒地下無彌勒却教甚麼人下生又作麼生祗對但向他道老僧罪過

師因陸亘大夫云肇法師也甚奇怪解道天地同根萬物一體師指庭前牡丹云大夫時人見此一株花如夢相似

續保寧勇代大夫拍手云阿誰得到這般田地　黃龍心舉問僧云南泉恁麼道如何得見與我一體僧舉起坐具黃龍云舉則易見還難毗盧頂上天風寒峩峩直下蒼龍窟誰敢覷著　昭覺勤云陸亘手攀金鎻南泉八字打開直得七珎八寶羅列目前乃竪起拂子云天地一指萬物一馬通身是口分疏不下　徑山杲云若向理上看非但南泉謾他陸亘大夫一點不得亦未摸著他脚跟下一莖毛在若向事上看非但陸亘大夫謾他南泉一點不得亦未夢見他汗臭氣在或有出來道大小徑山說理說事只向他道但向理事上會取

師問神山什麼處來山云打羅來師云手打脚打山無語師云你問我我與你道山便問手打脚打師云分明記取已後遇明眼人舉似他

雲巖晟代云無手脚者始解打

續保寧勇代神山無語處云和尚具一切智

師因山下有一菴主人謂近日南泉和尚出世何不去禮見主云非但南泉出世直饒千佛出興亦不能去師聞乃令趙州去勘州去便設拜主不顧州從西過東又從東過西主亦不顧州云草賊大敗遂拽下簾子便歸舉似師師云我從來疑著這漢

雪竇顯云大小南泉趙州被這箇擔板漢勘破了　溈山喆云菴主坐觀勝敗大小南泉趙州向淨地上喫交

續智海禾云是即是菴主即解把定封疆不能同生同死趙州禮拜時但云這賊我識得你了也待伊從東過西從西過東拽拄杖趂出菴且看趙州別有什麼伎倆

廬山歸宗智常禪師與南泉同行一日告別煎茶次泉乃云從前與師兄商量語句彼此已知向後忽有人問畢竟事作麼生師云這一片田地好卓菴泉云卓菴且致畢竟事作麼生師乃踢却茶銚便起泉云師兄喫茶了某甲未喫茶師云作這箇語話滴水也銷不得泉休去

五祖戒云南泉只解作客不解作主　溈山喆云南泉逢強即弱歸宗逢弱即強三十年同行畢竟事不通商量然雖如是猶較王老師一線道

續昭覺勤云鷲羣之句誰不聳然有般道南泉搆他歸宗不著所以遭他呵叱殊不知行人更在青山外蔣山不惜眉毛為諸人下箇註脚南泉探頭太過歸宗壁立萬仞且道還有出身路也無喝下須教三日聾　天童華云南泉貪程太急歸宗薄處先穿二老雖發明馬祖止眼要且極則事未夢見在何故家住東州

師因小師辭乃問甚處去僧云諸方學五味禪去師云諸方有五味禪我這裏只有一味禪僧便問如何是和尚一味禪師便打僧云會也會也師云道來道來僧纔開口師又打

黃檗運云馬大師出八十四員善知識箇箇阿轆轆地唯有歸宗較些子　雪竇顯云以強欺弱有什麼難我這裏有一味禪為甚不學但向道收待伊拈起有般無眼漢只管喫吽吽雪竇門下誰敢

續昭覺勤云若非黃檗深辯端倪洎乎勞而無功　資福先云歸宗幸是好一味禪無端傷塩傷醋却成五味了也如今忽有人來辭去諸方學五味禪只向他道善為道路若是箇漢必然別有生涯

師因普請乃問維那作什麼那云拽磨師云不得動著中心樹子維那無對

保福展代云比來拽磨如今却不成

續法眼益云恁麼即不拽也

師剗草次有座主來參偶見一蛇過師遂鋤斷之主云久嚮歸宗元來是箇麤行沙門或云座主歸堂喫茶或云你麤我麤主云如何是麤師豎起鋤頭主云如何是細師作斬蛇勢主云與麼則依而行之師云依而行之且致你甚處見我斬蛇主無對

德山鑑因雪峯問古人斬蛇意旨如何山

便打峯便走山召云布衲子峯回首山云
他後悟去方知老漢徹底老婆心　雪竇
顯云歸宗只解慎初不能護末德山頗能
據令未明斬蛇乃云大衆看翠峯今日斬
三五條以拄杖打散
師因泥壁次白侍郎來師便問君子儒小人
儒白云君子儒師乃打泥拓一下白遂過泥
與師接得便使良久云莫便是快俊底白侍
郎不白云不敢師云秖有過泥分
師因僧問如何是玄旨師云無人會得僧云
向者如何師云有向即乖僧云無向者如何
師云誰求玄旨僧良久師云這裏無子用心
處僧云還有方便令學人得入也無師云有
僧云如何是方便門師云觀音妙智力能救
世間苦僧云如何是觀音妙智力能救世間
苦師敲鼎蓋三下云還聞麼僧云聞師云我
爲什麼不聞僧無語師便打
師因普請入園取菜乃畫一圓相圍却一株
菜以標揷之語首座大衆云輙不得動著每
人下一轉語來是時一衆各呈見解未嘗有
契師以棒趂云這一隊漢無一箇有智慧喫
却我多少菜不能與園頭出氣乃踏倒標子
挟著菜株而歸
師因李渤刺史問三乘十二分教卽不問如
何是祖師西來意師乃竪起拳云會麼李云
不會師云飽學措大拳頭也不識李云某甲
實不會師云會得則途中受用不會則世諦
流布
師又因李渤問教中道須彌納芥子渤則不
疑言芥子納須彌莫是妄談不師云人傳史
君讀萬卷書籍是不李云然師以手摩頂至
踵云都來如椰子大萬卷書籍向甚處著李
俛首而已
師因僧問如何是佛師云向你道你還信不
僧云和尚言重焉敢不信師云只你是僧云
如何保任師云一翳在眼空花亂墜其僧於
此有省
　法眼益云若無後語何處討歸宗　雪竇
　顯向只你是處別云侍者寮喫茶去
明州大梅法常禪師因夾山與定山同行言
話次定云生死中無佛卽無生死夾云生死
中有佛卽不迷生死二人是非不已特上山
叅見人事了夾山便問師未審二人見處那
箇較親師云一親一踈夾云那箇親師云且
去明日來夾明日又問師云親者不問問者
不親夾住後云我當時在大梅處失却一隻
眼
　雪竇顯云夾山畢竟不知換得一隻眼大
梅老漢當時聞舉以棒一時打出豈止劃
斷兩人葛藤亦乃爲天下宗匠
　續法昌遇因英邵武問云此箇公案作麼
生師便打英云一場儱侗師云你試下轉
語英云一狀領過師云矮子看戲　昭覺
勤云生死爲諸佛根基諸佛乃生死爐鞴
若解險絶承當卽證六通八解
師自見馬祖後直入大梅山住二十年祖聞
令一僧去問和尚見馬師得何道理便住此
山師云馬師向我道卽心是佛我便向這裏
住僧云馬師近日佛法又別師云作麼生別
僧云道非心非佛師云這老漢惑亂人未有

了日任他非心非佛我只管即心即佛其僧回舉似馬祖祖云梅子熟也

師因僧問如何是祖師西來意師云西來無意

塩官安聞云一箇棺材兩箇死漢　玄沙備云塩官是作家　雪竇顯云三箇也得

續黄龍新云雪竇道三箇也得是死漢是活漢具眼者請試甄別　昭覺勤云一串穿却

師因龐居士問久嚮大梅未審梅子熟也未師云你向甚處下口士云百雜碎師云還我核子來

翠巖芝云此二人大似把手上高山

續寳峯文云且道二人相見還有優劣也無

師一日示徒云來莫可抑往莫可追從容閒聽鼯鼠聲乃云即此物非他物汝善護持吾當逝矣

雪竇顯云這漢生前恭鹵死後顢頇即此物非他物是何物還有分付處也無有般漢不解截斷大梅脚跟只管道貪程太速

續寳峯文云既非他物是什麼物　地藏恩云是什麼語話

杭州塩官齊安國師一日喚侍者將犀牛扇子來者云破也師云扇子既破還我犀牛兒來者無對

投子同代云不辭將出恐頭角不全　雪竇顯云我要不全底頭角　石霜諸代云若還和尚即無也雪竇云犀牛兒猶在　保福展代云和尚年尊別請人好雪竇云可惜勞而無功　資福代作一圓相於中書牛字雪竇云適來爲甚不將出　雪竇又拈云若要清風再復頭角重生請諸禪客下一轉語乃問扇子既破還我犀牛兒來時有僧云大衆叅堂去師喝云抛鈎釣鯤鯨釣得箇蝦蟆

續雲居舜云三伏當時正須扇子爲侍者不了事雖然如是塩官太絮何不大家割捨侍者當時見他道扇子既破還我犀牛兒來只對云已颺在搕𢶍堆頭了也　地藏恩云從上知識各說異端作盡伎倆其奈總未知犀牛兒所在山僧見處也要諸人共知扇子既破還我犀牛兒來別處容和尚不得

師問一座主蘊何經論主云華嚴經師云華嚴有幾種法界主云略而言之有四廣說則重重無盡師提起拂子云這箇是第幾種法界中收主良久師云思而知慮而解是鬼家活計日下孤燈果然失照下去

法眼益代拊掌三下

續蔣山懃云塩官以强陵弱則且致如何道得一句語免他道鬼家活計良久云劒閣路雖險夜行人更多　大潙泰云大衆這僧將成九仞之山不進一簣之土當時山僧若作座主待竪起拂子云這箇是第幾種法界中收只向他道向下文長付在來日

師示衆云虛空爲鼓須彌爲椎什麼人打得衆無對

南泉云王老師不打這破鼓　法眼益別

云王老師不打　雪竇顯云打者甚多聽
者極少且問誰是解打者莫謗鹽官好南
泉道王老師不打這破鼓法眼云王老師
不打兩箇既不柰何一箇更是懡㦬又云
王老師不打還肯得諸方也無代云千年
田八百主　扶五　二十

續黄龍心云南泉法眼只知瞻前不能顧
後且如鹽官道虛空爲鼓須彌爲椎什麼
處是破處還檢點得出麼直饒檢點得破
處分明我更問你覓鼓在　天童華云南
泉法眼大似喫李子只向赤邊咬山僧今
日與鹽官相見去也虛空爲鼓須彌爲椎
要打便打莫問是誰乃拈拄杖卓一下
天童傑云鹽官提水放火南泉撥亂星飛
法眼埋兵掉鬭諸方尊宿各出隻手並無
一人性懆只是隨後打鼓拌符直截爲諸
人道虛空爲鼓須彌爲椎漆桶衆堂去

師因僧問如何是本身盧舍那師云與老僧
過淨缾來僧將淨缾至師云却安舊處著僧
復來問師云古佛過去久矣

雲門偃云無眹迹　雪竇顯云直得一手
指天一手指地爭得無還會麼雲在嶺頭
閑不徹　潙山喆云山僧不然忽有人問
但云大衆歸堂去若人向大潙門下薦得
古釋迦不先新彌勒不後且道轉身一句
作麼生道良久云明年更有新條在惱亂　扶五　廿一
春風卒未休

續東禪觀云盲者難以與乎文彩聵者難
以與乎音聲這僧既不薦來機國師只成
虛設雲門道無眹迹扶國師不起雪竇云
一手指天一手指地爭得無也扶國師不
起以拂子畫一畫云前來葛藤一時畫斷
且道畢竟如何是本身盧舍那擲拂子下
座

京兆章敬懷惲禪師因百丈遣僧來囑云待
伊陞堂次乃展坐具禮拜了將伊一隻鞋以
袖拂却上塵倒覆向下其僧至一依指教師
乃云老僧罪過

續黄龍新云百丈逞盡神通不消章敬道
箇老僧罪過　鼓山珪云黄龍孟八郎猶
欠一著在只知百丈逞神通殊不知百丈
伎倆俱盡只知章敬道箇老僧罪過不知
章敬一欵便招會麼蛇吞蝦蟆猶自可更
有蜈蚣在後頭

師因小師遊方回乃問汝離此間去多少年
耶小師云自離和尚將及八載師云辦得箇
什麼小師遂於地上畫一圓相師云秖這箇
更別有小師乃劃破圓相作禮而退

幽州盤山寶積禪師將順世告衆云有人邈
得吾眞不衆或將所傳頂相呈似皆不契時
普化云某甲邈得師云何不呈似老僧化遂
打筋斗而出師云這漢向後掣風狂去在

保福展云普化掣顛不少盤山醜拙更多
續長蘆了撼身云快活殺我也若無爍破
乾坤底眼孔爭見渾金璞玉復云山僧依
普化樣子摸得一本今夜展開要且大家　扶五　廿二
瞻仰遂打筋斗歸堂

師於市肆行次見一客人買猪肉語屠家云
精底割一斤來屠家放下刀叉手云長史那
箇是不精底師於言下有省

師又一日出門見人舁喪歌郎振鈴云紅輪決定沈西去未委魂靈往那方幕下孝子哭云哀哀師忽身心踴躍歸舉似馬祖印可

師示衆云向上一路千聖不傳學者勞形如猿捉影

瑯琊覺云上來讃讃無限良因

續慈明圓云向上一路千聖不然　楊岐會云口上著　天童傑云向上一路搖地覓天

婺州五洩山靈黙禪師到石頭處云一言相契即住不契即去頭據坐師便去頭隨後召云闍黎闍黎師回首頭云從生至死秖是這箇回頭轉腦作麼師忽然契悟乃拗折拄杖

洞山价云當時不是五洩先師也大難承當然雖如是猶涉途在　翠巖芝云石頭據坐而洩回首石頭召他却成多事　雲峯悅云大小石頭坐不定把不住似這擔板漢放去便休又喚回被他糊塗一上道我向這裏有箇悟處驢年夢見

續潙山行云五洩當時便去可謂坐斷天下人舌頭既被喚回已是糊塗不少拗折拄杖也是賊過後張弓如今得失是非一時坐斷敢問大衆石頭據坐意作麼生

地藏恩云只合與麼去不合與麼來

滄州麻谷寶徹禪師問臨濟大悲千手眼那箇是正眼濟云大悲千手眼作麼生是正眼速道速道師拽濟下禪牀却坐濟遂起云不審師擬議濟便喝拽下禪牀却坐師便出去

因聖穎云諸德此二尊宿如此且道怎生今時人總道照用什麼摠一切人只解自騎馬去捉賊自持刀去殺賊此二人便能奪賊馬捉賊奪賊刀殺賊雖然如是臨濟雖是得便宜却是失便宜

師一日使扇次有僧問風性常住無處不周和尚為甚却搖扇師云你只知風性常住且不知無處不周僧云作麼生是無處不周底道理師却搖扇僧作禮師云無用處師僧著得一千箇有什麼益

續昭覺勤云這僧一期可觀可惜有頭無尾若不是麻谷作家泊合放過敢問大衆甚處是落節處撥開向上竅能有幾人知

潙山果云這僧只知腦門著地不覺當面蹉過當時若據令而行今日何處更討麻谷

師問僧甚處來僧云不審師又問甚處來僧云珎重師下牀擒住云這箇師僧問著便作佛法秖對僧云大似無眼師放手云放汝命通汝氣僧作禮師欲捋住僧拂袖行師云休將三歲竹擬比萬年松

師到章敬處作禮遶禪牀三帀振錫而立敬云是是師又至南泉處亦然泉云不是不是師云章敬道是和尚為甚道不是泉云章敬即是是汝不是此乃風力所轉終成敗壞

長慶稜代前云和尚佛法身心何在又代後云和尚是什麼心行　保福展別云但振錫一下而出又拈章敬南泉可謂一是一非又云麻谷依倚似曲纔堪聽又被風吹別調中　雪竇顯代兩處云錯　潙山喆云章敬道是落在麻谷彀中南泉道不是亦落在麻谷彀中大潙即不然忽有人

持錫遶禪牀三帀卓然而立但向伊道未
到這裏好與三十棒
續汾陽昭代前語云莫謾某甲代後語云
道無遠近理有淺深　雲居錫云章敬未
必道是南泉未必道不是麻谷當時但持
錫出去恰好　泐潭清云今時叢林學者
商量道章敬道是即與伊證據南泉道不
是即不肯放過伊如斯話會孤負先聖黃
龍見處也要與諸人共知章敬道是也好
與三十拄杖南泉道不是也好與三十拄
杖何故是與不是全彰妙義章敬南泉一
場失利
師問僧甚處來僧云漳州師云彼中瘴氣近
日如何僧云極盛師云闍黎爲甚却無事僧
云某甲是冬月過師云何處得盛石筆聞舉
乃云語即是理即未是
師與丹霞行次見水中魚師指云天然天然
師明日問霞昨日意作麼生霞作卧勢師云
蒼天蒼天
師一日紙帳内坐以手巾蓋却頭披雲和尚
入來見便作哭聲良久出去法堂上遶禪牀
一帀却入撥開帳見師去却手巾而坐乃云
死中得活萬中無一師便下牀就位作抽坐
具勢雲近前把住云前死後活你還甘麼師
云甘即甚甘阿師堪作什麼雲推向一邊云
知道前言不復後語
續昭覺勤云入寺看額見表知裏披雲慣
作高賓拈尾作頭拈頭作尾麻谷孟嘗門
下看他訕對不道他不知有只爲用意太
深當時待伊道死中得活萬中無一只向
道蒼天蒼天何故得人一牛還人一馬
師同南泉二三人去謁徑山路逢一婆乃問
徑山路向甚處去婆云驀直去師云前頭水
深過得不婆云不濕脚又問上岸稻得與麼
好下岸稻得與麼怯婆云總被螃蟹喫却也
師云禾好香婆云勿氣息又問婆住甚處婆
云秪在這裏三人至店婆煎茶一缾攜盞三
隻至謂和尚有神通者即喫茶三人相顧間
婆云看老朽自逞神通去也於是便傾茶行
虔州西堂智藏禪師一日晉請次云因果歷
然爭奈何爭奈何時有僧出以手托地師云
作什麼僧云相救相救師云大衆這箇師僧
猶較些子僧拂袖便走師云師子身中蟲自
食師子肉
續昭覺勤云西堂洞明綱要始終正令全
提這僧異類中行其奈龍頭蛇尾敢問大
衆因果歷然一句作麼生道是則龍女頓
成佛非則善星生陷墜
師因路逢天使留齋次偶驢子鳴使云頭陀
師舉頭使却指驢師却指使無對（或云百丈政禪師舉）
保福展云西堂因齋慶讃　法眼益別云
但作驢鳴
續支提愛云一家有事百家忙
師因僧問有問有答賓主歷然無問無答時
如何師云怕爛却那又僧問長慶慶云相逢
盡道休官去林下何曾見一人
雪竇顯云何不與本分草料
師因張拙秀才參乃問山河大地是有是無
三世諸佛是有是無師皆云有張云錯師云
先輩參見什麼人來張云曾參百丈（有曰徑山）凡

有問諸皆云無師云先輩有甚血屬張云有
一箇山妻兩箇癡頑又問百丈有甚血屬張
云百丈古佛和尚莫謗渠好師云待先輩得
似百丈時一切皆無張俛首而已
師曾燒殺一僧一日現身索命師云你還死
也無對云死也師云你既死覓命者是誰便
乃不見（一本曰鄧隱峯藏曰永嘉）
唐州紫玉山道通禪師因于頔相公問佛法
至理乞師一言師云相公若問須去情理公
云便請師云但問將來公云如何是佛師召
云于頔公應諾師云更莫別求後藥山得聞
乃云噫可惜于家漢生埋向紫玉山中公聞
便躬去藥山山見乃云聞相公在紫玉山中
大作佛事是不公云不敢某甲承聞大師慈
悲相救有云可惜于家漢生埋向紫玉山中
今日特來乞師慈悲藥云有疑但問公遂問
如何是佛藥乃召云相公公應諾藥云是什
麼公於此有省
　長慶稜共羅山舉次慶云藥山一等是道
甚是奇特雲泥有隔羅云不得草草當時
賴遇是于頔可中草窠裏撥著箇焦尾大
蟲何處有藥山也慶云作麼生羅云還知
于頔是鍛了底金麼
　續大溈智云于頔當時若會見藥山喚云
是什麼只向道和尚賺我來拂袖便去不
惟作箇慷慨（扶五）丈夫亦乃不鈍（廿八）置紫玉　大
溈泰云扶驪龍頷下珠取輪王髻中寶如
鐘待扣似谷傳聲八面玲瓏更無回互諸
人要見于頔悟處麼眞金已出鑛鍛煉轉
光輝
師因于丞相問如何是黑風吹其船舫漂墮
羅刹鬼國師云于頔這漢問渭麼事作麼于
當時失色師指云秖這箇便是漂墮羅刹鬼
國也于聞已信受
洪州百丈大智海禪師因侍馬祖行次忽見
一羣野鴨飛過祖云是什麼師云野鴨子祖
云甚處去也師云飛過去祖遂把師鼻搊師
負痛失聲吽阿㖿阿㖿祖云又道飛過去元
來只在這裏師直得浹背汗流因茲有省
師次日赴叅衆纔集乃出卷却拜簟祖便下
座歸方丈次問師我適來上堂未曾說話爾
爲甚便卷却簟師云昨日被和尚搊得鼻頭
痛祖云爾昨日向甚處留心師云今日鼻頭
又不痛也祖云爾深知今日事師乃作禮而
退
　雪竇顯（扶五）云諸方皆謂奇特渭麼（卅九）舉還當麼
若當譬如水母以蝦爲目若不當又空讚
歎圖箇什麼衆中一般漢亂踏向前問古
人意旨如何更有老底不識好惡對云將
謂仙陀客又云來日更到座前苦哉苦哉
如此自稱宗匠欲開人天眼目驢年去諸
上座雪竇當時若見伊出來卷簟劈脊一
踏令坐者倒者俱起不得且要後人別有
生涯去免見反相鈍置豈不是箇英靈底
漢會也無歸堂　白雲端出馬祖語云我
鈍置猶可你鈍置太煞
　續黃龍心云馬祖陞堂百丈卷席後人不
善來風盡道不留眹迹殊不知挑花浪裏
正好張帆七里灘頭更堪垂釣如今必有
辨浮沉識深淺底漢試出來定當水脉看

有麼如無且將漁父笛闌向海邊吹　大
溈智云瞎色未分人盡望及乎天曉也尋
常
師再叅馬祖侍立次祖以目視禪牀角拂子
師云即此用離此用祖云爾向後開兩片皮
將何爲人師取拂子豎起祖云即此用離此
用師挂拂舊處祖振威一喝師當下大悟直
得三日耳聾
汾陽昭云悟去便休說什麼三日耳聾
石門聰云若不三日耳聾何得悟去汾陽
云我與麼道較他石門半月程　雪竇顯
云奇怪諸禪德如今列其派者多究其源
者少總道百丈於喝下大悟還端的也無
然刁刀相似魚魯叅差若是明眼漢謾他
一點不得只如馬師道爾後開兩片皮將
何爲人百丈豎拂爲復如蟲禦木爲復啐
啄同時諸人要會三日耳聾麼大冶精金
應無變色　東林總云當言不避截舌當
爐不避火迸佛法豈可曲順人情東林今
日向驪龍窟内爭珠去也百丈大智不無

他三日耳聾汾州石門爭免箇二俱瞎漢
只這三箇老漢還曾悟去也無良久云祖
禰不了殃及兒孫
續泐潭英云大衆且道馬祖當時是百丈
悟了喝不悟了喝衆中有人檢點得出出
來道看山僧與汝證明若無山僧今日不
惜眉毛爲汝註破良久云前三三後三三
雲蓋智云發大機顯大用非馬祖而誰能
爲即此用離此用獨百丈得其旨爲甚麼
被馬祖一喝直得三日耳聾要會麼不入
驚人浪難逢稱意魚　黄龍新云黄龍路
見不平要問雪竇既是大冶精金應無變
色爲甚麼三日耳聾要會麼從前汗馬無
人識只要重論蓋代功
後黄檗因師舉不覺吐舌退後師云子已後
莫繼嗣馬大師去檗云不然今日因和尚舉
得見馬祖大機大用且不識馬祖若嗣馬祖
已後喪我兒孫師云見與師齊減師半德子
甚有超師之見有本少異
師因雲巖問和尚每日區區爲阿誰師云有

一人要巖云因甚不教伊自作師云他無家
活
師示衆云併却咽喉脣吻速道將來時溈山
示某甲不道請和尚道師云不辭與汝道久
後喪我兒孫五峯云和尚亦須併却師云無
人處斫額望汝雲巖云某甲有道處請和尚
舉師舉了巖云師今有也師云喪我兒孫
師因普請鋤地次有一僧舉起鋤頭忽聞鼓
鳴乃抛下大笑便歸師云俊哉此是觀音入
理之門歸院乃喚其僧問適來見什麼道理
便與麼僧云適來肚飢聞鼓聲歸喫飯去師
乃笑而矣或溈山一日見火頭聞鼓聲放下
火抄撫掌大笑詶詰如前香嚴錄有亦類於此不收
鏡清怤云當時溈山會裏無一人　卧龍
云當時溈山有一人
續昭覺勤云這僧洪音大震直得千五百
人眼目定動及乎勘證將來却打箇背翻
筋斗若不是溈山爭見汗馬功高及乎道
有一人只得一半道無一人只得一半今
日鐘魚鼓板齊震有呵呵大笑向道觀音

菩薩來也
師因西堂問爾向後作麼生開示於人師以
手卷舒兩邊堂云更作麼生師以指點空三
下
師凡叅次有一老人常隨衆聽法衆人退老
人亦退忽一日不退師遂問前面立者復是
何人老人云某甲非人也於過去迦葉佛時
曾住此山因學人問大修行底人還落因果
也無某甲對云不落因果五百生墮野狐身
今請和尚代一轉語貴脫野狐身遂問大修
行底人還落因果也無師云不昧因果老人
於言下大悟作禮云某甲已脫野狐身住在
山後敢告和尚乞依亡僧事例師令維那白
椎告衆食後送亡僧大衆言議一衆皆安涅
槃堂又無人病何故如是食後師領衆至山
後巖下以杖挑出一死野狐乃依法火葬師
至晚上堂舉前因緣黃蘗便問古人錯祇對
一轉語墮五百生野狐身轉轉不錯合作箇
什麼師云近前來與你道蘗遂近前與師一
掌師拍手笑云將為胡鬚赤更有赤鬚胡

潙山祐在會下作典座司馬頭陀舉前話
問潙山山乃撼門扇三下司馬云太麤生
潙云佛法不是這箇道理　潙山又舉問
仰山仰云黃蘗常用此機潙云天生得從
人得仰云亦是稟受師承亦是自性宗通
潙云如是如是　天聖泰云三生六十劫
續法昌遇云敢問諸人不落因果為什麼
墮野狐不昧因果為什麼脫野狐直饒道
得落處分明也未出他野狐窟裏法昌當
時若見但與他拈出雪峯古鏡教伊動轉
不得然後放出紫胡狗子盡却性命免見
兒孫今日成羣作隊法昌與麼舉論大似
持蠡酌海明眼人前一場笑具何故曾經
大海難為水慣聽無絃不易琴　黃龍新
問元首座百丈野狐話意作麼生座云甜
瓜徹蔕甜苦瓠連根苦師肯之　大潙智
云費盡自己心笑破他人口　徑山杲云
不落與不昧半明與半晦不昧與不落兩
頭空索索五百生前箇野狐而今冷地設
追呼喝一喝云座中既有江南客何必樽

前唱鷓鴣

宗門統要續集卷第三

宗門統要續集卷第三

校勘記

一　底本，明永樂北藏本。

一　四一五頁上一行經名，[徑]作「宗門統要續集卷第四」。卷末經名同。

一　四一六頁上一三行「一火」，[徑]作「一夥」。

一　四一六頁上一六行「貞實」，[南]作「真實」。

一　四一六頁下一六行第一五字「衣」，[南]作「依」。

一　四一八頁下一三行第三字「遂」，[徑]無。

一　四一九頁中一行「不獻詩」，[徑]作「莫獻詩」。

一　四一九頁下一五行第五字「汗」，[徑]作「汙」。

一　四一九頁下一七行「山云」，[南]作「神山云」。

一　四二〇頁中一四行第一〇字「止」，[南]、[徑]作「正」。

一　四二〇頁下一五行「久嚮」，[南]作「久向」。又「元未」，[南]、[徑]作「元來」。

一　四二一頁上七行「泥柘」，[南]作「泥拓」。

一　四二一頁上一一行第一五字「者」，[南]無。

一　四二一頁中七行「會得」，[南]作「遇人」。又「不會」，[南]作「不遇」。

一　四二一頁中一〇行末字「史」，[徑]作「使」。

一　四二一頁下一二行「儱侗」，[南]作「儱倥」。

一　四二一頁下一四行末字「糒」，[南]作「㷶」。

一　四二二頁下一一行第一四字「致」，[南]作「置」。

一　四二三頁上一六行第四字「傈」，[南]作「燥」。

一　四二三頁中六行第三字「生」，[南]無。

一　四二三頁下九行末字「貌」，[南]作「邈」。一一行第六字同。

一　四二四頁上一六行第三字「而」，[徑]作「五」。

一　四二五頁中六行第六字「復」，[南]作「赴」。

一　四二八頁上五行第二字「凡」，[徑]作「因」。

宗門統要續集卷第四　扶六

宋　建　溪　沙　門　宗　永　集

元建康保寧禪寺住持沙門清茂續集

南嶽下第二世

越州大珠慧海禪師問座主大德講何經主云金剛經師云講得幾座主云二十餘座師云此經是誰說主抗聲云禪師何得相弄豈不知是佛說耶師云若言有所說即爲謗佛是人不解我所說義若言不是佛說又是謗經請大德說看主無語師云若以色見我以音聲求我是人行邪道不能見如來大德且那箇是如來主云某甲到此却迷師云從來未悟說甚麼却迷主云請禪師說師云汝講二十餘座却不識如來主作禮云願垂開示師云如來者則諸法如義何得忘却主云是是師云亦未是在主云經文分明那得未是師云大德如不主云如師云木石如不主云如師云大德如同木石不主云如同木石師云大德與木石何別主無語乃歎云此上人者難爲酬對

信州鵞湖大義禪師因唐憲宗詔入內論議有一法師問欲界無禪禪居色界此土憑何而立名禪師云法師秖知欲界無禪不知禪界無欲法師云如何是禪師以手點空法師無對憲宗云法師講無限經論只這一點尚不奈何

師因問諸碩德行住坐卧畢竟以何爲道有對云知者是師云不可以智知不可以識識何謂知者是有對云無分別是師云善能分別諸法相於第一義而不動安得無分別是有對云四禪八定是師云佛身無爲不墮諸數安得四禪八定是耶時舉衆杜口

續徑山杲云相罵饒你接觜相唾饒你潑水

池州杉山智堅禪師與歸宗南泉路次逢一虎各從邊過了泉乃問宗云適來見虎似箇什麼宗云似箇猫兒宗却問師師云似箇狗子宗又問泉泉云似箇大蟲

師因普請擇蕨菜次南泉提起一莖云這箇大好供養師云非但這箇百味珍羞他亦不顧泉云雖然如是箇箇須甞過始得

翠巖芝云只如杉山與麼道還有免得麼若免得去未具眼在若免不得又違前話

師因喫飯次南泉收生飯云生聻師云無生泉云猶是末纔行數步師召云長老泉迴顧云作麼師云莫道是末

澧州茗溪道行禪師有云吾有大病非世所醫後僧問曹山承古有言吾有大病非世所醫未審喚作什麼病曹云攢簇不得底病僧云一切衆生還有此病也無山云人人盡有僧云和尚還有此病也無山云正覓起處不得僧云一切衆生爲什麼不病山云衆生若病即非衆生僧云未審諸佛還有此病也無山云有僧云既有爲甚不病山云爲伊惺惺

撫州石鞏慧藏禪師昔爲獵人趂鹿從馬祖菴前過問祖還見鹿不祖云汝是何人師云射獵人祖云汝一箭射幾箇師云一箭射一箇祖云汝不善射師云和尚善射不祖云吾一箭射一羣師云彼此是生命何射他一羣祖云既知如是何不自射師云若教某甲自

射即無下手處祖云這漢曠劫無明煩惱今日頓息師當時擲下弓箭投祖出家

清涼欽云且道作麽是一箭射一羣底道理直是三千大千世界生命也不消一箭

雪竇顯云馬師一箭一羣信彩射得有甚用處不如石鞏一箭一箇却是好手雪竇今日効古人之作擬放一箭高聲喝云看箭又云中也　翠巖芝云馬祖一箭一羣猶未善在山僧一箭射蠢動含靈無不中者雖然如是只道得一半更有一半留與諸上座道

師凡見僧以弓架箭示之一日三平至師云看箭三平乃撥開胷云此是殺人箭活人箭又作麽生師乃扣弓弦三下平乃便作禮師云三十年架一張弓兩隻箭只射得半箇聖人遂拗折弓箭平後舉似大顛顛云既是活人箭為什麽向弓弦上辯平無對顛云三十年後要人舉此話也難

雲門偃問長慶作麽生道免得他道半箇聖人長慶云若不還價爭辯眞僞門云入水見長人　雪竇顯云要先拗折不難爭奈三平中的了也然則老宿要活三平且未免張弓架箭首山念云人人盡道三平中的莫屈佗也無良久云機關不是韓光作莫把胷襟當等閑　支提愛云射虎不眞徒勞没羽

袁州南源道明禪師因洞山來纔上法堂師云已相見了也洞便下去至明日却上問昨日已蒙和尚慈悲不知甚處是與某甲已相見處師云心心無間斷流入於性海洞云泊放過遂辭去師云多學佛法廣作利益洞云多學佛法即不問如何是廣作利益師云一物莫違即是

鼎州中邑洪恩禪師因仰山至謝戒師乃於禪床上拍手云嗚哪嗚哪仰從西過東從東過西復向中心立然後謝戒師云什麽處得此三昧仰云於曹溪脫印子學來師云汝道曹溪用此三昧接什麽人仰云接一宿覺仰復問和尚甚處得此三昧師云我於馬大師處學來

瑯琊覺云愁人莫向愁人說

師因仰山問如何得見性去師云譬如一室有六窻内有一獼猴外有獼猴從東邊喚狌狌獼猴即應如是六窻俱喚俱應仰山禮謝起云適蒙和尚譬喻無不了知更有一事只如内獼猴瞌睡外獼猴欲相見如何師下繩床執仰山手作舞云狌狌與汝相見了

雲居錫云中邑當時不得仰山者一句語何處有中邑也　崇壽稠云還有人定得此道理麽若定不得只是箇弄精魂脚手佛性義在什麽處　報慈遂云若不是仰山爭得見中邑且道什麽處是仰山得見中邑處

洛京佛光如滿禪師因唐順宗問佛從何方來滅向何方去既言常住世佛今在何處師云佛從無為來滅向無為去法身等虛空常在無心處有念歸無念有住歸無住來為衆生來去為衆生去清淨眞如海湛然體常住智者善思惟更勿生疑慮帝又問佛向王宮生滅向雙林滅住世四十九又言無法說山

河及大海天地及日月時至皆歸盡誰言不
生滅疑情猶若斯智者善分别師云佛體本
無爲迷情妄分别法身等虚空未曾有生滅
有緣佛出世無緣佛入滅處處化衆生猶如
水中月非常亦非斷非生亦非滅生亦未曾
生滅亦未曾滅了見無心處自然無法說
潭州三角山總印禪師示衆云若論此事眨
上眉毛早是蹉過了也時麻谷出問眨上眉
毛即不問如何是此事師云蹉過也谷乃掀
禪床師便打
長慶稜代云悄然　保福展云三角賊過
後張弓　雪竇顯云兩箇有頭無尾漢眉
毛未曾眨上說什麽此事蹉過尋有僧問
眉毛爲甚不眨上師便打　續昭覺勤云
喚作此事已是好肉剜瘡了也何況更云
眨上眉毛早已蹉過麻谷雪竇賊過後張
弓則故是更有一箇驀拈拄杖下座
池州魯祖寶雲禪師尋常見僧來便面壁南
泉聞乃云我尋常向僧道佛未出世時會取
尚不得一箇半箇他渭地驢年去

保福展問長慶稜云只如魯祖節文在甚
處被南泉渭麽道稜云退己讓人萬中無
一　羅山閑云陳老師當時若見背上與
五火抄何故爲伊解放不解收　玄沙備
云我當時若見也與五火抄　雲居錫云
羅山玄沙總與麽道爲復一般别有道理
若擇得出許上座佛法有去處　報慈遂
云南泉爲復是唱和語不肯語　翠巖芝
云何勞如此若有僧來見箇什麽知時好
又云我即不然未具胞胎不得會會得即
打折你腰
續徑山杲云魯祖不得南泉幾乎觀破壁
師因洞山來參禮拜了侍立少頃而出却再
入來師云秖恁麽秖恁麽所以如此洞云大
有人不肯師云作麽取汝口辯洞乃侍奉數
月
師因僧問如何是不言言師云汝口在什麽
處僧云無口師云將什麽喫飯僧無對
洞山价代云他不飢喫什麽飯　雪竇顯
云好劈脊捧這般漢開口了合不得合口
了開不得
續汾陽昭云只爲不會　五祖戒云和尚
不妨具眼　黃龍新云雪竇只知這僧開
口了合不得合口了開不得殊不知魯祖
被者擔板漢勘破　天童覺云這僧只解
握死蛇頭不能持猛虎鬚當時待他問你
口在什麽處便與一喝拂袖便行直饒魯
祖全機往往做手脚不及
伊闕伏牛山自在禪師與馬祖馳書去忠國
師處國師問大師有何語句示徒師云即心
即佛國師云是什麽語話良久又問此外更
有何言教師云非心非佛或云不是心不是
佛不是物國師云猶較些子師云馬師即恁
麽和尚此間如何國師云三點如流水曲似
刈禾鐮
雪竇顯向猶較些子處便喝又向曲似刈
禾鐮處云是甚麽語話也好與一摑見之
不取千載難忘　潙山喆云當時但呵呵
大笑復問國師此間如何待云三點如流
水又呵呵大笑教他國師進且無門退亦

無路何故入虎穴捋虎兒須是其人
續蔣山方云大小國師有頭無尾待伊道
不是心不是佛不是物亦向道是什麼語
話豈不光前絶後

毗陵芙蓉太毓禪師一日因行食與龐公
纔接師云生心受施淨名早呵去此一機居
士還甘不公云當時善現豈不作家師云非
關他事公云食到口邊被人奪卻師乃下食
公云不消一句
續昭覺勤云善現作家芙蓉奇特盡被龐
居士一時領過了也只如居士道不消一
句且道是那一句端坐受供養施主常安
樂

師因龐公問馬祖著實爲人處還分付吾師
不師云某甲尚未見他作麼生知他著實處
公云祇此見知也無討處師云居士也不得
一向言說公云一向言說師又失宗若作兩
向三向師還開口得麼師云直似開口不得
可謂實也公撫掌而去
續蔣山懃云芙蓉何不道分付與我待問
如何是著實處便好與一掌待他眼睛定
動更與一掌何故且要打斷許多葛藤

潭州東寺如會禪師因仰山來參乃問汝何
處人仰云廣南人師云我聞廣南有鎮海明
珠是不仰云是師云此珠作何形狀仰云白
月即現黑月即隱師云汝將得來不仰云將
得來師云何不呈似老僧仰云某甲昨到溈
山亦索此珠直得無言可對無理可伸師云
眞師子兒善能哮吼如蟭螟蟲向蚊子眼睫
上作窠於十字街頭大叫云土曠人稀相逢
者少
續蔣山懃云東寺只索一顆仰山傾出一
栲栳

師因崔相國入殿見雀抛糞於佛頭上乃問
一切衆生皆有佛性爲甚卻抛糞於佛頭上
師云他終不向鷂子頭上抛

袁州楊岐甄叔禪師因禪月問如何是祖師
西來意師豎起數珠月罔措師云會麼月云
不會師云某甲參見石頭月云見石頭得何
意旨師指庭前鹿云會麼月云不會師云渠
儂得自由（或出栝岩錄）

汾州無業大達國師問馬祖如何是祖師西
來密傳心印祖云大德正鬧在且去別時來
師纔出祖召云大德師迴首祖云是什麼師
忽領悟便作禮祖云這鈍漢禮拜作什麼
師又問馬祖云三乘至理粗亦研窮嘗聞禪
宗即心是佛實未明了伏願和尚慈悲指示
祖云即你不了底心是更無別物迷即衆生
悟即是佛如拳作掌如掌作拳師於言下知
歸

五臺山鄧隱峰禪師在襄州破威儀堂只著
襯衣於砧椎邊拈椎云道得即不打于時大
衆默然師便打一下
法眼益云鄧隱峰奇恠甚奇恠要且打不
著又云其時一衆出自偶然　翠巖芝
云此語有勘破處且道勘破阿誰　雪竇
顯云果然果然
續東禪觀云彼時堂中是有人耶無人耶
若有人可容得伊若無人爭容得伊又云
笑殺傍觀

師辭馬祖祖云甚處去師云石頭去祖云石頭路滑師云竿木隨身逢場作戲便去纔到石頭遶禪床一帀振錫一下問是何宗旨頭云蒼天蒼天師無語却迴舉似馬祖祖云汝更去見他道蒼天汝便噓兩聲師又去一依前問頭乃噓兩聲師又無語歸舉似馬祖祖云向汝道石頭路滑

師一日因推車次馬祖展脚在路上坐師云請師收足祖云已展不縮師云已進不退乃推車碾損祖脚祖歸法堂執斧子云適來碾損老僧脚底出來師便出於祖前引頸祖乃置斧

磁州馬頭峰神藏禪師示衆云知而無知不是無知而說無知後南泉云與麼依師道始得一半

黄蘗運云不是南泉剗他要圓前話

定州柏巖明哲禪師因洞山與密師伯到師問二上座什麼處來洞云湖南師云觀察使姓什麼洞云不得姓師云名什麼洞云不得名師云還理事也無洞云自有廊幕在師云還出入不洞云不出入師云豈不出入洞拂袖出去師明日侵晨入堂召二上座近前師云昨日問上座話不稱老僧意一夜不安今請上座別一轉語若愜老僧意便開粥相伴過夏洞云却請和尚問師云豈不出入洞云太尊貴生師乃開粥同過夏或藥山下第州百顏語錄

續天童傑云明投暗合八面玲瓏不犯當頭轉身有路曹洞門下足可觀光若是臨濟兒孫棒折也未放在當時若見他道不委姓劈脊便與一拳這裏撥得身轉非但開粥相延亦可明窻下安排有麼有麼喝云漆桶參堂去

京兆興善惟寬禪師因僧問道在何處師云只在目前僧云我何不見師云汝有我故所以不見僧云我有我故即不見和尚見不師云有汝有我展轉不見僧云無汝無我還見不師云無汝無我阿誰求見

潭州龍山和尚亦曰隱山因洞山與密師伯到乃問此山無路闍黎向甚處來洞山云和尚從何而入師云我不曾雲水洞云和尚住此山多少時師云春秋不涉洞云和尚先住此山先住師云不知洞云為甚不知師云我不為人天來洞云和尚得何道理便住此山師云我見兩箇泥牛鬭入海直至如今無消息

鄂州無等禪師謁王常侍辭退纔出門王乃召云和尚師迴首王遂敲露柱三下師以手作圓相撥三撥便行

洪州百丈惟政禪師一日謂衆曰汝等與我開田了我為汝說大義僧開田了請和尚說大義師乃展開兩手有本俱指大智禪師

白雲端云百丈說大義只止於此當時再參馬祖底向甚處去也若言更有在未免與蛇畫足且道作麼生見得百丈老人立地處乃云客來無茶點薦湯當禮儀　溈山喆云百丈說大義可謂今古罕聞光前絕後大溈即不然但向道開田勞力請歸堂歇教他天下衲僧亡鋒結舌何故鶴有九臯難翥翼馬無千里謾追風

續天童華云白雲要見百丈再參馬祖底直是好笑笑須三十年又道作麼生得知

百文立地處也與笑三十年客來無茶點
萬湯當禮儀也與笑三十年三笑而九十
年爲復笑白雲批判未當爲復別有道理
汝諸人若撿點得出山僧拄杖兩手分付
苟或未然幾度醉歸明月夜笙歌引出畫
堂前

師問南泉諸方善知識還有不說似人底法
也無泉云有師云作麼生是泉云不是心不
是佛不是物師云恁麼即說似人了也泉云
某甲即與麼師伯作麼生師云我又不是善
知識爭知有說不說底法泉云某甲不會請
師伯說師云我太煞爲汝說了也

潙山喆云百丈只知瞻前不知顧後當時
待伊道某甲不會但云老僧亦不會百丈
若下得此一轉語非惟與南泉爲宗匠亦
乃與天下人爲宗匠

京兆草堂和尚曾叅海昌（即塩官也）昌問什麼處
來師云道塲來昌云這裏是什麼所在師云
賊不打貧兒家

汾陽昭代云但和聲打

南嶽西園藏禪師因自燒浴僧問和尚不使
沙彌童行何得自燒浴師拊掌三下後僧舉
似曹山山云一等是箇拍手拊掌就中西園
奇怪俱胝一指頭禪蓋爲承當處不諦僧却
問曹山西園拊掌豈不是奴兒婢子邊事山
云是僧云向上更有事也無山云有僧云如
何是向上事山叱云這奴兒婢子

潭州秀溪和尚因谷山問聲色純眞如何是
道師云亂道作什麼山却從西過東師云若
不與麼即禍事山又從東過西師遂下禪床
纔行兩步山却捉住云聲色純眞事作麼生
師便與一掌山云三十年後要一箇人下茶
也無師云要谷山老漢作什麼山呵呵大笑

郢州大陽伊禪師到石林林云近日有一般
禪師向目前指教人了取目前事作箇爲人
還會文彩未兆時也無師云擬向這裏致一
問問和尚不知可不林云荅汝已了莫道可
不師云還識得目前也未林云是目前作麼
生識師云要且遭人點撿林云誰師云某甲
林便喝師乃退步立林云汝只解瞻前不解
顧後師云雪上更加霜林云彼此無便宜（或曰師到青峰）

鎭州金牛和尚凡自做飯供養衆僧每至齋
時舁飯桶到僧堂前作舞云菩薩子喫飯來
乃撫掌大笑

長慶稜云大似因齋慶讃　大光誨因僧
問云長慶道因齋慶讃意旨如何光乃作
舞僧禮拜光云見甚道理便禮拜僧却作
舞光云這野狐精　雪竇顯云雖然如是
金牛不是好心

師因臨濟來乃橫按拄杖方丈前坐濟遂拊
掌三下歸堂去（或曰拍門三下）師却下去人事了便
問賓主相見各有軌儀上座何得無禮濟云
道什麼師擬開口濟便打一坐具師作倒勢
濟又打一坐具師云今日不著便遂歸方丈

潙山祐問仰山此二尊宿還有勝劣不仰
云勝即總勝劣即總劣

續潙山果云一人焦磚打著連底凍一人
得便宜是落便宜具眼者辨取

江西北蘭讓禪師因湖塘亮長老問伏承師

兄晝得先師眞暫請瞻禮師以兩手撥開寶
示之亮便禮拜師云莫禮莫禮亮云師兄錯
也某甲不禮師兄師云汝禮先師眞亮云因
什麽教某甲莫禮師云何曾錯
韶州乳源和尚示衆云西來的的意也不易
舉唱時有僧出師劈春便打云如今是什麽
時節出頭來便歸方丈
保福展代云爲和尚不惜身命　長慶稜
云我即不然福云作麽生慶云不妨不妨
承天宗云宗乘也不易扶豎這兩箇老漢
扶不起我道這僧若不出頭棒即是乳源
自喫
續潙山果云者僧若具眼纔聞語聲未絕
只向道老和尚少賣弄不唯勘破乳源亦
乃坐斷天下人舌頭
鎬州逍遥和尚一日陞堂時鹿西和尚侍立
乃云念念攀緣心心求寂師云昨日亦有人
湝麽道西云道什麽師云不知西云請和尚
道師以拂子驀口打西拂袖便出師云大衆
且看直是頂門上具眼也鑑他不破

續蔣山懃云老僧雖頂門無眼也驗得你
骨出何也古墓毒蛇頭戴角南山猛虎尾
吒呹
洪州水潦和尚問馬祖如何是西來的的意
祖乃當胷踏倒師忽契悟起來拊掌大笑云
也大奇也大奇百千三昧無量妙義十六只向一
毛頭上一時識得根源去乃作禮而退
續瑯琊覺云大衆你道水潦還曾悟也未
天童覺云馬大師不合放過待伊起來恁
麽道但問只者一毫頭從甚處得來待伊
擬議更與一踏
洪州西山亮座主因叅馬祖祖問講什麽經
師云心經祖云將什麽講師云將心講祖云
心如工伎兒意如和伎者六識爲伴侶爭解
講得經師云心旣講不得莫是虛空講得麽
祖云却是虛空講得師拂袖而去祖乃召云
座主師迴首祖云從生至老只是這箇師因
而有省遂隱西山
續法眼益云看他古人恁麽慈悲教人如
今作麽生會莫聚頭向者裏妄想

齊峯和尚一日龐居士入院師云俗
人頻頻入院討箇什麽士迴顧兩邊云誰恁
麽道師乃喝一喝士云在這裏師云莫是當
陽道士云背後底聻師迴首云看看士云草
賊敗草賊敗師不對
師因龐居士問此去峯頂有幾里十七師云什麽
處去來士云可畏峻硬不得問著師云是多
少士云一二三師云四五六士云何不道七
師云纔有七便有八士云得也得也師云一
任添取士云不得堂堂道師云還我恁麽時
龐老主人公來士云少神作麽師云好箇問
訊問不著人士云將爲將爲
續天童華云發大機顯大用且非電光石
火疾焰過風要須平地上嶮崖孤峻處平
坦看他二老深入虎穴透徹淵源至於結
角羅紋游刃磅礴得大自在因甚華頂峯
未曾到只如齊峯云還我恁麽時龐老主
人公來士云少神作麽歸宗向這裏擬著
箇眼也要諸人瞥地良久云竹影掃堦塵
不動月穿波底水無痕

師一日與龐居士並行士乃前行一步云我强如師一步師云無背向老翁要爭先在士云苦中苦未是此一句師云怕公不甘士云老翁若不甘高峰堪作什麼師云若有棒在手打不解倦士便打一摑云不多好師始拈棒被士把住云這賊今日一場敗闕師笑云是我拙是公巧士乃拊掌出云平交平交

古寺和尚因丹霞至經宿侵晨粥熟行者只盛一鉢與師又盛一椀自喫殊不顧丹霞霞遂自去盛粥喫行者云五更侵早起更有夜行人霞乃問師何不教訓行者得恁無禮師云淨地上不要點汚人家男女霞云幾不問過這老漢（或出趙州語同）

烏臼和尚因玄紹二上座來參師問二禪伯發足什麼處玄云江西師拈拄杖便打玄云久知和尚（校六）有此機要師云你既（十八）不會後面箇僧秪對看紹擬近前師便打云信知同坑無異土參堂去

雪竇顯云宗師眼目須至漝麼如金翅擘海直取龍吞有般漢眼目未辨東西拄杖不知顛倒只管說照用同時人境俱奪

溈山喆云烏臼大似巨靈擡擘太華之威蒼龍展奪驪珠之勢直得乾坤失色乃拈拄杖云諸人還識烏臼麼若也識去橫按鏌鎁寰中獨據若也未識棒頭有眼明如日卓拄杖下座

續白雲端云衆中商量道拄杖在烏臼手裏以强陵弱有什麼難苦哉作者般見解水亦難消所以道醍醐上味爲世所珍遇斯等人翻成毒藥要識烏臼麼橫按鏌鎁全正令太平寰宇斬癡頑　昭覺勤云雪竇明辨古今分別邪正若不知有爭恁麼道雖然如是只見烏臼放行處未明烏臼把住處要知烏臼把住處麼直得釋迦彌勒猶爲走使不敢正眼覷著若使據令而（校六）（十九）行盡大地人並須喫棒

師問僧近離甚處僧云定州師云定州法道何似這裏僧云不別師云若不別更轉彼中去便打僧云棒頭有眼不得草草打人師云今日打著一箇也又打僧便出去師云屈棒元來有人喫在僧云爭奈杓柄在和尚手裏師云汝若要山僧迴與汝僧近前奪師手中棒打師三下師云屈棒屈棒僧云有人喫在師云草草打著箇漢僧禮拜師云却與麼去也僧大笑而出師云消得漝麼消得漝麼

石臼和尚參馬祖祖云什麼處來師云烏臼來祖云烏臼近日有何言句師云幾人到此茫然祖云茫然且致悄然一句作麼生師乃近前三步祖云我有七棒寄打烏臼你還甘不師云和尚先喫某甲後甘

續昭覺勤云草窠裏撥出一箇半箇有什麼共語處雖然如是猶放過一著在

松山和尚一日與龐居士坐次師拈起尺子云居士還見麼士云見師云見箇什麼士云松山師云不得道著士云爭得不道師拋下尺子士云有頭無尾得人憎師云不是這老子今日還道不及士云不及什麼處師云有頭無尾處士云强中得弱即得弱中得强即無師把住云這老漢就中無話處

師因與龐居士喫茶次士舉起槖子云人人

盡有分因什麼道不得師云秪爲人人盡有所以道不得士云阿兄爲甚却道得師云不可無言也士云灼然灼然師便喫茶士云阿兄喫茶何不揖客師云誰士云龐公師云何須更揖後丹霞聞舉乃云若不是松山泊被老翁作亂一上士聞乃令人傳語何不會取未舉起橐子時

本溪和尚因龐居士問丹霞打侍者意旨如何師云大老翁見人長短在士云爲我與師同叅方敢借問師云若與麼從頭舉來共你商量士云大老翁不可共你說人是非師云念翁年老士云罪過罪過

師又問龐居士達磨西來第一句作麼道士云誰記得師云可謂無記性士云舊日事不可東道西說師云如今事作麼生士云一辭不措師云智人前說添他多少光彩士云阿師眼能大師云是與麼始得爲絕朕之說士云眼裏著一物不得師云日正盛難爲舉目士云穿過髑髏去在師彈指云誰辨得伊士云這老漢有甚奇特處師便歸方丈

師一日坐次龐居士至師纔顧視士以拄杖畫一圓相師近前踏却士云與麼不與麼師亦畫一圓相士亦近前踏却師云與麼不與麼士遂拋下拄杖而立師云來時有杖去時無杖士云幸自圓成徒勞目視師拊掌云奇哉奇哉一無所得士拈杖便行師云看路看路

石林和尚一日問龐居士云某甲有箇借問居士莫惜言句士云便請舉來師云元來惜言句士云這箇問訊不覺落他便宜師乃掩耳士云作家作家

浮盃和尚因凌行婆來作禮問盡力道不得底句分付阿誰師云浮盃無剩語婆云未到浮盃不妨疑著師云別有長處不妨拈出婆歛手哭云蒼天中間更添冤苦師無語婆云語不知偏正理不知倒邪爲人即禍生後僧舉似南泉泉云苦哉浮盃被這老婆摧折一上婆聞笑云王老師猶少機關在時有幽州澄一禪客乃問婆南泉爲甚少機關婆哭云可悲可痛澄一罔措婆乃問會麼澄一合掌而立婆云伎死禪和如麻似粟後澄一舉似趙州州云我若見這臭婆問教口啞澄一云未審和尚怎生問他州便打澄一云爲甚却打某甲州云似這伎死禪和不打更待何時婆聞却云趙州合喫婆手中棒州聞哭云可悲可痛婆聞乃歎云趙州眼光爍破四天下州聞令人去問云如何是趙州眼婆乃竪起拳州聞乃作頌寄云當機覿面提覿面當機疾報你凌行婆哭聲何得失婆答云哭聲師已曉已曉復誰知當時摩竭國幾喪目前機

洞安和尚問僧近離甚處僧云東川師云雙澗孤松煙青月白那箇是上座主人公僧云始爲洞安便遭此問師云記劒刻舟破珠求影豈不是闍黎境界喫茶去僧云那箇是洞安正主師云途中駒子不勝驊騮僧禮拜師云胡人打令舞拍全無

百靈和尚一日路次見龐居士乃問昔日南嶽得力句曾舉向人麼士云曾舉來師云舉向甚人士以手自指云龐公師云直是妙德空生也讚之不及士却問師得力句是誰得

知師便戴笠子而去士云善爲道路師一去
更不迴首
續徑山杲云這箇話端若不是龐公幾乎
錯舉似人雖然如是百靈輸他龐老一著
何故當時若不得箇破笠頭遮却髑髏有
甚面目見他龐公
師一日問龐居士云道得道不得俱未免汝
且道未免箇甚麼士以睜目對之師云奇特
更無此也士云師錯許人師云誰不恁麼士
珍重而去
師因龐居士至遂把住云今人道古人道居
士作麼生道士與一掌師云不得道著士云
道必有過師云還我一掌來士便近前云你
試下手看師拂袖便行
澧溪和尚問僧甚處來僧云定州來師云定
州近日有甚奇特事僧云某甲且過只聞鹽
貴米賤苦無奇特事師云我者裏也只如此
麤粥淡飯與價別無奇特事你又來者裏覓
箇什麼僧云某甲不會乞師慈悲師云賴你
不會若會我即輸汝一半道理首座晚間上

問云和尚適來勘僧爲什麼道輸汝一半道
理師云賴得汝舉老僧泊合忘却首座云請
和尚爲某甲說師云你即忘前失後我又忘
後失前首座方去師喚轉云恰不得舉著近
日師僧只說鹽貴米賤並不將佛法爲事忽
然頻頻舉著喪却你性命
則首座入蜀因與龐居士摘茶次士問法界不
容身師還見我不師云不是老僧泊答公話
士云有問有答蓋是尋常師不對士云莫恠
適來容易借問師亦不顧士喝云這無禮儀
老漢待我一一舉似明眼人去在師乃拋下
茶籃便歸
雪竇顯云則川只解把定封疆不能同生
同死當時與捋下幞頭誰敢喚作龐居士
續蔣山懃云兩回不顧拋籃便歸且道肯
歸何處還會麼苦瓠連根苦甜瓜徹蔕甜
則川老漢經事多矣
師一日在方丈內坐居士來見乃云只知端
居丈室不覺僧到參時師垂下一足士便出
行三兩步却迴師乃收足士云可謂自由自

在師云我是主士云阿師只知有主不知有
客師喚侍者點茶士作舞而出
師一日問龐居士還記得初見石頭時道理
麼士云猶得阿師重舉師云情知久參事慢
士云則川老耄不啻龐公師云二彼同時又
爭幾許士云龐公鮮徤且勝阿師師云不是
勝我只欠你一箇幞頭士拈下幞頭云恰與
阿師相似師大笑而矣
襄州龐蘊居士問馬祖不昧本來人請師高
著眼祖直下覷士云一種沒絃琴唯師彈得
妙祖直上覷士乃作禮祖歸方丈士隨後入
云弄巧成拙
雲峰悅云且道是賓家弄巧成拙主家弄
巧成拙還有人揀得出麼若揀得出三十
棒一棒也較不得若揀不出明年更有新
條在惱亂春風卒未休
續瑯琊覺云一夜作竊不覺天曉　智海
逸云二老漢一箇開口了合不得一箇合
口了開不得更有一箇未欲說破乃呵呵
大笑歸方丈　徑山杲云馬大師覷上覷

下即不無爭奈昧却本來人居士雖禮拜也是渾崙吞箇棗馬師歸方丈士隨後乃云弄巧成拙救得一半

居士一日向丹霞前叉手立少時却出去霞不顧士却來坐霞乃向居士前叉手立少時便入方丈士云汝入我出未有事在霞云這老翁出出入入有甚了期士云略無些子慈悲心霞云引得這漢到這田地士云把什麼引霞乃拈起居士幞頭云却似一箇老師僧士却拈幞頭安霞頭上云一似箇少年俗人霞應諾三聲士云猶有些子氣息在霞乃拋下幞頭云大似箇烏紗巾士乃應諾三聲霞云昔時氣息爭忘得士彈指三下云動天動地

居士因辭藥山山命十人禪客相送至門首士乃指空中雪云好雪片片不落別處時有全禪客云落在甚處士遂與一掌全云居士也不得草草士云恁麼稱禪客閻老子未放你在全云居士作麼生士又與一掌云眼見如盲口說如啞

雪竇顯別初問云但握雪團便打

居士初問石頭不與萬法爲侶者是什麼人頭以手掩士口士於此豁然有省後又問馬祖祖云待你一口吸盡西江水來即向你道士於言下領解

居士坐次問靈照云古人道明明百草頭明明祖師意你作麼生照云老老大大作箇語話士云你作麼生照云明明百草頭明明祖師意士乃笑

居士因賣竹漉籬下橋喫撲女子靈照一見亦去爺邊倒士云你作什麼女云見爺倒地某甲相扶

居士一日見丹霞來遂不語亦不起霞乃提起手中拂子士拈起鎚子霞云只與麼別更有在士云此迴見兄不似於前霞云不妨減人聲價士云本來要折倒汝一上霞云與麼則啞却天然口也士云汝啞却本分猶累我啞却霞乃擲下拂子去士云然闍黎然闍黎霞不顧士云不唯患啞兼亦患聾

居士一日見大同濟禪師乃提起竹漉籬云大同師濟不應士云石頭一宗到師處冰消瓦解濟云不得龐公擧灼然如此士拋下漉籬云寧知不直一文錢濟云雖不直一文錢欠他又爭得士作舞而去濟提起漉籬云居士士迴首濟作舞而去士拊掌云歸去來歸去來

居士一日因丹霞纔見便作走勢士云猶是拋身勢作麼生是嚬呻勢霞便坐士向前以拄杖畫箇七字霞遂於下畫箇一字士云因七見一見一忘七霞便起士云更坐少時猶有第二句在霞云向這裏著語得麼士遂哭出去

居士在洪州市賣竹漉籬見一僧緣化乃將一文錢問不孤負信施道理還道得麼若道得即捨僧無語士云你問我與你道僧便躡前問士云少人聽又云會麼僧云不會士云是誰不會

宗門統要續集卷第四

宗門統要續集卷第四

校勘記

一　底本，明永樂北藏本。

一　四三〇頁上一行經名，徑作「宗門統要續集卷第五」。卷末經名同。

一　四三〇頁下四行第一三字「[口+你]」，南作「㖿」。

一　四三二頁下一七行「甚麼」，徑作「恁麼」。

一　四三三頁下一六行「阿誰」，南作「阿誰去」。

一　四三五頁上一七行末字「處」，徑作「來處」。

一　四三六頁上八行「不悋」，南、徑作「不惜」。

一　四三六頁中末行第一〇字「者」，徑作「這」。

一　四三七頁中七行第八字「商」，南、徑作「商」。下同。

一　四三九頁中六行「性命」，南作「性命不難」。

宗門統要續集卷第五　扶七

宋　建溪沙門　宗永　集
元　建康保寧禪寺住持沙門　清茂　續集

南嶽下第三世

趙州從諗禪師嗣南泉　問南泉離四句絕百非
請師道泉便下座歸方丈。師云這老漢尋常
口吧吧地今日被我一問直得無言可對侍
者云莫道和尚無語好師便與一摑云這一
摑合是王老師喫
師又一日問明頭合暗頭合泉便歸方丈師
乃歸堂云這老和尚被我一問直得無言可
對首座云莫道和尚無言自是上座不會師
便與首座一掌云這一掌合是堂上老漢喫
　五祖戒云正賊走了邏蹤人喫棒又云南
　泉當斷不斷返招其亂
扶七
　續雲居舜云諸人作麼生會有底便道首
　座落他綣繢與麼會又爭得山僧道趙州
　大似傍若無人
師因南泉一日閉却方丈門用灰圍著門外
云若有人道得即開或有秖對多不契獨師
云蒼天蒼天南泉便開門
師因僧遊五臺山凡問一婆云臺山路向甚
處去婆云驀直去僧纔行三五步婆云好箇
師僧又恁麼去後有舉似師師云待我去為
勘過這婆子明日便去亦如是問婆亦如是
對師歸謂衆曰臺山婆子我為勘破了也
　報慈遂云前來僧也與麼問答後來趙州
　也與麼問答且道甚處是勘破處又云非
　唯被趙州勘破亦被這僧勘破　瑯琊覺
　云大小趙州去這婆子手裏喪身失命然
　雖如此錯會者多　溈山喆云天下衲僧
　只知問路老婆要且不知脚下泥深若非
　趙州老人爭顯汗馬功高
師到黃檗檗見來便閉却方丈門師乃於法
堂上叫救火救火檗開門捉住云道道師云
賊過後張弓
扶七
　保福展云黃檗有頭無尾趙州有尾無頭
　雪竇顯云直是好笑笑須三十年忽有箇
　衲僧問雪竇笑箇什麼笑賊過後張弓
　五祖戒云黃檗只會買賤不會賣貴趙州
　因禍致福
師問一婆子什麼處去婆云偷趙州笋去師
云忽遇趙州又作麼生婆連打兩掌師休去
　雪竇顯云好掌更下兩掌也無勘處　續
　五祖演云趙州休去作麼商量白雲露箇
　消息貴要諸人共知婆子雖行正令一生
　不了趙州被打兩掌咬定牙關婆子可謂
　去路一身輕似葉趙州高名千古重如山
師因侍者報大王來也師云萬福大王者云
未到在師云又道來也
　黃龍南云頭頭漏泄罕遇仙陀侍者只解
　報客不知身在帝鄉趙州入草求人不覺
　渾身泥水
　續白雲端云其僧雖然罔措爭奈王令已
　行王令既行則海晏河清一句作麼生道
　野老不知堯舜力鼕鼕打鼓祭江神
師訪茱萸纔上法堂萸云看箭師亦云看箭
萸云過師云中
　雪竇顯云二俱作家蓋是茱萸趙州二俱
　不作家箭鋒不相拄直饒齊發齊中也只

是箇射垜漢
續報慈遂云且道二大老相見還有優劣也無若撿點得出許你於中字上有箇入處
師一日於雪中倒云相救相救有僧便去身邊卧師便起去
翠巖芝云此僧在趙州綣裏還有人出得麼
續天童華云者僧如蟲禦木要見趙州天地懸殊有般瞎漢便道報恩扶强不扶弱殊不知我王庫內無如是刀喝一喝
師因僧問犬子還有佛性也無師云無僧云上從諸佛下及螻蟻皆有佛性犬子為甚却無師云為伊有業識在
翠巖芝云說有說無兩彩一賽如今作麼生
師示衆云至道無難唯嫌揀擇纔有語言是揀擇是明白老僧不在明白裏是汝還護惜也無時有僧問既不在明白裏護惜箇什麼師云我亦不知僧云和尚既不知為甚道不在明白裏師云問事即得禮拜了退
雪竇顯云趙州倒退三千
師因僧問至道無難唯嫌揀擇是時人窠窟不師云曾有人問我直得五年分䟽不下
雪竇顯云識語不能轉死却了也好與二十棒這捧須有分付處若辨不出且放此語大行
師因僧問學人乍入叢林乞師指示師云喫粥了也未僧云喫粥了師云洗鉢盂去其僧因此契悟
雲門偃云且道有指示無指示若言有趙州向伊道箇什麼若言無者僧為甚悟去
雪竇顯云我不似雲門為蛇畫足直言向你道問者如蟲禦木荅者偶爾成文然雖與麼瞎却衲僧眼作麼生免得此過諸仁者要會麼還你趙州喫粥也未拈却者僧喫粥了雪竇與你拄杖子歸堂　雲峰悅云雲門與麼道大似為黃門栽鬚與蛇畫足雲峰則不然這僧於此悟去入地獄如箭射
續黃龍心云雲門雪竇雖則善能鋤強輔弱拾富從貧要且不能安家立國乃問僧只如上座朝來亦喫粥亦洗鉢而今是迷是悟其僧禮拜起師喚近前我有一柄拂與汝歸堂　龍門遠云山僧今日喫粥了也洗鉢盂了也只是不悟既是為善知識為甚麼不悟還會麼豈可喚鍾作甕終不指鹿為馬善人難犯水銀無假冷地忽然覷破管取一時放下　開福寧云大衆且道那裏是者僧悟處還委悉麼幾般雲色出峰頂一樣泉聲落檻前　徑山杲云雲門大似阿脩羅王撼動三有大城諸煩惱海隨後喝云寐語作麼
師示衆云今夜荅話去也有解問者出來時有僧出作禮師云比來抛磚引玉引得箇墼子法眼舉問覺鐵觜先師意作麼生覺云如國家拜將乃問甚人去得或有人出云某甲去得須云汝去不得法眼云我會也
雪竇顯云靈利漢聞舉便知落處然雖如此放過覺鐵觜夫宗師語不虛發出來必

是作家因什麽抛磚引墼諸禪德要識趙州麽從前汗馬無人識只要重論蓋代功
續長慶稜問覺鐵觜那僧纔出禮拜爲什麽便將爲墼子覺云適來那邊亦有人恁麽問慶云向伊道什麽覺云亦向伊恁麽道　保壽沼云射虎不真徒勞没羽　昭覺勤云諸方盡道趙州得逸羣之用一期施設不妨自在這僧要擊節扣關閃電光中卒着手脚不辦覺鐵觜能近取譬不墜宗風法眼有通方鑑才便知落處敢問諸人旣是宗師爲甚麽抛塼只引得箇墼子

師問南泉知有底人向什麽處去泉云向山前檀越家作一頭水牯牛去師云謝師指示泉云昨夜三更月到窻
雲峰悦云若不是南泉泊被打破蔡州

師陞堂云纔有是非紛然失心還有荅話分也無時洛浦在衆乃扣齒雲居云何必師云今日大有人喪身失命有僧云請和尚更舉師再舉前話僧指傍僧云這僧作恁麽語話師休去

師因有老宿問近離甚處師云滑州宿云幾程到這裏師云一踔到宿云好箇捷疾鬼師云萬福大王宿云条堂去師應喏喏

師一日到僧堂後逢一僧乃問大衆總向甚處去僧云晉請去師遂於袖中取刀度與云老僧住持事繁請上座爲我折倒却便引頸向前其僧便走

師因僧侍次遂挾起火問云會麽僧云不會師云你不得喚作火老僧道了也復挾火云會麽僧云不會師云此去舒州有投子和尚汝去必爲汝說其僧到投子子問近離甚處僧云趙州子云趙州有何言句僧舉前話子云汝會麽僧云不會乞師指示子下禪床行三步却問會麽僧云不會僧却迴趙州舉前話州云投子與麽不較多也

師到保壽壽見來便背面而坐師乃展坐具壽便起歸方丈師收坐具便下去
保福展云保壽忘頭失尾趙州平地上喫撲

師到一菴主處問有麽有麽主竪起拳頭師云水淺不是泊船處便行又到一菴主處云有麽有麽主亦竪起拳師云能縱能奪能取能撮便作禮
支提愛云趙州只見錐頭利　雲居舜云趙州當時甚生意氣雖然如是要且鼻孔在二菴主手裏
續龍門遠云菴主一等竪拳趙州因甚肯一箇不肯一箇且道得失在什麽處趙州勘破幾多阿師菴主過了幾多寒暑要識趙州麽拍禪床左邊一下要識二菴主麽拍禪床右邊一下還有撿點得出麽良久云易開終始口難保歲寒心　溈山果云泣露千般草吟風一樣松爲什麽肯一箇不肯一箇若向者裏見得釋迦不先彌勒不後坐斷要津天長地久苟或未然月菴爲諸人下箇註脚良久云若不如是爭知如是

師問新到曾到此間麽僧云曾到師云喫茶去或云不曾到師亦云喫茶去後院主云和尚爲甚曾到也云喫茶去不曾到也云喫茶

去師喚院主主應喏師云喫茶去
保福展云趙州慣得其便　鏡清怤舉問
僧作麼生會僧便去清云邯鄲學唐步
雪竇顯云這僧不是邯鄲人為甚學唐步
若辨得出與汝茶喫
續黃龍新云趙州喫茶宗門奇特到與不
到是白拈賊　開福寧云趙州門下不揀
高低一椀麤茶普同供養得其味者方知
冷灰裏九轉透瓶香如或未辨端倪不免
重下註腳南北東西萬萬千趙州待客豈
徒然莫嫌冷淡無滋味慣把芝麻一倒煎
以拂子擊禪床一下
師在南泉時井樓上見泉過乃抱定柱懸一
腳云相救相救泉遂於踏梯上打云一二三
四五師便具威儀上方丈云適來謝和尚相
救
續蔣山懃云一人將錯就錯一人看樓打
樓雖然如是父為子隱直在其中　徑山
策云趙州懸羊頭賣狗肉南泉有年無德
作這去就當時只好截斷梯子教這漢一
生蹭蹬還知麼養子方知父慈
師因南泉云今時人須向異類中行始得師
便問異即不問如何是類泉以手托地師遂
與一踏踏倒却向涅槃堂內云悔悔泉令侍
者去問悔箇什麼師云悔不更與兩踏
師因僧辭師問甚處去僧云諸方學佛法去
師竪拂云有佛處不得住無佛處急走過三
千里外逢人不得錯舉僧云與麼則不去也
師云摘楊華摘楊華
續徑山杲云有佛處不得住生鐵秤槌被
蟲蛀無佛處急走過撞著嵩山破竈墮三
千里外逢人不得錯舉兩箇石人相耳語
恁麼則不去也此語已遍天下摘楊華摘
楊華唵摩尼達哩吽㗶吒　靈隱嶽舉大
慧語了云大慧老人盡力只道得到這裏
還知香山落處麼鐵山崩倒壓銀山盤走
珠兮珠走盤密密鴛鴦閑繡出金針終不
與人看
師聞沙彌喝參乃向侍者云教伊去侍者纔
教去沙彌便珍重師向傍僧云沙彌得入門
侍者在門外
雲居錫云什麼處是沙彌入門侍者在門
外這裏會得便見趙州
師因南泉示衆云道非物外物外非道師乃
問如何是物外道泉便打師捉住棒云已後
莫錯打著人泉云龍蛇易辨衲子難瞞
雪竇顯云趙州如龍無角似蛇有足當時
不管盡法無民直須喫棒了趁出
師因百丈問近離甚處師云南泉丈云南泉
有何言句師云未得之人直須悄然丈便喝
師作怕勢丈云大好悄然師乃作舞出去
續瑯琊覺云趙州老人向師子窟中換得
爪牙　蔣山懃云作家相見彼此難構茫
然悄然進前退後捏不成塑不就大路不
行草裏走
師問座主講什麼經主云涅槃經師云問大
德一段義得不主云問什麼義師以腳趯空
一趯吹一吹云這箇是什麼義主云經中無
此義師云脫空謾語漢此是五百力士揭石
義

老宿代云和尚謾某甲謾大衆　雪竇顯
別云和尚慣得其便
師問僧曹看法華經麽僧云看來師云衲衣
在空閑假名阿練若誑惑世間人你作麽生
會其僧擬禮拜師云你披衲衣來麽僧云披
來師云莫惑我僧云如何得不惑去師云莫
取我語
雪竇顯云大小趙州龍頭蛇尾諸人若能
辨得便乃識破趙州如或不明箇箇高攤
衲衣莫惑翠峰好
師因二僧相推不肯作第一座主事白師師
云總教作第二座事云第一座教誰作師云
莊香著事云莊香了也師云戒香定香慧香
解脱香
續天童華云趙州下一槌不妨驚羣動衆
仔細撿點將來也是泥裏洗土塊若是薦
福門下不用相推第一座也有人第二座
也有人第三座也有人雖然如是不免從
頭註破第一座鐵眼銅睛覷不破第二座
陽春白雪無人和第三座眞實身心同達
磨且道與趙州是同是別若也會得許你
具一隻眼若也不會也許你具一隻眼有
箇衲僧出來道總不恁麽時如何對他道
切忌向鬼窟裏作活計
師因僧問晝昇兜率夜降閻浮於中摩尼爲
甚不現師云道什麽其僧再問師云毗婆尸
佛早留心直至如今不得妙
續黃龍清云趙州老漢若無後語未免奔
馳太平則不然纔見他道爲什麽不現連
聲便打教他痛後反思管取光明爍爛
天童華云這一則公案諸方未有人批判
蔣山今日與諸人著一轉語洗脚上船
師因僧問二龍爭珠誰是得者師云老僧秖
管看
雪竇顯云看即不無爭即不得且道扶者
僧扶趙州
師示衆云纔有是非紛然失心還有答話分
也無有僧出拊侍者一下云何不祗對和尚
師便歸方丈後侍者請益適來僧是會不會
師云坐底見立底立底見坐底
師因僧問至道無難唯嫌揀擇如何得不揀
擇師云天上天下唯我獨尊僧云此猶是揀
擇師云田厙奴什麽處是揀擇
師與沙彌文遠論義鬪劣不鬪勝勝者輸胡
餅遠云請和尚立義師云我是一頭驢遠云
我是驢胃師云我是驢糞遠云我是糞中虫
師云你在彼中作什麽遠云我在彼中過夏
師云把將胡餅來
五祖戒云褐不單行
瑯瑘覺云趙州文遠也是蕭何置律
續徑山杲云文遠在驢糞中過夏面赤不
如語直趙州貪他少利贏得箇胡餅撿點
將來也是普州人送賊畢竟如何鷂王擇
乳素非鴨類
師問僧發足甚處僧云雪峰師云雪峰有何
言句示人僧云尋常道盡十方世界是沙門
一隻眼你等諸人向甚處屙師云闍黎若迴
寄箇鍬子去
保福展云南有雪峰北有趙州
雪竇顯云這僧旣不從雪峰來可惜趙州

鍬子
瑯琊覺云衆中有云寄鍬去埋知雪峰若
道寄鉢盂去便道盛粥飯用狂解夢見作
麽商量不是僧繇手謾說學丹青
師示衆云此事的沒量大人出這裏不得
老僧到潙山見僧問如何是祖師西來意潙
山云與我將床子來若是宗師須以本分事
接人始得時有僧問如何是祖師西來意師
云庭前栢樹子僧云和尚莫將境示人師云
我不將境示人僧云如何是祖師西來意師
云庭前栢樹子
五祖戒代云和尚何以將別人物作自已
用
師因僧辭乃問甚處去僧云雪峰去師云雪
峯忽問汝和尚有何言句汝作麽生道僧云
却請和尚道師云冬即寒夏即熱又問忽然
更問汝畢竟事又作麽生僧無語師又代云
某甲親從趙州來不是傳語漢其僧後到雪
峯峯問甚處來僧云趙州來峯云趙州有何
言句僧舉前話峯云須是我趙州始得
玄沙備聞乃云大小趙州敗闕也不知
續雲居錫徵玄沙語云甚處是趙州敗闕
處若撿點得出是上座眼
師問南泉如何是道泉云平常心是道師云
還可趣向不泉云擬向即乖師云不擬又爭
知是道泉云道不屬知不屬不知知是妄覺
不知是無記若眞達不疑之道猶如太虛廓
然蕩豁豈可强是非耶師於言下頓悟玄旨
續潙山果云恁麽也不得不恁麽也不得
恁麽不恁麽時如何竪起拂子云鯨吞海
水盡露出珊瑚枝　靈隱嶽云青天白日
悟箇什麽咄咄驪珠擊碎蒼龍窟
師見僧掃地遂問與麽掃還得淨潔也無僧
云轉掃轉多師云豈無撥塵者僧云誰是撥
塵者師顧視云會麽僧云不會師云問取雲
居去其僧後問雲居如何是撥塵者居云這
瞎漢
師到雲居居云老老大大何不覓箇住處去
師云作麽生是某甲住處居云山前有古寺
基師云和尚自住取次到茱萸萸亦云老老
大大何不覓箇住處師云什麽處是某甲住
處萸云老老大大住處也不知師云三十年
弄馬騎今日却被箇驢子撲潙山喆云雲居
茱萸爲人猶如爲己爭奈趙州不入者纔續
然雖如是不得雪霜力焉知松栢操
續大潙泰云雲居茱萸只解把住不解放
行趙州只解放行不解把住撿點將來未
爲全美且雙放雙收一句作麽生道畢竟
水須朝海去到頭雲定覓山歸
師因與文遠行乃指一片地云這裏好造箇
巡鋪文遠便去路傍立云把將公驗來師遂
與一摑遠云公驗分明過
衢州紫湖利蹤禪師門下立牌牌上書云紫
湖有狗上取人頭中取人腰下取人脚擬議
則喪身失命有新到纔相看師便喝云看狗
僧纔回首師便歸方丈
雪竇顯云衆中總道這僧著一口著即著
了也爭奈這僧在敢問諸人紫湖狗著者
便死因什麽這僧在若無知方眼救得這
僧設使紫湖出世咬殺百千萬箇有甚益

我當時若見先斫下牌然後入院待這老漢喝云看狗與伊放出箇焦尾大蟲如今諸人要見麼日勢稍晚歸堂

續神鼎諲云古人提唱一段因緣你道恁麼時下得甚麼語神鼎當時若在他會裏即出云這畜生又云死又作退勢　天童華云這老漢雖慣得其便爭奈咬這僧不殺且道利害在什麼處

師問劉鐵磨久嚮劉鐵磨莫便是不磨云不敢師云左轉右轉磨云和尚莫顛倒師便打

續蔣山懃云紫湖棒頭有眼只爲權柄在手鐵磨皮下有血饒他千木隨身雖然柔弱勝剛强且要話在

師於夜半在堂內叫賊賊（或捐金華又曰香嚴）衆皆驚起有一僧被師攔胷擒住云捉得捉得僧云不是某甲師云是即是只是不肯承當

翠巖芝云紫湖也是相頭買帽

續溈山果云紫湖恁麼大似按牛頭喫草鄂州茱萸禪師示衆云你等諸人莫向虛空裏釘橛時有靈虛上座出云虛空是橛師便打靈云莫錯打某甲師便歸方丈（一本云金輪可觀和尚）

雲門偃云天上加尖有僧云和尚適來爲麼道那門云撞鐘謝響得箇蝦蟆出來

雪竇顯云若要此話大行直須打了趂出

法雲秀云茱萸只知瞻前這僧不能顧後仔細檢點將來兩箇總須喫棒且道過在甚處具眼者看

續棲賢諟云且道這僧出來與麼道是具眼不具眼茱萸當時便打且道打伊甚麼處大衆驗取

師因趙州上法堂來覷東覷西師乃問作什麼州云探水師云我這裏一滴也無探箇什麼州遂將拄杖靠壁而出

溈山喆云趙州善能探水不犯波瀾茱萸一滴也無爭奈關防不得

續瑯琊覺云勢敗奴欺主年衰鬼弄人

天童華云茱萸一滴也無滔天白浪趙州以拄杖靠壁不犯波瀾雖然二老同死同生爭奈山僧未肯放過

師因僧問如何是沙門行師云行即不無覺即乖其僧後到洞山舉似山山云何不進語僧云如何進語山云但問是什麼行僧復來問是什麼行師云是佛行僧却返舉似洞山山云幽州猶自可最苦是新羅僧却問洞山如何是沙門行山云頭長三尺頸長二寸

荆州白馬曇照禪師常云快活快活及臨終時乃叫苦苦又云閻老來取我也院主問和尚當時被節度使拋向水中神色不動如今何得恁地師舉起枕子云汝道當時是如今是主無對（或曰天皇語）

法眼益代云當時但掩耳出去

續清涼欽云當時好奪枕子劈面便擲

雲峯悅云若苦當時是即今是奪枕子呈似人云閻羅王只在這裏　大溈智云徹底老婆心

長沙招賢景岑禪師一夕與仰山翫月次仰云人人盡有這箇事秖是用不得師云恰是倩汝用去仰云你作麼生用師乃與一踏踏倒仰山起來云你直下似箇大蟲

長慶稜云前彼此作家後彼此不作家乃

別云邪法難扶　保福展云好一箇月只
是用力太多被他踏破却成兩箇人人盡
道岑大蟲奇特須知仰山有陷虎之機
德山密代云更與一踏　瑯瑘覺云李陵
雖好手爭免陷番身
續徑山杲云皎潔一輪寒光萬里靈利者
葉落知秋闒茸者忠言逆耳休不休已不
已小釋迦有陷虎之機老大蟲却無牙齒
當時一踏豈造次驀然倒地非偶爾衆中
還有緇素得二老出者麼良久云設有也
是掉棒打月
師因有秀才看佛名經乃問百千諸佛但見
其名未審居何國土還化物也無師云黃鶴
樓崔顥題後秀才曾題也未才云未曾題師
云得閑何妨題取一篇好
續潙山杲云若是箇漢纔見長沙恁麼道
但云黃鶴樓要題也不難未審百千諸佛
居何國土若下得此語非唯坐斷長沙舌
頭亦乃名標青史
師因竺尚書問蚯蚓斬為兩段兩頭俱動未
審佛性在阿那頭師云莫妄想書云爭奈動
何師云會即風火未散書無對師却喚尚書
書應喏師云不是尚書本命書云不可離却
即今祇對有第二箇主人公也師云不可喚
尚書作今上也書云與麼則總不祇對和尚
莫是弟子主人不師云非但祇對不祇對老
僧從無始劫來是箇生死根本乃示頌云學
道之人不識眞秖為從來認識神無始劫來
生死本癡人喚作本來人
師因僧問如何是陀羅尼師乃指禪牀左邊
云這箇師僧却誦得僧云別有人誦得不師
復指禪牀右邊云這箇師僧亦誦得僧云某
甲為甚不聞師云大德豈不知道眞誦無響
眞聽無聞僧云與麼則音聲不入法界性也
師云離色求觀非正見離聲求聽是邪聞
師因秀上座問南泉遷化向甚處去師云石
頭作沙彌時叅見六祖秀云不問石頭叅見
六祖南泉遷化向甚處去師云教伊尋思去
秀云和尚雖有千尺寒松且無抽條石笋師
默然秀云謝和尚答話師亦默然秀舉似三
聖聖云若實與麼猶勝臨濟七步然雖如此
待我明日更驗過聖乃問承和尚昨日答南
泉遷化一則語可謂光前絕後今古罕聞師
亦默然
續蔣山懃云也大奇也大奇長沙畫虎却
成貍南泉一去無消息空使行人說是非
師遊山歸至門首首座問云和尚甚處去來
師云遊山來座云到什麼處師云始隨芳草
去又逐落花回座云大似春意師云也勝秋
露滴芙蓉
雪竇顯云謝師答話
終南山師祖禪師問南泉摩尼珠人不識如
來藏裏親收得如何是如來藏泉云王老師
與你往來者是師云不往來者泉云亦是又
問如何是珠泉召云師祖師應喏泉云去汝
不會我語師從此信入
雪竇顯向往來者是處拈云草裏漢向不
往來者亦是處云雪上加霜向如何是珠
處別云險又云百尺竿頭作伎倆不是好
手這裏著得箇眼賓主互換便能深入虎

穴或不渭麼縱饒師祖悟去也是龍頭蛇尾

續白雲端云大衆這僧一顆摩尼珠可謂希世之寶大可憐生幾乎落在萬丈深坑猶賴南泉老手親爲托起且道此珠見今在什麼處乃云海神知貴不知價留與人間光照夜　昭覺勤云南泉一期垂手収放擒縱則不無要且未見向上事在只如盡大地是如來藏向什麼處著珠盡大地是摩尼珠向什麼處著藏若明得有轉身處許你具一隻眼　淨因成云南泉應機酬對縱奪可觀檢點將來終未能指出他珠在直饒喚師祖師祖應喏云汝不會我語正是藏畢竟珠在甚麼處莫是海神知貴不知價麼此是近來新婦禪不勞拈出

拍禪牀云珠之與藏盡被老僧一拍粉碎諸人更來這裏討什麼又拍一下

日子和尚因亞溪來𠶜師作起勢亞云這老山鬼猶見某甲在師云罪過罪過適來失柢對亞欲進語師乃叱之亞云大陣前不妨難禦師云是是亞云不是不是

趙州諗云可憐兩箇漢不識轉身句

陸亘大夫問南泉大悲菩薩甚處得許多手眼來泉云如國家用大夫作什麼

雪竇顯別云不及大夫所問

續保寧勇別云也未爲分外

大夫問南泉弟子家中有一片石亦曾坐亦曾卧如今欲鐫作佛得麼泉云得得大夫云莫不得麼泉云不得不得

雲巖晟云坐即佛不坐即非佛　洞山价云不坐即佛坐即非佛　保福展云南泉看樓打樓雲巖洞山一起一倒　五祖戒云南泉只解移風不解易俗雲巖洞山夢中說夢

續五祖演云夫爲善知識者須明決擇爲什麼他人道得也道得他人道不得也道不得還知南泉落處麼白雲與你註破得又是誰道來不得又是誰道來

大夫因南泉遷化來弔慰院主問大夫何不哭先師大夫云院主道得亘即哭主無對

續長慶稜云且道合哭不合哭

大夫問南泉弟子從六合來彼中還有身麼泉云分明記取舉似作家大夫云和尚不可思議到處世界成就泉云適來總是大夫分上事

大夫問南泉云弟子家中於一瓶内養得一鵞兒今來長大欲出此鵞且不得打破瓶亦不得損却鵞未審和尚有何方便泉召大夫大夫應諾泉云出也

池州甘贄行者因巖頭在家過夏一日把針次甘至前立頭乃以針作劄勢甘遂歸著衣欲出禮謝妻乃問翁作什麼甘云不得說妻云有甚事也要大家知甘舉前話妻云從此三十年後須知一度喫水一度噎殺人女子聞乃云還知盡大地人性命被䖍上座針頭上劄將去也無

行者因入南泉設粥仍請南泉念誦泉乃白椎云爲狸奴白牯念摩訶般若波羅蜜者拂袖便去泉粥後問典座行者在甚處座云當時便去也泉云打破粥鍋著一本云泉乃擊鍋三下

行者因化主至宅乃問化主是甚處主云藥
山者云還將得藥來麼主云未審有什麼病
者忻然取銀一百兩施之復云山中有人此
物乃回主尋歸山納䟽藥山問子歸何速主
即叙前問難藥山云急送還他子遭賊了也
主及送還者云山中有人更添一百兩施之
同安云早知行者與麼問終不道藥山來
續雪峯空云藥山老漢亦自小膽若是東
山即便收下何故且教甘贄老漢疑三十
年
行者入南泉設齋黃檗爲首座行者請施財
檗云財法二施等無差別行者昇錢出去須
臾復云請施財檗云財法二施等無差別行
者乃行嚫
翠巖眞云甘贄行者㸃兒落節黃檗施財
何曾夢見
續雲居元云大小黃檗被甘贄換却一隻
眼 徑山杲云一等是隨邪逐惡雲居羅
漢却較些子 靈隱嶽云總是掩耳偷鈴
殊不知甘贄有收有放首座徹底惺惺雲
收雨霽長天闊一對鴛鴦畫不成
福州芙蓉靈訓禪師（嗣歸宗常）一日訪同叅實性
大師大師陞堂以右手拈拄杖倚左邊良久
云此事若非芙蓉師兄大難委悉便下座
黃龍南云實性用不得便休却將佛法以
爲人情致令千載之下與人作笑端且道
利害在什麼處
漢南穀城高亭和尚因僧自夾山來禮見師
便打僧云特來禮拜何打某甲再拜師又打
趂僧回舉似夾山山云汝會也無僧云不會
山云賴汝不會若會即夾山口啞
金州操禪師（嗣章敬惲）因請米和尚齋不排坐位
米纔到乃展坐具作禮師下禪牀米遂就師
位而坐師却席地而坐齋罷米便去侍者云
和尚受一切人欽仰今日坐位却被人奪却
師云三日後若來即受救在米果三日後來
云前日遭賊
鼎州古堤和尚因仰山到師云去汝無佛性
以手三撥山乃叉手近前三步應諾師笑云
子什麼處得此三昧山云從䠊源處得名溈
山處得地師云莫是溈山的子麼山云世諦
即不無佛法即不敢山遂問和尚從誰得師
云我從章敬得此三昧山歎云章敬此三昧
不可思議來者難爲湊泊
鎮州普化和尚（嗣盤山積）居常入市振鐸云明頭
來明頭打暗頭來暗頭打四方八面來旋風
打虛空來連架打一日臨濟令僧捉住云或
遇不明不暗來時如何師拓開云來日大悲
院裏有齋僧回舉似濟濟云我從來疑著這
漢
續五祖演云若是五祖則不然有人問總
不恁麼來時如何和聲便打是他須道五
祖盲枷瞎棒我只要你恁麼道何故一任
舉似諸方
師因與臨濟在施主家齋濟問毛吞巨海芥
納須彌爲復是神通妙用爲復是法爾如然
師遂趯倒飯牀濟云太麤生師云這裏是甚
所在說麤說細濟休去明日又同一家赴齋
濟問今日供養何似昨日師又趯倒飯牀濟
云太麤生師云瞎漢佛法說甚麤細濟乃吐

古
雪竇顯云兩箇老賊喫飯也不了好與三十棒棒雖行且那箇是正賊
續南堂靜云二尊宿如二龍爭珠拏雲攫霧不動波瀾如二虎爭餐活捉生擒不傷物命或有人問毛吞巨海芥納須彌爲復神通妙用爲復法爾如然只向道不見先師翁云一拳拳倒黃鶴樓一踢踢翻鸚鵡洲有意氣時添意氣不風流處也風流
南華昺云臨濟覿面提撕普化全機酬酢直得南山鱉鼻吞卻東海鯉魚陝府鐵牛觸倒嘉州大像爲甚如此相逢不下馬各自奔前程　天童華云一出一沒一往一來猛虎口裏奪餐毒蛇頭上揩癢要且未稱大丈夫事二老名喧宇宙價重當時山僧豈可讙審三寸二俱放過爲他弄假像眞二俱不放過爲他攙擡太甚是汝諸人若作佛法商量達磨一宗掃土而盡
師因臨濟院有齋河陽木塔乃同臨濟在僧堂內坐纔說及師每日在街市掣風顛知他是凡是聖不覺師入來濟便問普化你是凡是聖師云你道我是凡是聖濟便喝師乃指兩尊宿云河陽新婦子木塔老婆禪臨濟小廝兒卻具一隻眼濟云這賊師叫賊賊便走出
師因喫生菜次臨濟云這漢大似一頭驢師便作驢鳴濟云直歲與他細秣草料師云少室人不識金陵又再來臨濟一隻眼到處爲人開
趙州諗云何不與他本分草料
壽州良遂座主（嗣麻谷徹）初叅麻谷谷見來便將鉏頭去鉏草師到鉏草處谷殊不顧便歸方丈閉卻門師次日復去谷又閉卻門師遂敲門谷乃問阿誰師云良遂纔稱名忽爾契悟乃云和尚莫瞞良遂良遂若不來禮拜和尚洎合被經論賺過一生及歸講肆開演有云諸人知處良遂總知良遂知處諸人不知
雲門偃云便有逆水之波如今得入是箇水之意亦喚作雙放時節又云麻谷問阿誰他道莫瞞某甲不是識破麻谷相見時節若不禮拜和尚洎被經論賺過一生亦知有賺人處又云作麼生是良遂知處
續東林顏云諸人知處良遂總知良遂知處諸人不知作麼生是良遂知處乃云鸚鵡語鶴　靈隱嶽云爲人爲徹咬著生鐵逆水之波虛空釘橛
處州處微禪師（嗣西堂藏）因僧問三乘十二分教體理得妙與祖意是同是別師云須向六句外鑒不得隨他聲色轉僧云如何是六句師云語底默底不語底不默底總是總不是汝合作麼生僧罔措
五臺秘魔巖和尚（嗣永泰湍）常持一杈凡見僧來遂提起杈云什麼魔魅教汝出家什麼魔魅教汝行脚道得也杈下死道不得也杈下死速道速道
法眼益代云乞命乞命　報慈遂代云老兒家放卻杈子得也　五祖戒云山僧當時若見奪取杈來驀項杈倒點把火照看伊面皮厚多少
續明招謙云我當時若見伊欲道未道先

與一杖　瑯瑘覺云雷聲甚大雨點全無
後霍山閑遂訪師纔見未禮拜便攛入懷
中師乃捎山背三下山拍手云師兄三千
里外賺我來三千里外賺我來　保福展
云當斷不斷返遭其亂　首山念云千聞
不如一見 扶七 黄十二

湖南祇林和尚每叱文殊普賢皆爲精魅手
持木劒自謂降魔纔有僧參便云魔來也魔
來也以劒亂揮潛入方丈如是十二年後致
劒無言有僧問十二年前爲甚麼降魔師云
賊不打貧兒家十二年後爲甚不降魔師云
賊不打貧兒家

宗門統要續集卷第五

宗門統要續集卷第五

校勘記

一　底本，明永樂北藏本。

一　四四二頁上一行經名，徑作「宗門統要續集卷第六」。卷末經名同。

一　四四四頁上一五行第一〇字「泊」，南、徑作「泊」。

一　四四六頁下一六行第一〇字「盡」，南、徑作「盡」。

一　四四八頁上五行末字「裏」，南、徑作「裏」。

一　四四九頁上一六行第四字「果」，南、徑作「果」。

宗門統要續集卷第六　扶八

宋　建　溪　沙　門　宗　永　集

元建康保寧禪寺住持沙門清茂續集

南嶽下第三世

潭州大溈靈祐禪師嗣百丈海在百丈時夜侍立次丈云看爐內有火也無師看來報云無丈躬自至爐深撥忽得少火夾起云你道無這箇𡡉師因而契悟丈云欲知佛性義當觀時節因緣時節若至其理自契便知已物不從外得汝善護持

師一日見劉鐵磨來師云老牸牛汝來也磨云來日臺山大會齋和尚還去麼師乃放身作卧勢磨便出去

續淨慈一云衆中道放身便卧是不去劉鐵磨懡㦬而行有甚交涉殊不知溈山老扶八漢平生一條脊梁拗不曲被劉鐵磨一推推倒直至如今起不得若要扶起溈山請大衆下一轉語衆無語師以拄杖一時趕散

師在百丈爲典座百丈將選大溈主人乃請師同首座對衆下語出格者可往百丈遂拈淨瓶置地上設問不得喚作淨瓶汝喚作什麼首座云不可喚作木楔也百丈復問於師師乃趯倒淨瓶而去百丈笑云第一座輸却山子也因命師住持首座即禪林也

師因見仰山來遂以五指搭地劃一劃仰山以手於項下劃一劃復拈自已耳抖擻三五下師休去

師陞堂時有僧出云請和尚爲衆說法師云我爲汝得徹困也僧便作禮

雪峯存聞云古人得與麼老婆心切玄沙云山頭老和尚蹉過古人事峯問沙云什麼處是老僧蹉過古人事處沙云大小溈山被那僧一問直得百雜碎峯駭然

師問仰山甚處來仰云田中來師云禾好刈也未仰云好刈也師云作青見作黃見作不扶八二青不黃見仰云和尚背後是什麼師云子還見麼仰拈起禾穗云和尚何曾問這箇師云此是鵞王擇乳

師因僧問如何是祖師西來意師竪起拂子後僧遇王常侍侍問溈山近日有何言句僧舉前話侍云彼中兄弟如何商量僧云借色明心附物顯理侍云不是這箇道理上座快回去好某甲敢寄一書到和尚僧得書遂回持上師拆開見畫一圓相內寫箇日字師云誰知千里外有箇知音仰山侍次乃云雖然如是也秖是箇俗漢師云子又作麼生仰却畫一圓相於中書日字以脚抹却師乃大笑

一本小異

師示衆云老僧百年後向山下作一頭水牯牛左脇書五字云溈山僧某甲此時若喚作溈山僧又是水牯牛喚作水牯牛又是溈山僧且道喚作什麼即得仰山出禮拜而去

雲居膺云師無異號　資福寶代作一圓相托起　芭蕉清代作此(牛)相呈之又云同道者方知　南塔涌云一千五百人善知識只得一半　芭蕉徹代當時作此∴相呈之又云說也說了註也註了悟取好

續保寧勇云和尚一等是入泥入水

師因僧問從上諸聖直至如今和尚意旨如

何師云目前是什麼物僧云莫秖這便是麼師云阿那箇僧云適來秖對底師云你擬那箇去莫生事
續蔣山懃云問頭太嶮答處太賒二俱不了

師問仰山云寂子速道莫入陰界仰云某甲信亦不立師云汝信了不立未信不立仰云只是某甲更信阿誰師云若與麼即是定性聲聞仰云佛亦不見

師坐次見仰山從方丈前過師云若是百丈先師子須喫痛棒始得仰云今日事作麼生師云合取兩片皮有分仰云此恩難報師云非子不才老僧年邁仰云今日親見百丈師翁師云子向甚句中見先師仰云不道見只是無別師云始終作家

師因摘茶次謂仰山云終日摘茶只聞子聲不見子形仰撼茶樹一下師云子只得其用不得其體仰云未審和尚如何師良久仰云和尚只得其體不得其用師云放子二十棒
首山念云夫為宗師須具擇法眼始得當時不是溈山便見扶籬摸壁　瑯琊覺云五更侵早起更有夜行人又云若不是溈山洎合打破蔡州
續白雲端云父子相投意氣相合機鋒互換啐啄同時雖然如是畢竟如何道得體用雙全去溈山放子二十棒也是養子之緣　蔣山懃云張公作與李公友待罰李公一盞酒倒被李公罰一盞好手手中呈好手　玉泉璉云直饒體用兩全爭奈當頭蹉過過則且止放子二十棒又作麼生
三盞酒粧公子面一枝華插美人頭

師坐次仰山與香嚴侍立師問如今總與麼者少不與麼者多香嚴從西過東又從東過西立師云這箇因緣三十年後如金擲地相似仰云亦須是和尚提唱始得嚴云即今亦不少師云合取狗口
續南堂靜云象王嚬呻師子哮吼踞地盤空移星換斗坐斷舌頭合取狗口一回擲地作金聲九曲黃河徹底清

師問仰山即今事且置自古事作麼生仰叉手近前師云猶是即今事自古事作麼生仰叉手退後師云汝屈我我屈汝
續蔣山懃云仰山雖善進前退後發明[illegible]今其奈溈山向胡餅裏呷汁壓沙覓油雖然如是且道仰山叉手意作麼生若也知得行脚事辦其或未然老僧不曾孤負諸人自是諸人孤負老僧

師坐次仰山侍立師云寂子近日宗門中令嗣作麼生仰云大有人疑著此事師云子又作麼生仰云某甲秖管困來合眼健即坐禪所以未曾說著師云到這田地也難得仰云據某甲見處著此一句語亦不得師云子為一人也不得仰云自古聖人盡皆如是師云大有人笑汝與麼秖對仰云解笑某甲是某甲同叅師云出頭作麼生仰遶禪牀一帀師云裂破古今
續蔣山懃云動絃別曲葉落知秋自古自今築著磕著鳥道玄路許他父子親遊若是荊棘林中猶欠悟在以何為驗只如仰山遶禪牀一帀溈山云裂破古今若是明

眼衲僧瞞他一點不得

師一日見香嚴仰山作餅次師云當時百丈先師親得這箇道理仰與香嚴相顧視云什麽人答得此話師云有一人答得仰云是阿誰師指水牯牛云道道仰取一束草來香嚴取一桶水來放牛前牛纔喫師云與麽與麽不與麽不與麽二人俱作禮師云或時明或時暗

師因仰山與北菴主上問訊時有官客喫茶次師乃指似官人云同叅古佛來主云百年後覓箇人舉這話也難得師云即今作麽生主云結舌有分答即不得師云官人見在自已也道不得主云仰山不甘此對師云作箇菴主也難得

師向仰山云有俗弟子將三束絹來與我贖鍾子故與世人受福仰云俗弟子則有絹與和尚贖鍾子和尚將何物酬他師以拄杖敲牀三下云我將這箇酬他仰云若是這箇用作什麽師又敲三下云汝嫌這箇作什麽仰云某甲不嫌這箇這箇只是大家底師云你既知是大家底何得更就我覓物酬他仰云只怪和尚把大家底行人事師云汝不見達磨大師從西天來此土亦將此物來人事汝諸人盡是受他信物者

師一日卧次仰山來師乃轉面向壁卧仰云某甲是和尚弟子不用形迹師作起勢仰便出去師召云寂子仰回師云聽老僧說箇夢仰低頭作聽勢師云爲我原看仰取一盆水一條手巾來師遂洗面了纔坐香嚴入來師云我適來與寂子作一上神通不同小小嚴云某甲在下面了了得知師云子試道看香嚴乃點一椀茶來師歎云二子神通智慧過於鶖子目連

續蔣山懃云夢中說夢深許溈山妙用神通須還二子傳茶度水耀古騰今年老心孤怜兒惜子向衲僧門下一人在門外一人在門裏更有一人遍界不曾藏佛眼覷不見　南堂靜云撥草瞻風孤峯獨宿鼓無絃琴唱無生曲溈仰香嚴鼎之三足臨機不費纖毫方任運分身千百億

師問雲巖承聞汝在藥山是不巖云是師云藥山大人相作麽生巖云涅槃後有師云如何是涅槃後有巖云水灑不著巖却問師未審百丈大人相如何師云巍巍堂堂煒煒煌煌聲前非聲色後非色蚊子上鐵牛無你下口處

師與仰山行次指前頭枯樹問前頭是什麽仰云秖是枯樹子師指背後耘田公子云這箇公子他後亦有五百衆

溈山喆云山僧則不然耘田公子吾不如汝且道大圓是山僧是若人辨得許汝具擇法眼若也不辨佛法熾然生滅

續神鼎諲云爲復意在耘田處爲復意在仰山分上爲復總不恁麽諸上座一切諸法攙然更不用生事他是父子說法同道方知

師問仰山妙淨明心汝作麽生會仰云山河大地日月星辰師云汝秖得其事仰云和尚適來問什麽師云妙淨明心仰云喚作事得麽師云如是如是

師一日索門人呈語乃云聲色外與吾相見時有幽州鑒弘上座呈語云不辭出來那箇人無眼師不肯仰山凡四度呈語第一云見取不見取底師云細如毫末冷似雪霜第二度云聲色外誰求相見師云抵滯聲聞方外榻第三度云如兩鏡相照於中無像師云此語正也我是你不是早立像了也仰山却問師某甲精神昏昧拙於祇對未審和尚於百丈師翁處作麼生呈語師云我於百丈先師處呈語云如百千明鏡鑒像光影相照塵塵剎剎各不相借仰山於是禮拜

師因陸侍御入僧堂乃問如許多師僧爲復是喫粥飯僧爲復是叅禪僧師云亦不是喫粥飯僧亦不是叅禪僧御云在此作什麼師云侍御自問他看

師因仰山蹯衣次提起問正恁麼時和尚作麼生師云正恁麼時我這裏無作麼生仰云和尚有身而無用師良久却拈起問汝正恁麼時作麼生仰云正恁麼時和尚還見伊不師云汝有用而無身後師忽問汝春間有話未圓今試道看仰云正恁麼時切忌勃塑師云停囚長智

師同百丈入山作務丈云將得火來麼師云有丈云在甚處師把一枝柴吹兩吹度與丈丈云如虫禦木

續徑山杲云百丈若無後語洎被典座瞞

師因仰山問百千萬境一時來作麼生師云青不是黃長不是短諸法各住自位非干我事仰乃作禮

師一日坐收足次乃指謂仰山云十二時中承他負載不可孤負他仰云昔日給孤園中也只說這箇師云未在更道仰云寒時與他韈著也不爲分外

師因僧問如何是道師云無心是道僧云某甲不會師云會取不會底好僧云如何是不會底師云秪是你不是別人

師示衆云仲冬嚴寒年年事晷運推移事若何仰山近前叉手立師云我也知你答這話不得却問香嚴你作麼生嚴云某甲偏答得這話師再問嚴近前叉手立師云賴遇寂子不會

師示衆云汝等諸人各呈所悟看時有志和上座出作禮師云不思善不思惡正與麼時還我志和上座本來面目志云正與麼時是某甲放身命處師云子莫落空不志云某甲若見有空可落何曾是放身命處師云到這裏何不問去志云某甲到這裏亦不見有和尚可問師云汝福薄扶吾宗不起

師問仰山承聞子在百丈問一答十是不仰云不敢師云佛法向上一句作麼生道仰擬開口師便喝師如是三問仰如是三擬答皆被喝仰低頭垂淚云先師道教我更遇人始得今日便是遇人也便發心看牛三年一日師入山見在樹下坐禪師以拄杖點背一下山回首師云寂子道得也未仰云雖道不得且不就別人借口師云寂子會也

師因資國來叅乃指月示之國以手撥三下師云不道汝不見秪是見處太麤

師一日坐次仰山香嚴侍立師云過去未來與現在佛佛佛同宣人人得箇解脫之路仰

云如何是人人解脫之路師回首看香嚴云
寂子借問何不對伊嚴云若問過去未來幷
現在某甲却有箇祗對師云汝作麽祗對嚴
珍重便出師却問仰云與麽祗對還契子麽
仰云不契慧寂師云子又作麽生祗對老僧
仰珍重便出師呵呵大笑云如水乳合
師問道吾甚處去來吾云看病來師云有幾
人病吾云有病底有不病底師云不病底莫
是智頭陀不吾云病與不病總不干他事急
道急道師云道得也與他没交涉
師問雲巖菩提以何為座巖云以無為為座
巖却問師師云以諸法空為座師又問道吾
吾云坐也聽伊坐卧也聽伊卧有一人不坐
不卧速道速道
師一日呈起如意復畫此○相云有人道得
便得此如意道道時有僧云此如意本不是
和尚底師云得而無用又有僧云設與某甲
亦無著處
師示衆云一切衆生無佛性鹽官示衆云一
切衆生有佛性鹽官會下有二僧遂特詣師

會下探之既到所聞說法莫測其涯若生輕
慢一日在庭中坐次見仰山來遂勸云師兄
切須勤學佛法不得容易仰遂作一圓相托
呈却抛向背後復展兩手就二僧索二僧茫
然不知所措仰乃勸云直須勤學佛法不得
容易珍重便去二僧逮返鹽官將行三十里
一人忽然有省自歎云當知溈山云一切衆
生無佛性誠不錯也却回溈山一人又行數
里因渡水亦有省自歎云溈山道一切衆生
無佛性灼然有他與麽道亦返溈山
師因泥壁次李軍容來具公裳直至師背後
端簡而立師回首見便側泥盤作接泥勢軍
容便轉笏作進泥勢師便抛下泥盤與軍容
歸方丈
巖頭奯聞云噫佛法澹泊也大小溈山泥
壁也不了　明招謙云當時合作麽生免
被巖頭點撿代云却轉泥盤作泥壁勢便
抛下歸去
續黄龍新云巖頭錯下名言殊不知溈山
軍容弄巧成拙

師因鄧隱峯到入堂於上板頭解放衣鉢師
聞師叔來先具威儀下堂相看峯纔見便放
身作睡勢師便歸方丈峯乃發去少間師問
侍者師叔在何處侍云已去也師云去時有
何言語侍云無言語師云莫道無語其聲如
雷
洪州黄檗斷際希運禪師示衆云汝等諸人
盡是噇酒糟漢與麽行脚何處有今日還知
大唐國裏無禪師麽時有僧云只如諸方匡
徒領衆又作麽生師云不道無禪只是無師
溈山祐問仰山作麽生仰云鵞王擇乳素
非鴨類溈云此實難辯　五祖戒出僧語
謝和尚說得道理好　石門聰云黄檗垂
示不妨奇特纔被布衲撥著失却一隻眼
承天宗云五祖戒眼照四天下要見黄檗
猶未可若要扶豎正法眼藏須是黄檗宗
師　翠巖眞云諸方商確便道黄檗坐却
這僧又道黄檗被這僧上來直得分析不
下何為也翠巖輒生擬議霧豹澤毛未嘗
下食庭禽養勇終待驚人　溈山喆云黄

人還會麽莫怪從前多意氣他家曾踏上
頭關
續法昌遇云我要無禪底做國師　徑山
杲云且道是醍醐句是毒藥句
師因百丈問甚處去來師云大雄山下採菌
子來丈云還見大蟲麽師便作虎聲丈拈斧
作斫勢師遂與丈一摑丈吟吟而笑便歸陞
堂謂衆云大雄山下有一大蟲汝等諸人也
須好看百丈老漢今日親遭一口
溈山祐舉問仰山仰云和尚怎生溈云百
丈當時便合一斧斫殺因什麽到如此仰
云不然溈云子又作麽生仰云百丈只解
騎虎頭不解把虎尾溈云子有嶮崖之句
五祖戒云百丈大似作賊人心虛黄檗熱
處難忘
師因百丈問運闍黎開田不易師云衆僧作
務丈云有煩道用師云爭敢辭勞丈云開得
多少田也師將鋤築地三下丈便喝師掩耳
而去
溈山喆云黄檗開田功不浪施百丈住持
今不虛行
續瑯瑘覺云百丈一喝可謂垂絲於萬丈
潭中黄檗掩耳獨聳於千峯頂上
師因有六人新到五人作禮中一人提起坐
具作一圓相師云我聞有一隻獵犬甚惡僧
云尋羚羊聲來師云羚羊無聲到汝尋僧云
尋羚羊跡來師云羚羊無跡到汝尋僧云尋
羚羊蹤來師云羚羊無蹤到汝尋僧云與麽
則死羚羊也師便休至明日陞堂云昨日尋
羚羊僧出來僧便出師云昨日公案未了老
僧休去你作麽生僧無語師云將謂是本色
衲子元來只是義學沙門以杖打出
雪竇顯云只如聲響蹤跡既無獵犬向甚
處尋遂莫是絶聲響蹤跡處見黄檗麽諸
禪德要明陷虎之機也須是本分衲子
師因普請次南泉云如許大身材戴箇些兒
大笠師云三千大千世界總在裏許泉云王
老師聻師戴笠便行
師因裴相國捧一尊像於前胡跪云請師安
名師喚裴休休應喏師云與汝安名竟休作
禮
雪竇顯代休當時便喝
師在南泉會下為首座一日捧鉢向南泉位
中坐泉入堂見乃問長老甚年中行道迴云
威音王已前泉云猶是王老師兒孫下兩歸
過第二位坐泉休去
溈山祐云欺敵者亡仰山云不然須知黄
檗有陷虎之機溈云子見處得與麽長
雪竇顯云可惜王老師只見錐頭利我當
時若作南泉待伊道威音王已前即便於
第二位生令黄檗一生起不得雖然如此
也須救取南泉　雲峯悦云後來叢林中
多有商量或道黄檗有陷虎之機南泉有
殺虎之用若作與麽説話誠實苦哉殊不
知這老賊有年無德喫飯坐處也不依本
分若向雲峯門下説甚威音王已前王老
師更大直須喫棒趂出
師在鹽官佛殿上禮拜次時太中帝為沙彌
乃問不著佛求不著法求不著僧求長老當
何所求師云不著佛求不著法求不著僧求

常禮如是事彌云用禮何爲師便與一掌彌云太麤生師云這裏是什麼所在說麤說細隨後摑掌沙彌便走

師一日捏拳云天下老和尚總在這裏我若放一線道從汝七縱八橫若不放過不消一捏僧便問放一線道時如何師云七縱八橫又問不放過不消一捏時如何師云普

雲門偃因僧問如何是七縱八橫門云念老僧年老僧云如何是普門云天光回照僧云如何是天光回照門云髑髏少人知

師問百丈從上宗乘如何指示於人丈據坐師云後代兒孫將何傳授丈云我將爲你是箇人便歸方丈

雲峯悅云百丈老人大似憐兒不覺醜雖然如是盡法無民

續雲居舜云到這裏能有幾人

師因南泉問定慧等學明見佛性此理如何師云十二時中不依倚一物始得泉云莫便是長老見處麼師云不敢泉云漿水錢且致草鞋錢教誰還師休去

溈山祐問仰山莫是黃檗構南泉不得麼仰云不然須知黃檗有陷虎之機溈山云子見處得與麼長　保福展云若無溈仰埋沒著黃檗　五祖戒云仰山大似爲蛇畫足

續雲峯悅云若不同牀睡焉知被底穿　大溈智云欺敵者亡　徑山杲云路逢劍客須呈劍不是詩人不獻詩

師因南泉問黃金爲城白銀爲壁此是甚人居處師云聖人居處泉云有一人居何國土師近前叉手泉云道不得何不請王者師道師云有一人居何國土泉云可惜許

師因南泉問什麼處去師云擇菜去泉云將什麼擇師竪起刀子泉云汝只解作賓不解作主師以刀子點三下

續黃龍新云今時師僧往往將南泉黃檗作擇菜會却

廣州和安通禪師因仰山作沙彌時嘗喚寂子與我拈牀子來仰持至師云送舊處著復問寂子牀那邊是什麼仰云無物師云這邊聻仰云無物師又召寂子仰應諾師云去

清田和尚一日與瑫上座煎茶次師敲繩牀三下瑫亦敲三下師云老僧敲有箇善巧上座敲有何道理瑫云某甲敲有箇方便和尚敲作麼生師舉起盞子瑫云善知識眼應須恁麼煎茶了瑫却問和尚適來舉盞子意作麼生師云不可更別有也

大于和尚與南用到茶堂見一僧近前問訊用云我既不納汝汝亦不見我問訊阿誰僧無語師云不得平白地恁麼問伊用云大于亦無語師乃把住其僧云是你恁麼累我亦然乃打一摑用便笑云朗月與青天

師因問侍者金剛正定一切皆然秋去冬來且作麼生者云不妨和尚借問師云即今即得去後作麼生者云誰敢問著某甲師云大于還得麼者云猶要別人點檢在師云輔弼宗師不廢光彩者乃作禮

杭州大慈寰中禪師示衆云山僧不解答話只是識病時有僧出師便歸方丈

雪竇顯云大凡扶竪宗乘須辯箇得失且

大慈識病不答話時有僧出便歸方丈雪竇識病不答話或有僧出劈脊便打諸方識病不答話有僧出必然別有長處敢有動著大唐天子只三人

續黃龍南云可惜放過當時見伊出來劈脊便打待伊知得行棒來處免見千古之下遭人檢點黃龍今日也識病會答話忽有箇漢出來掀倒禪牀這裏合作麽生指準諸上座請代一轉語看　翠巖芝云這僧出來大慈歸方丈並無箇道理甚麽處是識病處如今也須子細

師掃地次因趙州問般若以何爲體師云般若以何爲體趙州呵呵大笑師明日見趙州掃地次却問般若以何爲體趙州致掃箒拊掌大笑師便歸方丈

雪竇顯云前來也笑後來也笑笑中有刀大慈還識麽直饒識得也未免喪身失命

潙山喆云纔見呵呵大笑便與一掌明日又問待伊大笑又與一掌大慈若下得這兩掌趙州若不對他可謂生鐵鑄就風吹不入漢大凡宗師一等是搖撼乾坤直教如旱天霹靂萬里無雲轟一聲教他眼目定動豈不俊哉要識趙州大慈麽莫怪從前多意氣他家曾謁聖明君

續黃龍新云趙州金鍮不辯玉石不分直饒分去也未夢見大慈在　黃龍震云般若非是無體二老不能知般若非是無用二老不能用若也能知能用一言可以斷衆紛何必再三　南華昺云兩箇漢只解掩耳偷鈴不解移風易俗或有問南華般若以何爲體劈脊便打待伊眼目定動却問般若以何爲體靈利漢忽然踏著必定自知落處

師示衆云說得一丈不如行取一尺說得一尺不如行取一寸洞山云說取行不得底行取說不得底雲居云行時無說路說時無行路不說不行時合行甚麽路洛浦云行說俱到即本事無行說俱不到即本事在

師住菴時南泉來問如何是菴中主師云蒼天蒼天泉云蒼天且致如何是菴中主師云會即便會休口喃喃地泉便出

師因僧辭乃問什麽處去僧云江西去師云將取老僧去得麽僧云非但和尚更有過於和尚亦不將去

汾陽昭代云知汝力微　法眼益別云和尚若去某甲提笠子

續淨因成云這僧可謂擔頭不泊蠅是則當如是要且只是孤生獨死底漢　天童覺云大慈合伴不著這僧不如獨行也須是恁麽始得直饒大慈古佛也不奈這擔板漢何且道別有什麽長處

天台平田普岸禪師訪茂源和尚源纔起迎師近前把住云開口即失閉口即喪去此二途請師別道源以手掩鼻師放開云一步較易兩步較難源云著甚死急師云若非是師不免諸方檢點

宗門統要續集卷第六

宗門統要續集卷第六

校勘記

一　底本，明永樂北藏本。

一　四五四頁上一行經名，徑作「宗門統要續集卷第七」。

一　四五九頁上一六行第六字「運」，南作「連」。

一　四五九頁下三行第六字「下」，南無。

一　四五九頁下一一行第四字「生」，南、徑作「坐」。

一　四五九頁下一八行「太中帝」，南、徑作「大中帝」。

一　四六〇頁上一行第一六字「堂」，南、徑作「掌」。

一　四六〇頁中六行「雲峯」，南、徑作「雲峯」。

一　四六〇頁中一〇行「若土處」，南、徑作「居止處」。

一　四六〇頁中一一行「又手」，南、徑作「叉手」。又「王者師」，南、徑作「王老師」。

一　四六〇頁中一五行「王師」，南、徑作「主師」。

宗門統要續集卷第七　扶九

宋　建　溪　沙　門　宗　永　集

元建康保寧禪寺住持沙門清茂續集

南嶽下第四世

揚州光孝慧覺禪師（嗣趙州諗）　至法眼處眼問近
離甚處師云趙州眼云承聞趙州有栢樹子
話是不師云無眼云往來皆謂僧問如何是
祖師西來意州云庭前栢樹子上座何得道
無師云先師實無此語和尚莫謗先師好
　續徑山杲云若道有此語蹉過覺鐵觜若
道無此語又蹉過法眼若兩邊俱不涉又
蹉過趙州直饒總不恁麼別有透脫一路
入地獄如箭射　鼓山珪云覺鐵觜名不
虛得只是不曾夢見趙州
太原孚上座參雪峯纔至法堂上顧視雪峯
便下看知事至明日入方丈作禮云昨日觸
忤和尚峯云知是般事便休
　雲門偃因僧問作麼生是觸忤處門便打
　雪竇顯云打得百千萬箇有甚用處直須
盡大地人喫棒方可扶竪雪峯且道孚上
座具什麼眼又云一千五百人作家宗師
被孚老一覷便高竪降旗至明日云知是
般事便休處著語云果然
　續雲居舜云大小雪峯被孚上座惑亂一
上只者孚上座也是擔枷過狀　雪竇宗
云只知其一不知其二殊不知雪峯𡎺壽
帷幄決勝千里孚上座呈盡平生見解也
只在雪峯圈繢裏
師因鼓山問父母未生時鼻孔在什麼處師
云老兄先道山云如今生也汝道在什麼處
師不肯山却問你作麼生師云將手中扇子
來山遂與再徵師默置山乃發之一拳
師因雪峯和尚門送晏國師住鼓山回至法
堂乃云一隻聖箭子直射九重城裏去也師
云和尚是伊未在峯云渠是徹底人師云若
不信待某甲去勘過遂趂到中路便問師兄
向甚處去晏云九重城裏去師云忽遇三軍
圍閉時如何晏云他家自有通霄路師云與
麼則離宮失殿去也晏云何處不稱尊師拂
袖便回峯問如何師云好一隻聖箭折却也
遂舉前話峯云奴渠語在師云這老凍膿猶
竟有鄉情在
　溈山喆云此話衆中商量不少或云纔問
甚處去這裏便好打是聖箭折處或云忽
遇三軍圍閉時如何好打是聖箭折處如
斯理論非唯瞞他亦乃自瞞要會麼相如
曾奪連城璧秦主安然致太平
　續寶峯文云雪峯一千五百人善知識受
侯王供養福報因緣即不無若是佛法未
在洞山即不然待孚上座云好一隻聖箭
折却也却問他道甚麼待孚上座舉拄
杖打出去一使孚上座已後作箇本色衲
子二與聖箭子出其鋒鋩三與禪門作箇
眞正宗匠爲後人眼目諸禪德是不是有
眼者辨取　保寧勇別國師語云孚上座
我也知你是惡人
師因保福簽瓜次福云道得與你瓜喫師云
把將來福度與一片師接便去
　雪竇顯云雖是死蛇解弄也活誰是好手
者試請辯看

師到投子子云久嚮太原孚上座莫便是麽師作掌勢子云老僧招得師便出子云且聽諸方斷看師却回首子便打

玄沙備云莫是投子招得麽

婺州新建禪師一生不畜沙彌有座主云上座年尊何不討箇沙彌侍奉師云若有眼瞎耳聾口啞底為我討一箇來主無對

日容遠禪師（嗣紫胡）因僉上座參師拊掌三下云猛虎當軒誰是敵者僉云俊鷂冲天阿誰捉得師云彼此難當僉云且休未斷這公案師將拄杖舞歸方丈僉無語師云死却這漢也

續照覺勤云力敵勢均不妨好頭對眼覰手辨彼此没便宜下梢可惜放過待他將拄杖作舞歸方丈便好與撫掌三下拂袖便行非唯頭尾完全亦免遭人指註雖然如是僉公無語還可轉側也無為言侵早起更有夜行人

大溈智云强中更有强中手天下元無第一人還知麽伎倆全無被句失途到這裏無你解會處自檢點看

紫桐和尚因僧問如何是紫桐境師云你眼裏著沙得麽僧云大好紫桐境也不識師云老僧不諱此事其僧出去師下禪牀擒住云今日好箇公案老僧未得分文入手僧云賴遇某甲是僧師云禍不單行

石梯和尚（嗣茱萸）一日見侍者托鉢上堂乃喚侍者者應喏師云甚處去者云上堂齋去師云我豈不知汝上堂齋去者云除此外别道箇什麽師云我秖問汝本分事者云若問本分事某甲實是上堂齋去師云汝不謬為吾侍者

師因有新到僧於前立少時便出去師云有什麽辯白處僧再立良久師云辯得也辯得也僧云辯後作麽生師云埋却得也僧云蒼天蒼天師云適來却與麽如今還不當僧乃出去

筠州末山尼了然（嗣大愚）因灌溪到問如何是末山師云不露頂溪云如何是末山主師云非男女相溪乃喝云何不變去師云不是神不是鬼變箇什麽

續照覺勤云或有人問山僧如何是末山一望不見如何是末山主可與佛祖為師何不變去上座自變擬議不來劈脊便棒且道末山是將山是當機無向背擬議隔千山　天童覺云非男女之相出有無之量透萬機之前超三界之上窮而通簡而當松含風而夜寒溪帶雨而春漲

婺州金華山俱胝和尚（嗣天龍）凡有詰問唯舉一指後有童子因外人問和尚說何法要童子亦竪起一指師聞遂以刃斷其指童子叫痛號哭而去師復召之童子回首師却竪起指童子忽然領悟師將順世謂衆曰吾得天龍一指頭禪一生用不盡言訖而寂

玄沙備云我當時若見拗折指頭　長慶稜代云美食不中飽人喫

續曹山章云俱胝承當處莽鹵只認得一機一境　報慈遂云且道俱胝還悟也未若悟為什麽承當處莽鹵若不悟又道用一指頭禪不盡且道曹山意作麽生

雲居錫云只如玄沙與麼道是肯伊是不肯伊若肯伊何言拗折指頭若不肯俱胝過在甚處　靈隱嶽云且道如何是一指頭禪乃竪起拂子云見麼若也見得可以與俱胝把手共行脫或未然新薦福不免重說偈言一著高一著一步闊一步坐斷佛祖關迷却來時路

襄州關南道吾和尚嗣關南常或執木劒橫在肩上作舞僧問手中劒甚處得來師遂擲於地僧却置師手中師云甚處得來僧無對師云容汝三日下取一轉語僧亦無對師乃拈劒肩上作舞云恁麼始得

續雲峯悅云邪法難扶

袁州仰山慧寂禪師嗣大潙祐因潙山問甚處來師云田中來潙山云田中多少人師插鍬叉手而立潙云今扶九日南山大有人刈六茅師拽鍬而去

玄沙備云我若見即踏倒鍬子　有問鏡清怤云插鍬意旨如何云狗銜赦書諸侯避道又問玄沙踏倒鍬意如何云不柰船何打破戽斗又問南山刈茅意如何云李靖三兄久經行陣　雪竇顯云諸方咸謂插鍬話奇特大似隨邪逐惡據雪竇見處仰山被潙山一問直得草繩自縛去死十分　翠巖芝云仰山只得一橛諸人別有會麼

師因僧問法身還解說法也無師云我說不得別有一人說得僧云說得底人在甚處師乃推出枕子潙山聞乃云寂子用劒刃上事

續徑山杲云潙山正是憐兒不覺醜仰山推出枕子已是漏逗更著箇名字喚作劒刃上事誤他學語之流便恁麼承虛接響流通將去妙喜雖則借水獻花要且理無曲斷即今莫有傍不肯底出來我要問你推出枕子還當得法身說法也無　天童華云若是扶九劒刃上事寂子何曾會用七忽有箇僧出來問法身還解說法也無向他道我說不得別有一人說得又問說得底人在甚處只向他道三生六十劫　靈隱嶽云仰山從前一條脊梁硬如鐵被這僧連撥便乃四楞塌地潙山一期忍俊不禁不知失却一隻眼忽有僧問治父法身還解說法也無便與攔胸一踏踏倒教伊起來作箇灑灑落落底漢不見道犀因翫月紋生角象被雷驚花入牙

師因韋宙就潙山請一伽陀潙云覿面相呈猶是鈍漢豈況形於紙墨韋乃就師請師於紙上畫一圓相註云思而知之落第二頭不思而知落第三首

師因在潙山牧牛時踢天太上座問百億毛頭百億師子現作麼生師不答歸侍立潙山須臾泰上座却來師乃舉前話問適來道百億毛頭百億師子現豈不是上座泰云是師云正當現時毛前現毛後現泰云現時不說前後師拂袖出潙山云師子腰折也

師因潙山問忽有人問你你作麼生祗對師云東寺師叔若在某甲不到寂寥潙云放你一箇不祗對罪師云生之與殺只在一言潙云不負汝見別有人不肯師云阿誰潙指露柱云是者箇師云道什麼潙云道什麼師云

白屏推還銀臺不變
師問僧近離甚處僧云廬山師云曾到五老
峯麼僧云不曾到師云闍黎不曾遊山
雲門偃云此語皆慈悲之故有落草之談
潙山秀云今人盡道慈悲之故有落草之
談只知捉月不覺水深忽若雲門當時謹
愼脣吻未審後人若為話會然水母無目
求食須假於鰕　黃龍心云雲門仰山只
有受璧之心且無割城之意殊不知被這
僧一時領過黃龍今日更作死馬醫乃拈
拂子度與僧僧擬接便打　潙山喆云仰
山可謂光前絶後雲門雖然提綱宗要鉗
鎚天下衲僧爭奈無風起浪諸人還識這
僧麼親從廬山來
續黃龍震云仰山已是失却鼻孔雲門更
下註脚有什麼救處我即不然近離甚處
云廬山曾到五老峯麼云不曾到只向道
別甑吹香供養此人
師嘗夢往彌勒內院居第二座有一尊者白
推云今日當第二座說法師乃起白推云摩
訶衍法離四句絶百非諦聽諦聽
潙山秀云依文解義即不無忽然彌勒會
中有箇作者纔見伊道摩訶衍法便云合
取兩片皮非唯止絶仰山寐語亦免使後
人夢中說夢
續潙山祐因仰山舉乃云子已登聖位
瑯瑯覺云且道聖衆是肯仰山是不肯仰
山若肯又孤負仰山若不肯仰山猶如平
地喫交山僧今日不惜眉毛與諸人說破
摩訶衍法離四句絶百非你若舉似諸方
諸方恁麼會入地獄如箭射　天童覺舉
登聖位了云玉女依稀夜動機錦絲壓壓
吐梭臍水天湛碧全功隨雪月寒清一色
迷諸禪德全功負墮一色猶迷作麼生體
悉得相應去權挂垢衣云是佛却披珍御
復名誰　東禪觀云尊者白推聖衆便散
不妨使人疑著却待第二杓惡水潑了方
始惺惺遲也且如摩訶衍法離四句絶百
非道已道了諸人還識仰山麼
師因潙山山下有一僧住菴師至舉潙山道
如許多人只得大機不得大用只如山中和
尚與麼道意作麼生主云更請舉一遍師纔
舉被菴主攔胷一踏師歸舉似潙山山呵呵
大笑
師問僧近離甚處僧云向南師拈起拄杖云
彼中還說這箇麼僧云不說師云不說這箇
還說那箇麼僧云不說師召大德叅堂去僧
便去師復召僧應喏師云近前來僧近前師
便打
雲門偃云仰山若無後語爭識得人
師因大潙問大地衆生業識茫茫無本可據
子作麼生知他有之與無師云某甲有驗處
時有一僧從面前過師召云闍黎其僧回首
師云和尚這箇便是業識茫茫無本可據潙
山云此是師子一滴乳迸散六斛驢乳
師問潙山大用現前請師辨白潙山下座歸
方丈師隨後入潙問子適來問什麼話師再
舉潙山云還記得吾答不師云記得潙云試
舉看師便出去潙云錯師回首云香嚴師弟
來莫道某甲無語

師一日侍潙山忽聞烏鳴潙云伊說事卻徑師云不可向別人道潙云何故恁麼道師云為伊說太直潙云多少法門寂子一時推下師云推下事作麼生潙敲禪牀三下

師一日忽見異僧乘空而至作禮而立於前師問近離甚處僧云早辰離西天師云何太遲生僧云游山翫水師云神通妙用不無闍黎佛法須還老僧僧云特來東土禮文殊卻遇小釋迦遂出西天貝多葉與師作禮乘雲而去

東林總云諸方商量如麻似粟盡道這碧眼胡兒來無蹤去無迹直是光前絕後若不是仰山也難為縱奪諸禪德殊不知這碧眼胡兒騰空而來騰空而去一生只在虛空裏作活計有什麼光前絕後大小仰山被他將兩杓惡水驀頭澆了也當時集雲峯下自有正令何不施行大眾且道作麼生是正令咄

續黃龍新云大小仰山被這僧熱瞞更出貝多梵書塗糊一上如今更有異僧乘空而至雲巖門下喚來洗脚

泐潭準云可惜仰山放過這漢當時若是寶峯便與掄住須教維那僧堂前撞鍾集眾責狀趕出況佛法不當人情既稱羅漢諸漏已盡梵行已立為什麼不歸家穩坐只管遊山翫水

昭覺勤云驅耕夫之牛奪飢人之食是從上爪牙這羅漢具許多神通妙用到仰山面前直得目瞪口呿何故鶴有九皐難翥翼馬無千里謾追風

大潙泰云大眾仰山只知進前趂鹿不知身墮網羅尊者偶爾成丈頗有衲僧氣息若人會得許你倒捋虎鬚

師因一梵僧來參師於地上畫半月相僧近前添作圓相以脚抹卻師展兩手僧拂袖便出

師因瞑坐次有僧潛來身邊立師開目見遂於地上作一圓相相下書一水字顧視其僧僧無對

師一日坐次有僧至云不審乃從東邊叉手而立以目視師師乃垂下一足僧卻從東過西立師又垂下一足僧卻向中間立師收兩足僧禮拜師云老僧自住來不曾打僧今日打去

師因鹽官會下有數人到潙山不肯伏一日因普請西莊般禾次師至嶺頭放下後十數人亦到放下師遂舉起禾擔向諸人前行一帀云有麼有麼其一行僧並無對師云賺殺人便擔禾去

師作沙彌時一日念經聲高乳源和尚云寂子汝念經恰似哭師云某甲只與麼未審和尚又如何源乃顧視師云若與麼與哭何別源休去（或曰[illegible]山）

師問東寺借一路過那邊還得不寺云大凡沙門不可秖一路也別更有麼師良久寺卻問借一路過那邊得不師云大凡沙門不可只一路也別更有麼寺云秖有此師云大唐天子決定姓金

師因潙山餧鵶生飯次回頭見師乃云今日為伊上堂一上師云某甲隨例得聞潙云聞底事作麼生師云鵶作鵶鳴鵲作鵲噪潙

云你爭奈聲色何師云和尚適來道什麼潙
云我只道爲伊大上堂一上師云爲什麼喚
作聲色潙云雖然如此驗過也何妨師云大
事因緣作麼生驗潙山竪起拳師云終是指
東畫西潙云子適來問什麼師云問和尚大
事因緣潙云爲什麼喚作指東畫西師云爲
著聲色故某甲所以問過潙云並未曉了此
事師云如何得曉了此事潙云寂子聲色老
僧東西師云一月千江體不分水潙云應須
與麼始得師云如金與金終無異色豈有異
名潙云作麼生是無異名底道理師云瓶盤
釵釧券盂盆潙云子說禪如師子吼驚散狐
狼野干之屬
師在潙山前坡牧牛次見一僧上山不久却
下來師乃問上座何不且在山中僧云秖爲
因緣不契所以便下來師云有何因緣不契
請舉看僧云和尚問某甲名什麼遂答歸眞
和尚云眞歸何在某甲無對師云上座却回
向和尚道某甲道得也和尚問作麼生道但
云眼裏耳裏鼻裏其僧却回一如所教潙山
云脫空謾語漢此是五百人善知識語
師因潙山問涅槃經四十卷幾卷是佛說幾
卷是魔說師云總是魔說潙休去師隨後云
某甲適來拙秖對和尚猶疊石峯頭草潙云
許汝眼正
師因見雪師子乃指云還有過得此色者麼
衆無對
雲門偃云當時好便與推倒　雪竇顯云
雲門只解推倒不解扶起
續瑯瑘覺云即今問汝諸人推倒扶起相
去多少拄杖撥過眉毛鼻孔呵呵大笑擲
下拄杖　淨慈昌云推倒也錯扶起也錯
還有過得此色者麼
師因問香嚴聞師弟近日有悟道頌試舉看
嚴遂舉擊竹頌師云此是閑時排置嚴又舉
一偈曰去年貧未是貧今年貧始是貧去年
無卓錐之地今年錐也無師云汝只得如來
禪未得祖師禪香嚴又呈偈云吾有一機瞬
目視伊若人不會別喚沙彌師云且喜師弟
會得祖師禪
報慈遂徵云且道如來禪與祖師禪是分
不分　長慶稜云一時坐却　雲居錫徵
云衆中商量如來禪淺祖師禪深只如香
嚴當時何不問如何是祖師禪若置此一
問何處有也　瑯瑘覺云武帝求仙不得
仙王喬端坐却昇天　潙山喆云香嚴可
謂上無片瓦下無卓錐露躶躶赤灑灑沒
可把若不是仰山幾乎放過這漢何故不
得雪霜力焉知松栢操
續徑山杲云潙山晚年好則極教得一棚
肉傀儡直是可愛且作麼生是可愛處面
面相看手脚動爭知語話是他人
師掃地次潙山問塵非掃得空不自生如何
是塵非掃得師以掃箒掃地一下潙山云作
麼生是空不自生師以手指自身又指潙山
山云塵非掃得空不自生離此二途又作麼
生師又將掃箒掃地一下又指自身却指潙
山
師問陸郎中承聞郎中看經得悟是不陸云
是弟子因看涅槃經道不斷煩惱而入涅槃

師竪拂子云只如這箇作麽生入陸云入之
一字也不用得師云入之一字不爲郎中陸
便起去（一本謂郎爲問）
清涼欽云上座且道入之一字爲什麽人
又云郎中且莫煩惱　雪竇顯於仰山舉
拂處別云拂子到某甲手裏也又別後語
云我將謂你是箇俗漢
師因一僧參便問和尚還識字不師云隨分
僧以手畫圓相托呈師以衣袖拂之僧又作
半月相托呈師以兩手作背拋勢僧以目視
之師低頭僧遶師一帀師便打僧遂出
師一日坐次有僧來作禮師不顧其僧乃問
師識字不師云隨分僧乃右旋一帀云是什
麽字師於地上書十字詶之僧又左旋一帀
云是什麽字師改十字作卍字僧畫圓相以
兩手托如脩羅掌日月勢云是什麽字師畫
一圓相圍却卍字僧乃作婁至勢師云如是
如是此是諸佛之所護念汝亦如是吾亦如
是汝善護持善哉善哉好去其僧禮謝騰空
而去時有一道者見後經五日遂問師云汝
還見不者云某甲見出門騰空而去師云此
是西天羅漢故來探吾道者云某甲雖覩種
種三昧不辨其理師云吾以義爲汝解釋此
是八種三昧是覺海變爲義海體同然此義
合有因有果即時異時總別不離隱身三昧
也
師夏末問訊潙山潙云子一夏不見上來在
下面作何所務師云某甲在下面鉏一片畬
種一籮粟潙云子今夏不虛過矣師却問和
尚今夏作得箇什麽潙云日中一食夜間一
寢師云和尚今夏亦不虛過道了乃吐舌潙
云寂子何得自傷己命
潙山喆云仰山眼照四天下到大圓面前
却向淨地喫交大圓可謂養子之緣不免
掛後人脣齒
續龍門遠云潙仰父子尋常相見遊戲神
通不同小小還有知得底麽若無山僧與
汝諸人說看開得一片畬綿綿密密兩頓
粥飯其道自辦山僧一夏與諸人相見自
是諸人不薦若也薦成一片是什麽一片
看取當門箭　西禪需云潙仰父子出入
卷舒得能自在諸人切不得作世諦商量
又不得作佛法解會既總不許與麽商量
畢竟如何會開得一片畬種得一籮粟回
頭閑一望山青水又綠終日只一餐夜後
只一宿困來伸脚眠千足與萬足相將八
月九月來籬邊爛熳鋪黃菊　東林顏云
今時師僧千百成羣經冬過夏虛消歲月
深屈古人東林不是撿點先聖仰山逞俊
太過吐舌只得一半
師問僧甚處來僧云幽州師云我恰要幽州
信幽州米作麽價僧云某甲無端從他市橋
上過踏折他橋梁
續保寧勇云放你三十棒
師因龐居士問久嚮仰山到來因甚却覆師
竪拂子士云恰是師云是仰是覆士乃打露
柱云雖然無人也要露柱證明師擲下拂子
云若到諸方一任舉似
續隱靜岑云大小小釋迦被龐居士一摑
直得手忙脚亂只如居士打露柱一下又

作麼生鯨吞海水盡露出珊瑚枝
師到巖頭頭舉起拂子師展坐具頭拈拂致
師背後師將坐具搭肩上出頭云我不肯汝
放只肯汝收
師因石霜下有二禪客到潙山云此間無一
人會禪後普請搬柴次師見二禪客歇將一
橛柴問云還道得麼俱無語師云莫道無人
會禪好歸對潙山云今日二禪客被慧寂勘
破潙云什麼處被子勘破師便舉前話潙云
寂子又被吾勘破
師因潙山開示云汝雖獨自迴光返照別人
不知汝解處汝試將實解獻老僧看師云若
教某甲自看到這裏無圓位亦無一物一解
得獻和尚潙云無圓位處元是汝作解處未
離心境在師云既無圓位何處有法把何物[拱九]
作境潙云適來是汝作與麼解是不師云是[十八]
潙云若與麼具足是心境法未脫我所心在
元來有解爭道無解獻我許汝信位顯人位
隱在（一本小異大同）
師住東平時潙山附書并鏡一面至師陞堂

受書乃提起鏡示衆云大衆潙山將鏡來而
今且道是潙山鏡東平鏡若道是東平鏡又
是潙山寄來若道是潙山鏡又在東平這裏
道得則存取道不得則打破去也如是三舉
衆皆無對師乃撲破
五祖戒云更請和尚說道理看驀奪打破
師因參東寺寺云已相見了不用上來師云
與麼相見莫不當麼寺便歸方丈閉却門師
歸舉似潙山山云寂子是什麼心行師云若
不與麼爭識得伊（師到乳源語亦類同）
保福展云仰山大似蚊子上鐵牛　承天
宗云仰山識得東寺强說道理即不可設
使潙山去也未能得與東寺相見在
師一日因潙山以兩手相交過各撥三下却
竪一指師亦以兩手相交過各撥三下却向
胷前仰一手覆一手以目瞻視潙山休去[伕九][十九]
鄧州香嚴智閑禪師示衆云如人在千尺懸
崖口銜樹枝手無所攀脚無所踏忽有人問
西來意不對則違他所問若對又喪身失命
當恁麼時作麼生即是時有虎頭上座云上

樹即不問未上樹請和尚道師呵呵大笑
雪竇顯云樹上道即易樹下道即難老僧
上樹也致將一問來　翠巖芝云問者對
者不免喪身失命如今衲僧作麼生
續徑山杲云吞得栗棘蓬透得金剛圈看
這般說話也是泗州人見大聖　大潙果
云香嚴慈悲之故有落草之談仔細檢點
將來未免弄巧成拙　鼓山珪云香嚴大
似蕭何制律
師初開堂潙山令人送拄杖并書到師接了
云蒼天蒼天僧便問和尚爲甚如此師云只
爲春行冬令
師因僧問如何是道師云枯木裏龍吟僧云
不會師云髑髏裏眼睛後有問石霜如何是
枯木裏龍吟霜云猶帶喜在問如何是髑髏
裏眼睛霜云猶帶識在又有問曹山如何是
枯木裏龍吟山云血脉不斷問如何是髑髏
裏眼睛山云乾不盡問未審還有得聞者麼
山云盡大地未有一箇不聞問未審龍吟是
何章句山云也不知是何章句聞者皆喪

續神鼎諲云石霜一向打揲向眞界裏作活計又舉曹山云恁麽會取好　昭覺勤云念不異心不差圓融五位君臣跳過無明三毒便可以向枯木上生花寒巖中吹律看他三箇老宿一人透語滲漏一人透情滲漏一人透見滲漏若善參詳便可玄關獨步還委悉麽莫守寒巖異草青坐斷白雲機不妙　徑山杲舉圓悟透三種滲漏語了云諸人還揀得出麽若揀不出妙喜不惜眉毛爲諸人説破香嚴透語滲漏被語言縛殺石霜透情滲漏被情識使殺曹山透見滲漏被見聞覺知惑殺分明説了具眼者辨

師因潙山問平生學解總不要作麽生是大德自己師道不得限三日亦無語潙云大德何不且下山歇去師便下山遇著首座問什麽處去師云被和尚問自己道不得且下山去座云何不住去師云某甲自己尚道不得爭敢住座云不是與麽住香嚴山有古寺基汝去住持我化齋粮與汝

師因僧問不慕諸聖不重己靈時如何師云萬機休罷千聖不携當時疎山在衆作嘔聲云是何言歟師問阿誰衆云師叔師云不諾山僧那山出衆云是師云師叔莫道得麽山云道得師云試道看山云若教某甲道還師資禮始得師乃下座禮拜准前語問山云萬機休罷猶有物在千聖不携亦從人得師云却請師叔道山云何不道肯諾（或曰重）不得全師云肯又肯什麽諾又諾阿誰山云肯即肯他諸聖諾即諾自己靈師云饒你與麽也須三十年倒屙設使住山近山無柴燒近水無水喫分明記取後住疎山果如師記至二十七年病愈自云香嚴師兄記我三十年倒屙今少三年在每至食畢以手抉而吐之以應前記山後問道恁長老肯重不得全作麽生恁云全歸肯重山云不得全又作麽生恁云箇中無肯路山云方愜病僧意

杭州徑山洪諲禪師因佛日長老至師云伏承長老獨化一方何以荐游峯頂日云朗月當空挂冰霜不自寒師云莫便是長老家風不日云峭峙萬重關於中含寶月師云此猶是文言作麽生是長老家風日云今日賴遇佛日却問隱密全眞時人知有道不得太省無辜時人知有道得於此二途猶是時人升降處未審長老親道自道如何道師云我家道處無箇道日云如來路上無私曲便請玄音和一場師云任汝二輪更互照碧潭雲外不相關日云爲報白頭無限衆此回年少莫歸鄉師云老少同倫無向背我家玄路勿參差日云一言定天下四句爲誰留師云汝言有三四我道其中一也無因有偈云東西不相顧南北與誰留汝即言三四我即一也無

師因僧問掩息如灰時如何師云猶是時人功幹僧云幹後如何師云耕人田不種僧云畢竟如何師云禾熟不臨場

續天童華云鳳閣香沉雪巢夜冷半窻明月和氣靄然正與麽時且道歸宗與徑山還有相見分也無見與不見且止只如這僧與麽問還具眼麽苟或未然雲藏無縫

梜烏宿不萠枝

師因僧問如何是長師云十聖不能量僧云如何是短師云蟭螟眼裏著不滿其僧不肯便去舉似石霜霜云只爲太近實頭僧問如何是長霜云不屈曲僧云如何是短霜云雙陸盤中不喝彩

福州長慶大安禪師（嗣大溈 住號懶安）示衆云有句無句如藤倚樹踈山聞遥往彼請問值師泥壁次便問云有句無句如藤倚樹豈不是和尚道師云是山云忽遇樹倒藤枯時如何師放下泥盤呵呵大笑歸方丈山隨後云某甲三千里賣却布單特爲此因緣而來和尚何得相弄師云侍者討錢還伊去遂囑云向後有獨眼龍爲汝點破在山後到明招舉前話招云大溈可謂頭正尾正只是不遇知音山却問樹倒藤枯時如何招云更使溈山笑轉新山因有省乃云溈山元來笑中有刀遂遥禮悔過

續開福寧舉有句無句語了良久云會麽深秋簾幙千家雨落日樓臺一笛風

師問百丈云學人欲識佛如何是佛丈云大似騎牛覓牛師云識後如何丈云如人騎牛至家師云未審始終如何保任即得相應去丈云譬如牧牛之士執杖示之勿令犯人苗稼

福州雙峯和尚因仰山問師弟近日見處如何師云據某甲見處實無一法可當情仰云汝解猶在境師云某甲只如此師兄又如何仰云汝豈無能知無一法可當情者溈山聞云寂子一句疑殺天下人

溈山喆云前箭猶輕後箭深無限平人被陸沉

續東禪撒云解弄不須霜刃劍延齡何必九還丹

福州靈雲志勤禪師因見桃花悟道有頌云三十年來尋劍客幾回葉落又抽枝自從一見桃花後直至如今更不疑舉似溈山山云從緣得入永不退失汝善護持次舉似玄沙沙云諦當甚諦當敢保老兄猶未徹在

長慶稜因僧問玄沙意旨如何慶云將謂胡鬚赤更有赤鬚胡

續翠巖芝云有一人如今問玄沙意作麽生且道此人還徹也未　黃龍心云諸人且道靈雲當初見底是桃花不是桃花若是桃花天下人見總須悟道若不是桃花爭奈見有桃花擬向甚處看作麽生說箇見底道理　五祖演云說什麽諦當更參三十年　昭覺勤云千鈞之弩不爲鼷鼠而發機靈雲既撥轉天關玄沙乃撤翻地軸且道那箇是未徹處　徑山杲云一家有事百家忙

師問僧甚處去僧云雪峯去師云我有一信寄雪峯僧云便請師脫履拋向面前僧便去雪峯問甚處來僧云靈雲來峯云和尚安不僧云有信相寄道了脫履拋向面前峯休去

溈山秀云雪峯既不能辨他來信端的這僧又秖知依模畫樣鈍置他靈雲忽若當時道我有一信寄他僧云便請靈雲只據坐這僧又若爲通露不可大丈夫漢爲人馳逹教他一言不措

師因長生問混沌未分時如何師云露柱懷胎生云分後如何師云如片雲點太清生云未審太清還受點也無師不對生云恁麼則含生不來也師亦不對生云直得純清絕點時如何師云猶是真常流注生云如何是真常流注師云似鏡常明生云未審向上還有事也無師云有生云如何是向上事師云打破鏡來與你相見（一本少異）

續芭蕉徹云相見便休又打破鏡作什麼 白兆圓云若不打破鏡爭得相見 大陽延云即今破也又作麼生相見乃云照盡體無依通身難辨的 開福寧云好諸禪德盡十方界是一面鏡作麼生說箇打破底道理直饒眼親手辦光境俱忘如雞抱卵啐啄同時正好喫報慈拄杖何故弄影禪和如麻似粟 黃龍忠云二尊宿發明本分大事可謂如切如磋如琢如磨不妨端的檢點將來大似貼肉汗衫未能脫體致使有般漢隨語生解便向未分時計較打破鏡處說道理驢年解悟去若據牧菴見處說甚混沌分與未分打破鏡與不打破鏡直饒向露柱懷胎處會得正是片雲點太清諸仁者還委悉麼待虛空落地即向你道 天童覺云分與未分玉機夜動點與不點金梭暗拋直是一色純清未得十成穩坐且道打破鏡來向甚處相見還會麼清秋老兔吞光後湛水蒼龍蛻骨時

師因僧問佛未出世時如何師竪起拂子僧云出世後如何師亦竪起拂子僧不肯後到雪峯峯問甚處來僧云靈雲來峯云有何言句僧舉前話峯云你肯他麼僧云不肯峯云你問我與你道僧云佛未出世時如何峯竪起拂子僧云出世後如何峯放下拂子僧禮拜峯便打僧後到玄沙舉前話沙問你怎生會僧云不會沙云我與你作箇譬喻如人賣一片園東西四至結契總了也中心有箇樹子猶屬我在

溈山喆云這僧一張弓兩隻箭擬撥亂天下至玄沙面前一箇伎倆施展不得何故鶴有九皐難翥翼馬無千里謾追風

續雲門偃於兩竪拂處云前頭即是後頭打不著

福州九峯慈慧禪師因溈山上堂云汝等諸人只得大體不得大用師便抽身出去溈山召師師更不回顧溈山云此子堪為法器

保福展云依稀似曲失前忘後

晉州霍山大禪佛景通禪師因到仰山前乃翹一足云西天二十八祖亦如是唐土六祖亦如是和尚亦如是某甲亦如是仰山下禪牀打四藤條

雪竇顯云藤條未到折因甚只與四下須是箇斬釘截鐵漢始得 翠巖芝云亦不得作賞亦不得作罰如今作麼生會

續棲賢遷云苦瓠連根苦甜瓜徹蔕甜 昭覺勤云師資會合輥芥投針一期借路經過不免遞相鈍置雪竇道藤條未到折因甚只打四下胡餅裏討甚麼汁又云須是斬釘截鐵漢始得大似隨邪逐惡 雲蓋智云大禪佛翹一足仰山打四藤條不是盲枷瞎棒且欲分付知音若不同牀睡

焉知被裏穿

師後到霍山自云集雲峯下四　條天下大禪佛叅山乃喚維那打鐘者師便走

雪竇顯云這漢雖見機而變爭奈有頭無尾

續昭覺勤云這漢擔却仰山冬瓜印子向人前賣弄若不是霍山幾被塗糊雖然如是可惜令行一半當時不用喚維那好與擒住更打四藤條且聽這漢疑三十年

滁州定山神英禪師因椑樹問不落數量請師道師提起數珠云是落不落樹云圓珠三竅時人知有請師圓前話師便打樹拂袖而出師云三十年後揑謈大哭去在樹住後示衆云吾三十年前被定山熱謾不同小小

雪竇顯云定山用即用爭奈險椑樹知即知要且未具擇法眼試請辨看

師一日見首座洗衣遂問作什麼座提起衣師云洗底是甚衣座云福州使鐵錢師乃令維那移下首座挂搭

元康和尚因謁石樓樓纔見便收足坐師云得與麼威儀周足樓云汝適來見什麼師云無端被人領過樓云是與麼始爲眞見師云苦哉賺却幾人來樓便起身師云見即見已動即不動樓云盡力道不出定也師摑掌三下

南泉願云天下人斷這兩箇是非不得若斷得與他同叅

京兆米和尚（或謂米七師或曰米胡者）因僧問自古上賢還達眞正理麼師云達僧云秖如眞正理作麼生達師云當時霍光賣假銀城與單于契書是什麼人做僧云某甲直得杜口無言師云平地教人作保

師令僧問仰山今時還假悟否仰云悟即不無爭奈落在第二頭師乃肯之

續泐潭清云門庭施設米胡深肯仰山第二頭若是入理深談第一頭猶未悟在

天童華云米胡提本分鉗鎚仰山展劒刃上事二老於唱教門中足可稱尊若是衲僧門下總是喫棒底漢

師問僧近離甚處僧云藥山師云藥山老子近日如何僧云大似一片頑石師云得渭麼鄭重僧云也無你提掇處師云非但藥山米胡亦渭麼僧近前顧視而立師云看看頑石動也其僧便出

雪竇顯云米胡也縱奪可觀爭奈死而不弔　潙山喆云米胡好片頑石多少遊人不識及乎衲僧一見不免將南作北

續昭覺勤云雪竇細處細如米末冷處冷似氷霜要且只見錐頭利若據蔣山見處只這米胡趂得老鼠打破油甕　天童華云這僧豈不是具眼叵耐却將藥山一片頑石到處賣弄苟非米胡深辨端倪幾遭惑亂是你諸人試辨看

襄州王敬初常侍一日治事次米和尚至侍乃舉筆示之米云還判得虛空麼侍乃擲下筆入宅更不相見米和尚致疑明日憑華嚴置茶筵次設問昨日米和尚有何言句便不得相見侍云獅子咬人韓獹逐塊米纔聞乃省遽出朗笑云我會也我會也侍云會即不無你試道看米云請常侍舉侍乃竪起一隻

筋米云這野狐精侍云這漢徹去也（一本語少異大意相類）
潙山喆云米胡雖然如是且只得一橛常侍云這漢徹去大似看樓打樓大潙則不然常侍雖是箇俗漢筆下有生殺之權米胡是一方善知識要且出他綣繢不得當時待他擲下筆但向道我從來疑著這漢
常侍與臨濟至僧堂乃問這一堂僧還看經也無濟云不看經還習禪也無濟云不習禪侍云經又不看禪又不習究竟作什麽濟云總教成佛作祖去侍云金屑雖貴落眼成翳濟云我將謂你是箇俗漢
投子同別云官人何得貴耳賤目　鏡清忲代云比來拋搏引玉　潙山喆云王常侍可謂儒門君子禪門良臣若非智鑑精明爭得是非顛脫
續白雲端云大衆臨濟端的只具一隻眼若是圓通即不然金屑雖貴落眼成翳我將謂你是箇俗漢大衆試斷看　天童華云風行草偃葉落知秋臨濟雖本分鉗鎚常侍乃頂門具眼只如今日判府正言入山與山僧相見雖無僧堂可至亦無佛法商量只這便是出他一頭地處且道以何爲驗　靈隱嶽云一著高一著一步闊一步明眼人前猶涉路布鳳棲不在梧桐樹

宗門統要續集卷第七

宗門統要續集卷第七

校勘記

一　底本，明永樂北藏本。
一　四六三頁上一行經名，[徑]作「宗門統要續集卷第八」。卷末經名同。
一　四六三頁中一二行「於之」，[南]、[徑]作「捴之」。
一　四六三頁下一行末字「必」，[徑]作「畢」。
一　四六五頁中一九行末字「獄」，[南]作「岳」，[徑]作「嶽」。
一　四六六頁中一五行第一四字「拔」，[南]作「裝」。
一　四七一頁上八行第八字「果」，[南]、[徑]作「果」。
一　四七一頁下一行「中舍」，[南]、[徑]作「中含」。
一　四七二頁上一〇行第八字「忽」，[南]、[徑]作「忽」。
一　四七四頁上二行「四條」，[南]、[徑]作「四藤條」。
一　四七五頁上一四行「拋搏」，[南]、[徑]作「拋磚」。

宗門統要續集卷第八 第九同卷　扶十

宋　建　溪　沙　門　宗　永　集

元建康保寧禪寺住持沙門清茂續集

睦州龍興陳尊宿 嗣黄檗運 因僧問高揖釋迦不拜彌勒時如何師云昨日有人問趣出了也僧云和尚恐某甲不實那師云拄杖不在苕幕柄聊與三十

雪竇顯云睦州只有受璧之心且無割城之意

續南堂靜云衲僧家高揖釋迦不拜彌勒不爲分外也須是本分鉗鎚方能知其眞僞何故出羣須是英靈漢敵勝還他獅子兒還佛若無如是眼直饒千載亦奚爲

西禪需云若要扶持大法舉唱宗乘這老漢却較些子諸人要見睦州麼劒爲不平離寶匣藥因救病出金瓶　靈隱嶽云以毒攻毒以楔出楔還他睦州老漢始得今日有人恁麼問虎丘也只恁麼答何故盡法無民

師示衆云我見百丈不識好惡大衆繞集以拄杖一時打下復召大衆衆回首又云是什麼有甚共語處黄檗和尚衆繞集以拄杖一時打下復召大衆衆回首又云月似彎弓少雨多風猶較些子

雪竇顯云說甚猶較些子直是未在據雪竇衆集一時打下便休或有箇無孔鐵鎚爲衆竭力善能擔荷可以籠罩古今乾坤把斷乃驀拈拄杖云放過一著　石門聰舉黄檗語了云前來甚是奇特後來龍頭蛇尾　天聖泰云殺人須見血

續瑯琊覺云若入洪波裏須是弄潮人　靈隱嶽云轉見諸訛這幾箇老漢出來張羅布網却向平地上撈鰕摝蜆用盡自己心笑破他人口

師因西峯長老至致茶果次問長老今夏在甚處安居峯云蘭溪師云有多少衆峯云七十來人師云時中將何示徒峯拈起柑子師云著什麼死急

師問僧近離甚處僧便喝師云老僧被你一喝僧又喝師云三喝四喝後作麼生僧無語師便打云這掠虛漢

續洑潭清云這僧只解瞻前不能顧後恁麼行脚鈍置殺人黄龍即不然待他道三喝四喝後如何將坐具一摵拂袖便行非唯截斷睦州葛藤且與天下衲僧出氣

靈隱嶽云老睦州甚生氣槩却向這僧手裏呈欵

師一日喚僧云大德僧回首師云擔板漢

雪竇顯云睦州只具一隻眼何故這僧喚既回首因甚却成擔板

續黄龍心云雪竇亦只具一隻眼這僧喚既回頭因甚却不成擔板　鼓山珪云睦州和尚被這僧勘破

師因秀才相看云會二十四家書師以拄杖空中點一點云會麼秀才罔措師云又道會二十四家書永字八法也不識

黄龍南云睦州一點直在威音王已前又手八法論書却被箇俗人勘破若是黄龍即不然孔門弟子無人識碧眼胡僧笑點頭　潙山喆云睦州不妨用得這一點妙

又似以勢欺人大溈即不然乃畫一圓相云會麼字義炳然文不加點

續徑山印舉大溈語了云睦州大似如風吹水自然成紋惜乎運俊太過烏焉成馬山僧今日客來雖有拂子拄杖盡以東之高閣何故文不在茲

師示衆云裂開也在我捏聚也在我時有僧問如何是裂開師云三九二十七菩提涅槃眞如解脫即心是佛我且與麼道你又作麼生僧云某甲不與麼道師云盞子撲落地楪子成七片

雲峯悅云相罵饒你接觜相唾饒你潑水

續天童華云我且問你諸人雲峯與麼道為復是會睦州意明睦州語歸宗因行不妨掉臂不是禪不是道不是玄不是妙久立珍重　天童覺云睦州用處直是長三短五七縱八横撒在面前拋向背後不妨奇特然則門庭施設自是一家入理深談不啻百步　靈隱嶽云也好笑睦州被這僧撥得恰似落湯螃蟹七手八脚一時露

師因雲門敲門乃問誰門云某甲師開門便擒住云道道門擬議師便推出云秦時𨍏轢鑽

師問僧甚麼處來僧云瀏陽師云彼中老宿祗對佛法大意道什麼僧云徧地無行路師云老宿實有此語不僧云實有師拈拄杖打云這念言語漢

師因僧問門前金剛托即乾坤大地不托即絲髮不逢時如何師云吽吽我不曾見此問先跳三千倒退八百你作麼生僧云諸師云先責一紙罪狀好便打其僧擬去師云來我共你葛藤托即乾坤大地你且道洞庭湖水深多少僧云不曾量度師云洞庭湖又作麼生僧云秖為今時師云只這葛藤尚不會又打

師問僧近離甚處僧云仰山師云五戒也不持僧云什麼處是妄語師云這裏不著沙彌

師問僧甚處來僧云那邊劄師云老僧屈僧云和尚知即得師云擔枷過狀勞脊便打

雲峯悅云睦州何用繁辭那邊劄勞脊便棒

師問僧近離甚處僧云河北師云河北有箇趙州和尚上座曾到彼麼僧云某甲近離彼中師云趙州有何言句示徒僧舉喫茶話師乃云慚愧却問僧趙州意作麼生僧云只是一期方便師云苦哉趙州被你將一杓屎潑了也便打師却問沙彌你作麼會沙彌便設拜師亦打其僧往沙彌處問適來和尚打你作什麼彌云若不是我和尚不打某甲

雪竇顯云這僧克由叵耐將一杓屎潑他二負古佛諸上座若能辯得非唯與趙睦二州雪屈亦乃雪竇與天下老宿無過若道不得到處潑人卒未了在

續徑山杲云雪竇只知一杓屎潑他趙睦二州殊不知這僧當時被趙州將一杓屎潑了却到睦州又遭一杓只是不知氣息若知氣息什麼處有二負古佛

師因吳尚書至門首便問三門俱開弟子從何門而入師召尚書尚書應諾師云從信門而入

雪竇顯別云客是主人相師

師示衆云你等諸人還得箇入頭處也未若未得箇入頭須得箇入頭若得箇入頭不得孤負老僧

雲峯悅云古人與麽道和身放倒了也汝諸人還相委悉麽若相委悉孤負睦州若不相委悉雲峯亦遭連累

續法雲秀云還會麽睦州便是陳蒲鞋若見可謂大施門開更無壅塞其或未然莫道不窒礙好柰　白雲端云睦州老兒可謂經事多矣要坐便坐要行便行雖然如是天無全功　雪竇宗舉拂子云我若恁麽穿却睦州鼻孔若不恁麽換却睦州眼睛又云今人明明向你道尚自不會驢年夢見麽

師見僧來云見成公案[扶十]放你三十棒[六]（雲峯悅云作賊人心虛）僧云某甲如是師云寺門前金剛爲什麽堅拳僧云金剛尚乃如是師便打

雲門偃云睦州正恁麽時天下人披枷帶鎖

續徑山杲云雖然無孔笛撞著氈拍板直是五音調暢六律和諧仔細檢點將來未免傍觀者哂且道誰是傍觀者良久云不得動著動著打折你驢腰　東禪嶽云臨危不變眞大丈夫當時若不是這僧幾被打破蔡州諸人還識睦州麽貧無達士將金贈病有閑人說藥方

師一日見僧行胡餅次乃云行箇甚麽僧云胡餅師云這俗漢

保福展云睦州也好低聲

師問武陵長老了即毛呑巨海始知大地一微塵作麽生陵云和尚問誰師云問長老陵云何不領話師云是我不領話你不領話

雪竇顯云墮也墮也復云這葛藤老漢好與劃斷拈拄杖云什麽處去也[扶十][七]

鎭州臨濟慧照義玄禪師在黃檗會中因第一座勉令問黃檗如何是佛法的的大意檗遂與二十棒如是三次問每蒙賜棒乃告辭第一座云早蒙激勸問法累蒙和尚賜棒所恨愚魯且往諸方去第一座遂白黃檗云義玄上座雖是後生却甚奇特後五日爲一株大樹蔭覆天下人去在要起去忽辭和尚願垂提誨師明日乃辭黃檗檗指往大愚處必爲汝說師至大愚愚問什麽處來師云黃檗來愚云黃檗有何言句師遂舉前話復云不知過在甚處愚云黃檗與麽老婆心爲汝得徹困猶覓過在師於是大悟乃云元來佛法無多子愚搊住云尿牀鬼子適來又道不會而今又道佛法無多子是多少速道速道師便於大愚肋下築三拳愚托開云汝師黃檗非干我事師返黃檗檗問來來去去有甚了期師云只爲老婆心切遂舉前話檗云大愚老漢饒舌待見與打一頓師云說甚待見即今便打遂與黃檗一掌檗吟吟而笑云這風顚漢來這裏捋虎鬚師便喝檗云侍者引這風顚漢參堂去（有本小異大同）

溈山祐問仰山臨濟得大愚力黃檗力仰云非但捋虎鬚亦解坐虎頭

師示衆云我於先師處三次問佛法大意三次被打如蒿枝拂相似如今更思一頓誰與

下手時有僧出云某甲下手師拈棒度與僧
擬接師便打
　雪竇顯云臨濟放去較危收來太速
　續五祖戒云臨濟大似貧兒思舊債　雪
竇宗云且道臨濟今日用底棒與當時喫
底棒是同是別若道同孤負他黃檗若道
別盈他臨濟若也盡其機來且道在阿誰
分上乃拈拄杖云退後退後　天童華云
臨濟在黃檗處三度喫棒底意旨諸人還
覷得透也未直饒一咬便斷也未是大丈
夫漢三世諸佛口挂壁上天下老和尚將
什麽喫飯　靈隱嶽舉雪竇語了拈拄杖
云臨濟據令而行不知孤負黃檗雪竇盡
力擔板也只見一邊且道薦福節文在甚
處擲下拄杖
師因趙州遊方到院在後架洗脚次師便問
如何是祖師西來意州云恰遇山僧洗脚師
近前作聽勢州云會即便會啗啄作什麽師
便歸方丈州云三十年行脚今日錯爲人下
註脚
　續法雲秀云衆中商量道趙州不識臨濟
作賊却爲他下箇註脚臨濟當時作聽勢
何不劈耳便掌若恁麽商量何曾夢見趙
州識得臨濟殊不知兩箇盡是老賊須知
一箇好手敢問諸人那箇是好手具眼者
辨取　教忠光云臨濟有驗人眼趙州又
飽叢林等閑略露風規自然頭正尾正還
會麽若不得流水還應過別山
師侍德山次山云今日困師云這老漢寐語
作麽（或云德山回顧云欲借一問得麽師便喝）山便打師攧倒禪
牀
　雪竇顯云二俱作者具啐啄同時眼有啐
啄同時用雪竇擬向飢鷹爪下奪肉餓虎
口裏爭餐敢謂德山臨濟俱是瞎漢有人
辯得天下橫行　雲峯悅云奇怪諸德看
此二負作家一撥一捺略露風規大似把
手上高山雖然如是未免傍觀者哂且道
誰是傍觀者喝一喝下座
　續徑山杲云雲峯與麽批判大似晉州人
徑山若見縛作一束送在河裏不見道蚌
鷸相持俱落漁人之手　西堂顯云然則
德山門下草偃風行爭奈臨濟當機不讓
雖然如是未出葛藤窠裏　護國元云奇
怪諸禪德二老漢忒煞傍若無人當時眞
如若見每人與二十棒且道利害在什麽
處有人明得許汝親見臨濟德山要見眞
如亦未可何故鶴有九皐難翥翼馬無千
里謾追風
師到三峯平和尚問發足甚處師云黃檗平
云黃檗近日有何言句師云金牛昨夜遭塗
炭直至如今不見蹤平云秋風吹玉管那箇
是知音師云直透萬重關不住青霄外平云
此語太高生師云龍生金鳳子衝破碧瑠璃
平云且坐喫茶
師因赴普請鋤茶次黃檗後至師問訊了按
钁而立檗云莫是困耶師云纔钁地何言困
檗拈拄杖便打師接住推倒檗乃喚維那扶
起我來維那云和尚爭容得這風顛漢檗却
與維那一掌師遂钁地云諸方火葬我這裏
活埋

溈山祐問仰山黃檗與臨濟此時作麽生仰云作賊人不在邏贓人喫棒　溈山喆云黃檗倒地維那扶起火葬活埋清風未已

續三交嵩云正狗不偷油鷄銜燈盞走

師在黃檗栽杉松次黃檗云深山裏栽許多樹作麽師云一與山門作境致二與後人作標榜道了將钁打地一下檗云雖然如是子已喫吾二十棒了也師又打地一下噓兩聲檗云吾宗到汝大興於世

溈山祐問仰山黃檗當時只囑臨濟一人別更有在仰云有只是年代深遠不欲舉似和尚溈山云雖然如是吾也要知但舉看仰云一人指南吳越令行遇大風即止溈山喆云臨濟與麽大似平地喫交雖然如是臨危不變方稱丈夫黃檗云吾宗到汝大興於世也是憐兒不覺醜

續天童華云黃檗道雖然如是子已喫吾二十棒了也養子之緣故當如是臨濟正令雖行可惜甘自向钁頭邊活埋仰山見解未出常流豈止遇大風則止當時何不道直待虛空界盡此話方始大行豈不頭正尾正應菴今日將下面皮要與諸人相見去也驀拈拄杖卓一下云驚羣須是英靈漢敵勝還他獅子兒

師示衆云有一無位眞人常向汝等諸人面門出入未證據者看看時有僧出問如何是無位眞人師下繩牀搊住云道道僧無語師拓開云無位眞人是什麽乾屎橛

雪峯存云臨濟大似白拈賊　雪竇顯云夫善竊者鬼神莫知旣被雪峯覷破臨濟不是好手復召大衆雪竇今日換却你諸人眼睛了也你若不信各歸寮舍自摸索看

續瑯琊覺云臨濟可謂氷稜上度九阬劍刃上得全身　薦福行云臨濟老人一條脊梁硬似鐵拗不折可憐末後不柰舩何打破戽斗

師問寺主什麽處去來主云州中糶黃米來師以拄杖劃一劃云還糶得這箇麽主便喝師便打次典座至師乃舉似典座座云寺主不會和尚意師云你又作麽生座禮拜師亦打

黃龍南云寺主下喝不可放過典座禮拜放過不可臨濟令行歸宗放過三十年後有人說破　溈山喆云寺主下喝典座禮拜臨濟令行古今獨邁

續黃龍新云典座禮拜有過無功寺主一喝有功無過旣是有功爲甚麽却被打棒頭有眼明如日要識眞金火裏看　天童華云二尊宿雖則力提綱要檢點將來未免依草附木殊不知大小臨濟被這兩箇漢破家散宅還會麽殺人刀活人劍　西禪需云院主一喝電卷雷奔山摧地裂典座禮拜雲收雨散月白風清雖然如是因甚麽總喫痛棒不見道臥龍纔奮迅丹鳳便翺翔

師臨遷化垂示云吾去後汝等諸人不得滅却吾正法眼藏三聖出云誰敢滅却正法眼藏師云後或有人問你又作麽生聖便喝師

云誰知吾正法眼藏向這瞎驢邊滅却聖便
作禮
溈山秀云古者忍死待來因何正法眼藏
却向瞎驢邊滅臨濟行計速速三聖又却
忽忽因斯父子情忘遂使後人失望若不
得流水多應過別山
師垂問一人在孤峯頂上無出身之路一人
在十字街頭亦無背面那箇在前那箇在後
師垂問有一人論劫在途中不離家舍有一
人離家舍不在途中阿那箇合受人天供養
續徑山杲云賊身已露　雲巖游云識取
鈎頭意莫認定盤星
師會下有同學二人相問一云離却中下二
機請兄道一句子一云擬問則失一云與麼
則禮拜老兄去也一云這賊師聞乃陞堂云
要會臨濟賓主句問取堂中二禪客便下座
師因一僧叅未人事乃問禮拜即是不禮拜
即是師便喝僧遂拜師云這賊僧云這賊便
出去師云莫道無事好首座在邊侍立師回
問還有過也無座云有師云賓家有過主家
有過座云二俱有過師云過在什麼處座便
出去師云莫道無事好
南泉願云官馬相踏
續保寧勇云這一羣賊其中有正賊有草
賊那箇是正賊那箇是草賊還辯得麼口
欵易招贓物難認　護國元云這僧身挨
白刃臨濟劒不虛施首座不善傍觀惹得
一身泥水雖然如是且道前頭無事與後
頭無事相較幾何於此緇素分明不但穿
却臨濟鼻孔亦許你眼光爍破四天下其
或未然莫道無事好
師一日見普化來乃云我在南方馳書到溈
山時知你先在此住待我來及至我到得汝
贊佐我今欲建立黃檗宗乘汝切須為我成
褫普化珍重下去克符後至師亦如是道符
亦珍重下去三日後普化却上問云和尚前
日道什麼師拈棒便打下又三日後克符亦
上問云和尚前日打普化有甚事師拈棒亦
打下至晚陞堂示四料揀語了普化克符二
人遂出衆作禮師便下座
續長蘆仁云普化克符不可放過臨濟老
人放過不可若是且菴一生擔板無人成
褫然雖恁麼須知遠煙浪別有好商量
師一日在僧堂前坐見黃檗來却閉目檗見
乃作怖勢遥遥過歸方丈師隨後具威儀去
禮謝了退于時首座在畔立檗云這僧雖是
後生却知有此事座云老和尚脚跟不點地
證據箇後生檗於口上自摑云却是老僧罪
過座云知即得
師到京教化至一家門云家常添鉢婆云太
無猒生師云飯也未曾得何言太無猒生婆
便閉却門
師因黃檗入厨見飯頭乃問作什麼頭云揀
衆僧米檗云一日喫多少頭云二石五檗云
莫太多頭云猶恐少在檗便打飯頭舉似師
師云與汝勘過這老漢纔出侍次檗便舉前
話師云飯頭不會請和尚代一轉語便問莫
太多麼檗云何不道來日更喫一頓師云說
甚來日即今便喫道了便掌檗云這風顛漢
又來這裏捋虎鬚師便喝出去

潙山祐云養子方知父慈　仰山寂云大似勾賊破家

師陞堂有僧出師便喝僧亦喝便拜師便打

翠巖芝云臨濟也心麤好彩賴是這僧若是今時衲僧且作麽生出得

續東禪觀云臨濟除是不作作則萬簌怒號這僧摶扶搖而上九萬里

師或見僧來乃竪起拂子僧禮拜師便打

翠巖芝云這僧有理不伸死而不弔且作麽生會如今作麽生與這僧出氣

師或見僧來乃竪起拂子（或云謝和尚指示或時僧不顧師）並打

雲門偃云只宜老漢

師問僧甚處來僧云定州來師拈棒僧擬議師便打僧不肯師云已後遇明眼人去在僧後㕘三聖纔舉前話三聖拈棒僧擬議三聖便打

續天童華云臨濟三聖當時若有轉身句後代兒孫未至掃土蕩拈拄杖更有一箇甚處去卓拄杖一下

師因有座主相看師乃問講何經論主云某甲荒虛粗習百法論師云有一人於三乘十二分教明得有一人於三乘十二分教明不得是同是別主云明得即同明不得即別時洛浦為侍者乃云座主這裏是甚處說同說別師回首問侍者汝又作麽生者便喝師送座主回遂問適來是汝喝老僧那者云是師便打

師因半夏上黃蘗山問訊見黃蘗看經乃云我將謂是箇人元來是淹黑豆老和尚住數日乃辭去蘗云汝破夏來不終夏了去師云某甲暫來禮拜和尚蘗遂打趂令去師行數里疑此事却回終夏

師應機或多用喝會下僧衆亦學師喝師一日問僧汝總學我喝我今問汝有一人從東堂出一人從西堂出兩人齊喝一聲這裏分得賓主汝且作麽生分若分不得已後不得學老僧喝

師聞德山示衆云道道得也三十棒道不得也三十棒師令侍者（即洛浦也）去見他如是道便問道得為甚也三十棒待伊打你便接拄杖推一推看去一如指教德山被一推倒便歸方丈閉却門者回舉似師師云從來疑著這漢雖然如是你還見德山麽者擬議師便打

巖頭奯云德山尋常只據目前一箇拄杖子佛來也打祖來也打爭奈較些子

續雲居齊云只如臨濟道我從來疑著這漢是肯語不肯語為當別有道理試斷看

師訪平田路口見一婆使牛乃問婆婆平田路向什麽處去婆便將牛打一棒云這畜生諸處走到這裏不知路師云我問你平田路什麽處去婆云這畜生五歲也尚使不得師云欲觀前人先觀所使便有抽釘拔屑之意師至平田田問還見我婆也未師云已收下了也田云近離甚處師云江西黃蘗田云情知你見作家來師云特來禮拜和尚田云已相見了也師云不然賓主之禮合禮三拜田云既是賓主之禮禮拜著

師會下兩堂上座一日舉頭相顧各下一喝

僧舉問師未審具賓主眼不師云雖然如此
賓主歷然
承天宗云臨濟此語走殺天下衲僧我即
不然當時見僧舉但云一對無孔鐵鎚
續昭覺勤云正勑旣行諸侯避道　大溈
智云作麽生是賓主歷然底道理若也會
得一雙孤鴈撲地高飛其或未然一對鴛
鴦池中獨立
師到襄州華嚴嚴見來乃橫按拄杖作睡勢
師云莫瞌睡嚴云作家禪客宛爾不同師云
侍者點茶來與和尚喫嚴召維那第三位安
排一本曰到舉峯
師到鳳林林云有事相借問得麽師云何得
剜肉作瘡林云海月澄無影游魚逐浪迷師
云海月旣無影游魚何得迷
或有云觀風波浪起翫水野僧飄師云孤
蟾獨耀江山靜長嘯一聲天地秋林云任
將三寸輝天靜一句臨機試道看師云路
逢劍客須呈劍不遇詩人不獻詩林便坐
師便出去

或有云湛寂無高下隨風妄起波師云孤
月照臨山嶽靜幾多人向此中休林云老
僧與闍黎又作麽生師云高高直透千峯
外莫將螢火照山川道了拂袖便出復有
一頌云大道絕同各自西東石火莫及電
光罔通
溈山拈問仰山臨濟道石火莫及電光罔
通從上諸聖以何爲人仰云和尚作麽生
溈云但有言說都無實義仰云不然溈云
子又作麽生仰云官不容針私通車馬溈
云如是如是
師因徑山有五百衆少人參請每日乃遶佛
殿前大樹行道念觀音接人與黃檗是同參
寄書與黃檗具言是事檗令師去云你到彼
作麽生師云某甲自有方便師到徑山裝腰
直上法堂徑山纔舉頭師便喝山擬開口師
拂袖便行尋有僧問徑山適來這僧有甚言
句便喝和尚山云這僧從黃檗來你要知自
去問取是時徑山五百衆太半分散
師因僧參乃展兩手僧無語師云會麽僧云

不會師云鶻圇擘不破與你兩文錢
師因麻谷第二世者參敷坐具問十二面觀音阿
那面正師下繩牀一手收坐具一手搊麻谷
云十二面觀音向甚麽處去也谷轉身擬坐
繩牀師拈拄杖打谷接却相捉歸方丈
師到杏山問如何是露地白牛杏云吽師云
啞杏云長老又作麽生師云這畜生
師到龍光問不展機鋒如何得勝光據坐師
云大善知識豈無方便光瞪目云嗄師拍手
云大衆看這老漢今日敗闕便行
師往鳳林路逢一婆子問甚麽處去師云鳳
林去婆云鳳林不在師云甚麽處去婆便行
師召婆婆回首師云誰道不在
師一日拈胡餅示洛浦云萬種千般不離這
箇其理不二浦云如何是不二之理師再拈
起餅示之浦云恁麽則萬種千般也師云屙
屎見解浦云羅公照鏡或依和尚問端長老小異大同
溈山喆云臨濟便風帆掛洛浦鼓棹揚波
然雖如是臨濟門下則得溈山門下不得
師辭黃檗檗問什麽處去師云不是河南便

是河北檗便打師約住棒遂與一掌檗呵呵大笑喚侍者將先師禪板拂子來師召侍者將火來檗云汝但將去已後坐却天下人舌頭去在

溈山祐舉問仰山臨濟莫孤負他黃檗也無仰云不然溈云子作麼生仰云知恩方解報恩溈云從上莫有報恩事不仰云有只是年代深遠不欲舉似溈云吾且不知子但舉看仰云如楞嚴會上阿難讚佛云將此深心奉塵剎是則名為報佛恩豈不是報恩之事溈云如是如是見與師齊減師半德見過於師方堪傳受

續焦山體云賓主歷然師資道合輕來重答不墮常情分付先師禪板拄子貴圖坐却天下人舌頭正是憐兒不覺醜假饒索火燒却終不向別處托生會麼老婆心切呵呵笑一任傍人說短長

福州烏石靈觀禪師一日因新到來偶引麵次遂引麵示之其僧便去師晚間問首座今日新到在甚處座云當時便去師云是即是只得一橛　雪竇顯云老觀大似失錢遭罪報慈遂云甚麼處是少一橛　翠巖芝云老觀道他只得一橛大似壓良為賤彼此出家兒　續東禪觀云總似這箇師僧靈山付囑有在老觀為什麼道只得一橛要會麼若不酬價爭辯真僞

師因雪峯來敲門師云誰峯云鳳凰兒師云作什麼峯云來啗老觀師便開門搊住云道道峯擬議師便托開閉却門雪峯住後示衆云我當時若入得老觀門你這一隊噇酒糟漢向甚處摸索　老宿云雪峯徒有此語當時入不得今也入不得　明招謙代雪峯纔見開門便云動即喪又代老觀云俊哉俊哉　雪竇顯云這孤恩負德漢有甚麼交涉當時入不得豈是教你入今既摸索不著累他雪峯俱在老觀門下

師常閉門獨坐一日雪峯敲門師便開峯搊住云是凡是聖師乃唾云野狐精拓開便閉却門雪峯云也只要識老兄

師因曹山行脚時問如何是毘盧師法身主師云不道曹舉似洞山洞云好箇話頭只欠進語何不更去問為甚不道曹乃去進語師云若言我不道即啞却我口若言我道即禿却我舌曹歸舉似洞山山深肯之

宗門統要續集卷第八

宗門統要續集卷第八

校勘記

一　底本，明永樂北藏本。

一　四七六頁上一行經名，徑作「宗門統要續集卷第九」，卷末經名同。又「第九同卷」，南、徑無。

一　四七七頁下七行第一〇字「你」，南作「爾」。

一　四八一頁中一一行「無事好」，徑作「無好事」。

一　四八三頁下五行「拈挂杖」，南、徑作「拈拄杖」。

一　四八四頁上一〇行「深心」，南作「身心」。

一　四八四頁中一九行第九字「識」，南無。

宗門統要續集卷第九

宋　建　溪　沙　門　宗　永　集

元　建　康　保　寧　禪　寺　住　持　沙　門　清　茂　續　集

南嶽下第五世

洪州米嶺和尚嗣徑山鑒垂語云莫過於此時有僧問未審是什麽莫過於此師云不出是其僧後問長慶爲什麽不出是慶云汝擬喚作什麽

益州大隨法眞禪師嗣長慶安因僧辭師問甚處去僧云峩眉禮普賢去師竪起拂子云文殊普賢總在這裏僧畫一圓相拋於背後師云侍者將一貼茶與這僧

保福展云若無後語笑他衲僧　雲門偃別云西天斬頭截臂這裏自領出去　五祖戒云大隨不因一事不長一智　雪竇顯云殺人刀活人劒具眼底辯取　溈山秀云大隨茶非類趙州茶既不類趙州茶得之者少奚這僧得之且有甚長處然不義之財於我如浮雲

續天童覺云識法者懼欺敵者亡水中辯乳須是鵞王

師因僧問劫火洞然大千俱壞未審這箇壞不壞師云壞僧云恁麽則隨他去也師云隨他去又僧問修山主如前修云不壞僧云爲甚不壞修云爲同大千

續道吾眞云此二老宿一人道壞一人道不壞且道壞底是不壞底是會麽壞與不壞俱非內外不隔絲毫尋常面對　黃龍清云此二尊宿雖則應處無偏其奈影響之流別生二見若是太平即不然忽有人問劫火洞然大千俱壞未審這箇壞不壞却向道壞與不壞即且致還識這箇麽忽地喚回秋夜夢舉頭惟見月當空

師因有婆子令人送錢物至請轉藏經師受施利了便下禪牀轉一帀乃云傳語婆婆轉藏經已竟其人回舉似婆婆云比來請轉全藏如何只轉半藏或出趙州

報慈遂徵云什麽處是欠半藏處且道那婆具甚麽眼便與麽道

韶州靈樹知聖敏禪師因有尼送瓷鉢盂與師遂托起問這箇出在甚處尼云出在定州師撲破尼無對

清涼欽別云不違此間　保福展代云欺敵者亡

鄭十三娘年十二歲時隨師姑到大溈纔禮拜起溈便問這箇師姑甚麽處住姑云南臺江邊住溈便喝出又問背後老婆甚處住十三娘放身近前叉手立溈再問娘云早箇呈似和尚了也溈云去娘纔下到法堂師姑云十三娘尋常道我會禪口似劒利今日被大師問著總無語娘云苦哉苦哉作這箇眼目也道我行脚脫取衲衣來與十三娘著娘後又舉似羅山秖如十三娘恭見溈山恁麽秖對還得平穩也無羅云不得無過娘云過在甚處羅乃叱之娘云錦上更添花

福州雙峯古禪師嗣先雙峯到石霜非時並不上堂頭有僧白石霜云古侍者見雙峯得箇入處師後一日辭霜去霜將拂子相送出門乃召云古侍者師回首霜云擬著即差是著即乖不擬不是亦莫作箇解除非知有莫能知

之作麽生師應喏喏師住後有僧問當時石霜渭麽道未審意旨如何師云他只是教我不得是非著

睦州陳操尚書（嗣睦州）一日與諸官登樓次見數僧行過一官人云來者總是行脚僧陳云不是官云焉知不是陳云待近來與勘過及僧至樓前陳驀召上座僧皆舉頭陳謂衆官云不信道

溈山喆云陳尚書可謂手擎仲尼日月腰佩毘盧金印非唯儒士驚慵亦乃衲僧罔措不見道當機如雷拂方免病樓蘆

續天童覺云陳操尚書白拈賊謾長蘆一點不得　鼓山永云這僧有理難伸死而不弔尚書按劍當門誰敢正眼覷著

尚書問僧云有事相借問得麽僧云合取狗口書乃自摑口云某甲罪過僧云知過必改書云就闍黎乞取口喫飯得麽

鎮州保壽沼禪師（嗣臨濟玄）問胡釘鉸云莫便是胡釘鉸麽鉸云不敢師云還釘得虛空不鉸云請和尚打破來師便打鉸云莫錯打某甲師云汝向後遇多口阿師與你點破在鉸後到趙州舉前話問不知某甲過在甚處州云只這一縫尚不柰何鉸於此有省

雪竇顯云我要打這三箇漢一打趙州不合瞎却胡釘鉸眼二打保壽不能塞斷趙州口三打胡釘鉸不合放過保壽驀拈拄杖云更有一箇大衆一時退乃擊禪牀一下　溈山喆云這漢雖然省去可惜趙州當時待他道某甲過在甚處劈脊便棒非但承他保壽威光亦乃與叢林爲龜爲鑑

續溈山果云保壽大似無風起浪平地生堆胡釘鉸貪程太速不覺墮坑落壍若不遇趙州點破爭得歸家穩坐大衆且道那裏是趙州點破處要會麽良久云斬新日月特地乾坤　徑山杲云直饒釘得這一縫點檢將來亦非好手可憐兩箇老禪翁却對俗人說家醜　鼓山永云保壽雖具打破虛空底鉗鎚未免傷鋒犯手胡公末後悟去誰知眼尚瞎矇

師因僧問訊師云百千諸聖盡不出此方丈內僧云只如古人道大千沙界海中漚未審此方丈向甚麽處著師云千聖見在僧云阿誰證明師擲下拂子僧從西過東立師便打僧云若不久叅焉知端的師云三十年後此話大行

續昭覺勤云保壽向方丈裏布網張羅這僧鈎餌邊擎頭戴角三度衝浪上來三度被他籠罩且道他得箇什麽還會麽重賞之下必有勇夫

師問新到近離甚處僧云崔禪師云還將得崔禪喝來麽僧云不將得來師云與麽則不從崔禪來僧便喝師拈棒僧擬議師便打（一本出興化同）

雲居舜云保壽與麽也險這僧飯到口邊被人奪却

師因僧問一物不將來時如何師云放下著僧云一物不將來放下箇什麽師便打（與巖陽問趙州語同）

鎮州三聖慧然禪師叅德山山云不用展炊單這裏無殘羮餿飯師云賴遇無設有向甚

處著山便打師接住推倒向牀上山大笑師
哭蒼天出去
續瑯瑘覺云衆中商量極有之不見道若
無欒布作爭得見韓光　溈山行云三聖
撥草瞻風有舒有卷德山看凡驗聖有故
有收德山笑去即且置三聖哭蒼天便出
意作麽生不貪香餌味可謂碧潭龍
雲巖遊云三聖便展坐具作賊人心虛山
云不用展炊巾尾巴露也聖云設有向什
麽處著口是榾門山便打裂破古今聖接
住棒推山向繩牀上老鼠入牛角更有一
轉語待無舌人邑口却向汝道
師到道吾吾預知以緋抹額執神杖門下立
師纔見乃云遂便祇候吾應喏師叅堂了却
上堂頭人事道吾却換衣方丈內坐師近前
吾云有事相借問得麽師云也是適來野狐
精便出去
師示衆云我逢人即出出即不爲人便下座
興化云我即不然逢人即不出出即便爲人
續白雲端云此二尊宿各有一處打得著

且道那箇在前那箇在後還有人向這裏
定當得麽良久云妙舞莫誇回雪手三臺
須是大家催　保寧勇云此二尊宿恁麽
爲人猶在半途保寧今日路見不平拈拄
杖下座大衆一時走散擲下歸方丈　實
峯文云這兩箇老古錐竊得臨濟竗子活
計各自分疆列界氣衝宇宙使明眼衲僧
只得好笑諸禪德且道笑箇甚麽還知落
處麽若知一任七顛八倒若不知且向三
聖興化葛藤裏咬嚼舉五祖演云大衆此
二尊宿一人文章浩渺一人武藝全施若
道興化是文亦不得若道三聖是武亦不
得若於此辯得出許你通身是命若辯不
出你自相度　昭覺勤云一人在孤峯頂
上土面灰頭一人在十字街頭斬釘截鐵
有頭有尾同死同生且道出即不爲人底
是出即便爲人底是萬古碧潭空界月再
三撈摝始應知　天童傑舉白雲語了云
大衆白雲端和尚錯下名言殊不知二尊
宿前不搆村後不迭店直至于今[illegible]成話

攔何故字經三寫烏焉成馬　靈隱嶽云
二老漢滅却臨濟正法眼却向長安路上
把手共行直至于今逅相鈍置且如何是
共行一句掣開金殿鎖撞動玉樓鐘
師問僧近離甚處僧便喝師亦喝僧又喝師
又喝僧云行棒即瞎便喝師拈棒僧乃轉身
作受棒勢師云下坡不走快便難逢便棒僧
云這賊便出去師遂抛下棒次有僧問適來
爭容得這僧師云是伊見先師來
師問雪峯透網金鱗以何爲食峯云待汝出
網來向汝道師云一千五百人善知識話頭
也不識峯云老僧住持事繁
保寧展云爭不足讓有餘　雪竇顯云可
惜放過好與三十棒這棒一棒也饒不得
直是罕遇作家承天大宗云布縵天網須
是雪峯深入虎穴還他三聖衆中有般漢
商量道雪峯在網內三聖在網外苦哉苦
哉深屈古人若非此二員作家不能橫行
天下　溈山喆云三聖可謂龍門萬仞慣
曾作客雪峯大似孟甞門啓豈懼高賓

續寶峯文云後哉後哉快活快活恰似一隻鷂子莫驚著報寧即不然透網金鱗以何爲食待汝出網來即向汝道一千五百人善知識話頭也不識便拽拄杖打出三門復云也好快活恰似一隻虎莫動著諸禪德且道報寧快活何似三聖快活莫有快活底漢出來定當看良久咄把手拽不入

　五祖演云衆中或謂雪峯三聖宗派不同故言不相契或謂三聖作家雪峯不能達其意如斯話會有何交涉若問五祖透網金鱗以何爲食只向伊道好箇問頭且道與雪峯是同是別　泐潭清云雪峯雖有爲人之心且無出人之手何必待他出網來當時纔問以拄杖便打三聖若透得過却是一員衲僧若透不得只是箇掠虛漢　徑山杲云一人麤似丘山一人細如米粖雖然麤細不同秤來輕重恰好徑山今日眞實告報汝等諸人切忌鑚龜打瓦　天童華云若謂二俱作家未具透關眼在且道歸宗憑麽說話還見二老落處也無諸人若辦得出歸宗性命在諸人手裏若辦不出諸人性命在歸宗手裏

師因雪峯見獼猴乃云這獼猴各佩一面古鏡師云歷劫無明何以彰於古鏡峯云瑕生也師云一千五百人善知識話頭也不識峯云老僧住持事繁

　雪竇顯云好與二十棒這棒放過也好免見將錯就錯

師因仰山問汝名什麽師云慧寂山云慧寂是我師云我名慧然山呵呵大笑

師雲遊到德山叅堂次堂中首座乃踢天泰也遂問夫行脚人須具本色公驗作麽生是上座本色公驗師云嗄座再問師乃打一坐具云這漆桶前後觸悞多少賢良座便人事

魏府大覺和尚到臨濟濟見乃竪起拂師便展坐具濟擲下拂師便收坐具叅衆去其時衆議此僧莫是和尚親故又不喫棒又不禮拜濟聞令侍者喚適來新到來師便至濟云師僧道你來叅長老人不禮拜又不喫棒莫是長老親故師乃珍重下去

師臨遷化時謂衆云我有一隻箭要付與人時有一僧出云請和向箭師云汝喚什麽作箭僧便喝師打數棒歸方丈次喚其僧來問汝適來會麽僧云不會師又打數棒擲却拄杖云已後遇明眼人分明舉似

魏府興化存獎禪師在三聖處爲首座常云我在向南行脚一帀拄杖頭不曾撥著一箇會佛法底人你這裏作箇什麽三聖聞乃問你具什麽眼師便喝三聖云須是你始得師休去三聖亦休大覺聞云作麽生得風吹入大覺門來師後到大覺請爲院主與大覺元是同叅一日覺喚院主我聞你道向南方行脚一帀拄杖不曾撥著一箇會佛法底人你具什麽眼師便喝覺拈棒師擬議覺便打師又喝覺又打師明日從法堂上過覺喚院主我直下不疑你昨日兩喝你爲我說來師云某甲於三聖邊得箇賓主句總被師兄折倒了也與某甲箇安樂法門覺云這瞎漢來這裏納敗闕脫下衲衣痛打一頓師於棒下識得臨濟先師在黃檗處喫棒底道理

師一日陞堂云今日不用如何若何便請單刀直入與化與你證㨿時有旻德長老出禮拜起便喝師亦喝德又喝師又喝德禮拜歸衆師云適來若是别人三十棒一棒也較不得何故爲他旻德會一喝不作一喝用

瑯琊覺云且道那一喝不作一喝用興化若無後語疑殺天下人雖然如是曉者還稀

續教忠光云興化與旻德各出隻手要發明臨濟正法眼藏殊不知臨濟一宗掃土而盡且道利害在什麽處具眼者辯取

師因有同參來纔上法堂師便喝僧亦喝行兩三步師又喝僧亦喝須臾近前師拈棒僧又喝師云你看這瞎漢猶作主在僧擬議師便直打下法堂師却歸方丈時有僧問適來這僧有甚言句觸悞和尚師云是他適來也有權也有實也有照也有用及我將手向伊面前横兩横到這裏却用不得似這瞎漢不打更待幾時

續天童華云興化門墻千仞從來家法森嚴這僧暗透重關要看洞中春色好則好未免二俱失利只如興化道我將手向伊面前横兩横又作麽生天堂未就地獄先成　育王光云高提祖印獨耀寰中大啓洪爐烹凡煆聖非興化不能驗同參非同參不能見興化直得主賓互換照用雙行且道那裏是興化將手向伊面前横兩横處這裏明得臨濟一宗掃土而盡脫或未然卓拄杖一下金鏃慣調曾百戰鐵鞭多力恨無讐

師在臨濟爲侍者因濟問新到什麽處來僧云鑾城濟云有事相借問得麽僧云新戒不會濟云打破大唐國覔箇不會底也無參堂去時師續問濟適來新到是成褫他不成褫他濟云我誰管你成褫不成褫師云和尚只解將死雀就地彈不解將一轉語蓋覆却濟云你又作麽生師云請和尚作新到濟遂云新戒不會師云却是老僧罪過濟云你語藏鋒師擬議濟便打至晚濟又云我今日問新到是將死雀就地彈就窠子裏打及至你出得語又喝起了向青雲裏打師云草賊大敗濟便打

師入堂見首座乃云我見你了也座便喝師打露柱一下便出座隨後上去云適來觸忤和尚禮拜未起師就地打一棒

師因同光帝云朕收中原獲一寶而未有人酬價師云略借陛下寶看帝兩手引幞頭脚示師師云君王之寶誰敢酬價帝大悅

雪竇顯云至尊所得只可傍觀若非興化作家往往高價酬却　翠巖芝云興化當時下一著可謂酩酊如今作麽生斷　雲峯悅云眞不掩僞曲不藏直有眼底辯取　黄龍心云興化一期見機而作爭柰埋沒伊一朝天子當時若但向道蚌蛤之珠收得也無用處教伊向後别有生涯免得遮相鈍置而今若有人問又作麽生酬價

師有時召僧僧應喏師云點則不到或召僧僧應喏師云到則不點

師因僧問四方八面來時如何師云打中間底僧禮拜師云大衆興化昨日赴箇村齋半

路過卒風暴雨却去神廟裏避得過
續天童華云衆中商量道向古廟裏避得
過是空刼已前自已又道便是他安身立
命處殊不知腰纏十萬貫騎鶴上揚州又
云我見燈明佛本光瑞如此

鄂州灌溪志閑禪師叅臨濟濟搊住師云領
也濟托開云且放你一頓師後住示衆云我
見臨濟無言語直至如今飽不飢
續天童華云灌溪氣宇如王被臨濟活埋
在鎮州城裏十字街頭當時若是光孝棒
折也未放你在何故家肥生孝子國覇有
謀臣　靈隱嶽云爐鞴之所鈍鐵尤多雖
然如是不因夜來鴈爭見海門秋

師因僧問久嚮灌溪到來只見漚麻池師云
汝只見漚麻池要且不見灌溪僧云如何是
灌溪師云劈箭急
玄沙備云更學三十年未會禪

幽州譚空和尚因有尼要開堂師云你有五
障不用開堂尼云龍女成佛也有五障師云
龍女現十八變你試變看尼云不是野狐精
變箇什麽師便打
鎮州牧主後聞云和尚拄杖折那將此見
解擬欲爲人　翠巖芝云且道尼具眼麽
只擔得斷貫索且作麽生會

定州善崔禪師陞堂拈拄杖云出來打出來
打時有僧出云崔禪聻師擲下拄杖便歸方
丈
歸宗一云作麽生道得一語救得崔禪
清涼欽云和尚且自救好是肯他不肯他
五祖戒別云便推倒禪牀
續瑯瑯覺云久經行陣者終不畏槍旗
雲蓋智云身换白刃不懼死生也須是這
僧始得崔禪爲甚麽當機放過要會麽錦
鱗已得休勞力收取絲綸歸去休　薦福
行云崔禪上堂美則美矣善則未善何故
大似放過這僧山僧即不然待這僧出衆
來向未開口已前與他痛棒若是皮下有
血必然別有生涯　龜峯光云崔禪布長
蛇偃月大陣欲統四大部洲爲一世界不
是這僧攙旗奪鼓未免陷在虜庭且道坐
籌帷幄鎮靜八方水乳和同風雲會合一
句作麽生道若不藍田射石虎幾乎悞殺
李將軍

鎮州萬壽和尚與保壽同叅師一日去保壽
壽坐不起師乃展坐具壽下禪牀被師便坐
却禪牀壽乃歸方丈閉却門師坐不起主事
云和尚閉却門請庫下喫茶師便歸院壽明
日却去復禮師還坐不起壽展坐具師亦下
禪牀壽乃坐却禪牀師遂歸方丈閉却門壽
於侍者寮取灰圍却方丈三道便歸師開門
見云我不與麽他却與麽

桐峯菴主因僧問菴主在這裏忽遇大蟲來
又作麽生師便作大蟲吼僧作怕勢師乃大
笑僧云這賊師云爭柰我何
雪竇顯云是即是兩箇惡賊只解掩耳偷
鈴

師因一僧至乃把住呌殺人殺人僧托開云
呌喚作什麽師云誰僧便喝師便打僧出外
云且待且待師乃呵呵大笑

虎溪菴主因僧來相看師總不顧僧云知道

菴主有此機鋒師乃彈指一下僧云是何宗
旨師便打僧云知道今日落人便宜師云猶
要棒喫在
師因僧問菴主在這裏得多少年也師云只
見冬彫夏長總不記得僧云大好不記得師
云汝道得多少年也僧云冬彫夏長輩師云
鬧市裏虎
襄州歷村和尚因僧問如何是觀其音聲而
得解脫師乃將火筯敲柴頭問汝還聞麼僧
云聞師云誰不解脫
雲山和尚問僧甚處來僧云西京來師云將
得西京主人公書來麼僧云不敢通消息師
云作家師僧天然有在僧云殘羹餿飯誰人
肯喫師云獨闍黎不肯喫僧便作吐勢師喚
侍者扶出這病僧著僧便出去
　續照覺勤云以往觀來二俱作家節節勘
　證二俱落草當時若有人截斷葛藤不妨
　光前絕後還委悉麼多虛不如少實
師因僧來乃起身僧便出去師云得與麼靈
利僧喝云作這箇眼目嗣法臨濟也大丕哉

師云且望闍黎善傳僧回首師喝云作這箇
眼目錯判諸方名言便打
覆盆菴主因僧從山下哭上師閉却菴門僧
於門上畫一圓相了只於門外立師從菴後
出却於山下哭上僧喝云猶作這箇去就在
師便搊胷云可惜先師一場埋沒僧云苦苦
師云菴主今日被人謾也
杉洋和尚問僧什麼處來僧云江西來師豎
起拂和子云江西還有這箇麼僧拓膝閉目
師云東家厮兒却向西家使喚僧云有口不
煩賓主說師云適來患聾而今患啞僧云買
鐵得金一場富貴師云客作無功未免逃避
僧便行師云自累猶可莫累老僧僧却回禮
拜師云若不滑麼已後喪我兒孫
定上座初叅臨濟問如何是佛法大意濟下
牀擒住師擬議濟與一掌拓開師佇思傍僧
云定上座何不禮拜師便禮拜起來浹背汗
流從此省去
師在鎮州齋回到橋上歇有三人座主一人
問如何是禪河深處須窮見底師擒住擬推

向橋下去時二人座主連忙救云休休伊觸
忤上座且放伊師云不是這二座主從他窮
到底
師路次逢巖頭雪峯欽山三人巖乃問甚處
來師云臨濟巖云和尚萬福師云頋世也巖
云某甲三人特地去禮見和尚已歸寂某甲
等薄福不見和尚未審有何言句請上座舉
一兩則師遂舉臨濟一日示衆云赤肉團上
有一無位眞人話巖頭不覺吐舌欽山云何
不道非無位眞人被師擒住云無位眞人與
非無位眞人相去多少速道速道巖頭雪峯
近前禮拜云這新戒觸忤上座望慈悲且放
師云若不是這兩箇老漢築殺這尿牀子
奯上座因到百丈丈云闍黎有事相借問得
麼師云幸自非言何須諮謹丈云收得安南
又憂塞北師擘開胷云與麼不與麼丈云要
且難構要且難構師云知即得知即得
　仰山寂云若有人知此二人落處不妨奇
　特若辯不得大似日中迷路
　續蔣山懃云百丈獨坐大雄峯頂咳嗽風

生四方禪客望崖而退因甚犇上座到來
直得弓折箭盡
師到德山山纔見便下繩牀作抽坐具勢師
云這箇且致忽遇心境一如底人來向伊道
箇什麼即得不被諸方檢責山云猶較昔日
三步在別作箇主人公來師便喝山不語師
云塞却這老野狐咽喉
溈山祐云犇公雖得便宜爭奈掩耳偷鈴
續蔣山懃云犇公一喝賓主歷然德山無
語言遍天下溈山老子雪上加霜仔細檢
點將來總不可放過乃擲下拄杖

宗門統要續集卷第九

宗門統要續集卷第九
校勘記

一　底本，明永樂北藏本。
一　四八六頁上一行經名，徑作「宗門統要續集卷第十」。卷末經名同。
一　四八六頁中一二行第一〇字「致」，南、徑作「置」。
一　四八八頁中一〇行第九字「舉」，南、徑無。
一　四八八頁中一三行第一三字「命」，徑作「眼」。
一　四八八頁下一五行第九字「大」，南無。
一　四八九頁上一一行第一四字「箘」，南、徑作「箇」。一五行第一五字同。
一　四八九頁中四行「無明」，徑作「無名」。
一　四八九頁中一九行第九字「人」，南、徑作「又」。
一　四八九頁中末行第六字「師」，徑無。
一　四八九頁下一行第一三字「莆」，南、徑作「箭」。
一　四九〇頁中六行首字「同」，徑無。
一　四九二頁下九行第七字「話」，徑作「語」。

宗門統要續集卷第十　傾一

宋　建　溪　沙　門　宗　永　集

元建康保寧禪寺住持沙門　清　茂續集

南嶽下第六世

吉州資福如寶禪師（嗣仰山西塔穆）僧問古人拈鎚竪拂意旨如何師云古人與麼那僧云拈鎚竪拂又作麼生師便喝出

雲門偃云古人是什麼眼目有僧云和尚與麼驢年會麼門乃召僧云來來僧近前門以拂子驀口打

師因陳操尚書來便畫一圓相陳云弟子與麼來早是不著便更畫圓相師於中著一點陳云將謂是南番舶主師便歸方丈閉却門

雪竇顯云陳操只具一隻眼　潙山喆云資福雖是本分爐鞴爭奈陳操是鍜了精金諸人要識資福麼等閑拋一釣驚動碧波龍

師示衆云隔江見資福刹竿便迴去脚跟下也好與三十棒豈況過江來時有僧纔出師云不堪共語

鑑湖和尚初開堂資福聞乃寄樣與師師遂書火字封迴福見皺眉久不語鹿苑和尚畫一圓相師云拘尸羅國親行此令

郢州芭蕉慧情禪師（嗣南塔涌）示衆云你有拄杖子我與你拄杖子你無拄杖子我奪却你拄杖子

潙山喆云大潙即不然你有拄杖子我奪却你拄杖子你無拄杖子我與你拄杖子大潙既如是諸人還用得也未若人用得德山先鋒臨濟後令若也用不得且還本主

續投子青云人無遠慮必有近憂　天童覺云你有則一切有你無則一切無自是當人與奪干芭蕉什麼事正當麼時作麼生是你拄杖子　寶峯文云大衆見錢買賣莫受人瞞知麼有利無利不離行市

師示衆云如人行次忽遇前面萬丈深坑背後野火來逼兩畔荊棘叢林若也向前則墮在深坑若也退後則野火燒身若也轉側則被荊棘林礙當與麼時作麼生免得若也免得合有出身之路若免不得墮身死漢

師云我年二十八到仰山參見南塔見上堂云汝諸人若是箇漢從阿娘肚裏出便作師子乳解好麼我於言下歇得身心便住經于五載

汝州西院思明禪師（嗣寶壽治）問保壽云踏破化城來時如何壽云不斬死漢師云斬壽便打師連道十聲斬壽連聲打十棒趂出復云適來這箇僧將赤肉抵他乾棒有什麼死急次有僧云某甲啓和尚問話底僧在大覺處來兩人同參在這裏見解總與麼恐已後悉忝和尚法道須是趂出二人若不趂出已後難得人承嗣壽便趂出陳白者僧

師因僧問學人有一問在和尚處時如何師云設有也斬爲三叚僧作禮師便休去會下有僧次見問話底僧遂云堂頭和尚道即太煞道未了在問話僧便拽其僧到堂上云這僧不肯和尚語師云上座不肯老僧那僧云某甲不曾覺事亦不曾說師一時喝下僧到法堂又云說什麼道即太煞道直下未了在

僧又挾去師見云上座是不肯老僧僧云莫
信道僧今日三度見伊風發師總赴下去
師未住時在許州聞汝州南院出世元與同
叅遂特去纔人事了云啓和尚某甲無可人
事自從許州來收得江西剃刀一柄上和尚
南院云汝從許州來爲甚却有江西剃刀師
遂於南院手上掐一掐院云侍者收師以衣
袖拂一拂便行南院云阿剌剌阿剌剌
　潙山喆云西院雖收得江西剃刀無處施
呈直遇同叅方始拈出如今還有收得者
麼試呈似山僧看如無尋常用箇什麼
鎮州第二世保壽和尚開堂日三聖乃推出
一僧師便打聖云漝麼爲人非但瞎却這僧
眼瞎却鎮州一城人眼去在師便歸方丈
　雪竇顯云保壽三聖雖發明臨濟正法眼
藏要且只解無佛處稱尊當時者僧若是
箇漢纔被推出便掀倒禪牀直饒保壽全
機也較三千里　法眼益云什麼處是瞎
却人眼處　五祖戒別保壽云千鈞之弩
不爲鼷鼠而發機　瑯琊覺云不是三聖
爭到今日雖然如是錯會者多　雲峯悅
云臨濟一宗掃地而盡因什麼却到這裏
驀拈拄杖云什麼處去也　潙山秀云保
壽爲將因何三聖却作中軍可惜鎮州一
城人眼至今未辨東西然清議之排必有
竊吹之處當時連三聖趁出必然救得鎮
州一城人眼　潙山喆云保壽大似寨中
天子勑正行三聖塞外將軍令正舉還有
不惜性命者麼出來與老僧相見要斷不
平之事良久云攙搶鎮鄉全正令太平寰
宇斬癡頑
續雲居元云衆中盡道此語奇特大似韓
獹逐塊殊不知保壽正賊不識悞罪平人
這僧有理不伸至今受屈承天欲斷不平
之事拈拄杖云要爲天下宗師此棒別有
分付　黃龍新云保壽見機而作其奈三
聖不甘直饒甘去未免瞎却鎮州一城人
眼　泐潭準云三聖成褫保壽出世好則
甚好要且只得一橛　昭覺勤云保壽大
似毒龍攪海雨似盆傾三聖雖然雷震青
霄未助得威光一半在可中有箇直下承
當底非但瞎鎮州一城人眼瞎却天下人
眼去在　天童華云叢林中商量盡道保
壽三聖是作家爐鞴本分鉗鎚有甚交涉
殊不知二大老被這僧一撈直至如今扶
不起今日莫有爲二老雪屈底麼出來與
明果相見有麼驀拈拄杖擲下云龍蛇易
辨衲子難瞞　天童傑云二尊宿美則美
矣若要扶臨濟正宗每人合喫一頓棒在
且道那裏是欠處具擇法眼者試定當看
東禪觀云衆中商量道三聖有奔流度刃
之作向平地上湧波瀾保壽用疾焰過風
之機向虛空裏轟霹靂二大老各出隻手
扶竪臨濟正法眼藏與麼說話要作臨濟
兒孫且緩緩性空道蚊子如何擎大柱藕
絲焉可拄須彌若是臨濟正法眼藏端的
向二人邊滅却　靈隱嶽云大凡扶竪宗
乘須是頂門眼正肘後符靈二尊宿等閑
一挨一撈直下發明臨濟心髓只是不知
性命總在這僧手裏還有人檢點得出麼

鎮州大悲和尚（嗣三聖然）因僧問除上去下請師
便道師云我開口即錯僧云與麼則眞是學
人師也師云今日向弟子手中死
廬州澄心旻德禪師（嗣先大覺）因問興化學人有
一問在和尚處時如何興化於繩牀右邊拍
一拍師便喝化又左邊拍一拍師又喝便歸
衆化云旻德較却興化二十棒雖然如是旻
德會若是小可衲僧一棒也較不得
廬州大覺和尚因僧問牛頭未見四祖時如
何師云有恁麼畜生無所知僧云見後如何
師云無恁麼畜生有所知
汝州寶應顒禪師（亦曰南院嗣興化獎）因僧問赤肉團
上壁立千仞豈不是和尚與麼道師云是僧
便掀倒禪牀師云你看這瞎漢亂做僧擬議
師便打出
續徑山杲云吾今為汝保任此事終不虛
也　天童華云也是勾賊破家若非這僧
敢捋虎鬚爭見南院汗馬功高雖然如是
山僧更資一路赤肉團上壁立千仞若有
僧出勢脊便打何故殺人刀活人劒具眼

者看　鼓山永云電光影裏緇素區分纖
毫不犯總教滅門　靈隱嶽云這僧一味
小心大膽南院也是養子之緣
師問僧近離甚處僧云襄州師云來作什麼
僧云特來禮拜和尚師云恰遇寶應老漢不
在僧便喝師云向你道不在又喝作麼僧又
喝師拈棒僧擬議師便打僧禮拜師云這棒
本分是你打我我且打你要者話行瞎漢叅
堂去
師因僧問從上諸聖向甚處去師云不上天
堂即入地獄僧云和尚又作麼生師云還知
寶應老漢落處麼僧擬議師以拂子驀口打
復喚近前云令合是汝行又打一拂子
雪竇顯云令既自行且拂子不知來處雪
竇道箇瞎且要雪上加霜　黃龍心云然
則白珪之玷猶尚可磨病在膏肓亦宜救
療這僧令既在手為什麼不行過在甚處
續徑山杲云權衡臨濟三玄三要須還他
南院始得雪竇為什麼却道拂子不知來
處妙喜道箇瞎且要兩得相見　東禪觀

云令合是這僧行為什麼却自行僧底便
道拂子在南院手裏若與麼非惟自抑威
光亦乃不識南院性空道南院令雖自行
要且打這僧不著
師因僧叅乃云敗也師遂引杖向其僧面前
僧無語師便打數棒
雲峯悅云這僧頂上有光不知脚下有漆
且作麼生會直饒你十字縱橫朝打三千
暮打八百
師一日陞堂云諸方只具啐啄同時眼不具
啐啄同時用時有僧便問如何是啐啄同時
用師云作家不啐啄啐啄同時失僧云此猶
未是某甲問處師云汝問處作麼生僧云失
師乃打僧不肯
翠巖眞云運籌帷幄決勝千里南院雖則
全機受敵其奈土曠人稀　溈山喆云南
院高提祖印縱奪當機這僧善能當機抗
敵爭奈力竭計窮如今還有本色衲僧麼
出來與大溈相見不圖鼓舞揚聲貴要宗
風不墮有麼有麼如無大溈今日大似索

戰無功

續淨因成云全軍制勝草偃風行南院如師子搏兔亦全其力　其僧後於雲門會下聞二僧舉此話一僧云當時南院棒折那其僧忽契悟遂奔迴省覲值師已圓寂

僧乃謁風穴穴一見認得便問上座便是當時問先師啐啄話底麼僧云是穴云你當時作麼生僧云某甲當時如在燈影裏行穴云汝會也　瑯琊覺云只解竪降旗不解奪鼓戰　翠巖真出風穴語云當時待這僧擬議秖對以坐具劈口摵　溈山喆云大小風穴却將惡水潑人大溈即不然問你當時作麼生待云某甲當時如燈影裏行先師肉猶煖在你作這箇見解以拄杖打下法堂見孤他南院　續東禪觀云扶南院門風還他風穴諸方往往道伊肯這僧殊不知這僧被伊推在萬丈坑裏

太行山禪房院克賓禪師因興化一日云克賓維那尒不久為唱導之師師云不入者保杜化云會了不入不會不入師云總不與麼化便打乃云克賓維那法戰不勝罰錢五貫設饡飯一堂至明日興化自白椎云克賓維那法戰不勝不得喫飯即便趂出院

雪竇顯云克賓要承嗣興化罰錢出院且致却須索取這一頓棒始得且問諸人棒既喫了作麼生索得雪竇要斷不平之事今夜與克賓雪屈以拄杖一時打散　黃龍南云克賓失錢遭罪有理難伸興化以剛決柔未足觀也　雲峯悅云路遙知馬力歲久辨人心　溈山喆云興化令雖行大似以勢欺人克賓一期輸機爭奈千古聲光不墜且道利害在甚處若不沙場經久戰揭天樓鼓喪紅塵

續白雲端云叢林自古至今盡道克賓知恩方解報恩恁麼說話可謂埋沒古人土上加泥且作麼生見得克賓維那要會麼雖為興化燒香要且自熏天炙地　雲居舜云大冶精金應無變色其奈興化令行太嚴不是克賓維那也大難承當若是如今汎汎之徒飜轉面皮多少時也　徑山杲云雲居拗曲作直妙喜道要作臨濟埴赫兒孫直須飜轉面皮始得　天童華云大小雪竇與克賓維那雪屈要且無合殺

資壽尼妙總云重賞之下必有勇夫

守廓侍者因華嚴上堂云今日賜卿無畏若是臨濟德山高亭大愚鳥窠船子兒孫不用如何若何便請單刀直入華嚴與你證據師便出作禮起便喝嚴亦喝師又喝嚴又喝師禮拜起云大衆看這漢一場敗闕又喝一喝拍手歸衆華嚴歸方丈時風穴為維那上去問訊嚴云浙客酙酎這守廓今日把老僧搥勢如今集衆打一頓趂出穴云趂他遲況是和尚言過道單刀直入豈不是言過他是臨濟兒孫本分與麼作用嚴方息怒穴下來與師說前來事意師云你著甚來由勸這老漢我未問前早要棒喫得我這話行如今不打我揭却我這話不行穴云此話已行也

師到鹿門一日後架見楚和尚與數僧道話次鹿門下來問楚和尚你終日披披搭搭作

什麼楚云和尚見某甲披披搭搭那門便喝楚齊喝兩家總休去師云諸上座你看這兩箇瞎漢隨後便喝門歸方丈却令侍者請師上來云老僧適來共楚闍黎賓主相見什麼處敗闕師云轉見病深門云老僧自見興化來便會也師云和尚到興化時某甲爲侍者記得興麼時語門云請舉看師遂舉興化問和尚甚處來和尚云遊五臺山來興化云還見文殊麼和尚便喝興化云我問你還見文殊又惡發作什麼和尚又喝興化不語和尚作禮興化至明日敎某甲喚和尚待問和尚和尚早去也興化上堂云你看這箇僧擔一条斷貫索向南去也已後也道見興化來師云今日公案恰似興麼時底門云興化當時爲甚無語師云知和尚不會賓主語所以不語明日敎某甲喚和尚擬待持論和尚早去了也鹿門明日特爲煎茶晚条告衆云夫条學龍象直須子細入室決擇不得容易綽得箇語便以爲極則道我靈利只如山僧當初見興化時認得箇動轉底見人道一喝兩喝便休以爲佛法也今日被明眼人覰破却成一場笑具圖箇什麼只爲我慢無明不能迴轉親近上流賴得明眼道人不惜身命對衆出來爲鹿門老漢證據實謂此恩難報何故興化云直饒你喝得興化上三十三天却撲下來一點氣也無欵欵地甦息起來向你道未在何故如此興化未曾向紫羅帳裏撒眞珠與你諸人在乾虗空裏胡喝亂喝作什麼眞謂藥石之言道流難信如今直須明辨取豈不慶快平生条學事畢

師曾問德山從上諸聖向什麼處去山云作麼作麼師云勑點飛龍馬跛鱉出頭來山休去明日浴出師過茶與山山撫師背一下云昨日公案作麼生師云這老漢今日方始瞥地

雪竇顯云然精金百鍊須要本分鉗鎚德山既以已妨人這僧還同受屈以拄杖畫一畫云適來公案且致從上諸聖什麼處去大衆擬議一時趂出　黃龍南云德山持聾作啞雖然暗得便宜廓公掩耳偷鈴爭奈傍觀者哂　溈山喆云若不登龍門焉知滄海寬直饒浪激千尋爭奈龍王不顧

續雲居元云大凡一賓一主須是知音同死同生方堪受敵廓侍者獨立於懸崖石上飜身倒捋虎鬚周金剛安坐於大海波心背手逆擒鱗角在檀特山前列陣向占波國裏爭鋒分明有輸有贏且道誰得誰失請諸人斷看　靈隱嶽云前面是懸崖萬仞後面是觸刃當鋒如何入得德山門

際上座（嗣克符道者）到洛京因朱行軍設齋入堂內顧視上下云直下是興麼行香口不住道至師前師云直下是箇什麼軍便喝師云行軍幸是會佛法人惡發作麼軍云喚作惡發即不得師便喝軍云鈎在不疑之地師又喝行軍齋了請師說話僧錄云啓行軍適來爭容得這僧喝太甚無禮軍云若是你諸人喝某甲有劒在錄云某甲一隊紫布袋不會須是他暉長老始得師云若是南禪長老未夢見在

續天童華云行軍拈出倚天長劒這僧披襟敢衝白刃雖然兩不相傷爭奈二俱弄險　敎忠光云未行軍傍若無人這僧攙行奪市雖然鈎在不疑之地爭奈二俱失利且道甚處是失利處喝一喝

南嶽下第七世

郢州興陽清讓禪師（嗣芭蕉清）僧問大通智勝佛十劫坐道場佛法不現前不得成佛道時如何師曰其問甚諦當僧云既是坐道場爲什麼不得成佛道師曰爲伊不成佛

郢州興陽歸靜禪師（嗣西院明）初叅西院便問擬問不問時如何院便打師良久院云你若喚作棒則眉鬚墮落師於言下契悟

保福展云雖然如是你眉毛有幾莖

續開福寧云諸禪德還知麼這僧却有陷虎之機西院不覺投他深穽若人辨得覷佩眦盧印當陽捋虎鬚其如見解未圓棒頭有眼明如日要識眞金火裏看

汝州風穴延沼禪師（嗣南院顒）在郢州衙內陞座云祖師心印狀似鐵牛之機去即印住住即印破只如不去不住印即是不印即是時有盧陂長老出問某甲有鐵牛之機請師不搭印師云慣釣鯨鯢澄巨浸却嗟蛙步驟泥沙盧陂佇思師喝云長老何不進語陂擬議師打一拂子云還記得話頭麼試舉看陂擬開口師又打一拂子牧主云佛法元來與王法一般師云太守見箇什麼道理牧主云當斷不斷返招其亂師便下座

師初到南院便問入門須辨主端的請師分（一本分上一句作主家語）院以左手拍膝一下師便喝院以右手拍膝一下師亦喝院舉左手云這箇且從闍黎舉右手云這箇作麼生師云瞎院遂拈拄杖師云作什麼奪棒却打和尚莫言不道院擲下拄杖云今日被這黃面浙子鈍置一上師云大似持鉢不得詐道不飢院云闍黎莫曾到此間麼師云是何言歟院云好好借問師云也不得放過院云且喫茶

續靈隱嶽云嗄也甚奇怪一箇禿苕帚一箇破糞箕檻檻堆頭也用得著未免鈍置門風若據令而行總欠一著

師上堂云若立一塵家國興盛野老嚬蹙不立一塵家國喪亡野老安怗於此明得闍黎無分全是老僧於此不明老僧即是闍黎闍黎與老僧亦能悟却天下人亦能迷却天下人要識闍黎麼左邊拍一拍云這裏即是要識老僧麼右邊拍一拍云這裏即是

雲門偃云這裏即易那裏即難　瑯琊覺云杓卜聽虛聲

續白雲端云大衆立即是不立即是良久云心不負人面無慚色拍禪牀一下

五祖演舉了云山僧即不然若立一塵法堂前草深一丈不立一塵錦上鋪花何也不見道九九八十一窮漢受罪畢纔擬展脚眠蚊蟲獦蚤出　天童華云大小風穴不會轉身句　靈隱嶽云大小風穴醋氣猶在何故始作甕如也縱之純如也皦如也繹如也以成喝一喝

師示衆云昔世尊以青蓮目顧視迦葉正當與麼時且道說箇什麼若道不說而說又是埋沒先聖且道說箇什麼念法華便下去侍

者入室請益云念法華爲甚不柢對和尚師云念法華會也次日念法華與眞園頭同上侍次師云作麽生是世尊不說說眞園頭云鵓鳩樹頭鳴意在麻畬裏師云你作許多癡福作什麽何不體究言句又問念法華你作麽生念云動容揚古路不墮悄然機師云你何不看念法華下語

師因僧問語默涉離微如何通不犯師云常憶江南三月裏鷓鴣啼處百花香

雪竇顯云曾有人問我對他道劈腹剜心又且如何復云因風吹火別是一家傷鱉恕龜必應有主　潙山秀云江南佳景誠合如之千載觀光添人性懆或不尒來年更有新條在惱亂春風卒未休

續鼓山珪云且道是犯不犯　南華昺云風穴入林不動草入水不動波眼睛裏倒卓須彌眉毛裏橫安世界畢竟落在甚處只許老胡知不許老胡會　雲居元云且喜天下太平西禪需舉雪竇語了云二老漢一人如三春和煦一人如雪上加霜雖則來機不昧縱奪可觀其奈未出這僧所問曾有僧問祥雲向伊道泥牛吼處千花秀木馬嘶時萬木秋復云師子頻申象王迴顧三千年後和泥合水莫道見祥雲來

東林顏舉雪竇語了云大衆還會麽家中天子勑塞外將軍令

師問懷本上座云有事借問得麽本云不可惜口去也師云不惜口即道本擬議師便打又問第二人莫道得麽僧云道什麽師又打又問第三人云三人同行必有我師作麽生是我師僧云見叅禮次師亦打云過這邊立復云將頭不猛悞累三軍瞎漢叅堂去本至明日上堂頭親近云某甲夜來有甚麽過便蒙賜棒師云你要會麽以手左邊一拍云這裏是祖師意以手右邊一拍云這裏是教意還會麽本不肯便去後到頴橋安上座處舉前話安云風穴棒折那本云上座脅朧終不向外曲安云你會〻風穴道這裏是祖意教意麽非惟你不會直饒白兆老口赫赤地教他舉也舉不得

南嶽下第八世

汝州廣慧眞禪師嗣風穴沼因風穴問會昌沙汰時護法善神向什麽處去師云常在闤闠中要且無人見穴云你徹也

續徑山杲云汝道風穴自徹也未

汝州首山省念禪師亦住寶因拈竹篦示衆云汝諸人若喚作竹篦則觸不喚作竹篦則背汝諸人且喚作什麽葉縣省和尚在會下乃近前掣得折作兩截拋向堦下却云是什麽師云瞎縣便設禮

師問僧與麽來者是什麽人僧云問者是阿誰師云老僧僧便喝師云向你道是老僧又惡發作麽僧又喝師云恰遇棒不在手僧云草賊大敗師云今日又似得便宜又似落便宜

南嶽下第九世

隋州智門罕禪師嗣首山念因爲北塔僧使點茶次師乃起自揖僧使近上座僧使云鷂子頭上爭敢安巢師云棒上不成龍隨後打一坐具僧使茶後近前云適來却成觸忤和尚師

云江南杜禪客覓什麼第二撥
汝州仁王評禪師問首山如何是佛法大意
山便喝師便禮拜山拈棒師云和尚勿世界
那山擲下棒云明眼人難瞞師云草賊大敗
并州三交嵩禪師問僧你是迦葉門前客祇
園會裏人僧云今日特來禮拜和尚師云洎
合不問闍黎僧便喝師云錯僧又喝師云放
你三十棒僧云許和尚具一隻眼師云喫棒
了呈欵
師問僧甚處來僧云潞府師云潞府来作麼
價僧云和尚試道看師云不解作客勞煩主
人庫下喫茶去
潭州神鼎諲禪師舉南泉道我十八上便解
作活計趙州道我十八上便解破家散宅師
云你道破家散宅底好解作活計底好初心
底人且取前語久叅先德直須破家散宅更
頌一
十八
有一言萬里崖州
襄州石門蘊聰禪師曾到大陽延和尚處陽
問近離甚處師云襄州陽云作麼生是不隔
底句師云和尚住持不易陽云且坐喫茶師
便叅衆去侍者問和尚適來新到祗對和尚
住持不易和尚爲甚教且坐喫茶陽云我獻
他新羅附子他酬我舶上茴香你自去問他
有語在侍者請喫茶問師意旨如何師云眞
金不博鍮
汝州葉縣省禪師問僧云日暮投林朝離何
處僧云某甲不曾學禪師云生身入地獄
明教寬代云鈴是在和尚手裏
師因僧問諸餘即不問如何是今日施設師
云有你瞎驢漢在僧云與麼則打鼓弄琵琶
師云捺胷放屁聲
雲峯悅云然則一期倚勢欺人其奈事不
孤起葉縣老人失却一隻眼還有人撿點
得出麼你若撿點得出雲峯分半院與你
若撿點不得良久云横按鏌鎁全正令太
頌一
十九
平寰宇斬癡頑
師問僧近離甚處僧云襄州師拈童子摑一
摑便喝出去或曰首山
汾州善昭禪師示衆云識得拄杖子行脚事
畢
雲峯悅拈拄杖云這箇豈不是拄杖那箇
是你行脚事復云擲摽横挑不顧人直入
千峯萬峯去　潙山喆乃拈拄杖云這箇
是拄杖子那箇是行脚事直饒向這裏見
得於衲僧門下只是脫白沙彌若也不識
且向三家村裏東卜西卜忽然卜著也不
定
續泐潭澄云識得拄杖子入地獄如箭射
靈隱嶽云汾陽雖是開口見膽未免落在
第二頭驀拈拄杖云這箇不得喚作拄杖
子漆桶叅
南嶽下第十世
揚億侍郎(見廣燈)問廣慧云承和尚有言一切
罪業皆因財寶所生勸人踈於財寶而況南
閻浮提衆生以財爲命邦國以財實聚人敎
中有財法二施何得勸人踈於財寶慧云旛
竿頭上鐵龍頭侍云海壇馬子似驢大慧云
楚雞不是丹山鳳侍云佛滅二千年比丘少
慙愧
侍郎因慈明爲唐明長老馳書至侍云對面

不相識千里却同風慈明云某甲奉院門請侍云眞箇謾語明云前月離唐明侍云適來悔伸一問明云作者侍便喝明云恰是侍又喝明以手面前畫一畫侍吐舌云龍象龍象明云是何言歟侍喚客司點茶元來是自家屋裏人明云[傾一]也不消得喫茶了[二十]侍又問如何是上座爲人一句明云切侍云長裙新婦拖泥走明云誰得似學士侍云作家作家明云放你三十棒侍以手拍膝云這裏是甚所在明拍手一下云也不得放過侍乃呵呵大笑

侍郎又問專使還記得唐明當初悟底因緣麼明云也曾親見舉來侍云請不恡慈悲明便舉昔有僧問首山如何是佛法大意山云楚王城畔汝水東流侍云只如楚王城畔汝水東流意旨如何明云水上挂燈毬侍云與麼則孤負他古人去也明云侍郎疑則別叅侍云三脚蝦蟆飛上天明云一任跨跳侍乃大笑

侍郎因慈明住句日乃辭侍云某甲有一句語寄與唐明得也無明云明月照見夜行人侍云却不相當明云更深由自可日午始愁人侍云閑寶寺前金剛爲甚數日汗出明云知侍云上座臨行豈無爲人底句明云重疊關山路侍云與麼則某甲隨上座去唐明也明噓一聲侍云眞師子兒大師子吼明云放過又扶來侍云[傾一]適來失脚蹉倒[廿一]又得家童扶起明云有什麼了期侍呵呵大笑

都尉李文和公（諱遵勗見石門聰禪師）因肅國大長公主生辰就宅命谷隱石霜葉縣三大禪師演法末當葉縣禪師始登座以拄杖就膝拗折擲地便下座文和公笑曰老作家手段終別縣云都尉亦不得無過

都尉臨薨時膈胃躁熱因尼道堅就枕問云都尉衆生見劫盡大火所燒時切要照管主人公尉云大師與我煎一服藥來尼無語尉云這師姑藥也不會煎投枕而去

都尉問慈明禪師云我聞西河有金毛師子是不明云都尉甚處得這消息來尉便喝明云野犴鳴尉又喝明云恰是尉乃拍手呵呵大笑明過數日乃辭都尉問如何是臨行一句明云好自將息尉云與麼則不異諸方也明云都尉見處又作麼生尉云放你三十棒明云與麼則專爲流通去也尉喝一喝拍手一下明云瞎尉云好去明云諾諾

都尉因堅上座來辭次尉問云近離上黨得届中都方接麈談遽迴虎錫指雲屏之翠巘訪雪嶺之清流未審此處彼處的的事作麼生堅云利劍拂開天地靜霜刀纔舉斗牛寒尉云恰值今日耳聵堅云一箭下雙鵰尉云上座爲什麼著鞋睡堅以衣袖一拂尉低頭云今日可謂降伏也堅云普化出僧堂

蘄州龍華曉悟禪師（嗣汾州昭）到五祖戒和尚處戒問不落脣吻一句作麼生道師云老老大大話頭也不照顧戒便喝師亦喝戒拈棒師拍手下去戒云闍黎闍黎且住話在師將坐具搭肩上[傾一]更不迴首直出去[廿二]

湖州天聖泰禪師（時謂泰河東）到瑯瑘瑯瑘問云埋兵掉鬬未是作家匹馬單槍便請相見師指瑯云將頭不猛帶累三軍瑯打一坐具師亦打一坐具瑯接住云適來一坐具是山僧令

行上座一坐具落在什麼處師云伏惟尚饗
瑯托開云五更侵早起更有夜行人師云賊
過後張弓瑯云且坐喫茶
舒州海會山齊舉禪師曾到瑯瑯瑯乃問上
座近離甚處師云浙江瑯云船來陸來師云
船來瑯云船在甚處師云步下瑯云不涉程
途一句作麼生道師云杜撰長老如麻似粟
便下去瑯乃問侍者此是什麼人者云舉上
座瑯云莫是舉師叔麼當時先師教我尋見
伊遂親下堂問上座莫便是舉師叔莫怪某
甲適來相觸忤師便喝復問長老甚時到汾
州瑯云恁麼時師云我在浙江時早聞你名
元來見解秖如此何得名播寰海瑯乃作禮
舒州瑯瑯覺禪師一日陞堂有僧出畫一圓
相師乃打云道道僧云不道不道師又打云
道道僧云三世諸佛不離於此師又打喚維
那抽單趂出院師却陞座以手指僧云大衆
比丘犯波逸提山僧入地獄
潭州石霜楚圓禪師冬日牓示僧堂前作此
相

○○○☰☲☰☰牙兜若人識得不
非才離四威儀中
首座一見乃謂衆云和尚今日放參
師問顯英首座近離甚處座云金鑾夏在甚
處座云金鑾去夏在甚處座云金鑾前夏在
甚處座云金鑾先前夏在甚處座云和尚何
不領話師云我也不會勘得你教庫下供過
奴子來勘且點一椀茶與你濕口
師問僧近離甚處僧以手向面前畫一畫師
云是何言歟僧便喝師云作什麼僧拈手一
下便行師云瞎漢亂做作什麼以坐具直打
下法堂
師問僧近離甚處僧云雲過青山綠師云著
忙作什麼僧云鴈過水聲淒師便喝僧亦喝
師便打僧亦打師云看這瞎漢本分打出三
門外念你是新到且坐喫茶去
師或時方丈內安一盆水上劄一口劒下面
著一緉草鞋膝上橫按拄杖入門便指擬議
便打（有本小益）
續天童華云我當時若見便去左耳邊低
聲地下一轉語待他貪觀天上却與一指
擬議挨劒便斬驀拈拄杖下座大衆一時
趖散
師在衆時到芝和尚寮芝坐間開合子燒香
次師問作麼生燒芝便放香鑪中燒師云謝
郎當漢又恁麼去也
南嶽下第十一世
袁州楊岐會禪師（嗣慈明圓）因慈明忌日至真前
以兩手捏拳向頭上作角勢次以坐具畫一
畫復畫一圓相方乃燒香次作女人拜首座
云休捏怪師云首座作麼生座云和尚捏怪
師云兔子喫牛妳
洪州翠巖可真禪師在歸宗南和尚會爲首
座時歸宗問承首座常將女子出定語爲人
是不師云無宗云奢時不儉儉時不奢爲甚
道無師云若是本分衲僧也少他塩醬不得
宗却迴首喚侍者報典座明日只煑白粥
師一日見堂中首座不喫食令侍者去問訊首座
至晚間自上方丈陳謝師云法身不安色身不安
座云早來被侍者相問師云泥裹洗土塊座云和

尚常用此機師云夜來天帝釋寃子爲什麼遂地座無對師云南山起雲北山下雨遂喝出

師因黃國博問百丈華長老既是百丈爲什麼却短小華云今日好天晴黃不勢却請師代語結緣師云但問將來黃再問師云須彌南畔把手同行黃佇思却問意旨如何師云蚊子上鐵牛黃又佇思云不會請和尚爲某甲說師云你離却妻子來老僧爲你說黃云秖如和尚還行得麼師云上藍寺裏送客一日行百十遭

洪州黃龍南禪師住歸宗日因化主迴陞座示衆云有五種不易一施者不易二化者不易三變生爲熟者不易四端坐喫者不易且道第五不易是什麼人良久云聾便下座時翠巖眞和尚爲首座藏主續問第五不易是誰眞云腦後見腮莫與往來

右南嶽下至一十一世共二百四十八人見錄機緣總五百五十三則餘俟好事者採摭續之

宗門統要續集卷第十

宗門統要續集卷第十
校勘記

一 底本，明永樂北藏本。

一 四九四頁上一行經名，徑作「宗門統要續集卷第十一」。卷末經名同。

一 四九四頁中一一行首字「主」，南作「王」。

一 四九六頁中一五行「加霜」，南作「加霜來」。

一 四九八頁中一二行「出頭來」，南作「出頭來作麼」。

一 四九八頁下七行「鱗角」，徑作「麟角」。

一 四九九頁下二行第一一字「怗」，南、徑作「貼」。

一 五〇〇頁中三行「頻申」，南、徑作「頻呻」。

一 五〇〇頁下一七行正文第一三字「使」，南作「便」。

一 五〇三頁下一七行「白粥」，南作「白粥訝」。

宗門統要續集卷第十一上　　傾二

宋　建　溪　沙　門　宗　永　集

元建康保寧禪寺住持沙門清茂續集

六祖大師嗣法

吉州青原山行思禪師問石頭尒從甚處來頭云曹溪師乃拈拂子云曹溪還有這箇麼頭云非但曹溪西天亦無師云子莫曾到西天不頭云若到即有也師云未在更道頭云和尚也須道取一半莫全靠希遷師云不辭向汝道恐已後無人承當

師令石頭馳書與南嶽大慧禪師乃云回日與子箇鈯斧住山去石頭到彼便問不慕諸聖不重己靈時如何慧云子問太高生何不向下問將來頭云寧可永劫受沉淪不從諸聖求解脫便歸師問子返何速書信達不頭云信亦不通書亦不達乃舉前話復云去日蒙和尚許箇鈯斧子而今便請師垂下一足石頭便作禮

　玄沙備云大小石頭被大慧推倒至今起不得　雪竇顯云石頭泊擔板過却又云大小大慧不解據令　翠巖芝云思和尚垂足石頭禮拜要且不得斧子且道後來使箇什麼　黃龍南云石頭雖然善能馳達不辱宗風其奈逞俊太忙不知落節既是落節迴來因什麼得斧子

師因僧問如何是祖師西來意師云又恁麼去也僧又問近日有何言句乞師一兩則師云近前來僧近前師云分明記取

青原下第一世

南嶽石頭希遷禪師（嗣青原思）一日因思和尚云有人道嶺南有消息師云有人不云云思云若與麼大藏小藏從何而來師云盡從這裏去

師因藥山問三乘十二分教某甲粗知嘗聞南方直指人心見性成佛實未明了伏望和尚慈悲指示師云與麼也不得不與麼也不得與麼不與麼總不得汝作麼生山佇思師云子因緣不在此江西有馬大師子往彼去應爲汝說山至彼准前請問馬師云我有時敎伊揚眉瞬目有時不敎伊揚眉瞬目有時敎伊揚眉瞬目者是有時敎伊揚眉瞬目者不是山於是有省便作禮馬師云子見箇什麼道理山云某甲在石頭時如蚊子上鐵牛馬師云汝既如是宜善護持

　法雲秀云石頭好箇無孔鐵鎚大似分付不著藥山雖然過江西悟去爭奈平地上喫交有什麼扶策處具眼者試辨看

　續五祖演云老僧在衆日聞兄弟商量道即心即佛也不得不即心即佛也不得若恁麼說話敵彌偉客昧不知古人文武兼備韜畧雙全山僧見處也要諸人共知只見波濤湧不見海龍宮　大潙智云說什麼在石頭時如蚊子上鐵牛只今又何曾吐露得出　潙山果云前箭猶自可後箭射人深藥山直饒恁麼悟去也落第二月　徑山杲云好箇話端阿誰會舉舉得十分未敢相許

師問新到甚麼處來僧云江西來師云見馬大師不僧云見師乃指一橛柴云馬師何似這箇僧罔措却迴舉似馬祖祖云汝見橛柴

大小僧云没量大祖云汝甚有力僧云何故
祖云汝從南嶽負一擻柴來豈不是有力
師垂示云言語動用没交涉時藥山在會乃
出云直得非言語動用亦没交涉師云這裏
針劄不入山云這裏如石上栽花
師因問思和尚云和尚自離曹溪什麽年到
此間思云我却不知你早晚離曹溪師云某
甲不從曹溪來思云我亦知汝來處師云和
尚幸是大人且莫造次
師因大顛問古人云道有道無是二謗請和
尚除師云一物亦無除箇什麽師却問大顛
併却咽喉脣吻速道將來顛云無這箇師云
若與麽汝即得入門
青原下第二世
澧州藥山惟儼禪師（嗣石頭遷）久不陞堂一日院
主白云大衆久思和尚示誨師云敎打鐘著
大衆方集師便下座歸方丈院主續問和尚
旣許爲大衆說法爲甚一言不措師云經有
經師論有論師爭怪得老僧
　雪竇顯云可惜藥山老漢平地上喫撲蓋
大地人扶不起　瑯琊覺云藥山下座不
妨疑著及乎院主搊著失却一隻眼　翠
巖芝云藥山下座院主當初怪不爲說法
可謂誤他三軍
　續薦福懷云藥山還見院主麽院主還見
藥山麽三十年後遇著作家不得錯舉
五祖演云雖然以己妨人爭奈賊身已露
諸人要識藥山麽閑持經卷倚松立笑問
客從何處來　開福寧云藥山愼初護末
佛眼難窺院主狹路相逢等閑蹉過　雪
竇宗云威音劫外攜手誰肯同歸十字街
頭撕金幾人踏著敢問大衆且道藥山曾
說不曾說若道曾說是謗藥山若道不曾
說是孤負藥山且道畢竟爲人在甚麽處
良久云須知雲外千峯上別有靈松帶雨
寒　天童傑舉翠巖拈了云翠巖只具一
隻眼殊不知藥山歸方丈正是勞他三軍
資福先云藥山竟歸方丈却似箇好人只
被他輕輕一捏便見忘前失後
師因僧問學人有疑請師決疑師云待晚間
來爲汝決至晚叅衆集師云今日要決疑僧
何在僧便出來師下座把住云大衆這僧有
疑便與一推却歸方丈
　翠巖芝云藥山與麽決疑土上更加泥雖
然如是這僧也不得孤負藥山
　續雲居元云大小藥山被這僧勘破
師因僧問己事未明乞師指示師良久云吾
今爲汝道一句亦不難只宜汝於言下便見
去猶較些子若更思量却成吾罪過不如且
各合口免相累及
師一日問飯頭你在這裏多少時頭云三年
也師云我總不識你其僧不曉憤然而去
師向手中書一佛字問道吾是什麽道吾云
佛字師云這多口阿師
師尋常不許人看經一日自將經看僧問和
尚尋常不許人看經爲甚麽却自看師云我
只要遮眼僧云某甲學和尚得麽師云你若
看牛皮也須穿
　長慶稜云眼有何過
　續報慈遂云且道長慶會藥山意不會藥

山意　雪竇宗云眞心不動教海澄明得用如如義天炳煥正恁麼時且道是經是眼若向這裏見得徹更不用循行數墨逐妄迷眞其或未然牛皮穿透猶自可髑髏徧野幾人知

師因僧問平田淺草麈鹿成羣如何射得麈中主師云看箭僧放身便倒師云侍者拖出這死屍僧便走師云弄泥團漢有什麼限

雪竇顯云三步雖活五步須死

續雲居元云藥山千鈞之弩不爲鼷鼠發機這僧帶箭出門一死更不再活　淨慈昌云這僧趂得糊𢇁入他鬧市藥山騎箇猛虎直上高山若作一處商量終是遭人檢點

師與道吾雲巖遊山次見兩株樹一榮一枯師乃問巖云枯者是榮者是巖云榮者是師云與麼則灼然一切處光明燦爛去又問道吾吾云枯者是師云與麼則灼然一切處故敎枯淡去時高沙彌至師又問彌云枯者從他枯榮者從他榮師回顧雲巖道吾云不是不是

師因雲巖出糞次乃問作什麼巖云擔糞師云那箇聻巖云在師云汝來去爲誰巖云替他東西師云何不教伊並行巖云和尚莫謗他師云不合與麼道巖云如何道師云還曾擔麼

師因看經次栢巖云和尚休猱人得也師卷却經云日頭早晚巖云正當午也師云猶有這箇文彩在巖云某甲無亦無師云汝煞聰明巖云某甲只恁麼和尚尊意如何師云我跛跛挈挈百醜千拙且與麼過

師向雲巖道與我喚沙彌來巖云喚他作什麼師云我有箇折脚鐺子要伊提上挈下巖云與麼則某甲與和尚共出一隻手

溈山喆云藥山若不得雲巖折脚鐺子幾成廢器大溈折脚鐺子也與諸人共出一隻手何故且圖古風不墜

續天童華云藥山道頭雲巖知尾雖然頭尾相稱要且不識羞恥

師問僧年多少也僧云七十二也師云是年七十二那僧云是師便打

曹山章云前箭猶自可後箭射人深時有僧問如何免得此棒師云正勑旣行諸侯避道

師晚叅云我有一句子待特牛生兒即向你道時有僧便出云特牛生兒也秖是和尚不道師喚侍者將燈來其僧便抽身入衆

洞山价云這僧會只是不肯禮拜　清涼欽云特牛兒犉牛兒又代云雙生

續翠巖芝云我即不然特牛生兒也不向你道何故如此若向你道何處更有王老師　投子青云且道甚處是這僧會底道理若道得可爲這僧雪屈若道不得却被藥山瞞　浮山遠云我有一句子待無舌人問即道　昭覺勤云藥山垂釣意在鯤鯨這僧吞鉤三千激浪洞山眼正千里同風法燈重整槍旗再裝甲冑夾山即不然有一句子威音已前道與諸人了或有問明頭合暗頭合只向他道龍得水時添意氣虎逢山色長威獰　黃龍震云會麼如

人暗中書字字雖不成文彩已彰文彩既彰黠燈爲甚不見不見道賊是小人智過君子

師一日臨齋院主報云打鐘也請和尚上堂師云汝與我擎鉢盂去主云和尚無手來多少時師云汝只是枉披袈裟主云某甲只與麼和尚又如何師云我無這箇眷屬

師問龐居士云一乘中還著得這箇事麼士云某甲秪管日求外合不知還著得麼師云道居士不見石頭得麼士云拈一放一未是好手師云老僧住持事繁士珍重便出師云拈一放一的是好手士云好箇一乘問宗今日失却也師云是是

師坐次有僧問兀兀地思量什麼師云思量箇不思量底僧云不思量底如何思量師云非思量

師問僧甚麼處來僧云南泉來師云在彼多少時僧云粗經歲月師云與麼則三十年後成一頭水牯牛去也僧云某甲雖在彼中且不曾上他食堂師云口欱南風那僧云和尚莫錯自有把匙筯人在

師問雲巖甚處來巖云百丈來師云百丈有何言句巖云有時示衆云我有一句子百味具足師云鹹即鹹味淡即淡味不鹹不淡是常味作麼生是百味具足底句巖無對師笑云爭奈目前生死何巖云目前無生死師云二十年在百丈俗氣也不除

師次日又問海兄更說甚麼法巖云有時道三句外會取六句外省去師云且喜沒交涉又問更說甚麼法巖云有時陞堂衆集以拄杖打下復召大衆衆迴首却云是什麼師云何不早道巖於此有省

師問僧甚麼處來僧云湖南來師云洞庭湖水滿也未僧云未師云許多時雨水爲甚未滿（有本謂爲祖問僧）

雲巖晟代云湛湛地　道吾智云滿也　洞山价云什麼劫中曾增減來　雲門偃云只在這裏

師一日坐次石頭來見乃問汝在這裏作什麼師云一切不爲頭云恁麼即閑坐也師云若閑坐即爲也頭云汝道不爲不爲箇什麼師云千聖亦不識頭乃有偈贊云從來共住不知名任運相將秪麼行自古上賢猶不識造次凡流豈可明

五祖戒云藥山夢中說夢兩重重

師因遵布衲作殿主浴佛次師乃問汝秪浴得這箇還浴得那箇麼遵云把將那箇來師休去

長慶稜云邪法難扶　黃龍南云此二尊宿一出一入未見輸贏三十年後不得錯舉

續天啇華云遵布衲當時若是箇漢待他道還浴得那箇麼拈起杓子劈面擲雖然也不得屈藥山何故不入虎穴爭得虎子

師一日提笠子出雲巖指云用這箇作什麼師云有處用巖云風雨來作麼生師云蓋覆著巖云他還受蓋覆麼師云雖然如是且無遺漏（或只遺吾）

荊州天皇道悟禪師問石頭云離却定慧以何法示人頭云我這裏無奴婢離箇什麼師

云如何明得頭云汝還攝得虗空麽師云與
麽則不從今日去也頭云未審汝早晚從那
邊來師云某甲不是那邊人頭云我早知汝
來處師云和尚何以贓誣於人頭云汝身見
在師云雖然如是畢竟如何示於後人頭云
汝道阿誰是後人師從此有省
師臨遷寂日大衆問疾師驀召典座近前云
會麽座云不會師乃拈枕子拋於地上即便
告終
鄧州丹霞天然禪師訪龐居士門逢女子靈
照洗菜次師問居士在不女子放下菜籃斂
手而立師再問女子提起菜籃便行師遂迴
須臾居士外還女子乃舉似前話士云丹霞
在麽女子云去也士云赤土塗牛㚢一本云追究家子喪我門風

頌二　十一

潙山喆云大小丹霞被居士女子勘破山
僧當時若作丹霞但與呵呵大笑待他問
長老笑箇甚麽却向道不是兒家不乘頭
續蔣山勤云丹霞從苗辨地靈照因語識
人放下菜籃當處發生提起菜籃隨處滅
盡居士云赤土塗牛㚢屋裏販揚州且道
畢竟如何各自散去免增話會
師又一日訪龐居士至門首相見師乃問居
士在不士云飢不擇食師云龐老在不士云
蒼天蒼天便入宅去師云蒼天蒼天便迴去
師問僧甚處來僧云山下來師云喫飯了也
未僧云喫飯了也師云將飯與汝喫底人還
具眼麽僧無對
長慶稜問保福云將飯與人喫報恩有分
爲甚不具眼福云施者受者俱瞎慶云盡
其機來還成瞎不福云道我瞎得麽　芭
蕉徹云各具一得一失又代僧云爭不足
讓有餘又代霞云施受俱無利益　汾陽
昭代云若不上山爭識丹霞
續保寧勇代云今日被和尚勘破　天童
華云丹霞既已龍頭蛇尾長慶保福只得
將錯就錯雖然二三老宿要且不知老僧
落處具擇法眼者試請辨看
師因去馬祖處路逢一老人與一童子師問
公住何處老人云上是天下是地師云忽遇
天崩地陷又作麽生老人云蒼天蒼天童子
嘘一聲師云非父不生其子老人便與童子
入山去
續正覺顯云上天下地不妨聰明蒼天蒼
天隨語生解是父是子褒貶分明嘘一聲
却較些子

頌二　十二

師因問龐居士昨日相見何似今日士云如
法舉昨日事來作箇宗眼師云秖如宗眼還
著得龐公麽士云我在你眼裏師云某甲眼
窄何處安身士云是眼何窄是身何安師休
去士云更道取一句便得此話圓師亦不對
士云就中這一句無人道得
續蔣山勤云是眼何窄是身何安昨日今
日事無兩般淮南兩浙秋熱春寒恁麽會
得也大無端三十年後莫受人瞞
師一日與龐居士行次見一泓水士以手指
云得與麽也還辨不出師云灼然是辨不出
士乃舁水潑師二掬師云莫與麽莫與麽士
云須與麽須與麽師又舁水潑士三掬士云
正與麽時堪作什麽師云無外物士云得便

宜者少師不語士云誰是落便宜者

師因過一院值凝寒於殿中見木佛乃取燒火向院主遇見訶責云何得燒我木佛師以杖子撥火云吾燒取舍利主云木佛何有舍利師云既無舍利更請兩尊來燒院主自後眉鬚墮落

續大寧寬因僧問丹霞燒木佛爲甚院主眉鬚墮落寬云賊不打貧兒家　投子青云不會作客勞煩主人　保寧勇云院主眉鬚墮落即且置且道丹霞眉毛在也無若也見得與古佛同叅若也不見切忌撥無因果　寶峯文云丹霞燒木佛院主眉鬚落驀拈拄杖云不是木佛擲下拄杖云誰敢燒你擬即眉鬚落不擬又且如何高聲云行者拈起拄杖　東禪嶽云古人做處令人合知如展一面皂纛旗殺一有罪而天下咸服如其無罪法亦難施直饒千聖出頭來安排一字也不得　天童華云諸方商量道院主忽起疑心而致斯禍又云院主天寒不與丹霞火向致令燒却木佛遂乃眉鬚墮落殊不知院主買鐵得金一場富貴　靈隱嶽云諸人要知麼大小丹霞向深村裏失却一隻眼院主也是如蟲禦木偶尔成文光孝門下也無木佛得燒只有一星無煙火直是難近傍擬之則燎却面門諸人須是退步看驀地冷灰裏豆爆驚天動地直教佛祖救不得喝一喝

潭州長髭曠禪師因石頭問什麼處來師云嶺南來頭云大庾嶺頭一鋪功德成就也未師云成就久矣只欠點眼在頭云莫要點眼麼師云便請石頭垂下一足師便作禮頭云你見箇什麼便禮拜師云如紅爐上一點雪

雪竇顯云無眼功德有什麼點處

續雲居元云可惜勞而無功

師因一僧至遶禪牀一帀卓然而立師云若是石頭法席一點也用不著僧又遶一帀師云却是渭麼時不易道得箇來處僧便出去師乃喚僧不顧師云這漢猶少教詔在僧却回云有一人不從人得不受教詔不落階級師還許麼師云逢之不逢逢必有事僧乃退身三步師却遶禪牀一帀僧云不惟宗眼分明亦乃師承有據師打三下

師問僧甚處來僧云九華山控石菴來師云菴中是什麼人僧云馬祖下尊宿師云名什麼僧云不委他法號師云他不委你不委僧云尊宿眼在甚處師云若是菴主親來今日也須喫棒僧云賴遇和尚放過某甲師云百年後討箇師僧也難得

雪竇顯云是則二俱作家要且只解收虎尾不能據虎頭若使德山令行並須瓦解

師因龐居士到見陞座衆集定士便出云各請自檢好師便說士却於禪牀右立時有僧問不觸主人翁請師答話師云識龐公麼僧云不識士便搊住其僧云苦哉苦哉僧無對士托開師少間却問適來這僧還喫拄杖不士云待伊甘始得師云居士只見錐頭利不見鑿頭方士云恁麼說話某甲即得外人聞之要且不好師云不好箇甚麼士云阿師只見錐頭尖不見鑿頭利

師因李行婆來乃問憶得在絳州時事麼婆

云非師不委師云多虛少實在婆云有甚諱處師云念你是女人放你拄杖婆云某甲終不見尊宿過師云老僧過在甚處婆云和尚無過婆豈有過師云無過底人作麼生婆乃竪拳云與麼總成顛倒師云實無諱處

師一日見僧來乃擒住云師子兒野干屬僧以手作撥眉勢師云雖然如此猶欠哮吼在僧擒住師云偏愛行此一機師與一摑僧放下手拍三下師云若見同風僧汝甘與麼不僧云終不由別人師作撥眉勢僧云猶欠哮吼在師云料想不由別人

潭州大川禪師因江陵有僧來參師云幾時發足江陵府僧提起坐具師云特謝遠來下去僧遶禪牀一帀便出師云若不與麼爭知眼目端的僧撫掌一下云苦殺人洎合錯判諸方師云甚得禪宗道理後僧舉似丹霞霞云大川法道即得於我這裏即不然僧云和尚此間作麼生霞云猶較大川三步在僧禮拜霞云錯判諸方者多

洞山价云若不是丹霞也難分玉石

潮州大顛和尚因石頭問那箇是汝心師云言語者是頭便喝出經旬日間師復問前者既不是除此外何者是心頭云除却揚眉瞬目將心來師云無心可得將來頭云元來有心何言無心無心盡同謗師於言下有省

師一日將癢和子廊下行逢一僧問訊次師以癢和驀口打云會麼僧云不會師云大顛老野狐不曾孤負人

師因韓文公問和尚春秋多少師乃提起數珠示之云會麼公云不會師云晝夜一百八公罔措歸宅怏怏而已夫人乃問侍郎神思不懌復有何事公遂舉前話夫人云何不進云晝夜一百八意旨如何公明日凌晨遂去門首乃逢首座座云侍郎入寺何早公云特去堂頭通話座云堂頭有何因緣開示公舉前話座云侍郎怎生會公云晝夜一百八意旨如何座乃扣齒三下公復至堂頭又進前語晝夜一百八意旨如何師亦扣齒三下公云信知佛法一般師云見什麼道理乃云一般公云適來門首接見首座亦復如是師遂喚首座問適來衹對侍郎佛法是不首座云是師便打趂出院

保福展云首座知前不知後大顛令不單行

宗門統要續集卷第十一上

宗門統要續集卷第十一上

校勘記

一　底本，明永樂北藏本。

一　五〇五頁上一行經名，南作「宗門統要續集卷第十一」；徑作「宗門統要續集卷第十二」。

一　五〇五頁上一四行第八字「寧」，南作「乍」。

一　五〇六頁上七行第二字「間」，南作「住」。又第七字「不」，南無。

一　五〇六頁上一八行及中三行「說法」，南作「說話」。

一　五〇六頁中三行「樂山」，南、徑作「藥山」。

一　五〇七頁上六行第六字「田」，南作「地」。

一　五〇七頁中七行「栢巖」，徑作「雲巖」。

一　五〇七頁下九行「特牛兒」，南作「牯牛兒」。

一　五一一頁下三行第一三字「顚」，南、徑作「顛」。

一　五一一頁下末行卷末經名，南無（未換卷）；徑作「宗門統要續集卷第十二」。

宗門統要續集卷第十一下　傾三

宋建溪沙門宗永集

元建康保寧禪寺住持沙門清茂續集

青原下第二世

汾州石樓和尚問僧近離甚處僧云漢國師云漢國天子還重佛法也無僧云苦哉賴值問著某甲問著別人即禍生師云作箇什麼僧云人尚不見有何佛法可重師云闍黎受戒多少時僧云二十夏師云大好不見有人便打（一本曰囊摑話未詳是何世代）

雪竇顯云這僧棒既喫要且去不再來石樓令雖行爭奈無風浪起

師因僧問未識本來性乞師方便指師云石樓無耳堆僧云某甲自知非師云老僧還有過僧云和尚過在甚處師云過在汝非處僧作禮師便打

澧州大同濟禪師一日因米胡領衆來纔欲相見師便拽轉禪牀面壁而坐米於背後立少時却回客位師云是即是若不驗破已後遣人貶剝却令侍者去請米纔上來却拽轉禪牀便坐師乃遶牀一帀便歸方丈米却拽倒禪牀領衆便出去

師一日訪龐居士士云憶得在母胎中時有一則語今日舉似阿師不得作道理主持師云猶是隔生也士云向道不得作道理主持師云驚人之句爭得不怕士云如斯見解可謂驚人師云不作道理却成作道理士云不但隔一生兩生師云喫粥飯底僧一任居士檢責士鳴指三下

師一日纔見龐居士來便掩却門云多知老翁莫與相見士云獨坐獨語過在阿誰師便開門纔出被士把住云是師多知是我多知師云多知且致閉門開門卷之與舒相較幾何士云秖此一問氣急殺人師不語士云弄巧成拙

丁行者一日看性空空打一棒云瞎却汝本來眼也丁云非但今日古人亦行此令空云誰向汝道古今丁拂袖便出空云青天白日有迷路人丁云莫要指示麼空便打丁云莫瞎却人眼好空云瞎却俗人眼有甚過

青原下第三世

潭州道吾智禪師（嗣藥山）離藥山到南泉泉問闍黎名什麼師云宗智泉云智不到處作麼生宗師云切忌道著泉云灼然道著即頭角生至三日後師與雲巖在後架把針次泉過見乃再問前日道智不到處切忌道著道著即頭角生合作麼生行履師便抽身入僧堂泉便去師却來坐巖乃問師弟適來爲甚不祗對和尚師云你得與麼靈利巖不薦却去問泉云適來因緣智頭陀作麼生不祗對和尚泉云他却是異類中行巖云如何是異類中行泉云不見道智不到處切忌道著道著即頭角生且須向異類中行巖亦不會師知巖不薦乃云此人因緣不在此便與迴藥山巖到山覲二人迴乃問巖汝到甚處去來巖云到南泉山云泉有何言句巖遂舉前話山云子作麼生會他這箇時節便回來巖無對山乃大笑巖便問如何是異類中行山云吾今日困別時來巖云某甲特爲此事歸來山云且去巖便出師在方丈外聞巖不薦不覺咬得

指頭血出師却下來問巖云師兄去問和尚那因緣作麼生巖云和尚不爲某甲說師便低頭

續雲居膺因僧問切忌道著意作麼生師云此語最毒僧云如何是最毒底句師云一棒打殺龍蛇

師與雲巖同侍藥山次山云智不到處切忌道著道著即頭角生師便珍重出去巖遂問智師兄爲什麼不祗對和尚山云我今日背痛是他却會汝去問取巖遂問師兄適來爲甚不祗對和尚師云我今日頭痛你去問取和尚後雲巖遷化遣人馳辭書至師覽後云雲巖不知有悔當時不向伊道然雖如是要且不違藥山之子

報慈遂云古人與麼道還知有也未雲巖當時不會什麼處是他不會處　翠巖芝云道吾道雲巖不知有悔當時不向伊說只如與麼道道吾還知有也無

師因雲巖問師兄家風作麼生師云教汝指點著堪作什麼巖云無這箇來多少時也師云牙根猶帶笑澀在

師因南泉示衆云法身具四大不有人道得與他一腰裩師云性地非空空非性地此是地大三大亦然泉不違前言乃與裩一腰

師因雲巖不安乃謂離此殼漏子向甚處相見巖云不生不滅處相見師云何不道非不生不滅處亦不求相見

雪竇顯云侍者與我記取這一問

續昭覺勤云何處不逢渠

師一日指佛桑花問僧這箇何似那箇僧云直得寒毛卓竪師云畢竟如何僧云道吾門下底師云十里大王

續昭覺勤云以膠投漆驗影知形不諳正去偏來爭解明投暗合還委悉麼蝦蟆跳上梵天蚯蚓驀過東海　徑山策云不閑戶牖安知明月之光不汎仙槎安覩天河之勢道吾以楔拔楔這僧以智破智雖然驀路相逢未免三頭六臂還委悉麼要他年少子髭作白頭翁

師因雲巖修鞋次乃問作什麼巖云將敗壞補敗壞師云何不道即敗壞非敗壞

師因僧問無神通菩薩爲甚蹤跡難尋師云同道者方知僧云和尚還知麼師云不知僧云爲甚不知師云去汝不會我語

師因僧問久嚮和尚會禪是不師云蒼天蒼天僧近前掩却師口云低聲師遂與一掌僧云蒼天蒼天師把住云得與麼無禮僧却與師一掌師云老僧罪過僧拂袖出師云早知如是悔不如是（後竹園與僧有語頗相同）

潭州雲巖曇晟禪師因藥山問聞汝會弄師子是不師云是山云弄得幾出師云弄得六出山云我亦弄得師云和尚弄得幾出山云我弄得一出師云一即六六即一師後到溈山山問承聞長老在藥山弄師子是不師云是溈云長弄還有置時師云要弄即弄要置即置溈云置時師子在甚麼處師云置也置也

續法昌遇云好一場師子只是有頭無尾我當時若見溈山道置時師子在甚麼處便與放出踞地金毛直教溈山藏身無路

溈潭準云藥山雲巖鈍置殺人兩父子弄一箇師子也弄不出若是準上座只消自弄抰得來拈頭作尾拈尾作頭轉兩箇金睛攫幾鈎鐵爪吼一聲直教百里内猛獸潛蹤滿空裏飛禽亂墜準上座未弄師子請大衆高著眼先做一箇定場擲下拄杖云箇中消息子能有幾人知

師問一尼云汝爺在不尼云在師云年多少尼云年八十師云汝有箇爺不年八十汝還知不尼云莫是恁麼來者麼師云猶是兒孫

洞山价云直是不與麼來者亦是兒孫

續溈山果云恁麼也不得不恁麼也不得畢竟作麼生良久云從來無位次不用强安排

師因煎茶次道吾問煎與阿誰師云有一人要吾云何不敎伊自煎師云幸有某甲在

師問石霜甚處來霜云溈山來師云在彼多少時霜云粗經冬夏師云與麼則成山長也霜云雖在彼中却不知師云他家亦非知非識道吾聞乃云得與麼無佛法身心

師一日謂衆云有箇人家兒子問著無有道不得底洞山乃問他屋裏有多少典籍師云一字也無山云爭得與麼多知師云日夜不曾眠山云問一段事還得麼師云道得却不道

師因裴大夫問僧供養佛佛還喫不僧云如大夫祭家神大夫舉似師師代云有幾般飯食但一時下來師却問神山一時下來後作麼生神山云合取鉢盂師然之

師因道吾問大悲菩薩用許多手眼作什麼師云如人夜中背手摸枕子吾云我會也我會也師云尒作麼生會吾云徧身是手眼師云道即太煞道只道得八成吾云師兄作麼生師云通身是手眼

師一日掃地次道吾云太區區生師云須知有不區區者吾云恁麼則有第二月也師竪起掃箒云這箇是第幾月吾休去

玄沙備云正是第二月　長慶稜問玄沙云被他倒轉掃箒攔面撼又作麼生沙休去　羅山閑云噫兩箇漢不識好惡雲巖箇漢縛手脚死來多少時也　雲門偃云奴見婢慇懃　保福展云雲巖大似泥裏推車步步區區　雪竇顯向有第二月也處別云洎合放過

續溈山行云道吾平地生堆雲巖因行掉臂玄沙道正是第二月面皮厚多少且道雲巖竪起掃箒意作麼生十成好箇金剛鏆攤向門前賣與誰

秀州華亭船子德誠禪師因夾山初住潤州鶴林時道吾到遇上堂有僧問如何是法身夾云法身無相如何是法眼夾云法眼無瑕道吾不覺失笑夾便下座請道吾問某甲適來祗對這僧話必有不是致令上座失笑望上座不悋慈悲吾云和尚一等是出世未有師在夾云某甲甚處不是望爲說破吾云某甲終不說請和尚却往秀州華亭船子處去夾云此人如何吾云此人上無片瓦下無寸土和尚若去須易服裝束（蓋船子曾囑道吾已後有座主指一箇來）夾乃散衆易服直造華亭船子纔見便問大德住什麼寺夾云似則不住住則不似（或云

(目前無似)師云不似又不似箇什麼(或云是什麼)夾云不是目前法師云甚處學得來夾云非耳目之所到師云一句合頭語萬劫繫驢橛師又問垂絲千尺意在深潭離鈎三寸子何不道夾擬開口師便以篙打落水中夾纔上船師云道道夾擬開口師又打夾於此有省乃點頭師云竿頭絲線從君弄不犯清波意自殊夾遂問拋綸擲鈎師意如何師云絲懸綠水浮定有無之意夾云語帶玄而無路舌頭談而不談師云釣盡江波金鱗始遇夾乃掩耳師云如是如是遂囑云汝向去直須藏身處沒蹤跡沒蹤跡處莫藏身吾二十年在藥山只明斯事汝今既得他後不得住城隍聚落但向深山裏钁頭邊覓取一箇半箇接續無令斷絕夾乃辭行頻頻回顧師遂喚云闍黎夾回首師竪起橈云汝將謂別有乃覆船入水而逝

續長蘆了云棹頭撥轉河漢星輝舩子踏飜天地黯黑竪起拂子云這箇是钁頭邊乾白露淨底還知沒蹤跡處隱身不得底麼

宣州稗樹慧省禪師因道吾來相看值師卧次吾乃近前將被蓋覆師問作麼吾云蓋覆師云卧是坐是吾云不在兩頭師云爭奈蓋覆道吾便喝(有曰嗣馬祖者)

續昭覺勤云稗樹卧起道吾蓋覆一喝當頭掀飜露布　溈山智云相逢不相避箇裏聊遊戲喝一喝飜天覆地

師一日坐次藥山來見問云作麼師云和南山云隔闊來多少時師云恰是乃拂袖出

藥山高沙彌一日齋時見藥山自打鼓師捧鉢乃作舞入堂山便擲下推云是第幾和師云第二和山云如何是第一和師就桶舀一杓飯便行

師一日出菴值雨藥山見來乃云你來也師云是藥云可煞濕師云不打這鼓笛雲巖云皮也無打什麼鼓道吾云鼓也無打什麼皮藥云今日大好曲調

師因藥山問什麼處去師云江陵府受戒去藥云受戒圖箇什麼師云免生死藥云有一人不受戒亦無生死可免汝還知不師云與麼則佛戒何用也藥咄云這饒舌沙彌猶掛脣齒在師因契本心更不受戒

師因藥山問我聞長安甚閙你還知麼師云我國晏然山忻然乃問汝從人得請益得看經得師云亦不從人得亦不請益得亦不看經得山云有人不看經不請益爲甚麼不得師云不道他不得自是他不肯承當

朗州刺史李翺仰慕藥山道風久矣屢請不赴乃特入山致敬肅裝客禮直造座前藥山端然看經殊不顧視李乃云見面不如聞名拂袖便行藥山却召李回首藥云何得貴耳而賤目李遂頂禮起問如何是道藥以手指天復指淨瓶李云不會藥云雲在青天水在瓶李拜謝乃呈偈云鍊得身形似鶴形千株松下兩函經我來問道無餘事雲在青天水在瓶

李翺與西堂坐次因有兩僧從江西來李乃問馬大師有何言敎僧云大師或說即心即佛李云過這邊又問一僧僧云或說非心非

佛李云總過這邊李却問西堂堂乃召李翺
翺應喏堂云鼓角動也
澧州龍潭崇信禪師（嗣天皇悟）家爲餅師逐日以
十餅饋天皇皇每受畢却留一餅云吾惠汝
以蔭子孫師一日自念云餅是我持來何以
返惠於我別有旨乎於是請問皇云是汝持
來復汝何咎師聞之稍悟玄旨因投出家
師一日問天皇云某自到來不蒙和尚指示
心要皇云自汝到來吾未嘗不指示汝心要
師云何處指示皇云汝擎茶來吾與汝接汝
行食來吾與汝受汝和南時我便低首何處
不示汝心要師佇思間皇云見則直下便見
擬思即差師當下有省乃復問如何保任皇
云任性逍遙隨緣放曠但盡凡情別無聖解
師因德山問久嚮龍潭到來潭又不見龍又
不現師云子親到龍潭德山乃作禮而退
　雪竇顯云將錯就錯　雲峯悅云大小德
山向虀甕裏淹殺　黃龍心云雪竇與麼
道不知德山將錯就錯不知龍潭將錯就
錯識休咎底衲僧必知去處未過關者亦
宜辨取還相委悉麼縱饒栽種得不是棟
梁材
師問天皇從上相承底事如何皇云不是明
汝來處不得師云這箇眼目幾人具得皇云
淺草易爲長蘆
京兆翠微無學禪師（嗣丹霞然）問丹霞如何是諸
佛師霞咄云幸自可憐生須要執巾箒作麼
師退三步霞云錯師乃進前霞亦云錯師翹
一足旋身一帀而去霞云得即得孤他諸佛
師
師因龍牙問自到和尚法席每每上堂不蒙
一法示誨意在於何師云嫌箇什麼牙後至
洞山亦如是道洞云爭怪得老僧後又問法
眼眼云祖師來也
　雪竇顯云兩箇老漢被這僧穿却惟有法
眼與他同參若是雪竇門下喫棒了趂出
師一日在法堂上行投子進前接禮問西來
密旨和尚如何示人師顧視少頃子云乞師
垂示師云更要第二杓惡水那子便禮拜師
云莫採却子云時至根苗自生
吉州性空禪師因僧來參師乃展手示之僧
近前復退後師云父母俱喪略不慘顏僧呵
呵大笑師云少間與闍黎舉哀其僧乃打筋
斗而出師云蒼天蒼天
　續蔣山勤云展開兩手只見錐頭利進前
退後不見利頭錐呵呵大笑笑裏有刀連
哭蒼天弓折箭盡且道畢竟如何良久云
若不共同橋上過爭信橋流水不流
師因一僧參人事退乃云與麼下去還有佛
法道理也無僧云某甲結舌有分師云老僧
又作麼生僧云素非好手師便仰身合掌僧
亦合掌師乃撫掌三下僧拂袖出師乃有頌
示之不錄
師因僧問如何是祖師西來意師云如人在
千尺井中不假寸繩出得此人即答汝僧云
近日湖南暢長老出世亦爲人東語西話師
喚沙彌寂子拽出這死屍著沙彌後舉問耽
源如何出得井中人源咄云癡人誰在井中
後又問溈山如何出得溈山乃召云慧寂寂
應喏溈山云出也寂及住仰山常舉前話示

眾云我於耽源處得名溈山處得地

米倉和尚一日有僧來參乃遶師三帀敲禪牀云不見主人翁終不參眾去師云情識什麼處去來僧云果然不在師打一拄杖僧云幾落情識呵呵而笑師云村草步頭逢著一箇有什麼話處僧云且參眾去

潭州石室善道禪師(嗣長髭曠)因杏山問承聞行者遊臺山來還見文殊麼師云見杏云道什麼師云道你生身父母在深草裏杏無對

師因杏山入碓坊相見乃云不易行者師云有什麼不易穿心椀子盛將來無蓋盤子合將去杏無語

僊天和尚(嗣大川)因有新羅僧參纔展坐具師捉住云未離本國時道取一句僧無語師便推出云問伊一句便道兩句

師因一僧參擬作禮次師云野狐兒見什麼了便禮拜僧云老禿奴見什麼了便與麼問師云苦哉苦哉僊天今日忘前失後僧云要且得時終不補失師云爭不如此僧云誰甘師呵呵笑云遠之遠矣僧以目四顧便出

師一日與石頭和尚遊山次頭云汝斫却前頭判樹師云不將刀來頭云這裏有乃抽刀倒度與師云何不過那頭來石頭云用那頭作麼師於言下有省

師因僧參纔展坐具師云這裏會得早是孤負平生也僧云不向這裏會得又作麼生師云不向這裏會更向何處會便打出

師因僧參纔展坐具師云不用通時暄還我文彩未生時道理來僧云某甲有口啞却即閻苦死覓箇臘月扇子作麼師拈棒作打勢僧把住云還我未拈棒時道理來師云隨我者隨之南北不隨我者死住東西僧云隨與不隨且致請師指出東西南北師便打

師因披雲和尚來纔入方丈師便問未見東越老人時作麼生爲物雲云秖見雲生碧嶂焉知月落寒潭師云只與麼也難得雲云莫是未見時麼師便喝雲展兩手師云錯怪人者有什麼限雲掩耳便出師云死却這漢平生也

師因洛瓶和尚到乃問甚處來瓶云南溪師云還將得南溪消息來麼瓶云消即消已息即未息師云最若是未息瓶云且道未息箇什麼師云一回見面千載忘名瓶拂袖行師云弄死蛇手有甚限

漳州三平義忠禪師(嗣大顛)一日問侍者你姓什麼者云與和尚同姓師云你道三平姓甚麼者云問頭何在師云幾時曾問你者云姓者誰師云念汝初機放你三十棒

師問大顛不用指東畫西請師直指顛云幽州江口石人存師云猶是指東畫西顛云若是鳳凰兒不向那邊討師作禮顛云若不得後句前話也難圓

續昭覺勤云徹底老婆心不向那邊討父子要投機無端入荒草

師一日陞座有一道士出衆從東過西又一僧從西過東師云適來箇道士却有見處師僧未在道士出作禮云謝師接引師便打僧出作禮云乞師指示師亦打復謂衆云此兩箇公案作麼斷還有人斷得麼如是三問無對師云既無人斷得老僧爲斷去也乃擲下

拄杖歸方丈與章敬語同

溈山喆云若不是三平老漢幾乎作道理斷却不見石鞏道三十年一張弓兩隻箭只射得半箇聖人果然

馬頰山本空和尚示衆云秖這施爲動轉還合得本來祖翁麼若合得十二時中無虛棄底道理若合不得喫茶說話往往喚作茶話在僧便問如何免得不成茶話去師云你識得口也未僧云如何是口師云兩片皮也不識僧又問如何是本來祖翁師云大衆前不要牽爺恃孃僧云大衆欣然去也師云你試點大衆性看僧作禮師云伊往往道一性一切性在僧欲進語師云孤負平生行脚眼

本生和尚因僧從太原來師乃問近離那邊風景如何僧云與此間不別師云且道此間風景如何僧云和尚與某甲不同師云踏破施主草鞋當爲何事僧無對師云即今即古出箇問處且難乃至老僧亦出不得

師一日拈拄杖示衆云我若拈起尒便向未拈起時作道理我若不拈起尒便向拈起時作主宰且道老僧爲人在甚處時有僧出云不敢妄生節目師云也知闍黎不分外僧云低低處平之有餘高高處觀之不足師云節目上更生節目僧無語師云掩鼻偷香空招罪犯

頌三　雪竇顯云這僧也善能切磋爭奈弓折箭十六盡然雖如是且本生是作家宗師拈起也天回地轉應須拱手歸降放下也草偃風行必合全身遠害還見本生爲人處也無復拈拄杖云太平本是將軍致不許將軍見太平

韓愈文公一日白大顛云弟子軍州事多省要處乞師一句顛良久文公罔措時三平爲侍者乃敲禪牀三下顛云作麼平云先以定動後以智拔公乃禮謝三平云和尚門風高峻弟子於侍者邊得箇入處

五祖戒代大顛拈拄杖打侍者

文公因唐憲宗迎佛舍利入大內供養夜放光明早朝宣問羣臣皆賀陛下聖德聖感惟文公不賀上宣問羣臣皆賀獨卿何不賀文公因奏對微臣嘗看佛書況佛光非青黃赤白等相此是龍神衛護之光上宣問如何是佛光公無對因以罪請出

雪竇顯代云陛下高垂天鑒

文公問僧承聞講得肇論是不僧云是公云頌二　肇有四不遷是不僧云是公遂將茶盞撲破十七云這箇是遷不遷僧無對

汾陽昭代云識得侍郎

宗門統要續集卷第十一下

宗門統要續集卷第十一下

校勘記

一　底本，明永樂北藏本。

一　五一三頁上經名，南無（未換卷）；徑作「宗門統要續集卷第十三」。

一　五一三頁上二行集者、三行續集者，南無（未換卷）。

一　五一三頁上四行「青原下第二世」，南無。

一　五一五頁上一〇行「兒孫」，南作「兒子」。

一　五一六頁上一七行末字「逝」，南作「去」。

一　五一七頁上一四行「凡情」，南作「凡心」。

一　五一八頁上一一行「穿心」，南作「開心」。

一　五一八頁下七行第一二字「曾」，南作「會」。

一　五一九頁下卷末經名，南作「宗門統要續集卷第十一」；徑作「宗門統要續集卷第十三」。

宗門統要續集卷第十二　　傾四

宋　建　溪　沙　門　宗　永　集

元建康保寧禪寺住持沙門清茂續集

青原下第四世

潭州石霜慶諸普會禪師（嗣道吾智）　僧問咫尺之間爲甚不覩師顔師云我道徧界不曾藏僧後問雪峯徧界不曾藏意旨如何峯云什麼處不是石霜僧回舉似師師云這老漢有什麼死急

玄沙備云山頭老漢蹉過也　洞山价云笑殺土地　五祖戒云著甚來由　瑯琊覺云雪峯雖有利人之心且無出人之眼石霜雖有出人之眼且未知向上一竅法雲秀云要見石霜麼富嫌千口少貧恨一身多

續大陽玄云今時人要明此事大須仔細只如石霜恁麼道落在甚處若不仔細非但累及石霜和他雪峯累及　淨因成云諸人要識石霜雪峯麼天共白雲曉水和明月流　天童覺云雪峯石霜相去多少直是千里萬里若有人問長蘆徧界不曾藏意旨如何向道什麼處是石霜

師因僧問先師一片靈骨黃金色擊作鍾聲未審什麼處去也師召僧僧應諾師云你不會我語

師因僧辭師問船去陸去僧云遇船即船遇陸即陸師云我道半途稍難僧無對

雲門偃代云三十年後此話大行又云臨行一句永劫不忘

師因僧問三千里外遠聞石霜有箇不顧師云是僧云只如萬象歷然是顧不顧師云我道不驚衆僧云不驚衆是不與萬象合如何是不顧師云徧界不曾藏

雪竇顯云誰是不顧者

師參道吾一日問和尚百年後有人問極則事向伊道什麼吾喚沙彌沙彌應諾吾云添淨缾水著却問師汝適來問箇什麼師再舉前問吾便起師於此有省

師因拈裴相國笏問云在官人手中爲笏在天子手中爲珪在老僧手中喚作什麼裴無對乃爲留下

雪竇顯云弄巧成拙

續保寧勇云只恐和尚使不著

師一日問侍者云道吾嘗向僧云莫棄那邊著這邊你作麼生會者云一依和尚所會師云作麼生是我會處者從西過東而立師云正是棄那邊著這邊

師因僧問如何是祖師西來意師乃咬齒示之僧不會師遷化後僧却問九峯云先師咬齒意旨如何峯云我寧可截舌不犯國諱僧又問雲蓋蓋云我與先師有甚怨讐

師因許州全明上座問一毫穿衆穴時如何師云直須萬年後明云萬年後如何師云登科任汝登科拔萃任汝拔萃明次問徑山諲諲云光華任汝光華結果任汝結果

師問僧近離甚處僧云審道師於面前畫一畫云你剌脚與麼來還審得這箇麼僧云審不得師云你衲衣與麼厚爲甚却審這箇不得僧云某甲衲衣雖厚爭奈審這箇不得師云與麼則七佛出世也救汝不得僧云說甚

七佛千佛出世也救某甲不得師云太懵懂生僧云爭奈聻師云叅堂去僧云喏喏（或云鏡清問僧）

潭州漸源仲興禪師因同道吾去一家弔慰次師乃拊棺云生耶死耶吾云生也不道死也不道師云爲甚不道吾云不道不道回至中路師云和尚快與某甲道若不道打和尚去也吾云打即任打道即不道師便打吾歸院云汝宜離此去恐知事得知不便道吾遷化後師至石霜舉前話請益霜云生也不道死也不道師云爲甚不道霜云不道不道師於言下有省

大潙秀云大凡言論須有轉身之謀道吾既無便喫他痛棒且道漸源具什麼眼

雲居元云石霜矢上加尖喚醒千箇漸源也無用處當初待伊舉了以棒打出非唯作天下宗師亦乃爲道吾雪屈固知當斷不斷返招其亂

續五祖演云白雲今日憤氣不平須要斷這公案道吾第一不解爲身作主第二不能隨機入俗當時待伊問生耶死耶但向伊道等歸院裏向你道若著得此語伶利漢一踏踏著大小道吾和尚也免一頓拳頭有眼者辨取　昭覺勤云道吾橫身爲物指出生死根源漸源親到寶山當面蹉過若不是金剛正性夙植根深爭得向平田淺草驀地回光見得道吾著力相爲處且作麼生是道吾相爲處試請道看　徑山杲云生也不道死也不道公案兩重一狀領到露刃吹毛截斷綱要脫却鶻臭衫拈却炙脂帽大坐當軒氣浩浩喝一喝

師一日將鍬子於法堂上從西過東從東過西霜云作麼師云覓先師靈骨霜云洪波浩渺白浪滔天覓什麼先師靈骨（雪竇著語云蒼天蒼天）師云正好著力霜云這裏針劄不入著什麼力師持鍬肩上便出

太原孚云先師靈骨猶在　明招謙云莫道作什麼別下得什麼語代云鸕鷀語鶴

又代漸源便擲却鍬子云淺水無魚

師因在紙帳內坐有僧來撥開帳云不審師以目視之良久云會麼僧云不會師云七佛已前事爲甚不會後僧舉似石霜霜云如人解射箭不虛發

東林總云漸源云七佛已前事且從石霜喚什麼作箭良久云漸源頭白石霜頭黑七佛已前曾漏泄既漏泄掩不得南海波斯生白澤

續大潙智云要知麼空劫逈超無向背展開春色共依依這僧正是執持千里鈔林下道人悲良久云赤脚人趁兔著靴人喫肉　鼓山永云漸源夢中說夢石霜接響承虛要且二俱不了

師一日因寶蓋和尚來訪師卷起簾子在方丈內坐蓋一見乃下却簾便歸客位去師遂令侍者傳語長老遠來不易猶隔津在蓋遂擒住侍者與一掌者云莫得打某甲有堂頭和尚在蓋云爲有堂頭老漢所以打你者回舉似師師云猶隔津在

續蔣山勤云老漢一舒一卷賓主歷然隔津通津彼此相照侍者親蒙賜掌恩大難

酬寶蓋到處要悉心貴盡臘頭氣力
祿青和尚因僧問不落道吾機請師道師云庭前紅莧樹生葉不生花僧無語師云會麼僧云不會師云正是道吾機爲什麼不會僧作禮師便打云須是老僧打你始得
續昭覺勤云來源既正只貴轉身這僧眼既搭賜祿青遂因風放火當時若是箇漢待他道庭前紅莧樹生葉不生花便與掀倒禪牀直饒道吾親來也須與他平展還委悉麼棊逢敵手難藏行詩到重吟始見工

筠州洞山悟本良价禪師雲巖嗣因請泰首座喫果子次乃問有一物上拄天下拄地黑似漆常在動用中動用中收不得你道過在甚處首座云過在動用中師便喝乃令撥却果卓
五祖戒別首座云朝來更獻楚王看　瑯瑯覺云若不是洞山老人焉能辨得雖然如是洞山猶欠一著在　潙山喆云諸人還知洞山落處麼若也不知往往作是非得失會去山僧道這果子非但首座不得喫假使盡大地人來亦不得正眼覷著
雲蓋本云洞山雖有打破虛空鉗鎚而無補綴底針線待伊道過在動用中但道請首座喫果子泰首座若是箇衲僧喫了也須吐出
續南堂靜云洞山坐籌帷幄決勝千里泰首座通身是口有理難伸　潙山果云洞山壓良爲賤泰首座有理難伸山僧路見不平要爲雪恥當時纔見與麼問只向道靈山授記未到如此待他擬議拈果子劈面便擲不唯塞斷咽喉免見後人妄生卜度　淨慈昌云洞山雖然撥得果卓去要且塞泰首座口不得

師示衆云兄弟秋初夏末東去西去直須向萬里無寸草處去始得只如萬里無寸草處作麼生去後有舉似石霜霜云出門便是草師聞乃云大唐國裏能有幾人
大陽玄云如今直道不出門亦草漫漫地且道合向甚麼處行覆良久云莫守寒巖異草青坐著白雲宗不妙
續白雲端云若見得菴主便見得洞山若見得洞山便見得菴主見洞山即易見菴主即難爲他不爲住持之絆不見道雲在嶺頭閑不徹水流澗底太忙生　潙山果云斬釘截鐵豁開向上玄關語諦言誠且指當人要路且道你作麼生會出門便是草石霜恁麼道上封恁麼舉你諸人不得動著動著三十棒　徑山杲云師子一滴乳迸散十斛驢乳

師因僧問時時勤拂拭莫遣惹塵埃爲什麼不得他衣鉢師云直饒道本來無一物也未合得他衣鉢僧云甚人合得師云不入門者僧云只如不入門者還得也無師云雖然如此不得不與他
師或問直道本來無一物猶未消得他衣鉢這裏合下得箇什麼語有一僧下九十六轉語不愜師意末後一轉始契師云闍黎何不早與麼道時有一僧傍聽只不聞末後一轉語遂請益其僧竟不與舉如是三年執侍巾

瓶一日因疾僧云某甲請舉前話不蒙慈悲
善取不得惡取遂持刀向前云若不與某甲
舉即便殺上座也僧悚然云闍黎且待我爲
汝舉乃云直饒將來亦無處著其僧作禮
雪竇顯云他既不受是眼將來必應是瞎
還見祖師衣鉢麼若於此入門便乃兩手
分付非但大庾嶺頭一箇提不起設使合
國人來且欵欵將去　翠巖芝云總不合
得他衣鉢却與古佛同叅且道叅阿誰
續天童覺云長蘆則不然直須將來若不
將來爭知不受將來底必應是眼不受底
眞箇是瞎還會麼照盡體無依通身合大
道　靈隱嶽舉翠巖語了云到江吳地盡
隔岸越山多
師問雲巖和尚百年後忽有人問還貌得師
眞如何秖對巖云但向伊道只這是師良久
巖云承當這箇事大須審細後因供養雲巖
眞有僧問先師道只這是莫便是否師云是
僧云意旨如何師云當時幾錯會先師語僧
云未審先師還知有也無師云若不知有爭
解恁麼道若知有爭肯恁麼道
長慶稜云既知有爲甚恁麼道又云養子
方知父慈
師因辭京兆興善平禪師平云什麼處去師
云祕流無定止平云法身祕流報身祕流師
云總不作此解平乃撫掌
保福展云洞山自是一家乃别云覓得幾
人
師因夜叅不點燈有僧出問話退師令侍者
點燈遂召適來問話僧出來其僧近前師云
將取三兩粉與這箇上座其僧拂袖而退自
此有省遂罄捨衣資設齋得三年後辭師師
云善爲時雪峯侍次問云只如這僧辭去幾
時却來師云他只知一去不解再來其僧歸
堂衣鉢下坐化及人報師云雖然如此猶較
老僧三生在
師因普請次巡寮去見一僧不赴普請師問
你何不去僧云某甲不安師云你尋常健時
何曾去來
師於扇上書佛字雲巖見却書不字師又改
作非字雪峯見乃一時除却
續興化奬代云吾不如汝　白楊順云我
若作洞山只向雪峯道你非吾眷屬　天
鉢元云洞山雲巖平地起堆雪峯老漢因
事長智
師問僧什麼處去來僧云遊山來師云還到
頂頭麼僧云到師云頂上有人不僧云無人
師云你不曾到頂頭來僧云若不到爭知無
人師云闍黎何不且住僧云某甲住即不辭
西天有人不肯在
師問僧名什麼僧云某甲師云阿那箇是你
主人翁僧云見秖對次師云苦哉苦哉今時
人例皆如此秖認得驢前馬後底將爲自己
佛法況此也是客中辨主尚未分明如何辨
得主中主僧便問如何是主中主師云闍黎
自道取僧云某甲道得即是客中主如何是
主中主師云與麼道即易相續也大難
師因與雲居渡水師問水深淺居云不濕師
云麤人居云請師道師云不乾
續五祖演云二人恁麼說話還有優劣也

無山僧今日因行掉臂爲你諸人說破過水一句不濕庫藏眞珠堆積過水一句不乾無錐說甚貧寒乾濕二途俱不涉任他緑水與青山

師在泐潭見初上座示衆云也大奇也大奇佛界道界不思議師云佛界道界即不問且如說佛界道界是什麼人只請一言初良久師云何不急道初云爭即不得師云道也未曾道說甚麼爭即不得初不語師云佛之與道只是名字何不引教初云教道什麼師云得意忘言初云猶將教意向心頭作病在師云說佛界道界病大小初明日忽遷化時號問殺首座价

師因一僧在延壽堂不安要見師師遂至僧云和尚何不救取人家男女師云你是什麼人家男女僧云某甲是大闡提人家男女師良久僧云四山相逼時如何師云老僧亦曾從人家簷下過僧云回互不回互師云不回互僧云教某甲向甚處去師云粟畬裏去僧噓一聲云珍重便坐脫師以拄杖敲頭三下云汝只解與麼去不解與麼來

續昭覺勤云大凡行脚人正要透脫這一件事這僧既是大闡提人家男女直至四山相逼手脚忙亂若不是洞山具大慈悲放一線道與他平展爭解恁麼去所以古人道臨終之際若一毫頭聖凡情量未盡未免入驢胎馬腹裏去只如洞山道我也亦從人家簷下過粟畬裏去鼎鼎礙四山不礙四山到這裏須是桶底子脫始得且道洞山意作麼生還會麼金雞啄破琉璃殼玉兔挨開碧海門

師因僧問三身中那身說法師云吾常於此切僧後問曹山洞山道吾常於此切意旨如何曹云要頭斫將去僧又問雪峯峯以拄杖劈口打云我也曾到洞山來

承天宗云一轉語海晏河清一轉語風高月冷一轉語騎賊馬趁賊試請辨看忽有箇衲僧出來道總不與麼也許伊具一隻眼

師因僧問寒暑到來如何回避師云何不向無寒暑處去僧云如何是無寒暑處師云寒時寒殺闍黎熱時熱殺闍黎

投子同云幾乎與麼去

續瑯琊覺云我即不然如何是無寒暑處僧堂裏去　雲居舜云大小瑯琊作這箇去就山僧即不然如何是無寒暑處三冬向暖火九夏取涼風　寶峯文云大衆若也會得不妨神通遊戲一切臨時寒暑不相干若也不會且向寒暑裏經冬過夏

上封才云洞山一句可謂主賓交參正偏涉入諸人如今向甚處回避無事上山行一轉借問諸人會也無　泐潭準云若爲人時氷也暖不爲人時火也寒

師示衆云有一人在千人萬人中不背一人不向一人你道此人具何面目雲居出云某甲參堂去

潭州神山僧密禪師與洞山行次忽見白鹿走過師云俊哉洞云作麼生師云大似白衣拜相洞云老老大大作這箇說話師云你作麼生洞云積代簪纓暫時落薄

師因與洞山行次洞指路傍院云裏面有人說心說性師云是誰洞云被師伯一問直得去死十分師云說心說性底誰洞云死中得活

師把針次洞山問作什麼師云把針洞云把針事作麼生頌四師云針針相似洞云二十三十年同行作這箇語話豈有與麼工夫師云長老又作麼生洞云如大地火發底道理

幽溪和尚因僧問大用現前不存軌則時如何師起遶禪牀一帀而坐僧欲進語師遂與一踏僧歸位立師云汝與麼我不與麼汝不與麼我却與麼僧再擬進語師又與一踏云三十年後吾道大行

續天童華云善射者箭不虛發若是箇漢何處更有幽溪雖然如是最初一踏何異最後一踏

澧州夾山善會禪師嗣船子誠會下有一僧到石霜入門便道不審霜云不必闍黎僧云與麼則珍重又到巖頭亦云不審頭乃嘘兩聲僧云與麼則珍重纔回步頭云雖是後生亦能管帶其僧歸舉似於師師明日陞堂乃喚昨日從石霜巖頭歸底阿師出來如法舉似前話僧纔舉了師云大衆還會麼若無人道老僧不惜兩莖眉道去也乃云石霜雖有殺人刀且無活人劍巖頭亦有殺人刀亦有活人劍

師因西川座主遊方至白馬舉華嚴經問一塵含法界無邊時如何白馬云如車二輪如鳥兩翼主云將謂禪門別有奇特元來不出教乘乃回本地後聞師盛化遣小師持前語來問師師云雕沙無鏤玉之談結草乖道人之思小師回舉似主乃讚歎將謂禪門與教意不殊元來有奇特事

師因有問如何是夾山境師云猿抱子歸青嶂裏鳥銜花落碧巖前法眼道老僧二十十四年只作境話會頌四

浄山遠云直饒不作境話會亦未會在何故犀因翫月紋生角象被雷驚華入牙

瑯瑘覺云且道如今怎生會良久云上士遊山水中人坐竹林

續黃龍心拈拂子云看看拂子變作夾山老子出來見麼有僧云謝和尚指示心云見你不顧而今却入露柱中去也　黃龍新云這僧分明問境法眼因甚不作境會既不作境會作麼生會長憶江南三月裏鷓鴣啼處百花香　黃龍震云直饒法眼盡力踍跳也出夾山繼續不得法眼既出不得且道是什麼人出得乃竪起拂子云須是這老漢始得

師嘗遣一小師遊歷禪肆殊無趣向及聞師道譽振遠乃回省覲云和尚有如是奇特事何不早向某甲說師云汝蒸飯時吾與汝著火汝行益時吾則展鉢什麼是孤負汝處小師因而悟入

師問僧甚處來僧云洞山師云洞山有何言教僧云洞山尋常許人三路學頌四所謂玄十五路鳥道展手師云實有此語不僧云實有師云執持千里鈔林下道人悲

師示衆云百草頭薦取老僧闤市裏識取天子

雲門偃云蝦蟆鑽你鼻孔毒蛇穿你眼睛且向葛藤裏會取　雲峯悅云雲門與麼道大似和泥脫墼若無後語疑殺天下人山僧今日因行不妨掉臂乃竪起拄杖云還見雲門麼

續保寧勇云百草頭上分明顯露爲甚不薦鬧市裏終日相逢爲甚不識未開眼者且莫錯怪夾山雖然如是于保寧什麼事　雲居舜云古人與麼實爲慈悲大衆且作麼生是鬧市門頭天子會麼愁人莫向愁人說說向愁人愁殺人又舉了云我則不然婦搖機軋軋兒弄口喎喎　徑山杲云夾山粱生招箭雲門認賊爲子雖然如是知恩者少負恩者多

師示衆云我二十年住山未嘗舉著宗門中事一日有僧問承和尚有言二十年住山未曾舉著宗門中事是不師云是僧便掀倒禪牀師休去至明日普請掘一坑令侍者請昨日問話僧來云老僧二十年只說無義語今請上座打殺老僧埋向坑中便請便請上座若不打殺老僧上座自著打殺埋此坑中始得其僧歸堂裝束潛去

續蔣山勤云夾山獨時頭尾皆獨這僧清時始終俱清後人不會盡云這僧怕被打殺潛然而去殊不知綿裏有針這僧好即好只是少一轉語待夾山云闍黎若不打殺老僧闍黎自著打殺埋向坑中只近前兩手擘開眼云猫

師因湖南虎頭上座參師問甚處來頭云湖南來師云曾到石霜麼頭云要路經過爭得不到師云承聞石霜有毬子話是不頭云和尚也須急著眼師云作麼生是毬子頭云躍不出師云作麼生是毬杖頭云勿手足師云老僧不曾與闍黎相識出去

雪竇顯云親見這僧從石霜來夾山因什麼道不相識

續智海逸云夾山恁麼道肯這僧不肯這僧若辨得出許你具擇法眼　徑山榮云入虎穴者不畏死登危竿者不怕險這僧要路經過夾山因茲落草撿點將來未免如猫弄鼠塗毒若作夾山待他道和尚也須急著眼即和聲打出便向道淨地上不要放屙還知麼傷鱉恕龜殺活由我

師次日陞座云昨日新到在麼虎頭出應諾師云目前無法意在目前不是目前法非耳目之所到頭云今日雖同要且不是師云片月雖明非關天地頭云莫承沸便作掀禪牀勢師云且緩緩戲著上座什麼處頭竪起拳云目前還著得這箇麼師云作家作家頭又作掀禪牀勢師云大衆看這一負戰將若是門庭布列山僧不如若據入理之談也較山僧一級地

續東禪嶽云夾山口吹無孔笛手提體拍板大家唱云去年梅今歲柳顏色馨香依舊且道是何曲調還會麼曲終人不見江上數峯青

師因僧問撥塵見佛時如何師云欲知此事直須揮劍若不揮劍漁父棲巢後僧如前問石霜霜云渠無國土甚處逢渠僧却舉似師師云門庭施設不無夾山入理深談猶較石

霜百步
續護國元云叅須實叅見須實見毫端許
言之本未皆爲自欺今夜忽有人問三峯
撥塵見佛時如何和聲便打還會麼眞金
自有眞金價終不和沙賣與人
鼎州德山宣鑒禪師（嗣龍潭信）小叅示衆云今夜
不答話有問話者三十棒時有僧出禮拜師
便打僧云某甲話也未問爲甚打某甲師云
你是甚處人僧云新羅人師云未跨船舷好
與三十
法眼益云大小德山話作兩橛　德山密
云大小德山龍頭蛇尾　雪竇顯云此二
老宿雖善裁長補短舍重從輕要見德山
老漢亦未可在何故殊不知德山握閫外
之威權有當斷不斷不招其亂底劒諸人
還識新羅僧麼只是撞著露柱底瞎漢
芭蕉徹云作死馬醫　瑯琊覺云德山何
似履春氷雖然如是如猫弄鼠　潙山喆
云德山大似清平世界鋥甲磨槍這僧不
惜性命身挨白刃法眼道話作兩橛大似
藥病相治圓明道龍頭蛇尾也是金鍮難
辨雪竇道撞著露柱底瞎漢截斷衆流如
今還有人爲新羅僧作主麼出來與大潙
相見乃竪拂云去去西天路迢迢十萬餘
續翠嵓芝云時人盡道德山作家用得好
若與麼會還曾夢見麼山僧道德山被這
僧一推直得瓦解氷消雖然如是今時覓
一箇尊宿也大難得　五祖演云衆中舉
者甚多會者不少且道向甚處見德山有
不顧性命底出來道看若無山僧爲大衆
與德山相見去也待德山道今夜不答話
問話者三十棒但向道某甲話也不問棒
也不喫你道還契他德山麼到這裏須是
箇人始得　黃龍清云雖則雪竇高提祖
令坐斷要區只解瞻前不能顧後這僧堂
堂出來什麼處是撞著露柱處還有人辨
得麼若也辨得不唯與新羅僧雪屈亦見
當人眼目分明若辨不得非唯新羅僧撞
著露柱盡大地衲僧箇箇出來撞著露柱
南堂靜云德山老人寂寂惺惺法眼圓明
精精靈靈六韜三略武緯文經新羅衲子
有丙無丁　丹霞淳云諸方盡道這僧纔
出德山便打末後却道未跨船舷好與三
十棒是話作兩橛處龍頭蛇尾處若與麼
會大似盲人摸象非唯不曾夢見德山自
已亦乃未有叅學眼在何故殊不知德山
韜略雙全文武兼備放開則大野風行把
住則碧天星落然則貪扶正宗步步登高
仔細觀來一向只顧他非不能自省已過
這僧當時若是箇作家直饒德山通身是
手眼也須放下拄杖子豈不見道大丈夫
捋虎鬚未爲分外這僧既無奪驪龍珠之
手段致使德山令行一半如今衆中莫有
爲新羅僧雪屈者麼便請掀倒禪牀喝散
大衆丹霞這裏不學德山倚勢欺人却分
半院與之住爲甚如此深嗟季運一將難
求若無實說異獸藏頭角靈禽惜羽毛
昭覺勤云德山大似金輪聖主寰中獨據
四方八表無不順從等閑布一勑施一令
直得草偃風行若不是這僧爭見殺活擒

縱威權自在法眼圓明雪竇雖則直指單提各能扶竪德山要且只扶得末後句未扶得最初句且作麼生是德山最初句大鵬欲展摩霄翅誰顧崩騰六合雲　護國元云惑煞倚勢欺人山僧見處也要諸人共知這僧當時若是箇漢待他道你是甚處人便與掀倒禪牀剔起便行直饒德山牙如劒樹口似血盆也須倒退三千里何故識法者懼　淨慈一云這僧赤肉搕他白刃也不易抵當當時若是箇漢纔見他道今夜不荅話問話者三十棒便與掀倒禪牀喝散大衆奪德山棒倒行正令去直饒德山全機也須倒退三千里

師到潙山挾複子直上法堂從西過東從東過西顧視方丈偶潙山坐次殊不顧眄師乃云無無便出雪竇著語勘破了也至門首却云也不得草草重具威儀再入相見纔跨門便提起坐具云和尚潙山擬取拂子師便喝拂袖而出雪竇著語勘破了也潙山至晚問首座今日新到在甚處座云當時背却法堂著草鞋去也潙山云還識此人麼座云不識潙山云此箇阿師已後向孤峯頂上盤結草菴訶佛罵祖去在

雪竇頌云雪上加霜　五祖戒云德山大似作賊人心虛潙山也是賊過後張弓

師因侍龍潭抵夜潭云夜深子何不下去師遂珍重揭簾而出見外面黑却回云外面黑潭乃點紙燭度與師擬接潭便吹滅師忽有省便作禮潭云子見箇什麼道理師云某甲從今日去不疑天下老和尚舌頭也至明日龍潭陞堂云可中有箇漢牙如劒樹口似血盆一棒打不回頭他時向孤峯頂上立吾道在師遂取疏鈔於法堂前將一炬火提起云窮諸玄辯若一毫置於太虛竭世樞機似一滴投於巨壑將疏鈔燒却於是禮辭

師因一僧相看乃近前作相撲勢師云與麼無禮合喫山僧手裏棒僧拂袖便行師云饒汝如是也只得一半僧轉身便喝師打云須是我打你始得僧云諸方有明眼人在師云天然有眼僧擘開眼云猫便出師云黃河三千年一度清

續天童華云這僧是透關底漢若非德山本分鉗鎚幾乎死在句下只如德山道黃河三千年一度清又作麼生嶺梅殘雪裏雲鬢未梳時

師一日見僧來乃閉却門僧敲門師云阿誰僧云師子兒師便開門僧纔設拜師驀項騎云這畜生甚處去來

師示衆云問即有過不問又乖時有僧纔出作禮師便打僧云某甲話也未問爲甚便打師云待你開口堪作什麼

師垂示云我先祖見處即不然這裏無佛無祖達磨是老臊胡釋迦是乾屎橛文殊普賢是擔屎漢等覺妙覺是破執凡夫菩提涅槃是繫驢橛十二分敎是神鬼簿是拭瘡疣紙四果三賢初心十地是守古塚鬼自救不了

雲門偃云讚佛讚祖須是德山老人始得

瑯琊覺云諸方若與麼會入地獄如箭射

只如雲門與麼道也是入地獄如箭射

洪州寶峯和尚因僧從巖頭來師竪起拂云落在此機底人未具眼在僧擬近前師云恰

落在此機僧回舉似巖頭頭云我當時見奪
却拂子看他作麼生師聞乃云我竪起拂子
從伊奪總不將物又作麼生巖頭聞得又云
無星秤子有什麽辨處
師因僧參師云其中事即易道不落其中事
始終難道僧云某甲在路時便知有此一問
師云更與二十年行脚也不較多僧云莫不
契和尚意麼師云苦瓜那堪待客
舒州投子大同禪師嗣翠微學一日指菴前一片
石向雪峯云三世諸佛總在裏許峯云須知
有不在裏許者師云不快漆桶又一日與峯
遊山峯云那箇是龍眠路師以杖指之峯云
東去西去師云不快漆桶又一日峯問此間
還有人參也無師將鋤頭抛向面前峯云與
麼則當處掘去也師云不快漆桶峯又問一
鎚便成時如何師云不是性懆漢峯云不假
一鎚時如何師云不快漆桶
雪竇顯云然則一期折挫雪峯且投子是
作家爐鞴我當時若作雪峯待投子道不
是性懆漢只向伊道鉗鎚在我手裏諸上
座合與投子著得箇甚麼語若能道得便
乃性懆平生光揚宗眼若也瞞頂頂上一
椎莫言不道　溈山喆云雪峯雖是本分
鉗鎚爭奈投子是作家爐鞴山僧今日亦
爲諸人開箇爐鞴衆中還有本分鉗鎚者
麼如無山僧爲你諸人下一鎚直是火星
迸散乃卓拄杖云看看諸人護取眉毛好
續東禪觀云與麼酬對喚作作家爐鞴正
是認貍爲虎自取疑怖若據性空見處投
子心肝五臟被雪峯盡情摟出
師在桐城縣因趙州和尚問莫便是投子菴
主麼師云茶鹽錢布施我來趙州先歸菴晚
問見師自携油回趙州云久嚮投子到來秖
見賣油翁師云你秖見賣油翁且不識投子
趙州云如何是投子師提起油瓶云油油
續南堂靜云趙州作家爐鞴要煅百煉精
金投子本分鉗鎚不免途中受用諸人還
見二老落處麼十年辛苦無人問一旦成
名天下知
師因巨榮禪客參乃云老僧未曾有一言半
句掛諸方脣齒何用要見山僧榮云到這裏
不施三拜要且不甘師云出家兒得與麼沒
碑記榮乃遶禪牀一帀而去師云有眼無耳
堙六月火邊坐
雪竇顯云也不得放過纔轉便擒住是誰
不甘若跳得出不妨是一負衲僧　溈山
喆云這僧雖是慣戰沙場爭奈投子善能
折挫何故真金若不經爐冶爭得光華徹
底鮮
師因僧問如何是十身調御師下禪牀立又
有問凡聖相去多少師下禪牀立
雪竇顯云此公案諸人無不委知若與麼
舉天下衲僧盡爲念話杜家雪竇還有長
處也無試爲大衆舉看凡聖相去多少投
子下禪牀立如何是十身調御投子下禪
牀立且道與前來舉底是同是別若道一
般許上座具一隻眼若道別有奇特也許
上座具一隻眼復更開一線道凡聖相去
多少請上座下一轉語如何是十身調御
請上座答一轉語非但參見投子亦乃知

雪竇長處或若總道下禪牀立惜取眉毛好

續五祖演云或有人問山僧亦下禪牀立爲什麼却依樣畫猫兒待我計較得成却向你道

師因僧問一切聲是佛聲是不師云是僧云和尚莫𡱁沸椀鳴聲師便打又有問麤言及細語皆歸第一義是不師云是僧云喚和尚作一頭驢得麼師便打

師因僧問依稀似半月髣髴若三星乾坤收不得師於何處明師云道什麼僧云想師只有湛水之波且無滔天之浪師云閑言語

雪竇顯云投子古佛不可道不知若檢點來直是天地懸隔纔問和聲便打

湖州道場山如訥禪師因僧問如何得見聞性不隨緣師云汝聽看僧作禮師云聾人也唱胡家曲好惡高低自不知僧云聞性宛然也師云石從空裏立火向水中焚

袁山光仁禪師一日陞堂大衆集定未登座乃云不負平生眼目置箇問訊來有麼時有僧出作禮師云負我且從大衆何也便歸方丈異日有僧請益云和尚陞堂云負我且從大衆何也意旨如何師云齋時有飯與汝喫夜間有牀與汝睡一向煎逼我作麼僧禮拜師云苦苦僧云乞師指示師垂下一足云展縮一任老僧

宗門統要續集卷第十二

宗門統要續集卷第十二

校勘記

一　底本，明永樂北藏本。

一　五二一頁上一行經名，徑作「宗門統要續集卷第十四」。卷末經名同。

一　五二一頁下一五行「光華任汝光華」，南作「光靴任汝光靴」。

一　五二三頁下五行第五字「徹」，徑作「輟」。

一　五二四頁上一五行第一五字「貌」，南作「邈」。

一　五二八頁上一九行第一三字「槍」，南作「鏘」。

一　五二九頁上四行首字「鵬」，南作「鵰」。

一　五三〇頁上一六行第一二字「傈」，南作「躁」。下同。

一　五三〇頁中一三行首字「問」，徑作「間」。

一　五三一頁上末行「有麼」，南無。

宗門統要續集卷第十三　傾五

宋　建溪沙門　宗永　集

元　建康保寧禪寺住持沙門清茂續集

青原下第五世

筠州九峯道虔禪師嗣石霜諸 因僧問諸聖間出只是箇傳語底人豈不是和尚語師云是僧云只如世尊生下一手指天一手指地云天上天下唯我獨尊為什麼喚作傳語底人師云為他指天指地所以喚作傳語底人其僧休去

師在石霜為侍者因霜會遷化衆舉首座住持師云須明得先師意始可住遂問先師道如古廟裏香爐去冷湫湫地去如一條白練去口邊生醭去首座作麼生會座云明一色邊事師云未會先師意在不得住座云裝香來我若不會先師意香烟起時脫去不得及至香烟纔起首座脫去師乃於背上撫云坐脫立亡即不無首座先師意未夢見在

續雲居舜云汝等諸人作麼生會諸人會處便道首座與麼說道理所以虔侍者不肯山僧道侍者平生只具一隻眼　南堂靜云要識虔侍者麼只是急殺人底漢子要識首座麼也只是孟春猶寒仲春漸暖季春漸暄忽有人喚和尚和尚啞賴他喚一聲若不喚一聲念到臘月三十日也未了在　開福寧云大衆且道首座是會先師意不會先師意若道會爭奈虔侍者撫背云坐脫立亡即不無首座先師意未夢見在若道不會其奈首座良哉快便撒手便行且道利害在什麼處會麼路遙夜長休把火大家吹滅暗中行　南華昺云透生死關高超物表秉殺活劒獨據寰中若非智眼洞明未免扶籬摸壁要會麼春蘭與秋菊各自一時榮　薦福行云大凡本分法席肐臂欲其重非重不能權衡佛祖爪牙欲其利非利無以開托人天看他石霜遷化首座侍者各出一隻手扶持石霜宗旨直是光前絕後今古罕聞諸人要辨來端各請拗折弓箭踏翻射垛來與老僧相見　徑山杲云兩箇無孔鐵鎚就中一箇最重

河中南際僧一禪師到雪峯數日次到玄沙沙云此事唯我能知長老作麼生會師云須知有不求知者沙云山頭老漢用許多辛苦作麼

雪竇顯別際語云雪峯門下幾箇如斯

台州涌泉景欣禪師因彊德二禪客到於路次見師騎牛不識乃云蹄角甚分明爭奈騎者不識師驟牛而去二禪客相次憩於樹下煎茶師却回下牛近前問訊與坐喫茶師乃問近離甚處客云那邊師云那邊事作麼生客提起茶盞師云此猶是這邊那邊事作麼生二人無對師云莫道騎者不識好

續保寧勇代師指茶盞隨人云歸到山中分明舉似

師因雪峯來訪乃門送峯入轎了師云這箇四人舁那箇幾人舁峯乃踊身起云道什麼師再問峯云行行他不會師云知即知秪是道不得

潭州雲蓋志安禪師一本曰志元非 因僧問石霜萬

戶俱閑時如何霜云堂中事作麼生僧經半年方始道得云無人接渠霜云道也太煞道秖道得八九成師聞却禮請石霜為道霜不道師乃抱霜從方丈後去坐云和尚若不道須打和尚去霜云得在師乃禮拜不住霜云無人識渠師於言下有省

翠巖芝云先行不到末後太過

續天童覺云穩密田地忌墮功勳貼肉衣裳會須脫去寥中辨的量外之機須仔細始得同中之異灼然尚帶依俙異中之同直是難臻妙極還知石霜父子轉側處麼燭曉玉人初夢破夜寒青女未登機

師初到雲居問某甲不柰何時如何居云秖為工夫不到師不肯直造石霜又如是問霜云非但闍黎老僧亦不柰何師云和尚為甚不柰何霜云老僧若柰何拈過汝不柰何師乃作禮求入室

師因道正奏表閙馬王乞與師論議馬王遂請師至具云荼罷師就大王借一口劍乃握劍問道正云亦本教道恍恍惚惚其中有物是何物杳杳冥冥其中有精是何精若道得即不斬道不得即斬道正遂設拜哀求師謂大王云還識此人麼大王云識師云是誰王云道正師云不是其道若正合對得臣僧此只是箇無主孤魂因斯道門不復紛紜

福州覆船山荐禪師因僧問鈎錐不到處請師道師良久僧云掣電之機徒勞佇思師云出格一句汝試道看僧近前三步却退後師云此是出格句即今事作麼生僧以袖拂一拂便出師云也是天津橋上漢

續昭覺勤云這僧渾金璞玉覆船大冶宏開百煉千煆成一箇金剛王寶劍還委悉麼也是天津橋上漢北斗南頭著眼看

師因僧問如何是師子子師云善能哮吼僧撫掌云好手好手師云青天白日却被鬼迷僧作撥禪牀勢師便打僧云驢事未了馬事到來師云灼然是作家僧拂袖出去師云將甌盛水擬比大洋

鳳翔府石柱禪師遊方到洞山第三代處(即青林也)見垂語云有四種人一人說過佛祖一步行不得一人行過佛祖一句說不得一人說得行得一人說不得行不得那箇是其人師出衆云一人說過佛祖一步行不得者只是無舌不許行一人行過佛祖一句說不得者只是無足不許說一人說得行得者只是函蓋相稱一人說不得行不得者如斷命而求活此是石女兒披枷帶鎖洞云闍黎分上又作麼生師云該通會上卓卓寧彰洞云只如海上明公秀又作麼生師云幻人相逢撫掌呵呵

撫州曹山本寂耽章禪師(嗣洞山价)因僧問學人抱璞投師請師雕琢師云不雕琢僧云為甚不雕琢師云須知曹山好手

師一日聞鐘聲乃云阿哪阿哪僧云和尚作麼師云打著我心

五祖戒代僧云作賊人心虛

師問僧甚麼處來僧云掃地來師云佛前掃佛後掃僧云佛前佛後一時掃師云與我過袈裟來

五祖戒出僧語云和尚是何心行

師示衆云諸方盡把格則何不與他道一轉語教伊不疑去雲門便問審審處爲甚不知有師云秖爲審審所以不知有（雪竇別云門遠攀來也）云此人如何親近師云莫向審審處親近門云不向審審處親近時如何師云始解親近門應諾諾

續徑山杲云獨油更著濕燈心

師因米和尚至未相見米遂坐却禪牀師更不出米便去主事遂問和尚禪牀爲什麼被別人坐却師云去後却還來米果回與師相見（米到大同并採禪師處因緣多類此）

師問彊德二上座菩薩在定聞香象渡河出什麼經座云出涅槃經師云定前聞定後聞座云和尚流也師云道也太煞道始道得一半座云和尚如何師云灘下接取

師因僧問承教有言大海不宿死屍如何是海師云包含萬有僧云爲什麼不宿死屍師云絕氣息者不著僧云既是包含萬有爲甚絕氣息者不著師云萬有非其功絕氣息者有其德僧云未審向上還有事也無師云有

僧云如何是向上事師云道有道無即得爭奈龍王按劍何

師因鏡清問清虛之理畢竟無身時如何師云理即如此事作麼生清云如理如事師云瞞曹山一人即得爭奈諸聖眼何清云若無諸聖眼爭鑒得箇不與麼師云官不容針私通車馬

溈山喆云曹山雖然善能切磋琢磨其奈鏡清玉本無瑕要會麼不經敏手終成廢器

洪州雲居道膺禪師問僧念什麼經僧云維摩經師云我不問你維摩經念底是什麼經僧因此有省

師示衆云如人將三貫錢買一隻獵犬只解尋得有蹤跡有氣息底忽遇羚羊掛角莫道蹤跡氣息也無僧便問羚羊未掛角時如何師云六六三十六僧云掛角後如何師云六六三十六僧便作禮師云會麼僧云不會師云豈不見道絕蹤跡其僧後舉似趙州州云雲居師兄猶在僧乃問羚羊未掛角時如何州云九九八十一

師因洞山問甚處去來師云踏山來洞云阿那箇山可住師云阿那箇山不可住洞云與麼則國內總被闍黎占却也師云不然洞云與麼則子得箇入路師云無路洞云若無路爭得與老僧相見師云若有路即與和尚隔生也洞云此子已後千人萬人把不住

師問雪峯門外雪銷也未峯云一片也無銷箇甚麼師自云銷也

保福展云要且無雪上加霜

師因僧問如何是諸佛師師喝云這田厙奴僧禮拜師云你作麼生會僧喝云這老和尚師云元來不會僧作舞而出師云沁臺槃乞兒

續昭覺勤云識機宜別休咎有回互轉關底眼千百人中難得一箇半箇爲什麼却成沁臺槃乞兒去也是憐兒不覺醜　何山珣云翻手爲雲覆手爲雨主賓互換當機作舞堪笑沁臺槃乞兒也是面南看北斗

師示衆云老僧二十年前住三峯菴時魏府興化長老來問權借一問以爲影草時如何老僧當時機思遲鈍道不得爲伊置得箇問頭奇特不敢孤他伊云想菴主答這話不得不如禮拜了退而今思量當時不消道箇何必後道化主到魏府興化乃問山中和尚住三峯菴時老僧曾問伊話祇對不得而今道得也未主遂舉前話興化云雲居二十年只道得箇何必興化即不然爭如道箇不必

三聖然云雲居二十年道得底猶較他興化半月程

續保寧勇云明月照見夜行人　徑山杲云何必不必綿綿密密覿面當機有人續得末後句許伊親見二尊宿

師令侍者送袴與一住菴道者者云自有娘生袴竟不受師却令侍者去問娘未生時著箇甚麼道者無語後遷化燒得舍利持似師師云直饒燒得八斛四斗不如當初下取一轉語好

師在洞山作務次剗殺蚯蚓洞山指云這箇聻師云他不死山云二祖往鄴都又作麼生師不對後僧問師在洞山剗殺蚯蚓洞山問師豈不是無語師云當時有語只是無人證明

師因僧問山河大地從何而有師云從妄想有僧云與某甲想出一鋌金得麼師便休去僧不肯

雲門偃云已是葛藤不能折合得待伊道想出一鋌金得麼以拄杖便打

師因戚尚書送供至書問如來有密語迦葉不覆藏此理如何師召云尚書書應諾師云會麼書云不會師云若不會如來有密語若會迦葉不覆藏

清涼欽云且道喚底是密語應底是密語若也應喚總是去即不密也且道作麼生是密語時有僧問欽云何曾得密來　東林總云怪哉弘覺二十年羚羊掛角絕跡亡蹤及乎被尚書一問直得帶水拖泥遭人笑怪法燈也是日午點燈夜半潑墨東林不然如何是密語却向伊道甚處不密且道與麼道還有過也無良久云更不用別人

續東禪觀云逢人且說三分話未可全拋一片心

師臨順世時問侍者今日是幾者云今日初三師云三十年後但道只這是乃端然告寂

潭州龍牙居遁禪師初參翠微乃問如何是祖師西來意微云與我過禪板來師纔過微接得便打師云打即任打要且無祖師意又參臨濟亦如是問濟令過蒲團師纔過濟接得亦打師云打即任打要且無祖師意師住後有僧問和尚當年問二尊宿祖師意二尊宿明也未師云明即明已要且無祖師意

五祖戒云祖師土宿臨頭又云和尚得與麼面長　雪竇顯云臨濟翠微只解放不解收我當時若作龍牙待伊索蒲團禪板拈得劈脊便摵　翠巖芝云當初如是今時衲僧皮下還有血麼　潙山喆云翠微臨濟可謂本分宗師龍牙一等是撥草瞻風與他後人爲龜鑒又舉住後僧問處乃

云龍牙瞻前顧後應病與藥大溈則不然
待問當年二尊宿明不明劈脊便棒非唯
扶豎翠微臨濟亦乃不孤他來問　石門
聰云龍牙無人拶著猶可纔被箇衲子拶
著失却一隻眼
續昭覺勤云這僧叅來莽鹵學處矇預雖
然顧後瞻前爭奈藏身露影既是無祖師
西來意用明作麼若向這裏辨得出山僧
與你拄杖子若辨不出和鼻孔一時穿却
師問德山學人仗鏌鎁取師頭時如何山引
頸近前云㘞師云頭落也山呵呵大笑師後
到洞山舉似前話洞云德山道什麼師云山
無語洞云莫道無語且將德山落底頭呈似
老僧看師方省便懺謝後有舉似德山山云
洞山老人不識好惡這漢死來多少時救得
有甚用處
保福展云龍牙只知進前不知失步　翠
巖芝云龍牙當斷不斷如今作麼生斷
續法華舉云諸上座莫是德山無機鋒麼
爲當別有道理良久云德山引頸龍牙獻
劒　東禪觀云龍牙抱劒傷身自招過咎
德山爲頭作主幸好機籌忽被洞山指蹤
不覺尾巴露出
師因僧問十二時中如何用力師云如無手
人行拳
雲居齊云好言語且作麼生會嘗問一僧
他道無手底人何更行得拳也及問伊佛
法伊便休去將知露布說得無用處不如
仔細體取古人意好　大溈秀云是則是
又教人入陰界中作活計十二時中如何
用力如有手人行拳又且如何
續石門聰云道即太煞道只道得一半石
門道如無舌人解唱歌始得
襄州洞山三世師虔禪師（後住青林）凡有新到須
擔柴三轉因一僧問三轉內即不問三轉外
事如何師云鐵輪天子寰中勑僧無語師打
出院
大溈秀云夫欲君臣道合應須水乳和同
這僧既抗節朝堂不覺喪身失命當時見
道鐵輪天子寰中勑將坐具便摵待伊擬
議便打
師因洞山問近離甚處師云武陵山云武陵
法道何似此間師云胡地冬抽筍山云別甑
炊香飯供養此人師便出去山云此子向後
走殺天下人去在
續鼓山永云恁麼祇對滴水難消因甚別
甑炊香飯
撫州踈山仁禪師因知事與造壽塔畢來白
師云汝將多少錢與匠人知事云一切在和
尚師云爲將三文與伊爲將兩文與伊爲將
一文與伊若道得與吾親造塔知事無語後
有僧舉似大嶺（即羅山也）嶺云還有人道得麼僧
云未有人嶺云汝却回舉似踈山道大嶺云
若將三文與伊和尚此生決定不得塔若將
兩文與伊和尚與匠人共出一隻手若將一
文與伊累他匠人眉鬚墮落僧回舉似師師
具威儀遥望禮拜歎云將謂無人大嶺古佛
放光射此間雖然如是也是臘月蓮花大嶺
後聞乃云我與麼道也是龜毛長數文
浮山遠云踈山以錐錐地大嶺用刀剜空

雖然二古德錯下錐刀今時人亦難搆副何故後語中有捎有殺然雖如是河裏失錢河裏摝

續雪竇宗云說甚麼龜毛長數文朧月蓮華盡是和衣草裏輥直饒向這裏分三列四說得倜儻分明祖師正眼未夢見在我當時若見踈山恁麼道只向道一文也無待他更說道理便與掀倒禪牀拆却壽塔教這老漢無依倚處爲甚如此知恩方解報恩

師示衆云老僧咸通年已前會得法身邊事咸通年已後會得法身向上事雲門一日問承聞和尚道咸通年已前會得法身邊事是不師云是門云如何是法身邊事師云枯樁如何是法身向上事師云非枯樁門云還許學人說道理也無師云許門云枯樁豈不是明法身邊事非枯樁豈不是明法身向上事師云是門云法身還該一切也無師云作麼生不該門指淨瓶云還該這箇麼師云闍黎莫向淨瓶邊會門乃作禮而退

續徑山杲云雲門禮拜不是好心

師因溈山示衆云行脚高士直須向聲色裏睡眠聲色裏坐臥始得師乃出問如何是不落聲色句溈山豎起拂子師云此是落聲色句溈山歸方丈師不契便辭香嚴云何不且住師云和尚與某甲無緣嚴云有何因緣不契試舉看師遂舉前話嚴云某甲有箇語師云道什麼嚴云言發非聲色前不物師云元來此中有人乃囑嚴云你向後有住處某甲却來相見遂去後溈山問嚴云問聲色話底矮闍黎在麼嚴云已去也溈云曾舉向子麼嚴云某甲亦曾對他來溈云試舉看嚴云言發非聲色前不物溈云他道什麼嚴云他深肯溈山失笑云我將謂這矮子別有長處元來只在這裏此子向去若有住處近山無柴燒近水無水喫

續天童華云在今天下覓一箇言發非聲色前不物底正如搖地覓天何況更要會他溈山說話雖然切忌鑽龜打瓦

澧州欽山文邃禪師遊方時同雪峯巖頭憩一店上喫茶師乃云不會轉身通氣者今日不得喫茶巖云若與麼我今日定不得茶喫雪峯云某甲亦然師云這兩箇老漢話頭也不識巖云什麼處去師云布袋裏老鴉雖活如死巖頭退後云看看師云奯公且致存公作麼生峯畫一圓相師云不得不問巖笑云太遠生師云有口不得茶喫者多

續蔣山勤云欽山雖解轉身吐氣亦未有喫茶分何也話在

師因良禪客問一鏃破三關時如何師云放出關中主看良云與麼則知過必改師云更待何時良云好箭放不著所在便出師云且來闍黎良回首師把住云一鏃破三關即且致試與欽山發箭看良擬議師乃打七棒云且聽這漢疑三十年

同安察云良公雖發箭要且未中的有僧便問未審如何得中的安云關中主是什麼人其僧却舉似欽欽云良公若解與麼也免得欽山口雖然如是同安不是好心亦須看始得

師與巖頭雪峯同到德山師乃問天皇也與麼道龍潭也與麼道未審德山作麼生道山云汝試舉天皇龍潭底看師擬議山便打師被打歸延壽堂云是即是打我太煞巖頭云汝與麼他後不得道見德山

雪竇顯云諸德欽山置箇問端甚是奇特爭柰龍頭蛇尾汝試舉天皇龍潭底看以坐具便摵大丈夫漢捋虎鬚也是本分他既不能德山令行一半令若盡行雪峯巖頭總是涅槃堂裏漢　翠巖芝云欽山只顧其前不顧其後如今作麼生與欽山出氣　五祖戒云德山只解打死欽山不會打活欽山　溈山喆云德山門下草偃風行大溈不然待問未審和尚作麼生道劈脊便打且道德山是大溈是會麼橫按鏌鎁全正令太平寰宇斬癡頑

續天童華云宗師非具透關眼有格外機臨垂手之際又焉能辨其緇素只如德山令行一半雪竇還免得也無既不能免當時從德山門下過也是喫棒底漢還見德

山麼驀拈拄杖卓一卓賊是小人

師陞堂豎起拳又伸掌云開即爲掌五指參差復握拳云如今爲拳必無高下還有商量也無時有僧出衆豎起拳師云你秪是箇無開合漢

雪竇顯[頻五]云我即不然乃豎[十六]起拳云握即爲拳有高有下復開云開即成掌無黨無偏且道放開爲人好把定爲人好開也造車握也合轍若謂閉門造車出門合轍我也知你向鬼窟裏作活計

續蔣山勤云掌亦是手握亦是手商量箇什麼乃舉一足云長亦是脚收亦是脚無高無下不許商量且道與欽山是同是別

師與巖頭雪峯坐次洞山行茶來師乃閉眼洞云什麼處去來師云入定來洞云定本無門從何而入

老宿代云大有人與麼會　雪竇顯別云當時但指巖頭雪峯云與這兩箇瞌睡漢茶喫

師到浴室下見僧踏水車次遂教却來問訊

師云幸自轆轆地轉何須却恁麼僧云不恁麼又爭得師云若與麼欽山眼堪作什麼也僧云作麼生是和尚眼師乃以手作撥眉勢僧云和尚又得與麼師云是是爲我與麼便不得與麼僧無對師云索戰無功一場氣悶良久問僧云會麼僧云不會師[頻五]云欽[十七]山爲汝擔一半

師因德山侍者來參繞禮拜師把住云還甘欽山與麼也無侍者云某甲却悔久住德山今日無言可對師放却云一任你柢對者撥開胷云且聽某通氣一上師云德山門下即得這裏一點也用不著者云久委欽山不通人情師云累他德山眼目參堂去

續徑山策云殺人不問問人不殺撥胷吐氣彼此孟八直饒有始有終也是弃水相潑要識欽山與這僧麼李順王小破草鞋方十三李師囊破韈

師一日在殿上看花次有僧問訊師拈起花葉云是世界非世界從此去僧云秪此手中底從什麼處去師與一掌云手中底是什麼

僧云因和尚所置累某甲契摑師云若與麼我還汝一摑將面近前僧云欽山與麼端正師云世界還有過我者也無僧云有師云誰僧提起袈裟角云空劫已前誰人辨得師云除却汝未有人敢與麼僧以袖遮面而去師云空招此患僧云苦苦師云如今不苦更待何時良久云汝且道苦在甚麼處僧無語師云雷聲甚大雨點全無

師去看巖頭住菴人事了問師兄在此住持二時齋粥作麼生巖云每日受張四郎宅供養極是難消師云師兄受張四郎供養他時後日去他家作男作女巖以手作拳安於頭上師云與麼則向頂顙上生去也巖便喝師又云何如生取文邃去好巖又喝云我見汝三二十年鼓兩片皮直至如今猶作這箇去就便喝出張四郎却共師歸宅師乃垂淚云三十年同行有佛法不向文邃道至半夜又去敲門巖云阿誰師云文邃巖云這偷兒鬼去師云師兄師兄有佛法不向某甲道且乞師兄慈悲巖便開門為他說細大法門方得安樂再迴澧州住示衆橫按拄杖在膝顧視云有麼有麼若無欽山唱菩薩蠻去也囉囉哩哩便下座

師初入洞山山問什麼處來師云大慈來山云還見大慈麼師云見山云色前見色後見師云非前後見山默置師乃云某甲離師太早不盡師意

京兆華嚴休靜禪師在洛浦作維那因普請白椎云上間般柴下間鋤地時首座便問聖僧作麼生師云當堂不正坐那赴兩頭機

續泐潭準云也好箇消息華嚴和尚雖解臨時對答應用不失其宜只解順水撑船不解逆風把拖當時若是準上座即不然纔見首座云聖僧作麼生便打一槌云大衆普請罷首座當出院謹白諸禪德且道因什麼如此不見道一朝權在手看取令行時

師在洞山時問學人未見理路未免情識洞山云汝還見理路也未師云無理路洞云什麼處得情識來師云學人實問洞云與麼須向萬里無寸草處立師云無寸草處還許立也無洞云直須與麼去

台州幽棲道幽禪師一日斂鐘上堂大衆纔集乃問什麼人打鐘僧云維那師云近前來僧便近前師遂打一掌却歸方文

高安白水本仁禪師示衆云尋常不欲向聲前句後鼓弄人家男女何故且聲不是聲色不是色時有僧問如何是聲不是聲師云喚作色得麼如何是色不是色師云喚作聲得麼僧作禮師云且道為汝說答汝話若人辨得有箇入處

雪竇顯云本仁也甚奇怪要且貪觀天上既非聲前句後且作麼生入　大潙秀云本仁只知橫千不會豎百如何是聲不是聲莫逐音響如何是色不是色莫逐青黃且從伊向聲前句後覓箇安身自然別有生涯

師謂鏡清云時寒不易道者清云不敢師云還有卧單也無清云設有也無展底工夫師云直饒道者滴水氷生亦不干他事清云滴

水氷生事不相涉師云是清云此人意作麼生師云此人不落意清云不落意此人聻師云高高山頂無可與道者啗啄

益州北院通禪師在夾山見示衆云坐斷主人翁不落第二見師乃出衆云須知有一人不合伴夾云猶是第二見師乃掀倒禪牀夾云老兄作麼生師云待某甲舌頭爛即向和尚道

師問夾山目前無法意在目前不是目前法非耳目之所到豈不是和尚語夾云是師乃掀倒禪牀叉手而立夾山起來打一拄杖師便下去

法眼益云是他掀倒禪牀何不便去須待夾山打一棒了去意在什麼處

越州乾峯和尚上堂云法身有三種病二種光一一透得始是好手須知臨時更有一竅時雲門出衆云菴內人爲甚不見菴外事師呵呵大笑雲門云猶是學人疑處師云子是甚麼心行門云也要和尚相委悉師云若與麼始得穩坐雲門應諾諾

雪竇顯云若明得褒貶句未必善因而招惡果

續昭覺勤云動絃別曲問一知十手搦手擡以膠投漆菴內不見菴外無孔鐵鎚不會人生相識貴知音水入水兮金博金

潙山果云乾峯平地生堆韶陽因風起浪雖然合水和泥千古叢林榜樣既是合水和泥爲甚麼是叢林榜樣不入洪波裏爭見弄潮人　天童覺云坐著病在膏肓用著光不透脫直饒縱横十字圓轉一機也未知有向上一竅在還得穩坐地麼到頭霜夜月任運落前溪

師示衆云舉一不得舉二放過一著落在第二雲門出衆云昨日有人從天台來却往徑山去師云明日不得普請便下座

雪竇顯云諸德雲門老只解一手擡不能一手搦還有共相著力底麼試露爪牙看　雲居元云此語衆中商量甚多會者極少乾峯夢裏合眼跳黃河覺來身在牀上雲門醉後扶人倒上樹醒來只在座中二人打作一團至今分踈不下若人知得落處許你解空第一　潙山喆云乾峯善唱雲門善拍唱拍相隨風清古格還有知音者麼一堂風冷淡千古意分明

續瑯琊覺云路遥知馬力歲久見人心

育王璉云舉一黑如漆舉二全不是且道作麼生良久云城東打鼓城西響園內華開園外春　護國元云道頭知尾告往知來若非彼此共知又安向這裏共出一隻手是即是爭奈猶欠一著在　徑山杲云乾峯洗面摸著鼻雲門喫飯咬著砂二人驀地相逢著元來却是舊怨家雖然如是只許老胡知不許老胡會又云彼此揚家醜賴遇無傍觀者　育王光云眼親手辯彼此作家檢點將來猶欠一著在潙福即不然舉一不得舉二放過一著落在第二忽有人出劈脊便打何故擊碎髑髏消息盡從教大地黑漫漫

師因僧問十方薄伽梵一路涅槃門未審路頭在什麼處師以拄杖畫云在這裏後僧請

益雲門門拈起扇子云扇子𨁝跳上三十三天築著帝釋鼻孔東海鯉魚打一棒雨似盆傾會麼
雪竇顯代僧便喝又有僧請益長慶慶云問取堂中第二座雪竇代僧云錯尋有僧問雪竇竇云墮坑落塹又自代云作賊人心虛　黃龍南云乾峯一期指路曲爲初機雲門乃通其變故使後人不倦　大溈秀云今古盡道乾峯安居祖師之堂開後人之徑路殊不知乾峯老漢被這僧一問直得手忙脚亂諸德且道誵訛在甚處良久云不在水兮不在山只在人心返覆間東林總云有一古德道乾峯搖頭雲門擺尾這僧只是箇撞露柱漢脚跟下透過也不知便謂東家點燈西家暗坐龍銜海寶游魚不顧山僧今日不可也隨波逐浪臨危悚人殊不知大小乾峯雲門俱被這僧勘破且道什麼處是勘破處良久云多時雨水不及曬眼
續寶峯文云乾峯與麼道還夢見也未若是老僧則不然十方薄伽梵一路涅槃門未審路頭在甚麼處劈脊便棒却問他路頭在甚麼處待伊擬開口熱喝出去更有箇雲門折脚老比丘不分緇素不辯邪正拈起扇子云云似這般和泥合水漢糞掃堆頭埋却十箇五箇有什麼過阿呵呵樂不樂足不足而今幸對山青水綠年來是事一時休信任身心懶拘束大衆休瞌睡好　黃龍清云若向乾峯句中會去正是死句坐殺闍黎若向雲門語下承當業識忙忙隨波逐浪既不許雲門語下承當畢竟向甚處會諸人還知落處麼自古上賢猶不識造次凡流豈可明　南華昺云乾峯曲盡慈悲當機提掇雲門巧開方便覿面發機直得枯木生花冷灰騰焰且道東海鯉魚打一棒雨似盆傾明什麼邊事因風吹火用力不多　溈云泰云把定乾坤眼綿綿不漏絲毫游戲諸塵中的的全彰妙用穩密處三界顯露孤危處八面坦平須彌山上走馬日本國裏藏身即不問你且道路頭在什麼處或若總道在這裏我也知你在鬼窟裏作活計　徑山琰云唱愈高和愈峻還他二老若是十方薄伽梵一路涅槃門總未踏著在　靈隱嶽云乾峯也是釘椿搖櫓

洛京白馬遁儒禪師問僧名什麼僧云覓箇名字了不可得師云自是老僧不識好惡僧云幾人於此亡言師云灼然是作家僧云須是和尚眼始得師云闍黎掣僧拂袖而出師召闍黎僧回首師云若屈之詞不妨難吐

明州天童咸啓禪師因僧問學人卓卓上來請師的的師云我這裏一屙便了有什麼卓卓的的僧云和尚與麼答話更買草鞋行脚好師云近前來僧近前師云只如老僧與麼祇對過在什麼處僧無對師便打
續天童華云啓禪師故是本分鉗鎚塞斷新天童口未得在這僧雖深入闇域要且未具透關眼

宗門統要續集卷第十三

宗門統要續集卷第十三

校勘記

一　底本，明永樂北藏本。

一　五三二頁上一行經名，徑作「宗門統要續集卷第十五」。卷末經名同。

一　五三三頁下八行第六字「訣」，南、徑作「該」。

一　五三四頁上四行「如何」，徑作「何如」。

一　五三四頁下一五行「宜別」，徑作「別宜」。

一　五三六頁上六行「瞞預」，南、徑作「顢頇」。

一　五三六頁中末行第一三字「摵」，南作「揖」。

一　五三七頁上一行「搆副」，南作「搆赴」。

一　五四〇頁中六行「韶陽」，南作「韶石」。

一　五四〇頁中七行「雖然」，徑作「然雖」。

一　五四一頁中一一行「忙忙」，南作「茫茫」。

宗門統要續集卷第十四　傾六

宋　建溪沙門　宗永　集

元延康保寧禪寺住持沙門清茂續集

青原下第五世

澧州洛浦元安禪師（嗣夾山會）問僧近離甚處僧云荊南師云有一人與麼去還逢麼僧云不逢師云為甚不逢僧云若逢即頭粉碎師云闍黎三寸甚密雲門於江西見其僧乃問云還有此語不僧云是門云洛浦倒退三千里師臨遷寂預告衆云吾非明即後也今有一事問汝等若道這箇是即頭上安頭若道這箇不是即斬頭覓活首座云青山常舉足日下不挑燈師云這裏是什麼時節作這箇語話時有彥從上座對云離此二途請和尚不問師云未在更道從云某甲道不盡師云我不管汝盡不盡從云某甲無侍者祇對和尚師乃下堂至夜却令侍者喚彥從來師云闍黎今日對老僧甚有道理據汝今時合會先師意旨先師道目前無法意在目前不是目前法非耳目之所到且道那句是主句若擇得出分付鉢袋子彥從云某甲不會師云汝合會但道從云某甲實不知師喝出乃云苦苦

報慈遂云且道從上座實不會為復怕見鉢袋子粘著伊

師久為臨濟侍者濟常稱美云臨濟門下一隻箭誰敢當鋒師一日辭濟濟問什麼處去師云南方去濟以拄杖畫一畫云過得這箇便去師乃喝濟便打師作禮濟明日陞堂云有一條赤梢鯉魚搖頭擺尾向南方去不知向誰家虀甕裏淹殺

師遊歷罷直往夾山頂卓菴經年夾山知乃修書令僧馳到師接得便坐却再展手索僧無對師便打云歸去舉似和尚僧回舉似夾山山云這僧看書三日內必來若不看書斯人救不得果三日後至纔見夾山不禮拜乃當面叉手而立夾云雞栖鳳巢非其同類出去師乃問云自遠趨風請師一接夾云目前無闍黎此間無老趙師便喝夾云住住且莫草草忽忽雲月是同溪山各異截斷天下人舌頭則不無闍黎爭教無舌人解語師佇思夾山便打師因茲伏膺

興化獎云但知作佛愁什麼衆生　雪竇顯云這漢可悲可痛鈍置他臨濟他既雲月是同我亦溪山各異說什麼無舌人不解語以坐具劈口便摵夾山若是箇知方漢必然明窻下安排　五祖戒出洛浦語云更說道理看便出去　大陽玄代云也要和尚證明

續昭覺勤云雪竇雖是賊過後張弓不妨與臨濟雪屈若仔細檢點將來令行一半儻若擔荷正法眼藏待伊道爭教無舌人解語便與掀倒禪牀喝散大衆更待什麼明窻下安排剔起便行直饒機如掣電眼似流星辯瀉懸河也卒著手腳不得且道誵訛在甚麼處乃云險

師一日因侍者云肇法師制得四論也甚奇怪師云肇公甚奇怪要且不見祖師者無對

清涼欽代云和尚什麼處見

師因龐居士拜起云仲夏毒熱孟冬薄寒師

云莫莫士云龐公年老師云何不寒時道寒
熱時道熱士云患聾作麼師云放你三十棒
士云啞却我口塞却你眼
師因臨濟問從上來一人行棒一人行喝阿
那箇親師云總不親濟云親處作麼生師便
喝濟乃打
撫州黄山月輪禪師初叅夾山山問名什麼
師云月輪山畫一圓相云何似這箇師云和
尚與麼說話諸方大有人不肯山云子又作
麼生師云還見月輪麼山云子與麼說話此
間大有人不肯諸方
師因夾山問子甚處人師云閩中人山云還
識老僧麼師云和尚還識某甲麼山云不然
子且還老僧草鞋錢老僧然後還子江陵米
價師云與麼則不識和尚未審江陵米作麼
價山云子善能哮吼
洛京韶山寰普禪師因遵布衲到山下相見
遵便問韶山路向甚處去師以手指云嗚那
青青黯黯處去遵近前把住云久嚮韶山莫
便是不師云是即是闍黎有甚事遵云擬伸
一問師還答不師云想君不是金牙作爭解
彎弓射尉遲遵云鳳凰直入煙霄內誰怕林
間野雀兒師云當軒畫鼓從君擊試展家風
似老僧遵云一句逈超千聖外松蘿不與月
輪齊師云饒君直出威音外猶較韶山半月
程遵云未審過在什麼處師云倜儻之詞時
人知有遵云與麼則眞玉泥中異不撥萬機
塵師云魯般門下徒施巧妙遵云某甲秖與
麼和尚又如何師云玉女夜拋梭織錦於西
舍遵云莫便是和尚家風也無師云耕夫製
玉漏不是行家作遵云此猶是文言作麼生
是和尚家風師云横身當宇宙誰是出頭人
復云闍黎有衝天之氣老僧有卓地之矛闍
黎横吞巨海老僧背負須彌闍黎按劒上來
老僧揠鎗相待向上一路速道速道遵云明
鏡當臺請師一鑑師云不鑑遵云爲甚不鑑
師云淺水無魚徒勞下釣遵無語師便打
　續黄龍新云好打這般漢打百千萬箇有
什麼過當時若在黄龍手裏棒折也未放
過在　何山珣云縵天布網打鳳羅龍主
則琢玉鏤氷賓則攢花簇錦當機不讓覿
面爭先結角羅紋互存互奪諸方咸謂好
手手中呈好手還端的也無若約慧日見
處遵布衲若能愼初護末待韶山指出路
頭驟步便陞堂奥管取明窻下安排非唯
截斷葛藤亦免上他鈎線何也一著不到
處滿盤空用心　天童華舉黄龍語了云
死心和尚一期大驚小怪殊不知韶山自
遭遵布衲毒手之後至今無人檢點得出
且道誵訛在甚麼處
師見白頭因至乃云莫便是多口白頭因麼
因云不敢師云有多少口因云徧身是師云
大小二事向甚處屙因云向韶山口裏屙師
云有韶山口即得無韶山口向甚處屙因無
語師便打
　雲門偃代云這話墮阿師放你三十棒又
云將謂是師子兒又云韶山今日瓦解氷
消　雪竇顯云從來疑著韶山
福州雪峯義存禪師嗣德山鑒一日示衆云南山
有一條鱉鼻蛇汝等諸人切須好看時長慶

出云今日堂中大有人喪身失命雲門以拄杖攛向師前作怕勢後僧舉似玄沙沙云須是稜兄始得然雖如是我即不然僧云和尚作麼生沙云用南山作麽

續寶峯文云雪峯無大人相然則蛇無頭不行長慶恰似新婦怕阿家相似便道堂中大有人喪身失命雲門將拄杖攛向面前作怕勢為蛇畫足玄沙道用南山作麼道我見處親切不免在窠窟裏更無一箇有些子天然氣槩報寧門下莫有天然氣槩底麼不敢望你別懸慧日獨振玄風且向古人鶻臭布衫上知此〻氣息也難得

護國元云雪峯搖頭雲門擺尾長慶為蛇畫足玄沙一向揷觜諸人還知這一隊漢落處麼妙舞也應誇遍拍三臺須是大家催

師一日因有兩僧來師遂以手托菴門放身出云是什麼僧亦云是什麼師低頭歸菴後僧辭去師問什麼處去僧云湖南去師云我有箇同行在彼住巖頭附汝一信去師致書云某信上師兄一自鰲山成道後迄至于今飽不飢同參某信上師兄僧到巖頭問甚處來僧云嶺南來頭云曾到雪峯麼僧云到來有書達和尚頭接了乃問別有何言句僧遂舉前話頭云他道什麼僧云他無語低頭歸菴頭云噫我當初悔不向伊道末後句若向伊道天下人不奈雪老何僧至夏末再舉前話請益頭云何不早問僧云未敢容易頭云雪峯與我同條生不與同條死要識末後句即這是

溈山喆云大小雪峯巖頭却被這僧勘破

續汾潭攀云大衆雪峯是會末後句不會末後句若道會巖頭又道當初悔不向伊道末後句若道不會因甚如今兒孫徧天徧地雖與我同條生不與我同條死末後巖頭與劈頭說破了也未免有此誵訛久參先德一舉便知後學初機莫道不疑好

師在德山作飯頭一日飯遲方曬飯巾次乃見德山自托鉢至法堂前師遂問這老漢鐘未鳴鼓未響托鉢向甚處去山便回方丈師次舉似巖頭頭云大小德山不會末後句山聞令侍者喚巖頭來問汝不肯老僧那巖遂密啓其意山乃休去至明日陞堂果與尋常不同巖至僧堂前撫掌大笑云且喜老漢會末後句他後天下人不奈伊何雖然如是也只得三年

明招謙代德山云咄咄沒處去沒處去

雪竇顯云曾聞說箇獨眼龍元來只有一隻眼殊不知德山是箇無齒大蟲若不是巖頭識破爭得明日與昨日不同諸人要會末後句麼只許老胡知不許老胡會

翠巖真云德山巖頭一狀領過雪峯一千五百人善知識地在　溈山喆云巖頭大似高崖石裂直得百里走獸潛蹤若非德山度量深明爭得昨日與今日不同

續溈山果云古今無異路達者共同途透出威音外須明肘後符且道那裏是巖頭識破德山處若檢點得出非但參學眼明亦乃領過雪峯其或緇素不辨邪正未分路遠夜長休把火大家吹滅暗中行

師問僧近離甚處僧云覆船師云生死海未度為什麼覆却船其僧無語歸舉似覆船船云何不道渠無生死僧再去進此語師云此不是汝語僧云是覆船與麼道師云我有二十棒寄與覆船二十棒老僧自喫不干闍黎事

雪竇顯向為甚覆船處代云久嚮雪峯待老漢擬議拂袖便行又於末後著語云能區能別能殺能活若也辨得天下橫行

續昭覺勤云雪峯有驗人句覆船有透關眼雪竇有陷虎機且道崇寧成得箇什麼邊事　徑山杲云作家宗師天然有在然雖如是也是作賊人心虛是則不干這僧事二十棒何須自喫當時但添打覆船便了且道渠過在什麼處老老大大不合與人代語

師示衆云望州亭與汝相見了也烏石嶺與汝相見了也僧堂前與汝相見了也後保福問鵞湖僧堂前且致望州亭烏石嶺什麼處相見鵞湖驟步歸方丈保福便入僧堂

雪竇顯云二老是即是只知雪峯放行不知雪峯把定忽有箇衲僧出問未審雪竇作麼生豈不是別機宜識休咎底漢還有烏石嶺望州亭底麼良久云擔板禪和如麻似粟

續雲居齊云此二尊宿會得會不得相見不相見試斷看

師因僧問聲聞人見性如夜見月菩薩人見性如晝見日未審和尚見性如何師打三棒其僧後又問巖頭頭打三掌

雪竇顯云應病設藥且與三下若據令而行合打多少

師問僧見說大德曾為天使來是不僧云不敢師云爭解與麼來僧云仰慕道德豈憚關山師云汝猶醉在出去僧便出師却召云大德僧回首師云是什麼僧亦云是什麼師云這漆桶僧無語師回顧鏡清云好箇師僧向漆桶裏著倒清云和尚豈不是據欵結案師云也是我尋常用底忽若喚回道是什麼被他道這漆桶又作麼生清云成何道理師云我與麼及伊汝又道據欵結案他與麼及我汝又道成何道理一等是與麼時節其間何故有得與不得清云不見道醍醐上味為世所珍遇斯等人翻成毒藥

雪竇顯云看他父子相投言氣相合知者謂粉骨碎身此恩難報不知者謂扶高抑下臨危悚人毒藥醍醐千載龜鑑還會麼這漆桶

師在洞山作飯頭淘米次洞問淘沙去米淘米去沙師云沙米一時去洞云大衆喫箇甚麼師遂將盆覆却洞云據子因緣合在德山

琅琊覺云雪峯與麼去大似拋却甜桃樹尋山摘醋梨

續天童覺云雪峯步步登高不覺草鞋跟斷若也正偏宛轉敲唱雙行自然言氣相合父子相投且道洞山不肯雪峯意在什麼處萬里無雲天有過碧潭似鏡月難來

雪竇宗云直木不棲鸞鳳金針已繡鴛鴦若不是新豐老人便見氷消瓦解

師因洞山問什麼處來師云斫槽來洞云幾

斧斫成師云一斧斫成洞云猶是這邊事那邊事作麼生師云直得無下手處洞云猶是這邊事那邊事作麼生師休去

　汾陽昭代云某甲早是困也

師因洞山云入門來須得有語不得道早箇入了師云某甲無口洞云無口即且從還我眼來師休去

　長慶稜云某甲謹退

師因辭洞山山云子向甚處去師云歸嶺中去山云當時從甚路出師云從飛猨嶺出山云今回向甚路去師云飛猨嶺去山云有一人不從飛猨嶺去子還識麼師云不識山云爲甚不識師云他無面目山云子既不識爭知無面目師無對

　瑯瑘覺云心麤者失

師示衆云盡大地撮來如粟米粒大抛向面前漆桶不會打鼓普請看

　長慶稜問雲門云雪峯與麼道還有出頭不得處麼門云有稜云作麼生門云不可總作野狐精見解也又云狼籍不少　雲峯悦云天上不足我更與你葛藤驀拈拄杖云還見雪峯麼咄王令稍嚴不許攙行奪市　溈山喆云我更爲諸人土上加泥乃舉拄杖云看看雪峯老人向你諸人面前放屙咄爲什麼屎臭氣也不知

　續智海逸云慚愧雪峯老一等是弄精魂就中弄得好雖然如是好事不如無薦福見處也要諸人共知盡十方世界東西南北四維上下此土西天十萬八千　昭覺勤云絕天維立地紀未足稱奇擘太華逗黃河亦非敏手若向這裏覷得透便可以撒驪龍窟明珠噴栴檀林香氣豈不快哉山僧今日不避泥水放一線道乃拈拄杖云還見雪峯麼遂卓拄杖云劄　靈隱嶽云陝府鐵牛不覺膽顫嘉州大像通身汗流且道象骨老人面皮厚多少

師因僧禮拜遂打五棒僧云某甲有什麼過師又打五棒

　雪竇顯云我不曾與人葛藤前五棒日照天臨後五棒雲騰致雨尒若辯得也好與五棒　溈山秀云這僧腦門著地過犯彌天雪峯輕恕猶自不知罪名再犯不容更道日照天臨雲騰致雨惑亂後人何謂曾被雪霜苦揚花落也驚

　續東禪觀云性空自來性直不似雪竇護人雪峯前五棒打這僧禮拜後五棒打這僧無過諸人且道是不是若道是要你眼作甚麼

師問僧甚麼處去僧云識得即知去處師云你是了事人亂走作麼僧云和尚莫塗污人好師云我即不塗污你古人吹布毛作麼生與我說來看僧云殘羹餿飯已有人喫了也師休去

　雲門偃別前語箋著便作屎臭氣又代後語將謂是鑽天鷂子元來只是死水裏蝦蟆　雪竇顯出雪峯語云一死更不再活

師於僧堂前坐衆集師拈拄杖云這箇爲中下根人時有僧問忽遇上上人來時如何師拈起拄杖

　雲門偃云我不似雪峯打破狼籍僧便問

未審和尚如何師便打
續護國元云宗師家有擒有縱有殺有活
若是蛇頭上揩痒南明又且不然驀拈拄
杖云我這裏爲中下機人忽有人問上上
機人來時如何只向道我不似雲門打葛
藤
師因一僧在山下卓菴多年不剃頭有僧問
如何是西來意主云溪深杓柄長師聞此語
乃云也甚奇怪一日將剃刀同侍者去訪纔
相見便舉前話問是菴主語不主云是師云
若道得即不剃你頭主便將水洗頭胡跪師
前師便與剃却
續昭覺勤云菴主雖是生鐵鑄就奈雪峯
是本分鉗鎚當初若只顢頇爭得驚天動
地還委悉麼金鏃慣調曾百戰鐵鞭多力
恨無讎
師問僧闍黎名什麼僧云玄機師云日織多
少僧云寸絲不掛師云叅堂去僧纔行三五
步師云袈裟落地也僧回首師便打
師一日見僧遂喚僧近前師云甚處去僧云
普請去師云去
雲門偃云此是隨語識人
師因僧問古澗寒泉時如何師云瞪目不見
底僧云飲者如何師云不從口入趙州聞僧
舉乃云終不從鼻孔裏入僧却問古澗寒泉
時如何州云苦飲者如何州云死師聞得乃
云趙州古佛遂遥望作禮從此不答話
雪竇顯云衆中總云雪峯不出這僧問頭
所以趙州不肯如斯話會深屈古人雪竇
即不然斬釘截鐵本分宗師就下平高難
爲作者　薦福懷云諸仁者作麼生會不
答話底道理讚嘆趙州即不無還知趙州
一片玉瑕生麼若人點檢得出相如不誑
於秦主
續五祖演舉了云若有人問五祖古澗寒
泉時如何老僧只向他道水飲者如何但
云當下止渴或有箇漢出來問道與曹溪
水是一是二只向他道分枝列派縱橫自
在低處澆田高處潑菜　長蘆夫云扶竪
宗乘須還大匠雪峯有一千五百人善知
識身心趙州用一百二十歲手段不妨奇
怪如今衆中隨言定旨亂作褒貶深屈古
人然則相席打令自有知音鏤骨銘心罕
逢明鑒　徑山杲云雪峯不答話疑殺天
下人趙州道苦面赤不如語直若是妙喜
則不然古澗寒泉時如何到江扶櫓棹出
岳濟民田飲者如何清涼肺腑此語有兩
負門若人辯得許你有叅學眼
師在國清寺拈起鉢盂問座主云道得與你
鉢盂主云此是化佛邊事（雪竇別云只恐鈍置和尚）師云
你作座主奴也未得主云某甲不會師云你
問我與你道主方禮拜師便踏倒主後舉似
雲門云某甲得七年方見門云你得七年方
見主云是門云更用七年始得
雪竇顯別云草賊敗也
師因僧辭問甚處去僧云禮拜徑山和尚去
師云徑山問你此間佛法如何你作麼生道
僧云待問即道師便打却回問鏡清云這僧
過在甚處便喫棒清云問得徑山徹困也師
云徑山在浙中因甚問得徹困清云不見道

遠問近對師休去
師一日叅次有僧珍重便出師云總似這箇師僧省多少心力玄沙云和尚與麼接人瞎却閩中一城人眼去師云你又作麼生沙云便好與二十棒師云已後無人奈子何
師問僧什麼處來僧云江西來師云江西與此間相去多少僧云不遥師竪起拂子云還隔這箇麼僧云若隔這箇即遥去也師便打出
師問德山從上宗乘學人還有分也無山打一棒云道什麼師不會至明日請益山云我宗無語句實無一法與人師因此有省巖頭聞乃云德山老人一條脊梁骨硬似鐵然雖如是於唱教門中猶較些子
保福展問招慶只如巖頭出世有何言教過於德山便與麼道慶云汝不見巖頭道如人學射久久方中福云中後如何慶云展闍黎莫不識痛癢福云和尚今日非唯舉話慶云展闍黎是什麼心行　明招謙云大小招慶錯下名言

師因鏡清問只如古德豈不是以心傳心師云兼不立文字語句只如不立文字語句如何傳授師良久鏡清禮謝師云更問我一轉豈不好清云就和尚請一轉問頭師云只與麼爲别有商量清云和尚與麼即得師云於汝作麼生清云孤負殺人
頌六
十六
師一日云此事得與麼尊貴得與麼綿密僧云某甲自到山經數載可聞和尚與麼示徒師云我已前雖無如今已有莫有妨閡也無僧云不敢此是和尚不得已而矣
師因僧與造龕子了白云和尚龕子成也師云舁將向堂前著師纔見便問大衆有人道得第一句即留取如是再問時有僧出云某甲咨和尚師喝云莫豙沸便將龕子燒却
師因領徒南遊時黄涅槃預知師至搘策造前途迎接抵蘇溪邂逅師遂問近離甚處槃云離辟支巖師云岩中還有主麼槃以竹策敲師箭師乃出箭相見槃云曾郎萬福師遂展丈夫拜槃亦作女人拜師云莫是女人麼槃又設兩拜遂以竹策畫地右繞師箭三帀

師云某甲三界内人尔三界外人尔宜前去某甲後來槃乃先回師遂至止囊山憇數日槃供待隨行徒衆一無所缺
師因僧問牧童能歌能舞時如何師便下繩牀作舞玄沙云這老漢脚跟未著地在師云子又作麼生沙撫掌三下
頌六
十七
師送南際長老出乃作女人拜際歛手應諾師以手斫額便歸
師問僧近離甚處僧云溈山師云溈山有何言句僧云某甲曾問如何是祖師西來意山據坐師云汝肯他不僧云不肯他師云溈山古佛子速去禮拜懺悔玄沙聞得云山頭老漢蹉過溈山僧問未審和尚意旨如何沙云大小溈山被這一問直得百雜碎
師塔銘云兄弟滲十字同心著一儀土主曰松山卯塔號難提更有胡家曲汝等切須知我唱泥牛吼汝和木馬嘶
翠巖真云然寰中天子勑塞外將軍令雪峯前不至村後不搆店若是翠巖和泥合水且與麼三十年後莫顢頇

師一日喚僧近前來僧近前師云去
　雲門偃舉問僧你作麽生道得叉手句你
　　若道得叉手句即見雪峯
師因僧問乞師指示師云是什麽僧於言下
大悟
師一日云此事如一片田地相似一任衆人
耕種無有不承此恩力者玄沙云且作麽生
是一片田地師云看玄沙云是即是某甲不
與麽師云你作麽生沙云秖是人人底
　雲門偃云雪峯向伊道什麽
師一日晚叅次却回中庭卧時太原孚上座
云五州管内秖有這和尚較些子師便起去
師問僧甚麽處來僧云浙中來師云船來陸
來僧云二途俱不涉師云爭得到這裏僧云
有什麽隔礙師打趂出僧過十年後再來師
又問甚處來僧云湖南師云湖南與這裏相
去多少僧云不隔師豎起拂云還隔這箇麽
僧云若隔即不到也師又打趂出此僧住後
凡見人便罵師一日有同行聞特去訪乃問
兄到雪峯有何言句便如是罵他遂舉前話

乃被同行詬叱與他說破當時悲泣常向中
夜焚香遥禮
師示衆云盡大地是箇解脫門把手拽不入
時一僧出云和尚怪某甲不得一僧云用入
作麽師便打
　雪竇顯云三箇中有一人受赦不怱若總
　不辯明平地上有甚數
師因玄沙問某甲如今大用去和尚作麽生
師遂將三箇木毬一時拋出沙遂作斫牌勢
師云你親在靈山方得如此沙云也只是自
家事
師一日陞座衆集定乃輥出木毬玄沙遂去
捉來安於舊處
　白雲端云此箇時節衆中皆言子父共作
　一大事如此見解還夢見也未海會今日
　布施諸人乃云濃研香翰深蘸紫毫
師在僧堂内燒火閉却前後門乃叫救火救
火玄沙將一片柴從窻櫺中拋入師便開門
師示衆有云我這裏如一面古鏡相似胡來
胡現漢來漢現時有僧便問忽遇明鏡來時

如何師云胡漢俱隱
　玄沙備云我即不與麽有僧便問忽遇明
　鏡來時如何沙云百雜碎　明招謙云當
　與麽時莫道胡漢俱隱別作麽生道玄沙
　云破明招云喪也
　續瑯琊覺云不見道驗人端的處下口便
　知音
鄂州巖頭全奯禪師叅德山纔跨門便問是
凡是聖山便喝師便拜洞山聞舉乃云若不
是奯公也大難承當師云洞山老漢不識好
惡錯下名言我當時一手擡一手搦
　雪竇顯云然則德山門下草偃風行要且
　不能塞斷天下人口當時纔拜劈脊便打
　非稚剿絕洞山亦乃把定奯老還會麽李
　將軍有嘉聲在不得封侯也是閑
　續瑯琊覺云巖頭無人問著不妨奇特纔
　被洞山腦後一錐便乃氷消瓦解　南華
　昺云巖頭一期展露事不徒然無人讚嘆
　猶較些子纔被洞山稱提直得驚群駭衆
　還會麽無滯自然隨勢去有聲多爲不平

來　徑山杲云猛虎不識穽穽中身死蛟
龍不怖劒劒下身亡巖頭雖於虎穽之中
自有透脫一路向劒刃上有翻身之機若
仔細檢點將來猶欠悟在即今莫有爲巖
頭作主底麼出來與大慧相見良久喝一
喝拍一拍嗣六洎合停囚長智二十　敬忠光云還
知三大老落處麼德山和身放倒洞山帶
水拖泥若非巖頭具通方眼有格外機爭
顯功高汗馬且作麼生是一手擡一手搦
處殺人刀活人劒

師問僧甚處來僧云西京來師云黃巢過後
還收得劒麼僧云收得師引頸近前云囫僧
云師頭落也師呵呵大笑僧後到雪峯峯問
甚處來僧云巖頭來峯云巖頭有何言句僧
舉前話峯便打三十棒趂出

溈山喆云這僧黃巢過後曾收得劒却向
巖頭處施設及至雪峯前鋒鋩不露何故
爲他巖頭大笑一聲直得天地斗暗四方
絕唱若不得雪峯幾乎陸地平沉不見道
殺人刀活人劒

續承天宗云可惜許這般漢只學得勝負
之法殊不知是生滅之因我當時若見但
向他道作家作家教他擔板過一生

師因沙汰後於鄂州渚邊作渡子兩岸各掛
一板有人過渡打板一下師云阿誰或云要
過那邊去嗣六師乃舞棹九二迎之一日因一婆抱一
孩兒來乃問呈橈舞棹即不問且道婆手中
兒甚處得來師便打婆云婆生七子六箇不
遇知音秪這一箇也不消得便拋向水中

續瑯琊覺云欺敵者亡　大溈智云巖頭
業在其中只得通身泥水老婆雖有丈夫
手段也是家醜外揚

師因德山一日云我這裏有兩僧入山住菴
多時汝去彼看他怎生師遂將一斧去見二
人在菴內坐師乃拈起斧云道得也一下斧
道不得也一下斧二人殊不顧師擲下斧云
作家作家歸舉似德山山云他如何師云洞
山門下不道全無若是德山門下未夢見在

師因瑞巖問如何是本常理師云動也巖云
動時如何師云不是本常理巖佇思間師云
肯即未脫根塵不肯即永沉生死巖於是領
悟

師一日陞堂云吾嘗究涅槃經七八年中有
兩三段義頗似衲僧說話又云休休時有僧
出禮拜請和尚爲衆舉師遂云吾教意如∴
字三點第一向東方下一點點開諸菩薩眼
第二向西方下一點點諸菩薩命根第三向
上方下一點點開諸菩薩頂門此是第一段
義又云吾教意如摩醯首羅擘開面門豎亞
一隻眼此是第二段義又云吾教意猶如塗
毒鼓擊一聲遠近聞者皆喪此是第三段義
時有小嚴上座問如何是塗毒鼓師以兩手
按膝亞身云韓信臨朝底

師與雪峯坐次欽山將一椀水致地云水清
月見峯云水清月不見師便趯翻而去六二一本曰洞
山嗣六

師因觀音會下有僧來恭以手左邊作一圓
相又於右邊作一圓相又於中心作一圓相
欲成未成被師以手一撥僧無對師便喝出
僧欲跨門師却喚回問汝是洪州觀音來不

僧云是師云只如適來左邊一圓相作麼生僧云是有句師云右邊一圓相聻僧云是無句師云中心圓相作麼生僧云是不有不無句師云只如吾與麼又作麼生僧云如刀劃水師便打出

師因欽山住後與雪峯同至澧州鼇山鎮阻雪師每日秖是打睡雪峯一向坐禪一日喚云師兄師兄且起來師云作什麼峯云平生不著便共文邃箇漢行脚到處被他帶累今日與師兄到此又只管打睡師喝云噇眠去每日牀上坐恰似七村裏土地他時後日魔魅人家男女去在峯自點胸云某甲這裏未穩在不敢自謾師云我將謂你他後向孤峯頂上盤結草菴播揚大教猶作這箇語話峯云某甲實未穩在師云你若實如此據你見（磧六）（北三）處一一通來是處我與你證明不是處與你剗却峯云某甲初到壚官見上堂舉色空義得箇入處師云此去三十年切忌舉著峯云又因洞山偈云切忌隨他覓迢迢與我踈下云云得箇省處師云若恁麼自救也未徹在峯又云後問德山從上宗乘中事學人還有分也無德山打一棒云道什麼我當時豁然如桶底脫相似師喝云你豈不聞道從門入者不是家珍峯云畢竟如何即是師云若欲播揚大教一一從自己胸襟流出將來與我蓋天蓋地去峯於言下大悟便作禮起連聲云今日始是鼇山成道也師兄今日始是鼇山成道也師兄

泉州瓦棺和尚為德山侍者時同德山入山斫木德山將一椀水與師師接得便喫却德云會麼師云不會山又將一椀水與師師接又喫却山云會麼師云不會山云何不成褫取那不會底師云不會又成褫箇什麼山云子大似箇鐵橛師住後雪峯去訪茶話次峯問當時在德山斫木因緣作麼生師云先師當時肯我峯云和尚離先師太早其時面前有一椀水峯云將水來師便過與峯接得便潑却

雲門偃云莫壓良為賤

襄州高亭簡禪師初往叅德山隔江見德山在江岸坐乃隔江問訊山以手招之師忽開悟便橫趍而過更不渡江遂返高亭住持

續徑山杲云高亭橫趍而去許伊是箇伶俐師僧若要法嗣德山則未可何故猶與德山隔江在（磧六）（北四）

宗門統要續集卷第十四

宗門統要續集卷第十四

校勘記

一　底本，明永樂北藏本。
一　五四三頁上一行經名，徑作「宗門統要續集卷第十六」。卷末經名同。
一　五四三頁上一二行「常舉足」，南作「不舉足」。
一　五四三頁中一八行第八字「僧」，南、徑作「趍」。
一　五四三頁中一九行第八字「趍」，南、徑作「僧」。
一　五四五頁下二行第八字「來」，南作「去」。
一　五四七頁下二行末字「更」，徑作「便」。
一　五四七頁下一六行末字「活」，徑作「話」。
一　五四八頁中一三行「點檢」，徑作「檢點」。
一　五五〇頁中一八行第四字「將」，南作「捋」。
一　五五一頁上一七行第二字「頭」，南無。
一　五五二頁上一一行第一三字「他」，南無。

宗門統要續集卷第十五　　頃七

宋　建溪沙門　宗永　集

元　建康保寧禪寺住持沙門　清茂　續集

青原下第六世

洪州同安常察禪師嗣九峯虔因僧叅達禪牀一帀振錫一下云凡聖不到處請師道師鳴指一下僧云奇哉同安嚇得忘前失後師云闍黎發足甚處僧便珍重師云五湖衲子一錫禪人未到同安不妨疑著僧云近見不如遠聞師云貪他一盃酒失却滿舩魚

續昭覺勤云全軍隊伍馬步相叅兩陣交鋒不妨奇特爭奈二俱失利具眼底試辯看　何山珣云奮大用發大機明來暗合平坦嶮巇彼既殺活拄杖我即綿裏秤鎚縱使諸方眼目難斷箇是箇非畢竟如何堪笑一枝無孔笛主賓顛倒兩頭吹

師問僧甚處來僧云五臺師云還見文殊麼僧展兩手師云展手頗多文殊誰覩僧云氣急殺人師云不覩雲中鴈焉知沙塞寒僧云速翹丈室乞師一言師云孫臏門下徒話鑽龜僧云名不虛施師云喫茶去僧便珍重師云雖得一場榮刖却一雙足

師因有僧叅乃問甚處來僧云江西師云江西法道與此間如何僧云賴遇問著某甲若問別人即禍生師云老僧適來造次僧云某甲不是㜸兒徒用止啼黃葉師云傷鱉恕龜殺活由我僧又問久造玄微如何洞曉師云老僧耳背分明問將來僧云快鷂不打籬邊雀師云暗中臨鏡誰辯妍媸僧云向上機關如何洞曉師云何必僧云休休師云始解乘舟擬跨鰕水

續昭覺勤云宗師家握佛祖鉗鎚理當即行不留眹迹這僧既上門上戶更說什麼傷鱉恕龜劈脊便棒何故重賞之下必有勇夫

師一日遊山次大衆隨之師云堦前翠竹砌下黃花古人道眞如般若同安即不然時有僧云古人也好和尚師云不貪香餌味可謂碧潭龍僧云諸方眼目不怪陶潛師云闍黎閉目中秋坐却笑月無光僧云堦前翠竹砌下黃花又作麼生師云安南未伏塞北那降僧禮拜師云名稱普聞

師問僧近離甚處僧云太原師云太原近日法道如何僧云只見雲隨日出水逐波生不知太原法道如何師云豈不是離太原乎僧云苦苦師云不覩海雲色微覺旱雷聲僧云以金易鍮憎眞愛假師便歸方丈僧拂袖而出師云得縮頭時且縮頭

師問僧眼界無光如何得見僧云北斗東轉南斗西移師云夫子入太廟僧云與麼則同安門下道絕人荒去也師云橫抱㜸兒擬彰皇蘭

師因僧問學人未曉時機請師指示師云叅差松竹烟凝薄重疊峯巒月上遲僧擬進語師云鰕甲未施賊身已露僧云何也師云精陽不剪霜前竹水墨徒誇海上龍僧遶禪牀一帀大笑而出師云閉目食蝸牛一場酸澁苦

吉州禾山澄源殷禪師垂語云習學謂之聞絕學謂之隣過此二者謂之眞過時有僧出

問如何是眞過師云解打鼓僧云如何是眞諦師云解打鼓又問即心即佛則不問如何是非心非佛師云解打鼓僧云如何是向上事師云解打鼓

續東禪嶽云禾山以無量義百千法門若揭日月而行浮雲豈能掩蔽東禪不打這破鼓臨機豹變見兎放鷹且要諸人各各相委如何是眞過實語如何是眞諦如語如何是非心非佛不誑語如何是向上事不異語此四轉語如鐵蒺藜吞得過是好手其或未然言多去道轉遠

撫州金峯從志禪師嗣曹山章因僧侍次乃云舉一則因緣汝第一不得亂會僧云請和尚舉師豎起拂子僧良久師云知道闍黎亂會僧以目視東西師云雪上更加霜

續昭覺勤云金峯起模畫樣這僧好肉剜瘡不唯雪上加霜未免將錯就錯山僧亦有一則因緣只是不舉向諸人何故六耳不同謀

師示衆云事存函蓋合理應箭鋒拄還有人道得麼若有人道得金峯分半院與他住時有僧出禮拜師云相見易得好共事難爲人便下座

師一日拈起枕子云一切人喚作枕子金峯道不是僧云未審和尚喚作什麼師拈起枕子僧云與麼則依而行之也師云你喚作什麼僧云枕子師云落在金峯窠裏

續法雲秀云買賣不相當牛頭南馬頭北與麼說話也未出得金峯窠窟在畢竟如何心不負人面無慚色　雲蓋本云賣寶遇著瞎波斯　昭覺勤云渾侖無縫罅綿密不通風畫也畫不成描也描不就喚作枕子故是落在金峯窠裏直饒不喚作枕子未免亦落在金峯窠裏且作麼生出得金峯窠窟識取鉤頭意莫認定盤星

師一日因僧問訊乃把住云輒不得向人道我有一則因緣舉似你僧作聽勢師與一掌僧云爲什麼打某甲師云我要這話行

續明招謙云可惜許金峯好一則因緣被這僧塌却若要話行這一掌須是金峯自喫始得　昭覺勤云六耳不同謀

師一日上堂喫餬餅次乃拈一箇從上座板頭轉一帀大衆見一一合掌師云假饒十分擡起手也只得一半至晚間有僧請益云今日和尚行餬餅見衆僧合掌却云假饒十分擡起手也只得一半請和尚全道師以手作拈起餅勢云會麼僧云不會師云金峯也始道得一半

師問僧發足何處僧云趙州師云趙州法嗣何人僧云南泉師云你何曾離趙州僧云未審和尚尊意如何師云趙州實嗣南泉僧至晚請益云今日蒙和尚慈悲某甲未會請和尚指示師云若到別處莫道後語是金峯底僧云爲甚如此師云恐辱他趙州

師一日見僧來便起身僧便出去師云恰共昨日師僧見解不別僧遂回云昨日僧道什麼師云恰與麼問僧云知道金峯有眼師云金峯且致你今日何處喫飯僧云道著即不中師云與麼則無來處也僧云老婆心堪作什麼師云金峯問僧不曾弱他就中闍黎無

話處僧云豈是分外師云小慈妨大慈

續昭覺勤云鉤頭香餌放去收來衝浪錦鱗摇頭振鬣雖金峯不曾弱他奈這僧承機自弱還會麼小慈妨大慈

處州廣利容禪師（又曰貞溪）因僧到師乃豎拂子云貞溪老漢還具眼麼僧云某甲不敢見人過師云老僧死在闍黎手裏僧以手指胷便出去師云闍黎參見先師來至晚請喫茶了僧拈起盞子云這箇是諸佛出世邊事作麼生是未出世邊事師以手撥却盞云到闍黎死在老僧手裏僧云五里牌在郭門外師云無故惑亂師僧僧遂起謝茶師云特謝闍黎相訪

襄州鹿門處真禪師因韶國師到遂問近離甚處韶云谷隱夜宿龐居士巖師云五眼之中那箇是正眼韶云夕嚮鹿門師云這一片田地干你甚事韶云話頭何在

杭州佛日和尚（嗣雲居膺）到夾山維那云此間不著後生師云某甲豈來謁見和尚不宿維那白山山許見師未陞堦山便問甚麼處來師云雲居來山云即今在什麼處師云在夾山頂上山云老僧行年在坎五鬼臨身師欲上堦山云三道寶堦從何而上師云三道寶堦曲爲今時便上禮拜山問闍黎與什麼人同行師云木上座山云他何不來相看師云和尚看他有分山云在什麼處師云堂中山次共師下到堂中師遂去取得拄杖擲于面前山云莫從天台得不師云非五嶽之所生山云莫從須彌山得來師云日月宮不遊山云與麼則不從他人得也師云自己尚如寃家從人得堪作什麼山云冷灰裏有一粒荳爆乃喚維那來明窻下安排箸明日山入堂問昨日新到在甚處師出應諾山云子未到雲居已前在什麼處師云天台國清山云天台有潺潺之水淥淥之波謝子遠來子意如何師云久居巖谷不掛松蘿山云此猶是春意秋意又如何師良久山云看君只是撐船漢終歸不是弄潮人

師因夾山大普請維那請師送茶師云某甲爲佛法來不爲送茶來維那云和尚教上座師云和尚尊命即得乃將茶去作務處摇盞作聲夾山回顧師云釃茶三五椀意在钁頭邊山云瓶有傾茶勢籃中幾箇甌師云缾有傾茶勢籃中無一甌便傾茶行時大衆舉目師云大衆鶴望請師一言山云路逢死蛇莫打殺無底籃子盛將歸師云手執夜明符幾箇知天曉山云大衆有人也歸去來歸去來

洪州同安丕禪師看經次因僧來參師以衫袖蓋却頭僧近前作弔慰勢師放下衫袖提起經云會麼僧亦將衫袖蓋却頭師云蒼天蒼天

洪州雲居懷嶽禪師因僧問明鏡當臺時如何師云不鑒照僧云爲甚不鑒照師云胡來胡現漢來漢現僧云大好不鑒照師便打

歙州朱溪謙禪師因韶國師遊方時到忽聞犬咬靈鼠聲韶便問是什麼聲師云犬咬靈鼠聲韶云既是靈鼠爲甚却被犬咬師云咬殺也韶云好箇犬師便打韶云莫打某甲話在

續昭覺勤云朱溪八面受敵故宜委曲接

人國師一著當機未免承虛接響當時待
他道莫打某甲話在但向道巳後須遇人
始得

池州稌山章禪師在投子作柴頭投子一日
送茶與師乃云森羅萬象總在裏許師潑翻
却茶云森羅萬象在什麼處子云可惜一椀
茶

續明招謙云稌山未潑茶前合下得什麼
語免他道可惜一椀茶

潭州報慈藏嶼禪師（嗣龍牙遁）因僧問承古有言
情生智隔想變體殊只如情未生時如何師
云隔僧云情未生時隔箇什麼師云這箇梢
子未遇人在

瑯琊覺云報慈不妨入泥入水據衲僧門
下遠之遠矣

續黃龍新云也是小慈妨大慈這僧還同
受屈梢狼子未遇人在今時往往作是非
會却不作是非會如何理論良久云天上
有星皆拱北人間無水不朝東　開福寧
云報慈一隔佛祖命脉放去收來凡聖罔
測　東禪觀云報慈末上大開東閣下梢
只以麤茶備禮

師讚龍牙眞云日出連山月圓當戶不是無
身不欲全露龍牙一日在帳中坐僧問不是
無身不欲全露請師全露牙撥開帳子云還
見麼僧云不見牙云不將眼來師後聞乃云
龍牙只道得一半

雲門偃令僧舉我與你道僧舉了雲門云
我不妨與你道

續東禪觀云適來報慈龍牙把手從者
裏過揆破上座耳門因什麼不知

襄州含珠山審哲禪師因檀越請堂中首座
開堂主事來白師云是即是欠悟在首座得
聞乃束裝他去師以拄杖隨後打出

襄州石門獻蘊禪師（嗣青林虔）在青林作園頭一
日林問今日作什麼師云種菜林云徧界是
佛身子向什麼處種師云金鋤纔動土靈苗
在處生林次日入園喚蘊闍黎師應諾林云
剩栽無影樹留與後人看師云若是無影樹
豈受栽林云不受栽且止汝曾見他枝葉麼
師云不曾見林云既不曾見爭知不受栽師
云秪爲不見所以道不受栽林休去

筠州黃檗慧禪師（嗣踈山仁）問踈山剎那便去時
如何山云逼塞虛空你作麼生去師云逼塞
虛空不如去乃下至僧堂前首座云適來秖
對甚是奇特師云此乃率尒實自偶然敢望
開示愚迷首座云剎那還有擬議也無師於
言下有省

隨州護國守澄禪師同演化大師在湖南報
慈一日慈陞堂演化出問如何是眞如佛性
慈云誰無忝退首座問云汝適來問和尚話
還會麼化云不會座云和尚與麼慈悲汝爲
什麼不會眞如佛性誰無乃至四生六道悉
皆具足化云感首座爲某說破師不覺咬齒
云這漢自家無眼更瞎他人却召化問首座
適來說箇什麼化云某甲當初不會得他說
破具如前說師云佛法不是這箇道理汝若
不信去問取堂頭和尚化遂去堂上具說前
解以求印證慈云佛法不是這箇道理化云
適來問淨果大師他亦不肯教來問和尚望

和尚爲某甲決破慈云尔却去問取他化往
師處作禮云和尚令某甲來請益師云汝但
問來化乃問如何是眞如佛性師云誰有化
於言下契悟乃云師向去或在衆或住持某
誓願終身佐助後相繼住持護國
鳳翔青峯傳楚禪師嗣洛浦安因齋次問北院云
先師道信手拈來草師兄作麽生會北院拈
起一隻筯師云與麽會何曾夢見先師北院
云汝與麽會何曾夢見先師
郢州桐泉山和尚嗣黃山輪初到黃山山問天門
一合十方無路若有人道得擺手出漳江師
云蟄戶不開龍無龍句山云是汝恁麽道師
云是即直言是不是直言不是山云擺手出
漳江師乃作禮
袁州木平善道禪師嗣盤山文初謁洛浦遂問一
漚未發已前如何辨其水脉浦云移舟諳水
勢舉棹別波瀾師不愜意次叅盤龍如前問
龍云移舟不別水舉棹即迷源師因此相契
通明錄 漳浦
雲峯悅云木平若於洛浦言下會去猶較
些子可惜許向盤龍死水裏淹殺後有問
如何是木平對云不勞斤斧果然只在這
裏諸禪德大凡發言超方也須甄別邪正
識辯眞僞帶些子眼筋始得雖然如是也
是賊過後張弓
福州玄沙師備禪師嗣雪峯存因叅次聞燕子聲
乃云深談實相善說法要便下座尋有僧請
益云某甲不會師云去無人信汝
師初到莆田縣百戲迎之次日問小塘長老
昨日許多喧鬧向什麽處去小塘提起袈裟
角師云料掉沒交涉
法眼益別云昨日有多少喧鬧　清涼欽
別云今日更好笑　潙山喆云大潙則不
然忽有問遂鳴指一下如有箇衲子出來
云料掉沒交涉却肯他何故大丈夫漢捋
虎鬚也是本分且道利害在甚處
續黃龍新云奇怪諸禪德扶豎宗乘須是
小塘長老始得玄沙爲什麽道料掉沒交
涉我即不然昨日許多喧鬧向什麽處去
天共白雲曉水和明月流　昭覺勤云或
有問山僧只向道又是從頭起他若道料
掉沒交涉劈脊便棒何故曹溪波浪如相
似無限平人被陸沉　南華昺云玄沙恁
麽道還有得失是非也無若謂有當人未
具眼在若謂無因甚麽道料掉沒交涉還
會麽是非已去了是非裏薦取
師示衆云諸方盡道接物利生忽遇三種病
人來且作麽生接患盲者拈椎豎拂他又不
見患聾者語言三昧他又不聞患瘂者教伊
說又說不得且作麽生接若接不得佛法無
靈驗當時地藏出云某甲有眼耳和尚作麽
生接師云慚愧便歸方丈
雲門偃因僧請益門云汝禮拜著僧拜起
門以拄杖挃之僧乃退後門云汝不是患
盲復喚近前來僧纔近前門云汝不是患
聾門云還會麽僧云不會門云汝不是患
瘂其僧於是有省　雪竇顯舉了便喝云
這盲聾瘖瘂漢若不是雲門驢年去如今
有底或拈椎豎拂他又不管教伊近前他
又不來問還會麽他又不應諸方還奈何

得麼雪竇若不柰何汝這一隊驢漢又堪作什麼以拄杖一時趂散　翠巖芝云早知燈是火飯熟已多時

續法眼益云我當時見羅漢上座舉此話我便會三種病人　雲居元云地藏如龍無角似蛇有足玄沙只有先鋒且無殿後兩人病在膏肓針藥之所不到山僧爲你諸人點破拈拄杖云棒頭有眼明如日要識眞金火裏看　本覺一云雲門雪竇也是因風吹火見兔放鷹爭如地藏逆水之波當時聞玄沙恁麼道便出衆云某甲有眼有耳有口請師接玄沙云慙愧便乃呵呵大笑非但玄沙盡西天此土諸佛諸祖被這一拶不免退身有分驀拈拄杖云放過則不可　龍門遠云好兄弟還知眞實相爲麼今日不惜眉毛爲諸人說破只如諸人有雙眼又何曾見來有雙耳又何曾聞來有片舌又何曾說來既無說無聞無見何處有色聲香味事雖然如是能有幾人到這般田地　徑山杲云這僧雖然悟去只悟得雲門禪若是玄沙禪更買草鞋行脚　天童華云雲門平展這僧實酬且道什麼處是這僧悟處不救之疾難爲針艾

師一日見鼓山來乃作圓相示之山云人人出這箇不得師云情知汝向驢胎馬腹裏作活計山云和尚又作麼生師云人人出這箇不得山云和尚與麼道却得某甲爲甚道不得師云我得汝不得

雪竇顯云秪解貪觀白浪不知失却手橈

雲峯悅云道得道不得總在玄沙圈裏如今作麼生出得玄沙圈

續昭覺勤云灼然這一條路作者方知直得窮天地亘萬古而不移消劫石空芥城而無盡便是透關底也須著眼始得一等是恁麼時節爲什麼我得汝不得切忌向驢胎馬腹裏作活計　淨因成云叢林中往往作鼓山未到玄沙境界會却諸人要識玄沙鼓山麼不見道盡出這箇不得　南華昺云挾轉鼻孔換却眼睛若無這箇手段如何扶豎宗乘雖然如是直是好笑笑須三十年且道笑箇什麼情知汝在驢胎馬腹裏作活計　地藏恩別云不免起動和尚　東禪觀云某甲當時若作鼓山待玄沙道人人出這箇不得即云和尚元來別有長處不圖成就前功且要與玄沙向驢胎馬腹裏相見

師嘗與地藏在方丈說話夜深乃云侍者關隔子門了汝作麼生出得藏云喚什麼作門

雪竇顯別云珍重便行　清涼欽別云和尚莫欲歇去麼

師上堂衆集遂將拄杖一時趂下却回向侍者道我今日作得一解嶮入地獄如箭射者云喜得和尚再復人身

翠巖芝云大小玄沙前不搆村後不至店且作麼道得出身之路　道吾眞云大小芝老只是偏枯若是道吾即不然玄沙與侍者一人具一隻眼

續雲居舜云此話衆中舉得爛如泥且作麼生會山僧道侍者不在言也玄沙也是

荆棘林裏求栴檀　東禪觀云大小玄沙
性命在侍者手裏
師問鏡清我不見一法爲大過患汝道不見
什麽法清指露柱云莫是不見這箇法麽師
云浙中清水白米從汝喫佛法則未在
雪竇顯云大小鏡清被玄沙熱謾我當時
若見但向道靈山授記也未到如此　潙
山喆云若不是鏡清幾乎忘前失後何故
不逢别者終不開拳
師令僧馳書上雪峯峯上堂開緘見三幅白
紙乃呈示大衆云會麽良久云不見道君子
千里同風僧回舉似師師云山頭老和尚蹉
過也不知
五祖戒出語云將謂胡鬚赤　黄龍南云
雪峯不道無長處既被玄沙識破直至如
今雪不出
續明昭謙云玄沙三幅白紙爭奈文彩已
彰雪峯千里同風何故不知蹉過不見道
養子莫教大大了作家賊
師與天龍入山見虎龍云前面是虎師云是
汝阿虎龍歸院乃問適來山中未審和尚尊
意如何師云娑婆世界有四種重障若人透
得許汝出陰界
雪竇顯云要與人天爲師前面端的是虎
續徑山杲云也知和尚爲人切
師因常監軍云曹山和尚甚奇怪師乃問撫
州取曹山多少常乃指傍僧云上座曾到曹
山不僧云到來常云撫州取曹山多少僧云
一百二十常云與麽則上座不到曹山常却
起身禮拜師師云監軍却須拜此僧此僧却
具慚愧
承天宗云這僧可悲可痛直饒玄沙具金
剛眼睛蹉過常監軍了也
師因常監軍云占波國人語稍難辯何況五
天梵語還有人辯得麽師提起橐子云識得
這箇即辯得
雲門偃云玄沙何用繁辭又云適來道什
麽
師問僧甚處來僧云德山來師云德山近日
有何言句僧云和尚一日大衆集定攬拄杖
向前便歸方丈掩却門師云賺舉了僧却問
作麽生是某甲賺舉師云更請上座舉其僧
又舉師云不遠種草
師因有聲明三藏到大王王請驗之師乃將
銅火筯敲鐵火爐問是什麽聲藏云銅鐵聲
師云大王莫受外國人謾
雪竇顯别云大王宜加信敬又别三藏云
莫謾外國人　法眼益代云大師久受大
王供養　清涼欽代云却是和尚謾大王
續淨因成云既不是銅鐵聲玄沙喚作什
麽聲然則三藏只知渡水不覺濕衣玄沙
偏解誣人爭奈國有憲章且道三藏謾大
王何似玄沙謾大王　天童覺云理契則
神會事獲衣中之寶情封則物力士失額
上之珠三藏只解瞻前不能顧後還知麽
誣人之罪以罪加之
師因雪峯至謂師云近有僧來禮拜我我打
伊一棒便回頭我向伊道是什麽渠便有箇
會處師云和尚莫錯保持人也須驗過始得
師後去山中果見其僧遂問云山中和尚見

見來打一棒云是什麼是不僧云是師拂袖去雪峯見師乃問云那僧何似生師云那僧荒也峯云何處荒師云四邊荒髁髁地

師因光侍者道師叔若學得禪某甲打鐵船下海去師住後令人馳書問光侍者云打鐵船也未

法眼益代云和尚終不與麼　清涼欽代云請和尚下船　支提愛云玄沙也是貧人思舊債

續汾陽昭云只見錐頭利不見鑿頭方

慧林本云昨日過新羅　雲居元云禪也未曾參得何用思量舊事忽然被他撐動鐵船玄沙堪作什麼

師因僧問盡十方世界是一顆明珠學人爲甚不會師云用會作什麼

傾七　十八

雪竇顯別云諸方即得我這裏不得

師因雪峯遷化爲喪主三朝集衆煎茶次師於靈前拈起一隻盞問大衆先師在日即且從你道如今且作麼生道若道得則先師無過若道不得則過在先師還有人道得麼如是三問衆皆無對師遂撲破盞子歸院後問中塔作麼生會塔云先師有什麼過師便面壁塔便出去師復召塔塔回首師問你作麼生會塔便面壁師休去

師一日見三人新到遂自去打普請鼓三下却歸方丈新到具威儀了亦去打普請鼓三下却入僧堂久住來白師云新到輕欺和尚師云打鐘集衆勘過大衆集新到不赴師令侍者去喚新到纔至法堂却向侍者背上拍一下云和尚喚你侍者至師處新到便歸堂久住乃問和尚何不勘新到師云我與你勘了也

師因僧侍次師以杖指面前地上一點白問云還見麼僧云見師如是三次問其僧俱云見師云你也見我也見爲什麼道不會

憬七　十九

師因長慶稜來乃問除却藥忌作麼生道稜云慭作麼師云雪峯山椽子拾食來這裏雀兒放糞

師訪三外庵主纔相見主云不恠住山年深無坐具師云人人盡有庵主爲什麼無主云且坐喫茶師云菴主元來有在

師示衆云世尊道吾有正法眼藏付囑摩訶大迦葉猶如畫月曹溪竪拂猶如指月時鼓山出衆云月聻師云這箇阿師就我覓月山不肯却歸衆云道我就他覓月

雪竇顯云玄沙與鼓山如排百萬大陣秖抛瓦礫相擊或有衲僧辯得當知正法眼藏付囑有在

續護國元云玄沙鼓山各說道理要且未識月在諸人要識月麼章無偏照處剛有未明人

師因上雪峯問訊次峯云我此間有箇老鼠今在浴室下師云待與和尚勘過纔去見孚上座打水次乃云新到相看孚云已相見了也師云什麼劫中曾相見來孚云莫瞌睡（雪竇別云這賊敗也）師復去白雪峯云已勘破了峯云作麼生勘師舉前話峯云汝著賊了也

師一日侍雪峯次有二僧從堦下過峯云此二人堪爲種草師云某甲不與麼峯云汝作麼生師云便好與二十棒

師因雪峯云世界闊一丈古鏡闊一丈師乃指火爐云火爐闊多少峯云似古鏡闊師云老漢脚跟未點地在

鏡清怤問僧爲復古鏡致火爐與麼闊火爐致古鏡與麼大　西院明云與麼問人也未可在　雲門偃云餿飯泥茶爐

師因侍雪峯行次峯指面前地云這一片田地好造箇無縫塔師云高多少峯乃上下顧視師云人天福報即不無和尚靈山授記未夢見在峯云你作麼生師云七尺八尺

瑯琊覺云國清才子貴家富小兒嬌

師因雪峯指火云三世諸佛在火焰裏轉大法輪師云近日王令稍嚴峯云作麼生師云不許攙奪行市

雲門偃云火焰爲三世諸佛說法三世諸佛立地聽

師因侍雪峯遊山次峯云欲將此一片地作長生地師云看此一片地好造箇無縫塔峯乃作量勢師云是即是某甲不與麼峯云汝作麼生師云造塔峯云好好

福州長慶慧稜禪師因僧問衆手淘金誰是得者師云有伎倆者得僧云學人還得也無師云大遠在

雪竇顯代這僧當時便喝復云有伎倆者得一手分付有伎倆者不得兩手分付學人還得也無蒼天蒼天

師因遊山次保福以手指云秪這裏便是妙高峯頂師云是即是可惜許

鏡清怤云若不是孫公便見髑髏徧野

雪竇顯云今日共這漢遊山圖箇什麼復云百千年後不道全無秪是少

續鼓山珪云長慶若不與麼紅旗徧野白骨連山

師云寧說阿羅漢有三毒不說如來有二種語不道如來無語只是無二種語保福云作麼生是如來語師云聾人爭得聞福云情知汝向第二門頭道師云作麼生是如來語福云喫茶去

師示衆云總似今日老胡有望後保福云總似今日老胡絕望

續報慈遂云恁麼道是相見語不是相見語　黃龍南云總似今日曹溪絕流　天童覺云富嫌千口少貧恨一身多

師因卧龍和尚在會下一日舉僧問曹山維摩默然文殊讚善未審還稱得維摩意麼曹云你還縛得虛空麼僧云恁麼則不稱維摩意也曹云他又爭肯僧云畢竟有何所歸曹云若有所歸即同彼二公也僧云和尚又作麼生曹云待你患維摩病始得卧龍舉了師云我雖不見曹山敢與曹山作箇話主卧龍愕然云這老和尚近日顛倒作麼山頭老子爲這維摩默然話休歇却多少人如今却道與曹山作箇話主師云咄這尿牀鬼不會即休亂統作麼

師示衆云撞著道伴交肩過一生參學事畢

雪竇顯云是即是針不劄風不入有什麼用處

師問僧什麼處來僧云鼓山來師云鼓山有不跨石門底句有人借問汝作麼生道僧云昨夜報慈宿師云劈脊便棒汝又作麼生僧

云和尚若行此棒不虛受人天供養師云幾乎放過

師因閩帥夫人崔氏練師遣使送衣物至云練師令就大師請取回信師云傳語練師領取回信師明日入府練師云昨日謝大師回信師云却請昨日回信看練師展兩手閩帥問大師適來練師呈信還愜大師意不師云猶較些子帥云未審大師意旨如何師良久帥云不可思議大師佛法深遠

師因雪峯云吾見潙山問仰山從上諸聖什麼處去仰云或在天上或在人間汝道仰山意作麼生師云若問諸聖出沒處與麼道即不可峯云汝渾不肯忽有人問汝作麼生道師云但道錯峯云是汝不錯師云何異於錯

師一日陞堂大衆集定師乃拽出一僧云大衆禮拜這僧又云這僧有甚長處却教大衆禮拜衆無對

師示衆云淨潔打疊了也却近前問我覓我劈脊與你一棒有一棒到你你須生慙愧無一棒到你你又向什麼處會

雪竇顯云雪竇即不然淨潔打疊了也直須近前就我覓我劈脊與一棒有一棒到你你即受屈無一棒到你與你平出但與麼會

續黃龍清云長慶只知支離擁腫不知道之根源雪竇引蔓牽枝未免隨波逐浪寶峯則不然淨潔打疊了也近前來只向道會麼歸堂去雖然如是也須是仙陁婆始得

師有時拈拄杖云識得這箇一生參學事畢

雪門偃云識得這箇爲什麼不住

續靈巖安云恁麼住者喪我兒孫恁麼去者寒灰發焰然雖如是都未得勦絶在拈拄杖云識得這箇遂卓一下云敲出鳳凰五色髓擊碎驪龍明月珠

師因僧問羚羊未掛角時如何師云草裏漢僧云掛角後如何師云亂叫喚僧云畢竟如何師云驢事未去馬事到來

雪竇顯云寧可碎身如微塵終不瞎箇衆生眼長慶較些子復云一般漢設使羚羊未掛角也似萬里望鄉關

宗門統要續集卷第十五

宗門統要續集卷第十五

校勘記

一　底本，明永樂北藏本。

一　五五四頁上一行經名，徑作「宗門統要續集卷第十七」。卷末經名同。

一　五五五頁下一八行第一四字「道」，南作「通」。

一　五五七頁上一二行末字「梢」，徑作「稍」。

一　五六〇頁上一七行「照謙」，南作「招謙」。

一　五六三頁上六行「閩師」，南、徑作「閩帥」。

一　五六三頁中一一行「雪門偃」，南、徑作「雲門偃」。

一　五六三頁中一五行「擊辞」，南、徑作「擊碎」。

宗門統要續集卷第十六　傾八

宋　建溪沙門　宗永　集

元　建康保寧禪寺住持沙門　清茂　續集

青原下第六世之餘

福州安國明眞弘瑫大師問僧得之於心伊蘭作栴檀之樹失之於旨甘露乃蒺藜之園我要箇語具得失兩意僧竪起拳云不可喚作拳頭師云只爲喚作拳頭

雪竇顯云無繩自縛漢拳頭也不識　大潙秀云雪竇與安國盡謂孤高方外及乎臨鋒受敵又却逐隊隨行我要箇語具得失兩意待伊竪起拳云不可喚作拳你又喚作什麼從伊說出得失兩意也要其中見人只與麼和泥合水有甚分曉

續天童華云若見得雪竇徹便見得安國龍頭蛇尾若見不徹伊蘭作栴檀之樹甘露乃蒺藜之園　東禪觀云這僧不能鉗安國之口安國不能止雪竇之詞雪竇不能免大潙之議可憐諸大老成羣作隊不奈一箇拳何待云我要箇語具得失兩意只向他道休何謂如此師子一滴乳迸散十斛驢乳

漳州保福從展禪師因僧問雪峯平生有何言句得似羚羊掛角時師云我不可作雪峯弟子不得

雪竇顯云一千五百箇布衲保福較些子

師問長慶云盤山道光境俱忘復是何物洞山道光境未忘復是何物據二老總未得勦絕作麼生道得勦絕去慶良久師云情知你向鬼窟裏作活計慶云汝作麼生師云兩手扶犂水過膝

雪竇顯云俱忘未忘總由我保福因什麼道未得勦絕灼然能有幾箇諸人又作麼生道免得長慶在鬼窟裏良久云柳絮隨風自西自東　大潙秀云保福拈提頗有宗風及乎問著又却拖泥帶水光境何物且致俱忘未忘甚處得這消息

師示衆云此事如擊石火閃電光搆得搆不得未免喪身失命有僧便問未審搆得底人還免喪身失命也無師云適來且致闍黎還搆得麼僧云若搆不得未免大衆笑師云作家作家僧云是什麼心行師云一杓屎攔面潑也不知臭

雪竇顯云諸上座保福有生擒虎兕底爪牙這僧也不易相敵雖然如此要且放過保福一著只如雪竇與大衆還許諸方撿責也無若免不得平地上死人無數其中有得活底麼乃拈起拄杖云來也來也

續護國元云能擒能縱能殺能活保福可謂作家手段本分鉗鎚這僧可惜許錯轉話頭待他道闍黎還搆得麼只對他道明眼宗師天然猶在當時若下得這一句直饒保福全機更買草鞋行脚何故不見道得人一牛還人一馬

師一日云如今有人從佛殿後過便知是張三李四有人從佛殿前過汝爲甚不見且道佛法利害在什麼處僧云爲伊有一分麤境所以不見師便喝復自云若是佛殿即不見僧云不是佛殿還見不師云不是佛殿見什麼

師因僧侍立乃云你得與麼麁心僧云甚處是某甲麁心處師拈一塊土度與云抛向門外著僧抛了却來云甚處是某甲麁心師云我見你築著磕著所以道你麁心

雪竇顯云然則這僧被熱謾爭柰具不掩偏曲不藏直雪竇將令視古於理不甘你這一隊漢忽僧堂裏來寮舍内出築著磕著亦乃不知近來麁心轉盛我若放過便見諸方檢責卓拄杖下座

師因長生卓菴時去相訪茶話次生云有僧問某甲如何是祖師西來意某甲豎起拂子不知得不得師云某甲爭敢道得不得有箇問有人讚嘆此事如虎帶角有人輕毀此事分文不直一等是與麼事爲甚讚毀不同生云適來出自偶尔有老宿云毀又爭得又有老宿云借取眉毛

孚上座云若無智眼難辯得失　雪竇顯別云若非和尚證明拂子一生無用　報慈遂云一等是與麼事爲什麼有得有不得

師問羅山有人問巖頭浩浩塵中如何辯主頭云銅鈔鑼裏滿盛油意作麼生羅召大師師應諾羅云獼猴入道場羅却問明招忽有人問你作麼生招云箭穿紅日影

師問羅山云巖頭道與麼與麼不與麼不與麼意作麼生山召大師師應諾山云雙明亦雙暗師禮謝而去三日後却來問前日蒙大師垂慈秪爲看不破山云盡情向你道了也師云大師是把火行山云若與麼據大師疑處問將來師云如何是雙明亦雙暗山云同生亦同死師當時又禮謝後別有僧問師同生亦同死時如何師云彼此合取狗口僧云大師收取口喫飯其僧却去問羅山同生亦同死時如何山云如牛無角僧云同生不同死時如何山云如虎戴角

師因僧問如來禪即不問如何是祖師禪師以手撥云香嚴道底拈向這邊著僧無語師却問明招云道者道取招云請大師舉師便舉招云更有第二下鐵鎚來和尚又將箇什麼秪荷即得

師在疾問僧我與你相識年深有何名方妙藥相救僧云藥方甚有聞說和尚不解忌口

雪竇顯別云只恐難爲和尚

韶州雲門文偃禪師因鷲湖上堂云莫道未了底人長時浮逼逼地設使了得底人明明得知有去處尚乃浮逼逼地師下堂舉問首座云適來和尚示衆意作麼生座云浮逼逼地師云首座久在此住頭白齒黃作這箇語話座云上座又作麼生師云要道即得見即便見若不見莫亂道首座云只如堂頭道浮逼逼地又作麼生師云頭上著枷脚下著杻座云與麼則無佛法也師云此是文殊普賢大人境界

潙山喆云大凡撥草瞻風須是其人雲門可謂青天霹靂旱地震雷直得百里寬盧變僞不見道驚羣須是英靈漢敵勝還他師子兒

續黄龍新云雲門以錐錐地首座以刀剜空直饒齊下錐刀未免頭上著枷脚下著杻

師因僧問如何是法身向上事師云向上與汝道即不難作麼生會法身僧云請和尚鑒師云鑒即且致作麼生會法身僧云與麼與麼師云這箇是長連牀上學得底我且問汝法身還解喫飯麼僧無對

雪竇顯云將成九仞之山不進一簣之土過在什麼處　菴主永云雲門直得入泥入水

續保福展云欠他一粒也不得　昭覺勤云雲門可謂驅耕夫之牛奪飢人之食權衡佛祖龜鑒宗乘所以後來尊宿各出眼目扶豎大教雖然如是只明得法身邊事未明得法身向上事且如何是法身向上事域中無背面閫外有威權　南堂靜云這僧敢將遊艇子撩撥洞庭湖殊不知雲門金鏃慣調曾百戰鐵鞭多力恨無讐若是大隨即不然這僧也拈却雲門也架閣且作麼生會法身良久云任從滄海變終不爲君通　天童傑云雲門渾剛打就生鐵鑄成不動鉗鎚火星迸散永菴主冷處著把火義出豐年保福閑處愛入頭未免傍觀者哂天童據欵結案也要諸方檢點若檢點得出生陷無間地獄

師問嶺中順維那古人豎起拂子放下拂子意旨如何順云拂前見拂後見師云如是如是又云是諾伊是不諾伊又云可知禮也

師問僧什麼處來僧云禮塔來師云謔我僧云某甲實禮塔來師云五戒也不持

保福展云智不責愚　汾陽昭云彼此相鈍置

師因僧問十方薄伽梵一路涅槃門薄伽梵即不問如何是一路涅槃門師云我道不得僧云和尚爲什麼道不得師云你舉話即得

雪竇顯別云淺水無魚徒勞下釣

師問僧汝是甚處人僧云新羅人師云將什麼過海僧云草賊大敗師云爲什麼在我手裏僧云恰是師云一任踍跳

雪竇顯別雲門云嚧嚧又云雲門老漢龍頭蛇尾放過這僧爲什麼在我手裏恰是劈脊便捧　潙山喆云雲門雪竇只知步步登高大潙即不然爲什麼在我手裏恰是便乃呵呵大笑不見道殺人刀活人劒

師到灌溪有僧舉溪語云十方無壁落四面亦無門淨躶躶赤灑灑沒可把問師作麼生師云與麼道即易也大難出僧云上座不肯和尚與麼道那師云你適來與麼舉那僧云是師云你驢年夢見灌溪僧云某甲話在師云我問你十方無壁落四面亦無門云云你道大梵天王與帝釋商量什麼事僧云豈干他事師喝云逐隊喫飯漢

師在浙江蘊和尚會中因喫茶次舉蘊和尚垂語云見聞覺知是法法離見聞覺知作麼生時有僧云見定如今目前一切見聞覺知是法法亦不可得師遂拍手一下蘊乃舉頭師云猶欠一著在蘊云到這裏却不會

師舉馬大師道一切語言是提婆宗以這箇爲主乃云好語只是無人問我時有僧便問如何是提婆宗師云西天九十六種你是最下種

雪竇顯云赤旛被這僧奪了也

師問僧近離甚處僧云西禪師云西禪近日
有何言句僧展兩手師與一掌僧云某甲話
在師却展兩手僧無語師便打
師舉臨濟三句語問塔主只如塔中和尚得
第幾句主無對師云你問我主便問師云不
快即道主云作麼生是不快即道師云一不
成二不是
師因到庫下見一僧乃問作什麼僧云設供
師云你是甚處人僧云某處人師乃喚典座
與這上座設却供
溈山喆云雲門一期慈悲却成多事當時
便回去免見掛後人唇齒良久云若不登
樓望焉知滄海寛
師問直歲什麼處去來歲云刈茅來師云刈
得幾箇祖師歲云三百箇師云朝打三千暮
打八百東家杓柄長西家杓柄短又作麼生
歲無語師便打
溈山喆云直歲爲衆竭力到雲門面前乃
力盡神疲何故綦逢敵手難藏行水到滄
溟始是波

續徑山杲云直歲無語有三百箇祖師證
明雲門令雖行要且棒頭無眼　溈山果
云這僧若具眼見雲門恁麼道但云和尚
休要把髻投衙擬議之間坐具便摵不雅
麼快平生亦乃叅學眼正
師因僧問秋初夏末前程忽有人問作麼生
祇對師云大衆退後僧云未審過在甚處師
云還我九十日飯錢來
溈山喆云這僧貪程太速致使雲門隨索
飯錢而今還有識雲門者麼出來與大溈
相見良久云不是弄潮人休入洪波裏
續昭覺勤云這僧貪觀白浪雲門見機而
作雖然斬釘截鐵未是本分草料有問崇
寧即對道驢事未去馬事到來待伊如之
若何劈脊便打　護國元云據虎頭收虎
尾則不無斬釘截鐵猶欠一著忽有人問
護國劈脊便打待伊道過在什麼處向他
道不似雲門索飯錢　天童覺云大衆退
後衲僧去就豈用機關那容體究蓑翁老
熟慣波瀾橈棹不施船放流　天童華云

這僧有迎刃底謀略雲門具殺活底手段
雖然如是報恩門下更須勘過了打　天
童傑云平如鏡面險似刀山這僧有破關
底機謀雲門善用不戰屈人兵底手段雖
然如是鼻孔在靈隱手裏
師因一僧罷經論來叅多時乃云未到雲門
時恰似初生月及乎到後曲彎彎地師得知
乃舉問是你道不僧云是師云甚好吾問汝
作麼生是初生月僧乃斫額作望月勢師云
你如此已後失却目在僧經旬日却來師復
問你還會也未僧云未會師云你問我僧便
問如何是初生月師云曲彎彎地僧罔措後
此僧果然失目
瑯瑘覺云且道佛法有靈驗麼如今若有
人問瑯瑘如何是初生月向道經堂前打
板聲　白雲端云這僧失却目雲門和鼻
孔不見雖然如是家住州西
續黃龍新云語驚時聽得無動機若謂這
僧失雙目入地獄如箭射　東禪觀云這
僧雖失雙目光射九天雲門兩眼雖存前

明後暗

師示衆云諸和尚子莫妄想天是天地是地山是山水是水僧是僧俗是俗良久云與我拈梭山來時有僧問學人見山是山水是水時如何師云三門爲甚麼騎佛殿從這裏過或云與我拈面前桉山來僧云與麼則不妄想去也師云還我話頭來

師問僧甚處來僧云江西師云江西一隊老漢寐語住也未僧無語

法眼益因僧舉眼云大小雲門被這僧勘破　五雲逢云什麼處是勘破雲門處要會麼法眼亦被這僧勘破也

師示衆云你若不相當且覓箇入頭處微塵諸佛在你舌頭上三藏聖教在你脚跟底不如悟去好還有人悟得麼出來對衆道看

雪竇顯云然則養子之緣爭奈壓良爲賤其間忽有不甘底出來掀倒禪牀豈不是大丈夫漢然雖如是且問據箇什麼乃驀拈拄杖云洎合停囚長智擊禪牀下座

師云盡十方世界乾坤大地天下老和尚以拄杖畫一畫云百雜碎

雪竇顯云這老漢是即是要且未有出身之路如今拄杖在雪竇手裏復橫按云東西南北甚處得來

師云三乘十二分教達磨西來放過即不可若不放過不消一喝

雪竇顯舉了隨後喝一喝云大衆好喝落在甚處若要鼻孔遼天辯取這一喝

師示衆云聞聲悟道見色明心作麼生是聞聲悟道見色明心乃云觀世音菩薩將錢來買胡餅放下手云元來却是饅頭

續白雲端舉了展兩手云有麼有麼又搖手云無也無也乃云曾經大海難爲水除却巫山總是煙　法雲秀拈拄杖卓一下云這箇是聲色那箇是心良久云世間無限丹青手到此都盧畫不成　黃龍清云雲門可謂食飽傷心諸人切忌向胡餅裏討汁　五祖演云我即不然乃以手作打杖皷勢云攔八囉扎　南堂靜云老僧即不然張公喫酒李公醉李公喫酒張公醉張公李公酩酊醉鼻息如雷寢裏睡　徑山杲拈拄杖云這箇是色卓拄杖云這箇是聲諸人總見總聞那箇是明底心那箇是悟底道喝一喝云貪他一粒米失却半年糧復卓一下　靈隱嶽云佁父有條活路要與諸人共行拈拄杖云穿入諸人鼻孔燈籠露柱直得眼睛突出卓拄杖下座

師一日云眞空不壞有眞空不異色僧便問作麼生是眞空師云還聞鐘聲麼僧云此是鐘聲師云驢年夢見麼

師一日云平地上死人無數過得荆棘林是好手時有僧出云與麼則堂中第一座有長處也師云蘇嚕蘇嚕

潙山喆云若不是雲門被這僧一問幾乎將南作北大潙即不然忽有人道恁麼則堂中第一座有長處也乃拈拄杖云你喚這箇作什麼若喚作拄杖子眉鬚墮落

續黃龍南拈起拂子云大衆若喚作拂子是平地上死人不喚作拂子未透荆棘林在　五祖演云太平即不然平地上箇箇

丈夫荆棘林裏坐得是好手何故格　泐
潭清云只這拂子是荆棘林諸人作麼生
過直饒過得也是胡孫繫露柱
師雲遊到江州陳尚書請喫飯次乃問三乘
教典即不問儒書更不言作麼生是衲僧行
脚事師云曾問幾人來陳云即今問上座師
云即令且致作麼生是教意陳云黄卷赤軸
師云這箇是語言文字作麼生是教意陳云
口欲談而辭喪心欲緣而慮忘師云口欲談
而辭喪爲對有言心欲緣而慮忘爲對妄想
作麼生是教意陳無對師云見說尚書看法
華經是不陳云是師云經中道一切治生産
業皆與實相不相違背且道非非想天有幾
人退位陳又無對師云尚書且莫草草十經
五論師僧抛却特入叢林十年二十年尚不
柰何尚書又爭會陳遂作禮云某甲罪過
師問堂中首座云你道乾坤大地與汝自已
是同是别座云同師云一切物命蛾蜂蟻子
與汝自已是同是别座云同師云你爲甚却
干戈相待

師到天童童云你還定當得麼師云和尚道
什麼童云不會即目前包裹師云會即目前
包裹
師因琀長老舉菩薩手中赤旛問師作麼生
師云你是無禮漢琀云作麼生無禮師云是
你外道奴也作不得
師因僧問佛法如水中月是不師云清波無
透路僧云和尚從何得師云再問復何來僧
云便與麼去時如何師云重疊關山路
師問僧近離甚處僧云南岳師云我不曾與
人葛藤近前來僧近前師云去
福州大普山玄通禪師到玄沙沙云汝在彼
住莫誑惑人家男女師云玄通秪是開箇供
養門晚來朝去爭敢作與麼事沙云事難師
云其情是難沙云什麼處是難處師云爲伊
不肯承當沙便入方丈閉却門
杭州龍册寺道怤禪師（即鏡清也）因僧問學人未
達其源乞師方便師云是什麼源僧云其源
師云若是其源爭受方便
　雪竇顯云死水裏浸却有甚用處

尋有侍者問適來成褫伊師云無者云不成
褫伊師云無者云師意如何師云一點水墨
兩處成龍
　雪竇顯云猶較些子雪竇不是減鏡清威
光要與這僧相見是什麼源其源三十年
後與汝三十棒　五祖戒云與麼道也大
險雖然語險爭柰用得這一點親要會麼
莫怪鏡清多意氣他家曾謁聖明君
續昭覺勤云鏡清機如掣電眼似流星一
切世界成就要且只解委曲不解直截還
委悉麼有意氣時添意氣不風流處也風
流　南堂靜云大小鏡清元來手脚小今
夜或有人問適來是成褫伊麼無不成褫
伊麼無未審尊意如何一點水墨帀地成
金毛師子
師因僧問學人啐請師啄師云還得活也無
僧云若不活遭人怪笑師云也是草裏漢
　雪竇顯云衲僧有此奇特事若一箇半箇
互相平展古聖也不虛出來一迴
師問僧近離甚處僧云三峯夏在甚處僧云

五峯師云放你三十棒僧云某甲過在什麼
處師云爲你出一叢林入一叢林
師一日於僧堂前自擊鐘云玄沙道底玄沙
道底時有僧問玄沙道什麼師乃畫一圓相
僧云若不久參爭知與麼師云還我草鞋錢
來
雪竇顯云泊被打破蔡州
師問僧近離甚處僧云石橋師云本分事作
麼生僧云近離石橋師云我豈不知你近離
石橋本分事作麼生僧云和尚何不領話師
便打僧云某甲話在師云你但喫棒我要這
話行
雪竇顯云然則倚勢欺人爭奈事不孤起
這僧若能慎初護末棒須是鏡清自喫
師因普請鋤草次浴頭請師浴師不顧如是
三請師忽舉鋤作打勢浴頭便走師召云來
來浴頭回首師云向後遇作家分明舉似僧
後舉似保福未了福以手掩其僧口僧後舉
似師師云饒伊與麼也未作家
師因僧引一童子到云此兒子常愛問僧佛

法請和尚驗看師乃令點茶來師喫了過盞
與童子童子擬接師却縮手云還道得麼子
云問將來從容僧問此童子見解如何師云
秖是一生兩生持戒僧
續法眼益於將來處別云和尚更喫茶不
師住菴時有一行者至徐徐近繩牀取拂子
提起問某甲定喚這箇作拂子菴主喚作什
麼師云不可更安名立字也行者乃擲却拂
子云著甚死急
明招謙代云敢死喘氣
師問僧門外是什麼聲僧云雨滴聲師云衆
生顛倒迷己逐物僧云和尚作麼生師云泊
不迷己僧云泊不迷己意旨如何師云出身
猶可易脫體道應難
黃龍心云說難說易轉見迷己要不迷己
如今喫作什麼聲
續瑯琊覺云得即得大似平地陷人　法
雲秀云出身句諸人總知脫體句還有道
得麼良久云事難方見丈夫心
師又問僧門外是什麼聲僧云蛇咬蝦蟆聲

師云將爲衆生苦更有苦衆生
師問靈雲行脚事大乞師指南靈云浙中米
作麼價師云若不是某甲泊作米價會
大潙秀云曾聞鏡清作者果然不類況常
既知不作米價會必然深悟指南靈雲只
解放去不能收來若不是某甲泊作米價
會只問道你又別作麼生會從伊說得行
脚事且與後人爲軌範
師在雪峯因普請次峯舉潙山云見色便見
心還有過也無師云古人爲什麼事峯云雖
然如此我要共你商量師云若與麼不如某
甲钁地去
續靈隱泉云雪峯探竿在手影草隨身若
不是鏡清普請幾乎狼藉
師因風穴到乃問近離什麼處穴云自離東
來師云還過小江也無穴云大舸獨飄空小
江無可濟師云鏡水塗山鳥飛不度子莫道
聽遺言穴云滄溟尚怯艅艎勢列漢飛帆渡
五湖師豎起拄杖云爭奈這箇何穴云這箇
是什麼師云果然不識穴云出沒卷舒與師

同用師云杓卜聽虗聲熟睡饒噡語穴云澤
廣藏山理能伏豹師云捨罪放愆速須出去
穴云出去即得便出到法堂上却云夫行脚
人因緣未盡善不可便休却回方丈見師坐
次便問某甲適來輒陳小騃冐黷尊顔伏承
和尚慈悲未賜罪責師云適來言從東來豈
不是翠巖來穴云雪竇親棲竇蓋東師云不
逐亡羊狂解息却來這裏念篇章穴云路逢
劍客須呈劍不是詩人不獻詩師云詩速秘
却略借劍看穴云縣首甑人携劍去師云不
獨觸風化亦自顯顢頇穴云若不觸風化爭
明古佛心師云何名古佛心穴云再犯不容
師令何有師云東來衲子菽麥不分穴云秪
聞不已而已何得抑已而已師云巨浪湧千
尋澄波不離水穴云一句截流萬機寢削便
拜師云東來衲子俊哉俊哉
俊八　十八
福州長生皎然禪師因雪峯舉似云我適來
普請次負一束藤逢一僧乃抛下僧擬取被
我踏倒我今日踏這僧快生師云和尚替這
僧入涅槃堂始得峯休去

雪竇顯云長生大似東家人死西家助哀
也好與一踏　白雲端云雪峯外面贏得
五百家中失却一貫
師因玄沙問我觀如來前際不來後際不去
今亦無住長老作麼生師云放某甲過有箇
道處沙云放你過作麼生道師默然沙云教
誰委師云和尚不委沙云情知你向鬼窟裏
作活計
續崇壽稠別長生云喚什麼作如來
福州鼓山神晏國師因新到參乃云直下猶
難會尋言轉更賒若論佛與祖特地隔天涯
上座作麼生會僧無語舉似侍者云某甲不
會請侍者代一轉語者云和尚與麼道猶隔
天涯在僧舉似師師喚侍者問你爲新到代
語是不者云是師便打趁出院
俊八　十九
師示衆云鼓山門下不得咳嗽時有僧便咳
嗽一聲師云作什麼僧云傷寒師云傷寒即
得
續瑯琊覺云雷聲甚大雨點全無　雪竇
本云鼓山雖有採竿影草未免將曲作直

道林即不然作麼生傷寒山中無別藥門
外有青松
師示衆云若論此事如一口劍時有僧問承
和尚言若論此事如一口劍和尚是死屍學
人是死屍如何是劍師云拖出這死屍僧應
諾歸衣鉢下結束便行師至晚問首座問話
底僧在不座云當時便去也師云好與二十
棒
雪竇顯云諸方老宿總道鼓山失却一隻
眼殊不知重賞之下必有勇夫然雖如是
若仔細點撿來未免一時埋却　雲居齊
云這僧若不肯鼓山有什麼過若肯何得
便發去又云鼓山拄杖賞伊罰伊具眼底
試商量看
續東禪觀云這僧將箇死屍出來弄得活
鼓山好一口劍尚欠磨礱在
師初參雪峯纔入門峯搊住云是什麼師釋
然契悟舉手搖舞峯云子作道理耶師云何
道理之有峯乃撫而印之
明州翠巖令參禪師示衆云一夏以來爲兄

弟東語西話看我眉毛在也無
長慶稜云生也　雲門偃云闗　保福展
云作賊人心虛　翠巖芝云爲衆竭力禍
出私門
續雲居元云翠巖知而故犯經赦不原雲
門按後施行依公問罪還識長慶保福麽
普州人送賊　蔣山懃云翠巖坐斷天下
人舌頭無舀啄處長慶云生也因事長智
保福云作賊人心虛是精識精雲門云闗
據款結案雖則宗風競酬還截得翠巖脚
跟麽不躡前蹤試道看　薦福行云翠巖
開眼尿牀問在答處雲門失錢遭罪答在
問處若問不在答處答不在問處東湖拄
杖穿却嘉州大像你諸人提起坐具且向
日本國裏作自恣佛事　雪竇宗云盡大
地是翠巖一隻眼更說什麽在不在直得
諸方尊宿做盡伎倆出綫續不得所以保
福云作賊人心虛正是上他機境雲門云
闗大似夢中爭力長慶云生也隨語生解
只如宗上座又作麽生以拂子畫圓相云

分付海山無事客釣鼇時下一圓圈　大
潙泰云保福道作賊人心虛可謂同道者
方知長慶云生也隨語作解雲門云闗塞
斷咽喉若有問山僧見處又作麽生拈拄
杖卓一下云一弗穿却

師因有座主就華嚴講下請師齋師云山僧
有箇問若道得即齋乃拈起胡餅云還具法
身麽主云具師云與麽則喫法身也主無對
本講座主代云有什麽過師不肯
雲門偃代云特謝和尚降重空筵

越州洞巖可休禪師因雲門到得數日纔上
來問訊恰值師下來便問什麽處去門云親
近去師云亂走作什麽門云暫時不在師云
什麽處去來
雪竇顯別云好與三十棒

福州羅山道閑禪師嗣巖頭　一日侍巖頭遊山
次忽然喚云和尚頭云作麽師乃近前作禮
問和尚豈不是三十年前在洞山又不肯洞
山頭云是師云和尚豈不是法嗣德山又不
肯德山頭云是師云不肯德山即不問只如
洞山有什麽虧缺頭良久云洞山好佛只是
無光師便作禮

師因僧辭保福福問甚處去僧云禮拜羅山
去福云汝與我向羅山道保福秋間上府朝
覲大王置四十箇問頭問大師忽若一句不
相當莫言不道但與麽傳語僧到一一舉似
師呵呵大笑云陳老師自入福建道洪塘橋
頭下一寨未曾見一箇毛頭星現汝却與我
向從展道陳老師無許多問頭只有一斂斂
下須有分身之意亦有出身之路若不明便
須成末但與麽傳語僧回舉似保福福云我
當時也只是謾伊至秋間上朝覲師特爲辦
茶筵差人去請福不赴却向僧云我前曾有
謔言恐大師問著僧歸舉似師師云汝更去
向他道猛虎終不食伏肉僧又去請保福遂
來

師在禾山因清貴上座說話次貴云天下無
第一人大小潙山猶輸他道吾師云有什麽
語輸他貴舉石霜辭潙山纔禮拜起潙山問
有句無句如藤倚樹子意如何霜無對却到

道吾吾問甚處來霜云潙山來吾云有什麼言句霜遂舉前話吾云汝何不道取霜云秖爲道不得吾云汝爲我看菴待我與你報讐去吾往潙山山泥壁次忽回首見道吾在背後山便云智頭陀因何到此吾云某甲不爲別事來秖爲和尚問諸道者有句無句如藤倚樹還是也無潙云是吾便問樹倒藤枯時如何潙山呵呵大笑被道吾捺向泥裏潙山總不管貴上座舉了云這箇豈不是潙山輸他道吾師云上座三十年後若有把茅蓋頭切忌舉著這箇話貴不肯却與道吾作主被師擒下地云白大衆各請停喧某甲今日與清貴上座直爲潙山雪屈話且須側聆貴云知也知也便禮拜師云何不早道你還識道吾麼只是舘驛裏本色擬馬賛漢

師因遊漳州見三平碑云和尚遷化時衆請韓七名作喪主韓將一條手巾蓋一面鈔鑼以一口露刃劒横放鈔鑼上直到龕前放下云還有人道得麼若道得某即作喪主若道不得即不作喪主道道衆無對韓便趯却鈔鑼哭云蒼天先師遠矣師云噫大奇大奇三平門下六百來人總被這俗漢吞却也陳老師當時若在未放伦過時有僧問秖如伦與麼來未審作麼生秖對師云我當時若在只將三尺布蓋却頭横亞一柄露刃刀以手揭起孝幕當門而坐看韓家箇漢要作喪主也未得要不作喪主也未得進之須有禮退之須有禮

師因無軫上座問秖如巖頭道洞山好箇佛只是無光未審洞山有何虧缺便道無光師召云無軫軫應諾師云灼然好箇佛只是無光軫云大師爲什麼撥某甲話師云什麼處是陳老師撥你話處快道快道軫無對師打三十棒趁出軫舉似昭慶慶一夏罵詈至夏末自來問師此事師乃分明舉似慶便作禮懺悔云泊錯怪大師

師因發化主往泉州臨岐乃設問太傅忽問大師十二時中將何示徒尓作麼生道主無對師云但道騎虎頭收虎尾第一句下明宗旨師又代進語云此猶是菩薩有言教菩薩無言教作麼生主又無對師又代云敵露鋒機如同電拂

師在大庾嶺住菴時有僧辭去踈山師云我有一信附與踈山得麼僧近前云便請師以手挃頭上却展手云還奈何麼僧無對僧後到踈山堂内舉次一僧云諸人還會麼衆無對僧云天下人不奈大嶺何

師問石霜云起滅不停時如何霜云直須寒灰枯木去一念萬年去凾蓋相應去全清絶點去師不契却往巖頭處如前問巖頭喝云是誰起滅師於此有省

台州瑞巖師彦禪師因夾山問甚處來師云卧龍來山云來時龍起也未師近前以目顧視山云炙瘡瘢上更著艾炷師云和尚又苦如此作麼山休去

潙山喆云瑞巖雖然威獰免惣爭奈夾山水清不容

師問夾山與麼即易不與麼即難與麼與麼即惺惺不與麼不與麼即居空界與麼不與麼請師速道山云老僧譩闍黎去也師喝云

這老和尚而今是什麼時節便出去後有僧舉似巖頭頭云苦哉將我一枝佛法與麼流將去

師每自喚主人公復自應諾乃云惺惺著他後莫受人謾後有僧到玄沙沙問近離甚處僧云瑞巖沙云頌八有何言句示人僧六五舉前話沙云一等是弄精魂也甚奇怪却云何不且在彼中僧云已遷化也沙云而今還喚得應麼僧無對

雪竇顯云蒼天蒼天

續保寧勇云和尚爲什麼對面不聞　雲居元云天下宗師總爲這僧下語大似東家人死西家人助哀直饒瑞巖自出頭來也是棺木裏瞠眼　昭覺勤云百丈寒潭徹底月在波心千尺巖松倚天風生幽谷直得凜凜孤標澄澄手乘及至月離碧潭影在雲衢遂乃當面蹉過當時若是箇漢待伊道即今還喚得應麼直下便喝非唯把斷玄沙要津亦乃與瑞巖老子出氣大潙智云勸君更盡一杯酒西出陽關無故人

宗門統要續集卷第十六

宗門統要續集卷第十六

校勘記

一　底本，明永樂北藏本。

一　五六五頁上一行經名，徑作「宗門統要續集卷第十八」。卷末經名同。

一　五六五頁上四行「青原下第六世之餘」，南無。

一　五六七頁下一五行第一〇字至次頁中一八行第七字「到……飯」，南無。

一　五七〇頁下一八行「一箇」，南作「一人」。

一　五七二頁上八行第六字「息」，徑作「急」。

一　五七二頁上一二行「再犯不容」，南作「再許允容」。

一　五七三頁下一一行第三字「未」，南、徑作「末」。

一　五七四頁中一四行「昭慶」，南作「招慶」。

宗門統要續集卷第十七　傾九

宋建溪沙門宗永集
元建康保寧禪寺住持沙門清茂續集

青原下第七世

漳州羅漢桂琛禪師嗣玄沙備問僧甚處來僧云秦州來師云將得什麼物來僧云不將得物來師云汝爲什麼對衆謾語僧無對師却問云秦州豈不是出鸚鵡僧云鸚鵡出在隴西師云也不較多

溈山喆云這僧新從秦州來爲什麼道對衆謾語要會麼作客慇懃帶累主人拖泥涉水

師與長慶保福入州見牡丹花障子福云好一朶牡丹花慶云莫眼花師云可惜一朶花報慈遂云三尊宿語還有親疎也無只如羅漢與麼道落在什麼處

續黃龍心云據此三人見處一人超佛越祖一人自利利他一人謾已却問僧你道自謾底是誰僧云莫眼花師云此去更深夜靜迥絕無人處更去共伊商量始得

師問僧你在昭慶有什麼異聞底事試舉看僧云不敢錯舉師云眞實底事作麼生僧云和尚因什麼如此師云汝話墮也

師因同中塔侍玄沙次沙乃打中塔一棒云就名就體中塔不對沙乃問師云作麼生會師云這僧著一棒不知來處

師因爲玄沙作忌齋請報恩和尚喫藥石報恩看供養位不見有眞遂問師還有眞麼師以手揖云看恩云元來無眞師云大似不看相似

師因玄沙問三界唯心汝作麼生會師指椅子云和尚喚這箇作什麼沙云椅子師云和尚不會三界唯心沙云我喚這箇作竹木汝喚作什麼師云某甲亦喚作竹木沙云盡大地覓一箇會佛法底人不可得

師見僧來乃竪起拂子示之僧便作禮師云你見箇什麼便作禮僧云謝和尚指示師便打云見我竪起拂子便道謝和尚指示見我每日掃牀掃地爲甚不道謝和尚指示

師一日揷田次見僧新到乃問從甚處來僧云南州來師云彼中近日佛法如何僧云商量浩浩地師云爭如我這裏栽田博飯喫僧云爭奈三界何師云喚什麼作三界

溈山喆云清貧長樂濁富多憂

師問僧甚處來僧云南方師云南方知識有何言句示徒僧云彼中道金屑雖貴眼裏著不得師云我道須彌在你眼裏

翠巖芝云且道地藏還免得這僧麼

師因修山主悟空法眼三人到院阻雨雪向火次師附爐乃問山河大地與上座自已是同是別修云別師竪兩指修云同師亦竪兩指便去

師問保福僧彼中佛法如何示人僧云保福有時示衆云塞却你眼教你覷不見塞却你耳教你聽不聞坐却你意根教你分別不得師云吾問你我不塞你眼見箇什麼不塞你耳你聞箇什麼不坐你意根你作麼生分別僧於言下有省

福州安國慧球禪師問了院主先師道盡十方世界是箇眞實人體你還見僧堂麼主云

和尚莫眼花師云先師遷化肉猶暖在
師示衆云我此間粥飯因緣然與兄弟舉唱終是不常如今欲得省要却是山河大地舉明其事却常亦能究竟若從文殊門入者一切有爲土木瓦礫悉皆助你發機若從觀音門入者一切善惡音響乃至蝦蟆曲蟮爲你舉揚若從普賢門入者不動步而到我今以此三門助汝方便如將一隻折筯攪大海水令彼魚龍知水爲命離水一分魚龍不全性命還會麼若無智眼而審之任你百般善巧不爲究竟先大慈話亦同此
瑯琊覺云雖是善因而招惡果
續保寧勇云大衆東西南北四維上下堅著磕著不覺不知過在什麼處良久云紅粉易成端正女無錢難作好兒郎　薦福行云若據山僧檢點安國自己性命亦未知落處在這裏一隻折筯也不消得莫有虎口奪飡者麼若無山僧不免向炙瘢上更下一爇去也拍禪牀下座　東禪觀云安國一時齧飯餵嬰兒不知傍觀惡心

泉州昭慶法因禪師嗣長慶稜師作桶頭常與衆僧語話一日長慶入寮見乃云尒每日口勞勞作什麼師云一日不作一日不食慶云與麼則磨弓錯箭去師云專待尉遲來慶云尉遲來後如何師云待伊筋骨徧地眼睛突出慶便出去 頌九 四
福州報慈光雲禪師因閩王問報慈與神泉相去近遠師云若說近遠不如親到却問大王日應千差是什麼心王云什麼處得心來師云豈有無心者王云那邊事作麼生師云請向那邊問王云大師讃别人即得
師問僧近離甚處僧云卧龍師云在彼多少時僧云經冬過夏師云龍門無宿客爲甚在彼許多時僧云獅子窟中無異獸師云汝試作師子吼看僧云若作師子吼即無和尚師云念汝新到放汝三十棒
雪竇顯云奇怪諸禪德若平展則兩不相傷據令則彼此俱嶮還檢點得麼
婺州報恩曉悟實資禪師因僧問波騰沸沸起必全真未審古人意如何師乃叱之僧云與麼則非次也師云你話墮也又云我話亦墮汝作麼生僧無對
新羅龜山和尚因僧舉裴相國問僧看什麼經僧云無言童子經國云有幾卷僧云兩卷國云既是無言爲什麼却有兩卷僧無對師代云若論無言非唯兩卷 頌九 五
泉州王延彬太尉因入佛殿指鉢盂問殿主這箇是什麼鉢主云藥師鉢尉云只聞有降龍鉢主云待有龍即降尉云忽遇拏雲驤浪來又作麼生主云他亦不顧尉云話墮也
玄沙備云盡你神力走向什麼處去
保福展云歸依佛法僧　百丈常作覆鉢勢　雲門偃云他日生天莫孤負老僧
溈山喆云殿主只知瞻前不知顧後太尉神威既逞殿主鉢盂猶覆大溈當時若見他道拏雲驤浪來時如何托起鉢盂道盡汝神力直饒八大龍王來也只得抿威乞恕
太尉因長慶舉似雪峯曾豎拂示僧其僧便出去若據此僧合喚轉與一頓棒尉云和尚

是什麼心行慶云洎合放過
太尉因到昭慶煎茶次時朗上座與明昭把
銚忽翻却茶銚尉見乃問上座茶鑪下是什
麼朗云捧鑪神尉云既是捧鑪神爲什麼翻
却茶銚朗云事官千日失在一朝尉拂袖便
去明昭云朗上座喫却昭慶飯了却向江外
打野榸朗云上座作麼生昭云非人得其便
雪竇顯云當時但踏倒茶鑪　潙山喆云
王太傅大似相如奪璧怒髮衝冠明昭也
是忍俊不禁難逢快便大潙若做明上座
當時見問但呵呵大笑何故見之不取千
載難追
福州永隆彥端禪師嗣安國瑫一日陞堂衆集從
座而起作舞謂衆云會麼良久云山僧不捨
道法而現凡夫事作麼不會
泉州昭慶省僜禪師嗣保福展因保福入殿覩佛
像乃舉手問師佛與麼意作麼生師云和尚
也是橫身福云一橛我自取師云和尚非唯
橫身福然之
漳州報恩道熙禪師曾與保福送書往泉州

王太尉處尉問漳南和尚近日還爲人也無
師云若道爲人即屈著和尚若道不爲人又
屈太尉尉云道取一句待鐵牛能齧草木馬
解含煙師云某甲惜口喫飯尉良久又問驢
來馬來師云驢馬不同途尉云爭得到這裏
師云謝太尉領話
韶州白雲子祥禪師嗣雲門偃問僧不壞假名而
談實相作麼生僧云這箇是椅子師以手撥
云與我拈鞋袋來僧無語師云這虛頭漢後
雲門聞乃云須是他始得
岳州巴陵顥鑑禪師因雲門舉雪峯云開却
門達磨來也意作麼生師云築著和尚鼻孔
門云脩羅王惡發打須彌山一摑跨跳上梵
天報帝釋爲什麼却去日本國裏藏身師云
莫恁麼心行好門云汝道築著又作麼生
師問僧遊山來爲佛法來僧云清平世界說
什麼佛法師云好箇無事底禪客僧云早是
多事也師云上座去年在此過夏了僧云不
曾師云與麼則先來不相識下去
隨州智門師寬禪師因遊山迴首座與衆出

松行接座云和尚遊山巇嶮不易師拈拄杖
云全得這箇力座乃進前奪却拋向一邊師
放身便倒大衆遂進前扶起師拈拄杖一時
趂散回顧侍者云向你道全得這箇力
黃龍南云明教雖然會起會倒不覺弄巧
成拙
師一日訪白兆兆云老僧有箇木魚頌師云
請舉兆云伏惟爛木一橛佛與衆生不別若
以杖子擊著直得凡聖路絕師云此頌有成
褫無成褫兆云無成褫師云佛與衆生不別
吩左右侍僧救云有成褫師云直得凡聖路
絕吩當時白兆一衆失色
師因戒和尚初叅乃問諸方言教即不問不
涉泥水一句道將來戒云話墮也師云拖泥
帶水漢戒云和尚幸是大人師云這禿釘子
叅堂去
襄州洞山守初禪師到雲門門問近離甚處
師云查渡夏在甚處師云湖南報慈門云甚
時離彼中師云八月二十五門云放汝三頓
棒師明日却上問訊昨日蒙和尚放三頓棒

不知過在甚處門云飯袋子江西湖南便與
麼去師於言下有省遂云他時異日向無人
煙處卓箇菴子不畜一粒米不種一莖菜接
待十方往來善知識盡與伊抽釘拔楔拈却
膩脂帽子脫却鶻臰布衫教伊灑灑地作箇
明眼衲僧豈不俊哉快哉雲門云飯袋子身
如椰子大開得許大口
雪竇顯云雲門氣宇如王掇著便冰消瓦
解當時若據令而行子孫也未到斷絕
白雲端云大小雲門被洞山一問直得額
頭汗出口裏膠生
續保寧勇別雲門後語云這瞎漢將謂你
是箇人便打　天童傑云雲門放去太奢
收來太儉未後慇懃何不與他本分草料
致令和泥合水洞山恁麼悟去也是杓卜
聽虛聲　靈隱嶽云諸方盡謂父子投機
啐啄同時殊不知雲門正令不行却向草
窠裏輥致令洞山打失鼻孔直至于今無
摸索處
師問僧甚處來僧云汝州師云此去多少僧
云七百師云踏破幾緉草鞋僧云三緉師云
甚處得錢買僧打笠子師云叅堂去僧應諾
而去
韶州雙峯竟欽禪師示衆云進一步即迷理
退一步即失事饒你一向兀然立又同無情
時有僧問如何得不同無情去師云動轉施
爲僧云如何得不迷理失事去師云進一步
退一步僧便作禮師云向來有人與麼會老
僧不肯伊僧云請和尚直指師便打出
續昭覺勤云如鷹拏雀似鶻提鳩細中之
細妙中之妙進一步不迷理退一步不失
事所謂恁麼中不恁麼不恁麼中却恁麼
就中是末後一著光前絕後
蘄州北禪悟空寂禪師問僧甚處來僧云黄
州師云在什麼院僧云資福師云福將何資
僧云兩重公案師云爭奈在北禪手裏何僧
云在和尚手裏即收取師便打僧不甘師隨
後趂出
雪竇顯云奇怪宛有超師之作還知這僧
麼只解貪前不能顧後若在雪竇手裏棒
折也未放在
深明二上座（即奉先清深二禪師）因聞僧問法眼如何
是色眼豎拂子或云雞冠花或云貼肉汗衫
二師特特而去遂問承和尚有三種色語是
不眼云是深云鷂子過新羅便歸衆其時李
後主在座下不肯乃白法眼云來晨爲置茶
筵寡人請此二人重新問話明日李主置茶
筵仍備縑帛一箱劒一口語二師云今日請
上座重新問話若問得是奉賞雜縑若問不
是只賜一劒法眼於是陞座深乃出問今日
奉勅問話師還許也無眼云許深云鷂子過
新羅便捧縑而去衆一時散法燈作維那不
肯乃打鐘集衆僧堂前勘辯問云承聞二上
座在雲門會下多時有什麼奇特因緣請舉
一兩則來商量看深云古人道白鷺下田千
點雪黄鸎上樹一枝花維那作麼生商量法
燈擬議深乃打一坐具便歸衆
二師因到淮河見人牽網有鯉魚透出深云
明兄俊哉一似箇衲僧明云雖然如此爭似
當初不撞入網羅好深云明兄你欠悟在明

至半夜方省
益州香林澄遠禪師在衆日普請鋤草次有
一僧云看俗家失火師云那裏失火僧云不
見那師云不見僧云這瞎漢是時一衆皆言
遠上座敗闕智門寬和尚後聞舉嘆云須是
我遠兄始得
漳州保福清豁禪師(嗣睡龍溥)因僧問家貧遭劫
時如何師云不能盡底去僧云爲什麼不盡
底去師云賊是家親僧云既是家親爲什麼
飜成家賊師云内既無應外不能爲僧云忽
然捉敗功歸何所師云賞亦未曾聞僧云恁
麼則勞而無功師云功即不無成而不取僧
云既是成功爲什麼不取師云不見道太平
本是將軍致不許將軍見太平(或與曹山語同)
續徑山杲云絲來線去弄精魂
十一
婺州明昭德謙禪師(嗣羅山閑)在泉州昭慶大殿
上指壁間畫問僧云那箇是什麼神僧云護
法善神師云會昌沙汰時向甚處去來僧無
對師却令僧問演侍者演云汝什麼劫中遭
此難來其僧復舉似師師云直饒演上座他

後聚一千衆有什麼用處僧乃作禮請師别
語師云什麼處去也
師問國泰瑫和尚云古人道俱胝只念三行
呪便得名超一切人作麼生與他拈却三行
呪便得名超一切人國泰竪起一指師云不
因今日爭識得瓜州客
續淞潭清云明昭只識得瓜州客且不識
國泰直饒識得國泰也未夢見俱胝老在
保寧勇代與一掌
師到昭慶有度上座問云羅山尋常道諸方
盡是麩飯唯有羅山是一味白飯兄從羅山
來乃展手云白飯請些子師打兩掌度云將
謂是白飯元來也是麩飯師云癡人棒打不
死度夜間舉似諸禪客次師近前云不審度
云今日便是這箇上座瑫上座云不用下堂
就裏許作麼生道師云就裏許也道道瑫無
對師云是汝諸人一時縛作一束倒卓向尿
躂下明日相見珍重
師到雙巖巖覩師風彩特異乃云某甲致一
問問闍黎若道得便舍院與闍黎住若道不

得即不舍金剛經云一切諸佛及諸佛法皆
從此經出且道此經是何人說師云說與不
說拈向那邊著只如和尚決定喚什麼作此
經巖無對師却舉經云一切賢聖皆以無爲
法而有差别此則以無爲法爲極則憑何而
有差别且如差别是過不是過若是過一切
十二
賢聖盡有過若不是過決定喚什麼作差别
巖亦無對師云雪峯道底
師到泉州坦長老處坦云夫參學一人所在
亦須到半人所在亦須到師便問一人所在
即不問作麼生是半人所在坦無對後却令
小師問師師云汝欲識半人麼也只是弄泥
團漢
師會下有僧去住菴一年後却來禮拜師云
古人道三日不相見莫作舊時看乃撥開胸
云你道我這裏有幾莖蓋膽毛僧無語師却
問你什麼時離菴僧云今日早朝師云來時
折脚鐺子分付與阿誰僧又無語被師喝出
師因清八路舉仰山插鍬話問古人意在插
鍬處叉手處師云清上座清應諾師云還曾

夢見仰山麼清云不要上座下語秖要商量師云若要商量堂頭自有五百人老師在

師因迅菴主在高司徒宅見掛彌勒幢子師指彌勒佛喚云菴主主應諾師云這漢還徹也未主無語師云黃連和根煑也未是苦後國泰代但合掌云善哉善哉師云和尚與他隣舍住菴即得

續九　十三

師在昭慶因普請去王太傅宅取木佛傳乃問大衆云忽遇丹霞又作麼生衆無語師當時提起向項上云也要分付著人

師一日去保寧於中路逢見保寧師便問兄是道伴中人乃自點鼻頭云這箇闕塞我不可徹與我拈却少時得麼寧云和尚有來多少時師云憶洎賺我踏却一緉草鞋便轉國泰代云非但某甲諸佛亦不奈何師云因什麼以已妨人

師在疾一日國泰深和尚來問候侍者通報云深師叔來師乃令請深纔入方文師便云阿哪阿哪深師叔救取老僧深云和尚有什麼救處師舉頭一覷云咦眼子烏嘩嘩地依前是舊時深上座乃回身面壁更不相見

續徑山印云明昭若不轉身面壁有甚面目見國泰一疾尚不奈何豈況出入生死

師病愈往國泰深乃領衆出接至門首師乃指金剛云這兩箇漢在這裏作什麼深揎拳作金剛勢師云殿裏黃面老子笑你

師參勝光和尚纔跨門光便垂足師云伎倆已足拂袖便下

師在夔州智者寺爲第一座尋常不受淨水主事云不識觸淨淨水也不肯受師下牀拈起淨缾云這箇是觸是淨主事無語師乃擲破淨缾

西川慧禪師謁台州勝光和尚值光在繩牀上坐師直到身邊叉手立光問什麼處來師云猶待答話在便下去光乃拈拂子下僧堂前見師提起拂子問云闍黎喚這箇作什麼師云敢死喘氣光低頭便歸方丈

續九　十四

師初參羅山纔禮拜起山云甚處來師云遠離西蜀近發開元却近前云即今事作麼生山揖云喫茶去師擬議間山云秋氣稍暖出去師到法堂上自嘆云我在西川栽眉山脚下拾得一隻達磨箭擬撥亂天下今日到福建道陳老師寨裏弓折箭盡去也休休山明日陞堂師又出問豁開戶牖當軒者誰山便喝師無對山云羽毛未備翼稍未全且去

鄂州黃龍誨機禪師（嗣玄泉彥）嘗問巖頭如何是祖師西來意頭云汝還解救餐麼師云解頭云且救餐去師後到玄泉又問如何是西來意泉拈起一莖皂角云會麼師云不會泉放下作洗衣勢師便禮拜云將知佛法無別泉云汝見什麼道理師云某甲曾問巖頭師翁頭云汝還解救餐麼也只是解黏和尚提起皂角亦是解黏所以道無別泉呵呵大笑師因此忽然信入

宗門統要續集卷第十七

續九　十五

宗門統要續集卷第十七

校勘記

一　底本，明永樂北藏本。

一　五七六頁上一行經名，徑作「宗門統要續集卷第十九」。卷末經名同。

一　五七六頁中一行第六字「昭」，南作「招」。下同。

一　五七七頁中一六行「放汝」，南作「且放汝」。

一　五七七頁中末行「叱之」，南作「吒之」。

一　五七八頁上三行首字「銚」，南作「茶銚」。

一　五七八頁上五行第三字「銚」，南無。

一　五七九頁中一六行第一二字「北」，南作「比」。

一　五八〇頁上一七行第五字「晝」，南、徑作「畫」。

一　五八一頁上一六行「妨人」，徑作「防人」。

宗門統要續集卷第十八　傾十

宋　建　溪　沙　門　宗　永　集

元建康保寧禪寺住持沙門清茂續集

青原下第八世

蘄州梁山緣觀禪師嗣同安志 因僧問家賊難防時如何師云識得不爲冤僧云識後如何師云貶向無生國僧云莫是他安身立命處也無師云死水不藏龍僧云如何是活水龍師云拏雲不吐霧僧云忽遇傾湫倒嶽來時如何師下繩牀把住云莫教濕却老僧袈裟角

續黃龍清云梁山老漢洞達機宜堪稱作者爭奈借便開門展轉令人著賊黃龍即不然纔見伊問家賊難防時如何便與一刀兩段教伊永絕窺窬之地然雖如是忽有箇衲僧出來却指山僧云賊賊又作麼生支遣具眼者辨取　護國元云梁山只解步步登高不解從空放下若是山僧即不然待他道忽遇傾湫倒嶽時如何只向他道雲在嶺頭閑不徹　天童華云梁山和尚與賊相戰兵刃交接塡然鼓之雖不棄甲曳兵而走要且只解戰賊不解殺賊有問山僧家賊難防時如何劈脊便打何故不見道齊之以禮

金陵清涼法眼益禪師嗣羅漢琛 問修山主毫釐有差天地懸隔兄作麼生會主云毫釐有差天地懸隔師云與麼又爭得主云某甲只與麼未審和尚作麼生師云毫釐有差天地懸隔主便拜

五祖戒出法眼劈脊便打

續保寧勇云脩山主當時也好向法眼道與麼會又爭得　徑山杲云法眼與脩山主綿來線去綿綿密密扶起地藏門風可謂滿目光生若是徑山門下更買草鞋行脚始得何故毫釐有差天地懸隔甚處得這消息來

師一日拈起香匙問悟空云兄不得喚作香匙畢竟喚作什麼悟空云香匙師不肯悟空却後二十餘日方省

師示衆云這裏聚集少時爲上座僧堂裏這裏聚集少時爲上座三門頭這裏聚集少時爲上座寮舍裏爲復說上座過別有道理會下有數尊宿對一人道諸佛出世也有這箇方便一人云今日離章義一人云你道伊爲什麼處一人云點燈等上座來多時也一人云什麼處聚集來

師問僧甚處來僧云泗州禮拜大聖來師云大聖今年出塔麼僧云出師却問傍僧你道這僧曾到泗州麼

續浮山遠云這僧到即到泗州只是不見大聖　道場全云這僧見即見大聖不曾識法眼　東禪觀云這僧到也到泗州見也見大聖識也識法眼只是自討頭不見

師因僧來參次以手指簾尋有二僧齊去捲簾師云一得一失

續黃龍清云法眼如鏌鎁在手殺活臨時二僧既齊捲簾且道那箇得那箇失還會麼世事但將公道斷人心難與月輪齊

師有云盡十方世界皎皎地無一絲頭若有一絲頭即是一絲頭

清涼欽云若有一絲頭不是一絲頭

師有時指覺子云識得覺子周帀有餘後雲
門道識得覺子天地懸殊
雪竇顯云澤廣藏山理能伏豹　雲峯悅
云官不容針私通車馬
繼鷹福懷云識得覺子是楠木做　五祖
演云這兩箇漢一人過船一人渡水若檢
點得出許你具正法眼　圓通秀舉法眼
雲門天衣語了云山僧道識得覺子四脚
著地大衆其間一出一没半合半開有得
有失有親有踈具眼禪人一任驗取
泐潭清舉法眼雲門雪竇語了云三箇漢
總是依他作解明昧兩歧不脫見聞如水
中月黄龍即不然逼塞乾坤外開張日月
前　徑山杲云識得覺子好剃頭洗脚雖
然如是錯會者多　天童華云向周帀有
餘處會理上偏枯向天地懸殊處會事上
偏枯且道歸宗爲人在什麼處犀因翫月
紋生角象被雷驚花入牙
師因問井被沙塞却泉眼乃問僧泉眼不通
被沙塞道眼不通被什麼物礙僧無對師自
代云被眼礙
師因有子方上座自長慶來師舉先長慶稜
和尚偈問作麼生是萬象之中獨露身方遂
舉拂子師云恁麼會又爭得方云和尚尊意
如何師云喚什麼作萬象方云古人不撥萬
象師云萬象之中獨露身說甚撥不撥方豁
然有省
師問脩山主云仰山四門光道應眼時全身
耳應耳時全身眼兄作麼生會脩云眼裏底
作耳裏底用耳裏底作眼裏底用師云正是
弄精魂脩却問和尚如何師再舉一遍脩方
省
師久叅長慶後却繼嗣地藏長慶會下有子
昭首座平昔與師商確古今言句昭纔聞中
心憤憤一日特領衆詣撫州責問於師師得
知遂舉衆出迎特加禮待賓主位上各掛拂
子一枝茶次昭忽變色抗聲問云長老開堂
的嗣何人師云地藏昭云何太孤長慶先師
某甲同在會下數十餘載商量古今曾無間
隔因何却嗣地藏師云某甲不會長慶一轉
因緣昭云何不問來師云長慶道萬象之中
獨露身意作麼生昭豎起拂子師便叱云首
座此是當年學得底別作麼生昭無語師云
只如萬象之中獨露身是撥萬象不撥萬象
昭云不撥師云兩箇也于時叅隨一衆連聲
道撥萬象師云萬象之中獨露身聻昭與一
衆懡㦬而退師指住云首座殺父殺母猶通
懺悔謗大般若誠難懺悔昭竟無對自此却
叅師發明已見更不開堂
襄州青溪洪進山主因有二僧禮地藏和尚
藏云俱錯二僧無對下堂請益脩山主主云
汝自巍巍堂堂却禮拜擬問他人豈不是錯
師聞之不肯脩乃問未審上座如何師云汝
自迷闇焉可爲人脩憤然上堂請益地藏藏
指庫下云典座入庫頭去也脩乃自省
撫州龍濟紹修山主問地藏古人道萬象之
中獨露身意旨如何藏云汝道撥萬象不撥
萬象師云不撥藏云兩箇也師駭然沉思却
問未審古人撥萬象不撥萬象藏云喚什麼
作萬象師方省

師問僧甚處來僧云翠巖來師云翠巖有何言句示徒僧云尋常道出門逢彌勒入門見釋迦師云與麼道又爭得僧便問和尚又如何師云出門逢阿誰入門見什麼僧於言下有省

薦福懷云雖得一場榮刖卻一雙足且道落在賓家分上主家分上若定當得出憂則共感樂則同歡山僧即不然出門則吳山楚水入門則佛殿行廊或有箇衲僧出問師意如何許伊具一隻眼

續西禪需云這僧悟即不無爭奈未遇諳當青天白日如被鬼迷龍濟頭白齒黃作恁麼語話懶菴即不然出門竹徑無人掃入戶方塘照影寒

（頌十六）師一日問訊地藏乃云某甲百劫千生曾與和尚違背來此者又值和尚不安藏遂豎起拄杖云秖這箇也不背師忽然契悟

師示衆云具足凡夫法凡夫不知具足聖人法聖人不會聖人若會即是凡夫凡夫若知即是聖人此語具一理二義若人辯得不妨於佛法中有箇入處若辯不得莫道不疑

續黃龍清云修山主只知布網張羅不覺自遭籠罩要得出身麼此亦有一理二義若人辯得永墮阿鼻　徑山杲云點鐵化爲金玉易勸人除卻是非難　淨慈一云直饒有箇入路要作什麼凡夫則是凡夫聖人則是聖人且道凡聖兩亡一句作麼生道閙持經卷倚松立笑問客從何處來

金陵清涼休復禪師在地藏經年不契直得成病入涅槃堂一夜地藏去看乃問復上座安樂麼師云某甲與和尚因緣背藏指燈籠云見麼師云見藏云秖這箇也不背師於言下忽省

連州寶華和尚（嗣白雲祥）問僧甚處來僧云大容來師云大容近日作麼生僧云近日來合得（頌十七）一甕醬師乃喚沙彌將一捥水來與這僧照影

師因僧從法堂堦下過師乃敲繩牀僧云若是這箇不請拈出師喜乃近前問之並無說處便打

韶州月華和尚因有一老宿入到法堂顧視東西云好箇法堂要且無主師聞之乃云且坐老宿便問玄中最的猶是龜毛兔角不向二諦中修如何審用師云側老宿云與麼則拗折拄杖割斷草鞵去也師云細而詳之

靈徹散聖（見巴陵鑑）因寬和尚問甚處來師云水清月現寬云好好借問師云褊衫不染皂寬云喫茶去

師一日上堂問訊寬和尚寬云上座到來數日且得安樂師云波羲好羲羲寬云作這箇去就師云王字不著點寬撫掌大笑

蘄州五祖戒禪師（嗣智門寬）嘗問僧近離甚處僧云東京師云還見天子也無僧云常年一度出金明池師云有理可恕無理難容出去

蓮華峯祥菴主（嗣奉先深）拈拄杖示衆云古人到這裏爲甚不肯住衆無對自云爲他途路不得力復云畢竟如何又自云楖㮛橫擔不顧人直入千峯萬峯去

棗樹第二世和尚（嗣黃龍機）因僧鋤地次見師來乃合掌問訊師云見阿誰了便不審僧云見

師不問訊禮數不全師云却是孤負老僧其僧歸堂舉似第一座座云和尚近日可謂爲人切師聞乃打首座七棒座云某甲與麼道未有過亂打作麼師云拄𣗳許多鹽醋又打七棒

師因僧辭乃云若到諸方有人問你老僧此間法道作麼生對僧云待他問即道師云何處有無口底佛僧云秖這也還難師豎起拂子云還見麼僧云何處有無眼底佛師云秖這也還難僧遶禪牀一帀而出師云善能秖對僧便喝師云老僧不識子僧云要識作麼師敲牀三下

續蔣山懃云棗樹有口如啞這僧有眼如盲遶禪牀一帀敗軍之將敲禪牀三下弓折箭盡

師問僧發足甚處僧云閩中師云俊哉僧云謝師指示師云屈哉僧作禮師云我與麼道落在什麼處僧無語師云彼自無瘡勿傷之也

續蔣山懃云凡爲宗師言不虛發這僧旣是閩中來有何俊哉謝師指示有何屈哉還見得諳訛麼若見得方信道棗樹在山僧拂子頭上無風起浪好肉剜瘡其或未然老僧罪過彌天

嘉州黑水和尚參黃龍機和尚乃問雪覆蘆花時如何龍云猛烈師云不猛烈龍又云猛烈師又云不猛烈龍便打師因而有省

青原下第九世

郢州大陽明安警玄禪師(嗣梁山觀)因問梁山如何是無相道場梁指觀音云此是吳處士畫師擬進語梁急索云這箇是有相底那箇是無相底師於言下領悟作禮却依本位立梁云何不道取一句來師云道即不辭恐難上紙墨梁乃印可

天台德韶國師(嗣法眼益)師在衆時問龍牙云天不能蓋地不能載時如何牙云道者合如是師累經一十七次問牙云道者若爲你說恐尔已後罵我去在師後住天台通玄峯因澡浴次忽省前話便具威儀焚香望龍牙禮拜云當時若與我說破我今日定罵他也

師因僧問承古有言敲打虛空鳴殼殼石人木人齊應諾六月降雪落紛紛此是如來大圓覺如何是敲打虛空底師云崑崙奴著鐵袴打一棒行一步僧云與麼則石人木人齊應諾也師云你還聞麼

金陵清涼法燈欽禪師示衆云某甲本欲歸山藏拙養道過時奈緣先師有未了底公案出來了却時有僧問如何是先師不了底公案師拈拄杖打云祖禰不了殃及兒孫僧云過在什麼處師云過在我殃及你

翠巖芝云爲衆竭力禍出私門　雲峯悅云這老漢一期與奪也似光前絶後及乎拶著又却龍頭蛇尾如今莫有爲清涼作主底麼

續昭覺懃云法燈縱域中殺活握閫外威權直得氣槩驚群風標獨立山僧早志本亦如斯今日出來只緣五祖先師有箇見成公案對衆舉揚有不惜性命底出來挨拶看如無不免自拈弄去也喝一喝擊拂子　天童覺云這僧若是箇漢出來便與

掀倒禪牀不惟自已有出身之路亦免祖禰不了殃及兒孫　東禪觀云千鈞上弦必思鏖戰寸鐵入手惟恐無敵這僧既不惜出來好大家割捨理會却只恁麼把伊塗糊一上所以清涼公案至今未了

金陵報恩玄則禪師因法眼問曾見什麼人來師云見青峯和尚眼云有什麼言句師云某甲曾問如何是學人自已峯云丙丁童子來求火眼云上座作麼生會師云丙丁屬火將火求火如將自已求自已眼云與麼會又爭得師云某甲只與麼未審和尚尊意如何眼云你問我我與你道師問如何是學人自已眼云丙丁童子來求火師於言下頓悟師開堂日李王與法眼俱在會有僧問龍吟霧起虎嘯風生學人知是出世邊事到此爲甚不會師云傳十會取好僧舉頭十一看師又看法眼乃抽身入衆眼與李王當時失色眼歸方丈令侍者喚問話僧至眼云上座適來問底話許你具眼你於人天衆前何不禮拜覆却便摵一坐具其僧三日後吐光而終

金陵報慈玄覺導師聞鳩子鳴乃問僧是什麼聲僧云鵓鳩聲師云欲得不招無間業莫謗如來正法輪

相州天平山從漪禪師（嗣清溪進）因到西院居常自言莫道會佛法今時覓一箇舉話人也無西院知一日遥見乃召云從漪師舉頭院云錯師行三兩步院又云錯師近前院云適來這兩錯是西院錯上座錯師云某甲錯院云錯師休去院云且在這裏過夏待共上座商量這兩錯師當時便行住院後謂衆云我當初行脚時被業風吹到思明長老處被他連下兩錯更留我過夏待共我商量我不道與麼時錯發足南方去時早知道錯了也

首山念云據天平作與麼會解未夢見西院在何故話在

續潙山果云天平似則似是則未是何故貪程太速當時纔見道且在此中過夏待共上座商量這兩錯便好擒住云過夏即不辭這兩錯作麼生商量待伊擬議掀倒禪牀便行非惟慶快平生亦乃坐斷天下人舌頭

潭州北禪智賢禪師（嗣福嚴雅）歲夜小叅云年窮歲盡無可與諸人分歲且烹箇露地白牛炊黍米飯向榾柮火唱村田樂何故免見倚他門戶傍他牆剛被時人喚作郎下座歸方丈少時有僧傳十遇上座入方丈喚云和尚十二門外有公人來師云作什麼遇云道勾和尚納簕角師遂將下頭帽拋在地遇乃從地拾之師便擒住云捉賊捉賊遇却將帽覆師頂云天寒且還和尚師呵呵大笑

筠州洞山曉聰禪師（嗣文殊真）或新到叅便問潙山水牯牛上座作麼生會前後皆不契因雪竇到亦乃垂問雪竇云作後人標榜師擬道雪竇以坐具拂一下便行師云且來上座竇云未叅堂

明州雪竇明覺顯禪師（嗣北塔祚）因六人新到相看便問叅頭夫爲上將須是七事隨身兩刃交鋒作麼生僧云久嚮翠巖有此一著師云一著放過還我草鞋錢來僧便喝師便棒僧約住拄杖與師一拍師云未到翠峯與你二

十棒了也僧無語師云且在一邊去碧第二
副將作麽生僧茫然師云一狀領過喫茶了
師把住叅頭云適來公案這裏即與麽堂中
作麽生舉僧擬議師打一坐具推出
師因數人新到來師乃云新到那僧云是師
云叅堂去僧便去師復喚來來其僧迴師云
洞庭難得師僧與你一椀茶喫
師遊方時問大龍云語者默者不是非語非
默更非總是總不是拈却大用現前時人知
有未審大龍如何龍云子有如是見解師云
這老漢瓦解氷消龍云放你三十棒師禮拜
歸衆龍却喚適來問話底僧來師便出龍云
老僧因什麽瓦解氷消師云轉見敗闕龍作
色云时耐时耐師休去後舉似南嶽雅和尚
雅云大龍何不與本分草料師云和尚更須
行脚師示衆云諸人要知眞實相爲麽但以
上無攀仰下絕己躬自然常光現前箇箇壁
立千仞
雲峯悅云雪竇恁麽爲人入地獄如箭
師舉古云眼裏著沙不得耳裏著水不得忽
若有箇漢信得及把得住不受人謾祖佛言
教是什麽熱椀鳴聲便請高掛鉢囊拗折拄
杖管取一員無事道人又舉古云眼裏著得
須彌山耳裏著得大海水一般漢受人商量
祖佛言教如龍得水似虎靠山却須挑起鉢
囊橫擔拄杖亦是一員無事道人復云與麽
也不得不與麽也不得然後沒交涉三員無
事道人中要選一人爲師
師因新到人事便問還有作家禪客麽叅頭
云和尚道什麽師云點即不到僧擬議師便
喝僧無語師云龍頭蛇尾次問第二箇僧僧
指叅頭云和尚問何不秖對師與一掌僧無
語師指云第三箇如何其僧茫然師云一狀
領過
師問新到闍黎甚處人僧提起坐具師云鯫
跳不出斗僧云踍跳師便打僧云更踍跳師
又打僧便走師喚回僧便作禮云觸忤和尚
師云我要這話行你又走作什麽僧云已遍
天下了也師復打五棒僧云有諸方在師云
你只管喫棒師又喚第二底近前來問甚處
人僧云鼎州人師云敗也僧云青天白日師
云兩重公案僧云恰是師以拄杖指云你擬
踍跳僧擬議師亦打五棒叅頭云這僧喫棒
與某甲不同師一時喚近前僧珍重便走師
隨後與一拄杖
師問羅漢林禪師云法爾不爾如何指南林
云只爲法爾不爾師云大衆記取某甲話頭
拂衣歸衆林下堂却令侍者請師至方丈問
上座適來不肯老僧那師云和尚當代宗匠
某甲焉敢不肯林云你爲甚拂衣歸衆師云
和尚還許某甲說道理也無林云你說看師
拍一拍下去
師問僧近離甚處僧云和尚道什麽師云我
問你近離甚處僧退身立師云克由时耐不
言來處將拄杖來僧云某甲近離奉川師云
打野榸漢何不早與麽道
師到太湖有余巡檢請師并志依上座齋臨
起檢問卑官今日命二衲僧齋得何果報師
云圖他一粒米失却半年糧依云臨行方覺
主人寬師召舍人舍人擡頭師指依云堪根

衲子齋他有甚利益巡撿大笑師便起去
青原下第十世
惠州羅浮山如禪師嗣大陽玄大陽問師什處人師云益州人陽云此去多少里師云五千里陽云汝與麼來還曾踏著麼師云不曾踏著陽云汝解騰空那師云不解騰空陽云既不解騰空爭得到這裏師云步步不迷方隨身無辯處陽云汝得超方三昧師云聖心尚不得三昧豈彰名陽云如是如是汝應諦信此即大體全彰理事不二善自護持
杭州永明延壽禪師嗣韶國師因二僧來參乃問參頭曾到此間不僧云曾到又問第二上座曾到不僧云不曾到師云一得一失少選侍者問適來二僧未審那箇失那箇得師云你曾識這二僧也無者云不曾識師云同坑無異土
溫州僊巖安禪師因看楞嚴經到知見立知即無明本知見無見斯即涅槃當時乃破句讀云
知見立　知即無明本　知見無　見斯即涅槃於此忽有悟入後人語師云破句讀了也師云此是我悟處畢生讀之不易
洪州雲居齊禪師嗣清涼欽問僧什麼處來僧云堂中來師云何得護語
翠巖芝云若不如是爭知如是
師因法燈領十問適來有人問如何十六是祖師西來意老僧向伊道不東不西藏主作麼生師云不東不西燈云與麼會又爭得師其時懵然莫知其旨至晚再伸請益燈云他家自有兒孫在師於言下頓然契悟有頌云接物利生絕妙外甥終是不肖他家自有兒孫將來使用恰好
右青原下凡一十世共二百六十四人機緣共五百五十四則自世尊下至此十一卷總八百五十九人內六百一十三人見錄機緣總一千三百二十三則間有遺漏竚異好事者採摭續之

宗門統要續集卷第十八

宗門統要續集卷第十八
校勘記

一　底本，明永樂北藏本。
一　五八三頁上一行經名，徑作「宗門統要續集卷第二十」。卷末經名同。
一　五八七頁中一二行「商量」，徑作「商量」。
一　五八八頁中二行「鳴聲」，南作「鳴聲」。
一　五八八頁中九行第一〇字「有」，南無。
一　五八九頁中一四行「十一」，南作「十」。

宗門統要續集卷第十九　綺一

宋建溪沙門宗永集
元建康保寧禪寺住持沙門清茂續集

續南嶽下第十二世

桂州壽寧齊曉禪師（嗣雲峯悅）因僧問大衆雲臻合談何事師云波斯入鬧市僧云恁麼則草偃風行去也師云萬里望鄉關

舒州白雲守端禪師（嗣楊岐會）師初叅楊岐岐一日忽問上座落髮師誰師云茶陵郁和尚岐云聞渠有悟道頌試舉看師便舉云我有明珠一顆久被塵勞羈鎖今朝塵盡光生照見山河萬朶岐大笑而起師遂懷疑次日問云先師悟道頌人人道好和尚因甚發笑岐云汝見打驅儺者麼師云見岐云汝一籌不及渠師大驚曰何謂也岐云他要人笑汝怕人笑師於言下大悟

師因僧問智不到處切忌道著道著時如何師云風吹日炙僧云恁麼則無處容身去也師云碓擣磨磨僧云官不容鍼私通車馬師云可貴可賤僧彈指一下師云恰是僧吐舌師云家貧猶自可路貧愁殺人僧呵呵大笑師云放過一著

師因僧問一喝分賓主照用一時行離此二途請師別道師便喝僧云從來疑著和尚師便打僧云作家宗師師云也不消得僧禮拜

師因郭功甫到示衆云夜來枕上作得箇山偈謝功甫大儒說與大衆請已後分明舉似諸方此偈非惟謝功甫大儒直要與天下有鼻孔衲僧脫却著肉汗衫乃云上大人丘乙已化三千七十士爾小生八九子佳作人可知禮也

金陵保寧仁勇禪師因僧問如何是保寧境師云主山頭倒卓僧云如何是境中人師云鼻孔無半邊僧云如何是佛法大意師云鑊湯無冷處

師因僧出作禮起畫一圓相師以左手拋向後僧又畫一圓相師以右手拋向後僧歸衆師云更有甚麼僧無語師拍膝云龍頭蛇尾僧云賊過後張弓師乃嘘兩聲

師一日陞堂時有僧禮拜起以手向懷中作取物呈似勢師左顧僧又作獻勢師右顧僧作接物復安懷中勢師以手直下指僧擬議師云只有這箇更無那箇僧以手劃一劃師云果然僧歸衆師呵呵大笑

師示衆云大方無外大圓無内無内無外聖凡普會瓦礫生光須彌粉碎無量法門百千三昧拈拄杖云總向這裏會去蘇嚧蘇嚧悉唎悉唎薩婆訶

靈隱岳云這老漢業識茫茫不奈船何打破戽斗

潭州溈山慕喆禪師（嗣翠巖真）師因僧問趙州庭前栢樹子意旨如何師云夜來風色緊孤客已先寒僧云先師無此語又作麼生師云行人始知苦

師一日問僧云趙州洗鉢盂話上座如何會僧擬進語師以手托開云莫謾語

師因僧問牛頭未見四祖時如何師云寒毛卓竪僧云見後如何師云額頭汗出

吉州龍慶閑禪師（嗣黄龍南）師到雙嶺再叅黄龍龍問自別後甚處去來師云百丈來龍云

幾時離彼師云正月十三離二月三日到羣巖閩和尚在此今日特來禮拜龍云脚跟下好痛與三十棒師云非但三十棒龍云為什如此師云為不合秖對從百丈來龍喝云許多時行脚並無些子氣息師云百千諸佛亦乃如是龍云汝與麼來未有纖毫到諸佛境界師云當知諸佛亦未有纖毫到某甲境界龍云人人盡有生緣處上座生緣在甚處師云早晨喫白粥如今肚又饑龍云我手何似佛手師云月下弄琵琶龍云我脚何似驢脚師云鷺鷥立雪非同色龍云汝與麼剃除鬚髮當為何事師云只要無事龍云既無事何須剃髮師云若不剃髮爭知無事龍云與麼則數聲清磬是非外一箇閑人天地間師云是何言歟龍云靈利衲子師云也不消得龍便喝師拍一拍龍又喝師便出去

師因侍黃龍次龍云這裏有箇辯上座汝須著些精彩師云他有甚長處龍云他忽向你背上拊一下你又作麼生師云却回向伊道作什麼龍云他忽展兩手你又如何師云向伊道甚處學得這虛頭來龍呵呵大笑師却展兩手龍遂喝師便出去

師齋後又侍立次龍云憹憹鬆鬆兩人共一梲汝作麼生會師云百雜碎龍云盡大地是箇須彌山撮來掌中汝又作麼生會師云兩重公案龍云者裏且待你胡言亂語若到同安處又作麼生過得師云同安也須到者箇田地始得龍云忽然他指面前火爐云者箇是黑漆火爐那箇是黑漆香臺甚處是不到處師云某甲面前且從和尚與麼說話若是別人笑和尚去在龍乃拍一拍師喝一喝

師因黃龍同看僧堂龍云好僧堂麼師云好僧堂龍云好在甚處師云一梁拄一柱龍云此未是好處師云和尚又作麼生龍以手指云者一柱得與麼圓那一枋得與麼匾師云人天善知識須是和尚始得龍出堂外却云適來與麼是肯你不肯你師云若與麼何曾得安樂處

師因問訊次龍云據汝知見只得上梢不得下梢師云某甲上梢亦得下梢亦得龍云如何是上梢師云風過樹頭搖龍云如何是下梢師云刀斫斧鑿龍云老僧即不然師云如何是上梢龍云頭鬅鬙耳卓朔師云如何是下梢龍云緊峭草鞋師云謝師答話龍便喝

師因黃龍問得坐披衣向後如何施設師云遇方即方遇圓即圓龍云你與麼說話猶帶唇齒在師云某甲只如是和尚又作麼生龍云近前來為汝仔細說師撫掌云三十年用底今日捉敗龍呵呵大笑云一等是弄精靈

洪州黃龍晦堂祖心禪師因僧問達磨九年面壁意旨如何師云身貧無被蓋僧云莫孤負他先聖也無師云闍黎見處又作麼生僧畫一圓相師云燕雀不離窠僧禮拜師云更深猶自可午後始愁人

師一日與夏倚公談肇論至會萬物為自己情與無情共一體時有狗子卧香卓下師拈拄杖擊狗子又擊香卓云狗子有情即去香卓無情自住情與無情如何得成一體公不能答師云纔入思惟便成剩法何曾會萬法為自已哉

洪州寶峯眞淨克文禪師因僧問馬祖下尊宿一箇箇阿漉漉地惟有歸宗較些子黃龍下兒孫一箇箇硬剥剥地獨有眞淨老師較些子學人恁麼還扶得也無師云打疊面前搕𢶍著僧云若不同牀睡焉知被裏穿師不答僧云這箇爲上上根人忽遇中下之流如何祗接師亦不答僧云非但和尚懡㦬學人亦一場敗闕師云三十年後悟去在

師參黃龍龍問甚處來師云翠巖龍云恰值老僧不在師云向甚麼處去龍云天台普請南嶽遊山師云恁麼則學人亦得自在去也龍指云你脚下鞋甚處得來師云廬山七百錢唱得來龍云何曾得自在師云何曾不自在龍休去

師一日侍黃龍龍擧白雲端和尚經臨濟三頓棒云一拳拳倒黃鶴樓一踢踢翻鸚鵡洲有意氣時添意氣不風流處也風流大稱賞之師云某甲見處與端兄一般龍云汝作麼生會師擬開口龍喝云端會汝不會

師一日侍黃龍龍云適來令侍者捲簾問渠捲起簾時如何答云照見天下放下簾時如何答云水泄不通不捲不放時如何他無對汝又作麼生師云和尚替侍者下涅槃堂始得龍厲聲云關西人果無頭腦師乃指傍僧云只者僧也未夢見在龍大笑

師因僧問如何是佛師呵呵大笑僧云何哂之有師云我笑你隨語生解僧云偶然失利師遂高聲云不得禮拜僧便歸衆師呵呵笑云隨語生解

師因劉宜翁到問云長老寫戲來得幾年也師云專候樂官來翁云我不入這保社師云爭奈即今在這場子裏翁擬議師拍手云蝦蟆禪只跳得一跳翁乃作禮

師與劉宜翁坐次翁乃指衲衣云喚作甚麼師云禪衣翁云如何是禪師抖擻云抖擻不下翁無對師掌云你伎倆如此要勘老僧那

師因諸山聚會佛印元禪師後至師問云雲居來何遲印云爲著草鞋從歸宗肚裏過所以遲師云却被歸宗吞却了也印云爭奈吐不出師云吐不出即屙出

師示衆云頭陀石被莓苔裹擲筆峯遭薜荔纏羅漢院裏一年度三箇行者歸宗寺裏參退喫茶

天童華因僧擧問此理如何華云他是關西子愛說川僧話

洪州泐潭洪英禪師因僧禮拜起垂下袈裟角問云脫衣卸甲時如何師云喜得狼煙息弓弰壁上懸僧却攬袈裟云重整衣甲時如何師云不到烏江畔知君未肯休僧便喝師云驚殺我僧拍一拍師云也是死中得活僧禮拜師云將謂是收燕破趙之才元來只是敗私鹽賊

師因僧問如何是佛師云眉分八字眼似流星僧云如何是祖師西來意師云一棒一條痕僧云大衆證明學人禮謝師呵呵大笑僧禮拜起以左手畫一圓相師以拂子穿向右邊僧以右手畫一圓相師以拂子穿向左邊僧以兩手畫圓相托呈師以拂子畫一畫云二十年來未曾逢著潙仰子孫今日却遇箇蹋土墼漢

瑞州黃檗惟勝禪師因黃龍垂語云鍾樓上念讚牀脚下種菜師云猛虎當路坐龍深肯之

江州東林照覺常總禪師因僧紹慈問云世尊傳金襴外别傳何物師舉起拂子慈云畢竟作麼生師以拂子驀口打慈擬開口師又打慈忽有省遂奪却拂子師云三十年老將今日被小卒折倒

吉州禾山德普禪師師講席有聲兩川以義虎稱之衆方甞謁黃龍便問阿難問迦葉世尊傳金襴外復傳何物迦葉云倒却門前剎竿著意旨如何龍云上人出蜀曾到玉泉否師云曾到龍云曾掛搭否師云一夕便發龍云智者道場關將軍打供與結緣幾時何妨師良久復理前問黃龍俛首師趍出豁然有省大驚曰兩川義虎不消此老一唾

黃檗積翠永菴主示衆云山僧自住菴來無禪可說無法可傳亦無差珍異寶只收得續火柴頭一箇留與後人令他煙燄不絕火光長明遂擲下拂子時有僧就地拈起吹一吹師便喝云誰知續火柴頭從者漢邊煙銷火滅乃拂袖歸菴僧吐舌而去

師一日問僧審奇云汝久不見何所爲奇云見偉藏主有箇安樂處師云試舉似我奇即叙其所得師云汝是偉未是奇莫測歸以告偉偉大笑云汝非永不非奇遂往積翠質于南公南亦大笑師聞之乃作偈云明暗相叅殺活機大人境界普賢知同條生不同條死笑倒菴中老古錐

續南嶽下第十三世

蘄州五祖法演禪師（嗣白雲端）師叅白雲雲見乃云川藞䃥你來也師遂請問南泉摩尼珠語未終雲便叱之師乃領悟作投機頌云山前一片閑田地叉手叮嚀問祖翁幾度賣來還自買爲憐松竹引清風

師一日因端和尚云昨日有禪和子數人從廬山來教他下語也下得教他說也說得教他批判也批判得只是未在師云某甲有箇喻子端云汝試道看師云譬如牛過窻櫺頭角四蹄都過了只是尾巴過不得端頷之

師因作磨頭一日有僧覩磨轉急指以問師云此神通耶法爾耶師褰衣旋磨一帀僧無語

師一日因端和尚垂語云古人道如鏡鑄像像成光向什麼處去師叉手進前檯頭顧視云也不爭多端大稱賞

師示衆云山僧十有餘年海上叅尋見數員尊宿自謂百了千當及到浮山會裏直是開口不得後到白雲門下咬破一箇鐵酸饀直得百味具足且道饑子一句作麼生道華發鷄冠媚早秋誰人能染紫絲頭有時風動頻相倚似向堦前鬬不休

靈隱岳云五祖恁麼說話猶欠悟在

師因僧問牛頭未見四祖時如何師云頭上戴璟垂僧云見後如何師云青布遮前僧云未見時爲什麼百鳥啣華獻師云富與貴是人之所欲僧云見後爲什麼不啣華獻師云貧與賤是人之所惡

師因僧問如何是極則事師云何須特地僧云百尺竿頭如何進步師云快走始得

師示衆云結夏無可供養作一家宴管顧諸
人遂擡手云囉邏招囉邏摇囉邏送莫怪空
踈伏惟珍重
師因端和尚忌示衆云去年正當恁麼時多
前年三件事今年正當恁麼時多去年七件
事者十件事數不過者甚多何也去却七三
存一事是去年說是今日急如箭黒如漆無
言童子口吧吧無足仙人驀留趯乃云交
師因請監牧示衆云人之性命事第一須是
○欲得成此○先須防於○若是眞○人○
師因僧問一代時教是箇切脚未審切箇甚
麼字師云鉢羅娘僧云學人只問一字爲什
麼却答許多師云七字八字僧云也是慣得
其便師云許多時茶飯元來也有人知滋味
師示衆云四五百石麥二三千石稻好箇休
粮方耆婆不得妙
靈隱岳云五祖老人好語只爲揲頭太過
香山有箇方便也要諸人共知透得金剛
圈細嚼鐵酸餡一飽忘百饑始信不相賺
師因僧問如何是白雲一滴水師云打碓打
磨僧云飲者如何師云教你無著面處
師因僧問如何是先照後用師云王言如絲
僧云如何是先用後照師云其出如綸僧云
如何是照用同時師云舉起軒轅鑑蚩尤頓
失威僧云如何是照用不同時師云金將火
試
師因僧問如何是臨濟下事師云五逆聞雷
僧云如何雲門下事師云紅旗閃爍僧云如
何是潙仰下事師云斷碑橫古路僧云如何
是曹洞下事師云馳書不到家僧作禮師云
何不問法眼下事僧云留與和尚師云巡人
犯夜
潭州雲蓋智本禪師一日陞堂高聲喚侍者
者應諾師云那一箇因甚麼不來赴衆者無
對師云點即不到
師因僧問人人有一面古鏡如何是學人古
鏡師云打破來向汝道僧云打破了也師云
胡地冬抽筍
提刑郭祥正一日到黄梅東山請演禪師說
法乃於法座前拈香云此一瓣香爇向爐中
爲先明雲徧滿法界供養我堂頭師兄禪師
伏願於此雲中方廣座上擘開面門放出先
師頂相與諸人描貌何以如此白雲巖畔舊
相逢往日今朝事不同夜靜水寒魚不食一
爐香散白蓮風演遂云曩謨薩怛哆鉢囉野
恁麼恁麼幾度白雲谿上望黄梅華向雪中
開不恁麼不恁麼嫩柳條金線且要應時來
不見龐居士問馬大師云不與萬法爲侶者
是什麼人馬大師云待汝一口吸盡西江水
即向你道大衆一口吸盡西江水萬丈深潭
窮到底掠彴不是趙州橋明月清風安可比
刑又到雲居請佛印元禪師說法遂於座前
拈香云覺地相逢一何早鶻臭布衫今脱了
要識雲居一句玄珍重後園驢喫草乃召大
衆云此一瓣香熏天炙地去也元云今日不
著便被這漢當面塗糊良久云謝公千里來
相訪共話東山竹徑深借與一龍騎出洞若
逢天旱便爲霖擲下拄杖便歸方丈
湖州上方日益禪師嗣保寧勇開堂日時有兩僧
齊出師云一箭落雙鵰僧云某甲話也未問

何得著忙師云莫是新羅僧麼僧擬議師云撞著露柱底漢便打

師因僧問如何是未出世邊事師云井底蝦蟆吞却月僧云如何是出世邊事師云鷺鶿踏折枯蘆枝僧云去此二途如何是和尚爲人處師云十成好箇金剛鑽攤向街頭賣與誰

郢州壽勝智淵禪師因僧問立雪殷勤事已彰山林衣鉢付神光那時得底真消息今日如何爲舉揚師云鐵牛吼處須彌轉木馬嘶時地軸搖僧云與麼則古蘭臺畔揚宗旨白雪樓前萬姓歌師云相識滿天下知心能幾人僧云祖師西來意即不問如何是一色師云目前無闍黎此間無老僧僧云既不如是如何曉會師云領取鈎頭意莫認定盤星

洪州景福日餘禪師因僧問如何是道師云天共白雲曉水和明月流僧云如何是道中人師云先行不到末後太過僧畫一圓相師以手劃一劃僧作舞歸衆師云家無白澤之圖必無如是妖怪

洪州泐潭景祥禪師嗣大溈喆問僧云唯一堅密身一切塵中現如何是塵中現底身僧指香爐云這箇是香爐師云帶累三世諸佛生陷地獄僧罔措師便打

洪州黃龍死心悟新禪師嗣黃龍心師因謁法昌遇禪師遇問近離甚處師云黃龍遇云還見心禪師麼師云見遇云什麼處見師云喫粥喫飯處見遇乃揷火箸於爐中云者箇又作麼生師拽脫便行

師因僧問承師有言老僧今夏向黃龍潭內下三百六十箇鈎未曾遇著箇錦鱗紅尾爲復是鈎頭不妙爲復是香餌難尋師云雨過竹風清雲開山嶽露僧云恁麼則已得真人好消息人間天上更無疑師云是鈎頭不妙是香餌難尋僧云出身猶可易脫體道應難師云亂統禪和如麻似粟

師因謁喆禪師喆云是凡是聖師云非凡非聖喆云是什麼師云高著眼喆云恁麼則南山起雲北山下雨師云且道是凡是聖喆云爭奈頭上漫漫脚下漫漫師仰視噓一聲喆云氣急殺人師云恰是拂袖而出

師因僧問云如何是四大毒蛇師云地水火風僧云如何是地水火風師云四大毒蛇僧云學人未曉乞師方便師云一大既是四大亦同

師一日齋時聞板聲乃喚打板行者打五棒須臾鐘鳴又喚打鐘行者打十棒却呵呵大笑衆纔坐定師乃入堂白槌云大衆齋畢便歸方丈

洪州泐潭草堂善清禪師問僧田地穩密底祖佛不敢近神通遊戲底鬼神不敢測三十年後誰是知音僧無語師代云好事不如無師問僧甚處來僧云堂中來師云賓頭盧爲什麼走下洞庭湖裏去僧無語師代云若不入水爭見長人

澧州夾山曉純禪師以木刻作一獸師子頭牛足馬身每持出示衆云喚作師子又是馬身喚作馬身又是牛足畢竟喚作什麼令僧下語皆不契師示頌云軒昂師子首牛足馬身材三道如能入玄門疊疊開

太史黃庭堅一日叅黃龍心禪師求入道捷徑心云秪如仲尼道二三子以我爲隱乎吾無隱乎爾太史尋常如何理論史擬對心云不是不是史迷悶不已一日侍心山行桂華盛開心云聞桂華香麼史云聞心云吾無隱乎爾史遂有省

史因訪黃龍死心新禪師新問云死心死學士死彼此燒作堆灰向什麼處相見史無語新云晦堂處叅得底用未著在後謫官黔南忽有省乃云尋常被天下老和尚謾却多少唯有死心道人不肯可謂直實相爲

洪州泐潭湛堂文準禪師嗣寶峯文師一日叅真淨淨問近離甚處師云大仰淨云夏在甚處師云大溈淨云甚處人事師云興元府淨展手云我手何似佛手師罔措淨云昔來秪對一一靈明一一天真及乎道箇我手何似佛手便成窒礙且道病在甚處師云某甲不會淨云一切現成更教誰會師當下大悟

師因死心禪師舉住雲巖死心爲寺承張邦昌云這箇長老極有鼻孔一日會諸山於南昌師後至死心指云這川僧唱啫山破句便敢出來做長老師喝一喝云何嘗破句來死心顧昌云向道有鼻孔昌大悅

洪州兜率從悅禪師因無盡張運使相訪問云聞公善文章師笑云運使失一隻眼了也山僧乃臨濟九世孫對運使論文章正如運使對山僧論禪也公不肯其語至夜師乃焚香請三世諸佛作證東林既印可運使運使於佛祖言教中有少疑不公曰有師云疑何等語公云香嚴獨脚頌德山托鉢話師云若於此有疑其餘公案未夢見在只如巖頭言末後句是有耶無耶公云有師大笑便歸方丈閉却門公一夜睡不穩至五更觸翻溺器遂大徹呈頌云鼓寂鐘沉托鉢回巖頭一撥語如雷果然只得三年活莫是遭他授記來師乃頌之

東京法雲果禪師示衆云老僧熙寧八年文帳在鳳翔府供申當年崩了華山四十里壓倒八十村人家汝等後生茄子瓠子那裏知有

師因百法座主云禪家流多愛脫空師造前問承聞座主講得百法論是不主云不敢師云昨日晴今日雨是什麼法中收主無對師云莫道禪家流多愛脫空好主抗聲問云和尚且道昨日晴今日雨是箇甚麼法中收師云四十二時分不相應法中收主乃屈服作禮而謝

徑山杲云昨日晴今日雨時分不相應三日後看取

蘇州實華普鑑禪師叅真淨淨舉石霜虔侍者話師於語下釋然契悟作偈云枯木無華幾度秋斷雲猶挂樹梢頭自從鬬折泥牛角直至如今水逆流淨印可

瑞州九峯希廣禪師遊方首謁雲蓋智和尚乃問興化打克賓意旨如何智下禪牀展兩手吐舌示師師打一坐具智云此是風力所轉又問石霜琳和尚琳云你意作麼生師又打一坐具琳云好一坐具秪是你不知落處又問眞淨淨云你意作麼生師復打一坐具淨云他打你也打師於言下大悟淨有頌示

云丈夫當斷不自斷與化為人徹底漢已後
從教眼自開棒了罸錢趂出院
筠州五峯淨覺本禪師因僧問同聲相應時
如何師云鵓鳩樹上啼僧云同氣相求時如
何師云猛虎巖前嘯僧云一進一退時如何
師云脚在肚下僧云如何是不動尊師云行
住坐卧
南嶽法輪齊添禪師(嗣泐潭英)因僧問學人上來
乞師指示師云適來聞鼓聲麼僧云聞師云
還我話頭來僧禮拜師便打
泉州慧明雲禪師因僧問般若海中如何為
人師云雲開銀漢迥僧云畢竟如何師云棒
頭見血僧云毘婆尸佛早留心直至如今不
得妙師云醜拙不堪當僧云忽然當又作麼
生師云半錢也不直僧云如何即是師云趙
納一　十八
州南石橋北僧禮拜師擊禪牀三下
江州開先行瑛禪師(嗣東林總)因僧問如何是道
師云良田萬頃僧云學人不會師云春不耕
秋無望僧云如何是祖師西來意師云君山
點破洞庭湖

東坡居士蘇軾參東林總禪師總與論無情
話有省遂獻投機偈云溪聲便是廣長舌山
色無非清淨身夜來八萬四千偈他日如何
舉似人
士到金山訪佛印元禪師隨衆入室元云此
間無內翰坐處士云蹔借和尚四大作禪牀
得麼元云有一問居士荅得則借四大作禪
牀若荅不得則留下腰間玉帶士遂解下玉
帶元云山僧四大本空五蘊非有居士擬向
甚處坐士擬議元呼侍者云收取玉帶永鎮
山門士欣然而與師遂以衲衣付之士即荅
以二偈云病骨難堪玉帶圍鈍根仍落箭鋒
機應教乞食歌姬院故與雲山舊衲衣此帶
閱人如傳舍流傳到我亦悠哉錦袍錯落真
相稱乞與佯狂老萬回
綺一　十九
泉州尊勝有朋講師(嗣開元琦)參開元足未跨門
即領悟元問座主來作甚麼師云某甲不敢
貴耳賤目元云朝看華嚴夜讀般若則不問
如何是當今一句師云日輪正當午元云閑
言語師云平生仗忠信今日任風波然雖如

是秖如和尚恁麼道有甚交涉元云這裏且
放你過忽遇達磨來時如何師便喝元云這
座主今日見老僧氣衝牛斗師云再犯不容
元拊掌大笑
南康羅漢系南禪師(嗣雲居祐)臨入寂示衆云羅
漢今日倒騎鐵馬逆上須彌踏破虛空不留
朕跡去也遂歸方丈跏趺而逝
南嶽方廣有達禪師(嗣大溈秀)因僧問學人上來
便請相見師云袖裏金槌腦後看僧云破二
作三又作麼生師云惜取眉毛僧便喝師云
放過即不可僧云瞎師便打
郴州萬壽念禪師(嗣華光恭)因僧問龍華勝會肇
啟慈尊未審彌勒世尊現居何處師云豬肉
案頭僧云既是彌勒世尊為甚却在豬肉案
頭師云不是弄潮人休入洪波裏僧云畢竟
作麼生師云畨人不繫腰
襄州谷隱靜顯禪師(嗣仰山偉)因僧問覿面相呈
事若何師云清風來不盡僧云通上徹下絲
毫不納也師云明月照無私僧云文彩既彰
願聞舉唱師云巡海夜叉頭戴角僧云秖園

五葉華開也不屬東君別是春師云重疊關
山路
參政蘇轍（嗣上藍順）謁上藍順禪師咨以心法順
示楞嚴經中搐鼻因緣而有省呈偈云中年
聞道覺前非邂逅相逢老順師搐鼻竟參真
面目掉頭不受別鉗鎚枯藤破衲師何事白
酒青鹽我是誰慚愧東軒殘月上一盃甘露
滑如飴
續南嶽下第十四世
成都府昭覺佛果克勤禪師（嗣五祖演）因與佛鑑
懃佛眼遠同侍五祖至夜深祖云各人下一
轉語佛鑑云彩鳳舞丹霄佛眼云鐵蛇橫古
路師云看脚下祖云滅吾宗者克勤是也
師因座主來參乃舉國師三喚侍者侍者三
度應諾國師云將謂吾辜負汝却是汝辜負
吾趙州拈云如人暗中書字字雖不成文彩
已彰你且道那裏是文彩已彰處主云某甲
不會師又問座主講何經主云楞嚴師云楞
嚴有七處徵心八還辯見畢竟心在什麼處
主又無對師勉云你但一切處作文彩已彰
會時有僧請益十玄談方舉問君心印作何
顏師厲聲云文彩已彰主聞而有省遂白師
云和尚且休舉話待某甲說看尋常拈鎚豎
拂豈不是經中道一切世界諸所有相皆即
菩提妙明真心師笑云你元來在這裏作活
計主云下喝敵牀豈不是返聞聞自性性成
無上道師云豈不見經中道妙性圓明離諸
名相主於言下大悟
師因僧問一大藏教阿那箇是頭師云如是
我聞僧云此是阿難底如何是和尚底師云
我使得甚快
師一日與張無盡論華嚴旨要云華嚴現量
境界理事全真初無假法所以即一而萬了
萬為一一復一萬復萬浩然莫窮心佛衆生
三無差別卷舒自在無礙圓融此雖極則終
是無風帀帀之波無盡大悅師復云到此與
祖師西來意是同是別無盡云同師拊掌云
且得沒交涉無盡失色師云不見雲門偃師
云山河大地無絲毫過患猶是轉句直得不
見一色始是半提更須知有全提時節彼德
山臨濟豈非全提乎無盡矍然以手加額云
雖真淨老師亦不如是之審也
金陵蔣山佛鑑慧懃禪師室中常以木骰子
六隻面面皆書公字僧纔入便擲出云會麼
僧擬議即打出
舒州龍門佛眼清遠禪師一日不安僧問生
死到來時如何師云皖公山僧云為復只這
箇別有在師云桐城縣有僧舉似禮首座禮
云遠兄不相見三十年這漢徹也
薦福行云禮首座與先師同參可憐死在
句下
彭州南堂元靜禪師（嗣南堂興）參五祖祖云我此
間不比諸方凡在室中不要汝進前退後豎
指擎拳繞禪床作女人拜提起坐具千般伎
倆只要你一言諦當便是汝見處一日入室
罷祖云子所下語已得十分秪是未曾得老
僧說話在齋後可來祖塔與汝一一按過及
至祖以即心即佛非心非佛睦州擔板漢南
泉斬猫兒趙州狗子無佛性有佛性之語質
師師一一秖對至子胡看狗話祖遽轉面云

不是不是師云不是却如何祖云此不是則和前面皆不是師云望和尚慈悲指示祖云他道子胡有狗上取人頭中取人腰下取人足入門者好看纔見僧便道看狗向子胡道看狗處下一轉語教子胡結舌老僧鉗口便是你了當處師黙啓其意祖笑云不道你不是千了百當底人此語秖是先師下底語師云某甲何人得似端和尚祖云不然老僧雖承嗣他爲他語拙蓋只用遠録公手段接人故也如老僧共遠録公便與百丈黃檗南泉趙州輩把手共行纔見語拙即不堪師以爲不然乃曳杖渡江適大水汎漲因留四祖儕輩挽歸又二年祖方許可嘗商略古今次執師手云得汝說須是吾舉得吾舉須是汝說從今而後佛祖秘要諸方關鍵無逃子掌握矣

師因五祖垂語云身之一字也大難說教中道地水火風四大假合據老僧所見亦未是在有人道得老僧大展坐具禮他三拜師云某甲道得請和尚禮拜祖提起坐具師便趁退祖攧下坐具師揭簾而出云賊過後張弓

師因僧問云有老宿垂語云向十字街頭起一間茅廁秖是不許人屙此意如何師云是他先屙了又教甚麼人屙老宿聞乃燒香遥望大隨禮拜

潭州開福道寧禪師因僧問蓮華未出水時如何師云人天合掌僧云出水後如何師云不礙往來看

師因僧問如何是句到意不到師云瑞草本無根信手拈來用僧云如何是意到句不到師云領取鉤頭意莫認定盤星僧云如何是意句俱到師云大悲不展手通身是眼睛僧云如何是意句俱不到師云君向瀟湘我向秦

漢州無爲宗泰禪師叅五祖祖舉趙州洗鉢盂話問師你道趙州向他道什麼這僧便悟去師云洗鉢盂去釁祖云你只知路上事不知路上滋味祖又問你曾遊浙不師云不曾祖云你未悟在師凡五年不能對祖一日陞堂顧衆云八十翁翁輥繡毬便下座師欣然出衆云和尚試輥看祖以手作打杖鼓勢操蜀音唱綿州巴歌云豆子山打瓦鼓楊平山撒白雨白雨下取龍女織得絹二丈五一半屬羅江一半屬玄武師聞大悟掩祖口云只消唱到這裏祖乃大笑

師因僧問如何是佛師云阿誰教你恁麼問僧擬議師云了

蘄州五祖表自禪師侍五祖久無省入時圜悟爲首座師乃請益德山小叅不答話問話者三十棒悟云禮拜著我作得你師舉話尚不會師作禮悟令再舉前話師云德山小叅不答話悟掩其口云但只恁麼看師出揚聲云屈屈豈有公案只教人看一句底道理有僧云兄不可如此說首座須有方便師即頓釋疑情祖乃印可

師因衲子四至不可過乃榜侍者門云東山有三句若人道得即掛搭一日有僧攜坐具徑造丈室云某甲道不得只要掛搭師呼維那於明窻下安排

師示衆云世尊拈華迦葉微笑時人只知拈

華微笑要且不識世尊時有僧問如何是佛
師云新生孩子擲金盆僧云如何是祖師西
來意師云荊棘林中舞柘枝
嘉州九頂清素禪師条五祖聞舉首山荅西
來意話忽然契悟投偈云顛倒顛顛顛倒顛新
婦騎驢阿家牽便恁麼太無端回頭不覺布
衫穿祖乃問百丈野狐話又作麼生師云來
說是非者便是是非人
師因太守呂公來瞻大像問云既是大像因
甚麼肩負兩楹師云船上無散工守乃作禮
昭覺勤云疑殺天下人　薦福行云將謂
無人又云本有餘力　大溈果云全身擔
荷
師因勤老宿至師問云舞劒當咽時如何勤
云伏惟尚饗師詬云老賊死去也你問我勤
理前問師叉手揖云捜破
元禮首座因僧問金剛經云修一切善法如
何是善法師遽起云上是天下是地中間坐
底坐立底立喚甚麼作善法僧無對師便打
薦福行云大衆道無橫徑理當即行敢道
禮首座鼻孔落在這僧手裏若人檢點得
出天下橫行
師因住祖山僧問向什麼處去師云有眼無
耳朶六月火邊坐僧云未審意旨如何師云
家貧猶自可路貧愁殺人
法閦上坐条五祖祖云不與萬法為侶者是
甚麼人師云法閦則不然祖以手指云住住
法閦則不然作麼生師於是契悟
師在東林度禪師席下一日拈一枝華繞禪
牀一帀背手插香爐中云和尚且道意作麼
生度屢下語皆不契踰兩月遂令師說看師
云某甲只將華插香爐中和尚自疑有甚麼
事
潭州承天自賢禪師（嗣雲蓋本）一日陞堂僧問大
衆已集仰聽雷音猊座既登請師剖露師云
刹竿頭上翻筋斗僧云恁麼則嶽麓山前祥
霧起祝融峯下瑞雲生師云紫羅帳裏撒真
珠遂拈拄杖云不是心不是佛不是物擊禪
牀一下云與君打破精靈窟簸土揚塵無處
尋千山萬山空突兀復擊禪牀一下云歸堂
去
俞道婆（嗣瑯琊起）賣油餈為業糸瑯琊琊示以臨
濟無位真人話一日聞丐者唱蓮華樂云不
因柳毅傳書信何緣得到洞庭湖忽然大悟
以餈盤投地夫傍睨云你顛耶婆掌云非公
境界
婆因圓悟禪師蔣山開堂方至法座前婆祭
衆中躍出以身一拶便歸衆悟云見怪不怪
其怪自壞悟次日至其家婆不出厲聲云者
般黃背小兒也道出來開堂說法悟云婆子
少賣弄我識得你了也婆遂大笑出相見
婆凡見僧到即云兒兒僧擬議即掩却門佛
燈珣禪師往勘之婆見如前喚珣云爺在甚
麼處婆轉身拜露柱珣即踢倒云將謂有多
少奇特便出婆蹶起云兒兒且來識你則箇
珣不顧
婆因安首座至問甚處來安云德山來婆云
德山泰乃老婆兒子安云婆是什麼人兒子
婆云被上座一問直得立地放屎
建寧府萬壽慧素禪師（嗣泐潭祥）因僧來禮拜師

問甚處來僧云和尚合知某甲來處師云湖南擔屎漢江西刈禾客僧云和尚眞人天眼目某在大溈充園頭東林作藏主師打三棒喝出

東京淨因繼成禪師(嗣智海下)因同圓悟法眞慈受并十大法師赴太尉陳公良弼府齋時有善華嚴者乃賢首宗之義虎也對衆問云吾佛設教自小乘至于圓頓掃除空有獨證眞常然後萬德莊嚴方名爲佛嘗聞禪宗一喝能轉凡成聖則與諸經論似相違背今一喝若能入吾宗五教是爲正說若不能入是爲邪說師云如法師所問不足三大禪師之酬淨因小長老可使法師無惑也師乃召善善應諾師云法師所謂佛法小乘教者乃有義也大乘始教者乃空義也大乘終教者乃不有不空義也大乘頓教者乃即有即空義也一乘圓教者乃不有而有不空而空義也如我一喝非唯能入五教至於百工技藝諸子百家悉皆能入師震聲喝一喝問善云聞麼善云聞師云汝既聞此一喝是有能入小乘教須臾又問善云聞麼善云不聞師云汝既不聞適來一喝是無能入始教遂顧善云我初一喝汝既道有喝久聲消汝復道無道無則元初實有道有則而今實無不有不無能入終教我有一喝之時有非是有因無故有無一喝之時無非是無因有故無即有即無能入頓教須知我此一喝不作一喝用有無不及情解俱忘道有之時纖塵不立道無之時橫徧虛空即此一喝入百千萬億喝百千萬億喝入此一喝是故能入圓教善乃起再拜師復謂云非唯一喝爲然乃至一語一默一動一靜從古至今十方虛空萬象森羅六趣四生三世諸佛一切聖賢八萬四千法門百千三昧無量妙義契理契機與天地萬物一體謂之法身三界唯心萬法唯識四時八節陰陽一致謂之法性是故華嚴經云法性偏在一切處有相無相一聲一色全在一塵中含四義事理無邊周徧無餘參而不雜混而不一於此一喝中皆悉具足猶是建化門庭隨機方便謂之小歇場未至寶所殊不知吾祖師門下以心傳心以法印法不立文字見性成佛有千聖不傳底向上一路善又問云如何是向上一路師云汝且向下會取善云如何是寶所師云非汝境界善云望禪師慈悲指示師云任從滄海變終不與君通善膠口而退聞者靡不歎仰時徽廟私幸聞之大悅謂近臣曰禪宗玄妙深極如此淨因才辯亦罕有也近臣奏曰此宗師之緒餘也

秀州華亭性空菴主(嗣黃龍新)未嘗禮佛有僧問菴主見佛爲甚麼不禮師掌之云會麼僧云不會師又掌

師一日造大盆修書寄雪竇持禪師云吾將水葬矣持至見其尚存作偈嘲曰咄哉老性空剛要餧魚鼈去不索性去只管向人說師閱偈笑云待兄來證明耳乃說偈云坐脫立亡不若水葬一省柴燒二省開壙撒手便行不妨快暢誰是知音船子和尚高風難繼百千年一曲漁歌少人唱竟坐盆中吹鐵笛順潮而沒

福州雪峯東山慧空禪師(嗣泐潭清)因僧問和尚

未見草堂時如何師云江南有僧云見後如何師云江北無

東京天寧守卓禪師(嗣黃龍清)因僧問丹霞燒木佛院主因甚却眉鬚墮師云猶見會上樹僧云早知如是終不如是師云惜取眉毛

師因僧問佛未出世時如何師云絕毫絕釐僧云出世後如何師云塡溝塞壑僧云出與未出相去幾何師云人平不語水平不流

洪州雲巖典牛天遊禪師(嗣泐潭準)示衆云三百五百銅頭鐵額木笛橫吹誰來接拍時有僧出師云也是賊過後張弓便下座

師因作牧牛偈云 兩角指天四足蹋地拽斷鼻繩牧甚屎屁無盡張公聞而嘆曰此偈得非彌勒大士之所說乎

洪州九僊法清禪師(嗣慧日雅)常以袈裟蒙頂而坐侍郎曾開問云師僊鄉何處師云嚴州郎云與此間是同是別師拽却袈裟下地揖云官人曾到嚴州不郎罔措師云待官人到時却向你道

越州慈氏瑞仙禪師(嗣開先瑛)謁投子廣鑑禪師鑑問仙里何處師云兩浙東越鑑云東越事作麼生師云秦望峯高鑑湖水闊鑑云秦望峯與你自己是同是別師云西天梵語此土唐言鑑云此猶是叢林秖對畢竟與你自已是同是別師便喝鑑便打師云恩大難訓便禮拜

明州天童普交禪師(嗣泐潭乾)叅泐潭足纔跨門潭便喝師擬問潭即拽杖逐出一日呼師至丈室云我有箇古人公案與你商量師擬進語潭遂喝師豁然領悟乃大笑潭下禪牀把住云汝會佛法耶師便喝拓開潭大笑

師凡見僧來叅則叱云楖櫟未擔時爲汝說了也且道說箇什麼招手洗鉢拈扇張弓趙州栢樹子靈雲見桃華且擲放一邊山僧無恁麼閑唇吻與汝打葛藤何不休歇去拈主杖逐出

江州圓通道旻禪師叅泐潭潭舉世尊拈華迦葉微笑問師師不契一日侍潭行次潭以拄杖架肩長噓云會麼師擬對潭便打須臾復拈草示師云是什麼師擬對潭便喝師直下契悟作拈華勢云這回瞞旻上座不得也潭云未在更道師云南山起雲北山下雨便禮拜

明州二靈知和菴主因僧禮拜師問近離甚處僧云天童師云太白峯高多少僧以手斫額作望勢師云猶有這箇在僧云却請菴主道師作斫額勢僧擬議師便打

溫州淨居了威禪師(嗣圓通仙)因僧問時節因緣即不問慧超佛話事如何師云波斯彎弓面轉黑僧云畢竟如何師云穿過髑髏僧云學人好好借問師云黃泉無邸店今夜宿誰家

宗門統要續集卷第十九

宗門統要續集卷第十九

校勘記

一　底本，明永樂北藏本。

一　五九〇頁上一行經名，徑作「宗門統要續集卷第二十一」。卷末經名同。

一　五九〇頁上二行「宋建溪沙門宗永集」，南無，卷第二十同。

一　五九二頁上一五行第一四字「經」，南、徑作「頌」。

一　五九三頁上一八行第一〇字「差」，徑作「羞」。

一　五九三頁下九行第一六字「鎌」，南作「[illegible]」；徑作「餡」。一〇行第八字同。

一　五九六頁中一行第一四字「山」，南、徑作「也」。

一　五九八頁下四行第七字「公」，南、徑作「么」。

一　五九九頁上一三行「商略」，南、徑作「商略」。

一　六〇二頁中一五行末字「主」，南、徑作「柱」。

宗門統要續集卷第二十　綺二

宋建溪沙門宗永集

元建康保寧禪寺住持沙門清茂續集

續南嶽下第十五世

杭州徑山大慧宗杲禪師嗣昭覺勤因圓悟和尚問云達磨西來將何傳授師云不可總作野狐精見解悟又云據虎頭收虎尾第一句下明宗旨如何是第一句師云此是第二句

師因僧問云古鏡未磨時如何師云火不待日而熱僧云磨後如何師云風不待月而涼僧云磨與未磨時如何師云交

師問僧不是心不是佛不是物你作麼生會僧云領師云領你屋裏七代先靈僧便喝師云適來領時今喝于他不是心不是佛不是物甚麼事僧無語師便打

師室中纔見僧入便云不是出去僧便出師云没量大人向語脉裏轉却次一僧入師亦云不是出去僧却近前師云向你道不是更近前覓箇什麼便打出復有一僧入云適來兩僧不會和尚意師低頭噓一聲僧罔措師亦打出

師室中舉竹篦問僧云喚作竹篦則觸不喚作竹篦則背不得有語不得無語速道速道僧云甕裏怕走却鱉那師下禪牀擒住云此是誰語速道僧云實不敢謾抹和尚此是竹菴和尚教某恁麼道師連打數棒云分明舉似諸方

師因舉南院問風穴南方一棒作麼生商量穴云作奇特商量穴却問此間一棒作麼生商量院横按拄杖云棒下無生忍臨機不見師舉了云風穴當時好大展坐具禮他三拜不然與他掀倒禪牀乃回顧冲密云你道當時風穴禮拜是掀倒禪牀是密云草賊大敗師云你看者瞎漢便打

師一日見僧便云諸佛菩薩畜生驢馬庭前栢樹子麻三斤乾屎橛你是一枚無狀賊漢僧云父知和尚有此機要師云我已無端入荒草是你屎臭氣也不知僧拂袖而去師云苦哉佛陀耶

師室中問僧云不與萬法爲侶者是什麼人僧云無面目漢師云適來有箇師僧與麼道打出去也僧擬議師便打出

師問僧云道不用修但莫汙染如何是不汙染底道僧云某甲不敢道師云爲什麼不敢道僧云恐汙染師云行者將糞箕苕帚來僧茫然師便打

師問侍者云許多人入室幾人道得著幾人道不著者云某甲只管看師展手云我手何似佛手者云天寒且請和尚通袖師打一竹篦云且道是賞伊是罰伊者無對

師因僧請益夾山境話聲未絶師便喝僧茫然師云你問什麼僧擬舉師連棒打出

師問僧香嚴上樹話你作麼生會僧云好對春風唱鷓鴣師云虎頭上座道樹上即不問樹下道將一句來又作麼生僧云適來向和尚道了也師云好對春風唱鷓鴣是樹上語樹下語僧無對師便打

師問郡王趙衿居士同内翰汪藻叅政李邴侍郎曾開等登山乃擊鼓入室郡王欣然袖香趍室師云趙州洗鉢盂話居士作麼生會

王云討什麼桅拂袖便出師擒住云古人向這裏悟去你因甚不悟王擬議師打一拳云討什麼桅王云還這老漢始得

蘇州虎丘紹隆禪師到黃龍新禪師處龍問甚麼僧師云行脚僧龍云什麼村僧行什麼驢脚馬脚師云廣南蠻道什麼何不高聲道龍云却有些子衲僧氣息

師叅圓悟勤禪師悟一日入室問云見見之時見非是見見猶離見見不能及舉拳云還見麼師云見悟云頭上安頭師忽諳入便禮拜悟叱云見箇什麼師云竹密不妨流水過悟乃印可

金陵華藏安民禪師叅圓悟悟夜叅舉古帆未掛因緣師聞未領遂求決擇悟云你問我師舉前話悟云庭前栢樹子師即洞明謂悟云古人道如一滴投於大海殊不知大海投於一滴悟笑云爭奈這漢何

師謁佛鑑懃鑑問云佛果有不妄為人說底句曾與汝說麼師云合取狗口鑑厲聲云不是這箇道理師云無人奪你盞茶袋亂叫喚作麼鑑云佛果若不為汝說我為汝說師云和尚疑則別叅鑑乃呵呵大笑

台州護國此菴景元禪師因僧問三聖道我逢人即出出則不為人意旨如何師云八十翁翁嚼生鐵僧云興化道我逢人則不出出則便為人又作麼生師云須彌山上浪翻空

師因僧問云天不能蓋地不能載是什麼物師云無孔鐵鎚僧云恁麼則天人羣生類皆承此恩力也師云莫妄想

杭州靈隱瞎堂慧遠禪師因圓悟夜叅遂出問云淨躶躶空無一物赤骨律貧無一錢戶破家亡乞師賑濟悟云七珍八寶一時拏師云禍不入慎家之門悟云機不離位墮在毒海師隨聲便喝悟以拄杖擊禪牀云喫得棒也未師又喝悟連喝兩喝師便禮拜

師一日因書記維那二人爭競師乃揭榜曰書記維那行令不正老僧罰油行者喫棒令二人下語維那云難逃智鑑師云不是不是書記無語二人俱逐出

師因淨慈先馳通書師問云你長老是甚處人馳云和尚大似不相識師云你是甚處人馳云越州師云猛虎不食伏肉

師因孝宗皇帝問云前日睡夢中忽聞鐘聲遂覺未知夢與覺是如何師云陛下問夢中底覺來底若問覺來底如今正是寐語若問夢中底夢覺無殊教誰分別夢即是幻知幻即離離幻即覺覺心不動所以道若能轉物即同如來帝云夢幻既非且鐘聲向甚處起師云從陛下問處起帝大悅

師因一官人問性命事如何師云老僧無性命官云如何無師云也無如何官搖頭云第恐未是在師云非但橫點頭未是縱饒直點頭亦未是在

師因僧問即心即佛時如何師云頂分丫角僧云非心非佛時如何師云耳墜金環僧云不是心不是佛不是物又作麼生師云禿頂脩羅舞柘枝

師問僧一大藏教是惡口如何是本身盧舍那僧云天台普請南嶽遊山師別云阿耨達池深四十丈闊四十丈

師一日擊鼓陞堂却潛坐帳中侍僧尋不見師忽撥開帳云只在這裏因什麼不見僧無對師云大斧斫三門

眉州華嚴祖覺禪師因僧問最初威音王末後婁至佛未審叅見什麼人師云家住大梁城更問長安路僧云只如德山擔䟦鈔行脚意在什麼處師云撥破你眼睛僧云與和尚悟華嚴宗旨相去幾何師云同途不同轍僧云昔日德山今朝和尚也師云夕陽西去水東流

蘇州明因曇玩禪師示衆云汝有一對眼我也有一對眼汝若瞞還自瞞汝若成佛作祖老僧無汝底分汝若做驢做馬老僧救汝不得

蘇州虎丘元淨禪師因僧問如何是到家一句師云坐觀成敗僧云不與萬法爲侶者是什麼人師云遠親不如近隣

師因僧問亡僧遷化向什麼處去師云糞堆頭僧云意旨如何師云築著磕著

侍郎李彌遜時年二十八問心法於圜悟禪師一日躍馬忽有省竟造圜悟悟遥見便云侍郎且喜大事了畢侍厲聲云和尚眼華作什麼悟便喝侍亦喝於是機鋒迅捷休官築菴自娛一日忽說偈云護說從來牧護今日分明呈露虛空撲倒須彌討甚向上一路逮擲筆而逝

覺菴道人祖氏叅圜悟禪師聞示衆語下有省白悟悟云更須颺却所見始得自由祖呈偈云露柱柚橫骨虛空弄爪牙直饒玄會得猶是眼中沙悟然之

湖州何山佛燈守珣禪師嗣蔣山懃叅佛鑑鑑示衆云森羅及萬象一法之所印師聞頓悟心旨白鑑鑑云可惜一顆明珠被這風顛漢拾却乃詰云靈雲道自從一見桃華後直至如今更不疑如何是他不疑處師云莫道靈雲不疑只今覓箇疑處了不可得鑑云玄沙道諦當甚諦當敢保老兄未徹在那裏是他未徹處師云深知和尚老婆心切便禮拜鑑印可

師謁圜悟禪師值山行到一水潭悟乃推師入水遽問云牛頭未見四祖時如何師云潭深魚聚悟云見後如何師云樹高招風悟云見與未見時如何師云伸脚只在縮脚裏悟乃稱賞

鼎州文殊道心禪師叅佛鑑鑑夜叅舉趙州栢樹子話至覺鐵觜云先師無此語莫謗先師好師聞豁然即趍丈室鑑遥見便閉却門師云和尚莫謾某甲鑑云十方無壁落何不入門來師以拳揭破窻紙鑑乃開門擒住云道道師兩手捧鑑頭以口啐一啐而出

潭州龍牙智才禪師一日謁黃龍新禪師新室中問云會得最初句便會末後句會得末後句便會最初句最初末後拈放一邊百丈野狐話作麼生會師云入戶已知來見解何須更舉轢中泥新云新長老死在上座手裏也師云語言雖有異至理且無差新云如何是無差底事師云不扣黃龍角焉知頷下珠新便打

師因僧問德山棒臨濟喝今日請師爲拈掇師云蘇嚕蘇嚕僧云蘇嚕蘇嚕還有西來意

也無師云蘇嚕蘇嚕
福州鼓山竹菴士珪禪師嗣龍門遠因僧問如何是祖師西來意師云東家點燈西家暗坐僧云未審意旨如何師云馬便搭鞍驢便推磨僧云狗子還有佛性也無趙州道無又作麼生師云一度被蛇傷怕見斷井索
杭州徑山塗毒智策禪師嗣雲巖游謁雲巖取道雲居值風雪迷路遂留月餘一日聞板聲豁然大悟及造雲巖巖遙見便指云這漢甚處見神見鬼來師云雲居聞板聲來巖云聞後如何師云打破虛空全無柄靶巖云向上事未在師云東家暗坐西家廝罵巖云嶄然超出佛祖他日起家一麟足矣
成都府金繩文禪師嗣信相顯因僧問如何是大道之源師云黃河九曲僧云如何是不犯之令師云鐵蛇鑽不入僧擬議師便打
樞密吳居厚嗣圓通旻謁圓通云某頃赴省試到此過趙州關未明透關事曾問訥禪師訥云且去做官今五十餘年矣通云曾明得也未密云八次經過常存此念然未甚脫灑通乃揮扇云有甚不脫灑處密忽有省云使請末後句通再揮扇兩下密云親切親切通云吉獠舌頭三千里
中丞盧航謁圓通擁爐次丞問云諸家因緣不勞拈出直截一句請師指示通厲聲云看火丞急撥衣忽大悟即云灼然佛法無多子通喝云放下著丞應諾諾
楊州石塔禮禪師嗣明招慧一日陞堂至座前擲一僧上法座僧憧惶欲走師遂指座云這棚子若牽一頭驢上去他亦須就上屙在汝諸人因甚麼却不肯以拄杖一時趕散

續南嶽下第十六世

福州西禪鼎需禪師嗣徑山杲師叅妙喜喜一日問云內不放出外不放入正與麼時如何師擬開口喜連打三棒師直下大悟乃厲聲云和尚已多了也喜又打一棒師便作禮喜云汝今日方知吾不汝欺遂印以偈云頂門豎亞摩醯眼肘後斜懸奪命符瞎却眼卸扐符趙州東壁掛胡蘆
師因問僧萬法歸一一歸何處僧云新羅國裏師云我在青州做一領布衫重七斤聻僧云今日親見趙州師云前頭見後頭見僧作斫額勢師云上座是甚處人僧云江西師云因甚却來這裏納敗闕僧擬議師便打
泉州教忠彌光禪師叅大慧慧問云喫粥了也洗鉢盂了也去却藥忌道將一句來師云裂破慧震威喝云你又說禪也師即大悟投偈云一喝當機怒雷吼驚起法身藏北斗洪波浩渺浪滔天拈得鼻孔失却口慧然之
明州育王佛照德光禪師叅大慧慧一日入室舉起竹篦云喚作竹篦則觸不喚作竹篦則背時如何師云請和尚放下竹篦與學人相見慧放下竹篦云如何相見師云伎倆已盡慧云這漢又來老僧頭上行師云也是尋常行履處便禮拜
師又一日入室大慧云喚作竹篦則觸不喚作竹篦則背不得下語不得無語不得向意根下卜度不得向舉起處承當速道速道師云杜撰長老如麻似粟慧云你是第幾箇師云今日捉敗這老賊慧深肯之

江州東林卍菴道顏禪師叅圓悟每至室中機辯風生一日圓悟喝云汝叅禪不求正悟只管信口胡道作麽師直得汗下歸堂夜坐豁然有省不覺失笑凌晨上方丈如前騁其機辯悟皆肯可師云某甲昨日如此秖對和尚爲甚麽不肯今日爲甚麽却肯悟云汝昨日雜妄想心師云元來釋迦老子無神通便禮拜

福州東禪思岳禪師問僧甚處來僧云黃檗來師云黃檗有何言句僧云某甲到這裏一時忘却師云上座豈不是黃檗來僧云是師云又道忘却僧擬議師便喝出

師問僧道人相見時如何僧云更無餘事師云趙州道呈漆器又作麽生僧便喝師云你道無餘事又喝作麽僧擬議師便打

建寧府竹原宗元菴主因大慧令謙上座通張無垢書謙云我叅禪二十餘年無入頭處更作此行決定荒廢奈何師叱云在路便叅禪不得也去我與同往至中途謙泣語師云途中奔波如何得相應去師告云你但將諸方叅底悟底圓悟大慧與汝說底都不要理會途中可替底事我盡替你只有五件事替你不得你須自支當謙云五件何事師云著衣喫飯屙屎放尿拖箇死屍路上行謙於言下領旨手足舞蹈師云你此回方可通書宜前進吾歸矣

師室中垂語云楞嚴經中五十種魔界如今盡大地人叅禪更高也出他魔界不得時有僧云和尚落在第幾界師云和你在裏許僧云某甲不入這保社師云驢漢你擬向那裏去

蘇州資壽尼妙總禪師叅大慧慧陞堂舉藥山初叅石頭馬祖機緣遂契悟慧下座有馮檝居士謂慧云和尚適來所舉因緣某甲會也慧云居士作麽生會士云恁麽也不得蘇盧娑訶不恁麽也不得嚧哩娑訶恁麽不恁麽總不得蘇盧嚧哩娑訶慧舉似師師云曾見郭象註莊子識者云却是莊子註郭象慧異其言復舉巖頭婆子話詰師師荅偈云一葉扁舟泛渺茫呈橈舞棹別宮商雲山海月都拋却贏得莊周蝶夢長馮公疑師未善遂問婆生七子六箇不遇知音只者一箇也不消得便拋向水中大慧言道人會你且說看師云已上所供並是詣實馮大喜

師因大慧問古人不出方丈爲甚麽去莊上喫油餈師云和尚放某甲過方敢通箇消息慧云我放你過你試道看師云某甲亦放和尚過慧云爭奈油餈何師喝一喝拂袖而出

無垢居士張九成謁善權清禪師問云此事人人有分箇箇圓成是不清云是士云爲什麽某却無箇入處清於袖中出數珠示云此是誰底士俛仰無對清復袖之云是汝底則拈取去纔涉思惟即不是也士悚然遂看柏樹子話忽聞蛙聲釋然證入說偈云春天月夜一聲蛙撞破乾坤共一家正恁麽時誰會得嶺頭脚痛有玄沙

士謁大慧杲禪師一日與馮給事諸公論格物慧云居士只知有格物且不知有物格士茫然慧大笑士云師能開喻乎慧云不見小說載唐人有與安祿山謀叛者曾爲閬州守

有畫像存焉明皇幸蜀見之怒令侍臣以劍斬其像其人在陝西首忽墮地公頓領深旨遂投偈云子韶格物妙喜物格欲識一貫兩箇伍伯慧印可

士謁惟尚禪師尚纔見乃展兩手士便喝尚便掌云張學士何得謗大般若士云某見處只如此和尚又作麼生尚舉馬祖陞堂百丈卷席話詰士語未終士推倒卓子尚大呼張學士殺人士躍起問傍僧云汝又作麼生僧罔措士打一拳顧尚云祖禰不了殃及兒孫尚大笑

士復謁尚禪師尚云浮山圓鑑道饒你入得汾陽室始到浮山門亦未見老僧在學士作麼生士叱侍僧云何不秖對僧罔措士打一掌云蝦蟆窟裏果沒獰龍

士一日訪規首座纔相見規便問承聞學士因蛙鳴有箇入處是不士云那裏得者消息來規云見成公案諱作什麼士厲聲云火發也規顧視傍僧士云燒到你脚跟也規云將爲你有長處元來只在者裏

士一日同規首座圍爐坐次規舉拈火抄云學士不得喚作火抄畢竟喚作什麼士乃掣火抄踢倒湯餅而出

明州天童應菴曇華禪師（嗣虎丘隆）師據室云現成公案坐斷諸訛錯下註脚槌折你腰撩起便行必死之疾要須英俊別有生涯忽遇衝雲俊鶻來時如何緩天網子百千重

師因僧問凝然湛寂有辱宗風廓爾現前猶辜自己去此二途如何即是師云一槌便透僧云風捲長空千里靜日輪當午八方明師云未是上座放身命處僧便禮拜師云三十年後

杭州徑山別峯寶印禪師（嗣華藏民）謁圓悟隨衆入室悟問從上諸聖以何接人師竪起拳悟云此是老僧用底作麼生是從上諸聖用底師以拳便打悟亦舉拳相交笑而出

師謁大慧慧問甚處來師云西川慧云未出劍門關與汝三十棒了也師云不合起動和尚慧深肯之

潤州焦山或菴師體禪師（嗣護國元）因元和尚舉十方同聚會箇箇學無爲此是選佛場乃喝一喝師豁然大悟後室中舉苕蔕柄問僧云依稀苕蔕柄髣髴赤班蛇衆下語皆不契有僧請益師示以偈曰依稀苕蔕柄髣髴赤班蛇棒下無生忍臨機不識爺

內翰曾開（嗣靈隱遠）謁靈隱問云如何是善知識隱云燈籠露柱猫兒狗子翰擬進語隱便喝翰遂省悟投偈云咄哉瞎驢叢林妖孽震地一聲天機漏洩

知府葛剡志慕禪宗久無證入一日忽舉不是心不是佛不是物豁然有省說偈云非心非佛亦非物五鳳樓前山突兀艷陽影裏倒翻身野狐跳入金毛窟謁靈隱遠和尚求證隱云居士見處只可入佛入魔未得在府加禮隱正容云何不道金毛跳入野狐窟府乃頓悟深旨

杭州淨慈水菴師一禪師（嗣育王裕）初叅雪峯照禪師照云直須藏身處沒蹤跡沒蹤跡處莫藏身師於言下有省照詰云畢竟那裏是藏身無蹤跡處師云嗄照云無蹤跡處因甚麼

莫藏身師云石虎吞却木羊兒照深宵師室中垂語云西天胡子没髭鬚僧傳至彧菴處菴云餓狗喫纏繩僧回舉似師師云此是五百人善知識語僧復舉似彧菴菴云也是烏龜入水

澧州靈巖仲安禪師（嗣大溈泰）因大溈令通嗣法書於蔣山圓悟處悟問千里馳來不辱宗風公案現成如何通信師云覿面相呈更無回互悟云此是德山底那箇是上座底師云豈有第二人悟云背後底聻師便度書悟笑云作家禪客天然有在次至僧堂前捧書問訊首座座云玄沙白紙此自何來師云久默斯要不務速說今日拜呈幸希一覽座便喝師云作家首座座又喝師以書打之座擬議師復以書打圓悟與佛眼傍觀悟云打殺我首座也眼云官馬厮踢有甚麼憑據師云說甚官馬厮踢正是龍象蹴蹋悟呼師至云我五百衆中首座你爲甚麼打他師云和尚也須喫一頓始得悟顧佛眼吐舌眼云未在待我勘過遂問空手把鋤頭步行騎水牛人從橋上過橋流水不流意作麽生師鞠躬云所供並是詣實眼笑云元來是屋裏人

師又到五祖自和尚處通書自問云書中說箇什麽師云文彩已彰自云畢竟說箇什麽師云當陽揮寶劒自云近前來這裏不識數字師云切莫詐明頭自顧侍者云這是那裏僧者云曾在和尚座下住去自云怪得與麽活頭師云曾被和尚鈍置來自將書於香爐上薰云南無三曼馱毋馱南師近前彈指一下自便開書

福州龜峯慧光禪師（嗣薦福行）因舊住相訪師問云頃年有一則公案與你商量不下如今作麽生舊住云未入門已舉似和尚了也師云這裏又作麽生住云不可頭上更安頭師以手畫一畫云這裏且置你爲什麽蹋斷天台石橋住無語師云脫空漫語漢出去

荆門軍玉泉宗璉禪師（嗣大溈果）因僧問三聖道我逢人則出出則不爲人意旨如何師云兵行詭道僧云與化道我逢人則不出出則便爲人又作麽生師云綿裏秤鎚

師因僧問乾闥婆王奏樂須彌岌嶪海水騰波意旨如何師云一家有事百家忙僧云迦葉作舞又作麽生師云隨喜功德僧畫一圓相師指禪牀一下僧以袖拂一拂師云野狐精僧禮拜師云伎倆已盡

師因僧問不落因果爲甚麽墮野狐身師云盧山五老峯僧云不昧因果爲甚麽脫野狐身師云南嶽三生藏僧云只如不落不昧未審是同是別師云倚天長劒逼人寒

續南嶽下第十七世

明州天童密菴咸傑禪師（嗣天童華）侍應菴一日菴問如何是正法眼師云破沙盆菴深肯之

續南嶽下第十八世

杭州靈隱松源崇岳禪師（嗣天童傑）室中垂語云是風動是旛動僧擬議便打出不是風動不是旛動僧擬議便打出

右自南嶽下十二世續至十八世共二百八十六人見録機緣二百一十二則餘俟好事者採摭續之

續青原下第十一世

東京芙蓉道楷禪師（嗣投子青）參投子問云佛祖言句如家常茶飯離此之外別有爲人處也無子云汝道寰中天子還假堯舜禹湯也無師擬進語子以拂子摵師口云汝發意來早有三十棒也師即開悟禮拜便行子云且來闍黎師不顧子云汝到不疑之地耶師以手掩耳而去

師一日侍投子遊園子度拄杖與師師便隨行子云理合與麼師云與和尚提鞋挈杖也不爲分外子云有同行在師云那一人不受教子休去至晚問師早來說話未盡在師云請和尚舉子云卯生日戌生月師即點燈來子云汝上來下去總不徒然師云在和尚左右理合如此子云奴兒婢子誰家屋裏無師云和尚年尊缺他不可子云得與麼殷勤師云報恩有分

師因僧問胡家曲子不墮五音韻出青霄請師吹唱師云木鷄啼夜半鐵鳳叫天明僧云恁麼則一句曲含千古韻滿堂雲水盡知音師云無舌童兒能繼和僧云作家宗師人天眼目師云禁取兩片皮

師因僧問如何是和尚家風師云衆人皆見僧云未審見箇什麼師云東壁打西壁

眞州定山惟素禪師（嗣楷贊提）因僧問如何是不遷義師云暑往寒來僧云恁麼則遷去也師云啼得血流無用處

杭州佛日戒弼禪師（嗣有王璉）因僧問如何是毘盧印師云草鞋踏雪僧云學人不會師云步步成蹤

金陵蔣山法泉禪師（嗣雲居舜）因僧問祖師面壁意旨如何師云撑天拄地僧云便與麼去時如何師云落七落八僧云二祖立雪齊腰又作麼生師云三年逢一閏僧云爲什麼付法傳衣師云村酒足人沽

明州天童淡交禪師因僧問臨雲閣聳太白峯高到這裏如何進步師云但尋芳草際莫問白雲深僧云未審如何話會師云寒山逢拾得兩箇一時癡僧云向上宗乘又如何舉唱師云前言不及後語

建州崇梵餘禪師因僧問臨濟喝少遇知音德山棒難逢作者和尚今日作麼生師云山僧被你一問直得退身三步浹背汗流僧云作家宗師今日遭遇師云一語傷人千刀攪腹僧以手畫一畫云爭奈者箇何師云草賊大敗

師因僧問恁麼來底人師還接不師云孤峯無宿客僧云不恁麼來底人師還接不師云灘峻不留船僧云恁麼不恁麼則且置穿過髑髏一句作麼生師云堪笑亦堪悲

江州歸宗慧通禪師（嗣大潙宥）因僧問如何是函蓋乾坤句師云日出東方夜落西僧云如何是截斷衆流句師云鐵山橫古路僧云如何是隨波逐浪句師云船子下揚州

東京慧林圓照宗本禪師（嗣薦福懷）因僧問如何是祖師西來意師云韓信臨朝僧云中下之流如何領會師云伏屍萬里僧云早知今日事悔不慎當初師云三皇塚上草離離

師因僧問上是天下是地未審中間是甚麼物師云山河大地僧云恁麼則謝師答話師云大地山河僧云和尚何得瞞人師云却是

老僧罪過
師因上元日僧問千燈互照綠竹交音正恁
麼時佛法在什麼處師云謝布施僧云莫便
是和尚爲人處也無師云大似不齊來
東京法雲法秀禪師因僧問不離生死而得
涅槃不出魔界而入佛界此理如何師云赤
土塗牛妳僧云謝師答話師云適來道甚麼
僧擬議師便喝
師在雲居充維那時舜禪師每訶罵薦福懷
禪師說葛藤禪一日聞懷遷化於法堂上合
掌云且喜葛藤樁子倒了也師云我須與這
老漢理會一上及夜叅又如前訶罵師出衆
厲聲云豈不見圓覺經中道舜遽云久立大
衆伏惟珍重便歸方丈師云這老漢通身是
眼罵得懷和尚也
眞州長蘆應夫禪師因僧問古者道如來禪
即許老兄會祖師禪未夢見在未審如來禪
與祖師禪是同是別師云一箭過新羅僧擬
議師便喝
杭州佛日智才禪師因僧問如何是道師云
水冷生氷僧云如何是道中人師云春雪易
消僧云畢竟如何談論師鳴指一下
北京天鉢重元禪師因僧問如何是禪師云
入籠入檻僧撫掌師云跳得出是好手僧擬
議師云了
台州瑞巖子鴻禪師因僧問法爾不爾如何
指南師云話墮也僧云乞師指示師呵呵大
笑
師因僧問如何是眞實體師云鍼劄不入僧
云如何是眞實用師云清風在掌僧云離此
二途如何是向上一路師云欠汝一問
師因僧問如何是祖師西來意師云拂衣瞻
漢月飛錫過中天僧云意旨如何師云熊耳
崔嵬千古色少林蒼翠幾流芳僧云謝師答
話師云師子咬人韓盧逐塊便打
江州棲賢智遷禪師示衆云是什麼物得恁
麼頑頑嚚嚚靦靦睍睍拊掌訶訶大笑云今
朝巴鼻直是黃面瞿曇通身是口也分疎不
下久立
舒州三祖冲會禪師因僧問如何是第一義
諦師云百雜碎僧云恁麼則褒禪一會不異
靈山師云將糞箕掃箒來
師因僧問生也猶如著衫死也還同脫袴未
審意旨如何師云譬如閑僧云爲甚麼如此
師云因行不妨掉臂
越州天章元善禪師一日因僧問大無外小
無内既無内外畢竟是箇什麼物師云開口
見膽僧云學人未曉師云苦中苦僧云爲衆
竭力禍出私門師云教休不肯休須待雨霖
頭便打
無爲軍鐵佛因禪師因僧問取不得捨不得
不可得中只麼得未審得箇什麼師展兩手
僧禮拜師云不要詐明頭
侍郎楊傑一日因芙蓉楷禪師相會侍云與
師相別幾年也蓉云七年侍云學道來叅禪
來蓉云不打這鼓笛侍云恁麼則空遊山水
百無所能也蓉云別來未久善能高鑑侍乃
大笑
續青原下第十二世
東京淨因枯木法成禪師（嗣芙蓉楷）師問僧甚處

人僧云西川師云幾時離鄉僧云前年二月師云未離本國一句作麼生道僧云通身是口難爲秖對師云猶是離家失業句僧無語師打一拂子云柱踏幾緉草鞋

東京法雲善本禪師嗣圓照本因僧問九夏賞勞即不問從今向去事如何師云光剃頭淨洗鉢僧云謝師指示師云滴水難消

師因僧問寶塔元無縫如何指示人師云煙霞生背面星月繞簷楹僧云如何是塔中人師云竟日不知塵世事長年占斷白雲鄉僧云向上更有事也無師云太無猒生

舒州投子修顒禪師一日陞堂纔有僧出師云錯僧云什麼處是錯師云不信道

潤州金山善寧禪師因僧問竿木隨身逢場作戲選佛場開請師方便師云文不加點僧云可謂今古罕聞師云且道是什麼題目僧擬議師便打

蘇州定慧遵式禪師因僧問南泉斬猫兒意旨如何師便打僧云猶是學人疑處師云十萬八千僧云忽遇趙州時如何師云賣金須是買金人

金陵保寧子英禪師嗣法雲秀因僧問山河大地不作眼見耳聞時如何師云只恐不與麼僧云便與麼時如何師云山高水深僧無語師云幸自可憐生剛被他瞞却

眞州長蘆宗賾禪師嗣長蘆夫因僧問六門未息時如何師云鼻孔裏燒香僧云學人不會師云耳朶裏打鼓僧云如何是無功之功師云泥牛不運步天下没荒田僧云恁麼則功不浪施也師云雖然廣大神通未免遭他痛棒

潭州等覺法思禪師因僧問如何是佛法大意師云燈籠掛露柱僧云學人未會師云佛殿對山門僧云向上更有事也無師云大海若知足百川應倒流

澧州夾山自齡禪師嗣佛日才因僧問金鷄啄破瑠璃殼玉兎挨開碧海門此是人間光影如何是祖師機師云針劄不入僧云只如朕兆未生已前作麼生道師舉拂子僧云如何領會師云斫額望扶桑

明州育王曇振禪師嗣瑞巖鴻示衆云今日布袋頭開還有買賣者麼時有僧出云有師云不作貴不作賤作麼生酬價僧無語師云老僧失利便歸方丈

續青原下第十三世

眞州長蘆眞歇清了禪師嗣丹霞淳師參丹霞霞問如何是空劫已前自己師擬對霞云你鬧在且去一日登鉢盂峯豁然契悟歸白霞霞掌云將謂你知有師便禮拜

師一日因丹霞陞堂云日照孤峯翠月臨溪水寒祖師玄妙訣莫向寸心安便下座師直向前云和尚今日謾某甲不得也霞云試舉我今日底看師良久霞云將謂你瞥地師拂袖便出

師一日看厨下煮麪忽桶底脫麪潑地上衆皆失聲云可惜師云桶底脫自合歡喜因甚却煩惱僧云和尚即得師云灼然可惜一桶麪

師問僧云你死後燒作灰撒了骨頭向什麼處去僧便喝師云好一喝只是不得翻款僧又喝師云公案未圓更喝始得僧無語師便

打云這死漢
師一日普請路逢一僧師以拄杖指地上竹
檐僧拈起云短些子師劈脊打云這裏是什
麼所在說長説短
明州天童宏智正覺禪師參丹霞霞問如何
是空刼已前自己師云井底蝦蟆吞却月三
更不借夜明簾霞云未在更道師擬議霞打
一拂子云又道不借師禮拜霞云何不道取
一句師云某甲今日失錢遭罪
師因僧問清虛之理畢竟無身時如何師云
文彩未痕初消息難傳際僧云一步密移玄
路轉通身放下刼壺空師云誕生就父時合
體無遺照僧云理既如是事作麼生師云歷
歷纔回分化事十方機應又何妨僧云恁麼
則塵塵皆現本來身去也師云透一切色超
一切心僧云如理如事又作麼生師云路逢
死蛇莫打殺無底籃子盛將歸
師因僧問如何是向去底人師云白雲投壑
盡青嶂倚空高僧云如何是却來底人師云
滿頭白髮離巖谷半夜穿雲入市鄽僧云如
何是不來不去底人師云石女喚回三界夢
木人坐斷六門機
右自青原下十一世續至十四世共一百
二十人見録機緣四十七則南嶽青原二
派下至此續添二卷總四百單六人內一
百三十一人見録機緣總二百五十九則
間有遺漏竚冀好事者採摭續之

宗門統要續集卷第二十

宗門統要續集卷第二十

校勘記

一 底本，明永樂北藏本。
一 六〇四頁上一行經名，徑作「宗門統要續集卷第二十二」。卷末經名同。
一 六〇四頁上一二行第二字「間」，南、徑作「問」。
一 六〇六頁中九行第五字「柚」，南、徑作「抽」。
一 六〇六頁中一五行「靈雲」，南作「𩃎雲」。
一 六〇八頁下九行「無垢」，南、徑作「無垢」。
一 六〇九頁上四行「伍伯」，徑作「五百」。
一 六〇九頁中四行「據室」，徑作「據座」。
一 六〇九頁下四行「茗蔕」，徑作「髻蔕」。
一 六一〇頁中八行「活頭」，徑作「滑頭」。
一 六一〇頁下四行第三字「指」，徑作「拍」。
一 六一一頁中七行夾註右第二字「有」，南、徑作「育」。

古尊宿語録卷第一之二　容二

南嶽大慧禪師　大鑑下一世
馬祖大寂禪師　大鑑下二世嗣南嶽
百丈大智禪師　大鑑下三世嗣馬祖

大鑑下一世

南嶽大慧禪師諱懷讓金州人也俗姓杜於儀鳳二年四月八日降誕感白氣應於玄象在安康之分太史瞻見遂奏聞高宗皇帝帝乃問何祥瑞太史對曰國之法器不染世榮帝傳勅金州太守韓偕親往存慰其家家有三子惟師最小年始三歲炳然殊異性惟恩讓父乃安名懷讓至年十歲惟樂佛書時有三藏玄静過舍見而奇之告其父母曰此子若出家必獲上乘廣度衆生至垂拱三年方十五歲辞親往荊州玉泉寺依弘景律師出家通天二年受戒後習毘尼藏一日自嘆曰夫出家者爲無爲法天上人間無有勝者時同學坦然知師志氣高邁勸師同謁嵩山安禪師安啓發之乃直詣曹溪禮六祖六祖問什麼處來師云嵩山安和尚處來祖云什麼物與麼來師無語遂經八載忽然有省乃白祖云某甲有箇會處祖云作麼生師云説似一物即不中祖云還假修證也無師云修證即不無汚染即不得祖云只此不汚染是諸佛之護念汝既如是吾亦如是西天二十七祖般若多羅讖汝曰震旦雖闊無別路要假兒孫脚下行金鷄解啣一粒粟供養什邡羅漢僧讖謂道一心棗能藏事説向漢江濱湖波探水月將照二三人祖云先師有言從吾向後勿傳此衣但以法傳若傳此衣命如懸絲惟示道化聽吾偈曰心地含諸種普雨悉皆萌頓悟花情已菩提果自成汝向後出一馬駒踏殺天下人病在汝心不須速説師侍奉一十五載唐先天二年始往南嶽居般若寺示徒云一切萬法皆從心生心無所生法無能住若達心地所作無碍非遇上根宜慎辭哉僧問如鏡鑄像像成後光歸何處師云如大德未出家時相狀向什麼處去僧云成後爲什麼不鑑照師云雖然不鑑照謾它一點不得馬祖居南嶽傳法院獨處一庵唯習坐禪凡有來訪者都不顧師往彼亦不顧師觀其神宇有異遂憶六祖讖乃多方而誘導之一日將甎於庵前磨馬祖亦不顧時既久乃問曰作什麼師云磨作鏡馬祖云磨甎豈得成鏡師云磨甎既不成鏡坐禪豈能成佛祖乃離座云如何即是師云譬牛駕車車若不行打牛即是打車即是又云汝學坐禪爲學坐佛若學坐禪禪非坐卧若學坐佛佛非定相於無住法不應取捨汝若坐佛即是殺佛若執坐相非達其理馬祖聞斯示誨豁然開悟禮拜問云如何用心即合無相三昧師云汝學心地法門如下種子我説法要譬彼天澤汝縁合故當見其道馬祖云道非色相云何能見師云心地法眼能見乎道無相三昧亦復然矣祖云有成壞否師云若以成壞聚散而見道者非也聽吾偈曰心地含諸種遇澤悉皆萌三昧花無相何壞復何成馬祖一蒙開悟心地超然侍奉十秋日益深奥師入室弟子六人各印可曰汝等六人同證吾身各契其一　一人得吾眉善威儀常浩　一人得吾眼善顧盻智達　一人得吾耳善聽理坦然　一人得吾鼻善知氣神照　一人得吾舌善談説嚴峻　一人得吾心善古今道一　後馬祖闡化於江西開元寺師問衆曰道一爲衆説法否衆曰已爲衆説法師云未見通箇消息來遂遣一僧去囑云待伊上堂時但問作麼生記取答話來僧如教迴舉似師馬祖云自從胡乱後三十年不曾少鹽醬師然之師天寶三年八月十一日示寂於南嶽勅謚大惠禪師最勝輪之塔吏部侍郎歸登撰塔記

大鑑下二世南嶽大慧禪師法嗣

馬祖大寂禪師師諱道一漢州什邡人也俗
姓馬氏江西法嗣布於天下時號馬祖焉
問如何是修道師云道不屬修若言修得修
成還壞即同聲聞若言不修即同凡夫云作
何見解即得達道云自性本來具足但於善
惡事上不滯喚作修道人取善捨惡觀空入
定即屬造作更若向外馳求轉疎轉遠但盡
三界心量一念妄想即是三界生死根本但
無一念即除生死根本即得法王無上珍寶
無量劫來凡夫妄想諂曲邪僞我慢貢高合
爲一體故經云但以衆法合成此身起時唯
法起滅時唯法滅此法起時不言我起滅時
不言我滅前念後念中念念念不相待念念
寂滅喚作海印三昧攝一切法如百千異流
同歸大海都名海水住於一味即攝衆味住
於大海即混諸流如人在大海中浴即用一
切水所以聲聞悟迷凡夫迷悟聲聞不知聖
心本無地位因果階級心量妄想修因證果
住其空定八萬劫二萬劫雖即已悟却迷諸
菩薩觀如地獄苦沉空滯寂不見佛性若是
上根衆生忽遇善知識指示言下領會更不
歷於階級地位頓悟本性故經云凡夫有反
覆心而聲聞無也對迷說悟本既無迷悟亦
不立一切衆生從無量劫來不出法性三昧

長在法性三昧中著衣喫飯言談祇對六根
運用一切施爲盡是法性不解返源隨名逐
相迷情妄起造種種業若能一念返照全躰
聖心汝等諸人各達自心莫記吾語縱饒說
得河沙道理其心亦不增總說不得其心亦
不減說得亦是汝心說不得亦是汝心乃至
寧二 分身放光現十八變不如還我死灰來淋過 四
死灰無力喻聲聞妄修因證果未淋過死灰
有力喻菩薩道業純熟諸惡不染若說如來
權教三藏河沙劫說不可盡猶如鈎鏁亦不
斷絕若悟聖心總無餘事久立珍重
上堂龐居士問不與萬法爲侶者是什麼人
師云待汝一口吸盡西江水即向汝道又
問不眛本來身請師高著眼師直下覷士云
一等沒絃琴唯師彈得妙師直上覷士禮拜
師歸方丈居士隨後云適來弄巧成拙 問
如何是佛師云即心是佛問離四句絕百非
請師直指西來意師云我今日無心情汝去
西堂問取智藏僧至西堂問西堂以手指頭
云我今日頭痛不能爲汝說得汝去問海兄
僧去問海兄海兄云我到者裏却不會僧回
擧似師師云藏頭白海頭黑 師採藤次
見水潦便作放勢水潦近前接師即便踏倒
水潦起來呵呵大笑云無量妙義百千三昧

盡在一毛頭上識得根源去 師令僧馳
書與徑山欽和尚書中畫一圓相徑山纔開
見索筆於中著一點後有僧擧似忠國師國
師云欽師猶被馬師惑 問和尚爲甚麼
說即心即佛師曰爲止小兒啼曰啼止時如
何師曰非心非佛曰除此二種人來如何指
寧二 示師曰向伊道不是物曰忽遇其中人來時 五
如何師曰且教伊體會大道 問如何是
西來意師曰即今是甚麼意 師問僧什
麼處來云湖南來師云東湖水滿也未云未
師云許多時雨水尚未滿 道吾云滿也雲岩
云湛湛地洞山云什麼劫中曾欠少 又問如
水無筋骨能勝萬斛舟此理如何師曰這裏
無水亦無舟說甚麼筋骨 一夕西堂百
丈南泉隨侍翫月次師問正恁麼時如何堂
曰正好供養丈曰正好修行泉拂袖便行師
曰經歸藏禪歸海唯有普願獨超物外師問
百丈汝以何法示人丈竪起拂子師曰秖這
箇爲當別有丈拋下拂子 僧問如何得
合道師曰我早不合道 問如何是西來
意師便打曰我若不打汝諸方笑我也
有小師耽源行脚回於師前畫一圓相就上
拜了立師曰汝莫欲作佛否曰某甲不解揑
目師曰吾不如汝小師不對有講僧來問曰

未審禪宗傳持何法師却問曰座主傳持何法主曰忝講得經論二十餘本師曰莫是師子兒否主曰不敢師作噓噓聲主曰此是法師曰是甚麼法主曰師子出窟法師乃黙然王曰此亦是法師曰是甚麼法主曰師子在窟法師曰不出不入是甚麼法主無對（百丈代云光庵）遂辭出門師召曰座主主回首師曰是甚麼主亦無對師曰這鈍根阿師洪州廉使問曰喫酒肉即是不喫即是師曰若喫是中丞祿不喫是中丞福師入室弟子一百三十九人各爲一方宗主轉化無窮師於貞元四年正月中登建昌石門山於林中經行見洞壑平坦謂侍者曰吾之朽質當於來月歸茲地矣言訖而回既而示疾院主問和尚近日尊候如何師曰日面佛月面佛二月一日沐浴跏趺入滅元和中謚大寂禪師塔名大莊嚴

百丈懷海禪師福州長樂人也師叅馬大師爲侍者檀越每送齋飯來師纔揭開盤蓋馬大師拈起一片胡餅示衆云是甚麼每日如此師經三年一日隨侍馬祖路行次聞野鴨聲馬祖云什麼聲師云野鴨聲良久馬祖云適來聲向什麼處去師云飛過去馬祖迴頭將師鼻便搊師作痛聲馬祖云又道飛過去師於言下有省却歸侍者寮哀哀大哭同事問曰汝憶父母邪師曰無曰被人罵邪師曰無曰哭作甚麼師曰我鼻孔被大師搊得痛不徹同事曰有甚因緣不契師曰汝問取和尚去同事問大師曰海侍者有何因緣不契在寮中哭告和尚爲某甲說大師曰是伊會也汝自問取他同事歸寮曰和尚道汝會也教我自問汝師乃呵呵大笑同事曰適來哭如今爲甚却笑師曰適來哭如今笑同事罔然明日馬祖昇堂纔坐師出來卷却簟馬祖便下座師隨至方丈馬祖云適來要舉轉因緣你爲什麼卷却簟師云爲某甲鼻頭痛馬祖云你什麼處去來（師云昨日）偶有出入不及叅隨馬祖喝一喝師便出去　馬祖一日問師什麼處來師云山後來祖云還逢著一人麼師云不逢著祖云爲什麼不逢著師云若逢著即舉似和尚祖云什麼處得者箇消息來師云某甲罪過祖云却是老僧罪過　師再叅馬祖祖豎起拂子師云即此用離此用祖掛拂子於舊處良久祖云你已後開兩片皮將何爲人師遂取拂子豎起祖云即此用離此用師亦掛拂子於舊處祖便喝師直得三日耳聾　後住洪州大雄山以居處巖巒峻極故號百丈既處之未朞月叅玄之賓四方麏至潙山黄檗當其首一日師謂衆曰佛法不是小事老僧昔被馬大師一喝直得三日耳聾黄檗聞舉不覺吐舌師曰子已後莫承嗣馬祖去麼檗曰不然今日因和尚舉得見馬祖大機大用然且不識馬祖若嗣馬祖已後喪我兒孫師曰如是如是見與師齊減師半德見過於師方堪傳授子甚有超師之見檗便禮拜　因僧問西堂有問有荅即且置無問無荅時如何堂曰怕爛却那師聞舉乃曰從來疑這箇老兄曰請和尚道師曰一合相不可得　師謂衆曰有一人長不喫飯不道饑有一人終日喫飯不道飽衆無對雲巖問和尚每日區區爲阿誰師曰有一人要巖曰因甚麼不教伊自作師曰他無家活　僧問抱璞投師請師一決師云昨夜南山虎咬大虫云不繆真詮爲甚麼不垂方便師云掩耳偷鈴漢云不得中郎鑑還同野舍薪師便打僧云蒼天蒼天師云得與麼多口云罕遇知音拂袖便出師云百丈今日輸却一半（傳燈云峰得一棒叅則却一譬是）至晚侍者問和尚被這僧不肯了便休師便打者云蒼天蒼天師云罕遇知音者作禮師云一狀領過　有一僧哭入法堂師云作什麼僧云父母俱喪請師揀日師云明日一時埋却　問如何是奇特事師云獨坐大雄峯僧禮拜師便打西堂問師你

向後作麽生開示於人師以手卷舒兩邊堂
云更作麽生師以手點頭三下　上堂云
靈光獨耀逈脫根塵躰露真常不拘文字心
性無染本自圓成但離妄緣即如如佛
問依經解義三世佛寃離經一字如同魔說
時如何師云固守運静三世佛寃此外別求
如同魔說馬祖令人馳書幷醬三瓮與師師
令排向法堂前乃上堂衆纔集師以拄杖指
醬瓮云道得即不打破道不得即打破衆無
語師便打破歸方丈　上堂衆纔集師以
拄杖趂下却召大衆大衆回頭師云是什麽
　潙山問仰山百丈再叅馬祖竪拂因
緣此二尊宿意旨如何仰山云此是顯大機
大用潙山云馬祖出八十四人善知識幾人
得大機幾人得大用仰山云百丈得大機黄
檗得大用餘者盡是唱道之師潙山云如是
如是師曰普請闢田回問運闍梨開田不易
檗云衆僧作務師云有煩道用檗云爭敢辭
勞師云開得多少田檗作鋤田勢師便喝檗
掩耳而出　師問黄檗甚處來檗云山下
採菌子來師云山下有一虎子汝還見麽檗
便作虎聲師於腰下取斧作斫勢檗約住便
掌師至晚上堂云大衆山下有一虎子汝等
諸人出入好看老僧今朝親遭一口後潙山

問仰山云黄檗虎話作麽生仰山云和尚如
何潙山云百丈當時便合一斧斫殺因什麽
到如此仰山云不然潙山云子又作麽生仰
山云不唯騎虎頭亦觧把虎尾潙山云寂子
甚有險崖之句　師每日上堂常有一老人
聽法隨衆散去一日不去師乃問立者何人
老人云某甲於過去迦葉佛時曾住此山有
學人問大脩行底人還落因果也無對云不
落因果墮在野狐身今請和尚代一轉語師
云汝但問老人便問大脩行底人還落因果
也無師云不昧因果老人於言下大悟告辭
師云某甲已免野狐身住在山後乞依亡僧
燒送師令維那白槌告衆齋後普請送亡僧
大衆不能詳至晚叅師舉前因緣次黄檗便
問古人錯對一轉語落在野狐身今人轉轉
不錯是如何師云近前来向汝道黄檗近前
打師一掌師云將謂胡鬚赤更有赤鬚胡時
潙山在會下作典座司馬頭陀舉野狐話問
典座作麽生典座以手撼門扇三下司馬云
太麁生典座云佛法不是者箇道理後潙山
舉黄檗問野狐話問仰山仰山云黄檗常用
此機潙山云汝道天生得從人得仰山云亦
是稟受師承亦是自宗通潙山云如是如是
　黄檗問從上古人以何法施人師良久

黄檗云後代兒孫將何傳授師云將謂你者
漢是箇人便歸方丈師與潙山作務次師問
有火也無潙山云有師云在什麽處潙山把
一莖柴吹過與師師接云如虫蝕木因普請
鋤地次有僧聞鼓聲舉起鋤頭大笑歸去師
云俊哉此是觀音入理之門後喚其僧問你
今日見甚道理云某甲早辰未喫粥聞鼓聲
歸喫飯師呵呵大笑　問如何是佛師云汝
是阿誰云某甲師云汝識某甲否云分明箇
師竪起拂子汝見拂子否云見師更不管
師令僧去章敬處見伊上堂說法你便展開
坐具禮拜起將一隻鞋以袖拂却上塵倒頭
覆下其僧到章敬一依師旨章敬云老僧罪
過　廣錄夫語須辯緇素須識摠別語須
識了義不了義教語了義教辯清不了義教
辯濁說穢法邊垢揀凡說淨法邊垢揀聖從
九部教說向前衆生無眼須假人雕琢若於
聾俗人前說直須教渠出家持戒脩禪學慧
若是過量俗人亦不得向他與麽說如維摩
詰傅大士等類若於沙門前說它沙門已受
白四羯磨訖具足全是戒定慧力更向它與
麽說名非時語說不應時亦名綺語若是沙
門須說淨法邊垢須說離有無等法離一切
脩證亦離於離若於沙門中剝除習染沙門

除貪嗔病不去亦名聾俗亦須教渠修禪學慧若是二乘僧他歇得貪瞋病去盡依住無貪將爲是是無色界是鄣佛光明是出佛身血亦須教渠脩禪學慧須辯清濁語濁法者貪嗔愛取等多名也清法者菩提涅槃解脱等多名也只如今鑑覺但於清濁兩流凡聖等法色聲香味觸法世間出世間法都不得有纖毫愛取既不愛取依住不愛取將爲是是初善是住調伏心是聲聞人是戀筏不捨人是二乘道是禪那果既不愛取亦不依住不愛取是中善是半字教猶是無色界免墮二乘道免墮魔民道猶是禪那病是菩薩縛既不依住不愛取亦不作不依住知解是後善是滿字教免墮無色界免墮禪那病免墮菩薩乘免墮魔王位爲智鄣地障行鄣故見自己佛性如夜見色如云佛地斷二愚一微細所知愚二極微細所知愚故云有大智人破塵出經卷若透得三句過不被三段管教家舉喻如鹿三跳出網喚作纏外佛無物拘繫得渠是屬然燈後佛是最上乘是上上智是佛道上立此人是佛有佛性是導師是使得無所碍風是無碍慧於後能使得因果福智自由是作車運載因果處於生不被生之所留處於死不被死之所碍處於五陰如門開不被五陰碍去住自由出入無難若能與麼不論堦梯勝劣乃至蟻子之身但能與麼盡是淨妙國土不可思議此猶是解縛語彼自無瘡勿傷之也佛瘡菩薩等瘡但說有無等法盡是傷也有無管一切法十地是濁流河衆作清流說竪清相說濁過患向前十大弟子舍利弗富樓那正信阿難邪信善星等箇箇有勝樣箇箇有則候二被導師說破不是四禪八定阿羅漢等住定八萬刼他是依執所行被淨法酒醉故聲聞人聞佛法不能發無上道心所以斷善根人無佛性教云喚作解脱深坑可畏之處一念心退墮地獄猶如箭射亦不得一向說退亦不得一向說不退秖如文殊觀音勢至等却來須陁洹地同類誘引不得言他退當與麼時秖喚作須陁洹人秖如今鑑覺但不被一切有無諸法管透三句及一切逆順境得過聞百千萬億佛出世間如不聞相似亦不依住不聞亦不作不依住知解說它者箇人退不得量數管他不著是佛常住世間而不染世法說佛轉法輪退亦是謗佛法僧說佛不轉法輪不退亦是謗佛法僧肇云菩提之道不可圖度高而無上廣不可極淵而無下深不可測語也黍生招箭言鑑覺猶不是從濁辯清許說如今鑑覺是除鑑覺外別有盡是魔說若守住如今鑑覺亦同魔說亦名自然外道說如今鑑覺是自己佛是尺寸語是圖度語似野干鳴猶屬纏膠門本來不認自知自覺是自己佛向外馳求覓佛假善知識說出自知自覺作藥治箇向外馳求病既不向外馳求病瘥須除藥若執住自知自覺是禪那病是徹底聲聞如水成冰全冰是水救渴難望亦云必死之病世醫拱手無始不是佛莫作佛解佛是衆生邊藥無病不要喫藥病俱消喻如清水佛似甘草和水亦如蜜和水極是甘美若同清水邊數則不著不是無是本有亦云此理是諸人本有諸佛菩薩喚作示珠人從来不是箇物不用知渠解渠不用是渠非渠但割斷兩頭句割斷有句不有句割斷無句不無句兩頭迹不現兩頭捉汝不著量數管汝不得不是欠少不是具足非凡非聖非明非暗不是有知不是無知不是繫縛不是解脱不是一切名目何以不是實語若爲雕琢虛空作得佛相貌若爲說道虛空是青黃赤白作得如云法無有比無可喻故法身無爲不墮諸數故云聖躰無名不可說如實理空門難湊喻如太末虫處處能泊唯不能泊於火燄之上衆生亦爾處處能緣唯不能緣於般若

之上叅善知識求覔一知一解是善知識魔生語見故若發四弘誓願願度一切衆生盡然後我始成佛是菩薩法智魔誓願不相捨故若持齋戒脩禪學慧是有漏善根縱然坐道場示現成等正覺度恒沙數人盡証辟支佛果是善根魔起貪著故若於諸法都無貪

密二　十三

染神理獨存住甚深禪定更不昇進是三昧魔久躭説故至上涅槃離欲寂靜是魔業若智慧脱若干魔網不去縱解百本圍陁經盡是地獄滓若覔如佛相佀無有是處如今聞説不著一切善惡有無等法即爲隨空不知棄本逐末却是隨空也求佛求菩提及一切有無等法是棄本逐末秖如今麁食助命補破遮寒渴則掬水喫餘外但是一切有無等法都無纖毫繫念此人漸有輕明分善知識不執有不執無脱得十句魔語出語不繫縛人所有言説不自稱師説如谷響言滿天下無口過堪依止若道我能説能解説我是和尚汝是弟子者箇同於魔説無端説道目擊道存是佛不是佛是菩提涅槃解脱等無端説一知一解見舉一手豎一指云是禪是道者箇語繫縛人未有住時秖是重增比丘繩索縱然不説亦有口過寧作心師不師於心不了義教有人天師有導師了義教中不爲人

天師不師於法未能依得玄鑑且依得了義教猶有相親分若是不了義教秖合聾俗人前説秖如今但不依住一切有無諸法亦不住無依住亦不作不依住知解是名大善知識亦云唯佛一人是大善知識爲無兩人餘者盡名外道亦名魔説如今秖是説破兩頭句一切有無境法但莫貪染及解縛之事無別語句教人若道別有語句教人別有法與人者此名外道亦名魔説須識了義教不了義教語須識遮語不遮語須識生死語須識藥病語須識逆順喻語須識摠別語説道脩行得佛有脩有證是心是佛即心即佛是佛説是不了義教語是不遮語是摠語是升合擔語是揀穢法邊語是順喻語是死語是凡夫前語不許脩行得佛無脩無證非心非佛佛亦是佛説是了義教語是遮語是別語是百石擔語是三乘教外語是逆喻語是揀淨法邊語是生語是地位人前語從須陁洹向

密二　十四

上直至十地但有語句盡屬法塵垢但有語句盡屬煩惱邊收但有語句盡屬不了義教了義教是持不了義教是犯佛地無持犯了義不了義教盡不許也從苗辯地從濁辯清秖如今鑑覺若從清邊數鑑覺亦不是清不鑑覺亦不是清亦不是不清亦不是聖亦不

是不聖亦不是見水濁説水濁過患水若清都無可説説却濁他水若有無問之問亦有無説之説佛不爲佛説法平等真如法界無佛不度衆生佛不住佛名真福田須辯主客語貪染一切有無境法被一切有無境惑乱自心是魔王照用屬魔民秖如今鑑覺但不依住一切有無諸法世間出世間法亦不作不住知解亦不依住無知解自心是佛照用屬菩薩心心是主宰照用屬客塵如波説水照萬像以無功若能寂照不自玄旨自然貫串於古今如云神無照功至功常存能一切處爲導師衆生性識他爲未省者佛喈梯是黐膠性多時黏著有無諸法乍喫玄旨藥不得乍聞格外語忙信不及所以菩提樹下四十九日默然思惟智慧冥朦難説無可比喻説衆生有佛性亦謗佛法僧説衆生無佛性亦謗佛法僧若言有佛性名執著謗若言無佛性名虛妄謗如云説佛性有則增益謗説

密二　十五

佛性無則損減謗説佛性亦有亦無則相違謗説佛性非有非無則戲論謗始欲不説衆生無解脱之期始欲説之衆生又隨語生解益少損多故云我寧不説法疾入於涅槃向後返尋過去諸佛皆説三乘之法向後假説假立名字本不是佛向渠説是佛本不是菩

提向渠説是菩提涅槃觧脱等知渠擔百石擔不起且與渠一升一合擔知渠難信了義教且與渠説不了義教且得善法流行亦勝於悪法善果限滞悪果便到得佛則有衆生到得涅槃則有生死到得明則有暗到但是有漏因果翻覆無有不相酧獻者若欲免見翻覆之事但割斷兩頭句量數管不著不佛不衆生不親不踈不高不下不平不等不去不来但不著文字隔渠兩頭捉汝不得免苦樂相形免明暗相酧實理真實亦不真寔虚妄亦不虚妄不是量數物喻如虚空不可脩治若心有少許作觧即被量數管著亦如扑兆彼金木水火土管亦如黐膠五處俱黏麼王提得自在還家夫教語皆三句相連初中後善初直須教渠發善心中破善心後始名好善菩薩即非菩薩是名菩薩法非法非非法揔與麼也若秖説一句令衆生入地獄若三句一時説渠自入地獄不干教主事説到如今鑑覺是自巳佛是初善不守住如今鑑覺是中善亦不作不守住知觧是後善如前属然燈後佛秖是不凡亦不聖莫錯説佛非凡非聖此土初祖云無能無聖爲佛聖若言佛聖者亦非九品精靈龍畜等類及釋梵巳来皆能通變上品精靈亦知今古百刼時事豈得是佛如阿脩羅王身極長大敵兩倍須弥山與帝釋戰時知力不如領百萬兵衆入藕絲孔裏藏通變辯才不少乞且不是佛教語節級奢綫陸降不同未悟未觧時名貪嗔悟了喚作佛慧故云不異舊時人秖異舊時行履處　問斬草伐木掘地墾土爲有罪報

相否師云不得定言有罪亦不得定言無罪 十六
有罪無罪事在當人若貪染一切有無等法有取捨心在透三句不過此人定言有罪若透三句外心如虚空亦莫作虚空想此人定言無罪又云罪若作了道不見有罪無有是處若不作罪道有罪亦無有是處如律中本迷煞人及轉相煞尚不得煞罪何況禪宗下相承心如虚空不停留一物亦無虚空相將罪何處安著亦云禪道不用脩但莫汚染亦云但融冶表裏心盡即得亦云但約照境秖如今照一切有無等法都無貪取亦莫取著亦云合與麼學李似浣垢衣衣是本有垢是外来聞説一切有無聲色如垢膩都莫将心湊泊菩提樹下三十二相八十種好屬色十二分教屬聲秖如今截斷一切有無聲色流過心如虚空相似合與麼學如救頭然始得臨命終時尋舊熟路行尚不徹到與麼時新調始學無有得期臨終之時盡是勝境現前隨心所愛重處先受秖如今不作悪事當此之時亦無悪境縦有悪境亦變成好境若怕臨終之時憧狂不得自由即須如今便自由始得秖如今於一一境法都無愛染亦莫依住知觧便是自由人如今是曰臨終是果果業巳現如何怕得怕是古今古若有今今亦

有古古若有佛今亦有佛如今若得直至未 十七
来際得秖如今一念一念不被一切有無等法管自古自今佛秖是人人秖是佛亦是三昧定不用將定入定不用將禪想禪不用將佛覓佛如云法不求法法不得法法不行法法不見法自然得法不以得更得所以菩薩應如是正念於法鑒然獨存亦無知獨存之法智性自如如非因所置亦名體結亦名躰集不是智知不是識識絶思量處凝寂躰盡忖度永亡如海大流盡波浪不復生亦云如大海水無風匝匝之波忽知匝匝之波此是細中之麁亡知於知還如細中之細是佛境界從此初知名三昧之頂亦名三昧王亦名爾焔智出生一切諸三昧灌一切諸法王子頂於一切色聲香味觸法刹土成等正覺内外通達悉無有閡一色一塵一佛一色一切佛一切色一切塵一切佛一切色聲香味觸法亦復如是一一徧滿一切刹土此是細中

之麁是善境界是一切上流知覺聞見亦是
一切上流出生入死度一切有無等是上流
所說亦是上流涅槃是無上道是無等等呪
是第一之說於諸說中最爲甚深無人能到
諸佛護念猶如清波能說一切水清濁深流
廣大之用諸佛護念行住坐卧若能如是我
睹爲現清淨光明身又云如汝自等語等我
亦如然一佛剎聲一佛剎香一佛剎味一佛
剎觸一佛剎事悉皆如是從此上至蓮華藏
世界縱廣揔皆如是若守初知爲解名頂結
亦名墮頂結是一切塵勞之根本自生知見
無繩自縛所知故繫世有二十五又散一切
諸煩惱門縛著於他此初知二乘見之名爲
爾焰識亦名微細煩惱便即斷除既得除已
名爲田神住空窟亦名三昧酒所醉亦名解
脫魔所縛世界成壞定力所持漏向別國土
都不覺知亦名解脫深坑可畏之處菩薩悉
皆遠離亦云失脚作轉輪王令四天下人一
審二　十八
日行十善此福智猶不能筭自己鑑覺名王
緣念著有無諸法名轉輪王秖如今於藏腑
中都不納一切有無等法離四句外名空空
名不死藥爲喚前王名不死藥雖云不死藥
與王共服亦非二物亦非一物若作一二解
亦名轉輪王秖如今有人以福智四事供養

四百萬億阿僧祇世界六趣四生隨其所欲
蒲八十年已後作是念然此衆生皆已衰老
我當以佛法而訓導之令得須陁洹果乃至
阿羅漢道如是施主但施衆生一切樂具功
德尚自無量何況令得須陁洹果乃至阿羅
漢道功德無量無邊猶不如第五十人聞經
隨喜功德報恩經云摩耶夫人生五百太子
盡得辟支佛果而皆滅度各各起塔供養一
一禮拜嘆言不如生於一子得無上菩提省
我心力秖如今於百千萬衆中有一人得者
償直三千大千世界所以常勸衆人須玄解
自理自理若玄使得福智如貴使賤亦如無
住車若守此作解名髻中珠亦名有價寶珠
亦名運糞入若不守此爲解如王髻中明珠
與之亦名無價大寶亦名運糞出佛直是纏
外人却來纏內與麼作佛直是生死那邊人
直是玄絕那邊人却來向者畔與麼作佛人
及獼猴俱不能行人喻十地菩薩獼猴喻凡
審二　十九
夫讀經看教求一切知解不是一向不許解
得三乘教善得瓔珞莊嚴具得三十二相窟
宅覓佛即不得數云貪著小乘三藏學者猶
不許親近何況自爲是破戒比丘名字羅漢
涅槃經中彼配入十六惡律儀中同於畋獵
漁捕爲利養故殺害大乘方等猶如甘露亦

如毒藥消得去如甘露消不去如毒藥讀經
看教若不解他生死語決定透它義句不過
莫讀最第一亦云須看教亦須叅善知識第
一須自有眼須辯它生死語始得若辯白不
得決定透不過秖是重增比丘繩索所以教
學玄旨人不遺讀文字如云說躰不說相說
義不說文如是說者名真說若說文字皆是
誹謗是名邪說菩薩若說當如法說亦名真
說當令衆生持心不持事持行不持法說人
不說字說義不說文說道欲界無禪亦是帶
一隻眼人語既云欲界無禪憑何得至色界
先因地上習二種定然後得至初禪有想定
無想定有想定生色界四禪等天無想定生
無色界四空等天欲界灼然無禪禪是色界
問如今說此土有禪如何師云不運不禪丸
如來禪離生禪想　問如何是有情無佛性
無情有佛性師云從人至佛是聖情執從人
至地獄是凡情執秖如今但於凡聖二境有
染愛心是名有情無佛性秖如今但於凡聖
二境及一切有無諸法都無取捨心亦無無
取捨知解是名無情有佛性秖是無其情繫
故名無情不同木石太虛黃花翠竹之無情
將爲有佛性若言有者何故經中不見受記
而得成佛者秖如今鑑覺但不被有情改變

喻如翠竹無不應機無不知時喻如黄花又云若踏佛階梯無情有佛性若未踏佛階梯有情無佛性

二十末

古尊宿語録卷第二

密二

古尊宿語録卷第一之二

校勘記

一 底本，明永樂南藏本。南藏本係鍾山僧人淨戒重校。該書還見録於徑山藏。徑山藏本與南藏本不但分卷不同，而且内容有很大差異，故作爲别本附録於南藏本之後。兩本均無校。

古尊宿語錄卷第三　　寄三

百丈禪師語之餘

黃檗禪師大鑑下三世嗣百丈

百丈大智禪師僧問大通智勝佛十刼坐道場佛法不現前不得成佛道如何師云刦者滯也亦云住也住一善滯於十善西國云佛此土云覺自己鑒覺滯著於善善根人無佛性故云佛法不現前不得成佛道觸惡住惡名衆生覺觸善住善名聲聞覺不住善惡二邊不依住將為是者名二乘覺亦名辟支佛覺既不依住善惡二邊亦不作不依住知解名菩薩覺既不依住亦不作無依住知解始得名為佛覺如云佛不住佛名真福田若於千萬人中忽有一人得者名無價寶能於一切處為導師無佛處云是佛無法處云是法無僧處云是僧名轉大法輪　問從上祖宗皆有密語遆相傳授如何師云無有密語如来無有祕密藏秖如今鑑覺語言分明覔形相了不可得是密語從須陁洹向上直至十地但有語句盡屬法之塵垢但有語句盡屬煩惱邊收但有語句盡屬不了義教但有語句盡不許也了義教俱非也更討什麼密語問空生大覺中如海一漚發如何師云空喻於漚海喻於性自己靈覺之性過於虛空故云空生大覺中如海一漚發　問伐林莫伐樹如何師云林者喻於心樹者喻於身因說林故生怖故云伐林莫伐樹　問語也染生拈箭言既染生不得無患患累既同緇素何辯師云但却發箭途中相拄如其相差必有所傷谷中尋響累刦無形響在口邊得失在於來問却問所歸還被於箭亦如知幻不是幻三祖云不識玄旨徒勞念靜亦云認物為見如持瓦礫用將何為若言不見木石何殊是故見與不見二俱有失舉一例諸問本無煩惱三十二相如何師云是佛邊事本有煩惱今有三十二相秖如今凡情是問無邊身菩薩不見如來頂相如何師云為作有邊見無邊見所以不見如來頂相秖如今都無一切有無等見亦無無見是名頂相現　問如今沙門盡言我依佛教學一經一論一禪一律一知一解合受檀越四事供養為消得否師云但約如今照用一聲一色一香一味於一切有無諸法一一境上都無纖塵取染亦不依住無取染亦無不依住知解者箇人日食萬兩黃金亦能消得秖如今照一切有無等法於六根門頭刮削併當貪愛有纖毫治不去乃至乞施主一粒米一縷線箇箇披毛戴角牽犁負重一一須償它始得為不依佛佛是無著人無求人無依人如今波波貪覔佛盡皆背也故云久親近於佛不識於佛性唯觀救世者輪回六趣中久乃見佛者為說佛難值文殊是七佛祖師亦云是娑婆世界第一主首菩薩無端作見佛想聞法想被佛威神力故猶降二鐵圍山不是不解特與諸學人作標則令諸後學人莫作與麼見聞但無一切有無等法有無等見一一箇箇透過三句外是名如意寶是名寶華承足若作佛見法見但是一切有無等見名眼翳見所見故亦名見纏亦名見蓋亦名見孽秖如今念念及一切見聞覺知及一切塵垢祛得盡但是一塵一色揔是一佛但起一念揔是一佛三世五陰念念誰知其數是名佛闔塞虛空是名分身佛是名寶塔現煶常歎言嗟今日所依之命依一顆米一莖菜餉時不得食飢死不得水渴死不得火寒死欠一日不生欠一日不死被四大把定不如先達者入火不燒入水不溺倘要燒便燒要溺便溺要生即生要死即死去住自由者箇人有自由分心若不乱不用求佛求菩提涅槃若著佛求屬貪貪變成病故云佛病最難治謗佛毀法乃可取食食者是自己靈覺性無漏飯解脫食此語

治十地菩薩病是從初至十地也　秖如今但有一切求心盡名破戒比丘名字羅漢盡名野干灼然銷他供養不得秖如今聞聲如響等嗅香如風等離一切有無等法亦不住於離亦無不住知解此人一切罪垢不能相累爲求無上菩提涅槃故名出家猶是邪纏况乎世間諍論覓勝負說我能我解貪一門徒愛一弟子戀一住處結一檀越一衣一食一名一利又言我得一切無閡秖是自誑秖如今能於自己五陰不爲其主被人割截節節支解都無怨吝之心亦不煩惱乃至自己弟子被人鞭打從頭至是如上一一等事都無一念生彼我心猶依住無一念將爲是此名法塵垢十地之人脫不去流入生死河所以常勸衆人須懼法塵煩惱如懼三塗乃有獨立分假使有一法過於涅槃者亦無少許生珍重想此人步步是佛不假脚踏蓮華分身百億秖如今於一切有無等法有纖毫愛染心縱然脚踏蓮華亦同魔作若執本清淨本解脫自是佛自是禪道解者即屬自然外道若執因緣脩成證得者即屬因緣外道執有即屬常見外道執無即屬斷見外道執亦有亦無即屬邊見外道執非有非無即屬空見外道亦云愚癡外道秖如今但莫作佛見涅槃等見都無一切有無等見亦無無見名正見無一切聞亦無無聞名正聞是名摧伏外道無凡夫魔來是大神呪無二乘魔來是大明呪無菩薩魔來是無上呪乃至亦無佛魔來是無等等呪一變衆生諂曲脩羅二變二乘諂曲脩羅　三變菩薩諂曲脩羅是三變凈土但是一切有無凡聖等法喻如金鑛自己如理喻如於金金與鑛各相去離真金露現忽有人覓錢覓寶變金爲錢與他亦如麨麩真正無諸沙鹵有人乞餅變麨爲餅與它亦如智臣善解王意王若行時索仙陁婆即便奉馬食時索仙陁婆即便奉鹽此等喻學玄旨人善能通達應機不失亦云六絕師子誌公云隨人造作百變十地菩薩不飢不飽入水不溺入火不燒倘要燒且不可得燒它被量數管它佛則不與麼入火不燒倘要燒便燒要溺便溺他使得四大風水自由一切色是佛色一切聲是佛聲自己滓穢諂曲心盡透過三句外得說此語菩薩清淨弟子明白所有言說不執無有一切照用不拘清濁有病不喫藥是愚人無病喫藥是聲聞人定執一法名定性聲聞一向多聞名增上慢聲聞知他名有學聲聞沈空滯寂及自知名無學聲聞貪嗔癡等是毒十二分教是藥毒未銷藥不得除無病喫藥藥變成病病去藥不消不生不滅是無常義涅槃經云有三惡欲一欲得四衆圍遶二欲得一切人爲我門徒三欲得一切人知我是聖人及阿羅漢迦葉經云一欲求見未來佛二欲求轉輪王三欲求刹利大姓四欲得婆羅門大姓乃至厭生死求涅槃如是惡欲先須斷之秖如今但有取染運念盡名惡欲盡屬六天摠被波旬管問二十年中常令除糞如何師云但息一切有無知見但息一切貪求箇箇透過三句外是名除糞秖如今求佛求菩提求一切有無等法是名運糞入不名運糞出秖如今作佛見作佛解但有所見所求所著盡名戲論之糞亦名麤言亦名死語如云大海不宿死屍等閑說話不名戲論說者辯清濁名戲論教文都摠有二十一般空淘擇衆生塵累沙門持齋持戒忍辱柔和慈悲喜捨尋常是僧家法則會與麼宛然依佛教秖是不許貪著依執若希望得佛得菩提等法者似手觸火文殊云若起佛見法見應當害已所以文殊執劍於瞿曇鴦掘持刀於釋氏如云菩薩行五無間而不入無間地獄他是圓通無間不同衆生五逆無間從波旬直至佛盡是垢膩都無纖毫依執如是名二乘道况乎諍

論兒勝負說我能我解秖名諍論僧不名無為僧秖如今但不貪染一切有無諸法是名無生是名正信信著一切法名信不具亦名信不圓亦名偏信不具故名一闡提如今歇得驀直悟解但人法俱泯人法俱絶人法俱空透三句外是名不墮諸數人者是信法者是戒施聞慧等菩薩忍不成佛忍不作衆生忍不持戒忍不破戒故云不持不犯智獨照清慧清識濁在佛名慧在菩薩名智在二乘及衆生迴則名識亦名煩惱在佛名果中說因在衆生名因中說果在佛名轉法輪在衆生名法輪轉在菩薩名瓔珞莊嚴具在衆生名五陰叢林在佛名本地無明是無明明故云無明爲道體不同衆生暗𢿙無明彼是所此是能彼是所聞此是能聞不一不異不斷不常不來不去是生語句是出轍語句不明不暗不佛不衆生摠與麼也来去斷常佛與衆生是死語偏不偏同異斷常等是外道義般若波羅蜜是自已佛性亦云摩訶衍摩訶是大義衍是乘義若守住自已知覺又成自然外道不用守如今鑑覺不用別求佛若更別求又屬因緣外道此土初祖云心有所是必有所非若貴一物則被一物惑若重一物則被一物惑信被信惑不信又被謗莫貴

莫不貴莫信莫不信佛亦不是無爲雖不是無爲又不是寞寞猶如虛空佛是大心衆生鑑覺多鑑覺雖多它鑑覺清淨貪瞋見捉他不著佛是纏外人無纖毫愛取亦無無愛取知解是名具足六度萬行若要莊嚴具種種皆有如不要他不用亦不失他使得因果福智自由是脩行非是執勞負重喚作修行却不與麼三身一體一體三身一者法身實相佛法身佛不明不暗明闇屬幻化實相由對虛得名本無一切名目如云佛身無爲不墮諸數成佛獻蓋等是升合擔語要從濁辨清淨名故云實相法身佛是名清淨法身毘盧遮那佛亦名虛空法身佛亦名大圓鏡智亦名第八識亦名性宗亦名空宗亦名佛居不淨不穢土亦名在窟師子亦名金剛後得智亦名無垢檀亦名第一義空亦名玄旨三祖云不識玄旨徒勞念靜二報身佛菩提樹下佛亦名幻化佛亦名相好佛亦名應身佛是名圓滿報身盧舍那佛亦名平等性智亦名第七識亦名酧因荅果佛同五十二禪那數同阿羅漢辟支佛同一切菩薩等同受生藏等苦不同衆生繫業等苦三化身佛秖如今於一切有無諸法都無貪染亦無無染離四句外所有言說辯才名化身佛是名千百億

化身釋迦牟尼佛亦名大神變亦名遊戲神通亦名妙觀察智亦名第六識供養者淨三業前際無煩惱可斷中際無自性可守後際無佛可成是三際斷是三業清淨是三輪空是三檀空云何比丘給侍於佛所謂不漏六根者亦名莊嚴空無諸漏林樹莊嚴空無諸染花果莊嚴空無佛眼約修行人法眼辯清濁亦不作辯清濁知解是名乃至無眼實積經云法身不可以見聞覺知求非肉眼所見以無色故非天眼所見以無妄故非慧眼所見以離相故非法眼所見以離諸行故非佛眼所見以離諸識故若不作如是見是名佛見同色非形色名真色同空非太虛名真空色空亦是藥病相治語法界觀云不可言即色不即色亦不可言即空不即空眼耳鼻舌身意不納一切有無諸法名轉入第七地七地菩薩不退七地向上三地菩薩心地明白易染說火即燒從色界向上布施是病慳貪是藥從色界向下慳貪是病布施是藥有作戒者割斷世間法但不身手作無過名無作戒亦云無表戒亦云無漏戒但有舉心動念盡名破戒秖如今但不被一切有無諸境惑亂亦不依住不惑亂亦無不依住知解是名偏學是名勤護念是名廣流布未悟未解時

名母悟了名子亦無無悟解知解是名母子俱喪無善纏無惡纏無佛纏無衆生纏量數亦然乃至都無一切量數纏故云佛是出纏過量人貪愛知解義句如母愛子唯多與乳酥喫消與不消都摠不知此語喻十地受人天尊貴煩惱生色界無色界禪定福樂煩惱不得自在神通飛騰隱顯徧至十方八諸佛淨土聽法之煩惱學慈悲喜捨因緣煩惱學空平等中道煩惱學三明六通四無閒煩惱牽大乘心發四弘誓願煩惱初地二地三地四地明解煩惱五地六地七地諸知見煩惱八地九地十地菩薩雙照二諦煩惱乃至李佛果百萬阿僧祇諸行煩惱唯貪義句知解不知却是繫縛煩惱故云見河能漂香象問見否答曰見問見後如何答曰見無二既云見無二不以見見於見若見更見爲前見是爲後見是如云見見之時見非是見見猶離見見不能及所以不行見法不行聞法不行覺法諸佛疾與授記難曰見既不是授記之言後何用記師云先悟宗人不被一切有無諸法相拘如浣垢衣故云離相名佛虛實盡不存中旨獨玄玄達一路同道後進契其階故云授記耳無明爲父貪愛爲母自己是病還醫自己是藥自己是刀還殺自己無明貪愛父

母故云殺父害母一語類破一切法喫非時食者亦復如是秖如今但是一切有無等法盡是喫非時食亦名惡食是穢食置於寶器是破戒是妄語是雜食佛是無求人如今貪求一切有無諸法但是所有所作皆背也却是謗佛但有貪染盡名授手秖如今但不貪染亦不依住不貪染亦無不依住九知解是名般若火是燒手指是不惜軀命是節節支解是出世間是掌世界於它方秖如今若於十二分教及一切有無諸法於藏腑中有纖毫停留是不出經但有所求所得但有生心動念盡名野干秖如今於藏腑中都無所求都無所得此人是大施王是師子吼亦不依住無所得亦無不依住知解是名六絶師子人我不生諸惡不起是納須弥於芥子中不起一切貪嗔八風等是悉能吸四大海水入口中不受一切虛妄語言是不入耳中不令身起一切惡於人是納一切火於腹中秖如今於一一境不惑不亂不嗔不喜於自己六根門頭刮削併當得凈潔是無事人勝一切知解頭陁精進是名天眼亦名了照爲眼是名法界性是作車載因果佛出世度衆生則前念不生後念莫續前念業謝名度衆生前念若嗔即將喜藥治之即名爲有佛度衆生但

是一切言教秖如治病爲病不同藥亦不同所以有時說有佛有時說無佛實語治病病若得瘥箇箇是實語治病若不瘥箇箇是虛妄語寔語是虛妄語生見故虛妄是實語斷衆生顛倒故爲病是虛妄秖有虛妄藥相治佛出世度衆生是九部教語是不了義教語瞋及喜病及藥摠是自己更無兩人何處有佛出世何處有衆生可度如經云實無衆生得滅度者亦云不愛佛菩提不貪染有無諸法名爲度它亦不守住自己名爲自度爲病不同藥亦不同處方不同不得一向固執依佛依菩提等法盡是依方故云至於智者不得一向教中所辯喻於黃葉亦如空拳誑小兒若人不知此理名同無明如云行般若菩薩不得取我語及依教動瞋如石頭愛如河水秖如今但無瞋無愛是透山河石壁直為治聾俗病多聞辯說治眼病從人至佛是得從人至地獄是失是非亦然三祖云得失是非一時放却不執住一切有無十諸法是名不住有緣亦不依住不依住是名不住空忍執自己是佛自己是禪道解者名內見執因緣脩証而成者名外見誌公云內見外見俱錯眼耳鼻舌各各不貪染一切有無諸法是名受持四句偈亦名四果六入無迹亦名六通

秖如今但不被一切有無諸法閡亦不依住不閡亦無不依住知解是名神通不守此神通是名無神通如云無神通菩薩足迹不可尋是佛向上人最不可思議人是自己天是智照讚即喜喜者屬境境是天讚是人人天交接兩得相見亦云净智為天正智為人本不是佛向渠說是佛名躰結秖如今但莫作佛知解亦無無不依住知解是名滅結亦名真如亦名躰如求佛求菩提名現身意秖如今但有一切求心盡名現身意如云求菩提雖是勝求重增塵累求佛是佛衆求一切有無諸法是衆生衆秖如今鑑覺但不依住一切有無諸法是不入衆數秖如今於一一聲香味觸法等不愛於一一境不貪但無十句濁心是了因成佛學文句覓解者名緣因成佛見佛知佛則得說佛有知有見却是謗佛若云佛知佛見佛聞佛說即得見火即得火見即不得如刀割物即得物割刀即不得知佛人見佛人聞佛人說佛人如恒河沙是佛知是佛見是佛聞是佛說萬中無一秖為自無眼依它作眼教中喚作比量智秖如今貪佛知解亦是比量智世間譬喻是順喻不了義教是順喻了義教是逆喻捨頭目髓腦是逆喻如今不愛佛菩提等法是逆喻難捨喻於頭目髓腦

如照著一切有無境法名頭被一切有無境法相撓著名手都未照前境持名髓腦聖地習凡因佛入衆生中同類誘引化導同渠餓鬼肢節火然與渠說般若波羅蜜令渠發心若一向在聖地憑何得至彼共渠語佛入諸類與衆生作舩筏同渠受苦無限勞極佛入苦處亦同衆生受苦佛秖是去住自由不同衆生佛不是虗空受苦何得不苦若說不苦此語違負等閑莫說錯說佛神通自在不自在且慚愧人不敢說佛是有為是無為不敢說佛自由不自由除讚藥方外不欲得露現兩頭醜陋教云若人安佛菩提置有所是邊其人得大罪亦云如不識佛人前向渠與麼說無過如無漏牛乳能治有漏病其牛者不在高原不居下隰此牛乳堪作藥高原喻於佛下隰喻於衆生如云如來實智法身又無此病辯才無閡昇騰自在不生不滅是名生老病死疼痛瘖瘂是暗喫茵蘂患痢疾而終是暗為藏明頭迹明暗都遣莫取無取亦無無取他不明不暗王宮生納耶輸陀羅八相成道聲聞外道妄想所計如云非雜食身純陁云我知如來決定不受不食第一須具兩隻眼照破兩頭事莫秖滯一隻眼向一邊行即有那箇邊到功德天黑暗女相隨有智主

人二俱不受秖如今心如虗空相似學始有所成西國高祖云雪山喻大涅槃此土初祖云心心如木石三祖云兀爾忘緣曹溪云善惡都莫思量先師云如迷人不辯方所肇公云閉智塞聰獨覺寘寘者矣文殊云心同虗空故敬禮無所觀甚深修多羅不聞不受持秖如今但是一切有無諸法都不見不聞六根杜塞若能與麼學與麼持經始有脩行分者箇語逆耳苦口可中與麼作得至第二第三生能向無佛處坐大道場示現成等正覺變惡為善變善為惡使惡法教化十地菩薩使善法教化地獄餓鬼能向明處解明縛能向暗處解暗縛攝金成土攝土成金百般作得變弄自由於恒沙世界外有求救者婆伽婆即披三十二相現其人前同渠語音與渠說法隨機感化應物殊形變現諸趣離我我所猶屬彼邊事猶是小用亦是佛事門中収大用者大身隱於無形大音匿於希聲如木中之火如鐘鼓之聲因緣未具時不可言其有無傍報生天棄之如涕唾菩薩六度萬行如乘死屍過岍如在牢獄厠孔得出佛披三十二相相喚作垢膩之衣亦云若說佛一向不受五陰無有是處佛不是虗空何得一向不受佛秖是去住自由不同衆生從一天界

至一天界從一佛刹至一佛刹諸佛常法又云若據三乘教受它信施供養他在地獄中菩薩行慈悲同類化導報恩不可常在涅槃又云如火見火但莫手觸火不燒人秖如今但無十句濁心貪心愛心染心瞋心執心住心依心著心取心戀心但是一句各有三句箇箇透過三句外但是一切照用任聽縱橫但是一切舉運施為語默啼笑盡是佛慧

筠州黃檗斷際禪師諱希運乃福州人也師初到洛京行乞吟添鉢聲有一嫗出林扉間云太無厭生師云汝猶未施責我無厭何耶嫗笑而掩扉師異之進而與語多所發藥須臾辭去嫗告之曰可往南昌見馬大師師至南昌大師已遷寂聞塔於石門遂往瞻禮時百丈大智禪師廬于塔傍師序其遠來之意願聞平日得力句百丈乃問巍巍堂堂從何方來師曰巍巍堂堂從嶺南來丈曰巍巍堂堂為何事師曰巍巍堂堂不為別事便礼拜又舉我再參馬大師侍立次大師顧繩床角拂子我問即此用離此用大師云汝他後開兩片皮將何為人我取拂子竪起大師云即此用離此用我挂拂子舊處被大師震威一喝我直得三日耳聾師聞是語不覺吐舌丈云子已後莫承嗣馬大師去否師云不然今日因師舉得見馬祖大機大用且不識馬祖若嗣馬祖已後喪我兒孫丈云見與師齊減師半德子甚有超師之作　百丈一日問師甚處來師云大雄山下採菌子來丈云還見大虫麼師作大虫聲丈拈斧作斫勢師與丈一掌丈吟吟而笑即歸上堂云大雄山下有一大虫汝等諸人也須好看百丈老漢今日親遭一口　師在百丈普請開田次丈問運闍梨開田不易師云隨衆作務丈云有煩道用師云爭敢辭勞丈云開得多少田師將钁築地三下丈便喝師掩耳而去　師問百丈從上宗乘如何指示於人丈據坐師云後代兒孫將何傳受丈云我將謂你是箇人便起去　南泉問師黃金為城白銀為壁是甚麼人居止處師云聖人居止處泉云更有一人居何國土師近前叉手而立泉云道不得何不請王老師道師云更有一人居何國土泉云可惜許　師上堂大衆纔集師拈拄杖一時打散後召大衆衆回首師云月似彎弓少雨多風　師一日捏拳謂泉云天下老和尚總在這裏我若放一線道從汝七縱八橫若不放過不消一捏時有僧問放一線道時如何師云七縱八橫云不放過時如何師云普

裴相國一日請師至郡以所解一編示師師接置於座略不披閱良久曰會麼裴曰未測師曰若便恁麼會得猶較些子若也形於紙墨何有吾宗裴乃贈詩一章曰自從大士傳心印額有圓珠七尺身掛錫十年棲蜀水浮盃今日渡漳濱一千龍象隨高步萬里香花結勝因擬欲事師為弟子不知將法付何人師亦無喜色自爾黃檗門風盛于江表矣

問如何是道如何脩行師云道是何物汝欲脩行問諸方宗師相承參禪學道如何師云接引鈍根人語未可依憑云此既是接引鈍根人語未審接上根人復說何法師云若是上根人何處更就它覓它自已尚不可得何況更別有法當情不見教中云法法何狀云若如此則都不要求覓也師云若與麼則省心力云如是則渾成斷絕不可是無也師云阿誰教它無他是阿誰你擬覓它云既不許覓何故又言莫斷它師云若不覓即便休誰教你斷你見目前虛空作麼生斷他云此法可得便同虛空否師云虛空早晚向你道有同有異我暫如此說你便向者裏生解云應是不與人生解耶師云我不曾鄣你要且解屬於情情生則智隔云向者裏莫生情是否師云若不生情阿誰道是問纔向和尚處發言為什麼便道話墮師云汝自是不解語人

有什麼隨負　問向来如許多言説皆是抵
敵語未曾有實法指示於人師云實法無顛
倒汝今問處自生顛倒覓什麼實法云既是顛
問處自生顛倒和尚荅處如何師云你且將
物照面看莫管它人又云只如箇癡狗相似
見物動處便吠風吹草木也不别又云我此
禪宗從上相承已来不曾教人求知求解只
云學道早是接引之詞然道亦不可學情存
學者却成迷道道無方所名大乘心此心不
在内外中間實無方所第一不得作知解只
是説汝如今情量處爲道情量若盡心無方
所此道天真本無名字只爲世人不識迷在
情中所以諸佛出来説破此事恐你諸人不
了權立道名不可守名而生解故云得魚忘
筌身心自然達道識心達本源故號爲沙門
沙門果者從息慮而成不從學得汝如今將
心求心傍它家舍只擬學取有什麼得時古
人心利纔聞一言便乃絶學所以喚作絶學
無爲閑道人今時人只欲得多知多解廣求
文義喚作脩行不知多知多解翻成壅塞唯
知多與兒酥乳喫消與不消都摠不知三乘
學道人皆是此樣盡名食不消者所謂知解
不消皆爲毒藥盡向生滅中取真如之中都
無此事故云我王庫内無如是刀從前所有

一切解處盡須併却令空即是空如来藏如
来藏者更無纖塵可有即是破有法王出現
世間亦云我於然燈佛所無少法可得此語
只爲空你情解知量但消融表裏情盡都無
依執是無事人三乘教網只是應機之藥隨
宜所説臨時施設各各不同但能了知即不
披惑第一客三不得於一機一教邊守文作解十六何
以如此實無有定法如来可説訶我此宗門不論
此事但知息心即休更不用思前慮後　問
從上来皆云即心是佛未審即那箇心是佛
師云你有幾箇心云爲復即凡心是佛即聖
是佛師云何處有凡聖心耶云即今三乘中
説有凡聖和尚何得言無師云三乘中分明
向你道凡聖心是妄你今不解返執爲有將
空作實豈不是妄妄故迷心汝但除却凡情
聖境心外更無别佛祖師西来直指一切人
全體是佛汝今不識執凡執聖向外馳騁還
自迷心所以向汝道即心是佛一念情生即
墮異趣無始已来不異今日無有異法故名
成等正覺云和尚所言即者是何道理師云
覓什麼道理纔有道理便即心異云前言無
始已来不異今日此理如何師云只爲覓故
汝自異它汝若不覓何處有異云既是不異
何更用説即師云汝若不認凡聖阿誰向汝

道即即若不即心亦不心可中心即俱忘阿
你更擬向何處覓去　問妄能鄣自心未審
而今以何遣妄師云起妄遣妄亦成妄妄本
無根只因分别而有你但於凡聖兩處情莫
計念自然無妄更擬若爲遣它都不得有纖
毫依執名爲我捨兩臂必當得佛云既無依
執家三當何相承師云以心傳心云若心相傳云十七
何言心亦無師云不得一法名爲傳心若了
此心即是無心無法云若無心無法云何名
傳師云汝聞道傳心將謂有可得也所以祖
師云認得心性時可説不思議了了無所得
得時不説知此事若教會何堪也　問只如
目前虚空可不是境豈無指境見心乎師云
什麼心教汝向境上見設汝見得只是箇照
境底心如人以鏡照面縱然得見眉目分明
元来只是影像何關汝事云若不因照何時
得見師云若也涉因常須假物有什麼了時
汝不見它向汝道撒手似君無一物徒勞謾
説數千般云他若識了照亦無物耶師云若
是無物更何用照你莫開眼寱語去上堂云
百種多知不如無求最第一也道人是無事
人實無許多般心無事亦無散去　問如何
是世諦師云説葛藤作什麼本来清淨何假
言説問荅但無一切心即名無漏智汝每日

行住坐卧一切言語但莫著有爲法出言瞬目盡同無漏如今末法向去多是學禪道者皆著一切聲色何不與我心心同虛空去如枯木石頭去如寒灰死火去方有少分相應若不如是他日盡被閻老子拷你在但離卻有無諸法心如日輪常在虛空光明自然不照而照不是省力底事到此之時無棲泊處即是行諸佛路便是應無所住而生其心此是你清淨法身名爲阿耨菩提若不會此意縱你學得多知勤苦脩行草衣木食不識自心盡名邪行定作天魔眷屬如此脩行當復何益故誌公云佛本是自心作那得向文字中求假饒你學得三賢四果十地滿心也只是在凡聖內坐不見道諸行無常是生滅法勢力盡箭還墜招得來生不如意爭似無爲實相門一超直入如來地爲你不是與麼人須要向古人建化門廣學知解誌公云不逢出世明師枉服大乘法藥你如今一切時中行住坐卧但學無心久久雖實爲你力量小不能頓超但得三年五年或十年須得箇入處自然會去爲汝不能如是須要將心學禪學道佛法有什麼交涉故云如來所說皆爲化人如將黃葉爲金止小兒啼決定不實若有實得非我宗門下客且與你本體有甚交涉故經云實無少法可得名爲阿耨菩提若也會得此意方知佛道魔道俱錯本來清淨皎皎地無方圓無大小無長短等相無漏無爲無迷無悟了了見無一物亦無人亦無佛大千沙界海中漚一切聖賢如電拂一切不如心真實法身從古至今與佛祖一般何處欠少一毫毛既會如是意大須努力盡今生去出息不保入息

問六祖不會經書何得傳衣爲祖秀上座是五百人首座爲教授師講得三十二本經論云何不傳衣師云爲它有心是有爲法所脩所證將爲是也所以五祖付六祖六祖當時只是默契得密授如來甚深意所以付法與它汝不見道法本法無法無法法亦法今付無法時法法何曾法若會此意方名出家兒方好脩行若不信云何明上座走來大庾嶺頭尋六祖六祖便問汝來求何事爲求衣爲求法明上座云不爲衣來但爲法來六祖云汝且暫時歛念善惡都莫思量明上座乃稟言六祖云不思善不思惡正當與麼時還我明上座父母未生時面目來明上座於言下忽然默契便禮拜云如人飲水冷暖自知某甲在五祖會中枉用三十年功夫今日方知不是六祖云如是到此之時方知祖師西來直指人心見性成佛不在言說豈不見阿難問迦葉云世尊傳金襴外別傳何法迦葉召阿難阿難應諾迦葉云倒卻門前剎竿著此便是祖師之標膀也甚生阿難三十年爲侍者只爲多聞智慧被佛呵云汝千日學慧不如一日學道若不學道滴水也難消夫出家人須知有從上來事分始得且如四祖下牛頭橫說竪說猶未知向上關捩子有此眼目方辨得邪正宗黨且當人事宜不能體會得但知學言語念向皮袋裏安著到處稱我會禪還替得汝生死麼輕忽老宿入地獄如箭我纔見汝入門來便識得了也還知麼急須努力莫容易事持片衣口食空過一生明眼人笑汝久後揔被俗漢等將去在宜自看遠近是阿誰面上事若會即便會若不會即散去珎重問如何是西來意師便打自餘施設皆被上機中下之流莫窺涯涘唐大中年終於本山謚斷際禪師塔曰廣業

古尊宿語錄卷第三　密三

古尊宿語録巻第四　　審四

黄檗斷際禪師宛陵録

丞相裴公問曰山中四五百人幾人得和尚法師云得者莫測其數何故道在心悟豈在言說言說秖是化童蒙耳問如何是佛師云即心是佛無心是道但無生心動念有無長短彼我能所等心心本是佛佛本是心心如虛空所以云佛真法身猶如虛空不用別求有求皆苦設使恒沙劫數行六度萬行得佛菩提亦非究竟何以故爲屬因緣造作故因緣若盡還歸無常所以云報化非真佛亦非說法者但識自心無我無人本來是佛問聖人無心即是佛凡夫無心莫沈空寂否師云法無凡聖亦無沈寂法本不有莫作無見法本不無莫作有見有之與無盡是情見猶如幻翳所以云見聞如幻翳知覺乃衆生祖宗門中只論息機忘見所以忘機則佛道隆分別則魔軍熾問心既本來是佛還脩六度萬行否師云悟在於心非關六度萬行六度萬行盡是化門接物度生邊事設使菩提真如實際解脫法身直至十地四果聖位盡是度門非關佛心心即是佛所以一切諸度門中佛心第一但無生死煩惱等心即不用菩提等法所以道佛說一切法度我一切心我無一切心何用一切法從佛至祖並不論別事唯論一心亦云一乘所以十方諦求更無餘乘此衆無枝葉唯有諸真實所以此意難信達磨來此土梁魏二國秖有可大師一人密信自心言下便會即心是佛身心俱無是名大道大道本來平等所以深信含生同一真性心性不異即性即心心不異性名之爲祖所以云認得心性時可說不思議　問佛度衆生否師云實無衆生如來度者我尚不可得非我何可得佛與衆生皆不可得云現有三十二相及度衆生何得言無師云凡所有相皆是虛妄若見諸相非相即見如來佛與衆生盡是汝作妄見秖爲不識本心謾作見解纔作佛見便被佛鄣纔作衆生見便被衆生鄣作凡作聖作淨作穢等見盡成其鄣障汝心故摠成輪轉猶如獼猴放一捉一無有歇期一等是學直須無學無凡無聖無淨無垢無大無小無漏無爲如是一心中方便勤莊嚴聽汝學得三乘十二分教有一切見解摠須捨却所以除去所有唯置一床寢疾而卧秖是不起諸見無一法可得不被法鄣透脫三界凡聖境域始得名爲出世佛所以云稽首如虛空無所依出過外道心既不異法亦不異心既無爲法亦無爲萬法盡由心變所以我心空故諸法空千品萬類悉皆同盡十方空界同一心體心本不異法亦不異秖爲汝見解不同譬如諸天同寶器食隨其福德飯色有異十方諸佛實無少法可得名爲阿耨菩提秖是一心實無異相亦無光彩亦無勝負無勝故無佛相無負故無衆生相云心既無相豈得全無三十二相八十種好化度衆生耶師云三十二相屬相凡所有相皆是虛妄八十種好屬色若以色見我是人行邪道不能見如來　問佛性與衆生性爲同爲別師云性無同異若約三乘教即說有佛性有衆生性遂有三乘因果即有同異若約佛乘及祖師相傳即不說如是事唯指一心非同非異非因非果所以云唯此一乘道無二亦無三除佛方便說　問無邊身菩薩爲什麼不見如來頂相師云實無可見何以故無邊身菩薩便是如來不應更見秖教汝不作佛見不落佛邊不作衆生見不落衆生邊不作有見不落有邊不作無見不落無邊不作凡見不落凡邊不作聖見不落聖邊但無諸見即是無邊身若有見處即名外道外道者樂於諸見菩薩於諸見而不動如來者即諸法如義所以云弥勒亦如也衆聖賢亦

如也如即無生如即無滅如即無見如即無聞如來頂即圓亦無無圓無圓見故不落圓邊所以佛身無爲不墮諸數權以虛空爲喻圓同大虛無欠無餘等閑無事莫強辯他境辯著便成識所以云圓成沈識海流轉若飄蓬秖道我知也學得也契悟也解脫也有道理也強處即喜弱處生嗔似者箇見解有什麼用處我向汝道等閑無事莫謾用心不用求真唯須息見所以內見外見俱錯佛道魔道俱惡所以文殊蹔起二見貶向二鐵圍山文殊即實智普賢即權智權實相對治究竟亦無權實唯是一心心且不佛不衆生無有異見纔有佛見便作衆生見有見無見常見斷見便成二鐵圍山被見障故祖師直指一切衆生本心本體本來是佛不假脩成不屬漸次不是明暗不是明故無明不是暗故無暗所以無無明亦無無明盡入我此宗門切須在意如此見得名之為法見法故名之為佛佛佛俱無名之爲僧喚作無爲僧亦名一體三寶夫求法者不著佛求不著法求不著衆求應無所求不著佛求故無佛不著法求故無法不著衆求故無僧　問和尚見今說法何得言無僧亦無法師云汝若見有法可說即是以音声求我若見有我即是處所法亦無法法即是心所以祖師云付此心法時法法何曾法無法無本心始解心心法实無一法可得名坐道場道場者秖是不起諸見悟法本空喚作空如來藏本來無一物何處有塵埃若得此中意逍遥何所論　問本來無一物無物便是否師云無亦不是菩提無是處亦無無知解　問何者是佛師云汝心是佛佛即是心心佛不異故云即心即佛若離於心别更無佛云若自心是佛祖師西來如何傳授師云祖師西來唯傳心佛直指汝等心本來是佛心心不異故名爲祖若直下見此意即頓超三乘一切諸位本來是佛不假脩成云若如此十方諸佛出世說於何法師云十方諸佛出世秖共說一心法所以佛密付與摩訶大迦葉此一心法體盡虛空徧法界名爲諸佛理論者箇法豈是汝於言句上解得他亦不是於一機一境上見得他此意唯是黙契得者一門名爲無爲法門若欲會得但知無心忽悟即得若用心擬學取即轉遠法若無岐路心一切取捨心心如木石始有學道分云如今現有種種妄念何以言無師云妄本無躰即是汝心所起汝若識心是佛心本無妄那得起心更認於妄汝若不生心動念自然無妄所以云心生則種種法生心滅則種種法滅今正妄念起時佛在何處師云汝今覺妄起時覺正是佛可中若無妄念佛亦無何故如此爲汝起心作佛見便謂有佛可成作衆生見便謂有衆生可度起心動念惣是汝見處若無一切見佛有何處所如文殊纔起佛見便貶向二鐵圍山云今正悟時佛在何處師云問從何來覺從何起語黙動静一切声色尽是佛事何處覔佛不可更頭上安頭嘴上加嘴但莫生異見山是山水是水僧是僧俗是俗山河大地日月星辰惣不出汝心三千世界都来是汝箇自己何處有多般心外無法滿目青山虛空世界皎皎地無絲髮許與汝作見解所以一切聲色是佛之惠法不孤起仗境方生為物之故有其多智終日說何曾說終日聞何曾聞所以釋迦四十九年說未曾說著一字云若如此何處是菩提師云菩提無是處佛亦不淂菩提衆生亦不失菩提不可以身得不可以心求一切衆生即菩提相　云如何發菩提心師云菩提無所得你今但發無所得心決定不淂一法即菩提心菩提無住處是故無有淂者故云我於然燈佛所無有少法可得佛即與我授記明知一切衆生本是菩提不應更淂菩提你今聞發菩提心謂將一箇心

學取佛去唯擬作佛道任汝三祇刧脩亦祇得箇報化佛與你本源真性佛有何交涉故云外求有相佛與汝不相似　問本既是佛那得更有四生六道種種形貌不同師云諸佛體圓更無增減流入六道處處皆圓萬類之中箇箇是佛譬如一團水銀分散諸處顆顆皆圓若不分時秖是一塊此一即一切一切即一種種形貌喻如屋舍捨驢屋入人屋捨人身至天身乃至声聞緣覺菩薩佛屋皆是汝取捨處所以有別本源之性何得有別問何者是精進師云身心不起是名第一牢強精進纔起心向外求者名爲歌利王愛游獵去心不外遊即是忍辱仙人身心俱無即是佛道　問若無心行此道得否師云無心即便是行此道更說什麼得與不得且如暫起一念便是境若無一念便是境忘心自滅無復可追尋　問如何是出三界師云善惡都莫思量當處便出三界如來出世爲破三有若無一切 密四 心三界亦非有如 六 一微塵破爲百分九十九分是無一分是有摩訶衍不能勝出百分俱無摩訶衍始能勝出

上堂云即心是佛上至諸佛下至蠢動含靈皆有佛性同一心體所以達磨從西天來唯傳一心法直指一切衆生本來是佛不假脩行但如今識取自心見自本性更莫別求云何識自心即如今言語者正是汝心若不言語又不作用心體如虛空相似無有相貌亦無方所亦不一向是無有而不可見故祖師云真性心地藏無頭亦無尾應緣而化物方便呼爲智若應緣之時不可言其有無正應之時亦無蹤跡既知如此如今但向無中棲泊即是行諸佛路經云應無所住而生其心一切衆生輪迴不息生死者意緣走作心於六道不停致使受種種苦淨名云難化之人心如猨猴故以若干種法制禦其心然後調伏所以心生種種法生心滅種種法滅故知一切諸法皆由心造乃至人天六道地獄脩羅盡由心造如今但學無心頓息諸緣莫生妄想分別無人無我無貪嗔無憎愛無勝負但除却如許多種妄想性自本來清淨即是脩行菩提法佛等若不會此意縱你廣學勤苦脩行木食草衣不識自心皆名邪行尽作天魔外道 密四 水陸諸神如此脩行當復 七 何益誌公云本體是自心作那得文字中求如今但識自心息却思惟妄想塵勞自然不生淨名云唯置一牀寢疾而卧心不起也如人卧疾攀緣都息妄想歇〻即是菩提如今若心裏紛紛不定任你學到三乘四果十地諸位合殺秖向凡聖中坐諸行尽歸無常勢力皆有盡期猶如箭射於空力盡還墜却歸生死輪迴如斯脩行不解佛意虛受辛苦豈非大錯誌公云未逢出世明師枉服大乘法藥如今但一切時中行住坐卧但學無心亦無分別亦無依倚亦無住著終日任運騰騰如癡人相似世人尽不識你你亦不用教人識不識之心如頑石頭都無縫罅一切法透汝心不入兀然無著如此始有少分相應透得三界境過名爲佛出世不漏心相名爲無漏智不作人天業不作地獄業不起一切心諸緣盡不生即此身心是自由人不是一向不生秖是隨意而生經云菩薩有意生身是也忽若未會無心著相皆屬魔業乃至作淨土佛事並皆成業乃名佛鄣障汝心故被因果管束去住無自由分所以菩提等法本不是有如來所說皆是化人猶如黃葉爲金錢權止小兒啼故實無有法名阿耨菩提如今既會此意何用驅驅但隨緣消舊業更莫造新殃心裏明明所以舊時見解揔須捨却淨名云除去所有法華云二十年中常令除糞秖是除去心中作見解處又云蠲除戲論之糞所以如來藏本自空寂秖是並不停留一法故經云諸佛國土亦復皆空若言佛道是脩學而

得如此見解全無交涉或作一機一境揚眉運目秖對相當便道契會也得証悟禪理也忽逢一人不解便道都無所知對他若得道理心中便歡喜若被他折伏不如它便即心懐惆悵如此心意學禪有何交涉任汝會得少許道理秖得箇心所法禪道揔沒交涉所以達磨𠚕壁都不令人有見處故云忘機是佛道分別是魔境此性縱汝迷時亦不失悟時亦不得天真自性本無迷悟尽十方虗空界元來是我一心體縱汝運用造作豈離虗空虗空本來無大無小無漏無為無迷無悟了了見無一物亦無人亦無佛絶纖毫的量是無依倚無粘綴一道清流是自性是無生法忍何有擬議真佛無口不解說法真聽無耳其誰聞乎珎重　有僧辭歸宗宗云往甚處去云諸方學五味禪去宗云諸方有五味禪我者裏秖是一味禪云如何是一味禪宗便打僧云會也會也宗云道道僧擬開口宗又打其僧後到師處師問甚麼處來云歸宗來師云歸宗有何言句僧遂舉前話師乃上堂舉此因緣云馬大師出八十四人善知識問著箇箇屙漉漉地秖有歸宗較些子

師在塩官會裏大中帝為沙弥師於佛殿上禮佛沙弥云不著佛求不著法求不著衆求長老禮拜當何所求師云不著佛求不著法求不著衆求常禮如是事沙弥云用禮何為師便掌沙弥云太麁生師云者裏是什麼所在說麁說細隨後又掌沙弥便走

師行脚時到南泉一日齋時捧鉢向南泉位上坐南泉下来見便問長老什麼年中行道師云威音王已前南泉云猶是王老師孫在師便下去師一日在茶堂内坐南泉下来問定恵　學明見佛性此理如何師云十二時中不依倚一物泉云莫便是長老見處麼師云不敢泉云漿水錢且置草鞋錢教什麼人還師便休後溈山舉此因緣問仰山莫是黃檗構它南泉不得麼仰山云不然須知黃檗有陷虎之機溈山云子見處得與麼長

一日五人新到同時相看一人不禮拜以手畫一圓相而立師云還知道好隻獵犬麼云尋羚羊氣来師云羚羊無氣汝向什麼處尋云尋羚羊蹤来師云羚羊無踪汝向什麼處尋云尋羚羊跡来師云羚羊無跡汝向什麼處尋云與麼則死羚羊也師便休来日陞座退問昨日尋羚羊僧出来其僧便出師云老僧昨日後頭未有語在作麼生其僧無語師云將謂是本色衲僧元来秖是義學沙門師曾散衆在洪州開元寺裴相公一日入寺行次見壁畫乃問寺主者畫是什麼寺主云畫高僧相公云形影在者裏高僧在什麼處寺主無對相公云是間莫有禪僧麼寺主云有一人相公遂請師相見乃舉前話問師師召云裴休休應喏師云在什麼處相公於言下有省乃再請師開堂

夫學道者先須併却雜學諸緣决定不求决定不著聞甚深法恰似清風届耳瞥然而過更不追尋是為甚深入如来禪離生禪想從上祖師唯傳一心更無二法指心是佛頓超等妙二覺之表决定不流至第二念始佀入我宗門如斯之法汝取次人到者裏擬作麼生學所以道擬心時被擬心魔縛非擬心時又被非擬心魔縛非非擬心時又被非非擬心魔縛非外来出自你心唯有無神通菩薩是跡不可尋若以一切時中心有常見即是常見外道若觀一切法空作空見者即是断見外道所以三界唯心萬法唯識此猶是對外道邪見人說若說法身以為極果此對三賢十聖人言故佛断二愚一者微細所知愚二者極微細所知愚佛既如是更說什麼等妙二覺来所以一切人但欲向明不欲向暗但欲求悟不愛煩惱無明便道佛是覺衆生是妄若作如是見解百刦千生輪回六道更無断絶何以故為

謗諸佛本源自性故他分明向你道佛且不明衆生不暗法無明暗故佛且不强衆生且不弱法無强弱故佛且不智衆生且不愚法無愚智故是你出頭揔道解禪開著口便病發不說本秪說末不說迷秪說悟不說躰秪說用揔無你話論處他一切法且本不有今亦不無緣起不有緣滅不無本亦不有本非本故心亦不心心非心故相亦非相相非相故所以道無法無本心始解心心法法即非法非法即法無法無非法故是心心法忽然暫起一念了知如幻如化即流入過去佛過去佛且不有未来佛且不無又且不喚作未来佛現在念念不住不喚作現在佛佛若起時即不擬他是覺是迷是善是惡輒不得執滯他斷絶他如一念暫起千重關鎖不得萬丈繩索索他不住既若如是爭合便擬滅他止他分明向你道爾燄識你作麽生擬斷他喻如陽燄你道近十方世界求不可得始道遠看時秪在目前你擬趂他他又轉遠去你始避他他又来逐你取又不得捨又不得既若如此故知一切法性自爾即不用愁他慮他如言前念是凡後念是聖如手翻覆一般此是三乘教之極也據我禪宗中前念且不是凡後念且不是聖前念不是佛後念不

是衆生所以一切色是佛色一切聲是佛聲舉著一理一切理皆然見一事見一切事見一心見一切心見一道見一切道一切處無不是道見一塵十方世界山河大地皆然見一滴水即見十方世界一切性水又見一切法即見一切心一切法本空心即不無不無即妙有有亦不有不有即有即真空妙有既若如是十方世界不出我之一心一切微塵國土不出我之一念若然說什麽内之與外如蜜性甜一切蜜皆然不可者箇蜜甜餘底苦也何處有與麽事所以道虚空無内外法性自爾虚空無中間法性自爾故衆生即佛佛即衆生衆生與佛元同一躰生死涅槃有爲無爲元同一躰世間出世間乃至六道四生山河大地有性無性亦同一躰言同者名相亦空有亦空無亦空盡恒沙世界元是一空既若如此何處有佛度衆生何處有衆生受佛度何故如此萬法之性自爾故若作自然見即落自然外道若作無我無我所見墮在三賢十聖位中你如今云何將一尺一寸便擬量度虚空他分明向汝道法法不相到法自寂故當處自住當處自真以身空故名法空以心空故名性空身心揔空故名法性空乃至千途異說皆不離你之本心如今說

菩提涅槃真如佛性二乘菩薩者皆指葉爲黄金拳掌之說若也展手之時一切大衆若天若人皆見掌中都無一物所以道本来無一物何處有塵埃本既無物三際本無所有故學道人單刀直入須見者箇意始得故達磨大師從西天来至此土經多少國土秪覔淂可大師一人密傳心印印你本心以心印法以法印心心既如此法亦如此同真際等法性法性空中誰是授記人誰是成佛人誰是淂法人他分明向你道菩提者不可以身淂身無相故不可以心得心無相故不可以性淂性即便是本源自性天真佛故不可以佛更淂佛不可以無相更淂無相不可以空更淂空不可以道更得道本無所淂無淂亦不可得所以道無一法可得秪教你了取本心當下了時不淂了相無了無不了相亦不可得如此之法得者即淂得者不自覺知不得者亦不自覺知如此之法從上已来有幾人得知所以道天下忘巳者有幾人如今於一機一境一經一教一世一時一名一字六根門前領淂與機關木人何別忽有一人出来不於一名一相上作解者我說此人盡十方世界覔者箇人不可淂以無第二人故繼於祖位亦云釋種無雜純一故言王若成佛

時王子亦隨出家此意大難知秖教你莫覔覔便失却如癡人山上叫一声響從谷出便走下山趂及乎覔不得又叫一聲山上響又應亦走上山上趂如是千生萬刦秖是尋聲逐響人虚生浪死漢汝若無声即無響涅槃者無聞無知無声絶迹絶踪若得如是稍與祖師隣房也　問如王庫藏内都無如是刀伏願誨示師云王庫藏者即虚空性也能攝十方虚空世界皆揔不出你心亦謂之虚空藏菩薩你若道是有是無非有非無揔成羊角羊角者即你求覔者也問王庫藏中有真刀否師云此亦是羊角云若王庫藏中本無真刀何故云王子持王庫中真刀出至異國何得言無師云持刀出者此喻如来使者你若言王子持王庫中真刀出去者庫中應空去也本源虚空性不可被異人将去是什麽語設你有者皆名羊角　問迦葉受佛心印得為傳語人否師云是云若是傳語人應不離得羊角師云迦葉自領得本心所以不是羊角若以領得如来心見如来意見如来色相者即屬如来使為傳語人所以阿難為侍者二十年但見如来色相所以被佛呵云唯觀救世者不能離得羊角　問文殊執劍於瞿曇前者如何師云五百菩薩得宿命智見

過去生業障五百者即你五陰身是以見此夙命障故求佛求菩提涅槃所以文殊將智觧劍害此有見佛心故故言你善害云何者是劍師云觧心是劍云觧心既是劍斷此有見佛心秖如能斷見心何能除得師云還將你無分別智斷此有見分別心云如作有見有求佛心將無分别智劍斷争柰有智劍在何師云若無分別智害有見無見無分別智亦不可得云不可以智更斷智不可以劍更斷劍師云劍自害劍劍劍相害即劍亦不可得智自害智智智相害即智亦不可得母子俱喪亦復如是問如何是見性云性即是見見即是性不可以性更見性聞即是性不可以性更聞性秖你作性見能聞能見性便有一異法生他分明道所可見者不可更見你云何頭上更著頭他分明道如盤中散珠大者大圓小者小圓各各不相知各各不相碍起時不言我起滅時不言我滅所以四生六道未有不如時且衆生不見佛佛不見衆生四果不見四向四向不見四果三賢十聖不見等妙二覺等妙二覺不見三賢十聖乃至水不見火火不見水地不見風風不見地衆生不入法界佛不出法界所以法性無去来無能所見既如此因什麽道我見我聞於善

知識處得契悟善知識與我說法諸佛出世與衆生說法迦旃延秖為以生滅心傳實相法被淨名呵責分明道一切法本来無縛何用解他本来不染何用淨他故云實相如是豈可說乎汝今秖成是非心染淨心學得一知一觧繞天下行見人便擬定當取誰有心眼誰強誰弱若也如此天地懸殊更說什麽見性　問既言性即見見即性秖如性自無障碍無剗限云何隔物即不見又於虚空中近即見遠即不見者如何師云此是你妄生異見若言隔物不見無物言見便謂性有隔碍者全無交涉性且非見非不見法亦非見非不見若見性人何處不是我之本性所以六道四生山河大地揔是我之性淨明體故云見色便見心色心不異故秖爲取相作見聞覺知去却前物始擬得見者即墮二乘人中依通見觧也虚空中近則見遠則不見此是外道中收分明道非内亦非外非近亦非遠近而不可見者萬物之性也近尚不可見更道遠而不可見有什麽意旨　問學人不會和尚如何指示師云我無一物從来不曾將一物與人你無始已来秖爲被人指示覔契覔會此可不是弟子與師俱陷王難你但知一念不受即是無受身一念不想即是無

想身决定不遷流造作即是無行身莫思量卜度分明即是無識身你如今纔別起一念即入十二因緣無明緣行亦因亦果乃至老死亦因亦果故善財童子一百一十處求善知識秖向十二因緣中求最後見彌勒弥勒却指見文殊文殊者即汝本地無明若心心別異向外求善知識者一念纔生即滅纔滅又生所以汝等比丘亦生亦老亦病亦死酧因荅果已來即五聚之生滅五聚者五陰也一念不起即十八界空即身便是菩提花果即心便是靈智亦云靈臺若有所住著即身爲死屍亦云守死屍鬼問淨名默然文殊讚嘆云是真入不二法門如何師云不二法門即你本心也說與不說即有起滅無言說時無所顯示故文殊讚嘆云淨名不說声有斷滅否師云語即默默即語語默不二故云声之實性亦無斷滅文殊本聞亦不斷滅所以如來常說未曾有不說時如來說即是法法即是說法說不二故乃至報化二身菩薩聲聞山河大地水鳥樹林一時說法所以語亦說默亦說終日說而未甞說既若如是但以默爲本問聲聞人藏形於三界不能藏於菩提者如何師云形者質也声聞人但能斷三界見脩已離煩惱不能藏於菩提故還被魔王於菩提中捉得於林中宴坐還成微細見菩提心也菩薩人已於三界菩提决定不捨不取不取故七大中覓他不得不捨故外魔亦覓他不得汝但擬著一法印子早成也印著有即六道四生文出印著空即無相文現如今但知决定不印一切物此印爲虗空不一不二空本不空印本不有十方虗空世界諸佛出世如見電光一般觀一切蠢運含靈如響一般見十方微塵國土恰似海中一滴水相似聞一切甚深法如幻如化心心不異法法不異乃至千經萬論秖爲你之一心若能不取一切相故言如是一心中方便勤莊嚴問如我昔為歌利王割截身躰如何師云仙人者即是你心歌利王好求也不守王位謂之貪利如今李人不積功累德見者便擬學與歌利王何別如見色時壞却仙人眼聞聲時壞却仙人耳乃至覔知時亦復如是喚作節節支解云秖如仙人忍時不合更有節節支解不可一心忍一心不忍也師云你作無生見忍辱解無求解揔是傷損云仙人被割時還知痛否又云此中無受者是誰受痛師云你既不痛出頭來覔箇甚麼問然燈佛授記爲在五百歲中五百歲外師云五百歲中不淂授記所言授記者你本決定不忘不失有爲不取菩提但以了世非世亦不出五百歲外別得授記亦不於五百歲中得授記云了世三際相不可得已否師云無一法可得云何故言頻經五百世前後極時長師云五百世長遠當知猶是仙人故然燈授記時實無少法可得　問教中云銷我億刦顛倒想不歷僧秖獲法身者如何師云若以三無数刦脩行有所證得者尽恒沙刦不得若於一剎那中獲得法身直了見性者猶是三乘教之極談也何以故以見法身可獲故皆屬不了義教中収　問見法頓了者見祖師意否師云祖師心出虗空外云有限劑否師云有無限劑此皆数量對待之法祖師云且非有限量非無限量非非有無限量以絶待故你今學者未能出得三乘教外爭喚作禪師分明向汝道一等學禪莫取次妄生異見如人飲水冷暖自知一行一任一剎那間念念不異若不如是不免輪迴問佛身無爲不墮諸数何故佛身舍利八解四斗師云你作如是見秖見假舍利不見真舍利云舍利爲是本有爲復功勳師云非是本有亦非功勳云若非本有又非功勳何故如來舍利唯鍊唯精金骨常存師乃呵云你作如此見解爭喚作學禪人你見虗空曾有骨否諸佛心同太

虛覓什麽骨云如今見有舍利此是何法師云此從你妄想心生即見舍利云和尚還有舍利否請將出來看師云真舍利難見你但以十指撮盡妙高峯為微塵即見真舍利

夫叅禪學道須得一切處不生心秖論忘機即佛道隆分別即魔軍盛畢竟無毛頭許少法可得問祖傳法付與何人師云無法與人云云何是二祖請師安心師云你若道有二祖即合覓得心覓心不可得故所以道與你安心竟若有所得全歸生滅問佛窮得無明否師云無明即是一切諸佛得道之處所以緣起是道場所見一塵一色便合無邊理性舉足下足不離道場道場者無所得也我向你道秖無所得名為坐道場云無明者爲明爲暗師云非明非暗明暗是代謝之法無明且不明亦不暗不明秖是本明不明不暗秖者一句子亂却天下人眼所以道假使滿世間皆如舍利佛盡思共度量不能測佛智其無礙惠出過虛空無你語論處釋迦量等三千大千世界忽有一菩薩出來一跨跨却三千大千世界不出普賢一毛孔你如今把什麼本領擬學他云既是學不得爲什麼道歸源性無二方便有多門如之何師云歸源性無二者無明實性即諸佛性方便有多門者聲聞人見無明生見無明滅緣覺人但見無明滅不見無明生念念證寂滅諸佛見衆生終日生而無生終日滅而無滅無生無滅即大乘果所以道果滿菩提圓花開世界起舉足即佛下足即衆生諸佛兩足尊者即理足事足衆生足生死足一切等足故不求足

你今念念學佛即嫌著衆生若嫌著衆生即是謗他十方諸佛所以佛出世來執除糞器蠲除戲論之糞秖教你除却從來學心見心除得盡即不墮戲論亦云搬糞出秖教你不生心心若不生自然成大智者決定不分別佛與衆生一切盡不分別始得入我曹谿門下故自古先聖云少行我法門所以無行爲我法門秖是一心門一切人到者裏盡不敢入不道全無秖是少人得得者即是佛珍重

問如何得不落階級師云但終日喫飯未曾咬著一粒米終日行未曾踏著一片地與麼時無人無我等相終日不離一切事不被諸境惑方名自在人念念不見一切相莫認前後三際前際無去今際無住後際無来安然端坐任運不拘方名解脫努力努力此門中千人萬人秖得三箇五箇若不將爲事受殃有日在故云著力今生須了却誰能累劫受餘殃

古尊宿語錄卷第四

古尊宿語錄卷第五　容五

臨濟禪師大鑒下四世嗣黃檗

臨濟慧照禪師諱義玄曹州南華邢氏子初參黃檗問佛法的的大意三度遭棒不領旨乃辭檗令參高安大愚愚問黃檗有何言句師舉前話愚云黃檗恁麼老婆心為你得徹困猶覓過在師於言下大悟鎮州府主王常侍與諸官請師升座上堂云山僧今日事不獲已曲順人情方登此座若約祖宗門下稱揚大事直是開口不得無你措足處山僧此日以常侍堅請那隱綱宗還有作家戰將直下展陣開旗麼對衆證據看僧問如何是佛法大意師便喝僧禮拜師云這箇師僧却堪持論問師唱誰家曲宗風嗣阿誰師云我在黃檗處三度發問三度被打僧擬議師便喝隨後打云不可向虛空裡釘橛去也

有座主問三乘十二分教豈不是明佛性師云荒草不曾鋤主云佛豈賺人也師云佛在什麼處主無語師云對常侍前擬瞞老僧速退速退妨他別人請問復云此日法筵為一大事故更有問話者麼速致問來你纔開口早勿交涉也何以如此不見釋尊云法離文字不屬因不在緣故為你信不及所以今日葛藤恐滯常侍與諸官員昧他佛性不如且退喝一喝云少信根人終無了日久立珎重

師因一日到河北府主王常侍請師升座時麻谷出問大悲千手眼那箇是正眼師云大悲千手眼那箇是正眼速道速道麻谷拽師下座麻谷却坐師近前云不審麻谷擬議師亦拽麻谷下座師却坐麻谷便出去師便下座

上堂云赤肉團上有一無位真人常從汝等諸人面門出入未證據者看看時有僧出問如何是無位真人師下禪牀把住云道道其僧擬議師托開云無位真人是什麼乾屎橛便歸方丈

上堂有僧出禮拜師便喝僧云老和尚莫探頭好師云你道落在什麼處僧便喝又有僧問如何是佛法大意師便喝僧禮拜師云你道好喝也無僧云草賊大敗師云過在什麼處僧云再犯不容師便喝是日兩堂首座相見同時下喝僧問師還有賓主也無師云賓主歷然師云大衆要會臨濟賓主句問取堂中二首座便下座

上堂僧問如何是佛法大意師豎起拂子僧便喝師便打　又僧問如何是佛法大意師亦豎起拂子僧便喝師亦喝僧擬議師便打師乃云大衆夫為法者不避喪身失命我二十年在黃蘗先師處三度問佛法的的大意三度蒙他賜杖如蒿枝拂著相似如今更思得一頓棒喫誰人為我行得時有僧出衆云某甲行得師拈棒與他其僧擬接師便打

上堂僧問如何是劍刃上事師云禍事禍事僧擬議師便打問祇如石室行者踏碓忘却移脚向什麼處去師云沒溺深泉　師乃云但有來者不虧欠伊總識伊來處若與麼來恰似失却不與麼來無繩自縛一切時中莫亂斟酌會與不會都來是錯分明與麼道一任天下人貶剝久立珎重

上堂云一人在孤峯頂上無出身之路一人在十字街頭亦無向背那箇在前那箇在後不作維摩詰不作傅大士珎重

上堂云有一人論劫在途中不離家舍有一人離家舍不在途中那箇合受人天供養便下座

上堂僧問如何是第一句師云三要印開朱點窄未容擬議主賓分問如何是第二句師云妙解豈容無著問漚和爭負截流機問如何是第三句師云看取棚頭弄傀儡抽牽全藉裏頭人師又云一句語須具三玄門一玄門須具三要有權有用汝等諸人作麼生會下座

師晚參示衆云有時奪人不奪境有時奪境不奪人有時人境俱奪有時人境俱不奪時有僧問如何是奪人不奪境師云煦日發生

鋪地錦嬰孩垂髮白如絲僧云如何是奪境不奪人師云王令已行天下徧將軍塞外絕烟塵僧云如何是人境兩俱奪師云并汾絕信独處一方僧云如何是人境俱不奪師云王登宝殿野老謳歌　師乃云今時學佛法者且要求真正見解若得真正見解生死不涤去住自由不要求殊勝殊勝自至道流秖如自古先德皆有出人底路如山僧指示人處秖要你不受人惑要用便用更莫遲疑如今學者不得病在甚處病在不自信處你若自信不及即便忙忙地徇一切境轉被他萬境回換不得自由你若能歇得念念馳求心便与祖佛不別你欲得識祖佛麼秖你面前聽法的是學人信不及便向外馳求設求得者皆是文字勝相終不得他活祖意莫錯諸禪德此時不遇萬刧千生輪回三界徇好境掇去驢牛肚裏生道流約山僧見處与釋迦不別今日多般用處欠少什麼一道神光未曾間歇若能如是見得秖是一生無事人大德三界無安猶如火宅此不是你久停住處無常殺鬼一刹那間不揀貴賤老少你要与祖佛不別但莫外求你一念心上清淨光是你屋裏法身佛你一念心上無分別光是你屋裏報身佛你一念心上無差別光是你屋裏化身佛此三種身是你即今目前聽法底人秖為不向外馳求有此功用據經論家取三種身為極則約山僧見處不然此三種身是名言亦是三種依古人云身依義立土據体論法性身法性土明知是光影大德你且識取弄光影底人是諸佛之本源一切處是

宮五　四

道流歸舍處是你四大色身不解說法聽法脾胃肝膽不解說法聽法虛空不解說法聽法是什麼解說法聽法是你目前歷歷底勿一箇形段孤明是這箇解說法聽法若如是見得便與祖佛不別但一切時中更莫間斷觸目皆是秖為情生智隔想変体殊所以輪回三界受種種苦若約山僧見處無不甚深無不解脫道流心法無形通貫十方在眼曰見在耳曰聞在鼻齅香在口談論在手執捉在足運奔本是一精明分為六和合一心既無隨處解脫山僧与麼說意在什麼處秖為道流一切馳求心不能歇上他古人閑機境道流取山僧見處坐斷報化佛頭十地滿心猶如客作兒等妙二覺擔枷鎖漢羅漢辟支猶如厠穢菩提涅槃如繫驢橛何以如此秖為道流不達三祇刧空所以有此障礙若是真正道人終不如是但能隨緣消舊業任運著衣裳要行即行要坐即坐無一念心希求佛果緣何如此古人云若欲作業求佛佛是生死大兆大德時光可惜秖擬傍家波波地學禪學道認名認句求佛求祖求善知識意度莫錯道流你秖有一箇父母更求何物你自返照看古人云演若達多失却頭求心歇處即無事大德且要平常莫作模樣有一般

宮五　五

不識好惡禿奴便即見神見鬼指東劃西好晴好雨如是之流盡須抵債向閻老前吞熱鐵丸有日好人家男女被這一般野狐精魅所著便即捏怪瞎屢生索飯錢有日在

師示衆云道流切要求取真正見解向天下橫行免被這一般精魅惑亂無事是貴人但莫造作秖是平常你擬向外傍家求過覓脚手錯了也秖擬求佛佛是名句你還識馳求底麼三世十方佛祖出来也秖為求法如今叅學道流也秖為求法得法始了未得依前輪回五道云何是法法者是心法心法無形通貫十方目前現用人信不及便乃認名認句向文字中求意度佛法天地懸殊道流山僧說法說什麼法說心地法便能入凡入聖入淨入穢入真入俗要且不是你真俗凡聖能與一切真俗凡聖安著名字真俗凡聖与此人安著名字不得道流把得便用更不著名字號之為玄旨山僧說法与天下人別秖

如有箇文殊普賢出來目前各現一身問法纔道咨和尚我早辨了也老僧穩坐更有道流來相見時我盡辨了也何以如此秖為我見處別外不取凡聖内不住根本見徹更不疑謬

師示衆云道流佛法無用功處秖是平常無事屙屎送尿著衣喫飯困來即卧愚人咲我智乃知焉古人云向外作工夫摠是癡頑漢你且隨處作主立處皆真境來回換不得縱有從來習氣五無間業自為解脫大海今時學者摠不識法猶如觸鼻羊逢著物安在口裏奴郎不辨賓主不分如是之流邪心入道鬧處即入不得名為真出家人正是真俗家人夫出家者須辨得平常真正見解辨佛辨魔辨真辨偽辨凡辨聖若如是辨得名真出家若魔佛不辨正是出一家入一家喚作造業衆生未得名為真出家秖如今有一箇佛魔同体不分如水乳合鵝王喫乳如明眼道流魔佛俱打你若愛聖憎凡生死海裏浮沉宻五

問如何是佛魔師云你一念六心疑處是佛魔你若達得萬法無生心如幻化更無一塵一法處處清淨是佛然佛与魔是染淨二境約山僧見處無佛無衆生無古無今得者便得不歷時節無修無證無得無失一切時中更無別法設有一法過此者我說如夢如化山僧所說皆是道流即今目前孤明歷歷地聽者此人處處不滯通貫十方三界自在入一切境差別不能回換一刹那間透入法界逢佛說佛逢祖說祖逢羅漢說羅漢逢餓鬼說餓鬼向一切處游履國土教化衆生未曾離一念隨處清淨光透十方万法一如道流大丈夫兒今日方知本來無事秖為你信不及念念馳求捨頭覓頭自不能歇如圓頓菩薩入法界現身向淨土中厭凡忻聖如此之流取捨未忘染淨心在如禪宗見解又且不然直是現今更無時節山僧說處皆是一期藥病相治摠無實法若如是見得是真出家日消萬兩黃金道流莫取次被諸方老師印破面門道我解禪解道辯似懸河皆是造地獄業若是真正學道人不求世間過切急要求真正見解若達真正見解圓明方始了畢

問如何是真正見解師云你但一切入凡入聖入染入淨入諸佛國土宻五入弥勒樓閣七入毗盧遮那法界處處皆現國土成住壞空佛出于世轉大法輪却入涅槃不見有去來相貌求其生死了不可得便入無生法界處處游履國土入華藏世界尽見諸法空相皆無實法唯有聽法無依道人是諸佛之母所以佛從無依生若悟無依佛亦無得若如是見得者是真正見解學人不了為執名句被他凡聖名碍所以障其道眼不得分明秖如十二分教皆是表顯之說學者不會便向表顯名句上生解皆是依倚落在因果未免三界生死你若欲得生死去住脫著自由即今識取聽法底人無形無相無根無本無住處活撥撥地應是萬種施設用處秖是無處所以覓著轉遠求之轉乖号之為秘密道流你莫認著箇夢幻伴子遲晚中間便歸無常你向此世界中覓箇什麼物作解脫覓取一口飯喫補毳過時且要訪尋知識莫因循逐樂光陰可惜念念無常麤則被地水火風細則被生住異滅四相所逼道流今時且要識取四種無相境免被境擺撲

問如何是四種無相境師云你一念心疑被地來碍你一念心愛被水來溺你一念心嗔被火來燒你一念心喜被風來飄若能如是辨得不被境轉處處用境東涌西没南涌北没中涌邊没邊涌中没履水如地履地如水緣何如此為達四大如夢如幻故道流你秖今聽法者不是你四大能用你四大若能如是見得便乃去住自由約山僧見處勿嫌底法你若愛聖聖者聖之名有一般學人向五臺山裏求文殊早錯了也五臺山無文殊你

欲識文殊麼秖你目前用處始終不異處處不疑此箇是活文殊你一念心無差別光處處總是真普賢你一念心自能解縛隨處解脫此是觀音三昧法互為主伴出則一時出一即三三即一如是解得始好看教

師示衆云如今學道人且要自信莫向外覓總上他閑塵境都不辨邪正秖如有祖有佛皆是教迹中事有人拈起一句子語或隱顯中出便即疑生照天照地傍家尋問也大茫然大丈夫兒莫秖麼論主論賊論是論非論色論財論說閑話過日山僧此間不論僧俗但有來者盡識得伊任伊向甚處出來但有聲名文句皆是夢幻却見乘境底人是諸佛之玄旨佛境不能自稱我是佛境還是這箇無依道人乘境出來若有人出來問我求佛我即應清淨境出有人問我菩薩我即應慈悲境出有人問我菩提我即應淨妙境出有人問我涅槃我即應寂靜境出境即万般差別人即不別所以應物現形如水中月道流你若欲得如法直須是大丈夫兒始得若萎萎隨隨地則不得也夫如䭎嗄之器不堪貯醍醐如大器者直要不受人惑隨處作主立處皆真但有來者皆不得受你一念疑即魔入心如菩薩疑時生死魔得便但能息念更莫外求物來即照你但信現今用底一箇事也無你一念心生三界隨緣被境分為六塵你如今應用處欠少什麼一剎那間便入淨入穢入彌勒樓閣入三眼國土處處遊履唯見空名

問如何是三眼國土師云我共你入淨妙國土中著清淨衣說法身佛又入無差別國土中著無差別衣說報身佛又入解脫國土中著光明衣說化身佛此三眼國土皆是依變約經論家取法身為根本報化二身為用山僧見處法身即不解說法所以古人云身依義立土據体論法性身法性土明知是建立之法依通國土空拳黃葉用誑小兒蒺䔧菱刺枯骨上覓什麼汁心外無法內亦不可得求什麼物你諸方言道有修有證莫錯設有修得者皆是生死業你言六度萬行齊修我見皆是造業求佛求法即是造地獄業求菩薩亦是造業看經看教亦是造業佛与祖師是無事人所以有漏有為無漏無為為清淨業有一般瞎禿子飽喫飯了便坐禪觀行把捉念漏不令放起厭喧求靜是外道法祖師云你若住心看靜擧心外照攝心內澄凝心入定如是之流皆是造作是你如今与麼聽法底人作麼生擬修他證他莊嚴他渠且不是修底物不是莊嚴得底物若教他莊嚴一切佛即莊嚴得你且莫錯道流你取這一般老師口裏語為是真道是善知識不思議我是凡夫心不敢測度他老宿瞎屢生你一生秖作這个見解辜負這一双眼冷噤噤地如凍淩上驢駒相似我不敢毀善知識怕生口業道流夫大善知識始敢毀佛毀祖是非天下排斥三藏數罵辱諸小兒向逆順中覓人所以我於十二年中求一个業性如芥子許不可得若似新婦子禪師便即怕趂出院不与飯喫不安不樂自古先輩到處人不信被遞出始知是貴若到處人盡肯堪作什麼所以師子一吼野干腦裂道流諸方說有道可修有法可證你說證何法修何道你今用處欠少什麼物修補何處後生小阿師不會便即信這般野狐精魅許他說事繫縛他人言道理行相應護惜三業始得成佛如此說者如春細雨古人云路逢達道人第一莫向道所以言若人修道道不行万般邪境競頭生智劒出來無一物明頭未顯暗頭明所以古人云平常心是道大德覓什麼物現今目前聽法無依道人歷歷地分明未曾欠少你若欲得与祖佛不別但如是見不用疑誤你心心不異名之活祖心若有異則性相別心不異故即性相不別問如何是心

心不異處師云你擬問早異了也性相各分
道流莫錯世出世諸法皆無自性亦無生性
但有空名名字亦空你秖麼認他閑名為寔
大錯了也設有皆是依変之境有箇菩提依
涅槃依解脫依三身依境智依菩薩依佛依
你向依変國土中覔什麼物乃至三乘十二
分教是拭不淨故紙佛是幻化身祖是老比
丘你還是娘生已否你若求佛即被佛魔攝
你若求祖即被祖魔縛你若有求皆苦不如
無事有一般秃比丘向學人道佛是究竟於
三大阿僧祇刧脩行果滿始成道道流你若
道佛是究竟緣什麼八十年後向拘尸羅城
雙林樹間側卧而死去佛今何在明知與我
生死不別你言三十二相八十種好是佛轉
輪聖王應是如来明知是幻化古人云如来
舉身相為順世間情恐人生断見權且立虛
名假言三十二八十也空聲有身非覺体無
相乃真形你道佛有六通是不可思議一切
十一
諸天神仙阿脩羅大力鬼亦有神通應是佛
否道流莫錯秖如阿脩羅與天帝釋戰戰敗
領八萬四千眷属入藕絲孔中藏莫是聖否
如山僧所舉皆是業通依通夫如佛六通者
不然入色界不被色惑入聲界不被聲惑入
香界不被香惑入味界不被味惑入觸界不

被觸惑入法界不被法惑所以達六種色声
香味觸法皆是空相不能繫縛此無依道人
雖是五蘊漏質便是地行神通道流真佛無
形真法無相你秖麼幻化上頭作模作樣設
求得者皆是野狐精魅並不是真佛是外道
見解夫如真學道人並不取佛不取菩薩羅
漢不取三界殊勝逈然独脫不与物拘乾坤
倒覆我更不疑十方諸佛現前無一念心喜
三塗地獄頓現無一念心怖緣何如此我見
諸法空相変即有不変即無三界唯心万法
唯識所以夢幻空花何勞把捉唯有道流目
前現今聽法底人入火不燒入水不溺入三
塗地獄如遊園觀入餓鬼畜生而不受報緣
何如此無嫌底法你若愛聖憎凡生死海裏
沉浮煩惱由心故有無心煩惱何拘不勞分
別取相自然得道須臾你擬傍家波波地學
得於三祇刧中終歸生死不如無事向叢林
中牀角頭交脚坐道流如諸方有學人来主
客相見了便有一句子語辨前頭善知識被
學人拈出个機權語路向善知識口角頭攛
過看你識不識你若識得是境把得便抛向
坑子裏學人便即尋常然後便索善知識語
依前奪之學人云上智哉是大善知識即云
你大不識好悪如善知識把出箇境塊子向

學人面前弄前人辨得了不作主不受境惑
善知識便即現半身學人便唱善知識又入
一切差別語路中擺撲學人云不識好悪老
秃奴善知識歎曰真正道流如諸方善知識
不辨邪正學人来問菩提涅槃三身境智瞎
老師便与他解說被他學人罵著便把捧打
他言無禮度自是你善知識無眼不得嗔他
十二
有一般不識好悪秃奴即指東劃西好晴好
雨好燈籠露柱你看眉毛有幾莖這箇具機
緣學人不會便即心狂如是之流惣是野狐
精魅魍魎被他好學人嗌嗌微咲言瞎老秃
奴惑乱他天下人道流出家兒且要學道秖
如山僧往日曾向毗尼中留心亦曾於經論
尋討後方知是濟世藥表顯之說遂乃一時
抛却即訪道參禪後遇大善知識方乃道眼
分明始識得天下老和尚知其邪正不是娘
生下便會還是体究練磨一朝自省道流你
欲得如法見解但莫受人惑向裏向外逢著
便殺逢佛殺佛逢祖殺祖逢羅漢殺羅漢逢
父母殺父母逢親眷殺親眷始得解脫不與
物拘透脫自在如諸方學道流未有不依物
出来底山僧向此間從頭打手上出来手上
打口裏出来口裏打眼裏出来眼裏打未有
一箇独脫出来底皆是上他古人閑機境山

僧無一法与人秪是治病解縛你諸方道流
試不依物出来我要共你商量十年五歲並
無一人皆是依草附葉竹木精靈野狐精魅
向一切糞塊上亂咬瞎漢枉消他十方信施
道我是出家兒作如是見解向你道無佛無
法無修無證秪與麼傍家擬求什麼物瞎漢
寄五
頭上安頭是你欠少什麼道流是你目前用
十三
底與祖佛不別秪麼不信便向外求莫錯向
外無法內亦不可得你取山僧口裏語不如
休歇無事去已起者莫續未起者不要放起
便勝你十年行脚約山僧見處無如許多般
秪是平常著衣吃飯無事過時你諸方来者
皆是有心求佛求法求解脫求出離三界癡
人你要出三界什麼處去佛祖是賞繫底名
句你欲識三界麼不離你今聽法底心地你
一念心貪是欲界你一念心嗔是色界你一
念心癡是無色界是你屋裏家具子三界不
自道我是三界還是道流目前靈靈地照燭
萬般酌度世界底人与三界安名大德四大
色身是無常乃至脾胃肝膽髮毛爪齒唯見
諸法空相你一念心歇得處喚作菩提樹你
一念心不能歇得處喚作無明樹無明無住
處無明無始終你若念念心歇不得便上他
無明樹便入六道四生披毛戴角你若歇得

便是清淨身界你一念不生便是上菩提樹
三界神通变化意生化身法喜禪悅身光自
照思衣羅綺千重思食百味具足更無橫病
菩提無住處是故無得者道流大丈夫漢更
疑箇什麼目前用處更是阿誰把得便用莫
著名字号為玄旨與麼見得勿嫌底法古人
云心隨萬境轉轉處实能幽隨流認得性無
喜亦無憂道流如禪宗見解死活循然參學
之人大須子細如主客相見便有言論往来
或應物現形或全体作用或把機權喜怒或
現半身或乘師子或乘象王如有真正斈人
便喝先拈出一个膠盆子善知識不辨是境
便上他境上作模作樣斈人便喝前人不肎
放此是膏肓之病不堪醫喚作客看主或是
善知識不拈出物隨斈人問處即奪斈人被
奪抵死不放此是主看客或有斈人應一箇
清淨境出善知識前善知識辨得是境把得
抛向坑裏學人言大好善知識即云咄哉不
寄五
十四
識好惡學人便礼拜此喚作主看主或有斈
人披枷帶鎖出善知識前善知識更與安一
重枷鎖學人歡喜彼此不辨呼為客看客大
德山僧如是所舉皆是辨魔揀異知其邪正
道流寔情大難佛法幽玄解得可可地山僧
竟日与他說破斈者惣不在意千徧萬徧脚

底踏過黑沒焌地無一箇形段歷歷孤明斈
人信不及便向名句上生解年登半百秪管
傍家負死屍行檐却檐子天下走索草鞋錢
有日在大德山僧說向外無法斈人不會便
即向裏作解便即倚壁坐舌拄上齶湛然不
動取此為是祖門佛法也大錯是你若取不
動清淨境為是你即認他無明為郎主古人
云湛湛黑暗深坑寔可怖畏此之是也你若
認他動者是一切草木皆解動應可是道也
所以動者是風大不動者是地大動与不動
俱無自性你若向動處捉他他向不動處立
你若向不動處捉他他向動處立譬如潛泉
魚鼓波而自躍大德動與不動是二種境還
是無依道人用動用不動如諸方斈人来山
僧此間作三種根器斷如中下根器来我便
奪其境而不除其法或中上根器来我便境
法俱奪如上上根器来我便境法人俱不奪
如有出格見解人来山僧此間便全体作用
寄五
十五
不歷根器大德到這裏斈人著力處不通風
石火電光即過了也斈人若眼定動即沒交
涉擬心即差動念即乖有人解者不離目前
大德你檐鉢囊屎檐子傍家走求佛求法即
今与麼馳求底你還識渠麼活撥撥地秪是
勿根株擁不聚撥不散求著即轉遠不求還

在目前靈音屬耳若人不信徒勞百年道流
一刹那間便入華藏世界入毗盧遮那國土
入解脫國土入神通國土入清淨國土入法
界入穢入淨入凡入聖入餓鬼畜生處處討
覓尋皆不見有生有死唯有空名幻化空花
不勞把捉得失是非一時放却道流山僧佛
法的的相承從麻谷和尚丹霞和尚道一和尚
廬山拽石頭和尚一路行遍天下無人信得
盡皆起謗如道一和尚用處純一無雜學人
三百五百盡皆不見他意如廬山和尚自在
真正順逆用處學人不測涯際悉皆茫然如
丹霞和尚翫珠隱顯學人來者皆悉被罵如
麻谷用處苦如黃蘗近皆不得如石鞏用處
向箭頭上覓人來者皆懼如山僧今日用處
真正成壞翫弄神變入一切境隨處無事境
不能換但有來求者我即便出看渠渠不識
我我便著數般衣學人生解一向入我言句
苦哉瞎禿子無眼人把我著底衣認青黃赤
白我脫却入清淨境中學人一見便生忻欲
我又脫却學人失心茫然狂走言我無衣我
即向渠道你識我著衣底人否忽爾回頭認
我了也大德你莫認衣衣不能動人能著衣
有箇清淨衣有个無生衣菩提衣涅槃衣有
祖衣有佛衣大德但有聲名文句皆悉是衣

變從臍輪氣海中鼓激牙齒敲磕成其句義
明知是幻化大德外發聲語業內表心所法
以思有念皆悉是衣你祇麼認他著底衣為
寔解縱經塵劫秖是衣通三界循還輪回生
死不如無事相逢不相識共語不知名今時
學人不得蓋為認名字為解大冊子上抄死
峯四
老漢語三重五重複子裹不教人見道是玄 十六
旨以為保重大錯瞎屢生你向枯骨上覓什
麼汁有一般不識好惡向教中取意度商量
成於句義如把屎塊子向口裏含了吐過與
別人猶如俗人打傳口令相似一生虛過也
道我出家被他問著佛法便即杜口無詞眼
似漆突口如褊檐如此之類逢弥勒出世移
置他方世界寄地獄受苦大德你波波地往
諸方覓什麼物踏你脚板闊無佛可求無道
可成無法可得外求有相佛与汝不相似欲
識汝本心非合亦非離道流真佛無形真道
無体真法無相三法混融和合一處辨既不
得喚作忙忙業識眾生問如何是真佛真法
真道乞垂開示師云佛者心清淨是法者心
光明是道者處處無礙淨光是三即一皆是
空名而無寔有如真正作道人念念心不間
斷自達磨大師從西土來秖是覓箇不受人
惑底人後遇二祖一言便了始知從前虛用

功夫山僧今日見處與祖佛不別若第一句
中得與祖佛為師若第二句中得與人天為
師若第三句中得自救不了　問如何是
西來意師云若有意自救不了云既無意云
何二祖得法師云得者是不得云既若不得
云何是不得底意師云為你向一切處馳求
峯五
心不能歇所以祖師言咄哉丈夫將頭覓頭 十七
你言下便自回光返照更不別求知身心與
祖佛不別當下無事方名得法大德山僧今
時事不獲已話度說出許多不才淨你且莫
錯據我見處寔無許多般道理要用便用不
用便休秖如諸方說六度万行以為佛法我
道是莊嚴門佛事門非是佛法乃至持齋持
戒擎油不潤道眼不明盡須抵債索飯錢有
日在何故如此入道不通理復身還信施長
者八十一其樹不生耳乃至孤峯獨宿一食
卯齋長坐不臥六時行道皆是造業底人乃
至頭目髓腦國城妻子象馬七珍盡皆捨施
如是等見皆是苦身心故還招苦果不如無
事純一無雜乃至十地滿心菩薩皆求此道
流蹤跡了不可得所以諸天歡喜地神捧足
十方諸佛無不稱嘆緣何如此為今聽法道
人用處無蹤跡　問大通智勝佛十劫坐
道場佛法不現前不得成佛道未審此意如

何乞師指示師云大通者是自巳於處處達其萬法無性無相名爲大通智勝者於一切處不疑不得一法名爲智勝佛者心清淨光明透徹法界得名爲佛十刼坐道場者十波羅蜜是佛法不現前者佛本不生法本不滅云何更有現前不得成佛道者佛不應更作佛古人云佛常在世間而不染世間法道流你欲得作佛莫隨万物心生種種法生心滅種種法滅一心不生萬法無咎世與出世無佛無法亦不現前亦不曾失設有者皆是名言章句接引小兒施設藥病表顯名句且名句不自名句還是你目前昭昭靈靈鑒覺聞知照燭底安一切名句大德造五無間業方得解脫

問如何是五無間業師云殺父害母出佛身血破和合僧焚燒經像等此是五無間業云如何是父師云無明是父你一念心求起滅處不得如響應空隨處無事名爲殺父云如何是母師云貪愛爲母你一念

宮五 十八

心入欲界中求其貪愛唯見諸法空相處處無著名爲害母云如何是出佛身血師云你向清淨法界中無一念心生解便處處黑暗是出佛身血云如何是破和合僧師云你一念心正達煩惱結使如空無所依是破和合僧云如何是焚燒經像師云見因緣空心空法空一念決定斷迥然無事便是焚燒經像大德若如是達得免被他凡聖名碍你一念心祇向空拳指上生實解根境法中虛捏怪自輕而退屈言我是凡夫他是聖人禿屢生有甚死急披他師子皮却作野干鳴大丈夫漢不作丈夫氣息自家屋裏物不肯信祇麽向外覓上他古人閑名句倚陰博陽不能特達逢境便緣逢塵便執觸處惑起自無准定道流莫取山僧說處何故說無憑據一期間圖畫虛空如彩畫像等喻道流莫將佛爲究竟我見猶如厠孔菩薩羅漢盡是枷鎖縛人底物所以文殊仗劍殺於瞿曇鴦掘持刀害於釋氏道流無佛可得乃至三乘五性圓頓教迹皆是一期藥病相治並無實法設有皆是相似表顯路布文字差排且如是說道流有一般禿子便向裏許著功擬求出世之法錯了也若人求佛是人失佛若人求道是人失道若人求祖是人失祖大德莫錯我且不

宮五 十九

取你解經論我亦不取你國王大臣我亦不取你辯似懸河我亦不取你聰明智慧唯要你真正見解道流設解得百本經論不如一箇無事底阿師你解得即輕慢他人勝負脩羅人我無明長地獄業如善星比丘解十二分教生身陷地獄大地不容不如無事休歇去飢来吃飯睡来合眼愚人咲我智乃知焉道流莫向文字中求心動疲勞吸冷氣无益不如一念緣起無生超出三乘權学菩薩大德莫因循過日山僧往日未有見處時黑漫漫地光陰不可空過腹熱心忙奔波訪道後還得力始到今日共道流如是話度勸諸道流莫爲衣食看世界易過善知識難遇如優曇花時一現耳你諸方聞道有箇臨濟老漢出来便擬問難教語不得被山僧全体作用学人空開得眼口總動不得懵然不知以何答我我向伊道龍象蹴踏非驢所堪你諸處祇指胸點肋道我解禪解道三个两个到這裏不柰何咄哉你將這箇身心到處簸兩片皮誑謼閭閻吃鐵棒有日在非出家兒盡向阿脩羅界攝夫如至理之道非諍論而求激揚鏗鏘以摧外道至於佛祖相承更無別意設有言教落在化儀三乘五性人天因果如圓頓之教又且不然童子善財皆不求過大德莫錯用心如大海不停死屍祇麽擔却擬天下走自起見障以碍於心日上無雲麗天普照眼中無翳空裏無花道流你欲得如法但莫生疑展則弥綸法界收則絲髮不立歷歷孤明未曾欠少眼不見耳不聞喚作什麼物古人云說似一物則不中你但自家看更

有什麼說亦無尽各自著力珎重
勘辨　黄檗因入厨次問飯頭作什麼飯
頭云揀衆僧米黄檗云一日喫多少飯頭云
二石五黄檗云莫太多麼飯頭云猶恐少在
黄檗便打飯頭却挙侶師師云我爲汝勘這
老漢纔到侍立次黄檗挙前話師云飯頭不
會請和尚代一轉語師便問莫太多麼黄檗
宮五　二十
云何不道来日更吃一頓師云說什麼来日
即今便喫道了便掌黄檗云這風顛漢又来
這裡捋虎鬚師便喝出去後溈山問仰山此
二尊宿意作麼生仰山云和尚作麼生溈山
云養子方知父慈仰山云不然溈山云子又
作麼生仰山云大侶勾賊破家
師問僧什麼處来僧便喝師便揖坐僧擬議
師便打師見僧来便竪起拂子僧礼拜師便
打又見僧来亦竪起拂子僧不顧師亦打
師一日同普化赴施主家斎次師問毛呑巨
海芥納須弥為是神通妙用本体如然普化
踏到飯牀師云太麁生普化云這裡是什麼
所在說麁說細師来日又同普化赴斎問今
日供養何似昨日普化依前踏倒飯林師云
得即得太麁生普化云瞎漢佛法說什麼麁
細師乃吐舌　師一日与河陽木塔長老
同在僧堂地炉内坐曰說普化每日在街市

掣風掣顛知佗是凡是聖言猶未了普化入
来師便問汝是凡是聖普化云汝且道我是
凡是聖師便喝普化以手指云河陽新婦子
木塔老婆禪臨済小厮兒却具一隻眼師云
這賊普化云賊賊便出去　一日普化在
僧堂前吃生菜師見云大似一頭驢普化便
作驢鳴師云這賊普化云賊賊便出去
宮五　廿一
曰普化常於街市揺鈴云明頭来明頭打暗
頭来暗頭打四方八面来旋風打虚空来連
架打師令侍者去纔見如是道便把住云惣
不与麼来時如何普化托開云来日大悲院
裡有斎侍者回挙似師師云我從来疑著這
漢　有一老宿参師未曾人事便問礼拜
即是不礼拜即是師便喝老宿便礼拜師云
好箇草賊老宿云賊賊便出去師云莫道無
事好首座侍立次師云還有過也無首座云
有師云賓家有過主家有過首座云二俱有
過師云過在什麼處首座便出去師云莫道
無事好後有僧挙似南泉南泉云官馬相踏
師曰入軍營赴斎門首見員僚師指露柱問
是凡是聖員僚無語師打露柱云直饒道得
也秖是箇木橛便入去　師問院主什麼
處来主云州中糶黄米去来師云糶得尽麼
主云糶得盡師以杖面前畫一畫云還糶得

這箇麼主便喝師便打典座至師挙前語典
座云院主不會和尚意師云你作麼生典座
便禮拜師亦打有座主来相看次師問座主
講何經論主云某甲荒虚粗習百法論師云
有一人於三乗十二分教明得有一人於三
乗十二分教明不得是同是别主云明得即
同明不得即别樂普為侍者在師後立云座
主這裡是什麼所在說同說别師回首問侍
者汝又作麼生侍者便喝師送座主回来遂
問侍者適来是汝喝老僧侍者云是師便打
師聞第二代徳山垂示云道得也三十棒道
不得也三十棒師令樂普去問道得為什麼
也三十棒待伊打汝接住棒送一送看佗作
麼生普到彼如教而問徳山便打普接住送
一送徳山便歸方丈普回挙似師師云我從
来疑著這漢雖然如是汝還見徳山麼普擬
議師便打　王常侍一日訪師同師於僧
堂前看乃問這一堂僧還看經麼師云不看
二十二末
經侍云還学禅麼師云不学禅侍云經又不
看禅又不学畢竟作箇什麼師云惣教伊成
佛作祖去侍云金屑雖貴落眼成翳又作麼
生師云将為你是箇俗漢　師問杏山如
何是露地白牛山云吽吽師云啞那山云長
老作麼生師云這畜生　師問樂普云從

上来一人行棒一人行喝阿那箇親普云憁不親師云親麼作麼生普便喝師乃打師見僧来展開兩手僧無語師云會麼云不會師云渾崙擘不開与你兩文錢

趙州行脚時參師遇師洗脚次州便問如何是祖師西来意師云恰值老僧洗脚州近前作聽勢師云更要第二杓悪水潑在州便下去

有定上座到參問如何是佛法大意師下縄林擒住与一掌便托開定佇立傍僧云定上座何不礼拜定方禮拜忽然大悟

古尊宿語録卷第五

密五

古尊宿語録卷第六　寄六

臨濟禪師語録之餘

興化禪師大鑑下五世嗣臨濟

臨濟慧照禪師餘録　師問洛浦云從上来一人行棒一人行喝阿那箇親洛浦云總不親師曰親處作麽生洛浦便喝師便打一日大覺到參師舉起拂子大覺敷坐具師擲下拂子大覺收坐具入僧堂衆僧云這僧莫是和尚親故不禮拜又不喫棒師聞令喚覺覺出師云大衆道汝未參長老覺云不審便自歸衆　麻谷到參敷坐具問十二面觀音阿那面正師下繩林一手收坐具一手搊麻谷云十二面觀音向什麽處去也麻谷轉身擬坐繩林師拈拄杖打麻谷接却相捉入方丈　師問僧有時一喝如金剛王寶劒有時一喝如踞地金毛師子有時一喝如探竿影草有時一喝不作一喝用汝作麽生會僧擬議師便喝　師問一尼善来惡来尼便喝師拈棒云更道更道尼又喝師便打

龍牙問如何是祖師西来意師云与我過禪板来牙便過禪板與師師接得便打牙云打即任打要且無祖師意牙後到翠微問如何是祖師西来意微云與我過蒲團来牙便過蒲團與翠微翠微接得便打牙云打即任打要且無祖師意牙住院後有僧入室請益云和尚行脚時參二尊宿因縁還肯他也無牙云肯即深肯要且無祖師意　徑山有五百衆少人參請黄蘗令師到徑山乃謂師曰汝到彼作麽生師云某甲到彼自有方便師到徑山裝腰上法堂見徑山徑山方舉頭師便喝徑山擬開口師拂袖便行尋有僧問徑山這僧適来有什麽言句便喝和尚徑山云這僧從黄蘗會裏来你要知麽自問取他徑山五百衆太半分散　普化一日於街市中就人乞直裰人皆與之普化俱不要師令院主買棺一具普化歸来師云我與汝做得箇直裰了也普化便自擔去繞街市叫云臨濟与我做直裰了也我往東門遷化去市人競隨看之普化云我今日未来日往南門遷化去如是三日人皆不信至第四日無人隨看獨出城外自入棺内倩路行人釘之即時傳布市人競往開棺乃見全身脱去秖聞空中鈴響隱隱而去　師栽松次黄蘗問深山裡栽許多作什麽師云一與山門作境致二與後人作標榜道了將钁頭打地三下黄蘗云雖然如是子已喫吾三十棒了也師又以钁頭打地三下作噓

噓聲黄蘗云吾宗到汝大興於世後溈山舉此語問仰山黄蘗當時秖囑臨濟一人更有人在仰山云有秖是年代深遠不欲舉似和尚溈山云雖然如是吾亦要知汝但舉看仰山云一人指南呉越令行遇大風即止　師侍立德山次山云今日困師云這老漢寐語作什麽山便打師掀倒繩林山便休　師普請鉏地次見黄蘗来拄钁而立黄蘗云這漢困那師云钁也未舉困箇什麽黄蘗便打師接住棒一送送倒黄蘗喚維那維那扶起我維那近前扶云和尚争容得這風顛漢無禮黄蘗纔起便打維那師钁地云諸方火葬我這裡一時活埋後溈山問仰山黄蘗打維那意作麽生仰山云正賊走却邏蹤人喫棒　師一日在僧堂前坐見黄蘗来便閉却目黄蘗乃作怖勢便歸方丈師隨至方丈禮謝首座在黄蘗處侍立黄蘗云此僧雖是後生却知有此事首座云老和尚脚跟不點地却證據箇後生黄蘗自於口上打一摑首座云知即得　師見普化乃云我在南方馳書到溈山時知你先在此住待我来及我来得汝佐賛我今欲建立黄蘗宗旨汝切須為我成褫普化珎重下去克符後至師亦如是道符亦珎重下

去三日後普化却上問訊云和尚前日道甚麼師拈棒便打下又三日克符亦上問訊乃問和尚前日打普化作甚麼師亦拈棒打下師會下有同夆二人相問離却中下二機請兄道一句子一人云擬問即失一人云恁麼則禮拜老兄去也前人云賊師聞得陞堂云要會臨濟賓主句問取堂中二禪客便下座有僧来問禮拜則是不禮拜則是師便喝僧作禮師云這賊僧亦云這賊便出去師云莫道無事好首座侍立師回顧云還有過也無座云有師云賓家有過主家有過座云二俱有過師云過在甚麼處座便出去師云莫道無事好　師問僧什麼處来僧便喝師便揖坐僧擬議師便打　師見僧来便竪起拂子僧禮拜師便打又見僧来亦竪起拂子僧不顧師亦打　示衆云參學之人大須子細如賓主相見便有言論注来或應物現形或全体作用或把機權喜怒或現半身或乘師子或乘象王如有真正學人便喝先拈出一箇膠盆子善知識不辨是境便上他境上作模作樣便被學人又喝前人不肯放下此是膏肓之病不堪醫治喚作賓看主或是善知識不拈出物秪随學人問處即奪學人被奪抵死不肯放此是主看賓或有夆人應一箇清淨境出善知識前知識辨得是境把得抛向坑裏學人言大好善知識即云咄哉不識好惡學人便禮拜此喚作主看主或有學人披枷帶鎖出善知識前知識更与安一重枷鎖學人歡喜彼此不辨喚作賓看賓大德山僧所舉皆是辨魔揀異知其邪正

到明化化問来来去去作什麼師云秪徒踏破草鞋化云畢竟作麼生師云老漢話頭也不識　往鳳林路逢一婆婆問甚處去師云鳳林去婆云恰值鳳林不在師云甚處去婆便行師乃喚婆婆回頭師便打

師陞堂有僧出師便喝僧亦喝便禮拜師便打問僧甚處来曰定州来師拈棒僧擬議師便打僧不肯師曰已後遇明眼人去在僧後參三聖纔舉前話三聖便打僧擬議聖又打師應機多用喝會下參徒亦學師喝師曰汝等揔學我喝我今問汝有一人從東堂出一人從西堂出兩人齊喝一聲這裏分得賓主麼汝且作麼生分若分不得已後不得學老僧喝　示衆我有時先照後用有時先用後照有時照用同時有時照用不同時先照後用有人在先用後照有法在照用同時駈耕夫之牛奪飢人之食敲骨取髓痛下針錐照用不同時有問有荅立賓立主合水和泥應機接物若是過量人向未舉已前撩起便行猶較些子師見僧来舉起拂子僧禮拜師便打又有僧来師亦舉拂子僧不顧師亦打又有僧来參師舉拂子僧曰謝和尚指示師亦打　師在堂中睡黄檗下来見以拄杖打板頭一下師舉頭見是黄檗却睡黄檗又打板頭一下却往上間見首座坐禪乃云下間後生却坐禪汝這裡妄想作什麼首座云這老漢作什麼黄檗打板頭一下便出去後溈山問仰山黄檗入僧堂意作麼生仰山云兩彩一賽　一日普請次師在後行黄檗回頭見師空手乃問鑁頭在什麼處師云有一人将去了也黄檗云近前来共汝商量箇事師便近前黄檗竪起鑁頭云秪這箇天下人拈掇不起師就手掣得竪起云為什麼却在某甲手裡黄檗云今日大有人普請便歸院後溈山問仰山鑁頭在黄檗手裡為什麼却被臨濟奪却仰山云賊是小人智過君子師為黄檗馳書去溈山時仰山作知客接得書便問這箇是黄檗底那箇是專使底師便掌仰山約住云老兄知是般事便休同去見溈山溈山便問黄檗師兄多少衆師云七伯衆溈山云什麼人為導首師云適来已達書了也師却問溈山和尚此間多少衆溈山云

一千五百衆師云太多生溈山云黃檗師兄
亦不少師辤溈山仰山送出云汝向後北去
有箇住處師云豈有与麼事仰山云但去已
後有一人佐輔老兄在此人秖是有頭無尾
有始無終師後到鎮州普化已在彼師出世
普化佐賛於師師住未久普化全身脫去
師曰半夏上黃檗見和尚看經師云我将謂
是箇人元来是揞黑豆老和尚住數日乃辤
去黃檗云汝破夏来不終夏去師云某甲暫
來禮拜和尚黃檗遂打趂令去師行數里疑
此事却回終夏師一日辤黃檗檗問什麼處
去師云不是河南便歸河北黃檗便打師約
住与一掌黃檗大笑乃喚侍者将百丈先師
禪板机案来師云侍者将火来黃檗云雖然
如是汝但将去已後坐却天下人舌頭去在
後溈山問仰山臨濟莫辜負他黃檗也無仰
山云不然溈山云子又作麼生仰山云知恩
方解報恩溈山云從上古人還有相似底也
無仰山云有秖是年代深遠不欲奉佀和尚
溈山云雖然如是吾亦要知子但擧看仰山
云秖如楞嚴會上阿難讃佛云将此深心奉
塵剎是則名為報佛恩豈不是報恩之事溈
山云如是如是見與師齊減師半徳見過於
師方堪傳授　師到達磨塔頭塔主云長

老先禮佛先禮祖師云佛祖倶不禮塔主云
佛祖與長老是什麼冤家師便拂袖而出
師行脚時到龍光光上堂師出問不展鋒鋩
如何得勝光據坐師云大善知識豈無方便
光瞪目云嗄師以手指云這老漢今日敗闕
也　到三峯平和尚問什麼處来師云黃
檗来平云黃檗有何言句師云金牛昨夜遭
塗炭直至如今不見蹤平云金風吹玉管那
箇是知音師云直透萬重關不住清霄内平
云子這一問太高生師云龍生金鳳子衝破
碧瑠璃平云且坐喫茶又問近離甚處師云
龍光平云龍光近日如何師便出去
到大慈慈在方丈内坐師問端居丈室時如
何慈云寒松一色千年别野老拈花萬國春
師云今古永超圓智躰三山鏁斷萬重関慈
便喝師亦喝慈云作麼師拂袖便出
到襄州華嚴嚴倚拄杖作睡勢師云老和尚
瞌睡作麼嚴云作家禪客宛爾不同師云侍
者點茶来與和尚喫嚴乃喚維那第三位安
排這上座　到翠峯峯問甚處来師云黃
檗来峯云黃檗有何言句指示於人師云黃
檗無言句峯云為什麼無師云設有亦無擧
處峯云但擧看師云一箭過西天　到象
田師問不凡不聖請師速道田云老僧秖与

麼師便喝云許多禿子在這裡覔什麼椀
到鳳林林問有事相借問得麼師云何得剜
肉作瘡林云海月澄無影游魚獨自迷師云
海月既無影游魚何得迷鳳林云觀風知浪
起翫水野帆飄師云孤輪獨照江山静自笑
一聲天地驚林云任将三寸輝天地一句臨
機試道看師云路逢劍客須呈劍不是詩人
莫獻詩鳳林便休師乃有頌大道絶同任向
西東石火莫及電光罔通溈山問仰山石火
莫及電光罔通從上諸聖将什麼為人仰山
云和尚意作麼生溈山云但有言說都無實
義仰山云不然溈山云子又作麼生仰山云
官不容針私通車馬　到金牛牛見師来
橫按拄杖當門踞坐師以手敲拄杖三下却
歸堂中第一位坐牛下来見乃問夫賔主相
見各具威儀上座從何而来太無禮生師云
老和尚道什麼牛擬開口師便打牛作倒勢
師又打牛云今日不著便溈山問仰山此二
尊宿還有勝負也無仰山云勝即惣勝負即
惣負　師臨遷化時據坐云吾滅後不得
滅却吾正法眼蔵三聖出云爭敢滅却和尚
正法眼蔵師云已後有人問你向他道什麼
三聖便喝師云誰知吾正法眼蔵向這瞎驢
邉滅却言訖端然示寂

興化禅師諱存奬初謁臨濟濟令師充侍者濟問新到甚處来云蛮城濟云有事相借問得麼云新戒不會濟云打破大唐國覔個不會人難得条堂去師問適来新到是成褫伊耶濟云我誰管你成褫不成褫師云和尚只會将死雀就地彈不解将一轉語盖覆却濟云你又作麼生師云請和尚作新到濟遂云新戒不會師云却是老僧罪過濟云你語藏鋒師擬議濟便打至晚濟謂師云我今日問新到是将死雀就地彈就窠裡打及你出得語又喝起向青雲裡打師云草賊大敗濟又打　師開堂日示衆云此一炷香本爲三聖師兄三聖爲我太孤便合承嗣大覺大覺爲我太賒我於三聖處會得賓主句若不遇大覺師兄洎乎誤却我平生我於大覺處吃棒見得臨濟先師在黄蘗處喫棒底道理此一炷香供養我臨濟先師　示衆云今日不問如何若何便請單刀直入興化与你證明時有旻德長老出作礼起便喝師亦喝德又喝師又喝德作禮帰衆師云適来若是別人三十棒一棒也不較何故爲他旻德長老會一喝不作一喝用　師入堂見首座乃云我見你了也座便喝師打露柱一下便出去首座隨後上方丈云適来觸忤和尚便作禮師就地打一棒座無語　師見同条来總上法堂師便喝僧亦喝行三兩步師又喝僧亦喝須臾近前師拈棒僧又喝師云你看這瞎漢猶作主在僧擬議師便打直打下法堂時有僧問這僧有甚觸忤和尚處師云是伊適来也有權也有實也有照也有用及乎我将手向伊面前横兩遭便去不得似這般瞎漢不打更待何時　僧問四方八面来時如何師云打中間底僧作礼師云興化今日赴個村齋中路遇一陣卒風暴雨却去古廟裡避得過　僧問多子塔前共談何事師云一人傳虚万人傳實　師奉三聖僧問如何是祖師西来意三聖云臭肉来蝿師云興化即不然破脊驢上足蒼蝿　上堂云我聞三聖道我逢人即出出即不爲人興化即不然我逢人即不出出即便爲人下座上堂今日不用如何若何直須單刀直入興化與你證據時有閩德長老出礼拜起便喝師亦唱閩德又喝師又喝閩德礼拜便帰衆師云適来若是別人三十棒一棒也較不得爲他閩德會一喝不作一喝用便下座師入僧堂見首座坐禅師云我見你了也首座便喝師打露柱一下便出去首座随後上去云莫怪適来觸忤和尚師又打地一下

師廵堂次垂語云我有一隻聖箭遇作家即分付至下問有一道者云便請師云你喚什麼作聖箭道者把衲衣便拂師接住云秖者箇別更有在道者擬議師便打　師到雲居問權借一問以爲影草時如何雲居道不得師三度奉話頭雲居無語師云情知和尚道不得且礼三拜雲居一日上堂云我二十年前興化問我當時機思遲鈍道不得爲他致得問頭奇特不敢辜他如今秪消一个何必後有僧擧似師師云二十年秪道得箇何必興化即不然不消一箇不必後三聖拈云二十年道得底是雲居如今商量猶較興化半月程　師見僧来云你未徳麼来山僧早行了也僧便喝師云據令而行僧又喝師云作家僧又喝師便打　問王程有限時如何師云日馳五百　同光帝駕幸河北回至魏府行宫帝坐朝僧録名負来朝後帝遂問左右此間莫有德人否近臣奏曰適来僧録名負皆是德人帝曰此是名利之德莫有道德之人否近臣奏曰此間有興化長老甚是德人帝乃名之師来朝見帝賜坐茶湯畢帝遂問朕收下中原獲得一宝未曾有人酬價師云如何是陛下中原之寶帝以手舒幞頭脚師云君王之寶誰敢酬價聖顔大悦

賜紫衣師號師皆不受宣馬一疋與師乘騎馬忽驚躁師遂傷足帝聞宣藥救療師喚院主院主至侍立次師云與我作箇木柺子院主做了將來師接得遶院行問僧云汝等還識老僧麼僧云和尚爭得不識師云蹺脚法師說得行不得又至法堂上令維那聲鍾上堂師如前垂示衆皆無對師擲下柺子端然而逝勅謚廣濟大師墖曰通寂

古尊宿語録卷第六　密六

古尊宿語録卷第七　崙七

睦州禪師大鑑下四世嗣黃檗

睦州陳尊宿諱道蹤得旨斷際初居筠州米山遷住睦州觀音常百餘衆後居開元寺閒房織蒲鞋養母凡應接来者機辯峭絶無容竚思指臨濟參黃檗接雲門嗣雪峰皆師力也　上堂云你諸人還得箇入頭處也未若未得箇入頭須得箇入頭若得箇入頭不得辜負老僧又云明明向你道尚自不會豈況蓋覆將来問如何是學人自己師云觀世音菩薩進云學人不會師云大慈悲菩薩問如何是祖師西来意師云一隊衲僧来一隊師僧去問如何是向上一路師云你問將来我與你道進云便請道師云抖擻多年穿破衲襤毿一半逐雲飛問請師講經師云買帽相頭進云謝師慈悲師云拈頭作尾拈尾作頭還我第三段来問如何是徑截一路師云大衆久立速禮三拜進云請師道師云有頭無尾漢又云来來還我徑截一路来僧無語有座主問某甲雖講得經兼行脚不會教意時如何師云灼然實語當懺悔進云乞師指示師云你若不問老僧緘口無言你既問老僧不可緘口去也進云便請道師云心不負人面無慚色問知時者是大沙門如何是大沙門師云我向鼻孔裏問你進云作麼生問師云自領出去又云来来我共你葛藤你却問我問如何是大沙門師云觀世音菩薩會麼進云不會師云大慈悲菩薩上堂大衆雲集師云章表將来時有僧應諾師云擫狀領過問佛法大意請師擧唱云我者裏不曾泥裏洗土塊你諸方作麼生道無語有大德曾講法華經来問和尚某甲雖講不會教家大意極則處師云不得錯擧問如何是向上事師指一僧云那箇師僧何不問無語有僧擧雪峯語乞師指示峰云是什麼學云乞師指示峯云因什麼到與麼地擧了僧遂問秖如雪峰和尚意作麼生師便打師看經次僧問看什麼經師云金剛經僧云六朝翻譯次當第幾師云一切有為法如夢幻泡影問如何是教意師云我不荅你進云和尚為什麼不荅師云為你念来問如何是西来意師云那箇師僧何不近前来僧便近前師云我喚浙東人于浙西人什麼事時有座主問三乘十二分教某甲粗知未審宗門事乞師提綱師云問着宗門事有什麼難道恰問着老僧鼻孔你頭上漫漫脚下漫漫教家喚作什麼主云教家無這箇意旨師以拄杖趂　上堂云汝等快與快與老僧七十九也看看脫去也僧便問師百年後向什麼處去師云三十年後有人擧在問迦葉上行衣誰人合得披師云抖擻多年穿破納襤毿一半逐雲飛會麼僧云不會師云有時掛向肩頭上也勝時人著錦衣問終日著衣喫飯如何免得著衣喫飯師云著衣喫飯進云不會師云不會即著衣喫飯有座主問三乘十二分教即不問如何是宗門中事師云老僧入你鉢囊裏主云和尚為什麼在學人鉢囊裏師云有什麼檳榔荳蔻速將来主云和尚欠少箇什麼師云適賊今日敗也進云學人乍入叢林乞師指示師云量才補職進云學人咨和尚師咄云這扶籬摸壁漢三家村裏保頭也不能作得　師因赴齋迴有僧就師乞䞋錢師云赴齋得三十文僧云便請師云施者雖無厭受者應知足問佛法大意請師提綱師云捻將来與你提綱進云便請和尚道師云折東籬補西障有僧名宗闍宗闍咨和尚師云住僧便住師咄云名也不識又云有闍即判快道快道無對有俗官問一氣還轉得一藏經麼師云有什麼絶紬快將来問古人有言究竟一路如何是究竟一路師云吽吽你這膀子我這裏難遇筆墨兩狀一時領過進云某

甲有什麽過師便打趂問從上已來老宿作家還有差别異路難會底道理麽師云有進云如何是差别異路難會底道理云待你三生六十劫信去始得問十方國土中唯有一乘法如何是一乘法師云你若不問我即不知你若問我我即知進云爲什麽如此師云吽吽什麽處得這箇問来僧無語問說即振動乹坤不說即絲毫不掛說即是不說即是師云道什麽僧再舉師云這脫空謾語漢進云某甲話在師云說即振動乹坤是你恁麽道僧云是師拈拂子便打云吽吽這裏嚇我来問學人有問未審師還許也無師云灼然賊来須打客来須看進云未審和尚作麽生道師云這賊不能打得你問三乘十二分教從何而得師云對機故得問請和尚荅一轉語得麽師云得進云請便道師拽拄杖趂下上堂云不受謾底人出来有僧出應喏師云被我挑一塊屎擗喉嚨塞却擗眼打也争不受謾師因看金剛般若經僧問和尚看甚經師云無二無二分無别無斷故會麽僧云不會師云我念經也不得有俗官問和尚依教不依教師云光剃頭净洗鉢作麽生不依教師因齋次有俗官問請師施食師云三德六味施佛及僧吽吽快将来老僧要喫俗官云請和尚施財師云弟子施財和尚施法先到老僧後到佛又俗官問弟子今日開藏經乞師一句提綱藏經師云此問難得官云便請提綱師云對牛彈琴師因看經次僧問和尚看什麽經師云涅槃經荼毘品㝡在後問如何是超佛越祖之談師驀拈拄杖示衆云我喚作拄杖你喚作什麽無語師再将拄杖示之云超佛越祖之談是你問麽無語師舉黃蘗和尚語云天下老和尚一氣道在我者裏要放你也在我這裏要不放你也在我這裏僧便問如何是一氣道師云量才補職僧云如何是不放一氣道師云伏惟尚饗問如何是禪師云猛火著油煎問不擇一切請師提綱佛法師云山河大地畜生驢馬進云爲什麽不會師云你若被我把住直須百雜碎僧云和尚不可一向師云不信道百雜碎問近入叢林乞師方便師云你近入叢林進云是師云心不負人面無慚色進云某甲不會師云近前来與你注解僧近前師云去上堂大衆侍立師喝出去大衆不出去師又再喝大衆茫然師與拄杖一時趂下去師因看華嚴經僧問是什麽經師云大光明雲青色光明雲紫色光明雲那邊是什麽雲僧云南邊是黑雲師云今日應有雨又云将爲是箇師子兒元来是箇老鼠兒

上堂云還有踏倒禪牀底出来有僧出来應喏師云比来拋鉤釣鯨鯢下塲頭却釣得箇蝦蟆出来問如何是禪師云還我第二段来進云不會師云三段不同萬里崖州問如何是佛師云裂轉鼻孔問如何是葛藤一句師云山河大地是你問進云如何提綱拈掇師云到我問問大衆雲臻合談何事師云作麽問華藏海即不問如何是向上一路云好来好来師舉古人語次問大衆云三乘十二分教成得箇什麽邊事有僧云今日大衆普請不易師云不要将出来僧云打鼓喫欒石師云莫捻出僧云和尚得恁麽忉忉生師云我也秖要你恁麽道僧打門問已事不明乞師指示師饒開門僧擬開口問師便擗口摑問如何是學人入頭處師云一不得了進云某甲不會師云這箇語話三十年後大行問如何是禪師云摩訶般若波羅蜜進云不會師云抖擻多年穿破衲襤毿一半逐雲飛睦州僧正并諸大德衆請師上堂師問僧正僧正應喏師云監寺呢正云不在師云都監闍梨呢正云不在師云上座呢正云不在師云三段不同今當第一向下文長赴在來日不詞謹退便起諸大德罔措師舉古人語云捏聚也在我裂

破也在我僧問如何是裂開師云菩提涅槃真如解脫三九二十七還我第一籌來又云即心是佛我且恁麼道你作麼生僧云某甲不恁麼道師云盞子落地楪子成七片僧云如何推聚師乃歛手而坐一日睦州刺史問如何是禪宗事師云近前來近前來史近前師云得恁麼脫空妄語史無語師遂問曾見什麼人來史云曾見恁麼老宿來師云更作麼生史云看經來師驀打牀一下云教中喚這箇作什麼史云教中不說師云教中道治生產業與正理不相違背又作麼生史無對師又打牀一下云大九喚這箇作什麼史云喚作牀師云這喫飯粘漢睦州陳操尚書因齋次尚書自行餅餤與僧僧遂引手接尚書却縮手僧無語尚書與諸官在鎮樓上坐忽見有數僧來官人云有幾箇衲僧來尚書云不是官人云爭知不是書云待來到這裏與你勘其僧遂至尚書驀喚云上座上座僧廻首無語書云不信道

上堂衆集師云忽然忽然有僧出來云却請大衆歸堂去師拍繩牀一下云苦殺人僧遂回頭師與拄杖一時趂下問如何是佛法徑截師云三人兩人不問進云便請和尚道師云三人一狀領過問一言道盡時如何師云吽吽箓著老僧當門齒進云蒙和尚指示師云有頭無尾漢錢塘去國三千里僧無語問一句淨盡時如何師云摘却你眉毛換却你眼睛僧無語師云吽吽脫空謾語漢問如何是向上一路師云朝看東南暮看西北問不涉廉纖請師道師云三段不同今當第一向下文長赴在來日問如何是教意師云還我一問來進云未審和尚作麼生道師云吽吽不敢望你分外話也不領問如何是量才補職師云不要補進云為什麼不要補師云蝦蟆之類別有一僧出來請和尚道師云不要攪撓百姓養子方知父慈會麼僧云如何是養子方知父慈師云心不負人面無慚色問如何是禪師云歸依佛法僧進云不會師云咄這蝦蟆得與麼惡業問學人有疑請師一決師云獨掌不浪鳴進云不會師云斐絲不成東自領出去問徑截處乞師指示師云早朝有人問了也進云早朝有人問了且致請師道師云三門頭市合金剛脚下小兒子簸錢問如何是教意師云一問不再舉問如何是一代時教師云上大人丘乙已問如何是急師云通你一問進云如何是急中急師云朝向西衢耶尼暮向北鬱單越俗官問弟子廣陳供養師有何方便師云秖怕你不問官云便請和尚道師云心不負人面無慚色問以八不成是何章句師彈指一下云會麼進云不會師云上來講讚無限勝因蝦蟆跨跳上天蚯蚓驀過東海問如何是鷂子師云這死雀兒進云如何是鷂子機師云昨日有師僧趂出去你今日又來這裏進云過在什麼處師云勑貶朝官問如何是機前一句師云老僧一問教你摸進云莫便是麼師云對牛彈琴問正當說時時如何師云你為什麼話墮進云什麼處是話墮處師云擔枷過狀萬里崖州自領出去問大衆雲集合談何事師云那箇師僧置將一問來學人舉頭師便打云老僧却不恁麼進云未審和尚作麼問師云佛殿裏裝香三門頭合掌又云你不解問進云未審作麼生問師云速禮三拜放你三十棒又云後園生萊熟水淘飯問如何是向上事師云向下文長又云慚愧解問進云請和尚道師云心不負人面無慚色問如何是教眼師云十方國土中唯有一乘法進云此是經文師云驢年會麼進云如何是教眼師云量才補職問如何是衲僧眼師云朝看東南暮看西北

上堂云觀自在菩薩行深般若波羅蜜多時信受奉行問僧我適來念什麼僧云和尚念經師便打云此老古錐心不負人面無慚色

問如何是諸佛師師云釘釘東東骨低骨董
進云乞師慈悲師云我問你第二句作麽生
道進云不會師云灼然灼然師坐次有僧驀
然問請師道師云蘇嚕蘇嚕娑婆訶問如何
是向上關捩子師云新羅國裏坐朝大唐國
裏打鼓　上堂云爍電之機罕遇且向撲
窪村裏作活計僧問如何是撲窪村裏作活
計師云歸依佛法僧進云如何是爍電之機
罕遇師云灼然問三界唯心萬法唯識時如
何師云牙齒敲磕更置將一問來僧無語師
云舌頭無骨又拈拄杖一劃會麽僧云不會
師云鵃鵃鳥問不落玄機便請道云老僧三
十年来行脚未曾置此一問進云請師荅話
師云這箇阿師什麽處得此一箇問頭來問
高揖釋迦不拜彌勒時如何師云到老僧這
裏覓箇什麽速禮三拜又云近前来早是教
七教八進云也知和尚恐某甲不實師云拄
杖不在掃箒柄打三十下問古人點土成金
意旨如何師云老僧不與麽道進云和尚作
麽生道師云金變為土問學人乍入叢林乞
師指示師云飽喫飯了顛言倒語作什麽進
云與麽即一切法不可得也師云你道我語
作麽生進云一切法不可得也師便打問學
人近入叢林乞師指示師云不得埋没老僧

進云乞師慈悲師云一箭過西天一不成兩
不是有長講法華經座主来問某甲雖講經
不明教意乞師方便師云悟即實初三十一
中九下七面前背後相去多少主云某甲不
會乞師指示師云拈起著主再問師云摩訶
般若波羅蜜進云某甲不會師云入鄉隨俗
進云如何是教意師云妙法緊那羅王大法
緊那羅王主云某甲不會師云真箇是無孔
鐵搥近前来主便近前師以手空勞一轉却云
會麽主云不會師云　在這裏　上堂云
識賤即貴僧便問秖如長街裏還有貴也無
師云有進云如何長街裏貴師云陳薑陳薑
進云恁麽則學人買得也師云一兩二兩還
我三文錢来僧無語師云咋咋這脫空妄語
漢師問僧什麽處来僧云天台来師云見說
石橋作两段是否僧云和尚什麽處得這箇
消息師云將為是華頂峯前客元来是平田
莊裏人因見新到師云老僧不曾向第二句
裏勘人近前来僧遂近前師云近離什麽處
僧云請和尚辯師云今日雲色稍高問僧什
麽處来僧云和尚合知師云我即知僧云且
道某甲從什麽處来師云豬跳圈不出問僧
你是行脚僧是否僧云喏師云禁著便蝦蟆
㕧僧云某甲未曾有語在師云來來作麽生

道僧云還曾過得住也無師便打問僧近離
什麽處僧喝師云老僧今日被你喝一喝僧
又喝師云三喝四喝後作麽生僧無語師便
打云這掠虛漢問僧什麽處来僧便喝師云你
以古人作得主僧又喝師云話破也僧云某
甲什麽處是話破處師便棒問僧什麽處来
僧云請和尚鑒師拈拄杖云你喚作箇什麽
僧云請和尚鑒看師便打問僧什麽處来僧
云知道和尚有此一問師云一破两破三破
作麽生僧云和尚什麽處得許多破来師云
咋咋這箇阿師好與三十棒問僧夏在什麽
處僧又手退後師云鉢盂裏失却匙筯草鞋
根下失却一文古老錢僧云某甲不與麽師
云共你葛藤尚自不會来来實道夏在什麽
處僧云江西師云念你遠來放你三十棒問
僧什麽處来僧云徑山来師云何得五戒不
持僧云過在什麽處師云我這裏不著沙彌
師見新到來叅云剋尤巨耐僧誾惻一邊立
師云什麽處得這一隊打野榸漢出去問僧
什麽處来其僧瞪目視師云驢前馬後漢問
僧甚麽處僧云適来有人問了也師云因什
麽敗闕僧云莫錯師云自領出去問僧什麽
處来僧云識得即知来處師喝云這蝦蟆保
老和尚作活計僧云莫錯師云放你三十棒

自領出去問僧眞是從河北来麽僧云某甲
近離江西師云大侵坐具禮三拜著其僧禮
拜了便出去師云不空不空僧迴首師云來
来近前来皓是黒正好辯僧無語問僧幾人
新到僧云五人師云瓦解冰消僧云和尚未
曽有問師云賊把賊為驗問僧近離什麼處
僧云也知和尚有此一問師云脫空妄語漢
僧云什麼處是妄語師云三十棒教阿誰喫
問僧什麼處来僧云靈山来師云湼槃是第
幾座僧無語師又問迦葉什麼處去僧云不
知師云脫空妄語漢問僧什麼處来僧云須
知有不涉程途者師乃咄閙口便作屎臭氣
有僧參師師乃拈起針云一時穿過鼻孔僧
云莫錯師云吽吽近前来你適来道什麼僧
云和尚莫錯師云西天斬頭截臂這裏自領
出去師有時見新到云何得五戒不持僧云
某甲未曾人事師云這沙彌問僧什麼處来
僧云婺州来師云還見傅大士麽僧云某甲
宿七　十一
不見師云在雙林寺裏問僧什麼處来僧云
婺州来師云鄉中偏出此人問僧什麼處来
僧云適来途中早有人問了也師云這裏為
什麼瓦解冰消僧云某甲過在什麼處師云
擔枷過狀漢問僧什麼處来僧云那處来師
云老僧㐫僧云和尚知便得師云擔枷過狀

便打問僧什麼處来僧云莫錯伸此一問師
云嗄江西来僧云莫錯師云三十棒教阿誰
喫問僧什麼處来僧便喝師拍手大笑僧罔
措師便打問僧甚處来僧云深知和尚有此
一問師云七縱八横老僧鼻孔在什麼處僧
云和尚鼻孔為什麼却問某甲師云吽吽放
你三十棒問僧什麼處来僧云靈泉来師云
吽吽放你三十棒又云你適来恁麼道吶僧
云是師云三門頭金剛為什麼倒地僧無語
師云将為是箇僧元来秖是蝦蟆問僧什麼
處来僧云請和尚弁師云向你脚下弁僧無
語師云吽吽什麼處並無主宰問僧什麼處
来僧云洎錯秖對和尚師咄云将一條繩縛
保老師著僧云某甲有什麼過師云去問僧
什麼處来僧云靈山来師云近日打殺一門
僧是否僧無語師云這箇蝦蟆問僧什麼處
来僧又手近前師云太狼藉生僧無語師云
這掠虛漢問僧什麼處来僧云江西来師云
江西米貴賊僧云不曾入鄽師云念你遠来
放你三十棒問僧什麼處来僧云江西来師
云江西此去多少僧云不曾量度師云文彩
已彰問僧什麼處来僧云江西来師云夏在
什麼處僧云雲居師云有何言教僧云即今
作麼師云這箇師僧親從高處来僧云和尚

為什麼與麼道師云本色打米餅保老師問
僧什麼處来僧云江西来師作打勢云踏破
多少草鞋僧無語師云来来你曾過梅嶺麼
僧云過師云今日好秋涼問僧什麼處来僧
云江西来師云還有不喫飯底麼僧云有師
云這箇是喫飯底問僧你頭上一問為什麼
宿七
不道僧云什麼處不道師云且喜得你出頭
十二
来問僧什麼處来僧云雙林来師云途中事
借問得麼僧云和尚問什麼處師云你上大
人也未曽夢見出去　問僧看什麼經僧
云般若經師云鼻孔裏藏身鉢盂裏藏却匙
筯眼睛裏換却髑髏刪在什麼經裏僧云某
甲不知刪在什麼經裏師云来来秖如大般
若經一切智智清淨是麼僧云是師捻起拄
杖云見這箇麼僧云此是色法師云忽有人
供養看經僧你也隨隊喫飯問僧曽看經是
麼僧云是師云是又云不得謾我僧云和尚
為什麼不領話師云果然謊我問僧什麼處
来僧云雙林寺来師云傅大士道什麼僧云
他不問和尚和尚又問他作什麼師云什麼
處得這老婆説話來問僧什麼處来僧云雙
林寺来師云還見傅大士麼僧云不錯秖對
和尚師云吽吽牢裏作活計問僧什麼處来
僧云雙林寺裏来師云在彼看經麼僧云和

尚什麼處得這箇消息師云兩俱失有同學師兄來相看喫茶次師兄問行脚事作麼生師恰遇沙彌過茶次便與一摑咄這沙彌師兄云是即是你道我作麼生師云蝦跳不出斗問一僧今日施主開經麼僧云是師云好生著莫教錯僧云某甲不教錯師云入地獄

宻七　十三

如箭射問僧曾講經麼僧云不會師云去問僧看什麼經僧云涅槃經師云荼毘品最在後曾看麼僧云曾看師云大喻三千小喻八百問僧什麼處來僧云齋來師云將䞋錢來僧云和尚欠少什麼師云蝦蟇吽問僧什麼處來僧云齋來師云猴猻繫露柱問僧什麼處來僧云齋來師云打草蛇驚問僧什麼處去來僧云齋來師云施主還具眼麼僧云某甲罪過師云你為什麼隨我僧無語問僧什麼處來僧云齋來師云將什麼報荅施主僧云不用更言師云斤不當兩僧云此是和尚分上事師云吽吽且放你三十棒問僧什麼處來僧云和尚莫錯伸一問師云爭奈頭上一條繩何僧云莫錯師云枷上更著杻問僧什麼處去來僧云齋來師云施主眼瞎師見僧瞻視云你大有年幾也僧云請和尚道師云四十六也未僧云莫錯師云這死蝦蟇問僧今日喫得多少塩醋僧拈起鉢盂師云可

惜許塩醋牛欄裏作活計問一上座何不覓箇住處座云盡大地覓箇住處不可得師云繩子為什麼在我手裏座云和尚恁麼道即得師云非但髑髏鼻孔也穿過問一覺上座見說在叢林裏多口把不住是闍黎麼覺云和尚什麼處得這箇消息師云一任踍跳覺云不可語不得師云吽吽轉見敗闕又云老僧若置一問教你喪身失命覺云和尚不可壓良為賤師云蘇嚕蘇嚕娑訶又云來來是你曾看教麼教中道謗斯經故獲罪如是作麼生是教意覺云教中不說有意師云入地獄又拈起柱杖云這箇是什麼覺云柱杖師云這粘鑊湯漢問河北僧彼中有趙州和尚你曾到麼僧云某甲近離彼中師云有何言教示後徒僧云尋常問新到什麼處來僧云南方來州云喫茶去師乃呵呵大笑云慚愧又問秪如趙州意作麼生僧云此亦是方便師云趙州被你一杓屎潑僧無語師見僧辭

宻七　十四

去問什麼處去僧云往徑山去師云忽然有人問你作麼生道得一句語塞得伊口僧云某甲有語師云去問僧什麼處去僧云禮拜徑山去師云這老漢好打破髑髏着師見一僧云恰似箇律師一般驀然悟去一箭穿過髑髏三千里僧擬作問勢師云蘇嚕蘇嚕娑

訶師問僧正正應喏師云講唯識論麼正云不敢小年曾讀文字來師拈起糖餅擘破作兩片你作麼生正無語師問僧正喚作糖餅是不喚作糖餅是云不可不喚作糖餅師却喚沙彌來來你喚作什麼沙彌云糖餅師云你也講得唯識論問座主講什麼經主云法華經師云與老僧講來主云某甲依章疏師云你不會講主云某甲實不會講却請和尚講師云你不是聽經人主云昨日蒙和尚慈悲為某甲今日講師云三段不同今當第一主云此是古人章疏師云你見箇什麼道理主無語師云這喫夜飯漢不能打得你去有座主善解二十四家書師問你解二十四家書是否主云不敢師遂於空中作書勢云是什麼字主云不會師云吽吽這箇阿師脫空妄語道我解二十四家書永字八法也不識主無語師云來來曾講華嚴經否主云不敢師云不怪伸一問得麼主云和尚問什麼師

宻七　十五

咄云講得椀裏又云你問我主云請和尚講師云心不負人主云不會師云對牛彈琴問座主講什麼經主云涅槃經師云開口便作槃晃氣主云爭奈古教何師云奴見婢慇懃不肯休主無語師云近前來主便近前師云秖這也無主宰便打一日有座主來師問見

說座主講得經是否主云不敢師云吽吽這喫夜飯保老師云來來講得什麼經論主云唯識法華經師云拈起鼻孔將兩耳來主云鼻孔作麼生拈得師云這念言語漢又云法華經云十方國土中唯有一乘法是否主云是師云佛殿裏即不問你三門頭鴟鴞上道将一句来主云此是玄機師云玄你屋裏老爺脱空妄語漢有講論座主来条師師云你為什麼義堕主云和尚未曾問某甲師云西天則斬頭截臂我這裏與你口喫飯有一座主講得七本經論来条師師云你是講得七本經論是否主云不敢師拈起拄杖驀頭打一下主云某不因和尚洎虚過一生師云道什麼主擬開口師便打主云謝和尚重重相為師云依佛近佛莽鹵為僧有一座主講得六本經論来条師師云見經中有問論中有主主云某甲依章䟽講不會玄機師云你講得機裏主云某甲也来會分外師云出去有座主来条師師問莫便是講唯識論是麼主云不敢師云朝去西天暮歸唐土會麼主云不會師云吽吽五戒不持問座主講什麼經主云講華嚴經師云更有箇漢子即不問你文殊普賢又作麼生主云不會師云近前来主便近前師便打一棒云會麼主云不會師

云飢逢王膳不能食病遇醫王爭得瘥與你註解了問僧講什麼經主云金剛經師云曾講辨正論麼主云不敢師云五戒不持又問講金剛經是否主云是師拈拄杖云是什麼主云此是色法師云講得機裏又云經中道凡所有相皆是虛妄若見諸相非相即見如来是否主云是師云這脱空妄語漢噇夜飯保老師問座主蘊何業主云唯識論師云教中言作麼生主云某甲祇是尋行數墨却是禅門中不知師云實語當懺悔問講金剛經座主荷擔如来即不問你寺門前金剛為什麼入你鼻孔裏去主云和尚什麼語話師云你講得夢裏閙講楞嚴經座主經中有八還四義是否主云是師以拄杖點一童子頂上一下云是什麼義主無語師云此義文長赴在来日問如何是自己事師云老僧不鮮相怪速禮三拜又云觀世音菩薩進云不會師云大慈悲菩薩西峰長老来置茶果次師問今夏在甚麼處安居峯云蘭溪師云多少衆云七十餘人師云時中將何示徒峰拈起柑子師云著甚死急師問僧近離甚處云瀏陽師云彼中老宿祇對佛法大意道甚麼云徧地無行路師云老宿實有此語那云實有師拈拄杖打云這念言語漢師見僧行胡餅乃

問行甚麼云胡餅師云這俗漢雲門来敲門師云阿誰門云文偃師開門搊胸扭住云道道門擬議師便推出云秦時𨍏轢鑽師問秀才先輩治甚經才曰治易師曰易中道百姓日用而不知且道不知箇甚麼才曰不知其道師曰作麼生是道才無對僧問一氣還轉得一大藏教也無師曰有甚饆饠䭔子快下将来問如何是禪師曰猛火著油煎師看華嚴經次僧問看甚麼經師曰大光明雲青色光明雲紫色光明雲却指面前曰那邊是甚麼雲曰南邊是黑雲師臨終召門人曰此處緣息吾當逝矣乃跏趺而寂郡人以香薪焚之舍利如雨乃收靈骨塑像于寺壽九十八臘七十六

古尊宿語録卷第七

密七

古尊宿語錄卷第八　容八

寶應南院禪師大鑑下六世嗣興化

風穴禪師大鑑下七世嗣南院

寶應南院禪師諱慧顒河北人也

上堂云赤肉團上壁立千仞有僧問赤肉團上壁立千仞豈不是和尚語師云是僧便掀倒禪林師云你看這瞎漢乱做僧擬議師便打趁出院問大用不逢人時如何師云鵝舞道引入千峯問十方通暢時如何師云八極連門禍問龍躍江湖時如何師云瞥嗔瞥喜問傾湫倒岳時如何師云老鵶無背問從上古人見不盡處師還見也無師云攙騃吐飡人不顧滿朝盡道好周公僧向口上打師云道者大煞瞎僧云有恁麼瞎老漢恁麼道師便打問從上諸聖向什麼處去也師云不上天堂即入地獄僧云和尚作麼生師云你還知寶應老落處也無僧擬議師便打一拂云你還知喫拂子底麼僧云不會師云正令却是你行又打一拂子問如何是第一句師云你試道看僧便喝師拍手云大衆好喝僧又喝師便打問四旋空中時如何師云四面連架打問龍獸相交時如何師云狗脊坡頭問冊霄獨步時如何師云日馳五百問金榜題名請師印可師云日下挑脚問大震虹霓請師引驗師云日下三刻問黃巢過後何處回避師云六纛旗下問忽遇捉著時如何師云賊首頭犯問寶劍未出匣時如何師云泥鼓跌宕僧云出匣後如何師云天魔唱快問擂朱泣岐時如何師云白狗臨刑莫怨天問人逢碧眼時如何師云鬼爭漆桶問獨步青霄時如何師云四衆圍遶僧云四衆圍遶時如何師云梵音絕處行問寂寂無声時如何師云打了拖声勢問鳳栖不到處時如何師云忽聞庭前撲煞老鴟梟問如何是歸宗理事絕師云納孺處錯問如何是日輪正當午師云理事甚分明便打問如何是獨步四山頂師云深深海底行問如何是自在如師子師云金鏈勒咽索白棒擁將行問久在貧中如何得濟師云滿擲摩尼親自捧學云欵人眼瞎師云眼裏無筋一世貧學云挑筋了瞎師便打問奔流度刃疾焰過風時如何師云住學云住即瞎師打禪林僧便喝師拈棒僧云老和尚莫掣榛奪棒打老和尚去在師云今日被這瞎漢鈍置煞我僧云陣敗不禁苕帚掃問疋馬單鎗來時如何師云且待我斫棒問如何是佛法大意師云無量大病源僧云請師醫師云世醫拱手問師唱誰家曲宗風嗣阿誰師云掌塔戴鶡冠口中更河海問如何是無相涅槃師云前三點後三點僧云無相涅槃請師證照師云三點前三點後問万里無雲時如何師云飢虎投崖問古殿重興時如何師云明堂瓦挿簷僧云與麼則莊嚴畢備也師云斬草虵頭落問二王相見時如何師云十字街頭吹尺八問如何是無相道場師云斫破鬼神村

上堂云是你諸人盡曾向諸方去来不是不知不見還知老僧這裏有諦麽僧便問請和尚諦師云推筭决疑問如何是蓙蔔林師云鬼厭箭問如何是不動尊師云邂逅到崖州問擬纂要津時如何師云灰糞堆問百了千當時如何師云未是好手問大義争權時如何支擬師云光漆交社僧云將何奉獻師云切以生蒭祭惟驢糞問如何是乾坤主師云周人遺刀心劍九竅問麟閣圖形請師憐念師云纓拂面塵問如何是解脫漿師云苞茆滲血簋物不多問如何是金剛不壞身師云老僧在你脚底僧便喝師云未在不是僧又喝師便打問南宗北祖如何顯示師云大庾嶺頭雲太行山下賊僧云如何明會師云幽燕經刼殺吳越咲呵呵僧云畢竟如何師云莫言無法說最苦是新羅問薄地天龍如何弁識師云有什麽難

弁僧云便請弁師云瘦眼生盲韮毛毿索僧云如何醫治師云氣針挟舌上雷電震雲問僧云忽遇葉公時如何師云見假不知驚著否至今猶是眼瞇天問日出扶桑時如何師云閻浮樹下過問凡聖同居時如何師云兩个猫兒一个獰問旃檀欉密時如何師云獨柳樹下坐問近不得時如何師云兜家難解肬問萬仞龍門今朝透過時如何師云全存霹靂声僧云恁麼則全承布雨去也師云泥人眼赤問如何是道師云鷹過長空無一物問獨遊滄海時如何師云雷震青空畜生燒尾問運足不知路時如何師云鳥道盲人過問中間不會時如何師云静處踝了打問投機不遇時如何師云是下全身去問金鏁斷時如何師云失僧云金鏁既斷為什麼却失師云崖州路上問行人問然燈前即不問然燈後二不問如何是正燃燈師云滅僧從東過西邊立師云野狐精問不施寸刃便登九五時如何師云單杖控天街太白過後望問如何是無縫塔師云八花九裂問如何是塔中人師云頭不梳面不洗問萬里無雲時如何師云寸步不可過問剪鐵鏌鎁猶恨鈍豁鏃當鋒事如何師云剪即死僧便喝師拍膝一下僧又喝師拈棒僧云老和尚莫盲枷瞎

棒奪却棒来打老和尚去莫言不道師云今日無端黄面淛子鈍置一場僧云老和尚莫掣搽好問如何是佛師云如何不是佛問惜宗風護三乘如何是道師云更夢見什麼

上堂云過去祖佛盡皆恁麼道時有僧問道个什麼師云大我問上上根器人来師還接也無師云接僧云便請和尚接師云且喜共你平交問如何是佛師云我不曾知僧禮拜師便打

上堂云有解問話者出来時有僧出禮拜師云是者老漢罷過便下座問如何是和尚家風師云秋收冬藏問如何是實應正主師云杓大椀小問如何是實應水師云了云欲者如何師云了問牛頭未見四祖時如何師云今日不荅話問擬伸一問師意如何師云是何公案僧應喏師云放你三十棒問如何是祖師西来意師云五男二女問如何是實應劒師云天下老和尚荅話了也將此語別處問去僧云用者如何師便打問祖意教意是同是別師云黄尚書李僕射僧云不會師云牛頭南馬頭北問萬代留名時如何師云光漆郊社問如何是佛法大意師便喝僧云老和尚莫探頭好師又喝僧便禮拜師云放過即不可便打問如何是佛法大意師便喝僧便禮拜師云今夜兩個俱是作家禪客與實應老稱提臨際正法眼藏若要一喝下弁賓主問取二禪客問學人有一問在和尚處時如何師云你問道什麼僧便喝師便休至明日上堂衆集師云昨日問話師僧在什麼處僧才出師拈棒便打問如何是佛師云待有即向你道僧云与麼則和尚無佛也師云正當好處僧云如何是好處云今日是三十日

上堂云諸方盡是把蛇頭求歇終不敢向第二頭荅實家話若是本色衲僧便莫共語作麼生是本色衲僧良久云有輸有贏有防禦使問長老還具見聞覺知也無師与一踏踏倒勘辯問圂頭㪷子開花也未僧云開花已久師云還着子也無僧云昨日遭霜了也師云大衆笑个什麼僧擬議師便打問風穴南方一棒作麼商量穴云作奇特商量穴却問和尚此間一棒作麼商量師拈拄杖云棒下無生忍臨機不見師問僧近離什麼處僧云龍興師云發足莫離業繫否僧便喝師云好好問你又惡發作什麼云喚作惡發即不得師便喝云你既惡發我也惡發近前来僧近前師云我也没量大罪過瞎漢条堂去師有時把住一僧云作麼作麼僧無對師云三十年来弄馬騎有時把住一僧云會麼僧云不會師云牛頭南馬頭北問僧夏在什

麼處僧云五臺師云文殊還識著老僧也無僧云不說着師云今日遇作家有時見僧来叅便把住叅頭云是什麼僧無語師云三十年弄馬騎今日被驢撲又自云大衆莫道聞處語問僧近離甚處云襄州師云什麼物恁麼来云和尚試道看師云適来禮拜底僧云錯師云錯個什麼僧云再犯不容師云三十年弄馬騎今日被驢子撲瞎漢叅堂去問大德講什麼經僧云維摩經師指云會麼僧云不會師云侍者點茶来問僧夏在什麼處云湖南師云喚維那来上板頭安排着問僧名什麼云普叅師云忽遇屎橛作麼生僧不審師便打

風穴禪師諱延沼餘杭劉氏子也　上堂舉寒山詩曰梵志死去来魂識見閻老讀盡百王書未免受捶拷一稱南無佛皆以成佛道問滿目荒郊翠瑞草却滋榮時如何師曰新出紅爐金彈子篕破闍黎鐵面皮問如何是互換之機師曰和盲愬懇瞎問真性不隨縁如何得證悟師曰猪肉案上滴乳香問如何是清淨法身師曰金沙灘頭馬郎婦問一色難分請師顯示師曰滿爐添炭猶嫌冷路上行人秖守寒問如何是學人立身處師曰井底泥牛吼林間玉兎驚問如何是道師曰五鳳樓前曰如何是道中人師曰問取皇城使問不傷物義請師便道師曰劈腹開心猶未性懆問未定渾濁如何得照師曰下坡不走快便難逢問如何是衲僧行履處師曰頭上宊棒口裏喃喃問靈山話月曹谿指月去此二途請師直指師曰無言不當痙曰請師定當師曰先度汨羅江問任性浮沉時如何師曰牽牛不入欄問凝然便會時如何師曰截耳卧街問狼煙永息時如何師曰兩脚捎空問祖令當行時如何師曰點問不施寸刃便登九五時如何師曰鞭屍屈項　上堂舉古云我有一隻箭曾經久磨煉射時徧十方落處無人見師云山僧即不然我有一隻箭未甞經磨煉射不過十方要且無人見僧便問如何是和尚箭師作彎弓勢僧禮拜師曰拖出這死漢問牛頭未見四祖時如何師曰披席把盌曰見後如何師曰披席把盌問未達其源時如何師曰鶴冷移巢易龍寒出洞難問不露鋒鋩句如何辯主賓師曰口銜羊角鰾膠粘問將身御險時如何師曰布露長書寫罪原問學人觧問請訛句請師舉起訝人機師曰心裏分明眼睛黑問生死到来時如何師曰青布裁衫格大吠曰如何得不哭去師曰自宜觶避寂無声問如何是真道人師曰竹竿頭上禮西方問魚隠深潭時如何師曰湯盪火燒問如何是諸佛行履處師曰青松綠竹下問如何是大善知識師曰殺人不眨眼曰既是大善知識為甚麼殺人不眨眼師曰壓埃影裏不拂袖畫戟門前磨寸金問一即六六即一一六俱亡時如何師曰一箭落雙鵰曰意旨如何師曰身亡跡謝問摘葉尋枝即不問直截根源事若何師曰赴供凌晨去開塘帶雨歸問問問盡是搵怪請師直指根源師曰罕逢穿耳客多遇刻舟人問正當恁麼時如何師曰盲龜值木雖優穩枯木生花物外春　上堂大衆集定師曰不是無言各須英鑒問大衆雲集師意如何師曰景謝枯寒骨肉疎冷　師在南院作園頭一日南院到園問云南方一棒作麼生商量師曰作奇特商量良久師却問和尚此間作麼生商量南院拈棒云棒下無生忍臨機不讓師師於是豁然大悟南院云汝乘願力来荷大法非偶然也汝聞臨濟將終時語不曰聞之南院云臨濟道誰知吾正法眼藏向這瞎驢邊滅却渠平生如師子逢人即殺及其將死何故屈膝妥尾如此對曰密付將終全主即滅又問三聖如何亦無語乎對曰親承入室之真子不同門外之遊人南院領之

又問汝道四種料簡語料簡何法對曰凡語不滯凡情即墮聖解學者大病先聖哀之為施方便如楔出楔云如何是奪人不奪境曰新出紅炉金弾子簉破闍梨鐵面門又問如何是奪境不奪人曰蒭草乍分頭腦裂乱雲初綻影猶存又問如何是人境俱奪曰躡足進前須急急促鞭當鞚莫遲遲又問如何是人境俱不奪曰常憶江南三月裏鷓鴣啼處百花香又問臨濟有三句當日有問如何是第一句臨濟云三要印開朱點窄未容擬議主賓分師隨聲便喝又問如何是第二句臨濟云妙解豈容無着問漚和争赴截流機師曰未問已前錯又問如何是第三句臨濟云但看棚頭弄傀儡抽牽全藉裏頭人師曰明破即不堪於是南院以為可以支臨濟不墮負興化先師所以付託之意師依止六年而南院殁後唐長興二年雲遊至汝水見草屋數椽依山如逃亡人家問田父此何所田父云古風穴寺世以律居僧物故又歲飢衆棄之而去餘佛像鼓鍾耳師曰我居之可乎田父云可師乃入留止晝乞村落夜燃松脂單丁者七年檀信為新之成叢林晉天福二年州牧聞其風盡禮致之上元日開法嗣南院漢乾祐二年牧移守郢州師又避寇往依之牧館于郡齋陞座曰祖師心印狀似鐵牛之機去即印住住即印破只如不去不住印即是不印即是時有盧陂長老出問某甲有鐵牛之機請師不搭印師曰慣釣鯨鯢澄巨浸却嗟蛙步驟泥沙盧陂佇思師喝曰長老何不進語盧陂擬議師打一拂子曰還記得話頭麽試舉看盧陂擬開口師又打一拂子牧主云信知佛法与王法一般師問曰太守見何道理牧主云當斷不斷反受其乱師便下座　寇平汝州有宋太師者施弟為寳坊歸新寺迎師居馬法席冠天下學者自逺而至　周廣順元年賜寺名廣恵師凡住二十有二年以皇宋開寳六年癸酉八月旦日登座説偈曰道在乗時須濟物逺方来慕自騰騰他年有叟情相似日日香烟夜夜燈至十五日跏趺而化前一日手書別檀越閲世七十有八坐五十有九夏得法上首汝州首山念禅師

重刊古尊宿語序

過去如是如是見在如是如是未来如是如是幸自可憐生無端黄面老漢拈花瞬目金色頭陁忍俊脫順不覺漏泄一人傳虚萬人傳實何時而已哉人根有利鈍故機語有開歛鍼砭藥餌膏肓頓起縱横展拓太虚不痕雖古人用過時無古今死路活行死恭活著觀照激發如龍得水故曰言語載道之器雖佛祖不得而廢也七佛偈及西天此土三十三傳枝出派列莫知其幾授受證據洎夫抑揚示誨見于傳燈而多有載不盡者往往散落異時有賾蔵主者旁蒐廣採僅得南泉而下二十二家示衆機語厥後又得雲門真淨佛眼佛照等數家總曰古尊宿語非止乎此也攟其所捜採而言爾夫古人得親故用親行到故説到其所説者如國家兵器不得已而用之從上為人只貴眼正是豈末流刻楮畫花雕蚶鏤蛤瞎學者眼所可同日語覺心居士出善女倫秉烈丈夫志操不為富貴所障世相所縻著淨名衣坐空生室安住正受動静提撕是孰使之然哉謂賾所編古尊宿語刋于閩中而板亦漫矣兩浙叢林得之惟艱勇捐巳資鋟梓流通命禅衲精校重楷不鄙索序噫亦異矣昔月上女抗舍利弗發明大涅槃菴提遮對曼殊室利不生生不死死義達磨来震旦以後其間善女等倫横機諸大老發明向上者多矣近世秦國計氏與夫空室道人皆以鍾鼎家世而為般若眷屬令覺心則發揮古宿機語以遺佛種無二無二分無別無斷故覺心魏氏紹興丞相文節公

孫余文昌之室先瑩住林庵處席命慈林䲷無言者攝䲷催請主庵人覺心著語云菴主只在菴中為甚麼不見道有又無道無却有又不近又不遠舉頭鷂子過新羅參得著喫盌麴餘偈語多有皆不計較而得則日用中無非禪悅法喜之樂矣併見于此皆

聖宋咸淳丁卯春清明日江浙等處明州府阿育王山廣利禪寺住持沙門物初大觀序

唐宋諸碩師傳佛心宗道大德備室中垂示勘辨學者徵拈代別皆有機語流布寰中久矣惟傳燈一書嘗賜入藏諸師之語傳燈不能備載者有賾公藏主刋集南泉趙州黃蘗臨濟雲門真淨佛眼東山二十餘家總若干卷題之曰古尊宿語實有補於宗門

十二末

古尊宿語錄卷第八

古尊宿語録卷第九　密九

首山禪師大鑑下八世風穴法嗣

首山禪師諱省念萊州狄氏子僧問師唱誰家曲宗風嗣阿誰師云少室岩前親掌示僧云更請洪音和一声師云如今也要大家知問如何是和尚家風師云一言截斷千江口萬仭峯前始得玄問如何是首山境師云一任衆人看僧云如何是境中人師云喫棒得也未僧禮拜師云喫棒且待別時問如何是佛法大意師云楚王城畔汝水東流僧云如何是學人親切處師云五九盡日又逢春僧云畢竟事如何師云冬到寒食一百五問司徒郎中臨座側祖胤西来碩擧揚師云王臣三請今朝赴萬民樂業普皆安僧云與麼則慈雲普潤處處皆通也師云野老謳歌時人皆唱復云諸上座佛法無多子只是你諸人自信不及若也自信得去千聖出頭来你面前亦無下口處何故只為你自信得及不向外馳求所以奈何不得直饒釋迦老子到這裏也與三十棒然則如此初心後學憑个什麼道理且問你諸人還得恁麼也未良久云若得恁麼直須恁麼無事珍重

上堂僧問如何是首山師云東山高西山低僧云如何是山中人師云恰遇棒不在僧礼拜師便打問如何是道師云爐中有火無心撥處處無蹤任意遊僧云如何是道中人師云坐看煙霞秀不與白雲齊問學人身心聚散時如何師云不聞天樂響僧云如何收攝師云莫逐四時移問菩薩未成佛時如何師云衆生僧云成佛後如何師云衆生衆生問覺花未發時如何辨真實師云冬不寒臘後看僧云莫便是也無師云錯問六國未寧時如何師云什麼處去来僧云寧後如何師云大地火起問寶劔未出匣時如何師云慾阿誰僧云出匣後如何師云不斷無罪之人僧禮拜師云斬問寶劔未出匣時如何師云你不惜猶可僧云出後如何師云伏惟尚享僧云忽遇師子吼時如何師云一任野干鳴僧便喝師云果然僧又喝師云放你三十棒僧禮拜師云這瞎漢復云諸上座不得盲喝亂喝者裏尋常向你道賓則始終賓主則始終主賓無二賓主無二主若有二賓二主即是兩个瞎漢所以我若立時你須坐我若坐時你須立坐則共你坐立則共你立雖然如是到這裏急着眼始得若是眼孔定動即千里萬里何故如此如隔窓看馬騎相似擬議即沒交涉諸上座既然於此留心直須子細不要掠虛好他日異時賺着你在諸人若也有事近前無事珍重

上堂僧問蓮花未出水時如何師云徧天徧地問出水後如何師云特地一場愁問殺父殺母佛前懺悔殺佛殺祖向什麼處懺悔師云水深一丈問離凡離聖請師一句師云不可錯怪老僧也僧云謝師指示師便打問魚鼓未鳴時如何師云望天不見天僧云鳴後如何師云覷地不見地問和尚是大善知識為甚麼却首山師云不坐孤峯頂常伴白雲閑

問作何行業報得四恩三有師云殺人放火僧云與麽則大作業底人也師云苦痛深僧云如何是世尊不說說師云任從滄海變終不為君通僧云如何是迦葉不聞聞師云瞶人徒側耳問伏鏌鎁劔来取師頭時如何師云嚧一声僧云苦痛深師便打問得舡便渡時如何師云猶是鈍漢問權借一問以為影草時如何師云放你三十棒問人在貧中請師賑接師云不接僧云為什麼不接師云喫棒得也未隨聲便打問龍宮海藏當有何物請師一別師云不掛三寸舌僧云為什麼不掛三寸舌師云誰知句後親問不落僧祇如何修證師云近前来與你道僧近前師便打問丹霞掩耳黃蘗拄杖意旨如何師云坐參都不問暢殺子平生僧云

稀逢難遇請師指示師云莫㮕鳴問諸佛未見時如何師云拈匙不把筯僧云見後如何師云喫飯忘却匙問佛未出世時如何師云不可錯怪老僧也僧云出後如何師云舉似天下人問如何是超毘盧之句稱釋迦之談師云妙語無多子親言舉似誰僧云湛然時如何師云未明心地諦難過首山關僧擬進語師便打問大悲千手眼那个是正眼師云即便歡聽僧云歡聽後如何師云撈天摸地問如何是和尚說法底口師云掛在壁上僧云忽有人來問時如何師云待我取回來即向你道問學人此處不薦擬向南方時如何師云速僧云却不恁麼去時如何師云後會難逢僧云如何是和尚家風師云無絲傀儡有人牽僧云牽後如何師云妙有無言不較多僧云如何是妙有無言不較多師云有言須得句僧云如何是無絲傀儡有人牽師云當明提祖道方得後人捿問學人求出世間時如何師云借水獻花先供養莫教落後索香錢僧云死生事大乞師一薦師云透漏遺蹤無走路僧云恁麼則枝他捉着也師云今日到長安問如來演說三乘教未審是什麼教師云千言無一中僧云為什麼千言無一中師云不是上鈎人問一切法皆空如何悟

得真空理師云南地先柚爭塞北着皮裘僧云莫落是非也無師云自家看取問青青翠竹還有佛性也無師云南天北地僧云恁麼則推窮佛理也師云北地南天問鍾鼓未鳴時如何師云問前不鳴問後打僧擬議師便喝問如何是迦葉門前一盞燈師云祢峯朗四月連天照性宿九似寒泉徹底清僧云勞而無功時如何師云日輪當午無私照自是時人見有務問寶劍未出匣時如何師云大洋海底澄心鏡僧云出匣後如何師云天外吒沙獨攙搶師乃云第一句薦得堪與祖佛為師第二句薦得堪與人天為師第三句薦得自救不了時有僧問如何是第一句師云大用不揚眉棒下須見血僧云慈悲何在師云送出三門外問如何是第二句師云不打恁麼纔漢僧云將換何人師云如斯爭奈何問如何是第三句師云解闍無人荅僧云即今祇對者是誰師云莫使外人知僧云和尚是第幾句薦得師云月落三更穿市過問維摩一默文殊讚善未審此意如何師云當時聽衆必不如是僧云既不如是維摩默然又且如何師云知恩者少負恩者多乃云若論此事實不掛一个元字脚便下座

師住廣教上堂僧問如何是真如體師云徧乾坤僧云如何是真如用師云動天地問如何是大海師云出頭天外看僧云恁麼則包含不盡也師云不見本來身問如何是學人自己師云是你自己問黑荳未生芽時如何師云萬里崖州君自去臨行惆悵怨他誰僧云有何罪過師云昨夜貶文殊僧云未審什五麼時宿九回師云專候天恩僧云天恩到時如何師云齊賀太平年問牛頭未見四祖時如何師云不唧𠺕僧云見後如何師云不唧𠺕問久負沒絃琴請師彈一曲師云正值嚴凝久披蓑帶雨歸問觀身無相觀法亦然時如何師云晴天鬧水路僧云恁麼則掃地而盡去也師云孤月照高岑問萬機喪盡時如何師云死水不藏龍僧云轉動後如何師云碧眼胡僧笑點頭問如何是正修行路師云貧兒不離食僧云撒手歸家去也師云香臭不曾聞僧云三春無二月十五正團圓師云不是闍黎用心處僧云如何是學人用心處師云要行即行要坐即坐問十二時中作何行業即免生死師云作喚什麼作生死僧云與麼則無生死可免師云大衆盡皺眉問如何是超佛越祖之談師云塞北風霜緊江南雪不寒問承古有言自從一見桃花後直至而今更不疑意旨如何師云三尺杖子兩人舁僧云還許學人舁也無師云放

下着　　師問僧恁麽来者是甚麽人云問
者是誰師云老僧僧便喝師云向你道是老
僧又惡發作麽僧又喝師云恰遇棒不在手
僧云草賊大敗師云今日又似得便宜又似
落便宜問如何是道師云脚下深三尺問蓮
花未出水時如何師云水深一丈進云出水
後如何師云從地高三尺其時有化主問學
人與麽去時將何稟受師云叉手奉賓德鑾
似莫沉吟僧云恁麽還當也無師云物逐人
興僧云今日點茶當為何人師云去此無消
息無心永莫回問如何是真如體師云敲塼
打瓦僧云此意如何師云切忌踏着僧云有
一人不會唐言梵語来時師還接也無師云
舉意便知有何勞側耳聽問學人不識文墨
拾得个字来未審喚作什麽字師云久為雲
水客休作問禪賓問如何是現前三昧師云
三更不閉户僧云還許學人商量也無師云
切忌五更初問若能轉物即同如来三門佛
卷九　六
殿請師轉師云長安道上無私曲縱遇知音
到者稀問學人親到寶山空手回時如何師
云家家門前火把子問靈丹一粒點鐵成金
至理一言轉凡成聖如何是至理一言師云
更舉一徧僧云與麽則退身三步師云笑破
大衆口問如何是學人自己師云放參三下

鼓喫粥五更鍾問久輔不逢時如何師云闍
黎有問老僧有荅僧云如何得逢師云闍黎
不問老僧不荅問維摩方丈不以日月為明
未審和尚方丈以何為明師云穿破天下人
髑髏問久負無弦琴請師彈一曲師云無言
顯大道僧云還許學人和也無師云更莫遲
疑問十方薄伽梵一路涅槃門如何是一路
涅槃門師云龍蟠鳳舞子時前日出崑崙照
大千問塵塵見佛剎剎聞經如何是塵塵見
佛師云好个燈籠僧云學人不會意旨如何
師云還我話頭来問無邊身菩薩為什麽不
見如来頂相師良久云即今還見也無僧擬
議師便打問如何是學人本来身師云牽牛
不入市僧云如何是有相身中無相身師云
泊合錯對闍黎問萬仞峯前如何卓立師云
罕僧云意旨如何師云苦問巧說不得只要
心傳如何是心傳底法師云有疑須假問僧
云恁麽則巧說不得也師云無言正好聽問
卷九　七
如何是佛法的的大意師云不將小意對闍
黎僧云如何領會師云逢人莫錯舉問德山
棒臨濟喝未審明得什麽邊事師云你試道
看僧便喝師云瞎僧又喝師云這瞎漢只管
亂喝作什麽僧欲禮拜師擬拈棒僧約住云
莫亂打人好師擲下拄杖云明眼人難瞞僧

云草賊大敗問如何是生滅法師云新羅喫
冷淘問久處沉迷請師一接師云老僧無恁
麽閑工夫僧云和尚豈無方便師云要行即
行要坐即坐僧云臨機一句截斷衆流請師
垂示師云棒下迸流星僧云恁麽則萬象顯
然師云遣人拽出問世尊說法如雷吼未審
誰是不聞者師云無人敢定當僧云為什麽
無人敢定當師云果然不聞問亡僧遷化向
什麽處去師云散闕正望三泉路學朴花開
始覺春問古人道東山西嶺青意旨如何師
云一回舉着一回新僧云謝師指示師云切
不浪施問如何是佛師云苦問如何是然燈
前師云諸佛在我前僧云如何是然燈後云
諸佛在我後僧云如何是正然燈師云青山
無異路問有問有荅盡在魔界無問無荅事
如何師云庭前罷舞休思曲僧云大衆證明
也師云野老謳謌正好音問如何是和尚截
人之機師云三門前點燈僧云未審意旨如
何師云佛殿後燒香問如何是佛師云新婦
騎驢阿家牽僧云未審此語什麽句中收師
云三玄收不得四句豈能該僧云此意如何
師云天長地久日月齊明問如何是佛師良
久云會麽僧云不會師云何不高声問僧再
問師云瞎漢顛言倒語作什麽問如何是䆟

寐惺惺底人師云莫向白雲深處坐切忌寒灰煨殺人師復舉興化示衆云今日放諸人一線道不用如何若何便請單刀直入興化爲你證明有旻德長老出衆禮拜起來便喝興化亦喝旻德又喝興化又喝德禮拜興化却云適来若是別人三十棒一棒也不較何故爲他旻德會一喝不作一喝用八師云看他興化與麼作用爲什麼放得伊過諸上座且道什麼處是一喝不作一喝用是前一喝是後一喝那个是賓那个是主雖然如此也須子細始得良久云二俱有過二俱無過珎重師住寶應入院上堂有僧問盡大地人来各各置一問問問各別未審寶應如何祇對師云好僧禮拜師云見何道理僧云謝師荅話師云賊是小人智過君子刘司徒問龍庭金口問如何對玉機師云一輪逈脫三界外當軒照破萬家門司徒云臨行一句請師指示師云莫錯認定盤星座主問云如從飢國来忽遇王饍未敢便飡飡即是不飡即是師云名利已歉天下播手中如意有誰知主云與麼則珎重去也師云真師子兒一撥便轉問既是清淨伽藍爲什麼打魚鼓喫飯師云知恩者少負恩者多問承師有言金沙灘頭馬郎婦意旨如何師云高梳雲髻恐人怪笑問

得力處乞師一言師云山高無異路僧云畢竟如何師云莫守白雲問問向上一路請師指示師云對面不相識僧云爲什麼不相識師云問處分明荅處親問如何是觀音門入者師云超然一境無異路僧云如何是普賢門入者師云野雲不向目前飛問有問有荅皆落唇吻無問無荅請師道看師云九不可錯怪老僧也僧云猶落唇吻師云落在什麼處僧無語師便打問萬法歸於一體時如何師云三斗喫不足僧云畢竟歸於何處師云二斗却有餘問文殊贊維摩不二法門意旨如何師云問前不明問後瞎僧云未審此意畢竟如何師云瞎問離声離色如何舉唱師云一點青霄異僧云如何是異師云透過萬重關僧云只這如何透師便打云言前薦得辜負平生句後投機殊乖道體離此二途請師方便師竪拂云爭奈這箇何僧云與麼則太保證明師云你莫帶累太保問如何是佛師云朝看東南暮看西北問德山棒臨濟喝意旨如何師云寶應今日不用僧擬進語師云瞎漢便打問疑則爲賊爲伴不疑則野塚爲家時如何師云北邙山下千丘萬丘未審那个是你家僧以坐具摵一摵師云洎不問過問如何是古佛心師云三个婆婆排班拜問

如何是清淨法身師云新羅人不裹頭僧云向上還有事也無師云有僧云如何是向上事師云新羅人不裹頭安貞外問弟子不會請師垂示師云水急浪開漁父見錦鱗透過碧波中貞外云承教有言是法住法位世間相常住如何是常住底法師竪起拄杖召貞外云且道這箇是住底法不是住底法貞外云未曉之徒如何賑濟師云探稀似曲纔堪聽又被風吹別調中貞外云一物不將來時如何師云何得對衆妄語貞外擬議師便喝問如何是祖師西來意師云風吹日炙問只如龍牙問德山山乃引頸此意如何師云德山引頸寶應即偃身縮項問祇如和尚道新婦騎驢阿家牽意旨如何師云百歲翁翁失却父僧云百歲翁翁豈有父師云汝會也師復云諸上座不見興化老人道直饒汝喝得興化向虛空裏撲下來一點氣也無忽然甦息却向汝道未在何故我未向紫羅帳裏撒真珠與你諸人胡喝亂喝作麼師云十實爲如斯今時兄第只管横喝竪喝及至窮著並無言說看他臨濟會下有僧出來禮拜臨濟便喝僧云老漢莫探頭好際云汝道落在什麼處僧便喝又有僧問如何是佛法大意際便喝僧禮拜際乃召衆云你道適來這一喝好

喝也無僧云草賊大敗際云過在什麼處僧云再犯不容際云要識臨際賓主話問取堂中二禪客師云諸兄弟學般若菩薩直須諦當去始得雖然如是晚者還稀珍重　師一日上堂汾陽昭和尚出問百丈卷蓆意旨如何荅云龍袖拂開全體現進云未審師意如何荅云象王行處絶狐蹤昭於是言下大悟遂提起坐具頋視大衆云萬古碧潭空界月再三撈漉始應知禮拜歸衆時葉縣省和尚作首座纔退便問昭兄你適来見箇什麼道理便與麼道云正是我放身捨命處省便休

小叅示衆云老僧擬歙歸鄉什麼人隨得去時有僧問未審和尚什麼時去師云待有伴即向汝道僧云無伴底事作麼生師云盡日不逢人明明不知處僧云忽遇一人又作麼生師云迷子不歸家失却來時路僧云請師指箇歸鄉路師云枯木藏龍不存依倚僧云和尚什麼時節却回師云一去不知

審九　十一

音六國無消息僧云正當歸鄉底事又作麼生師云獨唱胡家曲無人和得齊僧云忽遇知音在時如何師云山上石人齊拍掌溪邊野老笑呵呵僧云歸鄉回來底事又作麼生師云八國奉朝衣四相無邊改僧云未審居何位次師云文殊不坐金臺殿自有逍遥竹

拂枝問如何是梵音師云驢鳴狗吠問如何是截徑一路師云或在山間或在樹下問如何是和尚不欺人底眼師云看看冬到來僧云畢竟如何師云即便春風至問遠聞和尚無絲可挂及至到來爲什麼有山可守師云道什麼僧便喝師亦喝僧禮拜師云放你三十棒从立衆慈伏惟珍重　師出鏡清十二問荅洎翠岩代語師於一語下代三轉問時至草庵無一物爲什麼却有盈餘清云要道何難岩云適來道什麼師代云自不知又云洎成忘却又云共語不知音問盡乾坤不出一刹鄰今時人向什麼處辨明清云〻語商量岩云向你道什麼處辨明師代云不鬦他別人又云明眼人笑你又云用辨即非問無神通菩薩爲什麼蹤跡難尋清云波斯眼黑岩云莫鬼語師代云不是用心處又云被他捉著又云不勞舉步問辨得親踈底人爲什麼却被親踈不肯清云不平陝缈岩云當得也無師代云莫守闇又云大有人不解恁麼聞又云不可辨親踈問明知生是不生之相爲什麼却被生之所流清云明知無力岩云不閑老兄事師代云自領過又云喚什麼作生死又云争得不知有問人人具眼達訪道人道即是不道即是清云頭上仙陁岩云莫道乞辨明師代云分明舉似他又云莫道乞荅話又云若不是寶應泊合遭他毒手問體本無瑕翳爲什麼坐施良藥清云却正道著岩云且放老僧過師代云知過人難得又云更教誰喫棒又云今日草賊大敗問達者同遊一路行爲什麼不行清云已到平頭岩云

審九

老兄還達也未師云不争先又云到了不知

十二

又云但請先行問盡令提綱爲什麼不塞時人口清云自還得岩云老兄還知明州米價麼師代云還曾失麼又云須知老兄又云争知今日問無形本寂寥爲什麼有物先天地清云實公曲尺誌公剪刀岩云領過得也未師代云欺他作什麼又云阿誰與麼道又云不是闍黎置問問十方薄伽梵爲什麼一路涅槃門清云家無二主岩云慳得人麼師代云到者方知又云一尚不可得又云常防此問問同氣連枝爲什麼却根莖有異清云郁桒逆彩岩云阿誰道有異師代云紹得麼又云見有前後又云今朝二十五師出風穴四賓主語僧云如何是賓中賓穴云攢眉看白雲師別云去來長自在不與白雲齊問如何是賓中主穴云入市雙瞳瞽師別云高声唱叫逃街行問如何是主中賓穴云回鑾兩耀新師別云定國安邦賀太平問如何是主中

主穴云磨礱三尺劒待斬不平人師別云收
番猛將寸草不留師出四種照用語問如何
是先照後用師云南岳嶺頭雲太行山下賊
問如何是先用後照師云太行山下賊南岳
嶺頭雲問如何是照用同時師云收下南岳
嶺頭雲捉得太行山下賊問如何是照用不
寄九
同時師云昨日有雨今日晴師出四賓主語
十三
問如何是賓中賓師云青山綠水分問如何
是賓中主師云棒下耶分明問如何主中賓
師云退己讓人問如何是主中主師云斬盡
不留身師出四料簡語問如何是奪人不奪
境師云人前把出遠送千峯問如何是奪境
不奪人師云打了不曾嗔究家難解免問如
何是人境兩俱奪師云萬人作一塚時人盡
帶悲問如何是人境俱不奪師云問處分明
荅處親師出德山三轉語於一句中各下三
轉問如何是函蓋乾坤句師云大地雪漫漫
又云普天匝地又云海底紅塵起如何是截
斷衆流句師云不通凡聖又云泊合放過又
云橫身三界外問如何是隨波逐浪句師云
要道便道又云有問有荅又云此去西天十
萬八千師舉僧問禾山如何是道山云耕人
田不種僧云如何是道中人云禾熟不臨傷
因僧問師出語云耕人田不種意旨如何師

云大勳不竪賞僧云禾熟不臨塲意旨如何
師云任從風雨爛師出蟠龍和尚問行者接
待不易行者云開心椀子盛將來無縫合兒
合將去師云橫檐拄杖登霄漢使煞農夫煮
粥人師出僧問如何是祖師西來意荅云風
吹日炙師又云多年塵土無人拂一身常在
鎭天涯

勘辯語

師在風穴會中密
常勤誦蓮經衆咸謂念法華也偶知客退即
就請師一日風穴見師侍立次乃垂淚告之
曰不幸臨際之道至吾將墜于地矣師曰觀
此一衆豈無人邪穴曰雖敏者多見性者少
師曰如某者如何穴曰吾雖望子之久猶恐
耽著此經不能放下師曰此亦可事願聞其
要於是風穴上堂舉世尊以青蓮目顧視大
衆迦葉正當與麼時且道說箇什麼若道不
說而說又是埋沒先聖且道說箇什麼師乃
拂袖而退穴擲下拄杖便歸方丈侍者隨後
入室請益念法華為什麼不祇對和尚穴云
寄九
十四
念法華會也次日師與眞園頭同上問訊次
穴又問眞曰作麼生是世尊不說說眞曰鵓
鳩樹頭鳴穴云你作許多癡福作什麼何不
躰究言句又問師曰汝作麼生師曰動容揚
古路不墮悄然機穴云你何不看法華下語
師受風穴印可之後混迹韜光人莫知其所

以因楚和尚初至汝州宣化安下風穴令師
傳語纔相見展坐具次便問展即是不展即
是楚云自家看取師便喝楚云我曾親近知
識來未甞輙敢恁麼造次師云草賊大敗楚
云來日昔見風穴和尚待一一舉似師云一
任一任不得忘却師先回舉似風穴穴云今
日又被你收下一員草賊師云好手不張名
楚次日纔到相見便舉前話穴云非但昨日
令日連贓捉敗於是師乃名振四方遠近學
者承風而湊初住汝州首山為第一世也石
門遣使馳開堂書至師乃集衆於法堂上使
纔近前人事師約住云是洞上宗乘是雪嶺
家風使云書中已載師云一不成二不是使
無語師云且坐喫茶一日師問僧近離甚處
僧云襄州師云路上曾逢達磨也無僧近前
不審師云這箇是驢前馬後底僧云和尚又
如何師云非公境界且坐喫茶僧纔坐師又
問在什麼處過夏僧云石門師云水牯牛安
寄九
十五
樂麼僧云及時水草師云為什麼傷人苗稼
僧云對和尚不敢造次師云放過即不可便
打師一日問僧是凡是聖僧云非凡非聖師
云太不定生僧云離此二途請師速道師云
首山今日燒香供養你去也僧云某甲特來
禮拜師云滴水難消一日問僧近離什麼處

僧云廣慧師云穿雲不渡水渡水不穿雲齡
此二途速道速道僧云某甲昨夜宿長橋師
云你恁麼合喫首山棒僧云某甲未曾參堂
師云兩重公案僧云恰是師云郝郝又一日
師見僧參次乃問近離甚處僧云襄州師云
夏在甚處僧云洞山師云還我洞山鼻孔來
僧云不會師云却是老僧罪過又一日問僧
上人近離甚處僧云南方師云遠來不易且
坐喫茶又一日問僧近離甚處僧云襄州師
云有事相借問得麼僧云便請師云且喜沒
交涉又云鷂子過新羅又問僧近離甚處僧
云西京師云路上還逢達磨也無僧云適來
已參見和尚了也師云為什麼築著鼻孔僧
云已知痛癢師云打破大唐國裏覓箇知痛
癢底人了不可得且坐喫茶有僧來參師乃
問近離甚處僧云龍門師拽傍僧摑一摑喝
出去一日有僧侍次師乃喚僧名僧應諾師
云且去別時來為你說僧云而今尚自不說
別時決定不說師云我也罪過你也罪過僧
一日入室師云且去別時來僧應諾師便打
師每見僧來便云恁麼來者是誰僧云問者
是誰師云是老僧僧便喝師云向道是老僧
又惡發作什麼僧又喝師云恰過棒不在僧
云草賊大敗師云得便宜是落便宜有僧入

室師便喝僧亦喝師又喝僧禮拜師便打云
伏惟尚享一日因僧入室師喚僧名僧應諾
師云錯僧云某甲有什麼敗闕處師云錯有
新到相見師問從什麼處來僧云芭蕉來師
云芭蕉有何言敎僧云曾見有僧問牛頭未
見四祖時如何蕉云知僧云見後如何不知
寄九 十六
後有僧舉問襄陽石門徹禪師只如二尊宿
意旨如何徹云先行不到末後為初僧一日
入室師云恁麼來者是誰僧云某甲師云莫
道是別人僧禮拜師云適來見箇什麼道理
即禮拜僧云今日大似因齋慶讚師云我適
來一期向你恁麼道速須吐却僧云也知和
尚曲為某甲師云後有人問你向他道什麼
僧拂袖便出去師召僧名僧回首師便喝僧云
遠老賊師乃以頌示之曰四門通一要一要
具三玄在賓全正令立主要須圓又一夜師
行道次見暗裏有僧師乃問是誰僧不對師
云我也識得你僧大笑師云你不得道是別
人復作一頌示之輕輕踏步恐人知語笑分
明更莫疑智者只此猛提取莫待天明失却
鷄 師次住寶安山廣教禪院亦為第一世
後徇衆請入城下寶應禪院嗣窓 三處法席
海衆常臻淳化三年十二月初四日午時上
堂示衆曰今年六十七老病隨緣且遣日今

年記却來年事來年記著今朝日果至四年
十二月日與時無爽前記上堂辭衆仍作偈
曰白銀世界金色身情與無情共一真明暗
盡時俱不照日輪午後是全身言訖安坐日
將昳而逝壽年六十八茶毘收舍利 偈頌
示衆諸子謾波波過却幾恒河觀音指彌勒
寄九 十七
文殊不柰何 靈雲見桃花 分明歷世
三十春因悟桃花色轉新人人盡得靈雲意
不識靈雲是何人 玄沙云諦當甚諦當
玄沙道處少人知寄寄相逢更莫疑今古
相傳親的旨少年多是白頭兒 四賓主
頌 悟了却從迷裏悟迷悟從來無差乎始
知本末至于今今古相承無別路無別路莫
問人說今古問來事元是主從他人問賓主
識得賓全是主主中賓賓中主更互用無差
互賓中賓主中主兩家用莫讓主 把定乾坤
大作主不容擬議斬全身始得名為主中主
偶作三頌 我有一機不假修持若人
問著便喚沙彌我有一著不自棲泊若人更
問劈口便著我有一宗勿示西東若人擬議
別喚王公 迷化主四頌 報你參禪賓
人中有見親若求端的旨臘月望陽春
臨行少語是人憐其尊家風汙舊賢保護盡
從今日去靜坐寒窓月那邊 幾多真子向

西東物外縱横莫用功隨處化緣皆是道臨
行一句盡流通　廓然無事少人聞任意縱
横勿計程步步登高看前路莫教失脚墮深
坑　示衆三首　背陰山子向陽多南來
北往意如何若人問我西來意東海東西有
新羅　咄哉巧女兒攛梭不解織貪看鬪鷄
兒水牛也不識　咄我拙郎君巧妙無人識
打破鳳林關穿靴水上立　問不落三寸請
師速道師云老僧到這裏却道不得闍梨道
看僧云猶落三寸請師别道師云首山今日
失利問如何是首山境師云千花迴秀一葉
長芳僧云如何是境中人師云好事不如無
問因緣未熟時如何師云進僧云熟後如何
師云退問二龍爭珠誰是得者師云得者失
僧云不得者又如何師云珠在什麼處僧擬
議師便打問維摩默然未審意旨如何師云
罕逢穿耳客多遇刻舟人問如何是首山出
身路師云誰人障閡得僧云與麽則自在去
十八末
也師云去即打折你腳　師乃云要得親切
第一莫將問來問還會麽問在荅處荅在問
處你若將問來問老僧在你脚底你若擬議
則没交涉時有僧出禮拜師便打僧問挂錫
幽岩時如何師云錯僧云錯師便打

古尊宿語録卷第九　　密九

古尊宿語録卷第十　　宿十

石門禪師大鑑下九世嗣首山

石門山慈照禪師諱蘊聰師開堂拈香云西
天二十八祖唐土六祖過去聖人盡得傳衣
付法至唐代六祖之後得道者如稻麻竹葦
不傳其衣只傳其法皆以香為信今日一辦
香為什麼人通信某甲雖不言大衆已委悉
爇此一炷香也僧問師唱誰家曲宗風嗣阿
誰師云山連嵩嶺地近洛川問和尚開堂於
此日先將何法報君恩師云撑天拄地云君
恩如此祖意如何師云分明領話問如何是
佛師云邛州多出九節杖云謝師指示師云
莫作荅佛話會却問如何是祖師西來意師
云九里江上望舶舡云意旨如何師云市舶
亭前人不識問寶鈎未出匣時如何師云在
匣裏云出匣後如何師云放汝一線道僧礼
拜師便打　上堂云上上之機人法俱遣
中下之機但除其問猶有法在下下之機據
問而行若是出格道人全躰作用諸上座尽
是出格道人老僧争敢作用問如何是一着
子師云明明似日連天照暗暗昏昏人自迷
云如何得不迷師云千里萬里　早参示
衆云且道昨日與今朝是同是别古人道昨

日今朝事恰同又道昨日今朝事不同同與
不同即且止且道即今一句作麼生波隨月
照影逐日移師入州看官路逢延慶長老問
中路相逢一句作麼生道師云某甲礼拜和
尚有分明日到院茶話次昨日聞學士說新
石門和尚和尚父在石門為什麼說新去師
云腦後合掌問來時無物去時空二路都迷
如何得不迷去師云秤頭半斤秤尾八兩
上堂云十五日已前諸佛生十五日已後諸
佛滅十五日已前諸佛生你不得離我這裏
若離我這裏我有鈎子鈎你十五日已後諸
佛滅你不得住我這裏若住我這裏我有錐
子錐你且道正當十五日用鈎即是用錐即
是遂有頌云正當十五日鈎錐一時息更擬
問如何回頭日又出問如何是無縫塔師云
直下看云如何是塔中人師云退後退後問
如何是古佛心師云踏着秤槌硬似鐵云意
旨如何師云明日向你道問青山緑水即不
問急切一句作麼生道師云垂手過膝兩耳
垂肩汝州先師忌問先師還來也無師云三
巡茶罷一炷香云齋後向什麼處去師云風
搖樹響人不顧葉落歸根始知音　上堂
云鳳凰巖下鍾皷喧轟石門家風朝朝舉唱
問荅賓主甚是分明棒喝臨機誰人同道若

是同道者對衆證據良久云霜天冷徹骨雪
路少人行問如何是石門境師云一任衆人
看云如何是境中人師云明日來喫棒問萬
少地近汝海波深石門玄機請師指示師云
幾時到汝海來僧無語師便打問如何是和
尚家風師云一句每當機逢人直是道問如
何是賓中賓師云礼拜甚分明云如何是賓
中主師云觀地無回顧云如何是主中賓師
云往復問前程云如何是主中主師云萬里
絶同侶問如何是奪人不奪境師云山河大
地云如何是奪境不奪人師云畨人失氈帳
云如何是人境俱奪師云有何佛祖云如何
是人境俱不奪師云問荅甚分明問如何是
先照後用師云突兀峰頭黙巨火長安城裏
不通風云如何是照用同時師云突兀峯頭無
巨火長安城裏絶人行云如何是照用不同
時師云昨日十五今日十六　張茂崇太
保十問問摩騰入漢已涉繁詞達磨單傳請
師指示師云冬不寒臘後看問五目不覩其
容二聽不聞其響落聲色即是不落聲色即
是師云問從何來　問瞻之在前忽然在
後復是何物師云築著鼻孔問若能轉物即
同如來萬象是物如何轉得師云喫了飯無
苎子意智問拈槌竪拂皆是止啼之說揚眉

瞬目未為作者之機如何是見前受用師云早衙放過晚後出來問寸絲不挂法網無邊為什麼却分迷悟師云兩捅一擔問心隨境轉境逐心生心境兩忘甚處即是師云待你悟始得問有情有用無情無用如何是無情應用師云獨扇門子晝夜開問法尚應捨何況非法如何是非法師云喫粥喫飯問愛河浮更没苦海出還沉如何出得師云錯

早叅示衆云月未没日已出萬象凝然什麼處不分明既然分明分明一句作麼生道良久云日月照臨無影樹不勞把住遶街行

示衆問荅須教起倒全龍頭蛇尾自欺瞞如王秉劍由王意似鏡當臺要絕觀開口早經千萬里低頭思慮万重關指人若也無正眼何曾前程作野干

上堂云朝朝鼓響夜夜鐘鳴聚集衆流復有何事過去諸聖成就此門諸上座各各不欠少某甲已是不識好惡諸上座更要喫辛受苦

上堂云無事不要生事歸堂

上堂云鍾鼓才罷賓主已分大衆齊來照用俱了若恁麼會得繼紹古人若會不得寔為罔措莫有會者麼出來對衆證據

上堂云切忌蹉過歸堂喫茶

上堂云第一句道得石裏迸出第二句道得挨拶將來第三句道得自救不了歸堂

上堂云但得本莫愁末如何是諸上座本莫是上來下去礼佛禮塔入室摳衣歡娛笑樂麼若認得這个是四大五蘊莫是趣寂息念不出不入不聚不散麼會得認得个精魂如何是上座本良久云歸堂

上堂云春景溫和萬物蘇舒山青水綠真堪養道遊方禪子甚是及時〔密十〕祖佛家風且喜没交涉僧〔四〕侍立次師云是撒沙著諸人眼裏也如今更不敢不識好惡歸堂問寒時又寒熱時又熱寒底是熱底是師云杖頭傀儡人長弄問逐日開單展鉢以何報荅施主之恩師云被這一問和我愁殺云恁麼則謝供養也師云得什麼人氣力僧礼拜師云明日更喫一頓

上堂云春景溫和春雨普潤萬物生芽什麼處不沾恩且道承恩力一句作麼生道良久云春雨一滴滑如油問如何是學人自已法身師云每日搬柴不易此是大衆底如何是學人自已底師云三生六十劫問大悲千手眼為什麼在此師云見个什麼云恁麼則千百億化身師云且領前話乃云上來下去為什麼事若有所得埋沒諸兄弟若無所得畐个什麼得與不得且止如何是見前妙用底事良久云雲覆千山不露頂雨滴街前漸漸深歸堂問請師指示个修行路師云殺人放火云彼此修行為什麼却如此師云果然不修行問親切處請師的旨師云莫忘却云莫忘却時如何師云一年三百六十日云恁麼則不忘却也師云你見个什麼道理云適來謝茶師云未在云請師別道師云兩社一寒食

早叅示衆月未沒日又出日月往來無間隔奉〔密十〕勸禪流莫追尋追尋特地〔五〕生疑惑

上堂云鳳凰山下鍾皷喧轟石門家風朝朝舉唱大衆上來賓主已分開口動舌照用俱了若恁麼薦得甚處有佛祖若未薦得憑何過日薦得薦不得即且致作麼生是無佛祖底句良久敲禪床下座

小叅早朝擊皷法堂上聚會晚後鍾聲方丈裏相見法堂上聚會即不問作麼生是方丈裏相見底句自代云不通風問還有不報四恩三有者麼師云有云如何是不報四恩三有者師云撒手卧長街光音非旨趣問牛頭未見四祖時為什麼百鳥啣花獻師云果熟馨香鵶鳥啄云見後為什麼不啣花師云万象頓息鬼神愁云見與不見是同是別師云山河不碍青霄路妙用縱横處處通問親到寶山求寶時如何師云求得即不中云求得後如何師云不中不中乃云擬心即差動念即乖不擬不動正在死水裏作活計作麼生是衲僧轉動一

句良久云朝聞皷動暮聽鍾聲　上堂云三春景裏日暖風和水畔經行林間宴坐覩兹時景賓主已分開口動舌照用俱了若能如是解去會得賓中主作麼生是主中主良久云一條濟水透過新羅一日問直歲清涼堰從你堰若遇洪水滔天時堰得麼云在裏頭師云與誰同伴歲無語却請和尚代云透過新羅問和尚若遇洪水滔天時堰得麼師云上拄天下拄地　云若遇劫火洞然時作麼生師云橫出竪沒　上堂云四山霧起大地黯黑日月收光正當與麼時如何弁主良久拍禪床下座師浴出僧問三身中那身澡洗師云困送亡僧歸喫茶次問亡僧遷化向什麼處去師云風搖樹響葉落歸根學人良久師云會麼云不會師乃澆茶三滴問如何得人身去師云我常欲作驢身　上堂云上來下去參請不無作麼生是依時及節底句良久云朝聞皷響夜聽鍾聲歸堂問門外三車學人欲上牛車時如何師云未是極則處云如何是極則處師云犬吠虗聲切癡人望太陽問三义路頭未審教學人往何路師云莫錯　上堂云鍾聲才罷皷聲喧鍾皷相交會人天臨機妙用無別法開口動舌顯三玄臨機照用須子細互換賓主疾如煙進前

更欲求佛祖擬議早是隔西天　上堂云五白猫兒爪距獰養來堂上絕虫行分明上樹安身法切忌遺言許外甥作麼生是許外甥底句莫錯舉　上堂舉普化語僧便問大悲院裏有齋意旨如何師云日暖限陽坐天寒不舉頭　上堂云聞鍾聲即尋鍾聲來無鍾聲向什麼處來若不來叢林何在既來是何面目直饒不來不去正在死水裏作活計作麼生是衲僧出氣一句良久云祢重問十二時中如何用心師云喫粥喫飯云與麼則打軟去也師云打軟去也問昨夜轉一位今朝轉一位兩頭俱轉時如何師云未是衲僧極則云如何是衲僧極則師云春末臨朱夏云畢竟了如何師云九九八十一　上堂云各各英雄丈夫兒堂堂物我更何疑見前歷歷明如日展縮當人示疾時超然不得長空路獨脫禪光得自知多闡方便談今古濟物須彰閃電機良久云去去西天路迢迢十萬餘　上堂云天地與我同根萬物與我一躰諸上座維那打鍾還覺心痛也無若不覺痛與古人相違若覺痛為什麼含笑上来直須子細僧入室問正當與麼時還有師也無師云燈明連夜照甚處不分明云畢竟事如何師云来日是寒食問古人急水灘

頭毛毬子意旨如何師云雲開月朗問急水灘頭連底石意旨如何師云屋破見青天云屋破見青天意旨如何云通上徹下○小參示衆云學般若菩薩須具般若眼不具般若眼即被般若謾却你去作麼生是上座般若眼出来對衆道看良久云沉却也祢重問如何是佛法大意師云出你口入你耳云莫秖這便是也無師云分明闢分明聽問為什麼朝朝風起雨點全無師云只是龍王不動頭云畢竟事如何師云待雨下了向你道云雨下了和尚為什麼不說師云老僧罪過問如何是人境兩俱奪師展兩手云不會師彈指三下問十二時中如何弁主師云著衣喫飯量家第云弁得後如何師云作麼生是主僧無語　上堂云擬心即差動念即乖不擬不動正在死水裏作活計作麼生是衲僧轉身處只如古人與麼道還有為人處也無若言為人依言縛殺你若言不為人意在什麼處所以道涅槃心易曉差別智難明又云知見立知即無明本知見無見斯即涅槃若向這裏明得去未具衲僧眼直須子細
上堂云三春景謝朱夏將臨是禪子罷游之際幽窓掛錫之辰林下相逢合談何事良久云擬指千差路四光百萬程問牛頭未見四

祖時如何師云雲散見青天云見後如何師
云澄潭月現問如何是道師云車碾馬踏云
如何是道中人師云竪坐横眠　上堂云
香煙才起是處皆知大衆雲臻從上宗乘只
可如是若能如是解掣皷奪旗平換主賓照
用同時棒喝齊彰直饒你如是解只是个賓
中主作麼生是主中主便有僧問香煙才起
是處皆知未審主山後如何師云向你道還
信麼云特伸請益師便喝云和尚為什麼諱
人道著師云瞎僧礼拜乃云一句語中須具
三玄一玄門中須具三要從上諸聖揔具三
玄三要它若不具三玄三要揔屬盲用既能
如此留心直須子細良久云石門後輩諸事
寡拙久立先參歸堂懃啟問佛未出世時如
何師云平云出世後如何師云平云未審出
世與未出世是一是二師云妙用當機顯回
光只在人間大事未辦時如何師云切云辦
後如何師云切問如何是玄談師云掉向墻
南問如何是祖師西來意師云义手當胷云
恁首如何師云打躬近前問一處火發任從
你救八方齊發如何師云快云還求出也無
師云若求出即燒殺你僧礼拜師云直饒你
不求出也燒殺你　大雨上堂云朝陽雲
掩夜月收光四山煙霧起大地絕纖埃正當

與麼時什麼人作主雖然如是爭奈千江競
注万派流源被大海一時包了也莫道揔包
容了爭奈奔波濤水透過新羅　上堂云
金烏西墜玉兎東升晝夜循環有何了日何
不日南午處正位上看半夜子時長連床上
偃息正當與麼時可謂千聖情尽影像全無
雖然如是未是極則處直須轉動始得直饒
轉動只是肯得洛浦灌溪未肯得它三聖與
化開口動舌早成病捧喝隔機搆也難眨眼
直須行正令　上堂云晚看千家户不扃
時聽秋杵一聲聲途中多少未歸客却到家
中事怎生諸上座休向途中直須歸家若得
歸家直得親於父母不得教生其恩愛直須
殺却父母既殺却父母便須出家既然出家
便能親於佛祖雖然如是須去却佛祖始得
既殺却父母去却佛祖方可有纖栗衲僧見
解猶未得衲僧全躰受用良久云作麼生是
衲僧全躰作用殺父殺母去佛去祖未是衲
僧極則處進前更擬問如何北邙山下有甚
數　上堂云雲山聚會意為平生挐杖諸
方擬逃生死何得空過遣日為什麼不進步
商量若欲進步商量特地乖違便言只恁麼
休去更辜負平生揔不如是又向什麼處留
心良久云歸堂　上堂云龍騰滄海魚鼈

潛蹤虎嘯高岩野狐屏跡象王蹴踏寶岸皆
崩師子嚬呻百獸隱匿鳳凰展翅衆鳥迷巢
祖師家風中下莫湊目連鶖子運智運通金
色頭陀瞬眸釋主聲聞莫測十地寧知空生
才唱天早雨花豈況繁詞率尔乱說通一線
道直須滿口道将来道道直饒道得也是順
遡将来　上堂云參玄上士遊方高人直
須具衲僧眼目良久云開口直敎千聖情尽
萬縁無繫父母俱亡賓主不立若如是解者
猶是衲僧少許見解未是衲僧全躰受用作
麼生是全躰受用良久云歸堂喫茶
上堂云諸上座各各氣宇如王須具衲僧眼
目大地山河不碍眼光莫受人瞞且道于闐
國王作何面目時有僧問承和尚有言山河
大地不碍眼光未審于闐國王作何面目師
云不出户云未審與什麼人同道師云至切
是家親　上堂云朝朝擊皷夜夜聲鍾聚
集禪流復有何事若言無事屈延諸德若言
有事埋沒從上宗乘開口動舌揔沒交涉雖
然如是初機後學須藉言語顯道作麼生是
顯道底良久云林中百鳥鳴柴門閑不扃
上堂問承古有言十五日已前用鈎十五日
已後用錐即今十五日和尚用什麼師云這
一條拄杖是清化主搶云和尚莫盲枷瞎棒

師云罪不重科乃云虛空有盡此道無窮如拳作手如手作拳皆是自已展縮並不欠少不由它人各各具足不肯承當勸請諸上座承當埋没諸上座直下承當去承當个什麽歸堂喫茶董侍郎問文殊是七佛之師未審文殊以何為師師云獨鎮五峰頭查學士與

師坐次弄鎗客參士便問弄鎗如何下手師云逢場作戲問無情說法意旨如何師云朝朝樹響夜夜風鳴云如何委悉師云晝有日照夜有月明問德山棒臨濟喝如何是一喝下事師云我不作這活計云意旨如何師云非公境界問金鱗未出網時如何師云待汝出網來向汝道云即今出也師意如何師云西海裏事作麽生僧便喝師云瞎僧礼拜問若能轉物即同如來未審三門佛殿如何轉師云我向汝道汝還信麽云和尚誠言安敢不信師云這漆桶僧礼拜問如何是衲衣下事師云露地不通風云與麽則一百五日

第十

看也師云放你三十棒僧礼拜問不施寸刃十一便登九五時如何師云七縱八横云與麽則黡卷扇開去也師云舌拄上齶僧礼拜問黑荳未生芽時如何師云正與麽云生芽後如何師云鬼門関外今宵路九里崖州獨自行問如何是吹毛劍師云鋹云用後如何師云

伏惟尚享僧侍立次師問什麽處坐云後架裏坐師云你向什麽處舉話云與主人公舉話師云主人公姓什麽云不得姓師云名什麽云不得名師云與麽則不識主人公也僧便喝師不對問如何是互換之機師云東邊立了西邊立云還相見也無師云相見事作

麽生僧便喝師云瞎僧礼拜問師唱誰家曲宗風嗣阿誰師云汝水河邊曾對勝失却橈棹至于今云汝源一曲師親唱向上宗乘事若何師云當處不留人劃時送千里師勸僧云孤輪獨照深山裏近離何方到此來云近離白馬師云更不再勘僧無語師云且坐喫茶師問僧韶陽境土君知好六祖家風試道看僧無語師云却是石門罪過且坐喫茶舉塩官和尚喚侍者將犀牛扇子來者云扇子破也官云扇子既破還我犀牛兒來者無語代云攔下舉僧問龍牙十二時中如何著力牙云如無手人行拳始得師云道即殺道只得一半云和尚作麽生師云如無舌人欲唱歌始得舉僧問石門徹和尚實際理地如何進步徹云鳥道無前僧進語云幽谷白雲藏白雀擬心棲處隔山迷師別云栖心不住栖心地物外縱横任法閑舉徹和尚離谷隱有僧問師住襄陽去冬襄陽男女各置一問問各别和尚如何支遣徹云一音剖出塵沙句豁達虛空應萬機師別云頭頭上活物物上具師問僧昔日叢林親際會再登鳳嶺事若何云奉别和尚經今一年師云本分行脚僧僧無語師云坐喫茶次住谷隱山太平寺語

陞座拈香云此一炷香供養十方諸佛十二

第十

人天大衆先願國安民泰教法興隆此一炷香十五年前已呈醜拙了也如今還有委悉者麽對衆商量時有僧問不施寸刃便登九五時如何師云罕逢此問云與麽則人天有賴大衆沾恩師云是何言歟乃云問話且止欲得親切莫將問來問你擬進前早没交涉了也豈况忉忉有何所益若論佛法不在問處雖然如是早是多途况久立尊官珎重

上堂云襄陽蕩蕩廣闊而無際無涯漢水滔滔深遠而有終有始峴山一帶横貫乾坤楚岫千峰竪該日月鳳林関下直透荆南來往遊人且無障碍諸上座尽是透関底人作麽生是透関底句試道看擬議千差路回光万里程問祖令未行時如何師云獨卧沙場云未審其中事作麽生師云寒灰不再焰問終日忙忙那事無妨如何是那事師云覔頭不見云為什麽如此師云三日後看僧礼拜師嗟問如何是沙門行師云三三兩兩各不相

知云畢竟如何師云截舌有分問一陽才啓
天地咸知依時及節事如何師云午夜灯光
連霄照云照後如何師云茶烟香篆一時清
問逐境不入流時如何師云早入了也云入
流不逐境時如何師云未是極則處云如何
是極則處師云七棒對十三問如何是奪人
不奪境宮十師云峴山亭邊好用功云如何十三是奪
境不奪人師云雪消流水湧云如何是人境
俱奪師云霜結滿亭寒云如何是人境俱不
奪師云放你一線道問日往月來遷不覺年
衰老還有不老者麼師云有云作麼生是不
老者師云虬龍筋力高聲吽晚後精靈轉更
多問如何是學人深深處師云烏龜水底深
藏六云未審其中事若何師云路上行人莫
與知問如何是印空底句師云舌拄上齶云
如何印是水底句師云說話對聾人云如何是
印泥底句師云頭上喫棒口裏喃喃問一句
當機請師說法師云莫妄想云不妄想後如
何師云仙人礼枯骨餓鬼打死屍問浩浩之
中如何弁主師云襄江競渡舡云未曉之人
如何領會師云且領前話問學人擬歸鄉請
師指路頭師云借人扶上馬云莫便是和尚
為人處也無師云蒿嶺那邊看問師子是獸
中之王為什麼却被六塵吞師云須知六塵

好手僧礼拜師云得便宜是落便宜問不斷
廉纖句如何絕眹迹師云絕迹即不好云與
麼去如何師云瞎僧礼拜問只尺之間為什
麼不覩師顏師云折角泥牛無攔圈云與麼
則依而行之師云徧地閑田任意耕問承敎
有言當觀法王法法王法如是如何是法王
法師云如是云畢竟如何師云我知你與麼
道問王子未登九五時如何師云六宮深處
坐云登朝後如何師云當殿不稱尊問世尊
說法天雨四花和尚說法有何祥瑞師云莫
梌鳴問有問有荅俱落魔境無問無荅如何
辨道師云舌拄上齶云與麼則學人罪過師
云放你三十棒問如何是先照後用師云外
頭月明屋裏黑云如何是先用後照師云屋
裏月明外頭黑云如何是照用同時師云今
日好寒云如何是照用不同時師云喫棒了
呈欵問如何是函盖乹坤句師云好靈寒云
如何是截斷衆流句師云好十四柏你云如何是
隨波逐浪句宮十師云今日立春問馬大師一喝
百丈直得三日耳聾如何師云萌芽未出土
枯葉已遭風僧擬議師便喝僧云喝即任喝
某甲不耳聾師云罪不重科問海晏河清為
什麼龍王不現師云待有即現云即今為什
麼不現師云踈田不貯水龍王不奈何問若

人有福曾供養佛未審佛曾供養什麼人來
師云明月照臨山谷裏背岩陰樹不招風云
恁麼則早晨燒香晚後礼拜師云苦痛蒼天
伏惟尚享問承古有言只這如今誰動口意
旨如何師云莫認驢鞍轎作阿爺下頷問伯
牙遇子期時如何師云夜靜更深彈一曲遇
後如何擧破絲斷一時休問承敎有言如我
按指海印發光汝暫擧心塵勞先起如何是
海印發光師云青霄無異路問說通行不通
時如何師云莫以己妨人云行通說通時如
何師云未信你在問不施寸刃便登九五時
如何師云南面事作麼生云才施小刃便擭
大功也師云大好不施寸刃問如何是和尚不
涉衆詞底句師云我向你道還信麼云與麼
則鐵卵生兒樹上飛師云一任捏怪
上堂云二年前葛藤今日再擧知有者已暢
平生不知有者對面千里諸上座盡是知有
者二年前事作麼生道良久云顛十五回不知何
處去却敎宮十夫子淚漣漣　上堂云道安岩
下朝朝鍾鼓聲喧傘盖山前日日煙霞覆地
猿啼嶺上魚躍淵中山高則九夏花開谷深
則三冬積雪知有者暢快於平生不知有者
空愛好山好水諸上座尽是知有者不喚作
山不喚作水且道喚作什麼開口即邀擬議

即差　上堂次遇狂風起乃曰狂風忽起
拔樹鳴條　祖令正行誰人當抵善戰者不頤
其首善鬪者必獲其功莫有善戰妙鬪者麼
出來山僧為你證明良久云陣雲横海上拔
劒攙乾坤　上堂云寶花王座獨有慈尊
旃檀林中別無異黨狐非師子類燈非日月
明知有者巳暢平生未知有者直須子細
上堂舉仰山三生話次僧問古人且致和尚
即今第幾生中師云快活快活云與麼則隨
流認得無礙去也師云縛繫不自在
上堂云若擾對荅如撒砂相似若約提綱宗
乘舉唱佛法無一人半人雖然如是被箇衲
子出來請師舉唱佛法向伊道什麼即得若
打它即龍頭虵尾且道向伊道什麼良久云
山僧與上座两家不著便　偈頌
歲且示衆　一句為君宣今朝是大年挑
符巳入土徧地擔金錢俗情多失位山僧獨
欣然直饒不恁麼塚上別鉏田　冬日示衆
一句為君說諸法及時節冬月是冬寒夏蓺
是夏熱甚處不周旋何勞苦施設施設不施
設言詞盡須決更擬問如何舶底用鑌鐵
僧請益溈山三生話師以頌荅　昨夜三
更得一夢清涼河裏泥牛鬪天明問取郭大
翁識得南莊李胡子　拄杖　我有一
條拄杖亘日横按膝上大小節目分明頭尾
無非一様卓下大地豁開竪起擎撐萬象閙
市若遇知音回頭劈脊便棒　照用
照時把斷乾坤路驗破賢愚喪膽魂饒君解
佩蘇秦印也須歸欵候天恩　用便生擒
到命終却令蘇息盡殘軀歸欵巳彰天下報
放汝殘年解也無　十六末　照用同時棒下玄不
容擬議聘愚賢輪劒直衝龍虎陣馬喪人亡
血滿田　照用不同時人人會者稀秋空
黄葉墜春盡落花飛　摠頌　一喝分
賓主照用一時行會得個中意日午打三更
三玄　報你諸方道三玄句不分欲明親
的旨臈月太陽春　三句　第一句點刻
分明莫莽鹵更擬進前問如何西天移來安
此土第二句妙用臨機無差互開口動舌勿
交涉棒下分明須薦取第三句問荅分明有
言語諸方盡有好商量三歲孩兒皆怕苦

古尊宿語錄卷第十　密十

古尊宿語錄卷第十一　　　　宿十一

汾陽昭禪師南嶽下九世

唐明嵩禪師二人同嗣首山

太子院善昭禪師太原俞氏子剃髮受具杖策游方所至少留隨機叩發歷參知識七十一員後到首山問百丈卷席意旨如何山曰龍袖拂開全體現曰師意如何山曰象王行處絕狐蹤師於言下大悟拜起而曰萬古碧潭空界月再三撈摝始應知有問者曰見何道理便爾自肯師曰正是我放身命處後游衡湘及襄沔間每為郡守以名刹力致乃曰我長行粥飯僧傳佛心宗非細事也前後八請堅卧不荅洎首山歿西河道俗遣僧契聰迎請住持師閉關高枕聰排闥而入讓之曰佛法大事靖退小節風穴懼應讖憂宗旨墜滅幸而有先師先師已棄世汝有力荷擔如来大法者今何時而欲安眠哉師矍起握聰手曰非公不聞此語趣辦嚴吾行矣既至燕坐一榻足不越閫者三十年道俗同曰汾州而不敢名

住後上堂謂衆曰汾陽門下有西河師子當門踞坐但有来者即便齩殺有何方便入得汾陽門見得汾陽人若見汾陽人者堪與祖佛為師不見汾陽人盡是立地死漢如今還有人入得麽快須入取免得孤負平生不是龍門客切忌遭點額那箇是龍門客一齊點下舉起柱杖曰速退速退珍重

上堂先聖云一句語須具三玄門一玄門須具三要阿那箇是三玄三要底句快會取好各自思量還得穩當也未古德已前行脚聞一箇因緣未明中間直下飲食無味睡卧不安火急決擇莫將為小事所以大覺老人為一大事因緣出現於世想計他從上来行脚不為游山翫水看州府奢華片衣口食皆為聖心未通所以驅馳行脚決擇深奧傳唱敷揚慱問先知親近高德蓋為續佛心燈紹隆祖代興崇聖種接引後機自利利他不忘先跡如今還有商量者麽有即出来大家商量

僧問如何是接初機底句師曰汝是行脚僧曰如何是辨衲僧底句師曰西方日出卯曰如何是正令行底句師曰千里持来呈舊面曰如何是立乾坤底句師曰北俱盧州長粳米食者無貪亦無嗔乃曰將此四轉語驗天下衲僧纔見你出来驗得了也問如何是學人着力處師曰嘉州打大像曰如何是學人轉身處師曰陝府灌鐵牛曰如何是學人親切處師曰西河弄師子乃曰若人會得此三句已辨三玄更有三要語在切須薦取不是等閑與大衆頌出三玄三要事難分得意忘言道易親一句明明該萬象重陽九日菊花新

上堂汾陽有三訣衲僧難辨別更擬問如何拄杖驀頭楔時有僧問如何是三訣師便打僧禮拜師曰為汝一時頌出第一訣接引無時節巧語不能詮雲綻青天月第二訣舒光辨賢哲問荅利生心拔却眼中楔第三訣西國胡人說濟水過新羅北地用鑌鐵復曰還有人會麽會底出来通箇消息要知遠近莫秪恁麽記言記語以當平生有甚利益不用久立珍重

問布鼓當軒掛誰是知音者停鉏傾麥飯卧草不擡頭

問如何是道場師曰下脚不得問如何是祖師西来意師曰徹骨徹髓曰此意如何師曰徧天徧地問真正脩道人不見世間過未審不見箇甚麽過師曰雪埋夜月深三尺陸地行舟萬里程曰和尚是何心行師曰却是你心行問大悲千手眼如何是正眼師曰瞎恁麽則一條拄杖兩人舁師曰三家村裏唱巴歌曰恁麽則和尚同在裏頭師曰謝汝殷懃問如何是和尚家風師曰三玄開正道一句破邪宗曰如何是和尚活計師曰尋常不掌握供養五湖僧曰未審喫箇甚麽師曰天酥酡飯非珍饌一味粮羹飽即休問牛頭未見

四祖時如何師曰新神更着師婆賽曰見後如何師曰古廟重遭措大題
僧問如何是大道之源師曰掘地覓青天云何得如此師曰識取幽玄　師舉三玄語曰汝還會三玄底時節麽直須會取古人意旨然後自心明去更得通變自在受用無窮喚作自受用身佛不從他教便識得自家活計所以南泉云王老師十八上巳解作活計僧便問古人十八上巳解作活計未審作箇什麽活計荅曰兩隻水牯牛雙角無欄棬復曰若要於此明得去直須得三玄旨趣始得受用無礙自求慶快以暢平生大丈夫漢莫教自辜觸事不通彼此無利濟與汝一切頌出曰第一玄法界廣無邊森羅及萬象摠在鏡中圓第二玄釋尊問阿難多聞隨事荅應器量方圓第三玄直出古皇前四句百非外閪氏問豐干乃曰這箇是三玄底頌作麽生是三玄底旨趣直教決擇分明莫只與麽妄道我曾親近和尚來與我說了脫空謾語誑嚇他人喫鐵棒有日莫言不道又因採菊謂衆曰金花布地玉蕊承天杲日當空乾坤朗耀雲騰致雨露結爲霜不傷物義道將一句來還有道得底麽若道不得眼中有屑直須出却始得所以風穴云若立一塵家國興盛野老嚬蹙不立一塵家國喪亡野老安貼於此明去闍黎無分全是老僧於此不明老僧即是闍黎闍黎與老僧亦能悟却天下人亦能瞎却天下人要知闍黎與老僧麽拊其兩膝曰這裏是闍黎這裏是老僧且問諸上座老僧與闍黎是同是別若道是同去上座自上座老僧自老僧若道是別去又道老僧即是闍黎若能於此明得去一句中有三玄三要賓主歷然平生事辦參尋事畢所以永嘉云粉骨碎身未足酬一句了然超百億又曰臨濟兩堂首座一日相見齊下喝僧問臨濟還有賓主也無荅云賓主歷然師作偈曰兩堂首座摠作家其中道理有紛拏賓主歷然明似鏡宗師為點眼中花師舉揚宗乘渠渠惟以三玄三要為事臨濟宗真要訣也汾州在河東地苦寒立者往往足指墮師因此罷夜參一日宴坐有異僧仗錫乘雲而至問曰和尚何故罷夜參師荅以苦寒之故異僧云和尚會下有六人成大器願勿惜法施言訖乘雲而去師明日陞座記以偈曰胡僧金錫光為法到汾陽六人成大器勸請為宣揚自此夜參遂不復罷時楚圓守芝慧覺智圓谷泉齊舉等俱在座下叢林知名

容十一　四

師初開堂有僧問靈山一會迦葉親聞今日一會什麽人得聞師云大衆側聆進云恁麽則群生有賴師云不因陞寶座爭顯六師能
問師唱誰家曲宗風嗣阿誰師云不歷僧祇刦直出古皇前進云恁麽則郡城有望師云五嶽峯巒秀四海盡歸朝　問虗空權譬喻隨處得彰名未審是箇什麽物師云居天人不測入地更深埋進云恁麽則學人雖不識歷刦盡沾恩師云劒良胳膊從他閙劈腹開心始是明師小參云莫有人問話麽有即出来　僧問氷綻魚散時如何師云水清魚不現長波自往来進云龍王當居何位師云在處存金殿乾坤我獨尊進云恁麽則更無過者師云按劒誰得妙當人不自傷　師乃云若是按劒手汾陽不柰何還識得劒麽與你註破褱中無當剋海內獨橫行珎重
問如何是祖師西來意師云多年松樹饒皺散心間自有一條明問凡有問荅賓主各逞嘉奇少室無言將何委的　師云千人藂裏罕逢此問學云千山萬水来於此已奉慈悲事坦然師云坐断日頭天地黑萬象森羅在目前　學云官不容針私通車馬學人禮拜師云不禮拜更待何時　問如何是一句前事師云不落言詮明的旨纖毫纔動即參差學云如何是一句後事師云兩陣相逢不廻

容十一　五

避學云恁麼則透皮徹骨去也師云橫拖倒
拽任塵漫學云終不敢辜負和尚師云至季
是重華問如何是法眼師云已曾䜟瞎學云
未審向上事如何師云撈天摸地問久嚮汾
陽威勢全略展金毛示衆看師云三日後露
學云恁麼則退身三步師云一月後再来
問祖師心印絕有言詮臨機一句事如何師
云三千里外看途程學云恁麼即退後去也
師云萬仞峰峦不離此處　問問問不轉時
如何師云龍馬加鞭急鑾鈴響洛川問久嚮
西河師子及乎到来爲什麼不見師云汝識
師子學云恁麼則大衆盡得隨喜師云腦裂
始知怭　問正法門中如何是和尚得入處
師云衆星攢夜月不落紫微宮學云恁麼則
朗月獨當天也師云不昧夜行人
師上堂云一切衆生本源佛性譬如明月當
空秖為浮雲遮障不得顯現便有僧問明月
當天却被片雲遮時如何師云老僧有過闍
密十一　六
黎須知學云恁麼則分明辨的師云退後莫
思量問舉步涉千谿尋源路轉迷箇中一句
子請師為提撕師云千年無影樹今日見枝
柯學云若不申此問爭得見師機師云替人
看畫壁　上堂云夫說法者須及時節觀
根逗機應病用藥不及時節總喚作非時語

所以棱嚴會上云欲知佛性義當觀時節因
緣若明君臣父子邪正觸淨顯然自分喚作
野老謳歌皇道坦然佛法現前擒縱自在生
殺臨機或明賓中主或明主中賓或明賓中
賓或明主中主或兼帶或探竿影草或一句
中有三玄三要還有問者麼出来對衆商量
時有僧問智慧門難解難入學人不會請師
指示師云真正無私語句下要分明學云恁
麼則謝師親開方便門也師云千萬年後不
得忘却問靈龜未兆時如何師云海裏搖船
笑舉棹望程途問甘露水頻淋爲什麼百草
不生芽師云田疎不貯水龍王爭奈何
問寒暑漸盛貧者何依師云不掛無私服終
日樂哈哈學云恁麼則應不孤露也師云深
岩隱不得露地不彰形　問不悟祖宗不信
大道時如何師云打破琉璃邪透出鳳凰兒
學云今日親見和尚也師云三千里外筭途
密十一　七
程問匹馬單槍離群獨戰時如何師云舉手
不拈弓低頭失却箭學云和尚是大善知識
爲什麼如此師云敗將不斬　問學人欲涉
雲霄去到彼如何爲有情師云塞外將軍行
正令不展紅旗得勝歸問面前無障礙爲什
麼開口不得師云盡日無言說喃喃語更新
學云恁麼則已能師子吼也師云不用野干

鳴學人便喝師云恰是學人擬議師便喝學
人禮拜師云敗將不斬問如何是衲衣下事
師云赫赤窮漢學云乞師方便指妙捷句来
看師云木女穿針山色秀石人牽線海雲生
問涅槃無異路方便有多門作麼生是無異
路底句師云鐘鼓分明在日月不曾昏學云
恁麼則狗子吠人声師云不齩破人衣
師上堂纔陞座便有僧問從上一人行棒一
人行喝未審成得箇什麼邊事師云總不曾
用學云堪嗟楚下鍾離昧師云庶子當機失
戰場學人便喝師云作家學人禮拜師云却
不作家以拄杖點便喝　問殺父殺母佛前
懺悔殺佛殺祖向什麼處懺悔師云燈連挑
夜月度盡幾多人學云恁麼則水精宮裏觀
明月師云映輝明寶燭炎赫爍旌幢問日裏
不點燈即不問如何是黑裏不揚眉師云牀
底掃不出學云恁麼則和尚是用心人也師
云天外豈能知
師上堂大衆方集便有僧問如何是汾陽境
師云子夏峰高登者少西河水满問津多學
云如何是境中人師云坐久看風信燒香燭
聖燈　師因頌五位纔畢便有僧問如何是
正中來師云旱地蓮花朶朶開學云開後如
何師云金蕋銀絲承玉露高僧不坐鳳凰臺

問如何是正中偏師云玉兔就明初夜後金雞須報五更前問如何是偏中正師云毫末成大樹滴水作江河問如何是兼中至師云意氣不從天地得英雄豈藉四時推問如何是兼中到師云玉女抛梭機軋軋石人打鼓響鼟鼟　師因僧請問逐位頌出云　正中來 審十一 金剛寶劒拂天開一片神光横世 八 界晶輝朗耀絶塵埃正中偏霹靂鋒機着眼看石火電光猶是鈍思量擬議隔千山偏中正看取輪王行正令七金千子總隨身途中猶自覔金鏡兼中至三歲金毛牙爪備千邪百怪出頭来哮吼一声皆伏地兼中到大顯無功休作造木牛步步火中行真箇法王妙中妙

六相頌　見是阿那律分明無一物大地及山河演出波羅蜜聞是跋難陀声通總莫過遠近一齊了更不念摩訶香是殑伽女慈悲心徧普淨織盡能知即此我人毋味是憍梵鉢甜苦尋常說入口辨辛酸恰似當天月觸是瞬若多善惡總能和屠割無嗔喜秖箇是弥陀意是大迦葉毘盧俱一法幽室顯然分枝派千花兼

龍德府尹李侯與師有舊處承天寺致之使者三反不赴使者受罰復至云必欲得師俱往不然有死而已師笑曰老僧業已不出院借往當先後之何必俱耶使者云師諾則先後惟所擇師乃令設饌具裝畢告衆曰老僧去也誰人隨得一僧出云某甲隨得師曰汝日行幾里僧云五十里師曰汝隨我不得又一僧出云某甲隨得師曰汝日行幾里僧云七十里師曰汝也隨我不得侍者出云某甲 審十一 隨得但和尚到處某甲即到師曰汝 九 却隨得老僧言訖謂使者曰吾先行矣怡然坐逝侍者即立化師壽七十八坐六十五夏

唐明禪師諱智嵩師鋒首山山以拄杖送師師接得有偈云和尚拄杖照破龍象臨濟家風落在我掌山云莫相帶累師打山一坐具山云果然帶累師云今日捉敗這老漢山云又似得便宜又似落便宜　師問僧迦葉門前客祇園會裏人云特来禮拜師云泊不問過僧便喝師云錯僧又喝師云放你三十棒僧云許和尚具一隻眼師云喫棒了聽歟

問有相即不問如何是無相師云忻州齊和尚云如何會得師云岱州鴈門關

問師唱誰家曲宗風嗣阿誰師云地連嵩嶽水接伊川與麼則風光一句親明旨未審家風事若何師云汝原無異路實應萬群機問萬法還從一法生一法從甚處生師云湘州匙筯管陶綿問如何是學人的的用心處師云著衣喫飯自家事云與麼則和尚慈悲也師云寒温冷暖大家知問如何是承天家風師云胡餅日日新鮮佛法年年依舊云只這便是爲别更有師云更有則錯云與麼則笑殺衲僧口也師云不得不笑云泊合不問過師云苦痛蒼天問如何是不動尊師云鎮天涯云意旨如何師云或在山中或在樹下問如何是佛師云金牓題名天下傳云與麼則承天皷響天下咸聞師云紫羅帳裏咸莫遣外人聞問臨濟推倒黄檗因甚維那喫棒云正狗不偷油雞銜燈盞走僧問和尚是大善知識不拘名利爲什麼却著紫衣師云世尊黄金相老僧紫磨身云與麼則前佛後佛同一字也師云過去梵王引見在釋迦欽問十二時中如何用心師云鷄寒上樹鴨寒下水云與麼則不假脩證不尋佛祖師云省得山僧一半力問萬法歸一一歸何所師云梁王城畔趙官家云與麼則四海歸依也師云當 審十一 今天子聖堯舜也不如師因開方丈門 十 不得有僧問石壁山河無阻礙此門鎖爲什麼開不得師云石壁山河即易就中此門難開云開後如何師云是什麼問如何是此經師云郭家翦子天下人聞問和尚能救世間苦還救得這箇也無師云喚什麼作這箇云與麼

則漸漸地凍冬後數九師以手一劃云爭柰者箇何云和尚今日上堂師云只有牽船人不知有梢翁問如何是賓中主師云相逢不相識云如何是主中賓師云家貧未是貧路貧愁殺人云如何是主中主師云王言如絲其出如綸師因賀歲太保問今日新歲已臨舊歲何在師云今日釘桃符保無語師云會麼云不會師云去年今日事保罔措乃有頌今日釘桃符推邪道自如誰人相委悉除是碧眼胡問三乘教外別傳一句如何是別傳一句師云高麗元是新羅國云法海之中得其用也師云波斯鼻孔長三尺（新羅走馬大唐）知問到此城幾里師云五里云往還不易師云賊打不防家問如何是吹毛劍師云好云用者如何師云棺木裏努眼問不在內不在外不在中間在什麼處師云露地白牛嘶瑞草云未審意旨如何師云滿目溪山一帶煙

上堂云第一單鎗甲馬第二甲馬單鎗第三撒星排陣第四衣錦歸鄉有僧問如何是單鎗甲馬師云不是金牙作爭敢射尉遲云如何是甲馬單鎗師云金鏃馬前落婁樊喪膽覓云如何是撒星排陣師云陣雲橫海上未升聖明君云如何是衣錦歸鄉師云四海無消息回奉聖明君百法座主問百法千重鎖因明閑不開師云且出千重鎖云出後如何師云處處無障礙縱橫任意游鄭工部入院見法座便問是什麼人位次師云老僧云自家爭敢師云工部莫壓良爲賤部云真箇師云不敢遂把手入方丈部云此室常出入未嘗有難得之法長老還有也無師以袖拂工部面云與麼則今日淨清涼也師云且與後人作牓樣有尼大德會四衆到院設齋乃脫羅綺服布素問卸却珎御服著弊垢衣入塵化導是維摩分上事是弟子分上事師云維摩會上諦天女今日闍黎決衆疑云今日不昧於當時也師云真師子兒一擲便轉女身

子問金剛經中六波羅蜜那箇第一師云長城齊崩倒方見本來人云斈人不會請師直指師云白骨如山嶽滴血驗真容問如何是佛師云擬心即差用心即乖云畢竟如何師云大尽三十日小盡二十九鄭工部至茶話次云汾陽有箇昭禪師愛看讀某甲留一偈師云略請見示部舉云黃紙休遮眼青雲自有陰莫將閑學解埋沒祖師心師云工部慣得其便部云者賊師云更不再勘知郡張侍郎與部署到見方丈劄破問和尚有護法善神爲什麼却被惡人窺筭師云賊是小人智過君子上堂辤親割愛拋離俗網來入寶所禮拜金仙爲師作釋種眷屬既離苦海已達彼岸長行般若之慈舟撈漉愛河之溺子脚踏十方肩擔四海口說一乘之法眼識不二之門内無所有外無所依身如虛空虛空難比豈不號爲無著邪既到此地黃河爲酥酪須弥爲飯食大地爲卧具帝釋梵王執侍巾甁維摩爲侍者文殊普賢掃床褶被等妙二覺隨驢把馬所以經云一切衆魔及諸外道皆吾侍者諸德不教你作鄉頭里正耆長大户一箇箇作師子兒去成佛作祖去入如來藏去如來者諸法如義無所從來亦無所去故號如來豈不快哉諸德三界無法何處求心四大本空佛依何住莫袈裟下多藏毒藥自傷其身乃有頌曰苦哉苦哉寔苦哉萬劫千生金地來袈裟底下藏毒藥却教佛自受沉埋問靈草未生芽時如何師云切忌動著云生芽後如何師云昨夜遭霜了問師子未出窟時如何師云衆獸潛藏云出窟後如何師云衆獸腦裂問如何是先照後用師云打動漢下鼓和起楚王歌云如何是先用後照師云龍沮解布千般計韓信能施堰水功云如何是照用同時師云長蛇偃月齊排出韓信張良唱大歌云如何是照用不同時師云霸王已歸烏江去竪起金鷄賀太平問不在

内不在外不在中間在什麼處師云西天白氎東土絲綿云未審此語如何師云南岳五臺問實所化城相去多少師云舉足下足問六塵境上施䟦涤方便門中爲指歸師云懷州牛膝天下人聞云與麽則慈音一唱開玄路頓使歸程直到家師云鎮州蘿蔔可重三斤問三句之中那句是極則師云徧地露形終不見云更有安身立命處也無師云一生長是鎮天涯　楊大年李駙馬與師問荅問弥陀演化在西方達磨傳心来東土胡来漢現水到渠成五臺鎮靜以崢嶸百谷朝宗而浩渺一靈之性托境而現形三友之中憑何而立命師云仙人無婦玉女無夫楊云尼劉頭不復生子師云陝府鐵牛能哮吼嘉州大像念摩訶李云側跳上山巔師云騎牛不著靴李問玄沙不出嶺保壽不渡河善財条知識五十三員惠遠結黒白一十八士雪峯三度上投子智者九旬講法華這六箇漢爲復野干鳴爲復師子吼道道師云水急魚行澁峯高鳥不棲楊云泗州大聖師云土上加泥又一重李云舌上覆金錢師云半夜歌樂動誰人渫知音又問風穴提印南院傳衣昭公演化於西河髙師領徒於并壘南宗之旨北土大興且道二師承誰恩力師云不入蓮池浴懶向雪山游楊云清涼山裏萬菩薩師云維摩會中諸聖集李云背負乾薪遭野火師云口是禍門問劒利透日月之上四禪苑風火之灾三交駕大牛之車臨汝握全提之印獮猴有一面古鏡猩奴有萬里神光直下承當是何人也師云朝看東南暮觀西北楊云狸奴白牯却知有師云淹殺塚頭蒿李云月裏黄油鐺師云石人腰滞文問一切諸佛尽在裏許動即喪身失命觀着兩頭俱瞎擬議之時千山萬水直下會得也是炭庫裏坐地有不惜眉毛者通箇消息来師云百雜碎楊云平生不妄語師云也要道過李云出穴兎還冒師云東西無滞礙南北得自在復有頌曰一言纔出徹龍庭攪動須弥帝釋驚三世諸佛齊坐了杖頭傀儡弄霓睛楊荅云今年桃李味甘香一顆千金買得嘗貯藥胡盧拖鼡尾宂門小窄轉難藏師又荅千年桃核未聞香幾度逢春難得嘗靈龜曳尾除蹤迹沙中抱子更難藏楊又荅五臺山裏有文殊羅漢天台洞裏居爲問紫胡一隻狗何如普化一頭驢師又荅忽聞師子吼引出象王威把定聖凡路誰人敢楊眉擬議塵沙刦動念隔千岐瞬目乇方去早已着灰泥楊弄荅蜘蛛網中坐虫兒不敢過昨夜三尺雪百鳥尽遭餓果熟樹低垂鵝肥飽箄破借問末山尼何如劉鐵磨師弄荅山高人難上海深不見底樵夫讒踏鞋漁父休誇水言却超百億收来維摩詰若覔同道人曠刦不相識師作宗本頌左顧右覷黄昏犇閨展手回来早是彰露且道作麽生是彰露底句楊云正殺人時瞥出頭師云兩脚梢空手又冑李云左鬚右鬚隱文章師云名利已彰天下去丫頭女子倒騎牛師復云維摩一默文殊賛善若遇光僧在彼各與三十棒且道這二老漢過在什麼處楊云頭破作七分如阿梨樹枝師云迦葉不擎拳阿難不合掌李云似犢牛兒未用角時師云忙屈拳打令師復云教有明文佛身充滿於法界老僧今日充滿於法界侍郎即今在什麼處楊云布裙一截泥努出膝盖子師云寛口布袴三尺杖李云河水一擔直三文師云只見鼻頭津不見項後濕鄭工部到汾陽昭和尚處茶話次部云某甲留一偈贈師偈曰黄紙休遮眼青雲自有陰莫將閑學解埋没祖師心復云只將此偈驗天下長老汾陽云與麽則汾陽也在裏頭部云擔枷過狀昭云更不再勘部云兩重公案昭云知即得部良久昭嚾一聲部云文實文實昭云在甚所在部云不容某甲出氣争得嗔宅道淹

滯長老在此昭云是何言歟部云蹇昭云也
不得放過部云請師一偈昭云不閑紙墨遂
上札荒草尋幽徑岩松迥布陰幾多玄學客
失却本來心

唐明嵩禅師語録終　　　　　　寄十一

古尊宿語録卷第十一

古尊宿語録卷第十二　　宿二十

南嶽下第十世

汾陽昭禪師法嗣

慈明禪師諱楚圓族出全州清湘李氏少為書生年二十二依城南湘山隱靜寺得度其母有賢行使之遊方師連眉秀目頎然豐碩然忽繩墨所至為老宿所呵以爲少叢林師咲曰龍象蹴踏非驢所堪嘗橐骨董箱以竹杖荷之游襄沔間與守芝谷泉俱結伴入洛中聞汾陽昭禪師道望為天下第一决志親依時朝廷方問罪河東潞澤皆屯重兵多勸其無行師不顧渡大河登太行易衣類厮養竄名火隊中露眠草宿至龍州遂造汾陽先是汾州預語首坐非久有異僧至傳持吾道一日忽率首座遊山首座云何往汾州云接侍者去首座云和尚顛倒作什麽汾州云但去果逢師至即與同歸經二年未許入室師每詣方丈汾州撫其志必罵詬使令者或毀詆諸方及有所訓皆流俗鄙事一夕訴曰自至法席不蒙指示念歲月飄忽已事未明有失出家之利語未卒汾陽叱曰是悪知識敢裨販我擧杖逐之師擬伸救汾陽忽掩其口乃大悟曰是知臨濟道出常情乃服役七稔

去謁唐明嵩神鼎諲洞山聰暨登楊大年李都尉之門機語契投於是法道大振冝春守黄公宗旦請開法南源次遷道吾石霜福嚴興化都尉李侯遵勗奏賜命服徽號僧問如何是道曰踏着不嗔云如何是道中人曰貿馱背負問如何是祖師西来意曰渾家送上渡頭舡問如何是異類中人曰頭長脚短云謝師指示曰半幅全封云直恁麽去也曰闍黎鼻孔為甚麽在山僧手裏僧無語師便打問蓮花未出水時如何曰水深盖不得云出水後如何曰不礙往来看云花開後如何曰南北馨香云結子後如何餧魚餧鼈問如何是禪曰鼻孔入地師同大愚數輩辭汾陽相讓不肯作叅頭汾陽云此行不可以戒臘推聽吾偈曰天無頭吉州城外起戈矛將軍疋馬林下過員州城褁鬧啾啾師還出班云楚圓何人敢受和尚如此記別即領衆作禮汾陽復祝之曰吾在先師處親證三昧汝今已得冝往南方大興吾道即造洞山寶禪師席終日面壁寶問達磨九年面壁意旨如何師云空腹高心寶翌日陞堂請師充第一座師住南源開堂日白槌云法筵龍象衆當觀第一義師乃云大衆會麽冝陽秀水南嶽石橋若也不會讀你諸人去也所以道達磨西来

教外别傳一句且道别傳個什麽直指人心見性成佛秖如諸人尽是祖師指出底人還信得及麽若信得及與祖佛同叅若信不及可謂自生退屈此日一會不是小緣將一瓣香為我無得禪師且道諸人還識無得禪師麽若也不識有疑請問僧問世尊出世梵王前引帝釋後隨今日和尚出世請師説法師云好僧云恁麽則粉骨碎身去也師云三月野花鋪地錦九秋黄葉以為陰問如何是祖師西来意師云畒地三蛇九鼠　上堂云若論此事絶有言詮侍者拈香早成多事所以釋迦掩室巳涉繁詞居士默然却成多説何故彼彼出家彼彼行脚且問諸人作麽生是出家行脚底事莫是著衣喫飯行住坐卧廣學多聞無言無説麽若恁麽會大似掉棒打月既不許恁麽會又作麽生會衆中還有識好悪者麽有即出来對衆證明若也未能如是有疑請問僧問瞉声纔罷大衆雲臻祖意西来請師舉唱師云汝從甚處来僧云汾陽一句師親唱南源今日事如何師云汝見南源問有言有説皆是世諦之談無言無説未是衲僧行履處幸對人天請師垂示師云放山僧一線道與闍黎葛藤僧云恁麽則専為流通師云一片白雲横世界個中誰是出

頭人　師入州宗勝和尚請上堂云者裏崇
勝法堂不可向者裏說佛說法去也然雖如
是官不容針私通車馬恁麼大似擔水河頭
賣衆中還有檢點得底麼試出来檢點看有
麼有麼時有僧問諸法已聞今日響請師方
便演真乘師云天不高地不逺僧云孤峰出
羣嶽萬里百花新師云不是直鈎客徒勞到
海壖問昔日靈山分半座二師相見意如何
師云来風可鑒進云恁麼則大衆側聆學人
禮拜師云刹利人難得問如何是古佛家風
師云金蟾初出海何處不分明進云還許學
人請益否師云大海無邊際不宿水雲人乃
云若向言中取則埋没宗風直饒句下精通
敢保此人未悟所以道山青水緑雀噪鵐鳴
禹沭同源海雲自異未来諸佛口似燈籠過
去諸佛應病施方現在諸佛墮坑落壍不落
凡聖一句作麼生道良久云矢上更加尖便
下座　師至仰山請上堂云寶鏡當臺森
羅自顯太阿在手殺活臨時且道還有該不
着者麼有即倒道將一句来如無後學初心
有疑請問時有僧問知師久卧深潭裏大仰
陞堂事若何師云雨来山裏暗雲出洞中明
進云學人不會弄伸請益師云拈取幡竿別
處春僧無語師云弄潮須是弄潮人問大通

智勝佛十刧坐道場佛法不現前不得成佛
道未審意旨如何師云一場懡㦬進云秖如
大通智勝佛又如何師云八十翁翁若少年
進云學人耳順之年乞師再垂方便師云衆
人伏事問如何是佛師云蓮花捧足
上堂僧問油盡燈滅時如何師云養子不及
寄十二　四
父問海上雲游時如何師云若問如何是和
尚受用處師云困僧擬進語師便打問失前
忘後時如何師云不　上堂竪起拄杖云過
去諸佛現在諸佛未来諸佛西天二十八祖
唐土六祖天下老和尚總變成南源拄杖子
去也汝諸人向什麼處安身立命看看拄杖
子穿過你諸人髑髏去也還有識痛痒者麼
有即出来對衆跨跳看若無南源今日失利
喝一喝卓拄杖一下下座示衆云無明實性
即佛性幻化空身即法身諸仁者若也信得
去不妨省力可謂善財入弥勒樓閣無邊法
門悉皆周徧得大無碍悟法無生是謂無生
法忍無邊刹境自他不隔於毫端十世古今
始終不離於當念且問諸人阿那個是當念
只如諸人無明之性即汝本覺妙明之性蓋
為不了生死根源執妄為寔隨妄所轉致墮
輪回受種種苦若能回光反照自悟本来真
性不生不滅故無明寔性即佛性幻化空身

即法身只如四大五蘊不淨之身即無實義
如夢如幻如影如響從無量刧来流浪生死
貪愛所使無暫休歇出此入彼積骨如毗富
羅山飲乳如四大海水何故為無智慧不能
了知五蘊本空都無所寔逐妄所生貪欲所
拘不能自在所以世尊云諸苦所因貪欲為
寄十二　五
本若滅貪欲無所依止汝等若能了知幻身
虛假本来空寂諸見不生無我人衆生壽者
法皆如故幻化空身即法身法身覺了無一
物唯有聽法說法虛玄大道無着真宗故云
本源自性天真佛又云五陰浮雲空去来三
毒水泡虛出没若如是者為度一切苦厄乃
至無量無邊煩惱知解悉皆清淨是為清淨
法身若到這個田地便能出此入彼捨身受
身地獄天堂此界他方縱横自在任意浮沉
應物舒光隨機逗教喚作千百億化身恁麼
說話可謂無夢說夢和泥合水撒屎撒尿不
識好惡乃呵呵大咲云若向衲僧門下十万
八千未夢見他訐與氣在雖然如是事無一
向但以假名字引導於衆生喝一喝
示衆云馬大師即心即佛當人未悟蹔山非
心非佛只成戲論之談雪峯輥毬誑謼小兒
之作雲門顧鑒咲殺傍觀少室自傷一場大
錯德山入門便棒未遇奇人臨濟入門便喝

太殺輕薄黃梅呈頌人我未忘更言祖祖相
傳通相誹謗到這裏須是個人始得所以道
鷹生鷹子鶻生鶻兒然雖如此也是華縣茶
瓶乃彈指一下示衆云上來也步步登高下
去也通身無碍所以道有時先敲後唱有時
先唱後敲有時敲唱同時有時敲唱不同時
所以王登寶殿野老謳歌如今還有謳謌者
麼良久云木人雖舉手石女不擡頭喝一喝
示衆云百千法門同歸方寸河沙妙義摠在
心源無三界可出無菩提可求人與非人性
相平等既然如是為甚麼那吒撲帝鍾良久
云波斯鼻孔長又長　示衆說佛說祖和
泥合水向上向下衲僧破草鞋摠不與麼無
繩自縛且獨脫一句作麼生道還有人道得
麼試對衆倒道將一句來有麼有麼良久云
塚上更加泥喝一喝師問僧名甚麼僧云海
滿師云海無增減為甚麼却滿云和尚莫謾
海滿師云南源罪過師問僧近離什麼處云
雲過千山碧師云著忙作甚麼云鴈去水声
淒師便喝僧亦喝師便打僧亦打師云你這
瞎漢本分打出三門外念汝是新到且坐喫
茶師問僧行脚人須知有行脚事作麼生是
行脚事云知師云知底事作麼生云山高水
深師云念汝遠来且坐喫茶僧云諾諾師問

密十二　六

顋英首座近離甚處云金鑾師云夏在甚處
云金鑾云前後夏在甚處云金鑾師云先前
夏甚處云和尚何不領話師云我也不能勘
得你教庫下供過奴子来勘且點一椀茶與
你濕口師問僧近離甚處僧以手面前一劃
師云是何言歟僧便喝師云作甚麼僧撫掌
一下便打師云瞎漢乱做作麼以坐具真打
出法堂師道過瑯瑘時覺禪師住焉先是舉
道者到瑯瑘造方丈覺問近離甚處云兩浙
覺云舡来陸来云舡来覺云舡在甚處云步
下覺云不涉程途一句作麼生道舉以坐具
摵一摵云杜撰長老如麻似粟拂袖便出覺
問侍者此是甚人云舉上座覺遂親下旦過
堂問莫是舉上座麼勿怪適来相觸忤舉便
喝云我在浙江早聞你名元来見解只如此
何得名播寰宇覺遂作禮云慧覺罪過及師
至瑯瑘覺留之師為逗遛數日因夜話及之
師咲曰舉見處終能自了覺默然師為作牧
童歌曰牧牛童寔快活跣足披蓑雙角操横
眠牛上向天歌人問如何牛未渴回首看平
田闊四方放去休攔遏八面無拘任意遊要
收只在索頭撥小牛兒順毛捋角力未充難
提撥且從放在小平坡慮上高峯四蹄脫日
已高休喫草捏定鼻頭無少老一時牽向圈

密十二　七

中眠和泥看伊東西倒咲呵呵好不好又將
横笛順風吹震動五湖山海島倒騎牛脫布
襖知音休向途中討若問牧童何處居鞭指
東西無一實覺默得其遊戲三昧
僧問如何是賓中賓師云禮拜更慇勤如何
是賓中主師云拄杖常在手如何是主中賓
師云拄杖撥乾坤如何是主中主師云劍握
氈人手問如何是佛師云瀟湘斑竹杖問祖
佛不立時如何師云口上生茆問總見便回
時如何師云湖南鎮主進云末後慇勤請師
道師云多少分明進云大衆側聆師云未敢
相許問進前不得時如何師云截斷衆流問
步步登高時如何師云雲生足下問如何是
南源狗師云背問如何是禪師云鼻孔入地
問如何是佛師云石打不入　上堂云諸佛
放光明助發寔相義乃竪起拄杖子云者個
是南源拄杖子阿那個是寔相義你若見去
被見聞所轉也若不見行脚眼在什麼處喝
一喝下座　上堂云一塵纔舉大地全收
一毛頭師子百億毛頭現百億毛頭師子一
毛頭現千頭萬頭但識取一頭乃竪起拄杖
子云者個是南源拄杖子那個是一頭喝一
喝卓拄杖一下下座問如何是佛師云人老
病生問如何是接初機底句師云一刀兩段

問如何是驗衲僧底句師云寒山拾得問如何是正令行底句師云来千去萬問如何是立乾坤句師云天高海闊問與師並坐時如何師云線穿黄葉　上堂云天地与我同根萬法与我一體乃竪起拄杖子云者個是南源拄杖子那個是體良久云渡河須用筏
宻十二
八
到岸不須舡喝一喝卓拄杖一下下座　上堂竪起拄杖云河沙諸佛河沙國土總被南源拄杖子一口呑却其中衆生不覺不知你衲僧鼻孔在什麼處若知去處横擔拄杖目視雲霄若也不知長連牀上有粥有飯喝一喝下座俗官問如何是南源境師云鑿池秋待月種竹夏遮陽如何是境中人師云城中公子般般貴林下道人事事貧問久昧衣珠請師指示師云草賊大敗僧云透走無路師云脚踏不動座主問承教有言因縁自然即不問如何是因縁師云記来多少時也進云如何是自然師云速退速退妨他別人問

師住道吾上堂僧問達磨西来曲為今時不屈宗乘請師舉唱師云雲雨灑長空花開徧地春進云澗松清冷潺曉月照長川師云一言既流通今古誰言興進云雲生嶺上花發岩前師云相逢尽道休官去林下何曾見一人進云今日遭逢和尚師便喝

上堂云佛以一音演說法衆生隨類各得解且道晝行夜卧一句作麼生道良久以拄杖卓一下云徳山證明下座問獬豸當軒學人擬議如何得入師云還覺頭痛麼　上堂云心隨萬境轉轉處實能幽隨流認得性無喜後無憂拈起拄杖子云者個是道吾拄杖
宻十二
九
子那個是諸人心河沙国土河沙諸佛西天二十八祖唐土六祖盡在道吾拄杖子上轉大法輪諸人還見麼若見朝遊西天暮歸東土若也不見最朝有粥齋時有飯卓拄杖一下下座　上堂云有物先天地無形本寂寥能為萬像主不逐四時凋拈拄杖云者個是道吾拄杖那個是萬像主良久云若見諸相非相即見如来喝一喝卓拄杖一下下座　上堂云有時先照後用有時先用後照有時照用同時有時照用不同時所以道有明有暗有起有倒乃喝一喝云且道是照是用緇素辨得麼試出来呈醜拙看若無道吾今日失利喝一喝下座　上堂僧出禮拜起便喝師云作麼生僧又喝師云瞎僧禮拜師云三十棒且待別時来與你喫問古人面壁意旨如何師云有年無徳　師住石霜開堂日僧問維摩一默未稱師宗棒喝齊施中派罔措今日一會請師方便師云石笋逢春長箱花向日開進云與麼則陽鳥喃喃語雨過百花新師云不因漁父引爲知水淺深僧云峻水隨流急雲開照碧天師云我行荒草裏你又入深村僧應喏云官不容針更借一問師意如何師云放你三十棒三十年後方始知痛痒僧舞袖而退師云夢見問方木調弦時如何師云幡竿一尺二進云恁麼則和尚手出今時也師云脚撥不動僧云莫道不知音師云三十年後悟去不定問古鏡未磨時如何師云新羅打鼓進云磨後如何師云西天作舞　上堂云青蓮視瞬巳多繁迦葉微微笑自謾少室坐蓋痴截臂黄梅呈鮮頌多般入門棒喝重重錯向上宗乘肉自剜公按見成誰懡㦬鑿竅啐啄哂旁觀一宿覺来知是誤不言師範更無端丈夫皆有衝天志北斗南星背面看　偈頌

因僧請益三玄三要頌　第一玄三世諸佛擬何宣善慈憂裏生輕薄端坐還成落斷邊
宻十二
十
第二玄伶利衲僧眼未明石火電光知是鈍揚眉瞬目渉關山　第三玄萬象森羅宇宙寛雲散洞空山嶽静落花流水滿長川　第一要豈話聖凡妙擬議渉長途擡眸七顛倒　第二要峯頂獻犍召神通自在来多閙門外叫　第三要起倒令人

咲掌内握乹坤千差都一照　報你通玄
士棒喝要臨時若明親的旨半夜太陽輝
因僧請益臨濟兩堂首座齊下喝頌
啐啄之機箭拄鋒瞥然賔主當時分宗師魁
物吞緇素北地黄河徹底渾　因人請益
慧超佛話有頌　僧問如何是佛師云汝
是慧超禮拜進前叉手思量十万迯迯
因僧請益雲門趯佛越祖之談　趯佛越
祖若何宣充齋餬餅恣情飡湖南展鉢新羅
咬大石波斯索渡舩　因僧請益乃述三
訣頌　第一訣大地山河泄維摩緫默然
文殊便饒舌　第二訣展拓看時節語然
豈相千夜半秋天月　第三訣逺路難登
涉陸地弄舟舡眼中藏日月　三句頌
第一句天上他方皆罔措俱輪顛倒論多端
䰐䰐未到尼俱樹　第二句臨濟徳山涉
路布未過新羅棒便揮逺者途中乱指注
第三句維摩示疾文殊去對談一黙震乹坤
寄十二　十一
直至如今作咲具　因僧請益五位有頌
正中偏半夜烏雞室裏鳴海底然燈光世界
石上栽花長枝靈　偏中正日落西山觀
異影分明影像顯宗乗休把眉頭竅月井
正中来木馬生兒徧九垓進退任行通鳥道
豈並巢居界内限　兼中至彼彼丈夫全
意氣矛盾交互不傷鋒展拓縱横不相離
兼中到黒白已前休作造須明露柱未生兒
莫認狂辭逵路走　都一頌　偏中歸
正極幽玄正去偏来理事全須知正位非言
説朕兆依俙屬有縁兼至去来與妙用到兼
何更逐言詮出没豈能該世界蕩蕩無依鳥
道玄　因僧請益風穴佛話　杖林山下
竹筋鞭南北禪人万万千莫怪相逢不下馬
東西各自有前程　寄李駙馬　分身
千百億悲智難窮在俗還隨俗居宫即順
宫頭頭皆巨護處處現神通弥重吾宗幸多
能立古風　又　仰觀天畔一輪日幾
度清光四上出大士蓬頭問志公摩訶般若
波羅密　注杜順和尚頌　懐州牛喫
禾(河沙世界)益州馬腹脹(蝙衔枝走)天下召醫人(駙頭馬角)炙猪左
膊上(昼虎成貓)　冬不人事頌一首示衆云
東山林木髙幾歳幾𠘨兩南嶺松枝瘦石生
石畔土金色見瞿曇二三七八五
僧請益古人十二時諦乃頌之　雞鳴丑夢
裏逢人恭恭卤　平旦寅覺来路上弄精
𩲡　日出卯赫赫光明影裏坐　食時
辰食飽還知是病因　禺中巳買賣論量
入市肆　日南午萬像分明作咲具
日昳未張公喫酒李公醉　晡時申省来
端坐醉醺醺　日入酉茆蓬竹户硬撑柱
黄昏戌日落西山狐魅出　人定亥老鼠
牀頭作隊隊　夜半子一輪明月蘇爐裡
慈明禪師偈頌語録終
十二末
古尊宿語録巻第十二
寄二十

古尊宿語錄卷第十三 十三卷至二十四卷 勿一

馬祖大寂禪師法嗣

南泉禪師諱普願鄭州王氏子也示衆云王老師賣身去也還有人買麼時有僧出衆云某甲買師云不作貴不作賤你作麼生買僧無對　師同魯祖歸宗杉山喫茶次祖提起盞子云世界未成時便有這箇師云今時只識這箇且不識世界宗云是師云師兄莫同此見麼宗提起盞子云向世界未成時道得麼師作掌勢宗以面作受掌勢　師與魯祖杉山歸宗辭馬祖各謀住庵中路分袂次師插下拄杖云道得也被這箇礙道不得也被這箇礙宗拽拄杖便打云也只是這箇王老師說甚麼礙不礙魯祖云只此一句大播天下宗云還有不播底麼祖云有宗云作麼生是不播底祖作掌勢　師寄書與茱萸云理隨事變寬廓非外事得理融寂寥非內僧問茱萸如何是寬廓非外茱萸云問一荅百也無妨云如何是寂寥非內萸云覩對聲色不是好手又問趙州州作喫飯勢僧進後語州作拭口勢又問長沙岑岑瞪目視之僧進後語岑閉目示之僧舉似師師云此三人不謬爲吾弟子　趙州問和尚百年後向甚麼處去師云山下作一頭水牯牛去州云謝師指示師云昨夜三更月到窻　師刈茆次有僧問南泉路向甚麼處去師竪起鎌云我這鎌子是三十文買僧云我不問這箇南泉路向甚麼處去師云我用得最快　師住庵時有一僧來師云某甲上山作務齋時上座做飯喫了却送一分來其僧齋時做飯喫了將家具一時打破就床而卧師伺不來遂歸見僧偃卧師亦去身邊卧僧便起去師云得恁麼靈利師住後云我往前住庵時有箇靈利道者直至如今不見　師問僧夜來好風云夜來好風師云吹折門前一株松僧云吹折門前一株松又問一僧云夜來好風云是甚麼風師云吹折門前一株松云是甚麼松師云一得一失有一庵主人謂之曰南泉近日出世何不去禮拜主云非但南泉直饒千佛出興亦不去師聞令趙州往勘之州纔見庵主便作禮主不顧州從西過東從東過西而立主亦不顧州云草賊大敗拽下簾子便行擧似師師云我從來疑着這漢僧問牛頭未見四祖時爲甚麼百鳥啣花獻師云爲渠歩歩踏佛階梯云見後爲甚麼不啣花獻師云直饒不來猶較王老師一線道　師問座主講甚麼經云彌勒下生經師云彌勒幾時下生云現在天宮未來師云天上無彌勒地下無彌勒　上堂云諸子老僧十八上解作活計有解作活計者出來共你商量是住山人始得良久顧視大衆合掌曰珍重無事各自修行大衆不去師曰如聖果大可畏勿量大人尚不柰何我且不是渠渠且不是我渠爭柰我何他經論家說法身爲極則喚作理盡三昧義盡三昧似老僧向前被人教返本還源去幾恁麼會禍事兄弟近日禪師太多覔箇癡鈍人不可得不道全無於中還少若有出來共你商量如空劫時有修行人否有無作麼不道阿你尋常巧脣薄舌及乎問著摠皆不道何不出來莫論佛出世時事兄弟今時人擔佛著肩上行聞老僧言心不是佛智不是道便聚頭擬推老僧無你推處你若東得虛空作棒打得老僧著一任推時有僧問從上祖師至江西大師皆云即心是佛平常心是道今和尚云心不是佛智不是道學人悉生疑惑請和尚慈悲指示師乃抗聲荅曰你若是佛休更涉疑却問老僧何處有恁麼傍家疑佛來老僧且不是佛亦不曾見祖師你恁麼道自覔祖師去曰和尚恁麼道教學人如何扶持得師曰你急手托虛空著曰虛空無動相云何托師曰你言無動相早是動

也虛空何解道我無動相此皆是你情見曰虛空無動相尚是情見前遣某甲托何物師曰你既知不應言托擬何處扶持他曰即心是佛既不得是心作佛否師曰是心是佛是心作佛情計所有斯皆想成佛是智人心是采集主皆對物時他便妙用大德莫認心認佛設認得是境被他喚作所知愚故江西大師云不是心不是佛不是物且教你後人恁麼行發今時學人披箇衣服傍家疑恁麼闍事還得否曰既不是心不是佛不是物和尚今卻云心不是佛智不是道未審如何師曰你不認心是佛智不是道老僧勿得心來復何處著曰總既不得何異太虛師曰既不是物比什麼太虛又教誰異不異曰不可無他不是心不是佛不是物師曰你若認遮箇還成心佛去也曰請和尚說師曰老僧自不知曰何故不知師曰教我作麼生說曰可不許學人會道師曰會什麼道又作麼生會曰某甲不知師曰不知卻好若取老僧語喚作依通人設見彌勒出世還被他撟卻頭毛曰使後人如何師曰你且自看莫受他後人曰前不許某甲會道今復令某甲自看未審如何師曰冥會妙會許你作麼生會曰如何是妙會師曰還欲學老僧語縱說是老僧說大德

如何曰某甲若自會即不煩和尚乞慈悲指示師曰不可指東指西賺人你當喙喙和和時作麼不來問老僧今時巧黠始道我不會圖什麼你若此生出頭來道我出家作禪師如來出家時曾作什麼來且說看共你商量曰恁麼時某甲不知師曰既不知即今認得可可是邪曰認得既不是不認是否師曰認不認是什麼語話曰到遮裏某甲轉不會也師曰你若不會我更不會曰某甲是學人即不會和尚是善知識合會師曰遮漢向你道不會誰論善知識莫巧黠看他江西老宿在日有一學士問如水無筋骨能勝萬斛舟此理如何老宿云遮裏無水亦無舟論什麼筋骨他學士便休去可不省力所以數數向道佛不會道我自修行用知作麼曰如何修行師曰不可思量得向人道恁麼修恁麼行大難曰還許學人修行否師曰老僧不可障得你曰某甲如何修行師曰要行即行不可專尋他華曰若不因善知識指示無以得會如和尚每言修行須解始得若不解即落他因果無自由分未審如何修行即免落他因果師曰更不要商量若論修行何處不去得曰如何去得師曰你不可逐曾尋得曰和尚未說教某甲作麼生尋 師曰縱說何處覓去且

如你從且至夜忽東行西行你尚不商量道去得不得別人不可知得你曰當東行西行總不思量是否師曰恁麼時誰道是不是曰和尚每言我於一切處而無所行他拘我不得喚作徧行三昧普現色身莫是此理否師曰若論修行何處不去不說拘與不拘亦不說三昧曰何異有法得菩提道師曰不論異不異曰和尚所說脩行迥然與大乘別未審如何師曰不管他別不別兼不曾學來若論看教自有經論座主他教家實大可畏你且不如聽法好曰究竟令學人作麼生會師曰如汝所問元只在因緣邊看你且不柰何緣是認得六門頭事你但會佛那邊卻來我與你商量兄弟莫恁麼尋逐不住恁麼不取古人語行菩薩行唯一人行天魔波旬領諸眷屬常隨菩薩後覓心行起處便擬撲倒如是經無量劫覓一念異處不得方與眷屬礼辭讚歎供養猶是進脩位中下之人使不柰何況絕功用處如文殊普賢更不話他兄弟作麼生道行是無覓一日行底人不可得今時否生解曰當恁麼時無佛名無衆生名使某甲作麼圖度師曰你言無佛名無衆生名早是圖度了也亦是記他言語曰若如是悉屬

佛出世時事了不可不言師曰你作麼生言曰設使言亦不及師曰若道言不及是及語你虛恁麼尋逐誰與你爲境曰既無爲境者誰是那邊人師曰你若不引教來即何處論佛既不論佛老僧與誰論遞邊那邊曰果雖不住道而道能爲因如何師曰是他古人如今不可不奉戒我不是渠渠不是我作得伊如狸奴白牯行履却快活你若一念異即難爲修行曰云何一念異難爲脩行師曰才一念興便有勝劣二根不是情見隨他因果更有什麼自由分曰每聞和尚說報化非真佛亦非說法者未審如何師曰緣生故非曰報化既非真佛法身是真佛否師曰早是應身也曰若恁麼即法身亦非真佛師曰法身是真非真老僧無舌不解道你教我道即得曰離三身外何法是真佛師曰遮漢共八九十老人相罵向你道了也更問什麼離不離擬把楔釘他虛空曰伏承華嚴經是法身佛說如何師曰你適來道什麼語其僧重問師顧視歎曰若是法身說你向什麼處聽曰某甲不會師曰大難大難汝看亮座主是蜀中人解講三十二本經論於江西講次來見開元寺老宿問見說座主解講經是否主云不敢宿云將什麼講主云將心講宿云心如工伎兒意如和伎者爭解講得主云莫是虛空講得宿云却是虛空講得主拂袖便行宿召座主主回首宿云是什麼主便開悟兄弟看他快利麼僧云據和尚說即法身說法師云若如是會早應身了也僧云既是應身豈無說法者師云我不知僧云某不會師云不會却好免與他分踈問教中道法身大士會處即見法身佛地位菩薩即見報身佛二乘唯見化身佛莫是此理否師云我眼不曾看教兼無耳孔不曾聽你自看取若如是憶持即已後始不柰何如似弄珠說珠光徧有金盤在即得忽被拈却金盤去何處弄珠向什麼處尋他光徧與不徧學人礼拜和尚笑云大難大難古人罵你喚作田獵漁捕喚作搬糞人好去珍重　師示衆云真理一如潛行密用無人覺知呼爲滲智亦云無滲不可思議等空不動性非生死流道是大道無碍涅槃妙用自足始與一切行處而得自在故云於諸行處無所而行亦云遍行三昧普現色身只爲無人知他用處無蹤跡不屬見聞覺知真理自通妙用自足大道無形真理無對所以不屬見聞覺知無麁細想如云不聞不聞是大涅槃道者箇物不是聞不聞僧問大道不屬見聞覺知未審如何契會師云須會冥契自通亦云了因非從見聞覺知有見知屬緣對物始有者箇靈妙不可思議不是有對故云妙用自通不依傍物所以道通不是依通事須假物方始得見所以道非明暗法離有離無潛理幽通無人覺知亦云冥會真理非見聞覺知故云息心達本源故号如如佛必竟無依自在人亦云本果不從生因之所生文殊云惟從了因之所了不從生因之所生從上已來只教人會道更不別求若思量作得道理盡屬句義三乘五性義理無不喚作行履處處受用具足即得若論道即不是一向耽著被他識拘亦云世間智教云一向耽著三藏學者爲田獵漁捕爲利養故然害大乘亦云貪欲成性所以云佛不會道我自脩行我自有妙用亦云正因了六波羅密空即物拘我不得所以祖師西來恐你諸人迷著因果地位故來傳法救迷情頓悟花情已性是花種性亦云菩提花故江西老宿云不是心不是佛不是物先祖雖說即心即佛是一時間語空拳黃葉止啼之說如今多有人喚心作佛喚智爲道見聞覺知皆是道若如是會者何如演若達多迷頭認影設使認得亦不是汝本來頭故大士呵迦旃延以生滅心說實相法皆是情見若言即心即佛者

如兔馬有角非心非佛牛羊無角汝心若是佛亦何用非他有無形相以何是道所以教中不許寧作心師不師於心心如工伎兒意如和伎者故云佛有道心不離見聞覺知皆屬因緣而有皆是熖物而有不可常焰所以心智俱不是道且大道非明暗法雖有無數數不能及如空劫時無佛名無衆生名與麼時正是道只是無人覺知見他數不及他喚作無名大道早屬名句了也所以真理一如更無思想才有思想即被陰拘便有衆生名有佛名佛出世來喚作三界智人只如未出世時喚作什麼如云不得而得有無而與大慈佛出世只令人會道躰非九聖喚作還源歸本躰解大道今日既如是會道即無量劫来六道四生皆有去來是暫時行履處先聖本行集云我無所不行一切衆生雖在如是行處爲無了因故生貪欲名爲在纏不得自在暫時岐路雲駛月運舟行岸移衆生妄想物無不住豈况理能遷變今既如是會却向裏許行履不同前時爲了因會本果故了陰界空六波羅蜜空所以得其自在若不向裏許行履如何摧剉得五種貪二種欲不守住聲聞隨於刼數所以諸佛菩薩具福智二嚴爲了因了六波羅蜜空體者圓受用所以不存知見始得自在若有知見即屬地位便有分劑心量被因果隔喚作酬因荅果佛不得自在所以大聖訶他內見外見情量不盡二障二愚所以見河能漂香象真理無形如何知見大道無形理絶思量今日行六波羅蜜先用了因會本果故了此物是方便受用始得自由去住自在無障碍亦云方便懃莊嚴亦云微妙淨法身具相三十二只是不許分劑心量若無如是心一切行處乃至彈指合掌皆是正因萬善皆同無終始得自在所以天魔外道求我不得喚作無住心亦云無滲智不思議妙用自在菩提涅槃皆是脩行人境界皆屬明句若會本来非凡物即水不能洗水何以故本来無物故經云我王庫中實無如是乃又大功德天黑暗女有智主人二俱不受所以道非明暗故云性海不是覺海覺海涉緣即須對物他便妙用攝人覺知喚作極微細透金水色塵菩薩所因喚作受用具若水不洗水即躰不是明暗亦云無滲智又云無碍智若如是即一切處拘我不得如今更別求建立義句覓勝負知解語言言衆生劣有佛聖救衆生求佛菩提皆屬貪欲亦云破戒比丘與道懸隔大道無明未曾有暗非三界攝非去来今如来藏實不覆藏師子何曾在窟五陰本空何曾有處所且法身無爲不隨諸數法無動搖不依六塵故經云佛性是常心是無常所以智不是道心不是佛如今且莫喚心作佛莫作見聞覺知會者箇物且本来無許多名字妙用自通数量管他不得是大解脫所以道人心無住處蹤跡不可尋故云無滲智不思議智看他池州崔使君問五祖大師云徒衆五百何以能大師獨受衣傳信餘人爲什麼不得五祖云四百九十九人盡會佛法唯有能大師是過量人所以傳衣信崔云故知道非愚智便告大衆惣須記取師云記得屬第六識不堪無事珍重

示衆云空劫之時無一切名字佛才出世来便有名字所以取相師云只爲今時執著文字限量不等大道一切實無凡聖若有名字皆屬限量所以江西老宿云不是心不是佛不是物且教後人與麼行履今時盡擬將心躰會大道道若與麼學直至彌勒佛出世還須發心始得有什麼自由分只如五祖會下四百九十九人盡會佛法惟有盧行者一人不會佛法只會道不會別事若認心是佛心是三界來受主若認智是道智是多矯詐若論佛出世時喚作三界智人說一切教義句理喚作暫時受用具若喚心是佛認智是

道皆是𠁅所所以道無心意而受行暫時披垢膩之衣来為人說破不是凡聖物他家早晚與人為因亦不曾與人為果若與人為因即不自在被因果所拘不得自由佛未出世時無人會得若出世邊論還許少分會但以寘理自通無師自尒本自無物由是見聞覺知即是報化所以三十二相異躰故若離彼即同如来報化佛摠打却何處存立不是不許只如彌勒又作凡夫他熾然行六波羅蜜他家觸處去得因什麼便不許他他不曾滯著凡聖所以那邊會了却来者邊行履始得自由分今時學人多分出家不肯入家好勲即認惡𠁅即不認爭得所以菩薩行於非道是為通達佛道他家去住得自由且如何若知即被知𠁅所拘若不恁麼爭得不許他他者箇定不曾變異若不定即屬造化也他那箇早晚曾變動所以十二分教決定不是我我即向十二分教中行履得若十二分教是我即受變也若論有滲果是二乘位若論無滲是大乘名所以得名為大乘若是者箇不是拘繫底物所以潜通密理無人覺知不是見聞覺知　問以意會得否　師云若以意會即思量得也他教中亦云種種生身我說為量那箇不可思議不是意會得底物如水

裏有水即有影若無水時喚什麼作影法身由對報化得名若無報化法身向那邊認法身亦云是影經論極則頭只到法身實入理地那箇早晚同於經論經論不管伊如何排遣他且不到者裏大難大難師示衆云佛出世来只為衆生不會道若不因善知識聞名無師自尒若因善知識聞忽引經論作證若自作得主不引經論最省心力若引經論將他眼作自己眼不得自由大道一如無師自尒若能如如不變故不曾迷報化非真佛莫認法身凡聖果報皆是影若認著即屬無常生滅也麁細而論纖毫不立窮理盡性一切全無如世界未成時洞然空廓無佛名無衆生名始有少分相應直向那邊會了却来者裏行履不證凡聖果位攄本而論實無少法可得豈況三乘五性差別名數但是有因有果盡屬無常生滅也並是出世安立假名相說非関本来事道不是明暗物一切莫認著大道寘通智莫能測故云相逢不相識共語不知名好去無事珎重　師示衆云自夏已来不安皆是罪過死者已死在者好自安排如今學人直須會取佛法去出世時都無名字密意潜通無人覺知喚作道人佛出世權說三乘五性他不是三乘五性人從那邊行

履他是自由人會取今古本有不從佛聞與他為緣如今直須截斷兩頭句透那邊不被凡聖拘繫心如枯木始有少許相應引經說義皆是與他分踈向他屋裏作活計終無自由分恰如水母得蝦為眼如何得自由佛是受果報人如今學人極則只認得箇法身猶如水月空花影象不中兄弟直須會取不從佛聞無師自尒報化非真佛根本一如無變異故法過眼耳鼻舌身意心以無心意而現行如今知解不是嘍囉漢此物不是凡聖不是愚智強喚作愚智本不是名字不得道著道著則頭角生喚作如如早是變也兄弟直須向異類中行始得大難大難　師示衆云佛出世来只教會道不為別事祖祖相傳直至江西老宿亦只教人會者箇道佛法先到此土五百年達磨西来此土恐尒滯著三乘五性名相所以說法度波諸人迷情且五祖下五百人只盧行一人不會佛法不識文字他家只會道如今學人直須明其道不論別智決定不是物大道無形真理無對等空不動非生死流三界不攝非去来今所以明暗自去来虛空不動搖萬象自去来明暗實不鑑如今有人將鑑覺知解者是道皆前境所引隨他生死流何曾得自由若作此見解實

未有自由分所以智不是道可不難矣云是什麽智是什麽道若論世間福智只得喚作莊嚴具亦云福智二嚴亦云受用具皆是對治喚作什麽佛出世只得喚作三界智人未出世時喚作什麽物若論無滲本自具足妙用自通無人覺知潛行密用蹤跡難尋所以天魔波旬將諸眷屬久遠劫來覓菩薩一念起處不可得天魔讚歎云佛法至妙我實難測如今但會如如之理直下修行何不問如何修行但會取無量劫來性不變異即是修行妙用而不住便是菩薩行達諸法空妙用自在色身三昧豁然行六波羅蜜空處處無礙游於地獄猶如變觀不可道伊不得作用衆生無量劫來迷於本性不自了躰雲塵暫翳著諸惡欲雲駛月運舟行岸移昏時岐路不得自在種種受苦不自覺知乃至今日會取從來性與今日不別若言即心即佛如兎馬有角若言非心非佛如牛羊無角所以如來藏實不覆藏五蘊本空師子何曾在窟亦云性水亦云法水法水如波性水如濕水不洗水佛不度佛演若達多迷頭認影便道失却頭傍家覓縱覓得又不是巳頭功德天黑暗女有智主人二俱不受直道性無住處是染著物亦云閙閙是大涅槃道者箇物不是聞不聞江西老宿只道不是心不是佛不是物直須躰會諸實修行莫道我是禪師知解傍家舌上取辦兩脚稍空莫將爲是共道不相應兄弟麁細想念分劑但是貪求皆屬境三乘五性麁細而論不出情量纖毫瞥起精魅所附他且不許見聞覺知自似箇癡鈍人少神人百事不知最好普賢其時道我將心聞文殊云初心不能入云何獲圓通被一棒粉碎無事珍重　示衆云燃燈佛道了也若心相所思出生諸法虛假皆不實何以故心上無有云何出生諸法猶如形影分別虛空如人取聲安置篋中亦如吹網欲令氣滿故老宿云不是心不是佛不是物且教你兄弟行履據說十地菩薩住首楞嚴三昧得諸佛祕密法藏自然得一切禪定解脫神通妙用至一切世界普現色身或示成菩薩正覺轉大法輪入涅槃使無量入毛孔演一句經無量劫其義不盡教化無量億千衆生得無生法忍尚喚作所知愚極微細所知愚與道全乖大難大難珍重

子湖山第一代神力禪師語録　師示衆云諸法蕩蕩何絆何拘汝等於中自生難易心源一統綿亘十方上上根人自然明白不見南泉道如斯癡鈍世且還稀歷歷分明有無不是只少箇丈夫之志致見如斯疲勞汝今欲得易麽自古及今未曾有一箇凡夫聖人出現汝前亦無有一箇善語惡語到汝分上爲什麽故爲善善無形爲惡惡無相既以無我把什麽爲善惡立那箇是凡聖汝信否還保任否有什麽回避處恰似日中逃影相似還逃得麽今之既爾古之亦然今古齊時汝還諱得麽佛法玄妙了得者自相策發無小爲緣妨於大事汝不見道寧可終身立法誰能一旦亡緣仁者要徑會禪麽各歸衣鉢下著一心　僧問如何是一心三觀師云我尚不見有一心你喚什麽作三觀進云如何是三觀心法身還喫飰也無師云鉢盂鐼子什麽人受持進云未會請師慈誨師云未會數許法身　師示衆云幸自可憐生若死向人前討些子聲色脣吻作麽我且問你聲色兩字作麽生討得還會麽我道聲色如池爲獲爲你說破爲當爲你討聲色試商量看莫生容易志剛用心若了根源終非他物譬如圓鏡男來男現女來女彰乃至僧俗青黃山河萬物隨其色相一鏡傳輝不可是鏡有多般但能映物而露仁者還識得鏡未若不識鏡盡被男女青黃山河類等礙汝光明有什麽出氣處若識鏡去乃至青黃男女大地山河有想

無想四是多是胎卵情生天堂地獄咸於一鏡中悉得其分劑長短刼數若色若空並能了之更非他物汝豈不聞諸法如義光陰箭速莫謾悠悠大事曰緣决須了取僧問如何是大圓鏡師云一切物著不得進云爲什麼一切物着不得師云汝是一切物還著得汝否僧問如何是南泉不變句師云道什麼進云如何領會師云道什麼僧問一塵之内大千世界如何是一塵師云即汝是進云如何是大千師云但識取一塵　師復云說得千般美食不如一頓麁飡能奇能異省徑省心還假如是疲勞馳求趨逸也無本自非有誰強言無與麼道可謂虛空之心合虛空之理只少箇承受底漢子變弄接續得去能有利人之分也根劣之徒自益未圓焉能益彼着些子骨氣稟些子丈夫作麼生門風如何圖度須作難遭之想可懷負荷之心歷歷明明有什麼一錢事到汝意根下與汝爲於彼此生滅仁者如世良醫隨方與藥先識彼病然後施方法法如斯心心若此須要作箇無繩自縛漢作麼莫立去師示衆云子湖一隻狗上取人頭中取人心下取人足僧便問如何是子湖一隻狗師乃吠三聲進云如何領覽師云縱饒領覽也只箇吠聲僧問如何是祖師西來意師云你道祖師西來有意麼進云既無意用西來作麼　師乃云祖師西來也只箇冬寒夏熱夜暗日明只爲你徒無意立意無事生事無内外強作内外無東西謾說東西所以奢摩不能明了以至根境不能自由僧問如何得不被諸境惑去師云你試點

勿一　十六

惑你境出看進云某甲不見師云你既不見惑境何來僧禮拜師云又見妄想去也　師云心源朗朗無物莫疑直下承當不勞功用只少箇信之一字然實不易信莫非夙習之徒聞着便能承受若是蠢學之輩將三寸脣舌惑亂於人后進初機把他古聖言謗向意根下測度直至頭白齒黃並無纖毫得力處仁者須打疊及時莫待臨終揮攉佛法因緣浩浩快須徹了無疑可中向這箇皮袋子内辯得者箇去坐却天下人咽喉性命盡被汝蓋覆乾坤盡被汝自由自在皎皎明白何勞汝上來下去仁者本性具足本自周備直教無纖塵法礙你眼光始得若有微塵底不盡不是一生半刼賺汝皮囊汝性命根境法中造諸妖怪山精鬼魅附汝行持得少爲足鼓弄片皮於佛法却爲毒害譏禮塔廟毀彼持經師子身中虫自食師子身中肉仁者恰莫向心田中認些子妄想將爲極則他上祖是什麼榜樣下去莫立問未了根源請師提獎師云還會麼僧云未會師云更問千則万則也無益僧問機不曉如何得心地無疑去師云心地有多少疑僧云如何是心地師云多少分明　師示衆云擬仁者分上何得一生一滅一斷一常與汝爲於拘繫作其取舍是

勿一　十七

非及諸顛倒汝還知道諸聖門風無結縛麼只欲仁者承當還承當得麼可惜光陰莫令孤負却仁者豈不見目前太虛還有纖毫欠少處麼若也於中體得者箇消息不妨出得凡聖境界了得世間出世間之智一法既爾万法亦然仁者還樂也無　僧問如何是佛師云不重道僧云如何是法師云賺什麼師示衆云天上人間輪回六道乃至蠢動含靈未曾於此一分真如中有些子相違處還信麼還領受得麼大凡行脚也須具大信根作箇丈夫始得何處得與麼難信他古人只見道箇即心是佛即心是法便承信去隨處茅茨石室長養聖胎只待道果成熟汝今何不効他行取仁者可煞分明並無參雜治生産業與諸實相不相違背　僧問如何是千聖不傳底事師云阿誰向你說進云與麼則信受奉行去也師云信得及者即行之信不及恰莫強爲不是口頭說信便信得去如人

說食終不得飽縱然口頭說飽爭奈肚内飢
何仁者直須飽去莫謾悠悠　僧問如何是
古聖心師云汝是凡夫心僧云如何是信得
師云信亦不由汝不信亦不由汝僧云信不得
信且置作麼生師云是你心　師云仁者還
知子湖親切相爲麼行時但行坐時但坐乃
至喫茶喫飯種種施爲有甚麼相隱顯仁者
信取無別強爲只是如今無疑作疑無事生
事於自心源却生顛倒譬如百千澄清大海
棄之爲認些子浮漚目爲全潮亦認些子螢
光作於日焰還生慚恥麼諸聖得道得果數
如恒沙汝今却作箇凡劣凡夫著恰莫因循
僧問如何是無礙底心師云恰是師云莫道
千聖同風便當得本參事好且問仁者什麼
處是千聖同你麼行時坐時起時卧時試說
看還有法麼麼仁者大道無邊誰前誰後真
空絶際是正是邪乃至眩目青黃作何形段
到汝分上喚作百工居肆各逐營生多少分
明何煩造作一切普備無法不彰了了現前
還諦得麼　道郤問如何是人人具足底事
師云汝豈不是道郤勝光因在子湖钁地次
勝光钁斷一條蚯蚓問云某甲今日钁斷一
條蚯蚓兩頭俱動未審性命在那頭師提起
钁頭向蚯蚓左頭打一下右頭打一下中心

空處打一下擲却钁頭便歸　子湖又钁地
次亞钁頭回視勝光云事即不無擬心即差
勝光便問如何是事被師攔胸踏倒從此省
悟　師別時有頌　從來事非物方便名爲
佛中下競是非上流始知屈　臨行示頌三
首　我聞過去佛縱横盡丈夫示汝真歸處
千江月影孤　觀音與文殊示我常乘動吾
今已歸真觸處皆無用　佛性本來無阻障
衆生不識難歸向若見如來成佛時莫向世
間求取相　僧問招慶云勝光被子湖一踏
意作麼生招慶云古人參玄不消一踏　師
於門前下牓云子湖一隻狗上取人頭中取
人心下取人足往來好看臨濟下有二僧闢
得遂遠來尋訪纔到果見其牓遂入門以手
揭簾欲起未起被師喝云看脚下犬僧近前
禮拜便問承師有言子湖有一隻狗上取人
頭中取人心下取人足如何是子湖狗師云
嘷嘷僧無語師便歸方丈後章州羅漢展和
尚聞舉云者箇是喫屎狗僧便問如何是子
湖狗展云孽喋却僧擬議展云早被人咬教
了也明招和尚在羅山聞舉遂云洎賺數緉
草鞋我本欲遊章南如今不用去也休休僧
便問如何是子湖狗招以手按膝放身近前
云嚧嚧子湖山下有陶家爲無子夫妻每日

焚香發願求一男子師遂往其家乞竹先問
是汝夫妻每日起心發願擬作箇什事云切
緣家内無子願求一男師云我就汝乞一種
物還得否云和尚要甚物但乞指揮師云不
要別物欲乞一擔竹與汝一箇男子其家忻
喜云此是小事一任斫去師斫大竹近一千
竿陶公云和尚只討一擔何斫許多師云只
此一擔尚未足在遂將大竹長者撿數竿破
相接作一束將歸其家當夜感夢生得男子
因此遂号神力　子湖禪師諱利蹤澶州周
氏子一日於半夜時在後架叫云賊賊衆皆
驚起有一僧被師搊住云捉得也捉得也僧
云不是某甲師云是即是只是你不肯承當

古尊宿語録卷第十三

古尊宿語録卷第十四　勿二

趙州諗禪師參南泉上堂師問明頭合暗頭合泉便歸方丈師便下堂云這老和尚被我一問直得無言可對首座云莫道和尚無語自是上座不會師便打又云這棒合是堂頭老漢喫師在南泉井樓上打水次見南泉過便抱柱懸却脚云相救相救南泉上糊梯云一二三四五師少時間却去礼謝云適来謝和尚相救南泉東西兩堂爭猫兒泉来堂内提起猫兒云道得即不斬道不得即斬却大衆下語皆不契泉意當時即斬却猫兒了至晚間師從外歸来問訊次泉舉前話了云你作麼生救得猫兒師遂將一隻鞋戴在頭上出去泉云子若在救得猫兒師問南泉異即不問如何是類泉以兩手托地師便踏倒却歸涅槃堂内叫悔悔泉聞乃令人去問悔箇什麼師云悔不剩与兩踏南泉從浴室裏過見浴頭燒火問云作什麼云燒浴泉云記取来喚水牯牛浴浴頭應喏至晚間浴頭入方丈泉問作什麼云請水牯牛去浴泉云將得繩索来不浴頭無對師来問訊泉泉舉似師師云某甲有語泉便云還將得繩索来麼師便近前驀鼻便拽泉云是即是太麁生師問南泉離四句絶百非外請師道泉便歸方丈師云這老和尚每常口吧吧地及其問著一言不措侍者云莫道和尚無語好師便打一掌南泉便掩却方丈門便把灰圍却問僧云道得即開門多有人下語乖不契泉意師云蒼天蒼天泉便開門師問南泉云心不是佛智不是道還有過也無泉云有師云過在什麼處請師道泉遂舉師便出去　上堂謂衆曰此事的的沒量大人出這裏不得老僧到潙山僧問如何是祖師西来意潙山云與我將床子来若是宗師須以本分事接人始得時有僧問如何是祖師西来意師云庭前栢樹子學云和尚莫將境示人師云我不將境示人云如何是祖師西来意師云庭前栢樹子師又云老僧九十年前見馬祖大師下八十餘負善知識箇箇俱是作家不似如今知識枝蔓上生枝蔓大都是去聖遥遠一代不如一代只如南泉尋常道須向異類中行且作麼生會如今黄口小兒向十字街頭說葛藤博飯噇覓禮拜聚三五百衆云我是善知識你是學人僧問如何是清淨伽藍師云丫角女子如何是伽藍中人師云丫角女子有孕問承聞和尚親見南泉是否師云鎮州出大蘿蔔頭問和尚生緣什麼處師以手指云西邊更向西問法無別法如何是法師云外空内空内外空問如何是佛真法身師云更嫌什麼問如何是心地法門師云古今榜樣問如何是賓中主師云山僧不問婦如何主中賓師云老僧無丈人問如何是一切法常住師云老僧不諱祖其僧再問師云今日不答話　上堂云兄弟莫久立有事商量無事向衣鉢下坐窮理好老僧行脚時除二時齋粥是雜用心力處餘外更無別用心處也若不如此出家大遠在問万物中何物最堅師云相罵饒你接觜相唾饒你潑水問晝夜不停時如何師云僧中無与麼兩稅百姓問如何是一句云若守着一句老却你師又云若一生不離叢林不語十年五載無人喚你作啞漢已後佛也不奈你何你若不信截取老僧頭去　上堂云兄弟你正在第三冤裏所以道但改舊時行履處莫改舊時人共你各自家出家比来無事更問禪問道三十二十人聚頭来問恰似欠伊禪道相似你喚作善知識我是同受栲老僧不是戲好恐帶累他古人所以東道西說問十二時中如何用心師云你被十二時使老僧使得十二時你問那箇時問如何是趙州主人公師咄云這箍桶漢學人應喏師云如法箍桶看問如

何是學人本分事師云樹搖鳥散魚驚水渾問如何是少神底人師云老僧不如你學云不占勝師云你因什麽少神問至道無難唯嫌揀擇是時人窠窟師云曾有問我直得五年分疎不得有官人問丹霞燒木佛院主為什麽眉鬚墮落師云官人宅中變生作熟是什麽人云所使師云却是他好手問毘目仙人執善財手見微塵佛時如何師遂執僧手云你見箇什麽有尼問如何是沙門行師云莫生見尼云和尚勿交涉師云我若共你打交涉堪作什麽問如何是趙州主人公師云田厙奴問如何是王索仙陀婆師云你道老僧要箇什麽問如何是玄中玄師云說什麽玄中玄七中七八中八問如何是仙陀婆師云靜處薩婆訶問如何是法非法師云東西南北學云如何會去師云上下四維問如何是玄中玄師云這僧若在合年七十四五問王索仙陀婆時如何師驀起打躬叉手問如何是道師云不敢不敢問如何是法師云勑勑攝攝問趙州去鎮府多少師云三百學云鎮府來趙州多少師云不隔問如何是學人自己師云還見庭前栢樹子麽　上堂云若是久參底人莫非真實莫非亘古亘今若是新入衆底也須究理始得莫趁者邊三百五百一千傍邊二衆叢林稱道好箇住持泊乎道著佛法恰似炊砂作飯相似無可施為無可下口却言他非我是面赫赤地良由世間出非法語真實欲明者意莫辜負老僧問在塵為諸聖說法揔屬披搭未審和尚如何示人師云什麽處見老僧學云請和尚說師云一堂師僧揔不會這僧語話別有一僧問請和尚說師云你說我聽問真化無跡無師弟子時如何師云誰教你來問學云更不是別人師便打之問此事如何辨師云我怕你學云如何辨得師云我怕你不辨學云還保任否師云保任不保任自看問如何是無知解底人師云說什麽事問佛法久遠如何用心師云你見前漢後漢把攬天下臨終時半錢也無分問時人以珎寶為貴沙門以何為貴云急合取口云合口還得也無師云口若不合爭能辨得問如何得不被諸境惑師垂一足僧便出鞋師收起足僧無語有俗官問佛在日一切衆生皈依佛佛滅度後一切衆生皈依什麽處師云未有衆生學云現問吹師云更覓什麽佛問還有不報四恩三有者無師云有學云如何是師云這殺父漢莫你只少此一問問如何是和尚意師云無施設麽　上堂云兄弟但改往修來若不改大有書你處在老僧在此間三十餘年未曾有一箇禪師到此間訝有來一宿一食急走過且趁軟煖處去也問忽遇禪師到來向伊道什麽師云千鈞之弩不為鼷鼠而發機師云兄弟若從南方來者即与下載若從北方來即為裝載所以近上人問道即失道近下人問道者即得道兄弟正人說邪法邪法亦隨正邪人說正法正法亦隨邪諸方難見易識我者裏易見難識問善惡惑不得底人還獨脫也無云不獨脫云為什麽不獨脫云正在善惡裏尼問離却上來說處請和尚指示師咄云㘞破鉄瓶尼將鉄瓶添水来請和尚荅話師咲之問世界變為黑穴未審此箇落在何路云不占云不占是什麽人師云田厙奴問無言無意始稱得句既是無言喚什麽作句師云高而不危滿而不溢學云即今和尚是滿是溢師云爭奈你問我　問如何是靈者師云淨地上屙一堆屎學云請和尚的旨師云莫惱亂老僧問法身無為不墮諸數還許道也無師云作麽生道學云与麽即不道也師笑之問如何是佛如何是衆生師云衆生即是佛佛即是衆生學云未審兩箇那箇是無生師云問問問大道無根如何接唱（師云你便接唱無根）又作麽生師云既是無根什麽處繫縛你問

正修行底人莫被鬼神測得也無師云測得云過在什麼處師云過在覔處云與麼即不修行也師云修行問孤月當空光從何生師云月從何生問承和尚有言道不屬修但莫染汚如何是不染汚師云撿校內外云還自檢校也無師云撿校云自己有什麼過自撿挍師云你有什麼事　示衆云老僧此間即以本分事接人若教老僧隨伊根機接人自有三乘十二分教接他了也若是不會是誰過歟已後遇著作家漢也道老僧不辜他但有人問以本分事接人問從上至今即心是佛不即心還許學人商量也無師云即心且置商量箇什麼問古鏡不磨還照也無師云前生是因今生是果問三刀未落時如何師云森森地云落後如何云迥迥地問如何是出三界底人師云籠罩不得問牛頭未見四祖百鳥銜花供養見後為什麼百鳥不銜花供養師云應世不應世問白雲自在時如何師云爭似春風處處閑問如何是露地白牛師云月下不用色云食噉何物師云古今嚼不著云請師答話師云老僧答與麼　師示衆云擬心即差僧便問不擬心時如何師打三下云莫是老僧辜負闍梨麼問凡有問荅落在意根不落意根師如何對師云問學

云便請師道師云莫向者裏是非問龍女親獻佛未審將什麼獻師以兩手作獻勢
示衆云此間佛法道難即易道易即難別處難見易識老僧者裏即易見難識若能會得天下橫行忽有人問什麼處來若向伊道從趙州來又謗趙州若道不從趙州來又埋沒自己諸人且作麼生對他僧問觸目是謗和尚如何得不謗去師云若道不謗早是謗了也問如何是正修行路師云解修行即得若不解修行即參差落他因果裏又云我教你道若有問時但向伊道趙州來忽問趙州說什麼法但向伊道寒即言寒熱即言熱若更問道不問者箇事但云問什麼事若再問趙州說什麼法便向伊道和尚來時不交傳語上座若要知趙州事但自去問取問不顧前後時如何師云不顧前後且置你問阿誰○示衆云迦葉傳與阿難且道達磨傳與什麼人問且如二祖得髓又作麼生師云莫謗二祖師又云達磨也有語在外者得皮在裏者得骨且道更在裏者得什麼問如何是得髓底道理師云但識取皮老僧者裏髓也不立云如何是髓師云與麼皮也摸未著問與麼堂堂豈不是和尚正位師云還知有不肯者麼學云與麼即別有位師云誰是別者學云

誰是不別者師云一任叫問上上人一撥便轉下下人來時如何師云汝是上上下下云請和尚荅話師云話未有主在云某甲七千里來莫作心行師云據你者一問心行莫不得麼此僧一宿便去問不絕傍來者如何師云誰學云惠延師云問什麼學云不絕傍來者師以手撫之問如何是衲衣下事師云莫自瞞問真如凡聖皆是夢言如何是真言師云更不道者兩箇學云兩箇且置如何是真言師云唵啷啉𠸄問如何是趙州師云東門西門南門北門問如何是定師云不定學云為什麼不定師云活物活物問不隨諸有時如何云合與麼學云莫便是學人本分事師云隨也隨也問古人三十年一張弓兩下箭只射得半箇聖人今日請師全射師便起去
○師示衆云至道無難唯嫌揀擇才有言語是揀擇是明白老僧都不在明白裏是你還護惜也無
○問和尚既不在明白裏又護惜箇什麼處師云我亦不知學云和尚既不知為什麼道不在明白裏師云問事即得禮拜退了
示衆云法本不生今則無滅更不要道才語是生不語是滅諸人且作麼生是不生不滅底道理問早是不生不滅麼師云者漢只認得箇死語問至道無難唯嫌揀擇才有言語

是揀擇和尚如何示人師云何不盡引古人語學云某甲只道得到這裏師云只這至道無難唯嫌揀擇　上堂云看經也在生死裏不看經也在生死裏諸人且作麼生出得去僧便問只如俱不留時如何師云實即得若不實爭能出得生死關利劒鋒頭快時如何師云老僧是利劍快在什麼處問大難到来如何迴避師云恰好　上堂良久大衆揔来也未對云揔来也師云更待一人来即説話僧云俟無人来即説似和尚師云大難得人　示衆云心生即種種法生心滅即種種法滅你諸人作麼生僧乃問只如不生不滅時如何師云我許你者一問師因侖次云明又未明道昏欲曉你在阿那頭僧云不在兩頭師云與麼即在中間也云若在中間即在兩頭師云這僧多少時在老僧者裏作與麼語話不出得三句裏然直饒出得也在三句裏你作麼生僧云某甲使得三句師云何不早與麼道問如何是通方師云離却金剛禅　示衆云衲僧家直須坐斷報化佛頭始得問坐斷報化佛頭是什麼人師云非你境界　示衆云大道只在目前要且難覩僧乃問目前有何形段令學人覩師云任你江南江北學云和尚豈無方便爲人師云

適来問什麼問入法界来還知有也無師云誰入法界學云与麼即入法界不知去也師云不是寒灰死木花錦成現百種有學云莫是入法界處用也無師云有什麼交涉問若是實際理地什麼處得来師云更請闍梨宣一遍問万境俱起還有惑不得者也無師云有學云如何是惑不得者云你還信有佛法否學云信有佛法古人道了如何是惑不得者云為甚不問老僧學云問了也師云惑也問未審古人与今人還相近也無師云相近即相近不同一躰學云為什麼不同師云法身不説法學云法身不説法和尚為人也無師云我向惠裏荅話學云爭道法身不説法師云我向惠裏救你何爺他終不出頭問學人道不相見時還回互也無師云測得迴互學云測他不得迴互箇什麼師云不為麼是你自己學云和尚還受測也無師云人即轉近道即轉遠也學云和尚為什麼自隱去師云我今見在你語話學云爭道不轉師云合与麼著　示衆云教化得底人是今生事教化不得底人是第三生冤若不教化恐墮却一切衆生教化亦是冤是你還教化也無僧云教化師云一切衆生還見你也無學云不見師云為什麼不見學云無相師云即

今還見老僧否學云和尚不是衆生師云自知罪過即得　示衆云龍女心親獻畫是自然事問既是自然獻時為什麼師云若不獻爭知自然　示衆云八百个作佛漢覔一箇道人難得問只如無佛無人處還有修行也無師云除却者兩箇有百千萬億學云道人来時在什麼處師云你与麼即不徵行也其僧禮拜師云大有處着你在問白雲不落時如何云老僧不會上象學云豈無賔主師云老僧是主闍梨是賔白雲在什麼處問大巧若拙時如何師云喪却棟梁材　示衆云佛之一字吾不喜聞和尚還為人也無師云為人學云如何為人師云不識玄旨徒勞念静學云既是玄作麼生是旨師云我不把本學云者箇是玄如何是旨師云荅你是旨　示衆云各自有禪各自有道忽有人問你作麼生是禪是道作麼生祗對他僧乃問既各有禪道從上至今語話為什麼師云為你遊寬學云未審如何為人師乃退身不語　示僧云不得閑遊念佛念法僧乃問如何是學人自己念師云念者是誰學云無伴師叱者驢上堂示衆云若是第一句為祖佛為師第二句與人天為師第三句自救無療有僧問如何是第一句師云為祖佛為師

師又云大好便頭起學人再問師云又却人天去也　示衆云是他不是不將來老僧不是不祗對僧云和尚將什麼祗對師長吁一聲云和尚將這個祗對莫辜負學人也無師云你適來肯我我即辜負你若不肯我我即不辜負你　示衆云老僧今夜答話去也解問者出來有僧才出礼拜師云比來拋塼引玉只得个墼子問狗子還有佛性也無師云無學云上至諸佛下至螻子皆有佛性狗子為什麼無師云為伊有業識性在問如何是法身師云應身云學人不問應身師云你但管應身問朗月當空時如何云闍梨名什麼學云某甲師云朗月當空在什麼處問正當二八時如何師云東東西西學云如何是東東西西師云覓不著簡學人全不會時如何師云我更不會云和尚還知有也無師云我不是木頭作麼不知云大好不會師拍掌笑之問如何是道人師云我向道是佛人問凡有言句舉手動足盡落在學人網中離此外請師道師云老僧齋了未喫茶馬大夫問和尚還修行也無師云老僧若修行即禍事云和尚既不修行教什麼人修行師云大夫是修行底人云某甲何名修行師云若不修行爭得攢在人王位中餧得來赤凍紅地

無有解出期大夫乃下淚拜謝示衆云闍梨不是不將來老僧不是不祗對又云闍梨莫掌拳合掌老僧不將禪床拂子對問恩憶不及處如何師云過者邊來云過者邊來即是及處如何是恩不及處師竪起手云你喚作什麼云喚作手和尚喚作什麼師云百種名字我亦道云不及和尚百種名字且喚什麼師云爲麼即你恩憶不及處僧礼拜師云教你恩憶得及者云如何是師云釋迦教祖師教是你師云祖爲佛古人道了也如何是恩憶不及處師舉指云喚作什麼僧良久師云何不當頭道著更疑什麼問如何是和尚家風云老僧耳背高聲問僧再問師云你問我家風我却識你家風問万境俱起時如何師云万境俱起云一問一答是起如何是不起師云禪床是不起底僧才禮拜次師云記得問答云記得師云試舉看僧擬舉師問問如何是目前佛師云殿裏底云者個是相皃佛如何是佛師云即心是云即心猶是限量如何是佛師云無心是學云有心無心還許學人揀也無師云有心無心惣被你揀了也更教老僧道什麼即得問遠遠投師未審家風如何師云不說似人學云為什麼不說似人師云是我家風學云和尚既不說似人争奈四

海來投師你是海我不是海學云未審海內事如何云老僧釣得一箇問祖佛近不得底是什麼人師云不是祖佛學云争奈近不得何師云向你道不是祖佛不是衆生不是物得麼學云是什麼師云若有名字即是祖佛衆生也學云不可只爲麼去也師云卒未爲你去在問如何是平常心師云狐狼野干是問作何方便即得聞於未聞師云未聞且致你曾聞箇什麼來問承教有言隨色摩尼珠如何是本色師召僧名僧應喏師云過者邊來僧便過又問如何是本色師云且隨色走問平常心底人還受教化也無師云我不壅他門户學云爲麼則莫沉却那邊人麼師云大好平常心問如何是學人任底物師云盡未來際揀不出問如何是大修行底人云寺重網維是問學人才到惣不知門户頭事如何師云上座名什麼學云惠南師云大好不知問學人欲學又謗於和尚如何得不謗去師云你名什麼學云道皎師云靜處去者來因子問如何是和尚大意師云無大無小學云莫便是和尚大意麼師云若有纖毫万劫不如問万法本閑而人自閙是什麼人語師云出來便死問不是佛不是物不是衆生這箇是斷語如何是不斷語師云天上天下唯我

獨尊問佛祖在日佛祖相傳佛祖滅後什麽
人傳師云古今惣是老僧分上學云未審傳
箇什麽師云箇箇惣屬生死云不可埋沒却
祖師也師云傳箇什麽問凡聖俱盡時如何
師云頭你作大德老僧是障佛祖漢問遠聞
趙州到来為什麽不見師云老僧罪過問朗
勿二　十三
月當空未審室中事如何師云老僧自出家
不曾作活計學云与麽即和尚不為今時也
師云自疾不能救焉能救諸疾學云争奈學
人無依何師云依即踏著地不依即一任東
西問在心心不測時如何師云測阿誰學云
測自己師云無兩箇問不見遠表時如何師
指淨瓶云是什麽學云淨瓶師云大好不見
遠表問如何是歸根師云撥即差問不離言
句如何得獨脫師云離言句是獨脫學云適
来無人教某甲来師云因什麽到此學云和
尚何不揀出師云我早箇揀了也問非心不
即智請和尚一句師云老僧落你後問如何
是畢竟師云畢竟學云那箇畢竟是師云老
僧是畢竟你不解問著話學云不是不問師
云畢竟在什麽處問不挂寸絲時如何師云
不挂什麽學云不挂寸絲云大好不挂寸絲
問如披頭然底人如何云便學學云什麽處
云莫占他位次問空刲中阿誰為主云老僧

在裏許也學云說什麽法云說你問底問家
古有言虛明自照如何是自照云不稱他照
學云照不著處如何云你話墮也問如是的
師云一念未起時問如何是法王師云州裏大
王是云和尚不是師云你擬造逐去都来一
箇王不認問如何是佛心師云你是心我是
佛奉不奉自看學云師即不無還奉得也無
師云你教化我看問三身中那箇是本来身
師云闕一不可問未審此土誰為祖師師云
達磨来這邊惣是學云和尚是第幾祖師云
我不落位次學云在什麽處云在你耳裏問
不弃本不逐末如何是正道云大好出家兒
學云學人從来不曾出家云歸依佛歸依法
學云未審有家可出也無云直須出家學云
向甚處安排他云直向家裏坐問明眼人見
一切還見色也無云打却著學云如何打得
云莫用力學云不用力如何打得云若用力
即乖問祖佛大意合為什麽人云只為今時
勿二　十四
學云争奈不得何云誰之過學云如何承當
云如今無人承當得學云与麽即無依倚也師
云又不可無却老僧問了事底人如何云正
大脩行學云未審和尚還脩行也無云著衣
喫飯學云著衣喫飯尋常事未審脩行也無
云你且道我每日作什麽問毫釐有差時如

何云天地懸隔云毫釐無差時如何云天地
懸隔問如何是不睡底眼云凡眼肉眼又云
維未得天眼肉眼力如是學云如何是睡底
眼云佛眼法眼是睡底眼問大庾嶺頭趂得
及為什麽提不起師拈起衲衣云你甚處得
者箇来學云不問者箇師云与麽即提不起問
不合不散如何辨師云你有一箇我有一箇
云者箇是合如何是散師云你便吝問如何
是不錯路師云識心見性是不錯路問明珠
在掌還照也無師云照即不無喚什麽作珠
問靈苗無根時如何師云你從什麽處来云
太原来師云大好無根問學人擬作佛時如
何師云大煞費力生云不費力時如何師云
与麽即作佛去也問學人昏鈍在一浮沉如
何得出師只據坐云某甲實問和尚師云你
甚處作一浮一沉問不在凡不在聖如何免
得兩頭路師云去却兩頭来荅你僧不審師
云不審從什麽處起在者裏從老僧起在市
勿二　十五
裏時從什麽處起云和尚為什麽不定師云
我教你何不道今日好風問如何是大闡提
底人師云老僧荅你還信否云和尚重言那
敢不信師云覔箇闡提人難得問大無慚愧
底人什麽處着得師云此間着不得云忽然
出頭争向師云將取去問用處不現時如何

師云用即不無現是誰問不指一法如何是和尚法師云老僧不說茆山法云既不說茆山法如何是和尚法師云向你道不說茆山法云莫者箇便是也無師云老僧未曾將者箇示人問如何是目前獨脫一路師云無二亦無三云目前有路還許學人進前也無師云與麼即千里萬里問如何是毘盧向上事師云老僧在你脚底云和尚為什麼在學人脚底師云你元来不知有向上事問如何是合頭師云是你不合頭云如何是不合頭師云前句辯取問如何和尚的的意師云止止不須說我法妙難思問澄澄絕點時如何師云墮坑落塹云有什麼過師云你屈着与麼人問未審出家善求無上菩提時如何師云未出家被菩提使既出家使得菩提有秀才見師手中拄杖乃云佛不奪衆生願是否師云是秀才云某甲就和尚乞取手中拄杖得否師云君子不奪人所好秀才云某甲不是君子師云老僧亦不是佛師因出外見婆子揷田云忽遇猛虎作麼生婆云無一法可當情師云除婁子云除師云猶有者箇在有秀才辭去云某甲在此括撓和尚多時無可報荅和尚待他日作一頭驢来報荅和尚師云教老僧爭得鞍師到道吾處纔入僧堂吾云

南泉一隻箭来師云看箭吾云過也師云中也問百骸俱潰散一物鎮長靈時如何師云令朝又風起問三乘十二分教即不問如何是祖師西来意師云水牯牛生兒也好看取云未審此意如何師云我亦不知問万國来朝時如何師云逢人不得喚問十二時中如 夛二 十六 何洶汰師云奈河水濁西水流急云還得見文殊也無師云者朦朣漢什麽處去来問如何是道場師云你從道場来你從道場去脫躰是道場何處更不是問萌芽未發時如何師云觖着即腦裂云不觖時如何師云無者閑工夫問如何數量師云一二二四五云數量不拘底事如何師云一二三四五問什麼世界即無晝夜師云即今是晝是夜云不問即令師云爭奈老僧何問迦葉上行衣不踏曹溪路什麼人得披師云虛空不出世道人都不知問如何是混而不雜師云老僧菜食長齋云還得超然也無師云破齋也問如何是古人之言諦聽諦聽諦聽問如何是學人本分事師云与麼嫌什麼問如何是出家兒師云不朝天子父母返拜問覲面事如何師云你是覲面漢

十六米

古尊宿語錄卷第十四　夛二

古尊宿語録卷第十五　勿三

趙州諗禪師語録

師上堂云金佛不度爐木佛不度火泥佛不度水真佛内裏坐菩提涅槃真如佛性盡是貼躰衣服亦名煩惱不問即無煩惱實際理地什麼處著一心不生万法無咎但究理而坐二三十年若不會截取老僧頭去夢幻空花徒勞把捉心若不異万法亦然既不從外得更拘什麼如羊相似更乱拾物安口中作麼老僧見藥山和尚道有人問着但教合取狗口老僧亦道合取狗口取我是垢不取我是淨一似獵狗相似專欲得物喫佛法向什麼處著一千人万人盡是覓佛漢子覓一箇道人無若與空王為弟子莫教心病最難醫未有世界早有此性世界壞時此性不壞從一見老僧後更不是別人只是箇主人公者箇更向外覓作麼與麼時莫轉頭換面即失却　問如何是佛向上人師云只者牽耕牛底是　問如何是急師云老僧與麼道你作麼生云不會師云向你道急急著靴水上立走馬到長安靴頭猶未濕問四山相逼時如何師云無路是趙州問古殿無王時如何師咳嗽一聲云與麼即且啓陛下師云賊身已露

問和尚年多少師云一串數珠數不盡問和尚承嗣什麼人師云從諗問外方忽有人問趙州說什麼法如何祇對師云鹽貴米賤問如何是佛云你是佛麼問如何是出家師云爭得見老僧問佛祖不斷處如何師云無遺漏問本源請師指示師云本源無病云了盡如何師云了人知云與麼時如何師云與我安名字着問純一無雜時如何師云大煞好一問問無為寂靜底人莫落在沉空也無師云落在沉空云究竟如何師云作驢作馬問如何是祖師西來意師云床脚是云莫便是也無師云是即脫取去問澄澄絶點時如何師云老僧者裏不著客作漢問風飛不到時如何師云起自何來問實際理地不受一塵時如何師云一切總在裏許問如何是一句師應喏僧再問師云我不患聾問初生孩子還具六識也無師云急流水上打毬子問頭頭到来時如何師云猶較老僧百步問如何是和尚家風師云老僧自小出家抖擻破活計問請和尚離四句道師云老僧常在裏許問扁鵲醫王為什麼有病師云扁鵲醫王不離床枕又云一滴甘露普潤大千問如何是露地白牛師云者畜生問如何是大人相師側目視之䜣猶是隔階趍附在師云老僧無

工夫趍得者閑漢問纔有心念落在人天直無心念落在眷屬時如何師云非但老僧作家亦吝你不得問凡有施為盡落糟粕請師不施為吝師叱尼云將水来添鼎子沸問如何是般若波羅蜜師云摩訶般若波羅蜜問如何是咬人師子師云敀依佛敀依法敀依僧莫咬老僧問離却言句請師道師咳嗽問如何得不謗古人不負恩去師云闍梨作麼生問如何是一句師云道什麼問如何是一句師云兩句問唯佛一人是善知識如何師云魔語問如何是菩提師云者箇是闡提問如何是大人相師云好箇兒孫問寐寐無依時如何師云老僧在你背後問如何是伽藍師云別更有什麼云如何是伽藍中人師云老僧與闍梨問二龍爭珠誰是得者師云老僧只管看問如何是離因果底人師云不因闍梨問老僧實不知問衆盲摸象各說異端如何是真象師云無假自是不知問如何是第一句師咳嗽云莫便是否師云老僧咳嗽也不得問大海還納衆流也無師云大海道不知云因什麼不知師云終不道我納衆流問如何是毘盧師師云毘盧毘盧問諸佛還有師也無師云有云如何是諸佛師師云阿弥陀佛阿弥陀佛問如何是學人師師云雲

有出山勢水無投澗聲云不問者箇師云是你師不認問諸方盡向口裏道和尚如何示人師脚跟打火爐示之云莫便是也無師云恰認得老僧脚跟問不行大道時如何師云者賊私盜漢云却行大道時如何師云還我公驗来問如是本来身云師自從識得老僧後只這漢更不別云為麼即為和尚隔生去也師云非但今生千生萬生亦不識老僧問如何是祖師西来意師云東壁上挂葫蘆多少時也問方圓不就時如何師云不方不圓云為麼時如何師云是方是圓問道人相見時如何師云呈漆器問諦為什麼觀不得師云諦即不無觀即不得云畢竟如何師云失諦問行又不到問又不到時如何師云到以不到道人看如涕唾云其中事如何師唾地問如何是祖師西来意師云如你不喚作祖師意猶未在云本来底如何師云四目相覩更無第二主宰問不具形儀還會也無師云即今還會麼問如何是大無慚愧底人師云皆具不可思議問學人擬向南方學些子佛法去如何師云你去南方見有佛處急走過無佛處不得住云為麼即學人無依也師云柳絮柳絮問如何是急切處師云一問一答問不籍三寸還假今時也無師云我隨你道你

作麼生會問如何是和尚家風師云老沱宇宙人無數云請和尚不吝話云師老僧合為麼問二龍爭珠誰是得者師云失者無虧得者無用問如何是大人相師云是什麼有俗士獻袈裟問披為麼衣服莫辜負古人也無師拋下拂子云是古是今問如何是沙門行師云展手不展脚問牛頭未見四祖時如何師云飽柴飽水云見後如何師云飽柴飽水問如何是學人自己師云喫粥了也未云喫粥也師云洗鉢盂去問如何是毘盧師師云白駝来也未云来也師云牽去餵草問如何是無師智師云老僧不曾教闍梨問如何是親切一句師云話墮也問不借口還許商量也無師云正是時云便請師商量師云老僧不曾出問二祖斷臂當為何事師云粉骨碎身云供養什麼人師云来者供養問無邊身菩薩為什麼不見如来頂相師云你是闍梨問晝是日光夜是火光如何是神光師云日光火光問如何是恰問處師云錯云如何是問處師云向前一句裏辯取問如何是大人相師以手摸面又手歛容問如何是無為師云者個是有為問如何是祖師西来意師云欄中失却牛問學人遠来請和尚指示師云才入門便好驀面唾問如何是直截一路師云淮

南舡子到也未云學人不會師云且喜到来問栢樹子還有佛性也無師云有云幾時成佛師云待虛空落地云虛空幾時落地師云待栢樹子成佛問如何是西来意云師因什麼向院裏罵老僧云學人有何過師云老僧不能就院裏罵得闍梨問如何是西来意云板齒生毛問貧子来將什麼過為師云不貧云爭奈覓和尚何師云只是守貧問無邊身菩薩為什麼不見如来頂相師云如隔羅縠問諸天甘露什麼人得喫師云謝你將来問超過乾坤底人如何師云待有為麼人即報来問如何是伽藍師云三門佛殿問如何是不生不滅師云本自不生今亦無滅問如何是趙州主師云大王是問急切處請師道云師屎是小事須是老僧自去始得問如何是丈六金身師云腋下打領云學人不會師云不會請人裁問學人有疑時如何師云大宜小宜學人大疑師云大宜東北角小宜僧堂後問如何是佛向上人師下禪床上下觀瞻相云者漢如許長大截作三橛也得問什麼向上向下是問如何是賓家意師以手拾之云和尚猶有者個在師云是你有者個　師示衆云老僧三十年前在南方火爐頭有個無賓主話直至如今無人舉着問和尚受大王如

是供養将什麽報荅師云念佛云貪子也觧
念佛師云喚侍者将一錢与伊問如何是和
尚家風師云屏風雖破骨格猶存問如何是
不遷之義師云你道者野鴨子飛從東去西
去問如何是西来意師云什麽處得者消息
来問如何是塵中人師云布施茶盐錢米問
大耳三藏第三度覓國師不見未審國師在
什麽處師云在三藏鼻孔裏問盲龜值浮木
孔時如何師云不是偶然事問久居嵓谷時如
何師云何不隱去問如何是佛法大意師云
礼拜著僧擬進話次師喚沙彌文遠文遠到
師叱云適来去什麽處来問如何是自家本
意師云老僧不用牛刀問和尚姓什麽師云
常州有云甲子多少師云蘇州有　上堂
云才有是非紛然失心還有荅話分也無有
僧出撫侍者一下云何不祗對和尚師便歸
方丈後侍者請益適来僧是會不會師云坐
底見立底立底見坐底問如何是道師云墻
智三　六
外底云不問者個師云問什麽道云大道師
云大道通長安問撥塵見佛時如何師云撥
塵即不無見佛即不得問如何是無疾之身
師云四大五陰問如何是闡提師云何不問
菩提云如何是菩提師云只者便是闡提師
有時竪指云老僧喚作拳你諸人喚作什麽

僧云和尚何得将境示人師云我不将境示
人若将境示闍梨即埋沒闍梨去也云争奈
者個何師便弥重問一問一荅摠落天魔外
道設使無言又犯他匡網如何是趙州家風
師云你不觧問云請和尚荅話師云若攄你
合喫二十棒　師示衆云才有是非紛然失
心還有荅話分也無有僧出将沙彌打一掌
便出去師便歸方丈至来日問侍者昨日者
師僧在什麽處侍者云當時便去也師云三
十年弄馬騎被驢子撲鏁府大王問師尊年
有幾箇齒在師云只有一箇牙大王云争喫
得物師云雖然一箇下下咬着問如何是學
人珠師云高聲問僧礼拜師云不觧問何不
道高下即不問如何是學人珠何不與麽問
僧便再問師云泊合放過者漢問二邊寂寂
師如何闡揚師云今年無風波問大衆雲集
合談何事師云今日拽木頭竪僧堂云莫只
者箇便是接學人也無師云老僧不觧雙陸
知三　七
不觧長行問如何是真實人躰師云春夏秋
冬云與麽即學人難會師云你問我真實人
躰問如何是佛法大意師云你名什麽云某
甲師云含元殿裏金谷園中問如何是七佛
師師云要眠即眠要起即起問道非物外物
外非道如何是物外道師便打云和尚莫打

某甲已後錯打人去在師云龍虵易辯衲子
難瞞師見大王入院不起以手自拍膝云會
麽大王云不會師云自小出家今已老見人
無力下禅床問如何是忠言師云你娘醜陋
問從上至今不忘底人如何師云不可得鑿
心常思念十方一切佛問如何是忠言師云
喫鉄棒問如何是佛向上事師便撫掌大咲
問一燈燃百千燈一燈未審從什麽處發師
便趯出一隻履又云作家即不與麽問問歸
根得旨隨照失宗時如何師云老僧不荅者
話云請和尚荅話師云合與麽問如何是不
思麽師云快道快道問非思量處如何師云
速道速道問如何是衣中寶師云者一問嫌
什麽云者箇是問如何是寶師云與麽即衣
也失却問万里無店時如何師云禅院裏宿
問狗子還有佛性也無師云家家門前通長
安問覿面相呈還盡大意也無師云低口云
收不得處如何師云向你道低口問如何是
目前一句師云老僧不如你問出来底是什
麽人師云佛菩薩問靈草未生時如何嬰鑁
着即腦裂云不鑁時如何師云如同立死漢
云還許學人和合否師云人来莫向伊道問
祖意與教意同別師云才出家未受戒到處
問人問如何是聖師云不凡云如何是凡師

云不聖云不凡不聖時如何師云好箇禪僧問兩鏡相向那箇家明師云闍梨眼皮蓋須弥山問學人近入叢林乞師指示師云蒼天蒼天問前句已往後句難明時如何師云喚作即不可云請師分師云問問問高峻難上時如何師云老僧不向高峯頂問不與万法為侶者是什麼人師云非人問請師宗乘中道一句子師云今日無錢與長官問學人不別問請師不別荅師云奇怪問三乘教外如何接人師云有此世界来日月不曾換問三處不通如何離識師云識是分外問衆機来湊未審其中事如何師云我眼本正不說其中事問淨地不止是什麼人師云你未是其中人在云如何是其中人師云止也問如何是万法之源師云棟梁椽柱云學人不會師云拱斗叉手不會問一物不將来時如何師云放下著問路逢達道人不將語黙對未審將什麼對師云人從陳州来不得許州信問開口是有為如何是無為師以手示之云者箇是無為云者箇是有為如何是無為師云無為云者箇是有為師云是有為　師示衆云佛之一字吾不喜聞問和尚還為人也無師云佛佛問盡㳟今時如何是的的處師云盡㳟今時莫問那箇云如何是的師云向你

道莫問云如何得見師云大無外小無內問離四句絶百非時如何師云老僧不認得死云者箇是和尚分上事恰是云請和尚指示師云離四句絶百非把什麼指示問如何是和尚家風師云內無一物外無所求問如何是歸根得旨師云荅你即乖問如何是疑心師云荅你即乖也問出家底人還作俗否師云出家即是座主出与不出老僧不管云為什麼不管師云与麼即出家也問無師弟子時如何師云無漏智性本自具足又云此是無師弟子問不見邊表時如何師云因什麼与麼問澄而不清渾而不濁時如何師云不清不濁云是什麼師云也可怜生云如何是通方師云離却金剛禅問如何是祖師的的意師哢噁云其中事如何師又噁地問如何是沙門行師云離行問真休之處請師指師云指即不休問無問時如何師云乖常語問四山相逼時如何師云無出路問到者裏道不得時如何師云不得道云如何道師云道不得處問但有言句盡不出頂如何是頂外事師喚沙弥文遠文遠應喏師云今日早晚也問如何是毘盧師師云莫惡口問至道無難唯嫌揀擇如何得不揀擇師云天上天下唯我獨尊云此猶是揀擇師云田庫奴什

麼處是揀擇問如何是三界外人師云爭柰老僧在三界內問知有不有底人如何師云你若更問即故問老僧　師示衆云向南方趂叢林去莫在者裏僧便問和尚者裏是甚麼師云我者裏是柴林問如何是毘盧師師云性是弟子問歸根得旨時如何師云太慌忙生云不審師云不審從甚處起問利劍出匣時如何師云黑云正問之時如何辨白師云無者閑工夫云叉手向人前爭柰何師云早晚見你叉手云不叉手時如何師云誰是不叉手者問如何是沙門得力處師云你什麼處不得力問如何是和尚示學人處師云目前無學人云与麼即不出世也師便珎重問祖意与教意同别師作拳安頭上云和尚猶有者箇在師卸下帽子云你道老僧有箇什麼問心又不停不住時如何師云是活物是者箇正被心識使在云如何得不被心識使師便低頭問道從何生師云者箇即生也道不屬生滅云莫是天然也無師云者箇是天然道即不与麼問祖意与教意同别師云會得祖意便會教意問如何是異類中行師云唵嘟啉唵嘟啉問高峻難上時如何師云老僧自住峯頂云爭柰曹溪路側何師云曹溪是惡云今時為什麼不到師云是渠高峻

問如何是實月當空師云塞却老僧耳問毫釐有差時如何師云應機時如何師云丞問如何是沙門行師展手拂衣問祖佛命不斷處如何師云無人知問未審權機喚作什麼師云喚作權機問學人近入叢林不會乞師指示師云未入叢林更是不會問從上古德將何示人師云不因你問老僧也不知有古德云請師指示師云老僧不是古德問佛花未發如何辯得真實師云是真是實云是斷人分上事師云老僧有分闍梨有分問如何是佛師云你是什麼人問驀直路時如何師云驀直路問如何是玄中不斷玄師云你問我是不斷玄問還有不報四恩三有者也無師云有云如何是師云者辜恩負德漢問貧子來將什麼物為他師云不欠少問如何是越州正主師云老僧是從諗有婆子問婆是五障之身如何免得師云願一切人生天願婆婆永沉苦海問朗月當空時如何師云猶是堦下漢云請師接上堦師云月落了來相見

師有時示衆云老僧初到藥山時得一句子直至如今齁齁地飽師因問周貧外你還見臨濟也無貧外竪起拳師云那邊見外云者邊見師云什麼處見臨濟貧外無對師問周貧外什麼處來云非來非去師云不是老鵶飛來飛去師因看金剛經次僧便問一切諸佛及諸佛阿耨菩提皆從此經出如何是此經師云金剛般若波羅蜜經如是我聞一時佛在舍衛國僧云不是師云我自理經也不得因僧辭去師云闍梨出外忽有人問還見趙州否你作麼生祇對云只可道見師云老僧是一頭驢你作麼生見僧無語示衆我此間有出窟師子亦有在窟師子只是難得師子兒時有僧彈指對之師云是什麼云師子兒師云我喚作師子兒早是罪過你更行趯踏師問新到離什麼處云離雪峯師云雪峯有什麼言句示人云和尚尋常道盡十方世界是沙門一隻眼你等諸人向什麼處屙師云闍梨若迴寄箇鍬子去師因捨衣俵大衆次僧便問和尚總捨却了用箇什麼去師召云湖州子僧應喏師云用箇什麼示衆云未有世界早有此性世界壞時此性不壞僧問如何是此性師云五蘊四大云此猶是壞如何此性師云四大五蘊定州有一座主到師問習何業云經律論不聽便講師舉手示之還講得者箇麼座主忙然不知師云直饒你不聽便講得也只是箇講經論漢若是佛法未在云和尚即今語話莫便是佛法否師云直饒你問得荅得總屬經論佛法未在主無語師問一行者從什麼處來云北院來師云那院何似者院行者無對有僧在邊立師令代行者語僧代云從那院來師笑之師又令文遠代之文遠云行者還是不取師語話師問座主所習何業云講維摩經師云維摩經步步是道場座主在什麼處無對師令全益代座主語全益云只者一問可識道場麼師云你身在道場裏心在什麼處速道取云和尚不是覔學人心師云是云只者一問一荅是什麼師云老僧不在心所裏法過眼耳鼻舌身意而知解云既不在心數裏和尚為什麼覔師云為你道不得云法過眼耳鼻舌身意而不解作麼生道不得師云喚我涕唾師問僧你曾看法華經麼云曾看師云經中道衲衣在空閑假名阿練若誑惑世間人你作麼生會僧擬礼拜師云你披衲衣來否云披來師云莫惑我云如何得不惑去師云自作活計莫取老僧語師問座主所習何業云講維摩經師云那箇是維摩祖父云某甲是師云為什麼却為兒孫傳語無對

師一日上堂僧纔出礼拜師乃合掌珎重又一日僧礼拜師云好好問云如何是禪師云今日天陰不荅話問新到從何方來云無方面來師乃轉背僧將坐具隨師轉師云大好

無方面問新到從什麼處来云南方来師云三千里外逢莫戲云不曾師云摘楊花摘楊花豊干到五臺山下見一老人干云莫是文殊也無老人云不可有二文殊也干便礼拜老人不見有僧舉似師師云豊干只具一隻眼師乃令文遠作老人我作豊干師云莫是

勿三 十三

文殊也無豈有二文殊也師云文殊文殊師問二新到上座曾到此間否云不曾到師云喫茶去又問那一人曾到此間否云曾到師云喫茶去院主問和尚不曾到教伊喫茶去即且致曾到為什麼教伊喫茶去師云院主院主應喏師云喫茶去師到雲居雲居云老老大大何不覔箇住處師云什麼處住得雲居云前面有古寺基師云与麼即和尚自住取師又到茱萸茱萸云老老大大何不覔箇住處去師云什麼處住得茱萸云老老大大住處也不識師云三十年弄馬騎令日却被驢撲師又到茱萸方丈上下覰瞻茱萸云平地喫交作什麼師云只為心麁師一日將拄杖上茱萸法堂上東西来去萸云作什麼師云探水萸云我者裏一滴也無探箇什麼師將杖子倚壁便下去師見僧来挾火示之云會麼僧云不會師云你不得喚作大老僧道了也師挾起火云會麼云不會師却云此去

許州有投子山和尚你去礼拜問取因緣相契不用更来不相契却来其僧便去才到投子和尚處投子乃問近離什麼處云離趙州特来礼拜和尚投子云趙州老人有何言句僧乃具舉前話投子乃下禪床行三五步却坐云會麼僧云不會投子云你歸舉似趙州其僧却歸舉似師師云還會麼云未會師云也不較多也洞山問僧什麼處来云掌鞋来山云自解依他云依他山云他還指闍梨也無無對師代云若允即不遣普化喫生菜臨濟見云普化大似一頭驢普化便作驢鳴臨濟便休去普化云臨濟小厮兒只具一隻眼師代云但為本分草料保壽問胡釘鉸莫便是胡釘鉸否云不敢保云還釘得虛空麼云請打破虛空来保壽便打却云他後有多口阿師与你點破在胡釘鉸後舉似師師云你因什麼被他打云不知過在什麼處師云只者一縫上不奈何更教他打破釘鉸便會師

勿三 十四

代云且釘者一縫師問新到離什麼處云雪峯来師云雪峯有什麼言句示人云雪峯尋常道盡十方世界都来是沙門一隻眼你諸人向什麼處屙師云你若回寄闍梨一箇鍬子去有俗行者到院燒香師問僧伊在那裏燒香礼拜我又共你在者裏語話正与麼時

生在那頭僧云和尚是什麼師云与麼即在那頭也云与麼已是先也師笑之師与小師文遠論義不得占勝占勝者輸餬餅師云我是一頭驢遠云我是驢胃師云我是驢糞遠云我是糞中虫師云你在彼中作麼遠云我在彼中過夏師云把將餬餅来師坐次一僧才出礼拜師云珎重僧伸問次師云又是也師因在簷前立見鷰子語師云者鷰子喃喃地招人言語僧問未審他還甘也無云依俙似曲才堪聽又被風吹別調中有僧辭去師云什麼處去云閩中去師云閩中大有兵馬你須迴避云向什麼處迴避師云恰好有僧上參次見師衲衣蓋頭坐次僧便退師云闍梨莫道老僧不祗對師問僧從什麼處来云南方来師云共什麼人為伴云水牯牛師云好箇師僧因什麼与畜生為伴云不異故師云好箇畜生云爭肯師云不肯且從還我伴来師問僧堂中還有祖師也無云有師云喚

勿三 十五

来与老僧洗脚堂中有二僧相推不肯作第一座主事白和尚師云揔教他作二第座云教誰作第一座師云裝香著云裝香了也師云戒香定香師問僧離什麼處云離京中師云你還從潼關過麼云不歷師云今日捉得者販私鹽漢因送亡僧師云只是一箇死人得

無量人送又云許多死漢送一箇生漢時有僧問是心生是身生師云身心俱不生云者箇作麼生師云死漢有僧見猫兒問云甚甲喚作猫兒未審和尚喚作什麼師云是你喚作猫兒因鎮州大王来訪師侍者来報師云大王来師云大王万福侍者云未在方到三

門下師云又道大王来也因上東司召文遠文遠應喏師云東司上不可与你説佛法也因在殿上過乃喚侍者侍者應喏師云好一殿功德侍者無對師因到臨濟方始洗脚臨濟便問如何是祖師西来意師云正值洗脚臨濟乃近前側聆師云若會便會若不會更

莫啗啄作麼臨濟拂袖去師二三十年行脚今日為人錯下注脚師因到天台國清寺見寒山拾得師云久嚮寒山拾得到来只見兩頭水牯牛寒山拾得便作牛鬪師云叱叱寒山拾得咬齒相看師便歸堂二人来堂内問師適来因緣作麼生師乃呵呵大笑一日二人問師什麼處去来師云礼拜五百尊者来二人云五百頭水牯牛攀尊者師云為什麼作五百頭水牯牛去山云蒼天蒼天師呵呵大笑師行脚時見二庵主一人作了角童師問訊二人殊不顧来日早晨了角童將一鐺飯来放地上分作三分庵主將席子近前坐

了角童亦將席近前相對坐亦不喚師師乃亦將席子近前坐了童目顧於師庵主云莫言侵早起更有夜行人師云何不教詔這行者庵主云他是人家男女師云泊合放過了童便起顧視庵主云多口作麼了童從此入山不見師因看經次沙弥文遠入来師將經

側示之[illegible]三沙弥出師隨後把住云速道速道文遠云阿弥陀佛阿弥陀佛師便歸方丈因沙弥童行参師向侍者道教伊去侍者向行者道和尚教去師云沙弥童行得入門侍者在門外師行脚時到一尊宿院才相見便云有麼有麼尊宿竪起拳頭師云水淺舡難泊便十六

出又到一院見尊宿便云有麼有麼尊宿竪起拳頭師云能縱能奪能取能掠礼拜便出師一日拈数珠問新羅長老彼中還有者箇也無云有師云何似者箇云不似者箇師云既有為什麼不似無語師代云不見道新羅大唐問新到什麼處来云南方来師竪起指

云會麼云不會師云動止萬福不會師行脚時問大慈般若以何為躰慈云般若以何為躰師便呵呵大笑而出大慈来日見師掃地次問般若以何為躰師放下掃箒呵呵大笑而去大慈便歸方丈師到百丈百丈問從什麼處来云南泉来丈云南泉有何言句示人

師云有時道未得之人亦須峭然去百丈叱之師容愕然百丈云大好峭然師便作舞而出師到投子處對坐齋投子將蒸餅与師喫師云不喫不久下糊餅投子数沙弥度与師師接得餅却礼沙弥三拜投子默然師曰与文遠行次乃以手指一片地云這裏好造一

[illegible]二箇坒鋪子文遠便去彼中立云把十七將公驗来師便打一摑遠云公驗分明過師問新到近離甚處云臺山師云還見文殊也無僧展手師云展手頗多文殊誰覩云只守氣急殺人師云不覩雲中鷹焉知沙塞寒問遠遠投師請師一接師云孫臏門下因什麼鑚龜僧拂

袖出去師云將為當當祈他雙足師与首座看石橋乃問首座是什麼人造云李膺造師云造時向什麼處下手無對師云尋常説石橋問著下手處也不知有新羅院主請師齋師到門首問此是什麼院云新羅院師云我与你隔海問僧什麼處来云雲居来師云雲

居有什麼言句云有僧問靈羊掛角時如何雲居云六六三十六師云雲居師兄由在僧却問未審和尚尊意如何師云九九八十一有一婆子日晚入院来師云作什麼婆云寄宿師云者裏是什麼所在婆呵呵大笑而去師出外逢見一箇婆子提一箇籃子師便問

什麼處去云偷趙州笋去師云忽見趙州又
作麼生婆子近前打一掌師問僧什麼處来
云江西来師云趙州著在什麼處僧無對師
從殿上過見一僧礼拜師打一棒云礼拜也
是好事師云好事不如無師因衆潼關潼關
問師云你還知有潼關麼師云知有童關云
有公驗者即得過無公驗者不得過師云忽
遇鑾駕来時如何關云也須撿點過云你要
造返師在南泉時泉牽一頭水牯牛入僧堂
内巡堂而轉首座乃向牛背上三拍泉便休
去師後將一束草安首座面前首座無對有
秀才見師乃讚嘆師云和尚是古佛師云秀
才是新如来有僧問如何是涅槃師云我耳
重僧再問師云我不害耳聾乃有頌滕滕大
道者對面涅槃門但坐念無際来年春又春
有僧問生死二路是同是別師乃有頌道人
問生死生死若為論雙林一池水朗月耀乾
坤喚他句上識此是弄精魂欲會箇生死顛
卌三
人說夢春有僧問諸佛有難火焰裏藏丈身和
尚有難向什麼處藏身師乃有頌渠說佛有
難我說渠有实但看我避難何處有相隨有
無不是說去来非去来為你說難法對面識
併来十二時歌雞鳴丑愁見起来還漏逗裙
子褊衫箇也無袈裟形相些些有裩無腰袴

無口頭上青灰三五斗比望修行利濟人誰
知變作不唧溜平旦寅荒村破院實難論解
齋粥米全無粒空對閑窗與隙塵唯雀噪勿
人親獨坐時聞落葉頻誰道出家憎愛斷思
量不覺淚沾巾日出卯清淨却翻為煩惱有
為功德被塵謾無限田地未曾掃攢眉多稱
心少叵耐櫟黑黃老供利不曾將得来放驢
喫我堂前草食時辰煙火徒勞望四隣饅頭
餡子前年別今日思量空嚥津持念少嗟嘆
頻一百家中無善人来者秖道覓茶喫不得
余噇去又嗔禺中巳削髮誰知到如此無端
被請作村僧屈尊飢悽受欲死胡張三黑李
四恭敬不曾生些子適来忽爾到門頭唯道
借茶兼借紙日南午茶飯輪還無定度行却
南家到北家果至北家不推註苦沙鹽大麥
醋蜀黍米飯虀萵苣唯稱供養不等閑和尚
道心須堅固日昳未者回不踐光陰地曾聞
一飽忘卌三百飢今日老僧身便是不習禪不論
義鋪箇破蓆日裏睡想料上方兜丸率天也無
如此日炙背晡時申也有燒香礼拜人五箇
老婆三箇瘿一雙面子黑皴皴油麻茶實是
珎金剛不用苦張筋願我来年蠶麥熟羅睺
羅兒與一文日入酉除却荒涼更何守雲水
高流定委無歷寺沙弥鎮長有出格言不到

口栓續牟尼子孫後一條拄杖麄楋藜不但
登山兼打狗黃昏戌獨坐一間空暗室陽燄
燈光永不逢眼前純是金州漆鐘不聞虛度
日唯聞老鼠鬧啾唧憑何更得有心情思量
念箇波羅蜜人定亥門前明月誰人愛向裏
唯愁卧去時勿箇衣裳著甚蓋劉維那趙五
戒口頭說善甚奇怪任你山僧囊罄空問著
都緣總不會半夜子心境何曾得暫止思量
天下出家人似我住持能有幾土榻牀破蘆
廢老榆木枕全無被尊像不燒安息香灰裏
唯聞牛糞氣　見起塔乃有頌　本自圓成
何勞疊石名邈雕鐫与吾懸隔若人借問終
不指畫　因見諸方見解異途乃有頌可
趙州南石橋北觀音院裏有弥勒祖師遺下
一隻履直至如今覓不得　因魚鼓有頌
四大猶来造化功有聲全貴裏頭空莫怪不
与凡夫說只為宮商調不同　因蓮花有頌
奇異根苗帶雪鮮不知何代別西天淤泥深
淺人不識出水方知是白蓮　趙王与師作
真讚　碧溪之月清鏡中頭我師我化天下
趙州　哭趙州和尚二首　師離滹水動王
侯心印光潛麈尾收碧落霧霾松嶺月滄溟
浪覆濟人舟一燈乍滅波旬喜雙眼重昏道
侶愁縱是了然雲外客每瞻瓶机淚還流

其二　佛日西傾祖印騾珠沉冊沼月沉輝

影數丈室爐烟怺風起禪堂松韻微隻履乍

来留化跡五天何處又逢歸解空弟子絕悲

喜猶自淸然對雪幃

二十柬

古尊宿語録卷第十五

勿三

廿

雪峯禪師法嗣

雲門匡真禪師浙西嘉興張氏子依空王寺志澄律師出家稟具窮律部初叅睦州蹤禪師州纔見師來便閉却門師乃扣門州云誰師云㭒州云作什麼師云已事未明乞師指示州開門一見便閉却師如是連三日去扣門至第三日州始開門師乃拶入州便擒住云道道師擬議州托開云秦時轆轢鑽師從此悟入師到雪峰莊見一僧師問上座今日上山去那僧云是師云寄一則因緣問堂頭和尚秖是不得道是別人語僧云得師云上座到山中見和尚上堂衆纔集便出握腕立地云這老漢項上鐵枷何不脫却其僧一依師教雪峯見這僧與麼道便下座攔胷把住其僧云速道速道僧無對雪峯托開云不是汝語僧云是㭒語雪峯云侍者將繩棒來僧云不是㭒語是莊上一浙中上座教㭒來道雪峯云大衆去莊上迎取五百人善知識來師次日上山雪峰纔見便云因什麼得到與麼地師乃低頭從玆契合師在雪峰時有僧問雪峰如何是觸目不會道運足焉知路峰云蒼天蒼天僧不明遂問師蒼天意旨如何師云三斤麻一疋布僧云不會師云更奉三尺竹後雪峰聞喜云我當疑箇布衲師行脚時見一座主舉在天台國清寺齋時雪峰拈鉢盂問某道得即與你鉢盂某云此是化佛邊事峰云你作座主奴也未得某云不會峰云你問我與你道某始禮拜峰便蹋倒某得七年方見師云是你得七年方見主云是師云更與七年始得師在浙中蘊和尚會裏一日回喫茶次舉蘊和尚垂語云見聞覺知是法法離見聞覺知作麼生有傍僧云見定如今目前一切見聞覺知是法法亦不可得師拍手一下蘊乃舉頭師云猶欠一著在蘊云我到這裏却不會師到共相共相問什麼處來云雪嶺来相云要急言句舉一則来云前日典座来和尚何不問他相云典座且置師云箭過新羅師在嶺中時問卧龍和尚明己底人還見有已麼龍云不見有已始明得已又問長連牀上學得底是第幾機龍云第二機師云作麼生是第一機云緊悄草鞋師在嶺中時有僧問如何是法身向上事云向上與你道即不難汝喚什麼作法身僧云請和尚鑒云鑒即且置作麼生説法身僧云與麼與麼師云此是長連床上學得底我且問你法身還解喫飯麼僧無語後有僧舉似梁家庵主主云雲門直得入泥入水資福云大一粒也不得剩一粒也不得師在雪峯與長慶西院商量雪峯上堂云盡大地撮来如粟米大拋向面前漆桶不會打鼓普請看西院問師雪峯與麼道還有出頭不得處麼師云有院云作麼生是出頭不得處師云不可揔作野狐精見解也又云狼藉不少又云七曜麗天又云南閻浮提北鬱單越師一日與長慶舉趙州無賓主話雪峯當時與一蹋作麼生師云某甲不與麼慶云你作麼生師云石橋在向北師與長慶舉石鞏三平話師云作麼生道免得石鞏與作半箇聖人慶云若不還曾爭辨真偽師云入水見長人師到洞巖巖問作什麼來師云親近來巖云亂走作什麼師云暫時不在巖云知過即得師云和尚乱走作什麼師到疎山疎山問得力處道將一句來師云請和尚高聲問山便高聲問師云和尚早朝喫粥麼山云作麼生不喫粥師云乱叫喚作麼又因疎山示衆云老僧咸通年已前會得法身邊事咸通年已後會得法身向上事師問承聞和尚咸通年已前會得法身邊事咸通年已後會得法身向上事是不山云是師云如何是法身邊事山云枯椿師云如何是法身向上事山云非枯椿師云還許

學人說道理也無山云許你說師云枯椿豈不是明法身邊事非枯椿豈不是明法身向上事山云是師云法身還該一切不山云作麼生不該師指淨缾云法身還該這箇麼山云闍梨莫向淨缾邊會師便禮拜師到曹山山示衆云諸方盡把格則何不與他道一轉語敎伊莫疑去師便問密密處為什麼不知有山云秖為密密所以不知有師云此人作麼生親近山云不向密密處師云不向密密處還得親近也無山云始得親近師應諾諾師問曹山如何是沙門行云喫常住苗稼者師云便與麼去時如何云你還畜得麼師云學人畜得山云你作麼生畜師云著衣喫飯有什麼難山云何不道披毛戴角師便禮拜因瑫長老舉菩薩手中執赤幡問師作麼生師云你是無禮漢瑫云作麼生無禮師云是你外道奴也作不得師到天童云你還定當得麼師云和尚道什麼童云不會即目前包裹師云會即目前包裹因見信州鵝湖上堂云莫道未了底人長時浮逼逼地設使了得底人明得知有去處尚乃浮逼逼地師下來舉此語問首座適來和尚示衆云未了底人浮逼逼地了得底人浮逼逼地意作麼生首座云浮逼逼地師云首座在此久住頭白

齒黃作這箇語話首座云未審上座又作麼生師云要道即得見即便見若不見莫乱道首座云秖如堂頭道浮逼逼地又作麼生師云頭上著枷脚下著杻座云與麼則無佛法也師云此是文殊普賢大人境界師行脚時有官人問還有定乾坤底句麼師云蘇嚕蘇嚕悉哩薩訶師到江州有陳尚書請師齋相見便問儒書中即不問三乘十二分敎自有座主作麼生是衲僧行脚事師云曾問幾人來書云即今問上座師云即今且置作麼生是敎意書云黃卷赤軸師云這箇是文字語言作麼生是敎意書云口欲談而辭喪心欲緣而慮忘師云口欲談而辭喪為對有言心欲緣而慮忘為對妄想作麼生是敎意尚書無語師云見說尚書看法華經是否書云是師云經中道治生産業皆與實相不相違背且道非非想天有幾人退位書無語師云尚書且莫草草十經五論師僧拋却特入叢林十年二十年尚不柰何尚書又爭得會尚書禮拜云某甲罪過師到歸宗僧問大衆雲集合談何事宗云兩兩三三僧云不會宗云三三兩兩師却問其僧歸宗意旨如何僧云全體與麼來師云上座曾到潭州龍牙麼僧云曾到來師云打野榸漢師因乾峯上堂云法

身有三種病二種光須是一一透得更須知有照用臨時向上一竅在峯乃良久師便出問庵内人爲什麼不見庵外事峯呵呵大笑師云猶是學人疑處在峯云子是什麼心行師云也要和尚相委峯云直須與麼始解穩坐地師應喏喏乾峯示衆云舉一不得舉二放過一著落在第二師出衆云昨日有人從天台來却往徑山去峯云典座來日不得普請便下座師問乾峯請師答話峯云到老僧也未師云與麼則學人在遲也峯云與麼那與麼那師云將謂猴白更有猴黑師到灌溪時有僧舉灌溪語云十方無壁落四面亦無門淨躶躶赤灑灑沒可把問師作麼生師云與麼道卽易也大難出僧云上座不肯和尚與麼道那師云你適來與麼舉那僧云是師云你驢年夢見灌溪麼僧云某甲話在師云我問你十方無壁落四面亦無門淨躶躶赤灑灑沒可把你道大梵天王與帝釋商量箇什麼事僧云豈干他事師喝云逐隊喫飯漢陳尚書問雲居供養主云雲居高低於弟子主無語尚書問師師云尚書莫敎話墮師在嶺中時問一老宿一切時中如何辨明老宿云喚什麼作一切時中師云釋迦老子道了也彌勒猶自不知又見一老宿上堂云若是

商量舉覺如當門利劒相似一句下須有殺活始得師出衆云和尚上堂多時大衆歸堂老宿云道什麽云日月易流師在嶺中順維那處起彼時問古人竪起拂子放下拂子意旨如何維那云拂前見拂後見師云如是如是又云是諾伊是不諾伊又云可知禮也師

開洛浦勘僧云近離甚處僧云荊南浦云有一人與麽去還逢麽僧云不逢浦云爲什麽不逢僧云若逢卽頭粉碎浦云闍梨三寸甚密師後於江西見其僧問云還有此語不僧云有云洛浦倒退三千里師在靈樹知聖大師會中爲首座時僧問知聖如何是祖師西來意聖云老僧無語却問僧忽然上碑合著得什麽語時有數僧下語皆不契聖云汝去請首座來洎師至聖乃舉前話問師師云也不難聖云著得什麽語師云有人問如何是祖師西來意但云師知聖深肯問學人有疑請師不責從上宗乘事作麽師云三拜不虛

師上堂良久云夫唱道之機固難諧剖若也一言相契猶是多途況復忉忉有何所益然且敎乘之中各有殊分律爲戒學經爲定學論爲慧學三藏五乘五時八教各有所歸然一乘圓頓也大難明直下明得與衲僧天地懸殊若向衲僧門下句裏呈機徒勞佇思門庭敲磕千差萬别擬欲進步向前過在尋作舌頭路布從上來事合作麽生向者裏道聞道頓得麽者邊那邊得麽莫錯會好莫見與麽道便向不圖不頓處卜度者裏也須是箇人始得莫將依師語相似語測度語到處呈中將爲自已見解莫錯會秖如今有什麽事對衆決擇看時有州主何公禮拜問曰弟子請益師云目前無異草有官問佛法如水中月是不師云清波無透路進云和尚從何得師云再問復何來進云正與麽時如何師云重疊關山路有官問千子圍繞何者爲的師云化下住持已奉來問問今日開筵將何指教師云來風深辨進云莫秖者便是麽師云錯問從上古德以心傳心今日請師將何施設師云有問有荅進云與麽則不虛施設也師云不問不荅問凡有言句皆是錯如何是不錯師云當風一句起自何來進云莫秖者便是也無云莫錯問如何是啐啄之機師云響進云還應也無師云且緩緩問如何是學人的的事師云痛領一問問如何是祖師西來意師云日裏看山問如何是和尚家風師云久雨不晴進云如何是久雨不晴師云曬眼著問如何是不帶眹師云天台普請南嶽遊山問如何是向上一路師云九九八十一

問如何是教主師云太無禮生問如何是一代時教師云對一說問如何是正法眼師云普問如何是端坐念實相師云河裏失錢河裏摝問如何是沙門行師云會不得進云爲什麽會不得師云秖守會不得問如何是尋常之用師云且那裏葛藤去問如何是教意師云你看什麽經僧云般若經師云一切智智清淨還夢見未僧云一切智智清淨且置如何是教意師云心不負人面無慚色放你三十棒問如何是報得四恩三有去師云抱頭哭蒼天問如何是正法眼師云粥飯氣問如何是三昧師云到老僧一問還我一句來問如何是諸佛出身處師云東山水上行問乞師指箇入路師云喫粥喫飯時有僧問如何是一句師云舉問如何是說時默師云清機歷掌進云如何是默時說師云嗄進云不默不說時如何師將棒趂問如何是雲門劒師云祖問如何是諸佛出身處師云更請一問問如何是露地白牛師云觀機無改路進云放着什麽處師云再舉不逾塵問如何是塵塵三昧師云桶裏水鉢裏飯問如何是一如體玄師云欠你一問問如何是玄中的師云嫛進云如何卽是師云速退速退妨他别人問問如何是非思量處師云識情難測問

鑿壁偷光時如何師云恰問一言道盡時如何師云裂破進云和尚作麼生下手拈掇師云拈取糞箕掃箒来問如何舉唱即得不負来機師云道什麼進云還可来意也無師云且緩緩問如何是透法身句師云北斗裏藏身問如何是本来宗師云不問不荅問如何是三界唯心萬法唯識師云我今日不荅話進云為什麼不荅話師云驢年會麼問如何是吹毛劒師云髑又云齒問如何是内外光師云向什麼處問學云如何明達師云忽然有人問你作麼生道進云明達後如何師云明即且置還我達来問如何是切急一句師云吃問如何是本来心師云舉起分明問如何是衲僧孔竅師云放過一着進云請師道師云對牛彈琴問如何是大乘修行師云一橛在手問如何是一切智智清淨師云僧堂入佛殿問如何是不掛脣吻一句師云合取狗口問如何是海印三昧師云你但禮拜問著待我東行西行問如何轉動即得不落階級師云南斗七北斗八問如何是當今施設師云道即不難鑒徒何来問如何是不瞞底眼云不省問如何是不犯之令云那箇師僧還見麼問如何是大人相師乃擊拳問如何是佛法大意云一佛二菩薩問如何是兄弟添由字師云我共汝説葛藤問如何是和尚為人一句師云心不負人面無慙色速禮三拜問如何是天然之事師云蹋步向前作什麼問如何是教意師云吃嘹舌頭更將一問来問如何是七縱八横師云放汝一着

上堂云舉一則語教汝直下承當早是撒屎著你頭上也直饒拈一毛頭盡大地一時明得也是剜肉作瘡雖然如此也須是實到者箇田地始得若未且不得掠虚却須退步向自已根脚下推尋看是什麼道理實無絲髮許與汝作解會與汝作疑惑況汝等且各各當人有一段事大用現前更不煩汝一毫頭氣力便與祖佛無別自是汝諸人信根淺薄惡業濃厚突然起得如許多頭角擔鉢囊千鄉萬里受屈作麼且汝諸人有什麼不足處大丈夫漢阿誰無分獨自承當尚猶不著便亦受人欺瞞取人處分纔見老和尚開口便好把特石驀口塞便是屎上青蠅相似鬭咂將去三箇五箇聚頭商量苦屈兄弟古人一期為汝諸人不柰何所以垂一言半句通你入路知是般事拈放一邊自着些子筋骨豈不是有少許相親處快與快與時不待人出息不保入息更有什麼身心閑別處用切須在意珍重

上堂良久云觸目不會道運足焉知路僧問如何是觸目菩提師云與我拈却佛殿問如何是最初一句師云九九八十一僧便禮拜師云近前来僧便近前師便打問如何是實學底事師云大好消息進云畢竟是誰家之子師云臘月二十五問承教有言一切智智清淨時如何師便唾之進云古人方便又作麼生師云来来截却汝脚跟换却汝髑髏鉢盂裏拈却匙筯拈却鼻孔来進云甚處有許多般師云者掠虚漢便打問如何是禪師云是進云如何是道師云得問如何是一切法皆是佛法師云三家村裏老婆盈衢溢路會麼學云不會師云非但汝不會大有人不會在問學人簇簇地商量箇什麼師云大衆久立問如何是諸佛出身處師云佛前裝香佛後合掌問十二時中如何得不被諸境惑去師云三門頭合掌問四面森森如何是靈樹師云風鳴雨息進云如何是靈樹枝條師云[illegible][illegible]皮草問如何是觸目菩提云拈却露柱學云豈干他事云驢年會麼問醍醐上味為什麼翻成毒藥師云堅問如何是活師云心不負人學云如何是殺師云三日後不得唱衣學云不殺不活時如何師以拄杖趂出問學人與麼来請師實説師云知問金剛為什麼倒地師云不著力問殺父

殺毋佛前懺悔殺佛殺祖向什麼處懺悔師
云露問不起一念還有過也無師云須弥山
問如来唯一說無二說如何是如来說師云
那箇師僧何不問問闍中如何辦主師云務
原是什麼人坐問學人實問請師實荅師云
你作麼主辦進云正當與麼時如何師云的
問從上古德以何為的師云看取舌頭
上堂云諸和尚子莫妄想天是天地是地山
是山水是水僧是僧俗是俗良久云與我拈
案山来看便有僧問學人見山是山見水是
水時如何師云三門為什麼從這裏過進云
與麼則不妄想去也師云還我話頭来
上堂良久云還有人道得麼道得底出来衆
無語師拈拄杖云適来是箇小屎坑如今是
箇大屎坑下座問萬法歸一一即不問如何
是萬法師云你来這裏說葛藤瞞我問聖僧
為什麼被大蟲咬師云與天下人作牓樣問
十二時中如何用心即得不負於上来師云
省力進云省力事如何師云省取前話問萬
機不到處如何知有師云該得麼進云日用
事如何師云一箭到新羅大漢國裏說葛藤
問學人擬伸一問還許也無師云佛不奪衆
生所願問如何舉唱即得不負来機師云痛
領一問問千聖功圓㝠然時如何擊琢師云

句裏明人問三界中何物勝於佛師云通你
一問問摘葉尋枝即不問如何是直截根源
云速禮三拜問己事未明如何指示云不遲
来機還當得麼問盡其機来師還接也無師
云一問不錯學云一問且置師還接不師云
細看前話問毘盧向上事不問虛空請師留
些子師云把却汝咽喉作麼生道問如何
是學人自己師云一叔一劃進云莫便是不
師云蘇嚕蘇嚕　上堂云今日與諸人舉
一則語大衆聳聽良久有僧出禮拜擬伸問
次師以拄杖趂云似這般戒胡種長連床上
納飯阿師堪什麼共語處這般打野榸漢以
拄杖一時趂下問大衆雲集合談何事師云
向下文長付在来日進云便與麼去時如何
師云墮進云什麼處是墮師云長連床上飽
喫飯了脫空妄語問靈山一會何似今日師
云言中有響學云當今事作麼生師云不煩
冉問問以字不成八字下是来審是什麼字
師云九九八十一進云學人不會請師指示
云我又辜你什麼處問從上古德得箇什麼
便稱尊貴師云變問不變荅進云與麼則不
假和尚舌頭嚼去也師云尉斗煎茶銚不同
問和尚為人語話還有未道著底句也無師
云說不及進云為什麼如此師云秖為如此

問大拍盲底人来師還接也無師枚身倒問
如何是雲門山師云庚峯定穴問牙齒敲磕
皆落名言如何得不落古人蹤師云通機自
辯問如何是和尚家風師云皮枯骨瘦問如
何是道師云七顛八倒進云為什麼如此師
云一不得向二不得開問暗室得明時如何
師云朗州𡶶去多少　上堂云一言纔舉
千差同轍該括微塵猶是化門之說若是衲
僧合作麼生若將祖意佛意這裏商量曹溪
一路平沉還有人道得麼道得底出来時有
僧問如何是超佛越祖之談師云餬餅進云
這箇有什麼交涉師云酌然有什麼交涉問
當今一句請師道師云放你一線道還我一
句来問不涉廉纖請師道師云一怕汝不問
二怕汝不舉三到老僧教跳四到你退後速
道速道僧便禮拜師便打問目前蕩盡時如
何師云熱發作麼其僧禮拜而退師云且来
且来僧近前師便棒云這掠虛漢謾我
何是法王主師云叉手著問盲龜值浮木孔
時如何師云老僧叉手去也問學人正在迷
途請師一接師云道什麼問如何是教意師
云荅猶未了進云和尚什麼處荅師云將謂
汝靈利問如何是衲僧正眼師云那箇師僧
近前来其僧近前師咄云去閤教中即不問

如何是宗門中事師云既有來問逹禮三拜
問絶消息處如何履踐師云三十年後進云
秖令如何師云莫乱統問性源還有語也無
師云莫問問佛病祖病將何醫云審即諸進
云將何醫師云辛有力問百步穿楊請師指
的師云荅這話去也問言詮不及處如何體
會師云對衆快禮拜問玲瓏之子如何進步
師云目前不辨進云豈無尊貴師云不較多
進云作麼生師云作麼生問九有言說皆是
葛藤如何是不葛藤師云大有人見汝問問
急急相投請師指教師云作麼生道進云不
會請師道師云作麼　上堂云大衆汝等
還有鄭州針麼若有試將來看有麼有麼衆
無對師云若無散披衣裳去也便下座問盡
大地人來師如何接師云提綱有路進云莫
秖這便是指示不師云合取狗口問時中不
明如何得不落緣塵去師云閉門哭蒼天問
十二時中如何體悉師云不難辨進云還有
學人入頭處也無云細看前話問靈山一會
迦葉親聞未審聞箇什麼句師云不避來鋒
速道速道進云是什麼句師云掣電之機徒
勞佇思問千聖不傳古今不歷如何是和尚
接人一句師云觸忤老兄得麼進云如何是
接人一句師云作麼問有何逕要令學人心

息師云放你三十棒問目前坦然時如何師
云海水在汝頭上進云還著得也無師云向
這裏脫空妄語問施主設齋將何報荅師云
量才補職進云不會師云不會即喫飯問如
何是向上事師云截却汝肚腸換却起筋拈
將鉢盂來看僧無對師云這掠虛漢問如何
是佛法大意師云来鋒有路問如何是學人
轉身處師云刹　上堂良久云秖這箇帶
累殺人便下座　上堂云道即道了也時
有僧出禮拜歆伸問次師拈拄杖便打云識
什麼好惡這一般打野榸漢揔似這箇僧爭
消得施主信施惡業衆生揔在這裏覓什麼
乾屎橛咬以拄杖一時趁下問如何是禪師
云拈却一字得麼問扶桑柯畔日輪未出時
如何師云知問晉楚挍兵時如何師云面南
看北斗問六國未寧時如何師云千里何明
進云爭奈不明何師云賴遇適來道了問如
何是本源師云受什麼人供養問如何是直
截一路師云主山後進云謝師指示師云合
取皮袋問曹溪的旨請師垂示師云三十年
後問密室玄宮時如何師云倒進云宮中事
作麼生師云重問萬機吐不出時如何師云
大衆不匿進云猶是學人疑處在師云語嚢
前機去問要急相應唯言不二時如何師云

對衆舉大衆可不知進云如何承當師云驢
年問一生積惡不知善一生積善者不知惡
此意如何師云燭問遠遠投師師意如何師
云七九六十三進云學人近離衡州師喝云
是你草鞋跟斷僧云珍重師唱云静處薩婆
訶問如何是學人自己師云一佛二菩薩問
六國未寧時如何師云雲擎雨色問上無攀
仰下無己躬時如何師云藏身一句作麼生
道僧便禮拜師云放過一著置將一問来僧
無語師云這死蝦蟇問如何是色即是空師
云拄杖敲汝鼻孔問如何是和尚非時為人
一句師云早朝牽犂晚間拽杷問三乘五性
即不問如何是衲僧門下事師云日勢稍晚
速禮三拜問久值為什麼不識師云測問如何
是心師云心進云不會師云不會進云究竟
如何師咄云静處東行西行問三界唯心萬
法唯識時如何師云舌根裏藏身進云藏身
後如何師云蘇嚕蘇嚕問如何是途中受用
師云七九六十三進云如何是世諦流布師云
江西湖南新羅渤海問密室不通風時如何
師云響露鳴風進云如何是密室中人師云
再陳難辨問直與麼来時如何師云照從何
立進云不去不来時如何師云前語道什麼
問進向無門時如何師云三千八百

上堂云放你摸說豎說從朝至暮無人塞你
口不放你說又作麽生　上堂大衆集良
久驀拈拄杖云看看北鬱丹越人見汝般柴
不易在中庭裏相撲供養你更為你念般若
經云一切智智清淨無二無二分無別無斷
故僧便問如何是一切智智清淨師云西天
斬頭截臂這裏自領出去問掛錫幽巖時如
何師云在什麽處問如何是深中淺師云山
河大地進云如何是淺中深師云大地山河
進云如何是深師云朝到西天暮歸唐土問
迦葉入定時如何師云匿得麽進云還見十
方不師云好手遠不出問真如湛寂妙絕無
門時如何師云自機迴照進云秖這裏如何
師云莫錯問千般方便誘引歸源未審源中
事如何師云有問有荅遠道將來僧應喏師
云退進也問如何是雲門劍師云揭進云用
者如何師云蘇嚕蘇嚕問如何是祖師西來
意師云沒即道進云不會師云壯一問問能
詮表裏時如何師云風不入進云表裏事如
何師云錯問萬機俱罷時如何師云塚上生
芝草問觀身無己觀外亦然時如何師云熱
婪作麽進云與麽則氷消瓦解去也師便打
問龍門有意進水無能時如何師云來機即
易再舉還難進云正與麽時如何師云快問

古人面壁意旨如何師云念七又云定問百
不會底人來師如何接師云話墮也進云什
麽處是話墮師云七棒對十三問承古有言
了即業障本來空未了還須償宿債未審二
祖是了未了師云確問從上古德相傳何事
師云速禮三拜問如何是雲門一路師云親
進云如何即是師云顛言倒語作麽問承古
有言機心即差如何得不差師云洪機歷掌
進云後人再問作麽生師云遲風難攺問三
身中阿那身說法師云要問如何是釋迦身
師云乾屎橛問請師提綱宗門師云南有雪
峯北有趙州問大徹底人見一切法是空不
師云蘇嚕蘇嚕問終日切切不得箇入路乞
師指箇入路師云當機有路問如何是超佛
越祖之談師云蒲州麻黃益州附子問如何
是教意師云撩起來作麽生道進云便請師
道師云對牛彈琴問玄機一路如何體會師
云三十年後問擲示雙趺當表何事師云言
進云未審師意如何師云緊峭草鞋問不是
玄機亦非目擊時如何師云倒一說問劫大
洞然時如何師云更夢見什麽　上堂云
我共汝平展遇人識人與麽老婆說話尚自
不會每日飽飯喫了上來下去覔什麽椀這
野狐隊伏向這裏作什麽以拄杖一時趁下

問初秋夏末前程忽有人問如何秖對師云
大衆退後進云過在什麽處師云還我九十
日飯錢來問學人近到法席未審家風事如
何師云不歷一問作麽生道問十方國土中
唯有一乘法如何是一乘法師云何不別問
進云謝師指示師便喝問承古有言一塵徧
含一切塵如何是一塵師云吃嗦舌頭更將
一問來問學人不問師還荅也無師云將汝
口掛壁上不得問一切尋常時如何師云雖
然屎臭氣熏我我且問你晝行三千夜行八
百你鉢盂裏什麽處著僧無對師云脫空妄語
漢問如何是教眼師云速禮三拜問承古有
言牛頭橫說豎說不知有向上關棙子如何
是向上關棙子師云東山西嶺青問如何是
露地白牛師云歸依佛歸依法歸依僧進云白
牛何在師咄之問樹凋葉落時如何師云體
露金風問如何是布袋裏珍珠師云說得麽
問如何是祖宗的子師云言中有響
上堂云夫學般若菩薩須識得衆生病即識
得學般若菩薩病還有人揀得麽出來對衆
揀看衆無語乃云若揀不得莫妨我東行西
行　上堂云我今日共汝說葛藤屎灰尿
大泥猪疥狗不識好惡屎坑裏作活計所以
道盡乾坤大地三乘十二分教三世諸佛天

下老師言教一時向汝眼睫上會取去饒汝便向這裏一時明得亦是不著便漢無端跳入屎坑可中於我衲僧門下過打脚折時有三僧出一時禮拜師云一狀領過問如何得速超三界去師云如何得速超三界去進云是師云是即休問終日忙忙時如何師云覷機無嚮路進云作麽生師云説不得問一撥淨盡時如何師云爭柰老僧何進云此是和尚分上師云這掠虚漢問如何是道師云透出一字進云透出後如何師云千里同風問古人道知有極則事如何是極則事師云爭柰在老僧手裏何進云某甲問極則事師便棒云吽吽正當撥破便道請益這般底到處但知乱統近前来我問你尋常在長連床上商量向上向下超佛越祖你道水牯牛還有超佛越祖底道理麽僧云適来已有人問了也師云這箇是長連牀上學得底不要有便言有無便言無僧云若有更披毛戴角作麽十八 勿四 師云將知你秖是學語之流又云来来我更問你諸人擴撘拄杖道我叅禪學道便覓箇超佛越祖底道理我且問你十二時中行住坐卧屙屎送尿至於茆坑裏蟲子市肆賣買羊肉案頭還有超佛越祖道理麽道得底出来若無莫妨我東行西行便下座師見僧入

来便云瓦解氷消僧云學人有什麽過師云七棒對十三問如何是西来意師云長連床上有粥有飰問承古有言道無横徑立者皆危如何是道師云普請看問如何是三乘教外一句師云闍黎一問老僧蹦跳三千里進云謝師指示師云住住你道老僧話作麽生無對師云三十年後来與汝三十捧問大衆雲集合談何事師云譚汝屋裏老爺問曹溪一句闍國知聞来審雲門一句什麽人得聞師云闍棃不聞進云學人親近得不師云子細跏趺看　上堂云如来明星現時成道有僧問如何是明星現時成道師云近前来近前来僧近前師以拄杖打趂　上堂有僧出禮拜云請師荅話師召大衆大衆舉頭師便下座　上堂良久有僧出禮拜師云太遲生僧應喏師云這漆桶　上堂有解問話者置將一問来僧出禮拜云請師鑒師云拋鈎釣鯤鯨釣得箇蝦蟇云和尚莫錯師云勿四 十九 朝走三千暮走八百作麽生無語師便打　上堂僧問如何是本源師拈起拄杖云若是提起即向上去也僧又問如何是本源師云南瞻部洲北欝單越問普賢為什麽騎象文殊為什麽騎師子師云我無象也無師子且騎佛殿出三門去也問如何是教意師云山

河大地又云正好辨緇是曲説教意若約提綱即未在問一切智通無障礙時如何師云掃地潑水相公来問隨流認得性時如何師云東堂月朗西堂闇問如何是三乘教外別傳底事師云你若不問我即不荅你若問我即朝到西天暮歸唐土僧云乞師指示師云一不成二不是問如何是祖師西来意師云青天白日寱語作麽問如何是佛法大意師云日裏麒麟看北斗問學人到這裏為什麽道不得師云野狐窟裏坐問不落古今是何曲調師拽拄杖便下座問如何是佛法大意師云面南看北斗問古人斬蛇意旨如何師便打問如何是和尚家風師云闍棃受我太早問如何是賓中主師云騎一問進云如何是主中主師云叉手著進云賓主相去多少師云如眼如目進云合談何事師云三九二十七問自到和尚法席不會乞師指示師云截却你頭得麽問乞師指示令學人頓息狐迷師云襄州米作麽價問二尊相見時如何師云不是偶然　上堂天帝釋與釋迦老子在中庭裏相爭佛法甚鬧便下座問如何是曹溪的的意師云老僧愛瞋不愛喜進云為什麽如此云路逢劒客須呈劒不是詩人不獻詩問二尊相見共談何事師云不決即道

問人天交接其意如何師云對衆呈機　上
堂和尚子且須明取衲僧鼻孔且作麼生是
衲僧鼻孔乃云摩訶般若波羅蜜今日大普
請便下座問如何是西來意師云山河大地
進云向上更有事也無師云有進云如何是
向上事云釋迦老子在西天文殊菩薩居東
土問父母俱喪時如何云俱喪且置那個是
你父母僧云苦痛深師云酌然酌然問如何是
大施主師云對機不辨問徹底冥濛底人來
師如何拯濟師云兩重公案一狀領過問說教
當為何人云近前來高聲問僧近前問師便
打問和尚年多少師云七九六十八進云為
什麼七九六十八師云我為你減却五年問
十方薄伽梵一路涅槃門如何是一路涅槃
門師云我道不得進云和尚為什麼道不得
師云是你舉話即得問如何是法說師云大
衆久立速礼三拜如何是隨意說師云晨時
有粥齋時有飯如何是隨宜說師云三德六
味施佛及僧如何是方便說師云是汝鼻孔
重三斤半如何是大悲說師云皈依佛法僧
問生死根源即不問如何是目前三昧師云
吃嗽舌頭三千里進云今日得遇和尚也師
云放你三十棒問乞師指示師云上大人丘
乙巳進云學人不會師云化三千七十士問
不離三德六味還有佛法也無師云秖怕你
不問進云請師道師云三德六味施佛及僧
上堂云眼睫橫亘十方眉毛上透乾坤下透
黃泉須彌山塞却汝咽喉還有會麼若會
得拽取占波國共新羅國鬬額　上堂云
江西即說君臣父子湖南即說他不與麼我
此間即不如此良久云汝還見壁麼
上堂云去去遠相鈍置有什麼了時却問衆
云我與麼道還有過麼問如何是祖師西來
意師云一不得問進云喏師喏云話也不領
問今日供養羅漢羅漢還來也無師云汝若
不問我即不道進云請師道師云三門頭合
掌佛殿裏裝香問如何是衲僧本分事師云
南有雪峯北有趙州進云請和尚不繁辭師
云不得失却問學云喏師便打問承古有言
會即事同一家不會即離牙擘齒如何得事
同一家師云乱走作麼　上堂云從上来
且是箇什麼事如今抑不得已且向汝諸人
道盡大地有什麼物與汝為對為緣若有針
鋒與汝為隔為礙與我拈將來喚什麼作佛
作祖喚什麼作山河大地日月星辰將什麼
為四大五蘊我與麼道喚作三家村裏老婆
說話忽然遇著本色行脚漢聞與麼道把脚
拽向階下有什麼罪過雖然如此據箇什麼
道理便與麼莫趁口快向這裏乱道須是箇
漢始得忽然被老漢脚跟下尋著匆去處打
脚折有什麼罪過既與麼如今還有問宗乘
中話麼待老漢荅一轉了東行西行有僧擬
問次師以拄杖劈口打便下座問師子嚬呻
時如何師云嚬呻且置試哮吼看僧應喏師
云這箇是老鼠啼　上堂云我有一句語
不敢望你會還有人舉得麼良久云將謂胡
鬚赤更有赤鬚胡便下座　上堂云不得
巴且作死馬醫向汝道是箇什麼是東是西
是南是北是有是無是見是聞是向上是向
下是與麼是不與麼這箇喚作三家村裏老
婆說話是你有幾箇到此境界相當即相當
不相當靜處薩婆訶便下座　上堂云諸
方老和尚道須知有聲色外一段事似這箇
語話誑謼人家男女三間法堂裏獨自妄想
未曾夢見我本師宗旨在作麼生消得他信
施臘月三十日箇箇須償他始得任汝斅跳
去是你諸人各自努力珍重問目前無一法
還免得生死不師云你驢年未免得在問如
何是道師云去進云學人不會乞師道師云
闍梨公驗分明何在重判問維摩一黙還同
說也無師云痛領一問進云與麼則同說也
師云適來道什麼問如何是清淨法身師云

花藥欄進云便與麼會時如何師云金毛師子　上堂因聞鍾鳴乃云世界與麼廣闊為什麼鍾聲披七條　上堂云不可雪上加霜去也珍重便下座　上堂云諸方老禿奴曲木禪牀上坐地求名求利問佛荅佛問祖荅祖屙屎送屎也三家村裏老婆傳口令相似識箇什麼好惡揔似這般底水也難消　上堂云人人自有光明在看時不見暗昏昏便下座師入京在受春殿聖上問如何是禪師云皇帝有勑臣僧對師在文德殿赴齋有勑常侍問靈樹果子熟也未師云什麼年中得信道生　上堂云你諸人無端走來這裏覔什麼老僧祇解喫飯屙屎別解作什麼你諸方行脚參禪問道我且問你諸方參得底事作麼生試舉看又云中間諱汝屋裏老爺得麼向老漢腦臀後覔得些子嘐唼嚼將為自己便道我解禪解道饒你念得一大藏教擬作麼生去古人事不得已見你廿三乱走向汝道菩提涅槃是埋沒你是釘橛繫却你又見你不會向汝道非菩提涅槃知是般事早是不著便也又更覔他注解這般底滅胡種族從上來揔似這般何處到今日我向前行脚時有一般人與我注解他是不惡心被我一日覷見是一場笑具是我三五年不死這般滅胡種底一斧打脚折如今諸方大有出世紐捏你何不去彼中在這裏覔什麼乾屎橛師便下地以拄杖一時打趂下去問如何是萬法一決師云莫教失却問問死中得活時如何師云朝行三千夜行八百問大衆雲集合談何事師云今日放下令行去也僧禮拜師便打問如何是透法身句師云海晏河清道士問視聽無聲無形老君說了也雲門一句請師指示師云迢然西天路士無語師擬下座士云再請師舉揚宗旨師云道得底出來衆無對師云與麼則辜負請主去也便下座　上堂大衆集定師乃拈起拄杖云不得已且向這裏會取看看三門在露柱上便下座

十二時歌

夜半子愚夫說相似　雞鳴丑癡人捧龜首　平旦寅曉何人　日出卯韓情枯骨咬　食時辰歷歷明機是悞真　禺中巳去來南北子　日南午認向途中苦　日昳未夏逢說寒氣　晡時申張三李四會言真　日入酉恒機何得守　黃昏戌看見時光誰受屈　人定亥直得分明沉苦海

偶頌

雲門聳剔白雲低水急遊魚不敢棲入戶已知來見解何勞更舉轢中泥　藥病相治學路醫扶籬摸壁小兒戲幽谷不語誰人測管解師承孰不知　康氏圓形滯不明魔深虛喪擊寒冰鳳羽展時超碧漢晉鋒八博擬何憑　是機是對對機迷闢機機遠遠機棲夕日日中誰有挂因底底事隔情迷　太陽溢目極玄微誰人說道我渠非句中有路人皆響覿面難遭第一機　卅歲依山人事稀松下相逢話道奇鋒前一句超調御擬問如何歷刧違廿四翫古松高雲不齊鴻鶴抱幾年棲剖豁同時殊有異羽張騰漢碧霄低　萬像森羅極細微素話當人却道非相逢相見呵呵笑顧佇停機復是誰　話盡途中事言多何省機貴人言是妙上士見知斷　大道何曾討無端入荒草卷來復卷去不覺虛生老　上了見天下不見地塞却咽喉何處出氣笑我者多哂我者少　喪時光藤林荒圖人意滯肌尫　舉不顧即差互擬思量何刧悟　咄咄咄力韋希禪子訝中眉垂

抽顧頌　鑒咦

古尊宿語錄卷第十六

古尊宿語録卷第十七　勿五

雲門匡真禪師語録

室中語要一百八十五則垂示代語二百九十則　室中語要

示衆云盡十方世界乾坤大地以拄杖一畫百雜碎三乘十二分教達磨西來放過即不可若不放過不消一喝　示衆云西天二十八祖唐土六祖天下老和尚拕在拄杖頭上直饒會得倜儻分明秖在半途若不放過盡是野狐精師一日云古来老宿皆為慈悲之故有落草之談隨語識人若是出草之談即不與麽若與麽便有重話會語不見仰山和尚問僧近離甚處僧云廬山仰山云曾遊五老峯麽僧云不曾遊仰山云闍梨不曾遊山師云此語皆為慈悲之故有落草之談有時云若言即心即佛權且認奴作郎生死涅槃恰似斬頭覔活若說佛說祖佛意祖意大似將木槵子換却你眼睛相似　舉古云聞聲悟道見色明心師云作麽生是聞聲悟道見色明心乃云觀世音菩薩將錢来買餬餅放下手云元来秖是饅頭有時云燈籠是你自已把鉢盂喫飯飯不是你自已有僧便問飯是自已時如何師云者野狐精三家村裏漢復云来来不是你道飯是自已僧云是師云驢年夢見三家村裏漢有時云真空不壞有真空不異色僧便問作麼生是真空師云還聞鐘聲麽僧云此是鐘聲師云驢年夢見麼　舉踈山和尚問僧什麼處来僧云嶺中来山云曾到雪峯麽僧云曾到山云我已前到時是事不足如今作麽生僧云如今足也山云粥足飯足僧無語師云粥足飯足　舉孚上座条雪峯峯聞乃集衆孚到法堂上顧視雪峯便下看知事明日却上禮拜云某甲昨日觸忤和尚峯云知是般事便休時有僧問師作麽生是觸忤和尚處師便打

舉僧問資福古人拈槌豎拂意旨如何福云古人與麽那僧云拈槌豎拂又作麽生福便喝出師云古人是什麽眼目僧云和尚作麽生師云驢年會麽僧無對師復召僧来来僧近前師以拂子驀口打　舉三平頌云即此見聞非見聞師云唤什麽作見聞無餘聲色可呈君師云有什麽口頭聲色箇中若了全無事師云有什麽事體用無妨分不分師云語是體體是語復拈起拄杖云拄杖是體燈籠是用是分不分不見道一切智智清净　舉一宿覺云幻化空身即法身師拈起拄杖云盡大地不是法身　舉僧問趙州某甲乍入叢林乞師指示州云喫粥了也未僧云喫粥了也州云洗鉢盂去師云且道有指示無指示若道有指示向他道什麽若道無指示者僧何得悟去　舉僧問雪峯乞師指示峯云是什麽其僧於言下大悟師云雪峯向伊道什麽有時云平地上死人無數過得荆棘林是好手僧云與麽則堂中第一座有長處也師云蘇嚕蘇嚕　舉無情說法忽聞鐘聲云釋迦老子說法也驀拈起拄杖問僧者箇是什麽僧云拄杖子師云驢年夢見一日云三家村裏賣卜東卜西卜忽然卜著也不定僧更問忽然卜著時如何師云伏惟

師云大用現前不存軌則僧便問如何是大用現前師乃拈拄杖高聲唱云釋迦老子來也有時以拄杖打火鑪一下大衆眼目定動師乃云火鑪救跳上三十三天見麽見麽衆無語師云無智人前莫說打你頭破百裂

師云看看法身變作燈籠超佛越祖之談從你脚跟下過也僧云脚跟下認得時如何師云鈍置殺我僧云與麽則迥然不在者裏也師云十萬八千　舉槃山語云光境俱忘復是何物師云直饒與麽道猶在半途未是透脫一路僧便問如何是透脫一路師云天台華頂趙州石橋　舉仰山云如來禪

即許師兄會僧便問如何是如來禪師云上大人又拈起扇子云我喚作扇子你喚作什麼僧無語師云扇子上說法燈籠裏藏身作麼生僧却問如何是和尚禪師叱云元來秖在者裏　舉雪峰喚僧近前來僧近前峰云去師舉了問僧你作麼生道得叉手句你

弟子圓乘薦父刊一片

若道得叉手句即見雪峰　舉三祖云一心不生萬法無咎師云秖者裏悟了乃拈起拄杖云乾坤大地有什麼過　舉一宿覺云一切數句非數句與吾靈覺何交涉師云行住坐卧不是靈覺喚什麼作數句

舉槃山云光境俱忘復是何物師云東海裏藏身須彌山上走馬復以拄杖打牀一下大衆眼目定動乃拈拄杖趂散云將謂靈利者漆桶　舉僧問乾峰十方薄伽梵一路涅槃門未審路頭在什麼處峰以拄杖劃云在者裏師拈起扇子云扇子𨁝跳上三十三天築著帝釋鼻孔東海鯉魚打一棒雨似盆傾相似會麼有時云諸方拈搥竪拂云會麼但云莫壓良為賤却云是是待伊擬議便打

舉教云心生種種法生心滅種種法滅乃拈起拄杖云重多少僧云半斤師云驢年夢見

舉夾山語云百草頭上薦取老僧師合掌云不審不審又以拄杖指露柱云夾山變作露柱也看看　舉仰山問僧近離甚處僧云向南山拈起拄杖云彼中還說者箇麼僧云不說山云不說者箇還說那箇麼僧云不說山召大德參堂去其僧便去山復召其僧僧應喏山云近前來僧近前山便打師云仰山若無後語爭識得人　舉雪峰喚僧近前來僧近前峰云甚處去僧云普請去峰云去師云此是隨語識人　舉參同契云回互不回互師云作麼生是不回互乃以手指板頭云者箇是板頭作麼生是回互師云喚什麼作板頭　舉見聞覺知無障礙聲香味觸常三昧師云一切處不是三昧行時不是三昧有處云聲香味觸體在一邊聲香味觸在一邊見解偏枯　舉夾山坐次洞山到來云作麼生夾山云秖與麼師代洞山云不放過又作麼生代夾山便喝師又拈夾山云秖與麼元來秖在蝦蟇窟裏又云秖與麼也難得　舉祖師偈云法法本來法師云行

弟子真覺保父[illegible]母許氏刊一片

住坐卧不是本來法一切處不是本來法秖如山河大地與你日夕著衣喫飯有什麼過又云法本法無法師拈起拄杖云不是本無法　舉傳大士頌云空手把鋤頭步行騎水牛師云是你從向北騎一頭水牯牛到這裏乃拈起拄杖云不見這千頭萬頭到這裏但識取一頭　舉寶公云如我身空諸法空千品萬類悉皆同師云你立不見立行不見行四大五蘊不可得何處見有山河大地来是你每日把鉢盂噇飯喚什麼作飯何處更有一粒米来　舉一切聲是佛聲一切色是佛色師拈起拂子云是什麼若道是拂子三家村裏老婆禪也不會　舉南方禪客問國師此間佛法如何國師云身心一如身外無餘師云山河大地何處有也有時云要識祖師麼以拄杖指云祖師在你頭上教跳要識祖師眼睛麼在你脚跟下又云這箇是祭鬼神茶飯然雖如此鬼神也無厭足有時云若說菩提涅槃真如解脫是燒楓香供養你若說佛說祖是燒黃熟香供養你若說超佛越祖之譚是燒餅香供養你歸依佛法僧下去一日拈起拄杖舉教云凡夫實謂之有二乘析謂之無緣覺謂之幻有菩薩當體即空乃云衲僧見拄杖但喚作拄杖行但行坐但坐揔不得動著　舉夾山語云百草頭上薦取老僧闤市裏識取天子又云一塵纔起大地全收　舉雪峰云三世諸佛向火燄上轉大法輪師云火燄為三世諸佛說法三世諸佛立地聽師因喫茶了拈起盞子云三世諸佛聽法了盡鑽從盞子底下去也

見麼見麼若不會且向多年曆日裏會取
舉槃山語云光非照境境亦非存光境俱忘
復是何物師云盡大地是光喚什麼作自已
你若識得光去境亦不可得有什麼屎光培
光境既不可得復是何物又云此是古人慈
悲之故重話會語者寔偎儂分明去放過即
不可若不放過復舉手云蘇盧蘇盧
舉傅大士云禪河隨浪靜定水逐波清師拈
拄杖指燈籠云還見麼若言見是破凡夫若
言不見有一雙眼在你作麼生會良久復拈
拄杖云盡大地不是浪師有時拈拄杖打牀
一下云一切聲是佛聲一切色是佛色你把
鉢盂噇飯時有箇鉢盂見行時有箇行見坐
時有箇坐見者般底作與麼去就把棒一時
趂散有時拈起拂子云者窠得箇入處去揑
怪也日本國裏說禪三十三天有箇人出來
喚云吽吽特庫見擔枷過狀　舉古人道
一處不通兩處失功兩處不通觸途成滯拈
起拄杖云㓜五山河大地三世諸佛盡在六拄杖頭
上有甚滯礙如今明也暗向什麼處去秖者
明便是暗一切衆生秖被色空明暗隔礙便
見有生滅之法　舉一宿覺云六般神用
空不空一顆圓光色非色師拈起拂子云者
箇是圓光是色非色喚什麼作色與我拈將

來看　舉夾山云百草頭上薦取老僧闍
市裏識取天子師云蝦蟆入你耳朵裏毒蛇
穿你眼睛中且向葛藤處會取　舉十方
薄伽梵一路涅槃門師云你若不識大食國
裏人在你眼睫裏賣香藥　舉般若經云
無二無二分無別無斷故師乃指露柱云與
般若絕相去多少　舉經云經書呪術一
切文字語言皆與實相不相違背師拈拄杖
云者箇是什麼若道是拄杖入地獄不是拄
杖是什麼一日拈拂子摵一下云日月星辰
撲落地上見麼良久起身云近後突著你眼
睛　舉十方薄伽梵一路涅槃門師云若
箇是屋上頭是天手裏是拄杖作麼生是涅
槃門有時云彈指謦欬揚眉瞬目拈槌竪拂
或即圓相盡是撩鉤搭索佛法兩字未曾道
著道著即撒屎撒尿　舉瓦官參德山瓦
官為侍者同入山斫木德山將一椀水與瓦
官官接得便喫却山云會麼官云不會山又
將一椀㓜五水與瓦官官接得又喫却山云會麼
官云不會山云何不成椀取那不會七底官云
不會又成椀箇什麼山云子大似箇鐵橛瓦
官住院後雪峯去訪茶話次峯云當時在德
山會裏斫木因緣作麼生官云先師當時肯
我峯云和尚離先師太早其時面前有一椀

水峯云將水來官便過與雪峯峯接得便潑
却師代云莫壓良為賤因齋次將餬餅一咬
云咬著帝釋鼻孔帝釋害痛復以拄杖指云
在你諸人脚跟下變作釋迦老子見麼見麼
閻羅王聞說呵呵大笑云者箇師僧相當去
不柰你何若不相當揔在我手裏有時以拄
杖打牀一下云你若是箇漢忽然者裏聞聲
悟了一切山河大地日月星辰有什麼過
舉洛浦云一塵纔起大地全收師云烏窠拈
布毛便有人悟去因喫茶次舉一宿覺云三
身四智體中圓八解六通心地印師云喫茶
時不是心地印乃拈拄杖云且向者裏會取
舉僧問雪峯如何是觸目菩提峯云好箇露
柱有處云還見露柱麼師拈起拄杖云有底
體上會事見露柱秖喚作露柱有處道不見
有露柱見解偏枯見露柱但喚作露柱見拄
杖但喚作拄杖有什麼過　舉僧問靈雲
佛未出世時如何靈雲竪起拂子僧云出世
後如何雲亦竪拂子師云前頭却實後底打
不著又云不說出不出何處有一問時節秖
如雪峯夏末於僧堂前坐衆纔集峯拈起拄
杖云者箇為中下根人便有僧問忽過上上
人來時如何峯拈起拄杖師云我不似雪峯
打破狼藉僧便問未審和尚如何師便打

舉僧問玄沙如何是學人自己沙云是你自己師云沒量大人被語脉裏轉却有僧問如何是學人自己師云忽然路上有人喚衲僧齋你也隨例得飯喫因齋次拈起餬餅云我秖供養江西兩浙人不供養向北人僧云為什麼秖供養江西兩浙人不供養向北人師八云天寒日短兩人共一椀　舉國師云南勿五方佛法半生半滅此間身心一如身外無餘師云喚什麼作身心一如又云汝等要識國師底麼自代云不可辜負國師去也

舉肅宗帝請國師看戲國師云有什麼身心看戲帝再請國師云幸自好戲師云龍頭蛇尾　舉國師三喚侍者侍者三應國師云將謂吾辜負你誰知你辜負吾師云作麼生是吾辜負你處你若會得也是無端又云作麼生是侍者辜負國師處師云粉骨碎身未報得　舉藥山問僧什麼處來僧云湖南来山云洞庭湖水滿也未僧云未滿山云許多時雨水為什麼未滿雲巖代云湛湛地洞山代云什麼劫中曾欠少師云秖在這裏

舉雪峯云飯籮邊坐餓死人臨河渴死漢玄沙云飯籮裏坐餓死漢水裏沒頭浸渇死漢師云通身是飯通身是水　舉僧問資福古人拈槌竪拂意旨如何福云嚘師云靈上加霜　舉僧問資福如何是一塵入正受福作入定勢僧云如何是諸塵三昧起福云你問阿誰師云這阿師話墮也不知又云前頭早是葛藤又道你問阿誰　舉茱萸上堂云你諸人莫向虛空裏釘橛時有靈虛上座出衆云虛空是橛茱萸便打虛云和尚莫勿五錯打某甲萸便歸方丈師云矢上加九尖僧云和尚適来與麼道那師云槌鐘謝響得箇蝦蟆出来　舉僧問投子寄巖意旨如何子云須是與麼人始得趙州云何不與他本分草料　師問僧作麼生是本分草料僧擬議師便打　舉古云寂寥空形影師展兩手云山河大地何處得也又云一切智通無障礙師云拄杖走到西天却歸新羅國裏乃敲牀云這箇是你鼻孔　舉僧問夾山如何是道山云太陽溢目萬里不挂片雲師云不喚作一句不喚作法身是什麼僧問如何是學人自己師云老僧入泥入水僧云某甲粉骨碎身去也師喝云大海水在你頭上速道速道僧無語師代云也知和尚恐某甲不實有時云直得乾坤大地無纖毫過患猶是轉句不見一色始是半提直得如此更須知有全提時節有時云泡幻同無礙一切處不是幻一切處不是無礙有時云横說竪說菩提涅槃真如佛性揔是向下商量直得拈槌竪拂時節亦是横說竪說對前頭猶較些子僧問請師向上道師云大衆久立速禮三拜

舉崇壽問僧還見燈籠麼僧無語師代云摧倒燈籠　舉趙州問僧什麼處去僧云摘茶去師云渭口　舉去身說法青青翠竹盡是法身未是提綱拈掇時節　舉有為無三世無為有三世有為是斷滅法何處得三世無為有三世不是守寂處法　舉寶學是葛藤言句拈槌竪拂時節於寶學猶在半途　舉三種人一人因說得悟一人因喚得悟第三人見舉便迴去你道便迴去意作麼生復云也好與三十棒　舉法身喫飯早是剜肉作瘡將謂合有與麼說話

舉僧問雲居湛然時如何居云不流師云不流說什麼湛然又云此是截鐵之言　舉藥病相治盡大地是藥那箇是你自己師云遇勿五賤即貴僧云乞師指示師拍手一下拈起拄十杖云接取拄杖子僧接得拗作兩截師云直饒與麼也好與三十棒　舉翠巖夏末上堂云我一夏已来與師僧說話看翠巖眉毛在麼保福云作賊人心虛長慶云生也師云閑師時云不敢望你有逆水之波且有順水之意也難得乃舉良遂初叅麻谷谷是来便

去鋤草良遂到鋤草處谷都不顧便歸方丈
閉却門良遂連三日去敲門至第三日纔敲
門麻谷問阿誰良遂云和尚莫瞞良遂若不
来禮拜和尚洎被經論賺過一生師云便有
逆水之波如今得入是順水之意亦喚作雙
放時節又云麻谷問阿誰良遂道莫瞞良遂
不是識破麻谷相見時節若不来禮拜和尚
洎被經論賺過一生亦知有賺人處自後良
遂歸京辭皇帝及左右街大師大德再三相
留茶筵次良遂云諸人知處良遂摠知良遂
知處諸人不知師云作麽生是良遂知處
舉心經云無眼耳鼻舌身意師云為你有肓
眼見所以言無不可如今見時不可説無也
然雖如此見一切有什麽過一切不可得有
什麽聲香味觸法　舉光明寂照徧河沙
問僧豈不是張拙秀才語僧云是師云話堕
也　舉僧辭石霜霜問舩去陸去僧云遇
舩即舩遇陸即陸霜云我道半途稍難僧無
語師代云三十年後此話大行又云臨行一
句家劫不忘　舉生法師云敲空作響擊
木無聲師以拄杖空中敲云阿耶耶又敲板
頭云作聲麽僧云作聲師云這俗漢又敲板
頭云喚什麽作聲　舉僧問石霜教中還
有祖師意麽霜云有僧云如何是教中祖師

意霜云莫向卷中求師代云不得辜負老僧
却向屎坑裏坐地作什麽　舉石霜云須
知有教外别傳一句僧問如何是教外别傳
一句霜云非句師云非句始是句　舉洞山
云須知有佛向上事僧問如何是佛向上事
山云非佛師云名不得狀不得所以言非
舉洞山云塵中不染丈夫兒師云拄杖但喚
作拄杖一切但喚作一切　舉法身清淨
一切聲色盡是麤纖語話不涉麤纖作麽生
是清淨又云作麽生是法身師云六不收又
云三十三天二十八宿　舉古云如我身
空諸法空千品萬類悉皆同師云身不可得
一切諸法豈是有也所以古人道無情有佛
性又云無情不喚作法身説法有時云光不
透脱有兩般病一切處不明面前有物是一
又透得一切法空隱隱地似有箇物相似亦
是光不透脱又法身亦有兩般病得到法身
為法執不忘己見猶存坐在法身邊是一直
饒透得法身去放過即不可子細點檢来有
什麽氣息亦是病　舉僧問國師如何是
本身盧舍那國師云與老僧過淨瓶来僧取
淨瓶至國師云却安舊處着僧送安舊處又
来問如何是本身盧舍那國師云古佛過去
久矣師云無朕跡　舉僧問灌溪久嚮灌

溪到来秖見箇漚麻池溪云你秖見漚麻池
且不識灌溪僧云如何是灌溪溪云劈箭急
師云何不與第一機祗對　舉韋監軍見
帳子畫牛抵樹問僧牛抵樹樹抵牛無對師
代云歸依佛法僧　舉老宿問僧聞說雪
峯有毬子話是不僧云不見說著宿云聞說
有僧云秖是師僧亂舉宿云不亂舉底事作
麽生無對師代云某甲新到未曾叅堂
舉佛問外道汝義以何為宗師代外道云者
老和尚我識得你也外道云以一切不受為
宗代佛云放過一著佛云汝以一切不受為
宗耶代外道云者瞿曇莫教失却問　舉雪
峯云盡大地是你將謂别更有師云不見楞
嚴經云衆生顛倒迷己逐物若能轉物即同
如来　舉教云諸法寂滅相不可以言宣
師云見定如今説話何處有説不説不見道
去不到去来不到来　舉一切真如含一
切師云喚什麽作山河大地又云是諸法空
相不生不滅不垢不淨或拈拄杖示衆云拄
杖子化為龍吞却乾坤了也山河大地甚處
得来或畫圓相云還有人出得麽　舉教云
是法住法位世間相常住師云釋迦老子甚
處去也　舉僧問投子如何是此經子云
維摩法華又問塵中不染丈夫兒時如何子

云不著師云不喚作法身不喚作第一義亦為說法亦為說真空師齋次拈起匙筯云我不供養南僧秖供養北僧時有僧問為什麽不供養南僧師云我要鈍置伊僧云為什麽秖供養北僧師云一箭兩垛有僧拈問秖如前意作麽生師云好即同榮或時以拄杖打勿五露柱一下云三乘十二分教說得十三著麽自云說不著復云咄者野狐精僧問秖如師意作麽生師云張公喫酒李公醉　舉古云有驚人之句僧問如何是驚人之句師云響舉國師云語漸也返常合道論頓也不留朕跡師云拈起竪拂彈指時節若撿點來也未是無朕跡有時拈拄杖云乾坤大地殺活摠在這裏僧便問如何是殺師云七顛八倒僧云如何是活師云要作飯頭僧云不殺不活時如何師便起云摩訶般若波羅密有時云遇人即途中受用乃拈起拄杖云拄杖不是途說話不是途　舉法身喫飯幻化空身即法身師云乾坤大地何處有也物物不可得以空喧空若約點撿来將謂合有與麽說話　舉應化非真佛亦非說法者師曰應化之身說即是法身說亦喚作觀體全真以法身喫法身又云飯不是法身拄杖不是法身有時云宗門七縱八横殺活臨時僧便問

如何是殺師云冬去春来僧云冬去春来時如何師云横擔拄杖東西南北一任打野榸示衆云任你横說竪說未是宗門苗裔若權宗門苗裔是甚熱椀鳴三乘十二分教說蔓達磨西来說夢若有老宿開堂為人說法將向刀殺却百千萬箇有什麽過又云將謂合有與麽說話底道理一日云拈槌竪拂彈指揚眉一問一荅並不當向上宗乘僧便問如何是向上宗乘師云地下閻浮大家摠道得秖如鬧市裏坐朝時猶肉案頭茄坑裏蟲子還有超佛越祖之談麽僧云有底不肯師云有底不肯不可商量時便有不商量時便無也若約那箇語話體上會事直言未到見解偏枯有時云我尋常道一切聲是佛聲一切色是佛色盡大地是法身柱作箇佛法中見如今見拄杖但喚作拄杖見屋但喚作屋有時云作而無作用而無用乃拈起拄杖云不是用而無用喚什麽作拄杖　舉丹霞云十四勿五百骸俱潰散一物鎮長靈師云拄杖不可不靈也喚什麽作百骸甚處得来　舉一切賢聖皆以無為法而有差別師云拄杖不是無為法一切不是無為法　舉誌公云雞鳴丑一顆圓光明已久師云腦後即不問你三千里外道將一句来　舉睦州喚僧趙

州喫茶入水之義雪峰輥毬歸宗拽石絟頭以字國師水椀羅漢書字諸佛出身處東山水上行摠是向上時節示衆云直得觸目無滯達得名身句身一切法空山河大地是名名亦不可得喚作三昧性海俱備猶是無風匝匝之波直得忘知於覺覺即佛性矣喚作無事人更須知有向上一竅在有時云一切處無不是說法打鐘打皷時不可不是若與麽一切處亦不是有一切處亦不是無又云不可說時即有不說時便無也若約提唱即未在為人門中即得　舉生死涅槃合成一塊乃拈起扇子云是什麽不是合成一塊得與麽不靈利直饒與麽也是鬼窟裏作活計　舉僧問南泉牛頭未見四祖時為什麽百鳥銜花獻泉云步步蹋佛階梯僧云見後為什麽不銜花獻泉云直饒不来猶較王老師一線道師云南泉秖解步步登高不解從空放下僧云如何是步步登高師云香積勿五世界僧云如何是從空放下師云十五填溝塞壑有時云若問佛法兩字東西南北七縱八横朝到西天暮歸唐土雖然如此向後不得錯舉　舉祖師偈云心隨萬境轉轉處實能幽僧問如何是轉處實能幽師云吃嚓舌頭老僧倒走三千里又問如何是隨流認得性

師云饅頭鎚子摩訶般若波羅蜜　舉玄沙
與韋監軍茶話次軍云占波國人語話稍難
辨何況五天梵語還有人辨得麼玄沙提起
托子云識得這箇即辨得師云玄沙何用繁
辭又云適來道什麼又云有什麼難辨
舉古人云以空名召空色師云拄杖不是空
名召得不是空色喚什麼作拄杖不是空名
因南泉示衆云自小養一頭水牯牛擬向溪
東放不免食他國王水草擬向溪西放不免
食他國王水草不如隨處納些些他總不見
後有僧舉似師師云南泉水牯牛隨處納些
些你道在牛內納牛外納直饒你向這裏說
得納處分明我更問你索牛在後長慶云你
道古人前頭為人後頭為人　舉王大王
向雪峯道擬蓋一所佛殿去如何峯云大王
何不蓋取一所空王殿大王云請師様子峯
展兩手師云一舉四十九　舉報慈讃龍
牙偈云日出連山月圓當戶不是無身不欲
全露有僧問請師全露龍牙撥開帳子云還
見麼僧云不見牙云將眼來後報慈聞舉云
龍牙秖道得一半師令僧舉我與你道其僧
便舉師云我不妨與你道有時云諸方盡向
縕黑裏脱出我者裏即不然僧問永審和尚
如何師云草鞋三十文買　舉攬真成立

色相宛然一切法不遷僧便問作麼生是不
遷師云還見燈籠麼僧云見師云靜處薩婆
訶示衆云你等諸人每日上来下去問訊即
不無若過水時將什麼過有久住僧對云步
師深喜之　舉僧辭大隨隨問什麼處去
僧云峨嵋禮拜普賢去隨拈起拂子云文殊
匊五
十六
普賢總在者裏其僧畫一圓相拋向背後却
展兩手隨云侍者將一貼茶來與者僧師舉
了云我即不與麼有僧云和尚又如何師云
西天斬頭截臂者裏自領出去　舉黃蘗
一日舉手作捏勢云天下老和尚總在者裏
我若放一線道從汝七縱八橫若不放過不
消一捏僧問放一線道時如何蘗云七縱八
橫又問不放過不消一捏時如何蘗云普後
有僧問師如何是七縱八橫師云念老僧年
老僧云如何是普師云天光迴照僧云如何
是天光迴照師云骼觜少人知有時云一顆
圓光明已久還有人問麼僧便問如何是一
顆圓光明已久師云西天斬頭截臂人云除
却須彌山拈却佛殿脊一日披袈裟云我抖
擻法身也總無對師云汝問我僧便問和尚
抖擻法身意旨如何師云我也知你親
舉玄沙示衆云諸方老宿盡道接物利生忽
遇三種病人来作麼生接患盲者拈槌竪拂

他又不見患聾者語言三昧他又不聞患瘂
者教伊說又說不得且作麼生接若接此人
不得佛法無靈驗有僧請益師師云你禮拜
著僧禮拜起師以拄杖便挃僧退後師云你
不是患盲復喚近前僧近前師云你不是患
聾乃竪起拄杖云還會麼僧云不會師云你
匊王
十七
不是患瘂其僧於此有省　舉古云一言
纔舉大地全收師云且道是什麼言自云春
鳥啼時西嶺上遂令僧你問我僧便問是什
麼言師云噫　舉馬大師云一切語言是
提婆宗以此箇為主師云好語秖是無人問
僧便問如何是提婆宗師云西天九十六種
你是最下種　舉肇法師云諸法不異者
不可續鳧截鶴夷嶽盈壑然後為無異者哉
師云長者天然長短者天然短又云是法住
法位世間相常住乃拈起拄杖云拄杖不是
常住法　舉古云一念劫收一切智師拈
起拄杖云乾坤大地總在上頭若透得去拄
杖也不見有直饒與麼也是不著便　舉須
菩提說法帝釋雨華尊者問曰此華從天得
耶帝曰弗也從地得耶帝曰弗也從人得耶
帝曰弗也從何得耶帝釋舉手尊者云如是
如是師云帝釋舉手處作麼生與你四大五
縕釋迦老子同別　舉世尊初生下一手

指天一手指地周行七步目顧四方云天上
天下唯我獨尊師云我當時若見一棒打殺
與狗子喫却貴圖天下太平　舉禾山示
衆云有作家戰將麽出來時有僧出云未審
彼中還有也無師云格　舉僧問雪峰佛
未出世時如何峯横按拄杖而坐師云當
舉德山問維那有幾人新到那云八人山云
喚典座來一時生按過師拈云更說什麽生
按過　舉雪峯勘僧什麽處去僧云識得
即知去處峰云你是了事人亂走作什麽僧
云莫塗汙人好峰云我即塗汙你古人吹布
毛作麽生與我說來看僧云殘羮餿飯已有
人喫了也師别前語云綵著便作屎臭氣代
後語云將謂是鐵天鷂子元來是死水裏蝦
蟆　舉韶山勘僧云莫便是多口白頭因
麽因云不敢山云有多少口因云徧身是山
云大小二事向甚處向因云向韶山口裏向
山云有韶山口即向韶山口裏向無韶山口
初五
十八
向甚處向因無語山便打師代云這話隨阿
師放你三十棒又代云將謂是師子兒又云
韶山今日冤解冰消　舉僧到曹溪有守
衣鉢上座提起衣云此是大庾嶺頭提不起
底僧云為什麽在上座手裏座無語師云彼
彼不了師代云遠觀不如親到又云將謂是

師子兒　舉睦州問僧莫便是清華嚴麽
僧云不敢州云夢見華嚴麽僧無語師云門
前大狼藉生　舉湖南報慈垂語云我有
一句子徧大地僧便問如何是徧大地底句
慈云無空缺師云不合與麽道别云何不庵
外湖　舉南泉示衆云昨夜三更文殊普
賢相打各與二十棒貶向二鐵圍山趙州出
衆云和尚棒教誰喫泉云王老師有什麽過
州便禮拜師代云深領和尚慈悲某甲歸衣
鉢下得箇安樂　舉崇壽見僧啟餬餅次
陽聰問云你還見我麽僧云不見壽云還我
餬餅錢來僧無語師代云和尚禮拜餅鑪好
舉僧問趙州如何是妙峯頂州云不荅你者
話僧云為什麽不荅州云我若荅落在平地
師代云俱胝和尚　舉長慶見僧来云何
得無禮師代云某甲罪過又云甲辰乙巳
舉長慶問秀才云佛教云衆生日用而不知
儒書亦云日用而不知不知箇什麽秀才云
初五
十九
不知大道師云灼然不知　舉僧問睦州
靈山還有蛇不州云者蚯蚓師代云白骨連
山　舉長慶拈拄杖云識得這箇一生參
學事畢師云識得這箇為什麽不住　舉雲
巖掃地次道吾云何得太區區生巖云須知
有不區區者吾云與麽則第二月也巖竪起

掃箒云這箇是第幾月吾拂袖出去師云奴
見婢殷勤　舉仰山問俗官云官居何位
官云推官山乃竪起拂子云還推得這箇麽
官無語師代云久嚮和尚　舉僧到翠巖
值巖不在乃下看主事主事云參是和尚也
未僧云未主事却指狗子云要見和尚但禮
拜者狗子僧無語後翠巖歸聞此語云作麽
生道免得與麽無語師代云欲觀其師先觀
弟子　舉座主就華嚴講請翠巖齋巖云
山僧有箇問座主若道得即齋巖便拈起餬
餅云還具法身麽主云具法身巖云與麽則
喫法身也主無語本講座主代云有什麽過
巖不肯東使云喏喏師代云特謝和尚降重
空筵　舉雪峯示衆云世界闊一丈古鏡
闊一丈世界闊一尺古鏡闊一尺玄沙指面
前火鑪云火鑪闊多少峯云似古鏡闊沙云
這老漢脚跟未點地在後東使拈問僧為後
古鏡致火鑪與麽大火鑪致古鏡與麽大西
院云與麽問人也未可在師云餿飯泥茶鑪
舉僧問雲居山河大地從何而有居云從妄
想有僧云與某甲想出一鋌金得麽居便休
去僧不肯師聞得云已是葛藤不能折合得
待伊道想出一鋌金得麽拈拄杖便打
舉閩中韋監軍尋常見僧云某甲待官滿出

江西湖南置一問問稅江西湖南老宿僧云
監軍作麼生問軍云不勞手脚僧無語師代
云話墮也又云伏惟尚饗　舉王太傅問
比院云古人道普現色身徧行三昧佛法為
什麼不到比俱盧州院云秖為徧行所以不
到師云如法置一問來　舉王太尉入佛
廿末
夕五
殿指鉢盂問僧這箇是什麼鉢僧云藥師鉢
尉云秖聞有降龍鉢僧云待有龍即降尉云
忽遇孼雲獲浪來又作麼生僧云他亦不顧
尉云話墮也玄沙云盡你神力走向什麼處
去保福云歸依佛法僧百丈作覆鉢勢師云
他日生天莫辜負老僧　舉地藏問崇壽
你久後將什麼利濟於人壽云無不利濟藏
云無一法得利濟師云直饒與麼也好喫棒
又云當時但喚近前來巳後教伊無鴿啄處
舉泉州王太傅問僧上座住甚處僧云半月
山傅云忽遇月頭月尾又作麼生僧無語師
代云將謂與麼更有與麼　舉龍牙尋常
道雲居師兄得第二句我得第一句西院云
秖如龍牙與麼道還扶得也無師云須禮拜
雲居始得西院云傍觀者哂　舉崇壽問
僧還見燈籠麼僧云見壽云兩箇師代云三
頭兩面又云七箇八箇

古尊宿語録卷第十七　　夯五

古尊宿語録卷第十八　　勿六

雲門禪師語録

師因不安云打草鞋行脚去無對師云汝問我與汝道僧便問和尚什麼處去師云四維上下對機設教去代前語云和尚宜喫薑附湯　上堂云劉久雨不晴代云一箭兩垜或云遇賤即貴遇明即暗代云一起一倒　一日云咬齒一句作麼生道代云合或云初秋夏末責情三十棒代云某甲如是問僧新羅國與大唐國是同是別代云僧堂佛殿廚庫三門　上堂云教意提不起過在什麼處代云為你蝦蟆活　上堂云你道古佛與露柱相交是第幾機無對師云汝問我與汝道僧便問師云一條條三十文代前語云南山起雲北山下雨僧又問作麼生是一條條三十文師云打與〻一日云商量舉覺箇什麼代云鹽貴米賤或云佛法兩字拈却成得箇什麼代云死蝦蟆或云佛法不用學燈籠露柱欺你去作麼生得不欺你去代云趙州南石橋北　一日云古人面壁閉却門還透得這裏麼代云這裏是什麼乾屎橛又云一或云般柴来去行住坐卧四威儀中還出得釋迦老子鼻孔麼代云和尚也是量才補職師或舉手云古佛為什麼不到這裏代云不可降尊就卑因僧設報慈和尚齋師問僧汝道報慈和尚有幾身代云今日齋飯如法問僧般柴来去普賢菩薩在什麼處代云般柴早是辛苦　上堂大衆集定云是大過患子細點撿代云不用別人問僧世間是什麼人罪最重代云平出　一日云古人道一句合頭語萬刼繫驢橛作麼生明得免此過代云趙州石橋嘉州大像或云虗空還有長短也無代云這箇師僧得與麼肥這箇師僧得與麼瘦一日云常徒之見過在什麼處代云泊作過中會　上堂大衆集定云有理不伸死而不弔有理能伸罕遇奇人置將一問来代云過師有時問僧作麼生代云少喫或云是你諸人繞天下行脚不知有祖師意露柱却知有祖師意你作麼生明得露柱知有祖師意代云九九八十一示衆云一舉不再說作麼生是一舉又云你若不相當且覓箇入頭路微塵諸佛盡在你舌頭上三藏聖教在你脚跟下不如悟去好還有人悟得麼出来道看代云養子之縁代前語云長安雖樂　上堂大衆集定云風不来樹不動便下座代云樹折船沉或云第一句作麼生道若道不得作麼生得心息代云和尚莫要草鞋拄杖麼　一日云從上古人作麼生辨人代云城地因君置師因摘茶云摘茶辛苦置將一問来無對又云你若道不得且念上大人更不相當且順朱代云功不浪施代前語云勞而無功或云今日二十七拈向什麼處代云壁上掛問僧三乘十二分教什麼人承當得代云沙彌童行　一日云汝作麼生辨得無礙法代云閑家具或云還有句内藏身麼代云領　一日云京華還有棟梁也無代云家家觀世音或云不相當且順朱識取好代云因學人置得　示衆云劄即難七九六十三作麼生道代云不可總無久去也又云泊合向後道師或云日裏来往日裏辨人忽然中夜教取箇物来未曾到處作麼生取代云瞞却多少人示衆云看看佛殿入僧堂裏去也代云羅浮打鼓韶州舞　上堂拈起拄杖云看看三千大千世界一時搖動便下座代云捘　一日云作麼生是雙明一句代云一箭兩垜或云作麼生是不瞞人底句代云莫道這箇是瞞人底　一日云泥水不分過在什麼處代云昨日莫徥人設齋或云日裏来往總識你作麼生是影身一句代云某甲亦見日頭從東邉上　一日云盡力作麼生道代云五箇餬餅三椀茶或云作麼生是平伸一問代云便

攔傍僧　一日云空不異色作麼生道代云
團頭甚要或云作麼生是不沉影底句代云
現　上堂大衆集師良久云久雨不晴代云
一槌兩當蓋覆將来　一日云教中有言謗
斯經故獲罪如是拈却當門齒將經来代云
不空罥索或云你多年在叢林裏乃舉手便
放下云向後不得與麼代云若與麼便成辜
負和尚　一日云昨日有一句語不敢望你
會還有人舉得麼代云驀又云走殺多少人
上堂大衆集定云摠上来也各自東行西行
便下座代云不少或云古人一言悟道觸緣
見性拈起作麼生商量代云雲居皷上藍鐘
一日云日裏来往上上下下一問一荅住没
當荷夾差一問来作麼生當荷代云謂言侵
早起更有夜行人又云一起一倒又云生在
巽州　上堂云乾坤側日月星辰一時黑作
麼生道代云好事不如無師因說事了起立
以拄杖打禪牀一下云適来如許多葛藤貶
向什麼處去靈利底即見不靈利底著我熱
瞞代云雪上加霜　示衆云日月傍照三天
下正照四天下我與你注破了也一句道將
来代云東弗于代西瞿耶尼或云佛法不用
道著世間什麼物最貴代云莫道這箇是賤
底又云乾屎橛　一日云今日十五入夏也

寒山子作麼生代云和尚問寒山學人對拾
得或云你諸人傍家行脚還識西天二十八
祖麼代云坐底坐卧底卧又云少喫因齋次
指白甆器云這箇知有超佛越祖之談代云
五九四十五又云和尚自喫飯　一日云是
你傍家行脚作麼生是不落賓主底句道將
来代云便出去或云是你師僧在江西湖南
所在過夏衣鉢分付什麼人了来代云不是
瞞却一人来又云不作大人相　一日云非
貴賤攄什麼代云鰕跳不出斗　示衆云看
看殺了也便作倒勢云會麼若不會且向拄
杖頭上會取代云龍頭蛇尾蛇尾龍頭又代
作倒勢　一日云我每日共你葛藤不能到
夜如今在這裏置將一問来代云秖恐和尚
不荅或云作麼生是脚跟下一句代云有麽
師或問僧你為什麼帶累我代云某甲帶累
和尚或云作麼生出得這裏代云朝遊羅浮
暮歸檀特　一日云明已底人還見有已麼
代云把將来又代展兩手或云作麼生是麼
舌一句代云和尚秖待某甲道　一日云你
師僧繞天下行脚見老和尚開口便上来東
聽西聽何不向洗鉢盂處置將一問来代云
也知和尚為物之故因見火頭云你辛苦我
賞你這箇拄杖子吞却祖師也無對代云功

不浪施又云禍不單行師因披衲衣云古人
道披衣蓋乾坤乃拈起衲衣抖擻云北斗一
時黑作麼生代云也知和尚出身早又云不
道與麼去或云佛法還有變易也無代云鉢
盂鞋履拄杖針筒　一日云佛法拈却我不
問你還有識世諦法麼代云某甲若道有被
和尚領過或云摩竭顯正遍在什麼處代云
有什麼過　示衆云天衆函蓋乾坤目機銖
兩不涉春緣作麼生承當代云一鏃破三關
師或云南来北往飛禽走獸為什麼却有異
代云辨却多少人或云你諸人擔鉢囊行脚
不知有佛法佛殿上蚩吻却知有佛法代云
佛殿裏裝香三門外合掌師或以拄杖一劃
云微塵諸佛盡在這裏還辨得盡麼代云日
出東方夜落西　一日云作麼生是扣門一
句代云打或云迷本底人觸途俱滯悟本底
人為什麼有四大見代云益州附子建州薑
師或云你諸方愛荅話還有透不得底句麼
代云来或云達磨西来為什麼難得兒孫代
云放師因說事了起立云你諸人忽然今夜
摠悟去早起將刀截却我頭我說了也乃拈
衲衣抖擻云作麼生代云學人不得辜負和
尚或云口秖堪喫飯你道古人拈槌豎拂揚
眉動目作麼生辨代云溈山笠子江西剔又

云龍頭蛇尾或云佛法中菩提涅槃真如解脫並為增語泆道世諦以何為增語代云鬧市裏一箇兩箇又云菩提涅槃師或云古人道觸目是道拈却聾瞽阿那箇是道無對師云蒼天蒼天代前語云是什麼心行或云見即不可子細看代云長安雖樂　示衆云十五日已前不問你十五日已後道將一句來代云日日是好日　上堂良久云鈯置殺人便下座代云不獨因看誌公須問僧半夜子心住無生即生死古人意作麼生代云不可摠作野狐精見解也或云古人道人人盡有光明在看時不見暗昏昏作麼生是光明代云廚庫三門又云好事不如無　一日云佛法大殺有秖是舌頭短代云長也又云大斧斫了手摩挲師齋次問僧應是從前叢林學得底言語摠拈却你道我飯作麼生滋味代云莱裏少鹽醋或云是你諸人行脚須知有隔身句作麼生是隔身句代云初三十一或云大智非明真空絕跡還有人明得這箇道理麼若有人明得出来道看代云揑問僧常徒底人過在什麼處你與我拈出来代云不可乎地生堆阜又云和尚佛法身心何在或云一言纔舉千差同轍是什麼言代云如是我聞又云要道有什麼難因見狗子乃打一下云你為什麼咬這露柱代但以脚趯狗子便云　舉華嚴經云金色光明雲青色光明雲你道我尋常還有這箇時節麼代云来不得屈著和尚因開法堂門云作麼生是入門一句有僧云喏師云漆桶無對代云掩面出去代後語云道著　一日衆集定云莫錯認一著便下座代云謝和尚重重相為或云是你諸人行脚須知有入頭路還有人道得麼出来道看代云也不得辜負和尚　示衆云中有一寶祕在形山拈燈籠向佛殿裏將三門来燈籠上作麼生代云逐物意移又云雷起雲興　一日云宗門作麼生舉令代云吽師或云阿耶耶新羅國裏打鐵火星燒著我指頭自代云非但指頭師或云從上祖師三世諸佛說法山河大地草木為什麼不省去代云新到行人事又云和尚京中喫麵多師或云萬法紜紜三世諸佛天下老和尚一時出頭過在什麼處代云著什麼来由　一日云忽然有一箇老宿把弓刀按劒入地獄如箭射還有人會得這箇時節麼代云鑰匙在和尚手裏或云古人道難得不錯怪人句作麼生是不錯怪人句代云爭塞得人口　一日云眼睫橫亘十方眉毛上透乾坤下透黃泉須彌塞却你咽喉還有人會得麼若有人會得拽取占波共新羅鬬額代云哂或云古人道聲香味觸常三昧我與你葛藤乃拈拄杖云這箇拄杖子是三昧你若識得拄杖子即識得天下老宿又云你若識得拄杖子未夢見天下老宿脚跟下一莖毛代云和尚不使別人　一日云一箭兩垛作麼生代云長安雖樂或云日謝樹無影這箇是佛殿那箇是無影代云洎分南北　一日云作麼生道得不落第二問代云洪州鞋履　一日拈起拄杖云解脫深坑教跳代云出或云一語明得不要分外代云將謂是天地師或云塵無自性攬真成立作麼生是成立底事代云五尺拄杖三尺竹　一日云說即天地懸殊不說即眼睫裏藏身眉毛上教跳代云三三或云古人道一語無二語作麼生是一語代云早朝粥齋後茶師或拈起拄杖云是你諸人作麼生辨雲門雲門作麼生辨你諸人代云平問僧佛法還有青黃赤白也無代云東方甲乙木西方庚辛金　一日云作麼生是塵中辨主代云道州去江華不遠師或云有一人問著口似木楔有一人問著口似懸河你道二人過在甚處代云有即拈出　示衆云叢林言話即不要作麼生是宗門自己代但展兩手或云迷身一句作麼生道代云何處

有也或云目前不溺作麼生道代云下不舉上　示衆云江西即說君臣父子湖南即說他不與麼我此間揔不如是你還識壁麼代云何異　一日云作麼生是不續再問代云秋風過去春風至因齋時聞皷聲師云釋迦老子叫喚也時有僧問未審釋迦老子叫喚作麼師勿六云你與麼驢年夢見麼代云今八日喫飯甚是遲或云我今年老七十八也所作事難也良久問僧你道淨缾年多少無對代云甲子會　一日云靈利底人難得作麼生是靈利底人代云不妨或云問一荅十問十荅百底人從什麼處来代云西京来　一日云會佛法底人共什麼人語話代云行者問僧云三藏聖教天下老和尚言語揔拈却蝦蟆口裏道將一句来代云昨日新雷起師舉古人道讀經千徧紙上見經不識忽然國師問你作麼生又云忽然國師拈起作麼生代前語云唵代後語云朝看華嚴夜讀般若或云凡有請問不得離於祕對作麼生道代云路逢劍客須呈劍　一日云作麼生是一句通褎貶代云雖是善因而招惡果或云行住坐卧著衣喫飯是法身那箇是你四大代云和尚今年年尊　一日云你若辨我我辨你是尋常更有一條作麼生辨代云識或云節角

語須是箇人始得作麼生是節角語代云摩斯吒落水　一日云繞天下行脚辨人底人你道具什麼眼代云聽水　上堂云遇人即鼻孔遼天便下座代云識好惡師或云閙市裏道將一句来代便唱聲云人家莫點燈火上堂云為衆竭力禍出私門代云衆禍已除或云照勿六盡一句作麼生道代云某甲九不欲閙蝦蟆口師在餬餅寮喫茶云不向涉道罪過無對復云第一須忌火便起去代云大衆不得辜負和尚師或云佛法大殺有秖是灸瘡痛代云灸瘡痛猶可　一日云臨坑不損人代云也是又云某甲識好惡或云古人道舉即易作麼生代云以貌取人　一日云驀點是什麼時節代云不可道是蝦蟇蛤跛或云不是雲門罪過便起去代云事不孤起師或云已事若明始消他供養作麼生是你明底事又云舉一明三萬里崖州代云一切由和尚代前語云飽師或拈起拄杖問僧這箇汝不得道著作麼生是衲僧孔竅無對又云你若道不得向鼻孔裏道將一句来代云新羅火鐵鄆州針又云死上不足因僧来条師拈起袈裟云你若道得落我袈裟綫續裏你若道不得又在鬼窟裏坐作麼生代云某甲無氣力或云不明已底人過在什麼處代云大

人不合如此　一日云放下一句無不盡代云養子之緣或云不用指東劃西什麼人會佛法代云三家村裏老翁婆　一日云你若衣鉢下坐縛殺你你若走上来走殺你作麼生是不停之句代云速或云新羅國裏置將一問来代云便請　一日云萬法從甚處起代云糞堆頭師或云第一句作麼生道你若明得陝府鐵牛吞却乾坤代云謝和尚重重相為　一日云作麼生是問中具眼代云瞥示衆云舉一不得舉二你若舉二放你舉三代云開師或云天堂地獄鑊湯鑪炭盖却你頭三世諸佛揔在你脚跟下三十年後鼻孔還天代云不可更作野狐精見解也　一日云五音六律是有是無代云不可蝦蟇窟裏作活計師或云一句該通五千餘首蘇嚕薩訶代云三門頭打皷佛殿裏行香師或云如今半夏也敲磕處道將一句来師復云寥怛哩孤寥怛哩智又云寥怛哩孤寥怛哩智作麼生代勿六云嘟啉又云磕　一日云三十十年後會去在代云點兒落節或云頭上霹靂即不問你脚下龍過道將一句来代云朝起雲夜降雨師問僧德山便棒你道學人還有長處也無代云無端　一日云一切智智清淨中還有生滅麼代云夜又說半偈或云若知去

處什麼切中無祖佛代云猆　示衆云作麼
生是不露鋒骨句代云今時人須是明明向
道始得師乃有頌不露鋒骨句未語先分付
進步口喃喃知君大罔措或云十方國土中
唯有一乘法你道自己在一乘法裏一乘法
外代云入又云是　一日云紐半破三針筒
鼻孔裏道將一句來代云海裏使風山上船
或云折半列三針筒鼻孔在什麼處與我箇
筒拈出來看代云上中下或云分疆列土作
麼生道代云文殊自文殊解脫自解脫師或
云衲僧須得巴鼻即識得天下人作麼生是
衲僧巴鼻代云德山棒　示衆云淺聞即深
悟深聞即不悟代云迷達達磨或云衲僧須
識古人眼作麼生是古人眼代云蝦蟇跳上
天　一日云處處道將一句來代云鬧市裏
天子百草頭上老僧或云暗道將一句來代
云藏頭露尾　一日云將南作北將北作南
作麼生道代云由阿誰或云未打板已前道
將一句來勿六代云著什麼來由　十二一日云以有
爲有作麼生免得去代云患師或云解患非
患明得了作麼生是眼代云晝見日夜見星
一日云明暗爲什麼不相管代云難爲怪笑
或云過在什麼處得與麼難代云辨　一日
云渺漫不分是什麼人分上事代云不可作

沙彌行者見解也師或拈起拄杖云莫道老
和尚瞞你貴之與賤縱橫十字一時這裏會
得了莫辜負老僧代云百鳥爲子屈又云抑
與之與師或云見麼自云見又云見什麼代
云花師舉古人云至道無難唯嫌揀擇這箇
是僧堂這箇是佛殿那箇是不揀擇代云何
必知此師或云全抽半抽作麼生道復云作
麼生是半抽代云跳出死蝦蟇又云作麼生
是全抽代云案山雷主山雨師或云你自缺
置第一不得錯舉代云事不孤起　一日云
識得道得出來道看話端道什麼代云識罪
或云作麼生是不再問底句代云今年春氣
早夜來陽鳥啼又云佛殿裏裝香三門前合
掌　一日云入夏來十一日也還得入頭麼
作麼生道代云來日十二師因喫茶拈起茶
盞云一口吞盡作麼生代云茶又喫却
示衆云西天二十八祖唐土六祖天下老和
尚總出頭來過在什麼處又云你在此間三
冬兩夏忽然出外有人問雲門老和尚道什
麼你向他道什麼代云驀面唾這野狐精代
前語云他不是顛或云古人道從門入者非
寶作麼生是門代云道得也無用處因聞鼓
聲云鼓聲咬破七條又指僧云抱取猫兒來
代云不用別人師問僧行脚事即不問汝三

十二相八十種好道將一句來還有人道得
麼代云怛薩阿竭二千年師或云不問汝叢
林言教這箇是天這箇是地以手指身云這
箇是我又指露柱云這箇是露柱那箇是佛
法代云也大難師在僧堂中喫茶拈起托子
云蒸餅饅頭一任汝喫你道遠箇是什麼代
云乾狗屎又云茶又喫了也師或云你還識
德山麼莫道我壓良爲賤代云也知和尚因
某甲置得師聞齋鼓聲云你道鼓因什麼置
得代云因皮置得師聞齋鼓聲云你還識得
老婆禪麼代云鼓聲喚喫飯去　一日云古
人道巧拙具生殺作麼生是生殺代云乏上
不足乏下有餘　上堂大衆集巳師云大衆
齋去却問僧你道我教伊去還有過也無代
云也不是和尚特地如此師行次以拄杖打
露柱一下云新羅天子敕跳上梵天代云無
端師或云世諦不要道佛法道將一句來代
云父子之情　一日云通明底人什麼物與
麼來代云莫數屈著人又云釋迦老子須彌
山或云古人道朝朝抱佛眠起時還共起你
道見解朦朧底人作麼生代云未到問僧云
眼中無色識識中無色眼色眼二俱無何能
令見色去却古人道將一句來代云把將饅
頭蒸餅來又云靈上更加靈又云有什麼師

或云幡竿頭倒卓是第幾機代云打　一日
云學佛法底人如恒河沙百草頭上道將一
句来代云俱師因出門云古人道從門入者
非寶汝道從門出者作麼生代云一師入堂
齋次指聖僧供鉢問僧云你若喫盡又在解
脫深坑裏你若喫不盡又不喞嚁作麼生代
契
云大衆喫飯次　上堂云劃斷即不可復云
十三
你若不會三十年後莫道不見老僧代云和
尚恐人埋没代前語云今日上堂大衆著便
師或以拄杖打露柱一下云你作麼生不說
禪復云埋没人家男女無對自云擔枷過狀
自代前語云爭怪得别人師或云湖裏魚變
成龍即不問你作麼生是針眼魚代云點師
聞打槌聲云妙喜世界百雜碎擎鉢盂向湖
南城裏喫粥代云浴後喫　一日云什麼語
中無世諦什麼語中無地獄代云天晴日出
雨下雷與或云平常心是道你平常道將一
向来代云五箇餬餅三箇䭔　一日云一句
辨邪正忽有人問作麼生是辨邪正底句你
作麼生道代云西天與此土不同或云今日
已前不要今日已後不要正當今日道將一
句来代云正好師或云病過因即瘥你道過
什麼因道得底道看代云尚或云鉢盂匙筯
與露柱相去多少代云分開好又云尋常得

此便　一日云當鋒一句作麼生道代云須
或云作麼生是辨慈風一句代云識取好
一日云迷身一句作麼生道代云昨日雷聲
懃今朝陽鳥啼師或云不用敎䟦道將一句
来代云死蛤跛也無用處　一日云作麼生
是提婆宗代云西天令嚴此土還較或云洪
道何物具四德代云死貓兒又云把不具底
来　一日云荆棘不彫擇道將一句来代云
拈放一邊或云有一切見底人是什麼人代
云三家村裏納稅漢　一日云不占田地道
將一句来代云摠屬和尚或云倒道將一句
来看代云訶薩　一日云息節一句作麼生
道代云知時好師或云天下亂走將什麼過
水代云且曬著師或時拈拄杖作射勢云官
家進器械来也看看代云和尚不得放過又
云僧堂前師或云一夜展脚睡天明道將一
句来代云何不快趂或云作麼生是赤脫一
句代云也大無端　一日云以有為有此人
勿六　十四
過在什麼處代云苦或云還有不識祖師底
人麼代云仁義道中又云不患　一日云識
過無過不識過過也不知代云熱或云曹溪
路上還有俗談也無代云二事一時　一日
云佛法外置將一問来代云一箇便多或云
既知来處什麼刼中無祖師代云某甲今年

不著便或云寸草不生不學禪不學道代云
是什麼閑或云還有吞不盡句麼代云蚍蜉
行次以拄杖打露柱一下云什麼處来自云
西天来復云来這裏作什麼自云說佛法乃
喝云欺我唐土人又以拄杖打一下便行却
拈問僧汝道我意作麼生僧便問祇如師意
作麼生代云不用行主又云師子咬人復問
僧祇如當機合下得什麼語代云蕢又云百
歲老兒作歌舞　一日云驀劄一句作麼生
道代云因一事長一㨖或云大藏教將什麼
辨代云點　一日云佛殿為什麼不見僧堂
代云痛或云衲僧鼻孔即不問汝泥裏洗土
塊道將一句来代但彈指又云衲僧鼻孔又
作麼生道代云翫山翫水師或問僧作麼生
是不寐句無對師云汝問我與汝道僧便問
作麼生是不寐句師云喞代前語云不可向
鬼窟裏作活計又云作麼生是喞代云會此
意又云文殊五字或云作麼生是入鄉隨俗
契
底句代云君子可八　一日云作麼生是提
綱一句代云雪峰南趙州北　一日云靈苗
十五
不動根過在什麼處代云悞却多少人或云
一顆圓光明已久作麼生是一顆圓光代云
謝和尚重重相為師或云作麼生是對明一
句代云露師或云非色非聲體上明得是第

幾機代云不可向野狐窟裏作活計　一日
云布幔天網打龍布羅網撈鰕摝蜆你道螺
蚌落在什麼處代云與眼師因卸却七條語
僧云波道来生莫不會佛法麼僧無語代云
和尚幸是大人又云某甲不敢道復云為什
麼不敢道又云自有和尚在師歲夜問僧餅
餕是羅漢藥石還將得鎒鑼餓子来麼無對
代云今日東風起師或云你若不相當且向
古人建化門中道將一句来若道不得向異
處道將一句来作麼生道代云前来猶是可
一日云遠即照近即明作麼生道代云入水
始見長人又云更不要也師或拈拄杖云且
向這裏會也有利益也無利益總不會顧預
佛性儱侗真如代云疋上不足疋下有餘
一日云萬法從什麼處起代云不可向和尚
道蝦蟇口裏也因齋時聞鼓聲云古人道一
切聲是佛聲喚作佛聲喚作鼓聲代云和尚
道了也又云和尚不宜喫麪因見僧来參師
打露柱一下云来這裏瞞我代云但打露柱
一摑云為人自安　一日云至道無難唯嫌
揀擇作麼生是不揀擇又云如来妙色身羅
羅李代云不出代前語云古人道了也因齋
時打帳座一下云這箇喫又打飯林一下云
這箇不喫代云一拋兩當因搬米問僧人擔

米米擔人代云摠得又云搬米辛苦猶是可
又問僧大橋有多少米僧云七十碩師拈起
拄杖云七十碩米一時在拄杖頭上擔將来
即得若擔不得餓殺你代云不可為小小
一日云有所說野干鳴無所說師子吼我與
麼是野干鳴作麼生是師子吼代云九九八
勿六　十六家
十一師或云埋沒兩字不用道著代云漆領
和尚慈悲又云因某甲所置師或云善財入
門也作麼生道得出去代云朝遊羅浮師或
云鍋餅從你橫咬豎咬不離這裏道將一句
来代云今日新麪　一日云有賞有罰道將
一句来代云遇賤即貴天晴日出或云龍潛
師溺起自何来作麼生是不活底句代云有
什麼難辨　一日云敲磕一句作麼生道代
云驢生馱騳馬生騾或云作麼生得道斷商
量代云来年更有新條在惱亂春風卒未休
一日云辨得親疎為什麼被親疎所使代云
阿誰置得或云古人道會即途中受用不會
即世諦流布究國道將一句来代云一錢兩
箇二錢三箇　一日云一句道將来代云疋
上不足因夏末問僧初秋夏末不觸平常道
將一句来代云初三十一中九下七師問僧
通身是水阿誰喫代云洎與和尚作笑具
古尊宿語録卷第十八　勿六

古尊宿語録卷第十九　勿七

雲門匡真禪師語録

勘辨

師見新到云雪峯和尚道開却路達磨來也我問你作麼生僧云築著和尚鼻孔師云地神惡發把須弥山一摑𨁝跳上梵天搊破帝釋鼻孔你為什麼向日本國裏藏身僧云和尚莫瞞人好師云築著老僧鼻孔又作麼生僧無對師云將知你秖是學語之流代無語處云和尚秖恐某甲不實又云邏邏哩問新到你是甚處人僧云新羅人師云將什麼過海僧云草賊大敗師云你為什麼在我手裏僧云恰是師云𨁝跳無對代前語云常得此便又云一任𨁝跳問新到你在南岳山借我二百錢為什麼不還無對代云今日小出大遇又云今日不著便問僧心法雙忘是第幾座僧云第二座師云作麼生是第一座僧云不敢虧於和尚師不肯代云韶州來來問僧什麼處來僧云摘茶來師云人摘茶茶摘人無對代云和尚道了某甲不可更道師問僧你是修造那云是師云盡乾坤是個屋作麼生是屋主無對師云你問我與你道僧便問師云甕代前語云喘却多少人來師問僧你是湖南出家那僧云是師云識三門下金剛麼僧云不可更識也師云野狐窟裏出頭無對代云若不出頭代初問處云秖是個泥人又云識得者泥人有甚用處又云念某甲新入衆師問僧甚處來僧云礼塔來師云祖師道什麼僧云和尚道什麼師云將謂是個靈利漢無對代云秖為仁義道中師問僧甚處來僧提起衲衣師云我問你甚處來僧云和尚為什麼不領話師便打代云且喜代前語云和尚休得也未僧辭師師云你辭去那云是師云前頭江難過僧云一切臨時師云蘇盧薩訶代前語云臨行不可無礼去也代後語云太麄心又云近日世界不好師問僧甚處過夏僧云和尚合知師云我即知僧云且道某甲甚處過夏師云老鼠孔裏出頭無對代云道著代前語云便出去僧辭師師云莫教敗闕僧云和尚有什麼事但問師云草賊大敗無對代云敗也代前語云不少因普請般來了坐次云近日不唧𠺕秖擔得一斗米不如快脫去僧云和尚脫向甚處去師云嗄僧擬再問師云釘釘了代云酌然代前語云今日般米困又云尚近師問僧還見燈籠麼僧云不可更見也師云翻蝶繫露柱代云深領和尚佛法深心代前語云好事不如無問僧近離甚處僧云查渡師云蹋破多少草鞋無對代云可惜草鞋又云不虛蹋破草鞋師見飯頭云汝是飯頭麼云是師云顆裏有幾米米裏有幾顆無對代云某甲瞻星望月又云福利門中不得不作師因齋次問僧你是甚處人云淮南人又問一僧你是甚處人云京兆師拈起蒸餅云我也無可到你淮南人也無可到你京兆人二僧無對師遂拈蒸餅抝轉云我惜你作麼生又無對代云不是和尚惜代前語云普同供養又云且留供養和尚問僧看什麼經云已有人問了師云你為什麼在我脚下僧云恰是師云伏惟尚饗代云蒼天蒼天又云將謂韶州無問僧看什麼經云般若燈論師云西天金剛座上甚人說佛法僧云和尚合知師云你夢見麼無語代云不獨某甲代前語云跳出死蝦蟇又云將謂西天無又云隨因齋次問僧喫得幾箇餬餅僧云喫得四個師云你為什麼鼻孔裏秖有一莖毛無對師云脫空妄語代前語云直須慎初又須護末因齋次問僧羹受飯裏飯受羹裏過在什麼處道得別有商量無對代云好羹好飯又云不可道和尚蝦蟇窟裏因僧辭師師下座把僧手云著幾錢無對師云你問我僧便問師云都不直半分錢代云有什麼信物送路將來又云臨行

因見龍藏字問僧龍藏出得個什麼無對師云你問我與你道僧便問師云出個死蝦蟇代云屎臭氣又云饅頭蒸餅因般米次師以拄杖打僧一下云這個師僧不去般米是不僧云般米入倉了也師云般米入倉了且置阿誰喫飯僧便出去師云脫空妄語漢又拈問僧作麼生免得不被主家道得脫空妄語代云為什麼壓良為賤又云因一事長一智代是不處云和尚著甚來由　師在僧堂前問僧這個鐘子是什麼物作無對師云你問我僧便問師云衲僧作代但打鍾一下云摩訶般若波羅蜜又云衆僧堂前師問修造僧甚處来僧云山上斫木来師云還斫得合盤麼僧云和尚放某甲過即道師云放你過作麼生道僧便礼拜師便打代云某甲也潛麼又云可惜成功不毀又云斫問僧甚處来僧云般柴来師云維那打皷不般柴作麼生無對代云錯領又云可惜般柴工夫又云和尚位處當人某甲參學又云纔施少許功勞師問僧甚處来云山下来師云有幾人僧云四人師竪起拄杖云揔在者裏無對代云抑已而已又云悮却多少人問僧喫得幾個餬餅云三個師拈起餬餅云這個是第幾個無對師云你問我僧便問師云不出代云欺敵者亡問僧甚處来僧云湖南来師云夏在甚處僧云湖南師云開通寺在甚處僧云不會師云參堂去無對代云喏代初語云和尚遠問學人近對又云纔始新到師齋次問僧你道鉢盂裏多少飯無對代云野又云飽便休又云一杓兩杓師見僧齋次問鉢盂匙筯拈向一邊把將餛飩来無對代云好羹好飯又云休問僧看什麼經僧拈起經師云鬼窟裏出頭僧云和尚見個什麼師云贓物見在無對代云仁義道中不合如此問僧看什麼經僧云般若經師云經中道一切智智清淨是麼僧云是師云你眼為什麼穿過石榴樹僧云古人何在師云古人即知是你不知無對代云大有人不識勢師問僧甚處来云嶺中来師云夏在甚處僧云招慶師云招慶有何言句僧近前應喏師云一不成二不是無對師云酌然代云秖守是師因齋次拈起餕餡謂僧云撥分一半與你又却不分僧云為什麼不分師云為你打野狸代云將食與人也不惡又云謝和尚供養又云和尚無端作麼師因喫茶次云茶作麼生嗞味僧云請和尚鑒師云鉢盂無底尋常事面上無鼻笑殺人無對師云趂隊噇飯漢代云秖守是又代以茶便潑又云且待某甲點一椀茶師問僧甚處過夏僧云和尚合知師云我即知僧云且道某中甚處過夏師云不消一劄代云更不消也問僧看什麼經僧應喏師云因什失却僧云某甲甚處失却師云自領出去代云同路又云和尚大人不合自作問僧完圝餅角子即不要你半截底把將来僧應喏師云這個是完圝底把將来代云齋與不齋當来無礙又云檀越所修福師問新到什麼處来僧云郴州師云夏在甚處僧云荆南分金師云分得多少僧展兩手師云這個是炮礫僧云和尚莫別有麼師云乾屎撅一任咬代云若不言戰爭得玉轉問僧看什麼經僧云瑜伽論師云為甚義墮僧云什麼處義墮師云自領出去代云悔不先下手問僧曾講百法論是不僧云是師云為什麼脫空妄語代云事不孤起又云著因為亡僧唱衣次問僧如今唱衣亡僧還向這裏麼代云勞煩大衆不能等候打徧趡去也問僧甚處来僧云般柴来師云般得多少轉一宿覓僧云二十轉師云你為什麼打落當門齒無對師便打云言語之流代云也知和尚佛法身心又代前語云搬柴早是辛苦問僧看什麼經其僧却指傍僧云和尚問何不祗對師云露柱為什麼倒退三千里僧云豈干他事師云言語之流代

云洎合不識勢又代珎重便出又云著者非
一師在西京時問僧你是甚處人僧云千闐
國人師云還到西天麼僧云到師拈起柱杖
云掣電之機不問你還到這裏麽僧云不會
師呵呵大笑代云深領和尚降尊就卑又云
將謂此土無又云勲問新到甚處來僧云南
嶽来師云觀音為什麽入洞庭湖裏去僧云
某甲初心不會師云叅堂去代云喏又云慼
著多少人来又云和尚問觀音某甲對弥勒
師齋次問僧半夜般柴即不問你齋時將什
麽喫飯僧拈起鉢盂師以拄杖打落僧無語
代云引又云兩片皮又云匙筯鉢盂手中單
子因喫茶次問僧你是柴頭不僧云是師云
更勸一甌茶代云辛苦受盡又云功不浪施
又云和尚念某甲辛苦問僧你是園頭不僧
云是師云蘿蔔為什麽不生根無對代云兩
水多又云不解悅豫使人問僧你是甚人僧
云知客師云客来將何祗待僧云隨家豐儉
師云這個是充梳竹筋客来將何祗待僧云
謝和尚慈悲師云鰕跳不出斗無對師云你
問我僧便問將何祗待師便打代初問處便
打又云一盤飯兩椀茶又云貪觀天上月師
問僧你是甚處出家僧云趙州孫師云師翁
是甚處人代云喫飯老和尚師因見水磨題

梁云永為不朽後即破損師問僧既是永為
不朽為什麽却被水推無對代云不因一事
難長一智又云堯舜之君猶稽於化師問僧
不惹泥水作麽生道代云南山打皷北山舞
因齋次問僧者裏還有趍佛越祖之談麽僧
云有師云什麽處去也無對代云新羅國裏
又云和尚恐某甲不實代前語云喫飯時不
合與麽道師問柴頭你為什麽𢧵折大梁鋸
僧云無師云無即休代云彼此又云平地又
云也知和尚為頭首辛苦師問僧什麽處来
僧云南岳来師云我此間不曾與人葛藤近
前来僧乃近前師云去代云念學人遠来又
云今日無彩因僧在師前立以拄杖打一下
其僧回首師展手云把錢来無對代云若不
轉頭爭知後事又云但驀面唾因入厨問菜
頭云鍋裏多少茄子無對師云你問我與你
道僧便問師云消不得代云一桶又代後語
云是因普請歸三門下問僧因作什麽面目
僧云和尚合知師云我即不知僧却問因作
什麽面目師拈拄杖云遇長即長遇短即短
僧云未審因與麽道和尚與麽道師云我也
知你親無對代云爭知又代前語云老少黃
白師問飯頭佛是千百億化身你每日作飯
一杓幾個釋迦老子無對代云一僧一升来

又云今日齋飯較細問僧甚處来僧云南華
塔頭来師云祖師有什麽言句僧云有師云
不得錯奉僧云請和尚領話師云我道你一
不成二不是代云和尚大殺教令問磨頭人
打羅羅打人無對代云近来喫麩多又云客
来須看賊来須打問僧什麽處来僧云南華
塔頭来師云還見祖師麽僧云用見作什麽
師云你又去那裏作什麽僧云有什麽過師
云既去無過見有什麽過無對代云若不如
是爭知慈悲問僧甚處来僧云赴齋来師云
將覶錢来僧云和尚欠少個什麽師云你又
欠少個什麽僧云不欠少師云不欠少又赴
齋作什麽無對代云何妨又云𧺆塊問僧你
是向北人僧云是師以一摑無對師云你問
我僧却問和尚甚處人師又以一摑無對代
前問處打一摑又代後云仁義道中有僧粥
後来見師師云喫粥了也未僧云了也云咬
著露柱麽僧云咬著師云看硬著你無對代
云也知和尚恐人不實又云硬阿誰師因閙
門有僧便入師驀胷擒住云有什麽事僧云
有什麽事師以一摑無對代云退己進於人
為存賓主礼代擒住處云驀面唾這野狐精
又代云因學人置得師指露柱問東京僧你
鄉中還有這個麽僧云有師云喚作什麽僧

云喚作露柱師云三家村裏老翁也餅與麽道無對代云本色師見僧来乃牽起拳作打勢僧近前作受勢師與一摑無對代云便出去又云一彩兩賽又代云行因招禍又云謝重重相為問僧甚處来僧云大普請般柴来師云小普請為什麽不到無對代云依前又
句七　八
是大普請又云辛苦受盡問新到甚處来僧云不敢師云放你三十棒無對代云某甲也滑麽又云可惜許七問法堂問僧甚處来云荆南来師云夏在什麽處僧云分金師云有事相借問得麽僧云便請師云鷂子過新羅僧無對代云是於借問處代云鷂子過新羅師在僧堂内喫茶問設茶僧云什麽處安排僧指板頭云在這裏師云你更設一堂茶始得無對代云近日錢難得又云小財不去大財不来又云上間下板頭問僧甚處来僧云郴州師云夏在什麽處僧云西禪師云說什麽法僧展兩手垂兩邊師便打僧云某甲話在師却展兩手無對師打趂出代云便出去問僧甚處来僧云南華礼塔来師云莫脫空僧云實去来師云五戒不持無對代云彼此不出因齋次問僧盂裏幾餅餅裏幾盂僧拈起餅師云問著個老婆無對代云不消又於問處云大衆喫飯次師因普請入柴寮云老

底不用去還有老底麽僧云有師云在什麽處僧乃推出一僧師云這個猶是後生無對代云若與麽却普請去始得師因喫茶次云什麽人接盞子有僧便接師云村裏老翁拜冬至無對代云祇為行仁義却招禍及身有僧来叅師問曽聽講来麽僧云是師云見
句十　九
說有唯識論是不僧云是師云非非想天說個什麽僧云不會師云且念文書代云禪師愛欺壓主又云吽嚛又云維摩頭法華尾有僧辞師師云甚處去僧云湖南去師云前頭津鋪難過僧云某甲有隨身公驗師云這個是念上大人無對代云小小村鎮不足可言又云和尚大殺代前語云便弥重出去師問新到云把將公驗来僧云有人問了也師云由是念上大人僧云莫錯師云草賊大敗無對代前語云且存仁義代後語云大似村鎮頭又云久嚮問僧一切聲是佛聲一切色是佛色拈却了也與我道僧云拈却了也師云與麽說驢年會麽無對代云君子一言代初語云狂又云不存少許佛法身心問僧甚處来僧云摘茶来師云摘得幾個達磨代云新茶宜少喫又云因摘春茶不廢功力因僧辞師師云甚處去僧云慶上去師云打野樫漢代云珍重又云臨行因晒麥問僧晒

了也未僧云了也師云饅頭從你横咬竪咬不離這裏道將一句来代云新麥麵少喫又云三事落作餬餅糖餅問僧看什麽經云顯揚聖教論師云適来一問為什麽照不著僧云什麽處照不著師云夢見顯揚聖教歴代云若不如是争見當人又云照不著
師問看經僧表首是什麽字僧拈起經師云我也有僧云和尚既有為什麽却問師云争柰與麽何僧云洧什麽過師云自屎不覺臭代云今日方知又云德山拄杖紫胡狗又云和尚此問大殺靈利鼓山有小師久在崇壽却歸嶺中到保福處相看福知来却入帳子内衲衣蓋頭坐僧云和尚出汗那不對有僧舉似師師云見成公案不能折合代云鈍置殺人又云草賊大敗師問僧看什麽經僧云咒師云與麽論話未有主在僧云和尚莫錯師云自領出去代云便出去　問僧我有個
句七　十
不露鋒骨底句作麽生有長老云敢師云與麽道得一半代云添領和尚慈悲又云句咊又云洎不別處因修藏問僧作麽生是藏僧應喏師云這個是藏脚還我藏来無對代云争得不修藏又云王問新到甚處過夏云雲蓋師云多少人僧云七十人師云你為什麽不在數代云新到分上未受與麽又云恐久

住曠問僧甚處來僧云郴州師云你爲什麼失脚代云魯般門下弄大斧又云客是主人相師問僧甚處來云查渡師云你爲什麼荳不著僧云和尚莫塗糊某甲師云雖跳不出斗代云新到便蒙和尚重重嚴飾又云見面問僧古人道無邊刹境自他不隔於毫端新羅日本與這裏作麼生僧云不別師云入地獄代云不可作地獄見解又云爭得玉帰問僧你不得鈍置我僧云和尚因什麼到與麼地師云我鈍置你猶可你鈍置我更殺代云事不孤起又云和尚也大無端又云某甲甚處不下馬問僧你諸人行脚道我知有與我拈三千大千世界來眼睫上著僧云喏師云錢塘爲什麼去國三千里僧云豈干他事師云者掠虗漢代云和尚倚勢欺人又云常得此便問僧甚處來僧云南華塔頭來師云還見祖師麼僧云南華橋折師云南嶽石橋又作麼生無對云學語之流代云便出去又云上也問僧甚處來僧云涅槃堂裏來師云亡僧還喫飯麼僧云不喫師云活人還喫飯麼無對代云一杓兩杓又云欠他一個餬餅也不得又云也能秪對師問僧講律來是麼僧云是師云律鈔中說大小乘無分別作麼生是無分別無對代云靈樹置將一句來

師問僧法身還喫飯麼僧云諸方老宿不肯法身無形無相作麼生喫師云與麼道夢見法身麼僧云有不肯處作麼生師云自不知乃云法身喫飯又代云將謂有衲僧孔竅猶是漈屎漈屎後云灼然百千人中未有一人到此境界自云和尚作麼生代云咄這有頭無尾漢師問僧三藏聖教古今老和尚憑個什麼照僧云高也著低也著師云你與麼不得代云得與麼狼藉生　因鑄鍾帰山齋了請師打鍾師打了大衆打師問僧打鍾爲什麼僧云喚和尚喫飯師不肯代云譬如閑又云息苦停酸師入京朝覲帰至大槁山門煎茶迎師師喫茶果次僧侍立師語二衆隨僧云是你京中無可喫乃拈一棵果子與一僧其僧接得便去又語一僧云我不與你僧無對師云那裏也有也其僧又無對別有僧出云某甲今日也隨和尚來請一分得麼師云嗄僧云某甲罪過觸忤和尚師云我不能嚗得你無對代前語云也知果子少兩人共一棵又云未到山便蒙和尚管顧代後語云某甲更是師帰山受大衆叅了乃云我離山得六十七日問你六十七日事作麼生衆無對代云和尚京中帰無信物又云和尚京中喫麵多因數僧來叅師問作什麼來云般柴來

師云帰向北去不得辜負老僧無對後云來來三愚共成一智作麼生代云一畝地代前語云不因一事不長一智因齋次云今日喫飯不得遷化去也排比唱衣無對後云你問我僧便問將什麼唱師云驢年摸著麼又云我與你三家村裏葛藤更問僧又問師擎起椀云這個是定州椀子一唱三十文代前語云錢是足陌因齋次問僧你道人喫飯飯喫人無對師云你問我與你道僧乃問師云謝你荅話代前語云不因喫飯難得此言　因僧隨師出三門師問古人道大用現前不存軌則作麼生是不存軌則無對後云你問我與你道僧便問師引聲云釋迦老子來也僧又無對師遂行數步以拄杖打松樹一下云嗄嗄會麼僧云不會師云你與麼驢年會麼代前語云多華樹蝴無半子代後語云由是師因見僧量米乃問籮裏多少達磨無對師云你問我僧便問師云斗量不盡代云因一事長一智又代趯却米籮便行因園頭請師喫茶師云你若煎茶我有個報荅你亂無對師云汝問我與汝道園頭云請師報荅師云多著水少著末代云得人一牛還人一馬又云金字茶六百錢一斤　師因齋次拈起蒸餅云我這個秪供養向北人是你諸人總

不得時有僧問某甲為什麽不得師云鈍置殺人代云某甲猶可代前語云兩彩一賽問僧古人道直須一句下悟去作麽生僧云直須一句下悟去師云你為什麽鼻孔裏祇對我僧云某甲什麽處是鼻孔裏祇對師云蒙見代云某甲慎初和尚讀未又云南柯又云少喫又云戒文一切摠不犯　師問侍者客来將什麽接侍者無對代云和尚要拄杖即道因歲日在堂中點茶師問僧設羅漢齋得生天福你得飯喫無對師云你問我與你道僧便問為什麽與麽道師云先来不著便如今著暴嚗代前語云非唯施主某甲也蒙因聞鼓聲問僧打鼓為什麽人無對師云你問我僧便問師云打鼓為三軍不為你代云柴不辨　師生次有僧非時上来師云作什麽僧云請益師云你有什麽毀僧云某甲曾問和尚一宿竟般柴柴般一宿竟師乃敲椅子三下云你作麽生會僧云一切臨時師乃揎拳云我共你相撲一交得麽無對次日其僧再上值師漱盥次師乃將水捥過與僧云送去厨下著其僧送去了却来師見来乃從後門出去其僧云比来請益却得一口椀問僧作麽生是打静一句僧云誰敢出頭師云你問我僧便問師以拄杖劃地一下問僧

將什麽轉大藏教僧云莫越於此師云拈却菩提換却涅槃又作麽生僧云今日七明日八師云依俙似佛莽鹵如僧因僧請喫湯次師云作麽生無對師云你問我僧便問師以湯滴云一滴落地萬神俱醉會麽僧云不會師云不會即礼拜著因見僧商量次師打牀一下僧黙然師云作麽生是打静一句僧云出頭即倍經師云三十年後不得錯挙因供養羅漢問僧今夜供養羅漢你道羅漢還来也無無對師云你問我與你道僧便問師云換水添香僧云與麽即来也師云有什麽饅頭䭔子速下来師拈拄杖問僧這個是什麽僧云拄杖子師云入地獄師見僧乃召来来僧便来師云蒼天蒼天僧無語師云蒼天本是你哭為什麽却我哭因入菜園見畫堆上牌子問僧道什麽僧無對師云你問我僧便問師云恐人無信問修造菴主云佛殿拆了也忽然施主来將何瞻敬菴主合掌師云奴見婢殷勤因聞蚊子叫問僧蚊子呑却祖師也僧云非蚊子呑祖師祖師亦呑蚊子師不肯乃云你問我僧便問師云何椊香林云為渠有分師問僧近離甚處僧云查渡師云夏在甚處僧云湖南報慈師云甚時離彼僧云去年八月師云放你三頓棒僧至来日

却上問訊云昨日蒙和尚放三頓棒不知過在什麽處師云飯袋子江西湖南便滑麽去僧於言下大悟遂云某甲自今已後向無人煙處卓個草菴不畜一粒米不種一莖菜接待十方往来知識與他出却釘去却楔除却膩脂帽子脫却鶻臭布衫教伊洒洒地作個衲僧豈不俊哉師云飯袋子身如椰兒大開與麽大口問僧佛法還有長短也無僧云這簾子長五尺師云這個是簾子那個是佛法僧云喚什麽作簾子師云脫空妄語漢因一日齋晚僧看厨庫而立師見乃打一棒僧回首師云文殊普賢香積世界去也問僧看什麽經僧云般若經師云作麽生是消淨僧云共和尚商量了師云驢年夢見又云来来更共你葛藤蚊蟵裏藏身東海鯉魚致跳上三十三天作麽生僧云和尚與麽道即得師云這虛頭漢問僧看什麽經僧云般若經師云作麽生是清淨僧云什麽處不清淨師云繩床入枇把樹裏去也見麽僧云和尚莫瞞人師云瞞人且置你道我作麽生無對師云這掠虛漢師因見僧在殿角立次乃拍手一下云佛殿露柱走入厨庫去也僧回首看師云見你不會却来祗候佛殿因僧侍立次師云不問有言不問無言你作麽生道

僧無語師云你問我僧便問師喚小師某口
小師應喏師云你又得箇師弟也師問僧人
日般柴那僧云是師云古人道不見一法是
你眼睛乃於般柴處抛下一片柴云一大藏
教秖說這個　師於昔請處謂衆云今日困
有解問話底置將一問来若不問向後鼻孔
遼天莫道我瞞你師問僧轉金剛經那云是
師云一切法即非一切法是名一切法乃拈
扇子云喚作扇子是名拈了也在什麽處從
朝至暮顛倒妄想作麽因喫茶次問僧色香
味觸具四塵你道茶具幾塵僧無語師云不
得辜負我師因見僧看經乃云看經須具看
經眼燈籠露柱一大藏教無欠少拈起拄杖
云一大藏教揔在拄杖頭上何處見有一點
来展開去也如是我聞十方國土廓周沙界
師問僧從苗辨地因語識人作麽生僧云不
錯師云不敢因僧設齋師云你是甚處人僧
云某處人師云報典座與阿師設齋
師因喫茶次問僧曹溪路上還有俗談也無
僧云請和尚喫茶師云静處薩婆訶師問僧
餬餅是什麽人做僧拈起餬餅師云這個且
放一邊長連牀上學得来餬餅是甚人做僧
云和尚莫瞞某甲好師云這塵頭漢師行次
一僧隨後行師竪起拳云如許大栗子喫得

幾個僧云和尚莫錯師云是你錯僧云莫壓
良為賤師云静處薩婆訶師問直歲今日作
甚来歲云刈茆来師云刈得幾個祖師歲云
三百個師云朝打三千暮行八百東家杓柄
長西家杓柄短作麽生歲無語師以拄杖打
趂　因僧齋歸師問齋主有什麽供養僧竪起
拳師云我這裏問你即恁麽僧堂前有人問 七
你作麽生道僧云一切臨時師云學語之流 十六
師問僧你作什麽僧云涅槃頭師云還有不
病者麽僧云不會師云恁麽不會不恁麽不
會僧無語師云汝問我僧便問作麽生是不
病者師指傍僧有南雄僧上白氎一段師云
汝道我向什麽處著僧無語師代云拄杖頭
上師却問傍僧你在南雄時識此僧麽僧云
識師云喚去茶堂内喫茶　師問僧不占田
地句作麽生道僧云不會師云不會且作韶
州客師問僧喫得幾個餬餅僧云忘却師云
喫了忘却未喫忘却僧云忘却說什麽喫與
来喫師云是你忘却甚處得来　師問僧你
從向北来還曾遊臺麽僧云是師云關西湖
南還曾見長觜鳥說禪麽僧云不見師拈起
拄杖以口作吹勢引聲云禪禪師問僧甚處
過夏僧云和尚實問即道師云作賊人心虚
舉臨濟三句語問塔主秖如塔中和尚得第

幾句主無語師云你問我主便問師云不快
即道主云作麽生是不快即道師云一不成
二不是師一日從方丈出有僧過拄杖與師
師接得却過與僧僧無語師云我今日著便
僧云和尚為什麽著便師云我拾得口喫飯
師問僧甚處来僧云崇壽来師云崇壽有何
言句僧云崇壽指凳子謂衆云識得凳子周 卅七 十七
帀有餘師云我即不與麽僧云和尚又如何
師云識得凳子天地懸殊師問堂中首座云
你道乾坤大地與汝自己同别首座云同師
云一切物命蛾蛘蟻子與你自己同别首座
云同師云你為什麽干戈相待因在醋寮内
指云這一甕醋得與麽滿那一甕醋得與麽
淺僧云人貧智短馬瘦毛長師大笑而已
問座主講什麽經主云涅槃經師云涅槃具
四德是不主云是師拈起椀子云這個具幾
德主云一德也無師云古人因甚與麽道主
云古人與麽道如何師敲椀子云會麽主云
不會師云且講經著因齋次有僧侍立師云
你還飽也未僧無語師拈拄杖云拄杖却飽
大師遺表　伏聞有限色身詎免榮枯之
數無形實相孰云遷變之期既風燈炬焰難
留在水月空花何適因避典葬之咎將陳委
蛻之詞臣中謝伏念臣跡本寒微生從草莽

爰自駱亂切慕空門潔誠誓屏於他緣鐵志
唯探於內典其或忘餐待問立雪求知困風
霜於十七年間涉南北於數千里外始見心
後罷跳意馬休馳身隈韶石之雲頭変楚山
之雪以至榮逢景運屢沐天波詰道談空誓
荅乾坤之德開蒙發滯星馳雲水之徒獲揚
利益之因迴自聖明之澤加以聯叨鳳詔累
對龍庭繼奉頒宣重疊慶賜撫躬惆悵殞命
何酬不謂臣鬐馬年衰雖勝睿遲遍縈淪於
疲瘵唯待盡於朝昏星漢程遙遐旺而纔瞻
北極波濤去速迴牌而已逐東流伏願鳳曆
長春扇皇風於拂石之劫龍圖永固齊壽考
於芥子之城臣限餘景無時微躬將謝不獲
奔辞丹闕祝别彤庭臣無任瞻天戀聖激切
屏營之至謹奉表以聞

遺誡　夫先德順化未有不留遺誡至若
世尊將般涅槃亦遺教勅吾雖無先聖人之
德既忝育衆一方殆盡不可默而無示吾自
勿七　十八来
居靈樹及徙當山凡三十餘載每以祖道寅
夕激勵汝等或有言句布在耳目具眼者知
切須保任吾今已衰邁大數將絶剎那遷易
頃息待盡然淪溺生死皺經如是非獨于今
矣吾自住持已来甚煩汝等輔贊之勞但自
知媿耳吾滅後置吾於方丈中上或賜塔額
紙懸於方丈勿別營作不得哭泣孝服廣備
祭祀等是吾切意蓋出家者本務超越毋得
同俗其住持等事皆仍舊貫接諸来者無失
常則諸徒弟等仰從長行訓誨凡係山門莊
業什物等並盡充本院支用勿互移屬他寺
教有明旨東西廊物尚不應以互用汝當知
矣或能遵行吾誡則可使佛法流通天神擁
衛不負四恩有益於世儻違此者非吾眷屬
勉旃勉旃大期將迫臨行略示遺誡努力努
力好住還會麼若不會佛有明教依而行之

古尊宿語録卷第十九　勿七

古尊宿語卷第二十　勿八

僧錄司右闡教兼鍾山靈谷禪寺住持　淨戒　重校

南嶽下十一世

楊岐會禪師

道吾真禪師

慈明禪師法嗣

楊岐會禪師袁州之宜春冷氏子也謁方會佐慈明甚久九峰道俗請住揚岐入院上堂僧問如何是楊岐境師云獨松岩畔秀猨向下山啼進云如何是境中人師云貧家女子携籃去牧童橫笛望源歸

上堂云百丈把火開田說大義是何言歟楊岐兩日種禾亾有個奇特語乃云達磨大師無當門齒

上堂楊岐一言隨方就圓若也擬議十萬八千下座

上堂楊岐一語呵佛叱祖明眼人前不得錯舉下座

上堂不見一法是大過患拈起拄杖云穿却釋迦老子鼻孔作麽生道得脫身一句向水不洗水處道將一句來良久云向道莫行山下路果聞猿叫斷腸聲

上堂坐斷乾坤天地黯黑放過一著雨順風調然雖如是俗氣未除在僧問欲免心中鬧應須看古教如何是古教師云乾坤月明碧海波澄進云未審作麽生看師云脚跟下進云忽遇洪波浩渺時如何師云放過一着十字縱橫又作麽生僧便喝撫掌一下師云看者一負戰將進云打草蛇驚師云也要大家知

上堂秋雨洗秋林秋林咸翠色傷嗟傅大士何處尋彌勒

上堂凡聖不存佛祖何立大衆清平世界不許人攙奪行市

師於興化寺開堂府主龍圖度疏與師師纔接得乃提起云大衆府主龍圖駕部諸官盡為你諸人說第一義諦了也諸人還知麽若知家國安寧事同一家若不知曲勞僧正度與表白宣讀且要天下人知表白宣疏了乃云今之日賢侯霧擁海衆臨筵最上上乘請師敷演師云若是最上上乘千聖側立佛祖潛蹤何故如此為諸人盡同古佛還信得及麽若信得及大家散去若不散去山僧謾你諸人去也遂陞座拈香云此一瓣香祝延今上皇帝聖壽無窮又拈香云此一瓣香奉為知府龍圖駕部諸官伏願常居祿位復拈香云大衆還知落處麽若也不知却為注破奉酧石霜山慈明禪師法乳之恩山僧不免薰天炙地去也便燒淨行大師白槌云法筵龍象衆當觀第一義師云大衆早是落二落三了也諸人何不負丈夫之氣若不然者有疑請問僧問昔日梵王請佛天雨四花府主臨筵有何祥瑞師云片雲收岳面浪白靜瀟湘進云大衆霑恩學人禮謝師云斷頭舡子下楊州僧問埋兵掉鬪即不問今日當場事若何師云楊岐入界来未曾逢見者作家僧

師乃云更以手劃一劃師云分身兩處看

師乃云更有問話者請出来諸供養中法供養最勝若據祖宗令下祖佛潛蹤天下黯黑豈容諸人在者裏立地更待山僧開兩片皮雖然如是且向第二機中說些葛藤繁興大用舉步全真既立名真非離真而立立處即真者裏須會當處發生隨處解脫此喚作鬧市裏上竿子是人總見你道金不博金一句作麽生道還有人道得麽試出来踏跳看如無山僧今日失利但恭此際榮幸伏遇知府龍圖通判駕部洎諸官僚請住雲蓋道場可謂諸官願弘深廣為国忠臣建立法幢上嚴帝祚然願諸官壽齊山岳永佐明君作大股肱為佛施主諸院尊宿在會信心世世生生共營大事久立珍重

上堂春雨普潤一滴滴不落別處拈拄杖卓一下云會麽九年空面壁年老轉心孤

歲旦上堂僧問舊歲已隨殘臘去今日新春事若何師云鉢盂裏滿盛進云與

麼則三年逢一閏九月是重陽師云野火燒
不盡春風吹又生進云專為舉似諸方去也
師云你道雲蓋末後一句作麼道進云七九
六十三師云念言語漢
上堂寅朝清旦古今揔見更問如何也是癡
漢　上堂一塵纔舉大地全收拈起拄杖云
如今舉也卓禪林一下云山河大地塞却諸
人眼睛有不受人謾底出衆道看良久云玉
笛横吹動天地未曾逢着個知音參
上堂三春將杪四海廓清風恬浪静是人知
有且道將長就短一句作麼生道良久云幾
度黑風飜大海未曾聞道釣舟傾參
上堂拈拄杖卓一下云大衆達磨纔有真消
息也落諸人第二機參
上堂有句無句如藤倚樹文殊維摩撒手歸
去雲蓋與麼道也是看鍋鏴更有後語不得
錯舉下座
上堂阿呵呵是什麼僧堂裏喫茶去下座
參駕部歸寺上堂釋迦老子為先鋒弥勒大
士為殿後衆中還有着力者麼出衆來與雲
蓋着力看如無雲蓋自逞神通也三五日出
入相看首座大衆你且道於裏還有隔礙底
道理麼上座僧堂裏展鉢時與上座同展睡
時與上座同睡立地時與上座同立地長者

長法身短者短法身弥勒運用與去來何處
有間隔雖然如是且道雲蓋在舡頭在舡尾
衆中還有靈利底衲僧覷得見麼良久云人
人盡道平地險登樓方覺遠山青參
上堂雲蓋不會禪只是愛瞌眠打動震天雷
不直半分錢　上堂拍禪林一下云休戀江
初八
湖五六月收取絲輪歸去來　楊岐詮老來
四
師上堂拈花付囑有屈當人面壁九年胡言
漢語當人分上把斷乾坤且道作麼生是把
斷乾坤底句還有人道得麼如無雲蓋失利
楊畋提刑山下過師出接提刑乃問和尚法
嗣何人云慈明大師楊云見個什麼道理便
法嗣他云共鉢盂喫飯楊云與麼則不見也
師捺膝云什麼處是不見楊大笑師云須是
提刑始得師云請入院燒香楊云却待回來
師乃獻茶信楊云者個却不消得有甚乾嚗
嚗底禪希見示些子師指茶信云者個尚自
不要豈況乾嚗嚗底禪楊擬議師乃有頌示
作王臣佛祖罔措為指迷源殺人無數楊云
和尚為什麼就身打劫師云元來却是我家
裏人楊大笑師云山僧罪過萬壽先馳書
至師問萬壽峰前師子吼當人返擲事如何
僧云踣跳上三十三天師云與麼則雲蓋直
下覷也僧云草賊大敗師云更不拜勸且坐

喫茶
慈明遷化僧馳書至師集衆掛真舉哀師至
真前提起坐具云大衆會麼遂指真云我昔
日行脚時被者老和尚將一百二十斤擔子
放在我身上如今且得天下太平却顧視大
衆云會麼衆無語師搥胸云嗚呼哀哉伏惟
初八
尚饗送武泉常老出門乃問出門便作還鄉
五
計到家一句作麼生道泉云和尚善為住持
師云與麼則身隨寒影去脚大草鞋寛泉云
和尚善為開田師云兎子何曾離得窟
一日七人新到師問陣勢既圓作家戰將何
不出陣與楊岐相見僧以坐具便打師云作
家僧又打師云一坐具兩坐具又作麼生僧
擬議師背面立僧又打師云你道楊岐話頭
落在什麼處僧指面前云在這裏師云三十
年後遇明眼人不得錯舉且坐喫茶
一日道吾供養主馳書至師問春雨霖霖無
暫息不觸波瀾試道看主云適來已通信了
師云者個是道吾底那個是化主底主指云
春雨霖霖師撫掌大笑云不直半分錢主便
喝師云者瞎漢向道不直半分錢又恁麼作
什麼主撫掌一下師云且坐喫茶
一日石霜供養主至師問征行戰將假道經
過劄寨〻圓何不與楊岐草戰主云昔時謬

向途中覔今日親逢老作家師云楊岐且輸
小捷去也主便喝師云乱做作什麽主將坐
具劃一劃師云竊後鍾主云嘘師云只者個
別更有在主無語師云敗將不斬且坐喫茶
師問僧楊岐路僻高步何来僧云和尚幸是
大人師云嗄僧云和尚幸是大人師云楊岐
近日耳聾且坐喫茶　師問僧秋色依依
朝離何處僧云去夏在上藍師云不涉程途
一句作麽生道僧云兩重公案師云謝上座
荅話僧便喝師云𨚗裏學得者虛頭来僧云
明眼尊宿難謾師云與麽則楊岐隨上座去
也僧擬議師云念你鄉人在此放你三十棒
師問僧雲深路僻高步何来僧云天無四壁
師云踏破多少草鞋僧便喝師云一喝兩喝又
作麽生僧云你看者老和尚師云拄杖不在
且坐喫茶　一日八人新到師問一字陣圓
作家戰將何不出陣與揚岐相見僧云和尚
照顧話頭師云楊岐今日抱馬拖旗去也僧
勿八　上
云新戒打退鼓師云道僧擬議師云道僧撫
掌一下師云謝上座荅話僧無語師云將頭
不猛累及三軍且坐喫茶
潭州道吾禪師諱悟真開堂日表白宣疏罷
乃云請和尚不勞譙讓為衆舉揚師云直饒
與麽道也落第三綫便陞座上首白椎了師

乃云便與麽觀得一時着便若論玄微見與
不見一時𢷬瞎時有僧問承師有言明瞎兩
字截斷衆流請師便道師云作麽生道僧云
作家師便喝僧撫掌師云恰是問三千劒客
無施用便卷朱簾賀太平時如何師云逼塞
虗空內開張日月前進云恁麽則千花岩畔
澄孤月五鳳樓前舞纛旗去師云白雲千里
万里僧拂袖歸衆師云瞎問定馬單鎗請師
布陣師云分為兩段僧撫掌師云你又作麽
生僧無語師喝云瞎漢乃云一問一荅未有
休期直饒你問到未來際我也荅到未来際
所以古人喚作無盡法藏亦喚作無碍辯門
且道如今喚作無盡法藏是無碍辯門是還
有道得底麽試出来道看如無拄杖子為你
諸人道去也以拄杖劃一劃云一時領過下
座　師在北禪上堂云青山峭峻白日如梭
龍門無客鬧市人多諸人且道即今下菜行
頭有幾人納稅百姓時有僧出禮拜師云比
勿八　七
禪寺裏却有一個僧問不落二三請師速道
師云前三點後三點僧便喝師亦喝僧禮拜
師云有恁麽瞎漢　上堂云拗折秤衡將什
麽定斤兩拈却鉢盂匙筯將什麽喫粥飯不
如向三家村裏東卜西卜忽然卜着脫却鼻
孔　上堂拈拄杖卓一卓喝一喝云你還肯

麽你若肯心肝五臟頭目髓腦一時屬老僧
你若不肯心肝五臟頭目髓腦一時分付擲
下拄杖便下座　上堂一切智智清淨無二
無二分又道無法可說是名說法且道龍宮
海藏甚處得來良久云三要點開天地眼一
曲無私豁古今　上堂直上直下如何指南
十字縱横作麽生提綱良久云風散乱雲長
空靜夜深明月照窓前　上堂乃喚維那令
昨日四人新到人事新到纔出師云雖是小
過令人大怒新到纔展坐具師云當為空王
如来作禮便歸方丈　上堂云遍界元正又
逢令節問諸禪人是生是滅紅日長輝玉輪
圓缺疾焰過鋒眼中電掣髑髏當㖃是決不
決汝等諸人還拜父母墳壟也無良久云人
行荒草裏鬼哭寄林間　問王老夜燒錢意
旨如何云白日看星月僧擬議云會麽僧云
不會師乃云王老夜燒錢白日看星月磕額
禮慈尊手把冥香爇　上堂拈拄杖卓一卓
喝一喝乃云一喝一卓眼生八角鼻孔吒沙
眉毛卓朔若也會得西山月落若也不會胡
餅餶飿下座　上堂僧問如何是第一句師
云直下衝雲際東山絕往來問如何是第二
句師云面前渠不見背後轉究若問如何是
第三句師云頭上一堆塵脚下三尺土問砧

道来時不將絲頭来去時不將絲頭去意旨如何師云三生六十刼未是長期僧無語師云會麽僧云不會師云洞庭八百里未是闊問如何是透出乾坤句師云棒下最分明僧無語師乃云透出乾坤句未語先剖陳屈躬来更問棒下取分明　上堂衆集師以拄杖
勿八
八
擲下来隨後跳下衆擬散師乃名大衆衆回首師乃云為老僧收取拄杖便歸方丈上堂云開心椀子盛將来無縫合盤合取去擬思量何刼悟看取眉毛有幾許去　上堂云夜来雷声震地今朝細雨霏霏乾枯滋潤万物萌茅且道嘉州大象髭鬚長得多少還有道得者麽若也道得陝府鐵牛是常不輕菩薩若道不得土宿拽脱你鼻孔　上堂若據祖令到這裏揔須茫然放老僧一線且向眉睫裏東覷西覷　問如何是先照後用師云語路分明説投針不回避如何是先用後照師云金剛親面親分付話道分明好好陳如何是照用同時師云祖佛道中行路異森羅影裏不留身如何是照用不同時師云清涼金色光先照峨嵋銀界一時鋪乃云叅須實叅學須實學又須要明古人血脉且道作麽生是古人血脉良久云智不到處切忌道着　上堂云寒風浩浩無時節浪打懸崖石頭裂

洞庭湖裏釣舡傾雪路行人山路絶清風月白透幽關畢竟以何為妙訣下座　上堂向上一路千聖不傳學者勞形如猿捉影你等諸人還明得這時節麽若明得去天上人間堪受供養若明不得閻羅老子眼目分明　上堂汝等諸人盡學佛法非即便言非是即
勿八
九
便言是直須緇素分明不得錯認定盤星好珎重　上堂云如天普盖似地普擎三世諸佛揔在你鼻孔裏三十年後不得辜負老僧　上堂舉僧問大隋刼火洞然大千俱壞未審這個壞不壞隋云壞僧云與麽則隨他去隋云隨他去又問龍濟刼火洞然大千俱壞未審這個壞不壞濟云不壞僧云為什麽不壞濟云為同大千此二老宿一人道壞一人道不壞且道壞底是不壞底是會麽壞與不壞俱非内外不隔纖毫尋常面對　上堂問如何是奪人不奪境師云菴中閑打坐白雲起峯頂如何是奪境不奪人師云閃爍紅霞散天童指路親如何是人境兩俱奪師云剛骨尽隨紅影沒苍苗揔逐白雲消如何是人境俱不奪師云久旱逢初雨他鄉遇舊知問如何是賔中賔師云誰説有蹤親如何是賔中主師云磕額無回互對面与誰陳如何是主中賔師云瑞雲空裏布霹歷震乾坤如何是

主中主師云古皇令高舉巧辨徒申吐問如何是正中来曰皎潔乾坤震地雷如何是正中偏曰諸子投来見大仙如何是偏中正曰万水千山明似鏡如何是兼中至曰施設縱横無所畏如何是兼中到曰黒白未分已前過師乃云古人道主賔元不異問荅理俱全同安又云賔主睦時全是妄君臣合處正中邪一等是出世尊宿接物利生言教有異為復見處偏枯為復利生不普明眼底人通個消息　上堂云有物先天地無形本寂寥能為万象主不逐四時凋且道是什麽物還識得麽若識得乾坤大地森羅洞明若也不識被物撥着轉身不得　上堂云鋒刃上踣跳微塵裏走馬勞勞去後来個是知音者　上堂云昨日三人新到出来人事僧才出禮拜師云不落平常卦筮直述来情僧云和尚休得也師云此由是落平常僧云恰是歸衆師云龍蛇易辨衲子難瞞下座　勘辯
勿八
十
師問僧先行不到末後太過僧擬提起坐具師指云離却坐具作麽生道僧云和尚那裏得這消息来師便打僧擬提坐具師又打云瞎漢僧擬議師又打云且坐喫茶僧便坐師云什麽處来僧云石霜師云怪得　師問僧有一事借問上座只是不得打老僧僧云着

甚来由師提起生具云争柰這個何僧云莫
乱做師便打僧云莫乱做莫乱做師又打云
且坐喫茶僧云適来道着甚来由和尚為什
麼却打某甲師云你適来去什麼處来僧無
語師乃搥胷一下　師問僧昨日莊上已相
見了也今日人事又作麼生僧云合取狗口
師云也是僧便打師云老僧過在什麼處僧
云弃犯不容師却云將謂是個漢師便打云
參堂去　數人新到禮拜師云揔是浙裏師
僧僧云猢孫向火師云路跳作麼僧云今日
得見和尚師云伏惟尚饗僧無語師便打
師在慈明會裏一日提螺師一籃遶院云賣
螺師令衆下語皆不契有一老宿揭簾見以
目顧視師放身便卧師放籃子便行
師問僧甚處来僧云殿寮裏来師云釋迦老
子作何面孔僧便喝師云作麼僧又喝師云恰
是僧云一任跆跳師便打　一日新到
人事乃云請和尚相看師云不易道得且坐
勿八
十二字
喫茶沩潭尊使礼拜乃云德華礼拜師云是
箇浙裏師僧云不消如是師云由是舊時氣
息僧云咄師云咄即且致别作麼僧良乆云
一任跆跳師撫掌一下　王提刑問璉三生
云某甲四十年為官作麼脫得此塵去生無
對師代云一任跆跳又看上峯路璉云這个

是上峯路提刑云寺在上頭那璉云是提刑
云恁麼則不去也璉無語師代云今日勘破
偈頌　溈山水牯牛　水牯溈山峭崚楼分
明人類顯幽奇兩途語出分明處夜鳥投林
曉復飛
杖林山下竹筋鞭　杖林山下竹筋鞭搭索
拏鉤火裏牽拽近不能推放後回旋却到使
君前　北斗藏身　雲門透法身從此
覔蹤親尽道和風暖三春寒更新
百丈野狐　語路分明在憑君子細看和
兩西風急近火轉加寒　麻三斤
同袍叅學問通津来扣宗師正佛因為說三
斤麻最好三斤天下說尖新幾多匠者頻拈
掇柰緣緇侶有蹤親余今更為重秤過那吒
太子析全身　興化問雲居何必話
何必不必一七二七龍樹馬鳴熖光透出

古尊宿語錄卷第二十　勿八

古尊宿語録卷第二十一　勿九

白雲端禪師 南嶽下十二世嗣楊岐
佛照光禪師 南嶽下十六世嗣大慧
北磵簡禪師 嗣佛照 派下五人附録

舒州白雲禪師諱守端衡陽周氏子示衆云善言言者言所不能言善跡跡者跡所不能跡每日開口動舌無非是言作麼生說箇言所不能言喚作言即便是跡作麼生說箇跡所不能跡到這裏一大藏教一字用不着到這裏一大藏教字字用得着爲甚麼先用不着又却用得着且道譊訛在甚麼處不見道千峯勢到嶽邊止萬派聲歸海上消自古自今向其間鑽仰者如稻麻竹葦端的透徹者百千中無一二若果然透得十二時中不妨慶快應機接物利樂有情盡乾坤星辰日月盡大地草木叢林都作一箇出入遊戲之場古者道玉轉珠回祖佛言精通猶是汚心田老盧只解長春米何得黄梅萬古傳山僧在庵中亦有示衆云直下雖然没許般透如未盡活還難海門昨夜狂風起無限波濤一掃乾恁麼地先與人開却路然後兩手撥向人前靈利底不用絲毫氣力便提得去還有麼若提不去敢問諸人十二時中應用施爲分別賢愚是是非非是箇甚麼

示衆云古者道上士聞道勤而行之中士聞道如存若忘下士聞道大笑之大衆若約衲僧門下却許他大笑者有些些骨氣何謂如此衆眼難瞞

示衆擧玄沙因誤服藥徧身紅爛僧問如何是堅固法身沙云膿滴滴地後來懷和尚頌云滴滴通身是爛膿釣魚船上顯家風時人只看絲綸上不見蘆花對蓼紅亦有人問法華如何是清淨法身只荅他道屎臭薰天又云蓮華葉上化生兒且道與古人是同是別法華亦有一頌云　屎臭薰天亦偶然法華爭敢爲君宣鼻中若有通天竅一任横行不着穿

一日示衆云未透者須教伊識已透者須共伊行盡大地是沙門一隻眼教阿誰識實際理地不受一塵向甚麼處行所以道他人住處我不住他人行處我不行不是爲人難共住大都緇素要分明少處減些子多處添些子爲甚麼少處更減多處更添神仙秘訣父子不傳

示衆云明明知道只是這箇爲甚麼透不過只謂見人開口時便喚作言句見人閉口時便喚作良久默然又道動轉施爲開言吐氣盡十方世界内無不是自己所以隨在途中隱隱猶懷舊日嫌不見雲門道聞聲悟道見色明心擧手云觀世音菩薩將錢買胡餅放下手原来却是饅頭不見山僧住法華時道無業禪師云一毫頭凡聖情念未盡未免入驢胎馬腹裏去直饒一毫頭凡聖情念塡盡亦未免入驢胎馬腹裏去瞎漢但恁麼參

僧問智不到處切忌道着道着時如何師云風吹日炙云恁麼則無處容身去也師云碓擣磨磨云官不容針私通車馬師云可貴可賤僧彈指一下師云恰是僧吐舌師云家貧猶自可路貧愁殺人僧呵呵大笑師云放過一着

僧問龍門未透時如何師云不是這箇調云透後如何師云不是這箇調僧擬議師云買賣不當價

示衆云如我按指海印發光拈起拄杖云山河大地水鳥樹林情與無情盡向拄杖頭上作大師子吼演說摩訶大般若且道天台南岳說箇甚麼法門南岳說洞上五位修行君臣父子各得其宜莫守寒岩異草青坐着白雲宗不妙天台說臨濟三玄三要四料簡一喝分賓主照用一時行要會箇中意日午打三更廬山出来道你兩個漢正在葛藤窠裏不見道欲得不招無間業莫謗如来正法輪此三個見解若上衲僧秤子秤一箇重八兩一箇重半斤一個不直半分錢但願春風齊著力一時吹入我門来

上堂竪起拄杖

曰鋒刃上跨跳橫按曰徹塵囊走馬三勞勞去
後來箇是惺惺者擲拄杖下座　上堂不曾
迷莫求悟為甚麽從上來却有師承祖嗣若
也會得入鄉隨俗若也不會餓死首陽山然
雖如是入水見長人　上堂今日至節一陽
生於此日拈起拄杖召大衆曰且道這箇作
麽生若也見得且恁麽應特納祐若數至大
年朝前頭大有事在所以承天尋常十度發
言九度休何謂如此當門不用栽荆棘後代
兒孫惹著衣然雖如是三十年後太公釣魚
參　上堂今日也是這箇明日也是這箇作
麽生是那箇漆桶參堂去淨空居士郭功甫
訪師上堂夜來枕上作得箇山頌謝功甫大
儒直要與天下有鼻孔衲僧脱却着肉汗衫
莫言不道遂曰上大人丘乙己化三千七十
士尔小生八九子佳作仁可知禮也　示衆
云有時碓戲生花有時佛面百醜千拙醉倒
斷頭自是張公喫酒燈籠皺斷眉頭露柱呵
呵拍手　白雲禪師語終

東山五祖演禪師語三卷在士字函中
圓悟佛果禪師語一十七卷具列別函
大慧普覺祖師語三十卷在試戒弍三函蔵不録

佛照禪師諱德光臨江軍新喻縣彭氏子隸
景光化歷參目菴應菴萬菴與牛十餘員尊
宿曉見育王大慧舉僧問趙州如何是趙州
州云東門西門南門北門你作麽生會荅云
大小趙州坐在屎窖裏慧云你甚麽見趙州
荅云莫瞌睡慧打一竹篦荅云莫掩彩慧喚
侍者問這僧名甚麽荅云不得名慧云你看
這漆桶亂做荅云未為分外又入室四次慧舉
竹篦問云喚作竹篦則觸不喚作竹篦則背如
何荅云請和尚放下竹篦與學人相見慧擲
下竹篦云如何相見荅云伎倆已盡慧云你
看這漢杜撰禮拜便出又一日入室次慧問
喚作竹篦則觸不喚作竹篦則背不得下語
不得無語不得向意根下卜度不得向擧起
處承當速道速道荅云杜撰長老如麻似粟
慧云你是第幾箇荅云今日捉敗這老賊慧
付頂相書贊印證云有德必有光其光無間
隔名實要相稱非青黃赤白自是聲響大彰
應刺史李浩之命出世台之鴻福繼升天寧
光孝自謂平生多得拙力遂號拙菴淳熈三
年春孝宗皇帝詔居靈隱後居育王徑山慶
元間優詔賜光育王東菴云
上堂從來共住不知名這漆桶任運相將只
麽行撞脚不起自古上賢猶不識賊身已露
造次九流豈可明少賣弄拍禪床下座
上堂若說佛法供養大衆雪上加霜若說世
法供養大衆擔水河頭賣揔不與麽剃腦入
膠盆别有機關也是胡孫伎倆畢竟如何氣
似鞴袋令人可愛　浴佛上堂指天指地逞
嘍囉凌辱宗風罪過多惡水驀頭澆一杓免
教平地起干戈　上堂一月普現一切水一
切水月一月攝諸佛法身入我性我性同共
如來合唱一唱大小永嘉和屎合尿五　上堂
牛頭橫說竪說不知有向上關棙子便是德
山臨濟何曾踏著汝等諸人皮下還有血麽
直饒踏著關棙也未夢見育王脚跟下汗臭
氣在　佛照禪師徑山育王語終

北磵禪師諱居簡字敬叟西蜀潼川龍氏依
邑之廣福院圓澄得度徧參荆楚見別峯涂
毒於徑山晚參佛照於育王經十五寒暑遂
大發明及訪瑩仲溫與語知師奇偉温得大
慧居洋嶼時竹篦付師後出世台之報恩湖
之觀音大覺思溪圓覺宣之彰教常之顯慶
碧雲蘇州慧日吳興道塲杭之淨慈云
升座法不孤起仗境方生法隨法行法幢隨
處建立所以永嘉道建法幢立宗旨明明佛
勑曹溪是豈獨曹溪三千大千世界無有如
芥子許不是菩薩降生出家修道轉法輪般
涅槃處只今欲建楊岐白雲宗旨竪最勝幢
直得鵶飛不度與湖海毀佛謗法不入衆數

大關提人同一手作發吾花木底樹下垃圾
堆頭明月夜光照天照地去也忽有箇恐俊
不禁出來道是則是爭柰千兵易得一將難
求良久云心不負人面無慚色　上堂教
中道衲衣在空閑假名阿練若誑惑世間人
自謂行真道汝等諸人總被誑惑了也便好
拽轉痛與一頓若無報恩今日失利
上堂識得一萬事畢了事衲僧一字不識直
饒恁麼未稱全提爲力不到處河聲流向西
上堂一大藏教總是魔說日可冷月可熱是
假易除是真難滅　上堂伶俐衲僧十成
峭措箇裏守株那邊待兎昨夜文殊普賢起
佛見法見貶向鐵圍王老師你自領出去
上堂舉石林問龐居士有箇借問居士不惜
言句否士云便請舉來林云元來惜言句士
云者箇問訊不覺落佗便宜林掩耳而去士
云作家作家師拈云纔生便劄不得一半失
之東隅桑榆已晚只如居士道作家作家且
道石林還甘麼　上堂汲井花水煮薔薇
露清淨法身遭點污良久云活夾世界一年
一度　上堂我見燈明佛本光瑞如此至
若山河大地明暗色空萬象森羅燈籠露柱
皆發本光瑞是汝諸人因甚脚跟下黑漫漫
地　上堂行亦禪坐亦禪飢喫飯困喫眠

三到投子九上洞山無端搬地覓青天
上堂懸崖撒手自肯承當絶後再甦欺君不
得所以道我立地待汝構去擲主丈云討什
麽碗　上堂哪吒太子析肉還母析骨還
父正當與麽時太子在什麽處師拈云肉還
母骨還父日西沉水東注良久云露
上堂敗關在雙林都無跡可尋海枯終見底
人死不知心　上堂舉孝宗皇帝問佛照
禪師釋迦入山六年所成者何事佛照對云
將謂陛下忘却師頌云借婆衫子拜婆年驀
本起挑不上禪扶起玉龍轟霹靂明星猶在
九重天　上堂人棄我取人取我與寺
識圖無本可據毀於佛謗於法不入衆數分
明有眼難緇素　上堂舉安禪師破句讀
楞嚴經師頌云未到忘筌地勞藍等跳蹴錯
行樵子徑却到葛洪家　上堂簷頭滴滴
分明歷歷明眼衲僧卓主丈云切忌從這裏
入　移佛上堂東邊移了復西移不動尊
還有動時弗打併他蹲坐處安知四十九年
非　上堂諸方今日書符底書符採藥底
採藥碧雲窮廝煎餓廝吵只者一著盡情拈
却良久云開眼也着合眼也着　上堂舉
客師伯與洞山在餅店客於地上畫一圓相
謂洞山云把將去山云拈將來後來保寧勇

和尚云非但二人提不起盡大地人亦提不
起北磵敢道保寧計窮力盡　上堂去年
梅今歲柳天地有全功物物還依舊衲子生
涯也如舊頭上青灰三五斗臘雪後春風前
莫教蹉過鑊頭邊　上堂今朝三月初五
大色半晴半雨園林過了清明無限落花飛
絮釋迦慳彌勒富絶憐杜宇不知時啼得血
流無用處　上堂諸佛不出世四十九年
說說箇什麽祖師不西來少林有妙訣也好
藏拙是假易除是真難滅　上堂世事悠
悠不如山丘避喧求靜騎牛覓牛黄河合眼
跳特地一場愁　上堂色不是色菜花黄
梨花白聲不是聲燕語黄鶯鳴觀音菩薩
將錢買胡餅放下手却是饅頭洞裏春光渾
不惜一時流入武陵谿　上堂舉趙州入
僧堂云有賊有賊見一僧便云賊在者裏僧
云不是某甲趙州托開云是即是不肯承當
師云趙州收處太寬放去太急淨慈則不然
家賊難防家財必喪卓拄杖云只可錯提不
可錯放　上堂仲夏初吉有好消息露柱
燈籠參學事畢證據則任汝證據鞭逼則任
汝鞭逼以拂子擊禪床云當機覿面提覿面
當機疾　上堂牛頭横說豎說不曾動舌嘗
祖見僧面壁自納敗闕淨慈敗闕釘橛向空

熨斗煎茶銚不同　上堂舉常不輕菩薩我不敢輕於汝等汝等皆當作佛師云己所不欲勿施於人　小參一陽來復小人道消消剝群陰君子道長大似依文解義取笑傍觀須知有物先天地無形本寂寥能為萬象主不逐四時凋又誰管你晷運推移日南長至孟夏漸熱仲秋漸涼主丈子忍俊不禁出來道我則不然寒時向火熱即乘涼為復是世諦流布為復是佛法商量巖得莊周蝶夢長

物初觀禪師南岳十八世嗣北磵禪師

晦機熙禪師南岳十九世嗣物初禪師

廣智全悟笑隱訢禪師二十世嗣晦機

仲方倫禪師南岳二十世嗣晦機禪師

覺源曇禪師南岳廿一世嗣廣智和尚

右附錄五人

物初禪師諱大觀四明鄞縣陸氏子遊方徧參吳楚諸知識咸以法器重之欲致己席下而師胷中疑膺終未釋晚依北磵禪師於南屏一衲蕭然寒暑不易潛衆十年人無知者一日入室次機語契合遂大發明後出世歷遷名刹至坐育王道場妙喜宗風為之特振

上堂一冬二冬你儂我儂暗中偷咲當面脫空雖是尋常茶飯誰知米裏有蟲夜來好風吹折門前一株松　上堂用黑豆法換人眼睛如恒河沙會火爐頭話箇有幾箇九九九三世諸佛不知有翻身踢倒五須彌何用法身藏北斗藏北斗分明向外揚家醜

門題賸語僧默集師平居應酧藁請題云

與世同波於世無涉泠然其間亦聊以自適萬象為賓朋萬籟為鼓吹斯亦足矣欄際彷徉白間虛明興弗容遏竺册魯典遮眼為樂或便謂予從事乎討論矣職提唱外酬應或需韻句事功或需記錄或求於予性不善拒然法不孤起理不它隔言在此而意在彼或便謂予長乎文言矣纔一脫藁掃不見蹤跡如是者有年吾徒默子潛會粹成編彚於予前恍然永師後身見破甕中物前身知藏僧忽省書未了經也縱揭增赧自訟斐淺輕出欲斂而秉畀之嘿捍護堅甚則訓之曰吾宗素不尚此毋重吾過嘿曰目連之集異鶖子之法蘊泊夫華竺諸賢率多論著雜華取淵才雅思又何如予因自笑曰治亂不關寵辱不聞山林自跧窮黙自業予世之賸人也課當弘宗亦有本末瑣瑣筆墨臺酬應又吾之賸事也說而無說文而非文又吾之賸語也人賸事賸語賸惡足識其中有無欠賸句亦或有所取

上堂塵劫來事只在今時當斷不斷斗換星移枯主丈卓一下云花須連夜發莫待曉風吹　上堂智不到處切忌道着道着則頭角生古人恁麼告報育王則不然智不到處滿口道着道得着有名不用鐫頑石

因臘茶示衆午窓夢緒慣逢迎杵臼驚聞隔竹聲未啜睡魔先辟易策勳不戰屈人兵

見桂花示衆一出湖山即擅芳更何龍麝敢言香掩關憑几無言說時見零金點石床

上堂舉龐居士問馬大師不與萬法為侶是甚麼人大師云待汝一口吸盡西江水即向汝道師云大小祖師只知開口易不覺舌頭長當時若問育王但云若要向汝道直待虛空落地自然出他一頭何故車不橫推理無曲斷　聞猿示衆秋徑無人葉亂飛攀翻寒影掛危枝恍然曾是當年見日落香林靜立時　上堂八月秋何處熱露冷風高重重漏泄何必三登投子搖地覔天九上洞山捫空釘橛良久云踏着秤鎚硬似鐵

焙經上堂祖佛之言汗牛衝棟時人所得僅鼠飲河曾聽火䰟上說法來終不向語脉裏轉一嗅便識猶是鈍根展卷方知白雲萬里以字不是八字不成從頭盡掃白底是紙黑底是字此話難明　上堂今朝正月半拈出舊公案水上挂燈毬大家普請看卓拄下座

佛智晦機禪師諱元熙豫章唐氏子登進士棄從西山明覺院明公祝髮禹谿寧退耕衍石帆郢東叟徧謁呉楚諸師晩依育王物初觀禪師座下十年人無知者一日清默書記同入室機語峻捷衆咸驚異觀乃字以晦機囑令毋早應世一衲二十年囊無長物元貞二年出世百丈遷淨慈徑山妙喜宗風大振江右緇白敬慕遂迎歸大仰終老焉

上堂雲門道箇普字盡大地人不柰他何殊不知雲門開口早已四稜塌地當時若與震威一喝待此老惡發徐徐打箇問訊道莫恠觸忤好非圖救取此老亦能振起雲門綱宗雖然口是禍門　上堂獨坐大雄峰寒灰撥不紅一星熒火出孤鶴過遼東　結制上堂以手作結布袋勢云南山今日結布袋口了也汝等諸人各各於中身心安居平等性智忽有箇衝開碧落撞倒須彌的莫道結子不堅密須知楊天網子百千重　上堂

勿九　十一　高麗信士高聯妻氏刊

三界無法何處求心何處有法何處無心白雲為葢流水作琴古今無間誰是知音擊拂子云一曲兩曲無人會雨過夜塘春水深

師因開先遣訢侍者來參大問云黃龍向汾陽得旨領徒遊方及見慈明氣索汗下過在甚麼處訢曰千年桃核裏覓甚舊將人又一日以百丈野狐話詰之且道不落因果便隨野狐身不昧因果便脫野狐身利害在什麼處訢擬答師遽喝一喝訢後出世為龍翔開山云

晦機禪師語錄

廣智全悟大禪師諱大訢字笑隱龍興南昌陳氏子依郡之水陸院彰上人祝髮首參一山萬禪師於廬山開先久之造參百丈晦機熙公公示以本色鉗鎚成大法器熙公遷淨慈師隨至掌外記一時名公卿士樂聞道妙聲震東南出世吳興烏回繼遷錢塘鳳山報國天竺永祚天曆己巳文宗皇帝以金陵潛宮為大龍翔集慶寺詔師開山為第一代焉

上堂驅耕夫牛奪飢人食啐啄同時箭鋒相直一拳還一拳一踢還一踢牛頭南馬頭北

結夏上堂栢巖開粥過夏西院商量兩錯嘉州大像脚踏地陝府鐵牛頭戴角喝一喝切忌無繩自縛　上堂黃龍南和尚云說妙說玄乃太平之奸賊行棒行喝為亂世之英雄所以佛法二字烏回未嘗道着雖然也要大家知有拈主杖云鎭州出大蘿蔔頭寺原白家三盞酒客來隨分納些些相逢不用揚家醜卓主杖下座　上堂長連牀上拈得鼻孔十字街頭打失眼睛汝諸人還曾檢點也未明如日黑似漆萬仞崖頭撒手行無位眞人赤骨律　上堂拈槌竪拂捏目生花舉古論今虛空釘橛楊岐和尚道須彌山可透金剛圈不可透大海水可吞栗棘蓬不可吞直饒吞得透得未是衲僧分上事如何是衲僧分上事歸堂喫茶去　上堂言發非聲色前不物着甚來由聲色裏睡眠聲色裏坐卧却較些子所以道卽此見聞非見聞無餘聲色可呈君箇中若了元無事體用無妨分不分驀拈主杖云水流黃葉來何處牛帶寒鴉過別村卓主杖下座　上堂圓悟禪師住東京天寧日舉僧問雲門如何是諸佛出身處門云東山水上行若是天寧則不然有問如何是諸佛出身處只向他道薰風自南來殿閣生微凉其時大慧祖師於言下大悟諸禪德不妨奇特者箇是論實不論虛底事如人歸京必須親到見京裏人說京裏話一點外來也着不得雖然雲門道東山水上行因甚不悟圓悟道薰風自南來因甚便悟去報國不惜眉毛為諸人下箇注脚諸佛出身處東山水上行薰風自南來殿閣生微凉衆中有全身擔荷者出來與山僧相見

勿九　十二

上堂安養國中水鳥樹林悉皆念佛知足天上樹相撑斕演說苦空竪起拂子云山僧拂子穿汝諸人鼻孔諸人向甚處出氣

上堂選佛場開牛欄馬廐心空及第活陷泥
犁畢竟如何仰面不見天低頭不見地月明
幽室寒星分拱辰巽　上堂今朝又是五
月一大盡小盡數不出八臂那吒沒柰何夜
叉屈膝眼睛黑　上堂金佛不度爐木佛
不度火泥佛不度水真佛屋裏坐喝一喝云十三
文殊普賢因甚勿九在你脚跟下過　師舉青
州布衫重七斤古人道了也畢竟萬法歸一
一歸何處時有僧出云東廊頭西廊下師云
什麽處見趙州僧擬對師云捧土不成龍
元文宗皇帝詔師開山大龍翔集慶寺上堂
釋迦世尊捨金輪而登佛位今上皇帝從佛
位而御金輪收攝三千剎海於一印中具足
八萬法門於一毫上如華嚴會上菩薩得無
盡福德藏解脫門於一器中出生種種美味
飲食又於衆會仰觀空中而雨種種珍寶隨
衆生心悉令滿足然後得其寶者盡證法門
食其味者咸成妙道無一塵而不具足佛事
無一法而不圓滿正宗即今崇建寶坊闡揚
法施諸天音樂不鼓自鳴梵唄詠歌自然敷
奏十方菩薩咸集道場八部天龍同伸慶讚
還有不歷化城徑登寶所者麽擊拂子云四
海已歸皇化裏時清休唱太平歌復舉世尊
與衆行次以手指地云此處宜建梵剎時天

帝釋將一竿竹揷地上云建梵剎竟世尊微
笑師云帝釋爲三十三天之主雖則一期施
設其柰理事未備今上皇帝以興龍潛邸改
剏梵宮復命禪宗發揚向上宗旨與天帝釋
所成功德何啻百千萬億倍縱使虛空爲口
讚嘆莫窮臣僧借水獻華輒成一頌丈六金
身一莖草瑠璃樓玉殿恰相當交羅帝網山河
影旋繞須彌日月光華雨晝飄龍座暖天風
時送御爐香大千共仰恩光近五色祥雲擁
帝傍　上堂舉臨濟示衆云赤肉團上有
一無位真人常在汝諸人面門出入未證據
者看看時有僧出問云如何是無位真人濟
下禪牀搊住其僧擬議濟以手托開云無位
真人是什麽乾屎橛便歸方丈師云兩鋒相
直者不虛發由基之箭斲堊而不變者始可
運郢人之斤臨濟尋常氣宇如王却作小斷
兒戲幾乎法道遇大風而止龍翔今日作死
馬醫無位真人築著磕著證據將來依然是
錯且道是臨勿九濟錯龍翔錯從十四教天下人卜度
上堂龍翔孟八郎惡辣難近傍佛祖也潛蹤
從教人起謗雲門扇子跳上天趙州葫蘆掛
壁上寒山掃地接豐干却是南嶽讓和尚
文宗皇帝聖忌滿散藏經上堂尊而無上高
超象帝之先貴不可名坐斷毗盧之頂其體

之大則容攝十虛其用之廣則包括萬類如
月涵衆水無分淨穢之殊春在百華不見正
偏之相妙有不有真空不空所以道無邊剎
境自他不隔於毫端十世古今始終不離於
當念攝大千於方外納須彌於芥中於斯見
得便見文宗皇帝昔從佛地示現王宮撫治
邦家又安宗社化導已周復歸佛位寂然不
動智普應於十方廓爾無私化已周於沙界
龍翔與麽贊揚且道還契聖意也無良久云
優鉢天香吹不斷又從兜率下閻浮
仲方禪師諱天倫四明象山張氏子依廣德
天寧竺源祝髮遊方參晦機熙公公曰潮山
藹藹浙水洋洋浸爛你鼻孔塞破你眼睛因
甚不知師云通身無影象步步絕行踪公云
未在更道師拂袖便出依座下屢以此事扣
問公終不說乃往吳興桃花塢結茆一日聞
雷有省徹見熙公用處後出世東皋佛岩保
寧上堂云獨樹不成林人人總知有梵剎一
繞興大家出隻手昆明池裏失却劒曲江江
內撈得鋸　上堂諸佛不出世亦無有涅槃
這裏悟去山河大地日月星辰運行四時有
什麽過　上堂見見之時見非是見見猶離
見見不能及須弥山上走馬大洋海底翻身
前三三後三三一聲無孔笛吹過十五汨羅灣

上堂入荒田不揀信手拈来草懷州牛喫禾益州馬腹脹天下老和尚口掛壁上便下座

臘八上堂昨夜見明星悟道後園風打籬笆倒曉来無迹可追尋雪山依舊生青草

上堂涅槃自性無繫屬故言語道斷心行處滅拈拄杖云扶過斷橋水伴歸明月村卓拄杖下座

上堂舉僧問雲門云久雨不晴時如何門云劄雲門一劄猿啼巴峽熊耳峯高石頭路滑

上堂舜若多觸處逢渠阿那律通身是眼不信問取鐙籠便見衲僧擔板

上堂知幻即離不作方便離幻即覺亦無漸次拈拄杖云穿却釋迦老子鼻孔天下老和尚無出氣處卓拄杖下座

上堂初三十一中九下七七九六十三九九八十一朝往西天暮歸唐土一馬生三寅石牛攔古路叅

上堂修多羅教如標月指昨日有人從西州来接得東州信報道大食國裏人在眼睫上賣香藥喝一喝

仲芳和尚語録終

天界演梵善世利國崇教大禪師覺源曇和尚天台楊氏子出家於紹興之法果寺禮大均為師得法於咲隱訢禪師出世金陵牛頭之祖山石城之清涼繼遷蔣山勅改龍翔為天界詔師住持統領天下教門

上堂行不動塵語不動脣見成行貨黃金白銀君不見洞山老問佛只荅麻三斤

上堂恢楊岐宗風坐南泉鉢位佛祖命根衲僧巴鼻卓主杖云東頭買賤西頭賣貴

上堂一句子黑漆黑無覇柄有準則良久云會麼碓搗東南磨推西北

示衆文遠當年侍趙州東司說法未輕酧回光一念分明處午夜霜清月滿樓

上堂少室峯前曹溪門下燈燈相継的的相傳自古自今絲毫不易且以何為驗樓臺上下火照火車馬往来人看人

上堂朝到西天暮歸唐土鑑在機先未敢相許保寧八字打開了也莫有控勒不住者麼便下座

上堂長者長法身短者短法身即今現前一衆坐立儼然有長有短諸人盡知盡見畢竟阿那箇是法身若也會得捧鉢盂向香積世界喫飯若也不會長連床且喫粥喫飰

上堂攤之不聚撥之不散類之不齊混之不濫絶照忘緣十方坐斷隔江招手見諸訊盡力承當得一半蔣山與麼提持驢年也未夢見

上堂六月一日前萬象森羅替說禪六月一日後八角磨盤空裏走今朝正當六月一無位真人赤骨律金毛師子解翻身無角鐵牛眠少室十聖三賢揔不知咲倒寒山并拾得

上堂經有經師論有論師龍河放一線道分料剗段去也拈杖卓一下云且道是何章句

佛成道上堂雪山六載甞盡都忘見明星雙眼枯謾得烏龜成白鼈至今陪口為分踈

上堂只個見成公案衆中領解者極多錯會者不少所以金鍮不辨玉石不分龍河者裏直要分辨去也張上座李上座一箇手臂長一箇眼睛大揔似今日達磨一宗教甚麼人擔荷噓一声下座

上堂咸音王巳前弥勒佛巳後有個現成公案未敢與汝說破何故心不負人面無慚色

天界覺源曇公大禪師藏衣塔銘

翰林學士承旨嘉議大夫知制誥兼修國史金華宋濂　撰

浮圖之為禪學者自隋唐以来初無定止惟借律院以居百丈大智禪師方建叢林規矩至宋樓閣寖盛然猶不分等弟惟推在京鉅剎為之首南渡後始定江南為五山十剎俾其拾級而升黃梅曹溪諸道場反不預其間則其去古也遠矣元氏有國文宗潛邸在金陵及至臨御詔建大龍翔集慶寺獨冠五山蓋矯其弊也國朝因之錫以新額就寺建官揔轄天下僧尼當是時覺源禪師實奉詔莅其職夫當興王之運親受聖皇崇敬以統釋教事誠千載之奇逢也其順寂也法當勒群行以貽示後世師諱慧曇字覺源天台大族

揚氏母覺夢吞明珠而有娠及生容貌凝然
幼不與羣童狎長依越之法果寺茲為大均
恣修出世法及冠薙染尋受具足戒學律於
明慶昇公習華嚴於高麗教公聽止觀於上
竺澄公無不貫練時廣智禪師訢公弘揚達
磨正宗於中天竺師往造焉智問曰何處來
師對曰遊山來智曰笠子下撈破洛浦遍參
底作麼生師曰未入門時呈似了也智曰即
今日甚不拈出師擬議智便喝師當下脫然
有省他日智展兩手示師曰八字打開了也
因甚不肯承當師曰休來鈍置智曰近前來
為汝說師即掩耳而出智頷之乃留侍香天
曆己巳龍翔新剏文宗特詔廣智開山師隨
至掌藏鑰繼分座柏與激揚祖佛機緣禪菴
法門綱紀識見出群聲譽彰著至順辛未奉
行臺檄出世牛首山之祖堂師力行古道躬
役起廢殿堂廊廡凡叢林宜有者悉新備之
至正癸未陞居清涼作新一如牛首道行聞
勿九　十八
于帝師大寶法王授以淨覺妙行禪師之號
乙未遷保寧丙申王師定建業師謁
皇上於轅門上見師氣貌魁偉傑特歎曰真
福慧僧也命主蔣山太平興國禪寺時丁歉
歲師代食以給其衆丁酉賜改龍翔為天界
寺詔師住持上親擬睿畫書天下第一禪林

六大字揭於門以旌宗極遠近學徒聞風奔
赴堂廡至無所容凡祖庭規矩師備行之濟
濟繩繩粲然攸叙觀者嘖嘖曰三代禮樂無
以加焉吳元年丁未大內新成特登寶位詔
師引千二百衆披閱大藏真經用嚴清淨覺
地師升師子座舉揚大法上親帥群臣臨
聽師法音洪暢妙契
皇情為之大悅出內帑帛三十匹以施自是
每設廣薦法會師必升座說法車駕臨恩
數優洽洪武元年戊申春開善世院詔師領
院事服紫衣及金襴方袍御製誥章其畧曰
自予肇業命汝庄宗德風振起於法門景還
貫寰於家國特授演梵善世利國崇教大禪
師住持大天界禪寺統諸宗釋教事當是時
遴選有序銓衡至公宗社有志之流山林抱
道之士聯鑣而迭出咸居名山大刹為自古
崇尚法門於斯為盛章縫之士以釋子為世
蠹奏請除之上以章疏示師師對曰孔子以
勿九　十九
佛為西方大聖人以此知真儒必不非釋非
釋必非真儒矣上亦以佛之教陰翊王度却
不聽己酉冬師疾作不署院事庚戌春疾良
已燕處東軒誘接來學庄弘祖道孜孜無少
懈夏六月廷議西域未臣伏上以彼域敦尚
佛乘特命師往詔尚書趙某為之副師承命

即日登途自浙閩而之洋凡歷國邑布宣
天子威德莫不聞而來歸辛亥秋道經僧伽
羅國其王奉師於佛山精舍執弟子禮實從
叅承王命闔國臣民悉得瞻禮師隨機開導
咸蒙法益九月二十一日庚午示微恙王命
醫進藥餌師從容謝却之王與群臣惶惶惕
惕若失所恃乙亥沐浴更衣亟命尚書至謂
曰甚幻緣終此不能復命矣既而屹然端坐
夜過半問云天明也未對曰未也少頃復問
對曰日出矣遂恬然而逝實是月丙子日也
其王斷香為龕以奉之師世壽六十有八僧
臘五十有三留七日顏貌如生王加歎異乃
聚香代薪特築壇而荼毘之王及百僚哀慕
壇下勑闔國比丘旋繞梵唄時有白煙一道
上燭于天薪盡火滅舍利無算舌根牙齒不
壞延拾舍利靈骨及不壞者祔葬其國辟支
佛塔先是彼佛曾亦懸記今之開祔適符其
言非偶然也甲寅冬尚書趙某還朝奏陳其
事　皇上聞而嗟悼勑天界蔣山二寺住持
宗泐等以師之遺衣藏於雨華臺之左云師
廣顙豐頤平頂大耳兩臉紅玉色耳白如珂
雪目光爛爛射人學者見之不威而懾及即
之也盎然春溫嘗示衆曰春風浩浩春日遲
遲黃鸝啼在百華枝箇中無限意消息許誰

知語未既還有僧問曰心意識遏捺不住時如何師厲聲曰是誰遏捺師室中謂僧曰二六時無你啗啄分無你趣向分會麼僧罔措師曰未明三八九難免自沉吟妄遇禪徒隨扣而應未嘗務為奇巧聞見自然有所悟入師五會說法門人輯錄成書欲傳後學師則毅然斥去之師為人寡言咲喜怒任真不以貴賤異其顏色縉儒碩學世子勳臣問道無虛日遭際昌辰寵賚優渥凡位居臣列被召必以名惟師詔勅咸以大禪師為稱前所未有也雖位隆望重師處之恒若寒素然而荷負大法無一息敢忘廣廈細旃之間從容召對據經持論無蘖竭其蘊蓄故君子稱重而宗教有所賴焉其嗣法弟子蔣山法印夫衆行椿育王常在中天竺淨戒等若干人皆有聞於時翰林李證親預入室狀師遺事授同參淨戒謁濂為塔上之銘濂嘗從師遊知師頗詳而與證戒交尤洽不敢以不敏辭龍翔禪林實甲天下刱建之初非名德之重莫當斯任是故廣智握真如印柄道明宗當使輝光照燭於幽隱矣及今六合載清真人撫運尊崇大法錫額建官以統御其衆非師乘宿願力亦孰能當其始乎嗚呼何其規重矩疊而一唱一新也在昔馬駒蹴踏橫用森羅出其門者無非龍象有是學者曰有是師先德固亦然矣方之廣智之傳實由正宗師之所契覲得法髓固非常情之可擬然稱人之善必本其父師之故厚之至也濂敢竊取茲義序其事而為之銘銘曰

金陵有寶刹　昔為潛龍居　飛翔起中天
樓閣重重現　聖皇握金輪　重御四大海
易為大天界　以表正法故　惟師乘願力
示現優曇華　帝命作總持　欲符於前烈
弘護法王法　如實雙眼目　秖恐昏翳蝕
光明不遍照　統率諸僧伽　無不從化者
佛法遍天下　根本中印土　命師宣仁德
以彼尚佛乘　道懸僧伽羅　群羌如見佛
膜拜稽首禮　懇請為說法　四大本假合
去住兩無礙　咲指空中雲　聚散不留跡
藥壇以報香　付之大火聚　闍國諸沙門
圍繞作梵唄　拾舍利靈骨　裙葬辟支迦
異域王臣衆　瞻禮祈永鎮　曉此行道所
何以慰追慕　四衆諸弟子　假物以顯理
遺衣在故篋　見衣如見師　森之雨華臺
當與靈骨同　我知此衣中　何嘗千萬縷
絲絲具燦性　性圓即菩提　師性千古存
是有無邊身　辟之虛空相　普現於一切
寧假有漏形　方歸於真實　實際本真空
永離於言說　我持不壞筆　太虛以為紙
銘此無縫塔　了不見一字　若以兩耳觀
始造不二義

紹隆藏主火　紹隆聖種斷生死根以火炬

打圓相云烈燄堆中轉法輪

高僧梵琦贊師頂相云

祖檮洲父蒲室大床座妙槌拂發揮震旦二三騰煥竺乾四七依萬乘之清光近九天之紅日攜鉗子斷魔外之根株握金鎚碎衲僧之窠窟公卿羅拜於法筵龍象相忘於道術是所謂冠天下禪林現寰中之古佛者也

古尊宿語錄卷第二十一

新藏經板刻

賜天禧九禪宗古尊宿語頌古雪竇明教圓悟大慧等語多有損失永樂二年欽捐衣資命工刊補今奉
欽依取僧就靈谷寺校正以永樂十一年春二月為始至冬十一月乃畢供需之費皆本寺備給計校出差訛字樣十五萬餘刊修改補今已完備得不遺
佛意不誤後人所冀永遠流通祝延
聖壽萬安者
永樂十二年歲在甲午仲冬僧錄司右闡教兼鍾山靈谷禪寺住持臣淨戒謹識

黄梅東山和尚語上

五祖禪師名法演蜀人也初住四面山開堂日拈疏示衆云兵隨印轉將逐符行請對衆官分明剖露宣疏了指法座云此大寶華王座從朝至暮與諸人同起同坐諸人還見麼若見更不在升若不見莫道今日謾你便升座拈香云此一瓣香先為

今上皇帝伏願常居鳳扆永鎮龍樓次拈香云此一瓣香奉為　州縣官僚伏願乃忠乃孝惟清惟白永作生民父母長為外護紀綱又拈香云此一瓣香得來久矣十有餘年海上雲遊討一箇宪鏁未曾遭遇一到龍舒果遇其人方契憤憤之心今日對大衆雪屈須至爇却為我　見住白雲端和尚從教熏天炙地一任穿過蔡州有鼻孔底辨取龍門和尚白槌云法筵龍象衆當觀第一義師云若論第一義西天二十八祖唐土六祖立在下風一大藏教白雲萬里摩竭掩室毗耶杜口正在夢中千佛出世寐語未了文殊普賢拗曲作直所以道設使言前薦得猶是滯殼迷封縱饒句下精通未免觸途狂見若也把定封疆說什麼法堂前草深一丈直得凡聖路絶鳥飛不度天下衲僧出氣處衆中莫有不甘底麼出來相見時有僧問優曇花現方便門開朝宰臨筵如何舉唱師云今日好晴學云杲日當空清風匝地師云省得我多少問如何是人中境師云寶閣凌空金鐸響徑松限險野猿啼學云如何是境中人師云鼻直眼横乃云更有問話者麼若無雙泉今日向第二義門放一線道與諸人相見和泥合水一上且要釋迦彌勒動地雨花文殊普賢觀音勢至各踞一方助佛揚化皆務本事器量堪任雙泉不免也入一分共說東家杓柄長西家杓柄短任從春草青青炎光爍爍秋樹葉零冬氷片薄何故如是且要諸人順時保愛乃拈起拄杖云古人道拈起也天回地轉放下也草偃風行四面即不然拈起也七穿八穴放下也錦上鋪花且道還有為人處也無良久云來年更有新條在惱乱春風卒未休　師在白雲授帖拈起示衆云大衆只恁麼會得埋沒宗風過犯不小幸有見成公案請維那對衆宣讀宣帖了提法衣提起云既是大庾嶺頭提不起為什麼却在者裏且道者裏底是那裏底是乃云擕鉼自汲清涼水却著袈裟作主人便披指法座前云象王回師子步儀家看著雙眉聚然雖如是事到如斯難為辭讓但有路可上更高人也行便升座僧問禪非意想道絶功勳轉身一句作麼生道師云大衆見你學云也知和尚有此機鋒云獨出闍梨學云今日却成造次師云捧上不成龍問沙場久戰名遂今朝不涉功勳作麼生道師云長蛇猶自可偃月怎生當學云金鏃慣調曾百戰鐵鞭多力恨無雙師云知君不是金牙作爭解彎弓射尉遲學云眼親不如手親師云新長老敗闕學云口是禍門師便喝　乃云秋風颯颯玉露垂珠水碧山青蛩吟蟬噪圓通門大啓文殊普賢穿過汝諸人鼻孔自是汝諸人當面諱卻復云諸佛不出世四十九年說未審說箇什麼少林有妙訣殃及子孫至今分踈不下更說什麼妙訣若人識祖佛當處便超越與未超越則且置你道祖佛即今在什麼處若無人道得山僧不惜眉毛與汝諸人拈出拍禪床一下　上堂舉古人道若有一人發真歸源十方虛空悉皆消殞雙泉則不然若有一人發真歸源十方虛空築著磕著

到興化上堂僧問和尚未離四面時如何師云在屋裏坐學云離後如何師云走殺闍梨乃舉法眼頌云山水君居好城隍我亦論静聞鐘角響閑對白雲屯大衆法眼雖不肯雲

攫霧爭柰徧地清風四面今日試與法眼把手共行靜鬧鐘角響且不是声聞對白雲也且不是色既非声色作麼生商量乃云洞裏無雲別有天桃花似錦柳如煙仙家不解論冬夏石爛松枯不記年　上堂云天上無彌勒地下無彌勒十字街頭立掀人臭作賊便下座　歲旦上堂云元正啓祚萬物咸新揭尽大千沙界都来只在一塵乃展手云是新是舊有人出来道看若無四面且世諦流布去也遂叉手云孟春猶寒伏惟首座大衆泊諸知事尊體起居萬福　上堂僧問千峯寒色即不問雨滴嵓花事若何師云今日也相似學云一句迴超千聖外千山鎖斷萬重關師云一滴落在什麼處學云錯師云錯錯學云錯錯師便打　白衆出隊上堂云明日疋馬單鎗為國出戰得勝回戈之日滿路歌謠大衆作麼生是歌謠一曲乃云囉邏哩囉邏哩還有人和得麼良久云驀驀繡了　寒食夜小參從君看莫把金針度與人　僧問群迷久渴冒雨登山向上之機請師方便師云不免入山一回學云恁麼則步步踏實去也師云空手却回去學云若是那邊還的當也無云罕遇知音學云謝師證明師云知音底事作麼生僧劃一劃師云又被風吹

別調中學云往往隨他口頭走師云更是阿誰乃云李白排紅山青水綠雲横洞口月鋑長空若只向者裏薦得法眼道月明幽室寒星分拱辰異便須冰解消韶國師道通玄峯頂不是人間心外無法滿目青山亦須百雜碎何也盡乾坤大地不消一捏雖然如是事無一向今夜且放過一著　上堂舉梁武帝問達磨如何是聖諦第一義磨云廓然無聖帝云對朕者誰磨云不識又僧問六祖黄梅意旨什麼人得祖云會佛法底人得僧云和尚還得麼祖云不得僧云和尚為什麼不得祖云我不會佛法師云大小大祖師問著底便是不識不會為什麼却兒孫徧地乃云一人傳虛萬人傳實小參僧問施主遠趨於丈室請師一句利於人師云教天下人成佛去學云悠悠塵內客不讓入山來師云中間猶有衆生在僧便喝師云且道是佛是衆生學云四面眼難謾師云你向什麼處見四面僧拂袖歸衆師云作家乃云滿口道得底却不知有知有底又道不得且道過在什麼處將成九仞之山莫惜一簣之土　上堂舉雲門垂語云古佛與露柱相交是第幾機自代云南山起雲北山下雨師云大小大雲門大師元來小膽四面道古佛與露柱相交是

第四機良久却云者箇說話面皮厚三寸也語成不遜好將臨濟棒一日打三頓什麼人下得手雖然罪過彌天新赦咸放　上堂云於三七日中思惟如是事釋迦老子半夜逾城直往雪山早是漏逗不少更思惟箇什麼便下座　上堂舉藥山久不上堂主事報云大衆久思和尚示誨山云打鼓著大衆方集山便歸方丈主事云和尚許為衆說法何故一言不措山云經有經師論有論師爭怪得老僧師云雖然以己妨人爭柰賊身已露諸人要識藥山麼閑持經卷倚松立笑問客從何處來　上堂舉僧問洞山如何是善知識眼山云紙撚無油師云洞山老漢不是無只是大儉忽有人問四面如何是善知識眼只向伊道瞎何故且要相稱乃云紙撚無油也大奇不堪拈掇有誰知回身却憶來時路月下騰騰信脚歸　上堂舉教中道若謂如來有所說法即為謗佛只如一大藏教甚處得來若言無說五千四十八卷什麼處消遣到者裏須是箇人始得還會麼莫謗四面好　上堂舉僧問投子如何是十身調御投子下禪床立或有人問四面如何是十身調御老僧亦下禪床立為什麼却依樣畫猫兒待我計校成即說向你　上堂舉

藥山問石頭三乘十二分教某甲粗知承聞南方直指人心見性成佛某實未明乞師指示石頭云恁麼也不得不恁麼也不得恁麼不恁麼總不得山僧在衆日聞兄弟商量道即心即佛亦不得不即心即佛亦不得若恁麼說話敢繙撑客何欲殊不知石頭老人文武兼備韜略雙全若是四面見處也要諸人共知只見波濤涌不見海龍宮　　上堂云仲冬嚴寒伏惟首座大衆尊體起居萬福兩彩一賽便下座　　上堂云有一則語舉似諸人第一不得錯舉便下座　　上堂云昨宵年暮夜今朝是歲旦都大尋常日世人生異見不辭逐根元只管尋枝蔓新舊只如今子細分明看若也更商量秦時鐸鑠鑽諸院長老入山師上堂云臨濟入門便喝是甚盐鳴声德山入門便棒拗曲作直雲門三句曾洞五位大開眼了作夢何故如此國清才子貴家富小兒嬌　　到龍門上堂云有舌胡

初十

利無口非啞七出八沒風流儒雅便下座

六

到海會上堂云白雲山裏白雲人把定疆封無縫罅無縫罅知幾價莫有知價底麼乃云一二三四五　　到興化上堂云世事冗如麻空門路轉賒青松林下客幾箇得歸家共唱胡笳曲分開五葉花幸逢諸道友同上白牛車大衆車在者裏牛在什麼處芳草渡頭尋不見夜來依舊宿蘆花下座甘露賫長老把師住云舒州管界元來有箇草賊師云和尚也須隄防賫擬議師便拓開　　上堂云祖師道葉落歸根來時無口祖師恁麼道猶欠悟在便下座　　上堂云祖師說不著佛眼看不見四面老婆心為君通一線便下座上堂云春氣乍寒乍暖春雲或卷或舒引得韶陽老子放出針眼裏魚乃云錯　　謝主事上堂僧問王索仙陁婆時如何師云七孔八竅學云如何是王索仙陁婆師云鸞駕未排齊號令學云如何是仙陁婆師云眼瞤耳熱僧禮拜師云點乃云文殊張帆普賢把柂勢至觀音共相唱和贏得雙泉鬧中打坐打坐即不無且道下水舡一曲作麼生唱囉邏哩囉邏哩俗氣不除　　上堂云今宵正月半乾坤都一片普賢門大開相逢不相見乃云過在阿誰　　上堂云默默無上菩提

初十

從此得賺殺人便下座　　上堂舉鏡清問

七

玄沙學人乍入叢林乞師指箇入路沙云還聞偃溪水聲麼清云聞沙云從者裏入師云果是得入一任四方八面若也未然輒不得離却者裏謝典座　　上堂云小繩錢貫大繩井索日急要用茶籬木杓雖然破家具應用有處著著錯南北東西水洒不著　　冬至上堂云少年天子此日拜郊林泉之士遠望歌謠萬歲萬歲便下座　　有一道姑入山禮拜請上堂云道可道非常道真可笑姮娥一夜織鴛鴦斜把金針呈巧妙將並老黃梅兒孫一何拙如今箇箇口吒呀問著烏龜喚作鼈四面今日與君决烈怎生壼寬家寬家莫向背地裏吐舌　　住太平錄　　師入院日僧問遠別雙泉來臨釋衆入門一句願師舉揚師云也待一一覷過學云恁麼則清涼山遠人休去只此焚香便見師師喝云話也不領學云今朝親見面端的勝聞名師云猶自喃喃問如何是太平境師云數層寶塔侵天起萬本喬松帀地寒學云如何是境中人師云閑持經卷倚松立笑問客從何處來學云人境已蒙師指示向上宗乘事若何師云須信下方城郭近果然鍾磬接笙歌乃云我本無心有所希求今比寶藏自然而至世間之寶能變窮為富此之一寶能轉凡成聖且道如今是凡是聖太平道總不是何故苦瓠連根苦甜瓜徹蒂甜　　上堂云達磨無端少林面壁二祖斷臂一生受屈黃蘗樹頭討甚木蜜太平今日兩眼如漆李廣神箭是誰中的
上堂僧問如何是賓中賓師云少喜多瞋學

云如何是賓中主師云傳言送語學云如何是主中賓師云鍾馗小妹學云如何是主中主師云一言纔出口地上繡網開乃云近日太平院禪和多聚散參底老婆禪實底粘米飯知事失照顧主人少方便雖然沒滋味要且緩緩喫　謝莊主上堂云一不做二不休不風流處也風流若要公私濟辦好看露地白牛　上堂云西天二十八祖也恁麼道唐土六祖也恁麼道天下老和尚也恁麼道獨有太平不恁麼道何故寡不敵衆且道畢竟如何妙舞更須知徧指三臺須是大家催　上堂云上是天下是地南北東西依舊位釋迦老子弄精魂達磨西來多忌諱忽有箇漢出來道和尚低斂但向伊道祇要拋塼引玉　上堂云山僧今日將山河大地盡作黃金尺該有情無情惣令成佛去然後太平不入者保社何故爭之不足讓之有餘　上堂云太平不會禪一向外邊走臘月三十日贏得一張口且道那箇是太平口自云兩片皮也不識　上堂舉寶壽作街坊時見兩人相諍一人以手打一拳云你得恁無面目寶壽因而得入若人於此知落處可謂公辦私辦大衆聽取一頌甚妙也甚妙於此知性命搦鼻與一拳當時便打正　上堂舉教中道假使滿世間皆如舍利弗盡思共度量亦復不能知尋常衲僧家高揖釋迦不拜弥勒是會佛智不會佛智衆中有則有只是藏牙伏爪太平有箇見處不惜眉毛舉向諸人待有人問隨口便荅　上堂云數日已來連綿大水所到之處皆有損傷曹溪一滴漲滿人間衲僧一吸鼻孔遼天且道名字既同為什麼損益有異誰知遠煙浪別有好思量　上堂云一葉落天下秋一塵起大地收收即不無何人親手月中仙桂和根拔海底驪龍把角牽　上堂云撮土為金猶容易變金為土却還難轉凡成聖猶容易轉聖成凡却甚難何故誰肯屈尊就卑且道不凡不聖一句作麼生道乃云不得教壞人家男女　上堂舉二祖見二祖禮拜問曰請師懺罪二祖云將罪來與汝懺三祖云求罪不可得二祖云與汝懺罪竟因成一頌舉似大衆無孔笛子氊拍板五音六律皆普徧時人不識黃幡綽笑道儂家登寶殿上堂云淺聞深悟深聞不悟爭柰何爭柰何默佛不在香多　上堂云開眼為晝合眼為夜坐斷舌頭誰談般若金色頭陀不入保社　上堂舉風穴云若立一塵家國興盛野老顰蹙不立一塵家國喪亡野老謳歌太平即不然若立一塵法堂前草深一丈不立一塵錦上鋪花何也不見道九九八十一窮漢受罪畢纔擬展脚賊蚊蟲獦蚤出　上堂因雪舉僧問雲門不起一念還有過也無門云須弥山師云有時問著師僧或竪一指或進一步或下一喝或拂袖便去上座未在何故太平未曾向二三月間下一陣雪向汝諸人在如今有箇漢出來道老和尚莫七顛八倒見今下也不是乃展手云了　上堂僧問蓮花未出水時如何師云在泥裏學云出水後如何師云在水上問王子未登九五時如何師云逢人多問路學云正登九五時如何師云天下太平學云登九五後如何師云誰論好醜乃云末後最懃懃儂家隨處新大千沙界裏不免箇中人且道那箇是箇中人平蕪盡處是青山行人更在青山外　上堂舉雲門道平地上死人無數出得荊棘林者是好手時有僧云恁麼則堂中第一座有長處雲門云蘇嚧蘇嚧太平即不然平地上箇箇丈夫荊棘林裏坐得底是好手何故乃云猫　上堂云將四大海水為一枚硯須弥山作一管筆有人向虛空裏寫祖師西來意五字太平下座大展坐具禮拜為師若寫不得佛法無靈驗有麼有麼便下座大衆散師高声云侍者侍者應喏師云收取坐具復

問侍者云還收得坐具麼侍者提起坐具師
云我早知你恁麼也　上堂云入荒田不揀
信手拈來草不認大哥妻元來是嫂嫂鄭州
出穢梨青州出大棗無事巾單下箇箇從頭
咬　上堂云有鹽曰鹹無鹽曰澹太平閑說
口似匾擔便下座　上堂云神通妙用不欠
絲毫通人今上何用忉忉況多佛大水長舡
高　上堂云一月普現一切水一切水月一
月攝誠哉是言也可謂塑不成畫不就昨夜
三更白如畫謝典座上堂云變生作熟雖甛
易衆口調和轉見難鹹澹若知真箇味自然
飢飽不相干　上堂拈起拄杖云昨夜三更
夢見拄杖子教我一片禪向我道和尚明日
早起上堂舉似大衆昨日錦上鋪花今日脚
踢實地但看今日明朝說甚祖師來意翻思
黃面老人謾道靈山授記直饒大地山河借
我鼻孔出氣不如放下身心自然仁義禮智
為亡僧下火舉起火把云火風四大互相違
初十　十一
背當此時節隨緣自在次日又為一僧舉起
火把云昨日也恁麼今日也恁麼且道昨日
是今日是說甚是不是你看是甚火色
上堂云今朝正月半與諸人相見嫩麥長新
苗粒粒皆成麩蕎不蕎全藉春風扇　次住
海會師入院開堂日宣疏了乃云疏帖一時

讀了若是具金剛眼睛底何必重說偈言雖
然如是事無一向便外座拈香罷四面白提
云法筵龍象衆當觀第一義師云金鎚慣將
平祖道鐵鞭多力恨無讎莫有不顧危亡底
衲僧麼出來相見僧問白雲山下祖令當行
如何是祖令師云一二三四五學云恁麼則
昨日太平今朝海會師云高著眼僧問昔日
為霖去今朝領衆來朝賢臨座下額震一般
雷師云你還聞麼學云風送好雲歸碧洞水
朝滄海助波濤師云知心有幾人學云寒山
常撫掌拾得每憨憨師云將謂無人學天也
不得壓良為賤師云且禮拜著乃云問話且
止夫第一義適來若於四面拋下薦得千聖
不能近祖師言不到天下作者拱手歸降何
也況第一義本來清淨不受諸塵如何說得
同道方知今日放過一著向建化門中別作
箇解話會是以紹先聖之遺蹤稱提祖令為
後學之模範建立宗風若非當人曷能傳授
乃云陳謝既畢不可空然有一頌舉似大衆
日暖風和花正開七重山鎖白雲堆飜思城
市繁華處又出松門步一回師在太平受帖
拈起示衆云恁麼會去早是鈍漢何也若憑
說五千四十八卷豈不是說若不憑說又如
何辨白請維那分明拈出讀疏了遂升座乃

曰祖令當行十方坐斷其中莫有不惜性命
者麼出來與老僧相見時有僧出云日月易
見好事難逢師云令人疑著問公成已至師
今要祖意西來頹舉揚師云雲從龍風從虎
學云人天既獲聞真諦更有尖新事也無師
云有學云如何是尖新底事師云蹉過也不
初十　十二
知問白雲長老太平禪師於其中間未審如
何辨的師云你試定當看學云莫是月無來
去影現千江師云一任鑽龜打瓦遂云法不
孤起仗境方生明鏡當臺好醜自現久參上
士言下知歸晚學初機當須仔細是以古人
道法無去來無動轉者稱成山頌舉似大衆
觸目光明處處新其中那箇辨疎親祇園枝
上千花秀一度芬芳一度春　上堂僧問如
何是佛師云喬達多太子學云踰城時如何
師云自有四天王在學云到雪山時如何師
云蘆芽穿膝鵲巢頂上學云參未是學人
安身處師喝云禮拜了退乃云天地為烘爐
烹煉强與弱大道本無元卷舒由橐籥凡聖
路坦然各自看謀略　謝首座上堂云搥破
蟠桃核淂見其仁捋斷驪龍頷得遇其寶雖
然如是也未是好手黃帝失玄珠於赤水使
智索之而不得使離朱索之而不得使契詬
索之而不得乃使罔象直饒罔象得之亦未

是好手爭似今日與大衆同使一箇通事舍
人雖然如是也只得一半　上堂云永嘉道
取不得捨不得不可得中只麼得祖師道不
是心不是佛不是物大衆且道是箇什麼乃
云到江吳地盡隔岸越山多結夏上堂僧問
如何是白雲境師云七重山鎖潺湲水學云
如何是境中人師云来千去萬學云人境已
蒙師指示向上宗乘又若何師云面赤不如
語直乃云此夏居白雲禪人偶聚會三月九
旬中尊卑相倚賴粥飯與茶湯精麁隨忍耐
逐意習經書任運行三昧彼此出家兒放教
肚皮大　上堂云昨日有一則因緣擬舉似
大衆却為老僧忘事都大一時思量不出乃
沉吟多時云忘却也忘却也復云教中有一
道壽号聰明王有人念者忘即記得遂云㖿
阿盧勒繼娑婆訶乃拍手大笑云記得也記
得也覓佛不見佛討祖不見祖甜瓜徹蔕甜
苦瓠連根苦下座解夏上堂云一塵起大地
收一葉落天下秋金風動處警砌畔之蛩吟
玉露零時引林間之蟬噪遠煙別浦行行之
鷗鷺爭飛絶壁危巒處處之猿猱競嘯又見
漁人舉棹樵子謳歌數聲羌笛牧童戲一片
征帆孤客夢可以發揮祖道建立宗風九旬
無虛弃之功百劫在今時之用如斯話會衲
子攢眉不見道一塵不立始歸家若有纖毫
非眷屬　上堂僧問見来不来時如何師云
各自守疆界進云見來却來時如何師云看
築著你鼻孔學云謝師答話師云放乃云古
人道如何是不動尊朝到西天暮歸唐土大
衆莫是動而不動不動而動麼只者便是白
雲見處　郡中四上堂云舡上無散工時時
事不同昨朝城郭裏今日白雲中且道不動
尊在什麼處自云氣以鞴袋令人可愛　自
出緣化回上堂云白雲海會院足水無柴炭
唯少麻與麥衆人皆盡見親去化檀那躁却
阿羅漢且望大慈悲一一看佛面大衆佛身
充滿於法界且作麼生看我道不隔一條線
　上堂云我有一柄箒掃盡雪山雪我有一
張口臨事無可說我有一雙眼和盲悖訴瞎
任意過平生烏龜喚作鼈處世學為人喫水
須防噎仰山曾道底兩口一無舌四海五湖
人當陽瞥不瞥　上堂舉靈雲悟桃花頌云
三十年来尋劒客幾經葉落又抽枝自從一
見桃花後直至如今更不疑玄沙云諦當甚
諦當敢保老兄未徹在師云說什麼諦當更
叅三十年始得　上堂僧問如何是佛師云
獨木橋子學云如何趣向師云緊悄草鞋乃
云幸然可怜生剛地學叅問既然叅得了未
免肚裏悶悶即自家悶困即自家困祖佛生
冤家好與搥一頓且道佛祖過在什麼處若
人會得許你具一隻眼桐樹郭宅請升座云
桐林郭評事家門章食禄性静好吾宗温良
如美玉封疏請諸山營齋殖洪福二人長老
共談玄正值陽和二月天渴鹿飲溪氷作水
野猿啼樹霧成煙黄梅路上多知己今日同
乘般若船乘船即不無且道說個什麼事章
遇三春明媚因行不妨掉臂囉邏哩囉邏哩
乃拍手大笑云是何曲調

古尊宿語録卷第二十二　初十

黄梅東山五祖演和尚語中

上堂云二月春將半相呼同賞翫寒食近清明百花開爛熳或上白雲峯或遊赤水畔野外標墳人路傍酒醉漢半哭半悲啼真誠堪讃嘆人人謂我泄天機子細分明与批判看看五湖禪客莫輕訓記取今朝者公案

勿十一　一

上堂舉趙州問婆子什麼處去婆云偷趙州笋去州云或遇趙州又作麼生婆連打兩掌州便休去師云趙州休云不知衆中作麼生商量白雲也要露个消息貴要衆人共知婆子雖行正令一生不了趙州被打兩掌咬斷牙關婆子可謂去路一身輕似葉趙州高名千古重如山

上堂云僧問雲門如何是一代時教門云對一說師云對一說卷盡五千四十八風花雪月任流傳金剛腦後添生鐵

施主請上堂云道吾与漸源往山下弔慰源拊棺問曰生耶死耶吾云生也不道死也不道源云為什麼不道吾云不道不道回至中路源云和尚須与某甲道若不道即打和尚去也吾云打即任打道即不道源便打至院吾令潛去白雲今日忿氣不甘須要斷者公案道吾第一不解与身作主第二不能隨機入俗當初待伊問道生耶死耶但向伊道寺歸院裏向你道當時若着得者語靈利漢一踢踢着大小大道吾和尚也又免得一頓拳頭有眼底子細看

解夏上堂云九旬三箇月彈指瞥然間忙者直然忙閑者直然閑事事無窮盡千古白雲山

上堂舉雲門一日普請搬柴次乃抛下一片柴云一大藏教只說者箇師云大小雲門錯下註脚老僧當時若見向伊道普請處不得狼籍若點撿得出免你普請乃舉僧問首山如何是佛首山云新婦騎驢阿家牽大衆莫問新婦阿家免煩路上波吒遇飯即飯遇茶即茶同門出入宿世冤家乃云會即事同一家不會萬別千差一半喫泥喫土一半食麥食麻或即降龍伏虎或即擺蜆撈蝦禾山唯解打鼓秘魔一向擎杈者箇一場戲笑皆因微笑拈花白雲隨隊骨董順風撒土撒沙若無者箇膢肚如何衣錦還家且道還家一句作麼生道今日榮華人不識十年前是一書生

勿十一　二

上堂云但知喫果子莫管樹曲彔不識曲彔樹争解喫果子不過祖師關争會敵生死如何是祖師關拈却大案山

上堂舉法眼道識得橙子周帀有餘雲門道識得橙子天地懸殊師云這兩人一人過舡一人渡水若點撿得出許你具正法眼

上堂云望天祈好雪祥瑞寔難加鵲噪青松上變成白老鵶紫騮牽出薄寒馬金鐙粧成銀鏤花苦苦苦箇什麼忽然變成雨乃云昔日先師頌臨濟三頓棒云一拳拳倒黄鶴樓一踢踢飜鸚鵡洲有意氣時添意氣不風流處也風流大衆若到白雲門下須要衆人助拳

上堂舉起拳頭云若喚作拳頭一似不曾行脚若不喚作拳頭對面相謾除此之外也少一拳不得

出隊歸上堂云出隊半箇月眼不見鼻孔忘却祖師禪拾得箇骨董且道向什麼處着一分奉釋迦牟尼佛一分奉多寶佛塔

謝首座上堂云弥勒看不見釋迦說不得恁麼尊貴生日用無差忒得不得識不識三德六味味逾多千古萬古為規則

上堂僧問如何是然燈前師云令人疑着李云如何是正然燈師云錯認定盤星李云如何是然燈後師云一場懡㦬乃云每月有箇十五無始劫来盡數到弥勒下生未免有甜有苦且道畢竟如何南山白額大蟲元是西山猛虎

勿十一　三

上堂云日可冷月可熱衆魔不能壞真說大衆作麼生是真說潑狼潑賴若信不及白雲為你道一要衆人會二要龍神知乃拈起法衣云者箇真紅色剛然道是緋

上堂云風和

日㬎古佛家風柳綠桃紅祖師巴鼻眼親手辦未是惺惺口辯舌端与道轉遠從門入者不是家珎且道畢竟如何相見叚事不来還憶君乃云四海五湖奇士圖遼無状村夫只解拖犁拽把水草無底鉢盂高懸羊頭賣狗肉時中那辨精与麁恁麼續佛壽命誠哉天地懸殊誰有拔山之力横身擔荷也無有麼有麼有即家門富貴無那草負老盧

上堂舉僧問巴陵鑒和尚祖意教意是同是別鑒云雞寒上樹鴨寒下水師云大小大巴陵只道得一半白雲即不然掬水月在手弄花香滿衣

上堂云春風別有巧工夫吹綻百花品類殊唯有牡丹并芍藥時人一見便歡娛且道衲僧分上成得什麼邊事拈来哭罷歸何處透骨馨香付老盧　乃舉達磨問二祖作什麼二祖云請師安心　白雲當時看見好与二十棒何故他人覷見將謂兩箇說安心法畢竟如何菩薩龍王行雨潤遠身向上數重雲

上堂云昨日鬧閧閧今朝靜悄悄子規枝上啼蝦蟆鑽入草好個寒食天辜負白雲老

為亡僧下火提起火把云大衆三世諸佛向火焰裏轉大法輪聞名不如見面今日智悟上座見面不如聞名

上堂舉龐居士問馬大師不与萬法為侶是什麼人大師云待汝一口吸盡西江水即向汝道師云一口吸盡西江水洛陽牡丹新吐蘂撒土颺塵匆處尋撞頭撞著自家底

結夏上堂云聖制已臨時當初夏幽邃之岩巒蒼翠畢鉢無差潺湲之溪谷清冷曹溪髣髴稱衲子安居之地寔吾家禁足之方大敵

旬十一　四

禪閑臣延儔侶扶立宗旨高建法幢上答君親下資含識莫不栴檀林中栴檀林師子王多師子衆師子衆共蹟攀萬象森羅掐掌間大衆厌頭土面從他咲贏得白雲堆裏閑

上堂卓拄杖一下乃舉起云拄杖子敢問你還說得如来禪麼自云說不得還說得祖師禪麼自云說不得既說不得白雲今日出自己意去也出自己意小兒子戲人天衆前討甚巴鼻

邑中外座云白雲相送出山来滿眼紅塵撥不開莫謂塵中無好事一塵一刹一樓臺

上堂舉馬大師不安院主問云和尚近日尊位如何大師云日面佛月面佛師云會麼如不會白雲与你頌出騎鸞女子畫娥眉鸞鏡臺前語似癡自說玉顏難比並却来架上著羅衣

炙茄會上堂云六月三伏天火雲布郊野松間臨水坐解帶同歡釋髭侶弄荷花賓朋傾玉斝紅塵事繁華碧洞何蕭洒重會在明年相期莫相捨白雲曾有約願結青蓮社

上堂云先入白雲門次過白雲浪吞底栗蒲禪喫底粘米飯君子如到来好好看方便

上堂僧問如何是道師云治平郡學云如何是道中人師云赤心為王學云未審道与道中人相去多少師云名傳天下乃舉僧問南泉如何是道泉

旬十二　五

云平常心是道又龐居士問馬大師不与萬法為侶是什麼人大師云待你一口吸盡西江水即向你道師云為後是同是別同則神出鬼沒別則醉後添盃畢竟如何待你念得熟向你道

上堂云釋迦彌勒猶是他奴且道他是誰便下座

上堂云五千四十八卷教理行果成見祖師門下商量須知一貴一賤貴則珠玉難偕賤則分文太遠有人於此辨得白雲与你三十忽有個漢出来道大丈夫賞罰分明不知是那個三十良久云三十年後

上堂云三處移場定是非須心不改在家時呼兄喚弟長如此且作隈崖老古錐

陳助教入山煎茶上堂云蔵史慧相扶堂堂大丈夫吹毛光爍爛佛祖不同途

謝典座上堂云白雲嵌枯老漢要喫無皮酸餡典座取巧安排一任衆人師嫩良久云羊羹雖美衆口難調

上堂舉僧問馬大師離四句絕百非請師直指西来意大

師云我今日勞倦不能為汝說去問取智藏僧問智藏藏云我今日頭痛不能為你說去問取海兄僧問海兄海云我到者裏却不會僧却舉似大師大師云藏頭白海頭黑師云馬大師無着慚惶處只道得箇藏頭白海頭黑者僧持一擔朦朣換得箇不會若也恨似流星多少人失錢遭罪　上堂云庭開金菊宿根生來鴈新聞一兩声昨夜七峯峯老與千思萬想到天明　冬日上堂云達磨西來事久多變後代兒孫門風無限攪擾身心一團麻線白雲今日都通截斷大衆一百單五近清明上元定是正月半　次日上堂云一陽生後正嚴寒皴瀫蟾蜍挂碧天氷鎖瀑泉声細碎風搖危木影摮拳狂猿抱子藏深洞饑鶴將雛逐老仙莫謂可師徒立雪方知古德用心堅上堂舉德山問龍潭久響龍潭及乎到來潭又不見龍又不現潭云子親到龍潭師云龍潭老人可謂騎賊馬趕賊

初十一　六

便下座送諸郡化主上堂云荷衆諸禪流才能足機劃逢人定有錢見面寧無麥已是吾家兒久為物外客溫柔一手揘刪硬雙拳搦矛介一時全滕南山白額　上堂云一代時教五千四十八卷空有頓漸豈不是有永嘉道亦無人亦無佛大千沙界海中漚一切聖賢如電拂豈不是無大衆若道是有違他永嘉若道是無又違釋迦老子作麽生商量得恰好若知落處朝見釋迦暮參弥勒若也未明白雲為你點破道無不是無道有不是有東望西耶尼面南看北斗　上堂云白雲門前路往復行大步中間有一片方塼險諸人為什麽却蹋不著　王提刑入山上堂云祖師門下如箭中的手辦眼覩無得無失僧問朝蓋臨筵清風帀座學人上來請師決破師云殘臘一兩即漸迎春學云天垂寶蓋地布金蓮去也師云未為多在學云多底事作麽生師云人天衆前不欲造次學云覺海波瀾增浩渺釋天日月轉光輝師云也不消得乃舉阿難問迦葉世尊傳金襴外別傳何物迦葉召阿難阿難應喏迦葉云倒却門前刹竿著又永嘉道建法幢立宗旨明明佛勅曹溪是師云迦葉教倒却刹竿永嘉又教立宗旨且道倒底是立底是到者裏須是具擇

勿十一　七

法眼始得畢竟如何倒也七縱八橫立也二三成六七峯閣上共談玄一句一言清耳目歸新僧堂上堂云十月今朝初一新搆雲堂已畢聖衆已得安居雅麗全勝舊日於中受用之時凡百互相愛惜願存古佛家風三有四恩獲益慶懺別有上闡具位遷名立石敢勸遠近諸檀越記取摩訶般若波羅蜜忽有箇出來道長老不妨好文章乃云咄白雲口裏道誰敢道不好　提刑入寺上堂云兵隨印轉將逐符行大權菩薩覆護衆生相順者善言誘諭凶頑者枷棒縱橫中間有箇没量大漢金鎖玄關留不住聖凡位裏莫能收若奈何不得佛法無靈驗白雲有箇消息試說看古人云無邊刹境自他不隔於毫端十世古今始終不離於當念納須彌於芥中擲大千於方外變大地為黃金攪長河為酥酪到者裏合作麽生國土動搖迎勢至寶花彌滿送觀音　端午上堂舉昔有秀才造無鬼論論就纔放筆有鬼現身斫手謂秀才云你手奈我何白雲當時若見便以手作鵓鳩觜向伊道谷谷呱　上堂舉肅宗帝問忠國師百年後所須何物國師云與老僧造箇無縫塔帝曰請師塔樣國師良久云會麽帝曰不會國師云吾有弟子躭源却諳此事請詔問之師云衆中盡道國師良久殊不知懸皷待槌當時肅宗若是作家君王待伊道教詔躭源但向道國師國師何必肅宗後詔躭源源呈頌湘之南潭之北中有黃金充一國無影樹下合同舡瑠璃殿上無知識師代肅宗云閑言語雪竇頌道無縫塔見還難澄潭不

許蒼龍盤層落落影團團千古萬古與人看師云雪竇可使千古傳名老僧秖愛他道潑潭不許蒼龍盤首尾一時貫串秖如前來一絡索拈放一邊且道畢竟如何乃云姹女已歸霄漢去獃郎猶自守空房　上堂舉僧問雲門如何是超佛越祖之談門云糊餅白雲卽不然忽有人問如何是超佛越祖之談只向伊道驢屎似馬糞又云破草鞋又云靈龜曳尾且道是同是別試辨看　上堂僧問如何是極則事師云何須特地乃舉僧請益瑯瑘清淨本然云何忽生山河大地瑯瑘云清淨本然云何忽生山河大地其僧有省師云金屑雖貴落眼成翳　上堂云祖師遺下一隻履千古萬古播人耳空自肩擔跣足行何曾踏著自家底　上堂云行者不報來打皷曲录木頭上不免將錯就錯叅　上堂云子丑寅卯辰巳午未申酉戌亥終而復始有朕有變畢竟如何任管熟念　上堂云遍周沙界幾曾移步深山白雲是何報土若是眞道人家日洗鉢盂兩度　新靴法皷上堂云多載頑皮擊不響新皮纔動震天雷無滯莫言隨勢去有聲誰謂不平來何也雙眼聽不聞雙耳覷不見一條平坦路是誰沒方便　上堂云本末須歸宗尊平用其語利物擲虛空大棒打老鼠　上堂舉世尊滅後諸聖弟子於畢鉢岩中結集法藏阿難旣陞座形儀與佛無殊大衆遂生三疑一疑阿難成佛二疑佛再現身三疑他方佛化阿難唱云如是我聞衆疑皆息當時若有個漢出衆云大衆依而行之各自散去免見滿藏琅函攪人腸肚然雖如是猶未剿絕在何也阿難道如是我聞白雲也道如是我聞若道當時是重古輕今若道卽今是重今輕古要會麼優曇花不開跡絕無香氣　上堂云六祖能大師是個大癡漢後代兒孫多展轉生惑亂子細好思量白雲不著便　乃舉雲門道聞聲悟道見色明心觀世音菩薩將錢買糊餅放下手元來却是饅頭雲門好則甚好奇則甚奇要且只說得老婆禪若是白雲卽不然作麼生是聞聲悟道見色明心遂作打杖鼓勢云㘞八囉扎　上堂云四五百石麥二三千石稻好個休粮藥者叅不得妙　上堂舉龍牙云天下名山到日脚年深辛苦與襪著而今老大不能行手裏把柄破木杓白雲卽不然脚也不能著草鞋手亦不能把木杓端坐受供養施主常安樂　上堂云達磨西来事今人謾揣量天河爭起浪月桂不聞香何也見成公案　安樂院主脩齋上堂云昨夜得一夢夢見臻公在天宮與帝釋對坐臻問帝釋曰天上有五衰相是否釋云此是佛之所說豈可妄言於是帝釋却問臻云我聞閻浮提有不持戒者是否臻云此是佛之所說豈可妄言良久臻云天宮雖樂不是久居遂下十八重地獄乃見閻王居正殿與地藏菩薩耳語臻便出門首見一青衣童鞠躬云東海龍王請伴諸羅漢齋臻遂往赴齋迴得數顆如意珠一時分付諸門人白雲被珠光一爍忽然夢覺以至今朝諸法乳為臻公設齋請白雲陞座大衆且道昨夜夢適來說底是衆中盡是久叅先德禪道之精若人辨得試出来露箇消息看有麼有麼若無白雲又有箇古話釋迦老子在跋提河側般涅槃了迦葉始至遶金棺而哭於是世尊為現雙趺大衆且道般涅槃時是現雙趺時是乃云止止不須說我法妙難思諸增上慢者聞必不敬信　小叅云達磨西来不立文字直指人心見性成佛忽有箇出来道長老尋常室中愛問人如何是你心某甲卽不會却問長老如何是和尚心老僧卽向他道却来者裏捋虎鬚什麼心這次說向你他若又問柏樹子話長老作麼生會向伊道我有個方便有甚方便却須先問取首座又問

德山入門便棒作麼生會我聞便肉戰臨際入門便喝作麼生會是什麼破草鞋直饒一時透過也是七九六十八　中秋上堂云中秋月中秋月古今盡謂尋常別別不別皎皎清光遍大千任從天下紜紜說　學云也是慣得其便師云許多時茶飯元来也有人知滋味乃云祖師心印好消息處無消息無消息古篆分明拈起也大千岋嶵放下也凡聖同源有時印却諸人面門自是諸人甘伏不肯承當帶累白雲受屈且道過在什麼處　上堂拈起拄杖子者個拄杖子不從天台南岳得亦不在此土西天且道生在什麼處若也知生處同得受用若也不知遂靠却下座　上堂舉妙湛揔持不動尊首楞嚴王世希有銷我億刼顛倒想不歷僧祇獲法身大衆若作禪會則謗經若作經會則謗禪若作一團則儱侗有人跳得出銷萬兩黃金若跳不出有處着你在　上堂云但知月圓月缺誰知勿十二月缺月圓忙忙乘舡過水不知過水乘舡百十二年三萬六千日等閑老却朱顏各自照鏡看是什麼面孔　上堂舉僧問洞山如何是善知識眼山云紙撚無油若問白雲對道無油不點燈雖然如是也較洞山三千里秖是其間有個好處有甚好處諸人黑地裏撞着露

柱悟去也不定歲朝上堂云威音王已前也恁麼威音王已後也恁麼三世諸佛也恁麼西天四七唐土二三也恁麼前年去年也恁麼明年後年更後年外後年也恁麼忽有個出来道和尚和尚和尚自云若不被他喚住便一百年也只恁麼復云元正啓祚萬物咸新去年乞火和煙得今日擔泉帶月歸愚運推移日南長至當軒有直道無人肯駐脚孟春猶寒伏惟首座大衆起居萬福蘇武牧羊海畔累日忻然李陵望漢臺邊終朝㗖發落在甚處人義只從貧處斷世情偏向富門多　上堂僧問如何是本分事師云結舌無言乃云每日起来拄却臨際棒吹雲門曲應趙州拍擔仰山鍬駈潙山牛耕白雲田七八年来漸成家活更告諸公每人出一隻手共相扶助唱歸田樂麤淡飯且恁麼過何也但願今年蠶麥熟羅睺羅兒與一文　上堂舉南泉云文殊普賢昨夜三更起佛見法見各與二十棒貶向二鐵圍山白雲則具大慈悲遂拍手云曼殊室利普賢大士不審不審今後更敢也無自云一度被蛇傷怕見斷井索　上堂云二十五年坐這曲录木頭上舉古舉今則不無秖是未曾道着第一句衆中莫有具大慈悲者試出来道看也要衆人共知蕪

乃平生行脚有麼有麼莫道無忽有個出来却問如何是第一句白雲不免向他道放憨作麼　上堂云是法不可示言詞相寂滅這兩句猶較些子忽遇羚羊掛角時如何直上指云天天久立　乃云今日上元之節處處燈光皎潔不知天意如何瑞雪翻為昔雪賓勿十一窮變作殭蚕烏龜凍成白鱉唯有四海禪流十二個個眼中添屑何故不說不說下座　請化主上堂云造化之功祖宗門下作天地發生之氣春夏秋冬決含靈顛倒之心常樂我淨若據衲僧用處又且不然變大地為黃金攪長河為酥酪猶未稱白雲在忽有箇漢出来道似恁說話只是個貪心不足漢自云道著叅　上堂舉達磨大師云誰得吾正宗出来與汝證明尼揔持云據某見處如慶喜見阿閦佛國一見更不再見達磨云汝得吾皮道育云據某見處寔無一法當情磨云汝得吾肉二祖禮三拜依位而立磨云汝得吾髓師云當時若見他三人恁麼道各人好與三十棒只如白雲今日也合喫二十九棒留一棒與汝諸人其間若有知痛痒者不辜負先聖亦乃得見白雲其或未知堂裏喫粥喫飯更須爛嚼多見是渾圇吞却　上堂舉釋迦如来往忉利天為母說法優填王思佛命匠人

雕梅檀像及至世尊下来像亦出迎諸人且道下来底是出迎底是又教中道如来者無所從来亦無所去莫是法身無来去化身有来去麼若人於此見得日消萬兩黄金其或未然草鞋錢教什麼人還　上堂云說禪被禪纏不說却成現若真個不說真個好方便

初十一　十三

如馬前相撲似霹靂閃電會即大富貴不會空對面　因齋上堂云不寒不暖喜春遊士女傾心結預修自覺一生如幻夢始知百歳類浮漚子覷啼處真消息芍藥開時野與幽此個門風誰會得等閑白却少年頭　上堂云前迴底今日使不着今日底後次使不着使不着說不着重遭撲自古至如今誰錯誰不錯忽有個出来道白雲不是今日錯也自云錯錯下座　師一日持錫遶方丈行問僧還有屬牛人問命麼無對遂云孫臏今日關鋪並無一人壽顧可惜三尺龍鬚喚作寻常破布　上堂云有一則奇特因緣舉似諸人欵說又被說礙不說又被不說礙欵舉山河大地又被山河大地碍從教頭上且安頭直金不博鍮丈夫意如此快樂百無憂　上堂舉僧問曹山佛未出世時如何山云曹山不如出世後如何山云不如曹山師云若以世諦觀之曹山合喫二十棒若以祖道觀之白

雲合喫二十棒然雖如是棒頭有眼兩人中一人全肯一人全不肯若人點撿得出許你具半隻眼　上堂云釋迦已滅彌勒未生森羅萬象推向一邊且作麼生是你諸人常住法身乃云有功無功莫使腹空　請供頭將造上堂云白雲今日樵將大宋世界作一面碁盤先將東嶽太山南嶽衡山西嶽華山北嶽恒山中嶽嵩山定却五方次將五臺峨嵋支提羅浮以為相助左畔則斜飛鴈陣右邊則虎口雙關遂舉手云且道這一着落在什麼處若知落處便為敵手若也未然白雲試通個消息十九條平地爭功勢未休莫教一着錯敗子卒難收　正旦上堂元正啓祚西天此土萬物咸新獅豸麒麟應時納祐誠言不謬孟春猶寒種種多般伏惟首座大衆普天齊用洎諸知事懷才抱義并諸化主如龍似虎尊體起居萬福直是如金如玉歳歳三百六十管取粥足飯足　因齋上堂云二月

初十一　十四

中春物象鮮盡塵沙界一般天蓋毒雨洗去冬雪野火風飄昨夜煙危嶺乍聞猿嘯日長江時見客乘舡人生幾度逢斯景好是誠心種福田　端午上堂僧問今朝五月五權踞蔣芸皷雖是無事人亦請燒一炷師云急急如律令進云也待小鬼做箇伎倆師云鍾馗

牒你乃云今日端午節白雲有一道神符也有些小靈驗不敢隱藏舉似諸人一要今上皇帝太皇太后聖躬萬歳二要合朝卿相文武百官州縣寀寮常居祿位三要萬民樂業雨順風調有個符使却来報白雲道諸處盡去徧只為神通小不奈一件事何遂問他是甚事使云禪和子鼻孔遼天白雲向伊說莫道你我尚不柰何然雖如是澤廣藏山理能伏豹畢竟如何一抽三二添四黄牛角向天八脚垂過鼻急急下座　上堂舉尼問趙州如何是蜜蜜意州於尼腕上掐一掐尼云和尚猶有這個在州云你猶有這個在師云此尼若是個人但向他道也放和尚不得乃云日用事無别憑君為甄別若於言上會知君打不徹不於言上會心頭似火熱先過趙州關剪斷白雲舌不負先聖恩歸堂且憩歇　上堂云若要天下橫行見老和尚打鼓外堂七十三八十四將拄杖驀口便築然雖如是

初十一　十五

拈却門前上馬臺剪斷五色索方始得安樂　小參僧問德山不荅話千古把斷要津白雲今夜小參未審如何施設師云我不可承嗣端和尚不得也學云作家宗師天然有在師云是何言歟進云只者個又為甚人施設師云你還信得及麼進云教某甲於麼生信師

云你是會来問不會来問進云某甲却是不
會来問師云昨日也恁荅一僧来進云今日
為甚却干戈相待師云只為買賣不當價邏
云壓良為賤則得爭柰有諸方在師云大衆
看取者一負禪客進云放過一着師云噓
上堂云平生百了千當底正好喫棒且道過
在什麼處打你百了千當　上堂云去聖時
遥人多懈怠逆則生嗔順則生愛且道作麼
生是不嗔不愛東海剪刀西番皮袋
上堂僧問承師有言山前一片閑田地秖如
威音王已前未審什麼人為主師云問取駡
契書人學云和尚為甚倩人来荅師云秖為
你教別人問學云與和尚平出去也師云大
遠在乃云五目莫覩其容二聽絶聞其響有
功者罰無功者賞拈須弥山秤来二兩忽有
個道一方知識為什麼大秤秤人物事自云
官不容針私通車馬　謝街坊上堂云街坊
昨日將一把沙到方丈前一見老僧劈面便
撒賴遇老僧先見衫袖一遮並不妨事今朝
舉似大衆不敢隱藏何故賞伊膽大下得者
個手脚忽有人問白雲為什麼只恁休去不
見道老不以筋力為能然雖如是賓主歷然
上堂僧問如何是佛師云許多時向什麼處
去来乃云達磨未来時冬寒夏熱達磨来後

夜暗晝明諸人若下得一轉平日語喫瞌閑
甜喫醋閑酸若道不得迦葉門前底
上堂云若論此事如人博戲相似忽然贏得
身心歡喜家業昌盛廕覆兒孫不覺輸他自
然迷悶然雖有輸有贏此事還在白雲今日
有條攀條無條攀例不見陸亘大夫與南泉
看雙陸初十一次大夫撮起骰子問南泉十六云恁麼不
恁麼便恁麼信彩去時如何南泉云㒵骨頭
十八大衆此去縣城不遠外人聞得便来捉
睹時又且如何乃云白雲自有道理說得龍
牙道學道先須有悟由還如曾鬬快龍舟雖
然舊閣閑田地一度贏来方始休　上堂云
目犍連雙足越坑大迦葉聆箏起舞畢陵迦
訶罵河神迦留陀夷埋身糞壤此事數中一
一有出處捻道是習氣秖如祖師門下達磨
九年面壁秘魔擎杈禾山打鼓石鞏彎弓雪
峯輥毬國師水椀歸宗拽石德山入門便棒
臨濟入門便喝無業縂有人問便道莫妄想
且道是個什麼衆中還有久叅先德天下横
行具頂門上眼底衲僧麼出来為白雲證據
也要暢快平生有麼有麼若無三十年後此
話大行且道畢竟如何未夏火雲歸碧洞清
秋危露滴金盤　先師忌辰上堂云去年正
當恁麼特多前年三件事今年七〻當恁麼時

多去年七件事這十件事數不過者甚多何
也去却七三存一事是去年說是今日急如
箭黑似漆無言童子口吧吧無足仙人擗胷
躍乃云交下座　與能表白起喪云本是你
送我今朝我送你生死是尋常推倒又扶起
至墳所復謂衆云今朝正當三月八送殯之
人且聽說君看陌上桃花紅盡是十七離人眼中
血　初十一上堂云仲春漸暖牡丹生卵紫鸞攢身
黃鸝開眼共賞芳春三盃兩盞准有白雲一
生擔板　偈頌　投機
山前一片閑田地叉手叮嚀問祖翁幾度賣
来還自買為憐松竹引清風　題東頴西湖
蘭太守李秋監　脩竹喬松積翠陰綠楊紅
藥徧園林到頭須讓西湖水淡靜還如君子
心　悼浮渡圓鑑禪師　浮渡岩前青瘦栢
叢林聳出標風格夜来寒影落西衢誰唱胡
笳十八拍　聞角　幽幽寒角發孤城十里
山頭漸杳冥一種是聲無限意有堪聽有不
堪聽　嘉隱堂　一松一竹一溪雲時有清
風伴月輪窻外泉聲長似雨逈然居者不知
春　賦祖花次李提刑韻　此花逈與人間
別結果開花當處生要會祖師端的旨未萌
天地已先成　悼投子青禪師　寂住峯頭
雲瀰落曹溪水高張浮渡帆直入大洋裏運

載既緣終昨夜狂風起丫角女子戴瓊花八
十翁翁穿繡褸　次韻訓蘄倅李朝奉諦當
之言不在多文殊不二問維摩趙州服爍四天
下賴有同条凌行婆　寄高臺本禪師法兄
春山望極幾千重獨凭危欄誰與同夜靜子
規知我意一聲聲在翠微中　寄太平蹬長
老　白雲岩上月太平松下影深夜秋風生
都成一片境　次韻訓甘露顒長老　本自
居山不厭山水聲山色異人間知音若會儂
家意任是危層亦共攀　送仁禪者　秋雲
秋水雨依依塞鴈聲聲度翠微多向洞庭青
草岸楚天空闊不知歸　次韻訓高臺師兄每
覧嘉隱篇清風益可愛有時說向人時人都
不會回首望衡岳岳山千里外獨步立斜陽
颾颾聞秋籟俳佪兩澗齊瀉碧垂雙帶長沙
波浪湥湍流轉霧霈　訓石秀才　昨夜西
風激怒濤驚翻舊事設絲毫凭欄哄罷思量
着望斷長天月色高　送朱大卿　但得心
勿十一　十八
閑到處閑莫拘城市與溪山是非名利渾如
夢正眼觀時一瞬間　病起　病來又病皮
黏骨抖擻起來無一物行不成步語声低鼻
孔依前空突兀　寄李元中　寄盡千張紙
徒煩心手勞人情如太華爭似道情高　山
居　牀是柴棚薦是茅枕頭葛恒半中凹霜

天索寞人投宿臈到平明手脚交　東頴途
中　一宿成家步孤雲萬里游吾門隨處静
世路幾時休舉首問明月憑心寄斗牛歸期
何太晚猶尚往他州　擬雲送信禪者作丐
春晴觸石欲高飛皖伯臺前度翠微本自無
心為雨露何曾有意泄天機風雷倚勢聲光
遠草木乘陰色澤肥莫謂功成空聚散岩房
潜約幾時歸　寄諸郡丐者　坐一須走七
古聖留蹤跡此土與西天個個明格尺點鐵
化為金喝石變成璧大力那羅延是誰親中
的　遷住白雲入院後示二三執事　登山
須拄杖渡水要行船有客開顏哄無愁展脚
眠萬般存此道一味信前緣試比紅塵裏清
虛直幾錢　寄舊　三首　木落高秋玉露再窓
前黄菊漸離披白雲片片迎新鴈不是知音
說向誰　寄書未到他先望傳語不來我未
知度日林泉無世慮斂眉偷看白猿兒　梅
花欲謝不謝梔花欲開不開思君共聽猿啼
勿十二　十九
處一片白雲天外來　送化主　三首　岩縫迸
開雲片片半籠幽石半從龍為霖普潤焦枯
後却入煙蘿第一重　莫論人情與道情大
都物理自分明皖公山下長流水今古滔滔
徹底清　庭無立雪人路有塵埃客傾盡此
持心松間贈行色　示學徒　四首　學道之人

得者稀是非長短幾時虧若憑言語論高下
恰似從前未悟時　空門有路人皆到到者
方知滋味長心地不生閑草木自然身放白
毫光　一片秋光對草堂籬邊金菊預聞香
蟬聲未息涼風起勝似征人歸故鄉　終日
談玄第一宗拈河道裏覔魚蹤直饒祖佛無
階級須向奇人棒下通　送巳德二禪者之
長安緣幹　二人同心其義斷金古今有此
吾道堪任山之尸重海之淵深白雲留不住
祖佛莫能禁極目少林峭崎傍觀華岳崟岑
分得維摩棲指法且彈一曲訪知音　山中
四威儀　山中行攜籃採蕨稱幽情牧童唱
罷胡家曲子規枝上一聲聲　山中住萬疊
千重誰伴侶縱使知音特地來雲深必定無
尋處　山中坐月夜霜天寒鷹過爐灰撥盡
未成眠報曉靈禽清耳朵　山中卧一片清
光高鑑我但得身心到處閑多年布衲從教
破　次韻訓吳都峕　山家旨趣最幽微路
轉峯回到者稀一鉢黄菁消永日满頭白髮
已玄機迸巖瀑布窻前落哭月狂猿嶺上飛
自得平生觀不足那知浮世是兼非　自述
真賛　二首　以相取相都成幻妄以真求真轉
見不親見成公案無事不辦百年三萬六千
日翻覆元來是這漢　我真我賛唯巳自知

面面相覷有甚了期

古尊宿語録卷第二十三

宋 勿十一

黄梅東山五祖演和尚語下

師在海會受請拈香示衆云八十翁翁輥繡毬遂付維那宣疏畢陞座云三處住持只這滋味這回寛家難為回避白蓮峯鼻孔海會山出氣 當晚小叅云一則三三則七牧羊隄畔女貞花拒馬河邊望夫石石擊尺赤土盡皺其從教眼搭癡 復云淮甸三十載今作老黄梅好是明明說從教鴨聽雷 入院祖師塔燒香以手指云當時與麼全身去今日重来記得無復云以何為驗以此為驗遂禮拜 開堂黄梅宰公度疏師拈起示衆云見麼差珎異宝盡在其中若也不見請表白對衆拈出宣疏畢乃云便與麼散去早是多事了也若也不信遂指法座云少間向上頭撒沙撒土去也便升座拈香祝聖罷復拈香云此一炷香在舒郡二十七年三處住院諸人惣知遂欲燒次復云不得也須說破碁十五年行脚初叅迁和尚得其毛次於四海叅見尊宿得其皮又到浮山圜鑒老處得其骨後在白雲端和尚處得其髓方敢承受與人為師今日爇向炉中從教熏天炙地有耳朶者辨取四祖和尚白槌云法筵龍象衆當觀第一義 師云當觀第一義宝劍霜鋒利掣電隔三千家勝無倫瞥眼辯手能親出来相比試 僧問旧店新開列宝珎一回拈著一回新師今已據盧能位端的如何拂鏡塵師云朝到西天暮帰唐土進云已得軒轅辨端的靈光從此照恒沙師云家初一句作麼生進云不辞山路遠踏雪也須過師云你猶醉在問靈山一會迦葉親聞未審今日一會什麼人得聞師云與灵山無異進云古之今之今之尽是知音師云知音一句又作麼生進云點頭不吐舌師云無人孟浪過你進云忽遇拏雲攫霧来時又作麼生師云老僧打退鼓 師乃云適来四祖師白槌云當觀第一義只如第一義且作麼生觀要會麼三世諸佛若無第一義將什麼化度有情西天四七唐土二三乃至天下老和尚若無第一義將什麼建立宗風只如當今聖帝若無第一義將什麼統御天下知郡學士知縣宣徳合座尊官若無第一義將什麼為民父母乃至在會施主若無第一義將什麼崇敬三寶然雖如是也須各各自悟始得

上堂舉古人道夫為善知識須是驅耕夫之牛奪飢人之食驅耕夫之牛令他苗稼滋盛奪飢人之食令他永絶飢虚衆中聞舉者多是如風過耳相侶既驅其牛為什麼却得苗稼滋盛既奪其食因什麼永絶飢虚到者裡須是有驅耕夫之牛奪飢人之食底脚手便與拶一拶逼一逼趕教走到結角處便好向伊道福不重受禍不单行

上堂云二月春中漸暖哈歌頻打拍板烏雞走入鵝群鴨兒凍得背匾水上或浮或沉何時解成瑚璉子細好好思量天地去此不遠復云頻婆娑羅王

上堂今朝二月初五行者先来打鼓長老肚裏忙忙思量說佛說祖大地雪深三尺禽獸喫泥喫土今年必定豊熟自然五風十雨者裡有個好處且道有什麼好處遂作雷聲云是什麼復云雷乃發聲

上堂云夫為禪客如出塞將軍你將得雲門半片餬餅来我便與爾個須弥山若不如是焉敢稱禪客

上堂云夫為出家之人須有出家之見具擇法眼方為出家如何是擇法眼破燈盞畢竟如何擔板擔板

結夏日上堂云孟夏漸熱伏惟首座大衆尊候萬福郝侶夾竹桃花錦上鋪花徧地花莫眼花每年事例不用張查下座人事巡寮喫茶

上堂舉永嘉道亦無人亦無佛大千沙界海中漚一切聖賢如電拂大衆這裡若不具金剛眼睛便見髑髏徧野如何即是劍閣路雖險夜

行人更多　上堂云立雪斷臂指喻後人
人能弘道非道弘人這箇是什麼語江城子
　上堂云時人住處我不住時人行處我
不行畢竟作麼生牛角長三寸兎角長八尺
四溟東海流般若波羅密　上堂云門外
有大路不肎大開口臘月三十日胡乱外邊
走好大哥　上堂云無法可說是名說法
夜月巖凝霜天凜冽池裡烏龜凍得成鼈更
說兩句舌頭成鐵　聖節上堂云十二月
初八日今上皇帝降誕之辰不得說別事乃
高聲云皇帝萬歲皇帝萬歲　上堂云無
邊身菩薩將竹杖量世尊頂丈六了又丈六
量到梵天不見世尊頂相乃擲下竹杖合掌
說偈云虛空無有邊佛功德亦然若有能量
者窮刦不可盡大衆無邊身菩薩說偈且止
諸人還解自量也無若教老僧自量直是無
下手處不見古人道斗充佛座功德難量餞
子燒香紫雲靉靆何故如是別是一家春
上堂云一年只餘此月天道未嘗降雪奉告
三界龍神各自迹相報說普天普地鋪銀且
要應時應節更望大衆慈悲爲念普賢菩薩
畢竟作麼生摩訶薩　郭朝奉祥正請上
堂朝奉於法座前燒香云此一瓣香爇向爐
中爲光明雲遍滿法界供養我堂頭師兄禪
師伏願於此雲中方廣座上擘開面門放出
先師形相與諸人描貌何以如此白雲岩畔
舊相逢往日今朝事不同夜靜水寒魚不食
一爐香散白蓮風　師遂云最護薩怛多
鉢囉野恁麼恁麼幾度白雲溪上望黃梅花
向雪中開不恁麼不恁麼嫩柳條金線且要
應時来不見龐居士問馬大師不與萬法爲
侶者是什麼人馬大師云待汝一口吸盡西
江水即向你道大衆一口吸盡西江水萬丈
深潭窮到底掠彴不是趙州橋明月清風安
可比　上堂云春雨洒無涯乾坤已共知
東君行正令梅梢一枝枝祖師門下客相見
在今時相見即不無說什麼事便下座
上堂舉肅宗帝問忠國師云和尚百年後所
須何物國師云與老僧造箇無縫塔帝云請
師塔樣國師良久云會麼帝云不會國師云
吾有付法弟子躭源却諳此事請詔問之師
云前面是真珠瑪瑙後面是瑪瑙真珠東邊
是觀音勢至西邊是普賢文殊中間有一首
幡被風吹著道胡盧胡盧　上堂顧視禪
床左右遂拈拄杖在手中云只長一尺下座
　上堂云世有一物亦不屬凡亦不屬聖亦
不屬邪亦不屬正萬事臨時自然歸令抵死
要知換却性命　上堂云擔水河頭賣諸
人盡笑怪滯貨沒人猜一侶欠他債昨夜三
更半石人闘禮拜這箇說話莫道你理會不
得我也理會不得　上堂云古人道無邊
剎境自他不隔於毫端十世古今始終不離
於當念師云是即是只是太舊雪峯示衆道
盡大地撮来如粟米粒大拋向面前漆桶不
會打鼓普請看大衆雪峯對面熱瞞諸人不
少也然雖如是還有與雪峯同步底麼試出
来與五祖相見有麼若無遂拈拄杖卓一下
舉起云五祖今日與雪峯同乘槎從四大海
穿八大龍王髑髏經過百千箇須彌山却回
来法座上坐又送雪峯歸雲峰山只是不曾
動着一步諸人還信得及麼若信不及遂舉
拄杖云豈不見先師翁道放在卧床頭急要
打老鼠　上堂云凡心聖意靈堂堂念念
無差即道場何去莫言今日事觀音自在放
毫光良久云莫瞞老僧好　上堂云三月
安居今已滿九旬禁足之事如何西天蠟驗闘
聲又此土鵠珠說者多季運二千年遠意渥
流水乳積成河林泉開士齊弘護莫使凋頹
著邪魔　上堂云時候季秋霜冷皎潔銀
河耿耿松窗一炷爐烟頗稱吾家好景
上堂舉僧問投子大藏教中還有奇特事也
無投子云演出大藏教師云投子被人一問

直得料掉沒交涉若是五祖即不然或有人
問大藏教中還有奇特事也無老僧即向伊
道作禮而去信受奉行然雖如是與他授子
白雲萬里畢竟如何要你諸方眼作麼
上堂云悟了同未悟歸家尋舊路一字是一
字一句是一句自小不脫空兩歲學移步湛
水生蓮花一年生一度　上堂云頻頻喚
汝不歸家貪向門前弄土沙每到年年三月
裡灣城開盡牡丹花　上堂云青蘿夤緣
直上寒松之頂白雲淡泞出沒太虛之中自
十九至二十三日萬餘人來此赴會閙閙地
如今只見老漢獨自口吧吧地若道多人是
閙一人是靜直是白雲萬里畢竟如何一人
閙浩浩多人靜悄悄不如歸堂喫茶好
上堂云心隨萬境轉轉處寔能幽雲門道觀
世音菩薩將錢買胡餅放下手云却是箇饅
頭如此則隨他脚跟轉也五祖有箇隨流認
得性快樂永無憂慮因緣舉似大衆忽然於
四十二　六
此省去也不定良久喚侍者侍者應諾師云
我害癡　上堂云仲冬嚴寒普徧世間富
貴即易貧窮即難唯我林泉之人無易無難
為什麼如此良久云無人處向你說
上堂舉普化道明頭來明頭打暗頭來暗頭
打虛空裡來虛空裡打四方八面來連枷打

臨濟聞得遣僧問云拋不恁麼來時如何化
云明日大悲院裡有齋若是五祖即不然有
人問拋不恁麼來時如何和聲便打是他須
道五祖盲枷瞎棒我只要你恁麼道何故一
任舉似諸方　上堂云應接無方唯是此
一毛端上廓心田生枝延蔓魔家族點點舒
光曜祖天　上堂云風和日暖喬樹鶯啼
桃李妍而爛錦成行芳草濃而鋪茵作陣花
落一片兩片浮碎玉以霏霏柳舞三四五四
曳長絲而冉冉當是時也古人道絲鳥語如
簧柳垂金線長烟收山谷靜風送杏花香永
日瀟然坐澄心萬慮忘欲言言不及林下好
商量良久云你且商量看　上堂舉僧問
雪峯云古澗寒泉時如何峯云瞪目不見底
僧云飲者如何峯云不從口入趙州聞得云
不可從鼻孔裡入也僧却問趙州古澗寒泉
時如何州云苦僧云飲者如何州云死師云
若有人問五祖古澗寒泉時如何即向伊道
四十二　七
水飲者如何但云當下止渴或有個人出來
問道與曹溪水是一是二我即向伊道分枝
列派縱橫自在低處澆田高處灌菜
上堂云趙州道箇栢樹子廬陵隨後雪白來
中間有箇白蓮峯一口吸盡西江水喜羨囉
邏哩囉邏哩我自我你自你漆村有箇白額

虫吒腮鬣頷九條尾良久云嗄好怕人
小參舉藥山初參石頭問云三乘十二分教
某甲粗知來處訪聞南方直指人心見性成
佛寔未明了石頭云恁麼也不得不恁麼也
不得恁麼不恁麼總不得藥山罔措一日坐
次石頭遂問云汝在此作什麼山云一物也
不為頭云恁麼則閑坐也山云閑坐則為也
頭云子適來道不為又不為箇什麼山云千
聖亦不識石頭遂有頌云從來共住不知名
任運相將只麼行自古上賢猶不識造次凡
流豈易明師云大衆須是過得祖師關會烏
道玄路始會此般說話石頭恁麼垂示便顯
趙州庭前栢樹子洞山麻三斤雲門超佛越
祖之談五祖亦有頌任運不知名輕輕著眼
聽水上青青綠元來是浮萍　四面專使
文詳持法嗣書到師於法座前受書拈起問
專使云這箇是四面底閣梨底在什麼處使
云驗在目前師云欸不問過遂陞座云好事
難逢何不自來大家唱和時有僧出問云石
頭馳書猶是鈍漢玄沙白紙謗說同風四面
貴來有何祥瑞師云春氣發來無硬地進云
與麼則衝開千頃浪透過祖師關師云真個
也無進云可謂是黄梅嫡後無人識獨許東
山一老師師云更有人在進云和尚也不要

疑著師云也落在闇㘞後進云只如四面無門老和尚向甚麼得這消息來師云你向甚麼處去來僧指東畔云這箇直嚴得恁麼黑又指西畔云這箇知客得恁麼肥師云不得指東劃西僧以坐具一劃云者箇不可喚作東西也師云看你亂走進云和尚低聲恐人聞得師云你適東也郎當不少僧以手掴口云是我拈得　師乃云大衆四面長老有書對大衆前須當說過四面大漆桶詳師分半桶白蓮峯下閙薰却我鼻孔且道爲什麼如此無你出氣處　太平尊使至上堂云萬里無雲點太清祖天日月自分明太平不許將軍見却許將軍建太平　上堂云舉則公案事事成雙向外馳求癡漢癡漢　上堂云有物先天地無形本寂寥能爲萬象主不逐四時彫古人恁麼道可謂錦上鋪花不妨奇特諸人且作麼生會白蓮今日曲順後機不惜眉毛亦爲頌出有中有無中無細中細麄中麄　上堂云今朝三月初五老漢亦無所補無字指路堂堂枉見衲僧受苦畢竟如何如人學射　上堂云媚景中春暖色暄晝塵沙界一般天林峦翡鬱爭蓊翠花柳芬芳鬪色鮮蝶羙壮舟飛勢鷺鋒游芳樂謾遲迴人生幾度逢春景何不於中種福田　上堂舉興化云我逢人則不出出則便爲人三聖道我逢人則出出則不爲人師云此二古德一人文章浩渺一人武藝全施若道興化是文亦不得若道三聖是武亦不得還於此辨得出麼若辨得出許你通身是命若辨不出你自相度　上堂云如何是禪閻浮樹在海南邊近則不離方寸遠則十萬八千畢竟如何禪禪　上堂云賤賣擔板漢貼秤麻三斤百千年滯貨何處著渾身　上堂云今朝八月二十佛法兩字難入深村大小老翁達磨祖師不及　上堂云未透祖師關莫問大雪山一步一萬里千難與萬難　上堂舉僧問趙州狗子還有佛性無趙州云無僧云一切衆生皆有佛性狗子爲什麼却無州云爲伊有業識在師云大衆你諸人尋常作麼生會老僧尋常只舉無字便休你若透得這一箇字天下人不奈你何你諸人作麼生透還有透得徹底麼有則出來道看我也不要你道有也不要你道無也不要你道不有不無你作麼生道珍重　呂寶文嘉聞入山上堂僧問世尊拈花迦葉微笑台旆光臨於法席願師方便爲宣揚師云六耳不同謀進云不於花上覓煩赫自圓明師云好進云可謂獨露無私對揚有準師云是進云覿面知機又作麼生師云不得與別人說進云和尚只知其一且不知其二師云你作麼生進云祖師却道知來也歸作盜梅正是時師云被你道著進云已得真人好消息人間天上更無疑　師乃云記得昔日僧問六祖黄梅衣鉢什麼人得祖云會佛法底人得僧云和尚還得也無祖云不得僧云爲什麼和尚却不得祖云我不會佛法又舉僧問雪峯和尚見德山後得箇什麼道理便休去峯云我當時空手去空手囘師云大衆此二尊宿一人是祖師一人是禪師及乎問着便道我不會佛法又道我空手去空手囘你諸人還會伊恁麼說話也無若要會他恁麼說話須是透祖師關始得若不透祖師關輙不得正眼覷看　唐提舉邦到院上堂舉三聖問雪峯透網金鱗以何爲食峯云待汝出網來即向汝道聖云一千五百人善知識話頭也不識峯云老僧住持事煩衆中或謂雪峯與三聖宗派不同故言不相契或謂三聖作家雪峯不能達其意如斯話會有何交涉忽有人問五祖透網金鱗以何爲食老僧向伊道好箇問頭復云大衆且道與雪峯是同是別不能爲你說得聽取一頌洞裏無雲別有天桃花似錦柳如烟仙家不

會論春夏石爛松枯是一年　資福專使持法嗣書至師於法堂上受書拈起問專使云本無名字什麽處得這箇来專使擬議師云曰誰致得遂陞座舉石頭問長髭什麽處来髭云嶺南来石頭云大庾嶺頭一鋪功德就也未髭云就来久矣只欠點眼在石頭云莫要點眼麽髭云便請石頭垂下一足髭便禮拜石頭云你見個什麽道理便禮拜髭云如紅爐上一點雪師云紅爐一點雪知音皆下瞥龜毛翁子翁沍牛一點血　偈頌　師室中常舉趙州狗子還有佛性也無州云無因僧請問師為頌之　趙州露刄劍寒霜光燄燄更擬問如何分身作兩段　和李提刑常祖花頌二首　造化之功品物情正當生處不言生尋枝摘葉空勞力一朶開時一佛成此土西天祖佛名婆峰頂上鐵花生世間無限丹青手只恐吟成畫不成　自貽　白雲堆裡古家風萬里霜天月色同林下水邊人罕到初十二方知吾道樂無窮　還興十一　冉冉白雲間拂拂微風起至我造化功孰謂究終始究之既不能徒然自憂喜　寄舊知二首隔闊多時未是疎結交豈在頻相見送教山下路崎嶇萬里蟾光都一片　朔風掃盡千巖雪枝上紅梅包欲裂縹緲寒雲天外来吾

家此境憑誰說　次韵酬鼓運使皆題七峯閣　山腰營小閣聊可寄生平三四危峯頂嗜猶分外清　次韵寄鼓運使吏部　維使千回眼見争如手親一徧透得此個重關乃定平生方便　聚遠亭　眼觀不足耳聽不盡水碧山青誰遠誰近　荅憑希道　老病踈慵不記心應無狂夢到瑶林水聲山色長為伴利害從教似海深　送白首座回鄉歸心休問路多端四海爲家未足觀雙履濬名思達磨諸侯九合咲齊桓　示禪者二首學道先須得指歸聞聲見色不思議長天夜夜家家月影落澄潭幾個知　祖道何殊世路平時人行處不須驚擬心未到先移步直似玄沙問鏡清　讃白雲先師真　一月在天影含衆水師真之真非月非水青黃碧綠亂茶糊看来半嗔半倫喜　送文禪人寧親今生父母當親覲從本爺娘子細看動轉施為全得力一回舉着骨毛寒　送化七四首何事秋風入夜涼稻花時復送餘香要知此箇真消息未後敎勤味最長　皖伯臺前送別時桃花似錦柳如眉明年此日凭闌望依舊青青一兩枝　透出龍門未是難幾人得過趙州關白雲片片青山外為雨為霖去復還　出自白雲山携笻步烟渚心中幾萬端

唯我能相許　重會郭功甫　淨空居士父相知三十年来只片時今日白蓮華下見維摩元是舊容儀　送蜀僧　相聚淮南四十年而今歸去路三千有人若問西来意水在江湖月在天　寄信上人　一餅一鉢且隨緣此事時時强為宣知已不來春析光昧峰皎月對寒泉九十二　送呂公輔　送客別十二金沙行行去路賒淡烟籠碧漢薄霧綴紅霞百舌吟新樹千株長嫩芽翻思分袂處舉首見桃花　送黃景純　徧遊五祖山語咲令人愛極目情量寬禮貌多自在思鄉便欲回不應他人怪再見是明年往來無罣碍　訪信和尚　維摩之後室長開立雪求心悟善財木老花敝兮白雲亂卷波澄霜夜兮皎月徘徊不二門高遠相訪又騎羸馬入塵埃　賛四祖演和尚　桂花包裡老黃梅不向陰陽地上開蜂蝶豈知香遠柝難尋踪跡去還来　恒四祖演和尚　此病彼圜瘠吾門何得失生死若空花去来如鳥跡泉涌忽西沒影挂寒堂壁三十三天撲帝鍾普念般若波羅蜜　自賛　眼暗耳聾行步龍鍾人前强咲父手當胸與壞禪化麦　水中撈得麦恐悚壞禪客往復偃溪邊聞聲隔不隔　悼陳吉先子既卜遷居禪家第一謀有帆不挂樹無住

坦然途世態那堪戀恩情盡屬愚祖師門下客到此辨錙銖　偶作　多時欲寫天邊雁毛色觀來苦未全號叫不妨知節令養成飛去有何難鷹鷹鷹墻當初占古蹤禪禪入理深淵無形無狀千難萬難後生晚長心堅石穿　弔崇勝大師　苦霧罩庭軒悲雲鎖暮天師歸真淨界影挂月孤圓去不去兮若之夢來不來兮誰後先誰後先關浮樹在海南邊

十五末

古尊宿語錄卷第二十四　笈十二

古尊宿語録卷第二十五　重　多一

僧録司右闡教兼鍾山靈谷禪寺住持　淨戒　重校

南嶽下九世

葉縣省禪師

首山念禪師法嗣

師之叅學小師智親編録上堂偈頌等語

多一

葉縣歸省禪師冀州賈氏子弱冠依易州保壽院出家受具初叅首山山舉竹篦問師云喚作竹篦即觸不喚作竹篦即背合喚作甚麼即得師於言下大悟遂掣竹篦拗作兩截擲于階下却云是甚麼首山云瞎師便作禮師住汝州葉縣廣教開堂日纔昇法座大衆雲集師拈香示衆云此一辦香不從他方得即汝州水土然願　皇帝萬歲重臣千秋文武百僚常居禄位但某道薄人微觸事荒瑣謝郎中巡撿司徒諸官負等光揚佛日野干說法釋迦和南梵王前引帝釋後隨重法不重人謝西州和尚遠發緘封曲犇卑能悚惕無盡兩院主首街市檀越堂内僧衆請某開堂說箇什麼即得若說三乘五性來又有經律論座主宣揚若說仁義禮智信又有夫子夫子是儒童菩薩入鄽化俗若是闡揚宗旨又有諸方宿德和尚穿鑿了也更教某甚處運斤斧即得問昔日世尊說法梵王親躬此日朝騎臨鋌將何指教師云塞鴈過時聲咽咽喜鵲喃喃悅殺人進云與麼即法雨洪傾人天有賴也師云雲綻家家月春來處處花問不落諸緣請便道師云落問如何是無縫塔師云頭不梳面不洗問如何是出家人師云緊纂頭進云與麼即在家出家師云鹿麻鞋問喫却施主食將何報荅他師云老僧罪過進云與麼即萬兩黃金亦消得師云家醜不外揚問寶劒未出匣時如何師云不可錯恠老僧進云出匣後如何師云換手提胷問如何是禪師云文殊殿問如何是道師云法堂是老僧蓋進云禪道相去多少師云汝問我荅進云向上還更有事也無師云有如何是向上事師云七棒對十三學家禮拜師云殺休不肯休直待雨淋頭問臨機一句請師速道師云速進云與麼即沙場無朕跡也師云滴血驗身容　師乃云達磨西來爲傳東土直指人心見性成佛獨標萬像物外宣揚

多一　二

悟之者纖毫不隔迷之者背覺合塵中下之機也須子細莫虛過時光各各有之况以西來的意敎外別傳道契一言縱横自在打破髑髏揭却腦蓋豈不是慶快僧問學人來日擬入帝京帝王不顧時如何師尋時頌荅云一年春盡一年春徧目無私遍乾坤時人盡唱無私曲罕遇知音對者稀進云與麼即處處通身去也師云底事作麼生進云十方世界盡是學人行履處師云真師子兒進云謝師證明師云一翳在眼天花亂墜問如何是佛法大意師云麥賤米貴問如何是當機一句師云有你驢漢問進云與麼即打鼓弄琵琶也師云撩𢾾放屁問如何是隨色摩尼珠師云閙市散本進云未審意旨如何師云拍手唱歌行問如何是古佛心師云何不高声問進云莫者便是也無師云是即錯進云如何得不錯師云千錯萬錯問如何是非非法義師云十字路頭坐進云不會意旨如何師云一任衆人看問如何是出家人師云草深不露頂進云露頂後如何師云撈殺塚頭蒿問無邊身菩薩來還起也無師云水牯牛進云與麼即頭上安頭師云一頓五升料問蓮花未出水時如何師云覺生頭角進云出水後如何師云一場懡㦬問承古有言未得

多一　三

入頭直須入頭既得入頭不得孤負老僧意旨如何師云獨脚蝦蟆能上樹進云未審意旨如何師云野鵲帶席帽問如何是道師云萬緣俱頓息夜半繡鴛鴦問如何是祖師西來意師以手劃一劃進云不會此意如何師云合掌靈山問世尊問如何是和尚心師云

長三尺進云如何通信師云方圓二寸餘問
學人未到来時如何師云疑殺老僧進云到
来後如何師兩手揑胷問慈雲起處雷聲大
廣教門下霹靂声時如何師云今冬頻雨雪
来年麥大熟進云恁麽即大衆有依倚也師
云焰頭誇富貴今古化灰塵問起坐相隨爲
什麽不識師以手劃一劃進云恁麽即直截
根源也師云冥冥一去杳杳何知問忽遇大
闍提人来還相爲也無師云西天出白氎進
云未審此意如何師云東土波斯鼻孔大問
十方薄伽梵一路涅槃門如何是一路涅槃
門師云洞山見雲門進云未審意旨如何師
云山僧是冀州人問如何是真道人師云路
崖崖進云不會意旨如何師云莫遣外人聞
問心地法門與佛相去多少師云闍黎致問
老僧有荅進云未審意旨如何師云五九盡
日春問如何是道師云家家門前長安路問
如何是西来意師云齋後一椀茶問己事未
明以何爲驗師云閙市裏打静槌進云意旨
如何師云日午點金燈問如何是無縫塔師
云破皮厚三寸進云未審意旨如何師云金
牓題名天下傳問如何是清淨法身師云蝗
虫步蝺鷄人恐飡食苗稼盡傷心進云爲什
麽學人不識師云無心伏物賀太平問清淨
伽藍爲什麽打魚鼓喫飯師云打草蛇驚問
路絶煙塵時如何師云無手行者能打餅進
云恁麽即偶倆人抽牽也師云無目之人不
假燈師上堂云聞鍾聲即尋聲而来如無鍾
聲向甚處去即淂若是上来下去是何面目
不来不去又濕地上坐了也作麽生是衲僧
出氣底鼻孔道得底出来道看直饒道得也
是勿交涉若是道不淂也即墮坑落壍便下
座問煞父煞母佛前懺悔煞佛煞祖向甚麽
處懺悔師云長連城進云不會意旨如何師
云天靈盖問承古有言良由取捨捨即是不
捨即是師云大洋海底鑽龜卜進云恁麽即
取捨俱忘也師云遇明眼人擧似問如何是
佛法大意師云杏輳来年麥進云不會意旨
如何師云棗收當年禾學人禮拜師云彭祖
壽年八百歲莫忘却稀禾植麥問如何是衲
僧活計師云城東太山廟進云不會意旨如
何師云判官手裏筆問如何是露地白牛師
云破盆子進云未審意旨如何師云堪作麽
問不落言詮請師便道師云西方極樂世界
進云恁麽即滿口道不得也師云東土樹子
大問如何是和尚受用處師云長三尺問如
何是毘盧體師云寒時寒煞熱時熱煞進云
不會意旨如何師云冬天著火向夏月取涼
徇學人心病請師一服妙藥師云破皮厚三
寸進云未審意旨如何師云杖頭挑取
師上堂云廣教有驗人關截人機活人句還
有人道得麽若是道不得搴頭平生問和尚
朝也説暮也説還接淂幾人師云洎合疑殺
老僧問靈山如話月曹溪如指月如何是真
月師云昨日撃金鍾告報天下闍進云恁麽
即山河大地也師云大衆齊合掌香煙滿乾
坤問無目人来請師指路師云坐飡都不問
莫作問禪賓進云不會此理如何師云紫羅
袋裏盛官誥金牓題名天下傳問大施門開
請師垂示師云腦後抽簪進云便恁麽會時
如何師云孤峯無宿客進云嚧嚧師便打問
如何是世尊不説説師云涅槃山側畔香煙
滿乾坤進云如何是迦葉不聞聞師云觀音
勢至引到西方問如何是學人親切處師云
昨日十九今日二十　師上堂云諸禪德
若是説禪説道説佛説法来又匝匝地遍天
遍地也更教廣教説箇什麽即得若約至理
論似此之輩且去涅槃堂内粥飯裏將養始
得謂何如此當言不避截舌若是説禪禪是
病若是説道道亦非真説佛佛被謾説法被
法障也錯恠廣教雖是善因而招惡果何不
離此之外試與廣教相見看方有条學分始

得不被諸境惑亦不落於惡道還委悉得麼
直饒委得入地獄如箭射無人替代渠莫道
不道迩重問遍歷寰中未曾逢一人時如何
師云椀進云恁麼則碧霄雲外無依倚也師
云未曾鮮開𢫫僧云錯師云尋聲打二十棒
趂出院問如何是密密處用心師云鬧市裏
輥毬進云未審意旨如何師云一任衆人看
問如何是涅槃門師云三更無忌諱進云未
審此意如何師云却忌五更時問西州和尚
迁化向什麼處去師云寶塔元無縫靈骨鎖
天涯問如何是涅槃路師云玄沙不出嶺寶
壽不渡河問如何是正令一句師云古墓裏
點燈猶作怯樹上叫喚闍黎意如何問六國
来朝時如何師云南有雪峯北有趙州進云
恁麼即萬里絶煙塵也師云目前無一物不
換太陽春問遠遠相投請師一接師拈起火
示云會麼云不會師云㶑爐添炭猶嫌冷路
上行人只守寒問維摩默然文殊讃善此意
多一　六
如何師云莫埋沒維摩進云恁麼即清淨道
場師云莫錯認定盤星問春来萬物秀石頭
爲什麼不生芽師云爲報遐方參禪子只爲
麁心致令廣教打二十進云又太不慈悲生
師云禍福無門唯人自召　師上堂云説
底法即便是也十二時中行住坐卧喫粥喫

飯合掌頂禮麁言細語鬭打相争揮拳掉臂
是也不是若道不是即法有二見若道是爲
什麼不休去不歇去若約至理論須是待廣
敎與你打破髑髏揭却腦盖廓然山河無礙
宜不慶快還委悉得麼直饒委悉得入地獄
如箭射無人替代渠莫言不道迩重問彼自
無瘡勿傷之也道合隨機請師應用師云今
年頻雨水何人不傷心進云恁麼即雲散青
天出山高衆岫歸師云日出天然異森羅觸
目真問如何是第一句師云失如何是第二
句師云臭肉来蠅如何是第三句師云今日
好晴云三句不分時如何師云来日到崖州
問寶劍才出匣時如何師云擗口着云出匣
後如何師云拈却牙齒問如何是論頓不留
朕跡師云日午打三更石人側耳聽云如何
是語漸返常而合道師云問處分明覿面相
呈問三災競起如何救之師云廣敎不問你
来日喫飰槌云不會師意如何師云涅槃山
多一
側念弥陁問如何是百骸俱潰散一物鎮長
靈師云晴乾開水道無事設曹司云未審此
理如何師云雨下街頭濕晴乾便無泥問禁
足九旬須藉無虫之地甚處是無虫之地師
云趂𧴁人民亂縱横五月麥𧴁盡息心云不
知甚麼處立身師云夏月多毒熱行人盡休

歇問雪山童子捨身爲求諸行此行如何師
云掉臂街頭走仰面看青天云恁麼即迷人
尋著向城路也師云此人入地獄萬劫出應
難問如何是賓中賓師云慚惶沒心情如何
是賓中主師云相手覷前程如何是主中賓
師云起坐甚分明如何是主中主師云大祭
不留身問古人一言便悟和尚種種説學人
爲什麼不悟師云草鞋無底云畢竟如何師
云皮襪無根　師上堂良久云惣被須弥
山塞却你諸人眼也還覺麼莫不識痛痒若
是去却須弥山方有參學分作麼生是去却
須弥山底句若是道得底試對衆道看若是
道不得也且莫亂礚便下座問師子吼時全
意氣文殊仗劍意如何師云飛砂走石人驚
怪決定彎弓射尉遲問如何是佛師云白馬
馳經云如何是道師云善信扼喉問本来無
一物以何法示於人師云無法示於人問不
施寸刃便登九五時如何師云不封不樹云
未審此意如何師云今古不同且應時問承
古有言藏身不吞炭意旨如何師云莫遺外
人聞云山雉枉遭傷此意如何師云天網恢
恢疏而不漏問夏終此日師意如何師云今
年夏末去年秋東京西洛任意游問大用現
前不存軌則時如何師云虚空無筋骨金槌

打不入進云恁麼即百雜碎也師云弥陁佛前親聞玉偈問承教中有言三人同坐解脫床如何是解脫床師云有言須淂句進云未審此意如何師云不用更遲疑問萬法歸一一歸何處師云北印山下進云未審意旨如何師云千年中一遇問世尊爲一大事因緣故出現於世如何是一大事因緣師云梁園城裏冊鳳門進云不會意旨如何師云襄州出大悲問行住坐卧如何用心得不落於惡道師云莫用心問如何是文殊活人底草師云須弥頂上雨霖霖進云如何是文殊煞人底草師云錯問如何是功用智師云擧目千山秀大海徹底清問疑情未息如何除遣師云碓搗東南磨推西北問學人迷路請師直指師云三更不閉戶進云未審此意如何師云日午不點燈問一物不將来時如何師云放下著進云恁麼即纖毫不隔也師云且擔著

師上堂云諸苦所因貪欲爲本若滅貪欲無所依止若是無貪欲心在處澇澇隨所碌碌山河大地不礙眼光不礙眼光則且止你道㽞山童子眉毛長多少衆中還有道得者麼試對衆道看爲你證據若道不得辜負平生便下座問學人不曉三玄義請師方便第一玄師云截舌三分進云如何是第二玄師云沒蹬驢子夜三更進云如何是第三玄師云晴乾開水道無事設曹司問美玉貴金門何異荆山體師云錯進云恁麼即鳳飛在處祥雲聚龍行何處少風雷師云騎驢不把鞭一世勿模樣問如何是第一要師云全令提綱行正令却須當道與人看進云如何是第二要師云坐䬸都不問莫作問禪賓進云如何是第三要師云包含大地人皆喜滿路謳謡賀太平問如何是西来意師云骨崙背象牙問色身病法身病師云江山無阻滯日月鎮長明問承聞一子出家九族生天某甲兩人出家合作甚道理師云截舌三分進云未審意旨如何師云鬧市裏卧街問擬過青山時如何師云金州出好漆問文殊云前三三後三三未審意旨如何師云昨夜風寒緊今日又溫和問如何是百尺竿頭進步底句師云南贍部洲北欝單越問如何是西来意師云冬無積雪夏無餘粮問淂船便渡時如何師云鈍根阿師進云恁麼即直截根源也師云下坡不走快便難逢問如何是奪人不奪境師云㲋肉来蠅進云如何是奪境不奪人師云沒鐙驢子夜三更進云如何是人境兩俱奪師云光漆無人識進云如何是人境俱不奪師云須弥頂上雨霖霖問如何是一印印空師云今年夏末鵩人氷進云如何是一印印水師云未逢秋草死争恐下堦行進云如何是一印印泥師云兩重公案就萬里江山應不廻問寂寂無依時如何師云觀身實相進云與麼即謝師指示師云廓然無邊問龍女獻珠得成佛學人無珠可獻還得成佛也無師云好日多同贈土不贈金進云恁麼即謝師指示師云恐魔逐我後鎮壓在廳堦問古路重開時如何師云無目之人不假燈進云恁麼即七縱八横沒去處也師云拍手唱歌行問師子吼時無意氣文殊仗劒意如何師云一送荒郊裏千峯永不廻進云恁麼即大衆齊合掌一時念弥陁師云不囙寒食節餘日且難来問香煙起處大衆側聆當爲何事師云專聽三下鼓喫粥五更時進云此理如何師云朝霞不出門暮霞行千里問國師禮倒鐵天王意旨如何師云鷲動十方剎進云此埋如何師云當言不避截舌

師上堂云僧堂入佛殿裏過佛殿入僧堂裏行須弥山騎牛說話木人打鼓唱歌露柱𡚁日搖箏犍椎拍手笑他若遇大乘根器不在於言下若是中下之機也須子細𤥨重問未遇衆緣時如何師云虛空無瑕翳到者盡息心進云遇衆緣後如何師云任你大海變桑

田廣教誰能管得你問抱璞投師請師雕琢師云把将来看進云恁麼即得遇和尚師云元来是箇糞毬問古人有不了之句請師爲學人說師云破皮厚三寸問自己面目終日不見時如何師云拈却牙齒著進云見面後如何師云大衆盡皺眉問黑雲遮日時如何師云道士戴簪冠進云見日後如何師云金剛眼睛大如拳　問生死事大如何免得攀緣去師云喚什麼作生死進云與麼即是佛性也師云又是七顛八倒問看經即是不看即是師云青山無異路東西任意遊進云太不定生師云自是盲者過非日月欲問萬里無雲時如何師云今年大旱問古鏡未磨時如何師云磨他作什麼進云磨後如何師云怨作什麼問古佛舍利爲什麼點不上来師云家藏利器盜者息心問路逢達道人不將語黙對未審将什麼對師云將拄杖對問驪龍頷下有珠如何取得師云用這糞毬作什麼師有時上堂大衆雲集師良久以手搥胷三兩下喚侍者侍者應喏師云老僧今日頭痛弥重　問聞鍾聲只有這个声爲復別有師云腦後三斤問真性不隨緣如何得正悟師云大洋海底紅塵起須弥頂上浪滔天問如何是大作業底人師云城外斬屠兒進云

不會此意如何師云一斤秤不住問大乘以心能荷萬善時如何師云上天無路入地無門進云不會此理如何師云沙門島裏望家鄉因汝州寳應馳開堂法嗣書来上堂有僧問花開五葉法遍乾坤時如何師云九月重陽節菊花撲鼻香進云恁麼即慈雲普潤也師云廓然無一物光明照十方問如何是第一玄師云平常道在語必幽玄問如何是第二玄師云有問有荅日月長明如何是第三玄師云何勞龜卜問行年問鍾声繞羅大衆臨筵向上宗乘請師舉唱師云僧排夏臈俗列耆年進云恁麼即一兩普潤於大千也師云日出天然異光明照十方問善法堂中伸一問未審師還據也無師云蜀地錦觀陶綿進云恁麼即承和尚慈悲也師云廓然無障礙縱横任意游　師上堂云諸禪德衲僧是通變道人若遇鑊湯爐炭諸般厄難又如何免得若是免不得何名通变道人作麼生是透脫諸般厄難底句還有透脫得者麼試對衆道看為你證據若是透脫不得即是萬人作塚無人替代渠便下座問師登師子座祖意事若何師云行為佛事坐是道場進云恁麼即横身三界外也師云三界外底事又作麼生僧便喝師云疑殺老僧這瞎驢問向

上一路千聖不傳如何是不傳底事師云爐中添火猶嫌冷路上行人只守寒進云未審此理如何師云冬無積雪夏無餘粮進云恁麼即謝師指示師云杖擲高声唱棒頭頂見血學家禮拜師云教休不肯休直待雨霖頭問承古有言盡日忙忙那事無妨如何是那事師云大衆一時聞進云此理如何師云行人盡帶悲問百文昔時叅馬祖豁然蕩盡更無疑學人今日專請益乞師方便為全提師云黃河有九曲陜府出鐵牛進云大盡三十日小盡二十九已蒙師指示向上機鋒又如何師云深領這一問擔枷過狀有辱先宗進云恁麼即學人禮拜有分也師云兩重公案就萬里江山應不迴問衆手淘金誰是得者師云杖頭著眼看進云請師盡令師云灼然落深坑問疋馬單鎗離君獨戰時如何師云腦後抽替進云恁麼即陣敗將軍馬空迴也師云受領銀錢莫久停

勘辯語并行録

師勘一僧曰近離什麼處僧云東京師曰你因甚口上破僧云和尚也須子細師云七棒對十三庫下喫茶去師問僧日暮投林朝離何處僧云新戒不曾學禪師云生身入地獄下去後有僧舉到隨州智門明教大師大師

北無西東超然威音外縱横處處通明暗皆
自尔寂然天地空萬緣俱頓息哮吼振乾坤
先師三周忌　師真似日三周巳畢徧布乾
坤翹足七日大展壇風狐魅屛跡香茶供養
光潾誰識　與僧看椹子　椹子黑㮕櫖無
心是道場高僧滄一頓果藾自馨香
送氊供養主　前程化道莫辭辛隨緣兀兀
任浮沉雲去水来爲伴侶時時哮吼振乾坤
雪下頌四首　此日好雪誰言氷潔粟米白
銀新羅日月　此日好雪萬民樂業大展長
空九聖路絶　此日好雪何勞言說萬物無
心江山日月　此日好雪廓然敗賊逼塞乾
坤誰人分別　夏末送僧　高僧相伴過九
旬誰人言說話宗乘離凡離聖縱横妙何人
擬議落千峯　僧云不知和尚門風　廣教
無門風縱横處處通大地紅塵起失却主人
翁　雨下　此日好雨乾坤無路日月長明
西方净土　送手巾與史諫議述十頌
廣教手巾無功無能觸目受用青山白雲廣
教手巾亘古亘今寂寥虗廓打破乾坤廣教
手巾不恊衆情有人借問太岳石崩廣教手
巾何勞心神明暗自尔青山白雲廣教手巾
瞬目相呈露地白牛非凡非聖廣教手巾誰
見誰聞直下便會喪却平生廣教手巾日月

長明縱横自在新羅國人廣教手巾非功織
成隨緣度日任性浮沉廣教手巾逼塞乾坤
賢愚意解笑殺胡僧廣教手巾不用持論言
前薦得翳却眼睛　和㕘西禪深和尚請齋
二首　莫推延莫推延從来此事只如然騰
雪雰雰兩度降不由人主不由天　不推延
十六
多一
不推延森羅萬象在目前臘雪雰雰天地黑
露地白牛遍大千　游草菴　忽覩菴園任
性癡憨有人到此如隔關山　㕘蓮送化主
師後逐句識　有塩無醋　云如賊入空屋
有菜無油　云無私可隔　隨緣兀兀　云任性浮
沉　百味珎羞　云觸類有得　僧言話次乃有
頌　一到仙州四十秋隨縁兀兀到此休幸
過高僧相伴後縱横不意到峰頭　僧寫真
呈師師遂成頌自識之　誰人寫真　動用乾
坤　妙筆丹青　口吐辭華　明暗自尔　乾漏同方
何勞心神　任性浮沉　吾真非假　觸類有得　圖
畫非真　擬心即差　容顏陋質　天不能盡　遍布
乾坤　應物現形　年邁有頌　廣教六十八
凡聖俱歇滅有人相借問九月重陽節　廣
教六十八誰人相體察直下便會得腦後三
斤錢　送供養主　一年春盡一年春相煩
化道任浮沉森羅萬象無私曲一聲纔動斬
乾坤　扇子　廣教一柄扇本来無背面有

時在手中要且無人見　拄杖　山僧一條
杖縱横無比量有時在手中應用遍十方
笻竹杖　笻竹九節縱横無邪大展長空九
聖路絶　兩堂上座下喝頌　兩堂上座齊
下喝瞽目之人無分別凡言賓主句下分何
勞龜卜問前程　示徒　廣教一言凡聖共
十七末
多一
傳直下便會萬里江山　僧請益　兀兀隨
緣任浮沉不拘春夏及秋冬闍黎請益平生
事問取寒山始知音　衲僧衲僧不用持論
言前薦得腦後三斤　李都尉問和尚生日
述成十頌　山僧生日處處真隨緣兀兀任
浮沉森羅萬象無私曲日出天然照乾坤
山僧生處廓然寧不拘凡聖自在行任他前
面歡與樂無心伏物賀太平　山僧生處碧
雲中情與非情共一真明睛盡時無邪路明
明不墮聖凡前　山僧生處少知音任性隨
緣過幾春有人借問平生事石人打鼓木人
聽　山僧生處攘令行十方禪子盡皆驚若
人解接無根樹海裏能挑水底燈　山僧生
處正令行野老謳歌盡傳名若人不識金剛
用涅槃山側井中人　山僧生處亘古今誰
人言說話宗乘離凡離聖縱横妙腦後抽簪
祭鬼神　山僧生處在林中碧澗虎声騁英
雄喝迴驚動十方刹萬里江山入千峰　山

北無西東超然威音外縱横處處通明暗皆
自尔寂然天地空萬緣俱頓息哮吼振乾坤
先師三周忌　師真似日三周已畢徧布乾
坤翹足七日大展壇風孤䠶屏跡香茶供養
光潹誰識　與僧看棋子　棋子黒榔檔無
心是道場高僧湌一頓果㲹自馨香
送氊供養主　前程化道莫辭辛隨緣兀兀
任浮沉雲去水来爲伴侶時時哮吼振乾坤
雪下頌四首　此日好雪誰言氷潔粟米白
銀新羅日月　此日好雪萬民樂業大展長
空九聖路絶　此日好雪何勞言說萬物無
心江山日月　此日好雪廓然敗賊逼塞乾
坤誰人分別　夏末送僧　高僧相伴過九
旬誰人言說話宗乘離九離聖縱横妙何人
擬議落千峯　僧云不知和尚門風　廣教
無門風縱横處處通大地紅塵起失却主人
翁　雨下　此日好雨乾坤無路日月長明
西方净土　送手巾與史諫議述十頌
廣教手巾無功無能觸目受用青山白雲廣
教手巾亘古亘今寂寥虛廓打破乾坤廣教
手巾不恊衆情有人借問太岳石崩廣教手
巾何勞心神明暗自尔青山白雲廣教手巾
瞬目相呈露地白牛非九非聖廣教手巾誰
見誰聞直下便會丧却平生廣教手巾日月

長明縱横自在新羅國人廣教手巾非功織
成隨緣度日任性浮沉廣教手巾逼塞乾坤
賢愚意解笑殺胡僧廣教手巾不用持論言
前薦淂騎却眼睛　和尚西禪深和尚請齋
二首　莫推延莫推延從来此事只如然騰
雪雰雰兩度降不由人主不由天　不推延
多一　十六
不推延森羅萬象在目前臘雪雰雰天地黒
露地白牛遍大千　遊草菴　忽覩菴園任
性疏慭有人到此如隔関山　荼筵送化主
師後遂句識　有塩無醋　云如賊入空屋
有菜無油　云無私可隔　隨緣兀兀　云任性浮
沉百味珎羞　云觸類有浮　僧言話次乃有
頌　一到仙州四十秋隨緣兀兀到此休幸
過高僧相伴後縱横不意到峯頭　僧寫真
呈師師遂成頌自識之　誰人寫真動用乾
坤妙筆丹青口吐霹華明暗自尔乾瀛同方
何勞心神任性浮沉吾真非假觸類有浮圖
畫非真擬心即差容顏陋質天不能盡遍布
乾坤應物現形　年邁有頌　廣教六十八
凡聖俱歇滅有人相借問九月重陽節　廣
教六十八誰人相體察直下便會淂腦後三
斤鐵　送供養主　一年春盡一年春相煩
化道任浮沉森羅萬象無私曲一聲繞動斬
乾坤　扇子　廣教一柄扇本来無背面有

時在手中要且無人見　柱杖　山僧一條
杖縱横無比曽有時在手中應用遍十方
笻竹杖　笻竹九節縱横無邪大展長空九
聖路絶　兩堂上座下喝頌　兩堂上座齋
下喝瞽目之人無分別凡言賓主句下分何
勞龜卜問前程　示徒　廣教一言凡聖共
多一　十七末
傳直下便會萬里江山　僧請益　兀兀隨
緣任浮沉不拘春夏及秋冬闍黎請益平生
事問取寒山始知音　衲僧衲僧不用持論
言前薦淂腦後三斤　李都尉問和尚生日
述成十頌　山僧生日處處真隨緣兀兀任
浮沉森羅萬象無私曲日出天然照乾坤
山僧生處廓然寧不拘凡聖自在行任他前
面歡與樂無心伏物賀太平　山僧生處碧
雲中情與非情共一真明猜盡時無邪路明
明不隨聖凡前　山僧生處少知音任性隨
緣過幾春有人借問平生事石人打鼓木人
聽　山僧生處擾令行十方禪子盡皆驚若
人解接無根樹海裏能挑水底燈　山僧生
處正令行野老謳歌盡傳名若人不識金剛
用涅槃山側井中人　山僧生處亘古今誰
人言說話宗乘離凡離聖縱横妙腦後抽簪
祭鬼神　山僧生處在林中碧澗虎声騁英
雄喝迴驚動十方剎萬里江山入千峯　山

僧生處峰頂上迦葉聞鍾出洞門粉骨碎身千萬刼思量難報我師恩　山僧生處碧潭中不拘春夏及秋冬一刀兩叚須休去何人擬議落千峰　僧親近乃有頌　廣教一言直下人嫌若人借問萬里江山

古尊宿語録卷第二十五　多一

古尊宿語録卷第二十六　多二

僧録司右闡教兼鍾山靈谷禪寺住持　淨戒　重校

首山念禪師法嗣　南岳下九世

神鼎禪師名洪諲襄水扈氏子自遊方一衲以度寒暑嘗與數耆宿至襄沔間一僧舉論宗乘頗敏捷會野飯山店中供辦而僧論說不已師曰三界唯心萬法唯識唯識唯心眼聲耳色是甚麼人語僧曰法眼語師曰其義如何曰唯心故根境不相到唯識故聲色摐然師曰舌味是根境否曰是師以筯筴菜置口中含胡而語曰何謂相入耶坐者駭然僧不能荅師曰途路之樂終未到家見解入微不名見道叅須實叅悟須實悟閻羅大王不怕多語僧拱而退後返長沙隱于衡嶽三生藏有湘陰豪貴来遊福嚴即師之室見其氣貌閑靜一鉢挂壁餘無長物傾愛之遂拜跪請曰神鼎乃我家植福之地久乏宗匠願師俱往何如師笑而諾之即以已馬負師至十年始成叢席一朽牀為說法座

開堂日指法座云未登此座化緣已畢諸人還委悉麼若委悉散去得也若不散去不免登於此座入方便品第二去也且不得怪山僧便升座拈香此一炷香奉為今上皇帝聖壽無疆第二炷香為府主學士合郡尊官伏願長光佛日永佐明君第三炷此香不是戒定慧香亦非旃檀沉水只是汝州土宜便燒云供養首山和尚以酬法乳師遂斂座顧視大衆云摩竭陁國親行此令大衆還知落處麼一句子該天括地迥超格外在衆聖之前所以五天和不齊梵夾不特来釋迦掩室於摩竭淨名杜口於毗耶三乘教外一句別傳敢問大衆作麼生是別傳底試對衆道看遮相證明良久云直饒道得亦未稱祖師意且道如何稱得祖師意諸兄弟直須打辦精神究徹根源到這裏不可說菩提涅槃真如解脫向上向下坐禪入定造橋梁開義井得麼然則如是不可無言也山僧初行脚時發足亦無正意叅禪學道只欲東京聽一兩本經論以資平生不期行来行去到汝州襄城縣恰遇汝州風發皷上首山就中見一老和尚彼時蒙它劈頭一錐直得浹背汗流當時不覺禮拜了悔之不及大衆且道悔个什麼悔不搆下禪牀痛与一頓雖然如是官不容針私通車馬下座　舉資福三句語第一句祖師不知有師云無人解會第二句為祖佛為師師云鼻孔在山僧手裏第三句稱提祖佛師云分明向你道　舉僧問首山如何是和尚家風山云一言截斷千江口萬仞峰前始得玄師云首山只解說家風不解用家風僧問如何是用家風師云埜乃云首山老漢若在聞神鼎恁麼道必然大笑一場且道肯神鼎不肯神鼎試商量看諸上座夫參學須具叅學眼始得若只愛它人語句記在意識下自不能截斷俗士尚云男兒不用分時財衲僧家合作麼生著精彩始得珎重

舉僧問靈泉和尚如何是靈泉印泉云不傳不受曰交代時如何泉云淮南舡子看洛陽師云古人与麼道意在如何要會麼不傳不受珎重　舉僧問靈泉如何是靈泉曲泉云無絃琴有韻絲竹動搖天曰還有知音也無泉云有曰如何是知音者泉云山上石人齊撫掌溪邊野老始知音師云神鼎即不然僧便問如何是神鼎曲師云要唱便唱曰還有知音也無師云有曰未審是什麼人師云無心意識者師云神鼎与麼道与靈泉如何試商量看須知各各家風事不同珎重

小叅舉古金峰頌云學道如鑽火逢煙未可休直待金星現歸家始到頭師云神鼎即不然學道如鑽火逢煙即便休莫待金星現燒脚又燒頭且道神鼎恁麼道為當違古人順古人別有道理汝道入麼去底人好入麼来底人好到這裏須具衲僧眼始得莫受人瞞

珎重　小叅良久舉鏡清上堂良久有僧
問祖歌如何唱清云拖送醉人酒曰入麼則
辜負和尚也清云猛虎不食伏肉師云古人
恁麼道句前明句後明會麼未問已前會取
好　小叅舉僧問趙州黒豆未生芽時如
何州云好合醬師云神鼎即不然若問黒豆
未生芽時如何向伊道堪作什麼乃有頌曰
黒豆未生芽誰道好合醬本色衲僧聞堪是
甚模樣華岳頭倒卓須彌脚直上莫言無法
用看取者相狀乃云古人与麼道神鼎与麼
頌且道違古人順古人還會麼合醬也不中
是什麼道理了取始得珎重　舉僧問香
嚴如何是道嚴云枯木裏龍吟曰如何是道
中人嚴云髑髏裏眼睛後有僧舉問石霜枯
木裏龍吟時如何霜云猶有喜在曰髑髏裏
眼睛時如何霜云猶有識在師云石霜一向
打疊去空界裏作活計後有僧舉似曹山山
云這石霜老声聞作這見解曹山有頌曰枯
木龍吟真見道髑髏無識眼初明意識尽時
消息尽當人那辨濁中清師云恁麼會取好
小叅舉烏窠和尚有小師辞窠問向什麼處
去曰學佛法去窠云若是佛法我這裏也有
些子小師便問如何是和尚佛法窠於身上
拈起布毛示之隨後便吹小師忽然大悟師

遂於身上拈起布毛呈大衆隨後与一吹云
會麼久後不得辜負老僧珎重　小叅舉
令初上座領衆上石門門曰萬仞峰前石牛
吼穿雲渡水意如何初無對門云山僧住持
事大叅堂去石門後舉令僧下語曰久嚮和
尚又云訪道尋師明的旨覺了根源顯異機
多二　四
門曰當時令初上座若下得遮語不將它作
叅學人師云不喚它作叅學人喚作什麼人
會麼把手共行無間路　舉古人曰游江
海涉山川尋師訪道爲叅禪自從認得曹溪
路了知生死不相關作麼生是曹溪路有僧
對云得者飲水之義向阿誰說之師曰知云
某甲即如是師意又如何師云出僧堂入佛
殿便下座　小叅舉紫胡有狗上取人頭
中取人脊下取人脚你若擬議即喪身失命
師云古人提唱一段因緣你道恁麼時下得
什麼語神鼎當時若在他會裏便出云者畜
生又云死亦作退身勢白兆和尚亦云白兆
有狗上不取人頭中不取人腰下不取人脚
也不擬議咬得他死便得僧問如何是白兆
狗兆作狗聲僧云猶是喋屎狗兆云作麼生
是咬人狗僧把衲衣角便拂兆便打師云白
兆道也不擬議咬得死便休且道其僧便拂
兆便打誰得誰失白兆大似喪車後掉藥袋

亦有僧問如何是神鼎狗向伊道誰敢倚門
傍戶僧禮拜向伊道神鼎也大嶮有僧便請
益此語師云我當時要个不惜身命底人直
至如今無人稱得老僧意你兩个吐露个消
息看僧擬議師云死　小叅舉溈山示衆
老僧百年後於山下作一頭水牯牛左脇下
多二　五
書溈山僧某甲正當与麼時喚作溈山僧又
是水牯牛喚作水牯牛又是溈山僧且作麼
生商量師乃有頌不道溈山不道牛認著何
處有來由分明裂破應須會會得還同不繫
舟　舉石門示衆云家山好家山好家山
內有無根草澄源異草競芬芳春雷一震金
仙道師云作麼生是春雷与大衆說破得麼
喝一喝下座　小叅舉南泉上堂僧問摩
尼珠人不識如來藏裏親收得珠即不問如
何是藏泉云与你往來者是僧云不往不來
者又如何泉云亦是藏僧云如何是珠泉喚
僧僧應喏泉云你不會我意師乃有頌曰渠
問摩尼珠摩尼在何許呼名應眷聲諸方莫
錯舉　一小叅舉僧問風穴如何是第一句
穴云三要印開朱點窄未容擬議主賓分師
隨後一喝如何是第二句穴云妙解豈容無
著問漚和爭赴截流機師著語云未問已前
錯如何是第三句穴云但看棚頭弄傀儡牽

抽都在髮頭人師著語云明破即不堪所以
首山和尚道第一句薦得与祖佛為師第二
句薦得与人天為師第三句薦得自救即不
可又云自救也不了師云神鼎亦有人問如
何是第一句云蒼天蒼天如何是第二句云
有什麼驢漢如何是第三句云近前来向你
道才近前便打若恁麼會得也不辜負祖師
西来若是從頭一一問過幾時得休佛法不
是磨稜合縫底道理似這一脉說話須是久
在它門風来始得直是嫌佛不作嫌法不說
方可如是子細珎重　小叅舉古人云是
日已過命亦隨減如少水魚斯有何樂師云
古人恁麼道非有利益非無利益神鼎即不
然是日已過命亦隨減如少水魚有何不樂
且道違古人順古人試撿點看珎重　舉古
僧問首山一毫未發時如何山云路逢穿耳
客曰發後如何山云不用更遲疑曾有僧問
神鼎一毫未發時如何　神鼎只向伊道白
多二　六
雲嶺上云發後如何師云澗下水流師乃云
若是前来兩轉語有可咬嚼東看西看若是
神鼎者語如喫木札兎片相似實無滋味直
是自見自悟始得會麼天高東南地傾西北
肅宗帝問忠國師百年後所須何物國云与
老僧作个無縫塔帝云請師塔樣國師良久

云會麼帝云不會師云吾有付法弟子躭源
却請此事已後但問此人國師遷化後帝詔
問躭源源亦良久云會麼帝云不會源有頌
湘之南潭之北中有黄金充一國無影樹下
合同舡琉璃殿上無知識曰前来國師如此
作用不能明了次問躭源源恁麼頌且道盡
善不盡善雖成方便須躰解始得會麼神鼎
為你諸人下四轉語湘之南潭之北師云君
臣有路中有黄金充一國師云淨妙體常無
影樹下合同舡師云千聖同轍琉璃殿上無
知識師云凢聖路絶師云若是恁麼會去必
不相瞞神鼎恁麼注解只是辜負國師
子潙又問芸田翁翁亦云枯樹子潙云這田
翁他後亦臣五百衆師云為復意在芸田翁
處為在仰山處為復揔不恁麼諸上座一切
諸法擬然更不用生事它是父子說話同道
者方知珎重　僧問先德遠遠投師請師
一接德云兩般金鏁鳴歷歷如来寶杖親蹤
跡要會麼有問有荅罕遇知音又問一先德
云遠遠投師請師一接徳云地湧無源水石
人駕慈舟師云此語為復与前来語同耶别
耶雖然一个門風也須是知它尊宿發語處
始得作麼生是地湧無源水石人駕慈舟會
麼海闊無舟往来不隔珎重　南泉云我

十八上便會作活計趙州云我十八上便會
破家散宅你道破家散宅好解作活計好初
機底人且紹前語久叅底人直須破家散宅
更有一言萬里崖州僧問石門如何是和尚
家風門云解接無根樹能挑海底灯後其僧
入室問學人不解挑燈意請師方便接無根
門云賈島筆頭挑古韻下筆之處阿誰分又
云難遇知音神鼎當初問如何是知音門云
逢迎直言三歲子唱起巴歌異路行又頌無
形無相大威神為接群生展手頻鳥道不遮
圓鑑躰金烏常出海東門師云石門恁麼道
恁麼頌還會石門家風麼良久云金烏常出
海東門珎重　梁山觀和尚悟道頌云昔
時珎寶被塵埋何事今朝出故懷叅道喜明
無說句通玄不是意中猜一炷定光輝法界
萬重塵鑠豁然開趍今異古終難况幸感西
胡特地来師云諸上座古人恁麼道意在於
何且問諸人作麼生是昔時珎寶試對衆道
看道得神鼎与你酬个價數若道不得猶如
糞土久立　小叅風不鳴條雨不破塊即
且止作麼生打得个翻車筋斗到梵天去若
有出来作个伎倆有麼莫教帝釋惡發後有
僧入室𦊱甲當時出来左轉一轉便歸衆師
云莫教帝釋發惡又作麼生僧云知恩者少

負恩者多師云築著鼻孔　應機揀辨
問如何是賓中賓師云瞎如何是賓中主師
云一似瞎問如何是主中賓師云放你三十
棒問如何是主中主師云耶了　問如何
是接初機句師云山河大地問如何是辨衲
僧句師云七棒對十三問如何是正令行句
師云不通耶眼云如何是立乾坤句師云你
擬作麼會　問古人有言靈山話月曹溪指
月如何是真月師云照問六國未寧時如何
師云道什麼云寧後如何師云誅殺人
問內外追尋一物無時如何師云月似彎弓
少雨多風　問家家門前火把子意旨如
何師云四時八節　問不轉時如何師云即
今是轉不轉云謝和尚點破師云通身覺路
玄　問輪回六道底人畢竟如何師云不
願成佛曰為什麼不願成佛師云佛亦不究
竟云請一言師云昨日猶記得今朝話無門
　問不施寸刃便登九五時如何師云海
晏河清曰治化事如何師云萬户無門鑰鼓
腹和太平　問路逢達道人時如何師云勸
破　問學人擬入海時如何師云海生海曰
恁麼則全承此恩力也師云黑風吹羅刹國
光卻得妙　問曉夜不停時如何師云是誰
不停　問倒戈卸甲時如何師云大勲不竪

賞曰請師尿賜師云退問疋馬單鎗時如何
師云神鼎打退鼓曰畢竟事如何師云想你
不是者手脚　問菩提涅槃即不問戴角
披毛事若何師云不是上座分上事如何是
學人分上事師云待你到這田地始向你道
曰便恁麼時如何師云退身三步　問二王
相見時如何師云膝行肘步曰恁麼則令婦
一主也師云天下浩浩　問冊霄獨步時如
何師云老僧只管看破也曰照破後如何師
云還我話頭來　問古人道午前來者木
人喚得回頭午後來者木人喚不回頭正當
午時喚即是不喚即是師云臘月二十五問
然燈前即不問然燈後亦不問如何是正然
燈師云一輪光灼灼今古無晦暝
問蓮花未出水時如何師云千山萬水云出
水後如何師云萬水千山　問古帆未掛
時如何師云到岸也云到岸後如何師云猶
是鈍漢　問師子未出窟時如何師云吼
曰出窟後如何師云悄　問達磨未來時
如何師云西天此土云來後如何師云此土
西天　問寶劍未出匣時如何師云狼坌
競起云出後如何師云天下太平　問牛
頭未見四祖時如何師云天知地知云見後
如何師云猶較些子　問和尚未見先德

時如何師云山河大地云見後如何師云日
月星辰　問覺花未發時如何辨其真實
師云冬寒夏熱又云天寒打撼戰　問戴
角披毛即不問寶劍出匣事如何師云問處
甚分明曰恁麼則盡法無民師云知時別儀
堪作闍黎　問三車引不出時如何師云好
曰意旨如何師云宜應自忻慶　問如何是
接人之機師云齋後來向你道曰即今為什
麼不道僧隨聲一喝師云好僧禮拜云放你
三十棒　問如何是和尚為人句師云拈
柴擇菜曰莫只者便是也無師云更須子細
問如何是和尚辨衲僧句師竪起拳曰
未審意旨如何師云你不妨辨得好
師在衆日僧問上座久後唱誰家曲調師云
手執無絃琴騎牛脚打鼓問如何是道人活
計師云山僧自小不曾入學堂問濟物利生
事如何師云闍梨有問山僧有荅問如何是
和尚深深處師云柴門不掩任聽往來曰還
許人就近也無師云且領前話問古人道解
接無根樹能挑海底燈如何是無根樹師云
日用不知如何是海底燈師云徹髓問殺父
殺母佛前懺悔殺佛殺祖什麼處懺悔師云
水長船高問如何是真如躰師云如如不動
云如何是真如用師云斬問隔墻見角早知

是牛隔山見煙便知是火隔墻不見角是什麼師云不應問山僧問布以七淨花浴此無垢人既是無垢人爲什麼却洛師云清淨亦不立僧問首山如何是佛山云新婦騎驢阿家牽因僧請益師乃有頌新婦騎驢阿家牽誰後復誰先張三與李四拱手賀堯年又頌從上諸聖惣皆然起坐忪憹没兩般有問又須向伊道新婦騎驢阿家牽師復云然雖如此未盡首山大意在僧云如何是首山大意師云天長地久日月齊明

偈頌　　靈雲挑花

傷嗟尋劍客挑花遇春開靈雲一見處令我笑哈哈

偈述三偈　　長安甚樂到人稀(千里同途)到者須知不是帰子(方可擔荷)　直道逈超凡聖外(云有人不肯在)由是曹溪第二䞨(青青無路)　自在神鼎寺少鹽無醋(内外搜尋一物無)雲水若到来撒手空回去(我家無諸物亦無一法與人)直下無一物休言無著處(四大本空佛依何住)禪流聞此說不用更重注(更莫切切)　歲旦云衆不下山　今年六十九([illegible])四大将衰朽(知)自此不下山(休)白雲且相守([illegible])　僧見師舉話略有揀辨乃問如何得似和尚去師云闍梨受屈作麼　一自學參玄諸方不問禪水聲流自響舉目看青天　有宰官問師坐禪如何師頌云　寂寂無一事醒醒亦復然森羅及萬象法法盡皆禪

冬節頌　　冬節年年事世俗多般異祖師門下客長舒兩脚睡食後三甌茶以表山僧意皷聲若動時敢望同来至師不赴王莽山請僧問佛不違衆生之願和尚爲什麼有請不赴師云莫錯怪老僧好頌曰　一月普現一切水一切水月一月攝若人解了如斯意大地衆生無不徹師在衆時与汾陽昭和尚共作拄杖頌　昭頌　一條拄杖標楬徑量螺文爆節有時横擔肩上大地乾坤挑括　師頌　得處不在高峯亦非深溪澗壑如今牽得扶持老病是爲依托一朝卓在孫峯一任諸方拈掇　頌上玉泉和尚一種輪回又一廻入鄽垂手化群迷智大豈留生死界悲深不住涅盤堦毗盧經卷塵中現優鉢羅花火裏開非但我今難比况千佛聳首歎奇哉　示初機　一步一登臨無非般若心逢人只麼道終不悮他人珍重何方去家山一道光箇中若不會塵刼受伍伍　送清首座　神峯寒露別知音此後同誰話此心出匣大聲驚宇宙甚時終得會衣襟　此日登途去煙雲氣色全我無相憶語更在蘊於言　偈述八偈　淡薄且隨時家風誰得知有人来請益搖頭未許伊神鼎有一機不用更遲疑日午打三更白淨崑崙兒神鼎有一言絶慮不忘緣日頭恰正午曉夜過西天神鼎有一約不用更斟酌分明向你道文殊問無著神鼎家風水泄不通禪客上来換手搥胷神鼎一言瞥尔三千禪客上来急急前行神鼎一說不用分別禪客上来清風明月生緣裏水慶歲華偶携餅錫看天涯路逢一人穿耳客咄我回頭得到家自此端然無一事今居神鼎卧雲霞有人若問西来意遥指南山一段畬　門人寫真求賛　神鼎真誰人寫吾之相一如也真相既尔秋天月夜瞻之寫之摩訶般若

古尊宿語録卷第二十六

古尊宿語録卷第二十七　多三

僧録司右闡教兼鍾山靈谷禪寺住持 淨戒 重校

南嶽十一世 試法華得度

大愚芝禪師

汾陽昭禪師法嗣

翠巖禪寺語録

多三

大愚守芝禪師太原王氏子師陞座僧問如何是和尚家風師云一言已出駟馬難追問如何是城裏佛師云十字街頭石幢子問如何是為人一句師云四角六張進云意旨如何師云八凹九凸問不落三寸時如何師云乾三長坤六短進云意旨如何師云切忌地盈虛問昔日靈山分半座二師相見事如何師云記得麼僧良久師打禪床一下云多年忘却也師云且住且住若向言中取則句裏明機也似迷頭認影若也舉唱宗乘大似一場寐語雖然如是官不容針私通車馬放一線道有箇葛藤處師遂打禪床一下云三世諸佛盡皆頭痛且道大衆還有免得底麼若一人免得無有是處若免不得海印發光師乃竪起拂子云者个是印那个是光者个是光那个是印掣電之機徒勞佇思會麼老僧說夢且道夢見个什麼南柯十更若不會聽取一頌北斗挂須彌杖頭挑日月林泉好个

畳夏末秋風切　開堂升座僧正宣疏白槌罷有僧問大用現前不存軌則請師揮劒師云點眼知人意看取令行時進云腦後穿師云齋後鐘問如何是佛法大意師云推天磕地問心法無形如何彫琢師云一丁兩丁進云未曉者如何領會師云透七透八問如何是大愚境師云四面峯巒秀沿江一帶清進云如何是境中人師云滿城公子貴林下道人棲問拈槌竪拂即不問當機一句事如何師云焦頭爛面進云雷音已徹青雲外向上極則又如何師云且領話乃云問話且住淨名杜口猶涉繁詞達磨西来平欺漢地放一線道去也放个葛藤處所以李長者云有情之本同智海以還源抱識含流總法身而為體諸仁者既是總法身而為體還知道須彌吞却法身法身吞却須彌麼諸仁者朝夕與古佛同參與諸方老和尚同參山僧今日與大衆同叅且道叅个什麼如是定當得且認得个著衣喫飯猶去衲僧半月程在若定當不得來年更有新條在惱乱春風卒未休　多三

上堂僧問如何是道師云八斛四斗進云如何是道中人師云爇粥爍飯問寶劒未出匣時如何師云切忌道著進云出匣後如何師云天魔腦裂乃云舉一步須弥業嶪海水騰波不舉一步於微塵國土助一切諸佛出與於世轉大法輪還信得麼若信得西瞿耶尼喫飯去

上堂僧問如何是祖師西来意師云白日燒地眠夜間炙地卧問既是清淨法身為什麼却澡浴師云頭出頭沒進云為什麼如此師云只為如此問古鏡未磨時如何師云照破天下人髑髏進云磨後如何師云黑似漆

上堂僧問洪鍾纔擊大衆雲臻祖意西来乞師垂示師云六丁六甲進云未曉者如何領會師云會即錯問馬師未見讓師時如何師云緊進云見後如何師云切問如何是佛師云鰩解秤鎚師云德山入門便棒臨濟入門便喝一棒一喝若雙峯而互出賓主未辨恓恓而萬里鄉關照用雙行擬擬而千差塞路諸上座到者裏如何話會乃云棒喝齊施早巳賒古今皆贊出周遮二途不涉憑何說南海波斯進象牙

上堂僧問特特上来伸三拜乞師分付拄杖子師云科進云恁麼則功不虛施也師云重因請首座　多三

開堂僧問承和尚有言一人悟道三界平沉首座悟道三界還沉也無師云不浼不抑進云一言纔出大地全收師云落三落四師乃云為衆竭力盖為袈裟同膺一麼喫飯莫是人各披一条同鍋喫飰[illegible]分見還知道

三世諸佛共披一条所以釋迦身長丈六留下袈裟與彌勒彌勒身長千尺披得恰好何故如此蓋爲長者長法身短者短法身要得易會麽古佛與露柱相交佛殿與天王鬬額若也不會單重交拆　上堂云有時一喝只作一喝用有時一喝作探竿影草有時一喝如踞地師子有時一喝如金剛王寶劒若是金剛王寶劒不敢正眼覷著覷著即喪身失命乃有頌云不是千將鑄那關四氣吹匣內青虵弘逢妖任便揮若得全提者當機豈失時毘盧驚得走大衆盡横眉　上堂云大愚相接大雄孫五湖雲水競頭奔競頭奔有何門擊箭寧知枯木存枯木存一年還曾兩度春兩度春帳裏真珠撒與人撒與人思量也是慕西秦　舉僧問汾州和尚如何是接初機句州云汝是行脚僧如何是辨衲僧句西方日出夘如何是正令行句千里持來呈舊面如何是立乾坤句北俱盧洲長粳米飡者無貪亦無嗔師云將此四句語以驗天下衲僧子細思量將此四句語被天下衲僧一時勘破　筠州府主李寮諫請就上藍開堂乃拈香云恭爲
今上皇帝萬歲太后千秋又拈香云此一辦香奉爲府主寮諫洎闔郡官僚常居禄位此一辦香奉爲施主檀那在筵龍象師乃云還有人委得落處麽若委得隨機利物應化無方天上人間出沒卷舒縱横自在若也未委落處釋迦老子三世諸佛二十八祖天下老和尚一時抛在爐中從聽老僧葛藤時有僧問如何是佛師云還記得麽僧云若不請益爭知如是師擊禪床一下云早是忘却了僧云放和尚一線道師云一任䟦跳問如何是洪州境荅云滕王閣下千峯秀孺子亭前薄霧生僧云如何是境中人荅云出入皷金鐙不衣對錦屏問如何是翠巖境師云洪井滔滔急山高勢近人問如何是境中人師云朝去暮歸　師復云問話且止山僧道薄人微素無德行叨承寮諫諸官僚同伸堅請升於此座上荅
皇恩國祚永安法輪常轉且道法輪作麽生轉欲得會麽須弥山上倒翻身却來堂中疊足坐阿呵呵是什麽飯籮裏坐却受餓和泥合水與麽過上士聞之懡懡下士聞之肯可子細思量却成口過要會麽一六三四二直言曲七一桃李火中開黄昏候日出久立尊官伏惟珍重　上堂云翠巖路滑徒勞竚思又云翠岩路參𡾊舉步涉千谿更有洪源水滔滔在嶺西擊禪床下座　上堂云樵婦樵牧醫王辨價藥多病甚便下座
上堂舉雪竇和尚云一問一荅總未有事在假饒盡大地乾坤草木叢林盡爲衲僧異口同音致百千問難不消老僧彈指一下並乃高低普應前後無差師云翠岩即不然盡乾坤大地微塵化爲衲僧各致一問問問各別却向伊道你許多衲僧皮下還有血麽
上堂云爲衆竭力禍出私門便下座
上堂云槌鍾擊皷聚集諸上座上来下去承父業賺殺多少人　上堂舉盤山頌云光非照境境亦非存光境俱忘復是何物師乃竪起拂子云微塵諸佛光明揔在這裏照破你諸人心肝五臟脾胃肝膽衲僧面前不得道着切宜忌口擊禪床下座　小叅示衆云一擊響玲瓏喧轟宇宙通知音纔側耳項羽過江東與麽會恰認得驢鞍𩌦作阿爺下頷　小叅示衆云僧中有奇人俗士中亦有奇人聖朝楊億侍郎有頌云八角磨盤空裏走金毛師子變作狗擬欲藏身北斗中應須合掌南辰後師云要會麽一偈播諸方塞斷衲僧口下座　上堂云有句無句如藤倚樹樹倒藤枯恰認得个倒根處
上堂云霧卷雲收江山迥秀不傷物義波斯去帽　上堂云麁言及細語皆歸第一義

諸上座每日上来老僧說夢詐嚇諸人雖然如是子承父業賺殺多少人下座　上堂云十地驚心二乘罔測銅頭鐵額擊禅床下座　上堂云端然據坐度脚買靴左視右顧不准一錢　上堂舉先翠嵓云我一夏與師僧東說西話你看我眉毛在麽保福云作賊人心虛師云何故如是得人一牛還人一馬下座　上堂云大洋海底排班位從頭第二鬢毛班為什麽不道第一鬢毛班要會麽金薤銀絲成玉露高僧不坐鳳凰臺下座　上堂云竪窮三際横徧十方拈起也帝釋心驚放下也地神膽戰不拈不放喚作什麽自云蝦蟆下座　上堂云昔有仙陀者更不待毫光下座　上堂云三世諸佛不知有狸奴白牯却知有乃拈起拂子云狸奴白牯惣在這裏放光動地何謂如此兩段不同下座　上堂云德山入門便棒臨濟入門便喝翠嵓這裏即不然三門前好與三十棒何謂如此棒喝齊施早已賒古今皆費絕周遮二途不涉憑何說南海波斯獻象牙下座　上堂云大衆集定現成公案也是打撲不辯下座　上堂拈起香匣云明頭暗合道得天下横行若道不得且合却下座

上堂云砂裏無油事可哀翠嵓嚼飯餧嬰孩他時好惡知端的始覺從前滿面灰擊禪床下座　因筠州張一郎到上堂云久思張處士相别十餘月今日上山来鐵鉢煑山蕨歸去到筠陽但請與麽說　上堂僧問一切有為法如夢幻泡影真實事請師舉師云兩段不同向下文長問滿身是眼口在什麽處師云三跳僧云學人不會特伸請益師云章底詞秋罷歌韻向春生師乃云雲收霧卷江山白欲日凝波又多途下座

拈古

舉外道問佛不問有言不問無言世尊據坐外道云世尊大慈大悲開我迷雲令我得入師云大小世尊被外道當面塗糊只如外道云令我得入要且不曾夢見既不曾夢見為什麽悟去　阿難問迦葉佛傳金襴外别傳个什麽迦葉召阿難難應諾迦葉云倒却門前刹竿着師云千年無影樹今時沒底靴　五通仙人問佛云佛有六通我有五通如何是那一通佛召五通仙人仙人應諾佛云那一通你問我師云五通仙人如是問佛如是答要且不會那一通　祖師問童子云汝從何来子云我心非往祖云你住何所子云我心非止祖云汝無定也子云諸佛亦然祖云你非諸佛子云諸佛亦非師云祖師一問童子一荅惣欠會在如今諸人作麽生會　罽賓國王仗劒問師子尊者云師得蘊空否者云已得蘊空王云還離生死否者云已離生死王云既離生死當施吾頭者云身非我有豈況於頭王斬之白乳高數尺王臂自落師云當時尊者引頸王便舉刄當恁麽時有人出来諫得住麽至今無人斷此公案如今衲僧作麽生斷　傳大士云夜夜抱佛眠朝朝還共起起坐鎮相隨如身影相似欲識佛去處只這語聲是玄沙云大小傅大士只認得个昭昭靈靈師云認與不認來年更有新條在惱乱春風卒未休　寶公令人傳語思大和尚云何不下山来教化衆生一向目視雲漢作什麽思云三世諸佛被我一口吞盡何處更有衆生可度師云思大只見錐頭利不見鑿頭方　臨濟見僧来竪起拂子僧便禮拜濟便打師云這僧有理不伸死而不吊如今且作麽生與這僧出氣　思和尚問神會從什麽處来會云曹溪来思云你在曹溪得何意旨會振身而立思云猶帶瓦礫在會云和尚這裏莫有真金與人麽思云設有向什麽處着師云真金瓦礫錯下名言如今喚作什麽思和尚令石頭送書與讓和尚回来與你一箇鈯斧子住山石頭才到便問不求諸聖不重己

靈時如何讓云子問太高生何不向下問頭云作可永劫受沈淪不從諸聖求解脫便歸去思云書達否頭云書亦不達信亦不通去日蒙和尚許个鈯斧子便請思垂下一足頭便禮拜師云思和尚垂足石頭禮拜出去要且不得他鈯斧子且道後來石頭用个什麼　五洩到石頭便問一言相契即住一言不契即去石頭據坐洩云與麼則不相契也便出石頭召云闍梨洩回首頭云從生至死只是這个回頭作麼洩忽然大悟便拗折拄杖洞山云當時若不是五洩先師也大難承當雖然如是猶涉途在師云石頭據坐五洩便去石頭召他却成多事　有尼參臨濟要開堂談空勘云你有五障不得開堂尼云龍女成佛有幾障空云龍女現十八變你試變看尼云不是野狐精變个什麼空便打數下師云且道心具眼麼只擔得个斷貫索且作麼生會　僧問藥山學人有疑請師決山云晚間上來為闍梨決疑至晚上堂大衆集定山云今日決疑僧在麼其僧便出來山下座把住云大衆這僧有疑與一推便歸方丈師云藥山決疑土上加泥然雖如是這僧也不得孤負藥山　藥山尋常不為師僧說話院主白云堂中師僧久思和尚示誨山云梢

鐘着大衆集定便歸方丈院主隨後問云和尚許為大衆說話為什麼一言不措山云經有經師論有論師爭恠得老僧師云藥山歸方丈當初院主恠藥山不為他說話可謂誤他三軍　藥山示衆云智不到處切忌道着道着則頭角生道吾便出去雲嵓問藥山智師兄為什麼不祇對和尚山云却是智頭陀會得你去問取雲岩却去問師兄適來為什麼不祇對和尚吾云我今日頭痛你問取和尚雲巖迁化了吾去雲嵓不知有悔不當初向伊道雖然如是要且不遠藥山之子師云雲岩不知有悔不當初向伊道只如道吾與麼道還有也無　大慈和尚云老僧一生不會答話只解識病時有僧出来大慈便歸方丈師云這僧出来大慈便歸方丈並無个道理什麼處是識病處如今也須子細　僧參汝州南院纔到面前僧云敗也院引柱杖向僧面前僧無語院便打師云這僧只知頂上生光不知脚下有刺　觀和尚見新到来作麵引次以引示之其僧便去觀至晚問問首座新到在什麼處座云當時便去觀云是即是秖得一橛師云觀和尚道他滑一橛大似壓良為賤何故為他彼此是出家兒南泉拈起蕨菜問杉山這个大好供養山云

非但者个百味珍羞他亦不顧泉云雖然如是物須嘗過師云杉山與麼道還免得麼若免得去未具眼在若免不得又遠前言　曾祖見僧來便面壁師云曾祖何勞如此不用面壁若有僧來云見什麼知晞好　鄧隱峯在襄州破威儀堂只著襯衣拈靜椎云道得即不打道不得即打衆皆默然峯便打師云此語有勘破處且道勘破阿誰　臨濟上堂有僧出立濟便喝僧礼拜濟便打師云臨濟也大正如今作麼生會　僧問洞山時時勤拂拭莫使有塵埃為什麼不得他衣鉢山云直道本来無一物也未得他衣鉢在師云惣不得他衣鉢與佛同參且道參得阿誰　同光帝問興化朕收得中原之寶只是無人酧價化云如何是陛下中原之寶帝引手展幞頭脚化云君王之寶誰敢酧價師云興化下一着語可謂酩酊如今作麼生斷　靈雲悟桃花頌三十年来尋劍客幾回落葉又抽枝自從一見桃花後直至如今更不疑遂舉似溈山山云從緣得入永無退失汝善護持又舉似玄沙沙云諦當甚諦當敢保老兄未徹在師云有人如今問玄沙意作麼生且道這个人還徹也未　臨濟上堂有僧出來濟便喝僧亦喝便礼拜濟便

打僧無語師云臨濟也太心麁好彩是這僧若是今時衲僧且作麼生出氣　地藏問僧什麼處來僧云南方來藏云南方有何言教示徒僧云彼中金屑雖貴眼裏著不得藏云我道須弥山在你眼裏師云且道地藏還免得這僧眼麼　僧問趙州大耳三藏第三度覓國師不見未審在什麼處州云在大耳三藏鼻孔裏師云只如三藏還免得國師鼻孔麼　國師三喚侍者侍者三應國師云將爲吾辜負汝誰知汝辜負吾師云國師與侍者摠欠會在如今作麼生會　欽山問德山云天皇也與麼道龍潭也與麼道未審德山如何道德山云你試舉天皇龍潭底欽山擬議德山便打師云欽山只顧其前不顧其後如今作麼生與欽山出氣　石鞏爲獵人趂一鹿從馬祖庵前過問云還見我鹿麼祖云你是甚人鞏云我是獵人祖云你會射麼鞏云解射祖云一箭射幾个鞏云一箭射一个祖云你不解射鞏云和尚莫解射否祖云我解射鞏云一箭射幾个祖云一箭射一羣鞏云彼此生命何用射他祖云你既如是何不自射鞏云若教某甲自射直是無下手處祖云這漢無明煩惱頓歇鞏於是以刀斷髮在庵中執侍師云馬祖一箭射一羣猶未會射山僧一箭射蠢動含靈無不中者雖然如是只道一半留一半與後人道

大禪佛來仰山翹一足云釋迦老子亦如是西天二十八祖亦如是和尚亦如是某甲亦如是仰山打四藤條師云此不得作賞不得作罰如今作麼生會　香嚴示衆云如人上樹口銜樹枝脚不踏樹手不攀枝忽有個人問西來意擬欵詶他又喪身失命不對他又違他所問師云問者荅者俱不免喪身失命如今衲僧作麼生會　玄沙示衆云諸方老宿盡道接物利生忽遇三種病人作麼生接患盲者拈槌竪拂他又不見患聾者語言三昧他又不聞患瘂者教伊說又說不得且道作麼生接若接此人不得佛法無靈驗師云早知燈是火飯熟也多時　玄沙上堂衆集定以柱杖一時趂下向侍者道我今日喚入地獄若箭射者云且喜和尚再復人身師云大小玄沙前不至村後不至店且作麼生道得出身路　龍牙問翠微如何是祖師西來意微云與我過禪板來牙取禪板微接得便打牙云打即任打要且無祖師意又問臨濟如何是祖師西來意濟云與我過蒲團來牙取蒲團濟接得便打牙云打即任打要且無祖師意後住龍牙僧問和尚那時問二尊宿祖師意此二尊宿還明也未牙云明即明矣只是無祖師意師云當初如是如今衲僧皮下還有血麼　南泉歸宗麻谷禮拜國師到半路南泉於地上畫一圓相云道得即去歸宗入内坐麻谷作女人拜泉云與麼則不去也宗云是什麼心行師云當初若見每人打一棒且得天下太平　法燈和尚示衆云某甲本欲居山藏拙養道過時泰緣先師有不了底公案出來了却時有僧問如何是先師不了公案燈打一柱杖云祖禰不了殃及兒孫僧云某甲有什麼過燈云過在我殃及你師云爲衆竭力禍出私門

龍牙問德山學人仗得鏌鎁劍擬取師頭時如何山云你向什麼處下手牙指地後到洞山縱人事了便舉前話洞山拽柱杖云還我德山頭來牙無語洞山便打師云當斷不斷如今作麼生斷　雲居齋和尚問僧從什麼處來僧云堂中來居云何得自讒師云若不如是爭知如是　豐干欲遊五臺謂寒山拾得云你若共我遊臺便是我同流你若不共我遊臺不是我同流寒山云你去遊臺作什麼干云礼拜文殊山云你不是我同流師云豐干大似辯才遇蕭巽　潙山問仰山甚處來仰山云田中來潙山云田中多少

人仰山插鍬叉手而立溈山云南山大有人
刈茆仰山拔鍬便行師云只得一橛諸人别
有會處麽　南泉一日两堂争猫兒泉遂
提起云道得即不斬衆無語泉便斬後舉似
趙州州将草鞋戴頭上出去泉云子若在救
得猫兒師云大小趙州只可自救僧問六祖
多三　十三
黄梅意旨什麽人得祖云會佛法人得僧云
和尚還得否祖云不得僧云和尚爲什麽不
得祖云我不會佛法師云會得二頭不會三
首作麽生道得出身路　僧問趙州狗子還
有佛性也無州云無僧云一切衆生皆有佛
性爲什麽狗子無佛性州云他有業識性在
師云説有説無也好两彩一賽如今作麽生
道　雲蓋問石霜万户俱閉即不問万户
俱開時如何霜云堂中事作麽生蓋云無人
接得渠霜云道也煞道只道得八九成蓋云
却請師道霜云無人識得渠師云先行不到
末後太過　紫湖和尚夜於僧堂前叫
捉賊大衆皆驚有一僧堂中出紫湖搊胸把
住云捉得也捉得也僧云某甲不是湖云是
即是只是你不肯承當師云紫湖買帽相頭
趙州一日雪裏卧叫云相救相救有一僧亦
來邊卧州便起去師云這僧在趙州圈裏還
有人出得麽　洞山普請次廵寮見一僧

不出山云你何不出普請僧云某甲不安山
云你尋常安時又幾曾去師云且道此僧幾
曾不去　龐居士問大梅和尚久嚮大梅
未審梅子熟也未梅云你向什麽處下口士
云百雜碎梅云還我核来師云此二人前不
至村後不至店　魯祖見僧来便面壁南
泉云我尋常不欲向師僧道未具胞胎已前
會取尚不得一箇半個魯祖與麽驢年去師
云大愚這裏即不然未具胞胎已前會得打
折你臂　中邑和尚見僧来乃拍口作和和
聲仰山来邑亦拍口山從東過西邑又拍口
山從西過東邑又拍口山當面而立邑云你
從何得山云從溈山得山却問邑師從何得
邑云我從章敬得師云看两个老和尚可煞
漏逗對面相謾瑯云愁人莫向愁人説
達磨臨順世時謂二祖云你在吾身邊得个
什麽祖礼拜依位立磨云汝得吾髓師云二
祖被達磨塗糊道得髓皮也未夢見因什麽
多三　十四
紹嗣祖師位　秘魔喦常持一叉見僧来乃
云道得也叉下死道不得也叉下死後大禪
佛来跳向秘巖懷裏岩便撫大禪背三下大
禪起来斫手云三千里外賺我来師云還有
賺處也無非但賺他大禪佛大愚今日也賺
大衆上来瑯云雷聲浩大雨點全無

仰山有僧来辭山以手劃一劃其僧不去山
又劃一劃其僧乃去師云前爲什麽不去後
爲什麽却去要會麽特爲注破前一劃與後
一劃都成两劃　佛在日有一女子旋遶世
尊三匝乃入定世尊勑文殊出此女子定文
殊盡其神力不能出得女子定世尊云下方
去四十二恒河沙國有罔明菩薩能出此女
子定于時罔明至女前彈指三下女子從定
而出師云文殊是七佛之師爲什麽出女子
定不得罔明具什麽神力却出得要會麽僧
投寺裏宿賊入不良家　文殊問無着近
離什麽處着云南方殊云南方佛法如何住
持着云末法比丘少奉戒律殊云多少衆着
云或三百或五百着却問此間佛法如何住
持殊云龍蛇混雜凡聖同居着云多少衆殊
云前三三與後三三師云文殊道前三三與
後三三作麽生會要會麽千年無影樹今時
沒底靴　古人道我有一句子待犢牛生
多三　十五未
見即向汝道師云我即不然犢牛生兒也不
向你道何故如是若向你道何處更有王老
師　道吾聞趙州来吾取豹皮裩着將吉
獠杖於三門下翹一足州纔到吾便唱喏州
云小心伏事着吾又唱喏師云有人見得此
二人落處不妨具眼若不見落處未具眼在

乃擊禪床一下云若也不會打與三百
德山小叅示衆云今夜不荅話有問話者三
十棒有僧出礼拜德山便打僧云某甲話也
未問和尚為什麼打某甲德山云你是甚處
人僧云新羅人山云未跳船舷好與三十棒
師云時人盡道德山作家用得好若與麼還
曾夢見麼大愚道德山被這僧一推直得尾
解氷消雖然如是今日見一个尊宿也大難
得　　普眼菩薩入定遍觀三千大千世界
見普賢菩薩不見未審普賢在什麼處佛言
汝但於靜三昧中起一念必見普賢在空中
乘六牙白象師云諸仁者且作麼會普眼推
倒世尊世尊推倒普眼你且道普賢在什麼
處　　敘頌　　輝日流光勢還曾結衆疑
吹毛橫宇宙擬把却施為瞥起和根去擡眸
早已遲投機須得妙何處覔牟尼

古尊宿語録卷第二十七　　多三

古尊宿語録卷第二十八　多四

僧録司右闡教兼鍾山靈谷禪寺住持　淨戒　重校

汾陽昭禪師法嗣

法華禪師名全舉　南岳下十世　師入院上
堂示衆云夫第一義諦非智辯所詮心機所
測教外別傳不立文字既到這裏復且如何
直須坐斷毗盧不存凡聖還能如是麽若也
未能山僧重說偈言去也不結毗盧印那引
古佛心明月照幽谷寒濤助夜砧諸人委悉
麽各希發問問昔日靈山分半座師令登陞
意如何師云你承當得麽問如何是法華境
師云後不搆前如何是境中人師云三日後
看問祖意西来事請師直指陳師云截耳卧
街僧云見者盡攢眉師云非公境界問不落
令時請師道師云落問如何是佛師云蘆芽
穿膝僧云如何是道師云七縱八横僧云如
何是道中人師云緊褁頭僧云如何是和尚
家風師云廣額旃陀羅問如何是祖師西来
意師云朱唇皓齒僧云學人不會師云斜陸
擾首問牛頭未見四祖時為什麽百鳥啣花
師云果熟猿猱重僧云見後為什麽不啣花
師云踈林鳥不過問雪覆千山時如何師云
樵人迷古路漁父鏁孤舟問可来白雲裏教
你紫芝歌如何是紫芝歌師云不是吳音切

須漢語問數日不聞師誨語今朝陞座意如
何師云一年春盡一年春師乃云夫參學須
具擇法眼不得顢頇若得正眼精明一切無
滯不見古人道一句語中須具三玄一玄中
須具三要古人恁麽道意在於何鵝王擇乳
素非鴨類　上堂云即心即佛黄蘗止啼
非心非佛驗病施方你道到這裏作麽生
上堂云擬著即乖生松箭不擬著即三千里
外　上堂云白眉不展手長安路坦然歸
堂喫茶去　上堂云釋迦不出世達磨不
西来佛法遍天下談玄口不開　上堂云
若開口又成增語不開口去又成剩語乃云
金輪天子勅草店家風別　上堂云菩提
離言說從来無得人雖然如是不免口過
上堂云心不是佛智不是道且道是什麽刻
舟求劒膠柱調絃　上堂云三乘十二分
教只是箇藥方且道治什麽病乃云父母緣
生口　上堂云鐘鳴鼓響鵶鳴鵲噪為你
諸人説般若講涅槃了也諸人還信得及麽
觀音勢至向諸人面前作大神通若信不及
却往他方救苦利生去也　上堂云三世
諸佛口掛壁上天下老和尚作麽生措手你
諸人到諸方作麽生舉山僧恁麽道也是久
日摽来唇喝一喝　上堂云古人有一轉

不了底因緣舉似大衆分明記取　上堂
云諸高德叢林規矩朝晚二時上来相見一
回即不可若約佛法事塵劫来未曾昧雖然
如是敗種且不發芽　上堂云大衆會麽
師子一滴乳能破万斛驢乳記得僧問老宿
如何是佛對云不封不樹大衆會麽若不會
東下注脚去也不封不樹以棘藥　上堂
云古人道我若一向舉揚宗衆法堂裏草深
一丈不可為闍梨鏁却僧堂門去也雖然如
是也是烏龜陸地弄塵行　上堂舉古人
道一塵起大地收師云一葉落天下秋　上
堂舉南泉云道箇如如早是變也今時師僧
須向異類中行始得且道作麽生是異類中
行乃云石牛長卧三春霧木馬嘶時秋後泉
上堂舉僧問曹山如何是一不老山云枯木
僧云如何是一老山云不扶持有僧舉似九
峯峯云三從六義諸上座會麽嫂他年少婦
須是白頭兒　上堂云語漸也返常合道
論頓也不留眹迹直饒論其頓返其常也是
抑而為之　開爐示衆云一二三四五任
君顛倒舉露柱與燈籠何曾成佛祖不惜眉
毛者直下便道取僧問未審道箇什麽師云
絜巳輕裝外瓶盂共毳袍僧云正當與麽時
如何師云夜禪孤月冷晨朝片雲高僧擬議

師云會麼僧云不會師遂作頌示之云三十五十何須更舉方圓變通去除佛祖他未彰名余不能取僧問如何是賓中賓師云開口雖無力吐氣却慚惶僧云如何是賓中主師云一條新竹杖三事舊麻衣僧云如何是主中賓師云崆峒何人顧坦然孰可聞僧云如何是主中主師云万仞齊開觀千峯露出顏僧問如何是奪人不奪境師云春生夏長秋收冬藏僧云如何是奪境不奪人師云一朝權在手看取令行時僧云如何是人境兩俱奪師云寰中天子貴塞外將軍雄僧云如何是人境俱不奪師云一等乾坤日月俱明問如何是佛師云手不如脚僧云如何是諸佛家風師云荒田耕不罷又被別人爭問自古及今不從人得六祖黃梅傳箇什麼師云德山捧僧云傳後如何師云那用臨際喝問如何是佛師云紫雲常捧足黑霧擁身行問法身無形如何達立云古廟香爐問牛頭未見四祖時如何師云新鞔鼓子䰐鬖響僧云見後如何舊鼓皮寬打不鳴問生死事大請師相救師云洞庭湖裏失却船問如何是本源師云山高峯峻問語不投機請師提唱師云山藏海納問久居岩谷一物全無時如何師云脚瘦草鞋寬問不犯一切請師提綱師云

聾人遠聽問自知當作佛未審什麼人證據師云志公剪刀問如何是親切一句師云六祖是新州人問如何是最初一句師云父母未生前問如何是不動尊師云今日遭逢問如何是透法身句師云三箇猫兒一箇獰僧云如何是法身師云無過於此問不動根源如何接物師云惡虎不如善猫兒問祖意教意是同是別師云赤水求珠孫賓打瓦僧入室次師垂語云重整釣竿橫海上拋鉤未必變魚吞僧云多年枯木今日重生師自代云紅絲曲裏無金磬碧旗歌外有文官僧云垂下綠絲重着餌必然釣得大金魚僧入室展座具始收師云一展一收法法皆周擬欲更問著甚來由遂問會麼僧云不會師便打問既是善知識為什麼事養生殺生師云生者自生死者自死未兩先驚蟄只要小蛇知問師唱誰家曲宗風嗣阿誰師云藏頭白海頭黑僧云汾陽的子臨際兒孫去也師云莫亂針錐問法華尊使伸三請祖意西來事若何師云天晴道路乾問德山捧臨際喝意旨如何師云截舌三分僧云四海傳揚去也師云苦痛深僧問如何是賓中賓師云冥然渡曉春僧云如何是賓中主師云莫謾窺門戶僧云如何是主中賓師云威喪濟漂淪僧云如

何是主中主師云先寒星斗怖問如何是奪人不奪境師云白菊乍開重日暖百年公子不逢春僧云如何是奪境不奪人師云大地絕消息翛然獨任真問如何是人境兩俱奪師云草荒人變色凡聖兩齊亡問如何是人境俱不奪師云清風伴明月野老笑相親僧問承古有言須彌為槌虛空為鼓還許學人打也無師云無你下手處僧云更不請鎚師云我不能打得你遂頌云鹽官有鼓高低辨於此南泉便整齊背面須來唐土擊當頭不薦北番提入番急磨腰下劒出塞須用自家才珎重老師不轉破我在江東君在西僧問學人未遇大機請師一喝師云是什麼機僧云大機師云若是大機爭受一喝僧便喝師云一潭綠水兩處洪波僧有頌云高提祖印恩狂機坐臥應須鑑者知却被明師全打破外求佛祖豈為奇問承師有言一物不將來放下箇什麼意旨如何師云你是了因放下箇什麼僧云佛法無多子師云欠我劈脊棒你作麼生僧云元來無許多般如今却作摸樣師以頌示云汝錫高飛我即休此生無喜亦無憂雲開任待風吹散留取碧潭月正秋僧問趙州東門西門南門北門意旨如何師云有問有答僧云不問不答時如何師云却

被你道著以頌示之云四般俱巳息六種豈
能分倚南閑度日傍北別無門巧語從教設
玄絆讒共論迥出威音外不到是非奔僧問
如何是雲門一竅師云開張閑合遂以頌示
之云雲門一竅坐閑心把斷游人更莫尋任
是有誰居壁上也教無事訪知音僧問如何
是本来宗師云峯室不通風却問你作麼生
會僧云春日櫻桃朶朶紅僧問如何是本来
宗師云不問不荅僧云豈無方便師云明明
向你道僧云謝師方便師云汝莫受方便僧
云官不容針私通車馬師云千山堆皓玉万
木折寒梅遂以頌示之今古甚有方便是物
頭頭露現坦然萬様千般突兀無過有焔未
悟且須保惜悟了便生厭賎中下怱怱著眼
上士誰能顧盻因僧參有頌要接諸人向上
坡左手提攜右手過太陽焔裏分八字南海
波斯不較多僧問要接諸人即不問如何是
向上坡師云窻外月徹曉室中燈更明僧云
多四
左手提攜即不問如何是右手過師云放開 六
非在手却閑不從他僧云太陽影裏即不問
如何是分八字師云船主能藏寶青巾蓋頂
門僧問如何是西来的的意師云與我取拂
子来僧過拂與師師便打僧於此有省遂以
頌呈蒙師一拂太多端打破從来滿肚憨別

處不能求妙解目前却覩自家顔僧問火在
途中請師一接師云虚空烜赫無涯岸海月
圓時別有天僧云不會師云却是真箇遂以
頌示之學道如行路途中来得休直到長安
日方能見聖游嶺南懃和尚有頌示本禪人
云林葉始經秋游雲出幽谷禪人錫乱飛往
復不往復往復不往復六六三十六師因見
乃問作麼生是往復不往復本云歷歷乾坤
外的的宇宙中師云作麼生是六六三十六
本云今日既然煩道用得師坦蕩至無為師
游園見千葉蓮池乃問僧云池在這裏蓮在
甚處僧云白浪起時應難見未覩波澄別却
達師云明向上事僧却問師池在此蓮在甚
處師云未至日藏青篝外時来透向碧波心
僧遂以頌呈四海應難見五湖易得存緑波
還有月白浪忽成紋朶朶分千葉數枝共一
根火在池中長誰人折上盤問七星光彩天
將曉不犯皇風試道看師云將軍馬蹄紅僧 七
多四
云錯師便打僧云灼然師云七棒對十三僧
禮拜師噓噓問法華曾演汾陽旨白雲今日
事如何師云誰知蔴帽下元是昔愁人問驪
珠遂月即不問龍劔衡里事若何師云寒光
急急問萬里無雲即不問一條霜刄事如何
師云誰敢動著僧禮拜師云小慈妨大慈便

打問智識不到處時如何師云三門不曾開
僧云誰是知音者師云口似鼻孔問寳劔未
出匣時如何師云任僧云出匣後如何師云
點僧禮拜師云三三問如何是佛師云波斯
倚夜臺問古人道承言者喪滯句者迷學人
慜不恁麼時如何師云點撿舌頭看僧云官
不容針私通車馬師云伶利人難得問明月
海雲遮不得舒光直透水晶宮時如何師云
打破了来相見問佛身充滿於法界未審向
什麼處行履師云眉毛重多少僧云不離當
處常湛然師云滯慜迷封問不落言詮請師
端的師云鐵門路嶮問驪龍含月即且置龍
劔衝天試用看師云山河岌沓日月斗昏僧
禮拜師噓噓僧問如何是佛師云老僧當門
無齒僧云為什麼如此師云只為老僧謗佛
小參示衆云諸上座禪僧家以寂住為本夫
行脚者不在觀州獻府看山門景致過時為
什麼事蓋為生死事大從上古人凡到所在
見一箇村院主也須問過如今晚學往往蹉
過不肯遍相傳問記得龍牙問德山學人仗
鏌鎁劔擬取師頭時如何德山便引頸牙云
師頭落也德山便休諸上座莫是德山無機
鋒麼為當別有道理乃云德山引頸龍牙劔
鐳

小參示衆云諸上座佛法有什麼事

也莫見老和尚道無事便無事去法身無為
不墮諸數古德道不信佛菩提是則解空第
一所以道說佛說祖談玄談妙皆屬增減語
既然如是諸人又向什麽處条須具行脚眼
始得乃拈柱杖云有人道得麽出来相見有
麽有麽衆無對師云老僧今日失利
多四　八
師因入縣看官岑員外問文殊騎師子普賢
騎象王和尚為什麽不乘騎師云院中無外
云達磨乘蘆渡龍慶江和尚打轎又且何妨
師云山僧不捏怪　師訪郡主郎中云會
弟乇田不會祖師道師云乇田雖不會刑部
又且標格不同中云雖然如是奈何心中未
達師云文彩已彰中云不敢師云爭敢埋沒
中又云今時叅學人好教他見德山師云見
後如何中大笑師云對覩不施　天使牛
太保入寺舉李都尉法身頌請師指示師云
天使甚處人事使云東京城裏人東京城裏
說話西京城裏應喏使云不會乞師指示師
云張公喫酒李公醉鍾馗鮮舞十拍子使云
弟子风生多幸作禮而去感殿丞入寺游山
行次見栗種遂問黄底是白底是師云栗感
公令人搓破師云今日遭皮剥感云也須點
撿師云今日失利感到清泉又問泉為什麽
太混師云昨日山中大會感云今日事作麽

生師云閑從何處来王學士同運使到院師
云請學士祇應運使說話山僧只知林下事
學云来審林下事如何師云苦益菜羹粟米
飯又云偏打不防家　師至荆南分金善
和尚處問回互不回互師云恁不恁麽金云
為什麽喫福昌棒師云一家有事百家忙金
多四　九
云為什麽脫空謾語師云事不孤起金云入
水見長人師云調琴澄太古琢句體全真遂
呈頌云回互不讓前當頭户底開罕逢臨際
喝蹉過老德山無事從他到鳥道絕人攀倜
儻天然寂坐斷趙州関　到公安遠和尚
處問作麽生是伽藍師云深山藏獨虎淺草
露群蛇遠云作麽生是伽藍中人師云青松
蓋不得黄葉豈能遮遠云道什麽師云少年
歡盡天邊月滌倒扶桑勿日頭遠云一句兩
句雲開月露作麽生師云照破佛祖
師到荆南延壽賢和尚問海竭人亡作麽生
師云毒蛇不咬人賢云為什麽如此師云風
引溪雲斷泉衝石徑斜師到夾山入真首座
室云還見麽云萬事全無真云還不見麽師
云千般皆在手師遂問首座未見澄散聖時
如何座云湖南江西師云見後如何座云江
西湖南師云却共首座一般座云打草要蛇
驚師云某甲終不捏怪偶述頌呈同住韶陽

路行来迴且珠南臺猶不顧北嶽豈能拘有
語深藏却無言淺露珠雖然名得兔聲已振
西矐　師到神鼎鼎問一朶峯峦上獨樹
不成林作麽生師云水分紅樹淺澗遶碧泉
深鼎云作麽生是回互之機師云盲人却無
眼頌云天曉不明海亂珠情無換出背攀書
劣形馳步愁長路絕念還同上太虛
師到福嚴承和尚問作麽生是圓容相師云
木人嶺上休相覩石女溪邊更莫逢師遂問
如何是和尚圓容相嚴云老病尋常發躘踵
無較時師云容即不問如何是圓嚴云法界
廣無邊師云圓即不問如何是容嚴云消却
了也嚴遂問不容不圓時如何師云虛空無
背面鳥道絕東西遂呈頌云溢月流波灌紫
微交羅紅滓海心飛圓容妙相權施設倜儻
無門說向誰　師在福嚴入惠照室問丞
古有言狸奴白牯却知有三世諸佛為什麽
不知有照云只為太惺惺師云狸奴白牯為
多一　十
什麽却知有照云争怪得伊師却問如何是
福嚴境照云漱泉秋鶴至蟬樹夜猿過照却
問作麽生是南岳境師云風休林自宜雲静
月弥新照云作麽生是境中人師云草色青
隨步藍光碧照衣　師到石霜入慈明室
明云作麽生是向上一竅師云二竅與明霜

云還見七十二峯麼師云有甚掩處霜云道
什麼師云今日觸忤和尚霜便打師云作麼
生霜云將謂收番猛將元來是小小長行師
云雅淡呈秋色馨香噴月華遂呈頌云收番
猛師彼方奇勢劣翻思握劒歸塞外從敎誇
勇健寰中爭敢鬭龍威放開急着金牙鏃更
閉那吒擁節旗蘇武英雄能透出張良喪却
目前機　到大愚芝和尚處問古人見桃
花意作麼生師云曲不藏直愚云那箇且從
者箇作麼生師云大街拾得金四隣爭得知
愚云上座還知麼師云路逢劒客須呈劒不
是詩人莫獻詩愚云作家詩僧師云一條紅
綫兩人牽愚云玄沙道諦當甚諦當又作麼
生師云海枯終見底人死不知心愚云却是
師云樓閣凌雲勢峯巒疊翠層遂呈頌云鳳
返自騰霄漢去靈雲摠樹老鴉栖古今休頌
拈花意天上人間不可陪　師到廬山羅
漢祖印大師處即擧頌云北斗藏身事已彰
多四　十一
法身從此露堂堂雲門賺殺他家子直至如
今乱度量乃云老僧當時作此頌直得天下
老和尚不肯上座作麼生師云爭敢印云作
麼生師云凌晨昇寶座應不讓南能遂呈頌
云北斗藏身事坦然法身無狀透何邊後人
不曉前人意水底撑船挺月天　師到棲

賢入室問如何是佛賢云張三李四師云意
旨如何賢云餬餅討甚汁遂呈頌云去短求
長本不移他人與汝未為奇雖然構得些些
飽終久何曾免得饑　師到祖峯戎和尚
處入室戎問作麼生是絕羈絆底人師云畨
手把馬籠戎云却是作家師云背邊打不着
戎云為什麼却上來下去師云和尚向甚處
見上來下去戎便打師云一言無別路千古
不來人遂呈頌云直上猶難到回來轉更遲
若言禪與理特地隔須彌　師到蘇州翠
峯素和尚處入室擧僧問風穴如何是佛穴
云嘶風木馬緣無絆背角泥牛痛下鞭峯問
背鞭一句作麼生道師云翻身師子威雄大
爭敢當頭露爪牙峯云放你一線道師云七
顛八倒峯云收師云了　到翠峯顯和尚
處問牛喫草草喫牛師云回頭一就尾宛轉
萬重關峯云應知不背面須教在目前師云
驗在目前峯云自領出去　師到抗州興
敎入室擧僧問一和尚如何是佛一云陳橘
皮師遂問意旨如何敎云猫兒頭上雀兒窠
師遂呈頌云問佛師言荅橘皮更無一法可
相遺眉毛翻起應難見背向終教是與非復
頌云寸草森藏師子多猫兒頭上雀兒窠擬
欲傾窠不丧命直隨鵶子過新羅　到抗

州西菴菴主曾見明招擧一頌云絕頂西峯
上峻機誰敢當趨然凡聖外瞥起兩重光師
問如何是兩重光主云月從東出日向西沒
師云菴主未見明招時如何主云滿傾油難
盡見後如何多心易得乾師到瑯瑘問上座
近離甚處師云兩浙瑯云船來陸來師云船
多四　十二
來瑯云船在甚麼處師云步下瑯云不涉程
途一句作麼生道師云杜撰長老如麻似粟
便拂袖而去瑯遂問侍者此是什麼人者云
擧上座瑯云莫是擧師叔麼當時先師教我
尋見伊遂親下旦過堂問上座莫是擧師叔
麼莫怪某甲適来相觸忤師便喝復問長老
何時到汾陽瑯云恁時到師云我在浙江早
聞你名元來見解只如此何得名播寰宇耶
遂作禮　頌首山西來意　風吹日炙
少人知頂仰先賢對此機饒君曠劫生前會
穿耳胡僧也皺眉　透法身二頌
人問透法身隨宜為指陳大地如膠漆長江
波變酥須弥起舞天帝不瞋一人之力不如
百人　綱宗　兩刄交鋒事嶮巇沙場
六月雪花飛如今更擬圓真實白眉應教入
素閑　十二時歌　夜半子伊余靜坐
寒堂裏月圓日滿不曾虧方朔由來悞宮徵
鷄鳴丑森羅万象歸元首一聲聲後九衢聞

年光任你侵蒲柳　平旦寅龜穿破髑
髏門山伯不知何處去扶桑天子笑忻忻
日出卯千門万户呈携巧織成蜀錦與吳綾
到頭成壞行相挽　食時辰麁細将来不
厭忻寒則着衣飢喫飯途中往往問踈親
萬中已華藏已開見慈氏驚起毗盧頂上人
十三
多四
拍手呵呵闤闠裏　正中午髣髴乾城猶
未許金輪天子下閻浮移却西天作東土
日昳未石室老僧禪未起門前時有問津人
樓至擎拳先指示　晡時申柴門不掩去
来人石室冊霞謾費力歷歷分明真不真
日入酉時擊踈鐘滿林吼自他奥昧各方圓
剛被時人分好醜　黃昏戌對燭銀缸昏
暗失晦魄山童速報来金烏早向西方出
人定亥抖擻壞衣線長在不羨羅紈錦繡袍
迦葉師兄相笑待

古尊宿語録卷第二十八

多四

古尊宿語録卷第二十九　多五
僧録司右闡教兼鍾山靈谷禪寺住持　淨戒　重校
龍門佛眼禪師語録之一
佛眼清遠禪師臨卬李氏子師初住舒州天
寧開堂日提刑學士權郡承議焼香度䟽與
師接得示大衆云天不能蓋地不能載漏泄
天機言言堪愛且道如何是堪愛之一言良久
云分明記取舉似作家遂度與表白宣罷師
指法座云古聖道為法来耶為床座来耶我
為法来非為床座師咄云是何言歟便陞座
拈香云此一辨香祝延
今上皇帝陛下伏願龍圖永固鳳曆長新八
表称臣四維歌化次拈香云此一辨香奉為
提刑學士權郡承議洎闔郡尊官伏願嘉聲
藹著善政日新頻承雨露之恩坐聽鹽梅之
詔次拈香云此一辨香還知落處麼欲隱弥
露在晦愈明本欲拋擲岩阿混于沙石苦為
諸人敦逼不免細說来由奉為我先蘄州黄
梅東山演禪師一爐爇却用陪法乳之恩聊
表化儀雖然恩大難酬未免拋三放二遂趺
坐山谷和尚白椎云法筵龍象衆當觀第一
義師云觀即不一一即不觀第一義門今在
何所（問答不錄）師云太阿横按截萬機於掌握之中
寶鑑當臺現羣象於無心之表有緣即應故

問荅以縱横不令而行乃言象而罕測影響
之士斯何足云所以佛付佛祖付祖更無絲
髮之異豈有東西之殊不立階梯單傳是事
若非靈根頓悟大用現前未免業惑海深妄
塵自隔遂拈起拂子示衆云還見麼若見見
箇什麼若見箇拂子正是凡夫若言不見此
是拂子如何說不見底道理道人到此須是
忖量不可輕心取於流轉誠非小事實在悟
明所以聖人得此事莫不統三界領四生号
令聖凡扶顛拯物大衆從上諸聖入此門中
各令啓悟勞生破諸塵妄記得靈山會上四
十九年說不盡末後分付飲光少林九年之
間畢竟獨許二祖尒後光分震旦道滿寰中
臨濟德山威行雷電皆為上祖不了致令殃
及子孫遂舉拂子云大衆從上許多賢聖如
今總在山僧拂子頭上各各坐大蓮華說微
妙法交光相羅如寶絲網還信得及麼若信
得及山僧出世一期之事巳得周圓其或未
然不免自通消息去也十字路頭吹玉笛淡
雲輕日正清秋久立　上堂世尊拈花迦
葉微笑親切親切省要省要眼目定動料料
掉掉為報先生莫打之遶何也文不加點下
座　上堂云達磨未来此土時須信事系
真實二祖禮三拜而立不得謾有商量大衆

何故人到于今疑情不息良久曰早知燈是
火飯熟巳多時直饒恁麼信得及猶是錯承
當自餘一切何足論之　上堂奇怪
尋常道出門便作還鄉計直至如今計未成
誠哉是言也豈不見僧問古德學人欲歸鄉
時如何古德曰子父母徧身紅爛卧在荆棘
林中子歸何處曰恁麼則不歸也古德曰却
須歸去有箇絕粮方子與你僧曰便請古德
曰二時上堂不得咬破一粒米大衆荆棘林
中紅爛盡無路迷鄉二時堂内絕粮方却須
歸去所以山僧二十年披雲嘯月未始遊方
十来年接物利生何嘗出世諸人皆把父母
契券論量祖業田園就赤水以求珠珠沈赤
水向荆山而覔玉玉隱荆山說道赤水無珠
荆山無玉是誑諕你說道赤水有珠荆山有
玉亦是誑諕你山僧有時畫方成圓指南成
北何故如此蓋為諸人唱還鄉曲子曲調不
圓熟路難忘鄉談未改非指南之不妙也如
何得曲調圓去豈不見道平窺紅爛處暢殺
子平生下座　上堂良久云山僧今日與
諸人同叅一箇真善知識便下座　上堂
僧問德山入門便棒臨濟入門便喝未審師
如何接人師云不虧不欠進云便恁麼去時
如何師云第一不得掘根師復云光陰倏忽

變化密移始見望朔又已念日諸人還知先陰不變化日月不遷流麼快須究取昔日六祖大師作居士時隱於廣州法性寺印宗法師席下過夜廊廡間有二僧風旛競辯未盡厥理祖師躡步而謂曰可容俗士得預高論否直以非風旛動仁者心動告之大衆秖如夜来風起且道是風動不是風動若道不是風動如此觸簾動户簸土揚塵作麼生不是風動還断得出麼山僧道也不是風動也不是旛動也不是心動有人識得麼青山無限好猶道不如歸祢重　上堂兩岸蘆花一葉舟涼風深夜月如鈎絲綸千尺慵抛放歸到家山即便休　上堂舉僧問趙州萬法歸一一歸何處州云我在青州作一領布衫重七斤大衆至音絶韻妙曲非聲通身不挂十絲赤躰全無忌諱諸人切莫拈饒舐指直須截断舌頭放下身心自然快活眼若不睡諸夢自除心若不異復名何物快活快活歸堂喫茶下座　上堂若有一人發真歸源十方虛空悉皆消殞從前先聖豈不發真歸源如何十方虛空至今尚在又云漚滅空本無況復諸三有幻漚既滅虛空殞無三有衆生從玆殄悴四生九類如何得無又云清淨本然云何忽生山河大地既生山河大地如何

得復清淨本然既復清淨本然云何却見山河大地大衆如何即是良久曰水自竹邊流去冷風從花裏過来香好大哥歸堂　結夏上堂揮戈佛日不西沉照徹人間洞九幽從此安居無一事休將玄妙挂心頭　五祖演和尚遷化遺書至上堂昨朝六月二十六無角鉄牛生四足哮吼一聲人未知撼動天關并地軸隻履又西歸唱羅胡家曲可怜末後太分明無限清聲徧溪谷我先師出世四十餘年於舒蘄二郡四坐巨刹垂慈苦口接物利生未嘗少暇於二十五日早陞座告衆至晚淨髮歸方丈二十六日早安然長往自始及末從初至終盡善盡美真善知識清遠忝承提訓痛傷可量古人道將此深心奉塵刹是則名為報佛恩昔日大梅遷化時上堂聞鼯鼠聲乃云即此物非他物汝善護持吾當逝矣我先師上堂告衆云富嬾千口少貧恨一身多以今校古絲毫無差諸人還知大梅東山二老子去處麼若知得則不辜負先師若也未知有寒暑兮促人壽有鬼神兮妬人福下座　上堂卓拄杖一下喝一喝云棒喝齊施古佛宗三玄三要絶孤蹤白雲消散青山在明月蘆花對蓼紅又卓拄杖一下喝一喝下座　解夏上堂以一粒芥子擊脩羅窟

於中宴坐九旬振六鐶錫杖登須弥盧直上安居三月倚長松而自誓臨緑水以經行周遊井邑則動出蕭蕭依處叢林則威儀濟濟豈論城隍聚落宇分勝地寶坊心月孤圓神珠炳煥六門虛靜萬法咸如如此護生豈有生之可護如此持律豈有律而可持虀内蠛人通身雪冷誠堪慶賀善何如我吳居士為師龍門創埋然庵請上堂淨名居士在家人不二門深入者觀一缽上方香積飯寥寥千古轉通津大衆維摩法力居士神通斷妙喜世界来于此中持香積佛飯悉飽衆會三萬二千師子座本尒莊嚴十方三世諸如来現前證據看他作一塲佛事真箇希奇皆不思議之功勲自心之神力者也公明居士希風摩詰接跡龐公大省幻身久超正覺頓逾犍錫脩建菴宇遂尒来此聚集禪徒記得昔日臨際栽松次黄蘗問云深山裏栽許多松作什麼際云一與山門作境致二與後人作標牓道了以钁頭打地兩下蘗云吾宗到子大行于世大衆臨際所栽者松可謂根盤沙界葉覆彌盧三賢十聖為憩息之方諸佛祖師為作止之地故得後代子孫昌盛永茂宗枝自古及今綿綿不斷如今衆中若有一員禪客出来道深山裏用趣菴作什麼山僧也秖

向伊道一與山門作境致二與後人作標牓且道與他古人相去多少大衆一與山門作境致見者頓超無學地二與後人作標牓凡聖悟迷皆一樣若是叢林向上關有人踏着喜無量下座　上堂少室無言語曹溪有消息可怜門大開而人不能入蒼龍得雲雨猛虎生羽翼但解自承當何勞問知識　上堂云古人道我有時揚眉瞬目有時不揚眉瞬目有時揚眉瞬目是有時揚眉瞬目不是如今人不委得了便別作解會說道得底人道是也得不是也得問伊作麽生是得底人便道他分上不說得與不得得也好不得也好乃長吁一聲曰有什麽共語處秖如古人道恁麽也不得不恁麽也不得恁麽不恁麽揔不得又作麽生他便道此是拂跡語拂你屋裏老耶老娘又問伊此是拂跡語不拂跡語如何便道恁麽也得不恁麽也得恁麽不恁麽揔得此喚作寶頭語寶你屋裏老耶老娘多五　六師復吁兩聲曰有什麽共語處夫為衲僧須作衲僧說話你等合作麽生莫道龍門不肯我埋沒我心行我壓良我龍門恁麽是要你到不要你到也須子細看詳好珎重　上堂玄沙大師示衆云諸方尋常盡道接物利生忽遇三種病人如何接得患盲者来拈槌竪拂他又不見患聾者来向他說他又不聞患啞者来教伊說又說不得若接此三人不得佛法無靈驗師云好諸兄弟還知真實相為處麽山僧不惜眉毛為諸人說破秖如諸人尋常有雙眼又何曾見来有雙耳又何曾聞来有片舌又何曾說来既無說無聞無見何處有色聲香味来雖然如是又能有幾人到者般田地所以道木伎撥石女兒三冬陽氣盛六月降霜時有語非干舌無言切要詞會我最後句出世少人知午齋晨粥無餘事盞茗爐香話道奇下座　上堂普光明殿在人間凡聖交羅絕往還若向一塵親得見毫光照處奉慈顏上堂僧問劫火洞然大千俱壞未審此個壞不壞師云黑漆桶裏黃金色進云請師荅話師云閑言語　上堂揔記不得天花滿械縱有千言不如一默下座　上堂昔日百丈大智禪師再叅馬祖侍立次祖舉拂子丈云即此用離此用祖掛却拂子問云你多五　七他後開兩片皮將何為人丈取拂子竪起祖云即此用離此用丈掛拂子於舊處祖便喝百丈直得三日耳聾大衆說甚三日耳聾直得龍門打鼓上堂大衆盡皆雲集僧堂横吞佛殿露柱倒掛燈籠天高地厚月白風清雨順風調河清海晏飢則共君飡苦菜渴則與子飲寒泉直饒天外雨花飛爭似歸堂喫茶去下座　上堂山僧適在寢堂中法堂上無山僧寢堂上有山僧下至法堂法堂上有山僧寢堂上無山僧有則心外有法無則心法不周諸上座在衣鉢下聞打鼓便上法堂法堂上添得上座衣鉢下减却上座添則成增减則成減減故落斷增故落常行脚人如何得離有離無離常離斷生死幾情大難透脫此是如来清淨心要宜須決擇不可等閑光景遷流動如飛箭浮世如此人生幾何彼此出家三界逆旅竹戶茅堂孰為其主冷淡共居寂寞司住何故何新何憂何慮下座

行者落髮上堂露柱多年出家燈籠久已落髮佛殿堅持禁戒三門近得休歇大事本来平等無著清涼滿月慶盡草木叢林一似陽和齊發下座　元日上堂萬物咸新論故鄉撞畔元是舊耶娘先春花發馨香遠物外山河日月長僧問昔日跋陁尊者問法照大師未審與今日是同是別師云古之今之進云栽松人老難傳鉢盧老區區入嶺南師云你試舉古人底者進云厨庫三門鐘樓佛殿師云恁麽又爭得進云忽遇七手八脚底人来又作麽生師云截斷脚根道將一句来進云昨日有人從舒州去師云亦是恁恁者後

舉僧問百丈如何是奇特事丈云獨坐大雄峯僧礼拜丈便打師云錯打人僧問德山如何是奇特事山云我宗無語句亦無一法與人師云猶較些子僧問羅山如何是奇特事羅山云道什麼師云成何道理大衆古人鈎頭著餌意在得魚如今洗脚上舡能有幾箇或若人問龍門如何是奇特事山僧向伊道此去太湖不遠恁麼說話有甚奇特又向伊道咫尺是棠梨大衆還會麼等閑如不會須作等閑看下座　上堂身中有生老病死念上有生住異滅國土有成住壞空此十二種事甚能奇特凡夫不識為之漂流如來出世指出涅槃妙心常樂我淨譬如還丹一粒點鉄成金至理一言轉凡成聖此十二種秖是一法現定如今歷歷听法者是還信得及麼乃云月中丹桂徧禁冷雪裏梅花獨放香下座　上堂悟時此事元来易迷後斯門實大難處處綠楊堪繫馬家家門口透長安上堂三月初三二月二不壞假名談大義衆生役役迷光陰道流所以無虛棄二月念九三月一摩訶般若波羅密假使多聞達古今歷劫何曾異今日今日事作麽生良久曰何更今日　上堂從上諸聖見人樂著塵勞不求出離逐生怜愍之心告之曰你隨聲逐色名曰狂人大衆好言語慙愧諸聖恁麽道雖然如是已是打開布袋不能拆合得龍門今日倒底傾出有人得者永息希求乃拈拄杖卓一下云豈不是聲你尋常作麽生隨又舉起拄杖曰豈不是色你尋常作麽生逐還會麽若能隨逐元無縛便是叢林了達人久立　浴佛上堂如来妙色身真實難藏覆不掛本来衣豈著娘生袴無憂樹下降生時南北東西行七步行七步度盡衆生無所度今晨四月初八我佛如来降生之日天下精藍煎湯浴佛佛則從諸人浴且道如何是佛要知麽佛名如来常在不滅有人見得山僧更不切切若無人見得山僧重說偈言昨日如来壽法雨今朝法雨洗如来了然一味無差別雲外青山朶朶開欲報如来深恩殿上重新浴過下座　結夏上堂龍門結夏勝諸方大地山河為本據若向九旬叅得透更無佛法可商量　上堂萬古長空一朝風月古人恁麽告報大好言詮豈可以一朝風月昧却萬古長空豈可以萬古長空不明一朝風月此是廣大深法自在之宗若也明得何處更有一絲頭剩法来久立　上堂三日不相見莫作舊時看山僧近来非昔人也天是天地是地山是山水是水僧是僧俗是俗別也非昔人也有人問未審已前如何山僧往時天是天地是地山是山水是水僧是僧俗是俗所以迷情擁蔽翳障心源如今別也或有人出来道某甲亦如和尚天是天地是地山是山水是水僧是僧俗是俗還得否不可直是未在還有揀辨得麽若揀得是上座道眼圓明若揀不得絲竹喧天船上樂綺羅照水岸邊人珎重師復云親切中直是親切省要中直是省要還會得麽諸人盡是裝志探玄意求出離山僧這裏終不拈今舉古取是捨非惑亂諸人你若不来山僧也無可得說你若上来山僧不免在你身上割一塊子似與你還知痛痒麽忽然知得可謂親切也若不知来由便道者一塊子那裏得来得恁麽香得恁麽臭得恁麽生得恁麽熟還委得麽不離當處常湛然覔即知君不可見珎重　上堂了知一萬事畢釋迦弥勒於今日但得心安是處安無災無難無今昔要知佛法根源記取五月初一下座　端午上堂今日端午世間人釘桃符書門閭使萬邪不窺其户百鬼不入其門世間人又使針燒灸採藥登山使萬病不干其体疫癘不入其身遂失聲叫曰阿哪哪阿哪哪盡大地人燒破皮肉教山僧受無限苦痛昔楚大夫以忠

言不用沉于湘江後人哀之以竹筒盛飯繫五色絲禁之風俗至今流傳不斷遂嘔吐數聲曰世間人喫却米粽教老僧脹破肚皮大眾別人燒炙別人喫物為什麼龍門長老受痛受飽未能情忘緣慮事出見聞於此門中遂為戲論豈不見先聖有言曰懷州牛喫禾益州馬肚脹天下覓醫人灸猪左髆上何也遠之不如近箇箇久立　上堂入得龍門事事奇聞聲見色不思議山青水綠緣何事盡是諸人力使之　上堂卓拄杖云還攝得麼莫道今日猶較些子直須向無摸索處傾湫倒岳攝得始得山僧恁麼道可殺不識好惡雖然如是直饒你攝得我更問你從前殺盜婬妄罪飲酒食肉罪教什麼人還又卓拄杖云金剛作醜佛受香油　東山和尚忌晨上堂先師當年末後句與人皮下挑出剩譬如六月日中氷銷鎔處皆相似後來听響各流傳更加一二與三四箇中孰是無耳人明見去來不生死先師老和尚某奉侍日久多蒙苦口提撕追遠之誠何可忘也聊設小供諸人且道先師還來也無若道來入滅十餘年如何見得來底道理若道不來又用設齋作什麼道來也有詨訛道不來也有詨訛若為得無詨訛去還知得麼三箇渾崙

鉄餕餡一雙無縫木饅頭久立　上堂大眾或有人喚上座上座便應設使不應心中也須領覽今時學人便道應底是也領覽底是也若如此會便是入地獄漢子是即且置且道面前是阿誰喚你是有人喚耶是無人喚耶還栽斷得麼若是有人喚山精鬼魅喚你時天魔外道喚你時如何辨白若道無人喚你又不聾不騃如何得無人喚者箇是十二時中生死路頭事諸人明得麼有人喚生迷乱無人喚遭繫絆若能行生死斷萬兩金終不換下座　解夏上堂毗目仙人執善財手頓見過去微塵諸佛及其放手宛然依舊龍門長老領諸大眾爰於此地結足安居及其解夏宛然依舊善財依舊處微塵諸佛含攝有歸大眾依舊處三月九旬斂收無迹還會麼毛端藏剎海芥子納須弥不離見聞緣翛然登十地四生六道即心自性三塗八難普現色身居華藏海之中住不思議之內如斯之旨乃吾輩之常分耳還信得及麼　上堂今日七月二十解夏來又是五日也你禪僧家盡道我會也且道今日是七月二十不是七月二十或若當此一問於佛法中如何祇對有底師僧道何不問本分事者箇是世間日月大眾那箇是世間日月又豈有不

管底法又有師僧道不動世間一星子就上便明取恁麼事今日七月二十也大眾那裏是不動底一星子得安樂底人終不作者般去就山僧問你今日是七月二十不是七月二十有人明得麼古人云世間事明不得佛法大遠在者裏若分踈不下一切處礙塞殺人還知麼大火聚中難著手清涼池內易安身久立　上堂舉僧問雲居如何是道中人對云如死人手道中人相見時如何對云如死人眼大眾作麼生是如死人手師拈拄杖云不執捉怎生是如死人眼師擘開眼云不照燭你諸人好會取秖如前日送僧山僧道一隊死漢送箇活漢有人會恁麼說話麼怎生是一隊死漢師云移身不移步怎生是一箇活漢師云萬機俱不到後生兄弟初秋夏末何不哮吼一聲壁立千仞令我知道你是箇人向活中明取死句死中明取活句若不然者求生不得生求死不得死喫辛苦也直須哮吼一聲下座　上堂僧問道在慵開口詩成自點頭時如何師點頭數下僧云今日得遇也師云莫乱開口師復云諸人每日行千行萬不是不到何故却不分曉秖為信之不及若信得及則不行而到也十方世界事不待思量一時曉了得諸人每日說千

說萬不是說不到何故却不分曉亦是信之
不及若也信得及則實無所說也三世如来
所說之法不待思量一時曉了得大衆還到
恁麼田地也未我此宗門秖論正悟不論會
解若是為生死底人須求親正若是人我祭
學之人恥為不會須求覔解會到處覔相似
多五 十三
語句遞相印正滅胡種族巳後胡乱教壞人
家男女我此門中都無是事還知麼聾人也
唱胡笳曲好悪高低自不聞　上堂世人
盡道路行難本分真金入火看煉去煉来金
体淨一槌打作玉闌干　請化士上堂一
竿一笠一蓑衣急水灘頭下釣絲鈎上錦鱗
容易得蘆花深處月明歸　擧古人問三尊宿
二龍爭珠誰是得者一云得即失一云老僧
秖管看一云誰是不得者師曰得即失著忙
作什麼老僧秖管看看濟什麼事末後一則
語誰是不得者若人會得祖師言句一大藏
教自然不疑去還明得麼誰是不得者非取
亦非捨馬載驢馱時便是歸来也　下座
上堂打動龍門鼓喚起鉄餕餡請君一咬破
山僧豈相賺先師曾得力嗞味今不滅若也
不柰何好箇鉄餕餡　上堂擧長沙和尚
云我若一向擧揚宗教法堂前草深一丈誠
哉是言也玄沙和尚云因汝顛倒知見方有

往来誠哉是言也龍門尋常見汝諸人恁麼
所以向汝道不恁麼你須是不恁麼始得諸
人不恁麼龍門所以向汝道恁麼你須是恁
麼始得諸人道恁麼不恁麼龍門所以道非
恁麼非不恁麼你須是非恁麼非不恁麼始
得諸人非恁麼非不恁麼龍門所以道恁麼
不恁麼你須恁麼不恁麼始得大衆情亡智
現病去藥除豈不是箇脫洒衲僧龍門尋常
還有一句子到諸人分上麼不見僧問馬大
師離四句絕百非請師直指西来意大師云
我今日無心情汝去問取智藏僧問智藏藏
云今日頭疼汝去問取海兄僧又去問海海
云我到這裏却不會僧擧似馬大師師云藏
頭白海頭黑大衆說白道黑理甚分明諸人
還見馬大師麼久立也太無端　上堂云
若論此事如中秋夜望圓月相似淨無雲翳
人皆見之南閻淨提無所不照諸人各在他
鄉異井各有父毋家山你道彼中還有麼山
多五 十四
川溪谷逈絕無人到處彼中還有麼又爭得
無来人各自謂得見是月然此滿月不此方
来不彼方去若此方来彼則無也若彼方去
此何故見之四維上下亦復如是所以道並
安千器千器皆圓一道澄江一月孤瑩昔有
人指月問南泉和尚何時得恁麼去南泉曰

王老師二十年前亦曾恁麼来大衆向你道
此事無你卜度處無你名邈處如今禪和家
盡道我會得也什麼處是聡不著且問你照
得著底事上座前生自何趣中来此身没後
復生何處作天耶人耶地獄耶餓鬼耶作畜
生耶若不委知空然有此語要作何用馬大
師一日翫月次二三弟子侍座大師曰正當
恁麼時如何西堂曰大好供養百丈曰大好
修行南泉拂袖而去大師曰經歸藏禪歸海
唯有普願獨超物外看他如斯論量也大奇
恠大師致此一問諸大士直得息剂補劓望
作全人塞壑移峯賁就平坦還契得馬大師
此一問麼委悉得麼良久曰幸無偏照處剛
有不明時　上堂祖師云亦莫愛聖憎凡
會得凡夫法便是聖人法識得聖人法即是
凡夫法盡知道凡聖不二為什麼凡夫漂流
諸聖解脫又道亦莫抛迷就悟如今悟底是
向来迷底如今迷底是向来悟底盡知道迷
多五 十五
悟不二為什麼迷者依前壅塞悟者依舊惺
惺諸人還辨明得麼凡聖悟迷如透了洞然
明見本来人敢問大衆如何是本来人尋常
師僧家道什麼處不見本来人驢脣先生豈
是泗州大聖又道渠無面目甚處逢渠遠水
不救近火離此二途如何是本来人良久云

設使聞来悟争如自得親下座　上堂昔無着和尚游五臺礼拜文殊到山下投一寺宿遇一老僧衹待次問無着曰上人自何而来無着曰南方来老僧曰南方佛法近日如何無着曰末法比丘少奉戒律僧曰多少衆着曰或三百或五百着問和尚此間佛法如何住持僧曰凡聖同居龍蛇混雜着曰多少衆僧云前三三後三三着不省遂令童子以琉璃盞點茶度與着遂問曰南方還有者箇麼着云無曰既無将什麼喫茶着又不省後令童子送出門外着觀寺無額乃問童子此寺因何無額童子指背後金剛着回顧忽然不見童子止見身在一林中大衆無著遠遠遊五臺礼拜文殊及乎親見要且不識誠實苦哉是故明昭和尚頌云廓周沙界聖伽藍滿目文殊接話談言下不知開活眼回頭衹見翠山岩雪竇和尚亦有頌云千峯盤屈色如藍誰謂文殊是對談堪笑清涼多少衆前三三與後三三大衆此二頌通古徹今美則美矣要且不見文殊山僧今為諸人須出乃云青山門外白雲飛緑水溪邉引客歸莫怪坐来頻勸酒自從别後見君稀下座

上堂靠拄杖有上謂衆曰好笑好笑乃呵呵而笑昨日有兩人共說一件事與山僧山僧聞得一夜笑得腸肚痛又呵呵而笑大衆要知麼有一人云今日是初三官暦上寫来村裏人道是初四乃村下暦頭閙老僧道是初三麼山僧向道是初三是官暦麼山僧云是官暦村裏謂之初四是村下暦頭麼山僧云初四是村下暦頭其人點頭又有一人云今日是初四多五官暦上寫来村裏人道是十六初三乃村下暦頭長老如何山僧向伊道是初四初三是村下暦頭其人點頭兩人相見具說其事一人云長老向我道是初三一人云長老向我道是初四兩人遂来見山僧云今日是初三是初四山僧聞得笑殺兩人云長老不要㴔淯好好分明說山僧向道汝自不分明何處是㴔淯大衆會得此意麼山僧見伊不曉也不柰何衆中禪僧道長老如何鳴鼓集衆了也不說些佛法及祖師西来意却理會世間閑日子此是世人情見山僧聞了問伊道世間有什麼閑日子又那箇是情見把来看伊元来不會見伊不會更作箇頌子奉似伊頌道言親事亦親無偽亦無真愚俗稱為我邪徒喚作神是我何曾我言神豈是神人生須特達乃提拄杖下禪床曰丈六紫金身座前又謂衆曰也不屈著你　上堂僧問大用現前不存軌則時如何師云誰信你僧便喝師云更進一步看僧云幸有一弓三下箭當機要射不平人師云少許決龍蛇陣老倒還同稚子歌僧又喝師云元来衹是野狐精僧礼拜師云何曾大用現前師復云古来有一人南泉和尚諸人還識否若識得一生不空過好南泉和尚莫教見而不識還識麼曾有一多五俗士問曰弟子家中有片十七石也曾坐也曾卧如今欲鐫作佛不知還得否南泉曰得莫不得麼不得有人明得此旨也無南泉道得龍門云好个佛南泉道不得龍門云好片石還見否是他道弟子家中作麼生說家家在什麼處諸仁者親從家裏来家中何所有持此一片石廣大堅且久靈山曾献佛帝釋聊牽手心中出何物安樂并長壽下座

聖節上堂　皇帝以天下為家兆民為子父子一體天下一家王愛於民民敬於王愛敬既同王道無外所以佛言如民得王又云如民之王且王外無民民外無王王在民外民不受賜民在王外王道不廣如何曰民無知曰民如何曰王聖神曰王今上皇帝至神至聖為民父母天寧降誕之節日月星辰連珠合壁江河淮濟激濁揚清乾坤造化草木虫魚呈祥瑞顯奇特皆　皇帝至德之所感致也伏願南山比壽北嶽齊齡永永萬年無窮

無盡遂下禪牀作舞曰會麼山僧舞蹈揚塵
萬歲萬歲萬萬歲下座　上堂奉昔有一
秀才見長沙和尚看千佛名經問曰許多佛
秖聞其名未審居何國土長沙曰黄鶴樓崔
顥題後秀才還曾題否對曰不曾長沙曰無
事題一篇好秀才罔措大衆秀才問佛居何
國土長沙爲什麼却恁麼道秀才尋常嘲風
詠月爲什麼長沙面前一辭不措若是黄鶴
樓有什麼難題處聽取山僧題破遂云容顔
甚奇妙光明照十方我適曾供養今復還親
近下座　上堂平旦寅狂機内有道人身
大衆二六時中折旋俯仰行來走去説是説
非分南説北運用施爲開單展鉢喫粥喫飯
盡是狂機且道那个是道人身良久云碧落
有情空悵望瑶臺無路可追尋下座
上堂適來山僧夢在寢堂上聞法鼓遂下堂
階夢見諸人上來近前問訊便登法座侍者
燒香了多五如今正作夢中之人施陳夢事你等十八木
諸人還夢見麼若真見得是爲覺人不省夢
鄉究尔沉没還有一法與你爲對麼不見古
人道目前無法意在目前不是目前法非耳
目之所到可不是奇特還夢見麼釋迦如來
道如寤時人心縱精明欲何因縁取夢中物
遂拈起拂子敲禪牀云是什麼還聞麼倰豎
起拂子云還見麼良久云人間天上諸知識
爭似龍門夢得親下座

古尊宿語録卷第二十九　多五

古尊宿語録卷第三十　多六

僧録司右闡教兼鍾山靈谷禪寺住持　淨戒　重校

龍門佛眼禪師語録之二

上堂僧問古者道諸佛不出世四十九年說諸佛既不出世為什麽四十九年說師云你疑来多少時也進云祖師不西来少林有妙訣祖師既不西来為什麽少林有妙訣師云知恩者少負恩者多進云恁麽則一人傳虛萬人傳實師云虛處作麽生傳来進云任從滄海变終不為君通師云礼拜著師後云始自隻履西歸卷衣南邁空聞消息流落人間古往今来遞相敬愛大似一人傳虛萬人傳實山僧病多諳藥性年老变成精不是刻剥古人免見互相埋没諸人應是從前覺觸往日見知從人邊請益得来言語中举時中的出入遊戲則不無究竟真實大事萬不可得但能情亡理喪計盡途窮無施設處用心正是作功夫處山僧尋常秖道喫茶去今日也道喫茶去會盡諸方五味禪何似山僧喫茶去

上堂擬思量何劫悟不思量終莾鹵欲思不思踏破時萬里無雲常顯露常顯露妙用恒沙非旦暮諸禪伯正好休征罷戰永息干戈傍水依山成就大事況是人生易老壽命幾何或若生死現前畢竟將何支準不見古德道若不安禪靜慮到者裏總須忙然久立

上堂来来去去去来時去去来来離覺知了得去来無罣碍方知塵劫不思議所以道来無所来去無所去去来之際生死照然前念生是来後念滅是去求其来去了不可得乃至前生後生今年去年更無絲毫遷变之相如斯會得始絕去来但以衆生背覺合塵去来輪轉苟能洞達復有何事昔石頭大師一日問龐居士子近日如何居士曰卒說不及乃呈一頌日用事無別唯吾自偶諧頭頭非取捨處處勿張乖朱紫誰為号丘山絕點埃神通并妙用運水及般柴　石頭默然許之後造江西問馬大師不昧本来人請師高著眼大師直下覷士云一等没絃琴唯師彈得妙大師直上覷大衆若不是馬大師被他一問百雜碎諸人喚什麽作本来人若無本来人作麽生眼見色耳聞聲種種施為運轉諸人還見本来人麽如今盡道本来人無形無相不曾著衣喫飯不生不死如此會得爭合本来人要知麽諸人總是本来人一段生死变化煩惱無明又如何消遣听取一頌與子偕行今日路如君共看本来人同名同姓同形段無死無生無色塵畢竟如何切忌喚作本来人下座

上堂举僧問洞山初和尚如何是佛對云麻三斤大衆有恁一件事何故無人知得洞山見人不知了遂自頌曰七寶畫牛頭黄金為點額春晴二三月農人皆取則寒食好新正鉄錢三四百諸人者此一轉因縁盡謂麁言及細語皆帰第一義又云臨機應用一切尋常如斯會解埋没古人要見洞山老子麽鴻鵠一举千里飛鑽雲鶵子與天齊鳳凰不是凡間物為瑞為祥自有時久立

師到真乘請上堂真乘举石霜徧界不曾藏語師云徧界不藏全躰露絲毫有見事還差會中誰是仙陀客不動纖塵便到家真實到家之者得意忘言伶俜在外之人隨情起解情解既起名相是與言意而忘十方咸暢豈不見適来堂頭已普告大衆如何更令山野稱提蓋為妙旨幽深人難洞達何也既知咫尺之間為什麽却道不覩師顔既言遍界遍空如何更云不曾藏覆還見落節處麽若見得便見石霜老子雪峯大師亦知龍門山僧與真乘長老又此一衆禪和總有分付處山僧未離本院不到此中時真乘無一人龍門長老山僧離本院度荒山来到真乘諸人一一相見此間有一人龍門長老若有一人龍門長老於法成增若無一人龍門長老於法成減減故落断增故落常既

墮断常豈云正見一似上座未出家時無一
人上座既出家後有一人上座你諸人如何
裁断得心地安樂去還裁辨得麽向此有个
入處更有什麽事也或若未明良久曰不解
作客久立　上堂獨自坐方信西来有達
磨獨自行不用紅蓮足下生獨自語分明向
誰誰肯許獨自叅刹刹塵塵示指南相逢相
問窮端的莫道山僧解放憨　端師翁忌
辰上堂昔人已乘白雲去此地空餘緑水流
緑水一去不復返白雲千載空悠悠湖南舊
說老楊岐失却金毛師子兒江北江南無覓
處龍門今日順風吹順風吹囉囉哩水急風
高下釣磯　上堂鳥從空裏飛人向心中住
人死心宛然鳥没空何預人生一過鳥此心
實可擬但自了其心無勞問來去所以須菩
提問世尊云何住世尊荅曰如是住卵生胎
生濕生化生有色無色有想無想等皆令入
無餘涅槃而滅度之而實無有一衆生實滅
度者還會得麽三界万法實無絲毫生滅動
静之相秖由迷此決定惑為色身之内所以
質礙名色領納曰受思惟曰想迁流曰行分
别曰識皆由自心之所成立為不知此名為
五陰遂成色心二法不見道照見五蘊皆空
度一切苦厄現前五陰之身為有耶為無耶

若能如是見得實無生死等事或未然者豈
無去来有一則無生死因緣夲似大衆昔漸
源同道吾弔慰乃拊棺問道吾曰生耶死耶
道吾曰生也不道死也不道漸源不省後聞
僧念蓮經應以比丘身得度者即現比丘身
而為說法忽然省得遂至石霜携鍬法堂上
從東過西從西過東石霜曰作什麽漸源曰
覓先師靈骨石霜曰洪波浩渺白浪滔天覓
什麽先師靈骨漸源曰先師灵骨猶在大衆
還見得麽拈起拄杖曰者个是拄杖那个是
灵骨者个是灵骨那个是拄杖子遂卓一下
云長安夜夜家家月影落寒潭幾个知
上堂若論此事如人買田地相似四至界畔
一時分明結契了也唯有中間樹子猶屬我
在大衆既是四至分明結契了也為什麽中
間樹子猶屬他不見道千年田八百主若識
得中間樹子耕鋤任你耕鋤布種任你布種
開花任你開花結子任你結子若無中間樹
子争喚作常住良久云作麽生自云高處高
平低處低平　上堂云龍門别無奇妙
剛謂單傳心要豈惟淺水無魚撒别金無孔
厥二時展鉢開單逐日屙屎送尿万事與人
一般子細看來好笑既是万事與人一般為
什麽稱善知識良久曰我也理會不出

上堂今之叢林天下多有求一人會無情說
法則無莫道會得討一人夲此話亦難得何
也須是曾親聞說法来方可夲示如未曾親
聞縱有夲示秖益塵勞於其慧命無所滋益
大衆會既少夲尤難叢林雖有日凋殘苦欲
明斯旨應須離念看一人如領解大衆盡心
安既是一人領解為什麽大衆盡心安若不
如此争称出離之門　上堂夲志公曰我
見世間之人各執一般異見秖如傍鏊求餅
不解返本觀麵餅則從来是麵造作由人百
变大衆會麽狸奴白牯念摩訶猫兒狗子長
相見諸禪客薦不薦若言自性本圓明大似
捫空追閃電知得麽含元殿上更覓長安慈
氏宮中頓生内院　上堂僧問千尺絲綸
直下垂一波纔動万波隨如何是一波師云
你尋常如何吞吐僧云如何是衆波師云着
衣喫飯有甚難僧云鈎頭一句請師道師云
你自道取僧云雄雄江上垂輪者竿上時時
有錦鱗師云没交涉師徒云諸人者無過此
時也長恁麽亦有不恁麽時禪李人道無有
不恁麽時說个恁麽已是不恁麽也恁麽時
名為得念不恁麽時名為失念如今問諸人
為常失念亦有不失念時禪學人道常名得
念時說个得念已是失念了也要知得恁麽

但了取不恁麼時要明得念但識取失念時故先德道恁麼恁麼又云不恁麼不恁麼好奇怪諸高德是以釋迦如来又曰得念失念無非解脫成法破法俱名涅槃地獄天宫皆為浄土你等還知得一段真實事否若知得永超終始之患十二時中自然安樂無事也下座　　上堂云不動龍門内行參古佛叢覩逢渠面目肯諾自容儀凡聖心平等高低路坦夷丹霞燒木佛院主落鬚眉何故〇下座　　上堂奉六祖大師在大庾嶺頭示明上座曰不思善不思惡正當恁麼時阿那个是明上座本来面目明即大悟大衆還會者話麼正當恁麼時壁立不曾迷步步超三界嶓家頓絶蹤　　上堂奉僧問忠國師如何是本身盧舍那師曰與我過浄餅来其僧過浄餅師曰却將舊處著其僧送去舊處再来問如何是本身盧舍那師曰古佛過去久矣此一則法門若非證入莫曉宗猷若縱心猿終成解會尋常盡道甚麼處不是盧舍那更不識了再問豈不是過去久矣又道國師自受用三昧再三若問盧舍那自是古佛過去久矣又云如何是本身盧舍那良久處好會取若不委知遂落草向你道與我過浄餅来如斯解會但縱心猿不見國師云得之於心伊蘭作旃檀之樹失之於盲甘露乃蒺藜之園要知麼大陽門下日日三秋明月堂前時時九夏大衆如何是盧舍那歸堂喫茶去下座

上堂昔趙州和尚訪庵主問曰有麼有麼庵主豎起拳頭趙州曰水淺不是泊舩處拂袖而出又訪一庵主問曰有麼有麼庵主豎起拳頭趙州曰能縱能奪能殺能活礼三拜而去師曰庵主一般豎起拳頭趙州何故肯一个不肯一个且道得失在什麼處趙州自起自倒勘破多少阿師庵主坐斷要津過了幾多寒暑要識趙州麼拍禪牀右角云識取趙州要識庵主麼拍禪牀左角云識取庵主還有人點撿得失處出麼良久云易開終始口難保歲寒心下座　　吳居士請上堂身是佛身須信六根清浄行名佛行故知三業圓明身浄則垢無所生行明則暗無所起垢生由乎迷浄浄作垢而莫覺莫知暗去必由得明明即暗而難信難解所以諸聖常加被群生自棄遺荀易慮於可作之初華情向慢為之後親開智鑰仰扣慈關他心慧眼以洞知重罪宿寃皆可懺菩薩悲願遍界娑婆衆生哀投無不冥感是知明暗共躰垢浄同源凡夫有成佛之期大士有度生之分苟不如此万善徒畀公達居士與如道人洞明泡幻了悟浮生共入山来究明斯事今晨請山僧陞座説法記得昔日裴休訪華林和尚問曰師還有侍者否林曰有一兩个休曰在什麼處林乃喚大空小空時二虎自庵後哮吼而出休覩之驚悸林語二虎曰有客且去二虎哮吼而去休問曰師作何行業感得如斯林乃良久曰會麼休曰不會林曰山僧常念觀音大衆會他此个意旨麼常念觀音力伏猛獸道眼通明萬緣何有良哉大士時時垂手念茲在茲安樂長壽下座

上堂永嘉一宿而悟遂曰幾回生幾回死生死悠悠無定止自從頓悟了無生於諸榮辱何憂喜大衆説有生死亦是言詮説無生死亦是言詮既涉言詮則是事迹且事麁易顯理妙難彰故言近而旨遠如何以至近之言明其至遠之旨不其難哉先聖道得旨忘言遺事觀理後人不時便乃事外尋理言外求旨譬如以手撮摩虚空徒自疲勞終無所益要知得力用意處麼須即事無事即言無言悟入方親解會不得若如是隱顯施為神用難測也不見僧問首山如何是佛法大意首山曰楚王城畔汝水東流便有人悟去歸堂

上堂五色燈光靑所成但除其靑莫除塵若言本眼何曾靑乃是臨河渴死人

上堂秖宜說一句有人會得去猶較些子或若無人會得山僧卻成妄語思量了不如且休各自大家堂中喫茶自由自在免得他時異日被人覷破何也將軍自有嘉聲在不得封侯也是閑喫茶去下座

上堂舉南泉和尚謂衆曰王老師賣身去也有人買麽時有一僧云某甲買師云好一貟禪客南泉曰不作貴不作賤你作麽生買其僧無對師云哂笑殺人有數尊宿為此僧著語趙州道明年與和尚作一領布衫一人道成何道理一人道和尚屬某甲後来雪竇道別處容和尚不得大衆許多尊宿爭頭競買也要運出自已家財王老師交關未成不敢胡乱分付者般行貨古今亦少見之龍門今日亦賣身去也然則有貴有賤賤則分文不直貴則金玉難偕你買也屬你不買也屬你若識得龍門龍門與你作道伴有人處無人處起心動念惣知得你善則令汝行悪則令汝止縱經三塗歷八難一步不相捨離常與你作道伴你若不識龍門龍門與你作究家教你出家使汝行脚令汝尋師遣汝躰究遂教你不會令汝忙然令汝求覔解會令汝巧作道理遂令淨妙國土而作土石山河常樂法身而作無明煩惱成不自在常生退失一步不放捨常與你作冤家大衆龍門屬你諸人来多時識得是道伴不識是冤家還有人明得此旨麽乃拈拄杖點一下曰一道伴二冤家通逆順徧河沙眼是空翳是花得龍門道無涯遂放下拄杖曰少賣弄歸堂去

上堂臘月扇子功勳絕浩浩涼風動冢沉豈止炎蒸六月天韜時與君解煩熱下座

五祖和尚到上堂曹溪大師傳衣歸嶺南後来讓和尚得法授與馬大師馬大師接得百丈百丈得黃蘗黃蘗得臨際臨際得興化興化得南院南院得風穴風穴得首山首山得汾陽汾陽得慈明大師慈明大師接得一人楊岐和尚如今奉他得底事看此老子云我者裏如閙市裏上竿子相似是人皆見瞞你眼得麽楊岐老後来接得端和尚一人此老子曾住此山来有頌曰海底珠動時雲中月還現涼夜無狂風清光都一片端師翁後来接得先師一人先師有言曰秪從咬破一个鉄餕餡直得百味具足此老子所以一生口硬好說硬話伏自先師付囑之後大法傳持以来末後東山一時分付今五祖堂頭和尚此日幸對人天廣衆請不恪慈悲重為顯揚使先宗有據吾道益明莫不大幸

上堂諸人来到龍門山將道龍門在世間既到龍門心自在杉松拂拂水潺潺諸人還識龍門山麽若也不識未免山青水綠百年光陰能有幾許未回光達本已前都成夢幻遂拈拄杖云六道衆生造罪造業三世諸佛成佛作祖盡在山僧拄杖頭上諸人還見麽卓一下云百雜碎了也復展手云把將絲毫許来又卓一下云手執夜明符幾个知天曉下座

上堂辯易同欄辨者嗤薰猶共處須芬郁諸仁者得底人終不自異於人而從前千聖悉所稱讚實有異於人處譬如二人同胞胎共父母同舍同學同一師授至於飲食語言之間悉無有異一日同入試院同一題目而一人得第一人落第及第者永異民庶落第者乃是常人是二人初無改易而貴賤高低有異恰如得與不得初無有異而一人得之位齊諸聖一人迷之遂作凡夫人雖不殊迷悟遼遠大衆可不驚怖者哉所以香林和尚云老僧二十年前見與我一般一輩人盡皆得道我日夜思量他得个什麽便如此去我二十年中常看後来也得恁麽你看他先德苦切之言實可取信豈可守株徒喪日月各宜躰悉已後也須得去不勞久立下座

上堂龍門三月半大皷聲声喚喚得一時来特地生迷乱大衆既是喚得一時来為什麽特地生迷乱此段好因緣諸人怎生斷不解斷轉迷乱若解斷較一半良久曰因緣一段無人

断留與諸方共断看　　上堂收得本名度牒踏遍自己山川闊有龍門長老走來學道条禪恁麼惺惺漢子如何立地瞌眠忽然睡醒眼開元来天生自然師乃失聲曰嗯討殺我討殺我皇天皇天尋殺我雖然如是知是般事便休直須運出自己家財莫自拘於小節条堂　　上堂且道山僧即今還有為人處麼若有為人處即埋沒山僧若無為人處即埋沒上座彼此出家兒莫遍相埋沒好要知麼山僧將你本分事奉似你諸人何不於你本分事上識取識得麼若道便是某甲本分事也如向眼睛上下一釘相似若道我雖有本分事實未了知你又披什麼衣服大衆既是恁麼人識取恁麼事久立又奚為珍重

上堂僧問納須弥於芥中擲大千於方外衲僧門下總用不著學人欲使泥牛耕巨海須彌駕鉄船師還許也無師云十字縱横一任行取僧云踏破澄潭月穿開碧落天師云猶

多六　十二

未知衲僧分上事在僧云有意氣時添意氣不風流處也風流師云洪州腰帶師復云春光漸盡夏景將臨悠悠之徒貪生過日我今日問你諸人從早至夜念念不住是有思量是無思量人人必謂是有思量我且問你作麼生思量何不識取你諸人思量了隨而與作運為也我問你作麼生與作何不識取你諸人於與作時起種種言說且作麼生言說何不識取都緣是自家先迷了秪管隨處流浪所以道道源不遠性海非遙但向己求莫從外覓覓即不得得亦不真如在虛空退至何所還肯麼你諸人在我者裏或輡經冬夏或久涉炎涼若到別處人問龍門事不可指東劃西乱有所說却成欺罔也各將為事各將為事因成四偈思無思萬邪一正不識玄旨徒勞念静作無作作貫色通聲水中鹽味不見其形言無言言不費脣舌未說之法林中之葉龍門潦倒告報諸人既然如是何故因循　　賢席頭納䟽上堂一葉飄飄水上嵴姑蘇春色照岩扉坐禪片石重来看却笑山雲拂薜衣所以沉空滞寂之士名為貪著小乘混世同塵之人謂之圓通之侶不捨道法而現凡夫事豈是植種於空現前日用是大總持門一一親得其力如斯之旨事可量哉昔日黃梅散席道在老盧坐折連床湖南寂盛古今膀樣作者同知進止合儀動静可法況龍門新與保社意在求人衆手淘金誰是得者有麼有麼令人思百丈䟦踏馬駒行条　　上堂杜順文殊事可知定光如来老大隨張三李四何王趙問你渠今是阿誰鄽市賣魚忘進趣案頭分肉露全機男兒鎖子黃金骨苦痛無明墮汙泥　　結夏上堂登龍門下無凡客不假風雷自有奇三月進修從此始經行宴坐可思議三月安居九旬禁足禀如来之教旨乃釋子之清規橋彴津渠人間天上或垂手入鄽者未嘗離於此座

十三　多六

觀心入定者亦常遊乎十方此豈可以有心知豈可以無心會苟能如是何生而不護何足而不禁覆被萬灵廣益群品或不由斯道者吾未如之何也下座　　上堂今時學者不究佛語秪究祖師語殊不知祖師語即是佛語莫如此揀擇却成謗佛法去秪如雲門大師示衆曰人人盡有光明在看時不見暗昏昏作麼生是光明自代云三門佛殿厨庫僧堂又云好事不如無者个是祖師語是他道三門佛殿厨庫僧堂諸人尋常看時是看是不看若看他道看時不見暗昏昏如何得成光明既是光明了又道好事不如無作麼生又不要去且如楞嚴會上說个晦昧為空空晦暗中結暗為色色雜妄想想相為身聚緣内搖趣外奔逸昏擾擾相以為心性一迷為心決定惑為色身之内不知色身外洎山河虛空大地咸是妙明真精妙心中所現物者个誠諸甚是子細且道與雲門道底事相

去多少莫秖明祖師語不究佛語有人曰我
亦不用佛語不用祖師語秖用自語祖師語
佛語尚不要更用自語又道我宗無語不用
言語有語尚不是況無語耶莫作夢從朝至
夜佛法作一邊祖師語作一邊有語作一邊
無語作一邊妄想作一邊無妄想作一邊若
多六　十三
恁麼真可謂看時不見暗昏昏也久立
上堂十方世界龍門寺大地山河是學徒隨
順衆緣成解脫筭来全不費功夫
上堂举僧問趙州學人乍入叢林乞師指示
趙州曰喫粥了也未僧云喫粥了也州曰洗
鉢盂去其僧言下便悟大衆山僧今朝喫粥
也洗鉢盂秖是不悟既是為善知識為什麼
却不悟還會麼豈可喚鍾作甕終不指鹿為
馬善人難犯水銀無假冷地忽然覷破嘗取
一時放下上堂龍門若為作端午打動衆人
塗毒鼓髑髏破後遣誰開鑒覺盡時敢言普
是謂南山鼈鼻蛇好个大雄白額虎可怜開
眼覓眼人赫日光中尋入路　上堂飄飄
颻颻楊柳花紅紅赤赤遠天霞屈屈曲曲龍
門路僻僻靜靜野僧家尚不心頭懷勝解誰
能劫外筭河沙休粮方子齋兼粥任運還鄉
苦澀茶好大哥喫茶去　上堂七七四十
九面南看北斗死去與生来泥牛大哮吼所

以釋迦老子未離兜率已降王宮未出母胎
度人已畢如此則毗盧境界止在人間涅槃
妙心更於何覓昔日那吒太子析肉還母析
骨還父然後現本身運大神通大衆肉既還
母骨既還父用什麼為身學道人到者裏若
見得去可謂廓清五蘊吞盡十方听取一頌
骨還父肉還母何者是身分明听取山河國
土現全軀十方世界在裏許万劫千生絕去
来山僧此說非言語下座　上堂撫掌
大笑良久曰大衆笑箇什麼山僧笑古往今
来一切人有瞥地有不瞥地不瞥地之人如
黑地數甕有甚分曉瞥地之人便自回頭轉
腦東問西問譬如衣錦夜遊問来問去問去
問来或然如晝見日便云譬如有目日光明
照見種種色多少分明雖然如此更須知有
向上事末後句始得羅紋大衆始於瞥地終
於羅紋古往今来莫過如此山僧所以笑他
恰如春夢相似諸人還曾夢見麼莫道無事
多六　十四
法尔天真好豈不見大庾嶺頭曾趕上少室
岩前立到腰豈得不遇於人好大哥喫茶去
下座　行者剃髮上堂山僧因而度得小
師一人遂拈起拄杖示衆曰見麼法名崇木
俗姓葛良久云尔既投吾出家今為汝受三
皈五戒乃曰崇不皈依佛皈依法皈依僧已

為汝作三皈今為汝翻十邪受五戒汝當听
受所謂身口意也身有三過謂殺盜婬意有
三過謂貪恚癡口有四過妄言綺語兩舌惡
口作此十者名為十惡無此十者名為十善
汝今於三業門中禀受戒法所謂不殺不盜
不妄不婬不飲酒是五戒相汝依吾教信受
奉行復卓拄杖一下曰崇木聞吾教訓乃告
吾曰和尚所說但崇木從来無身口意亦不
知何以為持犯縱聞三皈我不知何者名佛
法僧聞五戒相從何受持雖煩和尚如此崇
木並無領覽處師放下主丈曰此真吾弟子
也是真皈依也真受得戒也所以昔人云和
尚何不畜一沙弥老宿曰有無眼耳者為吾
尋一人来正是此意也好得力小師大衆會
得否拈起主丈曰扶過斷橋水伴歸明月村
久立　上堂總別同異兼成壞秖是山僧
與衆人高廣須弥入芥子無邊刹海在微塵
晝後夜秋後春境寂心融事事真七寶大車
多六　十五
既如此去来語默莫因循禪和子聞說了呵
呵大笑道我會也我會也師乃呵呵笑曰你
會也且道西天那蘭陁寺後孤峯頂上如今
有什麼人在彼中修行見麼見麼下座　上
堂趙州道个洗鉢去其僧豁尔知歸鳥窠吹
起布毛侍者當下得旨為後是就伊明破為

後是吐露向伊亦不是就伊明破亦不是吐
露向伊大衆會麼本有之性為什麼不會
為四面獮和尚拄真虚空無相不拒諸相發
輝寶鏡無形豈礙群形頓現相與形而常偽
空與鏡而常真故即偽即真不生不滅大衆
或若虚空頓消殞寶鏡不臨臺光境俱亡後
是何物六十三年即且置且道即今四面老
子在什麼處遂拈起真云生涯何所有今古
與人傳　上堂夏已半山中早晚不甚熱
知事毗贊外無恙首座大衆康休西庵首座
旦暮流慈法樂無量山門内外雍肅表裏安
裕涅槃山法性海豈容取證造詣擬議於其
間我在夫山僧與諸人登高而履深不可坐
取安佚而無所得也各宜悉察昔有一禪客
親近一老宿甚勤老宿每見來即揮手曰未
在未在且去如是經久其僧中夜思惟曰並
不蒙一言開示秖管道我未在教我怎生柰
何思量来思量去忽然省得歡喜無量至明
日上去見老宿老宿則来便點頭曰是也畢
也大衆者个便是達磨大師所傳宗旨且如
何便見得良久曰鰄鰄鳥守空池魚從脚下
過鰄鰄摠不知婦堂　上堂達磨大師入
中國至今幾千年得其道者甚衆領其旨者
實多大似一人傳虚萬人傳實大衆流言止

於智者諸人三十年後莫道見龍門来
上堂先聖道法性海中親認得豎起拂子云
還有認得底麼良久曰認得也在法性海中
認不得也在法性海中大衆既摠在法性海
中何故却有認得認不得且道此理如何每
常兄弟道何處不是法性海山僧直是不肯
多六
你道病在何處有人道病在有道理處山僧上六
問伊如何得無道理去作道珎重便出或道
今日七来日八大衆若摠恁會如何見得古
人道法性海中親認得去莫將閑學解埋没
祖師心　解夏上堂尊者憍陳如九旬最
親切老少幸相依上下皆歡悦瞻聽雜聞見
承覧亦超絶四海五湖人勿謂真機泄
上堂昔仰山夏末礼拜潙山潙山問曰子今
夏作何所務山云閑得一片田種得一籮薑
潙山云子今夏也不空過仰山却問和尚今
夏作何所務潙山曰晝日一飡早辰一粥仰
山云和尚今夏亦不空過言了退後吐舌潙
山云子何得自持白刃斷其命根仰山拂袖
便出大衆潙山父子尋常相見遊戲神通不
同小小還有知得底麼若無山僧與諸人說
看開一片田寥寥綿綿兩頓粥飯其道自넓
山僧一夏與諸人相見自是諸人不薦若或
薦成一片是什麼一片看取當門箭

為亡僧下火幾度曾經恁麼来者回又是入
天台一堂道侶同相送珎重峨嵋下五臺邊
下火云過辣辣　上堂近日亡僧遷化此
一則因緣有人會得麼大凡參季須見生死
根源生死若有則不明道生死若無又作麼
生無得多見時流錯會妄作主宰今日試牽
多六
先聖兩則語證驗今人錯處秖如臨際和尚十七
示衆曰有一無位真人常在你等面門出入
未證據者看如今一氣未斷便乃爛壞虫生
面門出入無位真人此時作麼生主張既無
可主張古人因緣又作麼生消殺古人又道
你去父母未生時明取你本来面目諸人如
今盡是父母生後所有許多時行住坐卧施
為運用却分付何人若無分付處古人語又
作麼生消殺莫是不干此身之事任生任滅
直明本性否莫錯會且如厭身如桎梏猒智
如雜毒出三界了尚秖名半塵之人見身心
無起滅無内外不住不去不取不捨平等趣
入故名大乘根機看来亦秖為明生死之道
諸人未了生死疑情叅季有什麼是處要得
省心力麼但明取若身若心若外世界種種
變化悉由何發現須是一得了始得迷情不
現說得恒沙不了後並無用處達磨大師曰
吾本来茲土傳法救迷情一花開五葉結果

目然成可謂無承道人也歸堂喫茶去
上堂僧問德山如何是宗門奇特事山曰我
宗無語句實無一法與人師曰漏逗了也僧
問雪峯和尚見德山得个什麽便歸来峯曰
我當時空手去空手回師曰漏逗了也睦州喚
僧僧回頭州曰擔板漢師曰漏逗了也一漏
逗二漏逗三漏逗用意攙前先在後莫於佛
祖結冤親好看衣珠常離垢家中人鬬頭走
淮南笑殺龍門叟有人若會笑因由眼似銅
鈴膽如斗阿呵呵歸堂去　郭公朝撒施
寶蓋上堂峯木平和尚行脚時問洛浦一漚
未發時如何浦曰移舟諳水脉峯棹别波瀾
木平不契遂問盤龍龍曰移舟不辨水峯棹
即迷源木平遂於言下太悟後住木平李王
詔至金殿問道於他法眼有偈曰木平山裏
人皃古言後少相看陌路同論心秋月皎壞
衲線非蚕助歌聲有鳥城郭今日来一漚曾
巳曉誠哉是言也作麽生明他向盤龍言下
多六　十八末
悟底事若有人問龍門一漚未發時如何龍
門實難吐露良久曰一漚未發時寶蓋向
空垂瑞色飄飄起香風颼颼吹何勞輕峯拂
不假略揚眉五百曾親献如来印可之昔日
毗耶離城五百長者子各持七寶蓋来詣佛
所佛之威神令諸寶蓋合成一蓋遍覆三千
大千世界諸人還信得及麽非但古人今諸
人皆有此一蓋還曾窺覰得著麽若窺覰得
著步步莫非玄路言言尽轉法輪其或未然
山僧雖老拙寶蓋助宣揚久立

古尊宿語録卷第三十　多六

古尊宿語録卷第三十一　多七

僧録司右闡教兼鍾山靈谷禪寺住持　淨戒　重校

龍門佛眼禪師語録之三

上堂龍門老自云作麼生問你畢竟是誰對曰是你復云你夢中做得個什麼事對云難說向你秖恐你落在見聞又曰但說無妨師（多七）乃提出拄杖曰有見有聞是凡夫無見無聞是二乘有人識得否良久曰鴛鴦繡了從君看不把金針度與人㕘　撥田劄子至上堂謝恩畢舉百丈和尚謂衆曰你等為我開田我與你說一段大義衆開田了請師說大義百丈起來展手舒伸大衆古人得恁麼徑截還會他恁麼方便麼百丈說大義辛懃事可知龍門無道理大衆絕狐疑　帝力乾坤重　君恩雨露垂有人相借問雲外略揚眉為什麼揚眉良久曰万古長春

上堂鼓声纔動法義已周大衆上來尋光而至山野高提祖印諸人共息狐疑直須倒岳傾湫切莫尋枝摘葉所以道者裏聚集為你僧堂裏底者裏聚集為你齋舍裏底會得麼好於處處㕘知識休用從前解會禪　上堂云南閻淨提人就中多閙亂無想四禪天根性最遲緩遲遠不同倫染淨難回換兩個五伯文元來是一貫貫貫啞子拍手高声喚聾人聽得佯不管天明日出是夜半智者大師譚止觀大衆此理如何良久云看　極越請上堂舉端師翁住圓通日楊次公郭功甫每往㕘問此道後來往復淮南常求法要一日功甫訪之白雲師翁遂上堂曰前來蒙次公大儒訪及為上堂曾舉一遍今日功甫到來不可隱覆更為舉一遍此語甚是奇特乃曰上大人丘乙已化三千七十士尔小生八九子佳作仁可知礼也遂下座大衆言雖麄淺理實甚深若不會上大人如何登孔聖門通曉六經子史百氏詩書縱使身名顯達不曉上大人如何佐國安邦使功成身退至於百工伎藝負販庸人孩稚小童無上大人如何成就能事山林河海日月星辰上聖下凡無上大人不能安立大衆好上大人還會麼孔門弟子如能識折桂登科第一人下座

上堂三平禪師道秖此見聞非見聞師云捻土為香更無声色可呈君師云人思舊念箇（多七　二）中若了無餘事師召大衆曰立處孤危體用無妨分不分師云巡堂看取下座衆巡堂了後謂衆曰有人會得麼又曰會得麼衆無對師曰癡漢癡漢　黃龍山死心和尚遺書至上堂死心心已死心死死由生抝折黃龍角翻身卧地行者老子從來翻着襴衫倒撈席帽口頭麁糙肚裏柔和點檢叢林呵叱學者雖傳晦堂道愛用雲門禪以罵風罵雨為訓徒以種菜種蔬為作務興災降禍少喜多嗔愚人見即攢眉智者點頭相許要去便去果然作家騰身元是莫徭人睡中失却死心老嗚呼哀哉法門不幸　上堂盧名盧相谷音鑑像弃而不修豈明幻妄少不努力老矣惆悵靜以思之隨機稱量古德云譬如百歲老兒作歌舞豈是小兒戲大衆會他恁麼道麼百歲老兒作歌舞側首低眉聽節皷心中聽拍雖了然手脚來遲轉辛苦乃起身作舞云會麼老作少難下座　上堂眉毛眼睫最相親鼻孔脣皮作近隣至近因何不相見都緣一體是全身　上堂提拄杖卓一下乃顧視曰拄杖子拄杖子你無住持干懷又無病痛苦惱如此黑瘦何也拈拄杖呵呵大笑曰是何言也若色見声求是行邪道昔臨濟德山由之發明見諦後來明眼尊宿由（多七　三）之接物度人豈不見黃蘗普請次蘗謂臨濟曰我最得者拄杖氣力臨濟近前奪下拄杖推倒黃蘗黃蘗遂曰扶起我來扶起我來時有一僧近前扶起曰和尚爭容得者風顛漢恁地無禮蘗却打其僧數下臨濟乃曰蒼天蒼天大衆當時拄杖子如今却在龍門手裏

乃提起召大衆曰還有臨濟手段底麽出來
出來龍門却是放得下遊拋下拄杖放身便
倒曰有扶得者出來良久曰既無臨濟之人
又無扶起之者龍門自起自倒有甚用處歸
堂去下座　甘露和尚入山上堂達磨不
來唐土地久天長二祖不往西天山青水綠
龍吟霧起虎嘯風生秋雨垂空浮雲蔽日諸
人有眼還見麽有耳還聞麽既具見聞何者
是迷何者是悟何物爲緣何物爲對要知迷
悟昇沉理畢竟須還本分師先佛道身相屬
四大心性歸六塵四大體各離誰爲和合者
大衆身心既乃如此現今後是何物近來叅
學之人盡皆奔馳語句舉論古今於本分事
全不明了所以正宗淡薄道法澆漓幸遇和
尚到來伏望震潮音示眞旨抉重瞙顯衣珠
四衆傾誠不勝虔請　黃龍靈源和尚遺
書至上堂昔開正續銘今示眞歸告一路涅
槃門行說皆親到明然林際燈妙唱黃龍道
空海久澄虛雲濤方浩浩橫呑巨海高駕鐵
船隱顯同源卷舒無際者其唯靈源乎禪師
居究竟地住本覺場雖曰示生實無生而可
示雖曰示滅實無滅而可示明明密密密密
明明眞化不移何妨出沒所以遺言作訓眞
告普聞能事始終一期云畢而某曩歲遊方

之始邂逅龍舒許以半面之交氣投分感雖
則判山隱玉已遇良知尒後蚌腹剖珠登舟
獲劍歐峯再會素願尤諧歡洽妙期有同符
節自初及此三十年間理契同風至音無間
夫何遽別特示遺書感存念亡此情弥切雖
然如是佛佛不思議不許長住世大衆審思
多七　四
惟畢竟秖者是然則子期既沒伯牙絕絃蓋
傷其無知音尒況此至道離見趣情莫逆于
心夫何言也昔人問長沙南泉遷化向什麽
處去沙云石頭作沙弥時叅見六祖云不問
石頭作沙弥時叅見六祖南泉迁化向什麽
處去沙云教伊尋思去師乃呵呵笑曰會
會麽水長船高泥多佛大共至靈前不勞觀
聽　蔣山佛鑑和尚遺書至上堂惡惡師
兄師兄出在我前去後我先惡惡師兄師兄
出在我前許我並駕而齊肩去後我先使我
雙翼而孤騫豈不念茲若海舉迷未度況乃
五湖玄學負笈趨筵遽辭舟楫孰濟長川然
佛法道理自有因緣此蓋衆生無祐薄福使
然來達叢林法炬無傳我聞如來雙林示滅
又聞達磨隻履西迁佛佛祖祖其道綿綿況
我鍾山佛鑑法兄妙機無間出沒應緣去來
生死吾何預焉而某於師門最爲深契在鴈
序手足相連義交金石氣薄雲天聽遺音而

何忍念朽質以非堅同心共照夫復何言尚
記得如來滅度阿難問迦葉曰世尊傳金襴
外更傳何法迦葉曰阿難阿難應喏迦葉曰
倒却門前刹竿着大衆若無者個公案生死
熾然白雲師翁道金欄之外復何傳弟應兄
呼豈偶然倒却門前刹竿着免教依舊倚墻
多七　五
邊大衆會得麽倚墻邊倚墻邊寂滅光中禮
白蓮　上堂達磨大師所傳心印看看掃
地盡也如今還有人見達磨大師麽若見得
方解承當若見未得切忌認着所以正宗淡
泊異道崢嶸昔日王常侍叅睦州一日州問
曰今日何故入院遲侍曰爲看馬打毬所以
來遲州曰人打毬馬打毬侍曰人打毬州曰
人困麽侍曰困馬困麽侍曰困州曰露柱困
麽侍恤然無對歸至私第中夜間忽然省得
明日見州云某會得昨日事也州曰露柱困
麽侍曰困州遂許之此是達磨大師宗旨露
柱不解打毬如何却困還有明得者麽人困
馬困未是困露柱之困始是困好於言下諳
無生莫向言中尋尺寸百丈若無雙耳聾臨
濟爭解領三頓盡將業識作流傳此道今人
棄如糞久立　上堂昔有使頭使下二人
一時奉事觀音一日使下偷使頭錢走使頭
燒香禱告觀音願我捉得使下使下亦燒香

禱告觀音願使頭不見我當此之際觀音救誰即是秖救使頭又違使下秖救使下又違使頭若一時摠救事甚相違山南辯和尚道若要行大道三步作一跳大衆好語秖恐人麤心子細究之又却分蹤不出山僧爲你一一分剖看若人要會先須識取觀音要識觀音麼大慈悲心是更須知大慈悲心從甚處流出現今歷歷聽法者無心而流出萬宗若識得了使頭方解作得使頭非唯作得使頭亦乃識得使下此使下是使頭底使下離使頭外別無使下若識得觀音了使下方解作得使下非但作得使下亦乃識得使頭此使頭是使下底使頭離使下外別無使頭若恁麼使頭使下但是空名使下使頭悉皆無寄大慈悲心孅然獨脫也既識得使頭又識得使下更須識得錢帛使頭見之是使頭錢帛使下見之是使下錢帛離使頭使下外別無有錢帛亦須知使頭錢帛自不干使下事使下錢帛亦不干使頭事各不相到雖不相到使頭錢帛即是使下錢帛使下錢帛即是使頭錢帛同一物耳若恁麼既同若恁麼既異皆大慈悲心之作用也即知得錢帛又須明取得失使頭失財時是使下得財時是使下得得失不在別人分上如此則使頭失時是使下得時使下得時是使頭失時得失雖殊而不異得失各異而常同豈別有一物作同作異也若使頭若使下若錢帛若得失一一明了方名觀自在菩薩古人云得失是非諸佛智一人無心眼耳聾

上堂云西瞿耶尼打鼓南贍部洲上堂大衆十方齊至等閑野客稱揚此声徧滿十方照破闇見色香堪笑釋迦老子等閑動地放光大衆歸堂

徐公大夫入山上堂何處求通達疑根自不凡頓明心即佛陡覺海非鹹善財樓閣路日進舟胥步凡夫云未然我道常披露大衆譬如自面豈辨鬚眉又如眼根不自見眼面若有見即非本頭若見眼根眼即同境所以石鞏自射無下手處乃證全身龐公問心一口吸盡遂得眞實此所謂大丈夫之事業也不見道大丈夫秉慧劒般若鋒兮金剛焰非但能摧外道心早曾落却天魔膽莫不是了見本來面目證得清淨法眼故得稱爲大丈夫也此日伏蒙　提宮大夫朝旆入山光臨泉石頃者山野輙効先德開法施場住持此山數年之間傍資修換爲禪者遊心之地工役既畢輙以土木之功干于視聽頒得雄偉之文以彰不朽爲來者之益伏蒙惠示莫大之幸山僧雖不曉義理觀此嘉作近世所稀豈此邦此山之幸亦天下叢林之幸甚也昔向居士木食澗飲以所悟布之文字求二祖大師印證曰影由形起響逐声來弄影勞形不識形爲影本揚声止響不知声是響根除煩惱而趣涅槃喻去形而覓影離衆生而求佛果喻默声而尋響當知得無所得失無所失未及造謁聊伸此意伏望荅之二祖大師荅曰備觀來意皆如實眞幽之理竟不殊本迷摩尼謂瓦礫豁然自覺是眞珠無明智慧等無異當知萬法悉皆如然此二見之徒輩伸詞措筆作斯書觀身與佛不差別何須更覓彼無餘居士得偈欣然奉持諸人者古人悟心布之文字實是希有還見二祖大師與居士所證所得之事麼良久云浩刼有窮斯文不泯久立

上堂不起蹤慵不進修實無言說實無求奪飢人口中之食驅耕夫手裏之牛眞快活百無憂自是不歸歸便得五湖風浪拍天流

陳與明還佛頂心經願請上堂唵齒臨唵齒臨唵部臨唵部臨大衆此是甚麽言語義理如何還有人會得麽若道是言語又不成言語若道有道理又不成道理可謂言詮不到分別不及先聖呼爲密語又曰眞言一切言音從是而生一切語教從是而出山僧適來看經中得七字

陀羅尼能滅千災成就万德今對諸人舉此
七字陀羅尼一徧諸人諦聽遂默然屈第一
指至第七指曰諸人聞得麼恐諸人不聞更
舉一徧又默然屈一指至七指曰聞得麼大
衆唯佛與佛乃能知之自餘羣生悉皆罔措
有方便門名曰重說偈言今更再三分明說
此七字呪曰佛頂心經齋願了大衆曉得其
中旨趣麼待山僧奉爲解釋一字字要知落
處若論佛秖是當人更無物若論頂晝夜舒
光照前境若論心看時無相用時深若論經
解語能言不是声若論齋所爲所作盡和諧
若論願猶如身在龍門院若論了無慮無疑
心皎皎心皎皎增添福壽災殃少論量功德
廣難思須弥未大滄溟小山僧適來說者是
真言世人秖知有言不知有真若不知真所
言皆妄何者名爲真言能出萬宗故曰真言
亦名三昧王亦名萬字頂亦名微妙章句亦
名秘密大惣持至心受持大有靈驗所謂山
僧七字呪也乃屈指曰一二三四五六七諷
誦受持皆秘密如人親入寶山中一切珎奇
從此出久立　上堂道可學耶實不可學
心可悟耶實不可悟不學不悟真機全露明
月娑婆浮生旦暮眼若不睡諸夢除古今出
入無門户遂召大衆曰是什麼　上堂山僧
略陞此座大衆求息務疑各各金毛師子去
來哮吼全威臨際高声連喝德山拈捧痛槌
纔有一言半句終不別作路岐大衆抖擻精
神看瞌睡作麼是甚生次第事你自鈍置山
僧恁麼道要人到不要人到試點撿看
上堂舉洞山和尚示衆曰兄弟初秋夏末或
東去西去直須向万里無寸草處去始得又
曰秖如万里無寸草處作麼生去石霜聞之
乃曰出門便是草僧舉似洞山洞山曰大唐
國内能有幾人師曰出門便是草閑殺龍門
老北去礼文殊南來登五老鬢髮已蒼浪言
歸恨不早獨立秋風前相思望江島好好不
用更尋討　上堂什麼物恁麼來休將明
鏡挂高臺什麼物恁麼去分明不用當頭舉
舉得分明得更難澄潭不許蒼龍盤便恁會
太無端遂拍手呵呵大笑云華藏毗盧世界
寬　上堂好一隊其中人還見其中事麼
若是其中人必見其中事也良久呵呵大笑
曰會麼苟不然者雖有其中事元來不是其
中人縱是其中人元來不了其中事了得其
中事作得其中人復何憂哉不見溈山曰有
句無句如藤倚樹時有人問樹倒藤枯時如
何溈山呵呵大笑又有乾峯示衆曰法身有
三種病二種光一一透得始解穩坐雲門出
衆而問曰庵内人何故不見庵外事乾峯呵
呵大笑大衆有人或問道此二老宿意旨如
何龍門拍手呵呵而笑良久曰你諸人何不
與我放下布袋解開肚皮笑一声子上堂釋
迦世尊已成正覺弥勒大士當來下生老盧
拧過嶺南達磨携來東土各謂度生已畢我
願云周如何六道四生猶在土石諸山未殖
淨妙國土不逢爲是願力未充爲是業果難
盡爲復别有道理還有人斷得麼若不同床
睡焉知被底穿歸堂喫茶去　上堂空生
不解嵓中坐春暖桃花樹樹紅漏泄天機無
覓處都緣露柱挂燈籠燈籠燈籠却有古風
露柱露柱善解提舉一旦師姑是女兒大悟
堂中喫茶去　上堂心是根法是塵兩種
猶如鏡上痕痕垢盡時光始現心法雙亡性
即真根塵既謝鏡光現前心法雙亡如何則
是赤骴髗身無妄想眼聞耳見離攀緣
上堂迎日出門去已覺披煙霧冒月望山歸
重露濕禪衣心悄悄步遲遲無孔笛再三吹
哩哩囉囉哩遊子乍聞征袖濕佳人猶唱
翠眉低君更聽莫珍疑是何曲歸堂去上堂
真實到家之士何暇論家決定證得之人寧
標所證論家論證乃閶闠負販之徒無證無
家誠飄露伶傳之子何不興決烈之志啓特

逢之懷舉措看他上流勿謾隨於庸鄙一一
從自己胷中流出與我盖天盖地去始得揔
似你恁麽參學驢年去　上堂海門山長
安道茫茫煙水連芳草橫頭客馬上郎一聽
落梅悲故鄉春風過眼花飛盡蝴蝶翩翩過
短墻君更聽是何章會不得參堂去
政和八年九月奉勑住和州褒禪上堂謝恩
畢僧問千里遠聞音信好不涉程途事若何
師云不挂三寸進云一輪明月當空照萬里
清風宇宙寬師云却有商量進云路上忽遇
禪人問時如何師云有甚難荅進云雲離谷
口千山秀月到天心四海明師云誰是恁麽
人師復云大衆現前豈不是舒州龍門山適
來勑旨豈不是和州褒禪寺令山僧往彼傳
法住持且何者是傳底法要知佛法旨趣麽
不離龍門山要見褒禪寺不離褒禪寺要見
龍門山龍門山則易見褒禪寺即難見有人
見得褒禪寺麽若明得便有佛法旨趣若也
多七　十二
未明良久曰帝力丘山重君恩宇宙寬不才
何以報覷覷得心安久立到褒禪入方丈師
據座云昔定明禪師燕坐此峯住大三昧悲
濟弘誓澤及一方山僧忝繼先蹤續明後焰
十方坐斷祖令當行鳴鼓陞堂各須諦聽
上堂聖皇帝賜與名山賢宰臣宣行睿旨俾

令貧道傳法住持衆中還有荷擔重任者麽
試出衆道看僧問古人道權借一問以爲影
草未審此理如何師云子是何心行進云可
謂手執夜明符幾個知天曉師云曾問幾人
來進云到者裹多少人錯會師云闍梨又作
麽生進云三十年後有人會去師云猶較些
子僧問一塵纔起大地全收時如何師云兩
壓也進云恁麽則無邊剎境自他不隔於毫
端十世古今始終不離於當念師云含山縣
裏事作麽生見得進云山河及大地全露法
王身師云者個闍梨却好商量師復云龍蛇
易辨衲子難瞞辨別得否山僧未來此間時
是山法席久虛叢林不振當此之時還知定
明禪師是汝諸人善知識麽山僧既來此間
法席初開叢林復建亦定明禪師是汝諸人
善知識所以道有佛無佛性相常住若解恁
麽看得吾道有光矣昔日有一員尊宿衆集
定起來作舞曰諸人會此意否諸人無對宿
曰山僧不捨道法而現凡夫事師乃呵呵笑
曰奇怪若是褒禪即不然乃起作舞告衆曰
諸人會我意否良久云清貧長樂下座
上堂褒禪乍住太乾枯月白風清入畫圖人
問縱有千般樂不及今朝事事無乃呵呵大
笑好大哥　上堂雲中石塔摩星斗定明

禪師大張口是你之言若解參不必胥包天
下走遶卓拄杖一下曰鳥對朝陽自在啼犬
逢生漢連聲吼又卓拄杖一下云歸堂
上堂秖知今日明朝不覺今朝明日事事一
似安排箭箭自然中的甜者甜於黃連苦者
苦過白蜜喫得者般滋味乃以手作舞曰不
多七　十二
妨邐邐哩哩下座　正月一日上堂以拄
杖劃一劃云天得一斗牛女虛危室畢地得
一草木山河井土石君得一上下四維無等
匹召大衆曰万像森羅影現中一顆圓明光
的壓有歡榮有愁戚或寬親或順逆富且貴
窮且乞万樣千般誰運爲空谷之聲隨應出
鴛鴦繡了任君看不露金針太綿密褒禪奉
勸各回頭莫待臨行却啾唧識取摩訶般若
光萬古悠悠是今日久立　上堂如來無
二種語諸人如何會如來語作麽生是二種
語須明取始得一離間語二和合語無此二
者是名如來語何名離間語能聽法者雖願
樂聽受而所說法者不爲開示是名離間語
能說法者雖樂開示而聽法者不樂聽受是
名離間語雖說無有能說可說雖聽無有能
聽可聽得如此者方名和合語當觀此離間
語和合語一耶二耶同耶異耶如是證知捨
離間語當得和合語而如來無此二語者不

說不聽而已然不說不聽亦有二事一凡夫
二聖智正如凡夫無所開示無所聽受冥然
莫覺故曰無明亦名爲無說無聽二聖智所
到到其無說無聽亡賓主絶行解自居究竟
實地亦名無說無聽學者當善分别勿生異
見不可瞞頇不分　上堂舉趙州十三和尚一
日趙王多七來不下禪床曰會麽王曰不會州曰
自小持齋身已老見人無力下禪床騰騰和
尚朝見則天仰視則天曰會麽天曰不會騰
騰曰山僧持不語戒忠國師見肅宗帝以手
指頭帽子曰會麽帝曰不會國師曰天寒莫
怪不下帽子大衆明得三人意旨麽譬如寶
舟到岸獲大富而濟有餘玉户抽關升于堂
而入乎室猶在門外無柰不入之何困守孫
貧豈是珠寶之咎還會麽卞和刖足歸堂
上堂面前過便知是張三李四背後過爲什
麽却不見壁者邊便見是條臺椅子壁那下
爲什麽分踈不得咫尺之間尚尔況十方世
界耶衆學人若不明當知衆學事卒未在光
陰迅速入寺來早已九十日諸郡發心化士
且寬懷打疊遂拈拄杖曰東西南北四方人
地闊天遥最是親衡岳天台連魏闕乃彈指
一下曰輕輕彈指不勞神復拈拄杖曰山河
大地日月星辰草木叢林盡在拄杖頭上還
見麽良久曰腰纏十万貫騎鶴上楊州久立
上堂趙州有喫粥因縁好一則因縁者僧當
下悟去會得麽你拈動鉢盂起筋時便不會
古人意了也祖師有風幡話你諸人十二時
中爲什麽一似大蟲看水磨相似國師有無
情說法據你諸人合明得爲什麽却不聞若
一一明得便是有地頭底禪和子歸堂
祈雨上堂定明妙應禪師說法如雲如雨不
是時人不聞又非不善其語如斯一味靈通
過了幾多寒暑縱逢敗種焦芽方便一時救
取知府曾公舍人入山祈雨上堂舉劉禹端
公問雲居雨從何來對云從端公問處來師
云雨從何來不須尋討徧滿虚空拔濟枯槁
定明妙應靈通知府舍人台造眞個是爲雨
爲霖莫不爲忻爲好且問諸人是定明雨舍
人雨百姓雨定當得麽良久卓拄杖一下云
三下座　上堂卓拄杖一下云大衆你諸
人昨夜爲什麽一時在露柱裏藏身及乎天
既明喫粥多七了上來聽衆爲什麽却在十四欄干上
立地見麽直饒如此通神變更問起雲塔裏
師上堂抵死要行雲水脚剛然求悟本來心
爲蛇畫足勞筋骨辜負青山緑水深豈不見
德山老子向你道未踏船舷時好與三十棒
也諸人也着些子精彩着飯袋子也好與三
十棒遂卓拄杖一下下座　退褒禪上堂
一去一來松上鶴半開半合嶺頭雲揞節獨
立千峯外唯把南山祝　聖君知府錢公
奏請再住褒禪上堂大衆君命重宣降蒔蘿
不容靜處薩婆訶欄衫席帽寒酸甚又向人
前唱哩囉哩囉拍一拍哩囉又拍一拍云去
年梅今歲柳顔色馨香依舊人漸老水長流
無心道合頭下座　上堂舉蓮花峯庵主
拈拄杖示衆云古人到者裏爲甚麽不肯住
自云爲他途路不得力如是二十年無人會
得此語後有老宿聞舉云是即是少進語在
有僧問如何進語宿云但問畢竟如何僧持
此語問庵主主曰楖栗横擔不顧人却入千
峯万峯去師横按拄杖於肩上高聲喚云和
尚和尚又云闔國人追不再來千古萬古空
相憶　上堂舉嚴陽尊者問趙州一物不
將來時如何州云放下着尊者當下大悟師
云好大衆還見得悟處麽盡力放十五不下着力
檐不起多七將謂一物無元是自家底見得自家
底心中大歡喜自兹家業與一舉九万里
臘月杪一上堂僧問万法是心光諸縁唯性
曉尽大地是色那個是心師云不要瞞老僧
進云尽大地是心那個是色師云闍梨念來
多少時進云秖如色心二字如何透得師云

秖知渡水不覔腰深進云彼此没便宜師云
一任咍啄師後云一年止有此三十日二陽
發生之月李般若者與汝道情相應否今有
二問問諸人一問問肯者一問問不肯者先
問肯者曰你恁麼來多少時也你須道多時
也問你既多時所對目前声色與你爲惱害
否若與你爲惱害上座未恁麼在若不與你
爲惱害是照見了然後不爲惱害不用照見
了不爲惱害若用照見了方見不爲惱害即
名照見心未名恁麼在若不用照見心如何
知得無惱害據作此見了我問頭不得第二
問不肯者云你不恁麼來得多少時也師大
笑云好一問你出家沙門作佛弟子含齒戴
髮巍巍堂堂如何却不恁麼得何異俗人直
饒你眞個不恁麼也則因恁麼然後有不恁
麼在據此見亦了我問不得不見石頭大師
道恁麼也不得不恁麼也不得恁麼不恁麼
揔不得尚有人搆不得被馬大師道我有時
揚眉瞬目有時不揚眉瞬目有時揚眉瞬目
者是有時揚眉瞬目者不是他便會去師良
久曰還知麼泥多佛大水長船高下座
上堂未達境惟心起種種分別達境唯心已
分別即不生分別既不生便捨外塵相乃拈
拄杖示衆云不可不喚作拄杖子也且作麼
生說捨底道理有人於此云喚什麼作拄杖
子便違他古佛道不壞假名而談實相又道
更有什麼拄杖子也則世間万法不成安立
又道依舊喚作拄杖子則一切凡夫莫不幸
甚也大衆到者裏如何即是須信道雲中石
塔不是人間檻外雲山非由心變風摩雨掃
十六
日照煙蒙妙用縱横隱顯一際自可以幽栖
馬道開豁曾懐妙契眞規十方洞照直得如
此更須知有衲僧孔竅始得如何是衲僧孔
竅咄卓拄杖下座　上堂舉潙山和尚坐
次見仰山從方丈前過潙山云若是百丈先
師子須喫痛杖始得仰山云今日事作麼生
潙云合取兩片皮有分云此恩難報潙云潙
山年邁非子不才仰云今日親見百丈師翁
潙云子向什麼句中見先師仰云不道見秖
是無別潙云始終作家師云從上來至百丈
有不犯之令潙山深得其旨能向劒刃上行
仰山歛氣扶持且不犯鋒傷手有般漢秖管
行棒下喝還明他不犯之令麼不見道始終
作家諸人每日來去什麼處得見百丈上堂
暫時歛念是處是慈氏門門有善財介尓有
心土石山河瓦礫荊棘大衆作聖作凡能染
能淨有如是威神具如是妙用直得恁麼曹
溪門下客見時猶未是少林消息秖如少林
消息你曹溪門下客合作麼生下座
上堂舉先師在白雲會中作磨頭一日端師
翁下來曰你還知一件事麼先師曰不知師
翁曰近有數禪客自廬山來問佗皆有悟入
處教伊說亦說得有來由舉因縁向伊亦明
得教下語亦下得端師翁良久謂先師曰磨
頭秖是未在你道如何先師聞了心下不安
十七
得七日七夜不成腸肚正中心下乃自思惟
曰既悟了說亦說得明亦明得如何却未在
忽然中夜方會得從前寶惜一時放下遂白
端師翁師翁起來手舞足蹈某曽侍奉先師
聞先師舉此因縁謂某曰叅學須是一時放
下方得安樂大衆還見得否放得下好脫洒
放不下牛拽把堪笑諸方老古錐打鼓說禪
無尾攝無尾攝不驚怕不驚怕可嗟評解踏
毗盧頂上行不言亦自傳天下好大哥
上堂舉百丈大智禪師謂衆曰併却咽喉脣
吻道將一句來潙山云却請和尚道五峯云
和尚也須併却雲嵓云和尚有也未師云此
是叢林中流布底事雪竇禪師後來品評此
三人語各有淺深却請和尚道虎頭生角出
荒草和尚也併却龍蛇陣上看謀略和尚有
也未金毛師子不踞地如今衆中或去請益
或去過話有人道此三句語未契得百丈喚

作抑而不揚却請和尚道百丈云不辞向汝道恐已後喪我兒孫此豈不是抑而不揚和尚也須併却百丈云無人處斫額望汝何處是有肯他也則是抑而不揚和尚有也未百丈云喪我兒孫更是不肯也秖如百丈道併却咽喉唇吻道將一句來甚生次第事既併却咽喉脣吻明箇什麽邊事也好扶持取下座　退院離褒禪辞衆上堂舉大祖大師示衆云汝等速理舟檝吾欲歸新州去弟子曰和尚去後早晚却回祖曰葉落歸根來時無口師云是什麽說話去了却更來做什麽不見東山先師道大小大祖師猶欠悟在呵呵大笑云諸人還會得麽聽取一頌歸根得旨後何論洞口秦人半掩門花落已隨流水遠空留叢叢野雲也　到蔣山上堂玄沙白紙費封題一聽雷音万仞低慰釋私懷已無量那堪更唱邏羅哩乃呵呵大笑曰古人道笑須三十年誠哉此語某頌在白雲時與

十六張

多七

堂上佛果師兄道聚其樂無涯至今樂猶未已也又呵呵大笑云一手不獨拍兩手鳴擱擱舉意趣情念相着同路陌摩雲鍾阜高徧界烏輪赫妙機連雷電神珠不在額珍重人天大潙師衲僧一見喪魂魄何也誰敢正眼覷着下座

古尊宿語録卷第三十一

多七

古尊宿語録卷第三十二　　多八
僧録司右闡教兼鍾山靈谷禪寺住持　淨戒　重校
龍門佛眼禪師語録之四
示道三偈并叙　　宗乘一舉作
者埋寃古路縱横若爲措足苟非知方俊眼
出格上機舉一明三普同流浪其或循言執
滯病在見聞杜口藏形過歸傍認欲得決求
大寳莫作小商撒手懸崖當空便擲百千三
昧豈在外求若認語言即名邪解至於警物
垂務衡鑒將來百匝千重火諧手足或中途
病轍半路絶粮引諸子以伶俜蓋指南之不
妙良由澄潭月影隱隱迷蹤直須坐斷毗盧
優游大徑故作示道三偈以資唱道之万一
固非次第淺深數量名字之所得也冀達道
之士相期於兹矣　隨流　千聖靈蹤百草
頭卓然放去号隨流從教万古無人識笑殺
瀛山水牯牛　合轍　水中月是天邊月南
北東西更無别新羅打鐵火星飛燒着指頭
名合轍　雙唱　坐斷千差古路頭解開空
岸濟人舟明明一句該羣像善唱非聲作麽
求　標指六偈并叙　諸佛出世無法示人
祖師西來無道可指唯談自悟是謂頓門若
尚筌蹄必難話會然則忘其方便迷者難以
進途標指示人或有可曉故循好言之士唱

偈六篇以舉一隅無勞三返後之冥合者或
有可取焉　迷悟　迷者迷悟悟者悟迷迷
悟同體悟者方知迷南爲北實情取則北本
是南悟無移忒返究迷緣莫得來處忽悟正
方迷復何去其迷則迷妄自高低生死惡覺
枉受膠糟達迷無妄歡喜無量殺無明賊秪
在一餉一餉之間冥通大千直下了了三際
虚玄無始時來揔由今日盡未來際更不尋
覔當念無念靈光熖熖靈熖騰輝心知難掩
靈源蕩碧森羅普入海印發明非關動息报
塵不偶心珠寧守返不我觀出分還有有無
齊出無有蹤跡智用雖奇猶遭悟覔悟爲法
障身招罔象犴狢無風徒勞展掌祖父書契
本來家業舊日風光不妨要截哆哆和和依
前騃着元無病痛何勞説藥足踏實地開眼
瞌睡大地忙忙會我如是如是之法不因迦
葉是誰兒孫喃喃亂説你解乱説智者便瞥
此門廣大愚人自褻自謗自褻不干我事我
是癡人汝能靈利　坐禪　心光虚映體絶
偏圓金波匝匝動寂常禪念起念滅不用止
絶任運滔滔何曾起滅起滅寂滅現大迦葉
坐卧經行未曾間歇禪何不坐坐何不禪了
得如是始号坐禪坐者何人禪是何物而欲
坐之用佛覔佛佛不用覔覔之轉失坐不我

觀禪非外術初心閙亂未免回換所以多方
教渠静觀端坐収神初則紛紜久久恬淡虚
閑六門六門稍歇於中分别分别纔生似成
起滅起滅轉變從自心現還用自心返觀一
徧一返不再圓光頂戴靈熖騰輝心心無礙
横該竪入生死永息一粒還丹點金成汁身
心客塵透漏無門迷悟且説逆順休論細思
昔日冷坐尋覔雖然不别也大狼藉剎那凡
聖無人能信匝地忙忙大須謹慎如其不知
端坐思惟一日築著伏惟伏惟　入道
道本無瑕擬心已差纔生朕兆徧界空花若
欲全舉除非直與不用增添現成規矩洞徹
根源法法周圓靈明法尔妙絶言詮言詮不
得得亦差忒迥出根塵古今取則存不可見
亡兮對面匪存匪亡森羅自現心外無法法
外無心心法齊照境智甚深心忘照滅境智
同歇一道通同十方俱攝生死涅槃元無兩
般四生六道息苦停酸平等大道無有邪正
胡漢不來欲何爲鏡像虚鏡皎鏡像斯照儼
去鏡亡千聖非妙此門難入唯君自息若入
此門半錢不直不直半錢萬國爭觀所以詠
云大道體寛　見聞　見極垂光聽圓含響
若謂見聞法成塵想光流大千響傳沙界對
現全彰無在不在聲不是聲色不是色非色

非聲山高水急眼不可見耳不可聞非見非
聞宛尒見聞見色聞聲脫出根塵水月鏡像
夢幻施陳文殊寶刹觀音普門周羅法界唯
子一人身土交映妙絕凡聖本有天真非病
不病長歌且唱妙舞更誇東西南北示現空
花生死去來去來生死若不如是多過多咎
玆言未諦此語皆宗標指若示古人同風
水月　水月指陳最踈最親若謂可見還帶
重輪月皎於上水流於下彼此非干應緣何
假聲回響轉塚成招箭指喻執明標門誰辨
凡夫見聞月皎水渾心波業識奔流若門二
乘聞見如鏡中面對像迷真渠還未薦水澄
月映孤光迴迴滅此化城更須前進一月耀
天光吞大千森羅頓現亘尒無邊齊含寶月
交光廓徹非中非外一多融攝毗盧性海自
他無礙迷悟悟迷相亡相在一塵百億百億
一塵奔走塵刹不動本身光亡月落幾人摸
索四十九年渾用不著丈夫壯志自有行市
十字路頭看人失利不忺諸聖不厭凡夫拈
箕奉箒跨馬騎驢若人笑我我亦笑渠更問
如何我不識書　語默　至道非言言亦可
傳可傳何也應物而宣言雖應物物自無物
無物之言言音自沒絕言之語妙應還普道
非晦明語默同取舉復誰唱物物虛曠咸通

大千徧平塵想品類非一同言異出圓音落
落凡聖俱適千品万類薰含種智故此一門
稱無量義山河宣演草木揚音長說無間所
謂甚深深兮甚淺不動情見最省工夫凡夫
不薦不薦最親妙義數陳數言即笑恚怒即
嗔嗔爲金剛喜爲迦葉華藏毗盧心心相接
接兮可見莫看背面無字密言從玆出現現
復誰論非用耳聞六根共户妙偈星分森羅
經文不出一塵非舌非辯雷轉電奔展之在
手何法不有縱橫三界無一滲漏時人不信
執言說病依倚前塵以爲決定決定是心決
定是塵心塵所使非自由人諸聖苦口隨恩
過咎巧說多詞強爲分剖法無言說汝須善
別捨離語言生死自絕凡夫聞此無說過咎
取彼無言冥然長久端坐暗獄以心相續皆
却語言猶如土木捨有之無落在邪途有無
俱病二病俱祛祛復何去不離當處當處不
生語默相取取兮不知是東是西說即不說
不疑即疑故稱佛子了事凡夫是何凡夫問
取李胡　彼我不二　諸人行李處非我君
不能我今憑子力還與汝同心彼我無著忒
超然絕古今千差非止水生死自平況對容
誰不妙拂袖省知音不隨機　前路明明定淺
深其如未覺了彼我徒自侵　動靜常一

本自未嘗迷何勞今日悟守住寂寞城知君
還錯悞從前諸聖人元是凡夫做豈有別路
岐教人離憂苦秖者生死中即是佛去處有
人忽踏著選甚淨穢土一向不回頭喚之亦
不顧千聖不奈何可不省言語了却貪嗔癡
即是諸佛毋　妙語方知　佛與祖師言拈
花示癡子我今發此談何言顛倒尒當人自
天真譬之秋潭水一物著不得豈用安名字
切莫向其中認之還不是不見須菩提空空
達彼彼　了妄元真　問汝貪嗔癡家住在
何處我今要與汝各各分頭去好好細思量
免被他官府大者名爲貪餋得二舍第三郎
都一處日夜共活計令汝家户大使汝善調
制子今若厭我我與子發誓一要子自知二
要子依倒三要當處生四要歡喜偈與汝善
和同一一無凡穢一覺一切了何須去煩繫
我是諸佛毋十方及三世　物我無差
青山是我身流水爲我命養之以四時蕭然
自條正覆育諸衆生六度自修省栽花種善
提拂石要安靜不見楊柳飛自有蒲萄影玩
之且不厭去亦無寬競一性一切性婆婆大
圓鏡　同居善說　世人不識我求我以形
容形容不相似徒觀紙上龍若要識得我問
取主人翁主人好家業物物要安藏六兄誇

藝術三毋足温良南廱善書筭北庫多財粮
注來但覺乆懶去問張王君若一識得與汝
同屋梁　美容可觀　一别海山中十年春
草緑相思在方寸顏容皎如玉音書杳不來
桃李繁且熟唯有意中人使我眉頭蹙
妙容非觀　通身無影像脱體露堂堂不話
非對色何曾有短長河沙恒徧現故号法中
王優曇花正開嗅着不聞香　延促自尔
春日春山裏萬事盡皆春春光照春水春氣
結春雲春容春情動春詩春更新唯有識春
人萬劫元一春　體寂咸周　妙體無方具
徧知近邦遠刹絶毫釐根塵應念周沙界坐
斷毗盧發大機　應縁不錯　法法無差是
正修見聞從此絶漂流窮心未到忘心處一
聚根塵安得休　祖師地種花及揔頌四首
地　性地本無生因生説有地流傳古至今
非愚亦非智　種　從昔未曾迷於今何所
悟秪縁種性深更亦無别路　花　有種有
心　地因縁多八花自開要知成果處却六笑祖師來
揔　五葉花開後山長水更深亂雲横谷口
游子謾追尋　六句偈六首并叙　六句偈
者各盡自心功德藏無少閒然也不離六句
而超六句方曉此意　前念是凡　前念是
凡短布裁衫長亭送客落日張帆　後念是

聖　後念是聖一拳打正干戈叢裏拾得性
命　前念非凡　前念非凡語正言讒天高
海闊毛羽鬖毶　後念非聖　後念非聖萬
象明鏡不假薰修本來清淨　前念即凡
前念即凡凡不能測若人要知終不指劃
後念即聖　後念即聖聖不能知鐵牛過海
石女生兒　十憶偈并叙　余嘗謂先聖雖
性其道則存昔或契同吾斯在矣百丈因言
之潙山曰如忘或憶所言憶者歷然神解如
耳目所對更不差錯者也故作十憶偈十首
以自發明先旨使千載之下咸令信受亦貴
知余未始少忘也吾既知之矣尔等知之乎
憶少林　一從三拜後千古錯流通來日無
人到蕭蕭檜栢風　憶曹溪　葉落歸根後
曹溪一滴深山居人少到真實好知音
憶南泉　一歸方丈後何處見南泉昨夜三
更月寒光照座前　憶趙州　不下禪床後
曾無善巧言平常安樂事今古謾流傳七
憶南陽多八　丹霞相訪後從此話南陽草作青
青色春風任短長　憶雙林　一入雙林後
天宮事可猜賣魚人不厭何處見如來
憶寒山　一住天台後身單布亦穿雖然筋
骨露歌笑不堪傳　憶龐翁　石上栽花後
生涯自是春若逢親切問端的不饒君

憶先師　一見先師後堪悲復堪笑爲問何
以然八十重年少　憶伊余　憶着伊余後
呵呵笑未休何人知此意有語不堪酬
十可行十頌并叙　華嚴以十法界揔攝多
門示無盡之理禪門有十玄談以明唱道洞
山有十不歸以表超證山僧述十可行以示
後生無資助道譬諸蓬生麻中不扶而直又
如染香之人亦有香氣有少益者書之于后
宴坐　清虚之理竟無身一念歸根万法平
物我頓忘全體露個中殊不記功程　入室
問道趍師印自心入門端的訪知音此生不
踏曹溪路到老將何越古今　普請　拈柴
擇菜師先匠進業修身見古人若到諸方須
審實龍門此法是通津　粥飯　三下板鳴
生死斷十聲佛唱古今通開單展鉢親明取
不可麁心昧苦空　掃地　田地生塵便掃
除房廊蕭洒共安居裝香掃地無餘事默耀
韜光示智珠　洗衣　臨流洗浣莫踈慵入
衆衣裳垢不中上下隣肩薰炙久身心動念
肯消鎔　經行　石上林間爲道平齋餘無
事略經行歸來試問同心侶今日如何作麼
生　誦經　夜靜更深自誦經意中無惱睡
魔惺雖然暗室無人見自有龍天側耳聽
禮拜　禮佛爲除慊慢垢由來身業獲清涼

玄沙有語堪歸敬是汝非他事理長　道話
相逢話道莫虛頭大語高聲笑上流言下若
能窮本末肯將無義結朋儔　感興二首
空裹形骸夢裹身夢中身世莫追尋可怜一
脉嵩前水流入人間古到今　夢幻空花秪
自知潛思二十九年非夕陽芳草曾行處誰
料紅蓮步步隨　海會辭老和尚　來時無
有語去亦不知聞此曲誰能和轟轟出白雲
五祖老和尚寄鐵牛歌與師卌昨夜三更前
鐵牛耕盡田喫着三春草吐氣在青天也無
欄也無圈前山後山任方便不曾造次損田
苗愛惜皮毛不輕賤忽然大震一聲雷始覺
從前俱顯現　師和　混沌未分先剖判生
成不假陰陽煅頭角前來是好牛皮毛更不
重更換滿目平田無寸草飢飡渴飲無生老
威音王佛是如今有甚衆生可尋討哮吼一
聲天地動達人見處吾無用坐斷毗盧世界
寬自是衲僧眼皮重一遍知音和始齊自餘
摠是閑陪從　山中閒寂爐邊靜坐因思四
十年人間世外林泉之樂與夫區區世上者
何邈遠也諦思究極于至道遂成山偈聊以
自勉并示諸禪人使勿如老夫之回頭晚也
動境徧娑婆以之成逼迫安心一處坐從是
虛生白逼迫何逼迫青火煎魂魄虛白何虛

白廣莫揚孤翮良哉靜者心四海猶爲窄匹
彼在動士天地何遼隔故茲審觀究二者俱
介僻棄彼而奔此安得有深益樂者自何至
苦者自何適苦樂忘根緒由夫征路陌路陌
苟不征躭躭本家宅昔未厭瓦礫今豈重金
璧金璧有所重瓦礫未可擲瓦礫謂金璧殺
盜應非逆金璧謂瓦礫聖賢失蹤迹金璧而
金璧瓦礫而瓦礫苦樂各平等法法無假借
大空離衆念真實無改易樂而無樂相若亦
無苦迹苦樂同十虛心門廣開闢龍吟而鳳
鳴天淵發金液人不念諸道飢口枉求食一
也及夫此曹溪稱上客因思賢聖人不睬微
殘夕時哉各勉犇升沉在咫尺　題四面法
智禪師塔　珎重靈知者綿綿亘古今人居
千聖外塔鎖亂雲深碧落杉松色丹崖虎豹
音回光如到此必也見師心　與太平四面
夜坐　城中應接同摩詰寰外無心似老盧
月白風清深夜坐出家全不費工夫　示看
經僧　句義縱橫那畔彰五千餘卷摠含藏
如何不覓根頭意空看枝邊木葉黃　讀傳
燈錄二首　虛名虛說傳來久真語真蹤示
後人盡實灼然知下落清風千古見芳塵
家家門前火把子半夜愚夫說相似碧天如
水月如鈎古今流落閑名字　示我松僧

一寸靈苗手自栽前崗後隴作良材敢將不
朽傳他日唯把青青示後來　山中偶作三
首　分明不了却成迷無限風光付與誰昔
時家山田地穩自然處處不思議　舊事成
空莫可追舊心將把再思惟古人不隔絲毫
許會得如斯也大奇　休處言休便好休五
湖蹤跡任遨遊莫嫌活計無多子此個牟尼
用到頭　示衆　求心心未諦等人人不來
嵩花曉來雨寂寞爲誰開　三句頌　禹穴
龍門寺探珠欲問龍驪珠吞在腹如何取得請續末後
句讀靈源十二時歌　一日日一時時龍門
老心自知　師常以六隻骰子示禪人六面
皆六點復作三頌六隻骰子滿盆紅不用安
排秖麼通擬欲進前求解會大似西行却向
東　六隻骰子滿盆紅壓墨河沙用莫窮誰
能解展金剛手祖佛親來亦掃蹤　六隻骰
子滿盆紅馬載驢馳一擲空赫赤窮來無可
賽請君從此現神通僧問六隻骰子滿盆紅時如何師云無人能賽云忽遇悲愍人來時如何師云平出云請君從此現神通作麼生現師云骰子在我手裏
迷逢達磨　信步遊梁魏乘時別少林長安
車馬客無限利名心　因法眼頌咒咀毒藥
形聲之逆眼耳若通本人何適師復頌之
根問本人何所適塗割等平忘順逆有爲雖
僞性常真法法無依稱善吉　無情說法

無情說法異盲聾聽得之人眼耳通不但近
塵井遠剎十方度盡顯全功　寒食禮先師
眞五首　雲水叅尋訪此宗十年磨刮太虛
空區區力盡空依舊方知萬法本來同　一
悟吾師心便息信門入處還無入二十年中
事密如向人殊不勞心力　前人說法後人
聽由來兩箇摠無情秖緣口耳都相似所以
流通道自成　去人去矣叮嚀囑住者相承
無斷續若遇知音一和時乃知去住常充足
清明寒食與諸人共禮先師不動身萬法本
閑心亦尒將來誰是得吾真　和珪首座二
頌　秖論親切不論時回笑諸方陷虎機一
句未容開口對片帆先逐便風歸頭頭有路
堪行履物物無差莫棄遠不見黃梅足奇士
盧公却得祖師衣　媿尒相求識嵗寒不嫌
危磴路千盤歸堂一劄曾親訪閉户深山肯
自瞞月下藹章應獨和臺中天地共誰看臨
機大用全权放何必區區撥雪團　送郭大
多八　十一
夫知鉅野　東歸半載漁樵樂北去三年父
母來金馬玉堂彈指入實樓香閣一時開
題陳子羡息陰堂　湛湛寒溪疊疊山息陰
投老得身閑武陵花好春長在漁棹歌清事
不關眼底兒孫從富貴鐏前鬢髮任斕斑天
機日有眞消息頻許禪僧共往還　題孫欽

之養素軒　善養不教声色亂素絲無染是
天眞有時來此軒中坐作箇忘機混沌人
智海化士乞頌　乞食山城歸帝里毗耶鉢
飯香而羨莫念故園桃李春更叅上國西來
旨　示園爐僧　爐邊靜坐默無言勿論麁
跡若市鄽冷暖此中看火色祖師心印爲親
傳　題徐四翁壁　徐翁活計天眞年老無
喜無嗔叅取面前桑樹乾坤不出一塵
題秖園庵　秖園誰住此謂是钁頭通物外
庵邊竹人間耳畔風露畦青戢戢煙園綠濛
濛秖箇潜心處分明古者同　夏散輙病既
病且惱因書山偈示一二禪者　萬劫一瞬
視塵沙不動移若爲論過未併摠入無時海
閣波　仍帀心通佛可齊床頭木枕子推出恐
人迷　題侍者寮香林閣　葛幮松枕午窻
凉卧看風雲草木香彈指徧遊塵剎盡故山
歸路笑羊腸　送常侍者西歸省親　本從
綿竹過南方依前歸入綿竹去并舍猶爲舊
日居山川不改當時處鄰人見之莫驚愕親
里歡迎斷思慮有問南方所得時瘦藤爲我
聊輕擲　小師崇堅乞偈　事辦須尋道方
明尒本來禪關無鎖鑰秖要用心開　龍門
偶作五首　明月何皎皎永夜入我室照出
萬古心念此百年質陽燄風露泫擁毳衣衾

密遲遲不能寐餘光在東壁　叨叨林鳥啼
披衣中夜坐撥火悟平生窮神歸破踏事皎
人自迷曲淡誰能和念之求不忘門開火來
過　嗚嗚鼯鼠啼時人皆不喜得意即相呼
意去當自止吉凶由之生吾未見其理此言
如未聞大梅有宗旨　初夜凉生早微雲卷
多八　十二
太空燈懸松竹露簾捲薜蘿風可笑千年事
能將一念通相逢禪客問細細話吾宗
每念心中事頻開掌内珠欲憑天上鴈待寄
水中魚此意終難寫斯言不可書含毫竟寂
寞遠屋樹扶踈　題靈光臺壁　政和七年
院成別於南山下作靈光臺臺上立雙浮啚
西向見日没處是謂歸根收藏之旨也一窣
堵波以奉前後宗師化盡報體一窣堵波用
安十方禪僧火後遺骨是二者爰彰寂滅之
道殊途而同歸万靈咸會者也吾之朽骨亦
藏于此世世宜遵守之長而且久與夫虛空
齊壽者斯雙塔之所以建也其年寒食日住
山清遠記并述二偈云　吾初欲作眞常語
更恐眞常暗流注不如不語人共知人欲知
之反勞塵崖頭浮啚示其相臺上野雲飛不
住周遊獨步或可追錦繡谷中歸舍去
百骸潰散此日言一物長靈異時語此日長
靈猶可知異時潰散憑誰舉可知所以有生

滅解舉方能忘取與光明寂照徧河沙愼勿
於中論尔汝　花山　石龜不念歲月古舊
記已滅名尚留道傍蒼木老霜雪澗畔野草
隨春秋訛傳細讀華陽傳靈跡獨聞姚比丘
可憑定力驗今昔人間万事徒悠悠　木魚
無端擊此濤中断鍾鼓相衆無雜亂能開所
聞非二緣以此及此通囬換凡夫何故作追
攀達士若爲成智觀可怜流入薩婆若醉眠
尚尔排魚貫　讀經　不染而染妄本虛染
而不染悉無餘本虛自是能成事體淨何妨
應万殊断妄證真心豈息非真非妄智還透
了真了妄如無碍自在圓明始是珠　不寐
毗耶離城居士家環堵十笏容河沙八万四
千高座衆咄嗟已辦薰天花迢迢不到迷是
障念念常入心無差須弥盧山四大海我見
如一粟與麻　早起　老來愈見心無事夜
氷偏知漏更涼淺淺地爐猶有火依依山月
尚臨墻試將寂滅那伽定暗寫雕虫篆刻章
剛被啼雞忽驚断一時歸入正思量　起晚
展脚縮脚飢鼠啼合眼開眼重露晞覺來始
了夢時事夢處寧容覺後知睟息黃粱猶未
熟翩翻蝴蝶正狂飛披衣獨坐日正午試問
何如半夜時　遊定明塔院作二頌　大士
安禪地千峯塔院春門深松檜老事古歲時

新人礼香燈夜烏啼花雨晨秖應禪石上去
住亦通神　白塔雲中路晴空烏外簷好山
長入望終日坐無厭幾個竹生石數枝花映
簾長安曾未到神力動飛潛　因舉楞嚴經
七處徵心成頌　善逝明知直不邪要窮妄
識是空花故令慶喜推心目勝相初觀始出
家在內何緣昧肝胃相知在外又成差琉璃
比眼還同境闇障開明未有涯合處隨生難
定體根塵兼帶轉蓬麻世間一切都無著水
陸空行作翳瑕七處無歸全失措從茲始得
偏河沙　述懷示學者　細思五十三年事
併入物中後夜心須信剎那通過未更無毫
髮作追尋隨消舊業根先断未絕新殃道已
深此是安身立命處故吹一曲報知音
病中示光道者　我病無形不可見曼殊室
利得深知乖三若欲通消息推出床頭木枕
兒　蔣山送無着道人歸舒州　已禮雲中
塔更瞻堂上師方思江水北共集定林西一
句無多子千差永不疑到家勤愛護此道少
人知　送禪人入京　千人叢與万人叢無
喜無嗔耳目通要識太原孚上座六街鍾鼓
閙鼕鼕　再得　百退褒山成三偈代違
和守錢公　住山久有煙霞疾得請故還襄
鹿群厚意於公殊未報深禪卯後對爐薰

公家忠靖有遺德乃與定明開道緣異世今
時豈人意一塵千里是家傳　出岫油然亦
來與倦飛隨意即知還有心知到無心域鳥
戀故林雲在山　真贊　釋迦如來出山像
贊　妙色非身形容乃昔閻浮未下雙林已
覩曠濟功深六年行苦塵沙相好万億剎土
衆生心淨佛日常午正念蒙光迷人外取雕
檀寫氈像末孩乳今茲軌模傳從乃古象歩
出山智珠河吐水月頓澄豁開覺户瞻之仰
之豈敢自侮常在不滅此言手舞　觀音像
贊二首　曠大劫來離衆苦心心永断諸分
別聞處真聞實不聞說時雖說常無說法身
普現凡聖等耳根采聽音声絕娑婆最有大
因緣一念清涼除惱熱　曠大劫來不虛妄
言言故得皆真實應念蒙光迅電飛尋声救
苦奔風疾千章万句離文字異韻殊音垂祕
密現相宣揚遇此時見聞頓脫欣今日
天台三大士像贊　岩岩天台瞻闊寰宇大
士不我毫端莫取蜀客心狂纖塵一縷屈指
拊掌松石猛虎生涯何有流傳今古靜對虛
堂非謂無補　達磨大師贊　振搖梁魏斟
酌皮髓孰云西來空搠而已素壁虛堂少林
熊耳　百丈大師贊　慧燈續傳福庭宜敞
常住世間水月鏡像是謂叢林大智百丈

楊岐和尚贊　閙市竿頭呈戲緐眼曾驚栗
棘蒲上横吞諸方盡畏冝陽秀水萍實楊岐
雨過雲横天高地下　白雲端和尚贊
綱紀著明不忘付授淨空無際如日處晝欲
究根源瞻之龍峬　五祖演和尚贊　遇寃
則親傳虚果當剛硬齒牙生鐵腸臟風清淮
楚道實宗匠不有智悲子孫安嚮　浮山圓
鑒和尚贊　并汾鐵騎老息荒丘雲拖雨罷
花落水流　褒山定明禪師贊　四海穪唐
師出華陽不起燕坐翱翔帝卿名與山俱道
逐時芳濟民助國能雨能暘貧者獲富熱者
得凉羣蒙所歸實在不亡　悟首座圖余幻
質復求爲贊　廓然無聖儼尒有容明明絶
联密密垂蹤昔也懐寳枯木藏龍今其示人
巨嶽喬松龍吞萬類松茂三冬神而不改風
雲必從吾形既得尒道自鍾褒斜路險漢水
朝宗　珪首座求贊　如珪如璋惟子非我
且陋且拙在余是可子今傳余拙則成竒物
感神會形動心隨凝雲不飛寒月下映孰謂
之凡孰謂之聖余猶尒也竒拙同貫噫嘻斯
文大朴未散　順知藏求贊　色衆膠青不
見形影中所以邈吾眞吾眞定有非形礙爲
對凡夫顯幻塵塵既顯道弥新不貴西來彼
上人　淵禪人求贊　似余似余類我類我

我復謂誰如火與火揣邈不就迎隨不果寫
出龍門衲僧災禍　如大師求贊　比類則
踈現形仍普得在一瞬照窮千古雲起吟龍
風生嘯虎贊之絶辭瞻焉奚覩　賢監院求
贊　徧界不藏毫端獨妙縱未嚬呻巳先微
笑吾子識也水月斯照纎塵不遺是爲宗要
肐維那求贊　識余者誰請觀端的孰云丹
青謾勞尋覓斷雲架巘皎月在壁昭尒惺惺
悟兹寂寂　勤禪人求贊　滄溟一滴鹹無
際厚地纎塵廣有餘何事陋容人寫得秖緣
蹤跡在龍舒　昕侍者求贊　吾行尒隨吾
唤尒應唯隨與應不欠不剩因吾識尒此像
果親静而瞻之道實絶倫　元侍者求贊
道雖光明形則山野提折脚鐺住深蘭若拙
韻無取陋容誰寫常在左右覺元侍者
小師崇戒求贊　似即踈比仍失廓尒空皎
然日顧丹青寫容質誰使之省尋覓　無著
道人求贊　植杖望雲何處空山獨立凝情
媿我蕭然無物謝伊裝點相成　馮濟川教
授求贊　天地無物我無物隱顯空雲隨出
没此間誰是悟玄人霹靂光中轟一咄
吴公明求贊　欲識坦然老乃是龍門人𠮷
名落四方坐卧今十春會見移庵去何妨邈
形眞平生香火緣對此即通神　張公壽求

贊　首到東山晚親龍峬歲經寒暑人非新
舊塗毒長鳴優曇勿嗅静對終日弟子公壽
戴巨濟求贊　晝出人皆識相逢道更親起
雲峯後路記得往來頻　龍門常住圖師眞
知事求贊　寥廓無狀孰爲龍門有指南路
絶刀斧痕因緣去住任物所論黄竹寒湫曉
而復昬

古尊宿語録卷第三十二

古尊宿語錄卷第三十三　多九

僧錄司右闡教兼鍾山靈谷禪寺住持淨戒　重校

龍門佛眼禪師語錄之五

小參云好一轉語還有人答得麼良久云問答俱備所以古人道夫說法者當如法說且如法又作麼生說諸人既無風起浪者裏不多九免將無作有所以道其說法者無說無示其聽法者無聽無聞諸人既無聽而聽我者裏無說而說若得恁麼目前無一法可得何故且聽外無一絲毫說底說外無一絲毫聽底便能透過雙關俱無異相不必說與不說聽與不聽自然大地山河色空明暗更非別法可謂透出塵勞頓居實地雖現在三界中熾然出三界現在聲色裏熾然出聲色且如今與諸人說聽同時作麼生說箇不說不聽底道理須知端的明悟始得不見古人道非色聲香味觸法者箇去處也大殺不易衆學之士若非到此田地管取目前有法外既有法內必有心內外緣生汩沒三界諸聖由茲而出現達磨特地而西來還知諸聖用心處麼秖是諸人心是更無別心亦無別法所以道十方薄伽梵一路涅槃門誠實無差方知道無迷無悟非聖非凡若實得恁麼便好韜光晦跡履踐諸聖玄途其或未然直須管帶始得不見趙州和尚云十二時中許一時外學僧便問許一時外學未審學什麼州云學佛學法秖如佛法尚為外學其餘十二時中作箇什麼始得大難其人所以如今與諸人相會喚作非時言論既是非時言論如何得相親去達道之人若能鎔餅盤釵釧作一金攪酥酪醍醐為一味說什麼時與不時盡皆中的奉勸諸人快好究取二六時中去離塵緣莫起異念豈不聞昔日有人在高樓上見二比丘從樓前過有二鬼使掃併道路復有二鬼散花隨後及乎二比丘迴次二鬼復在前叱喝嗔嗟二鬼隨後掃除腳迹其人遂下樓問二比丘所以其二人方悔感悟乃云我等去時共談佛理及至迴時却言雜語諸禪德此雖麤境界子細推來乃是學道之人大事何故秖為情念瞥起外境現前念若不生無境可得所以先聖道以無念為宗而今但無凡聖異念種種心量亦無煩惱可斷亦無菩二多九提可求於生無生於死無死不見昔日洞山和尚與密師伯遊山次忽見白兔從草中突出密云大似丿衣拜相山云老老大大作者箇語話密云兄又作麼生山云積代簪纓暫時落魄者箇公案如何消遣得去且道是何道理諸人若會得白衣拜相便乃獨步丹霄永出常流若會得積代簪纓便解奪飢人之食祛耕夫之牛還委悉麼直饒一一委悉分明諸人分上總使不着如何是諸人分上事試斷看良久云討甚兔子𤤽重

師還東山省親衆請小參云暫下蓮峯輕屈指光陰倏尒又三年雖然不隔絲毫許爭似躬親到座前某伏自數日前陪從太平禪師象馭再登蓮嶠歸侍老師大和尚瞻禮慈容之間須知有相見底事敢問大衆作麼生是相見底事不可是你見我我見你是相見若恁麼全無佛法得力處何故世間諸趣彼此見存常在生死之中未有脫離之地所以雪峯和尚向人道望州亭與你相見了也烏石嶺與你相見了也僧堂前與你相見了也若據如許指示豈待音容相接言氣相交始為相見諸高德夫為衆學之士須實有去處始得還知麼如今敢道千里同風相見却易會對面相見却難知何故難知夾山老子道目前無闍三多九梨座上無老僧諸來大衆盡在于此如何見得目前無闍梨堂上老師大和尚在座與諸大衆證明作麼生見座上無老僧不可等閑過却將為閑事晝夜被見聞風所飄鼓根塵陰界諸入纏縛不得自由生死事大須得箇悟由入頭處始得雖然如是格外道人寔遣

怪笑何故須知有向上一着且待異日他時別為諸人點破因記得昔日南泉趙州二尊宿皆道超物外名播寰中時有一僧往山中見一禪伯在盤陀石上卓庵而坐僧遂問曰南泉出世浩浩地可往彼問訊空坐何為庵主曰莫道南泉出世佛出世我亦不去僧持此語見南泉南泉大驚遂令趙州往驗看州到庵主處從東過西庵主不顧州又從西過東庵主亦不顧州遂當門立曰庵主你敗也庵主亦不顧遂拽下簾子而行庵主亦不顧大衆者一則因緣諸人作麽生委悉莫是趙州南泉不到庵主田地返被庵主勘破落他陷虎之機也無莫是庵主雖然並無受用臨機不解互换平地上死人也無諸人者素非此理大凡行脚人須是道眼分明始得若道眼不明秖被南泉趙州庵主三人换却眼睛了也實無少許相應處若也道眼分明趙州南泉庵主便是上座更無異見也還相肯諾也無不見道曾經大海休誇水除却須弥捴是塵乆立　　解夏夜小条云一二三無言童子口喃喃三二一上下四維無等匹衲僧活計絶絲毫萬古徽猷是今日大衆作麽生是今日事現定東西僧俗燈燭熒煌作麽生見得箇絶絲毫底事若於此見得歷劫孤明未曾昏昧方信道達磨不来唐土二祖不往西天如是之事蓋是諸人背覺合塵流浪日乆是以智光不得顯現所以遊方問道徧条知識若於一句下見得分明方知無量劫来事秖在今日然今日之事也大難委悉何故蓋為諸人現分別者心本元真実誤認分別致背真源但無許多分別之心自然時常顯露秖如此事還假方便也無山僧有箇方便普施大衆乃竪起拂子云還見麽若道見拂子瞎卻两眼了也若道不見拂子生盲卻两眼了也眼則且置且道者拂子是有是無拂子若是有便心外有法拂子若是無壊卻世諦學道之士到此如何理論如斯指注太甚壓良為賤若是真正道人也無如許多事故我釋迦如来在日建立個方便門庭亦無如許多事每至結足安居不相往来各各求證道果於九十日中或有所淂或無所得或有疑處或無疑處或有罪或無罪至休夏自恣之日方詣佛所各呈己見求佛印可故謂之自恣自大覺掩光已来人心閙乱致有朝条暮請種種見知所以不能得契本源也憶昔佛在竹園精舍與大比丘結足安居至自恣日時優波離尊者觀諸大衆如海清淨無有缺犯唯有文殊師利菩薩不樂所止之處好游衆落遣犯禁戒時優波離具以白佛欲擯出文殊世尊謂曰若擯得但擯時優波離遂集衆鳴犍稚左右上下皆是文殊徧虚空界一切之處悉是文殊世尊謂優波離曰汝欲擯那個文殊時優波離放下犍椎禮拜懺悔云我小德小智不識大士境界大衆當時可惜放過甘為樂小法者若下得者一椎莫道文殊假使釋迦老子亦無容身之處諸人還知得者一椎落處麽若知得盡大地一切衆生四生六道一時瓦解氷消無絲毫可見或有個衲僧出来道請和尚試下手看即向伊道動不如靜放過一着何故落霞與孤鶩齊飛秋水共長天一色　　小条云古人道若是陶渊明攢眉卻回去如今敢問大衆攢眉去是具眼不具眼若是具眼何故回去若不具眼何故回去去底且從你道如今却来者裏圍繞者是具眼不具眼若是具眼何故圍繞還有人裁辨得麽若裁得出無絲毫遺漏五日一条勞諸人訪及於此寔為希有然既勞諸人訪及為復世諦人情為復是佛法受用若是世諦人情我輩沙門釋子聚會不可作世諦流通也如此則有何利益若是佛法受用作麽生見個佛法受用底道理還有人會麽莫是諸人從門前穏麽来問訊叉手立

地是佛法麼莫是呼之無形應之有聲一切
處交用無尽是佛法麼莫是渠不恁麼一切
該不得眼不見耳不聞孔孔洞洞是佛法麼
莫是阿師恁麼說諸人恁麼聽是佛法麼莫
是本來無事何消得恁麼大似頭上安頭但
隨時及節是佛法麼莫是佛法兩字不用遣
看山是山水是水僧是僧俗是俗如今且建
立箇化門接引初機是佛法麼大衆素非此
理莫錯好恁麼則佛法紙憑口裏意裏驅差
將來若紙如此何處有佛法盡是無義語不
實語虛誑語般若罪大不可當乍可不會
却永劫無事切莫未得謂得起大我慢輕忽
先達若也實得箇安樂處便須識得些子好
惡辨取些子邪正不可瞞瞞盱盱儱儱統統
紙恁自欺自誑山僧直是不昧諸聖如今在
者裏不惜口業與諸人如此論量喚作論實
不論虛我紙要一箇見解明白徹底悟得底
人不要你許多作用奇特機鋒玄絕棒喝聲
多九 六
施如此者總不消得拈出也何故你未入門
來時脚跟下已與你三十棒了也更來者裏
揚眉動目彈指拂袖便出去道我勿廉纖無
詰會拂袖出去則且從你者一段疑情如何
得見諸去且問你拂袖出道是了也紙如你
大小二事時何不拂袖喫粥喫飯時何不拂

袖相見問訊時何不拂袖須要說佛法時拂
袖意在於何一處通千處百處一時通莫怪
逆耳莫道絜無滋味我不圖你名聞利養紙
要你悟得同報佛恩除此之外亦無別事你
若真箇有箇入處方知山僧不分外已得者
便好長養聖胎未得者正好疾速決擇你不
見藥山久不上堂院主白曰大衆久思和尚
示誨山曰但打鐘着院主打鐘衆已集山揜
方丈門院主白曰和尚相許為大衆說法何
故不出山曰院主經有經師論有論師律有
律師又爭怪得老僧大衆你看他古人得恁
麼奇特豈似而今教者兩片皮喃喃地一似
教書相似有甚麼利濟各請散去　珎重衆散
師復云大衆三十年後不得錯舉　小參
云今時人須是自尊自貴自成自立始得若
能如此方有箇休歇處雖有箇休歇亦無休
歇之量若不如此捏目生花見事便差但識
山僧拂子便得紙如拂子且作麼生識乃竪
多九 七
起云還見麼若見且不識山僧拂子若不見
亦不識山僧拂子且如何是自尊自貴底道
理近來兄弟以遊山為訪道觀看名參學稱
為行脚還當行脚事麼要見五臺清涼京師
兩浙廬山湖南天台鴈蕩江南江北好山好
水好寺院拈起拂子云子細看取一生行脚

事畢或若劬勞跋涉真實自輕大衆切須自
尊自貴將知尊貴邊合着得箇什麼無事不
須久立師姑本是女人做阿嫂元是大哥妻
好大哥歸堂去　小參終

普說

師云法身有三種病二種光一一透得始解
穩坐地又楞嚴會上如來說五十種禪病如
今向諸人道直是無病始得龍門道紙有二
種病一是騎驢覓驢二是騎却驢了不肯下
你道騎却驢了更覓驢可殺是大病山僧向
你道不要覓靈利人當下識得除却覓底病
狂心遂息既識得驢了騎了不肯下此一病
最難醫山僧向你道不要騎你便是驢盡大
地是箇驢你作麼生騎你若騎管取病不去
若不騎十方世界廓落地此二病一時去心
下無事名為道人後有什麼事所以趙州問
南泉和尚如何是道泉云平常心是道州從
此頓息馳求識得祖病佛病無不透得後來
遍到諸方無有出其右者蓋緣他識病不見
一日去訪茱萸策杖從東過西從西過東萸
云作麼州云探水萸云我者裏一滴也無探
个什麼州靠却杖而出看他露些風規甚能
奇特如今僧家例以病為法莫教心病好久
立　師云不與萬法為侶者豈不是出塵

勞耶心不知心眼不見眼旣絶對待見色時無色可見聞聲時無聲可聞豈不是出塵勞耶無路徑處入得無縫罅處見得佛法亦無東西南北不道你是弟子我是師若己躬分明無有不是者參師時不見有師參自己時不見有自己看經時不見有經喫飯時不見有飯坐禪時不見有坐日用不差求絲毫相不可得恁麼見得豈不是自由自在久立

師云不問又不得纔問來又成自輕了不問又爲知亦須解問始得我向頂上錐劄你要你識痛痒如揭你灸瘡甲相似靈利人便知始得莫自欺我不瞞你不見古人問如何是祖師西來意尊宿大驚曰你問他西來意作麼何不問你自己意如何是自己意曰當觀密作用如何是密作用尊宿以目開合示之古人多少苦口後來子孫又不恁麼也入門來便喝更無如何若何生怕你明不得有恁麼一件事何不識取諸方愛教人看公案我者裏現成公案好看莫教看破大小大事諸人十二時中祇是妄想塵勞心念智慧未能發生所有流布皆從意思中來要作何用智慧如日出無不開朗喚作無分別智現前須得恁麼一回了從此去有着脚手處有與你語言分各是妄想塵勞山僧於你無著脚手

處好唉好唉說東入西說西入東不柰你何若能轉頭來智慧開時便解道和尚元來與我說了我也與和尚說了搖頭時便擺尾整理也你諸人護道十年五歲參禪何曾做着般功夫來祇是趂口快你方來我者裏肎就覷在也則功夫未成沒滋味在你在者裏十年五歲做得功夫熟也管取悟得去我也尋常教人做功夫說底話皆與他古人合不差一字你但會得了便知古人事也你莫道古人恁麼道我恁麼會得不是了也祇如古人說不是風動不是旛動仁者心動有多少言語到你分上是耶不是耶道我是你你是我無過此也又人問雲門學人自己雲門道山河大地多少好是有是無山河大地若有去怎生見得自己若無現今山河大地如何說無來古人說與你了不悟不知龍門尋常向你道本有之事你分上現行現用不着尋不着整理不着脩證祇要你一信信得甚是省力難得如此人先師在白雲會裏端師翁常曰此道者天真自得之妙蓋緣有生知底事山僧見先師十年道不得祇爲疑得深後來徹底理會得如今揔不費力不是思量時有不思量時又不是也佛法不如此袈裟下事莫教埋沒山僧若不退思參究時一生也則埋沒了豈有者箇消息也而今道眼不明出世者多罪過罪過如何敢爲人高座上也竪起拂子示人嚇嚇殺人如盲如聾相似不驚不怖祇趂目前不憂後世打鬼骨臀苦苦你諸人有福德因緣未悟心切不可作出世人禍事禍事若有真實事自然馨香你看多少虛頭禪師久久一日不如一日如刻人糞作旃檀形到了祇是屎臭氣你諸人求出生死求出離打教成一片又不是你和融然後成一片若教成一片決定不成一片昔日有僧參舉道者一日遊山問曰和尚香林道老僧三十年求成一片不可得此意如何舉道者曰老僧也恁麼却問其僧會麼曰不會舉又與者僧一偈曰香林成一片老僧也恁麼不待此月終重爲子決破至月末舉道者遂遷化去你道一片事作麼生好不好香林成一片龍門也恁麼爲報諸禪和當面莫蹉過各自下去

師云看見了不柰何者多既看見如何却不柰何祇爲不識所以不柰何若看見識得便柰何得也然發心參禪便要會得誰不願樂祇爲無箇入處又強會不得一切處不契合一切處緣差用力取不得良久云你十二時中行住坐卧折旋俯仰種種事業一切處有趂佛越祖底事祇是你纔要解會

時已無也真個是無也你擬湊泊已替了也
所以道看見秪是不柰何莫是不擬心不起
解會時得麼展轉更是不得也會尚不得豈
況不會若是靈利底人纔聞山僧說向你便
能大開眼見得豈不是没量大人向道是法
非思量分別之所能解又道智不到處若不
如此爭稱佛法而今兄弟家秪是呈箇解會
呈箇見處作道理何曾解恁麼來何曾得到
恁麼田地來若是有道種性底人肎恁麼去
覷須是深深地体究蜜蜜地看詳忽然柰何
得便無疑情也你等不明秪爲十二時中被
雜念牽將去也蓋爲你要學事業見物便愛
見文字便愛尋逐時便緣將去也道業何由
得辦凡學事業人各有時三十已上便不可
學也學亦難成學得又何用若己事辦去學
亦得在蓋已熟化了也若己事辦又豈肯學
也若二十上下猶可學若是靈利念生死之
人亦不肯學也凡是叅禪須是心地平直心 多九 十一
口相應心言直故如是始終地位無委曲相
莫道我會也我柰何得也若柰何得那裏更
去問人也你纔說會禪也人覷你脚手看你
說話所爲底事因甚却道者个如何那个如
何既是會禪又却是爭無明也秪如道黙耀
韜光是如何藏名晦迹又如何不興人心是

道又如何各自省緣莫說是非且如行住坐
卧進退俯仰一切處皆是超佛越祖山前水
牯牛有佛法你纔尋覔則已無也何不恁麼
識取久立珎重　師云龍門話計是千聖
之骨髓未有一念不與諸人說自是諸人不
肯承當所以却成山僧瞞你且什麼處不是
與諸人說處禪僧家說道山僧不教人思量
不教人會解不教人商量因緣不舉古舉今
秪恁麼空過我若在別處一夏須明得公案
三兩則須聽一件文字你若要商量舉古舉
今却請別處去我者裏秪是一味禪所以喚
作千聖骨髓我且問你適來因什麼問訊聖
僧且問訊時還印證你麼還肎諾你麼若道
印證你他是土聖僧豈解印證你若道肎諾
你豈解肎諾你既不解肎諾印證又問訊作
麼莫是仁義道中麼莫是覩相生善麼若是
仁義道中衲僧家豈有仁義豈有睹相生善
莫是事不獲已隨衆問訊麼又成何道理到
者裏須是一一明始得不見長沙大師一日
回頭見聖僧忽然知歸便云回頭忽見本來
身本身非見亦非真若將本體同真體歷刧
迢迢受苦辛諸人還會此个道理麼珎重
師云有時問著師僧摠言不知不會秪管道
飢来喫飯困来眠似此說話有什麼救處更

道不知月之大小不管歲之餘閏誰理會你
者般事我且問你作麼生說個不知底道理
你見人說了便恁麼道還曾會得那不知底
道理麼古人道不知者無所不知無所不到
喚作不知要你今時人到那不知底田地此
是諸聖境界豈比如今拍盲不會喚作不知
若摠如此盡道我不知不管忽有人問着如 多九 十二
何流通曹溪一路恐無人相續去也不得如
此須是懃懃決擇始得珎重　師云古有
禪德問老宿云如何是出離之要宿云闍梨
足下煙生禪德頓於言下得旨諸人還知出
離事麼若起解會心則隔了也後来有尊宿
云不敢辜負和尚足下烟生又有北院通辟
洞山山謂曰子何處去通曰入嶺去山曰飛
猿嶺峻好看通遲疑山曰通闍梨通應諾山
云何不入嶺去通頓於言下得旨古人為人
處甚徑直每見人来無不示他是伊道入嶺
去此意如何今人不明了須做箇會處以些
子會是自隔了秪許體究不許會解一體體
得了更不疑也然亦不易保任若入得是則
無退失所以會處明得不如不會處見得亦
有可保任分更無不照顧時不曉了時所以
古人道平常心是道還可趣向也無擬向即
乖看他不許你趣向又作麼生保任不易不

易此豈不是出離事你若尋出離處所謂若屈玄沙道盡大地是地獄刦住若向者衣綫下不明是大苦屈不可等閑久立　師云三祖大師道不用求真唯須息見又道纔有是非紛然失心者箇言語便是教你如今人作功夫處也你見他道不用求真便道更不須求也此便是見不息是非紛然終不到無求心秖成見解今時學道例皆如此看一轉語向語下道箇見處便將一切言句云無不是此事也恁麼記在心下用為己有殊不知道起見解失心了也執而不肯捨大小大癡人要得無所求心麼但莫生種種諸見非是冥然百不會喚作無求尋常十二時中目前不了蓋是見心取捨你又豈得知無分別心所以先聖曰有為無為有異耶荅曰無異也天地河海風雲草木鳥獸人物生死變化目前皆名有為之相無為之道寂然不動無狀無名謂之無為如何得無異去永嘉大師道無明實性即佛性幻化空身即法身此兩者各別且如何明得即底道理須是證得無求心也便知難得無事十地中第五難勝地謂真智俗智極難得等入地時二皆平等故名難勝地學道兄弟二六時中了取教等好還知是你無分別心所畫出麼如畫師畫出種種好醜畫出五陰畫出人天正畫時不借他力能畫所畫俱無分別以不了故而起諸見見我見人自生好醜所以道畫師畫地獄醜狀百千般放筆從頭看特地骨毛寒若知是畫出何所怖畏古人明得了一切處現成玄沙大師伐木次遇虎跳出侍者曰虎和尚沙叱曰是你虎又有僧禮拜次沙云因我得禮你此個方便深符佛意法眼大師指面前狗子曰畫鏤出諸人看時莫就狗子身上明應須特來向自己分上看取始得方解他道纔有是非紛然失心識取好久立　師云如今直下信道是也已名不喞溜者況更不能直下信得又堪作什麼也直下信道是何名不喞溜者從前許多時什麼處去來須知己失一橛了也便見從前不了底却成分外之見我觀從上古人有從迷得悟者所有流布皆是從迷得悟法門有悟了知迷者所有流布皆是悟了知迷法門有無迷無悟者所有流布皆是無迷無悟法門其次來迷外得悟者亦甚多故不足道況不知悟亦不了迷此正是凡夫也從上南泉歸宗諸人方喚作無迷無悟之見如今學者也趂口說無迷無悟又何曾到來不得容易出言蓋為你有疑在我今問你一件事初入母胎時將得什麼物來你来時並無一物秖有個心識又無形無皃及至死時弃此五蘊檎子亦無一物秖有個心識如今行脚入衆中者個是主宰也如今問你受父母氣分精血執受名為我身始於出胎漸漸長成此身皆屬我也且道屬你不屬你若道屬你初入胎時並不將一物來此個父母精血幾時屬你又秖合長在百年依舊拋却死屍又何曾屬你若言不屬見今一步也少不得罵時解嗔痛時能忍作麼生不屬你得試定省看道是有是無管取分疎不下蓋為疑根不斷道有來初生時漸長至三歲五歲乃至二十時決定不移到四十五十而此身念念遷謝念念無常決定喚作有不淂道無來種種運為皆解作淂道無且不淂昔有一人因行失路宿一空屋中夜有一鬼負一死屍至續有一鬼來云是我屍前鬼云我在彼處將来後鬼強力奪之前鬼曰此中有一客子可證二鬼近前云此屍是誰将来客子思惟道二鬼皆惡必有一損我我聞臨死不妄語者必生天上遂指前鬼曰是者鬼将来後鬼大怒拔去客子四肢前鬼愧謝曰你為我一言之證令尔肢體不全遂將死屍一一補却頭首心腹又被後鬼所取前鬼復一一以屍補之二鬼遂於地爭食其肉淨盡而

去於是客子眼前見父母身體已為二鬼所食却觀所易之身復是何物是我耶非我耶有耶無耶於是心大狂亂奔走至一精舍見一比丘具述前事比丘曰此人易可化度已知此身非有也乃為畧說法要遂得道果汝等諸人秖說恁麼擧因緣便喚作佛法此是掃髓何不恁麼疑來恁麼會得麼你身不是有不是無有是心有身則未嘗有無是心無身則未嘗無你會得麼更說個心亦不有亦不無畢竟不是你本有今無本無今有斷常見解以立

古尊宿語録卷第三十三　　多九

古尊宿語録卷第三十四

僧録司右闡教兼鍾山靈谷禪寺住持　淨戒　重校

龍門佛眼禪師語録之六

師到禪床前立云山僧立地待你諸人搆去還搆得麼良久遂坐曰看見了也不易作個主宰不見古人喚僧云上坐僧回首古人云擔板漢正當恁麼時如何作個主宰免他喚作擔板漢此事也不易搆喚作業識忙忙不見溈山問仰山盡大地人業識忙忙子如何辨仰山云某有個驗處溈山云作麼生驗時有僧從面前過仰山云上座上座其僧回首仰山曰秖者個便是業識忙忙師云正當恁麼時如何作个主宰免被他道業識忙忙去有般禪僧家強作主宰道待他喚時但莫應他便去應他作什麼你又不是木頭有底不然竪一拳下一咄喚作強作主宰且問你者裏喚時且從你竪拳下咄秖如前廊後架照顧不到忽然被人問著又如何秖對不可更下一咄竪一拳卻須是實始得此事直是平等不論貴賤你看陳操尚書是個俗官一日與僚屬在樓上見數僧打包過有一官人云數負禪客操云未信在待與勘過僧行到樓前操喚云上座僧皆舉頭操顧謂僚屬云不信道當恁麼時如何作得主宰免被他勘破古人道擔板漢則且置秖如後來人又道者僧喚既回頭因什麼卻成擔板漢又作麼生會佛法到此信知有深遠處須久久淹浸不可強作主宰久立

師云大凡脩行須是離念此个門中最是省力秖要離卻情念明得三界無法方解脩行離此外脩較似辛苦不見古來有一持戒僧一生持戒忽因夜行踏著一物作聲謂是一蝦蟆腹中有子無數驚悔不已忽然睡著夢見數百蝦蟆來問索命其僧深懷怖懼及至天曉觀之乃一老茄耳其僧當下疑情頓息方知道三界無法始解脩行山僧問你諸人秖如夜間踏著時為復是蝦蟆為復是老茄若是蝦蟆天曉看是老茄若是老茄天未曉時又有蝦蟆索命還斷得麼山僧試為諸人斷看蝦蟆情已脫茄解尚猶存要得無茄解日午打黃昏久立

一日眾集師出來大衆前行兩匝長噓一聲云山僧在你諸人肚裏走兩遭了也還知麼非但今日如此常在你諸人肚裏走來走去還知得麼喚作無瞞人之心實是如此山僧盡知得你是好是惡所以道諸人知處良遂總知良遂知處諸人不知良遂坐主是个解義阿師卻明得者个事不見一日去見麻谷谷見來不管他自將鋤入菜園裏良遂亦隨後去谷亦不顧便歸方丈閉卻門他於是定省精神忽然明得便道和尚莫瞞良遂好你諸人如今還得恁麼也無也不易搆更有百丈會下古靈和尚得法歸來接他受業師非但古人今人亦有不見四五十年前有茶陵郁和尚作山主時因廬山化士到言話間為舉僧問法燈百尺竿頭如何進步燈云噁由是每日參詳至於喫粥喫飯時未嘗離念一日因赴外請騎驢子過橋橋損陷驢子腳倒不覺口中云噁忽然大悟乃有悟道頌云我有明珠一顆久被諸塵封裏今朝塵盡光生照破山河萬朵者个便是樣子喚作實頭參學今時人但恁麼學取若信言語解會要明者个事明不得也將合頭語合者个事合不得也須知有省悟之由若真實參學但恁麼看據現定會些子言句便休也在諸人彼此行腳決擇生死大事不可據現定便休去也須是與他古人相似自討个省發處始有真實參學分久立

師云本有之性因什麼不會佛法無多子秖要省徑也不教滅除妄想遏捺身心閉目合眼便道是此事不如斯也須看現定是何道理為什麼卻迷去恁麼最是親切秖如老僧未說向你諸人未曾聽時還有往來底分麼正當恁麼時切

忌強作道理上至諸佛下至一切捴皆如是所以聖與凡等邪與正等生死與涅槃等且問諸人過去毘婆尸佛迦葉佛古今三世是什麼人分上事十方有漏刹土是什麼人分上事山僧道捴是你三十年後悟去始知龍門老僧說来切不得道是若恁麼此名外道見解久立

師云如今被人問著道不得過在什麼處蓋為於無色處見色無轂處闢轂無道理處強作道理無主宰中強作主宰者裏消遣不下喚作翳眼猶存空花亂墜何故秖為心存在便道不得佛法無多子秖要平白地道得一句子便了且道作麼生是平白地一句子昔有人問山僧秖向伊道兩句了也還會麼古人道佛祖言外邊事一一分明說了也秖是到者裏多是錯亂昏醉不省此若不見便是立地瞌睡漢子也諸人常在光明中開眼見了而不知教山僧怎生柰何久立

師云恁麼與你東舉西舉便道與你說禪纔轉脚時便作世諦流布將去你但念念在其中便有省發底分看来多秖在眼耳見聞覺觸處蹉過了須是不離分別心識取無分別心不離見聞識取無見聞底不是長連床上閉目合眼喚作無見須是即見處便有無見所以道居見聞之境而見聞不到居思議之地而思議不及久立

師云諸人上来要个什麼事須是當人自作活計莫聽他人說古人道我十八上便解作活計你諸人須是解自作活計始得你道作个什麼活計但莫別求如今人多愛動脚動手者個不解作活計了也喚作拋家散宅漂流去分明不會秖管尋討學些子知解記些子言句此喚作運糞入到者裏須是行李正當日久月深淹浸得熟便會去古人道一切處是你東去也是你西去也是你你是阿誰若云某甲者个是情識須是透得過始得昔日天親問無著兄往內院見彌勒說什麼法著云說者个法且道者个是什麼法須是揀得出始得不要認著者个多是被者个一句子瞞住了也所以說病為法是故名為可怜愍者久立

師云莫謂如今說底是未是在若有個是便有个不是所以道一切言句皆不與此事相應直須相應去此事不在別人還得相契也未且契契阿誰若道契於古人古人已往若道契他善知識善知識與你無交涉所以諸聖慈悲告報教契自心源且道那箇是自契底心源若有心可契決然契不得須是以無心之心則契矣久立

師云十二時中須有个契合處始得你豈不見靈雲一見桃花便契合此事香嚴擊竹便乃息心古人道若不契合此事則山河大地瞞你也燈籠露柱欺你也如今四生六道浩浩地秖為此事不明奉勸諸兄弟且先去却麁緣你十二時中思衣念食種種雜慮如燈焰相似未有一時停歇但除麁緣所有微細自然淨盡日久歲深自然會去也不著叅喚作息意忘緣不與諸塵作對所以西来妙旨意在自明龍門長老也無禪與人叅也無法與你商量秖要諸人自契叅學門中唯以忘緣息慮為要者个是從上宗旨祖不云乎以無念為宗無相為體若秖一唱一拍有什麼了期久立

師云弘道而心常湊泊順事而意識奔馳但願道富身貧情踈德厚山僧者裏日日恁麼時時恁麼且道恁麼是什麼離却分別心識意度言句外道將一句来此事無你解會處如今但是心慮覺觀者皆有个解會得及乎返窮已眼返思思慮之心為什麼人到者裏不知便說道從本已来非青黃赤白無相無狀我說向你道此喚作言語不是你本心本心如何思量已眼如何得見正當返觀時亦無能見之者有人去者裏一口吞盡慧眼豁開頓達本鄉也今時人若為到無見無聞處現定万法亘然見人見屋種種万象如湯潑

沸未有一時傳住秖如作嬰兒時也聞聲也見色秖是不解分別纔曉事來便乘聽分別自那時前後分披了也到者裏要人甄理不妨難為他得道人行時不見行坐時不見坐所以如來道眼見色與盲等耳聞聲與響等作麼生說如盲如響聞聲時無聲可聞見色時無色可見所見所聞皆如響等又如夢時見種種境界覺來還有許多般也無若有亦上秖是彼與枕子若道無許多般又心中歷歷地記得說得如今白日所見所聞亦復如是所以道眼見耳聞底事經論可學唯有靈臺作麼生學久立　師云釋迦老子在什麼處自云作麼作麼復云達磨大師在什麼處自云秖在作麼生說秖在底道理也不妨難明若於斯明得始知正法常住禪僧家多分秖道那箇處便是你若身壞命盡時若病說不得時又作麼生須是證入始得不見僧問德山從上諸聖向什麼處去山云作麼作麼莫是作麼便是諸聖麼你諸人若不將言語會便落他聲響流布縱饒不藉他聲響言向便落他無言無說處此事實無你意解卜度若存一絲毫便成趣向於己跡也饒你將玄機妙義去合他決定合不著若總不思量亦不可須是親證始得明見無疑矣久立

師云今時人參學錯學不出二種病一是走蘊窟宅無言無說無形無段湛然不動處便道任他佛祖出來我也秖恁麼此是一病次認能言能語能聞運用施為行住坐臥者此亦是一病你還知道動是苦本風力所持麼若有人能離此二病解去體究者此人須有個省發時節若不如是亦無整頓處又有二種善知識爲兩般學人方便苦口有一般學人自作道理自吐个消息進前退後豎拳合掌以為禪道善知識見他恁麼便苦口向伊道你錯會了也你無事硬認著作麼此是一種善知識又有一般學者云某甲不會不知未審如何其甲並無個契入處是故善知識見伊恁麼了便向伊道你無事用求會求入作麼此亦是一種善知識前後兩般學者若聞善知識恁麼道善能回光體究必然明得若秖管道不會是自生退屈任是一千年也秖恁麼幸在其中更道不會求契合有什麼了日要會麼須是不立限量直下擔取始得久立　師云今夜與你諸人說個譬喻恰似諸人有个眼能照見一切長短方圓等象為什麼卻不自見但識取長短方圓等象若要見眼則不可你心亦如是其光照矚通徹十方包容万有為什麼卻不自知要會麼但識取照矚等事若見心則不可也古人道刀不自割指不自觸心不自知眼不自見則真實矣久立　師云諸人許多時在此立地還見一人真善知識麼不可空立去也山僧秖喚作假長老先聖所以道但以假名字引導於衆生佛是西天老比丘不勞仁者分別取相何者是釋迦老人阿那个是達磨大師祖師未來此時還有佛法麼作麼道無得若道無秖成自瞞在少林面壁時還有許多言教公案麼恁麼覰得破多少省徑你不上來時山僧亦不見你上座亦不見山僧你不見我我不見你如何辨明若明得復有何事佛未出世時也恁麼佛出世後也恁麼佛滅度後也恁麼若到恁麼田地實無一星事你諸人行住坐臥飢飡渴飲怎生說個無事除非見到底人方解如是昔大迦葉在靈山會上禮佛見彼大衆儼然便有个見處道今此諸大衆如本未曾有你道此意如何諸人適來在下頭不見有許多人及乎上來分明見有許多人怎生說个如本未曾有老宿問僧近離什麼處云城中宿云如今在什麼處云山中宿云我有一問問你若道得即住若道不得即去上座離城中城中少上座上座到山中山中剩上座城中若無上座則心法不周

山中剎上座則心外有法傳無語諸人苟能
於此叅詳得所謂不落斷常二見六根怡然
行住寂然一念不生万緣俱息如忽不然隨
有隨無蕩斷諸常譬如捨父逃走到者裏實
是不教你費一絲毫力便恁麼會取你若要
和合者事教無縫罅時早已離披了也山僧
多十
往日思惟此事將謂三生兩生始可得悟去八
後來秖聞什麼人打發什麼人有見處便覺
今人也解悟得時寒省緣辦道明究己躬此
是大事久立　師云若有人問你作麼生
道還道得麼你等思量管帶道得一句子來
有什麼用處三更半夜作麼生道天明起來
作麼生道前廊後架作麼生道還道得麼須
是眼明始得久立師云適來侍者報道雨不
住若衆時恐大衆不聞如今雨住諸人還聞
麼山僧道雨不住時最親切何故却為諸人
無柔聽底心秖如諸方示人道雨敲為你說
法了也還端的也無山僧即不然雨敲是你
說法了也還會得麼直下明得更有什麼一
絲毫頭子也今時行脚人須待將一句子契
他善知識恁麼自若自屈作什麼我更問你
契那个善知識若要契他善知識意但識取
你心我更問你那个是你心作麼生識向者
裏強會不得須是一回省發乃可古人不得

已向無言詮處假立言詮無方便中巧施方
便玄沙一日入山逢虎侍者報云和尚虎玄
沙云是你虎現今山河相對剎土縱橫分別
思惟千差万別怎生說个是你底道理者裏
若不了一切處礙塞殺人秖為諸人歷劫循
塵為物所轉你試指出那個是物何者是你
多十　九
所以有僧問玄沙學人作入叢林乞師指箇
入路沙云還聞偃溪水聲麼云聞沙云從者
裏入今時人不明了秖管道心性周徧更是
誰聞如此言論有何交涉直須是通身亦條
條地不掛寸絲始得且問諸人還著衣來麼
良久云得恁麼不識羞恥久立　師云纔作
道理便難會去須是不作道理始得有般閑
恁麼說了便道我都無言說亦無道理却不
知正是道理了也如今與你斷約一件事以
明見自心為極則此一句便是龍門山裏佛
法也古人道心不自知心不自見諸人作麼
生明見去自心也難見從上諸聖皆是明見
自心底人先師便是明見自心底人秖如先
師會中有多少方來兄弟能有幾人明見自
心極是少也心不見心須是不見是心始得
此乃離念境界如今若與諸人說便道貶剥
諸方若不說此事亦難明曉有般宗師向人
道癡漢者一段事你因何不會先將自心做

个窠臼然後將心去取證喚作釘椿了遶椿
走便恁麼流傳去便恁麼承當去敲床竪拂
用將去喚作將心用心又有般宗師向人道
莫作計較道理開口便沒交涉了與他不相
應也去空劫已前認取都無言說一似坐个
氣毬相似有甚安樂處又似蝦蟆努氣相似
你作恁麼見解面前一似黑霧罩定了也山
僧至誠相勸不是妄說不是作道理籠罩人
不肯人壓良人山僧都無如是道理若或你
秖麼認將去也由你若道我也如此見得也
由你若道擄我見處摠得也由你若道其心
下未穩在也由你須是不自欺始得世間多
少宗師說禪說道為自欺不自欺為欺人不
欺人須是子細山僧昔日在先師會裏受盧
州化士行至熨斗寺前值泥雨忽然滑倒心
中煩惱自言我行脚禪又叅不得自早至今
飯又未喫更恁麼受辛苦聞有兩人相罵道
你猶自煩惱在山僧聞得忽然歡喜却尋不
多十
煩惱處不得蓋為打疑情不破後來四五年十
方知得如今兄弟須是如此用心照顧始得
今夏舉無情說法因緣秖是錯會者多你見
無情便說無情若見有情便喚作有情你叅
禪人不明無情說法如何了得行脚事做善
知識不會無情說法如何接物利生相勸諸

人子細窮究令悟去如未有領覽處且緩緩
恭耶不要忙久立　師云先師常說个譬喻
如外國有二人来大朝抪事物入界時兩人
商量了各自分首一人東去一人西去從一
州至一州從一縣至一縣行来行去忽然到
東京城裏兩人在朝門前相撞著國者个覷
那個那個覷者个並無言從前許多商量本
國中事歷歷地分明挨肯便過無人知得奇
怪諸人且道恁麼撞著時如何恰似禪和家
做功夫相似今日體得些个明日究得些个
窮来窮去一日現前全似朝門撞著一般喚
作打發須得恁麼一回始得方謂之行脚事
辦又如失鄉多年或鬧市中逢見老爺相似
便乃識得無疑亦不須問人是爺不是爺兄
弟但恁麼管帶莫為等閑時不待人祖師道
光陰莫虛度各自宜努力久立　師云古
人道鍾中無鼓響鼓中無鍾聲今時學者那
裏得到者般田地有時入室見兄弟下一轉
多十　十一
語及乎更與一撥便秖管主張道適来已秖
對了也不可別有也多少分明恁麼做功夫
有甚巴鼻癡漢豈不見先聖道言言見諦句
句歸宗你未會了秖管胡乱主張今後入室
不要如此乍可道不會却受整理久立
師云稱禪客須是信人說話始得若不信了

教人千說万說亦無用處呵呵不信了秖管
聽人說爭名禪客夫禪客者風塵草動時悉
皆曉會眹兆未生未落思量意路未動時便
識取方名禪客何故者般事用敵生死也須
是个不爭多底漢始得不見雲岩參百丈二
十年不明此事道吾為他直得咬斷指頭你
看他古人雖不明亦不虛道我不會心亦不
休亦不馳求言句又如雪峯和尚三到投子
九上洞山在投子時一日揭簾入菴投子見
来便下禪床立峯擬議子便托出峯直得哭
後来到洞山又理會不得乃到德山問從上
諸聖學人還有分也無山打一棒云道什麼
峯當下如桶底脫相似及至鼇山尚去有疑
在看他古人直以疑團子破也方始休便道
事已了意亦休此个元来觸處周今時兄弟
參請多是依言起解乱作主宰不然將古人
悟處喚作因緣云那裏看喚作過話有什麼
交涉秖如雪峯三上投子九上洞山豈為言
語兄弟直須退步體究如何退步且不是教
你長連床上閉眼坐硬捺身心如土木相似
百千萬劫也無用處若要退步時你有不會
底語言不了底因緣便頓在面前退步自看
因什麼不會去良久曰僧家道思量也不得
不思量也不得却教人如何看我向你道但

退步看良久又長噓云好悶殺人好難會秖
你那悶殺人是什麼悶殺人是誰你恁麼退
步来看漸漸惺也一日光明一日漸見廣大
又不得一向去者裏認了便道是了當也便
是拄定殺了也濟甚事須是者些智慧来覷
看古人許你管帶一路若如是休歇退步管
多十　十二
取有个道理此是為都不會無所知者又有
般胡說乱說如何若何底漢你但亦退步看
你那胡說乱說底是什麼但恁麼回光返照
看方是若一向如此做功夫畢竟亦有悟期
若不相信也無可奈何山僧初參勝和尚教
看如何是佛法大意楚王城畔汝水東流又
令看風幡話及至下来參老和尚乃請問古
人聲色純真老和尚千說萬說秖是理會不
得後来又令看如何是奇特事云你道什麼
遂却喜歡蓋為有个撮摸處遂常看云如何
是奇特事云你道什麼獨自思量云我道什
麼来我道奇特事又不見有奇特處看三年
不會遂去遊浙中途回来却令看殺父殺母
佛前懺悔殺佛殺祖向什麼處懺悔雲門道
露者公案一似熱鐵一團在心中七年喫盡
辛苦衆中久參方知更與你說晦堂初參禪
時自桂府来先見雲峯悅和尚三年不會他
說話又參南禪師二年不會却過去山主院

裏過夏因看傳燈錄僧問多福如何是多福一叢竹福云一莖兩莖斜晦堂遂開悟今時人秖喚作問荅語蓋用功不子細不曉古人方便山僧相勸兄弟既在林下各自學道勿空過時以悟為則久立　師云親近善友先聖叮嚀付囑也今時學者須是依佛祖之言尋師決擇始得若不恁麼何名學者若要明此事須是起疑參究你若深疑此事便是般若智現前何故行脚事只要疑情息你若不起疑爭得疑情息不見先師三十五方落髮便在成都聽習唯識百法因聞說菩薩入見道時智與理冥境與神會不分能證所證外道既難既不分能所證却以何為證時無能對者不鳴鍾鼓返披袈裟後來唐三藏至彼救此義云智與理冥境與神會時如人飲水冷暖自知遂自思惟冷暖則可矣作麼生是自知底事無不深疑因問講師不知自知之理如何講師不能對乃云座主要明此理我却說不到南方有傳佛心宗尊宿却知此事汝須行脚始得先師便行脚遊京師兩浙凡是尊宿便問此事無不對者也有說底也有下語底只是疑情不破後來浮渡山見圓鑑看他陞堂入室所說者盡皆說著心下事遂住一年令看如來有密語迦葉不覆藏之語一日云子何不早來吾年老矣可往參白雲端和尚先師到白雲一日上法堂便大悟如來有密語迦葉不覆藏果然果然智與理冥境與神會如人飲水冷暖自知誠哉是言也乃有投機頌云山前一片閑田地叉手叮嚀問祖翁幾度賣來還自買為怜松竹引清風端和尚覤了點頭諸人此豈不是深疑了親近善知識然後明得只如先師行脚參善知識後來却道問祖翁是如何自賣了却自買是如何須知無有剩也古人道揔是你又道祇未嘗有一句子到你若有一句子到你堪作什麼諸人要疑情破麼亦須是似先師一回始得久立　師云你但看馬大師見僧下堦乃召云大德僧回首大師云從生至老只是者漢回頭轉腦作什麼其僧言下領旨此理如何從生至老只是者漢你道是那个漢你纔起心要見者漢時便不見者漢者漢難見千難萬難今時人只道是者个漢更是阿誰不可別有也一百个中有九十九个如是會有甚巴鼻若恁麼如何明得從生至老底事如何便見得只是者漢你若不見者漢四大五蘊揔未知下落處且如只今說法聽法是有說聽是無說聽若道你立我坐我說你聽三家村裏人也解恁麼道焉敢稱禪客若謂無聽無說又道從生至老只是者漢所以到此須是求一个了達底人決擇山僧向前未明得時揔不柰何了便請益先師總問著時先師只道我不會我不知我不如你又問禪畢竟是易參難參只向我道你無事問難問易作麼參禪喚作金屎法未會一似金會了一似屎山僧甚不肯此語如今思量了語雖麁其間旨趣不淺此盡是了達之士發一言半句皆不虗也凡為人時皆不胡乱指示亦不乱許人今時有諸方知識有時說得是有時說得無巴鼻此理如何蓋為他亦未了達有時許人道是有時却道不是若如此爭明得從生至老只是者漢子細看來今時人也只是舊時人今時作用也只是舊時作用千變萬化也只是要你者裏自肯一肯方始得了當今時人不了當者只是不解決擇如何是不解決擇處只是將古人言句作解會將自己來鎚鑚只是如此到弥勒下生也不會何故向你道回頭轉腦便不是了也向者裏省力處更不用如何若何直下明取你諸人先將道理近前用古人言句自纏自縛一似淨淨潔潔一片地却將一手土撒在上面相似山僧前日入室垂示道你如今到者裏不可也似適來相似須有个會處始得

有者道適來也只恁麼如今也只恁麼你先
走入情識裏了爭恠得你古人多少慈悲向
你道行是佛行坐是佛坐一切法皆是佛法
一切聲皆是佛聲你錯會了便道一切聲真
个是佛聲一切色真个是佛色既不許如此
會却如何即是向你道纔涉朕兆時早支離
了也欲將智照顯他時早昏暗了也如今但
莫取我口各自由你做功夫看古人因緣亦
得靜坐亦得一切處觀察亦得皆是你做功
夫處一切處是你證入處但一處精專日來
月往須被你打發去不見古靈和尚行脚歸
其師問云汝離吾行脚得何事業曰某見百
丈得个安樂處遂舉百丈頌云靈光獨耀迥
脫根塵體露真常不拘文字心性無染本自
圓成但離妄緣即如如佛其師於言下省悟
又雪峯和尚見風吹芉葉動遂指似僧僧云
某甲甚生怕怖峯咄云是你屋裏事怕作什
麼其僧亦有省既一時是你屋裏事爲什麼
却不會盖爲你隨處流浪不常在家但如今
對善知識時莫教忘却喚作順理而行就已
知歸復云從生至老只是者漢回頭轉腦作
什麼各自看取久立　師云如今明得了
向前明不得底在什麼處如今明不得到幾
時明得去只恁麼翻覆體究也須會去所以

道向前迷底便是即今悟底即今悟底便是
向前迷底若言從前迷即今悟也又言明來
暗謝智起惑忘恁麼還得麼那裏得如此則
有暗可滅有惑可除不見古人道不改舊時
人只改舊時行履處你禪和家道有什麼難
迷也只是者漢悟也只是者漢不可別有及
多十　十六
手問著他那个是者漢便去不得不然胡說
盖緣未曾諦當證入此是諸人入骨髓底病
謬底漢便認著一生休非但一生千生萬生
亦秖休去若是靈利底他須解體究那个是
者漢直求入路處師乃噓一聲今時佛法淡
泊衆中也難得人諸人既在龍門學道不可
空過十二時管帶攝取覰見諸人也似不爭
多你不見臨際和尚道赤肉團上有一無位
真人常從汝等諸人面門出入未證據者看
時有僧出問如何是無位真人際下禪床把
住曰道道僧擬議際便拓開又道汝眼放光
照破山河也古人多少慈悲如今人不以爲
事須是尋人決擇你不見嵓頭雪峯欽山去
見臨際路上逢定上座頭問什麼處來定云
臨際來頭云和尚萬福定云和尚已遷化也
頭云某等特去礼拜又値和尚遷化不知和
尚有何言句請上座舉一兩則定遂舉臨際
上堂示衆云赤肉團上有一無位真人常從

汝等諸人面門出入未證據者看看時有僧
問如何是無位真人際下禪床擒住云道道
僧擬議際便托開云無位真人是什麼乾屎
橛便歸方丈嵓頭不覺吐舌欽山云何不道
赤肉團上非無位真人定便擒住云且道無
位真人與非無位真人相去多少速道速道
多十　十七
欽山直得面青面黑嵓頭雪峯同勸云者新
戒觸忤上座且望慈悲定云若不是者兩个
老漢揑殺者尿牀子你看他道非無位真人
定何故不肯今時學者那裏到者般田地只
管認个五蘊身田強作主宰不能放下我今
舉幾則語教諸人看雪峯參投子問者裏還
有人參麼子擲下鋤頭峯云恁麼則當處掘
也子云不快漆桶他道當處掘尚做漆桶又
有南際長老見雪峯語論無不相契峯令見
玄沙沙問古人道此事惟我能知長老作麼
生會際云須知有不求知者沙云山頭老漢
喫許多辛苦作麼你道此理如何又先師在
海會端和尚會中時端和尚舉古人道如鏡
鑄像像成後鏡光向什麼處去會中有頭角
兄弟下語皆不契端和尚云須是道者子始
得先師時作街坊却從外歸端和尚舉前話
問之先師近前問訊云也不爭多端和尚撫
掌大笑人皆謂摩將他教做化主什麼說話

山僧此中只要學道如要學道十二時中須是先去却無明人我何故人我乃庸人之事先師一生無人我山僧在他身畔作侍者見多少不曾有一念煩惱曾說舊時有个上座在海會做知客先師因送一个長老住四面乃牽知客相送不知如何者上座便劈面唾先師你是甚人却教我送他惡言不止先師遂休摠無人知得後来仍来太平先師請伊知作藏又做首座復自求作監院亦從之及先師住海會乃舉住太平知州不肯又惡罵謂不主張他先師方出言道者漢兩度罵我也以此見伊無人我今人纔有些言語便要理會如此作麼生學道有時見初機兄弟入室秪是爭山僧覸他了也不柰何一似村裏人把匾檐共上將軍鬬我者裏七事隨身手中是關羽八十觔刀他便把匾檐劈頭打一棒見人不動又連打數下去我不是怕他蓋不是對手呵呵勸諸人不要麤心日夜行持做个向上人 多十 纔然不悟亦是高上之士 十八 切須用心久立　師云你纔認著道是便被縛脚縛手更動轉不得也則被你一認認了縱有千般亦不是也你若不認著却有个救處譬如造得一隻船上面一一裝載了要千里外至乎寶所纔動手你先自釘下橛繫却船了却用力搖櫓你搖到弥勒下生也只在岸邊你見船東撒西撒將謂是轉動又何曾離得一步来又似磨茶漢子從早至夜團欒旋轉極是好笑若眼目不分明底見你認著向你道是也被明眼人覷見點檢出来多少露拎索如今多分秪用个如今底道摠離如今不得秪被恁麼地釘下橛条學不得旨趣一時把来錯會了做个主宰不知佛法不恁麼會不見麻谷持錫見章敬谷振錫一下卓然而立敬曰是是又見南泉亦如前泉曰不是不是谷曰章敬道是和尚何得道不是泉曰章敬則是是汝不是此是風力所轉終歸敗壞谷方省過你諸人看幾錯會一生爭得不就人決擇山僧初行脚時見先師偈句便信道此人似古聖說底事必有實證處便十年間条扣先師頌道學道先須得旨歸聞聲見色不思議若憑言語論高下一似從前未悟時又曰空門有路人皆到到者方知旨趣長心地 多十 十九末 不生閑草木自然身放白毫光我後生時雖造道未得心中知此非常句也秖如聞聲見色皆可思議又何緣得不思議及乎論个證處却云一似未悟時未悟時皆可思議如何見个證處此人得無所得至究竟地方解如此我後来十年外始領他事大凡行脚學道条尋莫癡坐就人決擇此法難了喚作隔宿不問道若得了便別也昨日也喫粥喫飯今日也喫粥喫飯豈昔人耶別也不同也趙州向人道喫粥了也未曰喫粥了也州曰洗鉢盂去便是別也吾豈常人也你道何處是別處久立

古尊宿語録卷第三十四　多十

古尊宿語録卷第三十五　多十一

僧録司右闡教兼鍾山靈谷禪寺住持　淨戒　重校

龍門佛眼禪師語録之七

師云山僧教人識取自己師僧家聞得了却云初機學人看底事有甚難會你且緩緩且子細你用何者名自己秖如古德對自己語云遊山翫水你道我會也更是阿誰又對自己云是你自己你道我也會得是我自己且如對伊道山河大地又道噇飯時飯是你自己又怎生會又却去不得古德云盡大地是你自己又且如何消遣每常見人錯會了舉轉古人事問伊秖如鏡清問玄沙曰學人乍入叢林乞師指个入路沙云還聞偃溪水聲麼清云聞沙云從者裏入清從是得旨我問你聞時聞个什麼个个對曰聞水聲如此見解堪作何用攙他所見聞處歷歷地一時領得離此聞外無聲可得盡從我者裏顯現者个是業識有底對云不是水聲是聞自己山僧向道自己了如何聞自己所謂認心認性佛法是个省力易會法門人自辛苦古人見不柰何了向人道你試一念靜思看好言語後人不明古人意了去那裏閉眉合眼捺伏身心堆堆地坐了等悟好癡好癡久立師云不見祖師道風鳴耶鈴鳴耶便好休歇也更煩他道非風鈴鳴乃心鳴耳你更討什麼叅請也及至此土道非風幡動仁者心動祖師恁麼印證因何不會秖為个能所所以道因能立所所既妄立生汝妄能無同異中熾然成異今時人言決擇且如何決擇莫是道者个是入門底語者个是初機語那个是久叅語麼摠不如是元來一時放下正是決擇於一切時無異緣自早辰起披衣洗面歸寮等事你喚作雜想也秖要你見色時無能見所見那裏不是聞聲時無能聞所聞心裏思量時無能思所思佛法最易最省力自是你費力自作艱難若易處不見且究理而坐既來龍門叅禪莫將來比諸處妄想卜度但退步看須會去然有般凡弟受整理有不受整理有愚者有智者有可救有不可救且如不受整理者硬將生死業識來用將粥飯氣來用問着則瞠眼進前退後舉坐具在髑髏裏皮袋裏昏昏地認个識情此不可救你但放下了退步來看方會又有般上座道我都不作道理都無計較不着聲色不依染淨聖凡迷悟一道清虛大光明中都無是事此又被智光盖却着在智邊亦不可救有此兩般病前病猶淺後病更深你但肯拈放一邊退步看亦自然會去此事甚是省力古人道甚是省要又道費力作麼有時見師僧來此間費力吃許多辛苦作什麼須要求些言語向皮袋裏有甚交涉然有一真實方便極好若非久叅者不會疑着如玄沙一日欲說法大衆立久都不說一言遂兩兩三三散去沙云你看今日真實為他也無一人搆得待我開兩片皮一時近前來也你來龍門討方便討法門討安樂龍門也無方便與人也無一法與人也無安樂法與人何故若有方便却成埋沒上座籠罩上座趙州道你但究理而坐三二十年若不會截取老僧頭去亦則要成一片去豈不見二祖大師隨處說法聞者皆得正念不立文字不論修證因果時有禪師聞之遣高弟潛听說法不回禪師大怒因大會次覩語云我費許多力挑撥你你因何得恁麼辜負耶彼云我眼本正因師故邪者个是叅學樣子也後人問雪峯云我眼本正因師故邪時如何峯云迷逢達磨僧云我眼何在峯云不從師得須是恁麼始得古云道當合人人自逐物經中道若能轉物即同如來物且如何轉又道凡所有相皆是虛妄若見諸相非相即見如來古人道若見諸相非相即不見如來但退步絶機緣子細看忽然覷著怎生柰你何久立　師云無迷無悟到得

恁麼田地方安樂最省力秖是个無迷無悟底人十二時中有何法迷却上座應須裏私自家裁斷看三界二十五有迷心故有如今如何得無去既無未得迷情決然不柰何須證取無迷無悟事方得灑落行脚人喚作袈裟下事事若未了禍事也此是大苦馬鳴祖師說个三細六麁動即有若如何得不動去不是說一句兩句便當得譚玄譚妙說義說理坐禪入定當得自家無事獨自思量看平生所作所為他人不知你自返照是合道理不合道理到者裏自瞞不得也好時好日不趁取究令徹去先師出世時道此大寶花王座每日與諸人同起同坐自是諸人當面諱却也好言語又道十餘年海上雲遊覓个寬僻不曾遭遇及到龍舒界見其人方契憤憤之心好言語恁麼說話少有人說得山僧行脚三十有餘年也老僧得道時諸人未生在後生家信取恁麼說底事逐日退省看教徹去久立

師云禪門名迦葉大寂定門不動一絲子無所不通不動一毛頭無所不達非是秖恁麼不動便休去諸人十二時中但不起心動念了一時會得通達一切名迦葉門下人方入得大寂定且何法為緣為礙雖許人參究許人學秖是不許人起心動念會若逢緣遇境或一言半句纖毫動心起作解俱在散位也明上座大庾嶺上不思善惡了方見得便道某甲雖在黃梅實不知得佛言不此岸不彼岸不中流南泉云不是佛不是物正是你今人管帶處但恁麼學如秀才及第一回從此是官人心要一回了是佛方無疑各自將為事莫趁鬧過久立

多十二　四

師云諸人分上各有一段事回頭方識得須是解回頭且如何回頭不尋尋不尋者个便是人難措入處也不尋如何尋尋如何不尋若但尋何異尋聲逐色若一向不尋又何異土木瓦石須是尋而不尋不尋而尋若入得也始和會得尋與不尋所以道不尋不尋法身圓寂尋尋應用不差尋不尋不尋尋境智冥會体用一如故得三身四智五眼六通從是開明學道人解恁麼回頭尋究始得豈不見僧問仰山和尚別有何徑截頓乞指示山云別有別無轉令汝昏昧汝是甚處人云幽州人山云汝還思彼中不云常思山云所思者樓臺殿閣市井人煙有許多般你返思思底還有許多般麼云無許多般山云據汝見處秖得一玄得坐披衣向後自看大衆者僧道所思有許多般思底無許多般見解有偏致令仰山道秖得一玄道眼不正若據山僧所思樓臺殿閣有許多般便是無許多般思底無許多般便是有許多般可驗現今目前有許多般便是無許多般無許多般便是有許多般亦如毗目仙人執善財手善財見無量世界微塵數諸佛仙人放手宛然依舊好大衆放下手了宛然依舊且作麼生會會取好久立

多十三　五

師云先聖道法法本來法好雲門拈拄杖云不是本來法良久曰若如是則三毒四倒五蘊六入十二處十八界二十五有不是本來法何不恁麼會取多少省力佛法是个最省力底事何嘗不現前自是你不會又向你道無法無非法何於一法中有法有不法秖為馳求不息了一切處皆是馳求思惟道理也是馳求看古人公案也是馳求看禪冊子也是馳求假饒靜坐念念不住亦是馳求要會麼則你那馳求便是不馳求个中極難信入難做功夫不安樂者蓋為你等不沉則掉所以道不會去如今如何得不沉不掉則你那一念起是生滅流轉為是業識耶為是不動耶恁麼緜覆看來便有此子道理久立

師云同床共被夢各不同先聖云同共一法中而不得此事且如生死一法中入得生死而不被生死縛者在生死被生死縛者同共一法中一人縛一人脫豈不是夢各

不同你尋常生死作一邊無生死作一邊思
量作一邊不思量作一邊有言說作一邊無
言說作一邊山僧此中也無衲僧事及向上
事秖論出生死事不秖恁麼說一句了休須
是即生死中見無生死事豈不見永嘉大師
見六祖云生死事大無常迅速六祖云何不
体取無生了無速乎嘉云体即無生了本無
速又如曹山辝洞山洞山云什麼處去曹山
云不變異處去洞山云不變異處豈有去耶
曹山云去亦不變異豈不是了得底人你思
量為一邊不思量為一邊於言說外做个無
言說縱饒你會得个無言說處分明絶有言
說便碍着你也終日行住坐卧不曾行住坐
卧何不恁麼參究有時師僧來此下一句拍
一拍那裏當得見解不出二邊你須是去思
量看我分明在生死中如何得無生死去莫
道便是也我本來無生死不由你說者一句
子便了有底聞人說無生死便道是也本來
多十一
無生死若恁麼作解便難會也既不許人作 六
道理起會解又不許人說却如何作功夫你
不見古人道我秖把你將來底示你个入處
珎重　師云看見今時叢林中兄弟似摠不
說此事相似秖如天下到處叢林知識說禪
說道入室陞堂無不是說此事何故道不曾
說着說則說也則是說不着不惟說不着亦
不解覷不解恁麼作功夫秖管道正令全提
十方坐断佛來也打魔來也打一向說禪元
來緊要處不曾說着山僧者裏所說者是諸
方掉下不要者等閑地糞掃堆頭拈將來問
人又却道不得秖如今早入室問道明得底
人見香臺時是香臺不是香臺若道是香臺
與尋常人一般若不是香臺香臺却分付與
誰輕輕將來問着便七花八裂盖緣尋常摠
去閑處做功夫我且問你不說入衆來未行
脚未入衆時見香臺時喚作什麼曰喚作香
臺又曰大家喚作香臺何不思量因什麼喚
作香臺禪須是恁麼參要明你無始時來事
修山主道不見本來法障礙是從來若人有
障礙顛倒幾千回先師道如人睡着將一點
糞着在鼻端上初不覺知及至起來或聞臭
氣嗅褊衫謂是褊衫臭遂脱却褊衫拈得物
來一切皆臭不知道臭在他鼻上忽有智人
向伊道不干別物事剛自不信智人云你但
將手向鼻上揩看則是不肯若肯揩一揩方
知早較些子遂以水洗去之全無臭氣若嗅
一切物元來皆無臭氣參禪亦然不肯自休
歇向己看者下尋會解那下尋會解覔道理
做計較皆摠不是若肯回光就己看之無所
不了不見道一根既返源六用皆不行但如
此覷却有悟明分久立　師絶坐呵呵笑曰
猶自不會良久又曰我恁麼說向你猶自不
會若刬別處更作麼生會也諸方不是走作
你便坐定你我者裏也不走作你亦不坐定
你直是省力易會因何却不會秖為你千方
万便巧作道理所以難會去佛法是个易會
安樂底法雖然易會秖是難入難做功夫若
是諸方坐定你便有个做功夫處走作你便
有个咬嚼處兄弟家來說道不敢道是則你
那不敢道是却如何何不恁麼去看秖恐你
向者裏乱會乱有領覧秖要教你不動一念
便明得去又有道攄我見處千是万是也此
正是如焦谷芽如敗種子永不發生你已道
是了也更如何救須是深疑着此事所以道
凡夫有返覆又有者會了却說不得縱說得
亦不成道理不要草草子細体究山僧與你
同參我若會時你也須會始得你若不會山
僧亦不會也不見玄沙指面前一點白問僧
見麼僧云見沙云我也見你也見因甚却不
會有个同參禮上座見先師得一年半凡入
室秖向伊道上座也分些緇素麼度度去度
度如此似恁麼說話如何解會如何做功夫
今之時也無恁麼尊宿為人也亦無恁麼上

座糸請也若是別人則煩悶去了一日閑先師上堂云同門出入宿世寃家懵然地心下如落秤鎚相似從前已解如去空中花相似從此見諦須是如此做功夫如此證悟禪須是恁麼糸今夏已一月也殊不見兄弟有疊觸處直須鼎省精神若是無人說着無人開示便難做功夫也旣是遇人便好做功夫須是分緇素始得久立　師云而今行脚兄弟可信道有頓悟底事也諸方亦可說有頓悟底事若無頓悟底事如何却名叢林蓋為從來相傳秖是看古人公案或看一則或兩則略有一知一解若有理會不得處亦尋縫罅鑽研求會旣會得了道此事秖如此也便在叢林中流布將去皆不說着頓悟底事若無頓悟底事則三界二十五有如何消遣疑情如何消落去今早有个師僧來說道見聞不昧一向去認見聞便道是也則是不見那不昧處問他方世界事又不知問根塵下事又不破如何却以凡夫情量便同頓悟底事山僧今日普告大衆但信取有頓悟底事譬如村夫於耕田處拾得一粒金丹服後渾家上昇又似白衣拜相相似教中說你那凡夫情量如似土坯未曾經大火中煅過都用不得須是經大火中煅過始得却似得一回頓悟相似山僧自川中來秖糸一人知道此人說話與古人一般嘗問先師道聞禪門中有悟道果否先師云是若無悟那裏得你但纔纔地糸山僧便寬心糸究有復首座見地明白山僧常去詢問秖向山僧道須是自家做活計莫來問我一日舉趙州夾火示僧云不得喚作火是什麼山僧深疑着分明是火如何却不喚作火如是看三年常自思惟爭敢以凡夫情量便同他聖人所證處又聽法華云是法非思量分別之所能解常得此一念如今兄弟家道便是者个也為你一起解會了便不會也又先師曾到李提刑宅提刑請就書閣中燒香了將傳燈錄白先師其雖俗人素留心此道每看此錄多有不會處一一望和尚開示先師云此事不如是理會須有省悟始得若有悟處無不會者自不消問人若無省悟秖那會處亦未是在提刑云吾師說得是又山僧平生事因作知客在火炉上會得自後無有不會底事衆中兄弟須是見頓悟底事始得今時叢林中例皆不說着也久立　師云山僧分上無有不是者若有一絲毫不是處爭敢說向人爭敢指示人山僧分上是時無能是底心又無所是底法所以方敢說向人若約諸人分上明知有不是處所以來就人決擇若已是了更幾時去問人也然而山僧者裏秖指你是處你若不是終不敢道你是等你是也山僧肯你也秖賭是大衆山僧無有不識者或曾見人來或有悟處或無悟處有無會解皆知得伊如世良醫一見便識病或冷或熱可醫不可若一一問候方知此乃庸醫如前日舉法眼指簾子有二僧去捲法眼云一得一失你等事須不得道有什麼得失又道一人會來去卷是得一人不會來去捲是失若恁麼怎生會醫如今明未得蓋為悟心未諦如不識病稱醫者他人會也不識不會也不識有無見處摠辨別不得却如何為人如何說向人須是剋骨究實始得若肯去剋骨究實無有不會者不見古人道你但究理而坐三二十年若不會截取老僧頭去作尿鉢子僧家有時道是也却到剋骨究實却走作不定如隔牕看馬騎相似忽尔便過直須似三二萬斤鐵相似牽不前推不後方知是實你等纔被人撼着早動也更着力推一下便倒了也須是洞明頓見三百六十骨節八万四千毛竅一時開張內身外器法法皆是本來法無有不是始得而今師僧依倚方能道得若一時去却則無湊泊處又謂空過了諸人無過此時好也旣在其

中定省精神努力究取跡重　師云若論平等無過佛法唯佛法最平等若道我會你不會不是佛法也你會我不會亦不是佛法也教中道是法平等無有高下名阿耨菩提山僧見處與諸人齊等諸人見處亦與山僧齊等又古人道諸人知處良遂揔知良遂知處諸人不知因何却不知去良由仁者心有高下不依佛慧遂見此土土石諸山穢惡充滿須依佛慧始得他聖人說底便是平等法也道卵胎濕化四生九類我皆令入無餘涅槃而滅度之如是滅度無量衆生實無衆生得滅度者豈不是平等法古人道涅槃名廣度無餘一味收卵胎并濕化空有及沉浮薩埵能降住菩提道自周倏然纖芥在此岸永淹留纔有纖毫不盡便是此岸也又道剎那流入意地便為生死根栽豈可乱有所證妄生解會耶古有尊宿向人道各各有初心在最初發心行脚必為生死故發心或厭苦故發心或為事緣逼迫不獲已發心皆名發心何故令人看初發底心謂你最初發底一念不易轉頭來最有力此是你叅底禪也若得現前時秖是此心明淨也中間求訪宗師日夜推究秖是養育此心乃至悟得了便見未發心時亦則不失馬鳴祖師謂之始覺即本覺本覺即不覺本始不二名究竟覺又道初發心時即成正覺謂先證得果頭佛六度萬行成熟之事也所以令你但推究初發底心且山僧見處與諸人一般何不恁麽會去久立

師云明眼漢沒窠臼你尋常搆不及者秖是眼不明眼若明却搆得也所以說道明眼人難得你纔道是恁麽便是窠臼也若是明眼人即不恁麽不見德山示衆道今夜不荅話問話者三十棒若不是明眼漢怎生搆得纔搆不得便落意思即成朕兆故德山平生則嵓頭一人搆得所以道須是明眼漢始得久立

師良久告衆曰祖師眞實好知音呵呵笑了又云也秖得恁麽說也若明得者親得受用便有履踐處若涉道理涉計較涉言說則不會也亦不親得受用也你在廊下東行西行時寮舍裏洗衣擇服時還見得祖師眞實好知音麽良由不見開着便脚忙手乱病在什麽處病在你尋常秖是思量計較中來不親得受用皆是去長連床上閉目藏睛擘劃思量得盡上窮銀漢下徹黃泉方說得一兩句却到開處時又不知下落也目前盡是碍人之物輕輕開着便去不得如今據實理論不要乱說我且問你不與粥飯吃三日時還動得麽定是動不得也纔方吃得些粥飯方能動得若恁麽盡是粥飯氣到者裏便要得人也須是見得非粥飯氣底事始得禪須是恁麽叅如此方名決擇既喫粥飯了須扶持你者事把來叅取恁麽一件事你却揔不知却去開處用了也說是非管閑事或思量或擘劃可惜許盡把來胡乱用了你不知纔擬心早是後世也剎那流入意地便為生死根栽也又五蘊身存尚不知百骸散後何處覔近日有者一向秖恁坐地初時惺惺地餉間便瞌睡十个九个坐地瞌着苦苦不會做功夫那裏硬坐要會不是此理怎生見得丹霞豎起拂子龐居士舉起槌子丹霞擲下拂子居士放下槌子又云昨日公案作麽生丹霞放身卧居士便出去此豈不是眞實知音豈容你乱說容你下注脚又嵓頭道夫沙門者一一從自己胷襟流出蓋天蓋地始得那裏是靜坐思量來先師道你睡時睡時叅取喫飯時喫飯時叅取又古人道坐時有坐時道理立時有立時道理豈不見投子問翠微西來密旨可得聞乎翠微竚立顧視投子云未曉玄言乞師再指翠微云更要第二杓惡水潑在投子便悟諸人不得受用在十二時中蹉過多少好事所以我道祖師眞實好知音良久又道祖師之道如青天白日相似為

什麼有人迷路久立　師云你諸人會不得過在何處你都盧是不會根本是不會了更求覓會處古人道莫棄者邊着那邊若如此轉難會也向你道根本是不會何不恁麼看如法眼行脚時地藏問何往去曰行脚去曰還會行脚事麼曰不會曰要知行脚事不會多十一者是法眼從此省悟我問你既十三不會又如何是得須有入路方知不是強會底事巧會千般你根本不會了堪作何用須着用意究你看不會從何處得來你要知麼你者不會本無來處既無來處此不會却如何及手明得者不會無去處恁麼地看時你管取須明得秖被你不解做佛法中人一向秖在世間用心未曾片時究此事如何得便會去及乎被人問着胡道乱說不是恁麼事舊日曾聞一人老僧說香林和尚見僧來曰你說得不無你你下堦兩三步早不恁麼也莫乱說好你看古人根窮人是如何將為事佛法無虛棄底道理會取會取珎重　師云雲門大師曰汝若實未構且順朱識取叢林中叅學人亦須順理而進不敢望有趍過底事大凡今之學人事作一邊理作一邊所以致令身心不得安樂何不且教事常順理去未說無始劫來事秖據一念入母胎頓變根身器界自是

已來莫不皆是事一報身中種種何常有一法不是事者如今如何消遣此个事得順理去且事有形段理無相狀古人一得其理了事便如理融通去豈不見昔人聞扳鳴乃撫掌大笑曰我會也我會也此豈不是順理而學何不且去十二時中恁地覷究做得者般功夫久久成熟自然與理相應祖師道要急相應唯言不二不二不秖說了便了要得相應始得潙山道事理不二眞佛如如多見不能順朱把來一時顛倒了空理會古人言語公案差別問難節記門庭以為叅學苦哉苦哉學道不如此後生兄弟更是不知空腹高心十年五歲過却光陰並無所得無明人我客氣殊不念出家事將來如何去各各究取莫久立　為李舍人普說師云實無一法為緣為對若有一絲頭便是一絲頭你諸人如何見得無一法為緣為對底道理若向者裏明得現前何處更有身心可求若實無个證入處都來秖多十一是生死流注如今問諸人十四你現今種種分別念慮作麼生都無法為緣現前我見你你見我作麼生無法為對道人家須是恁麼麤覆体究始得山僧道佛法便是諸上座諸上座便是佛法是有語路來体解無語路來体解是有可趣向處無可趣向處從上古

佛先德現前在此盡大地凡夫四生六趣現前在此向者裏直下了得實無一絲毫子豈是取一邊捨一邊豈有一段本來事有一分今時妄想則為馳求取捨至今不得現前既有許多流轉法可猒可棄所以諸佛出世祖師西來使汝尋師訪道祖師邊事透不過時直下如銀山鐵壁相似且如何是銀山鐵壁元來是自家屋裏事思量來者般事我未會已前如銀山鐵壁如今會了元來我是鐵壁喫鐵壁鐵壁所以道祖師常在世間秖如世間如何了先聖道自從認得曹溪路了知生死不相干須是你自家踏着始得方知道佛祖常時垂手須一一從自己胷中流出自然明得諸聖出世善巧方便秖如諸人每日說底話還有方便善巧麼乃至動轉去來種種施為有善巧方便無善巧方便豈不見洞山叅見雲門門見來便問近離甚處山云查渡者一句語如何是會來恁麼說是不會來恁麼說是肯多十一了恁麼道是未肯了十五恁麼道雲門又問夏在什麼處山云湖南報慈門云幾時離山云八月二十五日門云放你三頓棒洞山一夜不安明日上去問訊云昨日蒙和尚放某甲三頓棒不知過在什麼處門云飯袋子江西湖南便恁麼商量也山於言下見道

且有過無過合吃棒不合吃棒即且置你道者僧悟處是如何古人為人作麼生或若者裏明得自從無始刼來事實無一絲毫為解礙方從是出生便了他諸聖行履處未能如此莫道是諸聖行履處十二時中行履處何曾分明秖為無始刼來顛倒迷乱六趣何曾見還猶如蠅子透窻相似不見端師翁有頌云為愛尋光紙上鑽不能透處幾多難忽然撞着來時路始覺從前被眼瞞如今既在此門中不可中塗困躓縱然學道得旨後闈閤中物䫻不下明得此事還被此事留滯不見道金鎻玄關留不住行於異類且輪迴到得恁麼田地方可為人師如今去聖時遥人多懈怠尋常說正法像法末法山僧道法無正像末佛法常在世間得時便是正法失時便是像末法諸人決然要辦此事緊要是出生死然本無生死可得何故三際求之不可及先佛道過去心不可得現在心不可得未來心不可得秖如歷歷分明听法者是誰是過去耶現在耶未來耶須知是一个無始時來無知覺者如此看來豈是與一法為緣為對如今天下禪僧盡道秖是者箇漢是定有者箇漢是定無者箇漢道撗也是者箇漢竪也是者箇漢他道六十二見諸外道種盡從佛法中來所以貧道須在舒之龍門時常勸人如此做功夫後到褒山亦不忘此旨非時愛與兄弟東說西說喚作非時語緊要處却在當人不見昔日溈山和尚在百丈作典座一日司馬頭陀問云野狐話作麼生會溈山撼門扇司馬云是則是太麄生溈山曰佛法說什麼麄細你道問他野狐話他却撼門扇且道緊要在什麼處要會麼盡是金毛師子子莫於中路却輪迴久立

多十一　十六末

古尊宿語録卷第三十五

多十一

古尊宿語録卷第三十六　多十二
僧録司右闡教兼鍾山靈谷禪寺住持　淨戒　重校
龍門佛眼禪師語録頌古
外道問佛　杲日連天照有無孰云善逝坐
跏趺如今要見當年事邪正猶來在半途
世尊陞座文殊白搥頌曰
法王法令若為酬老倒文殊強出頭負累釋
多十二
迦猶可事至今千古鬧啾啾　世尊拈花
迦葉微笑　百萬人天望舉揚拈花微笑
大乘張幾多業識忙忙者問着勞生沸似湯
二祖請達磨安心　若有絲毫付與人
可師何得更全身人間天上迷逢處八兩元
來是半斤　六祖風旛　非風旛動唯
心動大海波瀾常汹湧魚龍出没任昇沉生
死聖凡無别共無别共底怎模様祖佛傍觀
空合掌　國師三喚侍者　老倒江湖
上竿頭事可咍一四浮子動又是上鈎來
百丈野鴨子　草裏尋常萬萬千報云飛
去豈徒然鼻頭是甚閑皮草十字縱横一任
穿　百丈歸與同事坐次忽然哭事問曰
憶父母耶丈云無事曰被人罵耶丈云無事
曰哭作什麽丈云問取和尚事往問大師大
師曰你去問取他事回至寮中見百丈呵呵
大笑事曰適來為什麽哭而今為什麽却笑
丈曰適來哭而今笑同事惘然　一回思
想一傷神不覺齁然笑轉新雲在嶺頭閑不
徹水流澗下太忙生　馬祖陞堂百丈捲
席　挂得帆來遇便風須臾千里到家鄉
臨門上岸逢妻子歡喜情懷不可當
百丈再叅馬祖　挂拂遭呵耳便聾衲僧
奚若驗宗風金剛腦後抽生鐵華岳三峯倒
卓空　黄蘗一日問百丈曰和尚在大師
處有甚奇特言句乞師不恡丈遂舉再叅馬
祖因縁乃曰我當時被大師一喝直得三日
耳聾黄蘗不覺縮項吐舌丈曰子已後莫承
嗣馬祖麽蘗曰不然今因和尚得見馬祖大
機大用要且不識馬祖若承嗣馬祖恐已後
喪我兒孫丈曰如是如是　家肥生孝子
國霸有謀臣拳頭劈口搥未到無兒孫
百丈開田說大義　開田說大義後人莫
容易百丈揔持門淡而還有味　黄蘗問
百丈從上宗乘苗裔此間如何商量百丈默
多十二
然蘗曰教後人如何委悉丈云我將謂你是
箇人便起去蘗後入方丈云某甲得得而來
秖要箇印信足矣丈曰若恁麽他後不得辜
負老僧　打麵還他州土麥唱歌須是帝鄉
人現成財本成家者多見飢寒在子孫
百丈一日問黄蘗何處去來蘗曰大雄山下
採苗子來丈曰還見大蟲麽蘗便作虎聲丈
便抽斧作斫勢蘗約住便與一掌丈便休至
晚上堂謂衆曰大雄山下有一虎汝等諸人
好看老漢今日親遭一口　大雄山下斑
斑虎觸着傷人誰敢顧親遭一口老婆心何
曾用着腰間斧　百丈問黄蘗甚處來蘗
云開田來丈云辛苦不易蘗云隨衆作務丈
云有勞道用蘗云爭敢辝勞丈云開得多少
田蘗遂钁地數下丈便喝蘗掩耳而去
相見言談理不虧等閑轉面便相揮畢竟水
須朝海去到頭雲定覔山歸　黄蘗示衆
汝等諸人盡是噇酒糟漢　大唐國裏無
禪師不許會兮秖許知着肉汗衫如脱了方
知棒喝誑愚癡　黄蘗一日在南泉位中
坐南泉遂問長老是甚年中行道蘗云威音
王佛已前泉云猶是王老師孫在蘗遂歸本
位坐　彼此老來誰記得人前各自強惺
惺一坑未免俱埋却幾箇如今眼子青
多十二
南泉問黄蘗定慧等學明見佛性此理如何
蘗云某甲十二時中不依倚一物泉云莫是
長老見處麽蘗云不敢泉云漿水錢且置草
鞋錢教什麽人還蘗不對　問答分明是
切磋幾人於此見詨訛少年俱決龍蛇陣老
倒同吟稚子歌　南泉門送黄蘗泉曰如

許大身材戴椰子大笠子蘗云三千大千世
界抱在裏許泉曰王老師吩黄蘗戴笠子便
行　相見錫江頭相㩦上酒樓會留還少
病知分不多愁　百丈問南泉何處來泉
曰江西來丈曰還將得馬師真來麼泉曰秖
這是丈曰背後底吩泉拂袖便出　八面
生風秖這是拂袖之談動天地堪愛貴身王
老師不作賤今不作貴　南泉坐次一僧
叉手而立泉云太俗生僧合掌泉云太僧生
僧無對　南北東西無不利令人深愛老
南泉眉毛厮繫如相似鼻孔遼天不着穿
洞山謂雲居曰昔南泉問座主講何經論主
云弥勒下生經泉云弥勒幾時下生主云現
在天宮當來下生泉曰天上無弥勒地下無
弥勒時雲居遂問洞山秖如天上無弥勒地
下無弥勒未審誰與他安名着字洞山直得
禪床震動乃曰膺闍梨　禪床驚震被恭
糊惹得兒孫不丈夫拄杖劈頭連打出也教
知道赤鬚胡　南泉示衆云馬大師道即
心即佛又云非心非佛老僧即不恁麼不是
心不是佛不是物恁麼道還有過也無趙州
出禮拜歸衆僧問趙州適來禮拜歸衆意作
麼生州云却問取和尚僧上問南泉適來諗
上座意作麼生泉云他却領得老僧意旨

祖佛場中不展戈後人剛地起談訛道泰不
傳天子令時清休唱太平歌　南泉斬猫
兒　五色狸奴盡力爭及乎按劒揔生盲
分身兩處重相為直得悲風動地生
晚趙州從外歸泉舉前話問之州脫草鞋戴
頭上而出泉云子適來若在即救得猫兒
多十二　四
安國安家不在兵魯連一箭亦多情三千劒
客今何在獨許莊周致太平　南泉歸宗
麻谷三人去禮忠國師　同氣相求事可
論一回見面一歡情兩行何處開文字一隊
誰家好弟兄　大隋蓋龜　骨裹皮兮
皮裹骨大隋老子無窠窟上士聞之笑未休
中流特地生疑惑　俱胝竪指　老大
宗師竪指頭一生用得最風流玄沙拗折無
人會年來年去冷颼颼　德山參見龍潭
吹紙燭　黄金為骨玉為稜莫把他家此
日尋多少從來悟心臣盡將底事繼威音奏
魯祖面壁　池陽何處得捫摸後代
商量苦也無古人剛地成多事敢問如今會
也麽　雪峯示衆云望州亭與上座相見
了也烏石嶺與上座相見了也僧堂前與上
座相見了也　䆮密堂堂早二三本來無
物更何堪癡人見了生歡喜作者相逢滿面
慚　米和尚令僧問仰山今時人還假悟

也無山云悟即不無爭柰落在第二頭米聞
深肯之　悟人千箇道無憂肯信還他第
二頭寂寞山花寒食後夕陽西去水東流
金牛和尚每至齋時自將飯於僧堂前作舞
呵呵大笑云菩薩子喫飯來　長連床上
狐屎屎三聖堂前狗吠春跳出金牛窠窟子
多十二　五
月明照見夜行人　玄沙三種病人
玄沙三種病人有理不在高聲引得香嚴老
子走來樹上懸身　破竈墮和尚居嵩嶽
山塢有一廟甚靈廟中唯安一竈遠近祭祀
不歇烹殺物命甚多師一日領侍者入廟以
拄杖敲竈數下云汝本塼瓦泥土合成靈從
何來聖從何起又敲數下竈乃𩑶破墮落師
云破也墮也須臾有一青衣峩冠忽然設拜
師前師曰是什麼人神云我本廟神久受業
報今日蒙和尚說無生法忍遂得生天特來
禮謝師曰是汝本有之性非吾強言神再禮
而没　禍福威嚴不自靈殘盃冷炙享何
人一從去後無消息野老猶敲祭鼓聲
大衆遂曰如某等久在和尚左右不蒙示誨
適來竈神說何法便得解脫師曰我也別無
道理秖向伊道元是一堆泥土合成靈從何
來聖從何起你等諸人何不禮拜衆遂作禮
師云破也墮也大衆一時悟入　春寒料

峭湅殺年少切忌叅商別無奇妙伍頭侍奉歡喜問訊佛法商量傷了性命　趙州勘婆
趙州言勘破笑殺老禪和院主眉鬚落南泉打粥鍋趙州勘破却成罪過大地衆生千箇萬箇　百丈野狐
醉眠醒卧不歸家一身流落在天涯祖佛位中留不住夜來依舊宿蘆花　黃蘗問百丈古人錯荅一轉話墮在野狐身今人轉轉不錯時如何丈曰近前來向汝道蘗近前打師一掌丈呵呵大笑云將謂胡鬚赤更有赤鬚胡
一問當機絶異同定乾坤箭驗勲功轟轟一掌賊腮下笑殺雄山者老翁　司馬頭陀問潙山百丈野狐話你作麼生會潙山以手撼門扇三下司馬云太麁生潙山云佛法說甚麁細
春至是花開朱顏安在哉可怜園裏色不入鏡中來　靈雲見桃花
春來依舊一枝枝同地同天道不疑未徹之言人莫問令余特地笑嘻嘻　臨濟叅黃蘗首座

多十二　六

令問如何是佛法的的大意三度問三度被打
擘開華岳連天色放出黃河到海聲瞎驢死後萬枝折大地如今有幾人
雲門三頓棒　奉君三頓曲周遮屈辱雲門老作家渡水穿雲五湖客欲將何物當生涯
雲門胡餅　雲門荅餬餅言前句後領驢鞍爺下領到了終不省塞却你咽喉把將餬餅來速道速道
罽賓國王自將劒至師子尊者處問師得蘊空否尊者云已得王云既得蘊空可施我頭否尊者云身非我有豈況於頭王即斬之白乳高數丈王臂遂落
楊子江頭楊柳春楊花愁殺渡頭人一聲殘笛離亭晚君向瀟湘我向秦
仰山插鍬　數目分明舉即難衲僧無不膽毛寒須知更有壼中路但向須弥頂外看
長慶萬象之中獨露身　萬象之中獨露身一回相見一回嗔東西南北吾皇化莫向江頭苦問津
雪峯鼇山成道　鼇山成道足人傳莫是從前話不圓賴有玄沙知始末徧身紅爛在漁船
子胡狗　老大宗師没巴鼻養狗之緣大兒戲奪牌禪客如到來鉛刀爭及吹毛利
烏窠吹布毛　欲求佛法往南方老大宗師為舉揚山花滿地雖狼藉一陣風來一陣香

多十二　七

玄沙虎　宗師方便太慈悲是汝之言害古錐萬里神光騰頂後肯將生死嚇愚癡
五洩叅石頭　在途在舍若為酬莫把先師一例求雄雄宇宙如王者未免半邊無髑髏
藥山一句子　犢牛生子頗相諳兩眼通紅色似藍把火照來無覓處大家弄請一時叅
趙州喫茶　趙州一椀茶驗盡當行家一期雖似好爭免事如麻
盤山臨入滅垂示云還有人貌得吾眞麼衆人競寫呈師師皆不納時普化出衆云某甲貌得山云何不呈似老僧看普化乃打筋斗而出
師眞醜拙不堪呈用盡身心笑殺人彼中莫覓絲頭意白鼻崐崙賀新正
女子出定　出得出不得初不離是定聖者起凡情凡人而乃聖倒用與橫拈扶邪及顯正春雨春風竹户涼落花啼鳥千峯靜
良遂叅見麻谷　平生心膽向人傾到此門中有幾人別後都城舊知己暖煙斜日又黃昏
黃龍三關　佛手驢脚生緣黃龍元無此語直饒恁麼知之我儂亦未相許奉報四海禪人第一不得錯舉
晦堂拳頭　着眼看來寧免瞎全身何用佩金魚黃龍意氣雄豪甚秪為他家不識書
五祖老和尚凡見僧來便云屈屈僧云屈作什麼師云如今不屈更待何時
盡力不柰何按牛頭喫草若無錦繡文難以論嘉藻
又每見僧來展手問云何故喚作手　何故喚作手衲僧難開口擬議自顢頇可怜大蒙斗
又每遇僧請益秪云無這閑工夫　彼此　且無相負累行人無不失鈎錐

雖然不瞎衆生眼也好拳頭劈口搥
室中垂示
師云不負平生眼目還知龍門老為人處麼若知得終不相辜負若不知實無為人底道理　師云上座未來此間時無一人上座既來此間後多十二有一人上座秖是一人八上座為什麼成有成無　師云正恁麼時作麼生辦　師云得底人還具四大五蘊麼
師云真佛住在何處　師云盡十方世界是你自已折旋俯仰後是何人　師云古人道無情有佛性師云有情具覺知可容知有佛性無情無覺知若為知有佛性
師云昨夜山前虎咬大蟲　師云無目仙人能揣骨既是無目將什麼辨貴賤
師從東過西碩謂衆曰是復從西過東顧謂衆曰不是不是遂歸位立曰適來猶記得
舉魯祖凡見人來便面壁而坐不知後來有甚人會得　師云離却三界還見香臺麼
師云有情說法易見無情說法難聞秖如無情說法什麼人得聞　師云溈山接仰山
師云現今是箇什麼何不猛會取　師云有人問你隨問便荅無人問你時作麼生道
師云芥子納須弥且問你諸人即今在芥子外芥子内若道在芥子外如何納得須弥若道在芥子内許多大身材如何却在芥子内
師云隔宿不問道今朝事作麼生　師云山僧問你諸人尋常一件事諸人舊時曾到處忽然思量着一一在目前為將眼見耶將心見耶若道將眼見諸人思量舊時到處如何是眼見若多十二道是心見心豈有見也九現今目前燈籠露柱是心見耶是眼見耶世尊道從本已來非心非眼且道是个什麼　舉古人道一堆火兩人坐我是你你是我師云你自是你向火我自是我向火為什麼却道我是你你是我　師云無舌人解說說則說了也師却吐舌云争柰者一片子何　師云明來暗謝智起惑亡正當明時暗向什麼處去祖師道秖者明便是暗明暗覲體不可得
師云黑地裏行時為什麼脚高脚低
師云古人道世間法便是出世間法露柱是世間法如何明得知是出世間法去
師云一切衆生眼見耳聞先聖去者裏有个指示人處道即此見聞非見聞師云諸人正當見聞時作麼生見得非見聞　師云忽然被人稱名道姓喚你一聲時你去者裏還入得麼　師云山僧與諸人惣在者裏其間有了者不了者作麼生辨得者个是了者這个是不了者作麼生辨　師云諸人還會古人說底話麼那个是古人作麼生是說底話若不恁麼明得祖教佛教俱為剩語作麼生是古人說底話　師云十二時中作麼生是你相應底句　師云不是山僧瞞你却是你瞞我作麼生是你瞞我處
師云中夜間忽然會得去今朝起來所見所聞別也作麼生是別處　師云此事易見難曉你等諸人還見狗子麼見生客則吠見熟客則摇尾且道是一耶是二耶若道是一吠則咬人摇尾則求食若道二來生也是客熟也是客所以道易見難曉須是向不一不二處會取山僧不誑諱你子細撿點看
師云山僧齋時見个蝍蟟子在聖僧鼻孔裏出來入去得大無畏你諸人十二時中出來入去在什麼處　師云古來有个禪客依栖一人尊宿每日上去問訊纔見來便道且去未在如是數年忽一日省得便上去宿纔見來便云噁是也師云作麼生見得便知道是也　多十二師云不重久習不輕初學十久習之人有何過不重初學之人有何能不輕正當撞着此二人相見時如何　師云諸人大似開眼尿床還見開眼處麼　師云須得作衲僧家說話且道衲僧家如何說話
師云你上來時早是分外也更口吧吧甚作

什麼　師云曹溪大師道繁興永處那伽
定祖師在你背後還見麼
垂代　師一日問侍者三人中那箇不在
數代云和尚問不着又云某甲秖得緘口又
云慚愧且得和尚委悉　因病臂示衆云
我一隻左臂因你諸人教我動不得因你諸
人教我受無限辛苦代云和尚要如此分疎
作麼又云不敢辜負和尚一隻左臂又云學
人聞得不安不樂又云此是和尚成襯某甲
秖恐某甲不到者田地　舉古人云飛猱
嶺峻你好看問僧你如何代云恁麼則不去
也又云為什麼不去代云秖者便是飛猱嶺
問大庾嶺頭提不起時如何代云你却會得
好又云你適來披袈裟麼又云依樣畫葫蘆
聞書閣門開云無風自動好與三十棒
舉古云泉眼不通被沙礙道眼不通被什麼
礙古云被眼礙問僧秖如眼如何礙代云早
知燈是火飯熟已多時
多十二
師問僧你許多時在什麼處安身立命代云
十一
少人知問南泉牽牛巡堂如何代云你尋常
東行西行有佛法道理無佛法道理又云錯
行此路問高麗淨缾為什麼在者裏　代云
非但在者裏舉龐居士問馬大師不與万法
為侶者是甚麼人代云某甲已荅和尚了也

一日聞茶版声又聞浴鼓声問僧去赴那處
即是代云聞時雖普不妨應處成偏應處雖
偏不礙聞時常普問僧如鏡鑄像像成後鏡
光向什麼處去代云老僧出家三十年也問
如何是你受胎處代云和尚甚處去來問念
念攀緣心心永寂時如何代云復有何事問
我与釋迦老子同參釋迦老子具三十二相
八十種好如何說同參底事代云莫來污我
耳目問久嚮千佛到來為甚麼一佛也不見
代云已見千佛問識情不到處如何代云大
蟲看水磨問識情不到處還聞兩声麼代云
將為某甲落他情識裏問大安樂底人還見
有春夏秋冬麼代云若不恁麼爭喚作大安
樂底人問衲僧家如何商量代云寒時言寒
熱時言熱問如何是古人田地代云豈有畢
耶問飯袋子如何代云正道着因遊白蓮峯
至半山亭有僧後到云和尚在這裏師云
我到了來也僧無語代云也是齋後鍾呂少
馮入室問和尚有何提誨師云若有提誨即
埋沒足下又問請和尚徑直指示師云太迂
曲生問有一物上拄天下拄地黑似漆常在
動用中動用中收不得過在什麼處代云有
什麼過謂僧云我為你着尽氣力如何着力
代云早朝有粥齋時有飯問會佛法人為什

麼病代云也知和尚心切師插一隻火筯在
炉中云此意如何代云頂門上着一隻金剛
箭又云刺破你眼睛穿過你心肝又云莫向
虛空裏釘橛有一屠兒身上常出乳香舍利
此意如何代云恐人不信又問別底屠兒為
甚却無代云他得大闡提問虛空還有變異
多十三
也無代云青黃赤白長短大小師豎起拂子
十二
問僧從什麼處得來代云也秖是某甲底夢
中僧問和尚因什麼得悟代云莫荼糊我見
盡兎子相咬師云咬殺也又云我也知你親
示衆云會佛法底人不得龍門飯吃不會佛
法底人亦不得龍門飯吃揔不恁麼人亦不
得龍門飯吃且道什麼人得吃代云無慚愧
底人又云似我者得吃遊山次問僧竹密不
妨流水過如何代云不許夜行投明須到問
僧癩狗為什麼無毛代云已被和尚道了也
又云直得恁麼因僧問病師云我身在這裏
為什麼心不在這裏代云身在這裏你疑个
什麼又云洎合空過一生問亡僧遷化向什
麼處去代云你問我又云深領和尚一問一
日吃粥了白衆云許多人吃粥也無一人攝
得便起去　舉古德一日不赴堂侍者白云
請和尚赴堂德云我今日在莊裏吃油糍來
也者云和尚不曾出入為什麼却道在莊裏

吃油糍來徳云你但去問取莊主者才出莊主歸謝和尚莊中吃油糍代云事實如此聞廳鼠声侍僧問古人道即此物非他物意旨如何師云這老漢不識好惡與人説作甚麽又云你尋常寮舍裏東語西話還有吉凶麽問廣額屠兒手中屠刀如何放下代云不須放下問面前是什麽代云無物問六祖不識字為什麽墜腰石上題云龍朔二年老盧記代云更須子細問侍僧汝恁麽供養老僧老僧將什麽報荅你代云謝和尚報荅因看月問侍僧那一半在什麽處去代以手指月問大地衆生如何度得去代云有个度處僧云和尚度師云莫管他因僧亡問衆云齋後燒你也你如何詠代事不徒然又云非但某又云深領此問師謂侍僧云我尋常向你說却成罪過代云也知和尚小心吕少馮冉至褒禪見師師尋常以六隻骰子示禪人遂將三隻令侍者送與少馮傳語云此是老僧平生用不盡底少馮接得復令回語云謝和尚見惠秖得一半在師復令侍者傳語云一半留與老僧師一日到寶公塔前忽云雲光好法師安角在頭上既是雲光法師為什麽安角在頭上代云陋巷不騎金色馬回來却着破襴衫師在方丈坐見僧上來師云入室未到你次在代云恁麽則某甲伏惟謹退師因吃藥次問僧云適來胃中似有一物且道是何之物代云肺氣又云猶有者个在又云者个是什麽乃驟步而去師謂僧云開鋪席了也東買西賣僧云好恭師云賤貨自收師問僧你忽然死去時如何僧無語師呵呵大笑僧問如何是眹兆未生時事師云你何不早問師一日謂僧云扶不起設使一萬人也扶不起良久云秖有一人扶得起僧云未審是什麽人師云無力者師問僧燈籠什麽處得來代云驗在目前問僧忽遇虎狼刀劒時如何代云是虎狼刀劒問僧子巳後如何代云一似今日問僧從緣得者永無退失者裏見得自巳亦是生冤家還會麽僧云自己亦不見時如何師云時教阿誰叙僧無語師代云孟春猶寒師舉僧問雪峯知有向上事始有語話分時如何峯提起僧手云作麽生僧無語代云引得者老和尚到恁麽田地　舉僧問法燈百尺竿頭如何進步燈云噁問僧下得什麽語代云平地神仙　舉藥山謂高沙弥云見說長安甚鬧高云我國晏然師問僧如何是我國代云四五百條花栁巷二三千處管絃樓　五祖老和尚常展手問人云因何喚作手代云瞞我太煞

示禪人心要

不應於無際空中立無分限若立無分限是無際空乃自負隨所以解空者無空想

若人以語言名狀心終不得心不以語言名狀心亦不得心語言本是心名狀之故不得也無語言本是心不名狀之故不得也種種曾當皆不與自心契上祖曰默契而巳為若此

道若未達但無妄念尒若人知是妄念作意止之者見有妄念故也知有妄念作意觀察令是正理亦見有妄念也知妄元是道乃無妄焉故達道者無所得也

發意求道道即得之但不別求知無迷妄謂之見道近世皆曰無不是道譬如飯籮邊坐説食終不能飽為不親下口也

證者絶能所也非別有玄理在尋常日用處如見色時是證時聞声時是證時飲水食粥是證時一一絶能所此非久習不假薰煉蓋現成之事世人不識名曰流浪故云唯證乃知難可測

學道者明知有是事何故不得旨而長疑蓋信未極疑未深也唯深與極若信與疑真是事也不解如此返照遂迷乱不知由緒困躓中途能自返省更無第二人也既曰此事又豈更知耶知是妄慮此事則不失也

道不止說與示而後顯蓋體自常露說示者

方便道用尒省悟者亦暫時岐路也或因說而證或因示而入或自覺觸以歸終無異事別得至心源而止也　人言悟了方修此屬對治門雖然禪門亦許以正知見治之若論當人即不須若是也　佛道長遠久受勤苦乃可得成者綿亘三世凡聖一如故曰佛道長遠不起異見未始遺弃故曰久受勤苦畢竟無別法故曰乃可得成此大丈夫事人不識問遂依來而荅不知乃自問尒欲荅誰耶人不識荅遂依言起見不知乃自荅尒何有旨趣耶故曰揔是你好看好看

或人曰從上古聖佛祖指示言教流布世間一一分明何故都是自己深負上古先聖若口垂慈也今對之曰吾順佛祖宗趣尒自負吾不負也若言有所說即是謗佛祖曰莫作最後斷佛種人若不就己知歸所作皆成造偽縱記得河沙會盡塵墨於己何益故曰將閑持佛佛何不自閑閑外求有相佛與汝不相似尊宿云我今對你一句子亦不難你若一言下薦去猶較些子若不會老僧却成妄語去夫今時學者競以問荅為禪宗中關要不知是取捨作想心嗚呼　就理就事之學蓋是近家語縱有少領覽未可休息豈不聞說涅槃之道畐度絕矣直須解自點檢始

得人以迷心故進道乃來山林中見知識將謂別有一道可令人安樂不知返究向來迷處工夫最第一若不及此入山林而不返徒尒為也迷處極易而難入故先德曰難信難解又曰此是頓宗說道返照向來已是走作語況不尒耶後世遂用此語為平常無事一味實頭此 多十二 又後學之不明服食之不審也 十六

從上來有二種方便有真實方便所謂說無有間有善巧方便所謂妙應群機若從真實方便得入不假思量省自神解永無有退妙用河沙也若從善巧方便得入得座披衣向後自看始得未足將為究竟此二種方便皆一法也不可須臾有失學者思之

雪峯示人曰莫教老僧有一句子到尒分上若有一句子到你分上堪作什麼也此是古人不得已而已後者不了古人意便謂自已分上無許多言談所以錯會也　今時人多將目前鑒覺用為極則玄沙所以向人道深山迴絕無人處你道還有否　悟心見性當如雪峯玄沙履實踐真當如南泉趙州今時學者但以古人方便為禪道不能與古人同叅也　譬如有力人負一百二十斤擔過獨木橋不傾不側何物扶持得如此耶其精緻無雜而已為道亦尒經中称譬如師子捉象亦全其力捉兎亦全其力人問全什麼力曰不欺之力若見一毛髮異於心者則是喪身命故達道人無有不是者此力甚大但為無邊惡覺侵蝕致令力用有虧若無如許多異法異狀異緣異念則隨心轉變自在無礙　道不用苦求求之即道失事不在苦融融之即 多十二 事有不求不融道與事會也 十七 則何事而非道耶　譬如目明之士入寶聚中而不知方便為無火燭光明所照也入矣即被觸擊自損身首謂是毒穴非寶聚也有智入中持燈燭光照見種種寶任意採擇得寶而出十二時中須用智光勿令六塵自傷觸也　昔日汞首座與慈明同辞汾陽而求未盡其妙相從慈明二十年終不脫灑一夕圍炉深夜慈明以火筯敲炭曰汞首座汞首座汞乃咄之曰野狐精慈明遂指汞而謂曰訝郎當又恁麼去也汞由是方得究竟然畢命相隨凡慈明居常差別激問衆不能酬對唯汞至慈明即點頭許可此所謂無病之藥學者罕得其要況後世知見會解之徒何由領是事哉得之當若汞發藥當若慈明庶幾可也　閙中得靜則井邑成山林煩惱即菩提衆生成正覺此語初心學人例道得會得作一種平等知見及其放心凡聖依前

兩般靜躁殊用明知是解會須是安穩處始得一味不可強會

近世多以問荅為櫂家家風不明古人事一何逐末不反可怪可怪昔人因迷而問故問處求證入得一言半句將為事究明令徹去不似如今人胡乱問趂口荅取笑達者

十二時中學道無頃刻棄捨此人縱未得入念念巳是修行也尋常說修行不過三業六根清淨禪門更不必如是何故禪定之門念念與智波羅密平等一切處自無過患也久久心地通明之日從前並得滿足名一行三昧今時人全無定力後不開智眼所有機緣語句秪成諍論生滅心行夫禪學不是小小未用超佛越祖得了要趂亦不難高郵孫承務作書問不落意想不在有無如何則可師荅云若問如何則不可不問如何亦不可醉客谿醒神珠自瑩豈可預為之計然後領耶第一等靈利人尋討不着此一念難得自見見之即是無別有岐

多十二　十八

路也尋常例以前念為是以後念煞之前後追逐以心用心心則成境率初巳成心境了展轉更不堪如今後念不取自無起滅處當處解脫念本不生何更有有無意想為留礙一念悟心成正覺此之謂也念念無生念念無相與虛空等觸物遇緣皆佛之妙用無絲頭許對待衣珠獨耀十方世界事目擊可了不俟舉意然後如之此蓋大丈夫事業不可不成就取

欲要是蓋有不是法為礙欲要得念良由前後皆失念故也晝夜不自在要與道合然無少許合處愈急愈不合病在取一捨一不善用心不得要術茫然不知日與道遠若安坐寧神不勞自辦故達磨大師謂楊衒之曰亦不捨智而近愚亦不抛迷而就悟達大道兮過量通佛心兮出度不與凡聖同纏超然名之曰祖不着棄一邊就一邊當知明明顯着明明作用拄定會取轉凡成聖點鐵成金要徑不可不如此究秪恐人兩頭走一既不成二又不是不識玄旨徒勞念靜二乘斷煩惱得證名為偏修不若應念化成無上知覺之速也

修道人若遇煩惱起時如何古人云但以正知見治之余則不然秪以煩惱治之如此看來即不見有煩惱也何故煩惱不可更治煩惱如火不更燒火

多十三　十九

水更不濕水体性一同無可得露現此了煩惱本空不着除遣若起智断治捺伏却成別用心有對待被他二境回換縱得亦迂曲有分限須行徑直路為上古人云劫火曾將無氣吹不勞功力當時萎此之謂也

有時靜坐則心念馳散或然臨事又全失却都緣未得親證落二落三致有錯謬展轉之失古人云動靜不二真妄不二維摩明一切法皆入不二門若領此要万動自寂滅也且如眼不至色色不至眼聲不至耳耳不至聲法法皆尒元是自心功德藏無可得取捨契者何往不利此正是那伽大定也

今生出來自肯學道者蓋夙生曾種善根素有根本便解發心亦解疑着就己尋究又煩惱障薄有因有緣此人易可化度若未薰得此心正信不生縱聞之亦不生疑但如風過耳勸之又生瞋加誹謗此又何緣得顯露所以千人萬人中但一二人而巳若自解作活計收拾得上生生從此去展轉明利更不退失功德一生勝一生入他諸佛闇域常與此事相應人間天上亦秖如此設對五欲八風一切境界與理符合不行三塗道一味平等正知見復有何事

生死不可不畏須了此一段死生情偽始得安樂無過身心為累耳身如桎梏當知身去來處心如猿猴當知心起滅處此二自何處去來起滅則身心圓明內外一如而巳且心為內身則為外身為內物為外國師曰身心一如身外無餘則不見有生死當情可謂解脫大道也故能令人見聞不得不脫意想不得不息物境不得不融復奚疑

我

龍門心法終

三自省察

一是身壽命如　駒過隙何暇閑情妄爲雜
事既隆釋種須紹門風諦審先宗是何標格
二道業未辦去聖時遥善友師教誠不可捨
自生勉勵念報佛恩惟己自知大心莫退

二十末

三報緣虛幻不可強爲浮世幾何隨家豐儉

多十二

若樂逆順道在其中動靜寒温自媿自悔
識問話　近代問話多招譏謗蓋緣不知伸
問致疑咨請之意後生相承多用柷贊順時
語並非宗乘中建立如古人問若爲得出三
界去又問聲色如何透得又問此間宗乘和
尚如何言論並是出衆當場決擇近時兄弟
進十轉五轉没巴鼻語或奉在座官員或莊
嚴修設齋信俱不是衲僧家氣味又抽身出
衆便道數句或時云某甲則不恁麽道又云
和尚何不道夫問話者激揚玄極也不在多進
語三兩轉而已貴得生人信不至流蕩取咲
俗子也

龍門佛眼禪師語錄終

古尊宿語錄卷第三十六

多十二

古尊宿語録卷第三十七　此号十二張　十一
曾録司右闡教兼廬山靈巖禪寺住持　淨戒　重校
大隋禪師諱法真梓州王氏子　問佛法
徧在一切處教學人向甚麼處駐足師曰大
海從魚躍長空任鳥飛　問如何是大人相
師云肚上不帖榜師問僧向什麼處去僧云
西山住菴去我向東山喚汝汝便來得麼僧
云不然師云汝住菴未得問生死到來時如
何師云遇茶喫茶遇飯喫飯進云誰受供養
師云合取鉢盂　有婆令人送錢請師轉藏
經師下繩床轉一匝云傳語婆婆轉藏已竟
其人歸舉似婆婆云比來請轉全藏如何只
轉半藏　上堂云你不見道一塵含法界
所以道有一智人破塵出經卷量等三千大
千世界你欲破不破我今舉起大家求此事
三千世界收在一微塵四大海水歸一滴須
彌納芥子中若求自己秖在一毫毛你若一
毫毛處見得三千大千摠成經卷秖是自己
動這箇境界不得所以真境不現說什麼纖
毫覺處摠是猥刀避箭懼境藏形你喚這箇
作什麼兄弟如石壓草相似或然捻却石依
舊習氣秖在須是隨處了却始得與境為主
免塵境使喚始得大難大難千難萬難秖是
殺解他後斷鐵負鞍阿誰苦總有些子覺觸
處便擬望與人為師大錯須說凡了却凡須
說聖了却聖舉一例諸無非恁麼不易不易
珍重珍重下座　問如何是大隋一面事
師云無東西南北問如何是生死中事師云
水上浮漚內外不見問如何是中理一句師
云表裏不從進云師決志事如何師云言下
知音問如何是道用心處師云莫自護問陀
那微細識到此如何分師云你眼秖解觀色
還解聽聲否問萬法歸一一歸何處師云萬
法元不歸問六國未寧時如何師云臣夾功
進云直得君臣道合時如何師云不見有君
臣問如何是自在師云不自在進云不自在
時如何師云却自在問中雪瑤皆時如何師
云不猒世境問曹溪一路事如何師云老僧
道如不淨坑進云何以如此師云佛祖兩路
了不相干問久處寒嵓何以日不照師云不
照寒巖寒巖終不出來就你日光問離光影
如何是師性師云和光吐出進云莫鬼語師
便打問如何是最初一句師云是末是本問
如何是大隋境師云不似學人進云何故不
道師云不然問如何是最初處師云莫妄想
問隱隱不停波時如何師云敬礼常住三寶
進云息浪停波為什麼沙石轉多師云為你
斷伊問學人秖如浮雲以鏡把光何處安排
師云與雲為主問寸草未生時如何師云老
僧無米喫終不下大隋山問祖意教意是同
是別師云不究始不顧未問路逢古佛時如
何師云你或逢驢騾象馬喚作什麼師云夫
上代諸德莫非求寔不自躭眛豈比飛蛾投
火自傷自壞他明白了被生死輪回拘障不
得所以識不能識智不能知不聞道釋迦掩
室淨名杜口須菩提無說而說釋梵絕聽而
聽此事大難大難珍重　陞座問萬法從
心起未審心從何起師云石牛泝江走水底
火燒天問如何是大隋山師云耳不聞眼不
見進云如何是山中人師云千人衆裏萬人
衆裏不向一人不背一人問掘一丈見一丈
空將一丈土填一丈空未審空歸何處師云
莫將這箇道理為佛法出去出去問佛法徧
一切處未審教學人什麼處駐足師云大海
從魚躍長空任鳥飛問撲碎驪龍珠請師明
活宝師云明活宝且置作麼生是你撲碎底
珠僧無語問法報化三身佛亦非說如何是
本來身師云海底如意珠始終無不應問如
何是一切智空師云心空即是進云更有來
時作麼生師云不是空進云還稱向上事也
無師云不限問和尚百年後付法與何人師
云露柱火爐進云還受也無師云火炉露柱

問但有一法耳不聞眼不見皆是光影如何
是光影中人師咄云莫無禮莫無禮問理不
言詮時如何師云言詮即理問遠聞大隋水
到来秖見箇漚麻池師云汝只見漚麻池阿
裏見大隋水進云如何是大隋水師云苦澁
難下觜進云還喫得否師云喫著便死師因
燒山次見一蛇以杖撥向火中咄云這箇形
骸猶自不放捨你向這裏死如暗得燈遂有
僧問正當恁麼時還有罪也無師云石虎叫
時山谷響木人吼處鐵牛驚僧因馳書辭師
問曰學人此去未審師將何言到彼中師云
好為通達再問臨歧参晩請師垂示師云無
事早歸僧從五臺山来師問云五臺山何似
大隋山僧問云如何是大隋山師云老僧耳
背高聲問来僧高声問如何是大隋山師云
若千山與萬山問魚遊陸地時如何師云拗
不曲處是闍梨所貴進云却下碧潭時如何
師云立足事難明師勘僧云從什麼處來僧
云從蜀中來師云未入蜀時在什麼處盤泊僧
云無處所師云莫是處所有過耶僧云若有
處所鈍置人眼師云天堂地獄有一坐具分
似落坑皷相似不皷而自鳴堪作什麼問生
到来時還免得否師云飢時喫飯寒則著
衣　上堂云夫沙門釋子見有如無始得

向一切時中與凡聖等與解脫等方有少許
出處若不如此大難大難珎重　上堂問
大地及日月時至皆歸盡未曾有一事不被
無常吞還有吞不得者也無師云汝喚什麼
作無常進云不究竟為無常師云無常却究
竟自是汝不究竟其僧不肯師便打師勘居
士云此身是什麼服制士云父母俱亡師云
喫茶去居士應喏出去師喚回咄云你對老
僧謾語父母只在你莫說學無上道自己父
母尚乃不知出去出去問如何是玄旨師云
直須玄去進云如何是玄中玄師云不返去
問古人立雪斷臂為求何法師云古人不斷
臂進云古人斷臂因什麼道却不斷臂師云
自是向雪堆裏樂問金鷄未啼時如何師云
失却威音王進云正當啼時如何師乃笑問
衆裏盂衆裏死水裏盂合作麼生師云　切
尋常問金鷹附書為什麼不露翼師云不通
虛信問道場献寶誰人能辨師云虛空能辨
師忽示微疾不見客時有僧隔簾問咫尺之
間為什麼不相覩師云如今相覩何不問来
僧便問如何是相覩底事師云老僧不安有
什麼心情對你　上堂云閑即遊天寂即
歸地問上無片瓦下無卓錐時如何師云汝
即今在什麼處居止問無常迅速不與人期

忽若到来時如何師云速問速問進云便問
師云太不道速生問啐啄同時如何瞻覩師
云是動是静問出殼時如何師云是末是本
又云見麼問普雨為什麼不潤師云普雨問
滴水成冰古人為什麼不許師云古人即知
此若是老僧道向虛空裏挂破瑠璃鉢問既
是師子為什麼被文殊騎師云調伏自在問
孤巖無紋繡特達事如何師云孤巖有紋繡
特達事顯現問處水之魚為什麼渴死師云
秖為魚不親下口問父子至親岐路各別時
如何師云為有父子俗士施師鉢盂問未施
鉢時師用什麼師云便最末後者一僧欲下
山為衆化緣辭師師云汝若道得一句即放
汝去若未然且歸堂休歇辦取自己事去師
問盡十方空界是王老師檀越未審化什麼
人去僧云但請和尚跳頭来便與師適師云
汝且辦自己事去問毀佛謗僧時如何師云
僧有何過佛辜負你箇什麼你毀謗他僧無
語　上堂云今時沙門向因中辨果果裏
辨因始得僧便問有一人不屬因果時如何
師近前捉定云我今時沙門向因中辨果果
裏辨因汝云一人不屬因果別道別道僧無
語師便打出　上堂僧問過去未來即不
問如何是現在師云虛空還著得碾砑石麼

問來時無阻隔去時無滯礙正當恁麼乞師一句師云虛空無邊際大海平如掌般若性等等　上堂普告大衆云汝等還知有三處不立質礙有緣二際無分豈知來去三身四智非聖不無八解六通非凡不有雖則衆生盡有佛性不可將蠢蠢而對佛耶然則高下無偏爭柰途中有異此身難得胎卵易成況是釋子之徒又乃祖宗苗裔三衣覆體囊劫修來四事供須非從今日人前行相憁似高僧乃至語言不如俗子稱名便是傳法沙門子細尋思還傳箇什麼一向毀他經教有目如盲純乃謗於祖宗有心也秖如木石不解忖己德行終日恣縱無明以無慚愧之心兀兀何曾覺悟此身若失永劫沉淪非但却復人身有福底畜生也難得問孤峯頂上玩月輪時如何師云何不了却孤峯事玩他月輪作什麼進云豈無內外明徹事耶師云內外明徹事作麼生進云無有不照師呵曰這鈍驢也擬學馬走僧無語師復云問你諸方雲水闍梨莫道老僧這裏有佛法與你諸人說向諸方行脚叅尋知識說箇什麼汝又領箇什麼莫道禮三拜後便起近前問若也言下便契時猶未是了底人莫向口頭取俊他時人天眼目者非是一生兩生修來盡是恒沙劫功成果滿始得如是所以向你叢林裏示現下來秖圖你今時人勤苦修行秖恐你出家人失却人身莫等閑過日老僧這裏有什麼佛法與你諸人說自是你諸人上得山來云我修行學道是佛向上人且問你佛向下人作什麼摸㨾不可老僧這裏有佛向上人有佛向下人來向諸人說耶你若不言我不可知你肚皮裏事也你或若問老僧也則隨汝根機與汝說不可教老僧亂道得麼秖如老僧行脚時不揀叢林有供養無供養處秖要看他眼目稍似根性有些些器量方欲過一夏或一冬若是根性鄙劣者三朝兩白便行筭來叅六十餘員大知識有大眼目者那無一二餘者豈有真實知見秖是圖你諸人供養欲望福報你又有什麼福報與伊不可出家來空趂衆頭喫飯耶雖然如是四大之身誰免得直饒心超聖境身是凡夫又乃假借增修今時人便去向裏許埋沒却人身諸人莫謾向口頭裏無礙却成謗佛毀法見須實見聞須實聞始得假饒說似斬釘截鐵直須時中不謾自己始得一車芥子猶未點著在來時便道我是不思議底人縱然除得身邊麤重猶餘微細不知麤重尚乃不知豈可說於解脫之法細中之細佛尚不知微愚凡夫豈能測得但是世間有著悲從顛倒所生欲得解脫塵勞無過心中自省摩訶般若是解脫法身子細尋思後是誰有誰無老僧也不是醉凡詐聖秖是習氣不除上合諸佛心印中合一切人天下合蠢動含靈師僧家披如來法服須求出離時不待人光陰頃刻珎重珎重

上堂僧問真如法界以三昧為香花廓周沙界亦同一家龍門為什麼無宿客瀼水為什麼足蝦蟆師云真如法界不以三昧為香花廓周沙界亦無家目前問者豈不是智淵座主耶主云是師云秖這便是瀼水足蝦蟆師復云抛却從前活計認本源生涯主無語師云經有經師論有論師律有律師你十二時中合談何事還因箇什麼做得摸㨾不可三箇作隊五箇成群趂衣刼食邪到處不免撓他施主坐卧心頭難勝於檀越直饒你跨跳向虛空裏行也是國王眷界不可將持齋奉戒隨時轉一卷經用荅四恩三有也又爭報荅得自是諸人時中事修行到辟支佛地方能消得人天供養博地凡夫秖是異俗之形喫了不知慚愧空自趂說己是他非出言欲斷人命根吐氣便作毒蛇之行說著自己三界無過毀挫他人秖如虫蟻若是古佛有此標榜如今欲微做些些從上

已來或無此則因何所起如此容縱豈言清
德若也不達本源未免滴瀝還他改皮換骨
泥犁苦海誰人替得諸人大須竭力不得因
循過日學禪學道則不無你諸人且道禪有
可叅道有可學否若言有學者無有是處若
言無學者亦十一無有是處不可顯八然去也曰地
還從此去直須打底分明了却生死根本縱
饒異類中受生也終不昧己靈始得四大合
成秖是汝之窟宅這邊脫去那邊早生那邊
脫來這裏早別作箇模樣汝不思量看阿那
箇是汝本來之身須向彼中究取莫讓走南
州北州終無了日光陰迅速珎重珎重
上堂云此性本來清淨具足萬德但以隨染
淨二緣而有差別故諸聖悟之一向淨用而
成覺道凡夫迷之一向染用沒溺輪回其體
不二故般若云無二無二分無別無斷故時
僧遂問刼火洞然大千俱壞未審此箇性壞
不壞師云壞進云恁麼則隨他去也師云隨
他隨他去也僧無語時會中三百餘僧盡皆
不肯皆云從上已來秖說不壞之性和尚何
故却云壞邪衆各惶然時有一僧上堂遷白
師云適來僧問和尚話和尚荅他其僧似不
肯和尚荅底語師云只有此一僧不肯為如
更有人不肯邪僧云只是一僧師云直得三

十大千世界人揔不肯老僧猶較些些子非
但這一僧其僧後至投子和尚處投子云闍
梨近離甚處僧云遠離西川大隨投子問云
彼中還有尊宿也無僧云有一禪師住大隋
山見有三百餘衆子云有何言句接人試與
老僧舉十二看僧云某甲昨問大隋刧火洞然大
千俱壞未審此箇壞不壞子云大隋九如何荅
僧云大隋荅道壞僧云某更問恁麼則隨他
去也大隋又荅道隨他隨他去也子云汝作
麼生會大隋語僧云某甲不肯此語子云闍
梨早錯了也大隋恁麼道隨他隨他去汝又
如何僧云至今未決子遂呼侍者令裝香大
展坐具望西川大隋山遥禮三拜已嘆曰不
是大隋和尚伊是箇古佛此乃真善知識汝
速往彼懺悔叅取老僧無如是法與汝說速
去速去於是僧便回大隋和尚已歸寂復回
投子投子和尚亦乃歸寂　蜀主賜師紫
衣師號并遣內侍朱延溥侍奉師師不受師
復云山僧偶伊未經多時限巖傍水養道存
真何人盛譽致令王若如斯異恩謝使遠來
勞煩却送還王老僧王秖可布衣遮體不須名
服向身王恩雖重老朽何堪於是天使遂回
奏凡三次送來不受　師又云老僧不為
名利來此須要得箇人不可青山白雲中趣

你是非將來之世捨一報身後草也無喫多
少金毛師子問著便作驢鳴馬嘶諸人者似
老僧行脚時到於諸方多是一千少是七百
五百衆或在其中經冬過夏未省時中空過
向溈山會裏做飯七年於洞山會中做柴頭
三年重處即便先去秖是了得自己干他人
甚事如諸佛菩薩盡是勤苦不計刼數捨金
輪寶位頭目髓腦國城妻子所愛之物不可
筭數仍以始得名為佛似諸闍梨還曾捨得
箇什麼作得箇什麼勤苦更道我會出世間
法世間法尚不會些些子境界現前便自張
眉怒目消容不得說什麼解脫法長連牀上
生不捏十指喫他信施了合眼合口便道我
修行修道感果如是合消得秖是讒自己如
百丈和尚置於堂宇秖要辦事底人諸闍梨
選辦得箇什麼事其中有不動身手日消得
萬兩黃金若是消得者豈可如此見解不可
從母腹十二中來如是邪但會得世間法是則名
為出世間法世間法尚乃不會豈況十佛法秖
如一大藏教盡是金口所宣如來秘密汝口
裏念將來揔成魔語豈得了為什麼不了若
了時達磨不從西來也秖如達磨未來此土
時還有佛法也無又爭得道無譬如人有一
寶墜在淤泥中勤苦累刼尋求不得或有一

人善知寶所直從泥中指出此寶以示失寶
之人失寶之人一見便識是我本物了無得
失達磨西来亦復如是不可秖是老僧是善
知識邪遍地衆生摠是善知識秖是見覺未
明不可道伊無也若言有時諸人肯擡蠢蠢
之徒作佛麼譬如明珠墮在泥中未遇其人
豈有出期有此衆生比如無情還同頑物既
在三衣之下直須親近知識早是幾生修来
始得如此不可却入輪回六趣去也若是得
自在底人論箇什麼鑊湯爐炭刀山劍樹四
生六道於中如喫羙食若未得如是便實受
此報一失人身載求欲似如今者萬中無一
莫未得謂得未證謂證未聞謂聞自謾自誑
失却光陰虛延日月展轉秖是無明擔重作
可為俗隨所任運遣過時日却乃無業如今
作沙門每日有業有什麼業踏底是國王地
著底是檀信衣喫底是檀信食骨肉是父母
之體若十一也不了將何酬荅所以言有十一業秖如
老僧不可是了底人捨此一報身隨業而行
誰言定得唯佛與佛乃能知之時有僧問不
假言句如何得知師云假言句尚乃不知僧
無語禮拜
投子禪師諱大同舒州懷寧劉氏子僧問如
何是密密不傳師云你與麼問有什麼益問

如何是不點污師云啞　師示衆云上祖
周行七步目視四方一手指天一手指地云
天上天下唯我獨尊如今諸方道向上更有
事在若言道有道無即是走作諸人未有了
期若道有言有句即同夢幻無如許多名目
為你問故所以有言你若不問教老漢向什
麼處道若有一法與你即是誑謼你所以古
人圓滿十方無一法可是可非有事請道
問請師說法師云教我說箇什麼問一剎那
頃珠在什麼處師云啞問如何是露地白牛
師云叱叱學云飲噉何物師云喫喫問國師
三喚侍者意旨如何師云賺殺人問和尚講
什麼經師云撞鐘著問如何是佛語師云對
衆生說問如何是佛法師云佛法問如何是
法中法師云法中法問還鄉曲子什麼人唱
得師撫掌問如何是無相佛師云錯著名字
問總問便知時如何師云遲也問如何是沙
門立足處師云若有立足處不名沙門學云
如何是沙門師云沙門沙門問切急相投乞
師指示師云緩緩問来　師示衆云你與麼
問了也大好莫閑處脫不得相稱無量劫来
閑處著急向自己處却閑所以難得相稱蓋
緣日夕一切處路狹恰到自己緊急處便懈
怠去便不欲得去所以辛苦過在阿誰切莫

因循各自辦事作麼生辦向一切處辦今後
不得取次過日莫待臨脫衣裳時忙不及也
事多之際各自取静莫說閑語去問三身如
何分師云一二三問請師一句塞斷衆人口
師放下拂子問如何是量外事師云無你下
口處學云者裏事如何師云不喚量外事問
如何是十一投子實頭為人處師拽學十二人向前却
推向後問如何是大庾嶺頭提不起底師提
起衲衣學云不問者箇師云看你提不起問
和尚如何接人師云你也近前問最省心力
處請師一言師召學人名學云與麼則千生
萬劫不忘和尚也師云費力問如何是投子
一源水師云一滴也無學云飲著如何師云
絕飢渴問如何是語中骨師云無可露學云
無可露是骨是語師云據你者一問毛也摸
不著在問不逐境緣請師一句師云好問趙
州和尚出桐城縣見師乃問云莫是投子庵
主麼師云茶塩錢布施我趙州先歸庵內坐
師後攜一瓶油歸趙州云久嚮投子到来只
見箇賣油翁師云汝只識賣油翁不識投子
趙州云如何是投子師拈起油瓶云油油問
出門不見佛時如何師云佛吹奚山刈草次
師送一盞茶與奚山奚山云森羅萬像盡在裏許
奚山接得茶潑却云森羅萬像在什麼處師

云可惜一盞茶問大作業底人來師如何接
師云你有什麼蓋覆處學云正與麼時合作
麽生師云不合一切不共一切問如何是露
及劒師云殺一切人活一切人學云忽遇師
來又作麼生師云鈍屢生問如何是入室則
爺娘師云無所生問如何是徑截一路師云
十二　十三
無透曲問知有道不得時如何師云每日向
你道學云如何道師云拈却口著問如何是
祖佛未經歷處師云名邈不得學云正與麼
時如何師云不是佛祖經歷處問盡乾坤是
箇什麼人師云不持名字學云不持名字如
何體會師云體會即闍問如何是末後一句
師云最初明不得問如何是寂住實頭事師
云牽不向前推不向後問十二時中如何行
履師云一念萬年學云瞥起時如何師云覺
即失問只者箇什麼刼中有師云不隨時學
云誰是不隨時者師云汝與麼問不得學云
請師道師云不從千刼萬刼得學云與麼則
天上人間覓不得也師云切忌作與麼知解
問古琴無絃時如何師云無絃琴最妙學云
請師彈師云無音響問道人相見合談何事
師云我者裏無道人問不將一物來時如何
師云者箇什麼處得來問如何是火焰裏轉
法輪師云處處了却學云了後如何師云無

法輪可轉問輻時不在時如何師云阿誰向
你道問萬像未臻即不疑未審特立四大下
是什麼人師云現佛現祖問祖佛如何辨師
云嘔吐未詳問如何是法祖師云閑言語問
如何是大善知識師云毗盧也喻不及問學
人欠闕請師接師云不現無盡藏問萬法從
一法生未審一法從何生師云你聽看問喚
作如如早是變也今時沙門須向異類中行
如何是異類師云恰似你與麼問我學云古
人意旨如何師云不與麼問我問歸根得旨
隨照失宗如何是旨師云旨學云如何是失
師云失問如何是伽藍師云已有名字問虛
空喻不及時如何師云恰是恰是問念念不
鍇時如何師云謾語問如何是孤峯頂上即
擽松師云平地上著不得學云請師著師云
喞問如何是無語師云不與麼問問世間名
言即不問如何出世事師云聽學云莫便是
否師云幾曾向你道是不是問三身那身說
十二　十四
法師乃彈指問學人不明請師燭師云啞學
云爭柰學人不會師云會即冰生問萬法從
何生師云佛法僧學云法從何起師云聽看
問舉目是犯如何是不犯師云大有人覓過
覓過不得學云豈無指示也師云不可更將
過與你也問如何是沙門行師云不作模樣

問承古有言唯言不二不二事如何師云你
好問我便道學云如何道師云唯言不二問
明暗不掛時如何師云道什麼問如何是無
碍一句師云與麼學云此猶是碍師云是是
問如何是死人舌師云你道不得問如何是
活人眼師云無暖氣問得座披衣時如何師
云你有什麼蓋覆處問如何是不起模畫樣
師云不誑謼你學云師意如何師云不可數
你起模畫樣也學云與麼則誑謼人也師便
打問能所俱忘時如何師云無與麼事莫作
與麼知解問世間什麼物最先師云你問底
問不作罪不作業底人還有過也無師云喚
伊出來學人擬議次師云去不干你事問大
眾雲臻合談何事師云聽問妙觀察智誰是
當者師云不是你分上事學云雖然如此要
分明師云不妙也問大眾雲臻和尚如何祗
待師撫掌三下問和尚有什麼力抵當得許
多人師云水性雖柔軟能乘萬斛舟學云忽
十二　十五
遇大力者來時如何師云不消一盞水問閑
言長語即不問適來問底和尚道什麼師云
閑言長語問十二分教是有是無師云無與
麼惡言語問共語不知音時如何師云與麼
學云與麼時如何師云共語不知音問三乘
教外別傳箇什麼師云一二三學云不會乞

師指示師云你問我不可將別語對你也學云不將別語對請師道師云道道問學人有一問未曾有人荅時如何師云你見著烏龜子縮頭縮尾爭柰者一塊子何問請師耳裏道師云道道問貧子還家時如何師云無寶藏與你學云為什麽向外馳走師云誰遣你

問毫釐不分時如何師云什麽處得者箇来問親手分付一去不来如何師云不可得學云却返時如何師云正好供養問如何是法王主師云四大本空五陰非有問大庾嶺趂得及為什麽提不起師云不可向你道祖師遺下一隻履問針頭不露時如何師云露也學云何似師云不喚作針頭問一息未分時如何師云即今是幾息問不犯目前請師道師云早是犯了也學云者箇是犯不犯目前請師道師云不識好悪問貧子入門時如何師云不教汝除糞埽學云見師後如何師云不向你道衣中有寶問請師一鉤師驀口摑

問墮落三途底人如何師云深達罪福相問如何是一句子師云兩句也問如何是不薦處師云汝與麽問不得問如何是動師云恰似你與麽問學云如何是靜師云也不嫌鬧問如何是不道師云合取口問臈色未分時如何師云無與麽言語問如何是一代時教

師云法華維摩楞伽思益問祖意與教意同別師云踈不得親不得學云親踈不得請師道師云祖意教意問如何是逆行師云吒吒問不有不空時如何師云說有說空問一人辦心諸天辦供未審辦什麽心師云今日請供養主了也問木人謌什麽人和師云今人

十二

十六

和學云莫是和尚意旨也無師云是什麽曲調問不凡不聖時如何師云立凡立聖學云揔不與麽時如何師云你問箇什麽問如何是道師云道道學云如何用師云用用師在京日往檀越家投齋檀越將一盤草出師前師以兩手作拳安頭上檀越便將飯来後有僧問師在京投齋意旨如何師云觀世音菩薩問一問便休時如何師云不了問如何是佛法綱宗師云今日無錢借長官問古澗寒泉時如何師云不流於海學云飲者如何師云口也無問如何是一色師云不似銀盤裏盛白玉問照燭不破時如何師云晋畫不是

道問佛用工得不得師云大有人定當定當不得學云請師定當師云終不向你道用工得用工不得問石笋未抽條時如何師云爭合與麽問學云還解抽條也無師云雖然不是石笋抽條葉更多問密室內事如何師云無人知學云和尚還知也無師云爭肯你亂

道　問絕生便死時如何師云何生何死　問破戒比丘什麽處著師云不為罪福為主　門一句子無人道得時如何師云屋子蓋了也　問覿面事如何師云莫謗曲　問亡僧向什麽處去也師彈指云與麽去也　問文彩未生時如何師云虛空合喫多少棒　又

十二

十七

問古人拈搥豎拂還當不當　師云不當　學云為什麽不當　師拈起拂子云只為者箇　問未問已前事如何　師云爭解開口　問古人拈提豎拂意旨如何　師云只為你問學云不問時如何　師豎起拂子　問忘却將來時如何　師云者箇吩舒州

太守尹建峯送茶摝子與師云者箇是某甲自將來底茶摝子師接得了召太守建峯應喏師云喫茶問不徒萬有如何覓心師云你從我覓箇什麽問者裏是什麽所在是人爭師云不知學云為什麽不知師云爭箇什麽問放下不明時如何師云誰教你執學云不敢執師云放下不明箇什麽問終日驅驅為什麽不得成就師云無你用工處學云用工不得請師接師云終日驅驅問默默無言請師荅話師云不是無言不同默默學云不同默默底事作麽生師云不與麽學云不與麽時如何師云苦哉問言不干舌時如何師云

簷頭大滴滴地問和尚每日上堂供養什麼
人師云不可說不可說問不可以智知不可
以識識時如何師云不與麼學云不會乞師
指示師云不可以智知不可以識識問未達
道底人如何接師云飢即喫飯渴即飲水問
三寸明不得句下不從師時如何師云鶻鷽

問老僧耳聾學云請師指示師云鈍置生問
有句無句如藤倚樹樹倒藤枯時如何師云
將知你誑謼多少人來問萬法從一法生未
審一法從何生師云迴首看問如何是沙門
眾苦處師乃皺眉問來有言句已前如何辨
其尊貴師云已有句是尊是貴問靈松無異
色時如何師云不是靈松標不出問三拜已
前事如何師云不知學云現問次師云三拜
已前事作麼生問學人不別問請師不別荅
師云奇怪問古人辭用如何師云不從辭處
起學云合從什麼處起師云辭也有座主叅
師師云近前來座主便近前師云去問未有
七一　十八
此身作箇什麼來師云無所不經無所不歷
問如何是千年石上古人蹤師云碑碣上著
不得問二祖斷臂當為何事師云粉骨碎身
問收攝不得時如何師云無可拋撒問劫火
洞然時如何師云寒威威地問累劫來來無
盡燈不曾拋剔鎮長明時如何師云累劫來

來無盡燈不曾挑剔鎮長明問頭頭不到時
如何師云你問什麼事問一問便休時如何
師云太多也問暗裏得時如何師云不向你
道煩惱山是菩提學云與麼則雲遊採根也
師云雲遊則伶俜辛苦採根則禍患俱生問
十二時中如何行履師云不從一法學云如

何報得四恩三有師云莫受一法問玄中認
得時如何師云得即失問曹谿一路闔國知
聞未審投子意旨如何師撫掌三下問萬仞
峯頭時如何師云什麼處不是問如何是法
身主師撫掌三下問徑截一路乞師指示師
云會麼問如何是空主殿師云建立不得問
句句相投請師接師云不接學云為什麼不
接師云句句相投問如何是和尚師師云莫
造次問有言有句皆有所歸無言無句事作
麼生師舉起拄杖云者箇是什麼問如何是
衲衣下事師云天不能蓋地不能載問古人
道法不孤起仗境方生如何是境師敲禪床
十二　十九
學云與麼則觸目是也師云是什麼問塵劫
來誰為主師召僧名僧應喏師云是什麼問
蓮華未出水時如何師云隱隱地學云出水
後如何師云蓋覆不得問諸佛師學人不識
乞師指示師云天不能蓋地不能載問如何
是和尚活計師提起衲衣云盡底呈似你學

云為復只是者箇別更有在師云不識好惡
問六國未寧時什麼人作主師云自有本來
者學云如何是本來者師以拂子驀口打問
雷聲振地為什麼百草不抽芽師云芭蕉只
麼長問僧繇為什麼摸誌公真不得師云只
為看他面孔學云不看他面孔時如何師云

是什麼師不安時有李司徒令人送藥到傳
語師云若斷得人間來往生彌勒內院若未
斷人間來往却向弟子家中結緣師廻傳語
云不如具正法眼好問如何是無情說法師
云莫惡口　師上堂示眾云他古人纔出
來便一手指天一手指地道天上天下唯我
獨尊十方世界無有過者如今更被諸方出
來道向上別有事在若言道有道無即是走
作學家未有休時有什麼了期但莫著名言
數句了諸事自然不著即無位次不同你一
切法一切法攝不得本無得失夢幻如許多
名目不可強與他安立誑謼你諸人得麼為
你諸人問故所以有言你若不問我向你道
什麼即得若有一法與你老僧罪過你若道
無你諸人又問我箇什麼所以道早不屬你
巧言妙句若與麼會去即第一不得擔帶你
諸人幸是可憐生擔帶負物作什麼見即便
見你若不見一切不得作巧言妙句問老僧

巧來妙去即轉轉勿交涉賺殺人所以我儂尋常問你諸人佛前佛後不説別事你諸人道看是什麽見什麽問如何是無生曲師云無人唱得學云忽有人唱得時如何師云生也問如何是截鐵之言師云莫費力師問舉徽二祖見達磨有何所得徽云你令見吾有何所得師又問如何是佛理徽云佛即不理師云莫落空否徽云真空不空 翠微有頌迷師其有識矢 佛理何曾理 真空有不空 大同居寂住 敷演我師宗

投子和尚語録終

古尊宿語卷第三十七

十一

僧錄司右闡教兼鍾山靈谷禪寺住持淨戒重校

鼓山興聖國師諱神晏大梁李氏子上堂垂語曰鼓山門下不得咳嗽時有僧咳嗽一聲師曰作甚麼曰傷風師曰傷風即得上堂欲知此事如一口劍僧問學人是死屍如何是劍師曰拽出這死屍著僧應諾便歸僧堂結束而去師至晚聞得乃曰好与拄杖

東禪齊云這僧若不肎鼓山有甚過若肎何得便發去又云鼓山拄杖賞伊罰伊具眼底試商量看

問從上宗乘如何体會師叱之問攢簇將來皆不相侶單刀直入時如何師云失命漢問如何是學人自己親躬事師云還返及麼學云即今事如何師云不可瞎夫也問如何是本叅底事師云回什麼得到與麼地

師云若是猛利底捸著便休去大丈著角相似有什麼近處更有一格人脚不跨石門怪他得麼不可事須踏前踏後納箇如何醉人相似且宗門中事作麼生降茲已下根性還迴事須送人決擇方定紀綱且作麼生決不可問一句答一句喚作決也若與麼驢年去到這裡也須是箇漢始得大不容易兄弟决擇之次如履輕氷將為等閑句裡相鬪道我解問話貴轉數多合殺成得箇什麼邊事只是箇識路中人且無自由分兄弟事本曰人因人立事人達即事渾事渾即無成無成須得無成句有人道得麼出來無事莫立珍重

師有時上堂云定不敢斷兄弟亦不敢昧兄弟然且没人辨時有斈人問和尚與麼道還盡師本意也未師云放汝殘生問從上宗乘如何舉唱師以拂驀口打學人禮拜起綫問有問有答師云老兄不是這脚手問承師有言從門入者非寔黃梅行者傳何事師云道什麼學人再問師云去不為汝有僧纔禮拜起師云道什麼斈云佛未出世時如何師云合取口問如何是從上來不昧底事師云是什麼問絕施方便蓋為今時向上宗乘復何言論師云拽出著問如何是正宗師云別日來商量問昔將寂默為宗維摩一生受屈如何道即得不屈於維摩師云合取骶髂著

師云諸和尚盡道向諸方叅學未委叅什麼學什麼還有叅得者無有即出來對衆驗看諸和尚為復叅禪叅道叅佛叅法叅毗盧師法身主叅佛向上事涅槃後句若寔叅此句得為大妄喚作望上心不息与諸和尚了無交涉時有斈人問如何是佛法大意師云吐却著問凡有言句盡是觸犯宗風未審如何是宗門中事師云合取口問衆星攢簇時如何師云覓什麼

師云大事未辨宗脉不通切忌記持言句意識裡作活計不見道意為賊識為浪晝被漂淪沒溺去無自由分諸和尚必若大事未通不如休去大歇去身心純静去好時中莫駐著事却易得麼這箇是事不得已相勸之言古人喚作死馬醫若是箇漢向他与麼道如同寱語一般且諸人分上作麼生十二分教還用得一字麼諸方老宿語還用得一句麼若十二分教是兄弟在阿那教中若諸方老宿語當得兄弟兄弟在阿那句中所以道十二分教唱不得凡聖攝不得今古流不得言句該不得與麼話蓋為剌頭入在教門裡且與伊拈開若有箇漢揔未通這箇消息向他與麼道被伊驀口摑豙沸作麼不可怪得他也兄弟大須甄別莫吉凶不辨有辨者出來對衆驗看時寒久立珍重

師別時上堂云兄弟有什麼近前商量若待這裡說無好事及兄弟牽經引論得麼若有人問但向宗乘中致一問來待今日與兄弟苔宗乘中話時有學人纔禮拜

師云大衆看有与麼不識羞漢其僧問措師便喝出師云若也宗脉未露記著一字如飲毒藥喪身失命為什

麼故如此都來是不具眼如今更有一般底
大作群隊聚頭念經念論說圓說頓披這衣
服作箇與麼語話還蓋麼還迓仄麼還有些
些子衲僧氣息麼且問圓爲什麼人施頓爲
什麼人設還辨得端由麼相共著論不識好
惡還知道十二分教唱不起麼且唱什麼不
起不可只與麼道便休去也豈不見古來丹
霞石鞏石室高僧熏天炙地登時端由衆皆
具委道他在什麼經衆披尋於阿那論中討
得古人道西天一段事揔被今時人埋沒却
覓個出頭處不得更有老宿道大唐國內盡
是一隊滅胡種賊即者便是人家男女作入
叢林何處會得聞舉經舉論便剌頭入裡許
念言念句便遇著這般底便是殺人賊是汝
一人半人由可在惑瞞他多少人家男女千
生累劫披枷帶鎖於自己事轉疎轉遠如今
奉勸諸兄弟大丈夫漢一尋是離鄉涉井訪
道尋師爲自己事也須眨上眉毛著些子精
彩於親躬事有辨明處確乎不救莫受人謾
莫受人惑如今且不受謾不受惑底事作麼
生到這裡也須是個惡漢救人不眨眼漢沒
意智漢始得切不得略虛乱呈解數被向脚
跟下尋著就已築著沒去處二十柳標棒擬
脊攛鼓山打這般略虛底尋常人難得喫別

處即放過鼓山即不得若放過到處摶見虛
頭魯打著一兩個乱与底聲鍾集衆勘過一
下下交到所在不是行棒畐逞威風同這行
戶有什麼惡心悲他僧相圓偺只是事持略
虛業次輕慢上流與他整頓揷脊梁骨畐他
改悔別換身心遇著鼓山与麼鎚鍛也須麼
十二　四
辛始得有一兩處將向頭頂上擎著敢把指
頭指著怕伊發去無如是理不是立兄弟說
這葛藤然且理要區分事須甄別莫滅胡種
各歸堂珍重　師上堂大衆雲集衆人盡
皆罔測於師師乃云南泉在日亦有人舉南
泉時事要且不識南泉還有識者麼試出來
驗看時有學人纔禮拜起師云作麼生學人
咨和尚師云不才謹退　師云若是靈利
底撩著便休去似這般漢千里万里去也有
什麼救處進前退後納個如何醉人相似有
什麼衲僧氣息既然如此且宗門中事作麼
生諸和尚到這裡也須是箇漢始得大不容
易兄弟鼓山不惜口業向汝諸人道不假記
一字亦不用一切亦不用眨眼亦不用呵氣
大坐著便絕却去諸和尚且道絕什麼爲復
絕佛絕法絕禪絕道絕佛向上事涅槃後句
若絕此句得爲大妄喚作望上心不息与諸
兄弟了無交涉於諸人分上作麼生絕音請

驗看是什麼爲復是凡是聖是毗盧師法身
主在什麼處居住什麼年月有渠方圓闊狹
長短大小試道看還有絲髮大物解蓋覆得
麼還有分毫許間隔得麼向阿那裡抄向阿
那裡寫諸和尚與麼顯露與麼節要何不直
下便承當取又更剌頭入他言句裡意識中
十二　五
學有什麼交涉不見道意爲賊識爲浪走作
馳求終無歇分若自不具眼就人揀弁拳子
裡抄冊子裡寫假饒百千萬句龍宮海藏一
時吞納盡是他人不干自己亦喚作識學依
通猶如水母倩蝦爲眼無自由分亦如盲者
辨色依他語故寔不能弁色之正相若是辛
經律論他自有人在所以鼓山尋常道經有
經師律有律師論有論師有函有號有部有
帙白日明窗夜附燈燭自有人傳持在禪師
作麼生還有人道得麼試出來道者時有辛
人問如何是目前顯現底機師云道什麼學
人再問師喝出問四十九年前即不問四十
九年後事如何師云句超方外千聖難追問
常辦無念者如何云閑閑梨什麼事辛人常
辦於此師云莫受屈學云不屈者如何師云
有什麼救處問擬心即差不擬心如何体會
師云待汝好心問問如何是向上一路師云
即今是什麼路學人無對師云去看汝不是

這脚手問如何得不辜負於師師云汝有什
麼罪過師云諸和尚與麼問還會麼還識辨
緇素麼鼓山向前見一兩個長老被人問著
維摩意作麼生他便眼孔定動地恰似個泥
捏聖僧相似有什麼交涉還當得本參底事
麼若言當去何不立取維摩傳大士爲祖師
問取露柱聖僧即休何故更用遠磨與麼来
所以鼓山道凡聖不到今古那退不唱言前
窜談句後他家諸聖興来蓋爲人心不等遂
展多門爲病不同處方各異在有斥有居空
破空二患既除中道須遣直道釋迦掩室居
士毗耶大士梁時童子當日一問二問三問
盡有也是衲僧分上事作麼生還有人道得
麼試出来道看不可說君說臣說父說子得
麼諸和尚古人是事不得已立個君臣父子
外進内紹是功紹得了非功合是功合得了
非功蓋爲中下之流權施此句所以鼓山道
君臣父子蓋爲成持立事立功以明緇素既
十一　六
隨中下須合須同得合得同無人辨識當与
麼時還有重者麼有當荷者麼有這邊那
邊麼若有還是托開去也更有一句作麼生
敢道托開麼莫錯會好到這裡須是個沒意
智漢殺人不眨眼漢始得若是鈍根底只向
言句上脫去爭能會得時有學人問得句忘

言時如何師云即今得什麼句學云不是西
来亦非自己師云吐却著問峭絕無依時如
何師云病鳥栖蘆李云直得醒醒還有紹處
也無師云亦不関黎事問如何是真實人
躰師云因什麼得到與麼地問未到玄源如
何究理師云相去多少　師云更有作家
解問者出来良久無人師云入到石門何處
得如許多疑来歸堂珎重　師別日上堂
云諸和尚古人道佛之與法是建立化儀襌
道兩名是止啼之說名不干事事不干名依
執滯名於他玄隔所以鼓山曾向兄弟說句
不當機言非展事承言者喪滯句者迷得魚
忘筌得意忘言借網求魚魚非網也所以道
數排不到祖不西来盡乹坤人口到這裡百
雜碎直道十二分教唱不得凡聖攝不得今
古流不得言句談不得與麼道也只爲他向
化門裡作活計事須與伊拆開若是箇漢捴
不通這消息向伊與麼道被伊驀口摑尿沸
十二　二
作麼不可假他也雖然如此據什麼道理所
以鼓山道更有一人不跨石門不跨石門事
作麼生諸和尚衆中上有江西湖南幽燕飄
府三千五千一萬里地登山涉嶺既到這裡
高山頂上終不爲看山翫水無非決擇万刧
千生事故委萬刧千生事也只在如今如今

安即如今便安徹只如今便徹忽若衆中有
一人大肎去大安樂去是不虛食人之施不
辜於己不負於彼去住自由出入無難盡乹
坤無欹宗風不隊淺進有依所以古聖道若
有一人悟道地神報虛空神虛空神報非想
非非想天遞相告報云下界有人得道有濟
人之分天上人間遞相慶賀盡是諸和尚分
上更務於阿誰既然未得如此便須兢兢惕
惕如臨深泉如履薄氷時不可延命不可待
似個當風燭子飇地脫去也如今且不如休
去歇去身心淳朴去似一直長空去時中莫
間但且與麼去鼓山所以道明道爲之德不
闕爲之行德行俱備今時称斷称斷是今時
更有一人作麼生到這裡也須自有家由始
得莫記他人言句就人揀辨終無自由分於
諸和尚作麼生出来商量時有李人纔禮拜
起云某甲咨和尚師云咄學人云輪中不轉
時如何師云珎重　師云諸和尚更有什
麼事出来問良久無人師乃太摇不出来蓋
爲把他稍際不相共扶持致令如此有江西
湖南諸處參學師僧好織造底出来莫遺鼓
山口似楄擔只憑埋沒宗風走作兄弟但出
来待與裡些子時有學人問心珠不曉己事
未明請師一照師云乹坤不掩尔自徒迷悶

作何方便得絡師宗師云岸谷無風徒勞展掌學云如何即是師云錯也問萬機不湊本事何米師云傷機之患千聖難除問四面松林如何是直路師云岳秀千枝盲龍不辨問即令如何唱師云洪雷一震蟄戶無私仁者作麼生問已事未明如何明得師云鏡中無影演若自迷問如何是鼓山師云衆岳難偕學云還許学人躡也無師云汝試下足看問如何是諦寔一路師云一句迢然古今難辯問彼無消息如何知音師云汝自罪過我不将来學云還有為人處也無師云与麼即成鼓無擊問巨海驪珠如何取得師云来言雖重不賞鋒鋩問十二時中不涉緣塵如何據驗師云浪息千江孤輪不隊問如何是鼓山正主師云岳不明根迷人自重問如何是目前一路師云耶舍掌不得問如何合得諸聖位師云玄直渠不踐千聖位在什麼處問步步進前如何得達祖意師云鼻地人難举問古人卸臂當為何事師云方外之説仁者難知　師云諸和尚鼓山與麼東道西道亦不奈凡弟只是數緩然即如此奉勸諸和尚莫举言句走作凡弟眛却凡弟直饒通得也只是箇識路中人不見古人喚作食瘡膿鬼喫滯濤鬼喫不凈鬼未喚作人在諸和尚莫與切不得乱呈鮮數若乱与柀鼓山聲鍾集衆向脚跟下弄著勘著無去處二十柳㮇棒擲脊攛莫道不道更有什麼事出来無事各帰堂珍重　師上堂云諸和尚上来為什麼有什麼苦屈底事有什麼不了處還有疑者麼若有即出来與兄弟定當時有学人問承古人有言横説竪説未知有向上一重關捩如何是向上關捩師便打一棒問如何是宗門中事師便側掌問如何是鼓山一路師云即今是什麼路問承古人有言妙旨迅速師側掌云住住學云和尚為什麼不道師云且行脚去問目前一句如何曉得師云什麼處不曉學云争奈這箇何師云這個是什麼問如何得成道去師云㝃顛作麼学云不㝃顛如何得成道師云這鈍漢問根性遲廻如何用功師云功即不得学云為什麼不得師云向什麼處功問從上宗乘以何為的師云無的學者憑何師云汝曾學得多少来学云與麼即不從今日去師云從什麼處去学云待有去處即咨和尚師云有什麼交涉問如一燈燃百千燈如何是一燈師云是什麼問如何是和尚家風師云莫少去就問古路無蹤如何進步師云不是途中客進什麼学云向去者如何師云無閒梨下足處学云揔不與麼時如河師云莫自眡問自古相傳竊其際師今妙旨示何人師云岳秀靈芝異學云異底事如何師云過也問如何是直下事師云莫自欺学云不自欺事如何師云還迗及麼師云諸和尚還會麼此事不露蓋為塵沙刦来多游異逕所以於自已事却成蓋背如今若欲得易會麼但是從前記持食噉之事一時漏却著身心純静去一片去忽被道伴編撥著此事便發明去所以鼓山曾向兄弟道譬如一池沼衆人共臨但把杖攪其水覔見形影了不可得轉渾轉濁所以衡邉有一人便問汝与麼攪作麼云我要見形影便被与一咄這癡漢汝与麼攪驢年去任經塵沙刦無有見期汝但一時放下杖著各自休歇去良久中間波澄浪静沙土自沉非但形影森羅万像悉現其中這裡便須問得這水始得咄這水還照也無若道照亦是汝与麼道若道不照亦是汝与麼道水道什麼雖然如此須問得水有水句若問不得問者無功這箇便是驗兄弟處還有人道得麼出来良久無人師乃云今日説這多多無事久立珍重　師上堂大衆已集時有学人問承古人有言寐是法王根動是法王苗如何是法王師云是什麼問承和尚有言直下猶難會

李言轉更賒如何是直下事師云賒也李云
還許學人進步也無師便喝出問學人在塵
還有出身處也無師云汝即今在什麼處李
云与麼即任運隨流也師云莫鬼語問進者
不明請師一撥師云近前来与汝撥學云謝
和尚指示師云碗鳴聲作麼問如何是大悟
底人師云不嚼學云為什麼不嚼師云不向
悟中收問不起于座請師掣電之機師云醉
作麼問如何是無價珎師云莫妄想問如何
是不假言說第一義師云放汝残生問不辯
古機如何建立師云不立學云如何即是師
云是即非學云為什麼如此師云驢闕梨什
麼處問生死海廣如何得渡師云汝即今在
阿那邊問如何是妙旨師云如何不妙旨問
如何是徑截一路師云這瞎漢李云与麼即
李人得問力師云畫蘆不曾呈　師云汝
莫一向於途路上走無有了時一等行脚直
須身心淳朴日夜悤苦救取徹始得莫只是
十三　十一
問得一言半句便將當自己胸襟賺汝只如
兄弟行脚来還曾遇什麼老宿發覺曰什麼
道伴得入還得喠地大省也未若有出来便
定得兄弟虛之与寔向這裡下得一句尽乹
坤撼不動這個便是諸兄弟不虛行脚底事
只如畫乹坤撼不動句作麼生下試出来道

看若也未得如此奉勸兄弟直不得念言念
語明朝後日覓個歇處不得有事近前無事
歸堂珎重　師有時上堂云當人分上各
有與麼事為什麼不承當取又更上来覓什
麼近日多見師僧入叢林只是李經李論於
自己事有什麼交涉時有學人問既不許看
經又不許讀外書如何是大曉一句師便打
一棒問己事不明乞師指示師云什麼剎中
曾昧問目前一路如何指的師云目前是什
麼問如何是大道之源師云不嚼李云為什
麼不嚼師云不是源中事問古人道但得本
不愁末如何是本師云是什麼問波澄浪息
為什麼摩尼不現師云汝且喚什麼作摩尼
學云与麼學人退一步師云汝無端進前退
後作麼問凡有言句盡是与蚫畫是如何是
不畫是師云放汝二十棒學云今日得遇和
尚師云莫鬼語問風不鳴條雨不破塊時如
何師云闍梨分上作麼生李云却請和尚道
師云屈汝什麼處問如何得不徇諸有師云
闍汝什麼事問欲出輪廻如何得出師云即
今在什麼處問如何是佛法大意師云佛法
大意即且置問如何是本来心師云如今是
什麼心問如何是直下事師云尋言轉更賒
問寐是法王根動是法王苗如何是法王師

云闍闍梨什麼事學云為什麼不闍師云根
苗俱不得問無風為什麼往往波生師云什
麼處得来學云即今有師云把将来問十二
時中如何行履即得決定師云我道乹坤不
跨及學云如何進向師云若進向即跨是李
云畢竟事如何師云咽中不践　師云諸
和尚問得百千句亦不干自己只如仁者自
十二　十二
已事作麼生莫只向這邊那邊經冬過夏曰
循度日無有了時塵沙剎来流浪生死如汲
井輪略無停息今生既得人身又是男子又
得出家僧相圓俻不窮講肆擁毳入叢林這
個便是昇騰之時除疑殄惑之時得大無畏
之時得大自在之時各自清白取更弱阿誰
各自努力歸堂珎重　師別日上堂云諸
和尚有什麼病敗什麼處欠少亘古亘今恒
然如是何須向長連牀上癡兀兀地便當得
去汝但於一切處驗還出得汝去處麼不見
古聖道如人在空如魚在水或行或坐不離
於空逆流順流不離於水既然如此且合作
麼生兄弟莫自受屈莫自淪自溺既到這裡
不柰何也只成一場妄想有什麼事出来時
有學人問如何學即得不昧真機師云什麼
剎中曾昧問已事未明請師直指師云瞎却
汝淂麼問生死沉淪如何得出師云在裡許

多少時問忍令提綱猶是野干鳴如何是師子吼師便摑口打問六國不寧如何整葦師云古殿不曾坐什麼處不寧學云如何領會師云是汝不會問如何是大圓鏡師云不曾照李云辨者如何師云不曾照辨什麼問於當人分上如何發言師云不是途中客發什麼言學[十二]云還與麼道也無師云是[十三]汝与麼道問此座高廣吾不能昇未審什麼人昇得師云得此病来多少時李云便請和尚藥師云這鈍漢問己事未明如何明得師云彼常不隱鏡指類開問從上諸聖還有不依師者無師云闍梨曰什麼人師云兄弟諸聖與来盖為人多錯會言佛演法祖唱玄微只為風昧天機致使迷倒所以教排不到祖不西来仁者分上作麼生各自有与麼事莫自退屈莫只踏步向前覓若見即失若親即賺塵沙刦来未曾有一捻土解盖覆得兄弟各自努力歸堂珍重師於佛殿前上堂大衆雲集

師登座顧視大衆乃却起立項間便歸法堂僧從師到法堂後師問僧投機不辨隔岸難明仁者作麼生其僧無對便問如何是不假言說第一義師云驢年會得麼問強弱即不問如何是平常之道師云曰什麼得到与麼地李云還得平常也無師云莫破鳴聲問宗乘中事乞和尚提撕師云是什麼師却嗄近前這個是提撕汝喚作宗乘中事即不得叅云未審宗乘中事如何師便打一棒問如何是西来意師云石人筅下看問如何是作家師云你行脚為什麼學云与麼即專甲不疑師云何處得作家問如何是宗初一句師云什麼處收拾得来問如何是末後一句師云自鈍致作麼問如何是鼓山切急為人處師云讓汝得麼問臨行之際乞師一言師云終不敢鈍致汝問千年松樹尚有偃枤學人雖披入衆衣未曉出塵路乞師方便師云九霄雖異世碧逐沓難同問堂堂地来時如何師云堂堂不奈何問己事未明如何為驗師云乾坤不掩時人自迷問如何是學人立足處師云不從諸聖得學云便與麼去時如何師云猶是時人進向處學云不落進向事如何師云還返仄麽　諸和尚大凡行脚須識辨宗風莫只是尋言逐句無有了時雪峯和尚道三[十二]世諸佛不能唱十二分[十四]教載不起所以鼓山道有一人與麼来摠未曾通這個消息向伊與麼道被伊把黄泥驀口塞遂惟得他也無恐人乱塞人口所以道鼓山有不跨石門句作麼生道到這裏須是其人莫乱道時有學人問如何是不跨底事師以拂子驀口打師知問還會麼學云不會師便咄云不是這脚手　師云若己事未露就人揀得卷子裏抄冊子裏寫有什麽用處不如明取自己事明道為之德不間為之行德行俱備今時稱斷更有一人作麼生諸和尚也莫泥水不分清濁不辨末法時代天下交馳兄弟得共林泉與道伴一處嚙嚼此事也須慶幸始得直須曉夜懇苦莫虛度光陰各歸珍重

師於三門前上堂問僧有一人從水塘頭来便轉去汝作麼生學云和尚也須許他始得師便擗脊棒汝作麼生學無對師云不才謹退也是略虛漢問如何是不假言說第一句師云放汝三十棒問不起于座如何是掣電之機師云醉作麼問凡有言句盡落標指如何是月師云還識羞麼問據何眼目消得人天應供師云瞎漢問未達本源如何履踐師云相去多少學云爭奈學人疑何師云阿誰罪過問只在途中請師指示師云在途中多[十二]少時學云謝和尚指示[十五]師云莫塗污人好問苦澁處請師道師云收取好問十二時中如何履踐即得不辜於自己師云直須不辜於自己問澄源浪靜為什麼真形不現師云什麼處收拾得學云究竟如何師云非究竟不與闍黎通學云豈無方便師云方便是

什麼人分上問承和尚有言不許學人擇話又不許擇話如何行履即得不違和尚所嘱師云還自耻麼問九霄峯外月室内一輪燈如何是一輪燈師云岸谷無風徒勞瞪目問名言妙句教綱所詮不涉三科請師直道師云肘後不曾傳問十二時中如何究竟生死師云將生死来學云與麼即無究竟處師云似你與麼語話問叅禪學道須是其人學人與麼来請師直道師云瞎顛作麼學云謝和尚指示師云放你二十棒問人人盡言請益未審和尚如何拯濟師云鼻地人難肯問作何准則即得不背於古師云不可諱去也學云謝師指示師云便被吃棒問千手千眼阿那個是正眼師云用正眼作麼問如何是目前機師云即今是什麼機學云不會乞師指示師云殼地人不踐問二邊不立中道不存是如何師云即今在什麼處學云豈無和尚為人處師云教我為阿誰學人屈什麼處師乃与杖問古人道相逢不擧出擧意便知有如何是擧意便知有師云阿誰擧問如何是學人最親家切處師云妄想作什麼學云還得當也無師云权取好什麼語話問作麼生是木馬石人騎不背空王印師云泥牛步處盲者徒施問作麼生是動容揚古路師云不

欲得商量問作麼生是别傳底事師云权取蝦蟇口不得　師云諸和尚各自有与麼事莫受屈未曾欠少未曾有寸土鮮盖覆得汝為什麼却不會去更踏步向前覓途中践士不曉室中且室中事作麼生只欲得人說是汝自己事為什麼却不會唯是他人屋裡事捴會得十二只是俑家吃老師涕唾十六向意識裡作解有什麼交涉行脚不遇其人所以道苦屈在初記著一字歷刦作野狐精若靈利底不假老師多多久立各自努力珎重師有時上堂云時時与麼打鍾打鼓上来覓什麼有什麼苦屈底事不見古人道捴是一隊吃酒糟漢把棒一時趂下鼓山如今直下老婆心有疑者出来問時有學人問近入叢林不會乞和尚慈悲指示師云我不敢誑謼汝斈云不誑謼事作麼生師打一棒問如何是徑截之言師云家徑斈云如何是不假言詮師云即今有多少問承古人有言有相身中無相身如何是有相身中無相身師云即今是什麼身斈云如何是無明路上無生路師云即今是什麼路問斈人箪貧請師拯濟師云有什麼事學云爭奈箪貧何師云論刦受苦問承古人有言巧說不得只用心傳如何是心傳師云道什麼斈云不會師便喝出

問投機便轉是如何師云作麼生轉斈人纔進前師便唱出問大事未辯時中以何為驗師云時中不得步學云如何得相應師云不相應學云為什麼不相應師云不為汝問急切處乞師一言師云調達不得冐問承古人有言大体寛無際小心塵不容如何是大体寛無際十二師云大小學云如何是小心塵不容十七師云曰什麼到与麼地問承古人有言一切衆生日用而不知如何是日用事師云這個是什麼人語問二龍爭珠誰是得者師云珠在什麼處問承古人有言一花開五葉結果自然成如何是自然成底菓師云即今是什麼問逐上宗乘請師直示師乃叱之問諸聖未興以何為眼師云闍梨眼在什麼處問和尚慈悲如何体會師打一棒問只如僧問洞山云三身中阿那身不隨於諸數洞山云吾常於此切只如洞山云吾常於此切是隨是不隨師云汝又向這裡失性命問終日動靜為什麼不明自己師云只為終日動静所以不明學云不動静時如何師云是什麼問山中和尚纔見師僧札拜便吃棒意作麼師云曰什麼不行脚去問南泉以手打膝云這裡即易又云這裡即難僧問云只如却手豈不是擧唱宗乘師便以手打膝云此不是擧唱

宗乘作麼李云只如却手意作麼生師云汝自看問如何是第一句師便把杖作驀口刺勢問深深無底淺淺無源時如何師云得此病来多少時也師云近来師僧只愛夆經夆論說圓說頓所以道經有經師論有論師律有律師有函有号有都有帙白日明窓夜附

燈燭自有人傳持在閑汝衲僧什麼事汝且道圓為什麼人施頓為什麼人設曰偏說圓得成圓頓本自圓成不因偏說這箇是圓頓教於衲僧分上作麼生各有區分莫滅胡種各帰堂珎重　師勘僧語問古人道嚧鏾擬開口驢年亦不會師云古人与麼道有損有益師問新羅僧上山来作什麼對云礼拜和尚師云盡世不摽向什麼處禮對云向不摽處禮師云念汝是新羅人放汝二十棒問逕山小師云逕山偈道回首還家不得帰師云帰是時人帰豈不是對云是師云他不得你箇帰豈不是對云是師喚云嚴闍梨對云地

師云是十二帰是不帰有僧製得雪峯实録十八云師每至上堂　良久顧視大衆遂云是什麼師云雪峯只有此語為當別更有僧云別更有師云案圓也下山去問學人總施三拜便知有二十下鉄棒未審送上宗乘諦當不課本叅乞師方便顧垂決擇師便与一下棒其僧帰堂不肎師云令打鍾喚上勘師云汝道總施三拜便知有二十下鉄棒豈不是汝与麼道對云是師云还有過否對云有過師云有過不打作麼便与棒趂下山師問修訥維摩座主云文殊讚淨名乃至無有文字語言是名真入不二法門与麼讚还合得維摩意也無

對云作麼不得師云維摩意作麼生對云語默平等師云這個是座主与麼道維摩意作麼生座主道不得方乃礼拜問蓝上座從什麼處来對云從西院来師云西院还接上座也無對云接師云西院作麼生接上座對云問專甲道是什麼師云西院与麼問上座對

云是師云識得上座也對云与麼即不得未審西院意作麼生師云是什麼問淨道者云古人道這裡即易這裡即難這裡即不問這裡事作麼生對云還有這裡那裡也無師云此猶是這裡事也道不得吃棒趂下山師云這漢向後覓個死處不得　先問諸院

十二 老宿語師与囷山上雪峯囷山問共和尚闘十九 行師云輪也歸時下船問共和尚闘船師云若道闘船也是輪也囷山云重重失利師与長慶入佛殿見佛前鉢盂捻起云家常師云何得又更無厭師却捻起問長慶長慶云飯未餧師云太恪惜生長慶云穩便即収取師云恰是師問保福古人道是不是非不非是即龍女頓成佛非即善星生陷隊与麼道還留是非不留是非保福云来却是非師云与麼是非有什麼了時師見保福共僧在茶堂說話師云莫葛藤保福云葛藤即不得商量佛法還得也無師作掴勢保福云過在什麼

處師又行一掴問東使只如仰山祗對潙山於面前與一畫意作麼生東使云作家麼師云兄真箇與麼作麼生東使云日可冷月可熱被師攔胷與一托問翠嵓古人道無端起佛見聞法想被佛威神力故左降二鐵圍閒作麼生是二鐵圍翠嵓云起佛見聞法想

師云起什麼佛見聞什麼法想無對問大普云於万像中還有自己否老宿云有師云這箇豈不是燈籠云是師云識得老兄也師共長慶囷山在道場院見托真郎君来長慶問見說郎君是中塔還是否郎君只在面前立長慶云何曾是中塔師云正是中塔囷山云

不是中塔保福指雪峯上院主山問長慶敎中云妙峯頂莫只這便是否長慶云是即是可惜許問師只如長慶與麼道意作麼生師云若不与麼紅旗遍野白骨連山　前渓

帝王問訊語　忠懿王入万歲寺見佛像指問師云是什麼佛師云請大王鑒王云鑒

即不是佛師云鑒即不是佛是什麼惠宗見
師不安問莫是時節至否師云即今是什麼
時惠宗云與麼即無来去也師云亦是聖躬
與麼道又曰志上座說云昨夜見天王面前
現惠宗問因什麼不向專甲面前現師云却
是陛下見　　少帝遣内臣送書上山只乃
封題而已師覽而神之尋内臣拜辞師云聖
人若問如何秖對師云但道尽乹坤有所依
賴師在雪峯日往来州問鑒龍侍中裴其時
手司徒聞到司徒令傳語云數日四大不
安瓜勞發妙師傳語云此是司徒句即令
司徒在阿那大中尤對
清源王太尉問安國了院主云剗犬洞然向
什麼處四避院主云這裡四避太尉不肎自
代云不四避進云為什麼不四避太尉云他
不出頭四避什麼師云什麼處見他道不出
頭師因与清源王太尉說話云但是世間一
切雜學底事尽是網太尉云只如今還網得
也無師云太尉亦太尉乃展手云即今有什
麼師云只這一網亦不少太尉舉南陽喚侍
者事趙州云如空中書字雖然不成而文彩
已彰師云只如與麼道是宗國師不宗國師
太尉云宗与不宗俱是彰也師云只如趙州
意旨作麼生太尉云不辜負趙州師云此是
句也趙州意作麼生太尉云作麼師云彰也
趙州意作麼生太尉無對

偈頌七首　　直下猶難會尋言轉更賒擬
論佛與祖特地隔天涯有曲無絃索官商調
不同若人幾和得拍拍尽爲龍　　緑笔除裝
色更濃針耗療患理難同維摩昔日称何事
迷逐西土却還東　何事宸堪依岩中独坐
時路險人難到峦高鳥不飛白雲長滿洞論
剗未曾虧不話曹溪旨馬千道者機　石室
周圍慶巳多有人不到復如何待封此樣呈
諸友開時只好唉呵呵　　十八郎殿下送
綵毬上於方丈頂挂便請偈　衆綵裁成巳
工多妙宸殊收歸方丈裡長翫一明珠
十八郎殿下又送偈上國師撫請和　　無形
無本亦無名日用驅驅不暫停對面向人多
不識縱横自在轉分明權時来寄君家宅万
種千般是事能認取當来真本性一時拋奕
事皆行　　國師奮　建化開遮假立名無
名之說亦難停其中薦得非干識朗月當空
不自明北京秀長称爲澤南泳傳宗祖諱能
黄卷暫詮呼作性須条教外有別行

古尊宿語録卷第三十八　　十二

古尊宿語録卷第三十九　十三

僧録司右闡教兼鍾山靈谷禪寺住持　淨戒　重校

洞山禪師大鑒下七世嗣雲門

洞山第二代初禪師鳳翔良原傅氏子兒聞鍾梵聲輙不食危坐終日年十六依渭州崆峒沙門志諗剃髮受具遊律寺執卷坐聽坐夏長沙詣雲門契機後住洞山上堂云楚山比面漢水南江擊法鼓而會禪徒舉宗風明祖道若以揚眉瞬目竪拳竪指謦欬咳嗽是廚中找鉢帛道什麼會也無也是衲僧破草鞋者瞎漢者漆桶是个弄精魂鬼愍與麼揔不與麼是東司頭廁籌子以此稱提從上来事盡是邪魔所作謗大乘滅胡種與你天地懸殊且道衲僧據什麼道理出来對衆道看折脚鐺子各出一隻手貴得宗乘不斷亦表叢林有人有麼若無洞山不惜眉毛打葛藤去也葛藤之事只在目前万像森羅乾坤大地百千諸佛日月星辰地獄三途起心動念每日經歷皆是諸德自己何不向這裏體當尋覓看驀然覰得個儻分明不虛行脚也自淂个安樂田地洞山此語且作死馬醫若據明眼衲僧将草鞋驀口摑還恠得他也無恠即不恠你道憑个什麼抵淂将来脚跟下推尋毫末条差趣折你脚莫麁心好便下座

上堂良久有僧問列祖昇堂人天竪請不昧宗乘乞師指示師云頭鬅鬙耳卓朔僧云一句流通人天聳耳師云墨蹤襴衫日裏睡進云師唱誰家曲宗風嗣阿誰師云重言不當吃問赤水求珠猶是人間之寳和雲唱出猶非格外之談未審今日將何示人師云夜闌祭鬼鼓朝聽上灘歌問言超象表青霄外出語幽玄事若何師云岸上行人聲有韻船中漁父和不齊云幽玄事若何師云釣長綫短問從上来事未有人當頭道淂請師當頭道師云八十翁翁不拄杖問闍師引出潭中意直透青霄事若何師云甲己之年丙作首云今日事若何師云大好雪晴問道本無言如何理論師云十里鼓問如何是古佛心師云巢知風穴知兩問佛法两字即不問如何是從上来事師云眼裏瞳人吹木笛問百尺竿頭須進步如何是進底步師云炎裏放木盆問如何是諸佛出身處師云寒山不語拾得笑問緣生便死時如何師云鍾馗解舞十八拍問如何是正法眼師云紙撚無油問智不落千差請師通不犯師云鏇餅搵餳問不當之言請師不發師云水流霧下云誠如是言師云人無遠慮必有近憂云與麼則因地而倒因地而起師云不當之言不發問佛及涅槃並為增語理既如此事又作麼生師云釋迦老子誠實之言問如何禪不禪師云糊孫摘仙果問諸上善人皆說不二法門居士黙然意旨如何師云無目不盡眉問如何是學人入理之門師云陽烏啼時西嶺上問如何是學人本源師云山高雲峻問心非意想道絶功勲如何是心師云燕子不入楚云如何是道師云還我話頭来問幻與非幻未是學人極則處如何是入理之談師云八十翁翁牙不動問見境不動時如何師云眉長三尺二云如何是見境不動底事師云鼻孔占却三畝地師乃云明機自昧息慮迷源萬法同塵語黙難顯不是情中法莫生種種心離此章句別有商量且道離却作麼生商量還有委悉者麼明明地揀破明明地顯示明明地舉唱明明地詞詠更無囊藏被蓋純說乾爆爆地禪若是靈利禪僧纔聞舉著便合眼卓朔地知个落處豈不是自家具眼其奈罕遇奇人蓋縁洞山這裏言無味食無味法無味無味之句塞断人口凡弟到這裏難為湊泊若向這裏覰得分明天下尊宿到與不到徹與不徹揔被你驗破何故蓋智有邪正道有虛僞多只與麼心機意識認得門前屋後店學得路布葛藤一堆一擔蘊在胷襟道我會

禪會道還夢見禪道也未喚作打頭不遇作家到老只成懵懂待到明朝後日驀劄地踏著正脉省前所行履處方始蓋見本命元辰下座問隘路不通風如何通得信　師云飜著襴衫戴席帽問如何是道　師云啄云如何是道中人　師云失啄問平常心是道如何是平常心　師云路不拾遺問和尚百年後向什麽處去　師云從上孔丘甲乙己云此意如何　師云不會即問人問如何是和尚撲不破底句師云親　問刧火洞然大千俱壞未審這箇壞不壞　師云天降蒲藻帝方圓一尺餘問大通徹底人作何語話跕得不傷物義　師云道士登熊壇　問登而不清混而不濁時如何　師云額裂幞頭問萬法歸一一歸何所　師竪兩指　云如何得歸一去　師云學語之流　問如何是清淨法身　師云烏龜不入水陸地弄塵行

問如何是洞山圓鏡　師云人將語試水將扙試　問不向心頭安了義如何達得祖師言　師云六脚蜘蛛上板床　問動轉無私如何施設　師云撈　問根本智中如何趣向　師云把火照魚行　問如何是正法眼　師云郭郎鼻孔　云還鑒照也無　師云纖毫怱見　問言不投機請師提撕　師云六七對夜月　問言無朕跡如何理論師云鐘槌不讀書問三界唯心萬法唯識識即不問如何是心　師云泥裏蝦麕雲裏走早地蚍師水底行　問如何是透法身句師云兩箇布針三箇眼　問如何是出家師云剃頭不持鉢

師乃云嶽唱宗乘闡揚大教須得法眼精明方能鑒辯緇素切緣真要一源水乳同器到此難分洞山尋常以心中眼觀身外相覩之又觀乃辯真僞若不如是何名善知識者夫善知識者驅耕夫之牛奪飢人之食方名善知識即今天下那箇是真善知識諸德叅得幾箇善知識來也不是等閑直須叅教徹覩教透千聖莫能證明方顯大丈夫兒不見釋迦老子明星出時豁然大悟與大地衆生同時成佛無前後際豈不暢哉雖然如是若遇明眼衲僧也好擗脊棒便下座

問法不孤起仗境方生向上一路請師便道師云聽事不真喚鐘作甕　問如何是道師云竹竿頭上禮西方問如何是洞山水師云雲裏雹子　云飲者如何　師云大小問朕兆未生以何爲證　師云烏龜背上紋　問金鱗不點額時如何　師云左眼半斤右眼八兩　問如何是免生死底人　師云措大席帽　問絶功勳處如何趣向　師云蟻子不食鐵　問如何是摩尼珠　師云手摯針筒腰懸藥佾　問如何是大通徹人　師云漢高大王　問佛法無形從何建立　師云神前木虎子　問諸方盡落綣模請師出竅道　師云十八女兒不繫裙　云與麽則平地起骨堆　師云自領出去問奔流渡刃疾熖過風時如何　師云平常心是道僧問如何是透法身句　師云土星犯牛宿　問忘言事不到開口理相乖未審如何即是　師云釋迦老子頭白　問承教有言如人含一口水自不能言萬法不出於心各各皆住本位當與麽時請師接　師云六隻骰子不成雙云畢竟如何　師云揷摽嫌水淺問石門遷化向什麽處去　師云麝香不合樂　問學人未達本源時如何　師云脚底毛生問遠遠投師時如何　師云爭恠得老僧　云終不敢造次　師云恰似不齋來　問如何是頭頭物物盡底句　師云三歲孩兒入戲場　問路逢達磨時如何　師云鼻孔大小問四海無浪月輪孤時如何　師云眼裏眉鬚長二尺　問不落心機意識乞師一句師云楚山入漢水　云未會請師更道　師云湖南楂子　問不惜時機用如何話祖宗

師云三箇胡挑兩塊餳　問如何是不動底心　師云賜紫金魚袋　問生死海中以何為津梁　師云年盡不燒錢　問祖師西来唯傳一心諸方為什麼各說異端師云貪觀白浪失却手撓問龍庭金口問如何對玉機師云海底紅塵起石裏瑞花生問智滿千重鎖如何擘得開師云波斯不戴帽問三乘十二分教即不問祖師西来意請師直指師云小兒不著鞋問如何是和尚臨機為人一句師云官差不自由云與麼則得一失一也師云自知較多少問大用現前時如何師云天不長惡問文殊問維摩以何為入不二法門維摩默然未審意旨如何師云六隻骰子一時赤問如何是當處常湛然師云淨手裝香云如何是覔即知君不可見師云觸手拈經問如何是竺土大僊心師云草鞋不入市問鐵石之心如何去得師云張良下殿走問如何是入不二法門師云眉長三尺二

上堂云語中有語名為死句語中無語名為活句諸禪德作麼生是活句到者裏寔難得人若也不動一塵不撥一境見事便道答話長老下脚不得東西南北莫知多少要得去離泥水活人眼目舉唱宗風激揚大事不道全無其奈還少即緣未達其源落在第八魔境界中識得箇不名不物無是無非頭頭物物無不具足道我得安樂田地更不求餘九有扣擊問難即便敲床竪拂更不惜便施便說便行便用向惡水坑裏頭出頭沒弄箇無尾猢猻到臘月三十日鼓也打破猢猻又走却了手忙脚亂一無所成悔將何及你若是箇衲僧乍可凍殺餓殺終不着你鶻臭布衫便下座問不犯一切請師提綱師云瘂子得夢問如何履踐即得無譊訛師云見之不取思之千里問刼火洞然大千俱壞未審什麼人為主師云陳平不舉令問如何是和尚壁不破底句師云孫臏不入市問如何是真出家師云剃除鬚髮云只者莫便是也無師云因什麼五戒不持問言無展事意旨如何師云漢江不渡船問不落是非請師道師云貴云慈悲何在師云苦口是良藥問如何是禪師云熊耳山下問實際本無憑何建立師云新豊老人八十八問真源無朕兆如何話祖宗師云起席不謝坐問如何是清淨法身師云激土裏雀兒問如何是佛法大意師云二日風五日雨問如何是露地白牛師云斜劄不入云飲噉何物師云一任東西問如何是通身一句師云月似彎弓少雨多風問如何是道師云頭不梳面不洗問牛頭未見四祖時如何師云三山帽子大袖布衫云見後如何師云市食齋僧問一言道盡時如何師云吉凶不上卦問月不當戶時如何師云鏤子騎馬問如何是真空妙用師云契書鐵券權為用妙句無私也是閑問絶點無蹤時如何師云尖斗量不盡問如何是學人佛性師云来日二十七問如何是衲僧本分事師云駱駝渡漢江問如何是親切一句師云達磨無當門齒

上堂學須實學見須實見若未諦見當須克己參尋博問先達稍是不得且向洞山處討箇入路一切塵剎一切境界一切佛界一切衆生界盡十方界一切物類一時拈来手內在眼睛裏亦無来往事相不礙見聞覺知舉起一足乾坤一時震動行着一步海水盡皆波濤湧沸提起一足須弥山百雜碎嚙一嚙虛空撲落地諸德每日受用還自知也無洞山不獲已且作死馬醫對上機兄弟面前渾成一場笑具向他上機人前說箇什麼即得揆一揆拶一拶喝一喝棒一棒得麼指天指地五言七字得麼好風好雨得麼如斯舉唱遍大地攪不轉把掃箒掃作一堆將火燒把筏縛掉放江裏從他流下去且作麼生去也珎重問如何是洞山境師云村裏人油葫蘆問身手作罪橫羅口舌時如何

師云看錮鏴着生鐵云知過後如何師云堂
烟尋食地錯入爐皮家問将何指示令學人
得透金塵師云天子馬蹄鳴問心若無事萬
法不生時如何師云風鈴有韻真堪聽得
脩來曲不成問如何是學人本來眼師云旋
風不左轉問維摩掌擎四世界未審維摩身
在什麼處師云在闍梨後底云為什麼在學
人後底師云還我話頭来問法無黏鏁為什
麼趣入却難師云波斯讀梵書問便與麼去
猶涉程途省力處乞師一言師云腰帶不着
誇問如何是大道之源師云天寬地窄問一
切諸佛及諸佛法從此經出未審此經從什
麼處出師云一字不着點云如何是一字不
着點師云碧眼胡僧笑點頭問如何離却生
死底句師云掃地添瓶問長蛇偃月即不問
疋馬單鎗事如何師云線大鼻孔小問口欲
談而詞喪心欲緣而慮忘猶是生死邊事如
何是向上事師云阿難不持梵夾問但得本
莫愁末如何是本師云手纖脚大云如何是
末師云量不着　上堂云洞山者裏尋常
方大內不似諸方一个上来一个下去啾啾
唧唧地裏私說底禪道佛法盡是向你兄弟
面前滿口說滿口道滿口拈提滿口賺據無
你左遮右掩處一時和底翻出諸德作麼生

委悉波試對衆道看譬如太末虫處處泊得
不能泊於火焰上被他諸方老禿甜唇美舌
說作配當道這个是禪這个是道這个是菩
提涅槃這个是真如解脫被六二釘八尺楔
楔在眼裏不知不覺乍到洞山這裏不知是
何說話會得麼直饒會得真如涅槃菩提解
脫毫末無差也被條繩子於脚眼下繫却不
得出離若是靈利衲僧一咬咬斷作个脫洒
衲僧豈不快哉若三咬兩咬不斷唯有打入
懵懂杜裏有什麼出頭時洞山事不獲已傍
地裏為你著力珎重問如何是和尚接人一
向師云雞啼不着時隣人半夜行云如何領
會師云一任東西問只與麼便請益時如何
師云千斤秤不住云鳥道不存也師云錯數
定盤星問說者聽者二俱如幻無說無聽時
如何師云馬趂不上云與麼則信受奉行師
云還我話頭来問如何理論即得不昧師宗
師云天地玄黃問不變不動是何境界師云
臘月三十日問如何是一真境界師云衲僧
破草鞋問離却有無請師端的師云三脚鐺
子無耳椂問兩處俱亡時如何師云把針失
却線問不歷古今句請師運普音師云揩大
騎驢云與麼則學人側聆也師云手提巾子
問即今心即不問如何本來心師云腰長脇

短問不動智源如何接物師云大悲菩薩無
手眼問面前三事背後萬般形如何師云
那吒不識父云如何是那吒不識父師云眼
裏瞳人紫氣毬問匝地普天即不問應機不
失事若何師云三白大衆問如何是正法眼
師云六祖賣與和羅飯問未曾開口遍十方
佛已知時如何師云不来諸比立說欲及清
淨問生死事大請師相救師云三家村人失
却火問承古有言剎說衆生說三世一時說
即不無未審為什麼人說師云三頭兩面者
云為即不無還當也無師云蝦跳不出斗問
如何是不從師邊得底事師云夜觀乾象問
釋迦以何為師即得無上菩提師云三千條
罪莫大於不孝問知有亦不立妄有亦不生
正當與麼時如何話道師云六耳不同謀問
如何是大道本源師云赤脚上船問古鏡未
磨時如何師云三番羯磨云羯磨後如何師
云為什麼五戒不持問只者猶不是如何即
是師云天性不喫酒問自古及今不從人得
六祖黃梅夜聞何事師云志公柱杖云得用
時如何師云用那曲尺作什麼問如何是毛
吞巨海師云六祖口吞大問如何是會佛法
底人師云兩進行纏問青青翠竹盡是真如
此理如何師云朝遊山水暮宿草菴問已自

肯已常人知見已不見已時如何師云看鋼
鉢着生鐵問總伸一問悔恳不及請師方便
師云两得便宜問如何是學人本今事師云
三脚蝦蟇無後脚問目前無眹兆如何顯真
宗師云八十婆婆手擎扇問如何是無心鏡
師云水深三尺云還照學人心也無師云徹
膽見問一塵纔舉大地全收如何是一塵師
云波斯上廣問只見龜毛長不見兎角生請
師現兎角師云目裏瞳人禁氣毬問絲畫停
機是諸佛權行之義向上事請師直道師云
多毋失愛問諸方即心即佛未審和尚此間
如何師云無底樑子七八片問如何是超毘
盧越釋迦之談師云迦葉目視佛　上堂
法鼓纔動大地全收諸德在鼓聲裏来往還
知也無對衆道看若道不得被洞山熱瞞下
座　上堂即心即佛破執二疑非心非佛
止宿草庵且居門外向上一路千聖不傳葛
藤言語作麼生是衲僧分上事良乆云括得
十一
十三
出来也是破草鞋便下座　問天堂地獄
是什麼人居止師云洞山問如何是法身師
云穿靴水上行云莫便是否師云水上烏龜
頭赫赤問作止任滅猶是禪那之病如何免
得師云梵僧不袒肩問未問未荅如何商量
師云持鉢不得撲破鉢盂問金烏出海耀天

地與此光陰事若何師云崑崙渡海誇珎寳
波斯門下賺鬚多　上堂無邊刹境自他
不隔於毫端洞山魚鼓聲動延慶白馬鷲嶺
谷隐師僧盡隊隊入僧堂裏喫飰諸德識得
麽箇對衆道看若向這裏道得即有可良善
不無行脚若道不得閻老徵你草鞋錢有日
在便下座　問超佛越祖人難得請師一
句顯根源師云裁衫錯却領問古寺清幽如
何辯主師云責云作何方便得覩慈悲師云
焚香胡跪問不斷佛種請師一言師云犯着
太白星問遍地黄金便與麼用時如何師云
滿天列宿白日兩下　上堂諸德提將鉢
囊柱杖千鄉萬里行脚蓋為生死不明要得
達法悟道到處豈無覩覲尊宿善知識若為
你解粘去縛道眼分明甄别是非堪為師匠
即便拗折柱杖高掛鉢囊取个徹頭莫愁不
成辦或若開口動舌說向上向下這邊那邉
玄會妙會道出道入君臣父子明體明用盡
是誇般若埋没宗風不識好惡屎床鬼子帶
累後人無有了日拽下繩床落脊棒趂出三
門弃教行脚與伊為增上緣也與宗門出得
氣更向其中乂手並脚唱喏撮他野狐涎唾
自肯自重云得和尚為我揀為我說得个安
樂處還聰覺也未還洒洒也未喚作病不遇

良醫悮服他毒藥認得个驢鞍橋喚作阿爺
下頷與你本分事有什麼交涉将知你一生
行脚只是踏破草鞋始終成得个不即溜漢
下去問魅己求真是修行人之大錯能辯邪
正猶來道體未審如何修證師云六隻骰子
一時赤問不在内不在外不在中間未審在
十三
十二
什麼處師云褊衫不蓋體問如何是學人自
已師云親人不着便問万緣俱罷六户齊牢
時如何師云天晴不肯去云便與麼去時如
何師云須待雨霖頭問盡大地人来如何指
示師云舌頭拄上腭問請師出楿師云七顛
八倒問心境未明時如何師云吐舌至頂相
問大藏教是一場是非學人親切請師道師
云有手不弾指問天皇打與座意如何師云
喫酒不謝座問如何是學人究竟事師云說
云未審說个什麽師云泥裏撼樁問如何趣
向即得至理無差師云垂鈎水上云與麼則
謬向途中枉施功師云自知較一半問但得
本莫愁末如何是學人本師云草鞋無底問
如何是塵劫不昧底事師云肮衣不渡水問
添一栰一理歸何所師云三年一閏問真修
道人不見世間過未審世間有什麼過師云
两人着緋一人着早問烟雲不到處喚作什
麼師云燒錢不及時云與麼則劃地作佛像

去也師云自屎不覺臰問三身中阿那身說
法師云親言出親口問如何是說底口師云
還我話頭来問如何是撥塵見佛底句師云
楚山頭上播紅旗問心不是佛智不是道還
有過也無師云知他大小問生死根源請師
指个入路師云頭破額裂云學人不會乞師
指示師云十二天上天下問承古有言十三天得一以
清地得一以寧君王得一治天下衲僧得一
時如何師云五九四十五太陽來入戶問佛
禪道是同是別師云梳頭不洗面問明月當
空如何鑒照師云量之不是問久淘砂磧未
覩真金請師指示師云入水不濕脚云與麽
則學人得用去也師云爭柰脚板濶云一言
可以喪邦師云不知是不是是即也大奇問
諸方盡在繩墨裏未審和尚此問如何師云
萬箭射須弥問扶籬摸壁時人盡知諸佛正
法眼請師直指師云夢裏打三更問十二時
中行住坐卧自省覺時如何師云看人喫飯
云爭柰樹影不斜何云親言出親口問一法
若有毘盧墮在凡夫萬法若無普賢失其境
界未審如何即是師云眼裏瞳人築氣毬問
森羅及萬象皆從一法所印如何是一法師
云要你眼作什麽云還許學人受用也無師
云可惜許問金鍮現前請師辨師云兩脚蹴

蠒吞却月問的言無證時如何師云牙痰炎
左耳云甘苦常言師云聽事不真喚鍾作甕
問如何是不歷巨海獲驪珠底人師云四手
八臂問久昧衣珠請師指示師云磁石不攝
針問彎彎似月廓落三星西土即無此間奉
如何師云東南西北問十二時中如何得與
道相應去師云拈東摸西問從上宗乘請師
垂示師云老鴉線斷問一念未生為什麽不
見自己師云劃地成牢問盡未來際遍法界
中盡此一句時如何師云有錢千里通無錢
隔壁聽　上堂還丹一顆點鐵成金至理
一言轉凡成聖世間法亦復如是洞山且問
諸徳作麽生是轉凡成聖底道理試對衆道
看維然不出頭肚裏道了也作麽生是轉凡
成聖底道理且道轉个什麽莫瞌睡作麽生
莫是一喝一捧麽如此見解是街頭巷尾打
鐵漢輪木槵數珠念喝囉怛那行者輩見解
在你衲僧家合作麽生須是具眼方能辯邪
正莫只與麽十三過諸徳時不待人切十四須努力聽
一覺起来看取是什麽道理久立珎重問不
與萬法為侶底人還有向上事也無師云道
士頭戴冠問如何是佛師云灼然諦當問如
何是清淨法身師云糞甕裏蛆兒問一箭便
中時如何師云過云過在什麽處師云著

上堂且如禪師者須是己事分明具擇法眼
遍參知識方辯祖宗法亂水乳岐分若不然
者何名衲僧行脚不遇師匠最苦莫過於此
可惜許大丈夫兒莫隈隈陮陮地禪徳洞山
尋常道待我家園麥熟事持磨麵作个餕餡
屈取東西南北善知識同共一莚破除了盡
與伊出却釘拔却楔拈却炙脂帽子脫却鶻
臭布衫作个洒洒地禪師後代學人有可依
倚豈不俊哉問如何是古佛鍬師云何不問
云用者如何師云鍬刀子問承古有言諸旋
示息彼物先住尚不可得意旨如何師云靈
空擲骰子　上堂莫捏目妄想揔不如是
道本無機豈留心法諸徳且作麽生領會莫
錯會好珎重問承古有言其中長者子个个
盡無裩如何是長者子師云只你是云是个
什麽師云猫兒打筋斗問如何是洞山師云
動則傾湫倒岳不動即天黑地暗問李人欲
殺父殺母如何下手師云急問風不鳴條雨
不破塊是十三什麽人分上事師云要十五道即道云
便請道師云分付不著人却令道者恠問久
居洞中為什麽一物全無師云脚大木履小
云如何領會師云直覷步問如何是室中人
云不在外問壁上有一高僧至時還說法也
無師云來去不住問洞山鬱茂為什麽無味

師云驗在目前問朗月當空是什麽人境界師云闍棃境界云為什麽日用不知師云非洞山過問如何是籠中鳥師云在籠中多少時云只為籠中鳥師云却飛去問學人欲伸一問為自已不見時如何師云無背面問朗月當空為什麽不見自已師云近後問如何是沙門行師云不損人問雲水是人遊是什麽人能到峯頂頭師云無足人能行無手人能執問佛即不問如何是法師云你為什麽不出家問無佛無人處法從何生師云你在什麽處出家云現在目前和尚自看師云五栽也不持問目視瞿曇猶如黃葉意有如何師云襄州土宜不出別物問量闊無邊為什麽不容自已師云窄問曹溪一句即不問如何是雲門一句師云天下人喫不著云還當得生死也無師云是何生死問佛佛相應祖祖相傳未審相傳底事如何師云此去韶州八百五十云與麽則有口不如無聲師云速須懺悔問壁破成狼藉渾崙又不成藥病俱消處便請師商量師云雲生嶺上水出高源云與麽則師子吼也師云還我師子吼來問無心道人還有法示人也無師云黑地入漆覓云既是無法緣何得入師云到老惺惺問如何動乾坤底人師云須弥山上打筋斗問

作可永劫受沈淪誓不將身求半偈師云官不容針私通車馬云與麽則和尚容許也師云且領前話問大藏教是个切脚如何是字母師云啞子上刀梯都監太保問眼處入正受諸塵三昧起此意如何師云洞山茶椀裏有太保太保茶椀裏有洞山太保無語將此[十三][十六]話問尊宿谷隱云不落無言說延慶云喚什麽作三昧師問僧莫便是新到否僧云是師云夜來投栖處今朝事如何僧云今朝風較急青山背上行師云不是更道僧云珎重師便打問如何趣向即得至理無差師云垂鈎水上云與麽則謬向途中枉施功師云自知者少問鼓聲絶罷大衆雲臻學人與麽來請師速道師云撥雲看日暈坐水看山行問釋迦掩室於摩竭淨名杜口於毘耶猶是中下之機向上一路請師說破師云玄玄無倚靠逈逈勿人知問輪王寶劍常露現前輪王即不問如何是寶劍師云水裏無魚人皆信空裏行船笑殺人問諸佛非我道誰是最道者師云樓上打鼓聽声在外問父母非我親誰是最親者師云瘂子買甜瓜問真即幻幻即真離此二途如何道師云臨河照影云與麽則义手當胷退身三步師云若不同床卧焉知被裏穿問衆魔到來如何支遣師云鍾馗

斛舞十八拍云還受厭穰也無師云信邪倒見死入地獄問自知當作佛未審什麽人證明師云耆婆賣針筒問寥寥無惺惺時如何師云波斯不過江問藤蘿高萬丈身與白雲齊時如何師云昔時東海曾相識却向西山弄日頭問擬問和尚有煩尊重擬欲不問已[十三][十七]事未明今日上来問即是不問即是師云今日敗闕云為什麽如此師云虛空烜赫無涯岸海月圓時無別天問如何是遍法身句師云千江有水千江月萬里孤舟萬里身問學人擬歸鄉請師指路頭師云楚山頭向東問如何是祖師西来意師云衣衫不整問以字不成八字不是未審是什麽字師云波斯入市問大海有珠驪龍守護時如何師云困問如何是諸佛出身處師云楚山頭問心外無法不可所求法内無心不可所得離此二途如何是道師云紙上畫鍾馗問真空得之不空妙有得之不有衲僧得之如何師云拈匙不把筯云與麽則一切法常也師云只為不常問承師有言禪子相投西山月落未審落在什麽處師云手裏把鈎問心外觀法法不際心心内觀法法源不違如何是本源師云面上眉長三尺二問停真罷想時如何師云水底弄傀儡云誰是看戲者師云停真罷想

者云與麼則大盡三十日小盡二十九也師云你見什麼道理云某甲合喫和尚痛棒問知而不悟時如何師云草鞋繽子斷問虛空無口憑何說師云木履嘴長三尺二問撥塵見佛時如何師云幡竿頭上不插標問德山入門便棒臨濟入門便喝未審和尚意旨如何師云尖斗量不盡云還有為人處也無師云頭戴天脚履地　上堂洞山普樂無言展托終日現前誰知適莫無遮無障不知不覺更有一言乾乾爆爆

歌頌　隨物通真頌并序　至大莫若於道至廣莫若於法無言表而不顯於道無物象而不出於法且夫衆生浩浩窮本末以何歸處處茫茫擴生死而何托洞山聊述一頌提舉大綱号隨物通真頌曰　現在目前何易何難将何指陳表法無言物之有物言之有言明明無礙了了無違見之成道不用再三物物是我河沙體全法法無法言無可言眼見耳聞白日青天東西南北竺土大仙印之可印燈之燈傳著衣喫飯文殊普賢手提巾子赤脚上船是水是火本絕諸緣禪僧座主庶民大官寬衣大袖窄領布衫接延賓客對答語言高之與下不在詐言上徹天界下透黃泉不是別物古聖皆傳得之可保見之安然今之浪說出自無端更有一言好看好看　明道頌曰　大道坦然廓落無邊了了虛徹寂然何安含容妙用隨物方圓自本心法衆生迷源道無別道玄無別玄向說不信須要攀緣識心是佛了即是安心將何識識者何心心識兩亡見道在先從古至今軀自如然凡聖共有沙界同源前賢後哲悟此而傳著衣喫飯語默言詮不是別物是个癡頑快須提取勿放狂顛巧施妙句廣引多般揚眉瞬目閃爍機關以此為解千山萬山人迷逐物切要自看自看得力諸聖唯則行住坐臥皆承恩力成佛作祖越此不得不得伊何要你消磨坐看北斗立覷黃河天南海北於我於何明明了了你何不曉惺惺皎皎於何不照世界根源衆生祖老終日現在名名善巧說之已說聽亦甚好會與不會任自長保　真讚　一巧一拙誰許甄別青山白雲兒孫皆說窈窕邪身頭尖鼻缺斫額看魚焚香祭獺　空生幻身滅幻空存谷傳其聲鐘受其音取之寫邈号之曰神一言纔發四騁難尋月之有水鏡之有塵不可虛傳洞山之真　身不奇兮貌不揚語不異兮法不藏滿天星宿兮月中月白日金烏兮海岳影我教不寫又被寫我教不圖又被圖可惜半死青絲綸畫了令人笑一場　月兔走入海日烏飛上山見此若不會虛度幾千年

色空頌　眼病生色空病仍存真空真色日月乾坤白日買賣夜裏屈人東西南北碧眼胡僧　示徒頌　洞山寂寞無可依托禪子相投西山月落　提綱頌　洞山月冷雪漫漫綠竹清風刮骨寒言談語句無滋味釋迦達磨海東邊　投機頌　向你道泄天機我不會汝惺惺通法界何不明開眼睡悟即驚好問伊是阿誰共商量莫相悞快道取者衆生　剪商量　見非言說知真語即是非盡龍頭似馬那个得便宜　指話會頌　洞山語孤孤言淡人難措擧目會宗風專負西来祖　指通機頌　洞山寂寞一無可有無味之句塞斷人口　明心頌　禪不禪律不律赤脚著鞋水上立大洋海底黑雲生田頭西山日初出　因事頌　五臺山上雲蒸飯佛殿堦前狗尿天幡竿頭上煎䭔子三个猢猻夜簸錢　牛兒頌　自牧一牛兒出入無攔閻放在芳草中毛色方能顯朝去無人趂暮歸無人喚其力不可當有角無鼻繩不使任從伊使者隨人轉天下無荒田盡是此牛變有人若覓伊走去天涯畔牽来似諸人問汝見不見　隨牛狗兒　家有一狗兒駭小人

難見。終日隨牛去。未省使人喚。見客不作聲。見人偏能善。擬讓上門來。早是輪他便。好好報禪師。須看精神看。任汝靈利人。不覺為死漢。法身頌 法身寥廓遍河沙。萬象森羅共一家。法法盡含真妙用。莫將眼病見空花。報身頌。報身具足無窮躰。現用分明勿是

十三

廿

非。悟了始知言無異。休將巧妙用心機。化身頌。化身来往任縱橫。隱顯諸緣應萬機。只這見心非不見。剛須見外強生疑。洞山有一語。道得無用處。對面共商量。朧衫著却袴。道本無言詮。言詮非本妙。對面共商量。誰人能消了。 洞山有一言。對答須提舉。瞪目若思量者。漢去去去。 彭殿直問和尚年多少師乃有頌 一騰更一騰。相續已年高。住持無別物。化導勿劬勞。勸人常有語。不用苦忉忉。只為他不信。佛大師泥多。十心頌 心是春普雨山河及大地澁酸醎淡甘與苦盡受春功滋助力 心是水任器方圓與寬窄或直隨人得濁惡諸般皆盡法王法 心是火熱得衆生煩惱果枝枝葉葉普皆榮開得心蓮花一朵 心是秤萬户千門同共用纖毫輕重自低昂便合自知不高穩 心是尺示與世人生條直莫敎指下有推那地獄三途難得出 心是斗量盡天涯是非口堆山積岳在心思死後波吒親自受 心是燈照見人間黑暗心指教直行不能行須作欺瞞地獄因 心是鏡照破人間邪與正對面言談恰似直背後猶來黑似漆心是道凡聖同居月皓皓只於鬧處證菩提便合如來真正道 心是師條貫六賊不暫

二十一末

離時時呼喚在目前縱使出門不奈伊廓書狀上頌 十載學玄微今朝方息撥洞山一句子落處少人知師却問作麼生是洞山一句子書云逼塞虛空師云大好少人知著却問作麼生是洞山一句子師云峴山亭上無字碑

古尊宿語録卷第三十九

十三

古尊宿語録卷第四十　十四
僧録司右闡教兼鍾山靈谷禪寺住持　淨戒　重校
智門禪師大鑑下八世嗣香林
智門禪師諱光祚師上堂良久師顧視左右
云莫有作家戰將出來雖然如是風不來樹
不動時有僧問十地菩薩見性如隔羅縠秪
十四　一
如初地菩薩又隔什麼師云須彌山進云如
何透得師云三生六十劫問一機未發如何
辨其語脉師云大衆可驗僧云學人如何進
向師云退後三步問格外稱提請師舉唱師
云你合作麼生進云與麼則承指示也師云
莫妄想問曹溪路上還有俗談也無師云六
祖是盧行者因舉僧問香林雲門親的旨今
夜蠲何人林云涅槃經僧云與麼則親的林
云末後品時有僧問師涅槃經意旨如何師
云大喻八百小喻三千進云末後品意旨如
何師云雖足三峯頭倒卓又云會麼僧云不
會師云直待彌勒下生來問師子返躑即不
問虎頭生角時如何師云生得幾箇進云㸔
麼則學人退身三步師云龍頭蛇尾問如何
是大乘修行師云擔枷帶鏁問既是龍居未
審龍在什麼處師云眼下一帶青僧云學人
未曉此意如何師云瞎　上堂云汝若進
一步即迷其理若退一步又失其事若也寂
然地又同無性作麼生免得此過所以古人
道明知與麼故合不犯正當與麼時切忌傾
倒著便下座問古人拈起拄杖意旨如何師
云看樓打樓進云放下拄杖意旨如何師云
百雜碎問聖僧為什麼被大蟲咬師云不錯
問如何是離却藥忌一句師云口是禍門又
云叉手當胷問魚游陸地時如何師云取死
不遲進云却下碧潭時如何師云鑚泥剌土
問牛頭未見四祖時如何師云天寬地窄進
云見後如何師云地窄天寬　上堂云德
山入門便棒臨際入門便喝你且道山僧者
裏用箇什麼還有人委悉麼不如歸堂向火
珎重　上堂云三兩日來好春雨可謂霶
霔凡夫人見水是水天人見水是琉璃魚龍
見水是窟宅餓鬼見水是火你衲僧家喚作
什麼你若喚作水又同凡夫見若喚作琉璃
又同天人見若喚作窟宅又同魚龍見若喚
作火又同餓鬼見是你尋常還作麼生所以
十四　二
道若是得底人道火不燒口道水不溺身你
每日喫飯還少得一粒麼又古人云終日著
衣喫飯未曾咬著一粒米未曾挂著一縷線
雖然如此又須實到者裏始得若未到者田
地且莫掠虛問諸法寂滅相不可以言宣時
如何師云好箇問頭進云㸔麼則帀地普天
師云更是一堆問威音王已前是什麼人先
悟師云何不問露柱僧云便㸔麼會時如何
師云二頭三手問威音一響妙色已彰時如
何師云兩重公案問既是普眼為什麼不見
普賢師云弄巧成拙問學人有龜毛拂子將
奉師時如何師云老僧有兎角拄杖與闍黎
進云與麼則進貢得賞也師云三十年後此
話大行　上堂云諸上座且得秋凉正好進
道決擇還有疑情出來對衆大家共你商量
理長處就所以趙州八十尚自行脚秪是要
飽叢林又且不擔板若有作者但請對衆施
呈忽有騎墻察辨呈中藏鋒忽捧忽喝或施
圓相忽象王廻旋忽獅子返躑忽大作師子
吼忽拗折拄杖忽掀倒禪牀但請施設還有
麼衆無對又云若是宗門中兒孫須贍祖師
機方可是祖師苗裔不可喫却祖師飯著却
祖師衣趂讀過日便道我是行脚僧者箇秪
喚作名字比丘徒消信施閻羅王久後徵你
十四　三
草鞋錢有日在莫道我得便宜忽然一日眼
光落地入地獄如箭射又圖箇甚麼各自著
便宜又不是憨漢也久立　因歲朝上堂
云斬新日月特地乾坤人人盡加一歲你道
露柱年多少還有人道得麼對衆道看若道
不得山僧與你註破也秖是甲子會時有僧

問大用現前不存軌則時如何師云你為什
麽趯破脚指頭問日用而不知常用事如何
師云兩重公案進云滑麽則更不運步也師
云草鞋底穿問如何是學人自己師云問底
是誰僧云學人請益師云也是作賊人心虛
問絶功勲處如何履踐師云更買兩緉草鞋
進云滑麽則退步也師云太少在問如何是
如來禪師云横擔柱杖緊繫草鞋問如何是
祖師禪師云上大人又云會麽僧云不會師
云不會且順朱問衆生有難炭庫裏藏身諸
佛有難火燄裏藏身衲僧有難甚處藏身師
云你不是衲僧問既是龍居為什麽不降甘
雨云踈田不貯水進云滑麽則衆生無頼也師
云悲龍争柰何問國師三喚侍者意旨如何
師云憐兒不覔醜進云國師辜負侍者意旨
如何師云美食不中飽人喰進云侍者辜負
國師意旨如何師云粉骨碎身未足酬問三
身中那身説法師云闍黎鼻孔塌進云因什
麽如此師云謗斯經故獲罪如是問既是諸
法寂滅相為什麽却有真説師云話墮也進
云寂滅相又何在師云不在你口裏問如何
是一大事因縁師云問取目揵連進云學人
不會乞師再指師云舍利弗當知進云未審
如何領會師云大佀不齋来問作麽生是和

尚歇人一句師云待闍黎不滑麽来即得僧
云秖如滑麽来還得休歇也未師云驢年問
盡大地人各置一問問問各别未審和尚如
何秖對師弾指一下進云未審還副得他問
也無師云隋州紙貴問如何是一合相師云
明鏡當臺進云如何是貪著底事師云胡是
十四
胡漢是漢問從上古德以何酬効於師承師
云驗在日前進云滑麽則心不負人面無慚
色師云你為什麽辜負我僧云和尚也須領
話師云放你三十棒問承敎中有言辟如摩
尼寶殿三角常隱一角常現如何是常現底
一角師云險　上堂云數日好雨且道雨
從什麽處来若道從天降那箇是天若道從
地出喚什麽作地若更不會所以古人道天
地之前徑時人莫强移箇中生解會眼上更
安雖　上堂云莣莣宇宙人無數幾箇男
兒是丈夫且道男兒與丈夫是同是别所以
古人道佛法無多子其中難得人且道難得
什麽人秖是難得不會佛法底人衆中還有
不會佛法人麽若有吐露箇消息来看所以
黄梅七百衆却被行者傳衣得法去且道行
者還會佛法麽故知磬盈石室童子悟道又
何闕多口衲僧之事問如何是大通智勝佛
師云言無再響進云如何是十劫坐道場師

云禍不單行進云如何是佛法不現前師云
金屑雖貴進云如何是不得成佛道師云眼
裏著不得問久雨不晴時如何師云蘿蔔不
生根進云既是久雨為什麽不生根師云一
任叫皇天問如何是形山寶師云你有幾條
袈裟進云請師指示師云一任亂走問如何
十四　五
是不變異句師云變也進云畢竟如何師云
鳧脚長鶴脚短　上堂云若欲多求恐妨
於道秖如諸上座還得道業成辦也未若也
未辦千般巧説不益其心萬種思量是何道
理所以古人道你若無心我也休精乾不肯
去須待雨霖頭問三春已去九夏又臨學人
未明乞師直指師云打你頭破作七分僧云
也知師為迷徒切争柰學人未曉何師云非
日月答問經有方便學人情學人上来乞師
直指師云見成公案進云未審學人過在什
麽處師云放你三十棒問未有世界時還有
佛法也無師云少一時不生剩一時不死問
拈槌竪拂揚眉瞬目即不問向上一路請師
舉唱師云你為什麽擔枷過狀進云與麽則
謝師方便師云罪不重科問師唱誰家曲宗
風嗣阿誰師云重疊關山路進云今日一會
又奚為師云對牛彈琴問真源無朕兆如何
話祖宗師云句裏明人進云滑麽則南山起

雲北山下雨師云楊花得暖風問如何是透
法身句師云猢猻繫露柱　上堂云千人
排門不如一人拔關僧便問如何是千人排
門師云守株待兎進云如何是一人拔關師
云你不是者手脚問如何是禪師云最苦是
黃連進云如何是道甜底是甘草　上堂
云鼓聲纔罷罕遇作家僧出禮拜師云打鼓
為三軍僧云長蛇偃月休施展匹馬單鎗護
立功師云氷消瓦解僧云諾師云蘇嚕蘇嚕
問空王殿中以何為侍者師云樓至佛
上堂云南泉道自小養一頭水牯牛擬向谿
東放不免食他國王水草擬向谿西放不免
食他國王水草不如隨處納些些他惣不見
所以雲門大師道平地上死人無數過得荆
棘林是好手直饒你截斷凡聖及盡有無也
紙是老鼠入飯甕未知有向上一竅在便有
僧問如何是向上一竅師便打云我早是特
一漚十四屎驀口抹了你更來咬我手作六麼僧擬
議師便趂　上堂云神方秘術子父不傳
山僧有箇藥方黑豆好合醬便下座問如何
是色空師云薤園裏賣葱問應化非真佛亦
非說法者未審是什麼人說師云露柱口脣
鈌問如何是無底鉢盂師云挂向壁上進云
未審將何齋粥云瓦椀竹筋問如何是佛云

抱贓呌屈問如何是祖師西來意師云山雲
野雉問如何是然燈前師云空劫無閑人僧
云如何是正然燈後師云火星入牛斗進云如
何是然燈後師云衲僧天下走問學人有一
問未審師還荅也無師云南地鵲北地狐進
云意旨如何師云三月裏看問善財入樓閣
是何時節師云未後殺勤進云畢竟如何折
倒師云不如退後三步僧云恁麼則古人不
先令人不後師云秦王擊缶問終日切切紙
為庭前殘雪如何得雪消去師云相次春来
進云恁麼則紅輪起處底穿盪盡師云雪上
更加霜問閉門造車時如何師云還得成就
也未進云出門合轍時如何師云魯般門下
問承教有言一人發眞歸源十方虛空悉皆
銷殞既是虛空云何銷殞師云歸源者合知
進云恁麼則一漚生處衆波同師云細看前
話　因李都尉奏師紫衣到日上堂僧問
皇恩遠降紫服新披未審師今將何報荅師
十四 云頭戴天脚踏地進云恁麼則知恩報恩也 七
師云你也是老鼠喫鹽問照日絲綸自天而
降皇恩極大師將何報師云大好天凉進云
與麼則雲龍會合日月重明師云閑言語師
乃云問話且止斯日皇恩且道自何而降老
僧本志弊衣遮幻質糲食補飢瘡無何都尉

聞天榮頒紫服著即又違本志不著又負天
心挂不挂且致你道祖師挂什麼衣若也委
悉許上座終日著衣未曾挂著一縷絲終日
喫飯未曾咬著一粒米若不委悉看老僧今
日披衣去也遂乃披衣或云登天不假梯徧
地無行路正當恁麼時向什麼處安身立命
或云千人排門不如一人拔關還有人拔得
關麼試對衆道看若道不得且在門外或云
日來月往瘡痍轉多你將什麼醫得你若醫
不得作麼生柰者瘡痍何或云三十年前即
不問你三十年後不用將來正當即今還道
得麼若道不得一處不通兩處失功或云荆
棘叢林則不問你出身一句作麼生道或云
頭上霹靂則不問你雲開雨散道將一句來
或云天下行脚道我參禪你道禪是什麼義
或云日裏來往惣不疑著半夜裏道將一句
來或云橫檐拄杖則不問你針筒鼻孔裏道
將一句來或云鉢盂無底成得箇什麼或云
狂象無鈎將何制勒若制勒不住莫教犯他
苗稼或云天降時雨為什麼枯木不生花或
云天地及日月時至皆歸盡作麼生是透脫
一句或云出身一句則不問你三家村裏道
將一句來或云衲僧須是透得名身句身方
可具得衲僧一隻眼還有道得底麼或云滿

口道不著底句還道得麼或云仰面看天為
什麼不識月或云低頭拾芥為什麼不見地
或云初秋夏末遊山翫水且從你驀劄一問
快道將來或云出門一句不問你萬里無雲
道將一句來或云險峻路上則不問你平田
莊裏道將一句來或云黃卷赤軸則不問你
衲僧分上一句作麼生道或云直得凡聖情
盡未是衲僧本分事且作麼生是衲僧本分
事試通箇消息來若也道不得莫道龍居相
埋沒好　　綱宗歌　　昆明池裏失却鰕曲
江池內撈得鮎鱸鱸鮃鮃且過時莽莽鹵鹵
河沙數鸏蝸鄗拽路布刳利衲僧通一路師
子不捉麒麟兒猛獸那堪狀下顧摩斯吒入
水去者迴休吐黑雲霧後鷹後鷂摶天飛鈍
鳥籬根捱不去佛祖言休更舉直饒格外猶
未許見成公案早多端那堪更涉他門戶夜
烏鷄誰捉去天明戴雪遭指注胡蜂不戀舊
時窠猛將那肯家中死　　三巴鼻　　座主
巴鼻休謗不二維摩一默文殊失利衲僧巴
鼻高原陸地不生蓮花豈容香氣禪師巴鼻
師子遊戲水漲船高搞牢贔屓　　示衆
何物苦求而不得何物不求而自來何物鐵
槌打不破何物夜合而晝開若人不會山僧
意琉璃寶殿生青苔　　因事二首　　左轉

後右轉身被摩訶衍放下攜深泉不論深與
淺猛燄爐中看月輪急須着眼莫因循若未
垂得勞生手如何出得燄光身　　世尊陞
座文殊白槌　文殊白槌報衆知法王法令
合如斯會中若有仙陀客不用眉間毫相輝
　汾州莫妄想　馬祖出得一汾州妄想
如雷播九州衆禪若無衲子眼多於海上覔
浮漚　　雪峯鼈鼻蛇　鼈鼻事難提當陽
薦者迷舉頭錯入草嶺上鵓鴣啼　　雪峯
輥毬　象骨輥毬孰辨機一千五百幾人知
眨起眉毛千萬里須是吾門師子兒　僧問
雲門如何是吹毛劒門云祖　吹毛寶劒問
雲門來者救機豈更存路逢劒客如何也翫
人攜首向南奔　　僧問雲門如何是和尚
家風門云有讀書人來報　在處叢林有家
風且與雲門事不同門外若有讀書者任是
顏回亦不通　　僧問雲門如何是祖師西
來意門云日裏看山　日裏看山也是常西
來祖意讀商量金毛師子稀逢有多是狐狸
喚作狼　雲門抽顧　雲門抽顧笑嘻嘻
擬議遭他顧鑑咦　任是張良多計策到頭於
此亦難施　大隨劫火洞然　切忌隨他
不會他大隨此語播天涯真淨性中絕一念
早是千差與萬差　　大隨烏龜　如龜藏

六巳彰名休向人前弄眼睛一隻皮鞋都蓋
却直至如今猶未惺　麻三斤　麻皮三
斤不用秤秤頭那肯坐於蠅一念絕生筋骨
露徒勞更覔虫盤星　　僧問雲門如何是
沙門行門云會不得僧云為什麼會不得門
云紙守會不得　若問沙門行沙門行最高
若教人會得業性卒難逃　　趙州石橋
趙州石橋本無星水急游魚不易停橋上紙
觀驢馬跡誰人敢向御街行　　離四句絕
百非　離却四句絕百非作者相諳識得伊
跳下禪床便歸去從他鷂子摶天飛　　中
原一寶　君王之寶實難酬與化形言下一
籌兩手展開幞頭脚勑書挂在鳳皇樓
南泉齋次自將生盤去首座前云出生杉山
時為首座云無生泉云無生猶是末便過杉
山乃召長老長老泉回首云作麼杉云莫道
是末　古老巡堂親掠生渡水行舟不易耕
莫道無生猶是末纖毫不了亂縱橫　　僧
問長慶有問有答賓主歷然不問不答時如
何慶云相逢盡道休官去林下何曾見一人
　人人盡道我心休問著何曾有地頭口說
心遠瞞自己業河迅速任漂流　　衆手淘
金　衆手淘金得者誰纖塵窒礙豈能為洪
波浩渺黃金遠一事無成空手歸

古尊宿語録卷第四十

十四

僧録司右闡教兼鍾山靈谷禪寺住持　淨戒　重校

雲峯禪師語　大鑑下十世嗣大愚

雲峯禪師諱文悅南昌徐氏子在同安受舉巖請陞座僧問師唱誰家曲宗風嗣阿誰師云新長老不荅話進云恁麼則大愚的子孫陽親孫師云放你二十棒師乃云山僧今日平地喫交了也你等諸人還知敗闕麼然官不容針私通車馬拍禪床下座　次夜小叅僧問昔日靈山分半座二師今日意如何師云天高誰側首進云恁麼則昔日靈山今日翠巖也師云地闊少知音學人喝師便打僧問抱璞投師請師雕琢師云不雕琢進云為什麼不雕琢師云雲從龍風從虎僧問佛不化本國和尚為什麼歸鄉住持師云放過一着僧擬議師便打　乃云莫更有作家禪客本分衲僧何妨出来共相證據有麼布袋裏盛錐子不出頭來也大好大九扶竪宗乘亦須是箇人始得若未有奔流度刃石火電光底眼不勞拈出臨際大師與德山坐次德山云今日困濟云老漢寐語作麼山擬拈棒濟便掀倒禪床師云奇怪諸禪德看此二負作家一撥一捺略露風規大似把手上高山然雖如是未免傍觀者哂且道誰是傍觀者喝一喝擊禪床下座

離同安衆請上堂僧問今離鳳嶺將届龍沙如何是不動尊師云天寒雨至進云特地上来伸此問師為如何不指南師云緊峭草鞋乃云山僧道慚荒薄德揣無堪豈謂使命遐飛僧徒雲請此蓋堂頭和尚灸于情深發揮道廣但勵履氷之志敢忘報德之誠而又翠巖一行專使俯近四十餘人數日之間頗多喧聒其於感愧併集山懷兼此者一行叅隨高德既蘊成人之美更敦尅志之心其如跋涉長途各希變護然出家達士以利人為已任動若行雲止猶谷神豈有心於彼此情繫於動靜者哉既無心於彼此亦無象於去來所以紜紜自彼於我何為如是則與諸上人高横金錫輕卷雲袍明日遂行胡往弗利　在上藍開堂宣疏罷師指法座云還有不受人謾底麼有即出来推倒禪床喝散大衆然未是作家也且教得一半還有麼良久云既無人出來山僧今日不惜眉毛不免指鹿為馬飜日作月去也三十年後莫錯怪人好便陞座祝聖畢又拈香云大衆此一瓣香天不能蓋地不能載塵沙諸佛天下老師未敢正眼覷着諸人向什麼處摸索然官不容針私通車馬奉為先翠巖芝禪師乃加趺而坐維那白搥云法筵龍象衆當觀第一義師云祖禰不了殃及子孫事到如斯寧容分雪所謂出世利生之事呼為第一義門但有言説都無實義諸人若也委悉山僧出世事畢其或未然有疑請問僧問承教有言若有聞法者無一不成佛此日朝蓋臨筵如何是法師云劒過遠矣尒方刻舟進云大愚山上曾施力豫章今日正宣揚師云臨崖看滸眼特地一場愁問師唱誰家曲宗風嗣阿誰師云識法者懼進云一言纔出駟馬難追師云放過一著僧擬掌師云自領出去問朝蓋已伸三請禮乞師一句露尖新師云重言不當吃進云恁麼則雲散家家月春來處處花師云斫額望扶桑問師有衝天之略學人有入地之謀兩陣交鋒如何即是師云山僧打退鼓僧擬議師便喝學云相逢盡道休官去林下何曾見一人師云拖出去乃云問話且止佛法正論非競辯而可求擊揚鏗鏘以摧異學諸祖之道豈其然乎所以一大藏教不能自詮十方諸佛不能提唱輝騰今古逈絶見知圓滿十虛寧有方所只為情生智隔想變體殊終日行而不自覺是以勞他先聖廻首塵勞曲開方便方便即有遂證明得麼若也證明得便能隨機利物應化無方出沒卷舒人間天上縱

雖如是即不得向衲僧門下何故笑破他口
師入山大衆出接首座問德山宗乘即
不問作麼生是臨際大用師云你甚處去來
首座擬議師便掌首座云朧王閣又作麼生
師喝云領衆歸去入院陞座僧問鼓聲絶名
香爇臨際德山請師决師云頭戴天脚踏地
進云學人今日失利去也師云錢唐去國三
千里進云真善知識師云放你一頓問知師
久蘊囊中寶今日當機事若何師云何不高
聲問進云恁麼則學人退身去也師云還我
話頭來學云喏師云杜撰衲僧乃云山僧昔
年曾到今日重來非唯人事增歡抑亦林泉
加秀且道不傷物義一句作麼生道良久云
天高東南地傾西北下座　上堂僧問師
登寶座舉唱宗乘學人上來請師垂示師云
楚石不當玉進云相識滿天下知心能幾人
師云朽木不可雕復云此是普光明殿華藏
師子之座人天普集九聖共居今日曲順人
情如何剖露若以宗乘舉唱直須大地荒凉
就下平高未免遭他笑怵且道不落化門一
句作麼生道良久云惜取眉毛好便下座
上堂諸佛出世平地陷人祖師西來承虚
接響一大藏教誑謼閭明眼衲僧自救不
了諸人到這裏憑何話會良久云爲衆竭力

禍出私門擊禪床下座　上堂寶劒巳失
虚舟徒刻買帽相頭江南江北擊禪床下座
上堂臨濟先鋒放過一著德山後令且在一
邊獨露無私一句作麼生道良久云翠巖今
日失利以拂子擊禪床下座　上堂三轉
法輪於十五大千其輪本來常清淨毗四婆尸佛在
你諸人眉毛眼睫上放光動地轉大法輪看
看見諸人不會却向翠巖拂子頭上般涅槃
去也擊禪床下座　上堂僧問名喧宇宙
知師久翠巖家風略借看師云滑石不打連
底凍僧便喝師云作什麼僧擬議師便打問
鴻門未踏時如何師云擗進云踏後如何師
云裂進云恁麼則天下歸漢去也師嘘一聲
乃云千人排門不如一人踏關一人踏關千
人萬人得到無疑安樂之地豈不快哉如今
還有踏關者麼良久云見義不爲何勇之有
擊禪床下座　上堂拈起柱杖云金鱗不
現虚勞力收取綫輪歸去來擲柱杖下座
上堂髑髏常干世界鼻孔摩觸家風驀拈
起柱杖云玄沙老子穿過了也會麼復云無
人過價打與三百擊禪床下座　上堂僧
問寶劒未出匣時如何師云在匣裏進云出
匣後如何師云京三汴四問如何是和尚家
風師云大木大皮裹進云忽遇客來將何祗

待師云小木小皮纏問如何是祖師西來意
師云解纜放船問如何是佛法大意師云天
長地久進云恁麼則大盡三十日小盡二十
九師云釋迦老子爲什麼失却鼻孔僧無語
師云脱空謾語漢復云真不掩僞曲不藏直
現在可十五驗固是謾人眼不得且作一五麼生是諸
人眼還驗得麼若也驗得翠嵓瓦解氷銷若
驗不得分付德山和尚便下座　四月八
日上堂僧問如何是佛師云寸釘入木進云
意旨如何師云三生六十劫復云教中道四
月八是佛生之日放大光明照耀十方地湧
金蓮華自然捧雙足東西及南北各行於七
步分手指天地作師子吼聲上下及四維無
能尊我者後來雲門大師舉了云老僧當時
若見一棒打殺與狗子喫却且圖天下太平
師曰奇怪諸禪德雲門雖有定亂之謀且無
出身之路若也辯得許你頂門具一隻眼便
下座　上堂翠巖今日不惜眉毛向你道
人道一大藏教祖師西來天下老和尚横說
竪說並不是衲僧分上事且作麼生是衲僧
分上事驀拈起柱杖云這一隊漆桶便下座
上堂僧問靈山拈花意旨如何師云一
言纔出駟馬難追進云迦葉微笑意旨如何
師云口是禍門問國師三喚侍者意旨如何

師云有年有德後云〻用愛聖聖是空名不
用厭凡凡是妄立若但聖凡情盡與作體靈
真常所以古者道但盡妄緣即如如佛諸人
還信得及麼若信得及止宿草庵且居門外
三十年後鼻孔撩天莫錯怪人好擊禪床下
座　上堂官不容針私通車馬今日不惜
身命與大衆舉箇古人話良久云毗婆尸佛
早留心直至如今不得妙便下座　上堂
一刀兩段未稱宗師就下平高固非作者翠
巖到這裏口似楄擔你等諸人作麼生商量
良久云欲得不招無間業莫謗如來正法輪
便下座　上堂看風使帆諸方共用斬釘
截鐵翠巖不然光吞萬象一句作麼生道良
久云龍頭蛇尾漢下座　上堂未達境唯
心起種種分別達境唯心已分別即不生知
諸法唯心便捨外塵相諸禪德只如大地山
河明暗色空法法現前作麼生說箇捨底道
理於此明得正在半途須知向上更有一竅
在便下座　上堂三界無安猶如火宅出
身一句作麼生道良久云雲在嶺頭閑不徹
水流澗下太忙生下座　上堂若見諸相
非相即山河大地並無過咎諸上座終日著
衣喫飯未曾咬破一粒米未曾挂著一條絲
便能變大地作黃金攪長河為酥酪然雖如

是者衣喫飯即不無衲僧門下汗臭氣也未
夢見在下座　解夏上堂僧問西天以蠟
人為驗和尚此間以何為驗云鐵彈子進云
學人無用功處也云學語之流問如何是諸
佛出身處云十字街頭進云豈無方便云千
重百匝復云日月易流光陰倏忽始見安居
又當自恣此夏喜得大衆各各道體康安然
出家之流曠達無礙初秋夏末或東去或西
去出一叢林入一叢林忽有人問上座翠巖
和尚今夏如何為人被他一問如何祇對莫
道九九八十一莫道但得雪消去自然春到
來莫道日出東方夜落西莫道合取狗口莫
道下一喝撫一掌坐具驀口摵拂袖便行諸
禪德如斯布露深屈翠嵓既不然者別作麼
生披露試對衆道看還有道得底麼衆無語
師云若到諸方莫道我從翠嵓来便下座
師復云老儒道仁者見之謂之仁智者見之
謂之智百姓日用而不知是故君子之道鮮
矣肇法師亦謂在天而天處人而人原夫能
天能人者豈天人之所能哉諸禪德故知先
聖垂範理契必同你等諸人如何委悉良久
云穿僧堂入佛殿北斗裏藏身三門頭合掌
阿呵呵是什麼擊禪床下座　上堂僧問
學人心眼未通乞師方便師云十字街頭石

幢子僧無語師云會麼僧云不會師云你豈
不是洪州人問達磨未來時如何師云流沙
浪闊進云來後如何師云熊耳山高問如何
是禪師云軍期急速進云有什麼交涉師云
日馳五百復云雲從龍風從虎水流濕火就
燥且道衲僧就箇什麼竪起拂子云總在這
裏裂開也在我捏聚也在我良久喝一喝云
王令稍嚴下座　寒食日上堂諸上座還
會麼冬至寒食一百五家家塚上添新土翻
思拾得烏寒山南北東西太奔鹵南泉不打
鹽官鼓以拂子擊禪床下座　上堂天明
平旦萬事成辦北俱盧州長粳米飯下壍因
入城衆請上堂僧問如何是豫章境師云樹
色遠分仙尉宅湖光寒浸昔賢亭進云如何
是境中人師云翹看東南驀看西北問如何
是名無翼而長飛師云天上星進云如何是
道無根而永固師云地下木有俗弟子問如
何是佛師云著衣喫飯量家道進云恁麼則
退身三步叉手當胸去也師云醉後添盃不
如無復云語不投機承言者喪直饒你說得
天雨四花地搖六震衲僧門下總是喫棒數
然事無一向理出多門曲順機緣豈無方便
所以古者道鬧市裏識取天子百草頭上薦
取老僧拘留孫佛在你諸人腳跟下放光動

地轉大法輪乃竪起拂子云看看見你諸人
不會却向翠嵓拂子頭上入火光三昧去也
擊禪床下座　上堂未離兜率已降王宮
未出母胎度衆生畢古人與麼道只見錐頭
利不見鑿頭方下座　上堂僧問承教有
言唯此一事實餘二即非眞如何是此一事
師云鼻[十五]孔大頭向下進云與麼則[八]晨朝有粥
齋時有飯也師云惜取眉毛好問如何是無
縫塔師云四稜著地如何是塔中人師云香
風吹萎花更雨新好者問如何是衲衣下事
師云皮裹骨問牛頭未見四祖時如何師云
庵内人不知庵外事見後如何師云水流澗
下任縱横問丹霞燒木佛意旨如何師云横
三竪四進云院主為什麼眉鬚墮落師云七
通八達復云始從鹿野苑終至跋提河四十
九年間都來說一夢你等諸人還曾夢見麼
所以道眼若不睡諸夢自除且作麼生是不
睡底眼還驗得麼若也驗得塵沙諸佛天下
祖師總向上座眼裏百雜碎若驗不得翠巖
今日死中得活　上堂道是常道法是常
法汝等諸人切莫枉用身心馳求語句所以
道但有纖毫即是塵舉意便遭魔境撓且道
不涉廉纖一句作麼生道驀拈起拄杖云放
過一著便下座　上堂看窠籠著楔罕遇

當人通裹貶一句作麼生道良久云不得春
風花不開花開又被風吹落以拄杖卓一卓
下座　上堂僧問學人辭問說訛句請師
不荅詐人機師云髮長僧皃醜進云恁麼則
日日香煙夜夜燈師云腦後合掌問承教有
言但一月眞中間自無是月非月如何是眞
月師云瞎[十五]驢趂大隊進云恁麼則早[九]知今日
事悔不慎當初師云脚頭脚尾乃拈起拄杖
示衆云我喚這箇作拄杖子你諸人喚作什
麼若喚作拄杖子鰕跳不出斗若不喚作拄
杖子平地上喫交還有道得底麼良久云翠
嵓今日失利擲拄杖下座　上堂有佛處
不得住無佛處急走過你等諸人横擔拄杖
向什麼處行脚良久云東勝身洲持鉢西瞿
耶尼喫飯下座　上堂假使心通無量時
歷刼何曾異今日且道今日事作麼生良久
云烏龜鑚破壁以拂子擊禪床下座
上堂乾坤之内宇宙之間中有一寶秘在形
山諸禪德頭上是天脚下是地口裏有舌面
上有鼻竅在什麼處良久喝一喝下座
上堂見聞覺知無障礙聲香味觸常三昧衲
僧道會也山是山水是水飢来喫飯困来打
睡忽然須弥山踍跳入鼻孔裏摩竭魚穿你
眼睛中作麼生商量良久云叅堂去

上堂北欝正中宵閻浮即當晝輪廻如未惺
惺爭何曾覩諸上座還會麼有智不假年高
無智徒勞百歲問如何是第一要師云蛇穿
鼠穴如何是第二要師云猢猻上樹如何是
第三要師云村裏草鞋問如何是般若體師
云箭穿楊葉進云如何是般若用師云李廣
隋皆問如何是清淨法身師云紫枝荻樹云
向上更有事也無師云有進云如何是向上
事師云風吹日炙復顧視左右云放憨作什
麼便下座　上堂謹白參玄人是何言歟
光陰莫虛度雪上更加霜下座　歲旦上
堂僧問大衆雲集合談何事師云花須連夜
發進云與麼則草偃風行也師云萬里望雲
關進云入水見長人師云速禮三拜復云三
十六旬竟今朝還復起剎那不相知諸法何
曾尒尊卑叙禮儀歡感同居止廓哉摠持門
而人不能啓玉兔金烏藏頭露尾以拂子擊
禪床下座　冬至上堂晷運推移日南長
至大家[十五]知有何勞特地日落三更[十]騎驢入市
參　上堂觸目不會道猶較些子運足焉
知路錯下名言諸上座翠巖今日將錯就錯
你等諸人見色有眼聞聲有耳齅香有鼻了
味有舌因什麼却不會去良久云武帝求仙
不得仙王喬端坐却昇天以拂子擊禪床下

座　　上堂門裏出身易身裏出門難冬行
春令即且置不涉程途一句作麼生道良久
云渾家送上釣魚船便下座　　上堂普賢
行文殊智循陁巖上清風起睹驪趂隊過新
羅吉幾舌頭三千里　　上堂觀色即空成
大智而不住生死觀空即色成大悲而不住
涅槃諸禪總還會麼東勝身洲走馬西瞿耶
尼著撲看看不審維摩老子喝一喝擊禪床
下座　　上堂天得一以清地得一以寧君
王得一以治天下衲僧得一旱地遭釘以拂
子擊禪床下座　　上堂動容揚古路不墮
悄然機師云古人與麼放開了也還跳得出
麼直饒你跳得出鼻孔也在翠嵓手裏且道
翠巖鼻孔在什麼　人處良久云得人一牛還
人一馬下座　　上堂德山入門便棒臨濟
入門便喝看這兩箇老漢一場敗闕然則事
不孤起起必有因翠嵓不著便蓋是爲衆竭
力你等諸人平地喫交過在阿誰良久云當
斷不斷反遭其乱驀拈拄杖一時趂下
上堂摩竭掩室已不及初毗耶杜詞至今話
欛向上一路千聖不傳是什麼熱要當衲僧
門下壁立千仞也是賊過後張弓是你諸人
心憤憤口悱悱皮下還有血麼揔在這裏遮
相埋沒有什麼了期以拄杖趂下　　上堂

即今休去便休去若覔了時無了時此事若
向言語上作解會意根下卜度天地懸殊大
丈夫一刀兩段猶未相應豈況被人喚去方
丈裏塗糊指注舉撈嚴聲論根塵色法向上
向下有無得失他時後日死不得其地近世
更有一般宗匠二三十年馳聲走譽只管教
人但莫上他言句喚作透聲色便問東荅西
以爲格外之句將此狂解遞相沿襲從此混
傷宗教誑惑後生苦哉苦哉我王庫中無如
是刀揔若似與麼行脚清風月下守株人涼
兎漸遲芳草綠下座　　上堂汝等諸人與
麼上來大似拋却甜桃樹尋山摘醋梨大九
行脚人十二時中也須管帶些子始得豈可
只與麼隨行逐隊虛生浪死看他先聖百般
不柰何了向人道我今爲汝保任此事終不
虛也你等諸人還信麼直饒向這裏信得及
也是聽事不真喚鐘作甕以拂子擊禪床下
座　　到南嶽承天陞座僧問二師相見時
如何師云石橋通大路進云恁麼則千里同
風師云一字兩頭垂進云大衆證明學人禮
謝師云鈍置殺人問寶座既登於此日翠嶺
家風略借看師云兩來山色暗進云莫便是
和尚家風也無師云鐵山南面三千里師乃
云承天師兄早是瞞你諸人了也翠嵓乍到

不可雪上更加霜然則一言纔出駟馬難追
事到如斯不免塗灰抹土蓋爲祖禰不了殃
及兒孫三十年後鼻孔遼天莫錯怪人好下
座　　師住法輪入寺陞座僧問法席久虛
師子吼乞師方便震雷音師云好生聽取進
云與麼則一音纔剖大衆沾恩師云雲綻不
須藏九尾怨君殘壽速歸丘僧便禮拜師乃
云法不孤起仗境方生道不虛行遇緣即應
然通方之士舉必知歸游涉之徒何妨進步
有麼良久云釣竿斫盡重栽竹不計功程得
便休　　開堂陞座僧問善法堂開於此日
第一義諦請師宣師云何不早問進云學人
未曉師深旨乞師方便再垂慈師云去去西
天路迢迢十萬餘問如何是法輪境師云峋
嶁峯高雲半出進云如何是境中人師云五
湖来往任縱橫問如何是和尚爲人一句師
云兩来山色暗進云莫便是和尚為人處也
無師云你眼在什麼處僧擬議師便打乃云
且住且住大象既消希音杳絕旁通實化開
拓權門於是三藏五乘對機設教猶國家兵
器不得已而用之爾後達磨西来單傳心印
一花五葉分布家中大似持聾作啞何故況
你諸人各有一段事耀古騰今通廓等於太
虛明淨同乎皎鏡現在可驗回是瞞人眼不

得且何者是諸人眼還驗得麼若也驗得塵
沙諸佛三乘十二分教六代祖師天下老和
尚盡向諸人眼裏百雜碎若驗不得前是案
山後是主山良久復拈香云此日一會固非
小緣匝地普天孰不欣慶更不敢祝贊皇風
回向諸僚何故古人道吾禱久矣豈況當今
聖主賢臣者哉久立大衆伏惟珍重
上堂一道直如絲家家當戶前有人爭共進
至竟怨論先喝一喝擊禪床下座　上堂
觀色即空成大智故不住生死觀空即色成
大悲故不證涅槃驀拈拄杖云豎窮三際橫
遍十方塵沙諸佛天下祖師盡在拄杖頭上
縱橫十字轉大法輪見麼見麼見你諸人不
會走入新羅國裏去也卓拄杖下座
上堂春日雨滋霈溥逐根苗得門戶甜者甜
兮苦者苦便下座　上堂相逢不擎出舉
意便知有也是萬里望鄉關所以保福有言
擊石火閃電光透得透不得未免喪身失命
而今還有透得底麼良久云爲衆竭力禍出
私門下座　上堂火熱風動搖水濕地堅
固然於一一法依根葉分布所以雲從龍風
從虎水流濕火就燥且道衲僧就箇什麼良
久云千箇作團萬箇作隊困則一處睡夢則
各自做便下座　上堂僧問久戰沙場爲

什麼功名不就師云誰遣你進云道泰不傳
天子令時清休唱太平歌師云誰遣你復云
元首明哉股肱良哉風以時雨以時五穀熟
萬民安有什麼事但能隨順世緣自然合於
正理不見祖師道入得世間出世無餘諸禪
德還會麼良久云三邊若得渾無事四海何
愁不太平下座　上堂直得地推六震天
雨四花祖師門下白雲千里萬里下座
上堂叮嚀損君德無言最有功任從滄海變
終不爲君通諸禪德還會麼口是禍門擊繩
床下座　上堂拈起拄杖云掌鉢盂向香
積世界爲什麼出身無路挑日月於拄杖頭
上爲什麼有眼如盲直得風行草偃響順聲
和無纖芥可留猶是交爭底法作麼是不交
爭底法以拄杖卓一卓下座　上堂舉教
中道此見及緣元是菩提妙淨明體又道林
木池沼皆演法音交光相羅如寶絲網音性
諸禪德古聖與麼說話喚作四首塵勞曲開
方便所以道如我按指海印發光汝暫舉心
塵勞先起會麼拂子且將揮世界拄杖權爲
答話人以拂子擊禪床下座　上堂僧問
浩浩之中如何辨主師云波斯入鬧市進云
與麼則不假披沙也師云學語之流僧便禮
拜師云語不離巢道焉能出蓋纏片雲橫谷

口迷却幾人源下座　上堂拂子吞却須
弥山尋常言論德山卓牌鬧市裏作麼生商
量良久云官不容針私通車馬下座
上堂僧問金烏未必常當午玉兔半夜不曾
昏時如何師云點即不到僧無語師云會麼
僧云不會師云到即不點問如何是心地法
門師云莫從人覓進云不從人覓如何得師
云此去衡陽不遠乃云諸禪德既入叢林善
參知識知識非他非他識覓法性偏圓心源
湛寂避尚無門求之何益君不見黄檗掩耳
百丈卷席直下分明無別消息得失是非一
時氷釋喝一喝下座　上堂玄沙不出嶺
保壽不渡河善財參知識五十三員慧遠結
黑白一十八士雪峯三度上投子智者九旬
談法華且道這箇漢是野干鳴師子吼喝一
喝擊禪床下座　上堂未離兜率已降王
宮未出母胎度衆生畢法輪到這裏有口無
用處你等諸人還相委悉麼若相委悉天下
老和尚鼻孔總在你手裏若也不會啼得血
流無用處不如緘口過殘春下座　上堂
舉不顧即差手擬思量何劫悟乃豎起拂子
云如今舉了也你作麼生顧良久云擬思量
何劫悟擊禪床下座　上堂舉教中道於
三七日中思惟如是事我寧不說法疾入於

涅槃師便喝云當時若有人出來下得這一喝塞却老胡咽喉豈不天下肅静四夷蕩蕩而今放開了也是你諸人還皮下有血麼良久云爲衆竭力禍出私門拍禪床下座　上堂古鏡照精其精自形古教照心其心自明諸禪德會麼心明諸法朗性昧衆緣昏日月不到處特地好乾坤喝一喝下座　上堂十方同聚會箇箇學無爲此是選佛場心空及第歸古人一期與麼道衲僧家還甘也無若甘去行脚眼在什麼處若不甘轉身一句作麼生道良久喝一喝拍禪床下座　上堂聲色不到處病在見聞言詮不及處過在唇吻離却咽喉一句作麼生道還有人道得麼若道得坐却天下人舌頭若道不得法輪門下有粥有飯下座　上堂便與麼會也是雪上加霜更待敲兩片皮白雲千里萬里擊禪床下座　上堂語不離窠道焉能出蓋纏片雲横谷日迷却幾人源所以言無展事語不投機承言者喪滞句者迷你等諸人到這裏憑何話會良久云欲得不招無間業莫謗如來正法輪珍重　上堂舉教中道林木池沼皆演法音交光相羅如寶絲網又道鐘鳴鼓響宣眞實水緑山青爲舉揚諸禪德還會麼忽若有箇衲僧出來道話墮也且作麼驅遣良久云嘀得血流無用處不如緘口過殘春　上堂舉古者道學道先須有悟由還如曾鬬快龍舟雖然舊閑田地一度贏來方肯休古人與麼道大似貪觀白浪失却手橈衆中還有撿點得出底麼若撿點得出救取古人若撿點不出法輪今日失利去也擊禪床〔十五〕下座　師住雲峯〔十六〕上堂古者道風動心揺樹雲生性起塵若明今日事昧却本來人今日事且置作麼生是本來人良久云鶴有九皐難翥翼馬無千里謾追風珎重　冬日上堂節令屆書雲山家何所論一輪纔出海萬類盡沾恩以拂子擊禪床下座　上堂舉明教大師示衆云初秋夏末莫道我不向你諸人道大家看火燭師云明教老人憐兒不覺醜蓋由土曠人稀是你諸人今夏在這裏老僧深不欲向你道惜取眉毛好便下座　上堂古者道古路若爲登金僊道可憑不勞平有物不物未全稱且道全稱一句作麼生道雲峰打退鼓以拂子擊禪床下座　上堂臨濟先鋒放過一著德山後令且在一邊獨露無私一句作麼生道良久云堪嗟楚下鐘離末以拂子擊禪床下座　上堂古人道動容揚古路不墮悄然機還會麼古人與麼和底鞔了也有般漢聞之如風過樹有什麼救處以拂子擊禪床下座　上堂舉興化問克賓維那汝不久爲唱道之師克賓云我不入這保社化云你會了不入不會了不入克賓云我總不恁麼化便打遂罰錢五貫設饡飯了趁出院後來却法嗣興化師云還會麼路遥知馬力歲久見人心以拂子擊禪床下座〔十五〕　上堂古人道言多去〔十七〕道轉遠秖如未言道在什麼處乃云欲得不招無間業莫謗如來正法輪以拂子擊禪床下座　上堂教中道種種取捨皆是輪迴未出輪迴而辨圓覺彼圓覺性即同流轉若免輪迴無有是處你等諸人到這裏且作麼生辨圓覺良久云荷葉團團團似鏡菱角尖尖尖似錐以拂子擊禪床下座　上堂舉僧問法眼云秋風纔動貧者何依法眼云若能知恩即解報恩師乃云還會麼一葉飃空便見秋法身須透鬧啾啾來年更有新條在惱亂春風卒未休以拂子擊禪床下座　上堂僧房閑寂夏僭持閉户疎人性亦知儂家自有同風事千里無來却肯伊且作麼生是同風事還會麼餬餅蒸作家常茶飯一言半句古人葛藤雲峯與你兩無交涉下座　上堂舉教中道歸源性無二方便有多門聖性無不通順逆皆方便還會麼所以道不浪階隨功涉位經有經師

論有論主你道衲僧門下還有這箇消息麼良久云一言纔出駟馬難追下座　上堂聲色不到處病在見聞言詮不及處過在脣吻離却咽喉脣吻一句作麼生道還有人道得麼若也道得坐却天下老師三寸諸佛舌頭若道不得但知隨例飡飯子也得三文買草鞋下座　上堂舉教中道知幻即離不作方便離幻即覺亦無漸次大衆還會麼須弥跨跳入你鼻孔裏即且從你道娑竭龍王年多少肉重千斤智無銖兩下座

丈末

二五

古尊宿語録卷第四十一

古尊宿語録卷第四十二　十六
僧録司右闡教兼鐘山靈谷禪寺住持　淨戒　重校
雲峯禪師語
舉古
師一日謂侍者曰汝問訊了一邊立地是什
麽道理荅云不會師云過這邊立侍者便過
十六
師云無端無端　舉僧問雲峯如何是佛峯
云麤語作什麽師云古人與麽道喚作應病
與藥放過即不可若不放過你這裏下得什
麽語僧擬議師以拂子驀口打　舉法燈禪
師初開堂日示衆云山僧本欲跧棲巖竇隨
衆過時又緣清涼老人有不了底公案今日
出來爲他分折時有僧問如何是不了底公
案燈便打祖禰不了殃及兒孫僧云過在什
麽處燈云過在我殃及你師云這漢一期與
奪也似光前絶後及乎撥著又却龍頭蛇尾
如今莫有爲清涼作主底麽　舉教中道法
身流轉於五道是故衆生現時法身不現乃
竪起拂子云這箇是拂子那箇是法身又云
這箇是法身那箇是拂子會麽法身吞却拂
子拂子吞却法身於此若不會十月仲陽春
舉黄檗一日問百丈云從上相承底事和尚
如何指示於人百丈擬坐檗云後代兒孫將
何傳受百丈云我將謂你是箇人便歸方丈

師云怜兒不覺醜然雖如是盡法無民
舉玄沙和尚一日見長生乃作一圓相云一
切人出此不得沙云情知你向鬼窟裏作活
計生云某甲只恁麽和尚作麽生沙云一切
人出此不得生云某甲適來與麽道爲什麽
不得和尚便道得沙云我道得你道不得師
云道得道不得總在玄沙圈繢裏如今還有
出得底麽　舉僧問趙州學人乍入叢林乞
師指示趙州云你喫粥了也未僧云喫粥了
也州云洗鉢盂去其僧大悟後雲門拈云且
道有指示無指示若道有指示向伊道什麽
若道無指示其僧因什麽悟去師云雲門不
識好悪恁麽說話大似爲蛇畫足與黄門栽
鬚翠巖則不然這僧與麽悟去入地獄如箭
射　舉雪峯示衆云盡乾坤大地撮來如一
粒粟米大抛向面前漆桶不會打鼓普請看
師云雖然匹上不足翠嵒更與葛藤拈拄杖
云還見雪峯麽　舉黄檗在南泉會裏爲首
十六　二
座一日捧鉢盂向南泉位上坐南泉入堂見
乃問長老什麽年中行道檗云威音王已前
泉云猶是王老師兒孫在下去檗便過第二
位坐泉便休師云從來叢林極有商量或有
道須知黄檗有陷虎之機又道須知南泉有
殺虎之威若與麽說話誠實苦哉殊不知

這般老賊有年無德一箇喫飯坐處也不依
本分若在翠嵒門下說什麽威音王已前王
老師更大直須喫棒了趂出　舉雲門大師
示衆云佛法也大有只是舌頭短師云雲門
大師與麽道也是秦州來僧云和尚作麽生
師便打　舉祖師道泡幻同無礙云何不了
悟達法在其中非今亦非古師驀拈拄杖云
三世諸佛六代祖師天下衲僧鼻孔惣在這
裏又打香臺一下云南贍部洲北欝單越
舉汾州和尚示衆云識得拄杖子行脚事畢
師拈起拄杖云這箇豈不是拄杖子阿那箇
是你行脚事復云楖標横擔不顧人直入千
峯萬峯去　舉古者道有物先天地無形本
寂寥能爲萬象主不逐四時凋且道是什麽
物又云水長船高　舉古者道過去諸如來
斯門已成就現在諸菩薩今各入圓明未来
修學人當依如是法師云停囚長智養病喪
軀驀拈拄杖云什麽處去也　舉古者道禪
十六　三
非意想道絶功勳汝等諸人作麽生參
舉祖師道如來一切法為度一切心我無一
切心何用一切法還信得及麽若信得及止
宿草庵且居門外若信不及長連床上有粥
有飯　舉肇法師道智有窮幽之鑒而無知
焉神有應會之用而無慮焉古人與麽道也

大毅費力爭如諸上座寒即圍爐向火熱即
竹林溪畔坐然雖如是我且問你畢竟事作
麼生　舉祖師道吾本來茲土傳法救迷情
你道這漢還自救得也未又道一花開五葉
結果自然成一人傳虛萬人傳實　舉古者
道剃髮著袈裟宜應行聖道自餘閑雜事俱
爲生死因師云汝等諸人橫檐拄杖撥草瞻
風遶天下行脚且道還曾踏着田地也無僧
無對師云虛生浪死漢　舉瑞巖空寂禪師
尋常方丈內自召主人公自云喏又云惺惺
著師云鬼窟裏作活計却問傍僧云你還識
瑞巖老漢麼僧無對師云蒼天蒼天　舉教
中云有智若聞則能信解無智疑悔則為永
失師云釋迦老子壓良為賤你還甘麼若甘
去行脚眼在什麼處若不甘轉身一句作麼
生道　舉智門和尚道何物若求而不得何
物不求而自來何物鐵椎打不破何物盡合
而夜開若人會得山僧意琉璃殿上長青苔
師云會麼穿破你髑髏撲破你鼻孔　師一
日僧侍立次師忽召云某甲僧應喏師云過
去諸佛也與麼未來諸佛也與麼僧云和尚
又作麼生師便打復云來來僧近前師云我
早是無端入衆坑裏是你衆晃氣也不知
舉盤山和尚道似地擎山不知山之孤峻如

石含玉不知玉之無瑕師云這老漢生來莽
鹵學處顢頇似地擎山如石含玉什麼處得
這消息來　舉教中道此見及緣元是菩提
妙淨明體祖師亦云六塵不惡還同正覺師
云會麼直饒你向這裏參見祖師了更買草
鞋行脚三千里外也被翠嵓換却眼睛了也
十六　四
還有不甘底麼　舉睦州見僧來云見成公
案放你三十棒師云作賊人心虛　舉古者
道虛堂閑寂夏修持閉戶踈人性亦知儻家
自有同風事千里無來却肯伊師云說什麼
千里無來直得萬里無來鼻孔也在翠嵓手
裏僧云和尚只見錐頭利不見鑿頭方師呵
呵大笑云道什麼僧擬議師以拄杖趁出
舉盤山道心若無事萬法不生師云會麼僧
云不會師云賴遇你不會山僧拾得口喫飯
舉睦州示衆云放開也在我捏聚也在我師
云負入不負出　舉古人道山河石壁不礙
眼光師云作麼生是眼又拈起拄杖打禪床
一下云須弥山百雜碎即不問你且道娑竭
羅龍王年多少　舉舍利弗問須菩提夢中
說般若波羅蜜與覺時是同是別師遂喝云
當時若下這一喝免見落三落四須菩提云
此義幽深吾不能說此會有弥勒大士當往
問之師云果然舍利弗遂迴首問弥勒弥勒

云誰名弥勒誰是弥勒者師云什麼處去也
舉五洩初參石頭纔到門便問一言相契即
住一言不契即去石頭據坐五洩拂袖便行
石頭遂召闍梨闍梨五洩迴首石頭云從生
至死只是這箇迴頭轉腦作什麼五洩因而
有省師云石頭孝坐不定把不住似這般擔
十六　五
救漢教去便休又喚迴頭來却被他塗糊一
上道我向這裏有箇悟處驢年未夢見在
舉古德云擬將心意學玄宗狀似西行却向
東徒經累劫終難會會得還歸六道中僧云
某甲不會師云苦瓠連根苦甜瓜徹蒂甜
舉木平參洛浦問一漚未發時如何浦云移
舟諳水脉舉棹別波瀾木平不契後參盤龍
亦如前問龍云移舟不別水舉棹即迷源木
平於是大省師云這漢當初於洛浦言下悟
去猶校些子却向盤龍死水裏淹殺後來有
人問如何是木平荅云不勞斤斧師云果然
只在這裏諸禪德大凡發足超方也須甄別
邪正識辯真偽帶些眼筋始得然雖如是賊
過後張弓　舉趙州問南泉知有底人向什
麼處去泉云山下作一頭水牯牛去州云謝
和尚指示泉云昨夜三更月到窻師云若不
是南泉泊乎打破蔡州　舉法眼示衆云識
得揜子周匝有餘雲門道識得揜子天地懸

殊師云官不容針私通車馬　舉僧問葉縣省和尚諸餘即不問如何是常今施設省云有你這蹩漢問僧云恁麼則打鼓弄琵琶去也省云捺胃放屁聲師云然則倚勢欺人争柰事不孤起葉縣失却一隻眼還有撿點得出麼若也撿點得出翠巖分坐與你若撿點不出横案鏌鎁全正令太平寰宇斬癡頑

舉祖師示衆云吾有一物非青黄赤白男女等相汝等諸人還識麼師云當時忽有箇漢出來為衆竭力不惜身命便與掀倒禪床喝散大衆子孫也未到斷絶却有沙弥出來道某甲識祖云你既識喚作什麼云是諸佛之本源神會之佛性祖便打云吾喚作一物尚不中你更喚作本源佛性此子已後設有把茅蓋頭只成得箇知解宗徒師便喝云祖禰不了殃及兒孫如今還有不甘底麼　舉僧問汾州如何是接初機句州云你是行脚僧如何是驗衲僧句州云西方日出卯[六]如何是正令行底[五六]句州云千里馳來呈舊面如何是定乾坤底句州云北俱盧洲長粳米飯食者無貪亦無嗔州云將此四轉語驗天下衲僧師云將此四轉語被天下衲僧勘破　舉保壽開堂三聖為請主纔陞座聖推出一僧保壽便打聖云似恁麼為人瞎却鎮州一城人眼去在壽擲下拄杖便歸方丈師云臨濟一宗掃地而盡因什麼到這裏驀拈起拄杖云什麼處去也　舉興化一日與同光帝坐次帝云朕收下中原獲得一寶只是無人酬價興化云略借陛下寶看帝以兩手舒開幞頭脚化云君王之寶誰敢酬價師云會麼真不掩偽曲不藏直有眼者辨取　舉睦州問僧什麼處來僧云那邊劄州云光僧屈僧云和尚即得州云擔枷過狀擗脊便打師云睦州何用繁詞那邊劄擗脊便打　舉先地藏問修山主甚處來主云南方來藏云南方近日佛法如何主云商量浩浩地藏云争如我這裏挿田博飯喫師云會麼挿田博飯喫言中誰辨的午後打齋鐘金剛曾失色　舉睦州示衆云裂開也在我捏聚也在我時有僧問如何是裂開州云三九二十七菩提涅盤真如解脱即心即佛我且恁麼道你又作麼生僧云某甲[十六]不恁麼道州云盞子落[七]地楪子成七片師云會麼相罵饒你接觜相唾饒你潑水　舉雪竇示衆云要知真實相為但以上無攀仰下絶已躬自然常光現前箇箇壁立千仞師云雪竇與麼為人入地獄如箭

舉五通仙人問佛佛有六通我有五通如何是那一通佛召仙人仙人應諾佛云那一通你問我師云大小瞿曇被這外道勘破了也有傍不肯底出來我要問你如何是那一通

舉古人道牽牛向水東不免官中徭役牽牛向水西不免官中徭役不如隨分納些子師云說什麼納些子盡乾坤大地色空明暗情與無情惣在翠嵓這裏放行則隨緣有地把住則迸竄無門且道放行好把住好　舉僧叅南院纔入方丈以手指云敗也院乃拈起拄杖度與僧僧纔接院便打師云這僧雖然頂上有光争柰脚下似漆直饒十字縱横朝打三千暮打八百　舉古人道無邊刹境自他不隔於毫端十世古今始終不離於當念師云手攀日月背負須弥即不問你新羅國裏一句作麼生道　舉古人道閙市裏識取天子百草頭上薦取老僧雲門道蝦蟆入你鼻孔裏毒蛇穿你眼睛中且向葛藤處會取師云雲門大師恁麼道大似和泥脱墼若無後語疑殺天下人翠岩今日因行不妨掉臂乃竪起拂子云還見雲門麼　舉世尊一日於涅槃會上人天普集以手摩胷告大衆云汝等善當觀我紫磨黄金身瞻仰令足莫令後悔若言吾滅非吾弟子若言吾不滅亦非吾弟子于時百千萬衆一時悟道師云然則膏肓之門不足以發藥翠岩且作死馬醫你

等諸人皮下還有血麼　舉南泉一日問黄蘗定慧等學明見佛性此理如何蘗云十二時中不依倚一物始得泉云莫是長老見處云不敢泉云漿水錢且致草鞋錢教什麼人還蘗便休師云若不同床卧焉知被裏穿
舉古者道露裸裸赤洒洒四維無遮障上下没可把師云朝游羅浮暮歸檀特即不問你脚跟下一句作麼生道　舉龐居士問馬祖不昧本來人請師高著眼祖直上覷士云一等無弦琴唯師彈得妙祖直下覷士禮拜祖便歸方丈士隨後云今日弄巧成拙師云且道賓家弄巧成拙主家弄巧成拙還有人揀得出麼若揀得出三十棒一棒也較不得若揀不出來年更有新條在惱乱春風卒未休
舉教中云有諍則生死無諍則涅盤師云直得風行草偃響順聲和不求諸聖不重己靈無纖芥可留猶是爭諍法且作麼生是無諍底法　舉古者道三世諸佛不知有師云如虫蝕木俚奴白牯却知有師云雪上加霜
舉德山問龍潭久嚮龍潭及乎到來潭又不見龍又不現潭云子親到龍潭山便休師云你識龍潭老麼僧擬議師以拂子驀口打
僧入室舉僧問趙州萬法歸一一歸何所師便喝僧茫然師却問趙州道什麼僧擬議師以拂子驀口打　舉僧問智門祚和尚如何是佛門云踏破草鞋赤脚走如何是佛向上事門云拄杖頭上挑日月師乃問僧會麼僧云不會師乃以頌示之鞋穿赤脚走衲僧休大口日月杖頭挑面南看北斗僧便禮拜出師云來來僧乃廻頭師云莫教撞著露柱
舉潙山祐和尚方丈頌云潙山方丈峭峻難上若人踏著氣如幾將師云作家宗師天然有在僧云和尚作麼生師有頌示之翠岩方丈曾無遮障衲子入來便見和尚僧便禮拜起師云還見翠岩這箇老漢麼僧擬議師以拂子驀口搠　舉僧問香林如何是衲衣下事林云臘月火燒山師乃問僧會麼僧云不會師云你爲什麼謾老僧其僧良久云某甲也有箇會處師云香林亦須喫棒　小參舉先百丈因歲暮示衆云你一隊後生經律論固是不知也入衆參禪禪又不會臘月三十日且作麼生折合去師云灼然諸禪德去聖時遥人心淡薄看却今之叢林更是不得也所在之處或聚徒三百五百浩浩地只以飯食豐濃寮舍穩便爲旺化也巾間孜孜爲道者無一人設有十箇五箇走上走下半青半黄會即惣道我會各各自謂握靈蛇之寶執肯知非泊乎挨拶鞭逼將來直是萬中無一苦哉苦哉所謂般若叢林歲歲凋無明荒草年年長就中今時後生纔入衆來便自端然拱手受他別人供養到處莽不擇一莖柴不般一束十指不霑水百事不干懷雖則一朝快意爭奈三塗累身豈不見教中道寧以熱鐵纏身不受信心人衣寧以洋銅灌口不受信心人食上座若是去直饒變大地作黄金攪長河爲酥酪供養上座也未爲分外若也未是至於滴水寸絲便須披毛戴角牽犁拽杷償他始得不見祖師道入道不通理復身還信施此是決定底事終不虛也諸上座光陰可惜時不待人莫待一朝眼光落地菑田無一簣之功鐵圍陷百刑之痛莫言不道珎重

偈頌

原居二首

挂錫西原上。玄徒苦問津。千峯銷積雪。萬木自迴春。谷暖泉聲遠。林幽鳥語新。都思遺隻履。深笑洛陽人。

挂錫西原上。誰同振此風。卷簾千障日。坐石一枝笻。雪嶺書無說。衡陽信不通。迴觀清景外。雲鳥自憧憧。

三印

一印印泥賢愚共知揆轉鼻孔頂上金槌

一印印水徒張唇觜未涉流沙洪濤競起

一印印空明月清風爍迦羅眼齊後之鍾

春日閑居四首

林下春時節融融萬物漸睹兹和煦力孰不謂通津

林下春時節幽居境愔清曉雲分岳色

流水帶鶯聲　林下春時節遲遲日漸暄不
知誰有道泉石自相便　林下春時節誰同
狎此心野花開不盡巖檜冷森森　布袋和
尚五首　散誕不拘儀軌終日拖泥帶水茫茫
覓未知歸敎伊從誰雪恥　囲來抱囊無語
傍觀盡生疑慮未免開獻諸人是甚閑家破
具　貧道本無遮護擧目知君罔措可憐二
月三月是處蜂狂蝶舞　莫訝衣囊破碎入
壓且無忌諱橫身要道等人那箇便知圖繢
日暮變游貧里豈是圖他小利分明報你諸
人臘水氷霜滿地　和泥合水五首　余有一
道千聖不到此走南奔相頭買帽是何之道
雲橫碧嶠　余有一辨風生嶽面擧目千差
知君不薦是何之辨僧堂佛殿　余有一説
善知時節若人會得眼裏添楣是何之説春
寒秋熱　余有一劒寒光若練虎嘯風生飛
寂走電是何之劒灰頭土面　余有一機聖
九共知拈却鼻孔擧起須弥是何之機淵明
鍼眉　示學者三首　赫日光中誰不了底
事堂堂入荒草擔簦負笈苦勞心從門入者
非家寶演宗乘提祖敎千年枯骨何堪咬南
北東西歸去來拈得鼻孔失却口　經不看
禪不會終日擁爐長瞌睡五湖禪子競頭來
耿上眉毛三門外　翠嵓不會禪仰面看青

天打破大唐國笑殺老南泉　因雪示衆二
首　雪雪片片交飛無暫歇萬里江山一樣
平要津把斷底時節文殊印普賢訣杲日當
空還漏泄無言童子念摩訶憍梵鉢提長吐
舌　宗本義　宗本饒彰義已賒徒將心識
話周遮漁人夜唱歸煙島樵父春行踏落花
六相義　成壞惣別同異帝網交參六義
拈起大地山河透出過現未世文殊夢裏揚
眉普賢空中彈指三十年後自看且恁和泥
合水　頌古十二首　灌水不滿危運雪不
塡井吁哉碧眼人迢迢涉葱嶺絶粒既無功
負舂寧有省一花五葉開棣嘯諸峯頂
入門何必辨來機潦倒禪和不自知栢樹庭
前剛指注蘇令平地下針錐　抱拙少林已
九年趙州忽長亭前栢可憐無限守株人寥
寥坐對千峯色　平常心是道擧步入荒草
翻嗟王老師到底不能曉玉兔金烏任飛走
桃花見後謂無疑壯志由來本是伊若問玄
沙言未徹現前贓物自家知　趙州有語喫茶
去明眼衲僧皆賺擧不賺擧未相許堪笑禾
山解打鼓　杖林山下竹筋鞭頭尾拈來惣
一般莫怪玄沙不出嶺他家元是釣漁舡
言中辨的老禪和驀直臺山路不蹉勘破却
回人莫問巖陽船子洞庭波　踏著秤槌硬

似鐵矇瞳禪和猶未瞥三冬嶺上火雲生六
月長天降大雪　杜禪和杜禪和一箇餬餅
無奈何禮拜任君頭著地海東船子過新羅
洞山有語麻三觔衲子擎拳要問津因憶舊
年看草字張顛顛後更無人　休問藏身北
斗撩他露柱煩惱跨跳撞入燈籠穿却湖南
長老　因僧擧泐潭頌乃有頌示之　北斗
藏身事不孤韶陽由是喪殘軀而今澤國垂
綸者猶把骷髏証惜夫　留僧　侍余函丈
二三秋日損由來道未訓何事解衣輕取別
鉢囊猶挂樹梢頭　數珠　落落循環在手
茫茫未知出跳雖然本自圓成爭奈其中一
竅放行但權舒光把住毗沙匿曜有時捉向
手中貴與衲僧取笑　南峯師子山　狀奪
西河類椎椎鎮此峯爪牙終不露狐兔自潛
蹤　雲門上菴　草堂危搆若耶西九夏幽
居景物奇簾卷乱峯初雨後白雲流水自相
隨　送化士　化門舒卷豈同時出塞還須
斬萬機道泰却旋林下日卷簾閑看岳雲歸
送文禪者　禪人別我訪南宗吳楚山川去
幾重莫謂臨岐無可贈萬年松在祝融峯
送寧首座　一語通諸審開權涉化門當機
如有路北斗坐南坤　送就維那　振錫歸
郡石重來欵竹扉無言宣祖意滿目太陽輝

送華禪者　一字不出頭十字不挑脚可惜
少林人端坐無斟酌孰云錯金錫高擎逐故
鄉清風浩浩生寥廓　送聰山主　故國曾
不住他鄉無暫留肩横一枝錫何處問蹤由
寄慈濟大師　凛凛水風臨晚景環爐獨坐
嬰峯頂茫茫六合曾未知月寫千江萬江影
寄福嚴禪師二首　跡遁寒岩雲鳥絶陰崖
流水花微發昨夜天風掃石床寥寥坐對三
生月　一葉落兮天下秋古今人事謾悠悠
皇恩三讓名還大千載真風詠莫休　寄雲
蓋鵬禪師　情忘應許道相交肯謂川途有
所還月皎五峯湘水白雲蒸石磨露偏饒
寄南華慈濟禪師　曹溪何幸示來書忽憶
當年在大愚堪笑堪悲無限事甜瓜生得苦
葫蘆　握草爲金未足奇韶陽風骨與誰知
年來老大渾無用應對盧公獨皺眉　寄木
山長老　刋石休誇自點頭武陵法道欲誰
酬年來應是慵開眼獨坐龍門見九州
寄龍王進長老　南北山居道不殊不殊猶
未得通途龍峯地暖花應秀石磨雲寒萬仞
孤　與李君行者　辭家日久慕叅禪不憚
崎嶇甚可憐報汝速須歸故里闌冬耕取昔
年田　暮冬旅懷　雪壓怪松枝欲折褁病
長寒長擁爐添薪坐久眼忽瞑偃卧不知山

月　瞻木平道人　嶽頂雲披。清風兒古。
一漚未形。萬機起纔。道極致淳。行欵亡矩。稽
首木平。不勞斤斧。　禪人寫余真固命余贊
頂高頰拳祖佛之怨唇尖鼻鈌禪庭之孽天
下人憎這箇老傑　十五十六天輪地軸日
面月面神嚎鬼哭少室從風竹馬年而今莫
問胡家曲 出 自詒一首　壞衲曾披蒙雪頂。
遶軒松竹冷相侵。盧堂夜求坐將半。花落崑
前知幾深。　山居四首　片片殘紅隨逺水。
依依煙樹帶斜陽。横笻石上誰相問。猿嘯一
聲天外長。　靜聽凉飈逺洞溪。漸看秋色入
冲微。漁人撥破湘江月。樵父踏開松子歸。
攏麥重重羃紫煙。太平時節見豐年。野雲忽
散孤峯出。列派横飛落澗泉。　凍把巖根雪
尚稠。暮雲閑鏁逺峯頭。地爐骨柮高燒起。石
銚烹茶時一甌。　答雲峯正大師二首　溢
目江山雪正深。殊庭寒色尚沉沉。尤忻象外
有良契。時以嘉言慰此心。　竹齋欵挑病方
迴。春餞梅花忽寄來。珍重此恩何以報。携筇
時上石樓臺。　寄道交　散盡浮雲落盡花。
到頭明月是生涯。天垂六幕千山外。何處清
風不舊家。　對菊　澹然金菊映秋光。底事
無人泛玉觴。静憶陶潜舊池上。肯教和草過
重陽。　退居寄承天偶作五首　道溥常慜

繼祖猷。退居嵓谷任春秋。齋時自有盂羨飯。
六合清風卒未休。　道溥常慜繼祖天。瞬眸
金色巳廬傳。而今猶峯僧伽眼。端坐鷄峯誑
後賢。　道溥常慜繼祖燈。老來林下笑盧能。
抱膝持石長三尺。不愧黄梅會裏僧。　道溥
常慜繼祖心。九年何事絶知音。到頭無賴空
迴首。皮髓分肇直至今。　道溥常慜繼祖門。
隨家豐儉且安貧。掌間日月須弥走。把住南
星對北辰。　十二時歌　鷄鳴丑眹兆之前
還乱走夢裏論量幾萬般天明無是虛開口
平旦寅山河大地掌中擎金剛焰裏空彈指
君眼胡僧來未能　日出卯烜赫威光無剩
少茫茫宇宙未知歸競向途中鬬機巧　食
時辰南北東西誰是親鉢裏不逢香積飯深
慜枉作出家人　禺中巳信手拈來無不是
迷却南街走北街草鞋踏破因誰置　日南
午鏁出囊中無一縷銅頭鐵額知未知草偃
風行立千古　日昳未休話真如論實義官
家不許夜行人誰教醉酒街頭睡　晡時申
遊子前來問要津鉢盂打破渾閑事茶盞少
了却生嗔　日入酉朝參暮請何曾有不如
靜坐念金剛從他笑破衲僧口　黄昏戌一
點寒燈照幽室鐘鼓喧轟鬧一場摩訶般若
波羅蜜　人定亥哱啄之機遺哂惟自徒朝

亂知幾年不曾少人一文債　夜半子開眼
𠕋床到如此老胡猶自涉崎嶇石塔空留鎮
熊耳　師嘉祐七年七月將示寂上堂有頌
住世六十五年爲僧五十七夏玄徒休問指
歸鼻孔大頭向下

古尊宿語録卷第四十二　廿六

古尊宿語録卷第四十三　七七
僧録司右闡教兼鍾山靈谷禪寺住持　淨戒　重校

大鑑下十一世

黄龍南禪師法嗣

雲庵真淨禪師陝府鄭氏子坐夏大溈聞僧
舉僧問雲門佛法如水中月是否門曰清波
無透路師乃領解徃見黄龍久而得旨其後
化道大行初住瑞州聖壽開堂日白槌罷
師乃召大衆云當須自觀若此觀者名爲正
觀若他觀者名爲邪觀邪正未分有疑請問
僧問列祖陞堂賢侯堅請向上宗乘請師舉
唱師云六六三十六進云常憶江南三月裏
鷓鴣啼處百花香師云好箇消息進云今日
即中承此善退身三拜謝師恩師云深僧禮
拜問語默二途皆易辯師令得法嗣何人師
云早來向你道了也進云恁麼則黄龍的子
臨際親孫去也師云猶自卜度在進云而今
四海清如鏡行人莫與路爲讎師云速禮三
拜問世尊出世梵釋相隨即中請師將何報
荅師云一雨普及萬物咸滋進云一言生肇
下萬古落人間師云人間事又作麼生進云
浪盡還歸水月落不離天師云閑言語行者
問天地以萬物爲芻狗聖人以百姓爲芻狗
未審和尚以何爲芻狗師云點進云禍入僧
門師云交行者擬議師便喝行者禮拜師云
得與麼有前無後問此日人天普集太守臨
筵祖意西來乞師端的師云的進云一句已
蒙師指示向上宗乘事若何師云向下底進
云若不登樓望焉知滄海深師云過進云四
衆沾恩學人禮謝師云猶欠一著在進云僧
觀者醜師云放有僧出云這裏是什麼所在
師云好好問著且莫盧頭問如何是盧頭一
句師云這盧頭漢僧無語師便喝僧擬進語
師云鈍置煞人進云真善知識師云你是不
得已也　師於熙寧八年在洞山受請於
法座前拈帖示衆云最初一句子便要衆人
知還會麼良久云符到奉行維那宣帖罷師
乃云大衆諸佛出興於世總秖赴箇時節且
道貧道今日赴箇什麼時節遂指法座召大
衆云今古應無墜分明在目前便陞座乃云
還有問話者麽時有僧問承古有言不見一
法即如來方得名爲觀自在如何是自在底
事師云透七透八進云龍得水時添意氣虎
逢山色長威獰師云暗進云前村深雪裏昨
夜一枝開師云閑言語問施主慇懃伸三請
今日當筵事若何師云新豐洞裏水潺潺進
云若然者得聞於未聞去也師云且道聞底
事作麼生僧提起坐具師云杜撰禪和進云
大衆證明學人禮謝師乃噓噓　復云更
有問話者麼良久乃喝云昔日大覺世尊起
道樹詣鹿苑爲五比丘轉四諦法輪唯憍陳
如最初悟道貧道今日向新豐洞裏只轉箇
拄杖子遂拈拄杖向禪床左畔云還有最初
悟道底麼良久云可謂丈夫自有衝天志不
向如來行處行喝一喝下座　初入院陞
座僧問天地亢陽願垂一雨師云自有清涼
者進云與麼則群生有賴也師云知恩者少
進云雲散家家月春來處處花師云不易念
得來問如何是聖壽境師云參差舊屋宇到
者始應知進云如何是境中人師云一似不
相識進云人境已蒙師指示向上宗乘事若
何師便喝僧禮拜師云不消一喝問昔日世
尊出世坐斷乾坤今朝和尚出世意旨如何
師云四衆圍繞進云大衆證明學人禮拜師
云何不更問　復云青山渌水不能住白
日紅塵却自歸而今避不得也且混俗和光
灰頭土面笑他林下人也要笑若解笑甚奇
妙十字街頭拈得箇破布衲襖抖擻塵埃示
衆人好不好曉不曉從他肉案頭歌叫喝一
喝云田頭轉腦　晚參上堂僧問不離當
處常湛然覓即知君不可見見即不問如何
是不離底事師云傾心吐膽進云若不登樓

望焉知滄海深師云秖如湛然底事又作麽生進云三門佛殿長相對翠竹松風濰院寒師云多虛不如少實進云也須檢點過師便喝　　復云彌勒真彌勒分身千百億時時示時人時人皆不識拈拄杖云還識麽千箇萬箇但識取這箇擲下拄杖下座　　因請首座維那典座上堂問流水下山非有意片雲歸洞本無心如何是無心一句師云你是有心耶無心耶進云疊石峯高嶮白雲出故閑師云莫道無心好僧禮拜師云三十年後醒去在　　復云三德六味施佛及僧香積厨中善調在手三世諸佛向砧槌上聲聲相應　且道相應箇什麽良久云問取堂中第一座　　上堂僧問曉色未分人盡望及乎天曉意如何師云你見麽進云城隍雖淡薄林下道相親師云這裏是什麽處所　　復云有進有退有急有緩道在變通事乃成就監院荷擔竭力街坊善巧化人知客臨時接引長老據款結案還有不涉斯義者麽良久云明年更有新條在惱亂春風卒未休

上堂僧問真則是幻幻則是真真幻既除道歸何處師云若有處所堪作什麽進云千江有水千江月萬里孤舟萬里身師云却不如是進云江上漁人空點頭師云適来向你道什麽僧便喝師云好一喝僧又喝師云兩喝後又作麽生僧禮拜云猶爍少在師乃噓噓　　復云大衆宿来萬福數日人事相煩更不一一陳謝禮繁則亂知是般事便休且道是什麽事驀拈拄杖云風不鳴條雨不破塊尭風蕩蕩行人讓路萬姓歌歡筠陽城中誰家竈窟裏無煙張公喫酒李公醉拕拄杖云寒山拾得　　上堂昨日有僧從溈潭来却往仰山去驀拈拄杖云筠陽城中聖壽院裏打鼓普請喫茶　　上堂有化主問承古有言天得一以清地得一以寧君王得一以治天下未審衲僧得一時如何師云善爲化導進云恁麽則紅塵路上無閑客也師云家家觀世音僧禮拜師云更須著力　　復云我觀法王法法王法如是驀拈拄杖云穿却你諸人鼻孔換却你諸人眼睛還我法王法来乃喝云差之毫釐失之千里擲下拄杖下座

上堂僧問十方佛土中唯有一乘法如何是一乘法師云百尺播竿尾指天進云學人退身三步去也師云脚跟下七縱八橫進云月色和雲白松聲帶露寒師便喝僧亦喝師云這野狐精　　復云宿来大衆萬福方期首夏巳是初秋今朝改旦七月一日嗟乎流光電速四序推移是事不常人亦漸老還有不涉老少者麽良久云八十翁翁著繡靴因道還長老来上堂僧問一句了然超百億一句即不問如何是百億師云道士繫腰帶進云一堂風冷淡千古意分明師云番人頭戴冠進云大衆證明且禮三拜師喝云瞎漢

復云青山深處人来我紅塵裏紅塵偶不見白雲與流水耳目何所分浮名與浮利爲是紅塵非爲復青山是是非兩途間幾多殊未已輩遇逍遥人可述逍遥理下座　　上堂開雲門門七通八達却須知有関棙子去著若也不知雖活如死現黄龍龍千變萬化更須到伊窟宅潜處若不到有眼如盲諸德我觀法王法法王法如是有眼者辨取

因清涼長老到上堂熱惱既盡清涼現前分別不生虛明自照然後我當按指海印發光汝暫舉心塵勞先起乃喝云三世諸佛一棒打殺填溝塞壑拕東擲西一任諸人看驀拈拄杖云過去諸佛亦如是現在諸佛亦如是未来諸佛亦如是遂擲下云看　　上堂僧問如何是珠師云炟爀光明在目前進云滿城盡是知音者吟出新詩與衆看師云誰是知音者僧云大衆證明學人禮拜師云虛頭漢　　復云一葉落天下秋老僧慵剃雪霜頭風浩浩水潺潺忙者自忙閑者閑終南山

色翠相倚湘岸橋朶紅鈎攀諸禪德會即途
中受用不會且世諦流傳拈拄杖云不是途
中受用又作麼生傳良久乃喝云夜靜水寒
魚不食滿船空載月明歸　謝月化主上
堂靈山話月曹溪指月聖壽今朝謝月且道
與古人誰親誰踈莫有人辨得麼若也辨得
將此深心奉塵剎是則名爲報佛恩若辨不
得無角鐵牛眠少室生兒石女老黃梅笑殺
我松道者參　上堂方經七月十五已是
八月中秋徒知暑往寒來人老區區未休休
休看看便是結交頭大衆丹霞老道底百骸
俱潰散一物鎮長靈乃喝云無端騎聖僧上
堂東西南北四維上下觀機設敎應病與藥
驀拈拄杖云馬大師來也看看日面佛月面
佛一一爲君重拈出若善服者病瘥藥除舉
足下足無非道場不善服者藥病相治盡大
地是藥觸途成滯遂擲下云秖在諸人面前
便下座 七七　上堂有時灰頭土面 六 橫身荒草
衆生處處著引之令得出其奈飢逢王饍不
能飡又爭怪得老僧　上堂德山呵佛罵
祖承其言者多見德山者少黃龍佛手驢脚
見黃龍者衆善其機者稀驀拈拄杖云欲得
見德山麼遂左邊卓云看要知佛手驢脚麼
復右邊卓云看乃橫云佛手驢脚我宗恢廓

德山拔毛黃龍戴角萬化目前磊磊落落乃
喝云眼空定動總是著縛下座　因等慈
長老到上堂以平等慈度一切生洒一法雨
潤一切物良由根機不等所受不同互有得
失又爭怪老僧下座　上堂因城中失火
僧問養兵千日用在一朝正當立國安邦爲
什麼各生退志師云千兵易得一將難求進
云忽遇單旗急速又作麼生師云自有安邦
者進云與麼則汗馬不施功勞不著也師云
你是什麼人僧便喝師云敗將不斬
復云欻然火起焚燒舍宅及至煙消火滅萬
事成空冷地裏一場懡㦬遂喝云轉凡成聖
又是什麼人　永固長老至上堂幽固深
遠無人能到到則山青水綠別是人間好諸
禪德江月照松風吹永夜清宵何所爲却怪
長時杜鵑子春山無限好猶道不如歸
上堂十月十五迎寒送暑唯有這箇不來不
去該天括地亘今亘古雖則全彰要且不露 七七 七
喝一喝下座　晚參上堂十七十八早是
漏泄若也不會守繫驢橛上堂聖壽有時壁
立千仞欲發人人之大機我與麼來你擬心
早是蹉過了也何故此事非汝思心注意當
情之所能諸禪德盡情說了也合作麼生
上堂十月二十五臨濟太蒜鹵開却雲門門

德山罵佛祖下座　上堂以字不成八字
不是有利無利不離行市驀拈拄杖云寰中
天子塞外將軍擊禪床下座　晚參上堂
十月二十三天寒下臘薰黃昏一覺睡南海
出榆甘　上堂聖壽長老不會禪不會道
秖會解粘去縛應病與藥諸佛子無禪可參
無法可學棄本逐末區區客作不如歸去來
識取自家城郭城中自有法王尊一呼百諸
砦晃明月珠手振黃金鐸還要一切群生自
家省覺來來應是從前佛法知見一時放却
乃得自己毘盧心印明廓乃喝云大丈夫兒
莫錯莫錯　上堂真不掩僞曲不藏直雪
後始知松栢操夜深方見杷針人參
擅越散藏經請上堂奉佛至孝四郎及孝柔
爲先考二郎終七追薦乃請真如聖壽一
禪衆閱轉大藏經一徧供僧一千員斯晨開
郭齋以用表懺上件龍藏琅函靈文聖敎經
律論三藏五乘十二分諸佛之秘詮類也濟
也半也滿也中也邊也權也實也種種法門
智慧海種種因果德相海種種進脩行願海
種種敎導方便海種種依正究竟海種種互
融攝入海不可說不可說法門功德光明海
爲嚴先考二郎超生淨界然與四郎及孝眷
等生生世世獲大善慶居諸佛法會中共諧

菩提乃召大衆今日與諸人在什麽會中驀拈拄杖敲香卓云大衆還聞麽佛以一音演說法衆生隨類各得解諸佛於此得之成一切種智具正遍知菩薩於此得之獲無生忍法眼清淨獨覺於此得之現神通光明出無佛世聲聞於此得之證寂滅樂永斷後有天人於此得之增長十善世人於此得之永盡三業地獄於此得之頓超十地阿脩羅餓鬼畜生於此得之永除癡業四生六類一切有情於此得之各隨根性一一解脫且道長老於此得之又作麽生良久喝一喝下座

上堂聖壽有時戴寶冠挂纓絡出來十人有九人一時驚怖毀謗罵詈避走遠去見伊不識遂更著垢弊衣與伊相見百人千人一時讚歎歡喜信知我所得智慧微妙最第一衆生之根鈍著樂癡所盲如斯之等類云何而可度以拄杖擊香卓下座

因快山長老至上堂快然大道秖在目前縱横十字擬即留違乃顧大衆良久喝一喝下座

上堂舉僧問古德云深山裏還有佛法也無德云有進云如何是深山裏佛法德云石頭大底大小底小忽有人問聖壽云十字街頭還有佛法也無但向伊道無爲什麽無貪名逐利大衆聖壽道無古人道有是同是別試断看斷得出也大奇

在洞山受請來請小參師云新豐古洞萬壑爭攢悟本真宗千林覺獲古今勝地佛事長興所以昔日悟本大師有時提唱唯有佛菩提是真皈依處復喝一喝云猶有這箇去就在諸德秖如大師道猶作者箇去就在且道意作麽生還知落處麽叢林中多有商量者有底道聞佛聞法似生冤家况更有皈依處故遭悟本大師撿點有底道悟本秖要人休歇去有底道悟本秖見錐頭利不見鑿頭方似與麽匹配又何曾夢見他古人既不如是又且如何諸德此箇事大須子細不可麁心一等參禪窮教到底宗門中千差萬別隱顯殊途唯大智方明降茲已往莫測涯際而今多是抱不哭孩兒打淨潔毬子抛纜放船抱橋柱澡洗彼此丈夫阿誰無分若便明去驅耕夫之牛奪飢人之食入火不燒入水不溺於一切處不留一切處成就靈光獨耀烜赫殊分可謂蕩蕩平落落乎張起濟岸帆撥動渡人舟於生死海內白浪堆中出沒去來逍遥自在乃喝云從他謗任他非雨中蕪箬笠蓑衣而今暫別海門月賣魚且向市鄽歸下座

師住洞山在聖壽受請開堂宣疏白槌竟師良久乃云會麽少室峯前曾示此高安灘上復誰傳會中若有儂陁衆莫學神光廢九年遂喝云有疑請問僧問有一人欲出長安有一人欲入長安未審那箇在先師云多少人疑著進云不許夜行師云蚊子雖鐵牛進云山頂老猿啼古木渡頭新鴈下平沙師云長安人已入你合作麽生進云春日華山青師云者僧雖然後生却可與商量問新豐勝刹古佛道場侯伯請師願垂方便師云耀古騰今進云此莫是和尚爲人處也無師云將謂是古佛道中人進云洞山境色重添翠悟本玄風復振清師云有甚了期

復云問話且止言多道遠然則通人分上無可不可問答縱横何是何非不二門開一道清淨所以古人云道無不在觸事而真心若不邪所爲自正正覺之道得在乎心不在乎言言語道斷心行處滅非去來今今日一會法法本然心心本佛官也私也僧也俗也智也愚也凡也聖也天也地也悟則事同一家迷乃萬別十差差之毫釐失之千里遂拈拂子召大衆云一花開五葉結果自然成

施主捨法衣上堂僧問久晴無雨時如何師云點進云學人有顯也師云赫日爍破闍黎面門僧回首召云大衆高著眼師云三十年後有人笑你

復云諸佛出世咸披此衣說法度人

洞山今日亦被北衣說法度人遂拈起衣角
召大衆云還有不受惡水潑者麽良久云月
到天心句波歸海上清　上堂久晴忽雨
久雨又晴天機莫測吾道可明乃喝云具頂
門眼者看　因請知事上堂至道無難唯
嫌揀擇當可以親疎好醜擇而然後用之要
用便用入到手中土作黃金拋來擲去滿目
光輝也要衆人見諸德又作麽生不揀擇好
醜而用之喝一喝下座　上堂佛法不順
人情諸方長老大開口盡道我會禪會道且
道伊會也未無端向屎坑裏坐瞞神謼鬼似
這般底打殺千萬箇與狗子喫有什麽過又
有一般禪和子大開著眼被伊狐魅殊不自
知驀頭著屎澆亦不肰惡召云大衆彼此丈
夫爭受恁麽自己合作麽生下座　上堂
欲雨不雨使我伸衆半陰半晴要汝惺惺果
惺惺也與天地合其德日月齊其明乃喝云
切忌拕泥帶水下座　上堂智不到處切 十一
忌道著道著則頭角生諸禪德古人一期唱道則 十七
無可不可若是洞山即不然智不到處正好
道道不著時無所生無生大道闊縱橫縱橫
任運人難測新羅日午打三更參　上堂今
朝八月一漸熱既消漸涼復至調燮人間育
養萬類成就四時無恩焉無為焉寂然不動

感而遂通祖師門下堂孫然哉是以真機無
定祖道難思有時熱有時涼生也殺也撈龍
萬有提拔四生破妄想塵出大經卷而無心
焉而無為焉緣感乃應豈預擬而待賽乎諸
禪德且作麽生是各各當人一卷大經會麽
垢盡則明現也三千大千世界遍通秖在於
毫端十世古今始終不離於當念乃喝云不
信自殊勝甘爲下劣人　上堂摩尼珠人
不識如來藏裏親收得既收得不護惜也要
衆人見驀拈拄杖擲下云還識麽若識燒沉
水香供養諸禪德明月照見夜行人良由不
是他家事參　上堂佛法現前僧俗儼然
八月初五冷落秋天　晚參上堂有相身
中無相身無明路上無生路志公和尚欺我
等愚迷壓良爲賤然則敢問諸人而今四大
五蘊是有相之身那箇是當人無相之軀良
久噎欲報先聖護念恩粉骨碎身又安得
上堂舉雪峯云南山有條鼈鼻蛇汝等諸人
出入好看玄沙云用南山作麽師云奇哉善
知出處非父不生其子驀拈拄杖召大衆云
南山鼈鼻蛇却在者裏便擲下云擬即喪身
失命　上堂昔有五伯羅漢以六神通降
一毒龍了不能得忽異方有一尊者至衆謂
曰我等盡其神力降不可得尊者可能降之

尊者乃彈指一下其龍便伏諸禪德擬此還
有優劣也無若言無五百衆盡其神力皆曰
不能此尊者一彈指而毒龍便伏既有優劣
如何可明於此明得作箇出格道人動靜去
来五眼不能覩十力不能知堪受人天供養
日消萬兩黃金於此未明山門今日作齋供
養羅漢且隨隊長連床上開單展鉢下座 十七 十二
上堂秖知今日明日不知前秋後秋諸禪德
休得也未便好休而今更有什麽事見麽四
大海水灌入你諸人鼻孔裏須弥山突出額
角邊三十年後不得辜負洞山長老
上堂師子吼無畏說百獸聞之皆腦裂遂拍
禪床左邊云不是師子吼又拍禪床右邊云
不是無畏說你擬心早是腦裂也更擬如何
若何一隊野狐精喝一喝下座　上堂平
旦寅狂機中有道人身乃喝云不是狂機又
噎云不是狂機若作狂機會又爭得行住坐
卧山河大地不是狂機且道作麽生是道人
身良久云各自歸堂喫茶　晚參上堂此
箇事學不得教不得傳不得須是當人悟始
得悟得也可可地閑閑地了了明明地歷歷
落落地一切神通變化悉自具足不用外求
乃拈拄杖橫按云橫按鏌鎁全正令太平寰
宇斬癡頑遂擲下良久喝一喝下座

上堂撫掌左右顧大衆云歸堂喫茶去因發
化主上堂出家沙門當清淨自活以乞食爲
正命食不過分離憍慢故以乞法爲正念增
長智慧不滯齋故驀拈拄杖云你有拄杖子
與你拄杖子你無拄杖子奪却你拄杖子於
此爲得埤汝智慧破汝憍慢火焰裏藏身游
泥中出現十七千手千眼大悲菩薩十三一任神通變
化於此不蔫有清泉兮悠汝飲有碧岩兮從
汝栖切忌寒後深夜啼謝主首上堂實際理
地不受一塵佛事門中不捨一法拈拄杖云
不是一法又捨箇什麼佛事也三德六味施
佛及僧法界人天普同供養受供養則不無
還知滋味也無若不知分付與首座復敲香
臺云五千餘軸言言異　一一龍宫海藏來
遂擲下云實際理地不用安排分付與藏主
上堂九日無白醪飽飡黄栗餻十日有黄菊
催人打禾穀五更鍾未鳴隣鷄已數聲相逢
不下馬各自奔前程參　上堂昨日風氣
暖今朝天色寒乾坤共著力衲子眼皮寬下
座　上堂古德道從門入者不是家珎又
作麽生是家珍驀拈拄杖召大衆云還見麽
遂敲香臺復乃嚱嚱釋迦老子棒打不殺文
殊普賢喚不回頭休休虚費力且隨流待伊
時節至一葉落天下秋　上堂謝黄檗先

馳云分枝列派共闡宗猷祖令全提各隨機
變洒黄龍之一雨枯木重榮繼斷際之遺蹤
真燈再焰光我先覺以進後昆不任歡慶其
無似之者何承先馳上人遠離鷲嶺深入洞
山得得馳書叙其法乳過沐周勤仰荷弗已
復拈拄杖召大衆云實謂雖與我同條生不
與我同條死阿喇喇也大奇筭来彼此丈夫
兒睡則同床各自夢古今此理少人知少人
知付先馳傳歸鷲嶺分明舉向師　上堂
洞山門下要道便道要用便用教得眉毛失
却鼻孔乃喝云久雨不晴參　出縣回上
堂云三日不相見不得故眼相看是何言歟
洞山數日不相見相見秖是舊時人乃合掌
云不審過去諸佛現在諸佛未来諸佛參退
喫茶　謝監院上堂僧問用之則行捨之
則藏時如何師云斬新日月特地乾坤進云
龍得水時添意氣虎逢山色長威獰師云且
得天下太十七平進云與麽則道泰不傳十四天子令
師云老僧被你鈍置一場　復云身是光
明幢心是神通藏大衆各自照顧抖擻精神
而今現定僧也如是俗也如是釋迦也如是彌
勒也如是還有人信得及麽若信得及不爲
分外若信不及亦不斷欠信與不信光明幢
神通藏各自參堂去下座　上堂舉僧問

雲門如何是和尚家風門云有讀書人来報
諸德千聞不如一見又作麽生見良久云秖
爲分明極翻令所得遲　上堂洞山門下
八凹九凸交交加加屈屈曲曲崎崎嶇嶇嵲
嵲屼屼水雲掩映烟嵐重疊一道直截觀者
遊者十人九人舉步早是迷却路頭也其中
莫有不迷者麽乃喝云且道洞山路頭在什
麽處　上堂舉昔日天台國清寺因炙茄
次有拾得以竹弗向維那背上打一下維那
叫直歲你看這風顛漢拾得云蒼天蒼天寒
山問你打伊作什麽拾得云費却多少鹽醬
諸禪德拾得打維那實謂費鹽醬多也爲當
別有道理明眼衲僧試出来断看一爲衆決
疑已曉未悟二表自己參學辨其是非冷地
裏說葛藤貶剥古今不爲好手有麽若無老
僧爲你决疑去也直歲苦苦告退再三留得
寒山拾得惣分付却掃地底教掃地燒火底
教燒火諸寮兒子莫令空過饒舌豐干到来
老僧爲十七伊勘過監院維那典座直十五歲更須要
知寒山拾得姓箇什麽若也不知異日他時
總遭伊把鼻孔領過喝一喝下座
上堂光剃頭淨洗鉢好便住惡便脱好諸禪
德莫將世俗見埋没道人心　上堂洞山
深幽且困千年林木生煙霧林間多少葛藤

枝左攀右惹難回互回而更相涉不爾依位住阿呵呵將謂洞山多葛藤元來却是參同契乃喝云明眼衲僧莫容易　上堂但知隨例飡饑子也得三文買草鞋秖如新婦騎驢阿家牽又作麼生直饒道得更問祖師鼻孔長多少在下座　上堂但離虛妄名為觧脫其實未得一切解脫作麼生是一切解脫驀拈拄杖云聞又云雲門大師在拄杖頭上踍跳還見翠岩眉毛麼若也不見洞山為你注破長慶來也遂擲下云吹笛打鼓普請看　上堂謝莊主監收云參玄上士味道高人於動靜日用間百事成現受用具足一一要知來處所以古人云譬如大地何物不從地之所生諸佛唯指一心何法不從心之所立洞山分野地之所生或麦或麻或豆或稻然非其人則不能成雖安立既有安立得不勞乎神用然神用雖勞粒粒不落別處且道落在什麼處遂拈拄杖擲下召大衆云見麼阿誰無分知來處麼若知可謂不風流處也風流　上堂久參先德不在此限後進初機不用妄想更依倚箇什麼何不撥開自己心地靈源放出神通光明滔滔流注成辨佛事豈不快哉驀拈拄杖云不是神通光明又擊香卓云不是佛事遂擲下良久喝一喝

云夜半烏鷄誰捉去天明帶雪濟指註
上堂識情安排工夫造作一句攀緣已事荒却不信吾家正遍知論劫莫能成正覺喝一喝下座　上堂舉三聖云我逢人即出出即不為人興化云我逢人即不出出即便為人師云看者兩箇老古錐竊得臨際些子活計各自分疆列界氣衝宇宙使明眼衲僧只得好笑諸禪德且道笑作什麼還知落處麼若知一任七顛八倒若不知且向三聖興化葛藤裏咬嚼下座　除夜小參云一年將盡夜萬里未歸人今夜一衆盡是他鄉之子曰何不歸阿呵呵直饒便歸得歸得亦無家正是諸人歸處歸得麼君不聞龐居士云十方同聚會箇箇學無為此是選佛場心空及第歸以拂子敲禪床便起　歲旦上堂不見一法即如來方得名為觀自在諸禪德今日人人添一歲還見麼若不見又道人人添一歲若見在什麼處安著既見著處便見出處既明方能世出世間於法自在觀自在菩薩將錢買餬餅放下却是饅頭好諸禪德一年添一歲一歲一如來拈拄杖云拄杖子亦成佛也看　上堂佛法二字不用道著道著則頭角生古人秖解殺人不解活人何不道佛法二字一一現成諸禪德欲知佛麼秖

諸人是欲知法麼秖諸人日用者是是不是是即也大奇不是也大奇殺也活也一處不通兩處失功兩處不通觸途成滯　出州回上堂山中城裏事不相知有一句子未敢泄機供遍到寮中一一當面分付直是臨時各自著精彩莫教蹉過　發化主後上堂丙者月餘朝東裝有煩知事首座大衆一動一靜寧不有勞然則勞動若是道人分上無非佛事所謂往復無際動靜一源苟契神於動靜則無滯於往還心迹不生順逆何紛此則於心無心於事無事又何妨於動靜往還之勤其或得之者正乎心失之者亂乎性蓋得失之自殊非動靜之有異乃拈拄杖擲下喝一喝下座　上堂放過一著落在第二仲春漸暄景色明媚一衆高人起居輕利莫有不涉春緣底麼良久云遠道擎空鉢深山踏落花　上堂相拋有十日歸來山水中眼開如夢覺是事半成空喝一喝下座
上堂欲識佛性義當觀時節因緣古人無端向虛空裏釘橛誑惑後人今日四月一初夏時節久雨不晴伏惟知事首座大衆道躰萬福更討什麼佛性義你諸人各自有眼有鼻有口有耳何不散去莫妨我東行西行下座
上堂舉雲門云劉久兩不晴師云雲門雖善

臨時變豹東劄西劄未免和泥合水和泥合
水即且止秖如雲門云劄是那箇劄字莫有
明眼衲僧識麼若識雲門有甚氣息若不識
衲僧有甚氣息秖者氣息有鼻孔者辨下座
上堂此事如明珠在盤不撥自轉有底撥不
轉按不活又争怪得老僧要識明珠麼各自
歸堂喫茶　上堂聖僧每日入骨入髓忍
諸人說適来擊皷重爲宣揚更待長老開口
動舌又堪作什麼老僧恁麼道也是爲蛇畫
足　結夏日上堂十方聚會三月一結息
狂妄心除苦惱熱獲勝清涼證大寂滅到波
羅岸出生死轍以此聖制故不虛設聲聞緣
覺不見不聞三世諸佛秖可自知衲僧跳不
出打在繼續裏動即開眼尿床夢中說夢且
向洞山門下九十日討箇活路　上堂舉
昔日塩官常教僧看見性法門聞大溈亦留
寄遣二僧往探之既至座下凡百提唱俱不
識乃生慢意一日會小釋迦曰你莫麤心小
釋迦遂作[十七]一圓相以手捧向前二[十八]僧又不識
小釋迦云你莫麤心便起去師云小釋迦三
昧二僧不知洞山門下莫有知者麼是什麼
三昧良久云打麵還他州土麥唱歌須是帝
鄉人　上堂搥鐘復擊皷日輪正當午拾
得語寒山畫龍却得虎下座　上堂臘月

二十新豐一衆衲僧巴鼻滴水滴凍
上堂人貧智短馬瘦毛長趙州云我青州做
一領布衫重七斤師云有年無德洞山見兎
放鷹知生不知其死大衆欲出生死不涉有
無大用現前勿隨言語請首座典座及逍遙
和尚来上堂不動真際爲諸法立處昨日監
院名令朝首座號緣應百千般立處頭頭妙
典座把杓柄一一臨時料衆口若能調逍遙
同一道諸法立處今已彰作麼生說箇不動
真際底道理喝一喝下座　上堂佛法門
中有縱有奪縱也四五百條花栁巷二三千
所管絃樓奪也天上天下唯我獨尊不縱不
奪又作麼生良久云長把一聲歸去笛夜深
吹過汨羅灣下座　因華嚴座主到上堂
法界者一切衆生身心之本體也乃拈拄杖
云不是法界是諸人無始以来靈明廓徹廣
大虛寂之妙體故此土他界天堂地獄六凡
四聖情與無情同一無異無壞無雜猶帝網
之明珠[十七]互相融通更相涉入可[十九]謂無邊刹境
自他不隔於毫端十世古今始終不離於拄
杖頭上若爾則何啻擲大千於方外納須彌
於芥中而今百億日月百億須彌百億世界
都在拄杖子裏許乃擲下云擲在諸人面前
還見麼信得及麼不思議解脫力神通游戲

妙用現前非假於他術皆吾心之常分耳喝
一喝下座　出州回上堂古人道去去實
不去途中好善爲来來實不来路上莫虧危
古人見不透脫強生節目惑於後人洞山即
不然来但言来去但言去有什麼過老僧入
州途中晚便住曉便行又善爲箇什麼歸来
路上困便歇飢便飯又有什麼虧危今復林
下與諸道人相見又有什麼事參退喫茶
上堂季冬極寒伏惟知事首座大衆尊體萬
福仲冬已過孟春未来季冬現前過去已過
去未来實未来現在當無住三世既不留四
時何處去若爾則衲僧門下是是非非長長
短短有什麼過喝一喝下座　上堂入州
僅十日出縣又兩朝此心苟無爲動靜皆逍
遙拈拄杖云拄杖子不可不逍遙良久云莫
動著動著則打折你驢腰　晚參上堂舉
僧問古德覿面来時如何荅云分付與典座
又云如何是有漏荅云笊籬如何是無漏荅
云木杓師云笊籬木杓一時分付與典座更
莫外求一一現成物雖常式妙在乎人有底
秪在面前拽不来推不去縱拽得来有千疑
萬慮不敢用有底信手拽来超今越古所以
僧問雲門如何是超佛越祖之談門云餬餅諸禪
德好省力是即是還有超佛越祖底道理也

無試斷看斷得出僧堂裏一任橫咬竪咬若
斷不出有煩新舊二典座　上堂舉古有僧
半夜大叫云我悟也傍僧把住云你悟箇什
麼其僧云師姑元是女人做師云善即甚善
賺煞多少人却須知有賺人處洞山也有箇
悟處悟箇什麼化主元是徒弟做羨即甚羨
笑煞多少人却須知有笑人處賺人笑人兩
語雙陳飽參衲子試辨踈親　復云僧問
雲門如何是雲門一曲門云臘月二十五師
云今日是臘月二十五若作雲門曲又是臘
月二十五若作臘月二十五又是雲門曲又
云唱者如何門云且緩緩師云雲門云且緩
緩爲不肯這僧也別有道理良久云一般佛
法從人妙兩處誵訛試斷看　歲旦上堂
去年貧未是貧今年貧始是貧去年貧猶有
卓錐之地今年貧錐也無師云香嚴與麼道
奇特甚奇特要且只知其貧不知其富洞山
即不然去年富未是富今年富始是富去年
富唯有一領黑黪布褊衫今年富添得一條
百衲山水袈裟歲朝抖擻呈禪衆實謂風流
出當家諸禪德洞山與麼爲復是不肯古人
耶爲復扶古人耶試辨看　立春日因雪
上堂大地雪漫漫春來依舊寒說禪說道易
成佛作祖難洞山則不然而今坐立一一成
佛作祖何更有難有易遂拈拄杖云不可不
成佛所以假言三十二八十也空聲拄杖子
喚作成佛不是空聲釋迦彌勒文殊普賢不
是空聲而令觸目遇緣萬別千差不是空聲
都無實事佛法到者裏也要人有麼有麼乃
擊香臺下座　上堂發化主舉王大王向
雪峯會裏請晏監院住皷山雪峯謂衆曰有
一隻聖箭子入九重城裏建立佛事去也有
乎上座去中路截住問云承聞聖箭子入九
重城裏去是否晏云是乎云忽遇三軍圍繞
時如何晏云他家自有通霄路乎云與麼則
離宮失殿去也晏云何處不稱尊乎遂回謂
雪峯云聖箭子途中折了也峯云他道什麼
乎舉前話峯云奴奴他語也得乎云和尚胣
膊終不向外曲師云雪峯雖爲一千五百人
善知識受候王供養福報因緣即不無若是
佛法未在洞山則不然云和尚聖箭子途中
折了也云他道什麼師云待伊舉了拽拄杖
打將出去一使乎上座於後作箇本色衲僧
二與聖箭子出其鋒鋩三與禪門作箇真正
宗匠爲後人眼目諸禪德是也不是有眼者
辨取良久云洞山也有三隻聖箭子各往一
方作大佛事莫有作家戰將向途中截住將
聖箭子總與摺折却來洞山手裏請捧喫有
麼有麼若無明日普請向新豐亭上隨例喫
茶相送　上堂舉悟本大師云古路坦然
誰措足無人解唱還鄉曲清風月下守株人
凉兎漸迷春草綠乃拈拄杖云不是古路豈
不坦然我措足也海印發光只是少人信復
擊香卓云不是還鄉曲且作麼生唱若唱得
五音六律應難比步步逍遥達本鄉唱未得
也守株月下渾閑事却恐蹉跎過一生喝一
喝下座　施主捨大藏經函上堂僧問施
主入山崇勝事琅函星布意如何師云天無
私蓋地無私載進云恁麼則佛法得人永鎮
龍宮師云日月昭彰進云一人有慶兆民賴
之師云者僧却善知時節進云施主沾恩學
人禮拜　復云世出世間法立處皆相參
舉天便有地舉北便知南舉僧便見俗舉聖
便明凡以新當見舊以經方顯函宜哉一一
法所立皆雙兼雙兼不涉二所立無不堪此
大解脫門智者乃深諳故石頭禪師云當明
中有暗勿以暗相覩當暗中有明勿以明相
遇明暗各相對比如前後步乃拈拄杖云且
道是明是暗跳得出也大奇跳不出且在明
暗裏只這明暗也大難明遂擊香卓下座
上堂丹霞燒木佛院主眉鬚落又敎中云未
見自作他受他作自受若爾則禪門與敎乘

敵躰相違故丹霞自燒木佛傍僧受殃未審
此理如何莫有人明得麼良久云若無人唯
澄公首座深明此理希諸高德旦暮親而知
之耗而明之下座　上堂丹霞燒木佛院
主看鬚墮落驀拈拄杖云不是木佛便擲下
云誰敢燒你擬即看鬚墮落不擬又且如何
遂高聲叫行者拈起拄杖下座僧云大衆證
明學人禮謝師云你作麼生會僧便喝師云
掠虛漢僧又喝師云一任跨跳僧云也不得
放過師却喝　復云五月六月飛霜散雪
水中火中鵜白蓮紅參　解夏日小參師
云有問話者麼乃以拂子擊禪床云天地造
化有陰有陽有生有殺日月照臨有明有暗
有隱有顯江河流注有高有下有墊有決明
王治化有君有臣有禮有樂有賞有罰佛法
住世有頓有漸有權有實有結有解結也四
月十五十方法界是聖是凡若草若木以拂
子左邊敲云從者裏一時結舉拂子云總在
十七　廿三
拂子頭上還見麼乃喝云解也七月十五日
十方法界若草若木乃聖乃凡以拂子右邊
敲云從者裏一時解舉拂子云總在拂子頭
上還見麼乃喝云秖如四月十五日已前七
月十五日已後且道是解是結舉拂子云總
在拂子頭上還見麼乃喝云諸高德此三喝

中有一喝是金剛王寶劒有一喝是踞地師
子有一喝是探竿影草若人一一辨得始見
臨濟大師道出常情黃蘗被掌大愚遭築雖
相去三二百年許你親為的子然後大開不
二妙門權諸祖道摧邪顯正扶宗立教整頓
頹綱縱大知見耀大法眼不動本際決勝魔
軍乃喝云更須知有一喝不作一喝用到者
裏須是具爍迦羅眼向未痾已前驀提得去
諸德且道提得箇什麼良久喝一喝下座
因櫂越入山小參師云衆中還有具頂門上
眼底衲子出來照天照地看問鋪席既開當
路畔行人爭忍不相過師云我這裏釣鼇魚
跛鱉出來作什麼進云未審招賢事若何
師云你不是賢者進云欲觀深閫內更打一
重関師云笑煞傍觀問昔日龍女獻珠得成
佛道未審施主設齋還成佛也無師云善惡
若無報乾坤必有私進云有水皆含月無山
不帶雲師云却是闍黎會得好
問荅了後云還更有問話底麼良久云三十
年弄馬騎却被驢撲遂撫膝云直得須彌岦
嶪海水騰波三十三天一時退位十八大地
獄盡乃停酸見麼若者裏見得釋迦拱手彌
勒攢眉文殊普賢與伊作侍者若也不見看
我七縱八橫且向葛藤裏薦取阿呵呵諸高

德且道我笑箇什麼噫我笑昔日雲門臨濟
德山岩頭螢火之光蚊蚋之解一人道我呵
佛罵祖一人道我得末後句一人道黃蘗佛
法無多子一人道大覺世尊初生下時一手
指天一手指地天上天下唯我獨尊我當時
若見一棒打殺與狗子喫似者一隊掠虛漢
總只一期無佛處称尊若是如今喚來一時
二十四未
與伊生按過自餘之輩放過即不可豈不聞
僧問乾峯云十方薄伽梵一路涅槃門未審
路頭在什麼處乾峯拈拄杖云在者裏秖如
乾峯恁麼曾夢見也未若是老僧即不然十
方薄伽梵一路涅槃門未審路頭在什麼處
擗脊便棒却問伊路頭在什麼處待伊擬開
口熱喝出去更有箇雲門析脚老比丘不分
緇素不辨正邪拈扇子云跨跳上三十三天
築著帝釋鼻孔東海鯉魚打一棒雨似盆傾
似者般和泥合水漢糞掃堆裏埋却十箇五
箇又有甚過阿呵呵樂不樂足不足而今幸
對山青水綠年來是事一時休信任身心懶
拘束大衆休瞌睡好下座

古尊宿語錄卷第四十三　七七

古尊宿語録卷第四十四　十八

僧録司右闡教兼鍾山靈谷禅寺住持　淨戒　重校

真淨禪師語

住報寧開堂日拈香云此一瓣香恭為今上皇帝祝延聖壽萬歲萬萬歲伏願堯風永扇同日月之盛明湯德弥新共乾坤而久固此一瓣香恭為報寧大檀越主特進相公判府左丞伏願舉族享於百祥小大增乎善慶更與特進相公判府左丞兄兄第第長為佛法之墻塹子子孫孫永作皇家之梁棟此一瓣香奉為提刑大夫運判朝奉洎文武官僚常居禄位然提刑衆官夙承佛記示作王臣佛法長與外護斯在以因向果皆成佛道於是趺坐白槌竟師乃垂一足云大衆為是一耶是二耶良久云上士一訣一切了中下多聞多不信有疑請問僧問昔日梵王請佛蓋為群迷今朝相公請師當為何事師云看進云與麼則靈山一會今日親聞師云閻底事作麼生進云大衆證明師云錯問遠離洞山丈室已坐報寧道場如何是不動尊師云東西南北進云一言已布王官耳吾道今朝得再昌師云大家在者裏進云相公證明學人禮謝問昔日李公登藥嶠雲在青天水在缾今日臣相請師未審有何言句師云金挽帶葉摘緑李和衣嚼　進云與麼則法不孤起仗境方生師云重疊關山路進云泊乎蹉過師云不少也僧問曹溪一路闔國人聞報寧一路什麼人聞師云天下人聞進云莫是和尚為人處也無師云且得你承當進云作家宗師師云一任闍黎小度

復云欲識佛性義當觀時節因緣時節既至因緣自會大衆今日一會要知麼是大衆成佛時節淨緣際會大丞相荊國公及判府左丞施宅舍園林為佛刹禅門固請大善知識開演西来祖道所以教外別傳直指大衆即心見性成佛大衆信得及麼若自信得及即知自性本来作佛縱有未信亦當成佛但為迷来日久一乍聞説誠難取信以至古今天下善知識一切禅道一切語言亦是善知識自佛性中流出建立而流出者是末佛性是本近代佛法可傷多棄本逐末皆正挍邪但認古人一切言句為禅為道有甚乎涉直是達磨西来亦無禅可傳唯只要大衆自悟自成佛自建立一切禅道況神通變化衆生本自具足不假外求如今人多是外求蓋根本自無所悟一向客作數他人珍寶都是虚妄終不免生死流轉大衆今二相公特建此道場作大佛事出大衆生死流轉復大衆本来廣大寂滅妙心開發本来神通大光明正法眼藏但迷則長居凡下悟則即今聖賢大衆言多去道轉遠笑他明眼道人衆中莫有明眼道人麼今時佛法渾濫要分邪正使大衆不墮邪見作人天正眼有麼良久云我終不敢輕於汝等汝等皆當作佛下座

上堂淨法界身本無出沒大悲願力示現受生乃拈拄杖云釋迦老子又来也只為子孫不了大衆若喚作釋迦又是拄杖子若喚作拄杖子又是釋迦於此莫有人斷得麼若無報寧潑惡水去也良久云容顔甚奇妙光明照十方我昔曾供養今復還親覲遂擲下下座

因請主事上堂祖師門下燈燈相續心心相印一燈滅而一燈然一心隱而一心照故萬般之事須藉心明心若不明是事失準諸禅德要不失準麼僧堂裏大家著力

上堂日出心光曜天陰性地昏不知天地者剛道有乾坤直饒識得心大地無寸土廓徹十方自性境界觸事全真若透不過眼不開俱屬勝量已見愚故菩薩遊戲神通淨佛國土成就衆生心不喜樂所以若論此事實謂止止不須説我法妙難思諸增上慢者聞必不敬信乃喝云向下文長

上堂臘月二十八一年將合煞孟春又到来萬事從頭活遂拈

拄杖擲下召大衆云拄杖子巳活也見麼爲
他無佛法禪道知見所以不被四時八節聲
色所轉諸禪德莫也要活麼但是事一時放
下當人一大事全躰出現自然活⿱祀土苙丁磕著
⿰齒盧⿰齒盧齖齖如虎戴角阿呵呵下座　上堂
好諸禪德若能離諸相定入法王家法王法
道恢廓無涯威德自在勝伏群邪一心空寂
妙用河沙　上堂七分八分百億妙門黃
龍老傑累及兒孫然則知恩方解報恩莫有
解報恩底麼你是箇漢總聞報寧說汝只道
得七八分便好拽倒地上驀面唾搥然擲與
狗喫豈不快哉亦未爲分外阿呵呵空將未
歸意說向欲行人　上堂舉臨濟一日與
普化在施主家齋際云毛吞巨海芥納須彌
爲復是神通妙用法爾如然化便踏倒卓子
際云得即得太麁生化云者裏是什麼所在
說麁說細至明日又去一家齋際又問昨日
供養何似今日化又踏倒卓子際云得即得
太麁生化云瞎漢佛法說甚麁細師云古人
一等參禪悟得脫洒見處明白得用便用不
在擬議之間何也爲他無佛法知見爲礙而
今莫有無佛法爲礙者麼良久喝云設有又
打在無事甲裏　請首座上堂一番新一
番舊新舊相資要成就諸禪德且道成就箇

什麼爲成就佛事耶成就道場耶成就叢林
耶若與麼成就豈有教外別傳乃拈拄杖云
此爲復是教內教外是新是舊不得喚作拄
杖子便成就取好遂擲下下座　上堂好
大衆也無禪也無道也無玄也無妙快活當
明者一竅一竅不明愁煞人動即依他和承
合爲參十八　上堂法無定旨深淺隨機四通人
分上秪可自知莫有通人麼點則不到喝一
喝下座　上堂僧問學人一面琴不是凡
間木今朝捧上來請師揮一曲師云大衆側
耳進云得聞於未聞去也師云是何指法僧
挺起坐具師云哀哉哀哉汝命何太短進云
且喜無交涉師云不是知音進云不如歸去
米慈嶺有人憶師云何得忘却焦桐進云在
者裏師云放下著　復云適來一曲諸人
罔措再爲一彈快須聽取驀拈拄杖橫按良
久云一曲兩曲聞不聞悲風流水何方去卓
拄杖下座　上堂長安甚鬧我國晏然驀
拈拄杖云雲門大師来也劉乂雨不晴以拄
杖敲香卓云新羅在海東臨際小廝兒秪具
一隻眼普化賊漢佯狂詐顛酎耐豈干饒舌
指出文殊普賢　上堂心隨萬境轉轉處
貫能幽隨流認得性無喜亦無憂好諸禪德
心麼也得不恁麼也得恁麼不恁麼總得如

来說一合相即非一合相須菩提好與三十
棒下座　上堂僧問聲前薦得未是作家
喝下承當猶爲鈍漢學人上來請師相見師
云家富小兒嬌進云也是說道理師云與你
一文錢進云今日不著便師云養子之緣僧
便喝師云不要哭不要哭問昔日相國之家
今朝佛僧十八之舍未審是同是別師五云白鷺灘
頭月進云不曉師機願垂方便師云緊峭草
鞋僧擬議師云疊疊關山路　復云萬般
施設不如常又不驚人又久長好諸禪德古
人道處今人行處可謂似地擎山不知山之
孤峻如石含玉不知玉之無瑕良久云秖恐
不是玉是玉也大奇　上堂舉三聖問雪
峯透網金鱗以何爲食峯云待爾出得網来
即向你道三聖云一千五百人善知識話頭
也不識師云俊哉俊哉快活快活恰似一隻
鶻子莫驚著報寧即不然透網金鱗以何爲
食待你出得網来即向你道待他道一千五
百人善知識話頭也不識但拽拄杖打出三
門外復云也好快活恰似一隻虎莫動著諸
禪德且道報寧快活何似三聖快活莫有快
活底漢麼出来定當看良久喝一喝云把手
拽不住　上堂僧問爇香煙上騰集四衆
座下爲復是神通法爾爲復是總不與麼師

云一時被闍黎道了也進云有意氣時添意
氣不風流處也風流師云你作麼生會僧便
喝師云儱侗禪和僧又喝師擲下拂子云何
不更打一棒僧擬議師云棒上不成龍可真
淨界中絶一念閻浮早是八千年深許學人
称真淨之名也無師云許進云若然者永劫
飄流無時解脫師云百草頭上薦取老僧進
云恁麼則小出大遇去也師云且莫錯認好
僧禮拜師云果然　復云佛法二字也大
難明三世諸佛向你諸人脚跟下走過你擬
要見他早是眼睛落地驀拈拄杖擲下云你
且道三世諸佛與拄杖子相去幾何良久喝
一喝下座　上堂舉雪峯云南山有條鼈
鼻蛇你等諸人出入好看師云雪峯無大人
相然則蛇無頭不行長慶恰如箇新婦兒怕
阿家相似便道堂中今日大有人喪身失命
雲門撥拄杖攛向雪峯面前作怕勢師云為
蛇畫足玄沙云用南山作什麼師云道我見
十八　六
處親切不免只在窠窟裏更無一人有些子
天然氣槩報寧門下莫有天然氣槩底麼不
敢望你別懸慧日獨振玄風且向古人鶻臭
布衫上知些子氣息也難得　上堂舉起拄
杖云舉起也靈光洞耀迥脫根塵復斜亞云
放下也躰露真常不拘文字不舉不放復名

何物遂擲下云看良久喝一喝下座
上堂云東家杓柄長西家杓柄短拈起黑漆
盆却是白甆盌大唐天子笑不休火裏蝍蟟
三隻眼參
住歸宗開堂日拈香乃趺坐棲賢長老白槌
了便有僧出問草庵孤坐誰知出格家風拄
杖橫空未審是何宗旨師云雲開五老水湍
雙溪進云若然者劒爲不平離寶匣藥因救
病出金瓶師云一條界破青山色進云忽遇
五馬行春日萬家和氣生又且如何師云却
被闍黎道著進云海神知貴不知價留與人
問光照夜師云靈利衲僧問飛錫一聲天地
動炉煙起處遍乾坤爲國開堂於此日師將
何法報　皇恩師云耶舍塔前消息在進云
皇恩荅處蒙師指朝宰臨筵事若何師云已
有隨車雨何須動地雷進云若然者虎出渡
河皆此日珠還合浦賀今朝師云知恩有幾
人　復云諸佛心印祖祖傳授所謂教外
十八　七
別傳者蓋取其要妙也其要妙之道在人不
在教乘所以歸宗長老得之以明妙心印印
僧俗大衆彼我無差同成佛道還信得及麼
權郡大夫得之以妙明心印印一郡千里之
事則自然殊途同歸一毛頭一一明了一一
無差然後卷舒自在縱奪臨時皆吾心之常

分非假於他術提刑都官得之以妙明心印
印十方華蔵世界海秪在一毛頭於中或行
或坐或去或来遊山翫水選勝尋幽法喜禪
悅皆吾心之常分非假於他術衆官得之各
以妙明心印印之則王事民事一一明了一
一無差然後可行則行可止則止皆吾心之
常分非假於他術諸山禪師得之三世諸佛
一切法門各以妙明心印印之則法法明了
一一無差然後應機接物通變臨時或日面
月面佛手驢脚或竪拂拈槌或呵佛罵祖作
大佛事皆吾心之常分也遂拈拂子劃云劃
斷葛藤便擲下云是什麼良久喝一喝下座
師在筠州九峯辞衆晚參遂舉拂子云昔日
世尊拈花迦葉微笑今夜歸宗舉拂大衆寂
然爲復寂然者是微笑者是又是箇什麼只
如歸宗舉拂與世尊拈花是同是別若言同
法無同相若言別豈有兩般从參先德聞舉
便了後進初機却須子細良久云法法總歸
宗臨機要變通靈源明妙處平等主人翁問
遠離九峯丈室已届歸宗道場如何是不動
尊師云鷓鴣啼處百花香進云萎花風掃去
香水雨飄來師云今也如是古也如是進云
若然者將為少林消息斷如今蹤跡宛然存
師云如何是少林消息僧禮拜師云點即不

到師云佛法要妙但歸其宗苟歸宗也自然無可不可一切成現海印發光今與大衆同已歸宗住平等本際敢問何者是宗何者是要妙良久云秖為分明極翻令所得遲

上堂為新舊化主云舊者已還新者復作新舊相資放過一著遂拈拂子云不可作新舊會既不作新舊會又落在甚麽處若知落處受用無窮若不知落處亦受用無窮知落處受用無窮則可知不知落處因甚麽受用無窮明眼衲僧試斷看　上堂舉赤眼因見蛇便與斬斷傍僧曰久嚮歸宗元來只是箇麄行沙門眼曰你麄我麄師云大衆只如赤眼斬蛇向其僧道你麄我麄且古人見處作麽生遂舉拂子云今日歸宗舉拂子與當時歸宗斬蛇是同是別良久云人人有箇天真佛妙用縱横總不知今日分明齊指出斬蛇舉拂更由誰　上堂今日乃是第二箇四月不見古人道放過一著落在第二雖然第二未免秖是前來孟夏漸熱乃呵呵大笑云有利無利不離行市西川成都府漏籃子一文錢三箇五箇撒在諸人面前一一可以治病又且不知庐陵米作麽價　上堂師乃到法座前顧視大衆便歸方丈　上堂云南泉斬猫兒與歸宗斬蛇叢林中商量還有優劣也無優劣且止只如趙州滞靸鞋出去又作麽生若也於此明得德山呵佛罵祖有什麽過於此不明冊霞燒木佛院主眉鬚落所以禍福無門惟人自召喝一喝下座

上堂你有拄杖子我與你拄杖子你無拄杖子奪却你拄杖子大衆見錢買賣莫受人謾知麽有利無利不離行市阿呵呵却憶趙州勘婆子不風流處也風流喝一喝下座

上堂舉僧問雲門如何是雲門一曲門云臘月二十五忽有人問歸宗如何是歸宗一曲但向伊道五月二十五且道歸宗與雲門意作麽生今之與古相去幾何又云唱者如何門云且緩緩忽有人問歸宗唱者如何向他道莫錯莫錯且道歸宗是雲門非雲門是歸宗非乃喝一喝云是非總去却是非裏薦取

上堂擲下拂子云歸宗擲下拂子大衆一時覩見任是鶻眼龍睛也須遭伊緊絆喝一喝下座　上堂今朝七月二十秋風涼冷相及一切佛法現前自是常情不入遂舉拂子云拂子已入也為伊無佛法知見解會汝諸人見道無佛法知見便道大盡三十日小盡二十九作箇無事商量喝一喝云瞎屢生

上堂舉僧問悟本大師寒暑到来如何迴避本云何不向無寒暑處去僧云什麽處是無寒暑處本云寒時寒殺闍棃熱時熱殺闍棃師云大衆若也會得不妨神通遊戲一切臨時寒暑不相干若也不會且向寒暑裏經冬過夏喝一喝下座　上堂八月中秋涼風蕭索衲僧去來如雲似鶴山北山南有路通一條拄杖横擔却是即是覺不覺切忌隨他老盧脚喝一喝下座　上堂今日淵上座設道吾鑽飯點趙州茶拈出如来一大經卷為諸人徹困驀拈拄杖擲下云道吾飯趙州茶如来一大經卷此三種法門盡在拄杖頭上撒開也東西南北四維上下一任變通自在受用三十年後不得辜負淵上座若也不知數日兩寒秋風漸冷喝一喝下座

施主捨法衣上堂大衆諸佛法衣得之者出三界離五欲成大道度衆生遂舉衣云舉起也地獄停酸脩羅息戰放下也帝釋摇頭諸天罷樂不舉不放十方法界情與無情同成佛道未審捨法衣者成得箇甚麽良久云自從盧老收歸後須信人人總有之　長安化主歸上堂大衆一兩絲一疋絹一一盡從蚕口現口中吐出濟人間衲僧如何總不薦若也薦家家門裏含元殿喝一喝下座

開炉日上堂凡夫色礙二乘空碍菩薩色空無礙目前萬象森羅理事融通自在僧堂又

添爨火十方高人共會不必更分彼此同是一真法界喝一喝下座　上堂云今朝十月二十五須知有法離言句本明本妙不假脩一隊古佛參堂去　上堂冬後一陽生乾坤解通變衲僧莫守株彼此丈夫漢日用天真活人人自可見如何都不顧隨他物所轉喝一喝下座　啓聖節上堂舜日共佛日長明堯風與祖風並扇所謂一人有慶兆民賴之祝延　聖壽今正是時乃呼萬歲萬萬歲下座　上堂僧問乾坤之內宇宙之間中有一寶秘在形山山即不問如何是寶師云闍黎終日騎牛不識牛進云恁麼則從今日歸家去也師云如何是那一寶僧便喝師云前三三後三三又作麼生進云謝師指示師却喝云不識雲門關棙子等閑動著眼睉睉　復云那一寶非今非古非僧非俗非男非女十二時中光明烜赫還有人著得價麼若有人著得價三十年後不得辜負歸宗莫有人著價麼這一隊漢十二時中是箇甚麼喝一喝下座　上堂今朝十月半天上月初圓遂拈拂子云拂子豈不是圓又敲禪床云何曾偏來大衆只這偏圓道聲色闇浩浩眼耳但見聞莫問歸宗老　上堂衲僧門下無非過量境界自在禪定乃喝一喝云豈不是過量境界又聲咳一聲云豈不是自在禪定阿呵呵將此深心奉塵剎是則名為報佛恩　上堂好雪大衆米麪柴炭之屬一切成現寒則圍炉向爨火困來拋被蓋頭眠好大衆適從僧堂來却向僧堂去喝一喝下座　上堂大衆休得也無了期共來林下學無為袈裟同肩一佛子相逢能得幾多時喝一喝下座　化城大師來上堂三界無安猶如火宅出得火宅未到寶所且在化城今日相逢化城不見寶所何在元來只是舊時源上座大衆元來一時總是舊時人伏惟珍重　上堂大衆古人道盡大地是箇解脫法門柱作佛法會却何不見山是山見水是水歸宗則不然盡大地是箇解脫法門不作知見解會有時見山不喚作山有時見水不喚作水大衆彼此丈夫莫受人謾　上堂大衆歸宗不是無禪可談無法可說正值雪寒不宜久立乃喝一喝云歸堂[illegible]　上堂云今朝正月初五未免為君重舉斷新日月分明禪家且莫莽鹵還有不莽鹵底麼且道是甚麼喝一喝下座　上堂今朝正月初十晴暖春風襲襲觸目無礙法門大家一時證入喝一喝下座　上堂云大衆佛法兩字彼此不著便衆中莫有師子兒麼不敢望你哮吼一聲使大衆一時頂門上眼開且莫嚼他古人殘羹餿飯也難得歸宗今日謾你諸人去也驀拈拄杖擲下云南山鼈鼻蛇解弄者收取喝一喝下座　上堂二月仲春漸暄時來萬物爭妍莫待桃花悟道出門芳草芊芊喝一喝下座　上堂舉教中道不見一法是大過患乃喝一喝云有什麼過驀拈拄杖卓云有什麼患復橫按云德山捧臨濟喝舉世何人解提掇天高地迥萬象閑松是僧家好時節遂擲下云是什麼時節喝一喝下座　上堂世尊三昧迦葉不知迦葉三昧阿難不知因甚不知只為淺深有異三德六味施佛及僧法界有情普同供養首座三昧大衆不知曰甚不知對面不相識開單展鉢拈匙放筯大衆三昧各不相知因甚不知阿呵呵復拈拄杖橫按云我觀法王法法王法如是卓拄杖下座　上堂拈拄杖云涅槃心易曉差別智難明古人道你有拄杖子我與你拄杖子你無拄杖子我奪却你拄杖子歸宗則不然你有拄杖子我奪却拄杖子你無拄杖子我與你拄杖子大衆芭蕉與麼歸宗不與麼且道與麼是不與麼是擲下拄杖云是什麼良久云是即龍女頓成佛非即善星生陷墜　上堂山門今日供

叅羅漢爲十方檀越酬還心願亡者生天見存獲福召云大衆但秖隨例飡饆子莫問人間短與長復拈起拄杖云我生已盡梵行已立所作已辦不受後有三界不奈伊何堪受人天供養這一隊少叢林漢總好與二十拄杖喝一喝下座　上堂大衆彼我雖殊根塵有異十八然則性自平等無平等者平等十三尚無況有不平等者驀拈拄杖云情與無情共一躰處處皆同真法界遂擲下云撲落非他物且道是什麼物喝一喝下座　隆慶長老來上堂大衆教中道佛滅度後爲善知識者總是見佛來然則其爲善知識者亦不可容易覩善知識者亦不可輕慢隆慶禪師斯之謂也老僧與知事首座大衆同增歡慶乃喝一喝云虎溪宗派龍山子孫吉州隆慶大啓禪門古人所謂從門入者不是家珎驀拈起拄杖云爲是家珎爲是外物大衆却請隆慶禪師决斷擲下拄杖下座　因開福專使至上堂近有人從成都來乃得譚州信却說庐陵米價高驀拈起拄杖云風行草偃擲下云是什麼喝一喝下座　上堂日往月來大盡小盡光陰已去生死漸近大衆總是祖師門下客須知生死不相關且道歸宗與麼說話還有過也無良久云父母不聽不得出家　上堂舉昔日臺山路上有一婆子凡有僧問臺山路向什麼處去婆云驀直去僧纔行婆云好箇阿師又恁麼去師云遊臺山者憧憧往來莫知其數未有一人不被伊識破唯趙州一日謂衆曰臺山下婆子被老僧勘破了也大衆雖然不受伊謾若點檢來也好喫婆手中棒且道趙州過在什麼處若知趙州過方解不受人謾歸宗門下莫有不受人謾底麼喝一喝下座　上堂知來大師云一念不能了自心如何知正道又寒山菩薩云一念了自心開佛之知見大衆是什麼直下了取拈拄杖云阿誰不見阿誰不知知見分明又擊禪床云阿誰不聞阿誰不了了心平等若此觀者名爲正觀若他觀者名爲邪觀卓拄杖下座　上堂良久云舩子下楊州大地無寸土蚍咬蝦蟆聲更有衆生若驀拈拄杖擲下云今朝二十五喝一喝下座　上堂今朝六月旦萬物隨特變地肥茄子多雨足甜瓜十八賤紅桃大似拳緑李圓如十四弾誰識歸宗大道心拈来一一人難辨驀拈拄杖云你有拄杖子我與你拄杖子你無拄杖子我奪却你拄杖子又作麼生辨若辨得出不虛在歸宗過夏若辨不出禪床且替他喫棒乃擊禪床下座　上堂大道不假雕鐫人心何須造作但知一切臨時拈来無非妙藥驀拈拄杖云豈不是妙又擲下云拋来擲去有什麼過乃喝云纔有是非紛然失心　上堂古人有大智慧隨冝自在無可不可故僧問古德如何是古佛心荅云墻壁瓦礫是僧云墻壁瓦礫豈不是無情德云是僧云無情還解說法否德云常說熾然說無間歇其僧於言下大悟證無情說法師云古佛身心如飲醍醐渴心亦寂奇特甚奇特安樂則不妨安樂若是德山臨濟烜赫兒孫他亦不喫這般茶飯何也不是他所食之物且道德山臨濟兒孫所食何物良久乃嘘嘘佛法門中可謂刁刀莫辨魚魯難分下座　上堂今朝六月二十五莫問超佛及越祖但秖粥飯飽便休日月朝昏自回互驀拈拄杖云回互不回互佛殿走出三門僧堂趒過厨庫拄杖子穿却諸人鼻孔迴而更相涉乃擲下良久云不尓依位住喝一喝下座　上堂一葉落天下十八秋庐山山比到江州驀拈十五拄杖擲下云若知撲落非他物須信縱橫得自由　解夏日上堂四月十五結夏七月十五解夏世俗諦中有秋有夏有解有結佛法門中無是無非無得無失莫非妙用有時結也九十日内水泄不通聖凡路絶誰敢咳嗽若咳嗽

也須是你解咳嗽始得有時解也十方通徹
去来自在亦須知有路頭去處始得且道不
解不結又作麼生良久唱一唱下座
上堂欲識佛性義當觀時節因緣昨日撞鍾
送法眼入塔令朝擊鼓集禪衆陞堂千般時
節萬種因緣總不出這箇大衆且道這箇是
什麼乃唱云異生見解我執不同又爭怎得
老僧　上堂令朝八月中秋正是月圓當
户所謂盲者不見非日月之咎故經云是法
平等無有高下迷者自迷悟者自悟大衆當
知不得莽鹵　上堂一切衆生總一般妙
明日用更無偏等閑却被邪師指剛道西来
別有禪驀拈拄杖云且道是西来是妙明心
地復擲下云試斷看唱一唱下座　上堂
云令朝九月一夜来霜氣寒當知門外路一
一透長安唱一唱下座　上堂諸州丐士
經年去次第歸来復納䟽打鼓普請共證明
令朝九月二十五大衆證明則不無須知鉢
盂飯粒粒皆辛苦鉢裏飯滋味大衆總知歸
宗道令朝九月二十五又且如何良久乃呼
侍者參退請諸郡化主喫茶唱一唱下座
上堂令朝十月一天下暖炉開衲僧頂門眼
依舊蒙塵埃歲月既已往死生還到来床添
新藁薦一任雪成堆遂拈袈裟角云大衆人

人有分須是頂門眼開始得唱一唱下座
上堂古人所謂終日忙忙那事無妨師云不
妨箇要只如開單展鉢拈匙把筯揚眉瞬目
有什麼妨處行住坐卧動靜去来又有何異
驀拈拄杖敲香卓云妨箇什麼復擲下云不
可喚作忙也敢問大衆那事作麼生良久唱
十八　十七
一唱下座　上堂是日已過命亦隨減如
少水魚斯有何樂唯二乘禪定寂滅為樂是
為真樂學般若菩薩法喜禪悅為樂是為真
樂三世諸佛慈悲喜捨四無量心為樂是為
真樂石霜普會云休去歇去冷湫湫地去是
謂二乘寂滅之樂雲門云一切智通無障碍
拈起扇子云釋迦老子来也是謂法喜禪悅
之樂德山棒臨濟喝是三世諸佛慈悲喜捨
之樂除此三種樂不爲樂也且道歸宗一衆
在三種内三種外良久云令日莊主設饡飯
俵䞋錢参退僧堂内普請喫茶去唱一唱下
座　上堂萬法是心光諸緣唯性曉本無
迷悟人只要令日了好大衆脩山主見處與
大衆見處日用無差〻衆見處與歸宗長老
見處日用無差歸宗見處與雲峯山主日用
無差雲峯見處與洲首座日用無差乃唱云
莫分彼我彼我無差心光共曉日用堪諦驀
拈拄杖云阿誰不見阿誰不曉擊香卓云阿

誰不聞復擲下云是什麼唱一唱下座
上堂舉龐居士云十方同聚會箇箇學無為
此是選佛場心空及第歸大衆總是選佛之
人既到歸宗門下須是一箇箇心空及第歸
不可作長行粥飯僧彼此出家離世俗誰言
祖獨有南能　上堂令朝臘月初五有事
十八　七
為君直舉靈湯禪師到来救濟大開府庫恙
珎異寶不慳所好臨時揀取雖然一一歸宗
不妨却分賓主乃唱云且道是賓是主復唱
云賓主歷然久參到此也須莽鹵　上堂
獨樹不成林人人總知有梵剎一緣興大家
出雙手驀拈拄杖云家家門前火把子復擲
下云各自看取唱一唱下座　上堂令朝
臘月二十五雲門一曲爲重舉馿脚佛手總
現前明眼衲僧多莽鹵唱一唱下座
上堂滿目文殊普賢境界直下分明道無不
在驀拈拄杖擲下云拋来擲去有什麼過唱
一唱下座　上堂二月仲春漸暄時来萬
化可憐到處桃紅柳綠石頭也生暖煙驀拈
拄杖擲下云有意氣時添意氣不風流處也
風流唱一唱下座　上堂靈光洞耀迥脫
根塵躰露真常不拘文字此是百丈大智禪
師舉揚大衆作麼生良久云在家疑是客别
國却為親唱一唱下座　上堂南閻浮提衆

生以音聲為佛事所謂此方真教躰清淨在音聞是以三乘十二分教五千四十八卷一一從音聲演出乃至諸代祖師天下老和尚種種禪道莫不皆從音聲演出進前栢樹比斗藏身德山呵佛罵祖臨濟喝豈不從音聲演出何況世間所有一切事法不從音聲成就者然後音聲無盡演說無盡見聞無盡利縏無盡苟入此法門得旋陀羅三昧自在海良久喝云十方羅漢唱一唱下座　上堂今朝三月初五正是清明景序豈獨遊人往來更無蜂狂蝶舞須信自在神通彼此性真妙具萬物總非斷滅衲僧別求禪悟弃本逐末喝一喝云驢年下座　上堂今朝三月初十劄久雨不晴舩子下楊州東海鯉魚打一棒洞庭湖裏浪滔天須知大道本無偏唱一喝下座　上堂今朝三月十五又是月圓當户祖意教意同別但看鷄寒上樹驀拈拄杖云春[16]無三日晴夏無十日雨復[17]擲下云處處綠楊堪繫馬家家門底透長安喝一喝下座　上堂如来世尊云菩薩覺成就故不與法縛不求法脫不敬持戒不憎毀禁不重久習不輕初學何以故一切究竟覺彼此成佛故如是則僧也如是俗也如是凡也如是聖也如是賢也如是愚也如是驀拈拄杖云拄杖子亦如是擲下云如是如是

上堂舉西天昔有七女遊屍陀林見一死屍妹問姉曰屍在這裏人在什麼處姉曰妹妹妹應喏姉曰在什麼處於是空中散花女曰空中散花者誰應曰我是帝釋見聖者善說般若感我天宮特來散花聖者欲何所須我當供給女曰別無所須只要箇無根樹子帝釋曰我天宮無種不有若要無根樹子即無女曰帝釋帝釋應喏女曰這箇是什麼帝釋遂隱去大衆且道帝釋是會了隱去不會了隱去又道善說般若感我天宮又道無無根樹子大衆且作麼生明得不辜負聖女若也不會不得辜負帝釋歸宗亦有箇無位真人憨憨癡癡跛跛挈挈且恁麼過時喝一喝下座　王主簿到上堂僧問雲門大師欲一棒打煞釋迦老子和尚又欲糞掃堆裏署殺雲門未審和尚罪過還許學人檢點也無師云且莫[18]造次學云和尚坐斷廬山[19]為什麼不識某甲這話師云三十棒學云闍師云點學云劄師云念汝做街坊　後云憶在報寧日彼彼各年少而今住山来各各已衰老休話人間短與長相逢把手呵呵笑呵呵笑逍遙自合無為道驀拈拄杖敲香臺云不可不自在復擲下云不可不逍遙喝一喝下座

後云一切禪與道觸目無非妙貴賤但臨時不要生機巧驀拈拄杖云三世諸佛說不到諸代祖師傳不及遂擲下云是什麼喝一喝下座

師住寶峯開堂日接得左司手中疏乃示衆云左司傳授炟爀現前泐潭把呈分明薦取薦與不薦却付與表白表白擬接復収迴云不見道權柄在手縱奪臨時非但泐潭如是左司衆官神通變化各各具足却度與表白宣罷於是就座問話畢師乃云適来白槌云法筵龍象衆當觀第一義且道何名第一義如何所觀大衆當知欲得分明現前可以直截自觀若能自觀名為正觀若他觀者名為邪觀而今莫有能自觀者麼既能自觀即能他觀且道即今左司衆官僧俗大衆一一是箇什麼憶觀音妙智力能救世間苦可謂一一圓妙一一本靈一一神通變化總不欠少了無生死可相関若不能自觀者為迷真性還却受輪迴然洪州乃江西大都督府古今已来人傑地靈佛事興盛昔有馬祖以禪道化人亮座主乃教法救世亮一日来參馬祖祖曰見說座主大講得經論是否亮云不敢祖云將什麼講亮云將心講祖曰心如工伎兒意如和伎者又爭講得經亮乃抗聲云

心既講不得虛空莫講得麽祖曰却是虛空講得亮不肯便出去祖召云座主亮迴首豁然大悟師云而今開却是虛空講得多便向虛空裏釘橛殊不知馬大師神通光明觧黏去縛又龐居士問馬祖云不與萬法為侶者是什麽人祖曰待汝一口吸盡西江水即向汝道師云禪門多作奇特商量玄妙觧會又不見馬大師威光自在截長補短又大梅初參馬祖問如何是佛祖曰即心是佛師云如令往往向即心裏喪身失命須還他馬大師觀機設法應病與藥一切臨時無可不可其大梅蒙馬師開示豁悟本心一得永得更不他觀直入深山庵居岩穴後因有僧遊山見之問曰庵主住此山多少時梅曰只見四山青又黃僧又問出山路向甚麽處去梅曰隨流去祖聞之令一僧去問云和尚見馬師得箇什麽便住此山梅曰馬師向我道即心是佛我便向這裏住僧云馬師近日佛法又別梅云作麽生別僧曰又道非心非佛師云且道馬大師還有為人底意也無梅云這老漢惑乱人未有了日在任汝非心非佛我秖即心是佛師云知恩方解報恩僧迴舉似祖祖召大眾云梅子熟也龐居士遂去問梅曰久嚮梅子熟還許學人摘喫也無梅云你向什麽處下口士云百雜碎梅曰還我核子来師云且道此二人相見還有優劣也無梅臨遷化時聞鼯鼠聲乃曰即此物非他物汝等善護持之吾今逝矣師云大眾既非他物是什麽物後云近有無盡居士曰大都此物非他物豈有南宗與北宗如今衲子多是爭南宗北宗雲門臨濟却被箇俗漢子點破雲門臨濟兒孫不勝慚懼久立諸官伏惟珍重

入院上堂馬祖傳心石門泐潭乾師惣師前三後三老僧到来如何指南遂拈拄杖云你有拄杖子我與你拄杖子你無拄杖子我奪却你拄杖子良久云我雖與你同條生不與你同條死乃擲下拄杖喝一喝下座

因雙林下生長老来上堂云寶山不易到既到莫空迴莫有不空迴者麽遂擲下拄杖云是什麽良久云不見雙林釋迦老又聞弥勒下生来喝一喝下座

上堂今朝正月二十五孟春猶寒人共舉分明佛法不二門甜者自甜苦者苦喝一喝下座

開馬祖塔日上堂放過一著落在第二有利無利不離行市家家門外綠楊垂不獨春風折挑李馬祖堂開二月初二觸目遇緣法門大啓不如歸去来良久云向什麽處去馬祖堂中燒香罷僧堂裏喫茶

施主看藏經請上堂云毗盧藏中有大經卷含真空而體寂鏡妙色以圓明驀拈拄杖云三世諸佛一大藏教盡在裏許阿誰不見阿誰不聞聞見分明是箇什麽喝一喝下座

出外歸上堂歸来閑二月閑寂寶山中城隍耳目盡塵勞萬事空春水綠野花紅須信禪家道莫窮信手拈来一枝草臨機生煞任西東

上堂舉僧問馬祖如何是佛祖曰即心是佛師云馬大師也是看孔著楔然現前一衆雖不受馬駒所踏是不可忌古人大慈悲故誰教從来今日清明良久云與大衆同到塔上燒香

上堂今朝二月二十五野草閑花相共舉信手拈来一一玄癡人莫認塵前樹衆中莫有不受惡水潑者麽遂拈拄杖擲下云秖這拄杖子亦不辜負大衆喝一喝下座

上堂時光迅速那事如何雖然如是我不敢輕於汝等汝等皆當作佛故先覺云一切障碍即究竟覺驀拈拄杖云不是究竟覺遂擲下拄杖云拋来擲去有何障碍喝一喝下座

上堂今朝三月初十知事首座大衆尊候萬福良久云山前大小麥穗也未直歲照顧牛馬莫教踐踏秧苗典座厨中調和衆口監院庫下坐籌帷幄決勝千里諸寮舍各各照顧火燭勝上座設饡飯供養馬祖大寂禪師大

衆總飽老僧亦飽驀拈拄杖云拄杖子亦飽
山河大地亦飽遂卓云參退堂中喫茶
上堂擲下拄杖云撲落非他物且道是什麽
物縱横不是塵既不是塵是箇什麽山河及
大地全露法王身山河大地諸人揔見那箇
是法王身良久云只為分明極都緣日用親
上堂一夏九十日看看將欲畢為報求佛人
今朝七月一教中道佛身無為不墮諸數且
道如何是無為佛身於此薦得不逐四時之
所遷萬物之所變若也不薦人漸老又經秋
等閑白却少年頭喝一喝下座　上堂今
朝八月初五禪家安閑團土甜則甘草元甜
苦則黄蘗元苦若也得意忘言自然超今越
古　上堂古人道毫釐有差天地懸隔且
道毫釐不差又如何良久云僧堂裏喫茶
上堂今朝八月十五又是月圓當户月不照
人人不問月彼此不相干趙官家國土不如
婦去来田中晚稻近日好雨喝一喝下座
十八
廿三
化主迴上堂演上人今日作齋供養羅漢為
供養過去耶現在耶未来耶若供養過去已
過去未来未至見在無住三世既不有一心
何所依乃召云演上座正好供養過去亦如
是見在亦如是未来亦如是彼亦如是此亦
如是一切諸法亦如是復召云演上座正好
供養供養亦如是如是如是　上堂道德
經曰大巧若拙大辯若訥師云達人到此身
心一如身外無餘十方法界只在目前
上堂一年十二月倏忽又臨頭人漸老水長
流世有何人便肯休休休不如婦去来自有
無繩水牯牛喝一喝下座　上堂方上人
今日為施主供養羅漢且道羅漢来也無若
来在什麽處若不来又供養他作什麽乃顧
謂大衆云要識真羅漢麽元来總在這裏復
召云方上座還見麽正好供養来無所從去
無所至一一不生一一不滅性真妙明常住
世間清淨本然周徧法界若也如是萬兩黄
金亦消得若不如是滴水難消老僧隨例飡
餡子也得三文買草鞋　聖節上堂率土
之土皆属王土率土之民莫非王民今朝臘
月八日當釋迦如来成道之辰是
今上皇帝降誕之日所謂前聖後聖聖德共
明人王法王王道同久應千年之慶運綂萬
國之歡心伏惟皇帝陛下萬歲萬萬歲復召
衆云大殿上念佛祝延聖壽下座　上堂
舉佛在之日有一女人禮佛乃於座前入定
佛遂勅文殊出之文殊入百千金剛三昧出
女子定了不可得時有罔明亦入三昧唯彈
指三下女子從定便起師云且道文殊何故
出女子定不得只如今日擊動法鼓大衆齋
到座前與罔明出女子定為是同是别不見
古人道欲識佛性義當觀時節因緣大衆總
是祖師門下參玄上士試觀看若見得出家
事畢解脱安樂世俗塵勞不用閑觀喝一喝
下座　上堂數日出入或風或雨或陰或
晴或聚或散或鄉或村或縣或邑及至婦来
華木
三門依舊向南開復云大衆婦堂喫茶
上堂出家沙門清淨佛子莫於袈裟下失却
人身所以古人道了即業障本来空未了還
須償夙債且道袈裟下了箇什麽便業障本
来空未了箇什麽還須償夙債出家門中也
須子細不得莽鹵一等行脚離鄉别井出一
叢林入一叢林訪尋善知識決擇生死直須
子細假饒了得我更問你只如僧問雲門二
祖是了未了雲門云確衆中作麽生商量時
中如何受用大衆要會麽良久云昨日化主
婦山一年在外化導不易有利無利不離行
市喝一喝下座　上堂西瞿耶尼北鬱單
越家家門前長安道到處通徹驀拈拄杖云
拄杖頭上千莖萬别乃擲下拄杖喝一喝下
座

古尊宿語録卷第四十四

十八

古尊宿語録卷第四十五　十九
僧録司右闡教兼鍾山靈谷禪寺住持　淨戒　重校
真淨禪師語
上堂今朝欲入室侍者報言參提鍾并擊皷
分明為指南非但鍾鳴皷響飛禽走獸草木
叢林森羅萬象昨日仁上人設齋一一為諸
人徹困還有知恩報恩者麽老僧亦在其間
良久云欲知端的意盡在不言中下座
上堂今朝二月二十五金銀琉璃握成土禪
家如意自在心妙用縱横無不是彼此男兒
大丈夫勸君莫咬他人語　上堂三月本
不生二月何曾滅不滅與不生人心自分别
分别既不生一切皆寂滅山河大地不可不
寂滅如今一一現前不可不寂滅大衆還入
此境界麽即今又總在何處喝一喝下座
上堂今朝三月初五天地不晴久雨雲門劄
意分明衲僧如何伸吐驀拈拄杖云雲門大
師来也劄久雨不晴臨時變化不涉途程遂
擲下云切忌隨他拄杖子去下座　上堂
今日三月十朝衲僧知見雄豪步步直須有
主擬議打折驢腰　上堂先上座煑粟黄
粥供養禪衆喫了總飽齁齁地掛起鉢盂知
恩方解報恩三十年後不得辜負趙州老直
饒當下見得倜儻分明不隨古人言語所轉

各證無生法忍得大解脱須知三年一閏九
月重陽是何宗旨喝一喝下座　上堂今
朝九月初五佛法未嘗間阻開單心印發光
何况上来下去大衆了然生死不相干快樂
共住喝一喝下座　上堂今朝九月初十
衲僧門風壁立不是宗乘强為欲破禪家法
執遂拈拄杖云若唤作拄杖子瞎汝眼睛不
唤作拄杖子避色逃聲乃擲下云還我師子
兒来喝一喝下座　上堂今朝九月十五
月色十分顯露人心纔有是非便被浮雲點
污喝一喝下座　上堂今朝九月二十大
道本無拘執放開把住自由還要人人悟入
喝一喝下座　因施主上堂佛以一音演
説法衆生隨類各得解僧俗男女平等心一
一皆同證法界　上堂今朝十月初十滴
水滴凍禪衆上来長老説夢忽然夢重覺来
顯發人人佛之妙用乃垂一足云不是佛之
妙用又喝一喝云不是佛之妙用大衆上来
下去不是佛之妙用復召云大衆分明是夢
師一日到法座前乃提起數珠復顧視云大
衆數珠一百八便歸方丈　上堂蕗日夏
首衆僧結制之辰泐潭山比丘克文與清淨
大衆踞菩薩乘修寂滅行以大圓覺爲我伽
藍身心安居平等本際涅槃自性無繫屬故

今我敬請不依聲聞當與十方如来及大菩
薩三月安居爲脩菩薩無上妙覺大因緣故
離諸垢染清淨梵行若能如是所謂如蓮華
不著水心清淨超於彼　上堂清大師則
上人數年在浙中緣化石覓供具等比者迴
山不勝欣喜然於道人分上一切所作而無
作意既無作意則是無功用大解脱法門所
謂無為而無所不為信手拈来不勞心力種
種聖像種種經卷種種莊嚴種種供具種種
佛事驀拈拄杖云總在拄杖頭上東涌西沒
南涌北沒撒開也堂上庫下佛殿僧堂及諸
寮舍種種莊嚴種種清淨法喜禪悦遂擲下
云撲亦撲不破蕩亦蕩不散来無所從去無
所至無成無壞東海鯉魚打一棒雨似盆傾
若信不及華藏世界所有塵一一塵中現法
界寶光化佛如雲集此是如来刹自在却還
清公大師伏惟珍重　上堂今朝四月二
十五為報禪家莫莽鹵淥水青山在目前一
一分明佛淨土擬心早不淨了也不擬心又
作麽生歸堂喫茶　上堂倏忽又是五月
時節交參總别同異成壞重重一一融通皎
潔驀拈拄杖云一切時分總在拄杖頭上不
見有一塵一衆生不成佛者且道泐潭山一
衆有不成佛者也無乃擲下云是成是壞喝

一喝下座　上堂今朝五月復端午隨衆
生心解分布稜子雖然應所知要須一一知
来處且道從什麽處来驀拈拄杖云若知拄
杖子来處即知一切法来處所以道隨衆生
心應所知量循業發現只如大衆從甚麽處
發現一一分明在目前若知發現不妨奇特
若也不知何名出家遂擲下云只者末後一
著也大難會喝一喝下座　上堂今朝五
月半為衆決定斷普請共成佛不須惟老漢
下座　出外歸上堂古人所謂有物流動
人之常情情若不生則老僧出入動静無去
来之作自然人事周徧又何妨遊戲神通藏
法喜禪悦樂則與大衆同住如来寂滅海究
竟覺喝一喝下座　上堂今朝六月又初一
為報諸人莫自屈日用無非大智門摩訶般
若波羅密　上堂般若靈智技二親而歸
佛國沙門誠信設一飯以飽禪僧因緣既在
功德何窮驀拈拄杖云所謂靈源明皎潔枝
派闇流注乃擲下云參同不二心歸堂喫茶
去喝一喝下座　上堂今朝六月二十却
歎時光催急看看解夏到来拂拭拄杖與笠
無非妙用神通盡是心心證入不須向外馳
求拋却自家城邑　上堂今朝又是七月
一夏去秋来自相失各悟自已性無生人人

當下成佛說大衆莫道我不受若悉水潑如
今叢林多作此解　上堂舉古德問僧云
是什麽聲云蛇咬蝦蟆聲德云將謂衆生苦
更有苦衆生又有古德問僧曰是什麽聲曰
雨滴芭蕉聲德云莫謗如来正法輪師云有
一轉語可以安邦定國主聖臣賢有一轉語
十九　四
國清才子貴家富小兒嬌若是辨得出許你
於十字路頭不畜一粒米不種一莖菜接待
往来真善知識若辨不出炙脂帽子鶻臭布
衫且與麽東過西過喝一喝下座　上堂
但以禪門了却心頓入無生知見力驀拈拄
杖云不是無生塑著你鼻孔東海鯉魚打一
棒雨似盆傾不是知見誰不明了誰不具足
阿誰無分不是頓入關老子呵呵大笑云溈
潭山裏一衆若於者裏薦得去盡作雲門烜
爀兒孫若薦不得總屬閻羅老子所管遂擲
下拄杖下座　上堂昨日有人從袁州来
却得洪州信說道長安米價高福建路荔枝
熟前三三後三三溈潭山裏五日一參下座
上堂今朝又是九月一暑往寒来春復秋須
信人人一段事不同時節遂遷流既是人人
一段事為什麽有信者有不信者不見世尊
云一雨所潤三草二木　上堂舉古人云
如珠在盤不撥而自轉只如大衆開單展鉢

拈匙把筯一切時中所作所為又何假人撥
而後轉乃至雲門糊餅趙州栢樹德山棒臨
濟喝又何假人撥而後應自是你諸人不悟
後錯會又干他糊餅栢樹棒喝甚麽事豈不
見六祖大師云汝當一念自知非自己靈光
常顯現　上堂舉雲門大師云盡大地是
十九　五
個解脱門枉作佛法會却何不見山是山見
水是水師云大小雲門錯下名言好與三十
棒如今既不喚作山不喚作水又喚作什麽
若有明眼衲僧辨得出三十棒却還溈潭若
辨不出三十棒分付闍棃喝一喝下座
上堂舉祖師云正說知見時知見即是心當
心即知見知見即如今師云若道是教外別
傳又說道即如今況此一心知見為復是諸
人即今一心知見為復是諸佛知見若道是
諸人即今一心知見有底又不肯說心說性
若道是諸佛知見又有何差別試為溈潭定
當看若定當不出虛消信施　上堂今朝
十一月節倏又嚴寒倏忽光陰過死生君自
看是日已過命亦隨減如少水魚斯有何樂
須知人人赤肉團上有一物能隨萬事變不
逐四時凋且道是什麽喝一喝下座
上堂舉僧問雲門如何是學人自已門云遊
山翫水師云且道雲門荅這僧不荅這僧莫

誇雲門好若道不荅這僧什麼處是不荅處衆中多是師承學解承言者喪縱不在文字語言上又打在無事裏所謂滯句者迷若識得雲門大師即識得自己可謂不見一法即如来方得名為觀自在　上堂祖師西来教外別傳所謂如牛駕車車若不行打車即是打牛即是大衆人各有一頭水牯牛駕個車子即是毛色有異心相不同有赤者白者青者黄者黑者如今莫待下痛鞭各自拽個車子歸堂喫茶去下座　元旦日上堂問話畢師云一問一荅皆是當人各各神通光明清淨妙心一一從自己運將出來烜赫現前自是衆生迷情不覺不知攺且新元伏惟知事首座大衆尊候萬福良久云昨日今朝事不同人人依舊主人翁雖然平等添新歲夢覺元来總是空是空却不空二十空門元不著一性如来躰共同唱一唱下座

供養羅漢上堂三界唯心萬法唯識未有一法不從心之所生心若滅也一切法滅所以過去心不可得未来心不可得見在心不可得三際既不有一心何所生大衆但盡浮想盡證阿羅漢浮想不盡總屬流浪生死唱一唱下座　上堂古人云仁者見之謂之仁智者見之謂之智雲門云一切智通無障礙拈起扇子云釋迦老子来也又拈起扇子云踍跳上三十三天築著帝釋鼻孔東海鯉魚打一棒雨似盆傾好一切智智清淨無二無二分無別無斷故佛手開驢脚步東西生緣別處唱一唱下座　上堂今日供養羅漢夜来四方高人諷誦妙法蓮華經安樂行品一遍大衆作麼生是安樂行擬心早不安樂了也乃唱一唱云豈不是安樂行如何是透法身北斗裏藏身豈不是安樂行如何是祖師西来意進前栢樹子豈不是安樂行如何是超佛越祖之談糊餅豈不是安樂行以至僧俗大衆一一清淨光明住持豈不是安樂行乃至一佛二菩薩一一羅漢一一辟支佛無不清淨實相住持所謂安樂行也大衆唯有髻中寶珠不妄與之雖然不與亦人人具足十二時中光明烜赫阿誰欠少還會麼歸堂喫茶去唱一唱下座　上堂衲僧門下有賓有主有時賓也和其光同其塵四五百條花柳巷二三千處管絃樓有時主也奪賊馬煞乎賊披毛戴角入鄽来優鉢羅花火裏開大衆只如賓主未分時如何今朝三月十五　章江長老来上堂舉僧問雲門如何是諸佛出身處門云東山水上行泐潭即不然若有人問如何是諸佛出身處但向伊道遠離洪井深入寶山大衆且道是同是別忽有個衲僧出来云這裏是什麼所在說同說別也難得須是實到這田地始得若未到且不得草草　上堂舉僧問雲門如何是學人自己門云遊山翫水而今多作自己會承言者喪既不作自己會又作麼生會滯句者迷德山入門便棒其僧擬議山云不得作棒會既不作棒會又作麼生會臨濟一喝不作喝用既是一喝何故不作一喝用宗旨如何其宗旨者諸佛諸祖教外別傳不屬文字言句其文字言句是心外戲論之法既不屬戲論直須自悟若自悟也事同一家苟不然者彼我途轍喝一喝下座　上堂今朝四月二十五栽秧漸漸徧南畝半飢半飽淡飯羹泥裏雨裏可憐許惟有高僧總不知各自歸堂喫茶去　上堂衲僧門下有春有冬有秋有夏有陰有陽有晝有夜天地蓋載日月運行成就四時長養萬物善知識者觀機設教應病與藥成就衆生種種方便亦復如是然則無智人前莫說打你頭破額裂

上堂釋迦老子道一切衆生生死相續皆由不知常住真心性淨明躰用諸妄想此想不真故有輪轉大衆要得生死不相續妄想心滅但直下識取自己常住真心性淨明躰則

自然生死不相關共生慶快所謂一得永得若信不及不聽受則沉在業識無明海喝一喝下座　供養羅漢上堂大衆一切法即諸佛法一切心即諸佛心一切語即諸佛語一切道即羅漢道法也心也語也道也且道是一也是二也是同別也二由一有一亦莫守一心不生萬法無咎　上堂二月後三月一一應時節柳絲弄春風梨花白如雪門門法界門門法法離言說驀拈拄杖云欲知交參處杖頭諸佛剎乃擲下云不妨拋來擲去總在諸人眼睛裏　上堂今朝三月初五普天之下好雨非但百姓歌謳老僧不勝手舞何也豈不見乾闥婆王奏樂迦葉起舞直得須彌岌業海水騰波驀拈拄杖云大衆一波纔動衆波隨萬法皆從一法歸衲子大家同會取七顛八倒總光輝擲下拄杖下座上堂今朝又是三月半離念身心登彼岸泯其所以歸自然兩個五百作一貫喝一喝下座　上堂舉世尊問波斯匿王曰汝以何相觀佛王曰觀身實相觀佛亦然觀佛實相觀法亦然法界衆生界根根塵塵一切清淨大衆欲識如來大寂滅汝但盡攀緣喝一喝下座　閉馬祖塔上堂祖宗門下總有關棙子應機接物有開有閉苟開而不能閉爽家失計閉而不能開誰辨往來或開而能閉也不妨遊戲閉而能開也重重善財或不開不閉時又作麼生大衆僧堂裏隨例軟餅餡頭橫咬豎咬喝一喝下座上堂心生種種法生心滅種種法滅喚什麼作釋迦老子驀拈起拄杖云假名三十二八十也空聲一切人間總強名卓拄杖下座　上堂云天心得自在盛熱後清涼衲僧如鷹得跡重法中王喝一喝下座　上堂佛言捨家出家難學道見性難元來捨家出家難學道見性復難如今學道者如恒河沙見性者未有一二佛又言性成無上道永嘉云自性天真佛雲門云如今諸方多是說心說性教裏少哩師云雲門又不許說心說性佛言性成無上道且道佛說底是雲門說底是大衆差之毫釐失之千里　上堂知事首座大衆出入相拋歸來依舊南山對北山忙者自忙閑者閑忙彼此不相關依舊水雲間　上堂舉僧問雲門如何是佛法大意門云春來草自青又僧問首山如何是佛法大意山云楚王城畔汝水東流忽有人問泐潭如何是佛法大意向伊道久雨不晴此三轉語有一轉語可以作諸佛之法藥治一切衆生病有一轉語可以作諸祖之秘關菩薩直截之要道有一轉語可以作衲僧解脫大道場是禪者放身命處大衆若擇得出如久客歸家若擇不出若行人失路喝一喝下座　上堂諸佛如來說一切衆生身中有三大何者為三身大相大用大又古德云十方無壁落四面亦無門露躶躶赤灑灑沒可把既沒可把喚什麼作三大莫有人擇得出麼若擇得出不妨好手若擇不出衆生日用而不知喝一喝下座上堂大衆好雨點點不落別處且道落在什麼處莫是落在法堂前麼莫是落在田野中麼莫是落在山林間若是通達底人神通妙用無可不可有一般人更不求妙悟但作平常一路實頭見解又喚做不走作人此之見解未出常流若妙悟明眼底人他一一知來處一一知落處更不顢頇大衆且道落在什麼處久參先德一舉便了後進初機更宜子細　因雪上堂舉龐居士辭藥山因緣師云全禪客當斷不斷返遭其亂且道全禪客當時合下得什麼語免被龐公折挫如今莫有扶持佛事者麼出來開發大衆眼目亦表自己參學身心如無老僧為你說破今日臘月初十山門街坊丐者入寮打疊忽有人問諸丐者已在寮中時又作麼生良久乃喝云相逢不下馬各自有前程　上堂今朝又

是三月一大道何曾有得失拈花處處靈雲心却笑玄沙弄不出只這弄不出罕遇知音　上堂今朝七月秋初一時節借環夏又畢衲僧活計拄杖頭去兮住兮無固必去住自由且道祖意是同是別只如古人云雖寒上樹鴨寒下水意旨如何喝一喝下座　上堂雲門云久雨不晴劄大衆且道雲門一劄與德山棒臨濟喝是同是別若道別祖宗門下豈有兩般若道同爭奈德山臨濟雲門家風有異衲僧到這裏如何剖判若剖判得出可謂無邊剎境自他不隔於毫端十世古今始終不離於一劄今朝二月二十五各自歸堂喫茶去　上堂舉印宗法師問盧行者云仁者在黃梅有何言教旨趣傳授盧曰彼指授者唯論見性成佛不說禪定解脫無念無為宗云何故不說禪定解脫無念無為盧曰況是二法皆是佛法不二之法宗云如何是不二之法盧曰如仁者講涅槃經明見佛性是名十九佛法不二之法師云彼時小十一巧禪道早是中半了也如今叢林多是唯論禪定解脫無念無為且道六祖底是如今底是分即是不分即是若分去有違有順有是有非若不分又不辨邪正埋沒我宗乘譬如世間道路有直有迂有險有善其行路者可行即行可止即止大衆還識溈潭老僧麼良久云將此深心奉塵剎是則名為報佛恩喝一喝下座　師首座時在仰山結夏小參云莫有真師子兒試出來對衆哮吼看時有僧出禮拜師云不知是不是是即也大奇僧問鍾聲纔動大衆雲臻禁足已臨如何指示師云大家在這裏進云莫便是和尚為人處也無師云多是向言句中轉却進云一堂風冷淡千古意分明師云且莫亂道僧問承古有言衆生日用而不知未審不知個什麼師云道進云忽然知後如何師云十萬八千僧提起坐具云爭奈者個何師便喝僧云好一喝未有斷在師云喫棒且待別時　復云更有問話者麼良久云泊合放過乃喝復舉拂子云耶耶盡十方世界若凡若聖若僧若俗若草若木盡向拂子下成佛作祖無前無後一時解脫還有不解脫者麼設有命若懸絲又撫掌云知音者少所以此個事論實不論虛參須實參悟須實悟若纖毫不盡總落魔界豈不見古人道平地上死人無數過得荊棘林是好手如今人多是得個身心寂滅前後際斷一念萬年去休去歇去似古廟裏香炉去冷湫湫地去便為究竟殊不知却被此勝妙境界障蔽自己正知見不能現前神通光明不得發靈或有執個一切平常心是道以為極則天是天地是地山是山水是水僧是僧俗是俗大盡三十日小盡二十九此依草附木不知不覺一向迷將去忽然問他我手何似佛手便道是和尚手我脚何似驢脚便道是和尚脚人人盡有生緣處那個是上座生緣處便道某是某十九州人是何言歟且莫錯十二會好凡百施為須要平常一路子以為穩當定將去合將去更不敢別移一步怕墮坑落塹長時一似雙盲底人行路一條拄杖子寸步拋不得緊把著憑將去步步依倚一日若道眼豁開頓覺前非拋却杖子撒開兩手十方蕩蕩七縱八橫東西南北無可不可豈可一向倚他門戶傍他行脚有甚快活自己畢竟如何不見雲門大師道而今天下老和尚多是師承學解路布葛藤印板上打來模子裏脫出當人若是明去何不一切臨時又不見臨濟大師云我者裏是活祖師西來意把來便用立處皆真他不識古又如何今又如何者語得那語不得那裏是虛者裏是實你與我拈出絲毫許實底道理來看此蓋當人眼不開自無見處一向承虛接響百般忌諱自纏自縛直饒與麼說當下忽然見得倜儻分明去也是棺木裏瞠眼如今還有無師智自然智不

與萬法為侶者烜㶿底丈夫漢麤麤齗齗千變萬化見我恁麼胡言漢語便好近前驀口摑拽下椅子擲向三門外喝散大衆豈不快哉還有麼良久云若無且看老僧騎案山跳入你諸人眼睛裏七顛八倒呵佛罵祖去也喝一喝下座

師到崇勝衆請小參僧問未明心地印難過趙州關如何是趙州關師云過進云莫便是和尚為人處也無師云你作麼生會僧作一圓相師云且喜勿交涉進云也不得蹔良為賤師便喝復云更有問話者麼良久無人出師云不因一事不長一智說事亦不妨說理亦無礙為報學道人莫作理事會阿呵呵欲求長須入水是非中聲色裏放一倒扶一起是何宗囉囉哩驀拈拄杖畫一畫云適来許多葛藤向什麼處去也復舉拄杖云拄杖子變作觀音菩薩以甘露水灌入你諸人頂門裏還有眼開心悟神清氣爽底麼乃喝云莫妄想活落落須弥山把便摸擲下拄杖云耶耶三十三天不知不覺帝釋居善法堂為諸天說法勸喻云汝等諸仙盡是閻浮提歸依佛歸依法歸依僧不殺不盗不邪婬不妄語不飲酒不食肉布施持戒廣作善業来生此間受種種勝妙快樂汝等諸仙不得一向迷於妙樂須知無常念念不停念念遷謝速疾速疾便是到来相將墮隨汝等當求不来不去不生不滅究竟解脫清淨涅槃之樂師乃噓噓令日為衆竭力禍出私門笑破衲僧口然雖如是也不得草草乃撫膝下座

師到九峯山衆請小參僧問古人道前三三後三三前三三即不問如何是後三三師云的進云恁麼進前三步也師云闍進云大衆證明真善知識師云杜撰衲僧師云大衆此事若全提也便須荒却院散却衆拳倒須弥山踏翻四大海三世諸佛諸佛祖師天下老和尚十二分教填其溝塞其壑雖然如此盡法無民且向世諦流布建化門中即不可乃拈拂子云三世諸佛諸大祖師天下老和尚十二分教總在拂子頭上分開也懷州牛喫禾益州馬腹脹天下覓醫人灸猪左膊上以拂子左邊敲云太虛為鼓須弥作槌遂喝云鼕鼕閙市裏識取天子將錯就錯以拂子右邊敲云大地作床長天為幕蹶倒打睡百草頭上薦取祖師病鳥栖芦噫九年空面壁撫掌不回頭笑煞傍觀如今莫有傍觀底麼良久乃喝云洎合停囚長智又舉拂子云穿却你鼻孔却向脚跟下走出東西南北土曠人稀天上天下唯我獨尊阿喇喇遂擲下拂子云是什麼下座

師問僧了也未云未了師云你喫粥了也未云了師云又道未了復云門外甚麼声云雨声師云又道未了復云面前是甚麼云屏風師云又道未了復云還會麼云不會師云聽取一頌隨緣事事了日用何欠少一切但尋常自然不顛倒

師到大愚衆請小參師云二三月来天氣和暖萬物生長百鳥和鳴桃花紅李花白到處園林翠連野色誰家年少賞勝踏青唯有古寺老僧坐對遮栢遂以拂子敲禪床云敲枷打鎻出釘拔楔大有癡頑怕吞熱鉄餛飩上味候伊時節趙州石橋修途守轍百丈野狐為君一決狐疑淨盡眼光電掣南北東西有誰辨別還有辨別底麼試出来撫掌呵呵大笑打個筋斗供養大衆一者慶快平生二與天下人作標牓有麼有麼秖為情生智隔想変躰殊我者裏不免拆東籬補西壁去也以拂子畫云十方世界百雜碎何處更有山河大地耶看看四大海水在諸人面前滔滔地氣象萬端魚龍変化還見麼見則不無忽然有個巡海夜叉出来道禪和子如何是脫生死底句向他道什麼即得若不向他道被他一吉撩棒打煞饒魚鼈喫當此之際以何為身以何為心以何為人以何為我以何為佛以何為祖以何為禪以何為道

會麽良久云五更侵早起更有夜行人乃拂
子擊禪床下座
偈頌　僧請問三聖問雪峯云透網金鱗
以何為食峯云待你透出網来即向你道聖
云一千五百人善知識話頭也不識師以頌
示之　潦倒漁翁坐釣臺金鱗赫赫鼓波
来海門空闊絲施網霹靂一聲天地開
雪峯云老僧住持事大　放去收来得自
由不堪優處亦堪優可憐滯句承言者爭是
爭非空白頭　僧請問丹霞騎聖僧意旨
如何　千變萬化七顛八倒騎却聖僧踏倒
水潦釋迦起身比丘悟道若會此意寒来著
襖　僧請問雪峯鼈鼻蛇因緣　打鼓
弄琵琶相逢一會家雲門能合調長慶解随
邪古曲非音律南山鼈鼻蛇何人知妙訣的
子是玄沙　僧問南臺圓和尚大随龜話
圓以手翻覆示之其僧不肯乃質於師師以
頌釋之　少室之妙訣觀根而密付大随
曾泄機南臺亦失護翻手與覆手脫屣著龜
處明明言外傳信何有今古擲金鍾輥鉄鼓
水東流日西去　僧請問馬大師日面佛
月面佛　日面月面胡来漢現一點靈光
萬化千變　僧請益僧問雲門如何是正法
眼門云普　但無一切心自然合大道應用

在臨時莫分妙不妙　僧請問僧問雲門
如何是諸佛出身處門云東山水上行
日前有路誰解通方東山水上求者茫茫
諸佛出身處東山水上行目前一弾指徧現
煞分明日面月面過佛手驢脚呈皆承此個
力言外度迷情　僧曰衆中多以無事商
量師復成頌　十九　多將無事會無事十六困人心
有無俱勿念自可剖靈音落落雖殊應寥寥
不在尋宜哉萬化首都秖屬于今　僧請
問僧問首山如何是佛法的的大意山云楚
王城畔汝水東流　楚王城畔水東流樹
倒藤枯笑不休好是自從投子後更無人解
道油油　僧舉趙州進前栢樹子話或云
有此語或云無此語師以頌決之　進前
栢樹子趙州無此語若是本色人直下未相
許進前栢樹子趙州有此語為報同道流覩
面如何舉　僧舉雲門北斗裏藏身
東涌西没北斗藏身法王法令德非有隣
趙州勘破婆子　似狂不狂趙州老或凡
或聖人難曉是非長短任君裁老婆被伊勘
破了　婆子云好箇阿師又與麼去
臨岐有水復有火遇賤即貴全可可臺山一
路去無差幾個行人脫羈鎖　進前栢樹子
進前栢樹子我道不如松枯枝折落地打著

去年樓造化無私不思力一一青青歲寒色
長短大小在目前可笑時人會不得
頌黄龍和尚垂示佛手驢脚生縁　我手
何似佛手翻覆誰辨好醜若非師子之兒野
干謾為開口　我脚何似驢脚隱顯千差
萬錯欲開金剛眼睛看取目前善惡　十七
十九　人人盡有生縁處認著依前還失路長空雲
破日華開東西南北從君去　烏窠和尚
吹布毛　烏窠吹布毛紅日午方高趙王
因好劔滿國人帶刀　僧問雲門如何是
啐啄之機門云響　有問啐啄機雲門荅
云響昨日雷轟天夜来山水長　寶壽開
堂三聖推出僧　探騎飛来棒下寧瞎人
翻滿鎮州城太平本是將軍致不許將軍見
太平　石火光中電影分怒雷随震動乾
坤耳聾眼瞎人無数誰是知恩解報恩
僧問風穴如何是佛穴云丈林山下竹根邉
丈林山下竹根邉水在漂溪月在天良馬不
知何處去阿難依舊世尊前　靈雲見桃
花悟道　奇哉一見掩花後萬别千差更
不疑獨有玄沙言未徹子孫幾個是男兒
昔日靈雲見悟時香苞紅蕚一枝枝如今到
處還開也陌上相逢説向誰　僧問趙州狗
子還有佛性也無州云無僧云上至諸佛下

至蜨蟻皆有佛性狗子為什麽無州云有業
識在　言有業識在誰云意不深海枯終見
底人死不知心　僧問雲門如何是吹毛劍
門云骼　誰謂吹毛利雲門骼可知一朝權
在手看取令行時　僧問龍牙古人得個什
麼道理便休去歇去牙云如賊入空室
買帽相頭量才補職明眼衲僧面前不識
僧問長沙了即業障本來空未了還須償宿
債秖如二祖是了不了沙云空　臨機無巧
妙得意不勞功其如人不會聞空便謂空
僧問趙州一物不將來時如何州云放下著
移高就下總威權解脱門開信可憐不得空
王真妙訣動隨声色被勾牽　僧問雲門如
何是超佛越祖之談門云餬餅　超佛越祖
之談覿面相呈誰領不知箭過新羅動地閑
争餬餅　雲門閑梜子　雲門閑梜子消息
少人知有時一撥動大地眼矇矓　雲門
抽顧　雲門抽顧自有來由一點不到十八休休
休休　十九臨濟三度問黄檗佛法大意三度被
打　貲粮更不著些些岐路年深恐轉賒直
下痛施三頓棒夜来依舊宿芦花　臨濟到
大愚處悟　便言黄檗無多法大丈夫兒豈
目乖脇下兩拳明有信不從黄檗付將来
僧問首山如何是佛法大意山云新婦騎驢
阿家牽　張顛不似首山顛不動毫芒百怪
全猶得黄龍再拈出四方明眼若為傳
新婦騎驢阿家牽低頭拈得一文錢十字街
頭拍手笑東村王老屋頭穿　雲門云火裏
蝍蟟吞大虫　秦時轆轢鑽頭通大施門開
妙莫窮火裏蝍蟟依舊活拈来誰解恣英雄
火裏蝍蟟吞大虫去年不似今年窮直得黄
茅瘴氣發雪壓桃花處處紅　臨濟鋤茶園
次見黄檗来遂拄鋤頭而立檗云若漢困那
際云鋤也未鋤困個什麽檗以拄杖便打際
接住一送檗便倒叫云維那相救維那近前
扶云争容得這風顛漢與麽無禮檗以拄杖
却打維那際乃連鋤地數下云諸方火葬這
裏一時活埋　奪旗擎鼓著精神父子雖親
法不親為報四方禪者道等閑莫作守株人
百丈再參馬祖　客情步步隨人轉有大威
光不能現突然一喝雙耳聾那吒眼開黄檗
面　興化打克賓維那　大夫當断不斷二十
興化為人徹底漢已後從教眼自開棒了罰
錢趂出院　雲門臘月二十五　臘月二十
五一曲超今古鎮州大蘿蔔生長在深土
僧問雲門不起一念還有過也無門云須弥
山　不起一念海裏須弥把来便用休别針
錐　百丈野狐　不落藏鋒不昧分要伊從
此脱狐身相逢盡道休官去林下何曾見一
人

古尊宿語卷第四十五

十九

古尊宿語録卷第四十六

僧録司右闡教兼鍾山靈谷禪寺住持　淨戒　重校

眞淨禪師語之餘

偈頌

寄百丈玿首座　百丈雄峯倚碧虛其間今古道非孤不知一句墮狐事借問當時有也無　有無聞說笑咍咍不是知音不問來莫把祖機容易泄待伊狐眼自醒開

潛能展事客搜機落華之談信有之言下罕逢師子子成群作隊野狐兒　和酬運使蔣公頌古八絕句　仰山　潙仰法幢摧已久從頭提起又重新誰知斷臂傳來事光顯須憑大智人　父子有時揚家意神通變化不相知喚田業識忙忙者笑倒潙山老古錐

踈山　呵呵大笑意難論樹倒藤枯問有因緞向明拈言下悟眼開只是舊時人　因茲自抱無絃琴歸隱踈山烟翠深有箇荊溪蔣居士曾聞得得訪知音　末山　末山不露凌雲頂今古峭嶢在目前又道本無男女相非君莫辨火中蓮　非色非心非行業成男成女鮮隨緣而今僧俗并群有一一昭然總不偏　洞山　掩耳重開眼界寬廓然無法不同觀山林瓦石縱橫說若到常情取信難按部不妨閑訪道新豐一宿話皮膚水聲山色紅塵外軒蓋重來得也無　寄雲居長老

五頌　絕頂雲居北斗齊雲門知見便高提莫將透脫常情解須是當機離水泥　絕頂雲居北斗齊藏身北斗最難提叢林總作平常解無限高僧沒在泥　絕頂雲居北斗齊出群消息要人提其中未善宗乘者奇特商量滿眼泥　絕頂雲居北斗齊參差光裏鬧中提擎頭戴角誇能解一一重教上細泥　絕頂雲居北斗齊橫三竪四目前提空中鶴眼殊無礙還笑獰虵不離泥

雪朝上堂舉龐居士辭藥山因緣復頌其意示諸禪者　龐翁境界滴水滴凍藥山闍黎兩月定動機不發時一場困夢本自天眞阿誰解用　師室中問僧云了也未僧云未了師云你喫粥了也未僧云了師云又道未了復云門外什麼聲僧云雨聲師云又道未了復云面前是什麼僧云屏風師云又道未了復云還會麼僧云不會乃云聽取一頌隨緣事事了日用何欠少一切但尋常自然不顛倒　見僧來以火筯敲火爐僧云不會師乃頌曰　火筯敲火爐日用更無餘開單并展鉢何處有親踈　僧又問達磨西來單傳心印又如何復乃成頌　火筯敲火爐直指更無餘開單并展鉢一一晃心珠　師室中問僧如何是無文字一句僧無語僧却問如何是無文字一句師云盧陵米作麼價又云面前是屏風　一一超然一一玄莫將情計自留連從來大道無文字不要安排喚作禪　僧云洞山禪難參師乃有頌　洞山禪也不為難與君時復且開閑擲標進開天地眼一重山後一重山

示衆二頌　了無一法秖在臨時把來便用更莫遲疑　於法應自由更莫向餘求殺活𠜂在手到處得風流　法界三觀六頌　色空無礙如意自在萬像森羅影現中外出沒去來此土他界心印廓然融通廣大其理事無礙如意自在倒把須彌卓向纖芥清淨法身圓滿土塊一點鏡燈十方海會事事無礙如意自在不動道場十方世界東涌西沒千差萬怪火裏蝍蟟吞却蟒蛇其三事事無礙如意自在手把豬頭口誦淨戒趁出婬坊未還酒債十字街頭解開布袋其四事事無礙如意自在拈起一毛重重法界一念遍入無邊刹海只在目前或顯或晦其五事事不知空色誰會理事既休鐵船下海石火電光咄哉不快橫按鏌鎁魔軍膽碎其六讀金剛經是法平等無有高下佛意非傳大士頌指南則異說者多矣故水陸同眞際飛行體一如則佛佛道同信斯也因成一頌用

示諸禪者　平等群生類。迷為七趣因。悠悠終莫覺。擾擾但隨塵。賴我從凡質。何緣獲法身。神通雖未具。作佛亦天真。

短歌寄端上人　鷲峰深黄蘗苦一来知味便囬去去去不囬顧大地何曾有寸土廓然胷臆寰宇寛東涌西沒胡為難早言云往道遥山又聞已在袁城閒因思孤坐雪寒夜松風瑟瑟添蕭洒端師端師聽我言玉鑰在手須牢把

寄人　一二三四五清平打鼓道吾舞脚踏金船海月高無根樹下蹲龍虎優鉢羅花火裏開軒轅寶鑑埋糞土為報穎川善女人信受摩耶千佛母

送和禪者南雄作丐　見不見逢不逢千里萬里圓光中左顧右眄華藏海輕提重按開盲聾此箇妙窮不窮是處園林落花紅乾坤造化有時節莫比仁者無間風忽釋迦慢彌勒彼既丈夫我亦爾都来祇在一毛頭也解分身千百億臨機一一不思量好笑時人識不識

送清禪者石城丐　菩提數珠一百八梛摽拄杖六七尺象王蹴踏潤無邊達磨唯留履一隻至今天下重黄金笑殺寒山與拾得觀音慈布袋憨維摩問疾文殊堪千奇萬怪狀無盡皎然此理誰相諳石城人物多賢善仁者一到皆和南有人問着新豐老切忌尋

言落二三

送生禪者袁州丐　箭穿紅日影山鬼把住麒麟兒賓八破布衫海神捧出珊瑚枝臨際三關透不透雲門一字知不知閑思昔日同參者笑倒新豐老古錐小釋迦大禪佛集雲峯下有寃家相逢須辨是與非莫順人情剛奠函鼈鼻虵遼天鶻偏問知音是底物奇哉高步下曾巒好向前途恣輕忽

送從禪者廬陵丐　鼓山頭上雲成蓋石霜水清如鏡新豐洞裏伸脚眠眼開起来天地迥拍手呵呵笑不休堂上老胡俗姓鄭廬陵米價高復低兎角拄杖須親携欲度門門一切境當知密室爛如泥

送長上人袁州丐　集雲峰下四藤條誰復得道遥枕駖峯頂萬年松天下名標新豐五位拄杖頭挑横三竪四東西南北偏中来正中去遇賤即貴逢低且高撞着三家村裏老婆掣断裙腰十字街頭醉翁子扶起来與伊蘗條忒是或非胡抄乱抄休話祖師密意莫問世俗塵勞道人活計擧措堪褒咄将此深心奉塵刹諸子不同袍海裏須弥日月高

送雅禪者石城丐　雖不鷂無功之食水皮船高物歸乎有道之心泥多佛大德山呵佛罵祖曾遭巖頭僧堂前領過瑩山路上老婆有箇趙州不出門勘破獨有雲門古錐有口不妨道火火本無火承言者紛紛自我不然也非言道不通非事理不果理事通達人利生無不可既然也有却鮮臨時建立又不害逐旋包裹但可以直用好心殊不知返遭惡禍末法衆生知恩者能有幾箇雅禪者為你老婆葛藤會麽

寄南康魏處士　寄茶南康有箇魏處士生来心淨開蓮華蓮華妙心空無物能為佛事如塵沙衆生佛種不自發莫不覩相生道芽觀音勢至自可仰文殊普賢人共誇豈唯慈善佛菩薩不獨忿怒惡耶吒有時人頭及鬼面有時虎豹諸龍虵一一臨時能變化一一所應曾無差當知皆承此箇力不知處士自知耶此也從来最靈物當頭一着輸丹霞誰言僧俗有南北我道聖凡同一家音通不問識不識逢人便寄趙州茶助我日用作佛事啜者惟嫌苦澁加苦也澁也益何畫泥也水也與緜灑人間萬事即佛事正者自正邪者邪因思昔日洞山老問佛解道三斤麻

寄吉州清平跨牛庵　庵内不知庵外事跨牛誰識樂生緣忒對驢脚步荒草又把佛手開人前頭頭應現頭頭别元與跨者曾不偏肥苗嫩稼觸途秀飽亦不飡牛可怜青煙萬户大和邑白雪一曲清平禪客来欲辨牛毛色唯見長老庵中眠世

人有牛自可識毛色分明頭角全跨行一一來他力莫問清平別有玄　送淨禪者丐南康　逢人便出有理但伸一錐一劄要見通人三頭兩面任起情塵道不露諍法何有因心既無住道乃通津南康教化平等爲人富亦不富貧元不貧男之與女佛也天真賢之與愚性也法身孰爲彼我誰爲疎親一一明妙一一精神臨事活發應機妙陳不自覺悟逐樂因循從頭指出無使漂淪海淨禪者莫憚苦辛　送言隆二禪者之南華禮六祖真　曾聞菩提本無樹又云一花開五葉是非有眼分不分可使吾道生曄曄曹溪分派共入海寶林人間聲相接其中塔廟居真身同往瞻禮不可輒又聞彼既丈夫我亦爾不應自當生退怯又不見古人已靈尚不重況求諸祖解脫乎大丈夫大丈夫靈光烜赫阿誰無當機大用脫知解舉措何曾法道途本非文字不屬教亦非禪道莫昧渠明明一一離諸相剛把迷頭頌麵糊二禪者是不是若是不妨南去見老盧　送十一禪者往諸方緣化　身是光明寶幢心是神通法藏多虛不如少實千語終歸一當欲知教外別傳便是西來傍樣神通利物昭昭光明到處晃晃不屬諸方語言豈關森羅萬象大機大用天真或是或非過量一得永絕攀緣無法更堪比況唯此一事真實其餘總是虛妄可使法界有情同悟此心無上十一禪者化什雄雄法王大將　後又添一人之禺載緣化　元是十一人添子成十二有利及無利終不離行市木塔老婆禪河陽新婦子魯化解風顛我今效直指　上高李居士求頌　李翁李翁惠性自通知身幻妄處世皆空尊卑貴賤暫且相逢共若朝露總如春紅倏忽變滅誰是我儂唯心即佛靈妙難窮長生不死人性皆同明明日用不自信崇悟無彼此迷有西東李翁李翁宿植善功一家蒙庇吉慶常隆兒孫樂善齋心融融正信清淨諸佛法中或讚或毀如盲如聾一切魔惱自然銷鎔道心堅固有始有終　送照禪者　䶥䶥齖齖人謂我惡是是非非我謂人莫不莫不作不惡不樂法喜禪悅去黏解縛黃龍家風佛手驢脚後代兒孫須自開拓大啓三關末後一著雖涉語言不在稽粘皎潔靈源此彼何若神通光明圓滿大覺切忌思量應病與藥　方禪人求師親書偈送　字要親手書偈不憑人作彼此有如意應病即與藥鬧裏何妨佛手開擬議之前出驢脚任是碧眼胡兒也須路頭迷却不是特地要辨清濁活衮衮明落落本自天然何須自縛還鄉曲調和者稀千木逢場但戲樂　送諸郡丐者　諸郡丐者道無此彼直截根源更何擬議性本一源用無有二但盡凡情別無勝義觸目遇緣無非佛事有利無利不離行市千木隨身逢場作戲或逆或順或非或是一主一賓一坐一起照用臨時縱奪有以臨際兒孫衲僧巴鼻教化衆生成就根器家家觀音門門勢至兒女大小神通活計通人不疑法王已矣　送德禪者丐平江　平江一派東流穿過千門萬户佛法大意分明自是時人不顧直到大海方休浩浩無今無古滔滔自有靈源亦似參禪大悟若也心地洞然正法眼藏發露何妨運出家珍所在觀機救度明年是日歸來不亦却依位住　南臺和福嚴長老結夏　今夏南嶽南臺晚飯不通水泄杉松空引寒風田地莓苔不繫又道禁足九旬人人口中一舌去夏蠟人消盡今後渾鑄成鐵殊不知有佛有法豈更解移凹就凸秖待置箇葛衫准備來年夏熱　送葉道人　一葉落天下秋夕陽西去水東流黃河澄清聖人出二千年事何悠悠稀復稀少復少使我虛生幾迴老如今共憙居太平何妨學佛閑訪道

歸去来歸去来老盧得不在黄梅普光心印
神通藏日用分明眼自開　送琪道者作
丐　衲僧門下縱奪臨時雷虵在手猛虎
當騎有鬚便捋無尾須退放去防渴把住知
飢賓主易見隱顯難思禪家大道法眼慈悲
送閑上人之黄龍覲老師　閑閑一片梓
雲別海山卷舒出没自有信豈同薄霧縈漁
瀠閑閑閑情意態西南還黄龍父約待為雨
我今日送胡高攀　和黄檗老和尚送李
居士　踏斷秤槌兩截分明為君直說黄
檗苦口多嬿三冬何處無雪難難翻憶龐公
與兒女不婚不娉共頭活　送吉州曾居
士昆季　来從山下来去從山下去行也
曉便行住也晚便住在路同弟兄到家會兒
女莫嬿言語太尋常最是為君省要處省要
處三四五須彌跨跳迦葉舞　寄福嚴謹
上人時在南臺　白雲籠高峰明月照淺
水誰云與日同方曰為知已北嶺壞邊人南
臺石上子救得老盧頭失却少林齒
送一禪者袁州丐　佛子之心絲毫不掛
無底籃子驪珠滿瀉袁州城裏任人著價巽
日歸来倒騎鐵馬　送儼禪者吉州丐
佛子之心大喜大捨喚龜作鼈指鹿為馬偃
溪水聲廬陵米價一一法門死虵活把

送慶禪者崇陽丐　佛子之心無非利樂
衆生界中應病與藥或呈佛手或出驢脚我
宗赫然莫錯莫錯　送泰禪者乞米
佛子之心能施惠澤山前穀熟人問米白十
升一斗大翁二伯但盡凡情錢不露面
送際修造　佛子之心逢場作戲遇緣即
興常可如意佛殿三門觀音勢至彈指乃成
九峯山寺　過義井莊猛才上人求頌
古佛家風在尋常已自知不勞心力處忽迸
電光時既作韶陽客當爲師子兒目前凡與
聖一一莫存伊　又滿莊主求頌
智者能孤立開花自有春不爲萬法侶肯作
半途人快臆乾坤大威光日月新尋常拋擲
裏誰識是天真　寄饒守鄒幾聖
此身穢惡聚無佗又不得智者知是幻飲食
聊滋益中有淨法身精明妙誰識君與我無
差一得即永得　寄葉推官　此心難
是便忘機況屬衣冠富貴時終日素飧甘自
得浮生虛幻許誰知能將悟意唯書偈不把
吟情更作詩一種家居超俗類西天摩詰亦
如斯　近想道彌著前來所得深虛通真
法性皎潔淨名心王事何妨及塵勞已不侵
妙靈居日用誰古復誰今　和宜春張簿
見寄　萬類紛然居有爲一一天真本無

住豈是明公獨妙明我亦從中獲靈悟情與
無情及聖凡解脱門開同一路王也臣也自
可知此是如来親付囑　卿上人禮師乞
頌　有僧近從廬山來輙然問我求禪偈
我既臨時解變通神頭鬼面超言義而況佛
法無定機宗門自有通人至子應久歷叢林
師潦倒所說是也不是　張道人寂菴
離念性虛明居此常寂照萬象圓光中清淨
同一妙開池養白蓮門當市井道我無人事
心人事不相到　寄塘浦張道人
世俗塵勞今已徹。如淨琉璃含寶月。鍊磨不
易到如今。寶月身心莫教別。死生倏忽便到
來。幻化身心若春雪。唯有道人明月心。日用
廓然長皎潔。　靖安令程節推一日遊山
以諸堂寮舊名猥冗各隨事易之揭爲熏修
精進廓然證宗性空實際不二了義法忍妙
用和集雲鶴老拙乃一一頌之又作通人偈
共十三首寄呈　熏修　圓滿菩提道。
熏修乃得成。理雖頓悟勝。事要漸除。輕鏡藉
重磨瑩。金須再煉精。勸令先自利。然後利群
生。　精進　六種波羅岸先乘般若舟。
自然無所住。何更有蹤由。勇猛能成佛。疎慵
不到頭。蒙君共著力。禪者總精修。　廓然。
每来常黙坐。却洞廓然襟。廣大乾坤量包含

日月心。龐公雖去世。程老復知音。別聽爲家兩當期外護深。　證宗　達佛心宗也。寸無差乎時。相應存解行。瞻敬見師資。琢玉當成器。甕塼莫問伊。西来諸祖令。一一總如斯。　性空　佛及衆生性。圓明躰本同見聞皆共有。取捨總非空。在事能潛隱。當機解變通。談禪并治俗。一一見全功。　實際　妙湛總持際。光明覺性身。在家疑是客。別國却爲親。漸誘終難信。高提復倍嗔。如今法末世。教我若爲人。　不二　平等觀諸子。家門不二開。客程無是處。浪迹總歸来。法寶名如意。禪朋號善財。共遊華藏界。寰宇一塵該。　了義　迷頭曾認影。了悟總成非。唯有道心在。更無禪病依。靜中聞水過。閙裏見蜂飛。一一天真事。何人共所歸。　法忍　對境心常寂。靈源本不生。事隨高下應。機逐淺深評。剖判彰神用。觀瞻洞覺明。無非法忍力。更莫外求聲。　妙用　神通并妙用。迎送及攀陪。更不假人教。自然隨事来。幻身同草木。淨性出塵埃。多謝程居士。迷頭總喚廻。　和集　法門元不二。所到便爲家。圓頂栴檀樹。方袍薝蔔花。六和儀有伴。四攝道無涯。豈獨携禪者。俱登大寶車。　雲鶴　旦過晚應宿。山堂任去留。孤雲能自在。隻鶴更優游。樗櫟閑青眼。袈裟伴白頭。未明西祖意。萍迹謾悠悠。　寄通人　通人何揀擇。一一道無偏。擬欲分優劣。還應落蓋纏。心心同作佛。法法共談禪。但盡常情也。東流水滿川。　禪定軒十偈　攝心名淨戒。禪定號波羅。到岸仍留筏。行慈復度他。悟懷生極樂。見性識彌陀。即此明軒下。菩提薩摩訶。其一。　雖然迷悟別。平等一禪心。莫向雲門覓。休從林際尋。瑕銷成白玉。鑛盡得黃金。無比不思議。靈源最甚深。　其二。　本来同作佛。妄想共留連。此日不爲道。何時能去纏。便宜歸寶所。休更認空拳。一一天真性。花開火裏蓮。　其三。　西来元不二。天下所傳差。佛法無多子。門庭有幾家。主賓分兔馬。棒喝辨龍蛇。學者宜詳審。如今正可嗟。　其四。　諸祖傳心印。何曾別有禪。宗乘迷有異。佛法悟無偏。寶覺人人大。靈機事事圓。莫求奇特說。荒却自家田。　其五。　小乘不見性。心外別有禪。妄現涅槃樂。迷遭煩惱纏。豈知潭底月。元在屋頭天。更把古人語。將爲奇特傳。　其六。　神通遊戲力。一一本無生。菩薩能親證。如来更妙明。聲聞聞未信。緣覺覺猶驚。唯有大乘器。靈源發便清。　其七。　佛性天真事。誰言別有師。男兒彈指處。女子出禪時。不費纖毫力。何曾動所思。衆生總平等。日用自多疑。　其八。　學道先須明有悟。法王法印印無偏。枯来事事皆過量。把出心心總離緣。由是衆生顛倒解。不觀諸祖上来傳。蓮花世界同遊戲。主伴交參影像前。　其九　龍象朝昏禪悅處。幽深難勝此軒窓。心爲遊戲神通藏。身是光明智照幢。徇物高低雖有二。歸源本末且無雙。但能知見同真正。外道天魔稽首降。　其十　大義寮　大義無文字。誰云達磨傳。此心元淨妙。是法本明圓。有擧人人佛。無生念念禪。開單兼展鉢。一一火中蓮。　其一　大義即爲寮。包容起一朝。聖凡同寂滅。主伴共逍遙。少語工夫大。多聞慧解饒。禪餘遊覺苑。朋友好相邀。　其二　照軒　本性本明徹。如何却妄緣。常光常寂照。淨智淨空圓。擧衆皆平等。臨機總見前。唯除不信者。教外豈虛傳。　其一。　西来教外傳。開悟却憑言。心是神通藏。身爲智照軒。法空平等座。善巧總持門。大義靈無盡。禪家各有源。　其二。　法會寮蘭軒。晚應清涼候。花苞吐國香。謝庭家世短。孔子教風長。有德更誰並。無人亦自芳。蘭軒禪者衆。佛性敵冰霜。　其一。　無人亦自秀。况植梵王家。僧衆共白業。禪庭開素花。對談爲法會。長養塑溪沙。正

似修行者。常將戒定加。淇。春秋皆有蘭復作偈以示之　鵲白兼烏黑。心為造化元。二儀雖有象。一氣本無言。萬物遂其性。四時歸所存。秋花與春艷。香每滿蘭軒。　寄荊南高司戶五偈。　若把心無却。教誰辨主賓。不知妄想性。便是聰明人。秖要自覺了。頓忘能所親。但觀佛與祖。一一洞天真。　其一。　知見無上力。禪門已了心。不從達磨得。豈向釋迦尋。莫被無言溺。須妨有語沉。現成常現在。唯悟始知深。　其二。　小乘修小法。妄現寂寞禪。務靜欣無念。嫌喧怖有緣。不知佛世界。即是己心田。起坐明如日。衆生共皎然。　其三。學道多沙數。阿誰能自尋。二人禪悅性。千里月明心。瑩徹同僧俗。靈通共古今。莫將閑藝解。可惜枉埋沉。　其四。　男兒丈夫志。關鑿自家田。莫逐雲門語。休依臨濟禪。人人元具足。法法本周圓。但作主中主。門門日月天。其五

和開福長老送強禪者七偈。　逆行順行皆青春。或是或非不動神。往往總隨聲色轉。廻頭又昧本來人。　一氣纔和萬物春。不勞功力豈勞神。非言非句非文字。快活當機有主人。　多執平常夢裏春。依他妄計自傷神。更傳臨濟雲門語。奇特商量愁殺人。　雲門臨濟百花春。一一靈機總有神。到底不關言語事。錯傳錯解誤他人。　直截根源教外春。阿誰不聖不通神。雖然向道離蚖舍。又作無心常醉人。　言句清新便謂春。平常為實用妄神。希望成道不求悟。更把糟糠教授人。　悟來無物不為春。荊棘林中解養神。常與不常虛對實。臨機提出總由人。　寄浮山巖中淡達二上人。　若是金毛那守窟。奮迅東西驚群物。有時踞地吼一聲。突然驚起遼天鶻。所食不食鵰之殘。戲來還是弄活物。翻嗟疥狗一何癡。到處荒園咬枯骨。　送宣上人。落落空門子。心空法亦空。肩橫榔櫟杖。南北與西東。　寄琊首座時在大愚。　高安灘上古禪閑。吾祖曾開徹困顏。經幾百年真迹在。長應留待子孫還。　和荅筠守錢郎中圓相頌送住洞山　未有難名既形可措圓滿現前群迷得路　送榮上人往黃蘗禮積翠庵老和尚　了然逆順皆方便往往宗師昧者多君欲決明心地印鷲拳問取老禪和到日應須次第拳入方境界妙堪觀重重無盡重重異一一憑君子細看　和真首座施茶　從苗辨地知音少獨有吾師鑒最靈烹出異常還普施幾人於味得全醒　留真首座　名山靈迹遍優游賞勝心應近已休好住新豐古洞裏共揚佛事老春秋　回事

祖師心印鐵牛機直要當鋒決是非掣電未收轟霹靂相逢誰是丈夫兒　南臺石頭真堂　南臺石上樹樹子今古何人道可齊昔日住庵真斧在夜來明月落前溪　寄信上人　時在般若臺　要行便行住便住去住尋常與誰語而今又在般若臺無錢娶妻衣自補　和香嚴和尚石磬　乱山深處雲藏久不是知音辨也難一日禪堂高掛著時時響應萬機寒　打擋報曉會茶晨直下無私喚起人各各懃懃烹啜了可怜幽韻又虛陳　送道巖沙弥南康丐　步步登高鳥道玄心心開發火中蓮沙彌品格沙門行始解南康化有緣　送則上人　困魚上灘鳥棲蘆空齋弊拳大丈夫一一盡從胸臆裏蓋天蓋地洒醍醐　送全禪者廣南作丐　達磨遺下一隻履老盧把住諸祖衣家家門前赫日月太平不用將軍威　送文禪人之吉州丐　白心隨色摩尼寶莫問廬陵米價高更欲徧遊華藏界都歸仁者一眉毛　滁州全椒塔院鑒上人邀宿草庵　未能直到覺元妙且向途中息草庵勿謂無心便休去前三三有後三三　庵內不知塵世事此心能有幾人全黑龍山寺椒城外路入青林隱翠煙　和酬運判李大夫　同鄉同姓適玄士應念

群迷復現身時向庵中開舊論還隨法界在
微塵 按行雖是江西漕藥杖分明長者身
須信此心能自在為官作論總非塵（許李公是長者之後）
又贈李運判 公道生平為布施況聞
高潔到如今利民利國何人識元是仁慈古
佛心 竹矩點來明有盡智燈然去照無窮
故知般若靈光妙行處輝華到處通 和泐
潭乾長老見寄 泐潭乾老真淨翁白頭彼
此雪霜蒙道人不必重相見千里長同月下
風 長受末山塵世外老來無用更深藏人
間是事只如此岩允誰同一炷香 荅新昌
簿求圓通頌 何妨識取主人公妙性雖空
用不空王事更繁皆自了未聞裴楷獨清通
送昭禪者 馬駒踏處水雲深問道無非特
訪尋別我又投三祖去取魚不在一清潯
和揚川秀才見別 詩句清新已出塵西來
祖道更能親雖然頭戴烏紗帽心是蓮花社
裏人 能湫 參天四面碧崔嵬中有能湫
偃石堆往往山前為雨雹正應從此起風雷
別江西漕王正言 滌盡塵勞破盡疑廓然
還得本心時荒田不揀拈來草生殺臨風自
在施 和人歲旦 剃髮因驚雪滿刀年華
須信不相饒逃生脫死勤為佛莫謂明朝與
後朝 送華禪者 此心本是法中王南北

東西豈有方若遇風雲轟霹靂任教群鴈不
成行 寄程承事 老也須知不老身同行
同坐有精神雖然無相無容貌能為群生作
主人 筠洪中路有驛名大通其傍精舍
曰竹下因投宿題之 有寺路傍名竹下去
洪一驛大通前偶來投宿滿窻月伴我寥寥
永夜禪[十六] 送曉化主 滕王閣上[十七]江山勝洪
州城中萬事閑祖意西來本清淨不須更要
離人間 仙遊觀愚溪閣 濟用古今流不
盡閣中誰是不言人此心若似愚溪水天下
悠悠總任真 觀彭學士會黃蘗老宿覺林
院頌遂乃詠之 性覺瑩無垢廓然圓滿心
發生功若地長養行如林居士從元大禪師
復本深相逢一家內僧俗世殊欽 雪朝陞
座僧問雪上蹤由事若何師云片片色無別
高僧因雪問長老令當行片片色無別紛紛
性共明一陽曾告報萬物待生成不獨資禪
悅臨機要盡情 弔黃龍和尚塔 示滅師
何遠空遺塔此中僧閑四海錫誰復九年風
鳥外千峰遠人間一徑通寥寥朝與暮唯有
白雲同 新荷示徒 濁泥終不染況在梵
宮生潔性一池碧幽香滿座清團團初映水
短短漸分莖更待蓮華出禪心妙可明
投老庵示衆 九峯山色裏拙者草庵深接

老遂疎懶問禪徒訪尋欲知諸祖道不越衆
人心彼此同成佛聊為直指吟 題清居栢
樹 昔人曾指出今古道傳馨祖意憑君悟
禪心使我惺故知非俗物還長在僧庭凡木
幾田老高標依舊青 呈筠守徐朝議辭九
峯命二首 捨家從學道無用樂天真豈謂
至愚者[十八]仍慚老病身不堪為度世止[十九]合作閑
人乞放歸山去翛然老百春六十四年期歸
閑已是邊一身終有限萬事畢無時學道當
求靜為僧亦合宜蜀江賢太守外護却應知
張丈結再任洪州 洪都王者府復鎮見君
臣不責辭南越唯佳奉老親江山千里舊宿
主一時新曾對談禪客慚非下榻人 大寧
山堂 禪家能自靜住處是深山門外事雖
擾座中人亦閑漁歌聞別浦鴈陣下前灣即
此非他物何妨洪府閒 散珠亭 一一分
龍口當軒號散珠若教收拾得却恐久長無
合浦圓相似隨庭夜不殊豈唯能善利萬物
有工夫 擬王元澤題鳳凰臺 鳳去臺長
在園林別嶼連因傷故國事頗學老盧禪淨
練澄江地餘霞散綺天六朝人不見極目舊
山川 寄西庵法眼安師 不聞庵外事此
意有誰知林壑路窮處世途心盡時鐘聲來
舊寺月色下新池却笑承風者區區老着為

穽軒　本來心自寂不必更論禪我欲辭多
事誰來共少緣萬杉青靄裏五老碧峰邊第
一幽藏處廬山小洞天　留題天水居士靜
宴閣　收心安養處靜不在山中冬暖一爐
火夏涼三面風遣時緣既薄樂道意何窮莫
問人間事勞生總是空　洞山訥庵　寂寂
坐無語何人知此心別傳來自昔密付到如
今胡氏田園上雷家洞府深高僧菴舍在誰
為訥相尋　留題東軒　佛子異行藏闌軒
亦有方故因迎夜月仍得待朝陽群木煙初
暖幽蘭花正芳坐來禪性澹蜂蝶自輕狂
寄香城順禪師　靈觀㧞頭後名山讓有神
道場千古舊法席幾番新廢去何由物興來
故在人況師先達者不與衆同塵　寄程承
事　七十六七八時來又共新青煙池上柳
白髮鏡中人但逐年華轉焉知佛性真寄言
程老子有酒且歌春　答靖安黃尉問疾二
首　書來蒙慧問外護力何偏槌鼓會雲侶
十七　十八
焚香開雪牋滿池蓮出水迥漢月生天又似
新裁錦文章少比肩老病連綿發寧忘苦惱
縈百骸雖朽敗一物却精明古屋縱傾倒閑
心亦坦平但知行大道懶更問前程　宿彬
上人房　人事少相干亦由居處偏不隨流
過日常得自安禪野色郊原接雞聲市井連

此身仍老矣風暖杏花天　退洞山上毛大
夫　名山不到處閑欲遍追尋擬把新豐月
將還悟本心禪門無著性仙府有知音筠陽乃李
八伯昔隱之地也閑說寒巖在天台第一深　遊東
鼓寺　東鼓與西鼓閑先瀑布前廬山圍不
匝勢更近南邊　遊景福訪省長老　人生
倏忽間春色又東還方丈新宗匠禪門舊竹
閑嶺雲飛片片溪水瀉潺潺總是天真物高
僧心共閑　寄績溪蘇子由　達人居處樂
誰謂績溪荒但得雲山在從教塵世忙文章
三父子德行二賢良却恐新天子無容老
石旁　蘇子由關東軒有類子酒巷之說因
而寄之　才淹居亦弊道在不為貧未洒傳
巖両丘業類巷塵曠懷隨處樂大器任天真
半夜東軒月勞生屬幾人　訪寶雲長老
相見呵呵笑園林落葉多青松色尚在仁者
道如何世態朝暮風光逐綺羅居山禪寂
子無厭我頻過　經宣梵院延亭　積善一
二十　十九
方人延祥日益新共當千百載長若二三春
塵客心心靜環簷物物真院須宣梵號天子
福黎民　寄無為居士　世俗事無盡養高
心自閑蔬園通綠野林塢帶青山冊竈慵添
大雲菴懶著闍別應禪有術七十見朱顏
快亭　門徑杉松老悠悠日月閑法王真境

界禪者舊家山祖意傳來久人情自別攀如
何快我聽淅瀝水聲還　清涼軒　夏間逃
暑處軒戶對巖阿溪水潄無盡竹風來更多
百骸煩既謝諸祖意如何坐久閑魚戲時時
動漾波　師在雙嶺清旦維那問訊乃曰寂
實師曰寂實僧家事遂成其偈　迥然生計
別難向少知音寂寞僧家事諠譁世俗心長
遭兒女累真厭水雲深但樂西來意塵勞久
自沈　途中逢建州三秀才　桃紅熏柳綠
天地雨初澄琴劍三才子瓶盂一老僧文章
投北闕道業繼南能邂逅征途上生平識未
曾　送周道士　歸去靈溪觀匡廬碧嶂深
澗松多偃蓋嵒溜盡鳴琴不死徒飡藥長生
可練心他年如有道飛錫一相尋　送張僉
判遊開先　步入青松裏遥迢一徑通漸分
華藏界深隱法王宮道與神仙別人非世俗
同欲知西祖意庭栢老春風　謝新昌權宰
見訪　秋試舉人迴巍峨將相材遥橋分路
處勒馬入山來邑佐閑空望林僧靜可陪何
當布霖雨天下活枯荄　送然上人化導
曾聽新豐曲簷頭雨滴聲還吹無孔笛用度
有緣生欲破他迷暗當開己悟明春風活萬
物天道羨何評　清公黙庵　久息遊方念
庵居道可親依依雖有主寂寂似無人池裏

運從老門前事自新此心誰會得庭栢對長
春　留題招公寂照軒　幽軒名寂照四海
生中閑景物有邊色主人無異頼野泉澄檻
外香靄起簷間涼夜誰相問寒寨月滿山
送人之南嶽　境幽南嶽寺一一碧巖分遠
近松相接高低鍾共闘靈禽時奏樂香石日
龍雲想十七到經行處趍然趣不群二十　雷秀才顯
閑　靜攜南池上群芳益我曹蘭仍雲雨露
松下隱蓬蒿環坐山川秀開懷意氣豪爲儒
斯有業何處桂枝高　上藍清涼軒　觀機
唯說法一聽一清涼欲盡衆生病當開甘露
場幽深方丈後掩映府門傍有問西來意城
頭角韻長　遊桃源贈劉君實　宛若神仙
府疑無世俗風人間山色裏門徑水聲中抑
綠共垂絲桃花相映紅烟光正和暖遊樂意
何窮　與道士話長生　悠悠人共老誰復
解追尋豈信長生道分明不滅心氣飛瑶闕
遠夢後海山深語此迷方者無勞覓寸陰
書道士壁　仙學迷多說當依柱史評無心
歸大道有德失長生物我同真宰親疎豈可
名良哉衆妙本一一在忘情　留贈香城淳
長老　黛卷西山色禪心共月華香城深處
寺靈觀上人家絶頂壇猶在盈頭乳已賒而
今淳道者經誦白蓮花　題矮雞冠　潔白

異衆卉皆前萎草齊曉來和露看只欠一聲
啼　再遊永園院　悠悠塵世外居者少關
心是事有邊謝斯門無古今乾坤同永久山
水共幽深我愧重來此諸方懶去尋　淨頭
端上人求洗滌之說因而成偈　促食共滋
養皆名有漏身爲知大小事不昧往來人歷
歷隨聞十十見惺惺應屈伸變通元自在廿一鑒照本
天真由逐江湖客耻爲堯舜臣所依投旅舍
妄計困風塵病故嫌王膳飢仍預國民既能
分皂白須解別疎親朽宅蚖蛇會浮泡聚沫
陳何妨觀織惡卻要滅貪嗔除垢超凡界談
空入聖因迦文教雖舊擇子道應新草毳排
朱戶禪衣掛綠鴝攜心彰戒定彈指覺坑神
吐唾防塗壁拋籌怕動隣爲僧當異俗學佛
便行仁伏忍寬憎盡典悲馬獸馴汲湯宜讓
伴盥手忌淋垠受用生慚愧供承識苦辛皆
亂同鏡面毛宇若魚鱗狼籍欣歡少光明讚
歎頻桶盆還次第灰土最精淳塞臭奢紅囊
迎竇熾綺脊去驕終遠害習慢必遭迍匿器
易盈滿曠懷忘賤貧沙門脩慧命菩薩振慈
綸愁具如蓮性誰偏可意珎莫迷臭皮袋若
海枉沉淪　石筧二十韻　帶月眠霜磨復
琢南康匠者好規模引廻鹿野靈源水瀉入
梵宮香積廚宜作奇祥當聖代永爲感事在

元符賦年依依數里松蘿下往往諸方佛刹無
左桐右盤何繚繞高來低去更縈紆屈伸宛
若蒼虬活裁剪分明碧玉俱解逐方圓稱上
善能隨甜苦任殊途既成蔬飯鳴犍椎還處
林僧洗鉢盂及物冷冷離洞府潄湍琴瑟近
黨隅禪堂客意滋茶味祖席人傳美畫圖澄
湛池塘榮菡萏清涼肺腑飲醍醐調和口腹
功非小蕩滌塵埃德不孤迸迤溪山同掩映
朝昏鳥獸共歡呼屯雲坳裏龍擡首貯雪巖
前虎踞船夾道我杉根漸著傍垠種竹葉微
甦橋橫深澗優游也亭起危巒悅望乎佛手
開時慚潦倒馬蹄踏處愧疎愚賢將世子勤
其力則與清師忘所劬共成覓事清則賢世四十人千
載石門憑沃潤萬家檀越頼霑濡輙將長句
伽陀讚誰謂江河壯帝都　題雙嶺雲顯法
師影堂　雨花臺下真身在便是梁朝顯法
師南嶽早傳思大道北齊曾挫陸脩詞沙門
既悟神通妙道士休誇呪術奇舉一無人能
舉二至十十今佛日聖明時　秋二十二夜宿景德院荷
滿秋塘菊滿籬淒涼軒檻冷風吹西來祖意
堪任處方丈禪心正寂時岸住何妨停棹子
車行須是打牛兒通人聞說呵呵笑帶水拖
泥老古錐和積翠菴老和尚。送李二十歸袁
州。深入靈山罷問禪。還家林逕步苔錢。悟

懷此去須知幸。村偶誰來得有緣。隱俗但忘情愛見。同塵寧畏是非遷。時時好味庵中旨。若遇如君始可傳。　和楊川秀才。　同是浮泡幻化身。鬢邊白髮但驚春。墜星灣裏曾分舊。卷簟山中又話新。君把詩篇多適性。我將佛法獨怡神。雖然禪悅吟情別。得意逍遙總要津。　謝毛大夫見留。　山對欣逢太守賢。故伸鄙臆下雲巔。莫嫌苦死辭幽隱。却為勞生屬晚年。多病況慚非道德。踈慵虛占好林泉。片雲飃逸情無限。不用羈留重愛憐。　次韻郡倅李朝散留題洞山。　凌空疊翠巘光裏。一簇樓臺釋子宮。誰謂道場無事到。自須蓮社有緣通。曾迎彩旆長松下。得奉冰顏累日同。從此承恩何以報。悠悠心在白雲中。悟本道場三百載。至今香火盛玄關。未遊長謂於人外。及到分明在世間。境屬化風林鄰靜。僧依勝迹錫瓶閑。訟庭無事民情樂。洞寺何妨一再還。　寄蘇子由。　徧因訪祖叅禪後。拙直尋常見愛稀。有道卻從人事得。無心應與世情違。時光易變誰驚老。真趣難窮自覺微。尤荷多才深此意。諠譁聲裏共忘機。與會勝禪老同坐夏鄉耶至秋。作偈相別。以敘一時之事。　涼秋時節諸禪子。去去揚朱路任差。到處有山容駐錫。何方無寺不為家。

萬緣脫去輕浮世。一性常來看落花。我亦與師雖老大。更尋幽隱過年華。　送祥長老住雲門。　曾學雲門自在禪。而今歸去豈無緣。南山下雨機雖妙。北斗藏身語更玄。衣到老靈長把住。法從少室廣流傳。諸方彼此休分別。唯佛功深見處圓。　退居彭判官以詩見留次韻奉荅　勝剎當年偶重棲。老來猶占自知非。欲憑別選僧中德。可使重拈石上衣。法付王臣千古振。道期高下一心歸。何妨免我羈留事。閑為君通佛祖機。　和饒守周開祖見贈　休話東西北與南。群生佛性妙相參。詩言未必無夫子。道德何妨有老聃。不二靈源誰共覺。以三真教自殊探。山間老也為遺物。多謝通人頓草庵。　寫懷寄五峯長老。　此寄欲拋拋未得。長思來伴老嵩丘。道因無念殊途會。人到有年諸事休。閑徑草深方禁足。碧林蟬叫又驚秋。世情追逐何時盡。覽鏡那堪更白頭。　送西安丐者　禪性天真蓮出水。等慈及物別巖阿。供投野老門門到。飯謁林僧寺寺過。獨木溪橋人戶少。孤村草店路頭多。風寒日晚宿歸處。猶隔畬園五里坡。　別洪帥張左司歸泐潭。　自笑年來七十三。缾盂又汲石門潭。偶迎府帥一時意。拋却雲山幾巖庵。大道也知無固必。通人應亦重相諳。翻

思恩德何由報。潦倒扶持強指南。　寄洪帥張天覺。　雲賴德風輕舉力。飃然又寄寶山中。龍蛇每用春雷覺。草木時將法雨蒙。馬祖妙心傳不盡。泐潭靈派瀉無窮。回頭為報張居士。豈獨今生外護功。閑說當年蛇虎穴。法王居後杳無蹤。庭幽寂寂深深處。山好千千萬萬重。張氏腴田圖大嶺。馬師靈塔簇長松。勝遊輸却君先到。還屬南昌一化封。　楞嚴偈寄撫守許朝散。　十卷楞嚴萬行林。法門開關條機深。八還四就且除鑛。三漸七徵猶煉金。見見見時當見性。聞聞聞處要聞心。使君為物延僧講。付囑無忘佛正音。　留題伏老庵。　勞生唯有僧無事。若悟真乘老更閑。三徑園林禪性在。一菴風月道心還。傍攔碧澗長來水。隔岸青岑不買山。卻頗群情塵土裏。名牽利役自忘艱。　送僧遊南嶽。　住亦無求去亦閑。飃然到處是家山。偶棲龍嶠重嵩寺。又憶融峰絕頂關。禪性誰同秋月皎。吟情自得古風還。平生聚散三回也。知向何時更會顏。　送黃州丐者。　東西南北齊安道。舜日高高照不偏。千里江山稱佛國。萬家香火祝堯天。麻城長者思聞道。栢子真身尚坐禪。機但大悲平等化。無人無我智為先。　和僊上人秋夜對月。　香殘火冷漏將沉。孤

坐寂寥對碧岑。萬井共當門有月。幾人同在道無心。風傳喬木時時雨。泉瀉幽巖夜夜琴。為報參玄諸子道。西來消息好追尋。

廿五末　丰

古尊宿語録卷第四十六

古尊宿語録卷第四十七　十一

僧録司右闡教兼鍾山靈谷禪寺住持　淨戒　重校

汾陽昭禪師法嗣

瑯瑘廣照禪師諱慧覺西洛人也　示衆云主賓互換坐斷乾坤料簡雙施誰人舉目釋迦聖主示滅雙林達磨大師真歸熊耳琅邪門下還有具眼衲僧真正道流麼若無應病與藥診候臨時　十一　一

示衆云汝等諸人在我這裏過夏與你點出五般病一不得向萬里無寸草處去二不得孤峯獨宿三不得張弓架箭四不得物外安身五不得滯於生殺何故一處有滯自救難爲五處若通方名導師汝等諸人若到諸方遇明眼作家與我通箇消息貴得祖風不墜若是常徒即須寢息何故躶形國内誇服飾想君太殺不知時

師上堂有僧出打一圓相師便打云道道僧云不道不道師又打僧云三世諸佛不出於此師又打乃云大衆教中道以手指比丘犯波逸提山僧今日入地獄如箭射

師一日上堂舉汾陽先師道汾陽門下有西河師子當門據坐但有來者即便咬煞作何方便入得汾陽門見得汾陽人瑯瑘者裏也有師子琅瑘有據坐師子若有來者即自喪身失命作何方便入得琅瑘門得見琅瑘人此兩轉語汝等諸人還點撿得出也無若點撿得出方名擇法眼若不如是且無安身立命處卓拄杖一下便下座　上堂云彼我無差色心不二遂拈拄杖云你若喚作拄杖子有眼如盲若不喚作拄杖子還同避溺而投火你若脱體會去但知喚作拄杖子卓拄杖一下便下座　上堂舉釋尊道若見諸相非相即見如來遂拈拄杖云山僧喚者箇作拄杖子阿那箇是相良久云向下文長付在來日以拄杖卓一下便下座　上堂拈起拄杖云山僧有時一棒諸佛降生有時一棒轉大法輪有時一棒入般涅槃你且道諸佛降生轉大法輪入般涅槃相去多少良久云莫謗如來正法輪珍重　小參有僧問放過一著滿目光生把斷要津萬木凋弊學人上來請師垂示師云老僧退後學云放過怨由和尚去也師云闍黎進前三步學云不入虎口爭見虎牙師云十字路頭望空啓告

又僧問十年磨一劍霜刃未曾試時如何師　十二　二
云本分作家學家便喝師云老僧失利學云恰是師乃呵呵而笑而乃舉先梁山云南來者與三十棒北來者與三十棒然雖如是不當宗乘師云梁山好一片真金將作頑鐵賣却琅瑘即不然南來者與三十棒北來者與三十棒從教天下衲僧貶駁珍重

上堂云夫學般若菩薩須得智觀現前方有少分相應所以先聖道當觀過去猶夢故不可而得當觀未來猶電故不可而㝎當觀現在猶雲故髣髴而有且學道般若菩薩當如何觀不用思量低頭難得卓拄杖便下座

師因巡寮次舉布袋和尚凡在市鄽中以破席裹一片乾糞見人便相呈云兜率陀天底兜率陀天遂令學衆下語竟有云云師末後下語云慈氏菩薩又舉布袋和尚凡見人以手背上便拍一下人纔廻首云與我一文錢遂令學徒下語師末後云但抛一文錢與伊　上堂舉汾陽先師云夫學般若菩薩須參活句莫參死句如今人便道函蓋乾坤是活句截斷衆流是死句恁麼會莫辜負他汾陽也無衆中有一般禪客商量道如何是活句今日好天晴如何是死句萬里涯州若恁麼會學到驢年也即是死句山僧與你一　十三　三
時注破了也作麼生是活句遂卓拄杖便下座

上堂云夫參學之人直須真慧現前鑒照無差不見道差之毫釐失之千里才有異見名爲異道所以異道有二種見因緣自然以斯爲執故方成於異所謂因而無始緣而無終又先聖道諸法不自生亦不從他生不共不

無因是故說無生山僧雖然與麼道你且不得與麼會若與麼會入地獄如箭射珎重　上堂舉僧問馬大師如何是佛大師云即心是佛如何是道云無心是道云佛與道相去多少大師云佛如展手道似握拳師云古人方便即不可山僧者裏也有些子若無人買山僧自賣自買去也如何是佛巖前多瑞草如何是道澗下是靈苗佛與道相去多少數片白雲籠古寺一條渌水繞青山珎重　師因小叅僧問言前薦得辜負平生句下承當又成狂見未審和尚如何爲人　師云横挑日月竪括乾坤僧云真學人師師云本分衲僧其僧便喝師默坐僧云了師笑云不能打得你　師乃舉僧問汾陽先師切急相投時如何汾陽云水中抱鵞子又問急切相投時如何汾陽云裸形見阿難師云有一轉語截斷天下人舌頭有一轉語能開人眼目你若揀得出與你一條拄杖擲下拄杖便下座　上堂舉三聖老人去叅德山纔相見便展坐具德山云不用展不用展者裏無殘羹餿飯三聖云設有向什麼處著德山不語三聖將取坐具叅堂去衆中商量捴有云不見道若無欒布作争得見韓光珎重　上堂云諸人者未出僧堂時聖僧已相爲了也未到

佛殿上重說偈言来至法堂上三通鼓罷一炷香焚便好散去何故不見安養國中水鳥樹林悉皆念佛知足天上樹相撑觸演說苦空山僧與麼道爲是歷良爲賤爲當是攙理而論若不甘者但請對衆出来山僧與你證據若也無去蓑衣箬笠從偏側收取絲綸歸去来珎重　十二　上堂云有句無句如藤倚樹樹倒藤枯恰好喫棒你且道過在什麼處良久云不是僧繇手徒說會丹青以拄杖卓一下便下座　四　上堂云與麼来者上間安排不與麼来者下間掛搭向上人来獨自悽悽暗渡江更有一人向什麼處著良久云釣竿斫盡重栽竹不計工程得便休珎重　陞座僧問承師有言與麼来者上間安排不與麼来者下間掛搭惣不與麼来者又作麼生師云今日遇著衲僧其僧便喝師云廚前喫飰師乃云先聖道明暗交謝寒暑迭還有物流動人之常情又放光云法無去来無動轉故若然者旋嵐偃岳日月歷天江河競注野馬飄鼓而無流動若如是諦觀且道絛然一句作麼生道良久云石火夜燒山大地齊合掌珎重　上堂舉祖師道真性心地藏無頭亦無尾應緣而利物方便呼為智師云既是方便呼爲智且道畢竟喚作什麼良久云任

從滄海變終不與君通珎重　上堂云世尊三昧迦葉不知迦葉三昧阿難不知阿難三昧商那和脩不知吾有三昧汝亦不知師云爲什麼不知不是不知理合如斯若人會得南北東西若不如是更疑何之卓拄杖一下　上堂云你等諸人但自隨縁飲啄任性浮沉　十三　在聖而不增處凡而非減若能如是　五　方乃皇風蕩蕩觸處閑閑乃云道也大煞道了更須子細始得珎重　上堂舉先聖云若也廣尋文義猶如鏡裏求形更乃息念觀空喻似日中逃影諸禪德不涉二途作麼生道良久云看看便是春風至氷釋魚行鳥乱飛珍重　上堂舉汾陽先師頌云三玄三要事難分得意忘言道易親一句分明該萬象重陽九日菊花新師乃喝一喝云是第幾玄良久云你也没量罪過我也没量罪過卓拄杖便下座　上堂云君臣道合猶是法身邊事君不見君臣不見臣猶是法身向上事向上向下轉使心地不安且作麼生是法身良久云任是僧繇手難畫志公真珎重　上堂云若論此事說什麼龍樹馬鳴提婆鷲子辯似懸河智如流水莫能知之摩竭掩室衆手難淘淨名默然如何即是百丈卷席諸方云云祖師面壁藂林浩浩到者裏若辦得出山僧

與你一條柱杖若辦不出山僧有通方句且道作麽生是通方句良久云手携隻履西天去珎重

上堂舉先聖道有物先天地無形本寂寥能爲萬象主不逐四時凋師云好箇頌却成兩橛若有人點檢得出許你具一隻眼珎重

上堂云若欲求佛即心是佛若欲求道無心是道無心故非法而不生即心故歷刧而常堅若然者法法無差心心不斷所以古德道君但隨緣得似風飛砂走石不乖空但於事上遍無事見色聞声不用聾珎重

上堂云春風飒飈古佛嘉猷渌水潺潺道人活計若與麽會貶向崖州本色衲僧如何理論良久云果聞猿叫断腸声珎重

上堂舉世尊云一切衆生妄認四大爲自身相六塵縁影爲自心相且問諸仁者在眼曰見在耳曰聞在鼻嗅香在舌知味在手執捉在足運奔亦不喚作衆生亦不喚作佛性你且道喚作什麽良久云香嚴含悲接拄杖仰山撲破潙山鏡珎重

上堂云承言須會宗勿自立規矩若人下得通方句我當刎頸而謝之珎重

上堂舉雪峯云若論此事如一面鏡相似胡来胡現漢来漢現有僧云忽遇明鏡来時如何雪峯云胡漢俱隠師云不見道驗人端的處下口即知音珎重

上堂云山僧因看華嚴金師子章第九由心廻轉善成門又釋云如一尺之鏡納重重之影像若然者道有也得道無也得道非亦得道是亦得雖然如是更須知有拄杖頭上一竅若也不會拄杖子穿燈籠入佛殿撞著釋迦磕倒弥勒露柱拊掌呵呵大咲你且道咲箇什麽以拄杖卓一下便下座

上堂舉先德道吾早年来積學問亦曾討疏尋經論分別名相不知休入海筭沙徒自困却被如来苦呵責數他珎寳有何益且問諸人作麽生是自家珎寳若也不會柱杖子叫屈去也卓一下歸

上堂云江月照松風吹永夜清宵何所爲渌水澗中流不住白雲片片嶺頭飛珎重

上堂云先德道今古應無墜分明在目前片雲生晚谷孤鶴下遥天岸柳含煙緑溪花帶雨鮮誰人知此意令我憶南泉師云你且道南泉意作麽生良久云兩眼已隨青嶂合雙眉猶帶野花攢珎重

上堂舉傳大士云未有無心境曾無無境心境忘心自滅心滅境無侵師遂拈起拄杖云山僧喚者箇作拄杖子你等諸人喚作什麽作境你若道得山僧有通方句若道不得與你七百鐵珎重

上堂云若論此事直饒辯似懸河智如流水且與那事没交涉昔有僧問風穴大師如何是道大師云五鳳樓前如何是道中人大師云問取城隍使道與道中人相去多少大師云月似羅中鏡星如霧裏燈師云衆中商量極有云云山僧今日與你頌出月似羅中鏡星如霧裏燈満堂清淨衆尽是坐禪僧珎重便下座

上堂云如釋尊言應如是知如是見如是信解不生法相師遂拈起拄杖云山僧喚者箇作拄杖子何者是法相卓拄杖下座

上堂云山僧常向諸人道擬心即差動念即錯不擬不錯一任你諸人貶剥你且道貶剥什麽處良久云想君不是金牙作爭解彎弓射蔚遲

上堂舉僧問曹山雪覆千山爲什麽孤峯獨露曹山云須知有異中異進云如何是異中異曹山云不覆千山頂師云曹山慈悲濃厚接引群生要會即不可山僧者裏不然如何是異中異片片梅花飛落地珎重

上堂拈起拄杖云山僧有時一棒作箇幔天網打俊鷹俊鷂有時一棒作箇布絲網撈蝦摝蜆有時一棒作金毛師子有時一棒作蝦蟇蚯蚓山僧打你諸人一棒且作麽生商量你若緇素得出不妨拄杖頭上眼開照四天下若也未然徒敎立在古屏畔待伕丹青入畫圖珎重

上堂舉魯祖九見僧来便面壁而坐衆中商量極有多

般梁山受業先師曾有一頌魯祖三昧最省
力才見僧來便面壁若是同心達道者不在
揚眉便相悉山僧即不然祖師面壁播諸方
無限禪人謾度量無事晚來江上立數株寒
栢倚斜陽珎重　師舉行脚時在衆中與
一尊宿談論次因舉僧問長沙和尚南泉遷
化向什麼處去長沙云東家作驢西家作馬
僧云畢竟如何長沙云要騎即騎要下即下
其尊宿遂問師云莫是對他語否師云無莫
是成他問否師云無莫是點他語否師云無
畢竟如何師云磬声断後不許易價因成一
頌示衆云要騎即騎要下即下磬声断後不
許易價　師上堂拈起拄杖示衆云先佛
世尊道觀法性空是無上智山僧喚者箇作
拄杖子汝諸人作麼生觀有智不假年高無
智徒勞百歲卓拄杖下座　上堂示衆云
古人道有時先照後用有時先用後照有時
照用同時有時照用不同時若也先照後用
露師子之爪牙若也先用後照縱象王之威
猛若也照用同時如龍得水致雨騰雲若也
照用不同時提奬嬌兒撫憐愛子諸仁者此
古德建立法門爲合如是不合如是若合如
是似紀信登九龍之輦不合如是若項羽失
千里烏騅還有人爲瑯琊出氣也無如無山

僧自道去也卓拄杖下座　上堂云夫參
學人須是不滞於性相始得若談於性即滞
於相若談於相即滞於性者裏須是性相都
泯理事混融方解即事即理即性即相當此
之時如拳十指展縮自由乃拈起拄杖云拄
杖走入新羅高麗國中大醉報道今年米貴
地神悪發生嗔拄杖即今入地便擲下拄杖
下座　僧問大事未辦時如何師云金燈連
夜照不覺五更鍾進云大事已辦時如何師
云跣足踏氷雪方知徹骨寒問談真即逆俗
順俗即違真離此二途請師舉唱師云水底
石牛吼木裏瑞花開進云若然者不因觀北
斗争得見南星師云世乱奴欺主年衰鬼弄
人放汝三十棒遂舉大陽和尚示衆云平常
無生句妙玄無私句體明無盡句後有僧請
益如何是平常無生句白雲覆青山青山頂
不露如何是妙玄無私句寶殿無人不侍立
不種梧桐免鳳来如何是體明無尽句手指
空時天地轉廻途石馬出紗籠第一句道得
師子嚬呻第二句道得師子踞地第三句道
得師子返擲縱也周遍十方擒也坐在一處
正當與麼時作麼生委息若委息不得来朝
更向楚王看便下座　上堂云山僧昨日
因禪人請益郢州大陽和尚三句語山僧昔

曾奉侍巾瓶来今日不可不報荅他大陽和
尚去也山僧亦有三句語如何是平常無生
句言前無的旨句後絶追尋如何是妙玄無
私句金鳳不棲無影樹玉兎何曾下碧霄如
何是體明無尽句三冬枯木秀九夏雪花紅
將此三轉語供養大陽和尚雖然如是又不
可辜負我汾陽先師去也山僧亦有三轉語
供養我汾陽先師如何是平常無生句啐如
何是妙玄無私句啄如何是體明無盡句好
師乃頌云啐啄好林間問三老不飡王母桃
自有仙家棗便下座　上堂舉一老宿道
林際入門便喝也是齋後打鍾德山入門便
棒也是平地陥人諸人者便道是幸然無事
向好肉上剜瘡枝條上強生節目似這般見
解更買三二十緉草鞋始得有一般老宿云
臨濟入門便喝德山入門便棒到者裏凡聖
路絶纖毫不立坐断天下人舌頭汝若擬議
喪身失命似這般見解滴水也難消所以先
師道德山棒臨際喝獨震乾坤横該抹瑯琊
即不然臨濟入門便喝且不得癡心德山入
門便棒更須子細且道敎汝諸人子細箇什
麼云停囚長智養病喪軀以拄杖卓一下
上堂拈起拄杖云十方諸佛降生也在拄杖
頭上轉大法輪也在拄杖頭上入般涅槃也

在拄杖頭上汝等諸人作麽生委悉良久云
不可待縁木求魚見危致命卓拄杖下座
上堂云大衆學者須是智眼開明始得今時
諸尊宿纔見竪拂敲床揚眉瞬目便作是非
褒貶不見汾陽先師道識得拄杖子一生參
學事畢又泐潭澄和尚道識得拄杖子入地
獄如箭射聽取山僧一頌　汾陽拄杖子天
下走禅流秋風急似箭春雨潤如油便下座
僧問昔日靈山以桴擊鼓轉大法輪今日師
登法座請師演唱師云白雲冪冪進云大衆
臨筵如何證據師云渌水潺潺進云准的一
輪月長江萬里清師云罕遇知音僧問如何
是瑯瑘境師云山高海濶進云如何是境中
人師云天長地久進云人境已蒙師指示向
上宗乘事若何師云速禮三拜僧問談真即
逆俗順俗即違真如何得不相違去師云杖
頭挑日月進云施主臨筵請師垂方便師
云袖裏貯乾坤進云野花連地發春草徧園
士十一
十一
生師云釣人江上立不覺失漁舟　師乃云
只麽地散去亦有少分相應雖然有少分相
應有似鈍鳥棲於枯枝游魚處於涸轍作麽
生是透脱一句卓拄杖下座　僧問承師有
言開口錯擬心差離此二途請師別道師云
蘇武不入單于帳進云與麽則今日失利去

也師云旁觀塞草乱班班進云早知今日事
悔不慎當初師云愁人莫向愁人說　師因
出州看陳轉運喫茶次乃問師云佛法惣不
在思量是否師云既不在思量如何道得運
使大笑云争到者裏道不得師云請運使問
待山僧道運使遂將前問問師師荅云有過
者且恕十三無罪者莫决八棒運使呵呵大
笑乃耽師乞頌師遂與頌云莫於言上覓切
忌意中尋疾燄過風旨思量海岳沉師歸山
陞座舉似大衆頌後續兩句云祇陀親捨樹
長者布黄金　師因雪上堂云雪雪大地山
河一齊説文殊普賢真妙訣拈取拄杖驀頭
擊豐干林下笑呵呵兩箇獼猻探水月
僧問一法若有毘盧墮在凡夫萬法若無普
賢失其境界正當與麽時還許文殊出頭来
也無師云樓頭吹昼角妄聽五更鍾進云學
人未曉乞師再指師云未到長城不肯休進
云不入洪波裏争見弄潮人師云草上斑斑
衆者看　師乃舉靈樹和尚欲竪行狀碑要
選一轉語上碑如契和尚意者可以問如何
是祖師西来意人人下語皆不契雲門爲首
座下語云師方乃契得靈樹師頌云師師師
知知知三三兩兩過遼西一雙紅杏換消黎
上堂拈起拄杖云盤山道向上一路師云滑

南院道壁立千仞師云險林際道石火電光
師云鈍瑯瑘有定乾坤底句各各高著眼高
著眼卓拄杖下座　僧問承教有言法不在
内不在外不在中間未審在什麽處師云逢
人莫錯舉進云還許學人請益也無師云啼
得血流無用處其僧禮拜師云猶較些子問
士十一
十二
九夏賞勞誰人得薦師云周秦漢魏進云與
麽則昨夜一聲鴈西風萬里秋師云静處薩
婆訶　師乃拈起拄杖云在天則清在地則
濁在人則神在物則靈且道在山僧手裏喚
作什麽良久云拄杖子　上堂舉仰山和
尚見雪師子遂問雲門還有過得此色者麽
雲門遂推倒著雪竇拈云雲門只會推倒不
會扶起即今問汝諸人推倒扶起相去多少
拄杖子撈過眉毛鼻孔裏呵呵大笑便擲下
拄杖　僧問雪峯三度上投子九度上洞山
爲什麽却去德山倒戈卸甲師云人平不語
水平不流進云石火電光人不顧隨機設化
有誰聞師云地無三寸土人無隔宿恩進云
霜後始知松栢操事難方見丈夫心師云江
南兩浙水　師乃云見苦斷集取捨難忘
獨契真常悲心未廣三祇五位滯在長塗一
念成佛心源未曉諸人者若也薦得去如金
鱗透網游泳波瀾似俊鳥離籠翱翔碧落諸

人者若能如是方有少分相應若也未然且莫雲居羅漢　僧問古人借問田中事插鍬叉手意如何師云袈裟浮漉水螺髻拂青雲進云不入洪波裏爭見弄潮人師云作麽生是弄潮人其僧便喝師云七棒對十三問古人道承言者喪滯句者迷離此二途如何即是師云逢人莫舉僧應喏師云作什麽僧便喝師云好箇衲僧僧拊掌便禮拜師云不消多　師乃舉先聖道法尔不尔俱爲脣齒汝等諸人作麽生會若會得開眼屎床若也不會遠之遠矣便下座師遂持此語遍問諸禪者云汝作麽生會衆皆下語不契末後有僧云請和尚下語師便起歸方丈　僧問古人道問無横竪荅者由師擬伸一問師意如何師云你試問看進云劒閣路雖險夜行人更多師云想君不是金牙作進云與麽則爲衆竭力禍出私門師云教休不肯休　師乃云諸方尽道拈搥竪拂瞬目揚眉曲爲中下之流山僧即不然山僧拈起者拄杖子也不爲上上之人亦不爲中下之者且道尋常用處作麽生若知得一竅方解穿腦透髗動地搖天若也未然且向天台看華頂却来南岳度石橋便下座　上堂舉先聖道見身無實是佛見了心如幻是佛了了得身心本性空斯人與佛何殊别者箇是拄杖子阿那箇是佛良久云一時吹取入門来　上堂云千說萬說不如一決諸人者且道决箇什麽良久云點鐵化為金玉易勸人除却是非難歸堂去　上堂舉永嘉和尚道但得本莫愁末如浄琉璃含寶月遂拈起拄杖云者箇是拄杖子阿那箇是本云任是深山更深處也應無計避王傜珎重　上堂舉清平有僧問如何是有漏荅云笊籬如何是無漏荅云木杓師云古人與麽道實謂奇特山僧爲你諸人頌出　有漏笊籬無漏木杓烜赫禪和妄生卜度靈利座主何處摸揉金牙解使神鍜李廣箭穿雙鵰歸去　上堂云東湧西没蓋是尋常南北縱横未爲極則透皮徹骨則不問汝鼻孔遼天一句作麽生道良久云堪羨一堂無事客卧雲深處不朝天珎重上堂云拄杖若是頭上安頭拄杖不是斬頭覔活離此二途猶是無依滯覔透脫一路猶是著肉汗衫汝等諸人各具金剛眼睛到者裏作麽生會若也不會拄杖子透過渤海看看卓拄杖一下　上堂云盡大地是箇餬餅從他江南兩浙河北關西咬著咬嚼著嚼朦瞳禪和被山僧擗頭打一棒走入露柱裏藏身且道露柱裏明得什麽邊事若也不會拄杖子爲汝念箇揭諦真言以拄杖卓一下上堂拈起拄杖云永嘉道心是根法是塵兩種猶如鏡上痕痕垢尽除光始現心法雙忘性即真者箇是拄杖子阿那箇是心卓拄杖一下　上堂云依經解義三世佛寃離經一字又同魔說且作麽生得不傷物義去汝等諸人聽山僧一頌　地凍草枯水寒氷結借問禪人是何時節林際走過新羅德山愁眉不悅珎重　上堂舉先梁山云從南来者與二十棒從北来者與二十棒雖然如此且不當宗乘師遂拈拄杖云點與不點莘盡末爲微塵卓拄杖一下　上堂舉先聖道森羅及萬象一法之所印盡大地是一條拄杖汝等諸人作麽生會卓拄杖一下便下座上堂舉虎溪庵主僧問在者裏多少年主云只見春生夏長年代惣不記得僧云大好不記得庵主云你道我在者裏多少年僧云春生夏長庵主云鬧市裏虎師云聽取山僧一頌　鬧市中心虎能歌不解舞命值木星君不遇羅睺土便下座　上堂舉先聖道纔有是非紛然失心到者裏還有商量也無云心麁者失欺敵者亾珎重　僧問今夜鍾鳴時道人盡来此向上宗乘請師舉唱師云我到者裏惣開口不得學云退身三步去也師

云言不虛設學云今日失利師云放你三十棒問拈搥豎拂即不問瞬目揚眉事若何師云趙州曾見南泉來進云學人未曉乞師再垂指示師云今冬多雨雪貧家爭柰何進云百花皆競拆冬後一陽春師云真師子兒善師子吼　師乃舉先韶陽大師道咄咄咄力韋希禪子訝中眉垂諸高德韶陽只有先鋒且無殿後山僧者裏即不然咄咄咄橫該抹天不長兮地不闊珍重　僧問久欽尊德今日功明時如何師云山高日出早進云與麼則白馬敲金鐙朝天萬里歸師云親面龍顏一句作麼生道學云一片月生海幾家人上樸師云在舍只言爲客易臨岐方覺告人難　師乃云過去諸佛已般涅槃好與三十棒見在諸佛轉大法輪好與三十棒未來諸佛當出於世好與二十棒諸高德若要報佛之深恩當如是學學則從諸人不得辜負老僧珍重　上堂云先聖道在有破有居空破空二幻既除中道不立若然者山僧拄杖向什麼處著魚躍已隨流水去鶯啼猶送落花來珍重　上堂云拈起拄杖作靠山猛虎放下拄杖如入水蛟龍靠山猛虎作麼生商量入水蛟龍如何話會若也不知者一毅拄杖子笑汝去也卓拄杖一下便下座

上堂云若論此事如洪鍾待扣聲應長空如寶鏡當軒影臨萬象天不能蓋地不能載賢愚共處其間聖凡出之不得山僧與麼道大有人笑去在他也笑我也笑誰人知此竅三十年更笑去在珍重　僧問一塵纔起大地全收一塵未起時如何師云李廣射落雲中鴈進云龍吟霧起虎嘯風生也師云驚得胡兒走似煙問開口即錯動舌即乖如何是的師云摩竭陁國金剛怒學云離咽喉唇吻又作麼生道師云驗人端的處下口即知音進云與麼則野花開滿地流水自西東師云者廻放過後度難逢卓拄杖一下師云拈起拄杖千花競發放下拄杖萬樹齊凋不拈不放一月在天衲僧當此之時作麼生道良久云秋燕不閑梁上語却看鴻鴈過長天珍重　上堂云擊水魚頭痛穿林宿鳥驚黃昏不擊鼓日午打三更諸禪德既是日午爲甚却打三更良久云昨見垂楊綠今逢落葉黃珍重　上堂示衆云色即是空非色滅空我喚者箇作拄杖子你等諸人喚作什麼乃云欲知瀚海路須是去來人珍重　上堂云句中薦得遊子返於故鄉意中薦得方解事於尊堂若然者須是轉身吐氣始得若能如是方解百尺竿頭進步句中無意意中無句既能如是且作麼生轉身吐氣若也不會拄杖子爲汝吐氣去也卓拄杖下座　上堂示衆云拈起拄杖更無上上放下拄杖是何模樣髑髏峯後即不問汝諸人馬鐙裏藏身一句作麼生道若道不得拄杖子道去也卓一下便歸方丈　上堂示衆舉先聖道說法不有亦不無山僧不可欺賢罔聖埋沒諸人去也何以如此也是湖南人賣麩便下座　上堂舉先百丈禪師示衆云百丈有三訣喫茶珍重歇直下若承當知君猶未徹　師拈云百丈與麼道美則美矣善則善矣雖然如是即有順水之波且無滔天之浪山僧即不然瑯琊有三訣淥水青山月三冬枯木花九夏寒巖雪珍重　僧問把斷綱宗則不問通風一句請師宣師云清風匝地紅燄亘天學云若然者撒手卧長空攢眉却廻去師云真師子兒善師子吼學家便喝師卓拄杖一下學云和尚著忙作什麼師呵呵　僧問昔日憂闐王刻像蓋爲佛在忉利天說法今日施主刻像未審佛在什麼處說法師云三山鏁夜月進云大衆側聆學人未曉師云照破萬家門進云恁麼則日出乾坤耀雲收山岳青師云驗人端的處進云早知燈是火師云直待雨淋頭　師乃舉先聖道至道無難唯嫌

揀擇下面注云但莫憎愛洞然明白師云汝
諸人到者裏作麼生下得一轉語契古人良
久云汝也不着便我也不着便兩箇䭔餅一
斗好麪歸堂去　僧問古人對拄杖子爲
什麼哭蒼天師云蓬頭跣足進云蒼天蒼天
師云瞎漢放你二十棒學云喏喏師云棺木
裏瞠眼僧問無言無說猶辱宗風舉唱談玄
埋沒宗旨離此二途請師別道師云千年田
八百主進云將謂胡鬚赤更有赤鬚胡師云
試對衆驗看僧禮拜師云將謂南番船主元
來此土商人師乃云内空故無眼耳鼻舌身
意外空故無色聲香味觸法不是無何故不
見石頭大師道然於一一法依根葉分布歸
堂去　僧問客路如天遠侯門似海深琅琊
門下如何進道師云六六三十六進云學人
未曉乞師再垂方便師云卧雲深處不朝天
進云恁麼則雲収山嶽静春暖百花榮師云
静處薩婆訶　問承教有言諸法從本來當
十七　十六
自寂滅相學人見山是山見水是水時如何
師云賊是小人智過君子進云莫言侵早起
更有夜行人師云此迴放過後度難逢卓拄
杖一下師乃云上不在天下不在地中不在
人若然者四生六道承何恩力汝且道著力
一句如何道得若道不得拄杖子與弥勒釋

迦關打去也卓拄杖一下
拈古　舉外道問佛不問有言不問無言
世尊據坐外道云世尊大慈大悲開我迷雲
令我得入外道去後阿難白佛外道見何道
理讃嘆而去世尊云如世良馬見鞭影而行
師拈云依佛似曲終堪聽又被風吹別調中
仰山夜夢入五百聖堂爲第二座時有一尊
者起来白槌云次當第二座說法仰山遂起
白槌云摩訶衍法離四句絶百非謹白其五
百聖衆各各散去師拈云且道五百聖衆散
去是肯他仰山不肯他仰山若肯他仰山又
辜負仰山若不肯仰山猶如平地上喫交山
僧今日不惜兩莖眉毛與汝諸人注破摩訶
衍法離四句絶百非你若舉似諸方諸方若
與麼會入地獄如箭射　舉趙州一日與
文遠論義鬭劣不鬭勝勝者輸果子文遠云
請和尚立義州云我是一頭驢文遠云某甲
是驢糞趙州云將菓子来師拈云趙州大似
十八　十九
蕭何制律文遠也似蕭何制律　舉僧問
如何是夾山境夾山云猿抱子歸青嶂外鳥
啣花落碧岩前法眼云我二十年作境話會
師拈云且道如今作麼生會良久云上士游
山水中人坐竹林　舉崔禪上堂云出来
打出来打時有僧出来云崔禪讃崔禪擲下

拄杖下座師拈云久經行陣者終不展旗鎗
舉臨濟示衆云但有問訊不虧欠伊惣識得
伊来處與麼来者恰似失却不與麼来無繩
自縛一切時中莫亂斟酌會與不會都来是
錯分明與道一任天下人貶剥　師拈云作
麼生貶作麼生剥良久云垂鉤四海爲釣驪
龍格外玄談蓋尋知已唱一喝　舉順德
問僧窓外什麼声僧云雨滴聲順德云衆生
顛倒迷已逐物師拈云得即得大似平地上
陥人　舉鼓山示衆鼓山門下不得嗽咳
時有僧出来咳嗽一聲鼓山云作什麼僧云
傷寒山云傷寒即得師拈云雷声甚大雨點
全無　舉寳壽初開堂日三聖爲請主便
推出一僧問話其僧纔禮拜寳壽便打三聖
云若與麼爲人已後瞎却鎮州一城人眼在
寳壽擲下拄杖便歸方丈師拈云不是三聖
爭到今日然雖如是錯會者多　舉岩頭
問德山云是凡是聖德山便喝岩頭禮拜後
洞山聞云若不是奯公大難承當岩頭云洞
山老人錯下名言我當時一手擡一手搦師
拈云巖頭無人問著不妨奇特才被洞山腦
後一錐直得冰解冰消　舉興化道此一
炷香擬欲承嗣三聖三聖與我太孤擬欲承
嗣大覺大覺與我大賒此一炷香不如承嗣

臨濟先師師拈云且道因甚承嗣臨濟良久
云路逢劒客須呈劒不是詩人莫獻詩
舉僧問踈山如何是法身踈山云枯樁僧云
如何是法身向上事山云非枯樁僧云法身
還遍一切處也無山云遍僧云淨甁內還有
也無山云無僧云大好遍山便打又僧問曹
十十一　二十
山云滿月彎弓時如何師云善射不中的學
云爲什麼不中的師云左来左中右来右中
學云大好不中的師便打又僧問雲居明鏡
當臺如何師云不鑒照學云爲什麼不鑒照
師云胡来胡現漢来漢現學云大好不鑒照
師便打　師拈云一轉語賓家有道理主家
無道理一轉語主家有道理賓家無道理一
轉語賓主俱無道理若也揀得出鼻孔在瑯
瑘手裏若也揀不出一任草鞋裏跨跳
舉僧問洞山初和尚如何是道山云卓學云
擬向如何山云失卓後僧持此語問徹和尚
未審洞山意旨如何徹云虎鬬龍傷　師拈
云金烏藏海岸玉兔離青霄　舉百丈一
日陞堂大衆集定以拄杖一時趂下法堂却
召大衆大衆回首乃云月似彎弓少雨多風
師拈云若入洪波裏須是弄潮人
舉雲門云釋迦老子初生下時目顧四方一
手指天一手指地道天上天下唯吾獨尊我

當時若見一棒打殺與狗喫却圖得天下太
平　師拈云將此身心奉塵刹是即名爲報佛
恩　舉曹山云莫行心處路不掛本來衣
何須更與麼切忌未生時師拈云不傷物義
一句作麼生道良久云庥前翠竹禪人種嶺
上青松野客栽　舉閑禪師示衆云不生
十十一　廿一
想念本来無體大用現前不說時節後臨遷
化時問侍者云坐去者誰侍者云僧伽又云
立去者誰侍者云僧會闍梨乃周行七步垂
手而終師拈云生既如是死亦如然
舉趙州行脚時到一鄉院經旬日臨去乃辭
院主院主云何往趙州云臺山禮拜文殊去
院主云某甲有頌相送云何處青山不道場
還須策杖禮清涼雲中縱有金毛現正眼觀
時非吉祥趙州乃問作麼生是正眼院主無
語師拈云啼得血流無用處　舉米倉與寶
壽同赴州主齋次州主令客司傳語請二人
長老談論佛法寶壽云請師兄長老荅話米
倉便喝寶壽云未曾奉問唱箇什麼米倉云
猶欠少在寶壽却與一喝師拈云大似點火
夜行　舉臨濟上堂云赤肉團上有一無
位真人常從汝等面門出入未證據者看時
有僧出問如何是無位真人臨濟下禪床搊
住其僧擬議濟乃托開云無位真人是什麼

乾屎橛便歸方丈師拈云臨濟可謂氷凌上
度過九鞠劒刃上拾得全身　舉百丈開
田次問黄蘗運闍梨開田不易蘗云衆僧作
務百丈云有煩道用蘗云爭敢辭勞百丈云
開得多少田也蘗乃將鉏頭築地三下百丈
便喝黄蘗掩耳便出　師拈云百丈一喝可
謂垂絲於萬丈潭中黄蘗掩耳獨聳於千峯
之上　舉雲居上堂云譬如人將三十貫
錢買得一隻獵狗只解尋得有蹤跡忽遇羚
羊挂角時莫道蹤跡氣息也覓不著時有僧
出便問羚羊挂角時如何雲居云六六三十
六僧無語雲居云會麼僧云不會居云不見
道絶蹤跡師拈云雲居與麼拼提大似八尺
布衫丈二袖　舉趙州到茱萸處執杖子
於法堂上從東邊過西邊茱萸便問作什麼
州云探水茱萸云我者裏一滴也無探箇什
麼趙州靠了杖子便出去師拈云世亂奴欺
主年衰鬼弄人　舉僧問藥山平田淺草
十十一　二十二
麈鹿成群如何射得麈中主山云看箭僧便
作倒勢山云拖出者死屍著僧蹲跳便出山
云捏泥丸漢有什麼限　師拈云賊出關
門家中吽屈　舉乾峯上堂云舉一不得
舉二放過一著落在第二雲門在座下出来
云昨日一人新到從天台来却往南岳去也

乾峯下座捆住云維那來日不得普請便託
開歸方丈師拈云路遥知馬力歲久見人心
舉趙州聞俗行者勘僧云我有十貫錢若有
人下得一轉語即捨此錢前後有人下語並
不契趙州遂往行者家行者云若下得一轉
語即捨其錢趙州戴笠子便行師拈云武帝
求仙不得仙王喬端坐却昇天　舉巖頭
爲渡子時凡見人來舉棹示之忽有一婆子
抱一孩子來問云呈橈舞棹即不問且道婆
手中孩兒甚處得來嵓頭便打婆云婆生七
子不遇知音只者一箇也不消得便拋向水
中師拈云欺敵者亾　舉百丈見趙州來
參百丈云甚處來州云南泉來丈云南泉近
日有何言句示徒州云今時人直教悄然去
百丈云悄然且致忙然一句作麼生道州近
前三步百丈咄之州作縮頭勢百丈云大好
悄然趙州拂袖便出去師拈云趙州老人向
師子窟中換得牙爪　舉小乘毗沙論有
十二　廿三
一聚落毒龍所居時有五百尊者往彼降他
不得後有一尊者彈指一下其龍即降師拈
云若據教乘自有科判琅琊者裏即不然只
者彈指也不消得然雖如是且莫困魚止濼
病鳥棲蘆　舉仰山參嵓頭岩頭纔見豎
起拂子仰山便展坐具嵓頭放下拂子仰山

收坐具嵓頭云我不重你放即重你收師拈
云嵓頭與麼道錯批判者多仰山出去切不
得麤心　舉黃蘗見僧來乃云諸方老宿
盡在我拄杖頭上僧便禮拜僧後到大樹處
舉前話大樹云黃蘗與麼道曾夢見諸方也
未其僧却回舉似黃蘗黃蘗云我者話已行
遍天下師拈云大樹與麼道大似有眼如盲
黃蘗一條拄杖天下人咬嚼不碎　舉臨濟
上堂有僧出禮拜濟便喝僧云老和尚莫探
頭好濟云你道落在什麼處僧便喝又僧問
如何是佛法大意濟便喝僧禮拜濟云你道
好喝也無僧云草賊大敗濟云過在什麼處
僧云再犯不容臨濟乃云要會臨濟賓主句
請問取適來問話二禪客師拈云真金須入
火　舉金剛經云一切有爲法如夢幻泡影
如露亦如電應作如是觀師拈云先聖可謂
誠實之言然雖如是錯會者如麻似粟　舉
僧問石霜咫尺之間爲什麼不覩師顏霜云
我遍界不曾藏僧又到雪峯處問云遍界不
曾藏意旨如何峯云什麼處不是石霜師拈
云雪峯雖有利人之心且無出人之眼石霜
雖有出人之眼未知向上一竅　舉淨名經
云諸菩薩各各說不二法門於是文殊曰如
我意者於一切法無言無說無示無識離諸

問答是爲入不二法門於是文殊師利問維
摩詰我等各各自說已仁者當說何法是菩
薩不二法門維摩默然文殊讚言善哉善哉
乃至無有文字語言是爲真入不二法門師
拈云文殊與麼讚嘆也是杓卜聽虛聲維摩
默然切不得鑽龜打瓦　舉圓明云瘥病不
十一　二十四
假驢駝藥三角云瘥病須假驢駝藥師拈云
圓明可謂小慈妨於大慈三角貪他一斗米
失却半年糧　舉僧問同安如何是向去底
人安云寒蟬抱枯木哭尽不回頭又問如何
是却來底人安云火裏蘆花秀逢春恰似秋
又問如何是不來不去底人安云石羊遇石
虎相逢早晚休師拈云古人雖解箭穿鴈
要且不解透樹射猿　舉僧問白兆師唱誰
家曲宗風嗣阿誰師云自小不曾歷他家門
戶僧云與麼則竺乾的子白兆兒孫師云承
言者喪滯句者迷師拈云巧人須得巧人佐
拙人須得拙人扶　舉僧問風穴寶塔元無
縫金門即日開時如何穴云智積佐來空合
掌天王捧出不知音如何是塔中人萎花風
掃去香水雨飄來師拈云風穴若無後語大
似紀信詐降　舉大般若經云善現問舍利
弗云以何爲佛眼舍利荅云以性空爲佛眼
善現嘆云善哉善哉從上諸佛皆以性空爲

佛眼從佛口生從法化生師拈云望天不見天覷地不見地　舉教中道清淨本然云何忽生山河大地　師拈云清淨本然云何忽生山河大地　舉肇法師云旋嵐偃岳而常靜江河競注而不流野馬飄鼓而不動日月歷天而不周師拈云肇法師與麽道也是平地上陷人十十二山僧者裏即不然嵓前淥水嶺上廿五白雲　舉無著到五臺文殊處喫茶次文殊提起琥珀盞子問云南方還有這箇麽無著云無文殊云尋常將什麽喫茶無著便休去師拈云若也是去可謂虎口裏奪飡若也非去移舟看水勢舉棹别波瀾　舉石霜在潙山會下作米頭一日篩米次潙山云施主物不要拋撒石霜云不拋撒潙山於地上拈得一粒米云汝道不拋撒者箇是什麽石霜無語潙山云莫欺者一粒百千粒盡從者一粒生石霜云百千粒從者一粒生未審者一粒從什麽處生潙山呵呵大笑便歸方丈至晚上堂云大衆米裏有蟲師拈云潙山一粒米彈破衲僧牙　舉僧問寶壽萬境來侵時如何寶壽云莫管他僧禮拜壽云莫動着動着即打折你驢腰師拈云若無遣蛇手悮殺世間人　舉泰首座到洞山處洞山晚間排果子管顧他洞山便問云首座有一物上拄天下拄地黑如漆常在動用中動用中收不得且道過在什麽處首座云過在動用中洞山喚侍者收却果子床不得果子喫師拈云若不是洞山老人焉能辨得雖然如此洞山老人猶欠一著在　舉水潦參馬大師問如何是祖師西来意被馬大師一踏踏倒起来拍手呵呵大笑當下大悟便承嗣馬大師住後有僧問如何是祖師西来意水潦云自從馬師一踏後直至如今笑不休師拈云大衆你道水潦還曾悟也未　舉龐居士問馬大師不昧本来身請師高着眼馬大師直下覰居士云一等沒絃琴唯師彈得妙馬大師直上看居士便禮拜馬大師便歸方丈居士隨後入方丈内云弄巧得拙師拈云一夜作竊不覺天曉　舉南院見僧来竪起拂子僧云敗闕南院放下拂子僧云猶有者箇在南院便休師拈云狂狗趂塊師子咬人　舉南泉示衆云道非物外物外非道時有趙州出来便問如何是物外道十十一南泉便打趙州接住拄杖廿六未云和尚莫打某甲已後錯打人去在南泉云龍蛇易辯衲子難謾乃擲下拄杖便歸方丈師拈云不見道酒逢知己飲詩向會人吟　舉順德問僧近離什麽處僧云三峯德云夏在什麽處僧云五峯德云放你三十棒僧云未審某甲過在什麽處德云爲你出一藂林入一藂林師拈云割菜鐮子　舉僧問廣德如何是佛德云棨戟門開見墜仙僧馳此語至州中悟空處便問棨戟門開見墜仙意旨如何空云直饒親見釋迦来智者咸云不是佛　廣德後聞遥望城中禮拜云悟空古佛豈止羊二十口師拈云廣德腦後添釘悟空眼中拔楔雖然善順機宜敢保他家未徹

古尊宿語錄卷第四十七　十十一

古尊宿語錄卷第四十八　上十二
僧錄司右闡教兼鍾山靈谷禪寺住持 淨戒 重校
佛照禪師奏對錄
宋淳熙三年十一月初三日
孝宗皇帝召對便殿致恭山呼訖賜坐師奏
云今春伏蒙聖旨令洒掃靈隱三月三十日
又准 降香開堂賓增感激今蒙召對獲覩
清光千載一遇帝問師生何處嗣法何人師
對曰臣生長臨江軍禮南山光化禪院長老
晋吉為師衘陛下天地覆載之恩行脚衆五
十餘員善知識末後於大慧禪師宗杲處打
徹遂法嗣之上曰朕惜不見大慧師云陛下
既留心祖道時時與大慧於大光明藏把手
共行豈在聚頭接耳為相見耶嘗蒙賜語錄
入藏作萬世光明種子非獨法門增輝臣與
天下衲子不勝榮幸上曰且喜得晴師云郊
祀在即乃陛下聖德所感上曰朕此心與佛
心通師云直下更無第二人闡陛下萬機之
暇留心祖道游泳楞嚴圓覺自古帝王未有
如陛下篤信此道上曰自古帝王英雄者有
之信此道者極少如梁武帝亦未徹師云當
面蹉過達磨上曰陷在泥坑裏師云只為攔
柄不入手不得受用師云臣山野語言無倫
恐瀆聖聰上曰這裏正要與長老忘懷論道

師云陛下日應萬機直須向一切處著眼看
是什麼道理上曰天下事来即應之師云可
謂明鏡當臺物来斯照上曰步步踏著實地
師云直須恁麼始得上曰臨濟因緣可舉一
二師遂舉臨濟在黄蘗因第一座勉令問黄
蘗如何是佛法的的大意蘗遂與二十棒如
是三次問辭蒙賜棒所恨愚魯且往諸方去
第一座遂白黄蘗云義玄上座雖是後生却
甚奇特他日為一株大樹蔭覆天下人去在
他若来辭和尚願垂提誨濟明日力辭黄蘗
蘗指往大愚處必為汝說濟至大愚愚問甚
處来濟云黄蘗来愚云黄蘗有何言句濟遂
舉前話復云不知過在甚處愚云黄蘗恁麼
老婆心切為汝得徹困猶覓過在濟於是大
悟乃云元来黄蘗佛法無多子愚云尿床鬼
子適来道我不會而今道甚無多子是多少
搊住云道道濟便向大愚肋下築三拳愚托
開云汝師黄蘗非干我事濟返黄蘗蘗問云
来来去去有甚了期濟云只為老婆心切遂
舉前話蘗云這大愚老漢饒舌待見與打一
頓濟云說甚待見即今便打遂與黄蘗一掌
蘗吟吟而笑云這風顛漢来這裏捋虎鬚濟
便喝蘗云侍者引這風顛漢衆堂去上曰悟
了直是快活師云溈山問仰山云臨濟得大

愚力得黄蘗力仰云非但捋虎鬚亦解坐虎
頭自此臨濟法道大興上曰源流好師云臣
嘗有頌上曰舉看師舉云黄蘗山頭遭痛棒
大愚肋下報冤讎當機一喝驚天地直得曹
溪水逆流上曰好箇曹溪水逆流又問興化
打克賓克賓如此答興化如何便打師云不
可放過臣有頌上曰舉看師舉云罰錢出院
揚家醜興化贅頭遇克賓父子不傳真秘訣
棒頭敲出玉麒麟師復云昔翠巖可真禪師
頌即心即佛非心非佛因緣曰百萬雄兵出
將軍獵渭城不開弓矢力斜漢月初生令晦
堂心禪師看後因荅客問西来意有頌東吳
幾度為閑客南越曾經作主人可笑年来身
老大得同塵處且同塵真見之云子徹也上
如即心即佛非心非佛陛下如何會上曰包
含萬像師云包含萬像底是什麼上曰對面
底是師云認著依前還不是上乃默契上曰
長老且歸觀堂師云謹領聖旨乃辭下殿繼
而遣中使 賜御製頌一首曰大暑流金
石寒風結凍雲梅花香度遠自有一枝春師
荅山頌一首曰當陽一句子平地步青雲踏
翻關捩處便是主家春
初四日復進即心即佛非心非佛一頌即心
即佛無蹊徑非佛非心有變通直下兩頭俱

透脫新羅不在海門東上復荅師頌一首曰欲言心佛難分別俱是精微無礙通跳出千重縛不住天涯海角任西東師再進山頌云一句截流心路絕千差萬別豁然通竿頭更進竿頭步莫問西來及與東復召對賜坐師云夜來與今日兩篆宣示　御頌神思聚發夜來頌好不如今日頌語句尤痛快上曰夜來得長老開發乃有此頌師云陛下前後宣諸山尊宿論道如何上曰難得似長老直截師云聞陛下於心隨萬境轉轉處實能幽隨流認得性無喜亦無憂處得箇入頭但未曾遇人上曰真箇如此師云如人學射久久自然中的所以五祖演禪師云悟了須是遇人始得若不遇人十箇有五雙杜撰上曰須要遇人師云正是遂舉羅山問石霜云起滅不停時如何霜云直須寒灰枯木去一念萬年去函蓋相應去純清絕點去山不契却往巖頭處問起滅不停時如何巖頭喝云是誰起滅山於此大悟上曰長老意謂如何師云巖頭與他本分草料上曰長老見大慧幾年後打徹師云臣癸亥年有箇發明了却被禪道佛法礙又做十五年工夫後到育王一見大慧便打徹慧一日掛牌臣入室慧舉僧問趙州如何是趙州州云東門西門南門北門你作麼生會荅云大小趙州坐在屎窖裏慧云你甚處見趙州荅云莫瞌睡慧打一竹篦云只恁麼做工夫荅云莫掩彩慧乃喚侍者問這僧名什麼荅云不得名慧云你看這漆桶亂做荅云未為分外便出又一日入室慧問喚作竹篦則觸不喚作竹篦則背如何荅云請和尚放下竹篦與學人相見慧擲下竹篦云如何相見荅云伎倆已盡慧云你看這漢又來老僧頭上行荅云也是尋常行履處禮拜便出又一日入室慧問喚作竹篦則觸不喚作竹篦則皆不得下語不得無語不得意根下卜度不得向舉起處承當速道速道荅云杜撰長老如麻似粟慧云你是第幾箇荅云今日捉敗這老賊慧深肯之上曰如此相投師云禪家當機不讓遂舉靈雲見挑花悟道頌云三十年來尋劒客幾回葉落又抽枝自從一見挑花後直至如今更不疑玄沙云諦當甚諦當敢保老兄未徹在每舉問禪和子那裏是不疑處陛下且道那裏是不疑處上擬議師云只就疑處看驀然看破不疑處便是陛下受用不盡底上曰長老且道那裏是不疑處師云紅爐上一點雪上乃點頭師云昔黑齒梵志得五神通常在雪山說法感得梵王帝釋閻羅王洎諸天神常來聽法一日說法畢閻羅王目視梵志而泣志曰大王何得視吾而泣王曰吾觀於汝善能說法七日後命終當來吾界受諸苦痛梵志惶怖求免無門雪山諸天神謂梵志曰欲免斯難唯有大覺世尊乃能為汝免得此難梵志曰世尊者何人也天神曰豈不聞淨飯王太子十九出家三十成道為人天師其名曰佛諸大菩薩八部龍天常轉法輪度一切眾生梵志聞已復作思惟我去見佛將何供養乃運神力手執合歡梧桐華兩株飛空向世尊前供養世尊召五通梵志志應諾世尊云放下著梵志棄左手華於世尊前又世尊云放下著梵志又棄右手華於世尊前世尊又云放下著梵志云世尊我秖擎兩株華一時放下了我今空身無可放捨世尊云五通梵志吾非教汝放捨其華汝當放捨內六根外六塵中六識一時捨却到無可捨處是汝免生死處梵志乃於言下悟無生法忍上曰只是人不向緊要處做工夫師云欲得徑捷須離却語言文字真實參究所以古德道念得楞嚴圓覺經猶如瀉水響泠泠有人問著西來意恰似蚊蛸咬鐵釘上曰直是難入師云正好著力上曰如長老者難得真可為人師師云陛下過褒初六日復召對上曰觀堂中穩便麼師云荷

陛下聖眷極穩便上曰前日長老云直至如今更不疑那裏是不疑處朕有一轉語師云那裏是不疑處上曰空手牽鐵牛師云如何見得上擬議師云纔入思惟便成剩法上曰若問長老如何秖對師云千聞不如一見上喜曰朕且做工夫師云陛下果位中承願力來示現　帝王身不被富貴聲色籠罩但念念扣己而叅驀然一念相應如桶底子脫相似直至成佛永無退轉師云若論此事如兩陣對敵進前則有活路若望崖而退不是丈夫漢昔香嚴叅溈山溈山云我聞你在百丈處問一荅十問十荅百是否嚴云不敢山云試向父母未生已前道一句看嚴無語乃云請和尚為某甲道山云我若為汝說破子他時後日眼開罵我去在嚴遂檢尋平日看讀文字討一句祇對了不可得乃云今生不學佛法也且作長行粥飯僧乃辭溈山往南陽覩忠國師遺迹遂憩止焉一日芟除草木以

七十二　六

瓦礫擊竹作聲忽然大悟遽歸沐浴遥禮溈山云和尚大慈恩踰父母當時若為我說破何更有今日事乃述一頌云一擊亾所知更不假脩持動容揚古路不墮悄然機處處無蹤跡聲色外威儀諸方達道者咸言上上機歸告溈山溈山舉似仰山仰山云待某甲勘過乃云聞師弟有悟道頌試舉看香嚴舉了仰山云此是閑時計較得底香嚴再舉一頌云去年貧未是貧今年貧始是貧去年貧有卓錐之地今年貧錐也無仰山云只會得如來禪未會祖師禪香嚴又舉一頌云吾有一機瞬目視伊若也不會別喚沙弥仰山云且喜師弟會祖師禪上曰如來禪與祖師禪一般何故分別師云殺人活人不貶眼上曰莫便是昨日道諦當甚諦當敢保老兄未徹麼師云陛下須具透關眼始得上曰如長老直截者難得想見為衲子尤切師云臣不避誅所以直言上曰正要如此師云先師大慧與溈山佛性泰禪師同叅圓悟一日持論古今次泰曰香嚴悟道頌云一擊亾所知只消此一句便了大慧云五祖演和尚頌狗子無佛性話云趙州露刃劒一句便了下面都是注脚悟了底人與悟了底人說話如兩鏡相照直是明白如陛下道欲言心佛難分別一句

七十二　七

使了下面三句亦是注脚上曰適來道父母未生前一句子朕道得也師云如何是父母未生前一句上曰昨夜今朝又明日師云若如此方得古今無間斷上曰何不挨撥師云撥着須是有出身之路上曰長老可謂循循然善誘人師云聖訓謙冲非臣敢當師云臣不敢久居觀堂乞歸靈隱上曰更要與長老說話在師云謹領聖旨却歸觀堂至初七日中使傳旨且歸靈隱待賜禪師號師遂歸靈隱　四年正月二十四日特賜佛照禪師號師領衆門迎　勅黄歸寺次至法堂捧勅黄示衆云天書親自日邊來一道神光遍九垓為瑞為祥恩力大直教枯木綻花開舉起便知不妨慶快茍或未然重宣一遍遂陞座拈香云此一瓣香恭為祝延兩宮皇帝聖壽無疆乃歛衣就座僧問九重宣對超過南陽忠國師五宿禁闈提持聖諦第一義與二千年前釋迦老子出氣使後五百世比丘增長威光佛照禪師蒙特賜世間出世更無雙是什麼得恁麼奇特師云彼此一時皆感事未必令人嫌古人進云兵隨印轉將逐符行師云正令已行風凜凜斗間劒氣燭天光進云同光帝問興化朕收中原獲得一寶至今未有人酧價興化云畧借陛下寶看帝引手舒幞頭脚示之意旨如何師云奇特中奇特進云龍袖拂開千聖眼金毛師子現全威師云點進云興化道君王之寶誰敢酧價又作麼生師云古今牓樣進云普光明殿裏撥轉上頭關師云虎頭虎尾一時收進云只如知恩報恩一句如何話會師云一雨普霑沙界潤群

生何處不承恩進云飛来峰頂瞻天闕選佛場中謝聖恩師云錦上鋪花僧禮拜又僧問直截根源到日邊帝恩降自九重天中興吾道超今古佛放毫光照大千既沐宸恩請師祝聖師云萬年松在祝融峯進云一言已祝南山壽八表無私賀太平師云當頭道著進云直得九重城畔祥雲起七寶山前瑞氣生師云清風来未休進云君恩師已報祖意又如何師云一著高一著一步闊一步進云王道與祖道相去多少師云不隔一絲毫進云靈雲見桃花悟道意旨如何師云腦後薦取進云那裏是他不疑處師云更叅三十年進云只如空手牽鐵牛意旨如何師云非子境界進云未審向什麽處見靈雲師云撞著額頭磕著鼻進云莫謂靈雲消息斷桃花依舊笑春風師云逢人不得錯舉僧禮拜師乃云當陽目擊直下知歸左右逢原七通八達著著有出身之路頭頭具透脱之機有時神出鬼没換斗移星有時八字打開兩手分付恁麽也得不恁麽也得恁麽不恁麽摠得我為法王於法自在放去收来有何罣礙直得龍驤虎驟鳳翥鸞翔奇特中奇特殊勝中殊勝正當恁麽時且道知恩報恩一句作麽生道乃舉拂子云唯憑此箇真消息仰祝

吾皇萬萬年復舉黃檗和尚示衆云汝等諸人盡是不著便底恁麽行脚何處有今日還知大唐國裏無禪師麽師著語云打草要蛇驚時有僧出衆云只如諸方聚徒領衆又作麽生檗云不道無禪只是無師師云黃檗眼觀東南意在西北點檢将来未免面皮厚三寸且道靈隱恁麽批判意在什麽處從前汗馬無人識只要重論蓋代功下座

師淳熙戊戌十月初二日召對便殿引見致恭即日孟冬薄寒恭惟

皇帝陛下聖躬萬福臣前冬得奉清光繼蒙須賜禪號仰荷聖恩賜坐師就坐上曰朕近看華嚴經至善財入法界品思見善知識如婦在前師云陛下今日召臣僧陛下是主臣僧是伴主伴交叅機感相投便是入華嚴法界所以道無邊刹境自他不隔於毫端十世古今始終不離於當念此乃不出陛下一念上曰是朕得暇常於損齋静坐但日用事繁不能純一師云陛下但正心術自然如明鏡當臺物來斯照上曰朕每見臣僚上殿開口便知他肺腑可與者即與不可即不與師云世間事不出一箇公字上曰是如此朕每看方冊自古帝王無悟道者師云古今唯陛下一人更須退步體究方得純一覺得省力處便是得力處上曰秀才家多不信佛法師云佛者覺也須是當人見性成佛昔有一官人著無佛論呈仲山和尚山接得便問云公所述論意謂本來有佛故論謂本來無佛故論官人無對山又云若本來有公爭得云無若本來無今製此論豈不成有官人又無對上曰好一撥師云三教聖人設教只要整頓今人脚手且如孔子道二三子以我為隱乎吾無隱乎尔此乃八字打開自是時人不會上曰孔子好孟子好辨不及孔子師云老子亦好上曰莊子便不及老子師云陛下聖明見得甚親切昔德山和尚道凡有文字語言盡是依草附木竹石精靈所以老僧從頭棒将出去待有獨脱底出来共伊商量陛下須是獨脱始得上曰朕未嘗放捨此事師云此事無有窮盡譬如入海轉入轉深上曰是宗門緊要因緣更舉一二師云昔興化和尚一日見同叅来纔上法堂化便喝僧亦喝行三兩步化又喝僧亦喝須臾近前化拈棒僧又喝化云你看這漢猶作主在僧擬議化便打直打下法堂却歸方丈侍僧問云適来僧有甚言句觸忤和尚化云是他適来也有權也有實也有照也有用我将手向伊面前横兩遭却去不得似這般漢不打更待何時上曰如

此作家師云只此興化道我將手向伊面前
横兩遭便去不得且道那裏是興化將手向
伊面前横兩遭處這些子須是著眼向上看
得透始得此是臨濟骨髓上曰山中想多有
衲子理會得者師云做工夫者極多亦有受
得鉗鎚者上曰聞說住持淂甚好師云上感
聖恩乃辭下殿
師淳熙七年四月二十九日進劄乞歸老明
州阿育王山廣利禪寺奉
聖旨依准至五月三十日召對便殿賜坐上
曰禪師何遽思山林而去朕耶師云臣本是
山林人今復山林去理當然也既此心契合
雖千里對面又安能逃於至化也昔南泉和
尚道山僧自小牧淂一頭水牯牛擬向溪東
放不免食他國王水草擬向溪西放亦不免
食他國王水草臣今雖歸林下實不出陛下
所統上曰然但不得時復論道師云道不可
說時有不說時無且諸天天鼓常演苦空彌
陁國土水鳥樹林皆悉念佛念法儻正念現
前喧寂不間則彈絲吹竹皆譚實相也上曰
造次必於是師云直須如此上曰朕今心意
釋然常自怡悅且如尋常所做工夫并所作
偈頌語言透徹已否師云陛下乘夙願力下
生以夙熏種智純熟聞舉便知落處既知落

處自然身心喜悅此乃初心入道境界暫得
如是實未曾啐地折嚗地斷百了千當如臣
所見陛下所得正住歡喜地耳上曰何謂歡
喜地師云菩薩進脩有十地歡喜乃初地故
経云若有菩薩深種善根善脩諸行善集助
道乃至立廣大智生廣大解慈悲現前又云
菩薩始發如是心即得超凡夫地入菩薩位
生如來家乃至決定當得無上菩提住如是
法名住歡喜地菩薩住此地成就多歡喜今
陛下心意釋然常自怡悅正合此耳上曰餘
九地可盡說師云辭繁恐浼聖聽容別具奏
聞上曰古來悟得性燥者誰師云臨濟水潦
德山巖頭諸大老皆悟得性燥上曰試看師
云臨濟因緣向來已曾舉了如水潦參江西
馬大師問如何是佛法的的大意被馬大師
當胸踏倒忽然大悟起來撫掌大笑云百千
三昧無量妙義盡向一毫頭上識得根源去
已後示衆每云自從一喫馬師踏直至如今
笑不休又呵呵大笑上曰悟後直得如此快
活師云這箇便是啐地折嚗地斷底樣子上
曰德山巖頭如何師云德山參龍潭因侍立
至夜深潭云子且下去山便珍重揭簾而出
却回云外面昏黑龍潭乃點紙燭度與德山
山擬接潭即吹滅山便禮拜潭云子見箇什

麼道理山云某甲從今日去更不疑天下老
和尚舌頭後來保寧勇和尚頌云一條瀑布
巖前落半夜金烏掌上明大口開來張意氣
與誰天下共横行又巖頭參德山纔跨門便
問是凡是聖德山便喝巖頭便禮拜洞山聞
得乃云若不是奯公也大難承當巖頭云洞
山老漢不識好惡我當時一手擡一手搦上
曰祖師也是性燥俗人中還有如此者麼師
云有如本朝李駙馬問石門聰和尚云弟子
欲學禪得否門云此是大丈夫事非將相之
所能爲李於是契悟乃述頌云學道須是鐵
漢著手心頭便判直趣無上菩提一切是非
莫管上曰俗人能如此也難得師云此事無
僧無俗上至佛祖下及蝡動皆悉具足故古
人有言悟則事同一家不悟則萬別千差上
曰至言朕須到此田地方已師云佛法至妙
無有窮已如有窮已則成住著纔成生著便
有窠臼如僧問石霜撥塵見佛時如何霜云
直須揮劒若不揮劒漁父棲巢望陛下卓起
脊梁以金剛王寶劒揮除見刺自然一著高
一著一步闊一步佛祖亦柰何不得也上曰
常如禪師之言今辭朕去後幾時復來師云
臣既歸林下不敢妄動上曰每遇朕生辰可
來一次師云謹領聖旨乃辭下殿上賜御製

云禪師所陳菩薩十地乃是脩行漸次從凡入聖夫復何疑方知脚踏實處十二時中曾無間斷以至圓融雜染純淨俱成障礙任作止滅脫此禪病當如禪師之言常揮劒刃卓起脊梁發心精進猶恐退墮每思到此兢兢業業未嘗敢忽今俗人乃有以禪爲虗空以語爲[十二]戲論其不知道也如此茲事至大[十三]豈在筆下可窮也聊叙所得耳

師淳熙九年十月十一日恭奉聖旨召對便殿起居并進香畢師云臣恭別聖顔三載荷陛下恩覆隆厚臣與徒衆日夕梵誦仰報萬一上曰聞安衆行道不易師云上感聖恩良久賜坐上曰久思與禪師說話師云陛下聖明天縱道德日新大圓鏡中初無間隔　上曰做工夫如何得徹師云做工夫是有心打徹是無心陛下但於日用應緣處常提撕上曰朕於日用應緣處甚覺得力師云只這得力便是受用處陛下地位中人秉願力而来示現帝王身但正心術於富貴聲色中使得富貴聲色乃見力量正如趙州道時人被十二時辰使老僧使得十二時辰底道理七月間蒙賜問以物見則感以目見則著臣嘗對云見見之時見非是見此語乃體聖意而對上曰善師有語云心不負人面無慚色上曰好箇心不負人面無慚色如向来所荅圓覺經中四病語亦愜朕意且如經中道居一切時不起妄念於諸妄心亦不息滅住妄想境不加了知於無了知不辯真實大意如何師云這箇境界須是親證自然世出世間打成一片昔妙喜因讀至此嘗有頌上曰舉看師云荷葉團團團似鏡菱角尖尖尖似錐風吹栁絮毛毬走雨打梨花蛺蝶飛上曰好頌別有甚因緣更舉一二師云昔興化在大覺會下每云我在南方二十年脚尖頭未嘗踢著箇會佛法底覺云你據什麼道理化便喝覺便打化又喝覺又打至明日大覺在法堂上見興化乃云我直下疑你昨日兩喝化便喝覺便打化又喝覺又打化云我在三聖處學得賓主句總被師兄折倒了也覺云這漢来這裏納敗闕脫下衲衣痛打一頓化於是大悟上曰古人相見直是痛快師云臨濟下作用當如此上曰見禪師舉此胷[十二]次豁然師云又如俱胝[十四]住菴時有一尼戴笠子繞禪床一匝云道得即放下笠子胝無對尼拂袖便行胝云何不且住尼云道得即住胝又無對尼去後自嘆云我雖是丈夫漢無丈夫志氣擬棄菴往諸方參學其夜山神告曰不須下山將有肉身大士来爲和尚說法也果旬日天龍和尚到菴俱胝乃迎禮具陳前事天龍舉起一指示之胝當下大悟後凡有問只舉一指有一童子每見人問事也舉指祇對有人謂胝曰和尚這童子也會佛法凡有所問也舉一指胝聞得一日潛袖刀子喚童子問云聞你也會佛法是否童子云是胝云如何是佛童子舉起一指頭被胝一刀斫斷童子叫喚走出胝遂喚童子子回首胝云如何是佛童子將手起不見指頭忽然大悟上曰俱胝爲人如此切師云俱胝自謂我得天龍一指頭禪一生受用不盡上曰正如彈琴初拘指法已後絃指俱忘自然得妙師云又如惠超問法眼如何是佛眼云汝是惠超法眼與麼荅聖意以謂如何上曰昨夜三更月正明師云陛下多了這一句上曰曾有人頌麼師云有雪竇頌云江國春風吹不起鷓鴣啼在深花裏三級浪高魚化龍癡人猶戽夜塘水又白雲頌云一文大光錢買得[十二]箇油糍喫放肚裏了當[十五]下便不飢上曰古人製頌大能顯理師云昔保寧嘗作清淨行者不入涅槃破戒比丘不入地獄頌云平生踈散無拘檢酒肆茶坊任意遊漢地不收秦不晉又騎驢子下揚州上曰可謂雲無心而出岫鳥倦飛而知還師云陛下此語暗

合孫呉昔佛果與妙喜俱受前頌佛果云我
二人各說一頌要勝過它底時有小兒子於
窓外念肆上安燈盞堂前置酒臺閙來喫三
盞何處得愁來妙喜云某甲頌得了也適來
兒子念底便是圓悟大喜乃云我與你改一
字可作閙來打三盞大底古人發揚先德因
緣所有言句廼借路經過爾其實縱横妙用
出於言意之外初不在文飾上曰甚善復云
臣不敢久坐謝恩下殿
師紹熙元年十一月初八日
壽皇召對賜坐師云陛下釋萬機燕御重華
想於此道日有漸證　壽皇云朕向
來得禪師開發日用便覺省力師云省力處
得無限力得力處省無限力壽皇云朕於一
切事物亦不著師云陛下視天下如脫敝屣
以寶位授聖子俾太祖丕祚中興的的相承
綿億萬載若非得大自在受用三昧焉能如
是遂舉喚作竹篦則觸不喚作竹篦則背
陛下如何會壽皇云放下著師云放下則不
無著在什麼處壽皇云二邊不立師云如何
行履壽皇云中道不安師云正坐在百尺竿
頭陛下如何進步壽皇擬議師喝一聲壽皇
云謝禪師提撕壽皇云世法佛法不出這背
觸兩字師云若能轉物即同如來遂指御案
淨瓶云只如淨瓶作麼生轉壽皇云去來自
在師云去來自在底是什麼壽皇咳嗽一聲
師云更進一步始得壽皇云朕直是要打徹
師云但辦肯心必不相賺壽皇復云禪師所
陳直指因緣甚好其間亦有理會不得處師
云陛下但扣已研窮自然七通八達壽皇云
因緣更舉十二一二師舉夾山初住潤十六州鶴林時
道吾到遇上堂有僧問如何是法身云法身
無相如何是法眼云法眼無瑕吾不覺失笑
夾山便下座請道吾問某甲適來祗對僧話
必有不是處致令上座失笑望上座不吝慈
悲吾云和尚一等是出世未有師在夾山云
某甲甚處不是望爲說破吾云某甲終不說
請和尚却往秀州華亭船子處去夾山云此
人如何吾云此人上無片瓦下無寸土和尚
若去須易服裝束夾山乃散衆易服直造華
亭船子纔見便問大德住什麼寺夾山云寺
即不住住即不似船子云不似又不似箇什
麼夾山云不是目前法船子云甚處學得來
夾山云非耳目之所到船子云一句合頭語
萬刦繫驢橛船子又問垂絲千尺意在深潭
離鈎三寸子何不道夾山擬開口船子以篙
打落水中纔上船船子又云道道擬開口人
打夾山於此有省乃點頭三下壽皇云他到
此悟也師云可謂慶快平生師又曰船子云
竿頭絲線從君弄不犯清波意自殊夾山遂
問抛綸擲釣師意如何船子云絲懸淥水浮
定有無之意夾山云語帶玄而無路舌頭談
而不談船子云釣盡江波金鱗始遇夾山乃
掩耳船子云如是如是遂囑云汝向去直須
藏十二身處沒蹤跡沒蹤跡處莫藏身十七吾二十年
在藥山單明斯事汝今既得他後不得住城
隍聚落但向深山裏钁頭邊接取一箇半箇
接續無令斷絕夾山乃辭行頻頻回顧船子
遂喚闍梨闍梨夾山回首船子舉起橈云汝
將謂別有乃覆船入水而去壽皇云此公案
好禪師曾頌否師云有頌驀口一橈全殺活
點頭三下轉遠天至今千古風流在誰道華
亭覆却船壽皇云好頌師云不敢謝恩下殿
師紹熙四年二月十九日　壽皇聖帝召對
於苑門宣引壽皇望見師曰遠來不易師云
即日仲春謹時恭惟
至尊聖躬萬歲萬萬歲至尊賜坐師云臣昨
自庚子年蒙恩歸老育王今十四年矣幸無
曠敗藉陛下蔭覆去年臘月十六日蒙
聖恩移住徑山臣兩入奏告兩宮辭免至尊
云此南内之意朕亦要與禪師說話遂敕師
速渡江相見師云今日再覩清光不勝榮幸

至尊云朕意師十六七渡江師云臣十四渡江如履平地至尊云聞古有浮笠而渡者師云昔日黄檗和尚路逢異僧同行乃一羅漢至天台值江漲不能濟植杖久之異僧以笠當舟登之浮去黄檗指而罵曰這自了漢我早知汝定攧折其脛異僧乃嘆曰道人猛利非我所及至尊云可謂神通師云宗門下不貴神通只貴眼明至尊云須是如此始得朕尋常不信幻怪等事師云陛下聖智洞明見得如此至尊云莫也寬住幾日師云臣已選二十五日入院至尊云師所至處緣褩師云上感聖恩至尊云朕每日常誦楞嚴圓覺并儒書終日翛然無一事師云足見陛下聖學日新大抵看經教展卷時便與古人對偶正不在多讀至尊云朕常念茲在茲師云陛下乃菩薩地位中來所以願力堅固然一切語默動靜處直教正念現前莫起第二念只如臣即今與陛下相對臣又安知陛下微細流注處只此微細流注處謂之偷心偷心若無自然不起第二念至尊云朕得禪師提這一念不爲無補師云昔日雪峯和尚出嶺叅秀州精嚴靈光禪師值靈光遷化雪峯問其徒曰靈光在日如何指示學者其徒曰但云莫起第二念至尊云這一則語可以指示人做工夫師云所謂棒打石人頭嚗嚗論實事至尊云有甚機緣更舉一二則師云昔紙衣道者叅曹山山云如何是紙衣下事道者云一裘纔挂體萬法悉皆如山云如何是紙衣下用道者近前應喏便脫去山云汝只解恁麽去不解恁麽來道者忽然開眼問云一靈真性不假胞胎時如何山云未是妙道者云如何是妙山云不借借道者珍重便脫去曹山乃有頌云覺性圓明無相身莫將知見妄疎親念異便於玄體昧心差不與道相隣情分萬法沈前境識鑒多端喪本真如是句中全曉會了然無事昔時人至尊云叅禪到這裏方始得受用師云古人念念無間方得到此真實田地不敢久坐聖躬謝恩下殿三月初五日壽皇諭問札云朕每日止是塊坐別做得箇什麽煩師寫來師荅云恭承

至尊垂問每日止是塊坐別做得箇什麽陛下但於塊坐處提撕看是什麽若別有即是剩法所以南臺和尚有頌云南臺靜坐一爐香終日凝然萬慮忘不是息心除妄想都緣無事可思量此是古德脚踏實地處陛下於此契證非但塊坐向四威儀中揔是見成受用安樂法也謹奏四月初六日

壽皇諭問朕近頗悟佛法無多子一言以蔽之但無妄念而已若起妄念則有生滅未知此說是否師云恭承

聖諭近頗悟佛法無多子足見聖心昭徹陛下所謂一言以蔽之但無妄念而已若起妄念則有生滅誠如聖意更能到妄忘起滅處則乾坤獨露應用縱横方是自受用三昧謹奏

古尊宿語録卷第四十八

中華大藏經(漢文部分)

校勘凡例

一 《中華大藏經(漢文部分)》的底本以《趙城金藏》爲主；《趙城金藏》缺佚，則以《高麗藏》等作底本。各卷所用底本的名稱及涉及底本的其他問題，均在校勘記的第一條中説明。

一 《中華大藏經(漢文部分)》選用的參校本共八種，即《房山雲居寺石經》(石)、宋《資福藏》(資)、《影印宋磧砂藏》(磧)、元《普寧藏》(普)、明《永樂南藏》(南)、明《徑山藏》(徑)、《清藏》(清)、《高麗藏》(麗)。

一 校勘記中的「諸本」，若底本爲金藏，即包括石、資、磧、普、南、徑、清、麗全部八種校本；若底本爲麗藏，則包括石、資、磧、普、南、徑、清全部七種校本。其他情況若用「諸本」，校勘記中則另加説明。

一 校勘採用底本與校本逐字對校的办法，只勘出經文中的異同及字句錯落，一般不加評注。參校本若有缺卷，或有殘缺、漫漶等字迹無可辨認者，則略去不校，校勘記亦不作記録。

一 一經多卷，經名、譯者、品名出現同樣性質的問題，一般只在第一卷出校，並注明以下各卷同；分卷不同時，以底本爲主出校。

一 古今字、異體字、正俗字、通假字及同義字，一般不出校。如：

古今字：宍(肉)；猗(倚)；距(跛)；鉾(矛)；誼(義)等。

異體字：[illegible](槃)；剎(刹)；皃(貌)；惱(惱)；㝵(碍、礙、閡)等。

正俗字：怪(恠)；滴(渧)；體(躰)；刺(刾)；閉(閇)等。

通假字：惟(唯)；嫉(疾)；頻(嚬、顰)；揣(摶)；尠(鮮)等。

同義字：言(曰)；如(若)；弗(不)等。